Oskar Lange
Ökonomisch-theoretische Studien

Politische Ökonomie.
Geschichte und Kritik

# Oskar Lange

# Ökonomisch-theoretische Studien

Herausgegeben von Halina Jaroslawska
mit einer Einführung von Wlodzimierz Brus

Europäische Verlagsanstalt

Ins Deutsche übersetzt von Hanne Herkommer, Günter Seib und Edda Werfel

CIP-Kurztitelaufnahme der Deutschen Bibliothek

**Lange, Oskar**
[Sammlung ⟨dt.⟩]
Ökonomisch-theoretische Studien / hrsg. von Halina Jaroslawska. –
Frankfurt am Main, Köln: Europäische Verlagsanstalt, 1977.

(Politische Ökonomie)
ISBN 3-434-30172-0 kart.
ISBN 3-434-30175-5 Lw.

© 1977 by Europäische Verlagsanstalt GmbH
Frankfurt am Main – Köln
Lektorat Volkhard Brandes
Herstellung Edgar Krausch
Druck F. L. Wagener, Lemgo
ISBN 3 434 30172 0 (kart.) 3 434 30175 5 (Ln.)
Printed in Germany 1977

# Inhalt

# Vorwort des Herausgebers

Bei der Auswahl der Schriften des polnischen Ökonomen Oskar Lange, die wir hiermit dem deutschen Leser vorlegen, haben wir uns nicht, wie in solchen Fällen üblich, von dem Prinzip leiten lassen, seine bekanntesten und bedeutendsten Arbeiten zu präsentieren. Die fundamentalen Arbeiten Langes aus der Nachkriegszeit: die zweibändige *Politische Ökonomie, Optimale Entscheidungen, Theorie der Statistik, Einführung in die ökonomische Kybernetik, Einführung in die Ökonometrie, Das Ganze und Entwicklung in kybernetischer Sicht*, sowie eine Reihe kleiner Schriften, die im Band *Entwicklungstendenzen der modernen Wirtschaft und Gesellschaft* enthalten sind, wurden bereits in deutscher Sprache veröffentlicht.

Wir gehen von der Überzeugung aus, daß Langes Rolle in der Entwicklung der Wirtschaftswissenschaft ohne Berücksichtigung seiner anderen Arbeiten, die dem deutschen Leser bisher nicht zugänglich waren und deren theoretischer Wert und Aktualität unbestreitbar sind, unmöglich gewürdigt werden kann. Wir denken hier an zwei grundlegende Abhandlungen, die zugleich das thematische Kernstück dieses Bandes bilden: *Preisflexibilität und Beschäftigung* (1944 in Chicago geschrieben) und *Zur ökonomischen Theorie des Sozialismus* (in den Jahren 1936-1937 entstanden).

Hauptthema der ersten Abhandlung ist die Frage nach der Beseitigung der Arbeitslosigkeit und der Herstellung der Vollbeschäftigung, die bis heute zu den strittigsten Problemen in der wirtschaftspolitischen Theorie und Praxis gehören, ganz zu schweigen von ihrer brennenden Aktualität. Im Bewußtsein seiner sozialen Verantwortung als Gelehrter, der in alle Geheimnisse der traditionellen Wirtschaftstheorie und deren Forschungsmethoden eingeweiht ist, unterzieht Lange diese Theorie – gestützt auf deren eigene Prämissen –, die zu beweisen sucht, daß die Hauptursache der Arbeitslosigkeit im Einfrieren der Preise, wozu die Politik der Gewerkschaften beitrage, liege, einer kritischen Analyse. Langes Kritik, die sowohl theoretische als auch praktische Implikationen enthält, führt an ein generelles Problem heran: kann die Lohnelastizität, und im allgemeinen die Preisflexibilität (d. h. die Elastizität der Löhne und Preise gegenüber dem Angebot), irgendeines nicht voll ausgenutzten Produktionsfaktors zur Vollbeschäftigung führen; unter welchen Umständen kann die Preis- und Lohnelastizität zur Vollbeschäftigung und totalen Beseitigung der Arbeitslosigkeit führen; und schließlich, kann man die Lohnelastizität beinahe als Wundermittel gegen alle Unzulänglichkeiten der kapitalistischen Wirtschaft betrachten? Kurz, Lange untersucht alle Bedingungen, die zur Herstellung eines globalen Wirtschaftsgleichgewichts und für die Vollbeschäftigung notwendig sind.

Das Endresultat dieser Kritik mußte die Anhänger der neoklassischen Schule überraschen, weil Lange, gestützt auf ihre Prämissen und analytischen Methoden, die er entsprechend der neuen Funktionsweise der kapitalistischen Wirtschaft modifizierte, feststellt, daß es keinen unlösbaren Widerspruch gibt zwischen der Vollbeschäftigung und den unerläßlichen Bedingungen, die diese Wirtschaft zur Herstellung des ökonomischen Gleichgewichts braucht.

Diese Folgerung untergräbt somit die Gültigkeit der These, daß das Haupthindernis für die Beseitigung der Arbeitslosigkeit in der Lohnpolitik der Gewerkschaften zu sehen sei.

Thema der zweiten zentralen Abhandlung dieses Bandes ist die Analyse der Bedingungen, die zu erfüllen sind, damit ein rationales und effektives Funktionieren der Wirtschaft im sozialistischen System gesichert werde. Lange formuliert hier zum erstenmal, die – wie es scheinen mag – paradoxe Konzeption von der Simulation der Marktwirtschaft im Sozialismus, eine Konzeption, aus der folgt, daß erst in diesem System die Bedingungen am vollständigsten erfüllt werden können, unter denen ein parametrisches Preissystem der Herstellung des Marktgleichgewichts dienen kann.

Es erübrigt sich, auf die Details dieser Abhandlung einzugehen und die Umstände zu schildern, die zu ihrer Abfassung anregten. Es genügt zu sagen, daß sie, vor beinahe 40 Jahren geschrieben, in unserer Zeit besondere Aktualität erlangt hat, weil die Tendenz zu Wirtschaftsreformen in den sozialistischen Ländern, die Bemühungen, die Marktmechanismen in der Planwirtschaft auszunutzen – das Schlüsselproblem dieser Länder –, in dieser Abhandlung schon voll erkannt und vorweggenommen wurden. Wir machen uns aber keiner Übertreibung schuldig, wenn wir feststellen, daß die sozialistische Wirtschaft mit Problemen konfrontiert ist, für deren Lösung ihr das geeignete Instrumentarium der theoretischen Analyse fehlt, daß die von Lange entwickelten Konzeptionen infolge der doktrinären Erstarrung und des Dogmatismus, die jahrzehntelang in der ökonomischen Wissenschaft der sozialistischen Länder herrschten, entgegen dem Interesse des Sozialismus nicht aufgegriffen und weiterentwickelt wurden.

Die Abhandlung, von der hier die Rede ist, legt eine allgemeine Reflexion methodologischer Natur nahe. Lange war Marxist, war sich jedoch dessen bewußt, daß Marx' ökonomische Theorie das Begriffs- und Forschungsinstrumentarium, das zur Lösung der Verwaltungsprobleme der sozialistischen Wirtschaft unentbehrlich ist, weder geliefert hat, noch liefern konnte. Lange kannte jedoch den Wert der Methoden und Techniken der Wirtschaftsanalyse, die von verschiedenen ökonomischen Schulen abseits vom Marxismus und in Gegensatz zu ihm entwickelt wurden. Von der Voraussetzung ausgehend, daß sie unentbehrliche Instrumente zur Untersuchung von Wirtschaftsprozessen sind, verstand Lange, sie – frei von dogmatischen Vorurteilen – auf die Bedürfnisse der sozialistischen Wirtschaft, zur Lösung von Problemen der Planwirtschaft anzuwenden. Es unterliegt keinem Zweifel, daß er in dieser Beziehung auf dem Gebiet der marxistischen ökonomischen Lehre bahnbrechend war.

Die vorliegende Sammlung sollte nicht nur als Vervollständigung des dem deutschen Leser bereits bekannten Problemkreises, mit dem Lange sich befaßte, verstanden werden. Denn eigentlich haben die hier dargelegten Probleme in seiner Forschungsarbeit die vorrangige Rolle gespielt. Niemals hat er über der aktiven Mitwirkung an der Entwicklung der ökonomischen Wissenschaft und der mit ihr verbundenen Hilfsdisziplinen die allgemeine sozioökonomische Problematik aus den Augen verloren; man kann darüberhinaus sogar sagen: er war überzeugt, daß er mit dieser Tätigkeit die notwendigen Bedingungen für die Lösung der allgemeinen Probleme schuf.

Wenn wir nun diesen Band allen an dieser Problematik Interessierten, vor allem der studierenden Jugend, vorlegen, so hoffen wir zugleich, daß die getroffene Auswahl von Arbeiten des bedeutenden Ökonomen als Impuls zu gründlicher Reflexion der hier präsentierten Probleme dienen wird.

Dem Verlag sei indessen dafür gedankt, daß er die Veröffentlichung dieses Werkes ermöglichte und an seiner Vorbereitung mitwirkte.

Januar 1976                                    Halina Jaroslawska

# Wlodzimierz Brus
## Einführung*

Oskar Lange (1904–1965) verband in seiner Geisteshaltung viele Merkmale eines überzeugten Marxisten mit denen eines Wirtschaftstheoretikers westlicher Prägung. Sein Marxismus war keineswegs verwässert, sondern radikal. Man könnte sogar sagen orthodox, wenn auch weniger in der leninistischen als in der linkssozialdemokratischen (kautskyanischen, austromarxistischen) Tradition. Sein Marxismus beschränkte sich auch nicht auf bloße Gedankenspielerei: Lange war führendes Mitglied der revolutionären sozialistischen Jugendorganisation in Polen in der Zeit zwischen den beiden Weltkriegen (und Mitverfasser ihres bedeutenden programmatischen Dokuments), blieb während seines Aufenthalts während des Zweiten Weltkriegs in den Vereinigten Staaten aktiver Sozialist und schloß sich nach dem Krieg von ganzem Herzen dem neuen kommunistischen System in Polen an, in welchem er bis zur letzten Lebensstunde hohe Stellungen in Staat und Partei einnahm (hier muß jedoch gleich hinzugefügt werden, daß sie das zumeist nur dem formalen Status und nicht ihrer wahren Bedeutung nach waren). Ebenso waren auch seine wissenschaftlichen Analysen der Ökonomie im Sinne der klassischen Tradition von ausnehmend hoher Qualität, sowohl bezogen auf seine anerkannte theoretische Brillanz als auch bezogen auf die Unerschöpflichkeit seiner geistigen Kapazität: das läßt sich – natürlich bei bedeutenden Veränderungen in Inhalt und Darstellung – bis zu seinen letzten Arbeiten verfolgen.

In welcher Beziehung stehen diese beiden Elemente zueinander? Die vorliegende Sammlung könnte dem Leser eine Antwort auf diese Frage von offensichtlich allgemeiner Bedeutung bieten. Diese Antwort ist keineswegs über jeden Einwand erhaben, dürfte jedoch bestimmt von Interesse und der Erörterung wert sein.

Lange selbst geht dieses Problem in dem chronologisch ersten der in dieser Sammlung enthaltenen Aufsätze direkt an, in: »Marxsche

---

* Aus dem Englischen übersetzt von Günter Seib.

Ökonomie und moderne Wirtschaftstheorie« (1935). Die »moderne Wirtschaftstheorie« steht hier für die »Theorie des allgemeinen ökonomischen Gleichgewichts . . . wie die österreichische Schule, die Lausanner Schule und die Marshallsche sie entwickelt hat« (der sogenannten »bürgerlichen« Ökonomie, wobei »bürgerlich« immer in Anführungszeichen gesetzt ist). Das Problem, das untersucht wird, ist der Anspruch der marxistischen Theorie, daß sie dieser bürgerlichen Theorie überlegen sei. Der Verfasser unterstützt diesen Anspruch nachdrücklich – in diesem Fall in bezug auf das kapitalistische System: die Theorie des ökonomischen Gleichgewichts kann die grundlegenden Entwicklungstendenzen des Kapitalismus nicht erklären, wo hingegen die ökonomische Theorie des Marxismus dies überzeugend leistet, da sie im Ansatz dynamisch ist, die Reihe institutioneller (soziologischer) Kritiken spezifiziert, die das kapitalistische von anderen sozio-ökonomischen Systemen unterscheiden, und von daher den »gesetzmäßigen« Gang der Entwicklung ableitet. Daher auch die abschließende Feststellung: »In Verbindung mit der Theorie des historischenMaterialismus erklärt diese (marxistische) Theorie der ökonomischen Entwicklung die tatsächlichen Veränderungen im kapitalistischen System und gibt die Grundlage für Zukunftsvoraussagen ab.« Die Überlegenheit der marxistischen Ökonomie ist jedoch nicht auf die von Marx verwendeten ökonomischen Begriffe zurückzuführen (insbesondere in der Arbeitswertlehre); auch handelt es sich nur um eine teilweise Überlegenheit. Die marxistische Ökonomie gibt zwar eine bessere Erklärung für die langfristige Entwicklung des Systems ab, wäre jedoch eine dürftige Grundlage dafür, »eine Zentralbank zu verwalten oder die Auswirkungen einer Veränderung des Diskontsatzes vorherzusagen«. Die »moderne Wirtschaftstheorie« ist darin überlegen, daß sie eine wissenschaftliche Grundlage für die rationale Verwaltung der Volkswirtschaft abgibt – nicht nur der kapitalistischen, sondern auch der sozialistischen[1]. Der Aufsatz »Marxistische Ökonomie in der Sowjetunion« (1945) kann sozusagen als eine Erweiterung der Argumentation für die sozialistische Wirtschaft angesehen werden: Lange begrüßt die Betonung, die in einem 1943 veröffentlichten maßgebenden sowjetischen Zeitungsartikel darauf angelegt wurde, daß das »Wertgesetz« für die sozialistische Planung relevant sei, vertritt jedoch weiterhin die Meinung, daß die Arbeitswertlehre dafür ungeeignet ist (der letzte Satz des Aufsatzes betont, daß eine adäquate Anleitung der sowjetischen Wirtschaftsführung erst möglich ist, »wenn die Methoden

---

1 »Es ist offensichtlich, daß die Marshallsche Ökonomie für die gegenwärtige Führung der sowjetischen Wirtschaft mehr Mittel an die Hand gibt als die Marxsche Ökonomie . . .« (Fußnote 5 dieses Aufsatzes).

und Verfahrensweisen der Grenzplankostenrechnung in die sowjetische Ökonomie übernommen werden«)[2].

Fast ein Vierteljahrhundert später wandte sich Lange unter völlig veränderten Umständen, soweit dies seine persönliche Position und Erfahrung anging, in seinem Aufsatz »Marxismus und bürgerliche Ökonomie« (1958) ähnlichen Problemen zu. Verständlicherweise lag die Betonung dieses Mal nicht auf der Abgrenzung der Gebiete, auf denen jeweils die »bürgerliche« oder die marxistische Ökonomie überlegen ist (»Der Marxismus ist Grundlage der Entwicklung der politischen Ökonomie der Zukunft«), sondern darauf, welche Bestandteile der bürgerlichen Ökonomie zu dem realen Wissensfundus beitragen, der vom Marxismus übernommen werden könnte und sollte, von einem wahrhaft schöpferischen Marxismus, der »von den Schlacken der bis vor kurzem herrschenden dogmatisch-apologetischen Entartung (das heißt der stalinistischen – W. B.) befreit ist, und der nicht nur zur Analyse des Kapitalismus, sondern auch für die des Sozialismus voll eingesetzt wird«. Der Aufsatz von 1958 grenzt den Beitrag der bürgerlichen Ökonomie auf die neoklassische (Marshallsche) und Walrassche Schule ein (das heißt übergeht nicht nur die österreichische Schule, sondern auch Pareto) und beschränkt sich in der Hauptsache auf einige Aspekte der kritischen Analyse des monopolistischen (oligopolistischen) Verhaltens vom Standpunkt einer umfassenden ökonomischen Rationalität aus (die in der Wohlfahrtsökonomie besonders stark vertreten wird). Von besonderer Bedeutung sind für Lange diejenigen Entwicklungen der modernen Volkswirtschaftslehre, aus denen einige Werkzeuge der Staatsintervention – Konjunktur- und Arbeitsbeschaffungspolitik – und die theoretischen Grundlagen dafür hervorgegangen sind, mathematische Verfahren auf ökonomische Probleme anzuwenden (Ökonometrie, Programmierungstheorie und bestimmte Aspekte der Kybernetik). Unter anderem werden auch soziologische Argumente für den Nachweis herangezogen, warum sich die bürgerliche Ökonomie nicht völlig auf eine Apologetik des Kapitalismus reduzieren läßt, und andererseits, warum nur eine offene und schöpferische marxistische Theorie in der Lage ist, diesen positiven Beitrag der bürgerlichen Theorie angemessen zu verwenden.

Langes Aufsatz von 1958 wurde von orthodoxer Seite in Osteuropa

---

2 Im Zusammenhang mit Langes Versuch, das Verhältnis zwischen der Marxistischen und der »modernen« ökonomischen Theorie zu bestimmen, dürfte es von Nutzen sein, an einen Aufsatz von Wassili Leontief »The Significance of Marxian Economics for Present-Day Economic Theory« zu erinnern (in: *American Economic Review*, Supplement, Bd. XXVIII, Nr. 1, März 1938).

angegriffen. Davon blieb Lange vermutlich nicht unbeeinflußt, wie aus der weiteren – gemäßigteren – Abhandlung des Problems in Band I seiner *Politischen Ökonomie* (1959–1961; deutsche Ausgabe 1963) hervorgeht. Nichtsdestoweniger bestand er darauf, einige seiner Schlußfolgerungen pragmatisch zu vertreten, womit er in bedeutendem Maße – zusammen mit sowjetischen Ökonomen wie Nemtchinow, Novoschilow und Kantorowitsch – zur Entwicklung der mathematischen Ökonomie in Osteuropa beitrug.

Bemerkenswert ist, daß Lange nicht auf die Streitfragen einging, die sich durch den grundlegenden Angriff auf die neoklassische Ökonomie in Piero Sraffas Buch *Warenproduktion mittels Waren* (Cambridge 1960; dtsch.: Frankfurt a. M. 1976) ergaben – und ebensowenig ist eine Kritik des Schlüsselbegriffs des allgemeinen Gleichgewichts etwa in der Form zu finden, wie sie (später) in Janos Kornais Buch *Anti-Equilibrium* (1971) vertreten wurde. Natürlich lagen nur ein paar Jahre zwischen der Eruption in Cambridge und Langes frühem Tod, doch ist dies kaum eine genügende Erklärung. Wenn – unter anderem unter Berufung auf seine letzten Schriften – Mutmaßungen gestattet sind, betrachtete Lange wahrscheinlich weiterhin einige neoklassische Begriffe (einschließlich des Gleichgewichtsbegriffs) als zumindest potentiell nützlich für eine kritische Analyse des Kapitalismus und als Beitrag dazu, die Probleme der Allokation unter dem Sozialismus zu lösen.

Aus dem vorliegenden Band gehen nicht nur Langes Lösungen in bezug auf die methodologischen Probleme der Beziehungen zwischen der marxistischen Theorie und der theoretischen Hauptströmung der Ökonomie hervor; sie sind auch hervorragende Beispiele dafür, wie Lange versuchte, einige neoklassische Begriffe zur fundamentalen Kritik des modernen Kapitalismus und zur ökonomischen Begründung des Sozialismus heranzuziehen.

»Kapitalverluste als gesellschaftlicher Vorteil«, ein kurzer Aufsatz, der 1937 in einem polnischen Sammelband veröffentlicht wurde, läßt eindeutig die allgemeine Argumentationslinie erkennen. Langes Maßstab für ökonomische Rationalität und *eo ipso* sozialen Gewinn ist abgeleitet von der gewöhnlichen allgemeinen Gleichgewichtstheorie: der optimale Umfang des Output liegt an dem Punkt, wo Grenzkosten und Preis gleich sind; die Macht der Monopole hemmt daher den Optimierungsmechanismus, insbesondere in bezug auf die Einführung technischer Neuerungen (»Es entsteht ein Widerspruch zwischen dem technischen Fortschritt einerseits und der bestehenden Struktur des Kapitaleigentums und dem bestehenden Konzentrationsgrad der Produktion, der die Konkurrenz ausschaltet, andererseits«). Daß Bedingungen geschaffen werden müssen, in denen den Kapitaleignern ihre Monopolmacht genommen werden kann, von der sie zur Verhinderung von Verlusten am Wert ihres Kapitals zum Nachteil der Gesellschaft Gebrauch machen – das ist die Grundvorstellung, die Lange dem Leser unter Verwendung des neoklassischen Begriffsapparats nahebringen möchte.

Natürlich haben wir hier stark vereinfacht. Die Argumentation Langes ist sehr viel komplexer, insbesondere in der Monographie »Preisflexibilität und Beschäftigung« (1944), die zweifellos das umfassendste und am weitesten ausgearbeitete von Langes Werken über die kapitalistische Ökonomie darstellt. Wenn man jedoch die Grundidee des Buchs in einem Satz zusammenfassen wollte, würde dieser am besten so lauten, daß es eine Kritik des Monopols leistet, indem sie es anhand der neoklassischen Theorie einer Überprüfung unterzieht. Implizit mündet Langes kritische Analyse der Rolle des Monopols in eine Kritik dogmatischer Interpretationen der neoklassischen Ökonomie selbst, weil die Wirklichkeit den Annahmen dieser Theorie nicht mehr entspricht: »Die Preisflexibilität war nicht nur deswegen als langfristiger Stabilisator der Wirtschaft erfolgreich, weil die Bedingungen, unter denen sie die Gleichgewichtseffekte erzeugt, die die traditionelle Lehre von ihr erwartet, annähernd erfüllt waren, sondern auch, weil die Aufgabe leicht war, die sie einzulösen hatte.« Im Gegensatz dazu ist unter den gegenwärtigen Bedingungen (im 20. Jahrhundert) die Preisflexibilität weder als Norm langfristiger noch kurzfristiger Wirtschaftspolitik anwendbar. Statt der Erwartung, daß sich das ökonomische Gleichgewicht automatisch ergibt, ist eine Regulierung der wirtschaftlichen Kräfte durch die Regierung erforderlich, die in erster Linie antimonopolistisch sein muß, aber auch die Möglichkeit der Sozialisierung bestimmter Industriezweige einschließt, wenn dies zur Gewährleistung des erstrebten Gleichgewichts unerläßlich ist.

In konkrete Grundsätze der praktischen Politik sind diese allgemeinen theoretischen Schlußfolgerungen auf bemerkenswerte Weise in dem Werk »Ein demokratisches Vollbeschäftigungsprogramm« (1941–1943) umgesetzt, das ein umfassendes Programm für radikale Strukturveränderungen im amerikanischen Wirtschaftssystem darstellt (jedoch innerhalb des kapitalistischen Rahmens, das heißt ohne Umwandlung in den Sozialismus). Es ist kaum möglich oder notwendig, in diesem Vorwort eine Inhaltsangabe dieses Aufsatzes zu leisten, der Probleme aufwirft, die in vieler Hinsicht nicht nur für die vergangenen, sondern auch für die gegenwärtigen Gebrechen hoch entwickelter Länder des Westens relevant sind (die Beziehung zwischen Lohnniveau, wirtschaftlicher Expansion und Vollbeschäftigung ist nur ein Beispiel dafür). Wir wollen uns damit begnügen, zu unterstreichen, daß man an dieser Stelle kaum ein besseres Beispiel für den Versuch finden wird, radikale Schlußfolgerungen für die praktische Politik aus einer Analyse zu ziehen, die in beträchtlichem Maße auf der Annahme beruht, daß der freie Markt im umfassendsten Sinne eine nützliche Rolle spielt. Für viele Leser wird es zweifellos reizvoll sein zu überprüfen, in wieweit eine solche Argumentation gültig ist.

Bei weitem das bekannteste Werk von Oskar Lange ist der Aufsatz »Zur ökonomischen Theorie des Sozialismus«, der ursprünglich 1936/37 in zwei Teilen in der *Review of Economic Studies* (Cambridge) und in leicht veränderter Buchform im Jahre 1938 mit einem früheren Aufsatz des amerikanischen Ökonomen F. M. Taylor (»The Guidance of Production in a Socialist State«, 1929) veröffentlicht wurde. Durch diese Arbeit wurde Lange weltberühmt. Der Verfasser dieses Vorworts war außerordentlich überrascht, als er erfuhr, daß sie bisher noch nicht ins Deutsche übersetzt sei. Es wird allgemein anerkannt, daß Lange in dieser klassischen Arbeit sowohl die Behauptung Ludwig von Mises' über die theoretische Unvereinbarkeit des Sozialismus mit einer rationalen Wirtschaftsrechnung erfolgreich widerlegte, als auch das Argument von Hayek und Robbins über die praktische Unmöglichkeit einer derartigen Wirtschaftsrechnung unter dem Sozialismus, weil ein System von vielen Tausenden gleichzeitig zu lösender Gleichungen praktisch undurchführbar sei. Lange selbst beschrieb später seine Leistung wie folgt: »Ich widerlegte die Behauptungen von Hayek – Robbins, indem ich nachwies, daß in der sozialistischen Wirtschaft ein Marktmechanismus praktikabel sei, der die Auflösung simultaner Gleichungen durch Anwendung eines empirischen Verfahrens der schrittweisen Annäherung durch Versuch und Irrtum (»trial and error«) ermöglicht. Ausgangspunkt wäre ein bestimmtes, beliebig gewähltes Preissystem: der Preis wird angehoben, wenn die Nachfrage das Angebot übersteigt, und er wird herabgesetzt, wenn das Gegenteil der Fall ist. Über ein solches Verfahren von aufeinanderfolgenden *tâtonnements* (Tastversuchen), erstmalig von Walras beschrieben, gelangt man schrittweise zu definitiven Gleichgewichtspreisen. Diese Preise entsprechen einem System von simultanen Gleichungen.«[3]
Sogar aus dem obigen kurzen Zitat dürfte eindeutig hervorgehen, daß

---

3 »Computer und Markt«, Langes letzter Aufsatz (1965 in Polnisch veröffentlicht), der in dieser Sammlung ebenfalls enthalten ist.

Lange in seinem Werk »Zur ökonomischen Theorie des Sozialismus« in erster Linie versuchte, den Sozialismus unter Anwendung neoklassischer Rationalitätskriterien zu verteidigen. Ungeachtet dessen, welche Bedeutung er zu diesem Zeitpunkt diesem Ansatz beigemessen haben mag, blieb Lange nicht dabei stehen, daß auch der Sozialismus den Marktkriterien der Rationalität genügen könnte. Er stellte eine sehr relevante Frage: »Wenn jedoch die Konkurrenz dieselben Regeln der Allokation erzwingt, wie sie in einer rational geführten sozialistischen Volkswirtschaft eingehalten werden müßten, weshalb sollte man sich dann noch mit dem Sozialismus befassen? Weshalb das gesamte Wirtschaftssystem ändern, wenn das gleiche Ergebnis innerhalb des gegenwärtigen Wirtschaftssystems erreicht werden kann, wenn dieses nur gezwungen werden muß, die Konkurrenz beizubehalten?« Er versuchte, diese Frage zu beantworten und nachzuweisen, daß der Sozialismus nicht nur genauso rational wie ein idealer Kapitalismus mit vollständiger Konkurrenz sein kann, sondern diesem sogar überlegen, indem er vor allem zwei Punkte betonte: (1) die andere Einkommensverteilung, die die »konstante Verzerrung« in einer kapitalistischen Volkswirtschaft aufhebt, nämlich das Klassenprivileg für die Reichen; (2) den größeren Erfassungsbereich des Preissystems, das Ausdruck der gesellschaftlichen Kosten und Erträge auf gesamtstaatlicher Ebene und nicht nur Ausdruck privater Kosten und Erträge ist.

Aus diesen zwei wichtigen Punkten geht zusammen mit einem interessanten Abschnitt über die politische Strategie der Übergangsperiode hervor, daß der Aufsatz »Zur ökonomischen Theorie des Sozialismus« mehr als eine einfache Widerlegung einer liberalen und antisozialistischen Herausforderung ist, als was er in der Geschichte der ökonomischen Theorie häufig angesehen wird. Nichtsdestoweniger reichen die beiden obigen Punkte für sich allein noch nicht aus, um die Grenzen und sogar falschen Auffassungen zu überwinden, die von einer Analysemethode herrühren, die im Grunde auf dem Marktgleichgewicht beruht. Lange rechtfertigte dies später mit den Erfordernissen der Diskussion (»Zu jener Zeit wurde nur über den statischen Gleichgewichtsaspekt des Verrechnungsproblems diskutiert«), erkannte aber in vollem Umfang das Bedürfnis nach grundlegenden Veränderungen im allgemeinen Ansatz gegenüber dem Problem einer rationalen Wirtschaftsrechnung unter dem Sozialismus an. Im Vorwort zu der 1947 beabsichtigten ersten polnischen Ausgabe seines Werkes (die Ausgabe erschien aus politischen Gründen nicht) wies Lange darauf hin, daß seine theoretische Analyse in erster Linie dadurch bereichert werden müßte, daß die dynamischen Faktoren darin aufgenommen würden, die das

Volkseinkommen bestimmen, da sich die sozialistische Planung in erster Linie um die Dynamik des Volkseinkommens dreht, und »die weiteren in diesem Buch abgehandelten Probleme der Wirtschaftsrechnung in diesem Rahmen betrachtet werden müssen« (aus dem erwähnten Vorwort, das in diesem Sammelband enthalten ist). In seinem Aufsatz »Computer und Markt« (1965) drückt Lange dies noch klarer aus: »Eine wesentliche Begrenzung des Marktes besteht darin, daß er das Problem der Wirtschaftsrechnung in ausschließlich statischen Kategorien ausdrückt, d. h. als Gleichgewichtsproblem. Er bietet keine ausreichende Basis für die Lösung von Wachstums- und Entwicklungsproblemen. Insbesondere gibt er keine adäquate Grundlage für eine langfristige ökonomische Planung.« Es gibt viele Punkte in diesem kurzen Aufsatz, die (zumindestens meiner Ansicht nach) nicht unumstritten sind, doch durch die Betonung der langfristigen dynamischen Aspekte der Rationalität wird er zu einer äußerst wertvollen Ergänzung des Aufsatzes »Zur ökonomischen Theorie des Sozialismus«.

Die letzte Gruppe von Arbeiten, die in dieser Sammlung enthalten sind, besteht aus vier Aufsätzen, die in unmittelbarerem Zusammenhang mit Langes Ansichten über den Sozialismus und seiner Erfahrung mit einigen praktischen Problemen stehen: »Was ich unter Sozialismus verstehe« (1940); »Die Funktionsprinzipien der sowjetischen Wirtschaft« (1944); eine eher deskriptive Untersuchung, die für das Research Bureau for Post-War Economics geschrieben wurde, das den Versuch machte, das zunehmende amerikanische Interesse am *modus operandi* der Sowjet-Wirtschaft zu befriedigen; »Wie ich mir Polens neues Wirtschaftsmodell vorstelle« (1956); »Probleme sozialistischer Wirtschaft und Planung«, beruhend auf drei in Rom gehaltenen Vorlesungen, u. a. am Gramsci-Institut im Frühjahr 1963.

Diese Aufsätze sind nicht deswegen interessant, weil sie theoretisch kompliziert wären (zumindest drei von ihnen richteten sich an eine breite Öffentlichkeit), sondern weil sie ein wichtiges ergänzendes Element der politischen Strategie zu Langes Ökonomie des Sozialismus sind und dies nicht nur im statischen Sinne (zu einem bestimmten Zeitpunkt), sondern auch im dynamischen Sinne (Veränderung im Zeitverlauf). Besonders interessant von dieser Warte aus ist eine Gegenüberstellung von »Was ich unter Sozialismus verstehe« mit dem Aufsatz »Wie ich mir Polens neues Wirtschaftsmodell vorstelle«. Im ersteren wird leidenschaftlich die Untrennbarkeit von Sozialismus und Demokratie vertreten und die sowjetische Praxis und die Mißachtung demokratischer politischer Institutionen unter kommunistischen Parteien verurteilt. Dies geht sogar bis zu der Aussage: »Der Sozialismus wendet sich mit Nachdruck dagegen, daß die gesamte Produktion Staatsbesitz ist und von der Regierung gelenkt wird. Er tritt für öffentlichen Besitz und seine öffentliche Lenkung in all den Bereichen ein, wo dies zur Sicherung der Produktion im Dienste der Allgemeinheit notwendig ist, und zwar gelenkt durch demokratische Selbstverwaltungskörperschaften, die von der politischen Führung unabhängig sind.« Im letzteren Aufsatz kommt die bittere Erfahrung der stalinistischen Epoche zum Ausdruck und die starken Hoffnungen, die durch die Ereignisse des »Polnischen Oktober« 1956 geweckt wurden, wobei sich das Bewußtsein der Notwendigkeit der »Demokratisierung des Sozialismus« nicht nur auf die Intelligenz und die Arbeiterklasse, sondern auch auf einige Gruppen des Partei- und Staatsapparats ausgebreitet hatte. Lange konzentriert seine Aufmerksamkeit auf Veränderungen des ökonomischen Mechanismus (»ökonomisches Modell«), doch gehen hier auch eindeutig politische Aspekte ein, insbesondere im Zusammenhang mit der großen Rolle, die der Selbstverwaltung durch die Arbeiter und deren Auswirkungen auf das politische System zugeschrieben wird.

Die Vorlesungen von 1963 wurden in gänzlich anderen Umständen als denen von 1956 gehalten. Die starken Hoffnungen nach einer Erneuerung des Sozialismus, die in Polen 1956 vorhanden gewesen waren, waren nicht eingelöst worden, nicht nur in bezug auf das politische System insgesamt, sondern auch in bezug auf die Mechanismen der Funktionsweise der Wirtschaft. Der Tonfall dieser Schrift ist viel nüchterner als im vorigen Artikel, und relativierender: Die geeigneten Lösungen für das Planungssystem, für die Organisation der Volkswirtschaft, für die Methoden des Ausgleichs des Allgemeininteresses, des sektoriellen Interesses und des Einzelinteresses unterscheiden sich je nach dem Reifegrad von Wirtschaft und Gesellschaft. Implizit kann man nicht umhin, den Schluß zu ziehen, daß dies die Argumentation für einige allgemeine Eigenschaften des Sozialismus untergräbt oder zumindest abschwächt. Die Interpretation kann sich gegen die richten, die behaupten, daß der Sozialismus sowjetischer Prägung der einzig legitime sei, sie könnte aber auch ein Fragezeichen hinter Langes frühere Position setzen. Es erhebt sich auch die Frage, in welchem Umfang diese sichtbare Akzentverschiebung den Auswirkungen gesammelter Erfahrungen zuzuschreiben ist und in welchem Umfang der persönlichen Reaktion auf veränderte politische Bedingungen.

Die vorliegende Sammlung kann nicht den Anspruch erheben, ein umfassendes Bild vom großen Beitrag Oskar Langes zu den Sozialwissenschaften im allgemeinen und zur Ökonomie im besonderen zu geben. Seine theoretischen Arbeiten der Nachkriegszeit sind – aus verständ-

lichen Gründen – ausgelassen. Das hier Vorgelegte sollte sich jedoch als
außerordentlich wertvoll für jenen Leser erweisen, der sich für einige
der grundlegenden Probleme unserer zeitgenössischen sozio-ökonomischen Systeme interessiert und weniger nach vorgefertigten Lösungen
Ausschau hält als nach wissenschaftlich fundierten Quellen der Inspira-
tion.

Dezember 1975

# Marxsche Ökonomie und moderne Wirtschaftstheorie*

**1.** In einer der letzten Nummern der *Kyoto University Economic Review*[1] wirft Professor Shibata die Frage auf, was die Marxsche Ökonomie vor der modernen Theorie des wirtschaftlichen Gleichgewichts auszeichne und umgekehrt. Er schreibt, die Theorie des allgemeinen wirtschaftlichen Gleichgewichts, am präzisesten und umfassendsten in den Schriften der Lausanner Schule formuliert, »kann weder die Struktur der gegenwärtigen kapitalistischen Gesellschaft noch ihre Entwicklungsgesetze systematisch erklären«,[2] wohingegen die Marxsche Ökonomie »trotz ihrer inzwischen nachgewiesenen zahlreichen Mängel Theorien entwickelt, die sich entweder direkt und systematisch mit der Organisation der modernen kapitalistischen Gesellschaft und ihren Entwicklungsgesetzen befassen oder doch einen engen Bezug dazu haben.«[3] Und er fragt, was die Marxsche Ökonomie zu einem so wirksamen Schlüssel zum Verständnis der Grundphänomene des Kapitalismus mache, während die mathematische Theorie des wirtschaftlichen Gleichgewichts ihnen völlig ohnmächtig gegenüberstehe.

Die Überlegenheit der Marxschen Ökonomie scheint angesichts der Tatsache, daß sie mit Begriffen arbeitet, die längst veraltet sind und die gesamte wirtschaftstheoretische Entwicklung seit Ricardo unberücksichtigt lassen, in der Tat merkwürdig. Professor Shibata meint dazu, die Sterilität der Theorie des wirtschaftlichen Gleichgewichts liege in ihrer Kompliziertheit und dem hohen Abstraktionsgrad, die eine Anwendung auf aktuelle Probleme unmöglich machten. Die Marxsche Ökonomie dagegen, die sich eher mit Aggregaten und Durchschnitts-

---

\* »Marxian Economics and Modern Economic Theory«, in: *The Review of Economic Studies*, Bd. II, Nr. 3, London 1935, S. 189-201. Aus dem Englischen übersetzt von Hanne Herkommer.
1 Kei Shibata, »Marx's Analysis of Capitalism and the General Equilibrium of the Lausanne School«, in: *The Kyoto University Economic Review*, Juli 1933.
2 A.o.O., S. 107.
3 Ebda., S. 108.

größen als mit der psychischen Struktur der Individuen befasse, die an der kapitalistischen Produktionsweise beteiligt sind, eigne sich für eine praktische Anwendung weit besser.

Shibata versucht deshalb, das Lausanner Gleichungssystem so umzuformulieren und zu vereinfachen, daß es praktisch anwendbar wird; er leistet dabei ein Meisterstück an Analyse und Deutung, das von jedem Ökonomen nur mit Respekt aufgenommen werden kann. Dennoch scheint mir, daß Professor Shibata den zentralen Punkt, der die (tatsächliche oder vermeintliche) Überlegenheit der Marxschen über die »bürgerliche« Ökonomie erklärt, nicht trifft. Ich möchte deshalb hier zwei Fragen diskutieren: (1) worin die wirkliche oder vermeintliche Überlegenheit der Marxschen Ökonomie besteht, und ob (2) diese Überlegenheit auf den von Marx verwandten ökonomischen Kategorien oder auf einer genauen Spezifizierung der institutionellen (oder wenn der Leser so will, der soziologischen) Gegebenheiten beruht, unter denen der ökonomische Prozeß in der kapitalistischen Gesellschaft abläuft.[4]

2. Der Anspruch des Marxisten auf Überlegenheit seiner Ökonomie gründet sich darauf, daß die »bürgerliche« Ökonomie bei der Erklärung der Grundtendenzen in der Entwicklung des Kapitalismus total versagt hat. Diese Tendenzen sind: eine permanente Ausweitung des Produktionsumfangs, die Massenproduktion anstelle von Produktion in kleinem Maßstab setzte und damit aus dem freien Wettbewerbskapitalismus des 19. Jahrhunderts den heutigen Monopol- (oder besser Oligopol-)Kapitalismus machte; Interventionismus und »Planung« anstelle von laisser-faire; Übergang von freiem Handel zu starkem Protektionismus und wirtschaftlichem Nationalismus in den internationalen Beziehungen; fortschreitende Ausbreitung der kapitalistischen Produktionsweise in nicht-kapitalistischen Ländern, die – solange es freien Wettbewerb gab – die kapitalistische Wirtschaftsform und westliche Kultur auf relativ friedliche Weise in der Welt verbreitete, die aber im Rahmen eines oligopolistischen und interventionistischen Kapitalismus imperialistische Rivalität zwischen den großen Kapitalmächten hervorrufen muß; wachsende wirtschaftliche Instabili-

---

4 Da der Begriff des Kapitalismus durchaus nicht immer eindeutig verwendet wird, sei hier gesagt, daß wir ihn im Marxschen Sinne benutzen wollen; d. h., wir verstehen unter Kapitalismus eine Tauschwirtschaft, in der es Privateigentum an den Produktionsmitteln gibt und in der – ein soziologisches Datum – das Volk in zwei Klassen gespalten ist, diejenigen, die im Besitz der Produktionsmittel sind, und die anderen, die, ohne Produktionsmittel zu besitzen, dazu gezwungen sind, als Lohnempfänger mit den Produktionsmitteln, die den andern gehören, zu arbeiten. Allein unter dieser soziologischen Voraussetzung können Profit und Zins als persönliches Einkommen neben dem Lohneinkommen erscheinen.

tät, die mit der Zerstörung der wirtschaftlichen und sozialen Sicherheit die Bevölkerung in den kapitalistischen Ländern dazu treibt, gegen das bestehende Wirtschaftssystem zu rebellieren, gleichgültig ob sie einer sozialistischen oder faschistischen Ideologie und ihrem entsprechenden Programm anhängt.

Die Behauptung, den »bürgerlichen« Ökonomen sei es nicht gelungen, diese Entwicklungstendenzen des Kapitalismus zu erklären und in einer konsistenten Theorie der wirtschaftlichen Entwicklung durchsichtig zu machen, scheint tatsächlich begründet. Wie wenig sie dazu in der Lage waren, zeigt sich darin, daß viele von ihnen solche Entwicklungen negierten, auch als die Phänomene sich so überwältigend bemerkbar machten, daß jedermann sie sah, nur der Berufsökonom nicht, der ihre Existenz, wenn überhaupt, stets als letzter zur Kenntnis nahm. So wurde die Tendenz zur Konzentration der Produktion solange ge- leugnet, oder, wenn zugegeben, als nur wenig bedeutsam für den Charakter des Wirtschaftssystems bewertet, bis der Monopol- (oder Oligopol-)charakter der wichtigsten Industrien so offensichtlich war, daß in Ergänzung der orthodoxen Wirtschaftstheorie eine Spezial- theorie des begrenzten Wettbewerbs entwickelt werden mußte. Der Übergang vom freien Handel zum Protektionismus wurde dabei in erster Linie als Akt wirtschaftlicher Torheit interpretiert; daß dieser Übergang mit dem Übergang des freien Handels zur Monopolherr- schaft zusammenhängt, haben die »bürgerlichen« Ökonomen bis heute noch nicht voll realisiert. Die imperialistische Rivalität der Kapital- mächte wird in rein politischen Kategorien erklärt, ein Zusammenhang zwischen imperialistischer Rivalität und dem Kampf um die Monopol- herrschaft kaum wahrgenommen. Generell herrschte unter den »bür- gerlichen« Ökonomen zu Beginn des 20. Jahrhunderts wie auch in den Jahren vor 1929 die Auffassung vor, daß die wirtschaftliche Stabilität des Kapitalismus zunehme bzw. die Konjunkturschwankungen an Intensität verlören. Damit erweist sich die Marxsche Behauptung, »bürgerliche« Ökonomen seien zum Erfassen der kapitalistischen Ent- wicklungstendenzen unfähig, als zutreffend. Entweder sie leugneten solche Tendenzen glattweg, oder, falls sie sie zur Kenntnis nahmen, gelang es ihnen nicht, sie durch eine konsistente Theorie der wirtschaft- lichen Entwicklung zu erklären; bestenfalls gaben sie historische Be- schreibungen. Dagegen muß der Marxschen Ökonomie attestiert wer- den, daß sie diese Tendenzen korrekt vorausgesagt hat, und daß mit ihr eine Theorie entwickelt ist, die den Kausalmechanismus dieses Pro- zesses untersucht und seine Unausweichlichkeit zeigt.

Man könnte nun einwenden, die Unfähigkeit der Berufsökonomen, die entscheidenden Punkte in der Entwicklung des Kapitalismus zu begreifen, gehe nicht auf ein Versagen ihrer Wissenschaft zurück, sondern vielmehr auf persönliche Unzulänglichkeit, bedingt durch die soziale Zugehörigkeit zum Mittelstand. Mit Sicherheit sei von ihnen nicht zu erwarten, daß sie wohlwollend auf eine Theorie blickten, die zu dem Schluß kommt, daß die Entwicklung den Mittelstand auslöschen werde. Erwiese sich der Einwand als stichhaltig, handelte es sich weniger um einen »error artis« als um einen »error artificis«, dessen psychologische Ursachen sich leicht klären ließen. Es gibt jedoch Gründe, die nahelegen, daß es hier um mehr als nur um persönliche Unzulänglichkeit geht, und daß hier tatsächlich ein »error artis« vorliegt. Zur Verdeutlichung stellen wir uns zwei Ökonomen vor: der eine hat bei der österreichischen Schule, bei Pareto und Marshall gelernt, ohne jemals einen einzigen Satz von Marx oder seinen Schülern gehört oder gelesen zu haben; der andere dagegen hat nur Marx und die Marxisten studiert und nicht die leiseste Ahnung, daß es außerhalb der marxistischen Richtung auch »bürgerliche« Ökonomen gibt. Welcher von beiden kann die Entwicklungstendenzen des Kapitalismus besser erklären? Die Frage stellen, heißt sie beantworten.

Die Überlegenheit der Marxschen Ökonomie ist jedoch nur partiell. Es gibt Probleme, mit denen sie absolut nichts anfangen kann, während die »bürgerliche« Ökonomie sie spielend löst. Was kann die Marxsche Ökonomie zu Monopolpreisen sagen? Was hat sie zu den fundamentalen Problemen der Geld- und Kredittheorie zu sagen? Welches Instrumentarium gibt sie für eine Analyse des Steueraufkommens oder der Auswirkung einer technischen Neuerung auf die Löhne an die Hand? Und (Ironie des Schicksals!), was kann die Marxsche Ökonomie zum Problem der optimalen Verteilung der produktiven Ressourcen in einer sozialistischen Gesellschaft beitragen?

Zweifellos liegen die jeweiligen Vorzüge der Marxschen Ökonomie bzw. der »bürgerlichen« Wirtschaftstheorie auf verschiedenen »Ebenen«. Die Marxsche Ökonomie vermag die wirtschaftliche Entwicklung der kapitalistischen Gesellschaft in eine konsistente Theorie zu fassen, aus der ihre Notwendigkeit deduziert wird, während »bürgerliche« Ökonomen über die rein historische Beschreibung nicht hinauskommen. Auf der andern Seite ist die »bürgerliche« Ökonomie in der Lage, die Alltagsphänomene einer kapitalistischen Wirtschaft auf eine Weise zu erfassen, die allem, was Marxisten dazu sagen können, weit überlegen ist.[5] Zudem beziehen sich die Prognosen, die sich aus beiden ökono-

---

5 Dieser Unterschied hängt natürlich mit den jeweiligen gesellschaftlichen Funktionen der

mischen Theorien ableiten lassen, auf unterschiedliche Zeiträume. Will man die Entwicklung des Kapitalismus über eine längere Periode hinweg antizipieren, sind Marxkenntnisse eine viel brauchbarere Ausgangsbasis als die Kenntnis der Schriften von Wieser, Böhm-Bawerk, Pareto und selbst Marshall (wobei letzterer in dieser Hinsicht seinen Kollegen überlegen ist). Dagegen wäre die Marxsche Ökonomie bei der Leitung einer Bankzentrale oder für die Antizipation der Auswirkungen einer Änderung des Diskontsatzes nur eine dürftige Stütze.

3. Der Unterschied im Erklärungswert der Marxschen und der »bürgerlichen« Ökonomie wird sofort verständlich, wenn man an die wichtigsten Merkmale moderner Wirtschaftstheorie denkt. Wirtschaftstheorie, wie die österreichische, Marshallsche und die Lausanner Schule sie entwickelt hat, ist eine im wesentlichen *statische* Theorie des ökonomischen Gleichgewichts. Sie analysiert den Wirtschaftsprozeß im Rahmen eines Systems konstanter Daten sowie den Mechanismus, der Preise und produzierte Gütermengen den Veränderungen in diesen Daten anpaßt. Die Daten selbst, die psychologischer (Präferenzskalen von Konsumenten), technischer (Produktionsfunktionen) und institutioneller Natur (Formen und Eigentumsverteilung von Produktionsfaktoren, Geld- und Bankwesen usw.) sind, liegen dieser Auffassung zufolge außerhalb des Bereichs der wirtschaftswissenschaftlichen Betrachtung. Sie zu untersuchen, ist Aufgabe der beschreibenden und statistischen Forschung, eventuelle Veränderungen zu analysieren, fällt in das Spezialgebiet der Wirtschaftsgeschichte. Lassen sich irgendwelche »Gesetzmäßigkeiten« im Wandel der Daten entdecken, so ist es auch hier nicht Aufgabe der ökonomischen Theorie, sie zu ergründen. Desgleichen werden auch die institutionellen Daten in dieser Theorie nicht behandelt. Wenn die Theorie des ökonomischen Gleichgewichts nur eine Theorie der Verteilung knapper Mittel auf verschiedene Nutzungsbereiche ist, kann sie institutionelle Daten vernachlässigen und

---

»bürgerlichen« und der Marxschen Ökonomie zusammen. Die eine soll eine wissenschaftliche Basis für zweckrationale Maßnahmen liefern, die in der kapitalistischen Wirtschaft ad hoc zu treffen sind (Geld- und Kreditpolitik, Tarife, Monopolpreise usw.), während die soziale Funktion der letzteren darin besteht, eine wissenschaftliche Basis für langfristige Prognosen zur Steuerung der rationalen Aktivität einer revolutionären Bewegung zu sein, die sich gerade gegen die institutionellen Grundlagen des kapitalistischen Systems richtet. Als wissenschaftliche Basis für die Steuerung der kapitalistischen Wirtschaft aber hat die »bürgerliche« Ökonomie eine Theorie des Gleichgewichts entwickelt, die auch der Führung einer sozialistischen Gesellschaft als Grundlage dienen kann. Es ist offensichtlich, daß die Marshallsche Ökonomie der jeweiligen Leitung der sowjetrussischen Wirtschaft mehr Mittel an die Hand gibt als die Marxsche Ökonomie, wenngleich diese ohne Zweifel eine bessere Basis für Prognosen über die Zukunft des Kapitalismus ist. Insofern hat die moderne Wirtschaftstheorie trotz ihres unbestritten »bürgerlichen« Ursprungs durchaus universelle Bedeutung.

alle wichtigen Überlegungen aus dem Beispiel des Robinson Crusoe ableiten. Insofern ist Ökonomie noch nicht einmal eine Sozialwissenschaft. Wo sie sich mit dem Preisbildungsprozeß befaßt, bleibt die Analyse der institutionellen Gegebenheiten sehr allgemein. Alles, was vorausgesetzt wird, ist die Existenz der für das Funktionieren der Tauschwirtschaft notwendigen Institutionen. Die Konsequenzen der zusätzlichen institutionellen Gegebenheiten[6], die den Kapitalismus von anderen Tauschwirtschaftsformen unterscheiden, d. h. die Existenz einer Klasse von Menschen, die keine Produktionsmittel besitzen, werden kaum beachtet.

Die Marxsche Ökonomie unterscheidet sich von der »bürgerlichen« gerade dadurch, daß sie die Analyse dieser zusätzlichen institutionellen Gegebenheiten und Voraussetzungen zum Eckpfeiler ihrer Analyse macht und damit den Schlüssel zur Erklärung jener Besonderheit des kapitalistischen Systems entdeckt, durch die es sich von anderen Tauschwirtschaftsformen unterscheidet. Dabei ist es für sie charakteristisch (und das hängt, wie wir zeigen werden, mit dem Genannten eng zusammen), daß sie nicht nur eine Theorie des ökonomischen Gleichgewichts, sondern auch eine Theorie der ökonomischen Entwicklung vorlegt. Die moderne »bürgerliche« Ökonomie hingegen vertritt den Standpunkt, die wirtschaftliche Entwicklung sei gar kein Problem der ökonomischen Theorie, sondern der Wirtschaftsgeschichte, das heißt, Veränderungen in den wirtschaftlichen Daten fielen außerhalb ihres Ressorts. Damit geht sie davon aus, unter ökonomischem Gesichtspunkt seien Veränderungen als zufällig anzusehen, da sie keine Resultate des ökonomischen Prozesses selbst darstellten[7]. Der Marxschen Ökonomie dagegen ist – wie gesagt – eine *Theorie* der wirtschaftlichen Entwicklung immanent[8].

---

6 Wenn wir das Faktum der Spaltung der Gesellschaft in Proletarier und Besitzer von Produktionsmitteln als institutionelles Datum bezeichnen, so wollen wir damit keineswegs andeuten, es handle sich hierbei um ein Gesetz. Vielleicht wäre es richtiger, zwischen institutionellen Gegebenheiten, wie sie aus Rechtsinstitutionen resultieren, und solchen soziologischen Gegebenheiten zu unterscheiden, die nicht auf Rechtsinstitutionen beruhen; da jedoch der Terminus »institutionell« generell in einem sehr weiten Sinne gebraucht wird, besteht keine Notwendigkeit, hier in diesem Aufsatz eine solche Unterscheidung vorzunehmen.

7 Auch H. L. Moores Theorie des beweglichen Gleichgewichts erklärt nur die Reaktion des Wirtschaftssystem auf eine bestimmte anhaltende Veränderung von Gegebenheiten. Die Veränderung selbst wird statistisch bestimmt, ist aber nicht Gegenstand theoretischer Analyse. Das gleiche gilt für die »dynamischen« Theorien, die die Notwendigkeit von Schwankungen aus Zeitverzögerungen bei der Anpassung des Angebots an Preisveränderungen herleiten. Sie reduzieren die Unmöglichkeit eines Gleichgewichts in gewissen Fällen direkt aus der Natur des Anpassungsmechanismus, können aber die Veränderungen in den Gegebenheiten, die für diese Entwicklung verantwortlich sind, nicht theoretisch ableiten, eine Entwicklung, die von den Schwankungen infolge des Anpassungsprozesses überlagert wird.

8 Der Unterschied zwischen einer *Theorie* der wirtschaftlichen Entwicklung und ihrer rein

Diese Marxsche Entwicklungstheorie basiert auf der Überzeugung, daß es unter bestimmten Umständen möglich ist, die Notwendigkeit und auch die Richtung des Wandels der wirtschaftlichen Gegebenheiten theoretisch abzuleiten, und daß dieser Wandel in gewissem Sinne direkt aus dem Mechanismus des kapitalistischen Wirtschaftsprozesses folgt. Wie dieser Mechanismus aussieht, und was der Begriff »Notwendigkeit« in diesem Zusammenhang bedeutet, wird später deutlich werden; hier mag die Feststellung genügen, daß fundamentale Veränderungen des Bestehenden tatsächlich in der Produktion stattfinden (ein Wandel der Produktionsfunktion), und daß ihre »Notwendigkeit« nur innerhalb des für den Kapitalismus spezifischen institutionellen Rahmens abgeleitet werden kann. Damit wurde das »Entwicklungsgesetz« des kapitalistischen Systems festgelegt. Die aus der Marxschen Theorie deduzierte Antizipation des zukünftigen Verlaufs der Geschehnisse ist also keine mechanische Extrapolation eines rein empirischen Trends, sondern eine Prognose, die sich auf die Erkenntnis eines immanenten Entwicklungstrends stützt und mit gewissen Einschränkungen nicht weniger stringent ist als eine Prognose auf der Basis der statischen Theorie des wirtschaftlichen Gleichgewichts, wie z. B., daß ein Preisanstieg unter bestimmten Umständen zu einem Rückgang der nachgefragten Warenmenge führt.

4. Ökonomen, deren Horizont nicht über die Grenzen einer rein statischen Gleichgewichtstheorie hinausreicht, bestreiten in der Regel, daß es überhaupt möglich sei, eine Theorie der wirtschaftlichen Entwicklung aufzustellen. Sie sind viel zu sehr der Vorstellung verhaftet, die Entwicklung dessen, was sie als reine Daten ihrer Wissenschaft voraussetzen, beruhe auf einer Art von »Zufall«, der möglicherweise von Historikern und Statistikern beschrieben, nicht aber kausal erklärt werden könne, zumindest nicht durch die ökonomische Theorie. Ihr Einwand lautet gewöhnlich, die Phänomene seien viel zu kompliziert, um theoretisch faßbar zu sein bzw. in einem einzigen Prinzip (oder in einigen wenigen Prinzipien) ihre Erklärung zu finden. Diese Ökonomen sagen, die bestimmenden Faktoren der Wirtschaftsentwicklung seien so zahlreich, daß sie nicht in das Raster einer vereinfachenden (und deshalb falschen) Theorie gezwungen werden könnten[9]. Indes,

---

historischen Darstellung findet im 2. Kapitel von Schumpeters *Theory of Economic Development* eine vortreffliche Erklärung. Schumpeter ist der einzige Ökonom außerhalb des marxistischen Lagers, der eine Entwicklungstheorie formuliert hat. Indes, die enge Verwandtschaft seiner Theorie mit dem Marxismus ist offenkundig.

9 Ähnliches wird meist auch gegen die Theorie des historischen Materialismus eingewandt, der die gesellschaftliche Entwicklung anhand einiger weniger genau definierter Prinzipien erklärt.

das Argument kann nicht überzeugen, es erinnert allzusehr an die Einwände der historischen Schule gegen jede Theorie, selbst gegen eine statische Wirtschaftstheorie. Das Preisbildungsproblem z. B., so argumentiert der historische und rein institutionalistische Ökonom, sei viel zu kompliziert, um aus einem einzigen Prinzip (Grenznutzen) erklärt werden zu können; es müsse vielmehr historisch und statistisch so beschrieben werden, daß alle Faktoren, die den Preis einer Ware beeinflussen, angemessen berücksichtigt sind. Und solche Faktoren seien, neben dem Gebrauchswert die Produktionskosten, die relative Knappheit, die Transportkosten, inwieweit die Ware importiert oder exportiert wird, ihre Qualität, das Klima, falls die Ware ein Artikel aus der Textilbranche ist usw.[10] Es muß heller Wahnsinn sein, so könnte man im Sinne dieser Argumentation folgern, das komplizierte Resultat so vieler Ursachen aus einem einzigen Prinzip wie dem des Grenznutzens erklären zu wollen.

Ein anderer Einwand lautet, selbst wenn eine Theorie der wirtschaftlichen Entwicklung möglich sei, so gehöre sie nicht in das Gebiet der Ökonomie. Wenn damit gemeint ist, daß die Theorie der wirtschaftlichen Entwicklung *zusätzliche* Überlegungen – über die in der Theorie des ökonomischen Gleichgewichts angestellten hinaus – erfordert, dann stimmt das: denn nur eine Gleichgewichtstheorie, der diese Überlegungen immanent sind, könnte statt eines Gleichgewichtszustandes einen Entwicklungsprozeß konstatieren. Ob indes die Deduktion der Notwendigkeit eines Wandels bestimmter Gegebenheiten aus bestimmten Prinzipien als *ökonomische* Theorie bezeichnet wird oder nicht, ist eine rein terminologische Frage. Dennoch ist zu sagen, daß in der Marxschen Theorie dieser Wandel der Gegebenheiten aus dem Prinzip der Profitmaximierung abgeleitet wird, welches auch der Theorie des ökonomischen Gleichgewichts zugrundeliegt, und daß die damit zusammenhängenden Phänomene auch von den klassischen Ökonomen traditionell als zum etablierten System ökonomischer Theorie gehörig betrachtet wurden. Von daher kann eine Theorie der wirtschaftlichen Entwicklung, die bestimmte Veränderungen der Gegebenheiten als »Immanenzen« des kapitalistischen Wirtschaftsprozesses erklärt, durchaus in die Wissenschaft der Ökonomie einbezogen werden.

---

10 Ich weiß z. B. von einem Ökonom-Institutionalisten, der tatsächlich behauptete, das Preisniveau hänge von genau zwölf Faktoren ab. Aus seiner Aufzählung sind mir geblieben: das Vertrauen des Volkes in die nationale Währung, ein ausgeglichenes oder nichtausgeglichenes nationales Budget, die Außenhandelsbilanz, die Höhe der landwirtschaftlichen Erträge (indirekt auch die Regenmenge). Das Verhältnis von Geld- und Kreditumlauf zum Handelsvolumen stellte für ihn natürlich auch *einen* Faktor dar; aber wie falsch sei es doch, so meinte er, ihn als *das* Erklärungsprinzip für das Preisniveau zu begreifen.

5. Ich habe gezeigt, daß die Überlegenheit der Marxschen Ökonomie ihre konkrete Quelle auf dem Gebiet der Erklärung und Antizipation des wirtschaftlichen Entwicklungsprozesses hat. Nicht die spezifischen, von Marx verwandten ökonomischen Kategorien sind es, die eine Theorie der wirtschaftlichen Entwicklung im Unterschied zu bloßer historischer Beschreibung möglich machen; es ist vielmehr die genaue Analyse des institutionellen Rahmens, in dem der Wirtschaftsprozeß in einer kapitalistischen Gesellschaft abläuft. Die meisten orthodoxen Marxisten glauben allerdings, daß ihre Überlegenheit im Verständnis der kapitalistischen Entwicklung den ökonomischen Kategorien, mit denen Marx arbeitete, zu verdanken sei, d. h. der Anwendung der Arbeitswertlehre. Die Ersetzung der klassischen Arbeitswertlehre durch die Grenznutzentheorie sei es, die für das Versagen der »bürgerlichen« Ökonomie bei der Erklärung der Grundzüge der kapitalistischen Entwicklung verantwortlich sei. Daß sie sich irren, läßt sich leicht nachweisen, wenn man die Arbeitswertlehre auf ihre ökonomische Bedeutung hin betrachtet. Sie ist nichts als eine statische Theorie des allgemeinen wirtschaftlichen Gleichgewichts. In einer individualistischen, auf Arbeitsteilung beruhenden Tauschwirtschaft, in der es keine zentrale Autorität gibt, die bestimmt, welche Waren in welchen Mengen produziert werden sollen, wird das Problem automatisch über den Wettbewerb gelöst. Er setzt eine Verteilung der produktiven Ressourcen auf die verschiedenen Industrien durch, bei der die Preise dem zur Herstellung einer Ware notwendigen Arbeitsquantum proportional sind (die klassische Ökonomie spricht hier von »natürlichen Preisen«). In ihrem Kern ist diese Theorie also nicht weniger statisch als die moderne Theorie des wirtschaftlichen Gleichgewichts, denn sie geht bei der Erklärung des Gleichgewichts von Preis und Produktion ebenfalls von bestimmten Daten aus (nämlich von einem bestimmten Arbeitsquantum, das zur Herstellung einer Ware erforderlich ist – ein Quantum, das durch die Produktionstechnik bestimmt wird). Und was ihre institutionellen Prämissen anbelangt, so differenziert sie keineswegs stärker als die moderne Theorie des wirtschaftlichen Gleichgewichts; sie gilt nicht nur für die kapitalistische Wirtschaft, sondern für jede Tauschwirtschaft, in der es freien Wettbewerb gibt[11]. Um jedoch genau zu sein, ganz präzise gilt die Marxsche Erklärung nur in einer nichtkapitalistischen Tauschwirtschaft von Kleinproduzenten, wo jeder seine eigenen Produktionsmittel besitzt (eine Tauschwirtschaft bestehend etwa aus Kleinhandwerkern und Bauern; Marx nennt sie die »einfache Waren-

---

11 Vgl. Karl Marx, *Das Kapital*, Bd. I, S. 96 (Frankfurt a. M. 1968).

produktion«)[12]. In einer kapitalistischen Wirtschaft bedarf sie, wie Marx im dritten Band des *Kapital* gezeigt hat, aufgrund der Unterschiede in der organischen Zusammensetzung des Kapitals (d. h. des Verhältnisses von in Kapital*gütern* investiertem Kapital zu dem in Lohnzahlungen investiertem Kapital) in den verschiedenen Industriezweigen gewisser Modifikationen. Die Arbeitswertlehre hat demnach keine Qualitäten, die sie vom marxistischen Standpunkt aus der modernen, komplizierteren Theorie des wirtschaftlichen Gleichgewichts überlegen machte[13]. Sie ist nur eine einfachere Form der letzteren, beschränkt auf das enge Feld des reinen Wettbewerbs und nicht einmal hier ohne Einschränkung[14]. Zudem ist auch ihre wichtigste Feststellung (die Entsprechung zwischen Preis und Durchschnittskosten plus »nor-

---

12 Vgl. Karl Marx, *Das Kapital*, Bd. III, S. 271 (Frankfurt a. M. 1968).

13 Im Marxschen System dient die Arbeitswertlehre außerdem als Nachweis für die Ausbeutung der Arbeiterklasse im Kapitalismus, daß heißt, sie erklärt die Differenz zwischen der Einkommensverteilung in einer kapitalistischen Wirtschaft und in einer »einfachen Warenproduktion«. Diese Deduktion aus der Arbeitswertlehre ist es, die orthodoxe Marxisten an ihr festhalten läßt. Das gleiche Faktum der Ausbeutung läßt sich jedoch auch ohne Arbeitswertlehre herleiten. Auch ohne sie ist offenkundig, daß die Einkommensverteilung in einer kapitalistischen Wirtschaft sich von der in der »einfachen Warenproduktion« (oder einer auf egalitären Prinzipien beruhenden sozialistischen Wirtschaft, in der die Einkommensverteilung im wesentlichen der einer »einfachen Warenproduktion« entspräche) unterscheidet, denn Profit, Zins und Rente können offensichtlich nur in einer kapitalistischen Wirtschaft persönliches Einkommen einer besonderen Klasse sein. Wenn der Zins mit der Grenzproduktivität des Kapitals erklärt wird, dann nur, weil die Arbeiter das Kapital, mit dem sie arbeiten, nicht besitzen, nur so kann der Zins zum persönlichen Einkommen einer besonderen Klasse werden. Wird er als eine angemessene höhere Bewertung gegenwärtiger in Relation zu zukünftigen Gütern betrachtet, dann nur, weil die Arbeiter über keinerlei Subsistenzmittel verfügen, die es ihnen ermöglichten zu warten, bis die von ihnen produzierten Waren fertig sind; weil er ihnen diese Subsistenzmittel vorschießt, kann der Kapitalist hernach den Zins als persönliches Einkommen verbuchen. Genau wie Marx konstatiert, wird der Mehrwert vom Kapitalisten eingestrichen, weil die Arbeiter keine Produktionsmittel besitzen. Um den Marxschen Begriff der Ausbeutung in einem Kontrast noch stärker zu verdeutlichen, sei bemerkt, daß Pigou (*The Economics of Welfare*, 1929, S. 556) und Robinson (*The Economics of Imperfect Competition*, S. 281) dann von Ausbeutung des Arbeiters sprechen, wenn er weniger als den Wert des Grenzprodukts seiner Arbeit bekommt. Das heißt, Ausbeutung ist bei ihnen definiert durch die Gegenüberstellung der Einkommensverteilungen im Monopolkapitalismus und im Konkurrenzkapitalismus. Der Mittelstandscharakter dieser Vorstellung von sozialer Gerechtigkeit ist offensichtlich. Für die Sozialisten dagegen ist der Arbeiter auch ausgebeutet, wenn er den vollen Wert des Grenzprodukts seiner Arbeit erhält; denn aus der Tatsache, daß Zins und Rente durch die Grenzproduktivität von Kapital oder Boden bestimmt sind, folgt vom sozialistischen Standpunkt aus nicht, daß der Kapital- oder Grundbesitzer sie als sein persönliches Einkommen einstreichen müsse. Die Marxsche Definition von Ausbeutung leitet sich aus der Gegenüberstellung der Einkommensverteilungen im Kapitalismus (gleich, ob monopolistisch oder mit freiem Wettbewerb) und in der »einfachen Warenproduktion« her, in der der Arbeiter seine Produktionsmittel besitzt.

14 Sie gilt nur unter der Voraussetzung, daß das Verhältnis von Kapitalgütern und Arbeit in jedem Industriezweig allein durch technische Überlegungen bestimmt wird, d. h., es ist ein Datum und nicht etwa eine Variable, die von Löhnen und Preisen für Kapitalgüter abhängig ist. In dem Moment, da Austauschbarkeit zwischen Kapitalgütern und Arbeit als möglich angenommen wird, muß die Theorie der Grenzproduktivität eingeführt werden, damit die organische Zusammensetzung des Kapitals, deren Kenntnis im Marxschen System für die Ermittlung der Abweichung der »Produktionspreise« von den jeweiligen Arbeitswerten wichtig ist, bestimmt werden kann.

malem« Profit) in der modernen Theorie des wirtschaftlichen Gleichgewichts enthalten. Die Arbeitswertlehre kann also nicht den Ursprung der Überlegenheit der Marxschen Ökonomie über die »bürgerliche« ausmachen, wie er sich in der Erklärung der wirtschaftlichen Entwicklung kundtut. In Wirklichkeit ist das Festhalten an einer antiquierten Form der Theorie des wirtschaftlichen Gleichgewichts (der Arbeitswertlehre) eher die Ursache einer Unterlegenheit der Marxschen Ökonomie auf vielen Gebieten. Ihre Überlegenheit beruht einzig auf der exakten Analyse jener institutionellen Daten, die den Kapitalismus von der »einfachen Warenproduktion« unterscheiden. Nur dank dieser Analyse war Marx in der Lage, die Besonderheiten des kapitalistischen Systems zu entdecken und eine Theorie der wirtschaftlichen Entwicklung aufzustellen.

6. Sowohl die Mängel der Marxschen Ökonomie infolge ihrer antiquierten Theorie vom wirtschaftlichen Gleichgewicht, wie ihre Vorzüge dank einer Theorie der wirtschaftlichen Entwicklung werden deutlich, wenn man den Beitrag der Marxschen und der »bürgerlichen« Ökonomie zur Konjunkturzyklentheorie betrachtet. Keine kann das Problem ganz lösen.

Dabei liegt der Mangel der Marxschen Ökonomie in der Arbeitswertlehre, die Preise nur als Gleichgewichtspreise (d. h. »natürliche Preise« in der Terminologie von Ricardo) erklären kann. Abweichungen der tatsächlichen von den »natürlichen Preisen« sind mehr oder weniger zufällig, über die die Arbeitswertlehre nichts Bestimmtes zu sagen vermag. Das zentrale Problem der Konjunkturzyklentheorie besteht aber genau im Problem der Abweichungen vom Gleichgewicht – ihrer Ursachen, ihres Verlaufs und ihrer Auswirkungen. Hier versagt die Arbeitswertlehre unweigerlich. Die Unfähigkeit der Marxschen Ökonomie, das Problem des Konjunkturzyklus zu lösen, wird augenfällig an der umfangreichen marxistischen Literatur, die sich mit den berühmten Reproduktionsschemata des zweiten Bandes des *Kapital* befaßt. Diese Literatur versucht, die Grundprobleme des wirtschaftlichen Gleichgewichts und Ungleichgewichts zu lösen, ohne auch nur den geringsten Versuch zu machen, den mathematischen Begriff der funktionalen Beziehung anzuwenden.

Auf der anderen Seite verfügt aber auch die »bürgerliche« Ökonomie über keine konsistente Konjunkturtheorie. Sie hat eine Menge Vorarbeit dazu geleistet, in dem sie auf eine Reihe von sehr wichtigen Details für eine solche Theorie aufmerksam machte. So hat sie z. B. die Auswirkungen der verschiedenen Elastizitäten einiger Rechtsbestimmungen in unserem Wirtschaftssystem untersucht und in bisher ungekannter Weise die Rolle von Geld und Kredit im Konjunkturzyklus erhellt. Dennoch ist sie nicht in der Lage, eine abgeschlossene Konjunkturtheorie zu formulieren – eine Aufgabe, der eine statische Theorie des Gleichgewichts und der Anpassungsprozesse prinzipiell nicht gewachsen ist. Eine solche Theorie vermag zu analysieren, warum im Falle einer Störung des Gleichgewichts bestimmte Anpassungsprozesse notwendig folgen; sie vermag auch den Charakter dieser Anpassungsprozesse unter veränderten Bedingungen zu untersuchen. Aber sie kann nicht erklären, warum solche Störungen regelmäßig wiederkehren. Dies ist nur mit Hilfe einer Theorie der Wirtschaftsentwicklung möglich. Die moderne Theorie des wirtschaftlichen Gleichgewichts kann nur zeigen, daß ein durch inflatorische Kreditausweitung angeheizter Boom zu einem Zusammenbruch und Liquidationsprozeß führen muß; das wirkliche Problem liegt jedoch in der Erklärung, warum solche Kreditinflationen als dem kapitalistischen System immanente immer wieder auftreten. Ähnlich steht es mit technischen Innovationen als Ursache von Konjunkturzyklen. In einer Theorie der wirtschaftlichen Entwicklung würde sich der Konjunkturzyklus als die Form erweisen, in der die wirtschaftliche Entwicklung im Kapitalismus notwendig vor sich geht[15].

Nur mit einer Theorie der wirtschaftlichen Entwicklung kann die »notwendige« Wiederkehr einer Konstellation von Datensystemen, die zu einem permanent sich wiederholenden Konjunkturzyklus führen, erklärt werden. Einer reinen Theorie des wirtschaftlichen Gleichgewichts, die die Frage von Veränderung nicht einbegreift, bleiben demgegenüber nur zwei Möglichkeiten, das Problem des Konjunkturzyklus anzupacken: (1) entweder sie führt die Regelmäßigkeit, mit der Konjunkturzyklen sich wiederholen, auf eine Regelmäßigkeit im Wandel der Daten durch Kräfte außerhalb des Wirtschaftsprozesses zurück, Kräfte wie metereologische Zyklen oder einander ablösende Wellen von Optimismus und Pessimismus, oder (2) sie stellt die Regelmäßigkeit der Konjunkturzyklen ganz in Frage und erklärt wirtschaftliche Schwankungen als Folge von Veränderungen, die vom Standpunkt des Wirtschaftstheoretikers »zufällig« sind und damit in das Gebiet des Wirtschaftshistorikers fallen. In diesem Falle wäre die Reichweite der ökonomischen Theorie darauf beschränkt, jede Konjunkturschwankung gesondert als einmaliges historisches Phänomen dadurch zu erklären, daß sie die Prinzipien der Theorie des wirtschaftlichen Gleich-

---

15 Diesen Charakter des Konjunkturzyklus als einer spezifischen Form wirtschaftlicher Entwicklung im Kapitalismus ist von Schumpeter sehr präzise herausgearbeitet worden.

gewichts auf das vorhandene, vom Wirtschaftshistoriker gesammelte Faktenmaterial anwendet[16].

7. Ich habe betont, daß der entscheidende Punkt der Marxschen Ökonomie in der genauen Analyse der institutionellen Daten liegt, die nach Marx den Kapitalismus in Unterschied zur »einfachen Warenproduktion« definieren, d. h. im Unterschied zu einer Tauschwirtschaft, die aus kleinen unabhängigen Produzenten besteht, von denen jeder einzelne im Besitz seiner eigenen Produktionsmittel ist. Das institutionelle Datum, das den Eckpfeiler der Marxschen Kapitalismusanalyse abgibt, ist die Spaltung der Bevölkerung in zwei Teile: in die Besitzer der Produktionsmittel, und jene, die nichts besitzen als ihre Arbeitskraft. Es leuchtet ein, daß Profit und Zins allein auf der Basis dieser institutionellen Voraussetzung als eine besondere, vom Lohn unabhängige Einkommensform erscheinen können, und ich glaube, daß niemand die wichtige soziologische Bedeutung dieser institutionellen Gegebenheit bestreitet. Dennoch stellt sich die Frage, ob diese institutionelle Gegebenheit Basis der Marxschen Analyse des Kapitalismus, in irgendeinem Bezug zur ökonomischen Theorie steht. Die moderne ökonomische Theorie geht größtenteils entweder stillschweigend davon aus, ein solcher Zusammenhang bestehe nicht, oder sie bestreitet ihn explizit. Generell wird unterstellt, daß der Begriff des Kapitalismus (im Unterschied zur reinen Tauschwirtschaft), wie wichtig er im Bereich von Soziologie und Wirtschaftsgeschichte auch immer sein möge, in der ökonomischen Theorie nicht gebraucht werde, da der kapitalistische Wirtschaftsprozeß sich seinem Charakter nach nicht wesentlich von anderen Arten der Tauschwirtschaft unterscheide.

In bezug auf die Theorie des wirtschaftlichen Gleichgewichts ist diese Behauptung absolut richtig. Die formalen Prinzipien der Gleichgewichtstheorie gelten tatsächlich für jede Art von Tauschwirtschaft. Die Walrasschen Gleichungen lassen sich unterschiedslos auf die kapitalistische Wirtschaft oder die »einfache Warenproduktion« anwenden. Ob diejenigen, die über die Produktionsfaktoren von Arbeit und Kapital verfügen (Arbeitskraft und Produktionsmittel in der Marxschen Terminologie), dieselben Personen sind oder nicht, hat natürlich Einfluß auf die konkreten Ergebnisse des wirtschaftlichen Gleichgewichtsprozesses, berührt aber nicht seinen formaltheoretischen Aspekt. Und genau das gleiche gilt für die Marxsche Fassung der Theorie des wirtschaftlichen Gleichgewichts, d. h. für die Arbeitswertlehre. Auch

---

16 Dieser Standpunkt ist sehr geschickt vertreten worden von Friedrich Lutz in *Das Konjunkturproblem in der Nationalökonomie*, Jena 1932.

sie läßt sich unterschiedslos auf jede Tauschwirtschaft anwenden, die einzige Voraussetzung ist reiner Wettbewerb. Marx selbst hat wiederholt gesagt, daß das »Wertgesetz«, über das sich das Gleichgewicht in einer auf Arbeitsteilung beruhenden Tauschwirtschaft durchsetzt, für jede Art von Tauschwirtschaft gelte, ob kapitalistisch oder »einfache Warenproduktion«. Mehr noch, Marx entwickelt seine Wertlehre zunächst für die einfache Warenproduktion, um danach die kleine (für ihn unwesentliche) Modifikation zu zeigen, die sie bei der Anwendung auf die kapitalistische Wirtschaft erfahren muß. Damit ist die institutionelle Basis der kapitalistischen Gesellschaft ohne wesentliche Bedeutung für die allgemeine Theorie des ökonomischen Gleichgewichts. Und insofern ist auch die vorherrschende Auffassung der Ökonomen zutreffend. Die institutionelle Basis wird in ihrer ganzen Tragweite erst in Kategorien der soziologischen Interpretation des wirtschaftlichen Gleichgewichtsprozesses sichtbar.

Indes, die institutionellen Daten, die der Marxschen Kapitalismusanalyse zugrunde liegen, gewinnen eine große und grundsätzliche Bedeutung dort, wo es um die Theorie der wirtschaftlichen Entwicklung geht. Diese läßt sich nämlich nur auf der Basis genau definierter Voraussetzungen des institutionellen Rahmens, in dem der Wirtschaftsprozeß abläuft, ableiten. Die Unbeständigkeit der Produktionstechnik, Basis der Marxschen[17] Theorie der wirtschaftlichen Entwicklung, ist, wie sich zeigen läßt, nur unter sehr spezifischen institutionellen Voraussetzungen unvermeidlich. Sie ist zweifellos in einer feudalen Gesellschaft nicht gegeben und läßt sich auch in der »einfachen Warenproduktion« nicht nachweisen. Zwar existiert ein gewisses Maß an technischem Fortschritt in jeder Gesellschaft, aber erst im Kapitalismus erweist er sich als notwendige Bedingung für die Erhaltung des Systems.

8. Die Notwendigkeit des technischen Fortschritts[18] zur Erhaltung des kapitalistischen Systems wird in der Marxschen Ökonomie damit begründet, daß es nur in einer sich entwickelnden Wirtschaft kapitalistischen Profit und Zins geben kann.

Der Unternehmerprofit, aus dem sich auch der Kapitalzins herleitet, wird von Marx auf die Differenz zwischen dem Wert der Arbeitskraft und dem Wert der mit dieser Arbeitskraft geschaffenen Produkte erklärt. Nun ist nach der Arbeitswertlehre der Wert der Arbeitskraft

---

17 Und auch der Schumpeterschen.
18 Mit technischem Fortschritt meine ich hier nicht nur technische Verbesserungen im engen Sinne des Wortes, sondern auch Verbesserungen in der Organisation usw., d. h. jede Innovation, die die Effizienz der optimalen Kombination von Produktionsfaktoren steigert.

durch ihre Reproduktionskosten bestimmt. Da in jeder zivilisierten Gesellschaft ein Arbeiter mehr produzieren kann, als er zum Leben braucht, schafft er einen Mehrwert, der die Basis für den Profit seines Arbeitgebers bildet. Indes, der entscheidende Punkt in der Marxschen Theorie ist die Anwendung der Arbeitswertlehre auf die Festsetzung der Löhne. Wenn der Marktpreis von Baumwollstoff seinen »natürlichen Preis« übersteigt, dann fließen solange Kapital und Arbeit in die Baumwollstoffindustrie, bis durch das gestiegene Angebot von Baumwollstoff sein Marktpreis dem »natürlichen Preis« wieder entspricht. Dieser Ausgleichsmechanismus, Fundament der Arbeitswertlehre, kann jedoch auf den Arbeitsmarkt nicht angewendet werden. Wenn die Löhne über die »natürlichen Preise« der Arbeitskraft hinaus soweit steigen, daß sie die Profite der Arbeitgeber zunichtezumachen drohen, dann besteht keinerlei Möglichkeit, Kapital und Arbeit aus anderen Industrien in die Produktion eines größeren Arbeitskräfteangebots zu transferieren. In dieser Hinsicht unterscheidet sich die Ware Arbeitskraft fundamental von allen übrigen Waren. Deshalb reicht auch zur Erklärung, warum Löhne ein bestimmtes Maximum nicht überschreiten und Profite nicht zunichte machen dürfen, der generelle Mechanismus, der die Marktpreise zur Annäherung an die »natürlichen Preise« zwingt, nicht aus; ein neues Prinzip muß eingeführt werden.

Die klassischen Ökonomen entdeckten ein solches Prinzip in der Bevölkerungstheorie. Sie gingen davon aus, daß der Vermehrungstrieb der Bevölkerung so auf die Subsistenzmittel reagiere, daß eine Steigerung der Löhne über den »natürlichen Preis« der Arbeitskraft hinaus sofort wieder ausgeglichen werde. Ricardo sagt wörtlich: »Wie sehr auch der Marktpreis der Arbeit von ihrem natürlichen Preis abweichen mag, gleich den Waren hat er die Tendenz, sich ihm anzugleichen ... Übersteigt der Marktpreis der Arbeit ihren natürlichen Preis, so ist der Arbeiter in einer günstigen Lage ... Sobald jedoch durch den Auftrieb, den hohe Löhne der Bevölkerungsvermehrung geben, sich die Zahl der Arbeiter erhöht, fallen die Löhne wiederum auf ihren natürlichen Preis ...«[19]

Damit befindet sich die Arbeiterklasse in einem circulus vitiosus, den sie nicht durchbrechen kann. Marx entkräftete die Malthussche Bevölkerungstheorie[20] mit der Feststellung, auch ohne diesen Hang zur Vermehrung könnten die Löhne nicht soweit steigen, daß sie die Profite

19 David Ricardo, *Grundsätze der politischen Ökonomie*, Berlin 1959, S. 78 f.
20 *Das Kapital*, Bd. I, 23. Kapitel.

zunichte machten. Denn, so Marx, der Kapitalismus schafft sich seinen Bevölkerungsüberschuß (industrielle Reservearmee) selbst, und zwar durch technischen Fortschritt; er ersetzt Arbeiter durch Maschinen. Der so erzeugte Bevölkerungsüberschuß verhindert Lohnsteigerungen, die die Profite verschlingen könnten. Damit wird der technische Fortschritt zum notwendigen Element des kapitalistischen Systems[21], und der Kapitalismus erhält den dynamischen Charakter, der die ständige Erhöhung der organischen Zusammensetzung des Kapitals erklärt.

Daß die Arbeitswertlehre in dieser Überlegung keine Rolle spielt, ist unmittelbar einsichtig; denn ihre Anwendung auf den Arbeitsmarkt ist eine reine Formsache insofern, als der ihr zugrundeliegende Ausgleichsmechanismus auf dem Markt nicht funktioniert. Der technische Fortschritt ist es, (für die klassischen Ökonomen das »Bevölkerungsgesetz«), der verhindert, daß die Löhne die Profite aufzehren.

Jetzt wird verständlich, in welchem Sinne die Marxsche Ökonomie die »Notwendigkeit« der wirtschaftlichen Entwicklung aus theoretischen Überlegungen ableitet. Natürlich läßt sich die »Notwendigkeit« arbeitssparender technischer Neuerungen im jeweils richtigen Moment nicht theoretisch deduzieren, und in diesem Sinne läßt sich die »Notwendigkeit« wirtschaftlicher Entwicklung auch nicht beweisen. Aber einen solchen Versuch unternimmt die Marxsche Ökonomie auch gar nicht. Sie stellt nur fest, daß das kapitalistische System sich ohne Innovationen nicht am Leben erhalten kann. Den Beleg hierfür liefert allerdings eine ökonomische Theorie, die nachweist, daß Profit und Kapitalzins nur dank der Instabilität eines bestimmten Datums, nämlich der Produktionstechnik, existieren können, und daß sie in dem Augenblick zwangsläufig verschwänden, da weiterer technischer Fortschritt sich als unmöglich erwiese. Die hier vorgetragene ökonomische Theorie skizziert natürlich nur grob die Marxsche Erklärung der Entwicklung des Kapitalismus und deutet nur von ferne an, wie man diese Theorie ergänzen und die von Marx hinterlassenen Lücken schließen könnte.

---

21 Marx selbst hat nicht klar gesehen, daß in seiner Theorie die virtuelle Existenz eines Bevölkerungsüberschusses als Folge von technischem Fortschritt für die Erhaltung des kapitalistischen Systems notwendig ist. Er wandte die Arbeitswertlehre auf den Arbeitsmarkt an, ohne sich bewußt zu sein, daß der Ausgleichsmechanismus, der dieser Theorie zugrunde liegt, im Hinblick auf die Arbeitskraft gar nicht funktioniert. Dennoch können wir mit Hilfe der Theorie des Bevölkerungsüberschusses, die Marx der Malthusschen entgegensetzt, seinen eigenen Gedankengang vervollständigen und die Lücke in seinem System schließen. Anzumerken wäre, daß ein proletarischer Bevölkerungsüberschuß auch dadurch entstehen kann, daß kleine unabhängige Produzenten (Handwerker und Bauern z. B.) durch die Konkurrenz der kapitalistischen Industrie vom Markt vertrieben werden. Diese Quelle von Bevölkerungsüberschuß hatte in den Anfängen des Kapitalismus besondere Bedeutung. Solange sie existiert, könnte sich das kapitalistische System theoretisch sogar ohne jeden anderen technischen Fortschritt als den im dynamischen Zerfallsprozeß der vorkapitalistischen Systeme implizierten am Leben erhalten.

Immerhin ist der heutige Stand der ökonomischen Theorie eine Grundlage, um darauf eine brauchbare und adäquatere Theorie der wirtschaftlichen Entwicklung zu erarbeiten.

Die Notwendigkeit der wirtschaftlichen Entwicklung im Kapitalismus beruht ganz offensichtlich auf jenen institutionellen Daten, die den Kapitalismus von der »einfachen Warenproduktion« unterscheiden und die es dort auch gar nicht geben kann. Die »bürgerliche« Ökonomie, indem sie es unterläßt, die institutionellen Daten des Kapitalismus exakt zu analysieren, ist unfähig, eine Theorie der wirtschaftlichen Entwicklung aufzustellen, weil eine solche Theorie sich aus den allgemeinen Voraussetzungen der Tauschwirtschaft nicht entwickeln läßt. Aus unserer Darlegung der Marxschen Theorie von der wirtschaftlichen Entwicklung geht hervor, daß die Notwendigkeit der wirtschaftlichen Entwicklung nicht aus dem Tausch und Preisbildungsprozeß als solchem resultiert, sondern aus dem besonderen institutionellen Rahmen, in dem dieser Prozeß in der kapitalistischen Gesellschaft vor sich geht[22]. Die Beschreibung der institutionellen Daten durch die »bürgerliche« Ökonomie ist zu allgemein, sie nennt nur die Fakten, die in jeder Tauschwirtschaft vorkommen. Da aber eine so unscharfe Analyse zu Ergebnissen führt, die in ihrer Allgemeinheit auf konkrete Probleme nicht angewandt werden können, läßt die »bürgerliche« Ökonomie ihr eine sehr detaillierte Feinanalyse des Geld- und Bankwesens folgen (die Existenz oder Nichtexistenz eines Goldstandards, das Banksystem als mögliche Ursache von inflatorischer Kreditexpansion usw.). Dennoch bleibt zwischen der unscharfen Analyse der institutionellen Gegebenheiten und den sehr ins einzelne gehenden Untersuchungen eine Lücke. Das heißt, nach wie vor fehlen jene institutionellen Daten, die den Kapitalismus von der »einfachen Warenproduktion« unterscheiden. Und genau dies ist es, was für die Theorie der wirtschaftlichen Entwicklung von grundlegender Bedeutung ist.

9. Durch die genaue Analyse des institutionellen Rahmens der kapitalistischen Wirtschaft ist die Marxsche Ökonomie in der Lage, eine Theorie der wirtschaftlichen Entwicklung aufzustellen, bei der aus dem Wirtschaftssystem selbst bestimmte Daten folgen. Doch nicht alle Veränderungen der Daten werden in dieser Weise von der Marxschen Theorie erklärt. Einige Datenentwicklungen, die vom Wirtschaftssystem bestimmt sind, beeinflussen auch bestimmte außerökonomische Faktoren, wie die Regierungspolitik, die politischen und sozialen Ideen

---

22 Ähnlich basiert auch Schumpeters Theorie der wirtschaftlichen Entwicklung auf genau definierten institutionellen Daten und gilt nicht für jede Art von Tauschwirtschaft.

usw., die ihrerseits auf das Wirtschaftssystem zurückwirken und in ihm entsprechende Veränderungen anderer Daten in Gang setzen. Dies liefert die Erklärung für den Übergang vom *laisser-faire* zum Staatsinterventionismus, vom Freihandel zu Protektionismus und Wirtschaftsnationalismus und für das Entstehen imperialistischer Rivalitäten usw. Der Kausalzusammenhang, der in Form eines Einflusses bestimmter ökonomischer Verhältnisse auf bestimmte außerökonomische Faktoren und deren Rückwirkung besteht, sprengt jedoch den Rahmen reiner ökonomischer Theorie. Er wird behandelt von der Theorie des historischen Materialismus, die es sich zur Aufgabe gemacht hat, die Kausalzusammenhänge aufzuklären, die die wirtschaftliche mit der gesamtgesellschaftlichen Entwicklung verknüpfen. Das heißt, die Entwicklung des Kapitalismus in ihrer vollen Konkretion kann in einer Theorie der wirtschaftlichen Entwicklung allein keine hinreichende Erklärung finden. Diese Erklärung wird erst möglich durch die Verbindung von ökonomischer Theorie und historischem Materialismus, der selbst untrennbarer Bestandteil der Marxschen Kapitalismusanalyse ist.

10. Unsere Ergebnisse lassen sich wie folgt zusammenfassen:

(1) Die Überlegenheit der Marxschen Ökonomie in der Kapitalismusanalyse beruht nicht auf den von Marx verwendeten Kategorien (Arbeitswertlehre), sondern auf einer genauen Analyse der institutionellen Daten, die den Kapitalismus von der Tauschgesellschaft im allgemeinen unterscheiden.

(2) Die Analyse dieser institutionellen Daten ermöglicht die Aufstellung einer Theorie der wirtschaftlichen Entwicklung, aus der ein »notwendiger« Trend für bestimmte Gegebenheiten im kapitalistischen System abgeleitet werden kann.

(3) In Verbindung mit der Theorie des historischen Materialismus erklärt diese Theorie der wirtschaftlichen Entwicklung die im Kapitalismus vor sich gehenden Veränderungen und dient als Basis für Prognosen über die Zukunft.

*Cambridge, Mass.*

# Marxistische Ökonomie in der Sowjetunion*

Der in der Septemberausgabe dieser Zeitschrift nachgedruckte Aufsatz »Teaching of Economics in the Soviet Union«** hat ein lebhaftes Echo gefunden. Etliche Kommentatoren interpretieren ihn als Revision der traditionellen Marxschen Theorie. Zu ihnen zählen u. a. Raya Dunayevskaya, die in ihrem ebenfalls in der *Review*[1] erschienenen Artikel eine entsprechende Interpretation vorlegt, sowie Will Lissner[2], der zu dieser Thematik mehrere Artikel in der *New York Times* veröffentlichte. Die Revision bestehe, so wird gesagt, in der neuen Auffassung, die Werttheorie gelte auch in einer sozialistischen Wirtschaft, während die offizielle Theorie der Sowjetökonomen bislang davon ausgegangen sei, im Sozialismus habe das Wertgesetz keinen Platz.

Diese Interpretation beruht auf einem Irrtum. Die Revision, die der angesprochene Aufsatz »Teaching of Economics in the Soviet Union« vornimmt, gilt der bisher von den Sowjetökonomen vertretenen Position, eine Revision der marxistischen Prinzipien ist sie keinesfalls. Sie bedeutet vielmehr eine Rückkehr zur ursprünglichen Marxschen Lehre,

---

\* »Marxian Economics in the Soviet Union«, in: *The American Economic Review*, Bd. XXXV, März 1945, S. 127-133. Aus dem Amerikanischen übersetzt von Hanne Herkommer.

\*\* Dieser Aufsatz wurde in Zusammenhang mit einem 1943 in der Nr. 7/8 der Zeitschrift *Unter dem Banner des Marxismus* ohne Unterschrift publizierten Aufsatz »Niekotoryje voprosy prepodawania politiczeskoj ekonomii« geschrieben. Der Aufsatz war als programmatisches Dokument gefaßt und enthielt Thesen (zuvor mit J. Stalin im ZK der KPSSR im Januar 1941 vereinbart), die die bis Ende der zwanziger Jahre vorherrschenden Meinungen in der ökonomischen Theorie einer Kritik unterzogen. Es ging um die verbindliche teleologische Interpretation der »ökonomischen Gesetze« des Sozialismus, die als Normen durch menschlichen Willen und Zielstrebigkeit erschaffen und unter Vermittlung der Wirtschaftspolitik realisiert werden. Dieser Aufsatz erweckte das Interesse westlicher Ökonomen. Er wurde in *The American Economic Review* in der Übersetzung von Frau R. Dunayevskaja unter dem Titel »Teaching of Economics in the Soviet Union« publiziert. Auf Vorschlag des damaligen Redakteurs der Zeitschrift M. F. Machlup griff Oskar Lange in die Diskussion über die genannten Aufsatz und auch über eine Reihe von Artikeln von Willi Lissner in der *New York Times* ein, indem er der Redaktion diesen Artikel übersandte. (Anm. des Hrsg.)

1 »A New Revision of Marxian Economics«, in: *The American Economic Review*, Bd. XXXIV, Nr. 3, Sept. 1944, S. 531-537.

2 2. 4. 1944 sowie 2. u. 3. 7. 1944.

von der die Sowjetökonomen abgewichen waren. Ein aufmerksames Studium der Marxschen Schriften zeigt klar, daß für Marx die Werttheorie auch auf eine sozialistische Wirtschaft zutrifft. Zwei Zitate aus dem *Kapital* mögen dies belegen. Im ersten Kapitel des ersten Bandes lesen wir: »Stellen wir uns endlich, zur Abwechslung, einen Verein freier Menschen vor, die mit gemeinschaftlichen Produktionsmitteln arbeiten und ihre vielen individuellen Arbeitskräfte selbstbewußt als eine gesellschaftliche Arbeitskraft verausgaben ... Das Gesamtprodukt des Vereins ist ein gesellschaftliches Produkt ... Die Arbeitszeit würde also eine doppelte Rolle spielen. Andererseits dient die Arbeitszeit zugleich als Maß des individuellen Anteils des Produzenten an der Gemeinarbeit und daher auch an dem individuell verzehrbaren Teil des Gemeinprodukts.«[3] Und noch deutlicher im 49. Kapitel des dritten Bandes: »Zweitens bleibt, nach Aufhebung der kapitalistischen Produktionsweise, aber mit Beibehaltung gesellschaftlicher Produktion, die Wertbestimmung vorherrschend in dem Sinn, daß die Regelung der Arbeitszeit und die Verteilung der gesellschaftlichen Arbeit unter die verschiedenen Produktionsgruppen, endlich die Buchführung hierüber, wesentlicher denn je wird.«[4]

Diese Zitate zeigen, daß Marx das »Wertgesetz« als ein Leitprinzip begriff, das die Allokation der Ressourcen in der sozialistischen Gesellschaft regelt. Natürlich besteht ein Unterschied zwischen der Wirkungsweise des »Wertgesetzes« im Kapitalismus und im Sozialismus. Im Kapitalismus setzt es sich im unpersönlichen Automatismus des Marktes durch; in einer sozialistischen Gesellschaft dient es als normatives Prinzip bei der Allokation der Ressourcen durch planende Behörden. Dieser Unterschied wird von den Autoren von »Teaching of Economics in the Soviet Union« durchaus gesehen und bleibt gewahrt. Sie sagen: »Unter dem Kapitalismus wirkt das Wertgesetz als elementares Marktgesetz ... Im Sozialismus wirkt es als ein Gesetz, das vom sowjetischen Staat unter den Bedingungen einer geplanten Verwaltung der nationalen Wirtschaft bewußt angewandt wird.«[5] Dies entspricht exakt unserer Unterscheidung zwischen der Werttheorie als einem Instrument zur Analyse der automatischen Prozesse des Marktes und der Werttheorie als der Basis für die normativen Prinzipien der Wohlfahrtsökonomie[5a].

---

3 Karl Marx, *Das Kapital*, Bd. I, Berlin (DDR) 1971, S. 92 f.
4 Karl Marx, *Das Kapital*, Bd. III, S. 859.
5 *American Economic Review*, Bd. XXXIV, Nr. 3, Sept. 1944.
5a Das Versäumnis, diese unterschiedlichen Funktionen der Werttheorie klar voneinander abzuheben, schwächt die Argumentation des im übrigen exzellenten Aufsatzes von Paul A. Baran, »New Trends in Russian Economic Thinking?«, in: *American Economic Review*,

Zwischen der Auffassung von der Werttheorie als Basis sozialistischer Planung und der Tatsache, daß Marx sie seiner Theorie der Ausbeutung zugrundelegt, besteht kein Widerspruch. Marx' Werttheorie ist nicht identisch mit seiner Theorie der Ausbeutung[6]. Nach Marx gilt das Wertgesetz nicht nur im Kapitalismus, sondern in jeder Art von »Warenproduktion« (d. h. Tauschwirtschaft). Insbesondere gilt es auch für das, was Marx als »einfache Warenproduktion« bezeichnet, d. h. für eine Tauschgesellschaft von kleinen unabhängigen Produzenten, die keine Lohnarbeiter beschäftigen. In einer solchen Wirtschaft gibt es keine Ausbeutung (im Marxschen Sinne), gibt es keinen Mehrwert und auch keine Klassen, und dennoch gilt das »Wertgesetz«. Marx geht sogar soweit, zu sagen, das »Wertgesetz« in seiner reinen Form gelte nur unter Bedingungen der »einfachen Warenproduktion«, während es im Kapitalismus durch die Gleichsetzung der Profitraten in Industrien mit unterschiedlicher organischer Kapitalzusammensetzung verfälscht werde[7]. Deshalb entsprechen im Kapitalismus langfristige Gleichgewichtspreise dem »Produktionspreis« (d. h. Kosten plus durchschnittliche Profitrate) und nicht dem »Wert« (d. h. gesellschaftlich notwendige Arbeitszeit) von Waren. Auf der anderen Seite geht Marx davon aus, daß sich in einer sozialistischen Wirtschaft der Preis von Waren »nach ihrem Wert« bemißt. Die private Verfügung des Kapitals über die Lohnarbeit wird so als Ursache für die Abweichungen des Preises vom »Wert« betrachtet[8].

Die Autoren von »Teaching of Economics in the Soviet Union« sind damit zur klassischen Marxschen Lehre zurückgekehrt. Es ist inter-

---

Bd. XXXIV, Nr. 4, Dez. 1944, S. 866–869. Baran interpretiert die Werttheorie ausschließlich als Mittel zur Erklärung der automatischen Marktprozesse und kommt zu dem Schluß, daß im Sozialismus »das Wertgesetz seine Relevanz verliert und das Planungsprinzip an seine Stelle tritt«. (Diesen Satz übernimmt Baran von Paul M. Sweezy). Aber, wie weiter unten gezeigt wird, muß Planung von der Werttheorie geleitet werden, sollen die vorhandenen Ressourcen ökonomisch eingesetzt werden.

6 Miss Dunayevskaya befindet sich in einem totalen Irrtum, wenn sie behauptet (vgl. S. 533), das Marxsche Wertgesetz ziehe die Begriffe von Mehrwert und ausgebeuteter Arbeitskraft nach sich. Es scheint, daß Miss Dunayevskaya nicht zu unterscheiden vermag zwischen zwei zutiefst verschiedenen Marxschen Begriffen, nämlich zwischen Warenproduktion und kapitalistischer Produktion. Letztere ist nur ein Spezialfall der ersten, nicht aber mit ihr identisch.

7 Vgl. *Das Kapital*, Bd. III, S. 185. Das »Wertgesetz«, so heißt es hier, gelte in einer Wirtschaft, von der man sagen könne: ». . . die Arbeiter selbst seien im Besitz ihrer respektiven Produktionsmittel und tauschen ihre Waren miteinander aus . . .« Und S. 186: »Der Austausch von Waren zu ihren Werten, oder annähernd zu ihren Werten, erfordert also eine viel niedrigere Stufe als der Austausch zu Produktionspreisen, wozu eine bestimmte Stufe kapitalistischer Entwicklung nötig ist.«

8 *Das Kapital*, Bd. III, S. 184 f.: »Die ganze Schwierigkeit kommt dadurch hinein, daß die Waren nicht einfach als *Waren* getauscht werden, sondern als *Produkte von Kapitalen*, die im Verhältnisse zu ihrer Größe, oder bei gleicher Größe, gleiche Teilnahme an der Gesamtmasse des Mehrwerts beanspruchen.«

essant, den Ursachen nachzugehen, die die Sowjetunion zunächst zu einem Abrücken von der Marxschen Lehre und jetzt zu ihrer Wiederaufnahme veranlaßt haben. Es waren politische Gründe. Als der erste Fünfjahresplan aufgestellt und ein riesiges Industrialisierungsprogramm gestartet wurde, waren viele Sowjetökonomen, darunter sehr prominente, gegen dieses Programm, weil es dem Lande eine »künstliche« wirtschaftliche Entwicklungsrate aufzwinge, die mit den »ökonomischen Gesetzen« nicht zu vereinbaren ist. Professor Groman beispielsweise vertrat die Auffassung, die russische Wirtschaft unterliege einem Gesetz des »Gleichgewichts«, nach dem der Wert der industriellen Produktion sich auf annähernd die Hälfte des Wertes der landwirtschaftlichen Erträge belaufe[9]. Vom Standpunkt einer solchen Theorie aus muß die »forcierte« Industrialisierung, die der Fünfjahresplan vorsah, wie eine Verletzung der fundamentalen »ökonomischen Gesetze« ausgesehen haben.

In den späteren Diskussionen über wirtschaftliche Planung spalteten sich die Sowjetökonomen in zwei Schulen: die genetische und die teleologische. Die genetische Schule sagte, Wirtschaftsplanung bestehe hauptsächlich in der Extrapolation der durch die »ökonomischen Entwicklungsgesetze« vorgezeichneten Tendenzen. Die Aufgabe des Planers bestehe dementsprechend in der Analyse dieser Tendenzen und Gesetze sowie in der Anpassung der Wirtschaftspolitik an sie. Die teleologische Schule sah den Sinn von Planung darin, daß in freiem Entschluß an politischen und gesellschaftlichen Grundvorstellungen orientierte Ziele aufgestellt und die wirtschaftlichen Entscheidungen diesen Zielen untergeordnet wurden. A. Yugoff, ein hervorragender Kenner der sowjetischen Ökonomie, hat die Situation wie folgt charakterisiert: »Es ist bezeichnend, daß die meisten unter den marxistischen (nicht kommunistischen) Ökonomen der alten Schule – angeführt von so exzellenten Experten wie V. Groman und V. Bazaroff – fest von der Überlegenheit der genetischen Methode überzeugt sind; während die kommunistischen Ökonomen, insbesondere die jüngeren unter ihnen, der teleologischen Methode den Vorzug geben. Die ersteren sagen: ›Wir sind keine Deterministen, aber wir sind der Meinung, daß in Sowjetrußland wie anderswo die ökonomischen Gesetze uns ihren Willen aufzwingen. Beim Entwurf eines Plans müssen wir deshalb an erster Stelle der Realität und ihren Gesetzen die gebührende Aufmerksamkeit zollen‹. Letztere verkünden: ›Wir bestreiten keineswegs, daß es notwendig ist, die gegenwärtigen Erfahrungen

---

9 Siehe Planovoye Choziaistvo, 1925.

ausreichend zu berücksichtigen und die Dynamik vergangener Geschehnisse zu studieren; doch steht für uns die Frage nach dem Primat der Teleologie seit den Tagen der Oktoberrevolution ein für allemal fest, da wir gegen die ›ewigen‹ Entwicklungsgesetze des Kapitalismus revoltieren‹. Die Formulierung des kommunistischen Standpunkts stammt von N. Kovaleffsky[10]«. Diese Spaltung der Auffassungen hatte politische Folgen. Die Führer der genetischen Schule wurden mit der Rechtsopposition von Bucharin, Rykow und anderen in Verbindung gebracht. Groman und Bazaroff wurden verhaftet. Zur offiziellen Doktrin wurde erhoben: die sowjetische Wirtschaft unterliegt keinen ökonomischen Gesetzen. Damit hatte die teleologische Schule die Kontroverse für sich entschieden.

Es besteht eine gewisse Analogie zwischen dieser Entwicklung der Diskussion und der Reaktion der Institutionalisten auf die Position der »orthodoxen« Ökonomen, die sich gegen grundlegende gesellschaftliche Reformen und eine expansionistische Geldpolitik wandten. Die »orthodoxen« Ökonomen wandten sich dagegen im Namen von »ökonomischen Gesetzen«, während die sogenannten Institutionalisten die Existenz eben dieser Gesetze bestritten. Die Marxsche Orthodoxie lehnte die gewagte Politik der Sowjetregierung in ähnlicher Weise ab, wie die neoliberale Orthodoxie die Versuche etwa des New Deal. Als New Deal-Versuche, die Beschäftigtenziffern zu heben, sich als erfolgreich erwiesen, stellten die Ökonomen fest, daß diese im Grunde gar nicht gegen die »ökonomischen Gesetze« waren. Man formulierte die ökonomische Theorie um und brachte sie mit den Erfolgen der Reformen in Einklang. Das Resultat war die »Keynessche Revolution« und die wachsende Überzeugung, dies alles sei mit dem guten alten Marshall durchaus vereinbar. Und ebenso: als die Industrialisierungspolitik der Sowjetregierung sich als erfolgreich erwies, stellte man fest, daß sie eigentlich mit dem »ökonomischen Gesetz«, wie es der gute alte Marx gelehrt hatte, sehr wohl zu vereinbaren sei.

Der Hauptgrund für die Rückkehr zum Marxschen Lehrsatz, daß die Führung der sozialistischen Wirtschaft sich am Wertgesetz zu orientieren habe, lag jedoch in der Notwendigkeit einer strengen Kostenrechnung und in dem Erfordernis, Kriterien für eine rationale und wirtschaftliche Allokation der Ressourcen aufzustellen. Die Autoren von »Teaching Economics in the Soviet Union« äußern sich hierzu in aller Klarheit: »Wirtschaftsrechnung, die auf der bewußten

---

10 A. A. Yugoff, *Economic Trends in Soviet Russia*, Richard C. Smith, New York 1929, S. 300 f.

Anwendung des Wertgesetzes beruht, stellt für die Planwirtschaft des Sozialismus eine unverzichtbare Methode dar«[11]. Und weiter: »Strenges Festhalten an der Kostenrechnung ist der wirksamste Weg zur Aufdeckung und Beseitigung jeder Art von überflüssigen und unproduktiven Ausgaben und Verlusten, jeder Art von Fehlplanung...«[12].

Vom Standpunkt einer Theorie aus, die die Anwendbarkeit jedweder »Gesetze« auf die sozialistische Wirtschaft bestreitet, sind alle Entscheidungen reine Willkürentscheidungen, und weder Kostenrechnung noch Prinzipien der rationalen Allokation der Ressourcen haben irgendeine Bedeutung. Eine Bremse und Kontrolle gegen die Verschwendung von Ressourcen gibt es in diesem Fall nicht. Zur Übernahme der theoretischen Position, die im »Wertgesetz« die Basis für die Lenkung der sozialistischen Wirtschaft sieht, kam es demnach aus dem einfachen Grunde, daß die Sowjetökonomen dringend ein Direktivensystem im Sinne einer Wohlfahrtsökonomie brauchten, das sie der Wirtschaftsplanung zugrunde legen konnten. Die Marxsche Wertlehre, so wird gesagt, enthalte solche Direktiven.

Eine rationale Verwendung von Ressourcen erfordere feste Prinzipien ihrer Allokation oder, anders ausgedrückt, die Anwendung der Werttheorie. Westliche Ökonomen, die sich theoretisch mit den Problemen der sozialistischen Wirtschaft befaßt haben (den Autor eingeschlossen)[13], sind sämtlich zu dem Schluß gekommen, daß die rationale und effiziente Führung einer sozialistischen Wirtschaft auf den Prinzipien einer Werttheorie basieren muß. In der Vergangenheit ignorierten die Sowjetökonomen die gesamte Literatur zu diesem Thema, die in Deutschland, England und den Vereinigten Staaten erschienen war. Der Aufsatz »Teaching of Economics in the Soviet Union« deckt sich durchaus mit der Auffassung, die auch westliche Forscher von einer sozialistischen Wirtschaft haben. Der Unterschied liegt allein in den Methoden. Während die westlichen Ökonomen mit einer Werttheorie operieren, die auf der Grenznutzen-Analyse beruht, wollen die Autoren des russischen Aufsatzes das Problem mit dem Mittel der Arbeitswertlehre lösen[14].

Die Arbeitswertlehre kann jedoch dieser Aufgabe nicht gerecht

---

11 Ebda., S. 524.
12 Ebda., S. 524 f.
13 Vgl. unsere Schrift *On the Economic Theory of Socialism*, University of Minnesota Press, Minneapolis 1938; in diesem Band S. 260.
14 Der Gedanke, bei der Allokation der Ressourcen im Sozialismus von der Arbeitswertlehre auszugehen, wurde zuerst von dem Austromarxisten Otto Leichter in seiner Abhandlung *Die Wirtschaftsrechnung in der sozialistischen Gesellschaft*, Marx-Studien, Bd. V, Wien 1923, entwickelt und ausgeführt.

werden[15]. Zur Basis sozialistischer Planung und Leitung gemacht, bringt sie es mit sich, daß, von der Arbeitskraft abgesehen, auf sparsamen Umgang mit knappen Ressourcen nicht geachtet wird[16]. Das heißt, die Nutzung dieser Ressourcen gerät notwendig zur Verschwendung. Zwei Produkte, deren Herstellung das gleiche Quantum Arbeit erfordert, können durchaus unterschiedliche Rohstoffmengen erheischen. Nach der Arbeitswertlehre müßten sie den gleichen Preis haben und in der wirtschaftlichen Planung als Äquivalente behandelt werden. Da aber das eine mehr Rohmaterial verzehrt als das andere, sind sie nicht äquivalent, soweit es sich um die Vernutzung der Ressourcen handelt. Setzt man ein Produkt an die Stelle des anderen, so ändert sich nichts an dem Quantum der verausgabten Arbeit, es ändert sich aber sehr wohl etwas hinsichtlich der Beanspruchung der Rohstoffe. Weiter können zwei Waren, die dasselbe Arbeits- und Rohstoffquantum kosten, sich in den zu ihrer Herstellung notwendigen Menge des in Maschinen angelegten Kapitals unterscheiden. Wenn, wie es in der Regel ist, die Grenzproduktivität dieses Kapitals die Grenzproduktivität von Arbeitskraft, Rohstoffen und anderen zu ihrer Herstellung notwendigen Kapitalgütern übersteigt, dann sind auch die beiden Waren nicht äquivalent. Die Verlagerung der Produktion von der einen Ware auf die andere wird zwar an den in ihnen vergegenständlichten Arbeits- und Rohstoffquanten nichts ändern, sie wird aber den Verbrauch von Ressourcen mit unterschiedlicher Grenzproduktivität berühren. Damit sind Produkte, die das gleiche Arbeitsquantum kosten, d. h. im Marxschen Sinne denselben »Wert« haben, nicht notwendig äquivalent, wenn man die Planung der Allokation von Ressourcen berücksichtigt. Um die verschwenderische Nutzung von Rohstoffen und Bodenschätzen und von Kapitalgütern zu vermeiden, müssen entsprechende (Knappheits-)Aufschläge in ihre Preise eingehen.

Die Unzulänglichkeit der Arbeitswertlehre für die sozialistische Planung hat der englische Marxist Maurice Dobb klar erkannt. Nach

---

15 Professor Carl Landauer hat diese Frage in einem Aufsatz »From Marx to Menger«, in: American Economic Review, Bd. XXXIV, Nr. 2, Juni 1944, S. 304 richtig behandelt.

16 Die in der Arbeitswertlehre implizierte mangelnde Berücksichtigung knapper Ressourcen, die Arbeitskraft ausgenommen, macht sie für die Planung der Allokation von Ressourcen ungeeignet, sagt aber nichts gegen ihre Anwendbarkeit als soziologischen Erklärungsansatz aus. Und genau auf einer Anwendung in diesem Sinne beruht die Marxsche Theorie der Ausbeutung. Soziologische, als unterschieden von ökonomischer Erklärung kann nicht einen Teil des Produktwerts nicht-menschlichen Produktionsfaktoren zuschreiben. Jedes Einkommen, das aus dem bloßen Besitz nicht-menschlicher Produktionsmittel entspringt, kann deshalb als Ausbeutung, d. h. als eine Steuer auf die Arbeit verstanden werden. Vgl. zu diesem Thema unsere Kritik zu Paul M. Sweezys »The Theory of Capitalist Development«, in The Journal of Philosophy, Bd. 40, Nr. 14, Juli 1943, S. 382 f.

Dobb muß eine sozialistische Wirtschaft den Preis ihrer Produkte nicht nach deren »Wert« (im Marxschen Sinne), sondern nach ihrem »Produktionspreis« (wie im dritten Band des *Kapital* verwendet) festsetzen[17]. So würden Waren, die mehr als das durchschnittliche Kapitalquantum erfordern, im Preis höher liegen als in ihrem »Wert«, während Waren, die weniger als das durchschnittliche Kapitalquantum verlangen, einen niedrigeren Preis hätten. Da nur relative Preise wichtig sind, läuft dies darauf hinaus, daß das Kapital als ein von der Arbeitskraft verschiedener Produktionsfaktor seinen eigenen Preis bekommt. Zur Vervollständigung der Kostenrechnung hätte Dobb allerdings auch an den Preis für die natürlichen Ressourcen denken müssen.

Die Position der Autoren von »Teaching of Economics in the Soviet Union« ist recht vage. Im Prinzip sagen sie, das »Wertgesetz« habe bei der Feststellung von Äquivalenzen zwischen Produkten als Grundlage zu dienen. Dann modifizieren sie jedoch ihre Forderung mit dem Satz: »Die Preise von Waren werden nach den besonderen Zielen des sowjetischen Staates und der Menge der verschiedenen Waren, die aufgrund des bestehenden Produktionsniveaus und der Bedürfnisse der Gesellschaft verkauft werden kann, in einer gewissen Abweichung von ihrem Wert festgesetzt«. Genaue Prinzipien, nach denen sich die Abweichung der Preise vom jeweiligen Wert bestimmt, werden nicht genannt. Der Marxschen Theorie zufolge ist die Abweichung der Preise vom Wert in der kapitalistischen Wirtschaft allein eine Funktion der organischen Zusammensetzung des Kapitals (d. h. das Verhältnis von realem Kapital zur Arbeit in der Industrie) und des Zeitraums der Kapitalumsetzung. Sie läßt sich in einer mathematischen Formel ausdrücken, was Bortkiewicz denn auch tat[18]. Eine vergleichbare Formel, die auf die sozialistische Wirtschaft anzuwenden wäre, wird nicht gegeben. Dobbs Lösung, die der Formel für den Kapitalismus entspräche, wird von den Autoren des Aufsatzes ausdrücklich verworfen. »Das Gesetz der durchschnittlichen Profitrate ... verliert unter dem Sozialismus seine Bedeutung«, lesen wir[19]. »Der sowjetische Staat kann die Produktion kontrollieren, er braucht sich vor keinem Gesetz zu beugen, das die Entwicklung eines Produktionszweiges verbietet, nur weil er zunächst mit Verlust oder doch

---

17 Siehe *Political Economy and Capitalism,* Routledge, London 1937, S. 327-330.
18 Eine sehr gute Abhandlung hierzu stammt von Paul M. Sweezy, *The Theory of Capitalist Development,* Oxford University Press, New York 1942, S. 109-130. Die Originalaufsätze von Bortkiewicz sind in *Archiv für Sozialwissenschaft und Sozialpolitik,* 1906 und 1907 veröffentlicht und in *Jahrbücher für Nationalökonomie und Statistik,* 1907.
19 *American Economic Review,* Bd. XXXIV, Nr. 3, Sept. 1944, S. 526.

zumindest ohne Profit arbeitet[20]«. Anhand der Beispiele der Betriebe von Magnitogorsk und Kuznetsk, die jahrelang mit Verlust arbeiteten, verdeutlichen die Autoren ihren Gedanken – ein klares Beispiel für die Diskrepanz zwischen gesellschaftlichem und privatem Grenzprodukt, Begriffe, die unsere Wohlfahrtsökonomie gut kennt, die aber in der Marxschen Theorie ohne Gegenstück sind. In praxi schließt die sowjetische Staatsführung Kapitalzins und Kosten für die natürlichen Ressourcen in ihre Kostenrechnung mit ein. Im »geplanten Profit« (positiv und negativ, und unterschiedlich für unterschiedliche Betriebe), in der sowjetischen Kostenrechnung durchweg enthalten, spiegelt sich die Bewertung der Produkte durch den Staat. Dies alles gibt vom Standpunkt der modernen Grenznutzenanalyse einen guten Sinn, kann aber nicht aus einer Lehre hergeleitet werden, die der wirtschaftlichen Planung die Arbeitswertlehre zugrunde legen möchte.

So machen die Autoren von »Teaching Economics in the Soviet Union« notgedrungen unpräzise Angaben darüber, in welcher Weise die Preise von den »Werten« abweichen, und sie sind unfähig, genaue Prinzipien zu benennen, nach denen diese Abweichung bestimmt werden soll. Solange jedoch diese Prinzipien fehlen, gibt es weder theoretische Kriterien zur Bestimmung der Preise, noch der »geplanten Profite«, noch des geplanten Produktionsausstoßes. Die gegenwärtige sowjetische Wirtschaftstheorie hält noch keine adäquate Anleitung für die Führung der sowjetischen Wirtschaft bereit. Das kann sie erst nach einer Integration der Methoden und Techniken der Grenznutzenanalyse in die sowjetische Ökonomie.

---

20 A.a.O.

# Marxismus und bürgerliche Ökonomie*

Die politische Ökonomie, als Wissenschaft aus den Erfordernissen der Praxis gewachsen, gibt, wie jede Wissenschaft, den Interessen jener Gesellschaftsklassen und -schichten Ausdruck, in deren Lebenskreis sie entstanden ist, und strebt die Lösung der für diese Gesellschaftsgruppen relevanten praktischen Probleme an.

Dieser Klassencharakter und die gesellschaftliche Bedingtheit der politischen Ökonomie können die Erkenntnis der objektiven Wahrheit sowohl begünstigen als auch behindern. Die materialistische Geschichtsauffassung liefert uns den Schlüssel zum Verständnis des Zusammenhangs, der zwischen den gesellschaftlichen Bedingungen und der Möglichkeit, die objektive Wirklichkeit zu erkennen, besteht ( . . . ).

Der wissenschaftliche Sozialismus stellt den historischen Charakter der kapitalistischen Produktionsweise fest, erklärt ihre Genese und Entwicklungsgesetze. So wird er zu einem wirksamen Instrument für die sich formierende und rasch entwickelnde Arbeiterbewegung. Er versetzt diese Bewegung in den Stand, ihr eigenes gesellschaftliches Bewußtsein zu entwickeln und eine Linie des politischen Handelns festzulegen.

Zugleich bestimmt die Verbindung des wissenschaftlichen Sozialismus mit der Arbeiterbewegung den Rahmen, in dem sich seine Forschungsinteressen bewegen. Es sind dies: der wirkliche gesellschaftliche Inhalt der kapitalistischen Produktionsverhältnisse, die Entwicklungsgesetze des Kapitalismus als historische Gesellschaftsordnung sowie der politische und ideologische Überbau der kapitalistischen Gesellschaft. Weniger hingegen interessiert naturgemäß diese Wissenschaft, die aus dem Leben und den Erfordernissen der Arbeiterbewegung emporgewachsen ist, wie sich die Zirkulationsprozesse, die im Mittelpunkt des Interesses der bürgerlichen Ökonomie stehen, im einzelnen abwickeln.

* *Polityka,* Warschau, Nr. 9 und 10, 1. und 8. 3. 1958. Aus dem Polnischen übersetzt von Edda Werfel.

Man könnte sogar sagen, daß die aus der Analyse der Zirkulationsprozesse gewonnenen Erkenntnisse, die im *Kapital* (besonders im 2.
und 3. Band) enthalten sind, verglichen mit der Untersuchung der
kapitalistischen Produktionsverhältnisse und der allgemeinen Entwicklungsgesetze des Kapitalismus, die den Inhalt des ersten Bandes
des *Kapital* bildet, eine zweitrangige Rolle im Leben der Arbeiterbewegung gespielt haben.

Zu Beginn der siebziger Jahre des vorigen Jahrhunderts taucht eine
neue Grundform der bürgerlichen Ökonomie auf, und zwar sind es
verschiedene Versionen der Grenznutzenschule. Es kommt zu einer
Wiederbelebung der Vulgärökonomie, häufig als die Jevonssche Revolution bezeichnet. Sie erfolgt ausschließlich im Interessenbereich der
Vulgärökonomie, bewegt sich also im Rahmen der Analyse der Zirkulationsprozesse.

Ich möchte auf zwei Richtungen hinweisen, die als geradlinige Weiter-
entwicklung der Vulgärökonomie betrachtet werden können.

Die eine ist die neoklassische sowie die von Walras begründete
Schule. Ihnen kann ein echter wissenschaftlicher Beitrag nicht ab-
gesprochen werden, und zwar die exaktere wissenschaftliche Präzi-
sierung der Analyse von Marktprozessen, insbesondere mannigfacher
Erscheinungsformen, in denen das Gesetz von Angebot und Nachfrage zur Wirkung gelangt, die Herausarbeitung von Problemen des
kapitalistischen Unternehmens, des Geldumlaufs und des Kredits.
Doch sei gleich hinzugefügt, daß diese Präzisierungen – die Analyse
von Geld- und Kreditproblemen ausgenommen – für die Praxis der
kapitalistischen Wirtschaft in dieser Periode nur begrenzte Bedeutung
hatten.

Die Analyse von Geld- und Kreditproblemen ist eine Ausnahme,
weil der kapitalistische Staat stets eine Geld- und Kreditpolitik betrieben hat. In diesen Grenzen mußten der Staat und die Noten-
banken über gewisse Sachkenntnis verfügen, und sei es nur in bezug
auf die Prinzipien der Verwaltung von Goldwährung, den Einfluß
des Diskontsatzes auf den Goldzufluß in die Notenbank und auf die
Goldflucht aus der Notenbank, auf Probleme der Goldpunkte. In
diesem Bereich fand die wissenschaftliche Analyse zweifellos praktische Anwendung, sie verallgemeinerte die Erfahrungen der für die
Geld- und Kreditpolitik Verantwortlichen.

Zugleich aber sind in der neoklassischen Schule und bei Walras
alle apologetischen Konsequenzen der Vulgärökonomie enthalten: die
fehlende Analyse der Produktionsverhältnisse, die Untersuchung des
ganzen Wirtschaftslebens ausschließlich unter dem Aspekt der Zirku-

lationsprozesse. Soweit sie an die Probleme der Produktionsverhältnisse anknüpfen, tun sie es apologetisch, und zwar rechtfertigen sie
die bestehenden Kategorien der Verteilung des Sozialprodukts. Darüber hinaus tragen sie, da sie einer Untersuchung der Entwicklungsgesetze der kapitalistischen Wirtschaft ausweichen, dazu bei, daß
diese Wirtschaft in unhistorischer Weise als die ausschließliche Form
rationaler Gestaltung von Wirtschaftsprozessen behandelt wird.
Die zweite Richtung wird durch die österreichische sowie die von
Pareto begründete Schule repräsentiert. Hier hat sich schon eine totale
Loslösung von den gesellschaftlichen Verhältnissen, im Grunde sogar
von den Zirkulationsproblemen vollzogen. Es wird der Versuch gemacht, aus der Ökonomie eine allgemeine Lehre der Wirtschaftsführung zu machen, deren Prinzipien selbst für Robinson Geltung
haben. Soweit später, in einer konkreteren Phase der Analyse, gesellschaftliche Verhältnisse überhaupt berücksichtigt werden, werden
diese, ähnlich wie in der Vulgärökonomie, so dargestellt, als bildeten
sie sich im Austauschprozeß heraus. Am prägnantesten kommt das im
grundlegenden systematischen Werk der österreichischen Schule, in
Wiesers *Theorie der gesellschaftlichen Wirtschaft*, zum Ausdruck. Dort
wird zunächst die Theorie der sogenannten einfachen Wirtschaft dargelegt, die sich auf Robinson bezieht, sodann die Theorie der, wie
Wieser sie nennt, »gesellschaftlichen Wirtschaft«, wo die Wirtschaftssubjekte miteinander in Austausch zu treten beginnen und so gesellschaftliche Beziehungen eingehen. Dasselbe Schema finden wir bei
Pareto und allen anderen Repräsentanten dieser Richtung wieder.

Sie impliziert unmißverständlich apologetische Konsequenzen, die sich
vor allem in der völligen Lostrennung von den gesellschaftlichen Verhältnissen äußern, in dem Versuch, eine von Grund auf asoziale Wirt-
schaftslehre zu schaffen. Die Ökonomie wird hier als Wissenschaft von
einer bestimmten Art des Verhältnisses des Menschen zu den Dingen
aufgefaßt, das aus der Konfrontation einer Vielfalt von Bedürfnissen
mit der Knappheit der zu ihrer Befriedigung verfügbaren Mittel
entsteht. Die Basis dieses Verhältnisses des Menschen zu den Dingen
ist im Prinzip unabhängig von den gesellschaftlichen Verhältnissen,
und die hieraus resultierenden ökonomischen Gesetze sind unabhängig
von den gesellschaftlichen Bedingungen. Die ökonomischen Grund-
gesetze haben universellen Charakter und sind in jeder Gesellschaftsordnung gleich. Diese Richtung ist überdies insofern apologetisch, als
sie die bestehenden Kategorien der Verteilung des Sozialprodukts
unter Zuhilfenahme der sogenannten Zurechnungstheorie in der

österreichischen Schule bzw. später, bei anderen Schulen, in Gestalt der Theorie der Grenzproduktivität rechtfertigt.

Einigermaßen spezifischen Charakter hat diese Apologetik bei Marshall, dem Haupt der neoklassischen Schule, der, hierin Ricardo folgend, die Grundrente aus dieser Apologetik ausklammert. Lohn und Profit sind nach Marshall der gerechte Entgelt für die Leistung des Arbeiters und für die Leistung, die der Kapitalist durch das »Warten« und durch das Risiko, das er zu tragen hat, erbringt, während der Rente keine solchen »realen Kosten« entsprechen.

Ich bin der Meinung, daß die österreichische Schule und Pareto, im Gegensatz zur neoklassischen Schule und zu Walras, für das Verständnis realer Wirtschaftsprozesse so gut wie nichts geleistet haben. Die Frage ist, ob dieser Richtung nicht eine gewisse methodologische Bedeutung im Sinne mancher methodischer Griffe der Grenznutzenanalyse zukommt, aber darauf werde ich später zurückkommen. Was hingegen das Verständnis des wirklichen Verlaufs der Wirtschaftsprozesse betrifft, würde ich sagen, daß der Beitrag der österreichischen Schule im Unterschied zur neoklassischen Schule und zu Walras gleich Null ist. Die methodologischen Kunstgriffe, die ich erwähnt habe, finden wir auch bei der neoklassischen Schule und bei Walras, die ebenfalls versuchen, sie als Instrumente einer realistischen Analyse der Wirtschaftsprozesse einzusetzen.

Eine Tatsache verdient besonders hervorgehoben zu werden. Während die alte Vulgärökonomie ausschließlich eine Apologetik des Kapitalismus war, werden manche Varianten der Grenznutzenlehre in der Zeit der monopolistischen Entwicklung des Kapitalismus zur Ausgangsbasis für eine kleinbürgerliche und Mittelstandskritik am Monopolkapitalismus. Ich habe hier die im Zuge der weiteren Entwicklung dieser Schule (insbesondere der neoklassischen) angestellte Analyse des Monopols, des Oligopols und der unvollkommenen Konkurrenz im Sinne. Diese Analyse ist eine wichtige Errungenschaft vom Gesichtspunkt der kritischen Beurteilung des Mechanismus gewisser Erscheinungen des Monopolkapitalismus, wenngleich dadurch eingeschränkt, daß sie an das Problem einzig und allein von den Zirkulationsprozessen aus herangeht, unter Nichtbeachtung der engen Verknüpfung mit der Entwicklung der Produktionsverhältnisse, einer Entwicklung, die dazu führt, daß an die Stelle der freien Konkurrenz das Monopol und das Oligopol treten. Alles wird aus der »Unvollkommenheit des Marktes« abgeleitet.

Elemente der Kritik an der Wirkungsweise des Monopol- und Finanzkapitals finden wir später auch in der Geld- und Kredittheorie, zum

Beispiel in der noch vor dem Ersten Weltkrieg entstandenen und in den Zwischenkriegsjahren weiterentwickelten Theorie des »Zwangssparens« mit Hilfe der Kreditinflation. Diese Theorie erklärt, wie die Kreditpolitik der Großbanken breite Massen, besonders Schichten mit beständigem Einkommen, also vor allem das Kleinbürgertum, dazu zwingt, infolge der durch die Kreditinflation verursachten Preiserhöhung gegen ihren Willen zu sparen. Die Kreditinflation ist auch ein Mechanismus, der es den mit dem Bankkapital verbundenen Großunternehmen erlaubt, einen Teil des Kapitals von kleineren Unternehmen, deren Fähigkeit zum Ankauf von Produktionsmitteln sich infolge der Preissteigerung verringert, abzufangen. Diese Theorie führt ein Element der ursprünglichen Akkumulation zugunsten des Großkapitals ein, das sich die inflationären Bankkredite zunutze macht – auf Kosten der kleineren Unternehmen und der übrigen Bevölkerung, deren Kaufkraft schrumpft.

Zu der Kritik an manchen Aspekten des Monopolkapitalismus sollte auch die von Pigou begründete Wohlfahrtsökonomie *(welfare economics)* gerechnet werden. Die Wohlfahrtsökonomie, die gewissen noch von Marshall stammenden Einflüssen folgt, unterwirft gewisse Erscheinungen des modernen Kapitalismus einer kritischen Analyse vom Standpunkt der gesellschafts-ökonomischen Rationalität. Sie stellt dabei fest, daß Monopol und unvollkommene Konkurrenz zu einer unrationalen Ausnutzung der wirtschaftlichen Ressourcen der Gesellschaft führen. Daß diese Kritik Tendenzen des Kleinbürgertums und des mittleren Unternehmens widerspiegelt, zeigt sich darin, daß als Maßstab der Rationalität im Prinzip eine Situation gilt, die der freien Konkurrenz entspricht; Ausdruck eines unrationalen Vorgehens wiederum sind die Abweichungen des tatsächlichen Verlaufs der Wirtschaftsprozesse vom Ideal der freien Konkurrenz. Die asoziale Tendenz dieser Kritik wird besonders deutlich, wenn sie die Ungerechtigkeit bei der Verteilung des gesellschaftlichen Ertrags darin sieht, daß die reale Verteilung von jener abweicht, die durch das Prinzip der Grenzproduktivitätstheorie bestimmt wird. Die monopolistische Ausbeutung beruht ihr zufolge darauf, daß das Monopolkapital sich mehr aneignet, als ihm nach den Prinzipien der Grenzproduktivitätstheorie »zusteht«, Prinzipien also, die angeblich unter den Bedingungen der freien Konkurrenz eingelöst werden.

Aufmerksamkeit verdient eine weitere, sehr wichtige Tatsache: in jener Periode wird die Ökonomie zu einer akademischen Wissenschaft. In der Zeit der klassischen Ökonomie und der alten Vulgärökonomie waren die Volkswirtschaftslehre und ihre Literatur unmittelbar und eng mit der Bourgeoisie verquickt. Man sieht geradezu, wie sie aus diesen Kreisen hervorgehen; Ökonomen sind in jener Zeit entweder Geschäftsleute (wie z. B. Ricardo), oder eng mit ihnen verbundene Männer. Sie sind völlig in den praktischen Problemen befangen, die die Bourgeoisie bewegen. In der zweiten Hälfte des 19. und zu Beginn des 20. Jahrhunderts wird die politische Ökonomie zunehmend zu einer von Akademikern beruflich betriebenen Wissenschaft. Es erfolgt die Professionalisierung der Volkswirtschaftslehre.

Diese Professionalisierung hat weittragende Folgen. Sie löst die wissenschaftliche Tätigkeit aus der Praxis der Bourgeoisie heraus, somit auch aus dem unmittelbaren Einfluß der kapitalistischen »Wirtschaftskreise«, in denen das monopolistische Großkapital immer mächtiger wird. Das begünstigt die Entwicklung der Auffassungen des Kleinbürgertums und der mittleren Unternehmer im Hochschulunterricht, bzw. der Auffassungen jener Schichten, mit denen die Vertreter der akademischen Lehre am ehesten persönlich verbunden sind. Darüber hinaus haben wissenschaftliche Forschungen ihre eigene innere Logik, ihre Eigengesetzlichkeit. Durch die Professionalisierung wissenschaftlicher Untersuchungen gewinnt diese Eigengesetzlichkeit, die sich aus der inneren Dialektik der wissenschaftlichen Forschung ergibt, ein breiteres Wirkungsfeld. Oft lenkt sie die Wissenschaft über die Interessensphäre die praktischen Erfordernisse und Anschauungen des sozialen Milieus, aus dem sie ursprünglich erwachsen ist, hinaus.

Charakteristisch dafür ist der Konflikt, der in den fünfziger Jahren in den Vereinigten Staaten zwischen dem Großkapital und den an den Universitäten betriebenen Sozialwissenschaften ausbrach. Zur Zeit des Kesseltreibens, das reaktionäre Kreise gegen alle fortschrittlichen Elemente im intellektuellen Leben der USA in den fünfziger Jahren veranstalteten, waren Ökonomen, Soziologen und Historiker vehementen Angriffen ausgesetzt. Den Historikern wurde vorgeworfen, die Gestalten der großen Organisatoren des Monopolkapitalismus in einem ungünstigen Licht darzustellen – verhehlte doch die Mehrzahl der amerikanischen Geschichtsschreiber nicht ihre kleinbürgerliche Abneigung gegen sie. Den Ökonomen warf man vor, daß sie mit ihrer Theorie von der unvollkommenen Konkurrenz und mit der kritischen Analyse der Monopole und Oligopole den »amerikanischen Lebensstil« untergraben und objektiv für den Kommunismus gearbeitet hätten. Zugegeben, die Mehrheit der amerikanischen Hochschullehrer hat diesen Versuch, sie offen den apologetischen Interessen der großkapitalistischen Monopole zu unterwerfen, kompromißlos abgewehrt.

Aber aus der Entwicklung des Monopolkapitalismus, besonders des staatsmonopolistischen Kapitalismus, erwächst der ökonomischen Wissenschaft ein neuer, ich würde sagen, gesellschaftlicher Auftrag. Dieser Auftrag hat nicht apologetischen Charakter, sondern verlangt echtes Wissen. Das ist darin begründet, daß die großen Monopolverbände: Kartelle, Konzerne, Trusts, wie auch der kapitalistische Staat, sich nicht bloß passiv den spontanen Marktprozessen anpassen, sondern eine aktive Wirtschaftspolitik betreiben. Soll diese Politik erfolgreich sein, dann braucht es die Kenntnis bestimmter ökonomischer Gesetzmäßigkeiten.

Im früheren Kapitalismus der freien Konkurrenz paßte sich der Unternehmer passiv dem spontanen Marktprozeß an, auf dessen Verlauf er keinen Einfluß zu nehmen vermochte. Die spontanen Gesetze der kapitalistischen Wirtschaft wirkten »hinter seinem Rücken«. Der kapitalistische Staat beschränkte seine Tätigkeit auf die Geldpolitik, auf gewisse Aspekte der Kreditpolitik, insbesondere die Diskontpolitik der Notenbank, unter Umständen noch auf die Zollpolitik. In dieser Beziehung können die neoklassische Schule und die ihr verwandten Richtungen auch auf gewisse praktische Errungenschaften zurückblicken. Das Monopolkapital muß aber den Markt erforschen, die Elastizität der Nachfrage, die Bedingungen der Produktion und des Angebots von Rohstoffen und Halbfabrikaten kennen, es braucht also solide Kenntnisse als Basis seiner Preis- und Produktionspolitik. In noch höherem Maße muß der kapitalistische Staat, der aktiv in die Wirtschaftsprozesse eingreift, mit bestimmten Gesetzmäßigkeiten, die im Wirtschaftsleben auftreten, vertraut sein. Denn er muß wissen, welche Folgen einzelne wirtschaftspolitische Maßnahmen mit sich bringen.

Es entstehen also neue Zweige der Ökonomie, in erster Linie die Ökonometrie, die in der Zeit zwischen den beiden Weltkriegen entwickelt wurde. Sie befaßt sich mit der Marktanalyse, insbesondere mit der Untersuchung der Elastizität von Angebot und Nachfrage anhand statistischer Beobachtungen, mit Prognosen des künftigen Verlaufs von Marktprozessen. Das gilt für die Anfänge der Ökonometrie. Später geht sie unter Verwendung statistischer Methoden zur Kostenuntersuchung, zur Analyse der Unternehmenstätigkeit über.

In der weiteren Entwicklung entsteht eine Tendenz zur Stabilisierung der Konjunktur, vor allem nach der großen Wirtschaftskrise der dreißiger Jahre, die der Bourgeoisie überall gewaltigen Schrecken eingejagt hatte. War doch der Kapitalismus als System bereits dem Druck der Koexistenz mit dem ersten und überdies großen sozialistischen Staat ausgesetzt, dessen Wirtschaft gerade in der Zeit jener Krise eine dynamische Entwicklung aufwies. Das setzte Probleme wie die Beschäftigungspolitik, wie die Methoden zur Konjunkturbelebung auf die Tagesordnung. In dieser Zeit wurde die bürgerliche politische Ökonomie um neue Disziplinen bereichert, etwa die Theorien über eine interventionistische Konjunkturpolitik, wie sie die schwedische Schule sowie Keynes und seine Schule entwickelt haben. Im Zusammenhang damit entfaltete sich die Methodologie der Volkswirtschaftsbilanzen und die Verbindung dieser Probleme mit ökonometrischen Untersuchungen. Das sollte die Basis für eine wirksame Konjunktur- und Beschäftigungspolitik schaffen.

Dazu ist zu sagen, daß diese Art von Analyse, und vornehmlich Forschungen, die mit der Beschäftigungstheorie und der Theorie der Konjunkturbelebung zusammenhängen, auch von fortschrittlichen Kreisen genutzt werden. Der sozialdemokratische Teil der Arbeiterbewegung macht sie sich zunutze, desgleichen bürgerlich-reformistische Elemente, die auf dieser Grundlage Projekte zur Reformierung des Kapitalismus präsentieren. Aber auch radikalere Gruppierungen der Arbeiterbewegung und der forschrittlichen Intelligenz bedienen sich dieser Analyse, stützen sich auf sie in ihrer tiefergehenden Kritik des Kapitalismus und ziehen Schlußfolgerungen von ausgeprägt sozialistischem Charakter.

Im Zusammenhang mit der Beschäftigungs- und Konjunkturpolitik und später, im Verlauf des Zweiten Weltkriegs, auch mit Fragen der Kriegswirtschaft, macht sich schließlich das Bedürfnis geltend, bestimmte Wirtschaftsprozesse zu planen. Eine geplante Tätigkeit der kapitalistischen Konzerne und des Staates wird zur Notwendigkeit. Konzerne und andere Organisationen des Monopolkapitals planen ihre Investitionen, deren Standortbestimmung, koordinieren die Tätigkeit der ihnen angeschlossenen Unternehmen. Der Staat muß die öffentlichen Investitionen planen, die in der Volkswirtschaft zu größerer Bedeutung gelangen, er muß die Tätigkeit der verstaatlichten Industriezweige, des Transports, der Energiewirtschaft usw. koordinieren. So entsteht das Bedürfnis nach einem neuen Gebiet der wissenschaftlichen Forschung, der sogenannten Programmierungswissenschaft. Dazu gehören die *Input-Output-Analyse*, das heißt die Analyse der intersektoralen Ströme, die ein Teil der Untersuchung der Volkswirtschaftsbilanzen ist, und die Theorie der linearen Programmierung. Die Ökonometrie verlagert ihr Interesse vom Markt, mit dem sie sich bisher befaßt hat, auf neue Probleme der Programmierung. Schließlich vereinigt sich die Programmierungswissenschaft mit der auf einer anderen Basis entstandenen Disziplin, die sich mit ähnlichen Fragen befaßt, mit der Kybernetik.

Auf dem Forschungsgebiet, von dem hier die Rede ist, drängt die Eigengesetzlichkeit der wissenschaftlichen Arbeit mit besonderer Wucht die Untersuchungen über die Grenzen sowohl der Bedürfnisse als auch der Möglichkeiten der kapitalistischen Wirtschaft hinaus. Die Programmierungstheorie und die Kybernetik erbringen Resultate, die erst in der sozialistischen Planwirtschaft praktische Bedeutung erlangen können. Sie schaffen nämlich Möglichkeiten der Rationalisierung von Leitung und Verwaltung der Volkswirtschaft, wie es sie unter kapitalistischen Bedingungen nicht geben kann. Die wichtigste Rolle spielt dabei die Tatsache, daß die Wirtschaftswissenschaft zu einer Disziplin der akademischen Intelligenz geworden ist. Obgleich sie den »gesellschaftlichen Auftrag« des Monopolkapitalismus und seines Staates erfüllt, wird sie durch die Eigengesetzlichkeit und die innere Dialektik der wissenschaftlichen Forschung gezwungen, über diesen »gesellschaftlichen Auftrag« hinauszugehen, sich in ein Instrument der Rationalisierung von Leitung und Verwaltung der Wirtschaftsprozesse zu verwandeln, das die Ökonomie im Rahmen kapitalistischer Verhältnisse nicht sein konnte.

Diesen Prozeß würde ich als Ent-Apologetisierung und Ver-Wissenschaftlichung der bürgerlichen Ökonomie bezeichnen. Er spielt sich auf einem Operationsfeld von begrenztem Umfang ab, der den Bedürfnissen der Organisation und Verwaltung der kapitalistischen Wirtschaft durch die großen Monopolverbände und den kapitalistischen Staat entspricht. Im Kapitalismus der freien Konkurrenz war dieses Operationsfeld sehr eng. Es beschränkte sich, wie gesagt, auf Geld- und Diskont-, eventuell noch auf Zollpolitik. Im monopolistischen und staatsmonopolistischen Kapitalismus dagegen erweitert sich dieses Tätigkeitsgebiet zusehends.

Darin liegt unter anderem die Erklärung für die starke Zunahme von wirtschaftswissenschaftlichen Instituten in den kapitalistischen Ländern, ein in der früheren Periode des Kapitalismus unbekanntes Phänomen. Früher einmal gab es Lehrstühle für Ökonomie und Professoren, die an diesen Lehrstühlen Vorlesungen hielten; heute entstehen massenhaft und immer zahlreicher Forschungsinstitute der Wirtschaftswissenschaften. Natürlich werden sie nicht für apologetische Zwecke geschaffen, sondern darum, weil die Leute, die ihr Geld dafür ausgeben, Antworten auf praktische Probleme haben wollen, deren Lösung sie sich aufgrund der in den Instituten geführten Forschungen versprechen.

Der Prozeß der Ent-Apologetisierung und Ver-Wissenschaftlichung der bürgerlichen Ökonomie wird jedoch durch die alten apologetischen Traditionen gehemmt, die auf diesen neuen Zweigen der ökonomischen Forschung lasten. Aber die Professionalisierung der Volkswirtschaftslehre und eine gewisse soziale Unabhängigkeit der Akademiker vom Monopolkapital, bedingt durch ihre kleinbürgerliche Abstammung, überwindet diese apologetischen Traditionen. Diese Überwindung der Traditionen nimmt den Charakter eines, wie ich es nennen würde, wissenschaftlichen Positivismus an. Er verficht die These einer angeblichen Neutralität der Wirtschaftsforschung gegenüber der Gesellschaft, die These vom ausschließlich technischen Charakter dieser Wissenschaft. Zugleich engt er die Konzeption der politischen Ökonomie ein (teilweise äußert sich dies im Gebrauch des Terminus »Ökonomik« anstelle des herkömmlichen Terminus »politische Ökonomie«) und verweist alle Probleme, die an die Grundlagen der Gesellschaftsordnung rühren, an die Soziologie. Die Einengung des Einzugsbereichs der Ökonomie auf Fragen einer gewissen Technik der Lösung eines ziemlich kleinen Problemkreises bildet jenen wissenschaftlichen Positivismus der akademischen Intelligenz, die sich heute in den kapitalistischen Ländern mit Wirtschaftsforschung befaßt.

Neue Impulse für die Ent-Apologetisierung und Ver-Wissenschaftlichung der bürgerlichen Ökonomie entstehen in den Entwicklungsländern. Die sich dort herausbildenden großen nationalen und sozialen Befreiungsbewegungen wollen ihre Länder aus dem Marasmus der Rückständigkeit und der wirtschaftlichen Depression reißen, in die der Imperialismus sie getrieben hat. So entwickelt sich in diesen Ländern eine wissenschaftlich fundierte Kritik am Imperialismus und seiner Kolonialpolitik. Teilweise dringt der Marxismus in diese Länder ein, teilweise aber stützt sich die dortige Intelligenz in ihrer Kritik des Imperialismus auf das Instrumentarium der bürgerlichen Ökonomie, die sie an den Universitäten der führenden kapitalistischen und der eigenen Länder gelernt hat. Es entsteht in den Entwicklungsländern auch die Notwendigkeit einer wissenschaftlichen Analyse der Möglichkeiten und Methoden einer geplanten Wirtschaftsentwicklung, vor allem der Planung staatlicher Investitionen, dieses Hebels, den es anzusetzen gilt, um die betreffenden Länder aus der Rückständigkeit herauszuheben. Aber hier bedient sich die fortschrittliche Intelligenz der wissenschaftlichen Apparatur, die sie von der bürgerlichen Ökonomie übernommen hat. So werden in den um Fortschritt kämpfenden Entwicklungsländern viele von der bürgerlichen Ökonomie ausgearbeitete Begriffe und Forschungsmethoden in den Dienst gesellschaftlich progressiver Zielsetzungen gestellt.

Nach dieser Darstellung der modernen Entwicklung der bürgerlichen Ökonomie möchte ich nun einige Worte zur Entwicklung der marxistischen Ökonomie sagen. Die marxistische Ökonomie ist aus der kritischen Analyse der kapitalistischen Produktionsverhältnisse und der Erforschung der Entwicklungsgesetze der kapitalistischen Wirtschaft hervorgegangen. Das waren Fragen, die unmittelbar praktische Bedeutung für die Arbeiterbewegung hatten. Die Erfassung des Wesens der kapitalistischen Produktionsverhältnisse war der Boden, auf dem sich das Klassenbewußtsein des Proletariats herausbildete, sie war die Grundlage der Organisierung der Arbeiterklasse zu einer sozialen und politischen Massenbewegung. Die Einschätzung des Entwicklungstrends des Kapitalismus hatte entscheidende praktische Bedeutung für die Strategie der Arbeiterbewegung.

Aufgrund dieser Einschätzung kam es Ende des 19. Jahrhunderts zur Auseinandersetzung um den Revisionismus. Konkret ging es um die Bedeutung der Konzentration und Zentralisierung des Kapitals, um die Entwicklungsperspektiven der Landwirtschaft im Kapitalismus, um die Rolle der Mittelschichten, um die Rolle der in dieser Periode entstehenden Monopolverbände des Großkapitals sowie um das Eingreifen des kapitalistischen Staates in das Wirtschaftsleben. Das waren die Themen der Kontroversen um den Revisionismus, und von der Lösung dieser Probleme hing die Strategie der Arbeiterbewegung ab.

Im Zusammenhang damit untersuchte die marxistische Ökonomie bestimmte Grundprobleme, denen die bürgerliche Ökonomie damals keine Beachtung schenkte. Es sind dies: die Akkumulation des Kapitals und ihre Grenzen im Rahmen der kapitalistischen Produktionsverhältnisse, die Bedingungen der Reproduktion sowie der Realisierung des Mehrwerts, und, in diesem Kontext, das Problem der Krisen. Die marxistische politische Ökonomie verwies als erste darauf, daß der Kapitalismus in eine neue, monopolistische Phase getreten war, sie erstellte die wissenschaftliche Analyse neuer Phänomene, die von der neuen monopolistischen Struktur der kapitalistischen Produktionsverhältnisse hervorgebracht wurden. Die marxistische Ökonomie schuf eine neue Theorie über das Wirken der Monopole nicht von den Zirkulationsaspekten des Monopolpreises her, mit denen sich später (viel später, übrigens) die aus der neoklassischen Schule hervorgegangene Theorie der unvollkommenen Konkurrenz befaßte, sondern aus der Sicht der prinzipiellen gesellschaftlichen Konsequenzen der Monopole sowie der Konsequenzen für den Prozeß der Akkumulation, der Reproduktion und der Realisierung des Mehrwerts unter kapitalistischen Bedingungen.

Die Beschäftigung mit diesen Fragen brachte eine umfassende marxistische ökonomische Literatur hervor, die Werke von Hilferding, Rosa Luxemburg, Lenin und viele andere, die ich hier unerwähnt lasse. Das waren alles Probleme von grundlegender Bedeutung für die Beurteilung der Entwicklung und Funktionsweise des Kapitalismus unter den neuen Bedingungen. Der praktisch-politische Effekt der Untersuchung dieser Probleme war die Analyse des Imperialismus und seiner Entwicklungstendenzen sowie die damit verbundenen Kontroversen um die Strategie der Arbeiterbewegung. Diese Probleme blieben, wie schon erwähnt, völlig außerhalb des Gesichtskreises der bürgerlichen Ökonomie. Erst in jüngster Zeit, im Zusammenhang mit der Konjunkturpolitik, mit bestimmten Fragen der Theorie des Oligopols usw., mit der Beschäftigungstheorie, begann die bürgerliche Ökonomie einige dieser Probleme zu entdecken, und teilweise wendete sie nun ihre Aufmerksamkeit älteren Werken der marxistischen Literatur aus der Periode zu, in der die bürgerlichen Ökonomen die Existenz dieser Werke einfach nicht beachtet hatten.

Der Interessenbereich der marxistischen Ökonomie jener Periode umfaßt also die Grundprobleme der Entwicklung des Kapitalismus, Probleme, für die sich die bürgerliche Ökonomie nicht im geringsten interessierte. Zugleich beschränkt er sich auf die genannten Probleme und auf die Entlarvung der Apologetik in den Arbeiten der bürgerlichen Ökonomen. Dagegen zeigt die marxistische Ökonomie jener Zeit kein besonderes Interesse auf jenen Gebieten, wo gerade die bürgerliche Ökonomie einen echten Beitrag zur Erschließung neuer Erkenntnisse geleistet hat. Es sind dies Gebiete, die die Praxis der kapitalistischen Wirtschaftslenkung betreffen, also die Marktanalyse, eine präzise und subtile Formulierung der Gesetze, die den Markt beherrschen, der Kredit- und Geldpolitik usw. Das ist nur allzu begreiflich, denn da die Arbeiterbewegung an der Lenkung der kapitalistischen Wirtschaft nicht beteiligt ist, behandelt sie diese Probleme als zweitrangig. Die Arbeiterbewegung ist an der Demaskierung der von bürgerlichen Ökonomen betriebenen Apologetik sowie an der wissenschaftlichen Analyse jener Probleme interessiert, die mit der Entwicklung des Kapitalismus zusammenhängen.

Zweifellos können manche Fragen, die gegenwärtig mit der Lenkung der kapitalistischen Wirtschaft in Verbindung stehen, für die Arbeiterbewegung relevant sein, und zwar solche, die sich auf soziale Angelegenheiten beziehen, Fragen der Arbeit, Zollpolitik und dergleichen. Diesen Themen ist eine beträchtliche Zahl von Arbeiten der marxistischen Literatur gewidmet. Sie ergaben sich aus der Notwendigkeit einer

Stellungnahme der sozialistischen Parlamentsfraktionen in diesen Fragen. So zum Beispiel schenkten die Wirtschaftswissenschaftler der deutschen Sozialdemokratie Problemen der Zollpolitik viel Aufmerksamkeit. Die Zollpolitik, ein Resultat des Bündnisses zwischen Junkertum und Schwerindustrie, lastete auf den Lebenskosten der Arbeiterklasse. Die Sozialdemokratie bekämpfte sie im Reichstag, und im Zusammenhang damit befaßten sich die deutschen Marxisten mit Fragen der Zollpolitik. Im Prinzip kann man jedoch sagen, daß jene Art von Problemen, die mit der eingehenden Untersuchung des Verlaufs der Zirkulationsprozesse verbunden waren und zu dieser Zeit die bürgerlichen Ökonomen beschäftigen, für die Arbeiterbewegung zweit- oder gar drittrangige Bedeutung hatten. Deshalb schenkte ihnen die marxistische politische Ökonomie wenig Beachtung.

Aber ebenso wie die neuen Bedingungen der bürgerlichen Ökonomie einen neuen »gesellschaftlichen Auftrag« erteilen, erteilen sie ihn auch der marxistischen Ökonomie. Neue »gesellschaftliche Aufträge« erwachsen der marxistischen Ökonomie daraus, daß in einer Reihe von Ländern die Arbeiterbewegung die politische Macht erlangte. Die Diktatur des Proletariats stellt an die marxistische politische Ökonomie neue Anforderungen. Von nun an muß sie sich Dingen zuwenden, die in der Zeit, als sich die traditionelle marxistische Ökonomie mit dem gesellschaftlichen Inhalt der Produktionsverhältnisse und der Entwicklungsgesetze des Kapitalismus auseinandersetzen mußte, außerhalb ihres Gesichtskreises lagen.

Es sind dies zwei Problemkreise. Der eine umfaßt Fragen des sozialistischen Aufbaus, der zweite Probleme der Wirtschaftslenkung in der Übergangsperiode und in der Etappe des Sozialismus. In der Periode des Aufbaus des Sozialismus stehen zwei Probleme im Vordergrund. Das erste ist die Umwandlung der Produktionsverhältnisse aus kapitalistischen, teilweise auch aus Verhältnissen der Kleingüterwirtschaft, in sozialistische Produktionsverhältnisse, sowie die Gestaltung dieser neuen Produktionsverhältnisse. Das zweite ist die Planung von Entwicklungstempo und -richtungen der Volkswirtschaft. Zur Lösung dieser Probleme reichen im Prinzip die traditionellen, notfalls vervollkommneten Instrumente der marxistischen politischen Ökonomie aus.

Anders sieht die Sache aus, wenn es um die Wirtschaftslenkung in der Übergangsperiode und im Sozialismus geht. Im normalen Verlauf der Entwicklung stünde zu erwarten, daß der Sozialismus, der das Erbe der kapitalistischen Wirtschaft antritt, deren Produktivkräfte übernimmt, d. h. sowohl die Produktionstechnik als auch die organisatorischen Erfahrungen, einschließlich jenes Wissensgebietes der bürgerlichen Ökonomie, auf das sich die gegenwärtige Verwaltung der kapitalistischen Wirtschaft stützt. So würde es sich abspielen, träte heute ein sozialistischer Umschwung in England, in den Vereinigten Staaten oder in einem anderen Land des hochentwickelten Kapitalismus ein.

Doch war der Lauf der Geschichte so – und wie wir wissen, war dies kein Zufall, sondern ein Resultat der gesellschafts-ökonomischen Gesetzmäßigkeiten des Imperialismus –, daß der Aufbau des Sozialismus in Ländern mit noch nicht voll entwickeltem Kapitalismus begann, in sogenannten unter- oder schwach entwickelten Ländern. Das wirkte sich zwangsläufig auch auf das Schicksal der marxistischen politischen Ökonomie aus. Da es in diesen Ländern erst der Sozialismus war, der die Industrialisierung vollzog, und er nicht fertige Ergebnisse der kapitalistischen Industrialisierung übernahm, konnte er auch nicht die Erfahrungen des Kapitalismus im Bereich der Organisation und Verwaltung der Industrie übernehmen. Diese Erfahrungen mußte er selbst erst machen; das war eine Art Pionierarbeit, und so hat der Sozialismus auch gewisse Errungenschaften der bürgerlichen Ökonomie, die mit der Lenkung der kapitalistischen Wirtschaft verbunden sind, nicht übernommen.

Übrigens hatte hier auch die Chronologie dieser Prozesse gewisse Bedeutung. Neue Gebiete der bürgerlichen Ökonomie, insbesondere die Ökonometrie, die Beschäftigungstheorie und die mit ihr zusammenhängende Analyse der Investitionsprozesse, die Methodologie der Volkswirtschaftsrechnung und schließlich die Programmierungstheorie entstanden im Kapitalismus zu einer Zeit, als in der Sowjetunion die sozialistische Industrialisierung schon in vollem Gang und der Aufbau des Sozialismus im Prinzip beendet war. In der Periode, als sich die Organisationsformen und Verwaltungsmethoden der sozialistischen Wirtschaft herausbildeten, konnte die bürgerliche Ökonomie dieses Erbe noch nicht dem Sozialismus übereignen, weil es noch gar nicht vorhanden war. Das sind Wissenszweige der Ökonomie, die erst in den Zwischenkriegsjahren entstanden sind, die neuesten, die Programmierungslehre und die Kybernetik, erst nach dem Zweiten Weltkrieg. Der sozialistische Aufbau hatte also nicht die Möglichkeit, diese in der jüngsten Periode des modernen Kapitalismus entstandenen Disziplinen der ökonomischen Wissenschaft zu übernehmen. Hinzu kamen zweifellos auch eingewurzelte ideologische Voreingenommenheiten gegen die bürgerliche Ökonomie, die man in Gestalt der alten Vulgärökonomie und der älteren Grenznutzenlehre kannte.

Auch wurde die innere Entwicklung der marxistischen Ökonomie zu einer selbständigen Behandlung neuer Probleme, die sich aus den Erfordernissen der Lenkung der sozialistischen Wirtschaft ergaben, erschwert. Infolgedessen wurden die Probleme der sozialistischen Wirtschaftslenkung häufig mit den Methoden eines primitiven Empirismus gelöst, ohne daß man zu präziseren Methoden gegriffen hätte, wie sie die wissenschaftliche Analyse zu bieten vermag. Das hängt mit einem Prozeß zusammen, den ich als apologetisch-dogmatische Degenerierung des Marxismus bezeichnen würde. Sie war eine Folge der Furcht vor dem Zutagetreten eines Widerspruchs zwischen den Entwicklungsnotwendigkeiten der Produktivkräfte einerseits und Elementen des Überbaus andererseits, konkret jenen Methoden der Wirtschaftslenkung, die sich in der Zeit der forcierten Industrialisierung und der Umgestaltung des Agrarsystems herausgebildet hatten und die, über die geschichtliche Notwendigkeit hinaus übermäßig prolongiert, im wirtschaftlichen Bereich zum Ausdruck der Gesamtheit der Deformationen dieser Periode wurden.

Wie jede Apologetik vertrat auch diese die Interessen bestimmter gesellschaftlicher Gruppen, Interessen, die mit der weiteren gesellschaftlichen Entwicklung in Widerspruch standen. Sie erfüllte die Funktion der Interessenvertretung jener bürokratischen Schichten, die mit dem überholten Verwaltungssystem, und gerade mit den Entstellungen seines Hyperzentralismus verbunden waren und die kritische Konfrontation der Wirklichkeit mit dem offiziellen, amtlichen Bild, die Aufdeckung der in der neuen Gesellschaft vorhandenen inneren Widersprüche befürchten mußten.

In der Praxis manifestierte sich diese Tendenz in der Unfreiheit der wissenschaftlichen Forschung; in der Behandlung so vieler Angelegenheiten als »Staatsgeheimnis«, daß jede wissenschaftliche Untersuchung von Wirtschaftsfragen unmöglich gemacht wurde; in der Verwandlung wissenschaftlicher Forschungen in ein Privileg kleiner, esoterischer Gruppen von Leuten, die verschiedene hohe Stellungen bekleideten (und übrigens dieses Privileg gar nicht ausnutzten). Das führte zur Agonie des Marxismus, der aufhörte, eine lebendige Wissenschaft zu sein, verhinderte die Anwendung der marxistischen Analyse und überhaupt der wissenschaftlichen Forschung auf die neue, im Entstehen begriffene sozialistische Gesellschaft. Die marxistische Wissenschaft wurde durch dogmatische Apologetik ersetzt, eine Apologetik freilich nicht des Sozialismus als Gesellschaftsordnung, denn diese bedarf als fortschrittliches System keiner Apologetik, sondern des spezifischen Verwaltungssystems, das für jene Periode charakteristisch war.

Die spezifische Methode dieser Apologetik bestand in dem Umwandlungsversuch des Marxismus in eine idealistisch-voluntaristische Theorie des gesellschaftlichen Fortschritts, die die Entwicklung der sozialistischen Gesellschaft als einen Prozeß bar jeder inneren Dialektik der Entstehung und Überwindung von Widersprüchen begriff (allenfalls wurden Widersprüche zugegeben, die sich aus dem Erbe der alten Gesellschaftsordnung und aus der feindlichen Außenwelt ergaben), als einen Prozeß, in welchem die Aktivität gesellschaftlicher Massenkräfte durch die weise Führung großer Persönlichkeiten und die schöpferische Tätigkeit des ihnen unterstehenden Staatsapparats ersetzt wird. Anstelle der kritischen marxistischen Analyse sich neu herausbildender Widersprüche und der Methoden ihrer Überwindung gab es nur die jedesmalige Rechtfertigung jeder Entscheidung dieses Apparats.

Nach den Erfahrungen dieser Periode steht heute vor uns die Aufgabe, den Marxismus zu erneuern und die marxistische Ökonomie in ein wirksames Instrument zur Lösung sowohl der Probleme des sozialistischen Aufbaus als auch der Lenkung der Wirtschaft der Übergangszeit sowie der sozialistischen Wirtschaft umzugestalten. Auf dem zuletzt genannten Gebiet müssen wir, ebenso wie bei der Entwicklung der Produktivkräfte, alle Erfahrungen des Kapitalismus ausnutzen, also auch jene Errungenschaften der bürgerlichen Ökonomie, die der Verbesserung der kapitalistischen Wirtschaftslenkung dienen. Natürlich müssen diese Erfahrungen kritisch analysiert werden, sowohl in bezug auf ihre Funktion und Rolle in der kapitalistischen Wirtschaft, als auch in bezug auf ihre eventuelle Brauchbarkeit für die sozialistische Wirtschaftslenkung.

Es sollte daher untersucht werden, welche Resultate der modernen bürgerlichen Ökonomie für uns vom Gesichtspunkt der Rationalisierung unserer Wirtschaftslenkung wie auch für das bessere Verständnis des modernen Kapitalismus von Belang sind. Ich würde sagen, daß sie präziser sind als die der klassischen und der Vulgärökonomie, und auch als die Schlußfolgerungen von Marx, der sich in dieser Hinsicht auf die klassische Ökonomie stützte: auf die Analyse von Angebot und Nachfrage sowie der Preisbildungsprozesse, die Analyse der Monopolpreise, der oligopolistischen Erscheinungen, der unvollkommenen Konkurrenz, die Analyse von Geld- und Kreditphänomenen sowie des Konjunkturzyklus. Das sind notwendige Informationen für eine genauere Einschätzung des heutigen Kapitalismus. Dienlich für die sozialistische Wirtschaftslenkung wäre die Untersuchung der bürgerlichen Ökonomie daraufhin, welche Hilfe sie für die Lösung der Probleme des Unternehmens (des kapitalistischen zwar, was die Übertragungsmöglichkeiten beschränkt) bedeutet, ferner die Kenntnis der ökonometrischen Methoden der Marktforschung, insbesondere der Programmierungs-

theorie – also der Input-Output-Analyse, der Methodologie der Volkswirtschaftsbilanzen, der linearen Programmierung und schließlich auch
der Anwendungsmöglichkeiten der Kybernetik auf ökonomische Probleme.

Selbstverständlich handelt es sich hier nicht um irgendeine eklektische
Zusammenklitterung all dessen mit dem Marxismus. Es gilt, kritisch
zu untersuchen, was als integrierender Bestandteil in die marxistische
Ökonomie einbezogen werden kann und soll. Darüber hinaus ergibt
sich auch die Notwendigkeit, das von der bürgerlichen Ökonomie
Übernommene im Rahmen der marxistischen Theorie eigenständig
weiterzuentwickeln.

Wir sollten so vorgehen, wie seinerzeit Marx, der, als er sein ökonomisches System aufbaute, sozusagen das ganze Baumaterial verwertete,
das die damalige bürgerliche Ökonomie zu liefern imstande war. Dazu
gehören auch gewisse methodologische Errungenschaften der bürgerlichen Ökonomie in Gestalt der Grenznutzenanalyse, die im Grunde
nichts anderes ist, als eine Methodologie zur Lösung bestimmter Probleme der Maximierung oder Minimierung ökonomischer Größen. Das
sind technische Verfahren, die auf der Anwendung des Instrumentariums der Differentialrechnung beruhen, und sonst nichts. Deshalb
können sie nicht prinzipielle Zweifel hervorrufen.

Dagegen möchte ich zu einem anderen Aspekt der Grenznutzenlehre
Stellung nehmen, und zwar zur Auffassung der Ökonomie als allgemeine Lehre vom Wirtschaften. Ich bin der Meinung, daß diese Auffassung sachlich falsch ist. Zweifellos ist eine solche, von der österreichischen Schule und von Pareto stammende Konstruktion, derzu-
folge die Ökonomie die Wissenschaft von einem bestimmten Verhältnis
des Menschen zu den Dingen, Gegenständen zur Befriedigung menschlicher Bedürfnisse ist, wobei sich dieses Verhältnis angeblich so gestaltet,
daß das wirtschaftende Subjekt die erzielten Effekte maximiert und zu
diesem Zweck die Grenznutzenrechnung durchführt, intellektuell recht
attraktiv. Doch hält sie einer kritischen Prüfung nicht stand.

Hier haben wir es mit einer Vermengung der politischen Ökonomie als
Wissenschaft von der gesellschaftlichen Gesetzmäßigkeit der Wirtschaftsprozesse, d. h. der Produktions- und Distributionsprozesse, in
denen mittels materieller Gegenstände zwischenmenschliche, d. h.
gesellschaftliche Beziehungen geknüpft werden, mit irgendeiner allgemeinen Psychologie oder Logik des »Wirtschaftens« in völliger Loslösung von jeglicher gesellschaftlicher Problematik zu tun. Es gibt zwei
Varianten dieser Auffassung. Die eine, die hedonistische, leitet sich
vom englischen Utilitarismus ab und kommt in der österreichischen

Schule zum Vorschein. Für die zweite, die ich als die praxeologische bezeichne, ist die Ökonomie eine bestimmte Logik des rationalen Handelns. Ihr Urheber ist Pareto, der sie als Theorie der rationalen Wahlakte formulierte. Voraussetzung ist rationales Handeln, das die Maximierung einer bestimmten Größe anstrebt (die nicht unbedingt meßbar sein muß) und man untersucht dann alle Konsequenzen eines solchen rationalen Handelns.

Ich muß sagen, ich sehe eine solche Theorie des rationalen Handelns oder gar, wenn man will, eine spezielle Wissenschaft darüber als durchaus berechtigt an. Aber es ist keine politische Ökonomie. Der namhafte polnische Philosoph Tadeusz Kotarbiński entwickelt in der Tat die Praxeologie als Wissenschaft vom rationalen Handeln. Eine ganze Reihe von Resultaten der von Pareto initiierten Theorie, besonders die Methodologie der Indifferenzkurven usw., paßt in die Praxeologie hinein. Aber für die Ökonomie kann sie – auf dieses Problem werde ich noch zurückkommen – höchstens eine Hilfswissenschaft sein, keinesfalls aber ist sie Teil der politischen Ökonomie.

Antonio Gramsci, der diese Auffassung von der Ökonomie als allgemeine Wissenschaft von der Anwendung des Wirtschaftlichkeitsprinzips in ihrer hedonistischen Version, d. h. als Wissenschaft von der Maximierung der Befriedigung mit geringster Anstrengung (anläßlich der Herausgabe eines Buches des italienischen Ökonomen Pantaleoni) analysiert, stellt fest, daß sich dann auch Verfasser von Büchern über die Kochkunst mit Ökonomie beschäftigen sollten und daß eine solche Ökonomie auch in der »diskreteren und esoterischen Kunst des sexuellen Vergnügens« Anwendung finden könnte[1]. Dasselbe – füge ich hinzu – gilt für die praxeologische Spielart dieser Konzeption. Ihr zufolge wären auch Kriegsstrategie und -taktik ein Teil der politischen Ökonomie. Geht es doch darum, ein Maximum an Ergebnissen mit einem Minimum an Kräfteaufwand zu erzielen. Hier könnte sogar die Grenznutzenrechnung Anwendung finden. Man muß überlegen, ob der Grenznutzeneffekt des Aufwands an zusätzlichen Streitkräften an einem bestimmten Frontabschnitt größer oder kleiner wäre als die Grenzkosten der gefallenen Soldaten, des verlorengegangenen Kriegsgeräts usw. Eine solche Analyse kann man mit Hilfe von Indifferenzkurven und Aufwandskurven durchführen und nach den Berührungspunkten dieser Kurven suchen.

Das zeigt, daß es sich hier um eine andere Problematik handelt. Es geht überhaupt um die Frage gewisser innerer logischer Gesetzmäßig-

---

1 *Noterelle di economia, Opere di Antonio Gramsci*, Rom 1955, Bd. II, S. 263.

keiten des rationalen Handelns. Das Handeln der Menschen auf ökonomischem Gebiet, d. h. im Prozeß der Produktion und Distribution, ist eine der Formen rationalen Handelns, aber nicht die einzige. Deshalb sollte die Analyse der Prinzipien des rationalen Handelns einer eigenen Wissenschaft, der Praxeologie, überlassen werden, mit der sich Prof. Kotarbiński befaßt. Von den Ergebnissen dieser Wissenschaft kann die politische Ökonomie Gebrauch machen, so wie auch die technischen Wissenschaften, die Wissenschaft von der Kriegsstrategie und -taktik sowie jene esoterische Kunst, von der zuvor die Rede war, von ihr profitieren können.

Dazu noch eine Bemerkung über das Prinzip des rationalen Wirtschaftens, d. h. das Wirtschaftlichkeitsprinzip, das vielen bürgerlichen Ökonomen als Grundlage dafür dient, die Ökonomie als Wissenschaft zu bezeichnen. Es muß festgestellt werden, daß das Faktum des rationalen Wirtschaftens, d. h. eines Wirtschaftsprinzips, das die Maximierung bestimmter Größen anstrebt, bereits Produkt der historischen Entwicklung der Gesellschaft ist. Es ist ein Produkt der kapitalistischen Wirtschaft, wo in Gestalt des Profits ein eindeutiges und quantifizierbares Ziel auf der Bildfläche erscheint, dessen Maximierung zum Objekt der Tätigkeit des kapitalistischen Unternehmens wird. Die vorkapitalistische Wirtschaft kennt kein solches meßbares und eindeutiges Ziel, das man maximieren könnte. Darum ist rationales wirtschaftliches Handeln, im Sinne der Maximierung eines eindeutig definierten Wertes, historisches Produkt der kapitalistischen Wirtschaft und nicht die allgemeingültige Beschaffenheit jeglicher Wirtschaftsform, unabhängig von der historisch gewachsenen Gesellschaftsordnung.

Das Prinzip des rationalen Wirtschaftslebens gilt für die Tätigkeit des kapitalistischen Unternehmens. Die Grenznutzentheorie sowie Paretos Theorie der rationalen Wahlakte stellen einen Versuch dar, dasselbe Prinzip des rationalen Handelns auf das Gebiet der Konsumtion zu übertragen. Es wird eine Schattengröße (der Nützlichkeit oder der Präferenzen) konstruiert, die man maximiert. Im Unterschied jedoch zum Profit des kapitalistischen Unternehmers ist diese Schattengröße durch empirische Beobachtung nicht erfaßbar, sie ist eine reine Gedankenkonstruktion.

Darum bin ich der Meinung, daß zwar die Anwendung der Grundsätze der Praxeologie und der damit verbundenen Grenznutzenrechnung bei der Analyse der Unternehmenstätigkeit nicht prinzipiell in Zweifel zu setzen ist[2], in der Sphäre der Konsumption aber solche

---

2 Es mag Zweifel technischer Natur geben, die sich im Zusammenhang mit der in der Praxis

Zweifel aufkommen müssen. Im Zusammenhang mit ökonometrischen Untersuchungen entstehen auch bei bürgerlichen Ökonomen Zweifel, ob die Hypothese, daß der Konsument die Nützlichkeit oder die Präferenzen maximiert, nicht eine künstliche Konstruktion einführt, die in der Wirklichkeit keine Bestätigung findet.

Es stellt sich die Frage, inwiefern das Prinzip des rationalen Wirtschaftens, und im Zusammenhang damit die Praxeologie, Gültigkeit für die sozialistische Wirtschaft haben. Damit verbindet sich die Frage, welche Bedeutung für die Lösung der Probleme der sozialistischen Wirtschaft gewisse Effekte der bürgerlichen »Wohlfahrtsökonomie« haben können. Ich möchte darüber kein definitives Urteil abgeben, doch scheint mir, daß das Prinzip des rationalen Handelns, also auch die Praxeologie mit ihrem technischen Instrumentarium der Grenznutzenrechnung, der linearen Programmierung usw., auf die sozialistische Wirtschaft angewendet werden können und sogar sollen. Man kann sie bei Entscheidungen, wie die Maximierung des Nationaleinkommens, das auf der Basis bestimmter Investitionen erzielt wird, oder die Minimierung der Produktions- und Transportkosten usw. zu Hilfe nehmen. Der Sozialismus ist seinem Wesen nach ein Wirtschaftssystem, das in seiner Tätigkeit ein höheres Maß an Rationalität zu erzielen vermag als der Kapitalismus. Im Kapitalismus beschränkt sich die Rationalität des wirtschaftlichen Handelns auf das kapitalistische Unternehmen, im Sozialismus kann sie sich auf die gesamte Wirtschaftstätigkeit der Gesellschaft erstrecken.

Zusammenfassend läßt sich folgendes sagen. Erstens, von marxistischer Seite wurden gewisse wissenschaftliche Errungenschaften der bürgerlichen Ökonomie unterschätzt. Die Ursache dafür lag darin, daß neue »gesellschaftliche Aufträge« zu echter wissenschaftlicher Erkenntnis, die der monopolistische und staatsmonopolistische Kapitalismus erteilt, sowie die Professionalisierung der ökonomischen Wissenschaft nicht verstanden wurden. Unterschätzt wurde auch die auf der Basis dieses Prozesses vor sich gehende Ent-Apologetisierung und Ver-Wissenschaftlichung der bürgerlichen Ökonomie.

Zweitens, da dies mit der Praxis der Wirtschaftslenkung verbundene Errungenschaften sind, hat sich der Marxismus unnötigerweise gewisser Möglichkeiten der Lösung von Problemen der sozialistischen Wirtschaftslenkung begeben. Eine ganze Reihe solcher Probleme vermochte er nicht zufriedenstellend zu lösen. Dazu gesellte sich die dogmatisch-

---

auftretenden Diskontinuität der untersuchten Prozesse einstellen; daher ist die lineare Programmierung an die Stelle der Grenznutzenrechnung getreten.

apologetische Entartung der marxistischen Ökonomie im Zusammenhang mit den Deformationen der vergangenen Periode.

Drittens erfordert die Aufgabenstellung des Marxismus im Bereich der politischen Ökonomie in der gegenwärtigen Periode:

a) die marxistische Analyse, das traditionell marxistische Instrumentarium auf die gesellschaftlichen Probleme beim Aufbau des Sozialismus und Kommunismus voll anzuwenden, darunter auch auf die inneren Widersprüche, die sozialen Umschichtungen, Entwicklungstrends usw. der Gesellschaft;

b) sich die Ergebnisse der bürgerlichen Wissenschaft kritisch anzueignen und eigene Methoden der wissenschaftlichen Analyse für die Wirtschaftslenkung in der Übergangsperiode und die Leitung der sozialistischen Wirtschaft zu entwickeln.

Schließlich sei festgestellt, daß trotz unbestrittener Leistungen die bürgerliche Ökonomie, selbst jene positivistisch-neutrale, die an den modernen Universitäten gelehrt wird, nicht die marxistische politische Ökonomie ersetzen kann. Dort nämlich, wo die bürgerliche politische Ökonomie gewisse Probleme der kapitalistischen Wirtschaft richtig interpretiert und wo sie gewisse Instrumente der Forschung geschaffen hat, die auch für die sozialistische Wirtschaft brauchbar sind, geschieht dies im beschränkten Rahmen. Sie ist nicht fähig, den Prozeß der wirtschaftlichen Entwicklung in seiner Totalität zu begreifen, weder im Kapitalismus, noch im Sozialismus.

Darüber hinaus verurteilt der Standpunkt des wissenschaftlichen Positivismus, die Reduzierung ökonomischer Probleme auf bloße Fragen der Technik der Analyse in bezug auf einen begrenzten Problemkreis, wie dies heute im Hochschulunterricht in den kapitalistischen Ländern Mode ist, diese Wissenschaft von vornherein zum Mißerfolg, sobald es auf die Lösung der Grundprobleme der wirtschaftlichen Entwicklung ankommt, mit denen sich die marxistische Ökonomie auseinandersetzt. Auch dort, wo die bürgerliche Ökonomie solche Probleme erfolgreich aufgreift, geschieht es auf fragmentarische Weise, und ohne die Subtilität des marxistischen wissenschaftlichen Instrumentariums macht man es meist in einer vulgarisierten, methodologisch wenig ergiebigen Form. Das wird besonders klar in jenen immer häufiger werdenden Fällen, wo Ökonomen, die in den Traditionen der bürgerlichen Ökonomie aufgewachsen sind, sich der sozialistischen Bewegung anschließen und mit den ihnen eigenen Mitteln Probleme von grundlegender Bedeutung zu lösen trachten, die sich mit den Produktionsverhältnissen oder mit den grundlegenden Entwicklungsgesetzen der sozialökonomischen Systeme verflechten. Zuweilen erzielen sie auch recht gute

Teilerfolge, die aber, da das hochentwickelte, subtile und präzise Instrumentarium der marxistischen Analyse nicht angewendet wird, einseitig und allzu simplifiziert sind.

Daher können wir sagen, daß der Marxismus Grundlage der Entwicklung der politischen Ökonomie der Zukunft ist. Der Marxismus, befreit von den Relikten der bis vor kurzem herrschenden dogmatisch-apologetischen Entartung, in der Analyse nicht nur des Kapitalismus, sondern auch des Sozialismus voll angewendet, bereichert um gewisse technische Errungenschaften, über die heute die bürgerliche Ökonomie verfügt; dieser Marxismus, der seine Forschungsmethoden und -ergebnisse ununterbrochener Konfrontation mit der sich unablässig wandelnden Wirklichkeit entwickelt, ist das wirksamste Instrument zum Verständnis sozio-ökonomischer Prozesse und zu deren bewußter, zielgerichteter Lenkung. Hierin besteht die historische Aufgabe des Sozialismus.

# Kapitalverluste als gesellschaftlicher Vorteil*

Quelle so mancher Denkfehler im Hinblick auf Wirtschaftsprobleme ist die Verwechslung des privatwirtschaftlichen Standpunkts mit dem volkswirtschaftlichen. Vom privatwirtschaftlichen Standpunkt aus geht der Unternehmer, der in Krisenzeiten die Löhne seiner Arbeiter kürzt, richtig vor, denn er erhöht die Rentabilität seines Unternehmens und vergrößert so seine Chance, die Krise zu überdauern. In dem Augenblick jedoch, wo alle Unternehmer so vorgehen, wird die Gesamtnachfrage um jene Quantität geringer, die dem Lohnrückgang entspricht, und die Rentabilitätsverbesserung erweist sich als illusorisch[1]. Vom privatwirtschaftlichen Gesichtspunkt betrachtet, erhöht die Ersparnis das Vermögen des Sparers. Doch in einer Zeit der Depression, in der die Ersparnisse nicht in erhöhten Investitionen ein Ventil finden, wird aus dem Sparen ein Horten (d. h. die Geldvorräte werden größer), die verringerte Nachfrage nach Konsumgütern bewirkt ein Sinken der Preise bei diesen Gütern, und am Ende kommt es nicht zu einem Konsumrückgang[2]. Die angeführten Beispiele veranschaulichen die Divergenz, die zwischen dem privatwirtschaftlichen und dem volkswirtschaftlichen Effekt der Tätigkeit Einzelner besteht. Diese Divergenz kann die Folge von Unkenntnis, aber auch des Unvermögens der (unter Konkurrenzdruck stehenden) einzelnen Unternehmen sein, die gesellschaftlichen Folgen ihrer Tätigkeit in ihre Überlegungen einzubeziehen – wie in unserem ersten Beispiel. Sie kann aber auch aus einem *Interessengegensatz* zwischen den verschiedenen gesellschaftlichen Grup-

---

* Dieser Aufsatz erschien erstmals in der Zeitschrift *Ruch Prawniczy, Ekonomiczny i Socjologiczny*, Poznan 1937, I, S. 307-314. Später erschien er in der Sammlung: Oskar Lange, *Sozioökonomische Schriften*, PWN Warschau 1964, S. 154 ff. Diese Fassung wurde aus dem Polnischen von Edda Werfel übersetzt.

1 Diese These, hier nur zur Illustration angeführt, ist dann zutreffend, wenn die Arbeiter, deren Löhne gekürzt wurden, keine Ersparnisse gemacht hatten. Denn im anderen Falle könnte die Nachfrage um weniger sinken, als die Lohnsumme zurückgegangen ist, da die Arbeiter nach der Lohnkürzung einen geringeren Teil ihres Einkommens zurücklegen als vor der Kürzung. Selbstverständlich können mannigfaltige Verschiebungen in der Nachfrage nach bestimmten Gütern eintreten.

2 Vgl. D. H. Robertson, *Money*, London 1928, S. 93-97.

pen hervorgehen, die Bestandteil dieses Wirtschaftssystems sind. Und so sind, in unserem zweiten Beispiel, die Sparer am Sparen interessiert, obwohl es wahrscheinlich ist, daß sich das Sparen letzten Endes in ein Horten verwandelt, das einen verhängnisvollen deflatorischen Druck auf die gesamte Volkswirtschaft ausübt. Wenn nämlich der Rückgang der Nachfrage nach Konsumgütern eine Preissenkung bei diesen Waren bewirkt, so werden die Verluste von den Produzenten getragen und die Sparer vergrößern ihr Vermögen ohne die zwingende Notwendigkeit, ihren Konsum einzuschränken. Hier tritt ein eindeutiger Interessengegensatz zwischen Sparern und Produzenten einerseits und den im Produktionsprozeß Beschäftigten andererseits zutage[3].

Im vorliegenden Essay möchte ich mich mit einem besonders wichtigen Beispiel des Auseinanderklaffens der privatwirtschaftlichen und der volkswirtschaftlichen Interessen befassen. Es handelt sich um die Frage der Kapitalverluste. Für den Einzelnen ist die Einbuße des ihm gehörenden Kapitals oder eines Teiles davon unbestreitbar ein Verlust. Auf den ersten Blick mag es scheinen, als decke sich das Interesse des privatwirtschaftlichen Kapitalbesitzes voll und ganz mit dem volkswirtschaftlichen Interesse. Ist es denn nicht so, daß die Verkleinerung des Kapitalbestands die Gesellschaft ärmer macht? Liegt es nicht im Interesse der Gesellschaft, Kapitalverluste vermeiden zu helfen, wen immer sie treffen mögen? Bei oberflächlicher Betrachtung würde man meinen, daß einfach der gesunde Menschenverstand eine Bejahung dieser Frage diktiere. Eine genauere ökonomische Analyse zeigt jedoch, daß dies nicht immer so ist und daß es Fälle gibt, wo Kapitaleinbußen mit Vorteilen für die ganze Gesellschaft verbunden sind.

Unter Kapitalverlusten können wir zweierlei Dinge verstehen: entweder *physischen* Abbau des Bestands an Kapital*gütern* (d. h. an Produktionsgütern) oder auch *Verminderung* des Werts dieser Güter. Kapitaleinbußen im ersteren Sinne sind stets ein gesellschaftlicher Verlust, denn der Abbau der Kapitalgüterreserven verkleinert den Produktionsapparat der Gesellschaft. Hingegen ist die Verminderung des Werts der Kapitalgüter nur dann ein Verlust für die Gesellschaft, wenn sie zum physischen Abbau des Kapitalgüterbestands führt. Doch ist dies keine unausweichliche Folge der Verminderung des Werts der Kapitalgüter. Im Gegenteil, es gibt außerordentlich wichtige Fälle, wo die Verminderung des Werts von Kapitalgütern zur Vergrößerung ihrer

---

3 D. h., sofern die im Produktionsprozeß Beschäftigten relativ weniger erspart haben als die Besitzer von Kapital und Boden (was natürlich im gegenwärtigen Wirtschaftssystem der Fall ist), und sofern die Einkommen dieser Besitzer durch langfristige Verträge fixiert und diese dadurch vor einem Einkommensverlust geschützt sind.

Menge und zu stärkerer Ausnutzung dieser Kapitalgüter führt. In diesen Fällen sind die Kapitaleinbußen (in der zweiten Bedeutung) vom gesellschaftlichen Standpunkt ein Vorteil.

Den Wert eines bestimmten Aggregats von Kapitalgütern erhält man durch Kapitalisierung des Ertrags, den diese Güter im Verhältnis zum laufenden Zinssatz erbringen. Auf diese Weise ist das Verhältnis des Ertrags (je Zeiteinheit) zum Wert der Kapitalgüter stets gleich dem Zinssatz. Von diesem Verhältnis muß man die *Rentabilität* der Kapitalgüter, d. h. das Verhältnis des aus diesen Gütern je Zeiteinheit erhaltenen Ertrags zu ihren Produktionskosten, unterscheiden. Unter den Bedingungen freier Konkurrenz tendiert der Wert der Kapitalgüter dahin, mit den Produktionskosten gleichzuziehen. Denn jegliche Abweichung von dieser Gleichheit führt zur Ausweitung oder Verminderung der Produktion von Kapitalgütern. Damit tendiert die Rentabilität der Kapitalgüter bei freier Konkurrenz dahin, sich dem Zinssatz (unter Beachtung des Risikos usw.) anzugleichen. Diese Angleichung erfolgt aber erst nach einem längeren Zeitraum, und kurzfristig kann es bedeutende Abweichungen geben. Solche Abweichungen sind besonders groß bei langlebigen Kapitalgütern oder bei Gütern, deren Produktion längere Zeit erfordert. Die Menge dieser Güter verändert sich nur langsam, und daher bezeichnet man den Ertrag daraus eher mit dem Ausdruck Quasi-Rente als mit dem Begriff Kapitalzins. Aber auch hier herrscht auf längere Sicht die Tendenz zur Angleichung der Rentabilität an den Zinssatz.

Gehören die Kapitalgüter aber zum Bestand eines Unternehmens, das eine Monopolstellung oder zumindest doch eine monopolähnliche Position einnimmt, dann übersteigt der Wert dieser Güter deren Produktionskosten. Die Rentabilität eines solchen Unternehmens übersteigt die unter den Bedingungen der freien Konkurrenz gewonnene Rentabilität, die, wie schon erwähnt, zur Angleichung an den Zinssatz tendiert. Der im Verhältnis zum Zinssatz kapitalisierte Ertrag des monopolistischen oder monopolähnlichen Unternehmens ergibt einen höheren Kapitalwert, als die Produktionskosten seiner Kapitalgüter (d. h. seines Produktionsapparats und der Rohstoffe) ausmachen. Der Kapitalwert ist nämlich direkt proportional zum Verhältnis Rentabilität/Zinssatz[4]. Je höher die Rentabilität im Verhältnis zum Zins, desto größer der

---

4 Wenn $e$ der Ertrag aus den Kapitalgütern je Zeiteinheit ist, $k$ die Kosten ihrer Produktion sind, $c$ ihr Kapitalwert, $z$ der Zinsfuß und $r$ die Rentabilität: dann ist

$$r = \frac{e}{k} \text{ und } z = \frac{e}{c}, \text{ daher } c = \frac{r}{z}\, k.$$

Kapitalwert. Daraus folgt, daß die Rentabilität von Unternehmen, die eine Monopolstellung einnehmen, nicht auf der Basis des Verhältnisses von Ertrag zu Kapitalwert des Unternehmens eingeschätzt werden kann. Das ist ein wohlbekannter Trick, wie ihn die Monopolverbände (Kartelle, Trusts usw.) anwenden, um die öffentliche Meinung irrezuführen und die eigene monopolistische Position zu verschleiern[5]. Sie führen den Nachweis, daß das Verhältnis des Ertrags zum Kapitalwert nicht größer ist als in den Industrien, in denen freie Konkurrenz herrscht, und bemühen sich so, die öffentliche Meinung zu überzeugen, daß ihr Gewinn nicht höher ist als die normale Verzinsung ihres Kapitals. Aber dieses Verhältnis ist notwendigerweise immer gleich dem Zins, da der Kapitalwert durch die Kapitalisierung des Ertrags im Verhältnis zum Zinssatz zustande kam. Nur durch den Vergleich des Ertrags mit den Produktionskosten der Kapitalgüter, die dem Betrieb gehören, läßt sich die Rentabilität einschätzen.

Verliert das Unternehmen seine Monopolstellung, so verringert sich seine Rentabilität im Verhältnis zum Zinssatz und vermindert damit den Wert seines Kapitals. Jede Reduzierung oder Schwächung der Monopolstellung, jede Näherung der Rentabilität des Unternehmens an jene Rentabilität, die den Bedingungen der freien Konkurrenz entspricht, vermindert den Kapitalwert des ersteren, nähert ihn den Produktionskosten seiner Kapitalgüter. Darum ist jeder Abbau monopolistischer Elemente im Wirtschaftsleben mit Kapitalverlusten verbunden. Doch vom Standpunkt der Gesellschaft sind solche Verluste von Vorteil, da die Schwächung des Monopols zu einer Produktionserweiterung führt, das heißt also zur stärkeren Ausnutzung der vorhandenen Kapitalgüter sowie zur Schaffung neuer Kapitalgüter für die Erfordernisse der erweiterten Produktion.

Besonders weittragende Bedeutung kommt dem Problem der Kapitaleinbußen bei der Analyse der Folgen von Veränderungen zu, die bei den Produktionsfaktoren (Daten)[6] eintreten, insbesondere was den technischen Fortschritt betrifft. Denn jede Veränderung der Produktionsfaktoren führt zu Kapitaleinbußen, und es entsteht die Frage, ob es angezeigt ist, daß der Staat mittels seiner Wirtschaftspolitik Vorkehrungen trifft, um den Unternehmern und Kapitalbesitzern diese

---

5 Zu diesem Zweck berechnet man auch den Kapitalwert in Perioden, in denen die Rentabilität besonders hoch ist, um in Perioden verminderter Rentabilität erklären zu können, daß das Unternehmen »nicht einmal eine normale Kapitalverzinsung einbringt«. Darauf wies bereits A. Marshall hin. Vgl. *Principles of Economics*, London [8]1930, S. 417, Fußnote.

6 Den Ausdruck Produktionsfaktoren gebrauche ich in dem Sinne, den Prof. E. Taylor ihm gegeben hat. Siehe *Einführung in die Ökonomik*, Posen 1936, S. 136.

Verluste vermeiden zu helfen. Stellen wir uns ein Unternehmen vor, das bislang prosperierte und nun, infolge unerwarteten Rückgangs der Nachfrage nach den von ihm erzeugten Gütern, Verluste zu erleiden beginnt. Bei freier Konkurrenz und ohne staatliches Eingreifen wird dieses Unternehmen weiterhin produzieren, solange nur der Preis des Produkts die *laufenden Kosten* (d. h. die Material- und Lohnkosten) übersteigt. Da das Betriebskapital (also der Produktionsapparat) ohnehin schon vorhanden ist, verbleibt als Alternative, es gar nicht auszunutzen und den Betrieb zu schließen, oder es mit nur geringem Gewinn zu verwerten. Solange der Preis die laufenden Kosten übersteigt, lohnt es sich, den bestehenden Produktionsapparat auszunutzen, da die Verluste in solchen Fällen stets geringer sind als bei totaler Stillegung der Produktion. Das optimale Produktionsvolumen ist gegeben, wenn die Endkosten gleich dem Preis sind, denn in diesem Falle sind die Einbußen am geringsten. Aber durch den Zusammenschluß solcher Unternehmen – in gewissem Ausmaß mit Hilfe staatlicher Intervention – in einem Kartell, wodurch bestimmte monopolistische Privilegien geschaffen werden (z. B. das Verbot der Gründung neuer Betriebe in diesem Industriezweig, die Auflage von Mindestpreisen usw.), läßt sich der Wert des Anlagekapitals in diesem Unternehmen aufrechterhalten und die vorherige Rentabilität wiederherstellen. Ist ein solches Vorgehen vom gesellschaftlichen Interesse her angezeigt? Die Antwort kann nur negativ ausfallen. Denn dieses Ziel würde um den Preis der Produktionseinschränkung und der Wiederherstellung der Rentabilität erreicht werden. Infolgedessen würde der bestehende Produktionsapparat weniger ausgenützt und die Zahl der erzeugten Güter wäre geringer, als dies ohne die Sicherung des Kapitalwerts oder der Rentabilität dieser Unternehmen der Fall gewesen wäre[7].

In solchen Fällen wäre sogar eine passive Rentabilität vom Standpunkt der Gesellschaft nützlicher als die Nichtausnutzung des Produktionsapparats, der ohnehin schon vorhanden ist. Freilich, stünde die Frage, ob ein solcher Betrieb errichtet werden soll oder nicht, müßte man sie auch vom Standpunkt der Gesamtwirtschaft verneinen; doch ist der Produktionsapparat schon einmal vorhanden, liegt es im gesellschaftlichen Interesse, ihn auszunutzen, solange nur die variablen Kosten sich amortisieren. Vom gesellschaftlichen Gesichtspunkt sind nur die laufenden Kosten und jene des Produktionsapparats, der sich im Aufbau befindet, als Kosten anzusehen. Denn Kosten existieren nur dort, wo

---

7 Siehe A. C. Pigou, *Economics in Practice*, London 1935, S. 135 ff.

man auf etwas verzichten muß. Der *bereits bestehende* Produktions-apparat geht hingegen vom gesellschaftlichen Standpunkt nicht in die Kosten ein, denn seine Ausnutzung bedeutet nicht Verzicht auf irgend-etwas. Gelangt einer, der sich ein Haus gebaut hat, zu dem Schluß, daß es für ihn zu groß ist, wird er wahrscheinlich nicht die Hälfte des Hauses zerstören, sondern das ganze Haus benützen, obgleich er, wäre er früher zu diesem Schluß gelangt, ein wesentlich kleineres Haus ge-baut hätte. Eine rationale Wirtschaftstätigkeit blickt nicht in die Ver-gangenheit, sondern in die Zukunft.

Nun wollen wir einmal sehen, welche Folgen der technische Fortschritt für den Kapitalwert und für die Rentabilität schon existierender Be-triebe hat. Die Wirkung des technischen Fortschritts ist von zweierlei Art. Einerseits ist die Produktion mit neuen technischen Verfahren rentabler als mit den alten, wenngleich unter den Bedingungen der freien Konkurrenz diese Wirkung nur Übergangscharakter hat und zusammen mit der allgemeinen Verbreitung der neuen Methoden zu Ende ist. Andererseits sinkt der Wert des bisherigen, nunmehr ver-alteten Produktionsapparates und des Apparats, der zur Erzeugung von Gütern dient, die infolge des technischen Fortschritts durch billi-gere Güter verdrängt werden. Wenn freie Konkurrenz herrscht, nimmt das Unternehmen keine Rücksicht auf die Folgen, welche die von ihm eingeführten Verbesserungen für den Wert oder die Rentabilität der Konkurrenzbetriebe nach sich ziehen. Es vermag auch nicht auf den vorhandenen eigenen Produktionsapparat Rücksicht zu nehmen, denn es besteht die Gefahr, daß die Konkurrenz ihm mit der Einführung neuer Verfahren zuvorkommt und vom Markt verdrängt. *Jede* Ver-besserung, die die Produktionskosten senkt, wird eingeführt, gleich-gültig, ob sie die Produzenten der Gefahr von Kapitalverlusten aus-setzt oder nicht. Sehen wir uns doch an, wie es mit den Vorteilen der Einführung technologischer Verbesserungen sowohl vom Standpunkt der Volkswirtschaft als auch vom privatwirtschaftlichen Gesichtspunkt bestellt ist. Hier gibt es zwei Möglichkeiten. Die Verbilligung der Pro-duktionskosten durch ein neues Produktionsverfahren kann so groß sein, daß die Gesamtkosten (d. h. sowohl die fixen als auch die varia-blen Kosten) der Produktion mit dem neuen Verfahren niedriger sind als die variablen Kosten bei Anwendung des alten Verfahrens. In diesem Falle deckt sich das privatwirtschaftliche Interesse des Unter-nehmers mit dem der Gesamtwirtschaft. Im Interesse des Unternehmers liegt es, den alten Produktionsapparat aufzugeben und durch einen neuen zu ersetzen, weil durch die höhere Rentabilität des neuen Appa-rats die Verluste, die durch das Aufgeben des alten Apparats entstanden sind, mehr als wettgemacht werden[8]. Gesellschaftlich ist dies ebenfalls ein Gewinn, denn die Schaffung und Inbetriebnahme eines neuen Produktionsapparats kostet weniger als die Inbetriebhaltung des alten. Der andere Fall tritt ein, wenn die Verbilligung der Produktion gegeben ist, aber die Gesamtkosten der Produktion mit dem neuen Verfahren nicht niedriger sind als die variablen Kosten beim alten Verfahren. Falls neue, verbesserte Methoden eingeführt werden, kommt es dann nicht zur sofortigen Liquidierung des alten Produktionsapparats; dieser alte Apparat arbeitet, wenn er materiell dazu taugt, neben dem neuen. In diesem Falle liegt die sofortige Einführung von Verbesserungen nicht im Interesse der privatwirtschaftlichen Unternehmer. Die höhere Rentabilität des neuen Produktionsapparats kompensiert nicht die Verluste, die durch das Aufgeben des alten entstanden sind, und wenn der neue Apparat neben dem alten noch weiter betrieben wird, kommt es zu einer derartigen Produktionsausweitung, daß die dadurch bewirkte Preissenkung bei diesem Produkt auch die Rentabilität des neuen Apparats gegenüber derjenigen senkt, die er erzielt hätte, würde er nicht in Konkurrenz mit dem alten Apparat betrieben. Es liegt also im Interesse der privatwirtschaftlichen Produzenten, die Einführung technischer Verbesserungen auf den Zeitpunkt zu verschieben, wo der alte Apparat für eine weitere Verwendung materiell untauglich ist. Die vorzeitige Einführung solcher Verbesserungen setzt ihn der Gefahr von Kapitalverlusten aus. Anders sieht die Angelegenheit aus, wenn man sie vom gesellschaftlichen Standpunkt angeht. Gesellschaftlich ist jede Produktionssteigerung zu Kosten, die niedriger sind als der Preis des Erzeugnisses, von Vorteil. Der bereits bestehende Produktionsapparat ist vom Standpunkt der Gesellschaft kein Kostenfaktor. Infolgedessen ist die Einführung jeglicher technischer Verbesserung, die die Produktionskosten verringert, gesellschaftlich erstrebenswert, gleichgültig, welche Wirkung das auf den Kapitalwert und die Rentabilität des alten Produktionsapparats haben mag[9]. Im zweiten der erörterten Fälle gehen also die Interessen der privatwirtschaftlichen Unternehmer und Kapitalisten und die gesellschaftlichen Interessen auseinander. Würde das privatwirtschaftliche Interesse an der Vermeidung von Kapitalverlusten die Oberhand gewinnen, dann hätte man z. B. mit der Einführung von Eisenbahnen warten müssen, bis die alten Wasserwege nicht mehr zu gebrauchen

---

8 Hat der alte Apparat den Wert von Alteisen, dann sind die durch seine Liquidierung entstandenen Verluste entsprechend geringer.

9 Vgl. zu diesem Problem ebenfalls A. C. Pigou, *The Economics of Welfare*, London ³1929, S. 190-192.

waren, und mit dem Bau von Autobahnen müßte man bis zur völligen Abnützung der bestehenden Eisenbahnen warten.

Daß es technische Verbesserungen gibt, die gesellschaftlich nützlich sind, aber es vom privatwirtschaftlichen Standpunkt nicht sind, führt dazu, daß der technische Fortschritt einen Interessengegensatz zwischen den Unternehmern bzw. Kapitalisten und der übrigen Gesellschaft erzeugt. Sie sind bestrebt, ihre Gewinne und Kapitalien vor den Folgen des technischen Fortschritts zu schützen. Solange die Bedingungen der freien Konkurrenz vorherrschen, ist dieser Gegensatz nicht bedrohlich, da die Konkurrenz, wie ich schon erwähnte, zur Anwendung aller technischen Verbesserungen zwingt. So verhielt es sich auch im 19. Jahrhundert. Anders verhält es sich aber, wenn die Unternehmen Dimensionen annehmen, die ihnen monopolähnlichen Charakter verleihen, und wenn diese Unternehmen sich zu Verbänden (z. B. Kartellen) zusammenschließen, um die Konkurrenz aufzuheben, wie dies in der gegenwärtigen monopolistischen Phase des Kapitalismus geschieht. Dann kommt es zu einer Politik der bewußten Absicherung gegen die Folgen des technischen Fortschritts oder anderer Veränderungen, die bei den Produktionsfaktoren eintreten können. Die Vermeidung von Kapitaleinbußen wird zum Postulat, das der Wirtschaftspolitik des Staates mit immer mehr Aufdringlichkeit gestellt wird. Man fordert, der Staat möge zum Garanten des Kapitalwerts sowie der Rentabilität des bestehenden Produktionsapparats werden. Unter Berufung darauf verlangt man Schutz vor der »ruinösen« Konkurrenz der neuen Produktionsverfahren und fordert die Einführung aller möglichen Arten monopolistischer Privilegien. Dieser Schutz wird andererseits bei den heutigen Methoden der Finanzierung der Produktion in gewissem Umfang notwendig. Der Unternehmer, der selbst Eigentümer seines Kapitals ist (z. B. ein Familienbetrieb im 19. Jahrhundert), vermag leichter Kapitaleinbußen zu ertragen als ein Unternehmer, der von Fremdkapital finanziert wird. Denn letzteren treiben Kapitalverluste in den Bankrott. Doch je mehr – wie das heutzutage der Fall ist – die Funktionen des Unternehmers (des Produktionsleiters) von der Funktion des Kapitalisten getrennt werden (daher die Bezeichnung Finanzkapital), desto bedrohlicher werden die Folgen der Kapitalverluste: am bedrohlichsten sind sie freilich, wenn die Finanzierung der Unternehmen auf dem Kreditwege erfolgt (z. B. durch Obligationen mit gleichbleibendem Amortisationswert und gleichbleibender Verzinsung). Daher ist eine Finanzierung durch Aktienemission viel vorteilhafter Aber auch hier wird der Kapitalwert der Unternehmen täglich an der Börse notiert und die Vermeidung eines bedeutenderen Kurssturzes ist eine der Hauptsorgen der Leiter von Aktiengesellschaften. Das verstärkt ungeheuer den Druck auf den Staat in Richtung einer Wirtschaftspolitik, die den Kapitalwert des bestehenden Produktionsapparates stützen soll. Im Interesse einer solchen Politik wird die öffentliche Meinung mit dem Argument getäuscht, daß jegliche Kapitalverluste die Gesellschaft ärmer machen. Dieses Argument ist jedoch, wie wir gesehen haben, falsch, und eine solche Kritik widerspricht den Erfordernissen des technischen Fortschritts. Es entsteht ein Widerspruch zwischen dem technischen Fortschritt und der bestehenden Struktur des Kapitaleigentums sowie dem bestehenden Konzentrationsgrad der Produktion, der die Konkurrenz ausschaltet. Ob dieser Widerspruch sich im Rahmen des kapitalistischen Systems beseitigen läßt, ist zweifelhaft[10], doch handelt es sich hier nicht um ein rein ökonomisches Problem. Hier kommen wichtige politische und soziologische Faktoren ins Spiel. Der Volkswirtschaftler ist jedoch in der Lage, festzustellen, daß die Politik der Aufrechterhaltung des Kapitalwerts eines bestehenden Produktionsapparats eine Politik zum Nachteil der Gesellschaft ist. Es ist eine Politik der Privilegien für die Monopole und der Verzögerung des technischen Fortschritts.

---

10 Dieses Problem wird erschöpfend behandelt in meiner Arbeit: »On the Economic Theory of Socialism«, in: *Review of Economic Studies*, London 1937, Bd. 4, Nr. 2, abgedruckt in diesem Band, S. 259–322.

# Preisflexibilität und Beschäftigung

*Vorwort*

Dieses Buch ist als bescheidener Beitrag zu einem vieldiskutierten Problem der Wirtschaftstheorie und -politik gedacht. Ein großer Teil der Meinungsverschiedenheiten über dieses Thema ist auf die unterschiedlichen Grundannahmen zurückzuführen, die die verschiedenen Autoren machen. Um zu befriedigenden Schlüssen zu kommen, ist es notwendig, das Problem im Rahmen der allgemeinen Theorie des ökonomischen Gleichgewichts zu erörtern. Diese Theorie gibt eine Grundlage der Analyse ab, die von Vertretern verschiedener Ansichten über unser Thema akzeptiert wird. Für unsere Zwecke mußte jedoch die Theorie des allgemeinen Wirtschaftsgleichgewichts in eine Form gebracht werden, die explizit das Geld berücksichtigt. Eine derartige Umformulierung führt zu dem Schluß, daß der Schlüssel zum Verständnis der Gleichgewichtsprozesse wie der Ungleichgewichtsprozesse der Wirtschaft in der Substitution zwischen Geld und Gütern liegt. Diese Schlußfolgerung hält der Verfasser für den Hauptbeitrag dieser Untersuchung.
Das Interesse an diesem Problem und die Anerkennung der entscheidenden Bedeutung der Substitution zwischen Geld und Gütern wurden von Lord Keynes angeregt. Für die Analyseinstrumente ist der Verfasser Professor J. R. Hicks Dank schuldig. Professor Hicks hat die modernste Formulierung der Theorie des allgemeinen ökonomischen Gleichgewichts gefunden. Außerdem hat er die Theorie dadurch erweitert, daß er eine Analyse der Substitution im Zeitablauf hinzufügte. Professor Paul A. Samuelson hat eine dynamische Theorie der Stabilität des ökonomischen Gleichgewichts entwickelt, die im Anhang umfassend verwendet wurde. Das vorliegende Buch baut auf den Leistungen dieser drei Ökonomen auf.
Der Verfasser hat versucht, die Darstellung so einfach wie möglich zu halten. Aus diesem Grund sind technische Einzelheiten in Fußnoten

verwiesen worden, die in beträchtlicher Anzahl vorkommen. In einem besonderen Anhang wird die mathematische Theorie der Stabilität des ökonomischen Gleichgewichts entwickelt und auf die Probleme unserer Untersuchung angewandt. Der mathematisch interessierte Leser dürfte dieses Buch besser verstehen, wenn er vorher den Anhang durchgelesen hat. Dieser Anhang ist jedoch keine bloße mathematische Kurzfassung des »literarischen« Teils des Buches. Er ist zwar eine Ergänzung dazu, enthält aber auch unabhängige eigene Bestandteile.

Das Manuskript oder Teile davon sind von mehreren Kollegen, Freunden und Wissenschaftlern gelesen worden, die alle wertvolle Hinweise gaben. Hierbei handelt es sich um Bert Hoselitz, Leonid Hurwicz, Wassily Leontief, A. P. Lerner, J. M. Letiche, Jacob Marschak, Melvin W. Reder, Theodore W. Schultz, Tibor Scitovszky, Jakob Viner und Abraham Wald. Allen von ihnen möchte der Verfasser seinen Dank abstatten. Ein besonderer Dank gebührt Dickson H. Leavens, der die Herausgabe dieses Buches übernahm. Ebenso schuldet der Verfasser der Cowles Commission for Research in Economics Dank, die die Mittel für die Veröffentlichung bereitstellte, und dem Social Science Research Committee der University of Chicago, das technische Unterstützung gewährte.

*The University of Chicago*
*Oktober 1944*                                              Oskar Lange

## I. Einleitung

Diese Monographie stellt eine systematische Untersuchung des Effekts dar, den die Preisflexibilität, insbesondere die Flexibilität der Preise der Produktionsfaktoren, auf Beschäftigung und wirtschaftliche Stabilität hat. Nach der traditionellen ökonomischen Lehre ist die Arbeitslosigkeit gänzlich auf die Starrheit der Faktorpreise zurückzuführen. Daher wird die Flexibilität dieser Preise als erwünscht betrachtet und als Norm für eine Wirtschaftspolitik vertreten, die auf Vollbeschäftigung und angemessene Allokation der Ressourcen abzielt. Diese Ansicht ist auf heftige Kritik gestoßen. Lord Keynes vertritt die Meinung, daß unter bestimmten Bedingungen Veränderungen in der Geldlohnrate keine Auswirkungen auf den Beschäftigungsstand haben, sondern lediglich das Niveau der Produktpreise beeinflussen. Manche Autoren behaupten sogar, daß das Verhältnis umgekehrt ist, wie es die traditionelle Lehre darstellt, das heißt, daß der Beschäftigungsstand durch eine Erhöhung der Geldlohnrate zunimmt und bei sinkender Geldlohnrate abnimmt. Die Meinungsverschiedenheiten können nur dadurch entwirrt werden, daß man das Problem innerhalb des Rahmens der allgemeinen ökonomischen Gleichgewichtstheorie betrachtet[1]. Indem wir das Problem in den Rahmen der allgemeinen Gleichgewichtstheorie stellen, sind wird auch in der Lage, es zu verallgemeinern. Denn die Beziehung zwischen Veränderungen in der Geldlohnrate und der Nachfrage nach Arbeitskräften ist nur ein Sonderfall der Beziehungen zwischen Veränderungen im Preis eines Produktionsfaktors und Veränderungen in dessen Beschäftigung. Wir werden daher das Problem in seiner vollen Allgemeingültigkeit dadurch angehen, daß wir den Effekt von Preisveränderungen auf die Beschäftigung bzw. den Einsatz jedes beliebigen Produktionsfaktors untersuchen.

Um Analyse und Darstellung zu vereinfachen, setzen wir eine Anzahl vorläufiger Annahmen voraus: 1. Unternehmer und Konsumenten gehen davon aus, daß die laufenden Preise auch für den Teil der Zukunft gelten, der für ihre Entscheidungen relevant ist (»statische Erwartungen«). 2. In der ganzen Wirtschaft herrscht vollkommene Konkurrenz, das heißt die Wirtschaft ist in eine (endliche) Anzahl atomistischer Industrien unterteilt, von denen jede eine homogene Ware produziert. 3. Es gibt keinen Außenhandel. Im weiteren Verlauf der Darstellung werden wir diese Annahmen nacheinander aufheben.

Nachdem wir festgestellt haben, welche allgemeinen Auswirkungen die Preisflexibilität auf Beschäftigungsstand und wirtschaftliche Stabilität hat, werden wir untersuchen, wie die Preisflexibilität die Fähigkeit der Wirtschaft beeinflußt, mit Schocks fertig zu werden, die sich aus Veränderungen der Sparneigung, der Erträge von Investitionen oder aus Innovationen ergeben.

Für den Zweck der vorliegenden Untersuchung wird die Preisflexibilität wie folgt definiert: Der Preis eines Guts wird als flexibel bezeichnet, wenn er immer dann sinkt, wenn es ein Überangebot[2] an diesem Gut gibt, und immer dann steigt, wenn ein Nachfrageüberhang danach besteht. Im umgekehrten Falle wird der Preis als negativ flexibel bezeich-

---

1 Der Realitätsgehalt läßt sich dadurch erhöhen, daß man das Problem nach der Sequenzanalyse untersucht, die die Zeitverschiebungen (time lags) zwischen Ereignis und Reaktion berücksichtigt. Damit eine derartige Untersuchung fruchtbar wird, muß sie jedoch spezifische Annahmen in bezug auf die Zeitverschiebung bei den verschiedenen Reaktionen voraussetzen. Damit diese realistisch sein können, müssen sie aus der empirischen Forschung abgeleitet sein, das heißt aus der ökonometrischen Analyse. Was die bei der Gleichgewichtsanalyse implizit vorausgesetzten dynamischen Annahmen angeht, vgl. Anhang S. 186–207.

2 Mit Überangebot meinen wir, daß das Angebot die Nachfrage bei einem gegebenen Preisgefüge übersteigt; mit Nachfrageüberhang meinen wir, daß die Nachfrage das Angebot bei einem gegebenen Preisgefüge übersteigt. Der Ausdruck »Unterbeschäftigung« (»underemployment«) wird als Synonym für ein Überangebot und der Ausdruck »Engpaß« (»botleneck«) als Synonym für einen Nachfrageüberhang bei einem Produktionsfaktor gebraucht.

net. Der Preis wird als unflexibel oder starr bezeichnet, wenn er von einem Überangebot oder Nachfrageüberhang nicht beeinflußt wird[3].

## II. Die Theorie des partiellen Gleichgewichts

Gegeben sei ein Überangebot (eine Unterbeschäftigung) eines Produktionsfaktors[1]. Wenn der Preis dieses Faktors flexibel ist, bewirkt das Überangebot einen Preisverfall. Nach der Theorie des partiellen Gleichgewichts gehen wir davon aus, daß alle anderen Faktorpreise ebenso wie alle anderen Produktpreise konstant bleiben. In diesem Fall läßt sich nachweisen, daß bei flexiblem Faktorpreis jedes Überangebot durch eine Zunahme der nachgefragten Menge absorbiert wird.

Die Zunahme der nachgefragten Menge erfolgt über zwei Wege. Da alle anderen Faktorpreise konstant sind, bewirkt ein Sinken des Preises des unterbeschäftigten Faktors, daß dieser Faktor durch Substitution an die Stelle anderer Faktoren tritt, die nun relativ teurer geworden sind. Die Produktionsverfahren werden so verändert, daß relativ mehr von dem Faktor eingesetzt werden kann, dessen Preis zurückgegangen ist. Die Menge des Faktorverbrauchs pro Einheit des Outputs nimmt zu. Wir wollen dies als *Substitutionseffekt* bezeichnen. Doch bleibt der Output an Waren, zu deren Produktion der unterbeschäftigte Faktor eingesetzt wird, ebensowenig konstant. Ein Sinken des Faktorpreises (bei Konstanz aller anderen Faktorpreise) senkt die Grenzkostenkurve. Da die Preise der Produkte konstant sind, führt dies zu einer Zunahme des Outputs. Die Zunahme des Outputs ist um so größer, je stärker die Grenzkostenkurve sinkt, das heißt, je größer der Anteil des unterbeschäftigten Faktors an den variablen Kosten bei der Herstellung des Produkts ist[2]. Wir wollen dies als den *Expansionseffekt* bezeichnen. Über diese beiden Wege, die Substitution von Faktoren und die Zunahme des Outputs führt eine Preissenkung beim unterbeschäftigten Faktor dazu, daß er verstärkt nachgefragt wird.

---

3 Zusätzlich dazu ist es möglich, das Ausmaß der Preisflexibilität in bezug auf die Veränderungsrate des Preises pro Zeiteinheit zu definieren, die durch einen bestimmten Nachfrageüberhang oder ein bestimmtes Überangebot verursacht wird. Vgl. hierzu Anhang, S. 191. Der Begriff des Ausmaßes der Preisflexibilität ist jedoch für den Text unserer Untersuchung nicht erforderlich; er wird nur im Anhang verwendet.

1 Ein Produktionsfaktor wird hier definiert als eine Ware, die von einem Unternehmen gekauft wird, das heißt von einer wirtschaftlichen Entscheidungseinheit, die dazu betrieben wird, einen Gewinn in Geld zu erzeugen. Ein Produkt wird definiert als eine Ware, die von einem Unternehmen verkauft wird. Natürlich kann dieselbe Ware das Produkt des einen Unternehmens und ein Faktor für ein anderes Unternehmen sein.

2 Die Grenzkosten hängen nur von den einzelnen Posten der variablen Kosten ab. Wenn der unterbeschäftigte Faktor nur unter den Fixkosten erscheint, ergibt sich kurzfristig keine Zunahme des Outputs.

Wenn der Faktorpreis genügend gesenkt wird, wird jedes Überangebot absorbiert. Um dies zu erreichen, genügt es sogar, daß nur einer der beiden Wege gangbar ist. Auf ähnliche Weise wird ein Nachfrageüberhang nach einem Faktor (ein »Engpaß«) durch eine Preiserhöhung zum Verschwinden gebracht. Dieses Argument der Theorie des partiellen Gleichgewichts läßt sich anhand einer fallenden Nachfragekurve bei einem Produktionsfaktor darstellen. Eine fortdauernde Unterbeschäftigung (und ebenso ein fortdauernder Nachfrageüberhang) bei einem Faktor ist nur dann möglich, wenn sein Preis starr ist und auf diese Weise dem Wirksamwerden des Substitutionseffekts und des Expansionseffekts einen Riegel vorschiebt.

Der Anwendungsbereich der Theorie des partiellen Gleichgewichts ist jedoch äußerst beschränkt. Diese Theorie geht davon aus, daß alle anderen Faktorpreise und alle anderen Produktpreise konstant bleiben. Dies gilt nur dann, wenn der Faktor ausschließlich von einem einzelnen Unternehmen eingesetzt wird, oder von einer so kleinen Anzahl von Unternehmen[3], daß sie nur einen geringen Bruchteil der Gesamtmenge jedes der anderen Faktoren einsetzen. Ansonsten muß der Versuch, andere Faktoren durch einen Faktor zu substituieren, Auswirkungen auf andere Faktorpreise und Produktpreise haben. Wir müssen daher die weiteren Auswirkungen untersuchen, die die Veränderung im Preis eines Faktors auf die Preise anderer Faktoren und auf die Produktpreise haben. Dies führt uns von der Theorie des partiellen Gleichgewichts zu einer Analyse des allgemeinen Gleichgewichts.


## III. Allgemeine Gleichgewichtstheorie

Wenn wir die Auswirkungen der Veränderungen im Preis eines Faktors auf alle anderen Preise in der Wirtschaft berücksichtigen, stellen wir fest, daß es von der Reaktion der anderen Preise abhängt, ob der Substitutionseffekt und der Expansionseffekt eintreten, und wie intensiv sie sind. Wenn der Preis für einen Faktor gesenkt wird, wird durch den Versuch, andere, nunmehr relativ teurere Faktoren durch diesen Faktor zu ersetzen, die Nachfrage nach diesen teureren Faktoren gesenkt. In der Regel bewirkt dies, daß ihre Preise sinken. Der Substitu-

---

3 Der erste Fall ist unvereinbar mit der Annahme der vollkommenen Konkurrenz; der zweite Fall ist zwar nicht grundsätzlich unvereinbar, wahrscheinlich aber in der Praxis. Daher wird die Anwendbarkeit der Analyse des partiellen Gleichgewichts durch die Annahme der vollkommenen Konkurrenz auf dem Markt für den unterbeschäftigten Faktor weiter eingeschränkt.

tionseffekt kann nur dann eintreten, wenn die Preise der anderen Faktoren unterproportional zum Verfall des Preises desjenigen Faktors zurückgehen, an dem ein Überangebot besteht. Da die Substitutionselastizität[1] gegeben ist, ist der Substitutionseffekt umso stärker, je geringer der Preisrückgang bei den anderen Faktoren ist. Der Expansionseffekt wird nur dann wirksam, wenn die Preise der mit dem jeweiligen Faktor hergestellten Produkte unterproportional zum Rückgang der dem alten Output entsprechenden Grenzkosten sinken. Da die dem Verlauf der Grenzkostenkurve zugrundeliegenden technischen Bedingungen gegeben sind, ist der Expansionseffekt umso stärker, je geringer die Produktpreise in Relation zu den Grenzkosten (beim alten Output) zurückgehen. Daher steht und fällt das Wirksamwerden des Substitutionseffekts und des Expansionseffekts damit, ob die Preise für die anderen Faktoren und die Produktpreise unterproportional zum Preis des unterbeschäftigten Faktors oder zu den Grenzkosten sinken. Wir wollen nun die Bedingungen untersuchen, die erfüllt sein müssen, damit dies eintreten kann.

Zu diesem Zweck müssen wir die Relation zwischen Angebot und Nachfrage bei Gütern[2] und Angebot und Nachfrage bei Geld betrachten. Jede Nachfrage nach einem Gut impliziert im Tausch dafür ein Angebot an Geld, und jedes Angebot an einem Gut setzt eine entsprechende Nachfrage nach Geld voraus. Der während jeder beliebigen Zeitperiode im Austausch für Güter nachgefragte Geldstrom ist gleich dem aggregierten Wert aller während dieser Periode zum Kauf angebotenen Güter. Gleichermaßen ist der im Tausch für Güter angebotene Geldstrom gleich dem aggregierten Wert aller zum Kauf nachgefragten Güter. Eine Diskrepanz zwischen den beiden Strömen weist darauf hin, daß die Wirtschaftsgemeinschaft mehr oder weniger Geld halten will, als der verfügbare Geldvorrat beträgt, das heißt auf einen Nachfrageüberhang oder ein Überangebot an Kassenbeständen[3]. Wenn diese

---

1 Die Substitutionselastizität steht für die technologischen Möglichkeiten der Substitution eines Faktors durch einen anderen. Für eine präzise Definition vgl. R. G. D. Allen, *Mathematical Analysis for Economists*, Macmillan and Co., London 1938, S. 341.

2 Der Ausdruck *Güter* wird hier mit der Bedeutung »alle Güter außer dem Geld« benutzt. Im Anhang wird er mit einer breiteren Konnotation benutzt, die das Geld einschließt.

3 Ein Nachfrageüberhang nach Kassenbeständen ist dann vorhanden, wenn die Wirtschaftssubjekte (einschließlich der Kapitalgesellschaften) den Wunsch haben, mehr als die vorhandene Geldmenge zu halten; ein Überangebot an Kassenbeständen ist dann vorhanden, wenn sie weniger als die vorhandene Geldmenge halten wollen. Diese Begriffe entsprechen dem, was häufig Hortung und Enthortung genannt wird. In Anbetracht der Vielfalt von Bedeutungen jedoch, die dem letzteren Wort beigelegt werden, ziehen wir jedoch vor, die Ausdrücke »Nachfrageüberhang« (»excess demand«) und »Überangebot« (»excess supply«) zu benutzen, die in der modernen Gleichgewichtstheorie eine allgemein anerkannte Konnotation haben. Mit Geld und Kassenbeständen meinen wir nicht nur Bargeld, sondern auch Kreditgeld, das heißt Bankguthaben und andere Forderungen, die zum

beiden Ströme gleich sind, bedeutet dies, daß die Gemeinschaft bereit ist, genau den vorhandenen Geldvorrat in Kassenbeständen zu halten. Wenn die Nachfrage für jedes Gut in der Wirtschaft gleich dem Angebot ist, sind die beiden Geldströme gleich und die Nachfrage nach Kassenbeständen ist gleich der vorhandenen Geldmenge. Wenn jedoch ein Überangebot an einem Gut gegeben ist, muß auch ein Nachfrageüberhang nach Kassenbeständen vorhanden sein, es sei denn, es besteht ein ausreichender Nachfrageüberhang nach einem anderen Gut oder nach anderen Gütern[4]. Und wenn kein ausreichendes Überangebot an irgendeinem anderen Gut oder anderen Gütern vorhanden ist, muß ein Nachfrageüberhang nach einem Gut von einem Überangebot an Kassenbeständen begleitet sein.

Um die folgende Darlegung zu vereinfachen, halten wir fest, daß ein Überangebot als negativer Nachfrageüberhang betrachtet werden kann, und umgekehrt. Daher werden wir nur von einem Nachfrageüberhang nach Kassenbeständen und von einem Überangebot von Gütern sprechen, wobei dies so verstanden wird, daß es sich dort, wo es nötig ist, auch auf ein Überangebot an Kassenbeständen oder einen Nachfrageüberhang nach Gütern bezieht. Mit dieser sprachlichen Verein-

---

Zwecke des Zahlungsverkehrs gehalten werden (im Unterschied zu Guthaben und Forderungen, die als Investitionen gehalten werden, das heißt zum Zwecke des Einkommenserwerbs).

4 Die Unterbeschäftigung, die wir als Überangebot eines Produktionsfaktors definiert haben, setzt daher voraus, daß irgendwo anders in der Volkswirtschaft ein Nachfrageüberhang besteht. Diese Behandlung der Unterbeschäftigung unterscheidet sich von der »unfreiwilligen Arbeitslosigkeit« (»involuntary unemployment«), wie diese von Lord Keynes definiert wurde. »Unfreiwillige Arbeitslosigkeit« im Keynes'schen Sinne ist nicht ein Überangebot an Arbeitskräften, sondern eine *Gleichgewichtsposition*, die sich dadurch ergibt, daß sich die Angebots- und Nachfragekurve der Arbeit schneiden, wobei die Angebotskurve der Arbeit jedoch über ein weites Spektrum in bezug auf Geldlöhne unendlich elastisch ist und der Schnittpunkt links des Bereiches liegt, in der die Elastizität des Arbeitsangebots in bezug auf die Geldlöhne endlich wird. Daher setzt die »unfreiwillige Arbeitslosigkeit« im Keynes'schen Sinne keinen Nachfrageüberhang nach Kassenbeständen oder nach anderen Gütern oder nach beidem voraus. In der Keynes'schen Theorie wird davon ausgegangen, daß Angebot und Nachfrage nach Kassenbeständen wie für alle anderen Güter im Gleichgewicht sind.

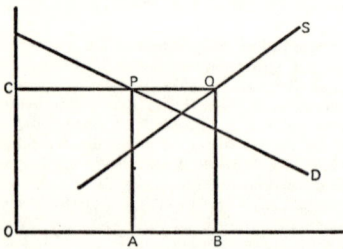

Der Unterschied geht aus dem Schaubild hervor. *D* ist die Nachfragekurve (demand), und *S* ist die Angebotskurve (supply) des Faktors. In unserer Abhandlung besteht die »Unterbeschäftigung« in dem Überangebot *AB* (= *PQ*), während Lord Keynes die Gerade *CQS* als die Angebotskurve, *P* als Gleichgewichtspunkt und *PQ* (= *AB*) als unfreiwillige Arbeitslosigkeit betrachtet. Eine Veränderung im Preis (*OC*) erscheint in der Keynes'schen Theorie als eine Verschiebung des horizontalen Teils (*CQ*) der Angebotskurve. Wie leicht zu ersehen ist, ist unsere Behandlung in Keynes'sche Terminologie übertragbar, und umgekehrt. Welche Ausdrucksweise gewählt wird, ist ein Frage des Beliebens. Es hat den Anschein, daß unsere Methode sich leichter mit der allgemeinen Preistheorie vereinbaren läßt.

fachung können wir sagen, daß der Nachfrageüberhang nach Kassenbeständen immer gleich dem aggregierten Wert des Überangebots an Gütern ist[5].

Diese Relation zwischen dem Nachfrageüberhang nach Kassenbeständen und dem Überangebot von Gütern setzt uns in den Stand, die Bedingungen zu formulieren, unter denen ein Preisverfall bei einem unterbeschäftigten Faktor von einem unterproportionalen Verfall des Preises der anderen Faktoren und der Produkte begleitet sein wird. Die Bedingung lautet so, daß ein proportionaler Verfall aller Preise in der Wirtschaft (wobei die Zinssätze konstant gehalten und infolgedessen die Preise festverzinslicher Wertpapiere vom allgemeinen Preisverfall ausgenommen sind[6]) den Nachfrageüberhang nach Kassenbeständen in solchem Umfang verringert, daß eine Substitution von Gütern für Geld eintritt. Die Substitution von Gütern für Geld impliziert eine Zunahme der Nachfrage nach einigen oder allen Gütern, oder eine Abnahme des Angebots. Die Preise für die Güter, deren Nachfrage zunimmt, oder deren Angebot abnimmt, steigen in Relation zum Preis des unterbeschäftigten Faktors, das heißt sie werden durch die Substitution von Gütern für Geld davor bewahrt, proportional zu fallen. Wenn andererseits ein proportionaler Verfall aller Preise dazu führt, daß eine Substitution von Geld für Güter stattfindet, nimmt die Nachfrage nach einigen oder allen Gütern ab, oder das Angebot an diesen Gütern nimmt zu. Die Preise derjenigen Güter, deren Nachfrage abnimmt, oder deren Angebot zunimmt, fallen überproportional zum Preisverfall des unterbeschäftigten Faktors.

Der Effekt, den eine Veränderung im Preis eines Produktionsfaktors auf die Preise der anderen Faktoren und auf die Produktpreise hat, hängt daher davon ab, wie die Gemeinschaft auf eine proportionale Veränderung aller Preise (bei gleichbleibendem Zins) reagiert. Er hängt davon ab, ob die Gemeinschaft damit reagiert, daß sie Geld durch Güter substituiert, oder dadurch, daß sie Güter durch Geld substituiert. Diese Reaktion auf eine proportionale Veränderung aller Preise wollen

---

5 Diese Beziehung kann man sich besser vergegenwärtigen, wenn man sie in symbolischer Form ausdrückt. Nehmen wir einmal an, es gäbe in einer Volkswirtschaft $n$ Güter und wir würden ihre Preise mit $p_1, p_2, \cdots, p_n$ bezeichnen und das Überangebot an jedem Gut jeweils mit $S_1, S_2, \cdots, S_n$. Die $S_i$'s können positiv, negativ oder Null sein. Der Nachfrageüberhang für Kassenbestände sei mit $X$ bezeichnet. Die oben dargestellte Relation lautet wie folgt:
$$X \equiv p_1 S_1 + p_2 S_2 + \cdots + p_n S_n.$$
Dies ist eine Identität, die für alle Werte der $p$'s gilt.

6 Die Zinssätze und daher die Preise festverzinslicher Wertpapiere (vgl. S. 94 weiter unten) müssen als konstant angenommen werden, denn ansonsten könnten sich die Preise für Güter verschiedener Haltbarkeit nicht im gleichen Maß verändern.

wir als *Geldeffekt* einer allgemeinen Preisveränderung bezeichnen. Insbesondere wollen wir sagen, daß der Geldeffekt *positiv* ist, wenn ein proportionaler Verfall aller Preise zu einer Substitution von Gütern für Geld und ein proportionales Steigen aller Preise zu einer Substitution von Geld für Güter führt. Wenn das Gegenteil eintritt, wollen wir sagen, daß der Geldeffekt *negativ* ist. Schließlich wollen wir davon ausgehen, daß der Geldeffekt *fehlt*, wenn weder eine Substitution von Gütern für Geld noch eine von Geld für Güter eintritt.

Die Substitution von Gütern für Geld tritt auf, wenn der Nachfrageüberhang nach Kassenbeständen sich überproportional zu den Preisänderungen verändert. Dies bedeutet nämlich, daß auch der aggregierte Wert des Überangebots an Gütern sich überproportional zur Preisänderung verändert. Wenn die Preise fallen, impliziert dies, daß das Überangebot zumindest eines Gutes zurückgeht (das heißt die Nachfrage nimmt zu, das Angebot nimmt ab, oder beides). Wenn die Preise steigen, impliziert dies, daß das Überangebot zumindest einiger Güter zunimmt. Unter diesen Bedingungen ist der Geldeffekt positiv. Wenn der Nachfrageüberhang nach Kassenbeständen sich unterproportional zur Preisänderung verändert, tritt eine Substitution von Geld für Güter bei fallenden Preisen und eine Substitution von Gütern für Geld bei steigenden Preisen ein. Der Geldeffekt ist negativ. Wenn der Nachfrageüberhang nach Kassenbeständen sich genau proportional zu den Preisen verändert, gibt es keine Substitution zwischen Geld und Gütern, und der Geldeffekt fehlt. Der Geldeffekt ist demnach positiv, nicht vorhanden oder negativ, je nachdem, ob sich der Nachfrageüberhang nach Kassenbeständen überproportional, genau proportional oder unterproportional zu den Preisen verändert[7].

Wenn der Geldeffekt positiv ist, verringert ein Preisverfall bei einem unterbeschäftigten Faktor das Überangebot. Wenn der Preisverfall groß genug ist, sorgt er dafür, daß die Unterbeschäftigung völlig verschwindet. In der Tat können in diesem Fall die anderen Faktorpreise und die Produktpreise nicht proportional zum Preis des unterbeschäftigten Faktors fallen. Denn wenn alle diese Preise in der gleichen Proportion fallen sollten, würde eine Substitution von Gütern für Geld

---

7 Dies ergibt sich unmittelbar aus der Identität

$$X \equiv s_1 p_1 + s_2 p_2 + \cdots + s_n p_n,$$

die in Fußnote 5 weiter oben erläutert wurde. Wenn alle $p$'s sich im selben Verhältnis verändern und sich $X$ gegenüber den $p$'s überproportional verändert, müssen sich zumindestens einige der $s_i$'s in derselben Richtung wie die $p$'s verändern. Der Geldeffekt ist positiv. Im umgekehrten Fall müssen sich, wenn $X$ sich unterproportional zu den $p$'s verändert, zumindestens einige der $s_i$'s in die entgegengesetzte Richtung verändern. Der Geldeffekt ist negativ. Wenn $X$ sich genau proportional zu den $p$'s verändert, verhält sich der aggregierte Geldwert der $s_i$'s genauso. Der Geldeffekt ist nicht vorhanden.

erfolgen. Es würde sich, wie wir gesehen haben, eine Zunahme der Nachfrage nach einigen oder allen Gütern oder ein Rückgang des Angebots von diesen Gütern ergeben. Diese zunehmende Nachfrage oder dieses abnehmende Angebot würde verhindern, daß die Preise zumindestens einiger Güter genau proportional fallen. Die Preise dieser Güter können daher nicht am allgemeinen proportionalen Preisverfall teilnehmen, sondern müssen relativ höher bleiben.

Wenn sich die zunehmende Nachfrage oder das abnehmende Angebot, die sich aus der Substitution von Gütern für Geld ergeben, auf Faktoren richten, für die der unterbeschäftigte Faktor substituierbar ist, fallen die Preise der substituierbaren Faktoren unterproportional zum Preis des unterbeschäftigten Faktors, und der Substitutionseffekt tritt ein. Wenn sich die Zunahme der Nachfrage auf Produkte richtet, zu deren Herstellung der unterbeschäftigte Produktionsfaktor erforderlich ist, fallen in ähnlicher Weise die Preise dieser Produkte unterproportional zu ihren Grenzkosten beim alten Output, und der Expansionseffekt wird unmittelbar wirksam[8]. Wenn stattdessen die zunehmende Nachfrage auf Produkte gelenkt wird, zu deren Herstellung der unterbeschäftigte Faktor nicht erforderlich ist, oder auf Faktoren, für die der unterbeschäftigte Faktor nicht substituiert werden kann, erhöhen sich die Preise eben dieser Produkte oder der Produkte, die mit den nicht substituierbaren Faktoren produziert werden, im Vergleich zu den Preisen von Produkten, die unter Verwendung des unterbeschäftigten Faktors oder unter Verwendung von Faktoren produziert werden, die durch ihn substituierbar sind. Dies führt zu einer Nachfrageverschiebung (zur Substitution der relativ billigeren Produkte für die relativ teureren) und infolgedessen nimmt die Nachfrage nach Produkten zu, für deren Herstellung der unterbeschäftigte Faktor oder Faktoren erforderlich sind, die er ersetzen kann[9]. Die Preise dieser Produkte fallen proportional zu den Grenzkosten (beim alten Output) und der Expansionseffekt wird ebenfalls wirksam. Unter Bedingungen eines

---

8 Da die Zunahme der Nachfrage nach den Produkten und die technischen Bedingungen, die den Verlauf der Grenzkostenkurven bestimmen, gegeben sind, ist der Expansionseffekt um so stärker, je größer der Anteil des unterbeschäftigten Faktors an den Grenzkosten ist. Denn je größer dieser Anteil ist, um so größer ist die Verringerung der Grenzkosten (bei gegebenem Output). Diese Tatsache gab (in etwas veränderter Form) die Grundlage für die Theorie der Preisbildung der Produktionsfaktoren bei Walras und Cassel ab. Wie aber weiter unten im Text nachgewiesen wird, ist sie nur dann von Bedeutung, wenn ein positiver Geldeffekt eintritt.

9 Die Nachfrage nach den relativ billigeren Produkten kann jedoch abnehmen, wenn sie komplementär zu den Produkten sind, die relativ teurer werden. Es ist jedoch ziemlich unwahrscheinlich, daß die Produkte, zu deren Herstellung der unterbeschäftigte Faktor oder Faktoren erforderlich sind, die er ersetzen kann, alle komplementär zu den Produkten sein sollten, auf die sich die aus Kassenbestandsüberschüssen resultierende Nachfrage-

positiven Geldeffekts gewährleistet daher der Preisverfall eines Faktorpreises, daß der Substitutionseffekt oder der Expansionseffekt eintritt,
oder daß beide eintreten. Infolge des Substitutionseffekts und des
Expansionseffekts verschwindet das Überangebot (die Unterbeschäftigung) des Faktors.

In ähnlicher Weise läßt sich nachweisen, daß unter der Voraussetzung,
daß ein Nachfrageüberhang nach einem Produktionsfaktor besteht, und
der Geldeffekt positiv ist, ein Steigen seines Preises den Substitutionseffekt oder den Expansionseffekt oder beide nach sich zieht, wodurch
der Nachfrageüberhang verschwindet. Wenn nämlich alle Preise genau
proportional zum Preis des Faktors steigen würden, bei dem ein Nachfrageüberhang besteht, würde eine Substitution von Geld für Güter
eintreten. Die Nachfrage nach einigen oder allen Gütern würde abnehmen, oder das Angebot würde zunehmen. Dies würde verhindern,
daß die anderen Faktorpreise und die Produktionspreise alle genau
proportional steigen.

Ein positiver Geldeffekt ist notwendig, wenn der Substitutionseffekt
und der Expansionseffekt überhaupt wirksam werden sollen. Dies wird
unmittelbar einsichtig, wenn man sich einen Fall ansieht, in dem der
Geldeffekt fehlt. Nehmen wir einmal an, daß sich alle Faktorpreise
und alle Produktpreise im gleichen Maße verändern. In diesem Fall
wird weder die Substitution eines Faktors durch einen anderen oder
eines Produkts durch ein anderes eintreten, noch wird sich eine Veränderung im Output ergeben, weil sich die Produktpreise genau proportional zu den Faktorpreisen verändern. Bei Angebot oder Nachfrage irgendeines Gutes sind nur diejenigen Veränderungen möglich,
die auf den Wunsch zurückzuführen sind, Güter für Geld zu substituieren oder umgekehrt. In unserem angenommenen Fall gibt es eine
derartige Substitution der Hypothese nach nicht. Infolgedessen werden

---

steigerung richtet. Und selbst wenn dies der Fall sein sollte, muß es andere Produkte
geben, die Substitutionsgüter für die letzteren darstellen. Die Nachfrage nach ihnen und
ihre Preise steigen, und wenn einige von ihnen wiederum substitutionelle Güter für die
Produkte sind, für deren Herstellung der unterbeschäftigte Faktor (oder Faktoren, die
er ersetzen kann) erforderlich ist, dürfte dies tendenziell eine Nachfragesteigerung für den
unterbeschäftigten Faktor bewirken. Wenn das Gleichgewicht überhaupt stabil ist, muß
diese Tendenz in Richtung auf eine Nachfragesteigerung die gegenteilige Tendenz, die
sich aus der Komplementarität ergibt, mehr als aufwiegen (vgl. J. R. Hicks, *Value and
Capital*, Oxford University Press 1939, S. 71 f. und 317). Außerdem sind komplementäre
Güter wahrscheinlich auch »sympathetisch«, das heißt, daß ihre Nachfragekurven derart
in Wechselbeziehung stehen, daß eine Verschiebung nach oben bei einer Nachfragekurve
mit einer Verschiebung nach oben der anderen zusammenhängt (vgl. den Artikel des Verfassers »Complementarity and Interrelations of Shifts in Demand«, in: *Review of Economic Studies*, Bd. 8, Oktober 1940, S. 58-63). Daher scheint es wahrscheinlich, daß die
aus Kassenbestandsüberschüssen resultierende Nachfragesteigerung sich auf das gesamte
Bündel komplementärer Produkte richtet. Situationen wie die in dieser Fußnote beschriebene scheinen daher alles andere als häufig zu sein.

die angebotenen und nachgefragten Mengen durch eine proportionale Veränderung aller Faktorpreise und Produktpreise nicht betroffen[10]. Die Angebots- und Nachfragekurven sind Funktionen des Verhältnisses von Faktorpreisen und von Produktpreisen[11]. Eine proportionale Veränderung aller Faktorpreise und aller Produktpreise bleibt ohne Auswirkung auf die angebotenen und nachgefragten Mengen.

Nehmen wir nun einmal an, daß ein Überangebot an einem Produktionsfaktor bestehe und daß sein Preis flexibel sei; von den Märkten für alle anderen Faktoren und alle anderen Produkte wird angenommen, daß sie im Gleichgewicht seien. Der Preis des Faktors, an dem ein Überangebot besteht, fällt. Dies führt zu Versuchen, andere Faktoren durch diesen Faktor zu ersetzen, und ebenso zu versuchen, den Output derjenigen Produkte zu expandieren, zu deren Herstellung der unterbeschäftigte Faktor verwendet werden kann. Die Märkte der anderen Faktoren und der damit zusammenhängenden Produkte werden durch diese Versuche der Substitution von Faktoren und der Expansion des Output aus dem Gleichgewicht gebracht. Nun besteht auf diesen Märkten ein Angebotsüberhang. Da Angebot und Nachfrage nur vom Verhältnis der Faktorpreise und der Produktpreise abhängen, kann das Gleichgewicht in diesen Märkten nur wiederhergestellt werden, wenn dieselben Preisverhältnisse gelten wie zuvor. Dies erfordert, daß die Preise derjenigen Faktoren und Produkte, an denen nun ein Überangebot besteht, im gleichen Umfang fallen wie der Preis des ursprünglich unterbeschäftigten Faktors. Da sie flexibel sind, werden diese Preise im bezeichneten Umfang fallen, und damit das Gleichgewicht auf den entsprechenden Märkten wiederherstellen. Außerdem müssen alle anderen Preise[12] in der Wirtschaft im gleichen Umfang fallen, um zu verhindern, daß auf irgendeinem anderen Markt ein Ungleichgewicht entsteht.

Weder der Substitutionseffekt noch der Expansionseffekt wird unter diesen Bedingungen wirksam. Das Überangebot an dem Faktor, das den proportionalen Verfall aller Preise auslöste, bleibt das gleiche wie zu Beginn[13]. In ähnlicher Weise würde ein Nachfrageüberhang nach

---

10 Wie bereits bemerkt, setzt eine proportionale Veränderung aller Faktorpreise und Produktpreise gleichbleibende Zinssätze voraus. Vgl. Fußnote 6 dieses Kapitels.
11 Mathematisch gesprochen, sind alle Nachfrage- und Angebotsfunktionen homogen im Grade Null.
12 Mit Ausnahme der Zinssätze, die konstant bleiben.
13 Die Argumentation setzt voraus, daß es nur ein Gefüge von Preisverhältnissen gibt, bei dem die Wirtschaft im Gleichgewicht ist, das heißt, daß es nur eine einzige Gleichgewichtsposition gibt. Ansonsten könnte das Gleichgewicht mit einem anderen Gefüge von Preisverhältnissen und mit einem anderen (höheren oder niedrigen) Beschäftigungsniveau des fraglichen Faktors erreicht werden. Wir lassen jedoch die Möglichkeit einer Mehrfach-

einem Faktor ein proportionales Steigen aller Preise auslösen und zu keiner Veränderung des Nachfrageüberhangs führen. Daher kann bei Fehlen eines Geldeffekts weder der Substitutionseffekt noch der Expansionseffekt auftreten[14]; die Flexibilität der Faktorpreise bewirkt nur proportionale Veränderungen bei allen Preisen, und dadurch bleibt natürlich die »reale« Situation unverändert[15].

Wenn der Geldeffekt negativ ist, nehmen der Substitutions- und der Expansionseffekt die umgekehrte Richtung. Ein proportionaler Verfall aller Preise wird zu einer Verringerung der Nachfrage oder zu einer Zunahme des Angebots mindestens bei einigen Gütern führen. Wenn sich der Rückgang der Nachfrage auf Faktoren richtet, die an die Stelle des unterbeschäftigten Faktors treten können, fallen die Preise dieser Substitutionsfaktoren überproportional zum Preis des unterbeschäftigten Faktors. Es tritt eine Substitution des unterbeschäftigten Faktors durch andere Faktoren ein. Wenn sich der Nachfragerückgang auf Produkte richtet, zu deren Herstellung der unterbeschäftigte Faktor herangezogen wird, fallen die Preise dieser Produkte überproportional zu den Grenzkosten (beim alten Output) und der Output schrumpft. Wenn sich der Nachfragerückgang auf andere Produkte oder andere Faktoren

---

lösung von Gleichgewichtspositionen außer acht, da sie in der Praxis sehr unwahrscheinlich zu sein scheint.

14 Wenn das Überangebot oder der Nachfrageüberhang bei diesem Faktor von einem Ungleichgewicht auf den Märkten für einige anderen Faktoren oder Produkte begleitet ist, könnte eine Veränderung in den Preisverhältnissen eintreten, und das Überangebot oder der Nachfrageüberhang nach dem jeweiligen Faktor könnte unter Umständen verschwinden. Die Veränderungen in den Preisverhältnissen würden jedoch die Märkte aus dem Gleichgewicht werfen, die sich im Gleichgewicht befinden. Dies würde neue Anpassungen der Preise verursachen. Wenn die ursprünglich im Ungleichgewicht befindlichen Märkte wenige sind, wird die Tendenz dahin gehen, die zu Anfang geltenden Preisverhältnisse wiederherzustellen. Denn das Gleichgewicht kann nur auf diese Weise im größeren Teil der Volkswirtschaft erhalten (oder wiederhergestellt) werden. Die Ergebnisse werden dann so aussehen, wie sie im Text beschrieben sind.

15 Ein strenger mathematischer Beweis dieser Hypothese wird in Abschnitt 4 des Anhangs geleistet. Lord Keynes' Theorie über den Effekt von Veränderungen bei den Geldlöhnen auf das Beschäftigungsniveau ist ein Sonderfall dieses Theorems. Seine Annahme in bezug auf die Konstanz des Zinssatzes ist unter den Bedingungen seines Modells (vgl. Fußnote 9, Kap. IV) dem Ausbleiben eines Geldeffekts gleichwertig. In diesem Modell verändert sich die Geldmenge derart, daß sie immer gleich der Nachfrage nach Kassenbeständen bei konstantem Zinssatz ist, und der Nachfrageüberhang nach Kassenbeständen ist konstant, nämlich immer Null. Keynes' Aussage, daß eine Verringerung der Geldlöhne nur über eine Veränderung des Zinssatzes wirksam wird, ist ein Sonderfall unserer Aussage, daß der Substitutionseffekt und der Expansionseffekt ohne den Geldeffekt nicht eintreten können. Dr. A. P. Lerner hat den Substitutionseffekt für unabhängig vom Geldeffekt gehalten und daher die Lehre von Lord Keynes durch das zusätzliche Postulat eingeschränkt, daß die Angebotselastizität von anderen Faktoren als der Arbeit Null sein muß, um eine Zunahme der Beschäftigung von Arbeitskraft durch Substitution der Arbeitskraft für andere Faktoren auszuschließen. (Vgl. seine Artikel: »Mr. Keynes' General Theory of Employment, Interest and Money«, in: *International Labour Review*, Bd. 34, Oktober 1936, S. 435-454, insbes. S. 441; und: »The Relation of Wage Policies and Price Policies«, in: *American Economic Review*, Bd. 29, März 1939, Supplement, S. 158-169, insbes. S. 165 f.) Dieses zusätzliche Postulat ist unnötig, weil der Substitutionseffekt nicht unabhängig vom Geldeffekt wirksam werden kann.

als die eben erwähnten richtet, fallen die Preise dieser Produkte oder der mit den anderen Faktoren produzierten Produkte in Relation zu den Preisen der Produkte, zu deren Herstellung der unterbeschäftigte Faktor oder Faktoren benutzt werden, die ihn ersetzen können. Die Nachfrage verschiebt sich von diesen Produkten, und ihr Output schrumpft.

Daher sind für den Fall, daß der Geldeffekt negativ ist, der Substitutionseffekt und der Expansionseffekt ebenfalls negativ. In diesem Fall ist die Flexibilität der Faktorpreise eine Quelle ökonomischer Instabilität. Ein Preisverfall bei einem unterbeschäftigten Faktor verringert die Verwendung dieses Faktors; wenn infolgedessen der Preis dieses Faktors noch weiter verfällt, geht die Verwendung noch weiter zurück usw. Der Preisverfall und der Rückgang in der Beschäftigung dieses Faktors verstärken sich wechselseitig und werden kumulativ. In ähnlicher Weise wird der Nachfrageüberhang nach einem Faktor (ein »Engpaß«) kumulativ und führt zu einer kumulativen Preissteigerung. Das Gleichgewicht kann nur dadurch wiederhergestellt werden, daß der Preis des unterbeschäftigten Faktors[16] erhöht oder der Preis eines Faktors gesenkt wird, bei dem ein Nachfrageüberhang besteht, das heißt, es ist eine negative Preisflexibilität erforderlich.

Wir können feststellen, daß das Wirksamwerden des Substitutions- und des Expansionseffekts davon abhängt, ob der Geldeffekt vorhanden ist, und welche Richtung er hat. Die Flexibilität der Faktorpreise gewährleistet nur dann Vollbeschäftigung der Faktoren, wenn ein positiver Geldeffekt vorliegt. Bei Fehlen eines Geldeffekts bewirkt die Preisflexibilität nur eine proportionale Bewegung aller Preise und beläßt die »reale« Situation unverändert. Bei Vorliegen eines negativen Geldeffekts bewirkt die Preisflexibilität eine kumulative Bewegung des Überangebots (oder des Nachfrageüberhangs) und der Preise, die vom Gleichgewicht wegführt. Ein positiver Geldeffekt scheint also der Fallschirm zu sein, der eine Ökonomie mit flexiblen Faktorpreisen stabilisiert[17].

---

16 Dies ist dort der Fall, wo eine Zunahme der Geldlohnrate das Beschäftigungsniveau hebt.

17 Diese Ergebnisse lassen sich wie in der Analyse des partiellen Gleichgewichts in Form einer Nachfrageüberhangskurve für den Produktionsfaktor ausdrücken. Die Nachfrageüberhangskurve ist aber nun nicht eine »partielle« Nachfragekurve, wie in der Theorie des partiellen Gleichgewichts, sondern eine »totale« Nachfragekurve, die die Auswirkungen der Veränderungen eines Faktorpreises auf andere Preise in der Volkswirtschaft und den Effekt berücksichtigt, den diese Auswirkungen auf die Nachfrage nach dem Faktor haben. Ein positiver Geldeffekt ist erforderlich, wenn diese »totale« Nachfrageüberhangskurve absteigen soll. Wenn der Geldeffekt negativ ist, steigt die Kurve an; wenn er fehlt, ist die Kurve eine senkrechte Gerade.

## IV. Die Analyse des Geldeffekts

Der Geldeffekt ist positiv, wenn eine proportionale Veränderung aller Preise (bei Konstantbleiben der Zinssätze) eine überproportionale Veränderung des Nachfrageüberhangs nach Kassenbeständen bewirkt; er ist negativ, wenn er eine unterproportionale Veränderung des Nachfrageüberhangs nach Kassenbeständen bewirkt. In anderen Worten ist der Geldeffekt dann positiv, wenn der *reale*[1] Nachfrageüberhang nach Kassenbeständen bei fallenden Preisen abnimmt und bei steigenden Preisen zunimmt. Er ist negativ, wenn das Umgekehrte der Fall ist, und fehlt, wenn der reale Nachfrageüberhang nach Kassenbeständen unverändert bleibt.

Die Menge an Kassenbeständen, die einzelne Wirtschaftssubjekte und Unternehmen halten wollen, richtet sich nach den Preisen der Güter, die für Geld gekauft werden können. Wenn sich diese Preise verändern, verändert sich in der Regel auch die Nachfrage nach Kassenbeständen. Wenn diese Nachfrage unterproportional zu den Preisen (welche sich der Annahme nach alle im gleichen Verhältnis verändern) zunimmt (oder überproportional abnimmt), nimmt die reale Nachfrage nach Kassenbeständen ab; wenn sie überproportional zu den Preisen zunimmt (oder unterproportional abnimmt), steigt die reale Nachfrage nach Kassenbeständen; wenn sie schließlich in genau demselben Verhältnis wie die Preise zunimmt (oder abnimmt), verändert sich die reale Nachfrage nach Kassenbeständen nicht. Um jedoch zu wissen, wie sich der reale Nachfrage*überhang* nach Kassenbeständen verändert, müssen wir außerdem auch wissen, wie die reale Geldmenge in der Volkswirtschaft auf eine proportionale Veränderung aller Preise reagiert.

Wenn jedermann erwartet, daß die jeweiligen Preise auch in der Zukunft gültig sind (oder zumindestens für den Teil der Zukunft, der entscheidungsrelevant ist), wird die reale Nachfrage nach Kassenbeständen durch eine proportionale Veränderung aller Preise (mit Ausnahme des Zinssatzes) nicht verändert. Da sich alle Preise gleichmäßig verändern, gibt es keinen Versuch, Güter untereinander zu substituieren oder ihren Output zu verändern. Unter diesen Umständen kann sich eine Veränderung der realen Nachfrage nach Kassenbeständen nur aus

---

[1] Da sich alle Preise proportional verändern, enthält dieser Begriff nicht die Verwendung von Indexzahlen. Der reale Nachfrageüberhang ist der Nachfrageüberhang dividiert durch eine willkürliche Zahl, die sich proportional zu den Preisen verändert. $\lambda$ sei eine solche Zahl, und $X$ sei der Nachfrageüberhang nach Kassenbeständen. Der reale Nachfrageüberhang nach Kassenbeständen $R$ ist dann $R = X/\lambda$. Auf ähnliche Weise definieren wir die reale Nachfrage nach Kassenbeständen und die reale Geldmenge.

dem Wunsch ergeben, Käufe hinauszuschieben oder Verkäufe zu beschleunigen, oder umgekehrt. Ein solcher Wunsch wird jedoch von unserer Annahme ausgeschlossen, da erwartet wird, daß die derzeit geltenden Preise auch in der Zukunft gelten und deshalb kein Anreiz dafür besteht, die intertemporale Struktur der Planung von Angebot und Nachfrage zu verändern. Infolgedessen verändert sich die reale Nachfrage nach Kassenbeständen nicht, wenn alle Preise sich in der gleichen Proportion verändern. Und die nominale Nachfrage nach Kassenbeständen verändert sich proportional zu den Preisen.

Da die reale Nachfrage nach Kassenbeständen daher konstant ist, hängt das Verhalten des realen Nachfrage*überhangs* nach Kassenbeständen völlig davon ab, was mit der realen Geldmenge in der Wirtschaft geschieht. Wenn letztere zunimmt, nimmt der reale Nachfrageüberhang nach Kassenbeständen ab; wenn die reale Geldmenge abnimmt, nimmt der reale Nachfrageüberhang nach Kassenbeständen zu. Damit der Geldeffekt positiv sein kann, muß die reale Geldmenge daher bei fallenden Preisen zunehmen und bei steigenden Preisen abnehmen. Wenn das Gegenteil eintritt, ist der Geldeffekt negativ. Wenn schließlich die reale Geldmenge in der Wirtschaft unverändert bleibt, ist kein Geldeffekt vorhanden.

Die Bedingung, daß die reale Geldmenge bei fallenden Preisen zunehmen und bei steigenden Preisen abnehmen muß, wird automatisch gewährleistet, wenn die nominale Geldmenge in der Wirtschaft konstant ist. In diesem Fall ist der Geldeffekt immer positiv und die Flexibilität der Faktorpreise erhält automatisch die Vollbeschäftigung oder stellt sie wieder her, und verhindert oder absorbiert einen Nachfrageüberhang nach Produktionsfaktoren. Über die Geldmenge wird in der traditionellen Gleichgewichtstheorie keine explizite Annahme gemacht. Diese Theorie scheint jedoch richtig interpretiert zu sein, wenn man annimmt, daß sie die nominale Geldmenge als konstant betrachtet[2]. Auf der Grundlage dieser Annahme scheint die Schlußfolgerung dieser Theorie voll gerechtfertigt, daß die Flexibilität der Faktorpreise stets den Substitutionseffekt und den Expansionseffekt erzeugt, durch welche das Gleichgewicht von Angebot und Nachfrage wiederhergestellt wird. Die gleiche Schlußfolgerung ist selbst dann gerechtfertigt, wenn die nominale Geldmenge bei fallenden Preisen abnimmt oder bei steigen-

---

2 Dies wird bestätigt durch einen Artikel von Professor Pigou, der nach Abfassung dieses Buches geschrieben wurde. Vgl. A. C. Pigou, »The Classical Stationary State«, in: *Economic Journal*, Bd. 53, Dezember 1943, S. 349. Vgl. auch die Antwort von M. Kalecki, »Professor Pigou on the Classical Stationary State – A Comment«, a.a.O., Bd. 54, April 1944, S. 131 f.

den Preisen zunimmt, vorausgesetzt, daß dies unterproportional zur Veränderung der Preise geschieht. Die Schlußfolgerung gilt *a fortiori*, wenn sich die nominale Geldmenge in der entgegengesetzten Richtung verändert wie die Preise. Die Schlußfolgerung der traditionellen Theorie gilt nur dann nicht, wenn die nominale Geldmenge proportional oder überproportional zu den Preisen zunimmt oder abnimmt. Im ersten Fall fehlt der Geldeffekt und das Gleichgewicht kann durch kein Ausmaß von Preisflexibilität wiederhergestellt werden; im zweiten Fall ist der Geldeffekt negativ und die Wiederherstellung des Gleichgewichts erfordert eine negative Preisflexibilität.

Der Substitutionseffekt und der Expansionseffekt, die einer gegebenen Veränderung im Preis eines Produktionsfaktors entsprechen, sind umso größer, je größer die Substitution zwischen Gütern und Geld ist, wenn sich alle Preise in derselben Proportion verändern. Je größer nämlich die Substitution zwischen Gütern und Geld entsprechend einer gegebenen Veränderung aller Preise ist, umso weniger steigen oder fallen alle anderen Preise tendenziell in Relation zum Steigen oder Fallen des Preises des Produktionsfaktors, und desto geringer ist die Preisveränderung des Faktors, der zur Wiederherstellung des Gleichgewichts erforderlich ist. Die Fluktuationen der Faktorpreise, die zur Aufrechterhaltung oder Wiederherstellung des Gleichgewichts erforderlich sind, sind daher geringer, wenn die nominale Geldmenge in der Wirtschaft konstant gehalten wird, als wenn ihr gestattet wird, in der gleichen Richtung wie die Preise zu schwanken (wenn auch unterproportional zu ihnen), und sie ist noch geringer, wenn die nominale Geldmenge in entgegengesetzter Richtung zu den Preisen der Produktionsfaktoren mit Nachfrageüberhang oder Überangebot variiert.

Nun wollen wir den Einfluß des Geldeffekts auf die Zinssätze betrachten. Für diesen Zweck unterscheiden wir zwischen zwei Arten von Gütern: Waren und Wertpapieren. Waren bestehen aus Produktionsfaktoren und Produkten; Wertpapiere sind Ansprüche auf zukünftige Zahlungen, die zum Zweck der Einkommensbildung gehalten werden[3]. Wertpapiere unterteilen sich in festverzinsliche Papiere (Wertpapiere mit festen Einkommen) und Aktien (Wertpapiere, die ein unbestimmtes Einkommen erwarten lassen). Der Einlösungspreis festverzinslicher Wertpapiere wird in Geld festgelegt. Daher läßt sich unsere Annahme, daß von den jeweiligen Preisen erwartet werden kann, daß sie

---

3 Dieser Zweck ist das Kriterium, nach dem sich Wertpapiere von Geld unterscheiden. Das Geld besteht (zusätzlich zu legalen Zahlungsmitteln) aus Forderungen, die zum Zweck des Zahlungsverkehrs gehalten werden. Diese Unterscheidung wird jedoch nicht immer klar getroffen, weil Forderungen für beide Zwecke gehalten werden können. Die Trennlinie zwischen Geld und Wertpapieren ist daher etwas willkürlich.

in der Zukunft fortgelten, nicht in vollem Umfang auf die Preise festverzinslicher Wertpapiere ausdehnen, denn der Preis zum Termin der
Einlösung ist vertraglich festgelegt[4]. Die Zinssätze variieren in der
entgegengesetzten Richtung zu jeweiligen Preisen festverzinslicher
Papiere, und Veränderungen im Zinssatz können daher als Veränderungen der jeweiligen Preise festverzinslicher Papiere ausgedrückt werden[5]. Unsere Annahme, daß die Zinssätze konstant sind, wohingegen
alle anderen Preise in der Volkswirtschaft sich in derselben Proportion
verändern, impliziert daher, daß die Preise festverzinslicher Papiere
konstant bleiben, während sich die Preise von Waren und von Aktien[6]
verändern.

Wenn der Geldeffekt fehlt, bleibt der reale Nachfrageüberhang nach
Kassenbeständen konstant, wenn sich alle Warenpreise und Aktienpreise in derselben Proportion verändern. Wir haben gesehen, daß in
diesem Fall nicht der Wunsch besteht, Waren und Aktien füreinander
zu substituieren oder ihren Output zu verändern. Da weder der
Wunsch besteht, Waren und Aktien für Geld zu substituieren noch
umgekehrt, sind Angebot und Nachfrage bei Waren und Aktien konstant. Bei den festverzinslichen Wertpapieren sind jedoch Angebot und
Nachfrage nicht konstant. Die proportionale Veränderung von Waren
und Aktienpreisen verändert die reale Ertragskraft (wie in diesen
Preisen ausgedrückt) von festverzinslichen Wertpapieren. Nachfrage
und Angebot bei festverzinslichen Wertpapieren verändern sich infolgedessen, bis sie dieselbe reale Ertragskraft wie zuvor darstellen. Da
die Erträge von festverzinslichen Wertpapieren als nominale Geldmenge (per Zeiteinheit) festgelegt sind, erfordert dies, daß sich Angebot und Nachfrage bei festverzinslichen Wertpapieren proportional
zu den Preisen für Waren und Aktien verändern (das heißt, daß die
reale Nachfrage und das reale Angebot bei festverzinslichen Wertpapieren unverändert bleibt)[7]. Eine derartige Veränderung von An-

---

4 Es sei denn, die festverzinslichen Wertpapiere wären unbefristet.

5 Gehen wir davon aus, daß das festverzinsliche Wertpapier nach $n$ Zeiteinheiten zu einem
Preis $P_n$ eingelöst wird, wobei der geltende Preis des Wertpapiers $P_0$ sei. Außerdem sei $r$
das feste Einkommen, das dem Inhaber des festverzinslichen Wertpapiers per Zeiteinheit
bezahlt wird. Der Zinssatz $i$ wird dann durch die Gleichung

$$P_0 = r \sum_{t=1}^{n} \frac{1}{(1+i)^t} + \frac{P_n}{(1+i)^n}$$

bestimmt. Da $P_n$ und $r$ fix sind, variiert der Zinssatz in der entgegengesetzten Richtung
von $P_0$.

6 Vorausgesetzt, daß das Einkommen aus Aktien wirklich unbestimmt ist. Forderungen, die
vom juristischen Standpunkt als Aktien bezeichnet werden, die aber in der Praxis ein
festes Einkommen erbringen (zum Beispiel infolge der festen Dividendenpolitik des Unternehmens), sollten für unsere Zwecke als festverzinsliche Wertpapiere behandelt werden.

7 Die Angebots- und Nachfragefunktionen von festverzinslichen Wertpapieren sind daher

gebot und Nachfrage bei festverzinslichen Wertpapieren erfordert keine Substitution zwischen Geld und festverzinslichen Papieren, oder zwischen festverzinslichen Papieren und Waren oder Aktien, weil sich Angebot und Nachfrage bei festverzinslichen Papieren proportional zu den Geldeinkommen verändern. Die Zinssätze bleiben infolgedessen unbeeinflußt[8].

Wenn der Geldeffekt positiv ist, tritt eine Substitution von Gütern für Geld bei fallenden Preisen für Waren und Aktien ein, und eine Substitution von Geld für Güter, wenn diese Preise (alle in derselben Proportion) steigen. Dies impliziert eine Veränderung in Angebot oder Nachfrage bei zumindestens einigen Gütern, ob es sich dabei um Waren, Aktien, oder festverzinsliche Papiere handelt (die letzteren werden in Einheiten realen Werts gemessen; die nominale Nachfrage oder das

---

homogen im ersten Grade in den Preisen von Waren und Aktien. Da sich alle Waren- und Aktienpreise in derselben Proportion verändern, können Waren und Aktien als ein einziges Gut behandelt werden (vgl. Hicks, a.a.O., S. 312 f., und vgl. auch unsren Anhang, Abschn. 5). Die Menge dieses einzigen Guts wird dann durch $x$ und sein Preis durch $p_x$ bezeichnet. Man bezeichne mit $y$ und $p_y$ jeweils die (nominale) Menge und den (nominalen) Preis von festverzinslichen Wertpapieren und mit $r$ das feste Einkommen, das von einer in Geldpapieren angelegten Geldeinheit erbracht wird. Der reale Ertrag festverzinslicher Wertpapiere schwankt im umgekehrten Verhältnis zu $p_x$; der Nutzen aus festverzinslichen Wertpapieren ist daher nicht eine Funktion der nominalen Menge $y$, sondern der realen Menge $y/p_x$ der gehaltenen festverzinslichen Wertpapiere. Der Wertpapierhalter maximiert die Nutzfunktionen $u(x, y/p_x)$ nach Maßgabe der Budgetgleichung $p_x(x-\bar{x}) + p_y(y-\bar{y}) = r\bar{y}$, wobei $\bar{x}$ und $\bar{y}$ jeweils die ursprünglichen Mengen von $x$ und $y$ und konstant sind; $p_x$, $p_y$ und $r$ sind ebenfalls konstant. Dies führt zu den Maximalbedingungen

und

$$\frac{\partial u}{\partial x} dx + \frac{1}{p_x} \frac{\partial u}{\partial(y/p_x)} dy = 0$$

$$p_x dx + p_y dy = 0,$$

woraus wir ableiten

$$\frac{\partial u}{\partial(y/p_x)} + \frac{\partial u}{\partial x} = p_y \quad \text{oder} \quad -\frac{\partial x}{\partial(y/p_x)} = p_y.$$

Die Grenzrate der Substitution zwischen »realen festverzinslichen Wertpapieren« und Waren und Aktien ist daher unabhängig von dem Preis $p_x$ der letzteren. Infolgedessen verändert sich die reale Nachfrage nach festverzinslichen Wertpapieren nicht, wenn sich die Preise für Waren und Aktien in der gleichen Proportion verändern; und die Nachfrage nach Geldeinheiten verändert sich in der gleichen Proportion. Dies beweist unsere These. Der Beweis kann mit Leichtigkeit verallgemeinert werden, damit er auch das Vorhandensein mehrerer festverzinslicher Wertpapiere verschiedener Art und verschiedenen Preises abdeckt.

8 Da die Angebots- und Nachfragefunktion festverzinslicher Wertpapiere homogen ersten Grades mit den Preisen der Waren und Aktien sind, sind dies auch die Nachfrageüberhangsfunktionen. Unter Beibehaltung der Schreibweise der vorhergehenden Fußnote sei die Nachfrageüberhangsfunktion von festverzinslichen Wertpapieren $B(p_x, p_y)$. Die Gleichgewichtsbedingung auf dem Markt für festverzinsliche Wertpapiere wird dann durch die Gleichung $B(p_x, p_y) = 0$ ausgedrückt. Angesichts seiner Homogenität in $p_x$, $B(p_x, p_y) = p_x F(1, p_y)$ für jeden Wert von $p_x$. Die Gleichgewichtsbedingung verwandelt sich in $F(1, p_y) = 0$, das heißt, der Gleichgewichtspreis von festverzinslichen Wertpapieren (und infolgedessen der Zinssatz) ist unabhängig von $p_x$ und vom Niveau der Waren- und Aktienpreise. Auch dieses Argument läßt sich so verallgemeinern, daß es den Fall mehrerer festverzinslicher Wertpapiere mit verschiedenen Preisen einschließt.

nominale Angebot bei festverzinslichen Wertpapieren verändert sich, wie wir gesehen haben, auch dann, wenn der Geldeffekt fehlt[9]. Die Veränderungen von Angebot und Nachfrage können beschränkt sein auf 1. Waren, 2. Aktien, 3. auf den realen Umfang von festverzinslichen Wertpapieren, oder diese Veränderung kann jede beliebige Kombination dieser drei Güter erfassen[10]. Wenn die reale Nachfrage oder das reale Angebot von Wertpapieren beeinflußt werden, führt dies zu einer Veränderung der Preise festverzinslicher Wertpapiere, und infolgedessen zu einer Veränderung der Zinssätze.

Wenn ein positiver Geldeffekt im Zusammenhang mit fallenden Waren- und Aktienpreisen eine Nachfragesteigerung (oder Angebotsminderung) einiger oder aller Waren bewirkt, wird unmittelbar ein Substitutionseffekt und eine Expansionseffekt erzeugt, weil die Preise derjenigen Waren, deren Nachfrage zugenommen (oder deren Angebot abgenommen) hat, nicht proportional zum Preis des unterbeschäftigten Faktors fallen. Dieses Ergebnis tritt jedoch mit sehr viel geringerer Gewißheit ein, wenn die vom positiven Geldeffekt bewirkte Nachfragesteigerung oder Angebotsminderung sich auf Aktien und festverzinsliche Wertpapiere beschränkt. In diesem Falle werden der Substitutionseffekt und der Expansionseffekt nur indirekt infolge der Auswirkung einer Veränderung der Aktienpreise oder der Zinssätze auf

---

9 Man bezeichnet des Überangebot und die Preise der verschiedenen Waren und Aktien jeweils mit $S_1, S_2, \cdots, S_n$ und mit $p_1, p_2, \cdots, p_n$. $B_1, B_2, \cdots, B_m$ und $\pi_1, \pi_2, \cdots, \pi_m$ seien jeweils das Überangebot und die Preise für verschiedene Arten von festverzinslichen Wertpapieren. Man setze $X$ für den Nachfrageüberhang nach Kassenbeständen ein. Dann gilt (vgl. Fußnote 5 auf S. 85 weiter oben):

$$X = p_1 S_1 + p_2 S_2 + \cdots + p_n S_n + \pi_1 B_1 + \pi_2 B_2 + \cdots + \pi_m + B_m.$$

Nehmen wir an, daß alle $p$'s sich in der gleichen Proportion verändern und daß die $\pi$'s alle konstant sind. Wenn die $S$'s alle homogen im Grade Null und die $B$'s alle homogen im ersten Grade in den Variablen $p_1, p_2, \cdots, p_n$ sind, verändert sich $X$ proportional zu den $p$'s. Wenn $X$ sich überproportional zu den $p$'s verändert (positiver Geldeffekt), müssen sich zumindest einige der $S$'s in derselben Richtung wie die $p$'s verändern, oder einige der $B$'s müssen sich überproportional zu den $p$'s verändern, oder beides. Ein ähnliches Resultat (nur mit umgekehrter Richtung) ergibt sich, wenn $X$ sich unterproportional zu den $p$'s verändert (negativer Geldeffekt).

10 Die erste ist die Annahme, die der alten Cambridge-Theorie der Kassenbestände zugrunde liegt. Diese Theorie geht davon aus, daß jede Veränderung des realen Nachfrageüberhangs nach Kassenbeständen eine Substitution zwischen Geld und Waren voraussetzt und daher unmittelbar zur Veränderung von Warenpreisen führt. Die dritte Annahme ist diejenige, die dem Modell der *Allgemeinen Theorie* von Lord Keynes zugrunde liegt. Veränderungen im realen Nachfrageüberhang nach Kassenbeständen implizieren nach Lord Keynes eine Substitution zwischen Geld und festverzinslichen Wertpapieren und führen unmittelbar nur zu Veränderungen der Zinssätze. Warenpreise werden beeinflußt, dies jedoch indirekt als Ergebnis des Einflusses der Zinssätze auf die Investition. Professor Hicks (a.a.O., S. 274 ff.) erörtert den allgemeinen Fall, der von uns in diesem Text diskutiert wird, ohne jedoch zwischen festverzinslichen Wertpapieren und Aktien zu unterscheiden. Vgl. den Artikel des Verfassers »Complementarity and Interrelations of Shifts in Demand«, a.a.O., S. 62 f.

die Nachfrage nach Investitionsgütern induziert. Nehmen wir an, daß sich die Nachfragesteigerung oder Angebotsminderung auf die reale Menge an festverzinslichen Wertpapieren beschränkt. Der daraus folgende Fall der Zinssätze regt die Nachfrage nach Investitionsgütern an und führt daher mittelbar oder unmittelbar zu einer Steigerung der Nachfrage nach dem unterbeschäftigten Faktor. Die Nachfragesteigerung nach dem Faktor ist umso größer, je größer die Elastizität der Investition im Hinblick auf einen sinkenden Zinssatz ist. Wenn die besonderen Arten der Investitionstätigkeit, die den unterbeschäftigten Faktor einsetzen oder Faktoren verwenden, durch die dieser ersetzt werden kann, gegenüber sinkenden Zinssätzen in hohem Maße unelastisch sind, kann der Effekt sehr gering ausfallen; bei Vorhandensein einiger Reibungsverluste in der Volkswirtschaft kann er sogar praktisch Null werden. In ähnlicher Weise kann es durchaus sein, daß eine Steigerung der Nachfrage nach Aktien oder eine Minderung des Angebots keine ausreichende Investitionstätigkeit in den geeigneten Bereichen auslöst, die das Überangebot des unterbeschäftigten Faktors beseitigen könnte, weil die Investitionstätigkeit in bezug auf Aktienpreise genauso unelastisch sein kann wie in bezug auf Zinssätze.

Wenn also die Nachfragesteigerung, die sich aus der Substitution von Gütern für Geld ergibt, sich eher auf Wertpapiere als auf Waren richtet, kann es sein, daß die Preisflexibilität die Vollbeschäftigung der Produktionsfaktoren auch dann nicht wiederherstellt, wenn der Geldeffekt positiv ist. Aus ähnlichen Gründen kann es sein, daß sie auch den Nachfrageüberhang nach Produktionsfaktoren nicht beseitigt. Es ist daher viel weniger wahrscheinlich, daß ein positiver Geldeffekt eine automatische Wiederherstellung des Gleichgewichts über die Preisflexibilität gewährleistet, wenn dieser Geldeffekt eine unmittelbare Substitution zwischen Geld und Wertpapieren impliziert und die Nachfrage nach Waren nur indirekt über Veränderungen der Zinssätze oder Aktienpreise beeinflußt wird. Der Umfang, in dem der Geldeffekt eine Substitution zwischen Geld und Wertpapieren und nicht zwischen Geld und Waren impliziert, hängt davon ab, wie die Kassenbestände in der Gemeinschaft verteilt sind. Wirtschaftssubjekte mit geringen Einkommen und kleinen Kassenbeständen dürften überflüssiges Bargeld zum Erwerb von Waren benutzen, während Wirtschaftssubjekte (und Unternehmen) mit hohen Einkommen und hohen Kassenbeständen diese für den Erwerb von Wertpapieren benutzen dürften. Wenn daher ein großer Anteil des Geldvorrats der Gemeinschaft von Personen und Unternehmen mit hohen Einkommen gehalten wird, dürfte der Geldeffekt eine Substitution zwischen Geld und Wertpapieren und nicht eine zwischen Geld und Waren nach sich ziehen[11]. Unter diesen Umständen kann es durchaus sein, daß ein positiver Geldeffekt die Wiederherstellung des Gleichgewichts nicht gewährleistet.

Wenn in der Volkswirtschaft beträchtliche Reibungsverluste vorliegen, kann die Unzulänglichkeit eines positiven Geldeffekts bei der Gewährleistung der Wirksamkeit des Substitutionseffekts und des Expansionseffekts (die das Gleichgewicht zwischen Angebot und Nachfrage bei Produktionsfaktoren wiederherstellen) selbst in den Fällen zutagetreten, wo eine unmittelbare Substitution zwischen Geld und Waren vorliegt. Wenn sich die Nachfrageveränderung, die aus dem Geldeffekt resultiert, auf Produkte richtet, zu deren Herstellung der unterbeschäftigte Faktor oder »Engpaß-Faktor« erforderlich ist, oder sich auf Faktoren richtet, an deren Stelle dieser nicht unmittelbar treten kann, und wenn die Substitutionskette zwischen den Waren mit steigender Nachfrage und dem fraglichen Faktor sehr lang ist, können der Substitutionseffekt und der Expansionseffekt, obwohl sie der reinen Theorie nach zu erwarten wären, durch Reibungsverluste so behindert werden, daß sie in der Praxis zu vernachlässigen sind. Daher kann man sich selbst in einem Geldsystem oder bei einer Geldpolitik mit positivem Geldeffekt nur in engen Grenzen darauf verlassen, daß die Preisflexibilität der Produktionsfaktoren das Gleichgewicht von Angebot und Nachfrage wiederherstellt. Diese Grenzen werden noch enger, wenn wir die simplifizierenden Annahmen in diesem und den vorhergehenden Kapiteln aufgeben.

---

11 Es gibt einigen Grund für die Annahme, daß dies die Situation in der amerikanischen Volkswirtschaft während der Periode um 1935 war. Gemäß dem National Resources Committee im Jahre 1935 betrugen die Kassenbestände der Konsumenten nur 23,5 Prozent der kurzfristigen Einlagen insgesamt. Und wahrscheinlich wurden weniger als 14 Prozent der kurzfristigen Einlagen insgesamt von Konsumenten mit Einkommen unter 5 000 Dollar gehalten, die mehr als 88 Prozent der Konsumentenausgaben deckten. Wenn man von der Hypothese ausgeht, daß die Hälfte der Gesamtmenge an Noten und Münzen im Land von ihnen gehalten wurde, hätten Einzelpersonen und Familien mit Einkommen unter 5 000 Dollar nur etwa 20 Prozent der gesamten Geldmenge (Sichteinlagen und Notengeld) gehalten. Diese Kassenbestände hätten, wenn sie vollkommen verausgabt worden wären, die Konsumentenausgaben insgesamt um ein Zwölftel ihres Jahresgesamtbetrags erhöht. Vgl. National Resources Committee, *The Structure of the American Economy*, Government Printing Office, Washington, D. C., 1939, Teil I, S. 88 f. Dies scheint darauf hinzuweisen, daß in dieser Periode die Auswirkungen einer Veränderung im realen Nachfrageüberhang nach Kassenbeständen der im Modell von Lord Keynes angenommenen nähergekommen wäre als der, die das alte Modell von Cambridge annahm. Diese Schlußfolgerung bedarf der Einschränkung infolge der beträchtlichen Investitionen, die durch das gesellschaftliche Sparen finanziert wurden. Eine Verringerung des realen Nachfrageüberhangs nach Kassenbeständen durch Unternehmen kann unmittelbar zu einer Zunahme der Nachfrage nach Investitionsgütern führen. Diese Einschränkung setzt jedoch einen unvollkommenen Kapitalmarkt voraus. Wenn der Kapitalmarkt vollkommen ist, wie im gegenwärtigen Stadium unserer theoretischen Argumentation angenommen werden muß, wird die Investition durch die Liquiditätsposition von Firmen nicht beeinflußt, sondern nur durch die Zinssätze. Der Bedeutung der Liquiditätsposition wird zu einem späteren Zeitpunkt unserer Argumentation die gebührende Aufmerksamkeit zuteil werden.

## V. Preiserwartungen

In den vorangegangenen Kapiteln wurde von der Annahme ausgegangen, daß alle Entscheidungen auf der Erwartung beruhen, daß die geltenden Preise für den Teil der Zukunft weitergelten, der für die gegenwärtigen Entscheidungen relevant ist (»statische Erwartungen«). Auf der Grundlage dieser Annahme ist nachgewiesen worden, daß die reale Nachfrage nach Kassenbeständen konstant ist, wenn sich alle Preise (mit Ausnahme der Zinssätze) in derselben Proportion verändern, und daß die Natur des Geldeffekts davon abhängt, ob die reale Geldmenge in der Volkswirtschaft zunimmt oder abnimmt. Nun werden wir diese simplifizierende Annahme aufgeben und den Effekt von Preiserwartungen in seiner vollen Allgemeinheit untersuchen.

Sowohl die Unternehmer als auch die Konsumenten planen ihre Käufe und Verkäufe im Zeitverlauf[1]. Die Pläne hinsichtlich der Verteilung der Käufe und Verkäufe im Zeitverlauf hängen bei Bedingungen vollkommener Konkurrenz von der Relation zwischen den jeweiligen Preisen und dem diskontierten Gegenwartswert *erwarteter* zukünftiger Preise ab. Ein Steigen der diskontierten erwarteten Preise eines Guts im Vergleich zu seinem jeweils gültigen Preis verursacht eine Verschiebung geplanter Käufe (oder Inputs) aus der zukünftigen auf die gegenwärtige Periode, und eine Verschiebung geplanter Verkäufe (oder Outputs) aus der gegenwärtigen Periode auf die zukünftige. Das Gegenteil ist der Fall, wenn ein relatives Sinken des diskontierten erwarteten Preises eintritt. Derartige Verschiebungen wollen wir mit dem Ausdruck *intertemporale Substitution* bezeichnen, die zu unterscheiden ist von der *intratemporalen Substitution,* das heißt einer Substitution von verschiedenen Gütern zur gleichen Zeit. Die intertemporale Substitution kann auch zwischen verschiedenen Gütern stattfinden, nämlich dann, wenn sich der diskontierte erwartete Preis eines Guts relativ zum gegenwärtig gültigen Preis eines anderen Guts verändert. Die Richtung der intertemporalen Substitution hängt davon ab, ob eine Veränderung des derzeit geltenden Preises eines Gutes dazu führt, daß die diskontierten erwarteten Preise sich überproportional, genau proportional oder unterproportional verändern. In anderen Worten hängt

---

1 Die Länge der Zeitperiode, für die Käufe und Verkäufe im voraus geplant werden, wird hier hilfsweise als gegeben angenommen. Für Angaben darüber, wie sie bestimmt wird, vgl. S. 116 weiter unten.

die Veränderung davon ab, ob die Erwartungselastizität[2] des diskontierten Preises größer als, gleich, oder kleiner als Eins ist[3]. Ein Fallen des jeweils gültigen Preises eines Gutes führt zu einem relativen Steigen oder Fallen des diskontierten erwarteten Preises (zu beliebigen Zeitpunkten oder in beliebigen Perioden in der Zukunft), je nachdem, ob die Erwartungselastizität kleiner oder größer als Eins ist. Wenn daher die Erwartungselastizität kleiner als Eins ist, verursacht ein Fallen des jeweils gültigen Preises eine Verschiebung geplanter Käufe aus der zukünftigen Periode auf die Gegenwartsperiode und eine Verschiebung geplanter Verkäufe in der entgegengesetzten Richtung. Das Umgekehrte tritt ein, wenn die Erwartungselastizität

---

2 Die Elastizität der Erwartung ist das Verhältnis zwischen der proportionalen Zunahme des erwarteten Preises und der proportionalen Zunahme des gegenwärtig geltenden Preises. Dieser Begriff wurde von J. R. Hicks in seinem Buch *Value and Capital*, S. 205, eingeführt. Wenn der gegenwärtig geltende Preis mit $p_0$ und der erwartungsgemäß zum Zeitpunkt $t$ geltende Preis mit $p_t$ bezeichnet wird und wenn die von Mr. Champernowne eingeführte Schreibweise für die Elastizität benutzt wird, lautet die Elastizität der Erwartung für den Preis zum Zeitpunkt $t$ wie folgt:

$$\frac{Ep_t}{Ep_0} = \frac{dp_t}{dp_0} \cdot \frac{p_0}{p_t}$$

3 Wenn der diskontierte erwartete Preis eines Gutes nicht nur von dem gegenwärtig gültigen Preis dieses Gutes, sondern auch von den gegenwärtigen Preisen anderer Güter abhängt, muß die im Text erwähnte Elastizität der Erwartung als *Gesamt*elastizität (und nicht als partielle) interpretiert werden. Zur Gesamtelastizität kommen wir, wenn wir den Effekt einer Veränderung im gegenwärtigen Preis eines Gutes auf alle anderen relevanten gegenwärtigen Preise in die Rechnung einbeziehen. $q_{rt}$ sei der diskontierte Preis des $r$'ten Gutes, der erwartungsgemäß zum Zeitpunkt $t$ gelten soll, und er hänge von den gegenwärtig gültigen Preisen $p_{10}, p_{20}, \cdots, p_{n0}$ ab. Wir haben dann die Relation $q_{rt} = f(p_{10}, p_{20}, \cdots, p_{n0})$ die wir die *Erwartungsfunktion* nennen. Das Gesamtdifferential der Erwartungsfunktion lautet wie folgt:

$$\frac{dq_{rt}}{dp_{s0}} = \frac{\partial q_{rt}}{\partial p_{10}} \frac{dp_{10}}{dp_{s0}} + \frac{\partial q_{rt}}{\partial p_{20}} \frac{dp_{20}}{dp_{s0}} + \cdots + \frac{\partial q_{rt}}{\partial p_{n0}} \frac{dp_{n0}}{dp_{s0}}.$$

Wenn wir beide Seiten der Gleichung mit $p_{s0}/q_{rt}$ multiplizieren, erhalten wir die Gesamtelastizität der Erwartung

$$\frac{dq_{rt}}{dp_{s0}} \frac{p_{s0}}{q_{rt}} = \frac{\partial q_{rt}}{\partial p_{10}} \frac{p_{s0}}{q_{rt}} \frac{dp_{10}}{dp_{s0}} + \frac{\partial q_{rt}}{\partial p_{20}} \frac{p_{s0}}{q_{rt}} \frac{dp_{20}}{dp_{s0}} + \cdots + \frac{\partial q_{rt}}{\partial p_{n0}} \frac{p_{s0}}{q_{rt}} \frac{dp_{n0}}{dp_{s0}}.$$

Jedes der Elemente auf der rechten Seite, zum Beispiel das $i$'te Element, läßt sich in der Form

$$\frac{\partial q_{rt}}{\partial p_{i0}} \frac{p_{i0}}{q_{rt}} \frac{dp_{i0}}{dp_{s0}} \frac{p_{s0}}{p}$$

schreiben, die ein Produkt zweier Elastizitäten ist. Die erste ist die teilweise Elastizität der Erwartung in bezug auf den gegenwärtig gültigen Preis $p_{i0}$ und wird mit $Eq_{rt}/Ep_{i0}$ bezeichnet, die zweite ist die Elastizität der Reaktion auf den gegenwärtigen Preis $p_{i0}$ auf eine Veränderung im gegenwärtigen Preis $p_{s0}$ und wird bzeichnet durch $Ep_{i0}$ und $Ep_{s0}$. Die Gesamtelastizität der Erwartung ist daher

$$\frac{dq_{rt}}{dp_{s0}} \frac{p_{s0}}{q_{rt}} = \frac{Eq_{rt}}{Ep_{10}} \frac{Ep_{10}}{Ep_{s0}} + \frac{Eq_{rt}}{Ep_{20}} \frac{Ep_{20}}{Ep_{s0}} + \cdots + \frac{Eq_{rt}}{Ep_{n0}} \frac{Ep_{n0}}{Ep_{s0}},$$

das heißt die gewichtete Summe der partiellen Elastizitäten der Erwartungen, wobei die Reaktionselastizitäten der anderen gegenwärtig gültigen Preise als Gewichte dienen. Wenn alle gegenwärtig gültigen Preise sich in derselben Proportion verändern, sind alle diese Gewichte gleich Eins, und die Gesamtelastizität der Erwartung ist einfach die Summe der partiellen Elastizitäten der Erwartung.

größer als Eins ist. In dem Sonderfall, wo die Elastizität der Erwartung gleich Eins ist, wird jede Veränderung des jeweiligen Preises von einer genau proportionalen Veränderung der diskontierten erwarteten Preise begleitet, und eine intertemporale Substitution findet nicht statt. Betrachten wir nun ein proportionales Sinken aller jeweils gültigen Preise mit Ausnahme der Zinssätze. Da alle Preise in der gleichen Proportion abnehmen, tritt keine intratemporale Substitution in der laufenden Nachfrage oder im laufenden Angebot auf[4]. Jede Veränderung in der (jeweiligen) realen Nachfrage nach Kassenbeständen muß sich daher aus einer Verschiebung geplanter Käufe und Verkäufe zwischen Gegenwart und Zukunft ergeben, das heißt aus der intertemporalen Substitution. Wenn alle Elastizitäten der Erwartung gleich Eins sind, gibt es keine intertemporale Substitution. In diesem Fall nimmt die Nachfrage nach Kassenbeständen genau proportional zu den Preisen ab, und die derzeitige Nachfrage nach einem Gut und das derzeitige Angebot bleiben unbeeinflußt[5]. Die reale Nachfrage nach Kassenbeständen ist konstant. Wenn stattdessen alle Elastizitäten der Erwartungen kleiner als Eins sind, findet eine Verschiebung geplanter Käufe von der Zukunft auf die Gegenwart und eine Verschiebung geplanter Verkäufe von der Gegenwart auf die Zukunft statt. Die Nachfrage nach Kassenbeständen verringert sich daher überproportional zum Preisverfall, das heißt, die reale Nachfrage nach Kassenbeständen nimmt ab. Wenn andererseits alle Elastizitäten der Erwartungen größer als Eins sind, tritt eine Verschiebung geplanter Käufe von der Gegenwart auf die Zukunft und eine Verschiebung geplanter Verkäufe von der Zukunft auf die Gegenwart ein. Infolgedessen nimmt die reale Nachfrage nach Kassenbeständen zu. Auf die gleiche Weise läßt sich nachweisen, daß ein proportionales Steigen aller jeweiligen Preise (mit Ausnahme der Zinssätze) zu keiner Veränderung in der realen Nachfrage nach Kassenbeständen führt, wenn die Elastizitäten der Erwartung gleich Eins sind; dagegen zu einer Steigerung dieser Nachfrage, wenn alle Elastizitäten der Erwartung kleiner als Eins sind; und zu einer Abnahme der Nachfrage, wenn alle größer als Eins sind.

Daher ziehen wir den Schluß, daß die reale Nachfrage nach Kassenbeständen in derselben Richtung variiert wie die jeweiligen Preise,

---

4 Dies impliziert nicht zwangsläufig, daß es keine Veränderung bei den in der gegenwärtigen Periode gekauften und verkauften Mengen gibt. Diejenigen Veränderungen, die vorkommen, sind ausschließlich auf Veränderungen in dem Verhältnis zwischen den gegenwärtig gültigen und den (diskontierten) erwarteten zukünftigen Preisen zurückzuführen und sollten daher als intertemporale Substitution behandelt werden.

5 Dies gilt auch für festverzinsliche Wertpapiere, vorausgesetzt, daß sich Angebot und Nachfrage in »realen« Einheiten ausdrücken. Vgl. hierzu S. 95–96 weiter oben.

wenn alle Preiserwartungen unelastisch sind; daß sie in der entgegengesetzten Richtung zu den Preisen variiert, wenn alle Preiserwartungen elastisch sind; und daß sie überhaupt nicht variiert, wenn die Elastizität aller Preiserwartungen gleich Eins ist. Ein Sonderfall von Erwartungen der Elastizität Eins sind die »statischen Erwartungen«, bei denen von den jeweiligen Preisen angenommen wird, daß sie auch in der Zukunft weiterhin gelten. Daher ist auch in diesem Falle die reale Nachfrage nach Kassenbeständen konstant, wenn sich alle Preise mit Ausnahme der Zinssätze in derselben Proportion verändern. Dies ist bereits im vorangehenden Kapitel nachgewiesen worden; nun scheint es sich als Sonderfall einer allgemeineren Bedingung zu entpuppen[6].

Die Situation ist komplizierter, wenn einige Elastizitäten der Erwartung kleiner als Eins und einige größer als Eins sind. Diese Diskrepanz kann sich auf die Preiserwartungen für verschiedene Güter oder auf die Erwartungen hinsichtlich des Preises desselben Guts zu verschiedenen Zeitpunkten in der Zukunft beziehen. Im Falle einer solchen Diskrepanz brauchen die intertemporalen Substitutionen, die sich aus einer proportionalen Veränderung jeweils gültiger Preise ergeben, nicht alle in dieselbe Richtung zu gehen. Die reale Nachfrage nach Kassenbeständen kann daher in jede der beiden Richtungen beeinflußt werden, je nachdem, welchen *Nettoeffekt* die verschiedenen intertemporalen Substitutionen haben. Wenn dieser Nettoeffekt darin besteht, daß die reale Nachfrage nach Kassenbeständen in derselben Richtung variiert wie die Veränderung bei den jeweiligen Preisen, können wir sagen, daß die Preiserwartungen *vorwiegend* unelastisch sind. Entsprechend können wir sagen, daß die Preiserwartungen *vorwiegend* elastisch sind, oder daß ihre Elastizität gleich Eins ist, wenn der Nettoeffekt darin besteht, daß die reale Nachfrage nach Kassenbeständen in der entgegengesetzten Richtung zur Veränderung der jeweiligen Preise variiert, oder wenn sie gar nicht variiert.

Damit der Geldeffekt positiv sein kann, muß der reale Nachfrage-*überhang* nach Kassenbeständen zurückgehen, wenn alle Preise (mit Ausnahme der Preise festverzinslicher Wertpapiere) in derselben Proportion fallen, und muß zunehmen, wenn diese Preise steigen. Oder, anders ausgedrückt, muß die reale Geldmenge relativ zur realen Nachfrage nach Kassenbeständen jedesmal dann zunehmen, wenn die Preise fallen, und abnehmen, wenn die Preise steigen. Wenn die Preiserwar-

---

6 Statische Erwartungen implizieren, daß die Erwartungselastizität gleich Eins ist, doch impliziert eine Erwartungselastizität von Eins nicht unbedingt statische Erwartungen; sie impliziert lediglich, daß sich die erwarteten Preise proportional zu den gegenwärtig gültigen Preisen ändern.

tungen vorwiegend von der Elastizität Eins sind, und infolgedessen die reale Nachfrage nach Kassenbeständen konstant ist, erfordert dies, wie im vorangehenden Kapitel nachgewiesen wurde, daß die reale Geldmenge in der Volkswirtschaft bei fallenden Preisen zunimmt und bei steigenden Preisen abnimmt. Wenn die Preiserwartungen vorwiegend unelastisch sind, muß die reale Geldmenge bei fallenden Preisen weniger abnehmen als die reale Nachfrage nach Kassenbeständen, und bei steigenden Preisen weniger zunehmen als diese. Das Gegenteil muß eintreten, wenn die Preiserwartungen vorwiegend elastisch sind, das heißt die reale Geldmenge muß bei fallenden Preisen mehr als die reale Nachfrage nach Kassenbeständen zunehmen, und bei steigenden Preisen mehr als diese Nachfrage abnehmen.

Diese Bedingungen für einen positiven Geldeffekt lassen sich in geeigneter Weise unter dem Begriff der Empfindlichkeit (responsiveness) des Geldsystems zusammenfassen. Wir definieren *die Empfindlichkeit des Geldsystems* als das Verhältnis zwischen dem (positiven oder negativen) Zuwachs der realen Geldmenge in der Volkswirtschaft und dem Zuwachs in der realen Nachfrage nach Kassenbeständen[7]. Demgemäß nennen wir also das Geldsystem *empfindlich,* wenn die reale Geldmenge mehr zunimmt (oder abnimmt) als die reale Nachfrage nach Kassenbeständen, und nennen es *unempfindlich,* wenn die reale Geldmenge weniger als die reale Nachfrage nach Kassenbeständen zunimmt (oder abnimmt). Wenn sich die reale Geldmenge genau in dem Umfang verändert wie die reale Nachfrage nach Kassenbeständen, wollen wir das Geldsystem als *neutral* bezeichnen. Um unsere Definition auf den Fall auszuweiten, in dem die reale Nachfrage nach Kassenbeständen konstant ist, bezeichnen wir in diesem Fall das Geldsystem als empfindlich, unempfindlich oder neutral, je nachdem, ob die reale Geldmenge zunimmt, abnimmt oder unverändert bleibt[8]. Die Bedingungen für einen positiven Geldeffekt lassen sich nun wie folgt zusammenfassen:

*Elastische Preiserwartungen erfordern ein empfindliches Geldsystem, wohingegen unelastische Preiserwartungen ein unempfindliches Geldsystem erfordern. Preiserwartungen der Elastizität Eins erfordern ein Geldsystem, das bei fallenden Preisen empfindlich und bei steigenden Preisen unempfindlich reagiert.*

---

7 Mit $\Delta M$ sei der Zuwachs der realen Geldmenge und mit $\Delta D$ der Zuwachs in der realen Nachfrage nach Kassenbeständen bezeichnet. Das Geldsystem ist empfindlich, neutral oder unempfindlich je nach $\Delta M / \Delta MD \lesseqgtr 1$.

8 Diese Erweiterung der Definition ist deswegen nötig, weil $\Delta M / \Delta D$ keine Bedeutung hat oder unbestimmt ist, wenn $\Delta D = 0$ ist.

Dies wollen wir die *Allgemeine Regel* nennen. Wenn nicht alle Preiserwartungen einförmig elastisch, unelastisch oder von der Elastizität Eins sind, muß die jeweilige Elastizität als die vorwiegende Elastizität der Erwartungen betrachtet werden, wie sie oben definiert wurde. Wenn das Verhältnis zwischen der Elastizität der Preiserwartungen und der Reaktionsbereitschaft des Geldsystems das Umgekehrte dessen ist, was von der allgemeinen Regel gefordert wird, ist der Geldeffekt negativ. Wenn das Geldsystem neutral ist, fehlt der Geldeffekt, ohne Rücksicht darauf, wie die Elastizität der Preiserwartungen aussieht.

Der Effekt einer Veränderung in dem jeweiligen Preis einer Ware auf seine jeweilige Nachfrage und sein jeweiliges Angebot ist das Ergebnis des Zusammenwirkens der intertemporalen Substitution und der intratemporalen Substitution (und Expansion)[9]. Die intertemporale Substitution wird durch die Elastizität derjenigen Preiserwartungen bestimmt, die die jeweilige Nachfrage oder das jeweilige Angebot bei dieser Ware unmittelbar beeinflussen, nämlich die Erwartungen in bezug auf den Preis der Ware und auf die Preise von Substitutionsgütern und Komplementärgütern. Die intratemporale Substitution hängt von der Natur des Geldeffekts und von der Elastizität der Preiserwartungen ab, die Angebot und Nachfrage von anderen Gütern in der Gegenwart beeinflussen. Der Geldeffekt hängt von den Elastizitäten aller Preiserwartungen und vom Verhalten der realen Geldmenge ab.

Unter einem neutralen Geldsystem fehlt der Geldeffekt. Wenn alle Preiserwartungen von der Elastizität Eins sind, gibt es keine intertemporale Substitution, und die laufende Nachfrage und das laufende Angebot werden von einer proportionalen Veränderung aller Preise mit Ausnahme der Zinssätze nicht beeinflußt. Wie in Kapitel III nachgewiesen wurde, führt jede Veränderung im jeweiligen Preis eines Produktionsfaktors in diesem Fall zu einer Veränderung aller anderen laufenden Preise (mit Ausnahme der Zinssätze) in der-

---

9 Diese Effekte summieren sich auf. $X$ sei die gegenwärtige Nachfrage oder das gegenwärtige Angebot des Faktors; $p_{i0}$ sei der gegenwärtig gültige Preis des $i$'ten Guts, und $q_{it}$ sei der diskontierte Preis des $i$'ten Guts, der erwartungsgemäß im $i$'ten Intervall gelten soll. Wir nehmen außerdem an, daß die gegenwärtig gültige Nachfrage und das gegenwärtig gültige Angebot des Faktors eine Funktion von $n$ gegenwärtig gültigen Preisen und von $n$ diskontierten Preisen ist, die in $v$ zukünftigen Zeitintervallen erwartet werden. Der Index 0 beziehe sich auf die »Gegenwart« und der Index $s$ auf den Preis unseres Faktors. Es gilt dann

$$\frac{dX}{dp_{s0}} = \sum_{i=1}^{n} \frac{\partial X}{\partial p_{i0}} \frac{dp_{i0}}{dp_{s0}} + \sum_{t=1}^{v} \sum_{i=1}^{n} \frac{\partial X}{\partial q_{it}} \frac{dq_{it}}{dp_{s0}}.$$

Der erste Ausdruck auf der rechten Seite steht dann für den intratemporalen Substitutions- und Expansionseffekt, der zweite Ausdruck für den Effekt der intertemporalen Substitution.

selben Proportion, und der Nachfrageüberhang oder das Überangebot bei jedem Faktor bleibt unverändert[10]. Wenn sich aber die Elastizitäten der Preiserwartungen von Eins unterscheiden, werden die jeweilige Nachfrage und das jeweilige Angebot von einer proportionalen Veränderung aller Preise beeinflußt. Dies führt zu einer Veränderung bei den relativen Preisen verschiedener Güter, und intratemporale Substitution und Expansion treten auf, obwohl der Geldeffekt fehlt. Das Fehlen des Geldeffekts erlegt jedoch der intratemporalen Substitution und Expansion eine Schranke auf. Der aggregierte reale Wert aller (positiver und negativer) Überangebote von Gütern in der Volkswirtschaft ist konstant, und infolgedessen geht mit jeder Veränderung der jeweiligen Nachfrage oder des jeweiligen Angebots irgendeines Guts eine Veränderung der jeweiligen Nachfrage oder des jeweiligen Angebots irgendeines anderen Guts oder irgendwelcher anderen Güter in entgegengesetzter Richtung einher. Daher ist es wahrscheinlich, daß die Veränderungen in der jeweiligen Nachfrage und im jeweiligen Angebot sich gegenseitig aufheben; und der (positive oder negative) intratemporale Substitutions- und Expansionseffekt auf den Markt desjenigen Faktors, bei dem ein Überangebot oder ein Nachfrageüberhang vorliegt, dürfte nicht sehr ausgeprägt sein (es sei denn, eine einförmige Veränderung der Nachfrage oder des Angebots bei den anderen Gütern in einer Richtung würde ausschließlich durch eine entgegengesetzte Veränderung auf dem betreffenden Faktormarkt aufgewogen, was nur bei einer sehr eigenartigen Kombination der Elastizitäten der Erwartung auftreten kann). Die jeweilige Nachfrage oder das jeweilige Angebot des Faktors dürfte daher in der Hauptsache von der Elastizität der Preiserwartungen abhängen, die es unmittelbar beeinflussen. Wenn diese Erwartungen unelastisch sind, dürfte ein Preisverfall bei einem unterbeschäftigten Faktor und eine Preissteigerung bei einem »Engpaß«-Faktor das Gleichgewicht wiederherstellen; wohingegen diese Vorgänge bei Elastizität der erwähnten Erwartungen das Überangebot oder den Nachfrageüberhang eher noch verstärken dürften.

---

10 Professor Hicks, der nach Lord Keynes als erster darauf hinwies, daß ein Substitutions- und Expansionseffekt nur dann stattfinden kann, wenn der Geldeffekt positiv ist, ist der Meinung, daß der Geldeffekt immer fehlt, wenn alle Erwartungselastizitäten gleich Eins sind. Infolgedessen ist bei einer Erwartungselastizität von Eins weder eine intertemporale noch eine intratemporale Substitution möglich, und alle Preise verändern sich in derselben Proportion. Vgl. *Value and Capital*, S. 254 f. Wie in diesem Text nachgewiesen wird, gilt dies nur dann, wenn das Geldsystem neutral ist. Wenn das Geldsystem nicht neutral ist, bewirkt eine Veränderung im Preis eines Faktors keine proportionalen Veränderungen aller anderen Preise, und ein Substitutionseffekt und Expansionseffekt (in beiden Richtungen) treten auch dann ein, wenn alle Erwartungselastizitäten gleich Eins sind. Der Hypothese von Professor Hicks fehlt daher die Allgemeingültigkeit.

Wenn der Geldeffekt positiv ist, müssen der intratemporale Substitutionseffekt und Expansionseffekt so aussehen, daß sie die jeweilige Nachfrage nach dem Faktor steigern (oder das jeweilige Angebot mindern), wenn sein Preis gesenkt wird, und das Umgekehrte bewirken, wenn sein Preis erhöht wird. Denn wenn zum Beispiel die jeweiligen Preise fallen, tritt eine Substitution von Gütern für Geld ein. Dies verringert den real aggregierten Wert aller Überangebote von Gütern, und dieser muß, obwohl die jeweilige Nachfrage durchaus abnehmen und das jeweilige Angebot durchaus zunehmen kann, durch die Zunahme der jeweiligen Nachfrage und die Abnahme des jeweiligen Angebots auf anderen Märkten mehr als ausgeglichen werden. Der intratemporale Substitutionseffekt und Expansionseffekt müssen daher zu einer Zunahme der jeweiligen Nachfrage nach dem Faktor (oder zu einer Abnahme seines jeweiligen Angebots) führen, dessen Preis gesenkt wurde. Um dies zu bewirken, muß jedoch der Effekt der unmittelbaren intertemporalen Substitution hinzukommen. Wenn die Preiserwartungen, die die jeweilige Nachfrage oder das jeweilige Angebot bei einem Faktor beeinflussen, unelastisch sind, werden der intratemporale Substitutions- und Expansionseffekt durch eine Steigerung der jeweiligen Nachfrage nach dem Faktor (oder die Abnahme seines Angebots) verstärkt, die auf intertemporale Substitution zurückzuführen ist. Wenn jedoch diese Erwartungen elastisch sind, verringert die intertemporale Substitution tendenziell die jeweilige Nachfrage nach dem Faktor (oder erhöht sein jeweiliges Angebot). Das Endergebnis ist die Summe der Effekte der intertemporalen Substitution und des intratemporalen Substitutions- und Expansionseffekts. Wenn der Faktor nicht so hochspezialisiert ist, daß die intertemporalen Elastizitäten der Substitution den Gesamteffekt der intratemporalen Elastizitäten der Substitution und Expansion überwiegen[11], setzen sich

---

11 Durch ein Verfahren, das mit dem in Fußnote 9 dieses Kapitels identisch ist, läßt sich die Gesamtelastizität von Angebot und Nachfrage für den Faktor $X$ in folgender Form ausdrücken:

$$\frac{dX}{dp_{s0}} \frac{p_{s0}}{X} = \sum_{i=1}^{n} \frac{EX}{Ep_{s0}} \frac{Ep_{i0}}{Ep_{s0}} + \sum_{t=1}^{v} \sum_{i=1}^{n} \frac{EX}{Eq_{it}} \frac{Eq_{it}}{Ep_{s0}}.$$

Hierbei sind die $Eq_{it}/Ep_{s0}$ die Gesamtelastizitäten der Erwartung für die Preise, die für die gegenwärtige Nachfrage oder das gegenwärtige Angebot des Faktors relevant sind. Aus der Theorie für Angebot und Nachfrage für einen Produktionsfaktor haben wir

$$\frac{EX}{Ep_{i0}} = K_{i0}S_{si.00} \quad \text{und} \quad \frac{EX}{Eq_{it}} = K_{it}S_{si.0t},$$

wobei $K_{i0}$ und $K_{it}$ der Anteil der Gesamtausgabe der Gemeinschaft für das $i$'te Gut im gegenwärtigen und im $t$'ten Zeitraum ist und $S_{si.00}$ die Elastizität der intratemporalen Substitution (oder Expansion) zwischen dem Faktor und dem $i$'ten und $S_{si.0t}$ die Elastizität der intertemporalen Substitution zwischen dem (gegenwärtig benutzten) Faktor und dem $i$'ten Gut im $t$'ten Zeitraum sind ($i = 1, 2, \cdots, n$; denn für $i = s$ ist das $i$'te Gut der intratemporale Substitutions- und Expansionseffekt durch, und ein Preisverfall bei einem unterbeschäftigten Faktor führt zu einer Wiederherstellung des Gleichgewichts, auch wenn die Preiserwartungen, die die Nachfrage nach dem Faktor unmittelbar beeinflussen, elastisch sind. Ein ähnliches Ergebnis wird in dem Fall erzielt, wo der Preis für einen Engpaß-Faktor erhöht wird.

Elastische Erwartungen hinsichtlich der Preise, die unmittelbar die jeweilige Nachfrage oder das jeweilige Angebot des Faktors beeinflussen, können jedoch die Wiederherstellung des Gleichgewichts dann blockieren, wenn sich die Substitution zwischen Geld und Gütern, die ein positiver Geldeffekt voraussetzt, in erster Linie zwischen Geld und Wertpapieren abspielt. Wie im vorangegangenen Kapitel bewiesen wurde, können in diesem Fall der intratemporale Substitutionseffekt und Expansionseffekt außerordentlich schwach sein[12]. Das Ergebnis kann so aussehen, daß die gegenläufige intertemporale Substitution, die auf elastische Preiserwartungen zurückzuführen ist, welche unmittelbar die jeweilige Nachfrage oder das jeweilige Angebot des Faktors beeinflussen, sich gegenüber der intratemporalen Substitution und Expansion durchsetzt. In einem derartigen Fall kann ein Preisverfall des unterbeschäftigten Faktors trotz des positiven Geldeffekts das Überangebot des Faktors erhöhen, und eine Preissteigerung für einen Engpaß-Faktor den Nachfrageüberhang nach diesem Faktor erhöhen. Die Unzulänglichkeit eines positiven Geldeffekts ist daher sogar noch größer als im vorangehenden Kapitel beschrieben.

Andererseits kann es sein, daß unelastische Erwartungen hinsichtlich der Preise, die die jeweilige Nachfrage oder das jeweilige Angebot des Faktors beeinflussen, unter günstigen Umständen die Wirtschaft stabilisieren, wenn der Geldeffekt negativ ist. Dies dürfte dann eintreten, wenn der Faktor so speziell ist, daß der intertemporale Substitutionseffekt gegenüber dem intratemporalen Substitutions- und Expansions-

---

identisch mit dem Faktor). Die Grundlage dieser Formeln ist von J. R. Hicks in *Théorie mathématique de la valeur* (Actualités Scientifiques et Industrielles, Nr. 580), Hermann und Cie., Paris 1937, auf S. 39 angegeben worden. Wir erhalten daher:

$$\frac{dX}{dp_{s0}} \cdot \frac{p_{s0}}{X} = \sum_{i=1}^{n} K_{i0} S_{si.00} \frac{Ep_{i0}}{Ep_{s0}} + \sum_{t=1}^{v} \sum_{i=1}^{n} K_{it} S_{si.0t} \frac{Eq_{it}}{Ep_{s0}},$$

was bezeichnet, in welcher Form die gegenwärtige Nachfrage oder das gegenwärtige Angebot des Faktors von den Elastizitäten der intratemporalen Substitution und Expansion und von den Elastizitäten der intertemporalen Substitution abhängig sind.

12 Wenn die Substitution zwischen (der realen Menge von) festverzinslichen Wertpapieren und Geld stattfindet, sind der intratemporale Substitutionseffekt und Expansionseffekt ein Ergebnis des Einflusses einer Veränderung der Zinssätze auf die Investition. Ein derartiger Einfluß ist das Ergebnis intertemporaler Substitution, die auf eine Veränderung der Zinssätze zurückzuführen ist. Vgl. zu diesem Thema S. 110 und S. 147 weiter unten.

effekt überwiegt, oder wenn die letzteren beiden sehr klein sind, weil sich der negative Geldeffekt auf Wertpapiermärkten verausgabt. Wir ziehen daher den Schluß, daß unelastische Preiserwartungen bei Vorhandensein des Geldeffekts stets tendenziell die Wirtschaft stabilisieren. Wenn der Geldeffekt positiv ist, verstärken sie die gleichgewichtsbildende Tendenz der intratemporalen Substitution und Expansion; wenn der Geldeffekt negativ ist, wirken sie ihrer Tendenz zum Ungleichgewicht entgegen; und wenn der Geldeffekt fehlt, wirken sie als die hauptsächliche gleichgewichtsbildende Kraft in der Wirtschaft. Elastische Erwartungen üben in allen diesen Situationen einen entstabilisierenden Einfluß aus.

Wir wollen nun die Effekte von Veränderungen in den Zinssätzen auf die intertemporale Substitution untersuchen. Wenn das Geldsystem nicht neutral ist, führt eine proportionale Veränderung der gegenwärtig gültigen Preise von Waren und Aktien in der Regel zu einer Veränderung der Zinssätze. So führt zum Beispiel, wenn der Geldeffekt positiv ist, ein Verfall aller jeweils gültigen Warenpreise in der Regel zu einer Zunahme der realen Nachfrage nach festverzinslichen Wertpapieren und daher zu einem Verfall der Zinssätze. Das Ausmaß, in dem die Zinssätze fallen, hängt von der Elastizität der Erwartungen gegenüber den (diskontierten) Preisen festverzinslicher Wertpapiere ab. Je elastischer diese Preise sind, desto größer ist die Steigerung der jeweiligen Nettonachfrage nach festverzinslichen Wertpapieren, und desto größer der Verfall der Zinssätze. Daher reagieren die Zinssätze um so empfindlicher auf eine Veränderung der jeweiligen Warenpreise, je größer die Elastizität der Erwartungen gegenüber den Preisen festverzinslicher Wertpapiere ist.

Die intertemporale Substitution hängt von der Elastizität der Erwartungen gegenüber diskontierten zukünftigen Preisen ab. Die Elastizität der Erwartungen gegenüber dem diskontierten Preis jedes beliebigen Gutes setzt sich aus zwei Teilen zusammen: der Elastizität der Erwartung des undiskontierten Preises des Gutes und der Elastizität der Reaktion (in bezug auf eine Veränderung des derzeit gültigen Preises) des Zinssatzes, zu der der Preis diskontiert wird[13]. Bei gegebener Er-

---

13 Die exakte mathematische Beziehung lautet wie folgt: $p_t$ sei der undiskontierte Preis, der erwartungsgemäß zum Zeitpunkt $t$ gelten soll, und $r_t$ sei der Zinssatz (pro Zeiteinheit) auf ein Darlehen mit der Laufzeit $t$. Der Diskontfaktor sei mit $\beta_t$ bezeichnet. Es ergibt sich $\beta_t = 1/(1 + r_t)^t$, und der diskontierte erwartete Preis ist $q_t = \beta_t p_t$. Nach Anwendung des Theorems über die Elastizität eines Produkts (vgl. R. G. D. Allen, *Mathematical Analysis for Economics*, S. 252 ff.) erhalten wir

(1) $$\frac{Eq_t}{Ep_0} = \frac{Ep_t}{Ep_0} + \frac{E\beta_t}{Ep_0};$$

das heißt, die Elastizität der Erwartung des diskontierten Preises ist die Summe der wartung des undiskontierten Preises verändert sich der diskontierte Preis in entgegengesetzter Richtung zum Zinssatz. Ein Steigen des Zinssatzes senkt den diskontierten erwarteten Preis, ein Fallen des Zinssatzes erhöht den diskontierten erwarteten Preis.

Wenn der Geldeffekt positiv ist, nimmt die reale Nachfrage nach festverzinslichen Wertpapieren bei fallenden gegenwärtigen Preisen für Waren und Aktien ab, und nimmt bei Steigen dieser Preise zu. Die Zinssätze variieren also in derselben Richtung wie die jeweiligen Waren- und Aktienpreise, und der diskontierte Wert erwarteter Preise nimmt bei fallenden jeweiligen Preisen zu und bei steigenden jeweiligen Preisen ab. Wenn die Erwartungen hinsichtlich der undiskontierten zukünftigen Preise gegeben sind, führt ein Fallen der jeweils gültigen Preise zu einer Verschiebung geplanter Käufe in Richtung auf die Gegenwart und zu einer Verschiebung geplanter Verkäufe in Richtung auf die Zukunft, während ein Steigen der jeweiligen Preise zu einer Verschiebung in umgekehrter Richtung führt. Die erste Verschiebung impliziert eine Zunahme der Investitionen; die entgegengesetzte Verschiebung impliziert deren Abnahme. Über eine derartige intertemporale Substitution beeinflußt daher eine Veränderung der Zinssätze die Investition. Diese intertemporale Substitution übt einen stabilisierenden Einfluß auf die Wirtschaft aus. Wenn jedoch der Geldeffekt negativ ist, variieren die Zinssätze in der entgegengesetzten Richtung wie die Waren- und Aktienpreise, und die intertemporale Substitution wirkt in die entgegengesetzte Richtung. Dies wirkt sich entstabilisierend auf die Wirtschaft aus.

Da die Veränderung der Zinssätze, die sich aus einer gegebenen Veränderung bei den gegenwärtigen Preisen für Waren und Aktien ergibt, umso größer ist, je größer die Elastizität der Erwartungen von Preisen festverzinslicher Wertpapiere ist, stellen wir fest, daß hochelastische Erwartungen hinsichtlich der Preise festverzinslicher Wertpapiere dann

---

Elastizität der Erwartung des undiskontierten Preises und der »Elastizität der Reaktion« des diskontierten Faktors in bezug auf den gegenwärtig gültigen Preis des Gutes. Wenn notwendig, können die Elastizitäten als Gesamtelastizitäten interpretiert werden. Wenn wir die Theoreme über die Elastizität einer Potenzfunktion und über die Elastizität einer Summe (vgl. Allen, a.a.O.) anwenden, erhalten wir außerdem

$$\frac{E\beta_t}{Ep_0} = -\frac{E(1 + r_t)^t}{Ep_0} = -\frac{tr_t}{1 + r_t}\frac{Er_t}{Ep_0},$$

wobei

(2) $$\frac{Eq_t}{Ep_0} = \frac{Ep_t}{Ep_0} - \frac{tr_t}{1 + r_t}\frac{Er_t}{Ep_0} \text{ ist.}$$

$Er_t/Ep_0$ ist die »Elastizität der Reaktion« des Zinssatzes auf Darlehen der Laufzeit $t$ auf Veränderungen des gegenwärtig gültigen Preises $p_0$. Wenn der Zinssatz konstant bleibt, verschwindet der zweite Ausdruck in (1) und (2), und die Elastizität der Erwartung des diskontierten Preises ist dieselbe wie die des undiskontierten Preises.

110

einen stabilisierenden Einfluß ausüben, wenn der Geldeffekt positiv ist, und einen entstabilisierenden Einfluß, wenn der Geldeffekt negativ ist.

## VI. Die Ungewißheit

Bei unserer Abhandlung der Preiserwartungen waren wir davon ausgegangen, daß Unternehmer und Konsumenten zukünftige Preise (einschließlich der Preise der festverzinslichen Wertpapiere) mit Gewißheit erwarten, das heißt, daß die erwarteten Preise eindeutig bestimmte Werte haben[1]. In Wirklichkeit jedoch sind die Preiserwartungen viel weniger eindeutig. Bestenfalls erwartet der Unternehmer oder der Konsument, daß irgendein zukünftiger Preis *eine Reihe möglicher Werte* hat, wo bei jedem dieser Werte irgendeine Wahrscheinlichkeit entspricht. In anderen Worten ist er mit einer Wahrscheinlichkeitsverteilung möglicher Werte für den erwarteten Preis konfrontiert. In diesem Fall sagen wir, daß seine Preiserwartungen der *Ungewißheit* unterworfen sind.

Irgendein bestimmter Wert aus der Summe der möglichen Werte kann dem Unternehmer oder Konsumenten als der wahrscheinlichste erscheinen und zur Grundlage seiner Erwartung werden. Dies ist der wahrscheinlichste Preis[2]. Die Bestimmtheit jedoch, mit der erwartet werden kann, daß der wahrscheinlichste Preis tatsächlich eintritt, hängt vom Bereich der Wahrscheinlichkeitsverteilung ab. Je größer dieser Bereich ist, desto weniger bestimmt ist die Erwartung des wahrscheinlichsten Preises. Der Wahrscheinlichkeitsbereich kann daher als Maß für das Ausmaß der Ungewißheit der Erwartung genommen werden[3]. In

---

1 Dies setzt keine vollkommene Kenntnis dieser Preise voraus. Die erwarteten Preise können sich von den Preisen unterscheiden, die in der Folge realisiert werden. Die Gewißheit der Erwartungen ist rein *subjektiver Art*.

2 Dies ist die Form der Wahrscheinlichkeitsverteilung. Wenn diese Form nicht eindeutig ist (ein Extrembeispiel ist ein rechteckiger Verlauf der Wahrscheinlichkeitskurve), muß der Median der Wahrscheinlichkeitsverteilung (auch mathematische Erwartung oder Bogenwert genannt) genommen werden. Einige Autoren benutzen durchweg den Median in ihrer Abhandlung der Theorie der Ungewißheit. Vgl. zum Beispiel A. C. Pigou, *The Economics of Welfare*, Macmillan and Co., London $^4$1938, S. 773 f.; J. R. Hicks, »A Suggestion for Simplifying the Theory of Money«, in: *Economics*, N. S., 2. Bd., Februar 1935, S. 1-19 (in *Value and Capital*, S. 125 f., wird jedoch der wahrscheinlichste Wert benutzt); J. Marshak, »Money and the Theory of Assets«, in: *Econometrics*, Bd. 6, Oktober 1928, S. 320; H. Makower und J. Marshak, »Assets, Prices and the Monetary Theory«, in: *Economica*, N. S., Bd. 5, August 1938, S. 272. Der wahrscheinlichste Wert scheint jedoch ein realistischeres deskriptives Werkzeug zu sein, weil durch bloße Rangordnung und ohne jede Berechnung eine Vorstellung davon erlangt werden kann. Er erfordert nicht, daß die Wahrscheinlichkeiten meßbar sein müssen.

3 Die meisten Verfasser benutzen die Standardabweichung oder den Variationskoeffizienten als Maß der Ungewißheit. Vgl. Marshak, a.a.O., S. 320; Makower und Marshak, a.a.O.,

den meisten Fällen berücksichtigt der Unternehmer oder Kosument nicht den gesamten Bereich möglicher Werte des erwarteten Preises, sondern läßt die Extremwerte an beiden Enden der Wahrscheinlichkeitsverteilung außer acht. Dies tut er, weil die Gesamtwahrscheinlichkeit dieser Extremwerte zu gering ist, als daß man sie berücksichtigen müßte. Der um die Extremwerte gekürzte Bereich soll daher der *praktische Bereich*[4] heißen und uns als Maßstab für das Ausmaß der Ungewißheit von Preiserwartungen dienen.

Unternehmer und Konsumenten brauchen sich nicht eine genaue Wahrscheinlichkeitsverteilung möglicher Preise vorstellen, und tun dies in der Regel auch nicht. Für unsere Zwecke reicht die Annahme aus, daß sich jede Person irgendeine Vorstellung über den wahrscheinlichsten Wert und den »praktischen Bereich« des erwarteten Preises macht. So kann zum Beispiel ein Unternehmer oder Konsument davon ausgehen, daß der Preis eines bestimmten Gutes zu irgendeinem bestimmten Zeitpunkt in der Zukunft mit der größten Wahrscheinlichkeit 100 Dollar betragen wird, in jedem Fall aber nicht weniger als 80 Dollar und nicht mehr als 150 Dollar. Er kann durchaus der Ansicht sein, daß eine geringe Wahrscheinlichkeit dafür besteht, daß sich der Preis schließlich unter 80 oder über 150 Dollar bewegen wird, doch ist diese Wahrscheinlichkeit so gering, daß sie in der Praxis vernachlässigt werden kann, und er das Risiko auf sich nimmt, die Möglichkeit eines solchen Ergebnisses außer acht zu lassen. Eine derartige Annahme dürfte durchaus realistisch sein.

In der Regel ziehen Unternehmer und Konsumenten eindeutigere den weniger eindeutigen Erwartungen vor[5]. Infolgedessen sind zwei Preise von gleicher Wahrscheinlichkeit nicht gleichwertig, wenn das Ausmaß der Ungewißheit unterschiedlich ist. Verkäufer betrachten den mit größerer Ungewißheit zu erwartenden Preis als gleichwertig einem

---

S. 272. Der Bereich scheint uns jedoch realistischer als Beschreibung der tatsächlichen Bewertung des Ausmaßes der Ungewißheit von Preiserwartungen zu sein. Er erfordert kein genaues Wissen über die gesamte Wahrscheinlichkeitsverteilung, während für die Standardabweichung oder den Variationskoeffizienten ein derartiges Wissen erforderlich ist.

4 Der Bereich zwischen dem fünften und fünfundneunzigsten Centil zum Beispiel. Der »praktische Bereich« ist analog der Zuverlässigkeitsspanne, die einem bestimmten Signifikanzniveau entspricht, wie sie in der Theorie der statistischen Schätzung angewendet wird.

5 Bis zu einem gewissen Punkt kann es sein, daß die betroffenen Personen das Gegenteil vorziehen, weil sie das Risiko lieben. Die überwältigende Mehrheit der Markttransaktionen werden jedoch mit solchen Beträgen durchgeführt, daß sich mit Bestimmtheit eine Präferenz für größere Gewißheit von Erwartungen ergibt. Vgl. zu diesem Punkt Pigou, a.a.O., S. 776. Außerdem können manche Personen eine Präferenz für eine Verzerrung (Verkäufer für eine positive Verzerrung, Käufer für eine negative Verzerrung) der Wahrscheinlichkeitsverteilung von Preiserwartungen haben (»Erwartung seltener Chancen«). Dies erklärt zum Beispiel, warum in Hollywood juristische Berufe oder Berufe für junge Mädchen übersetzt sind.

niedrigeren wahrscheinlichen Preis, für dessen Erwartung jedoch eine geringere Ungewißheit gilt, während Käufer einen Preis mit größerer Ungewißheit der Erwartung als äquivalent einem höheren wahrscheinlichen Preis mit geringerer Ungewißheit betrachten. Daher reagieren die Verkäufer auf eine größere Ungewißheit genauso, wie sie auf einen geringeren wahrscheinlichen Preis reagieren würden, und Käufer reagieren auf eine größere Ungewißheit genauso wie auf einen höheren wahrscheinlichen Preis. Dies ist die Grundlage, auf der Terminmärkte funktionieren. Die Verkäufer sichern sich ab, indem sie Terminverkäufe zu einem Preis tätigen, der unter dem wahrscheinlichsten Preis liegt, den sie erwarten; die Käufer sichern sich ab, indem sie Terminkäufe zu einem Preis tätigen, der über dem wahrscheinlichsten Preis liegt, den sie erwarten[6]. Wenn der Terminmarkt die anlegende Partei aller Ungewißheit der Preiserwartung enthebt, stellt der Terminpreis einen Preis dar, dessen eindeutige und gewisse Erwartung vom Anleger als gleichwertig zu dem tatsächlich mit Ungewißheit erwarteten wahrscheinlichsten Preis angesehen wird. Der Unterschied zwischen dem tatsächlich erwarteten wahrscheinlichsten Preis und dem diesem gleichwertigen mit Gewißheit zu erwartenden Preis stellt die *Risikoprämie* für den Käufer oder Verkäufer dar. Da eindeutigere Erwartungen weniger eindeutigen vorgezogen werden, ist die Risikoprämie um so größer, je größer das Ausmaß der Ungewißheit der tatsächlichen Erwartung ist[7].

---

6 Wenn daher der erwartete wahrscheinlichste Preis ungefähr gleich dem Platzpreis ist, liegt der Terminpreis unter dem Platzpreis, wenn sich Verkäufer absichern, und über dem Platzpreis, wenn sich die Käufer absichern. In der Sprache der englischen Terminmärkte wird eine positive Differenz zwischen dem Terminpreis und dem Platzpreis »contango« (Aufgeld) und eine negative Differenz mit »backwardation« (Kursabschlag) bezeichnet. Dies erklärt die »normal backwardation«, wie sie von Lord Keynes beschrieben wurde (*A Treatise on Money*, Bd. II, Macmillan and Co., London 1930, S. 143). Wenn sich die Käufer absichern, müßte eigentlich eine Tendenz zum »normal contango« bestehen. Diese Tendenz wird jedoch durch die Möglichkeit der Arbitrage verhindert. Vgl. N. Kaldor, »A Note on the Theory of the Forward Market«, in: *Review of Economic Studies*, Bd. 7, Juni 1940, S. 198 ff.

7 Dies läßt sich mit Indifferenzkurven ausdrücken. Man suche den wahrscheinlichsten Preis auf der Achse OY und die Ungewißheit (das heißt die Streuung der Wahrscheinlichkeitsverteilung, wie sie zum Beispiel vom »praktischen Bereich« gemessen wird) auf der Achse OX auf. Die Indifferenzkurven, bezogen auf die wahrscheinlichsten Preise und unterschiedliche Ausmaße der Ungewißheit sind jeweils für Verkäufer und Käufer in den Abbildungen 1 und 2 wiedergegeben.
Für die Verkäufer steigen die Indifferenzkurven an, da eine größere Ungewißheit durch einen größeren wahrscheinlichsten Preis kompensiert werden muß. Für die Käufer fallen die Indifferenzkurven, weil eine größere Ungewißheit durch einen niedrigeren wahrscheinlichsten Preis kompensiert werden muß. Der konkave oder konvexe Verlauf der Kurven ist Ausdruck der immer geringeren Bereitschaft, Ungewißheit zu ertragen. *CA* oder *AC* sind Ausdruck der Risikoprämie. Aus den Diagrammen ist unmittelbar ersichtlich, daß die Risikoprämie um so größer ist, je größer OB ist, das heißt, je größer das Ausmaß der Ungewißheit der tatsächlichen Preiserwartung ist.

Daher können wir die tatsächlich mit Ungewißheit erwarteten wahrscheinlichsten Preise durch mit Gewißheit erwartete gleichwertige Preise ersetzen[8]. Wir wollen sie die *effektiv* erwarteten Preise nennen. Hierbei handelt es sich um die wahrscheinlichsten Preise, verringert um die Risikoprämie[9]. Für Verkäufer ist die Risikoprämie positiv, für Käufer ist sie negativ. Mit Hilfe dieses Kunstgriffs lassen sich ungewisse Preiserwartungen auf gewisse Preiserwartungen zurückführen[10]. In-

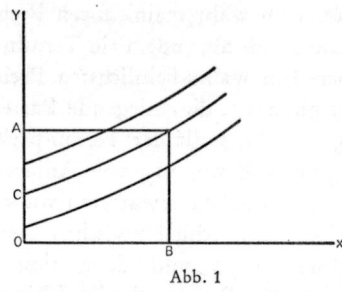

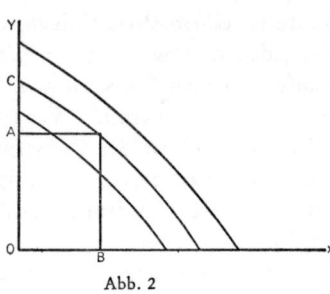

Abb. 1            Abb. 2

8 Bezogen auf die Diagramme der vorstehenden Fußnote bedeutet dies, daß der wahrscheinlichste Preis $OA$, der mit dem Ausmaß der Ungewißheit $OB$ erwartet wird, durch den (subjektiv) gewissen Preis $OC$ ersetzt wird.

9 Der effektive Preis kann auch als der um das Risiko diskontierte tatsächliche Preis interpretiert werden. Wenn wir den Diskontsatz für das Risiko mit $\varrho$ bezeichnen, schreiben wir (in der Schreibweise der beiden vorstehenden Fußnoten)

$$OC = \frac{OA}{1 + \varrho}.$$

Durch Umwandlung ergibt sich

$$\varrho = \frac{CA}{OC},$$

das heißt, der Diskontsatz für das Risiko ist gleich dem Verhältnis zwischen der Risikoprämie und dem effektiven Preis. Für Verkäufer ist dieser Diskontsatz positiv, für Käufer negativ.

10 Dieser Kunstgriff wird auch von Professor Hicks in *Value and Capital*, S. 126, angewandt: »Wenn wir die Ungewißheit der Erwartungen berücksichtigen sollen . . ., dürfen wir nicht den wahrscheinlichsten Preis als den repräsentativen erwarteten Preis nehmen, sondern den wahrscheinlichsten Preis ± einem Zuschlag für die Ungewißheit der Erwartung, das heißt mit einem Risikozuschlag. Gegen dieses Verfahren hat Dr. A. G. Hart eingewandt, daß es nicht möglich ist, einen Preis zu finden, welcher bei Gewißheit seiner Erwartung dazu führen würde, daß die Käufer und Verkäufer genauso handeln würden wie angesichts des tatsächlich erwarteten Preises, der der Ungewißheit unterliegt. Vgl. *Anticipations, Uncertainty and Dynamic Planning*, Studies in Business Administration of the University of Chicago, Bd. 11, Nr. 1, 1941, S. 55. Bezogen auf unser Diagramm in Fußnote 7 dieses Kapitels bedeutet dies, daß die Indifferenzkurven die Achse $OY$ nicht erreichen, sondern entweder asymptotisch zu ihr verlaufen oder in ihrer Nähe unbestimmt sind. Der Verlauf der Indifferenzkurven ist natürlich ein empirisches Problem. In Antwort auf Dr. Harts Kritik darf jedoch darauf hingewiesen werden, daß das Vorhandensein von Terminmärkten ein indirekter empirischer Beweis dafür ist, daß die Indifferenzkurven die $OY$-Achse zumindestens in einigen Fällen erreichen. Leider fehlt diesem Beweis die Allgemeingültigkeit, weil es nur für einige wenige Güter Terminmärkte gibt. Wenn sich die Kritik von Dr. Hart als empirisch gerechtfertigt erweisen sollte, können wir auch statt dem mit Gewißheit erwarteten Äquivalenzpreis irgendeinen Preis wählen, der mit irgendeinem (willkürlich gewählten) geringeren Ausmaß der Ungewißheit erwartet wird und

folgedessen wirkt sich eine Zunahme der Ungewißheit der Verkäufer genauso aus wie ein Sinken ihrer erwarteten zukünftigen Verkaufspreise, während eine Zunahme der Ungewißheit der Käufer sich genauso auswirkt wie eine Zunahme ihrer erwarteten zukünftigen Einkaufspreise.

Wir wollen die *effektive* Elastizität der Erwartung als denjenigen Wert der Elastizität der Erwartung der effektiv erwarteten Preise definieren, der sich ergibt, wenn die Risikoprämie von dem (diskontierten) wahrscheinlichsten Preis abgezogen wird. Eine Zunahme der Ungewißheit der Verkäufer verringert die effektive Elastizität ihrer Erwartung bei steigenden gegenwärtigen Preisen und erhöht sie bei fallenden gegenwärtigen Preisen. Eine Zunahme der Ungewißheit der Käufer erhöht die effektive Elastizität ihrer Erwartung bei steigenden gegenwärtigen Preisen und senkt sie bei fallenden gegenwärtigen Preisen. Veränderungen im Ausmaß der Ungewißheit können daher durch eine Untersuchung ihres Einflusses auf die effektive Elastizität der Erwartung berücksichtigt werden. Alle Hypothesen über den Effekt der Elastizität der Erwartung auf die intertemporale Substitution und die Nachfrage nach Kassenbeständen, die im vorangehenden Kapitel entwickelt worden sind, lassen sich auch auf den Fall von Preiserwartungen anwenden, die der Ungewißheit unterliegen, wenn wir den Begriff der effektiven Elastizität der Erwartung anwenden.

Die Einbeziehung der Ungewißheit in unsere Analyse dient auch dazu, die Dauer des Zeitraums zu bestimmen, innerhalb dessen die Wirtschaftssubjekte ihre Käufe und Verkäufe planen. Dieser Zeitraum ist sehr treffend als *ökonomischer Horizont*[11] des Wirtschaftssubjekts bezeichnet worden. Solange die Preiserwartungen (subjektiv) gewiß sind, ist der ökonomische Horizont unbestimmt. Diese Unbestimmtheit verschwindet, wenn die Ungewißheit einbezogen wird.

In der Regel ist die Ungewißheit der Preiserwartungen um so größer, je weiter in der Zukunft der geplante Kauf oder Verkauf liegt (zumindestens von einem bestimmten Datum an). Daher nimmt die Risikoprämie, die von jedem gegebenen wahrscheinlichsten Preis abgezogen werden muß, mit der Ausdehnung des Planungszeitraums für Käufe und Verkäufe in die Zukunft zu[12]. Infolgedessen sinken die

---

der äquivalent dem Preis ist, der tatsächlich mit einem größeren Ausmaß der Ungewißheit erwartet wird. Bezogen auf unsere Diagramme würde dies lediglich bedeuten, daß der Ursprung verschoben wird, so daß der Ursprung auf der Achse $OX$ nicht Gewißheit bedeutet, sondern irgendein als Bezugspunkt gewähltes Ausmaß von Ungewißheit.

11 Diesen Begriff verdanken wir Dr. J. Tinbergen. Vgl. seinen Artikel »The Notions of Horizon and Expectancy in Dynamic Economics«, in: *Econometrica*, Bd. 1, 1933, S. 247 bis 264.

12 Es gibt gute Gründe für die Annahme, daß die Risikoprämie geometrisch zunimmt, je

effektiv erwarteten Preise für Güter, die zu verschiedenen Terminen in der Zukunft verkauft werden sollen, während die effektiven Preise von Gütern steigen, die zu verschiedenen Terminen in der Zukunft gekauft werden sollen. Dies setzt den Terminen, für die Käufe oder Verkäufe überhaupt geplant werden können, eine zeitliche Grenze[13]. Unternehmen (Unternehmer) stellen fest, daß die effektiv erwarteten Preise für ihre Produkte über einen bestimmten Termin hinaus geringer sind als die effektiv erwarteten Grenzkosten und daß die effektiv erwarteten Grenzwertproduktivitäten der von ihnen einzusetzenden Faktoren geringer sind als die effektiv erwarteten Preise dieser Faktoren. In ähnlicher Weise stellen Haushalte (Konsumenten) fest, daß über einen bestimmten Termin hinaus die effektiven Preise von Gütern, die sie zu kaufen planen, höher sind als die effektiven Grenzraten der Substitution der jeweiligen Güter für Geld[14]. Daher sind über einen bestimmten Termin hinaus die effektiv erwarteten Preise für Verkaufsgüter zu niedrig, um einen Anreiz für die Planung von Verkäufen zu bieten, während die effektiv erwarteten Preise für zu kaufende Güter zu hoch sind, um einen Anreiz für die Planung von Käufen zu bieten. Über diesen Termin hinaus werden keine Käufe oder Verkäufe geplant. Auf diese Weise ist die Ausdehnung des ökonomischen Horizonts für jedes Wirtschaftssubjekt und jedes Unternehmen bestimmt[15].

weiter sich der Termin für den geplanten Kauf oder Verkauf in die Zukunft hinausschiebt. Wenn die Ungewißheit, gemessen durch die Streuung der Erwartungen, das heißt den praktischen Bereich, mit dem Hinausschieben des Termins in die Zukunft uniform zunimmt, muß die Risikoprämie geometrisch zunehmen, weil die Indifferenzkurven der Streuung und des wahrscheinlichsten Preises (vgl. Abb. 1 und 2 in Fußnote 7 dieses Kapitels) jeweils für Käufer und Verkäufer von unten oder von oben konvex sind. Daher könnte die Risikoprämie nur dann nicht geometrisch zunehmen, wenn die Zunahme der Ungewißheit in genügendem Umfang immer kleiner würde. Empirisch gesehen scheint es jedoch äußerst unwahrscheinlich, daß die Zunahme der Ungewißheit überhaupt kleiner wird. Das Gegenteil scheint sehr viel wahrscheinlicher. Unsere Schlußfolgerung im Text ist völlig unabhängig davon, daß die Zunahme der Risikoprämie geometrisch erfolgt. Dies trägt jedoch dazu bei, den ökonomischen Horizont näherzurücken.

13 Vgl. Hicks, a.a.O., S. 225.

14 Diese Grenzrate der Substitution nimmt mit zunehmender Entferntheit des Termins für die geplanten Käufe zu, weil die effektiv erwarteten Preise der Faktoren sinken, durch deren Verkauf der Haushalt zu seinem Einkommen gelangt, und infolgedessen auch das effektive erwartete Einkommen sinkt.

15 Der Endtermin für die Planung möglicher Käufe oder Verkäufe kann je nach verschiedenen Gütern verschieden sein. In einem solchen Fall muß der ökonomische Horizont definiert werden als die Zeitspanne, die dem Gut entspricht, dessen geplante Käufe oder Verkäufe am spätesten Termin enden. Bemerkt werden sollte auch, daß der ökonomische Horizont, wie er hier definiert ist, nicht den Zeitraum begrenzt, innerhalb dessen Vorsorge für die Zukunft getroffen wird. Sowohl Haushalte als Unternehmen treffen Vorsorge für die Zukunft, die weit über den Zeitraum hinausgeht, der als der ökonomische Horizont definiert ist. Sie tun dies, indem sie während der durch den ökonomischen Horizont definierten Planungsperiode Anlagevermögen erwerben. Der ökonomische Horizont ist jedoch der Zeitraum, innerhalb dessen *spezifische Käufe und Verkäufe* von Gütern (einschließlich langlebiger Wirtschaftsgüter aller Arten) geplant werden, wohingegen Vorsorge für die Zukunft darüber hinaus dadurch getroffen wird, daß geplant wird, am Ende dieser Zeitspanne mit einer bestimmten Menge langlebiger Wirtschaftsgüter dazustehen. Vgl.

Zu einer Wirtschaft mit flexiblen Faktorpreisen und Produktpreisen dürfte eine größere Ungewißheit der Preiserwartungen gehören als zu einer Wirtschaft, in der einige Preise starr sind. In einer Wirtschaft mit flexiblen Preisen ist der ökonomische Horizont der Wirtschaftssubjekte daher näher gerückt als in einer Wirtschaft, in der die Preise weniger flexibel sind. Dies verringert tendenziell den Effekt der intertemporalen Substitution auf die laufende Nachfrage und das laufende Angebot. Dieser Effekt ist nämlich die Summe der intertemporalen Substitution zwischen den jeweiligen Käufen und Verkäufen und den zu jedem der zukünftigen Termine geplanten Käufen und Verkäufen[16]. Im übrigen ist diese Summe kleiner, wenn der ökonomische Horizont näher gerückt ist, weil die Anzahl zukünftiger Termine, für die Käufe und Verkäufe geplant sind, geringer ist. Dies impliziert bei gegebenen Elastizitäten der Preiserwartungen, daß der Effekt einer proportionalen Veränderung der jeweiligen Preise von Waren auf die reale Nachfrage nach Kassenbeständen in einem System geringer sein dürfte, in dem alle Preise flexibel sind, als in einem System, in dem einige wichtige Preise starr sind.

Wenn in einem derartigen Wirtschaftssystem die reale Geldmenge konstant gehalten wird, kann der (positive oder negative) Geldeffekt ziemlich schwach ausfallen und ebenso der (intratemporale) Substitutions- und Expansionseffekt. Da der Geldeffekt schwach ist, sind größere Preisschwankungen dafür erforderlich, die automatische Aufrechterhaltung oder Wiederherstellung des Gleichgewichts auf den Märkten für Produktionsfaktoren über die Flexibilität ihrer Preise zu gewährleisten. Größere Preisschwankungen bedeuten jedoch eine größere Ungewißheit der Preiserwartungen und schwächen daher den Geldeffekt und infolgedessen den intertemporalen Substitutionseffekt noch weiter ab. Dies erfordert noch größere Preisschwankungen usw. Wenn gewisse Reibungsverluste auftreten, kann der Effekt von Veränderungen der Faktorpreise zu gering werden, als daß er noch von großer praktischer Bedeutung wäre. In der Praxis kann sich die Situation derjenigen annähern, die einem neutralen Geldsystem entspricht. Die Aufrechterhaltung (oder Wiederherstellung) des Gleichgewichts von Angebot und Nachfrage von Produktionsfaktoren kann eine

---

Hicks, a.a.O., S. 193 f. und 229 f. Das Verhältnis zwischen der Zeitspanne, für die spezifische Transaktionen geplant werden, und der Ungewißheit, ebenso wie die Tatsache, daß Vorsorge für die Zukunft über diese Zeitspanne hinaus in der Form des Erwerbs von langlebigen Wirtschaftsgütern getroffen wird, ist bereits zuvor von P. N. Rosenstein Rodan in dem Artikel »The Role of Time in Economic Theory«, in: *Economica*, N. S., Bd. 1, Februar 1934, S. 80–84, getroffen worden.
16 Vgl. Fußnote 9 in Kap. V.

aktive Geldpolitik erfordern, obwohl die Bedingungen erfüllt sind, die bei fehlender Ungewißheit ohne Veränderung der realen Geldmenge ein automatisches Gleichgewicht gewährleisten würde.

## VII. Unvollkommene Konkurrenz

Die voranstehende Analyse über die Funktionsweise des Substitutions- und des Expansionseffekts und ihre Beziehung zum Geldeffekt beruht auf den Reaktionen von Unternehmern auf Veränderungen bei Faktorpreisen und Produktpreisen, wie sie unter Bedingungen vollkommener Konkurrenz gelten. Wenn die Annahme der vollkommenen Konkurrenz aufgegeben wird, wird es erforderlich, andere Reaktionsmuster von Unternehmern in die Betrachtung einzubeziehen. Unter Bedingungen vollkommener Konkurrenz reagieren Unternehmer ausschließlich auf Preise (die sie als unabhängig von ihrem Einzelverhalten betrachten). Unter der Annahme des Angebots- und des Nachfragemonopols einschließlich der angebots- und nachfragemonopolistischen Konkurrenz reagieren die Unternehmer nicht auf Preise, sondern auf *Kurven* (auf Nachfragekurven beim Monopol und auf Angebotskurven beim Nachfragemonopol). Beim Angebots- und beim Nachfrage-Oligopol sind ihre Reaktionen auf Kurven durch Vermutungen darüber begründet, wie andere Unternehmer reagieren werden und wie dies wiederum die Kurven beeinflußt, mit denen die zu tun haben, die sich überlegen, wie sie reagieren wollen.

Wir wollen zunächst eine Volkswirtschaft betrachten, die sowohl Angebots- als auch Nachfragemonopole umfaßt. Um die Monopolisten vor bestimmte Nachfragekurven zu stellen, auf die sie zu reagieren haben, müssen sie es mit einer atomistischen Struktur der Käuferschaft zu tun haben. Gleichermaßen muß es jeder Nachfragemonopolist mit einer atomistischen Vielzahl von Verkäufern zu tun haben, damit er vor einer determinierten Angebotskurve steht[1]. Zu den Variablen von Angebots- und Nachfragekurven gehören auch die Preise anderer Güter neben dem vom jeweiligen Monopolisten oder Nachfragemonopolisten verkauften oder gekauften Gut. Jeder Angebots- und Nachfragemonopolist muß jedoch die Preise anderer Güter als unabhängig von seinen eigenen Handlungen betrachten[2].

Der Charakter des ökonomischen Gleichgewichts wie der des Ungleich-

---

1 In unseren Annahmen wird daher ein bilaterales Monopol ausgeschlossen.
2 Damit sind Angebots- und Nachfrageoligopol ausgeschlossen.

gewichts auf einem Markt mit einem Anbieter- oder Nachfragermonopol unterscheidet sich von dem eines Markts mit vollkommener Konkurrenz. Bei Marktkonkurrenz besteht das Ungleichgewicht aus einem Nachfrageüberhang oder einem Überangebot. Das monopolistische Angebot ist jedoch immer gleich der Nachfrage nach dem jeweiligen Gut, und die monopolistische Nachfrage ist immer gleich dem Angebot. Ein Markt mit Monopol von Angebot oder Nachfrage ist dann im Gleichgewicht, wenn die gekaufte oder verkaufte Menge so groß ist, daß dadurch der Profit des Angebots- oder Nachfragemonopolisten maximiert wird. In diesem Fall besteht keine Tendenz zu einer Veränderung von Preis oder Menge[3]. Ein Ungleichgewicht tritt auf einem Markt mit Monopol von Anbietern oder Nachfragern dann auf, wenn eine andere Menge verkauft oder gekauft wird als die Gleichgewichtsmenge. Wenn ein Monopolanbieter mehr als die Gleichgewichtsmenge verkauft, wird er sein Angebot einschränken und seinen Preis erhöhen. Er reagiert umgekehrt, wenn er weniger als die Gleichgewichtsmenge verkauft. Wir wollen diese Fälle jeweils als *monopolistische Unterbeschränkung* und *Überbeschränkung* (monopolistic underrestriction and overrestriction) *des Angebotes* bezeichnen. Wenn ein Monopolnachfrager mehr als die Gleichgewichtsmenge kauft, wird er seine Nachfrage beschränken und seinen Preis senken. Umgekehrt reagiert er, wenn er weniger als die Gleichgewichtsmenge kauft. Diese Fälle wollen wir jeweils als *monopolistische Unterbeschränkung oder Überbeschränkung der Nachfrage* bezeichnen. Daher erfüllen die monopolistische Unterbeschränkung des Angebots und die monopolistische Überbeschränkung der Nachfrage die Funktion eines Nachfrageüberhangs bei Bedingungen vollkommener Marktkonkurrenz, während die monopolistische Überbeschränkung des Angebots und die monopolistische Unterbeschränkung der Nachfrage die Funktionen des Überangebots erfüllen[4].

Wir wollen nun annehmen, daß entweder ein Überangebot (bei vollkommener Marktkonkurrenz) oder eine monopolistische Unterbeschränkung der Nachfrage für einen Produktionsfaktor vorliegt. Der Preis des Faktors sinkt. Dies führt zu einem Versuch, andere Faktoren durch diesen Faktor zu substituieren. Bei vollkommener Konkurrenz

---

3 Zum Gleichgewicht eines Systems mit Monopolen von Angebot und Nachfrage vgl. M. W. Reder, »Monopolistic Competition and the Stability Conditions«, in: *Review of Economic Studies*, Bd. 8, Februar 1941, S. 122-125.

4 Vgl. Abschn. 6 im Anhang. Wir gehen hier davon aus, daß die Nachfragekurve für ein Gut ein Gefälle hat und daß die Angebotskurve eine Steigung aufweist. Im Falle steigender Nachfragekurve und fallender Angebotskurve kehrt sich die Beziehung der monopolistischen Unterbeschränkung usw. auf Nachfrageüberhang und Überangebot um.

auf den Faktormärkten findet dieser Substitutionsversuch deswegen statt, weil der Preis dieses Faktors nun relativ niedriger ist als die Preise der anderen Faktoren. Der Substitutionsversuch führt zu einem Überangebot an den anderen Faktoren. Bei Faktormärkten mit Nachfragemonopol hängt die Nachfrage nach den anderen Faktoren von dem Verhältnis zwischen dem Grenzaufwand[5] für diese Faktoren und dem Preis jeweils dieses Faktors ab[6]. Ein Verfall dieses Faktorpreises schafft eine Situation der monopolistischen Unterbeschränkung der Nachfrage nach den anderen Faktoren; die Nachfragemonopolisten stellen fest, daß sie mehr von diesen Faktoren verbrauchen, als nach Maßgabe ihrer Profitmaximierung zulässig ist, und verringern ihre Einkäufe entsprechend. Daher fallen sowohl auf den Faktormärkten mit Nachfragemonopol als auch auf denen mit Marktkonkurrenz die Faktorpreise. Bei Märkten mit Nachfragemonopol sinkt in der Regel der Grenzaufwand für Faktoren[7]. Die daraus folgende Senkung der Grenzkosten führt zu einem Versuch, den Output von Produkten zu expandieren. Dies führt zu einem Verfall der Produktpreise. Bei Produktmärkten mit vollkommener Konkurrenz fallen die Preise bei Überangebot. In monopolistischen Produktmärkten fallen sie deswegen, weil das Sinken der Grenzkosten (bei altem Output) eine Situation der monopolistischen Überbeschränkung des Outputs schafft. Die mono-

---

5 Der Grenzaufwand für einen Produktionsfaktor ist die Zunahme des Gesamtaufwands des Unternehmens für Faktoren, die sich aus dem Einkauf einer zusätzlichen Einheit des Faktors ergibt. Wenn $p$ der Faktorpreis ist und seine Angebotselastizität $\varepsilon$, ist der Grenzaufwand $p(1 + 1/\varepsilon)$. Die optimale Faktorkombination zur Produktion eines bestimmten Outputs liegt dort, wo die Grenzerträge der Faktoren proportional den Grenzaufwendungen sind. Wenn ein Faktor auf einem Markt mit vollkommener Konkurrenz gekauft wird, ist der Grenzaufwand dafür gleich seinem Preis.

6 Da ein Nachfrageoligopol durch unsere Annahmen ausgeschlossen ist (vgl. S. 119 weiter oben), muß der jeweilige Faktor von anderen Unternehmen auf einem Markt mit vollkommener Konkurrenz gekauft werden. Wenn also dieser Faktor von mehr als einem Unternehmen gekauft wird, kann mit Bezug darauf nur ein »partielles Nachfragemonopol« bestehen. Dies bedeutet, daß alle Unternehmen außer einem einzigen atomistische Käufer des Faktors sein müssen. Bei jedem gegebenen Preis, den das Unternehmen mit dem Nachfragemonopol festlegt, ist das Gesamtangebot des Faktors ebenso wie die Nachfrage nach diesem Faktor von seiten aller anderen Unternehmen bestimmt. Die Differenz zwischen Angebot und Nachfrage ist das Angebot an die Firma mit dem Nachfragemonopol zum gegebenen Preis. Auf diese Weise ist die Nachfragekurve bestimmt, der sich das Unternehmen mit dem partiellen Nachfragemonopol gegenübersieht. Dieses Unternehmen kauft diejenige Menge, bei der der Grenzaufwand gleich dem Grenzertrag des Faktors ist, und legt den Preis entsprechend fest. Der auf diese Weise festgelegte Preis ist der Marktpreis, nach dem sich alle atomistischen Käufer des Faktors richten müssen.

7 Der Grenzaufwand sinkt, wenn die Grenzaufwandskurve steigt. Da im Text positiv steigende Angebotskurven unterstellt werden, tritt dies in der Regel auch ein. Ausnahmen sind jedoch in Fällen möglich, in denen die Angebotskurve eine starke Krümmung aufweist, die gegenüber der Abzisse konkav verläuft. Wenn wir die Angebotstabelle mit $f(x)$ bezeichnen, wobei $x$ eine Menge ist, stellen wir fest, daß die Steigung der Grenzkostenkurve $2f'(x) + xf''(x)$ ist. Unter der Annahme, daß $f'(x) > 0$ und $x > 0$ ist, hat die Grenzkostenkurve dann ein Gefälle, wenn $-f''(x) > 2f'(x)/x$ ist. Dies impliziert natürlich, daß $f''(x) < 0$ ist. Ein Beispiel für eine derartige Situation ist der nachstehenden

polistischen Produzenten stellen fest, daß ihr Output geringer ist als der, bei dem sie ihren Profit maximieren können. Sie expandieren ihren Output und senken die Preise. In der Regel nimmt auch der Grenzertrag ab[8].

Auf diese Weise führt eine Senkung des Preises eines unterbeschäftigten

---

Zeichnung zu entnehmen. Die Menge wird auf der Achse $OX$ gemessen, und der Preis und der Grenzaufwand auf der Achse $OY$. Die durchgezogene Linie ist die Angebotstabelle und die gestrichelte die Grenzaufwandskurve.

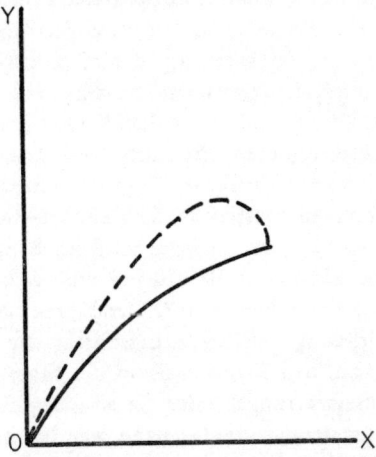

8 Der Grenzertrag nimmt ab, wenn die Grenzertragskurve ein Gefälle hat. Dies ist in der Regel der Fall, da im Text angenommen wird, daß die Nachfragekurven ein Gefälle haben. Ausnahmen sind dann möglich, wenn die Nachfragekurve eine starke Krümmung

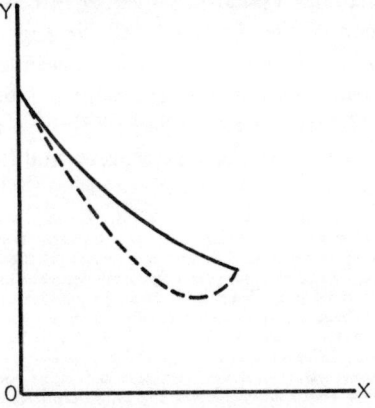

hat, die konvex zur Abszisse verläuft. Die Bedingungen sind analog zu denen, die in der vorstehenden Fußnote angegeben sind, mit der einen Ausnahme, daß $f'(x) < 0$ und $f''(x) > 0$ ist. Eine Veranschaulichung wird in der Zeichnung gegeben, in der die durchgehende Linie die Nachfragekurve und die gestrichelte Linie die Grenzertragskurve ist.

oder durch Nachfragemonopol unterbeschränkten Faktors zu einem
Verfall anderer Faktorpreise und Produktpreise. Der Effekt des Preisverfalls auf Angebot oder Nachfrage bei diesem Faktor hängt davon
ab, welche Art intratemporaler Substitution und Expansion und welche
Art intertemporaler Substitution dadurch entstehen. Ein intratemporaler Substitutions- und Expansionseffekt, der das Ungleichgewicht auf
dem Markt für den jeweiligen Faktor beseitigt, kann nur dann eintreten, wenn die Preise der anderen Faktoren (und der Grenzaufwand
für sie) unterproportional zum Rückgang des Preises dieses Faktors
fallen und wenn die Preise (und die Grenzerträge) der Produkte
unterproportional zur Verringerung der Grenzkosten (bei altem
Output) fallen. Es soll nachgewiesen werden, daß dies vom Geldeffekt abhängt und bei fehlendem Geldeffekt von der intertemporalen
Substitution auf den anderen Produkt- und Faktormärkten. Auf
Märkten mit atomistischer Struktur hängt die intertemporale Substitution von der effektiven Elastizität der diskontierten Preiserwartungen ab. Auf Märkten ohne atomistische Struktur hängt sie statt dessen
von der effektiven Elastizität der Erwartung diskontierter Grenzerträge oder Grenzaufwendungen ab[9]. Der Kürze halber werden wir
lediglich die Bezeichnung »effektive Elastizität der Erwartung« benutzen, womit je nach den Erfordernissen der Situation die effektive
Elastizität der Preiserwartungen oder die effektive Elastizität der Erwartungen der Grenzerträge oder Grenzaufwendungen gemeint ist.

Wir haben gesehen, daß die Angebots- und Nachfragekurven unter
einem neutralen Geldsystem und bei effektiven Erwartungselastizitäten
von Eins Funktionen des Verhältnisses zwischen den laufenden Preisen
von Waren und von Aktien sind und daß die angebotenen und nachgefragten Mengen von einer proportionalen Veränderung dieser Preise
unbeeinflußt bleiben. Unter diesen Umständen läßt sich das Gleichgewicht auf den Märkten für alle anderen Faktoren und Produkte nur
dann aufrechterhalten, wenn alle Faktorpreise und Produktpreise (und

---

9 Die Elastizität der Erwartung des Grenzertrags (oder Grenzaufwands) wird als das Verhältnis zwischen dem proportionalen Zuwachs des erwarteten Grenzertrags (oder Grenzaufwands) und dem proportionalen Zuwachs des derzeitigen Grenzertrags (oder Grenzaufwands definiert. Sie kann sich von der Elastizität der entsprechenden Preiserwartung
unterscheiden. Der Preis sei mit $p$ bezeichnet. Dann ist der Grenzertrag $p(1 - 1/\eta)$, wobei
$\eta$ Elastizität der Nachfrage ist; und der Grenzaufwand ist $p(1 + 1/\varepsilon$, wobei $\varepsilon$ die Elastizität des Angebots ist. Wenn erwartet wird, daß sich die Elastizität der Nachfrage- oder der
Angebotskurve ändert, differiert die Elastizität der Preiserwartung von der Elastizität
der Erwartung des Grenzertrags oder des Grenzaufwands. Eine unelastische Erwartung des
Grenzertrags kann eine elastische Preiserwartung dann implizieren, wenn ein Sinken des
derzeitigen Preises mit der Erwartung einer Zunahme in der Elastizität der Nachfragekurve zusammenfällt. Eine elastische Erwartung des Grenzaufwands kann eine unelastische Preiserwartung implizieren, wenn das Sinken des derzeitigen Faktorpreises mit der
Erwartung einer Zunahme der Elastizität der Angebotskurve zusammenfällt.

auch die Aktienpreise) proportional zu dem Faktorpreis fallen, bei dem ein Überangebot oder eine monopolistische Unterbeschränkung der Nachfrage besteht. Wenn ein derartiger proportionaler Verfall aller Preise eintritt, wird die Nachfrage bei Marktkonkurrenz wieder gleich dem Angebot, während Angebots- und Nachfragemonopolisten genau die gleiche Menge wie zuvor verkaufen oder kaufen, das heißt die Gleichgewichtsmenge. Das letztere impliziert, daß alle Grenzerträge und Grenzaufwendungen ebenfalls in derselben Proportion abnehmen[10]. Wenn sich aber alle Preise (mit Ausnahme der Preise festverzinslicher Wertpapiere) in derselben Proportion verändern, besteht das Überangebot oder die monopolistische Unterbeschränkung der Nachfrage für den jeweiligen Faktor fort. Der Preis dieses Faktors sinkt wiederum, und alle anderen Preise schließen sich diesem Vorgang proportional an. Das ursprüngliche Ungleichgewicht bleibt unverändert. In ähnlicher Weise verursacht eine Preissteigerung bei einem Faktor, bei dem ein Überangebot oder eine monopolistische Überbeschränkung der Nachfrage besteht, ein proportionales Ansteigen aller anderen Preise (wobei die Preise festverzinslicher Wertpapiere konstant bleiben). Daher führt das Ungleichgewicht auf dem Markt für einen Produktionsfaktor unter Bedingungen eines neutralen Geldsystems und einer effektiven Erwartungselastizität von Eins zu einer kumulativen proportionalen Veränderung aller Preise für Waren und Aktien, während die »reale« Situation unverändert bleibt.

Wenn die effektiven Erwartungselastizitäten größer oder kleiner als Eins sind, das Geldsystem jedoch neutral ist, hängen der intratemporale Substitutions- und Expansionseffekt von der intertemporalen Substitution auf den Märkten für die anderen Faktoren und Produkte ab, durch die die jeweilige Nachfrage gesteigert oder gesenkt wird (oder das jeweilige Angebot gesenkt oder gesteigert wird) und infolgedessen die Preise (und Grenzerträge oder Grenzaufwendungen) auf diesen Märkten erhöht oder gesenkt werden. Wegen des fehlenden Geldeffekts jedoch heben sich die Veränderungen von Nachfrage oder Angebot auf den verschiedenen Märkten gegenseitig auf, und der intratemporale Substitutions- und Expansionseffekt ist in der Regel schwach. Der Effekt einer Veränderung im Preis eines Produktionsfaktors auf

---

10 Wenn Angebot oder Nachfrage eine Funktion lediglich der Preisverhältnisse sind, impliziert eine proportionale Veränderung aller Preise eine Veränderung des Grenzertrags oder Grenzaufwands in der gleichen Proportion. Wenn der Preis mit $p$ und die nachgefragte oder angebotene Menge mit $x$ bezeichnet wird, ist der Grenzertrag oder der Grenzaufwand $p + x \partial p / \partial x$. In diesem Ausdruck bleibt $x$ unverändert, wenn sich $p$ in derselben Proportion wie alle anderen Preise verändert. Der Ausdruck verändert sich dann in der gleichen Proportion wie $p$.

die jeweilige Nachfrage oder das jeweilige Angebot bei diesem Faktor hängt daher in der Hauptsache von der Elastizität der effektiven Erwartungen ab, die das jeweilige Angebot oder die jeweilige Nachfrage bei diesem Faktor unmittelbar beeinflussen. Wenn diese Erwartungen unelastisch sind, verändert sich die jeweilige Nachfrage in der entgegengesetzten und das jeweilige Angebot in der gleichen Richtung wie der Faktorpreis, und das Gleichgewicht wird entsprechend wiederhergestellt. Wenn sie elastisch sind, tritt das Gegenteil ein, und das Ungleichgewicht wird verschlimmert.

Wie in Kapitel III nachgewiesen wurde, erzeugt ein positiver Geldeffekt in der Regel einen intratemporalen Substitutions- und Expansionseffekt, der tendenziell das Gleichgewicht wiederherstellt. Dies gilt auch, wenn in der Volkswirtschaft Angebots- und Nachfragemonopole vorhanden sind. Die Veränderung der jeweiligen Nachfrage oder des jeweiligen Angebots bei einigen oder allen Gütern, die sich aus der Substitution zwischen Geld und Gütern ergibt, verhindert, daß sich alle anderen Preise und infolgedessen auch die entsprechenden Grenzerträge und Grenzaufwendungen in der gleichen Proportion wie der Preis und der Grenzertrag und der Grenzaufwand des fraglichen Faktors verändern. Dies sorgt für das Wirksamwerden des intratemporalen Substitutions- und Expansionseffekts, und das Gleichgewicht wird wiederhergestellt, es sei denn, daß das gleichgewichtsbildende Ergebnis des intratemporalen Substitutions- und Expansionseffekts durch eine entgegengerichtete intertemporale Substitution mehr als wettgemacht wird, die auf elastische effektive Erwartungen zurückzuführen ist und die gegenwärtige Nachfrage oder das gegenwärtige Angebot des Faktors beeinflußt. Das letztere kann eintreten, wenn der Faktor hochspezialisiert ist oder sich der Geldeffekt auf den Wertpapiermärkten verausgabt. Ein negativer Geldeffekt führt zu Ergebnissen, die den eben beschriebenen entgegengesetzt sind. Er erzeugt einen negativen intratemporalen Substitutions- und Expansionseffekt, wodurch das Ungleichgewicht verstärkt wird, es sei denn, daß dieser Tendenz durch unelastische effektive Erwartungen entgegengewirkt wird, die für die gegenwärtige Nachfrage und das gegenwärtige Angebot bei diesem Faktor relevant sind. Daher wirkt sich in einer Volkswirtschaft mit Monopolen von Angebot und Nachfrage eine Flexibilität der Faktorpreise in der gleichen Weise aus wie in einer Volkswirtschaft, auf deren Märkten überall vollkommene Konkurrenz herrscht.

Unter Bedingungen eines Angebots- und Nachfrageoligopols sind determinierte Reaktionen von Unternehmern nur dann möglich, wenn letztere von bestimmten Vermutungen in bezug auf die Reaktion anderer Unternehmen ausgehen können. Im Fall der Konkurrenz von Angebots- und Nachfragemonopolen werden solche bestimmten Vermutungen aufgrund der Tatsache gebildet, daß sich die Folgen der Handlungen jedes Unternehmers gleichmäßig auf eine Vielzahl von anderen Unternehmen verteilen und daher vernachlässigt werden können. Es wird angenommen, daß die anderen Firmen überhaupt nicht reagieren, und die Analyse führt zur Analyse von Angebots- und Nachfragemonopolen zurück. Wir brauchen daher diesen Fall nicht gesondert untersuchen. Mit Ausnahme dieses Falles sind jedoch determinierte Reaktionen nur auf der Grundlage von Gruppenverhalten möglich.

Infolge der Ungewißheit über die Reaktionen anderer Unternehmen hat jedes Unternehmen Hemmungen, »den Ball in Bewegung zu setzen«. Dies führt zur Festsetzung eines Übereinkunftspreises (oder einer solchen Preisstruktur) und zu einer stillschweigenden Übereinkunft über Verhaltensmuster, denen der »Glorienschein« ethischer Normen verliehen wird. Jedes Mitglied der Gruppe darf Handlungen vornehmen, die die »Rechte« anderer Mitglieder nicht beeinträchtigen, wird jedoch für Handlungen bestraft, die eine derartige Beeinträchtigung darstellen. Wenn also ein oligopolistisches Unternehmen den Preis seines Produkts über das vereinbarte Niveau anhebt, reagieren die anderen Unternehmer der Gruppe nicht, wenn es jedoch seinen Preis unter dieses Niveau senkt, tun ihm dies die anderen nach, um »ihren Besitzstand zu wahren« oder um den Missetäter zu bestrafen, der gegen den sozialen Konsens verstoßen hat[11]. Infolgedessen hat die Nachfragekurve, nach der sich jedes Unternehmen zu richten hat, auf der Ebene des vereinbarten Preises einen Knick, und die Grenzertragskurve ist bei entsprechendem Output diskontinuierlich[12]. Bei einem Nachfrageoligopol kann der für einen Faktor bezahlte Preis unter das vereinbarte Niveau gesenkt werden, ohne daß die anderen Firmen reagieren, während durch eine Erhöhung dieses Preises über das vereinbarte Niveau »der Markt verdorben wird« und die anderen Unter-

---

11 Das beschriebene Reaktionsmuster gilt dann, wenn die Produkte der verschiedenen Unternehmen Substitutionsgüter sind. Wenn sie komplementäre Güter sind, ist die Struktur umgekehrt: Ein Unternehmen kann den Preis seiner Produkte senken, ohne eine Reaktion von anderen hervorzurufen; bei einer Preiserhöhung für seine Güter aber ziehen die anderen nach. In unserem Text lassen wir den Fall der komplementären Güter aber außer acht, da er in der Praxis nicht sehr bedeutend ist.

12 Vgl. Paul M. Sweezy, »Demand under Conditions of Oligopoly«, in: *Journal of Political Economy*, Bd. 47, August 1939, S. 568-573; und R. L. Hall und C. J. Hitch, »Price Theory and Business Behaviour«, in: *Oxford Economic Papers*, Nr. 2, Mai 1939, S. 12-45. Hier wird wie in Dr. Sweezys Artikel davon ausgegangen, daß der Knick real und nicht nur imaginär ist.

nehmen veranlaßt werden, sich anzuschließen[13]. Daher hat die Angebotskurve auf der Ebene des vertraglich festgelegten Faktorpreises einen Knick, und die Grenzaufwandskurve verläuft beim entsprechenden Faktoreinsatz diskontinuierlich.

Wegen der Diskontinuität der Grenzertragskurve beim Angebotsoligopol reagieren der Produktpreis und der Output nicht auf Verschiebungen der Grenzkostenkurve innerhalb eines bestimmten Spielraums. Der Bereich dieses Nichtreagierens ist der Diskontinuitätsbereich der Grenzertragskurve. In ähnlicher Weise führt die Diskontinuierlichkeit der Grenzaufwandskurve beim Nachfrageoligopol zu ausbleibenden Reaktionen beim Faktorpreis und Faktoreinsatz auf Verschiebungen der wertbezogenen Grenzproduktivitätskurve des Faktors. Der Bereich der Reaktionsträgheit ist der Diskontinuitätsbereich der Grenzaufwandskurve[14].

Der vereinbarte Angebots- oder Nachfrageoligopolpreis wird entweder über offene oder stillschweigende Übereinkunft oder durch bloßen Brauch festgelegt, der auf der Grundlage von »Treu und Glauben« anerkannt wird. Das Niveau dieses Übereinkunftspreises (bei dem die Nachfrage- oder Angebotskurven einen Knick haben) wird durch die »Disziplin« der Gruppe bestimmt, das heißt durch das Ausmaß, bis zu dem die Einzelunternehmen bereit sind, einheitlich als Gruppenmitglieder zu handeln. Je höher diese »Disziplin« ist, desto höher ist der Produktpreis (und desto höher der Monopolisierungsgrad des Angebots), bzw. desto niedriger ist der Faktorpreis (und desto höher der

13 Dies ist der Fall, wenn die von den verschiedenen Unternehmen eingesetzten Faktoren substitutionale Faktoren sind; wenn sie komplementär sind, ist die Struktur umgekehrt. Den Fall der Komplementarität lassen wir im Text außer acht.

14 Veranschaulicht wird dies von den folgenden zwei Schaubildern. In Abb. 1 ist $ON$ der Übereinkunftspreis und $OM$ der entsprechende Output. Das Nachfrageschema $D$ hat einen Knick im Punkt $P$, und die Grenzertragskurve $MR$ ist diskontinuierlich zwischen $G$ und $H$. Jede Verschiebung der Grenzkostenkurve $MC$ innerhalb des Bereichs $GH$ bleibt ohne Einfluß auf Preis oder Output.

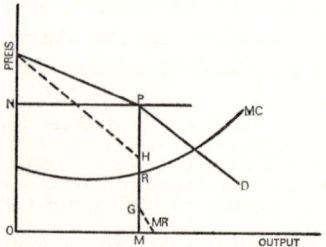 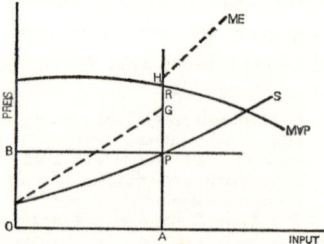

In Abb. 2 ist $OB$ der Übereinkunftspreis für den Faktor und $OA$ der entsprechende Input. Die Angebotskurve hat einen Knick in Punkt $P$, und die Grenzaufwandskurve $ME$ ist diskontinuierlich zwischen dem Punkt $G$ und dem Punkt $H$. Jede Verschiebung der Grenzertragskurve $MVP$ zwischen $G$ und $H$ beläßt die Preise und den Input unverändert.

Monopolisierungsgrad der Nachfrage). Der Monopolisierungsgrad des Angebots[15] oder der Nachfrage[16] ist hier kein automatisches Ergebnis der Elastizität von Angebot oder Nachfrage und der Angleichung von Grenzkosten und Grenzerträgen oder der Angleichung von Grenzaufwand und wertbezogener Grenzproduktivität, sondern hängt von der von den Unternehmen bewußt gewählten Gewinnspanne ab. Diese Spanne hängt von der »Disziplin« der Gruppe ab. Eine Steigerung der Nachfrage nach den Produkten der Unternehmer stärkt in der Regel die »Disziplin« der oligopolistischen Gruppe und führt zu höheren Gewinnspannen. Wenn nämlich der Markt expandiert, brauchen die Unternehmen kaum zu befürchten, daß sie den Anschluß an die übrige Gruppe verlieren, wenn sie ihre Gewinnspanne und ihre Preise erhöhen. Jedem solchen Schritt folgen aller Wahrscheinlichkeit nach ähnliche Schritte von seiten anderer Gruppenmitglieder. In ähnlicher Weise verstärkt die Zunahme im Angebot eines Faktors die Gruppen-»disziplin«. Die Unternehmen brauchen kaum zu befürchten, daß sie bei Bezahlen eines niedrigeren Preises für den Faktor den Anschluß an die übrige Gruppe verlieren und diese sich weigert, gleichzuziehen. Daher verstärkt ein »Verkäufermarkt« für Produkte tendenziell den Grad der Monopolisierung des Angebots, während ein »Käufermarkt« für Faktoren tendenziell den Monopolisierungsgrad der Nachfrage erhöht.

Wir wollen nun den Effekt einer Preissenkung für einen Faktor mit Unterbeschäftigung oder monopolistischer Unterbeschränkung der Nachfrage untersuchen. Ein Angebotsoligopol kann den intratemporalen Expansionseffekt zunichte machen und ein Nachfrageoligopol den intratemporalen Substitutionseffekt. Unter oligopolistischen Bedingungen reagiert der Output nicht auf Verschiebungen der Grenzkostenkurve innerhalb eines bestimmten Spielraums. Daher kann es durchaus sein, daß ein Verfall der Faktorpreise (und ein Sinken des Grenzaufwands für Faktoren) selbst dann nicht den Output steigert, wenn dieser Steigerung keine proportionale Abnahme des Grenzertrags folgt. In einer derartigen Situation wird der Expansionseffekt nicht wirksam. Weiterhin hängt die Auswirkung auf den Output unter der Bedingung, daß der Geldeffekt zu einer Zunahme der Nachfrage für diejenigen Produkte führt, zu deren Herstellung der unterbeschäf-

---

15 Der Grad der Monopolisierung des Angebots wird definiert als das Verhältnis zwischen dem Betrag, um den der Preis die Grenzkosten übersteigt, und dem Preis. In Abb. 1 der Fußnote 14 ist dieses Verhältnis $RP/MP$.

16 Der Grad der Monopolisierung der Nachfrage wird definiert als das Verhältnis zwischen dem Betrag, um den der Grenzaufwand den Preis übersteigt, und dem Preis. In Abb. 2 der Fußnote 14 lautet dieses Verhältnis $PR/AP$.

tigte oder nachfragemonopolistisch unterbeschränkte Faktor erforderlich ist (oder Faktoren, die dieser ersetzen kann), von dem Einfluß ab, den die Nachfragesteigerung auf die »Disziplin« der oligopolistischen Gruppe hat. Wenn der auf diese Weise geschaffene starke »Verkäufermarkt« zu einer Hebung dieser »Disziplin« führt, kann das Ergebnis statt einer Expansion des Outputs eine Erhöhung der Gewinnspannen und Preise sein[17]. In beiden Fällen wird der Expansionseffekt durch eine bloße Zunahme des Monopolisierungsgrads des Angebots ersetzt.

Der Substitutionseffekt kann unter einem Nachfragemonopol unwirksam werden. Das Wesen des Substitutionseffekts besteht darin, daß die auf einen positiven Geldeffekt zurückzuführende Nachfragesteigerung die wertbezogenen Grenzproduktivitätskurven von Produktionsfaktoren anhebt, was verhindert, daß die Preise dieser Faktoren (und der Grenzaufwand für sie) in derselben Proportion fallen wie der Preis des unterbeschäftigten oder nachfragemonopolistisch unterbeschränkten Faktors. Dies führt dazu, daß erstere Faktoren durch den letzteren substituiert werden. Wenn jedoch die Märkte für diejenigen Faktoren, die durch den letzteren Faktor substituiert werden können, von Nachfrageoligopolen gekennzeichnet sind, bleibt eine Verschiebung der wertbezogenen Grenzproduktivitätskurven innerhalb eines bestimmten Spielraums ohne Auswirkungen auf den Faktoreinsatz und auf die Faktorpreise. Ein Substitutionseffekt tritt nicht auf, und die aus dem positiven Geldeffekt resultierende Nachfragesteigerung wird durch eine Zunahme des Monopolisierungsgrads der Nachfrage absorbiert.

In ähnlicher Weise kann die intertemporale Substitution durch Angebotsoligopol und Nachfrageoligopol zunichte gemacht werden, weil auch die erwarteten zukünftigen Angebots- und Nachfragekurven einen Knick haben und der geplante zukünftige Output und der Einsatz (innerhalb gewisser Grenzen) auf Veränderungen der erwarteten Grenzkostenkurven oder wertbezogenen Grenzproduktivitätskurven nicht reagieren.

Dadurch, daß die Annahme der vollkommenen Konkurrenz gestrichen wird, ergeben sich für das in den vorhergehenden Kapiteln entwickelte Bild folgende Veränderungen: 1. In Märkten mit Monopolen bei Angebot oder Nachfrage gibt es keinen Nachfrageüberhang und kein Überangebot. Das Ungleichgewicht auf derartigen Märkten besteht

---

17 Veranschaulicht in Abb. 1 in Fußnote 14 dieses Kapitels. Dies bedeutet, daß bei Verschiebung der Nachfragekurve *D* nach oben hin der Knick weiterhin vertikal über dem Punkt *M* liegt und die Grenzkostenkurve weiterhin durch den Diskontinuitätsbereich der Grenzertragskurve verläuft.

darin, daß entweder der Angebotsmonopolist eine andere Menge als die von der Profitmaximierung her gebotene verkauft oder der Nachfragemonopolist eine ebensolche kauft. Die Unterbeschränkung des Angebots durch den Angebotsmonopolisten und die Überbeschränkung der Nachfrage durch den Nachfragemonopolisten erfüllen in derartigen Märkten die gleiche Funktion wie der Nachfrageüberhang unter Bedingungen vollkommener Konkurrenz: Sie lassen den Preis steigen. Die Überbeschränkung des Angebots durch den Angebotsmonopolisten und die Unterbeschränkung der Nachfrage durch den Nachfragemonopolisten erfüllen dieselbe Funktion wie das Überangebot: Sie führen zum Preisverfall. Wenn diese Änderungen berücksichtigt werden, gelten die Ergebnisse bezüglich der Abhängigkeit des intratemporalen Substitutions- und Expansionseffekts vom Geldeffekt und über den Einfluß der Erwartungselastizität auf die intertemporale Substitution auch für eine Volkswirtschaft, die Angebots- und Nachfragemonopole enthält. 2. Die Konkurrenz zwischen monopolistischen Anbietern und monopolistischen Nachfragern hat genau die gleichen Auswirkungen wie das Angebots- und das Nachfragemonopol und kann wie letztere analysiert werden. 3. Das Oligopol kann den intratemporalen Expansionseffekt zunichte machen, weil die Verringerung der Grenzkosten keine entsprechende Outputreaktion hervorruft oder weil die von einem positiven Geldeffekt herrührende Nachfragesteigerung vollkommen dadurch absorbiert wird, daß sich durch eine größere »Disziplin« der oligopolistischen Gruppe ein höherer Grad der Monopolisierung ergibt. 4. Ein Nachfrageoligopol kann den intratemporalen Substitutionseffekt zunichte machen, weil eine Verschiebung der wertbezogenen Grenzproduktivitätskurven von Faktoren keine entsprechende Inputreaktion bewirkt und vollständig dadurch absorbiert wird, daß der Monopolisierungsgrad des Nachfrageoligopols zunimmt. 5. Das Angebots- und Nachfrageoligopol können aus denselben Gründen die intertemporale Substitution zunichte machen.

Die Unzulänglichkeit eines positiven Geldeffekts für die Wiederherstellung des Gleichgewichts, deren Vorkommen unter bestimmten Bedingungen in einer Wirtschaft mit vollkommener Konkurrenz nachgewiesen wurde, tritt noch in viel stärkerem Maße in einer Wirtschaft auf, die nachfrageoligopolistischen und angebotsoligopolistischen Unternehmerreaktionen ausgesetzt ist. Das Nachfrageoligopol und das Angebotsoligopol können jeweils das Wirksamwerden des intratemporalen Substitutions- und Expansionseffekts sogar dann verhindern, wenn ein positiver Geldeffekt vorliegt. Dies tritt in bedeutendem Umfang besonders dann auf, wenn der positive Geldeffekt statt zur Veränderung einer Nachfrage für Waren zur Veränderung in der Nachfrage nach Wertpapieren führt. Das unmittelbare Ergebnis ist dann lediglich eine Veränderung der Preise festverzinslicher Wertpapiere (bzw. des Zinssatzes) oder der Aktienpreise, oder beider. Der Effekt auf den Output hängt von der Investitionselastizität in bezug auf Zinssätze oder Aktienpreise ab. Diese Elastizität ist infolge der fehlenden Reaktionsbereitschaft des Outputs auf Veränderungen der Grenzkosten unter Bedingungen des Oligopols (zumindestens innerhalb einer weiten Variationsbreite) Null. Die Veränderung in der Nachfrage für festverzinsliche Wertpapiere setzt sich nicht in eine Veränderung der Nachfrage nach Investitionsgütern um. Die Folge ist eine reine Finanz-Hausse oder -Baisse mit keinerlei Auswirkung auf Output und Beschäftigung. Daher kann sich in einer von Angebots- und Nachfragemonopol gekennzeichneten Wirtschaft ein positiver Geldeffekt flexibler Preise (und Grenzaufwendungen) von Produktionsfaktoren sogar in noch stärkerem Maße als unter Bedingungen vollkommener Konkurrenz als unzulänglich erweisen, die Aufrechterhaltung oder Wiederherstellung des Gleichgewichts zu gewährleisten.

## VIII. Der Außenhandel

Nunmehr wollen wir auch den Außenhandel in die Betrachtung einbeziehen. In der ersten Phase unserer Argumentation werden wir von der Annahme ausgehen, daß die internationalen Märkte in bezug auf die einzelnen Länder eine atomistische Struktur aufweisen, das heißt, daß die Preise auf diesen Märkten durch Veränderungen der von einem einzigen Land importierten oder exportierten Mengen nicht beeinflußt werden. Hilfsweise wird auch angenommen, daß in der Wirtschaft des jeweiligen Landes in allen Bereichen vollkommene Konkurrenz herrscht.

Nehmen wir nun einmal an, daß der Preis eines unterbeschäftigten Faktors in einem Land falle. Hierdurch sinken die Grenzkosten (bei altem Output) derjenigen Produkte, die unter Einsatz des unterbeschäftigten Faktors oder unter Einsatz von Faktoren hergestellt werden, die er substituieren kann (und deren Preis ebenfalls fällt). Wenn einige dieser Produkte Exportgüter sind, werden ihre Preise auf internationalen Märkten bestimmt und bleiben infolgedessen unverändert. Da ihre Grenzkosten (zum alten Output) jedoch sinken, tritt eine Expansion des Outputs dieser Exportgüter ein, wodurch die Nachfrage nach dem unterbeschäftigten Faktor zunimmt. Wenn einige der Produktionsfaktoren, an deren Stelle der unterbeschäftigte Faktor treten kann, vom Ausland eingeführt werden, verändern sich auch deren Preise nicht, weil sie auf internationalen Märkten bestimmt werden. Der unterbeschäftigte Faktor wird im Vergleich zu den importierten Faktoren billiger, und eine Substitution dieser Faktoren durch den unterbeschäftigten Faktor tritt ein. Hierdurch steigt die Nachfrage nach dem unterbeschäftigten Faktor.

Da die Preise der Exportgüter und der importierten Produktionsfaktoren auf internationalen Märkten bestimmt werden, werden sie durch Veränderungen der Binnennachfrage nicht beeinflußt und daher auch nicht durch Veränderungen im realen Nachfrageüberhang nach Kassenbeständen. Daher tritt die Expansion des Outputs von Exportgütern, die mit dem unterbeschäftigten Faktor oder mit Faktoren produziert werden, für die er substituierbar ist, ebenso wie die Substitution des unterbeschäftigten Faktors für importierte Produktionsfaktoren *unabhängig* vom Geldeffekt ein. Wenn der unterbeschäftigte Faktor ausschließlich dazu benutzt wird, Exportgüter zu produzieren, oder wenn die Faktoren, die er substituieren kann, alle vom Ausland eingeführt werden, muß ein Sinken seines Preises daher dazu führen, daß seine Beschäftigung (bzw. sein Einsatz) zunimmt, und wenn der Preis in genügendem Umfang sinkt, muß jedes Überangebot des Faktors zwangsläufig verschwinden. Unter denselben Bedingungen muß eine Preissteigerung bei einem Engpaßfaktor zwangsläufig den Nachfrageüberhang danach verringern. In diesem Fall ist die Analyse des partiellen Gleichgewichts in bezug auf die fallende Nachfragekurve anwendbar, und das Ergebnis ist völlig unabhängig vom Geldeffekt.

Komplizierter wird die Situation, wenn der unterbeschäftigte Faktor (oder der Engpaßfaktor) sowohl zur Herstellung von Exportgütern als auch von Gütern für den Binnenmarkt benutzt wird, oder für den Fall, daß nicht alle substituierbaren Faktoren vom Ausland eingeführt werden. Der Nettoexpansionseffekt und der Nettosubstitutionseffekt hängen in diesem Fall dann außerdem davon ab, was mit den Produktpreisen und Faktorpreisen auf dem Binnenmarkt geschieht, was wiederum vom Charakter des Geldeffekts abhängig ist.

Wir wollen zuerst die Situation untersuchen, die sich unter Bedingungen eines neutralen Geldsystems und effektiven Elastizitäten der Erwartungen von Eins ergibt. Unter diesen Bedingungen fehlt ein Geldeffekt. Es tritt keine reale Substitution zwischen Gütern und Geld ein, und die Nachfrage- und Angebotskurven von Waren und Aktien sind lediglich Funktionen der Preisverhältnisse, das heißt, eine proportionale Veränderung aller Preise (mit Ausnahme der Zinssätze) bleibt ohne

Einfluß auf die angebotenen und nachgefragten Mengen. Der Preisverfall des unterbeschäftigten Faktors führt zu einer Tendenz, andere Faktoren durch ihn zu substituieren und den Output von Gütern zu expandieren, die unter Einsatz dieses Faktors oder von durch ihn ersetzbaren Faktoren produziert werden. Dies führt zu einem Überangebot der substituierbaren Faktoren und außerdem auch zu einem Überangebot der eben erwähnten Güter[1]. Das Ergebnis ist ein Sinken der entsprechenden Preise. Auch alle anderen Preise fallen, denn ansonsten würde ein Überangebot auf anderen Märkten entstehen, weil eine Verschiebung der Nachfrage auf diejenigen Güter stattfindet, die relativ billiger werden. Das Gleichgewicht auf den Binnenmärkten erfordert, daß alle Preise in derselben Proportion wie der Preis des unterbeschäftigten Faktors fallen[2]. Der allgemeine Preisverfall beschränkt sich jedoch auf die Binnenmarktpreise, da die Preise der exportierten Güter und der importierten Produktionsfaktoren auf den internationalen Märkten bestimmt werden. Infolgedessen tritt eine Expansion des Outputs der Exportgüter ein, die unter Einsatz des unterbeschäftigten Faktors oder der durch ihn substituierbaren Faktoren produziert werden, und außerdem eine Substitution der substituierbaren Importfaktoren durch den unterbeschäftigten Faktor.

Durch den Preisverfall aller Binnenmarktpreise werden jedoch die Nichtexportgüter im Vergleich zu Exportgütern billiger. Wenn ein Teil der Exportgüter auf dem Binnenmarkt gekauft wird, tritt eine Verschiebung der Nachfrage von Exportgütern und Nichtexportgüter ein. Diese Verschiebung wirkt wie ein Fallschirm und verhindert, daß die Preise (zumindest) einiger Nichtexportgüter proportional zur Verringerung der Grenzkosten (zum alten Output) fallen, die sich aus dem Preisverfall der einheimischen Produktionsfaktoren ergibt. Eine Expansion des Outputs zumindestens einiger Nichtexportgüter ist die Folge. Wenn die Nichtexportgüter, deren Output zunimmt, unter Einsatz des unterbeschäftigten Faktors produziert werden, tritt aus diesen Gründen auch eine Steigerung der Nachfrage nach ihnen ein. Daher kann unter Bedingungen eines neutralen Geldsystems zwar eine Nachfragesteigerung für den unterbeschäftigten Faktor bei der Produktion von Nichtexportgütern eintreten, doch ist kein Rückgang der Nachfrage nach diesem Faktor möglich, der auf diese Quelle zurückginge.

Ein ähnlicher Effekt tritt ein, wenn Produkte importiert werden, für die auch einheimische Produkte substituiert werden können. Wenn die

---

1 Vgl. S. 83 weiter oben.
2 Vgl. S. 89 weiter oben.

einheimischen Substitutionsgüter für die importierten Produkte unter Einsatz des unterbeschäftigten Faktors oder unter Einsatz einheimischer Faktoren produziert werden, die er substituieren kann, führt ein Sinken des Preises des unterbeschäftigten Faktors dazu, daß importierte Produkte durch einheimische ersetzt werden. Infolgedessen nimmt die Nachfrage nach dem unterbeschäftigten Faktor zu. Wenn der unterbeschäftigte Faktor die importierten Faktoren nicht ersetzen kann, tritt nichtsdestoweniger dennoch ein Substitutionseffekt zu seinen Gunsten ein. Das Fallen der Binnenmarktpreise bedeutet nämlich, daß die Grenzkosten von Gütern, die mit einheimischen Faktoren produziert werden, im Vergleich zu den Grenzkosten von Gütern sinken, die mit importierten Faktoren hergestellt werden. Dies führt zu einer Verschiebung der Nachfrage von den mit importierten Faktoren hergestellten Gütern zu denen, die mit einheimischen Faktoren hergestellt werden. Infolgedessen fällt der Preis aller einheimischen Produktionsfaktoren unterproportional zum Preisverfall des unterbeschäftigten Faktors.

Daher sind unter Bedingungen eines neutralen Geldsystems und effektiver Erwartungselastizitäten von Eins der intratemporale Nettoexpansionseffekt und der intratemporale Nettosubstitutionseffekt einer Preissenkung beim unterbeschäftigten Faktor stets positiv, selbst dann, wenn dieser Faktor außerdem auch zur Herstellung von Gütern für den Binnenmarkt eingesetzt wird oder wenn nicht alle importierten Faktoren durch ihn substituierbar sind. Der reinen Theorie nach ist dies sogar dann der Fall, wenn der unterbeschäftigte Faktor ausschließlich zur Herstellung von Produkten für den Binnenmarkt eingesetzt wird oder wenn er keinen der importierten Faktoren substituieren kann. Im letzten Falle können diese Effekte jedoch ziemlich vernachlässigbar sein, insbesondere dann, wenn gewisse Reibungsverluste auftreten. Dasselbe Ergebnis gilt *a fortiori*, wenn der Geldeffekt einer Senkung des Preises des unterbeschäftigten Faktors positiv ist. In diesem Fall ist der intratemporale Substitutions- und Expansionseffekt in der Regel auch stärker als bei Fehlen des internationalen Handels, weil nämlich die Tatsache, daß die auf den internationalen Märkten bestimmten Preise sich nicht verändern, *zusätzlich* zur Substitution von Gütern für Geld einen Fallschirmeffekt erzeugt. Nur wenn der Geldeffekt negativ ist, kann es sein, daß der intratemporale Nettoexpansions- und Nettosubstitutionseffekt nicht positiv ist, und dies nur dann, wenn ein wesentlicher Teil des unterbeschäftigten Faktors zur Produktion für den Binnenmarkt herangezogen wird oder wenn ein wesentlicher Teil der aus dem Ausland importierten Produktionsfaktoren durch den unterbeschäftigten

Faktor nicht ersetzt werden kann. Der Charakter des Geldeffekts hängt von der Reaktionsfähigkeit des Geldsystems und von den Erwartungselastizitäten in der Art und Weise ab, wie dies in der *Allgemeinen Regel* beschrieben wurde (S. 104).

Die intertemporale Substitution hängt, wie in unserer vorangegangenen Analyse, von der effektiven Erwartungselastizität hinsichtlich der Preise ab, die die laufende Nachfrage oder das laufende Angebot des unterbeschäftigten Faktors beeinflussen. Wenn diese Erwartungen elastisch sind, sorgt die intertemporale Substitution tendenziell dafür, daß sich die Nachfrage nach dem Faktor verringert oder sein Angebot steigt. Da aber ein intratemporaler Substitutions- und Expansionseffekt viel wahrscheinlicher vorkommt und auch stärker ist als ohne Außenhandel, ist es auch weniger wahrscheinlich, daß die aus elastischen Preiserwartungen resultierende entgegengerichtete intertemporale Substitution die ersteren beiden Effekte mehr als wettmacht.

Der Außenhandel auf Märkten, die in bezug auf die jeweiligen Länder eine atomistische Struktur aufweisen, wirkt daher als Stabilisierungsfaktor für die Wirtschaft eines Landes mit flexiblen Faktorpreisen, vorausgesetzt, daß diese Wirtschaft keinen allzu starken negativen Geldeffekten und keinen allzu elastischen effektiven Preiserwartungen unterworfen ist. Diese stabilisierende Einwirkung des Außenhandels ist um so größer, je größer der Anteil des unterbeschäftigten Faktors (oder des Engpaßfaktors) in der Produktion von Exportgütern ist und je größer die Anzahl und Bedeutung der aus dem Ausland importierten Faktoren ist, die für den jeweiligen Faktor substituierbar sind. Um so wahrscheinlicher ist es dann also, daß die Flexibilität der Faktorpreise die automatische Vollbeschäftigung der Faktoren gewährleistet und ernsthafte Engpässe verhindert.

Dieses Ergebnis gilt auch dann, wenn die Binnenmärkte unter Bedingungen unvollständiger Konkurrenz funktionieren. Nehmen wir einmal an, daß ein Teil der Exportprodukte auf Binnenmärkten unter Bedingungen des Monopols, der monopolistischen Konkurrenz oder des Oligopols verkauft würden. Dies impliziert Preisdifferenzierung (dumping) und ist nur dann möglich, wenn die Binnenmärkte geschützt sind. Der Output an diesen Produkten wird dann gänzlich von den Konkurrenzpreisen bestimmt, die auf den jeweiligen internationalen Märkten festgelegt werden, das heißt, er ist so hoch, daß die Grenzkosten dem Preis auf dem internationalen Markt gleich sind. Die Preise auf den Binnenmärkten und die Aufteilung der Verkäufe auf die Binnenmärkte und die internationalen Märkte sieht dann so aus, daß der auf dem Binnenmarkt erzielte Grenzertrag gleich dem Preis auf dem internationalen Markt ist[3]. Sofort wird ersichtlich, daß der Output dieser Produkte zunimmt, wenn ihre Grenzkosten (bei altem Output) sinken, weil der Preis des unterbeschäftigten Faktors fällt. Ein Sinken des Preises des unterbeschäftigten Faktors (oder des Faktors, für den eine nachfragemonopolistische Unterbeschränkung der Nachfrage besteht) bewirkt außerdem eine intratemporale Substitution dieses Faktors für vom Ausland importierte Faktoren (vorausgesetzt, daß sie durch ihn substituierbar sind).

Diese Ergebnisse gelten auch dann, wenn die internationalen Märkte in bezug auf einzelne Länder keine atomistische Struktur aufweisen, und sogar dann, wenn auf ihnen unvollkommene Konkurrenz herrscht, unter der Voraussetzung, daß die Angebots- und Nachfragekurven und daher die Grenzertrags- und Grenzaufwandskurven durch eine Veränderung im Preis des unterbeschäftigten Faktors (oder des Engpaßfaktors) oder durch die daraus resultierenden Veränderungen der Binnenmarktpreise nicht beeinflußt werden. Die zuletzt erwähnte Einschränkung setzt voraus, daß die Geldeffekte in verschiedenen Ländern vollständig unabhängig voneinander sind. Eine derartige Unabhängigkeit dürfte sich jedoch wahrscheinlich nicht aufrechterhalten lassen, wenn die internationalen Märkte in bezug auf einzelne Länder nicht mehr atomistisch strukturiert sind. Wir müssen daher auch die internationalen Wechselbeziehungen der Geldeffekte in Rechnung stellen.

Die Zunahme der Exporte oder Abnahme der Importe, die sich aus der Verringerung des Preises des unterbeschäftigten (oder nachfragemonopolistisch überbeschäftigten) Faktors ergibt, erzeugt einen wachsenden Zufluß (oder abnehmenden Abfluß) von Geld in das (oder aus dem) Land. *Ceteris paribus* führt dies tendenziell dazu, daß die reale

---

3 Dies wird in Abb. 1 für das Monopol und die monopolistische Konkurrenz und in Abb. 2 für das auf Gruppenverhalten beruhende Oligopol veranschaulicht. Der Preis auf dem

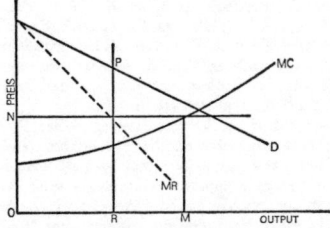 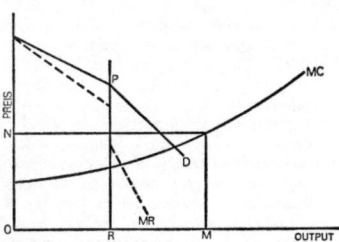

internationalen Markt ist $ON$, $D$ ist die Binnennachfragekurve, $MR$ ist die entsprechende Grenzertragskurve, und $MC$ ist die Grenzkostenkurve. Der Gesamtoutput ist $OM$, wovon $OR$ auf dem Binnenmarkt zu einem Preis gleich $RP$ verkauft wird. Eine Verschiebung der Grenzkostenkurve nach unten bewirkt eine Zunahme der Gesamtoutput, beeinflußt aber die Binnenmarktverkäufe und -preise nicht. Der Zuwachs des Outputs wird exportiert.

Geldmenge in den anderen Ländern abnimmt. In der Regel[4] bewirkt dies in den anderen Ländern ein Sinken der Nachfragekurven für Exporte und außerdem (wenn die Faktorpreise in den anderen Ländern flexibel sind) ein Sinken der Angebotskurven für Importe[5]. Das Gleichgewicht wird wieder erreicht, wenn der Nettogeldstrom zwischen den beiden Ländern zum Stillstand kommt. Der Output an Exportgütern in dem Land, das den Preis des unterbeschäftigten Faktors gesenkt hat, wird größer oder kleiner als zuvor sein, je nachdem, ob der Nachfragepreis oder der Grenzertrag, der dem alten Output entspricht, in der Gleichgewichtsposition der Nachfragekurven[6] für die Exportgüter weniger oder mehr gefallen ist als die Reduzierung der Grenzkosten, die sich aus dem Preisverfall beim unterbeschäftigten Faktor ergibt. Die Importe an Produktionsfaktoren werden in der neuen Gleichgewichtssituation kleiner oder größer als zuvor sein, je nachdem, ob angesichts der neuen Position der Angebotskurven der Angebotspreis (oder der Grenzaufwand) für den importierten Faktor unter Zugrundelegung des alten Importniveaus unterproportional oder überproportional zum Fall des Preises (oder des Grenzaufwands) für substituierbare heimische Faktoren gesenkt wird. In ähnlicher Weise sind Importe an Produkten kleiner oder größer als zuvor, je nachdem, ob der Preis (oder der Grenzaufwand) für die importierten Produkte (unter Zugrundelegung des alten Importniveaus) unterproportional oder überproportional zum Rückgang des Preises (oder des Grenzaufwands) für heimische Substitutionsgüter für diese Produkte gefallen ist.

Wenn im neuen Gleichgewicht die Exporte größer und die Importe kleiner sind, als sie das vor Senkung des Preises des unterbeschäftigten Faktors waren, ist die reale Geldmenge in diesem Land größer, als es der Fall gewesen wäre, wenn dieses Land mit dem Außenhandel nichts

---

4 Eine Ausnahme muß bei »inferioren« Gütern gemacht werden, das heißt für Güter, deren nachgefragte Menge zunimmt, wenn die reale Menge an verfügbaren Kassenbeständen abnimmt. Anzumerken ist hier jedoch, daß dieser Begriff der »inferioren« Güter zwar mit dem in der Theorie der Konsumentenentscheidung gebrauchten ähnlich, jedoch nicht identisch ist. In dieser Theorie wird die Nachfrage auf das Einkommen als eine der unabhängigen Variablen bezogen, während sie sich hier auf Kassenbestände bezieht.

5 Wenn die Wechselkurse festgelegt sind, vollziehen sich diese Veränderungen in der Position der Nachfrage- oder Angebotskurven über eine Veränderung der nominellen Nachfrage- oder Angebotspreise, denen sich das jeweilige Land gegenübersieht. Im Fall flexibler Wechselkurse können die in fremder Währung notierten nominalen Nachfrage- oder Angebotspreise unverändert bleiben, doch ändern sich die Nachfrage- und Angebotspreise bezogen auf die eigene Währung des Landes infolge einer Veränderung ausländischer Wechselkurse.

6 Wir sprechen von einer Gleichgewichtsposition der Nachfrage- (und auch der Angebots-) kurve, weil diese Kurven von der Menge der verfügbaren realen Kassenbestände als einer zusätzlichen unabhängigen Variablen abhängig sind. Die Kurven verändern ihre Position, wenn die Menge der realen Kassenbestände in den anderen Ländern sich verändert.

zu tun hätte. Nach der *Allgemeinen Regel* verstärkt dies stets einen positiven Geldeffekt, schwächt einen negativen Geldeffekt ab oder verwandelt einen fehlenden Geldeffekt in einen positiven. Wenn nämlich die effektiven Elastizitäten der (diskontierten) Preiserwartungen[7] vorwiegend kleiner als Eins sind, führt ein proportionaler Verfall aller Faktorpreise und Produktpreise zu einem Sinken der realen Nachfrage nach Kassenbeständen, während die reale Geldmenge im Lande zunimmt. Wenn statt dessen die effektiven Elastizitäten der (diskontierten) Preiserwartungen vorwiegend größer als Eins sind, nimmt die reale Nachfrage nach Kassenbeständen zu, doch ist die reale Geldmenge größer, als sie das ohne Außenhandel gewesen wäre. Wenn schließlich die Elastizitäten der Erwartung Eins sind, ist die reale Nachfrage nach Kassenbeständen konstant, doch nimmt die reale Nachfrage nach Geld zu. Daher wirkt sich der Einfluß des Außenhandels auf die Wirtschaft eines Landes mit flexiblen Faktorpreisen hier stabilisierend aus. Dieser Einfluß kehrt sich jedoch um, das heißt, er wirkt entstabilisierend, wenn in der neuen Gleichgewichtssituation die Exporte kleiner und die Importe größer als zuvor sind. Der Einfluß kann je nach dem Nettoeffekt auf die reale Geldmenge im neuen Gleichgewichtszustand in beide Richtungen gehen, bei dem Exporte wie Importe größer oder kleiner sind. Eine ähnliche Analyse läßt sich zur Untersuchung der Folgen einer Preissteigerung bei einem Engpaßfaktor anwenden.

Unter Berücksichtigung der internationalen Wechselbeziehung zwischen den Geldeffekten kann daher der Einfluß des Außenhandels auf eine Wirtschaft mit flexiblen Faktorpreisen sowohl entstabilisierend als auch stabilisierend sein. Das Ergebnis hängt vom Nettoeffekt auf die reale Geldmenge in dem jeweiligen Land ab. Diese Analyse jedoch beruht auf der Annahme, daß die reale Geldmenge in den verschiedenen Ländern sich »automatisch« an Auswirkungen des internationalen Handels anpaßt. Wenn die Länder eine autonome Geldpolitik verfolgen, können sie ihre reale Geldmenge anders als auf die Art und Weise verändern, die hier zugrunde gelegt wird. In diesem Fall müssen bei unserer Analyse weitere Einschränkungen je nach dem Rahmen derartiger autonomer geldpolitischer Maßnahmen getroffen werden.

---

7 Bei unvollkommener Konkurrenz muß statt dessen die effektive Elastizität der Erwartung der (diskontierten) Grenzerträge oder Grenzaufwendungen genommen werden.

In unserer Analyse werden wir uns nun der Untersuchung von zwei Spezialproblemen zuwenden, die seit mehr als 120 Jahren in der Ökonomie im Mittelpunkt der Auseinandersetzung stehen. Es handelt sich um die beiden Probleme der Überersparnis und der Beschränkung von Investitionsmöglichkeiten. Die »orthodoxe« Theorie bestreitet, daß Überersparnis und Beschränkung der Investitionsmöglichkeiten in einer Wirtschaft mit flexiblen Preisen für Produktionsfaktoren und flexiblen Zinssätzen vorkommen können. Es wird davon ausgegangen, daß eine derartige Volkswirtschaft in der Lage ist, mit jedem beliebigen Umfang des Sparens fertig zu werden, für das sich die Einkommensempfänger entscheiden, und die Investitionsmöglichkeiten werden als unbeschränkt betrachtet (zumindestens bis zu dem Punkt, an dem alle Produkte kostenlose Güter würden). Soweit Überersparnis und Beschränkung der Investitionsmöglichkeit tatsächlich doch vorkommen, werden sie damit erklärt, daß sie auf die Starrheit der Faktorpreise und nach einigen, jedoch nicht allen Vertretern dieser Ansicht[1] auch auf eine Starrheit der Zinssätze zurückzuführen seien. Diese Ansicht ist jedoch nur eine Folgerung aus der grundlegenderen Hypothese, daß eine Unterbeschäftigung von Produktionsfaktoren nicht möglich ist (es sei denn als Reibungsphänomen), wenn die Faktorpreise flexibel sind.

Daß diese Grundhypothese falsch ist, wenn sie einen Anspruch auf allgemeine Gültigkeit erhebt, ist in der vorangegangenen Analyse nachgewiesen worden. Damit die Flexibilität der Faktorpreise eine automatische Vollbeschäftigung der Produktionsfaktoren gewährleisten kann, muß eine Anzahl sehr spezieller Bedingungen erfüllt sein. Diese Bedingungen beziehen sich auf die Beziehung zwischen den wirksamen Erwartungselastizitäten und der Empfindlichkeit des Geldsystems, wie dies in der *Allgemeinen Regel* niedergelegt ist; auf die Art Güter, auf die sich eine in der Substitution von Gütern für Geld implizierte Nachfragesteigerung richtet; auf die Empfindlichkeit der Investition gegenüber Veränderungen der Zinssätze; auf die effektiven Erwartungselastizitäten; auf den Charakter der Unternehmerreaktionen, wie sie durch das Ausmaß und die Art der unvollkommenen Konkurrenz determiniert sind; und schließlich auf die Bedingungen des

---

1 Daß die Starrheit der Zinssätze hier eine ursächliche Rolle spielt, dürfte von Professor F. H. Knight bestritten werden. Seine Argumentation beruht darauf, daß es (mindestens langfristig) unmöglich ist, daß die Zinssätze starr bleiben, weil davon auszugehen sei, daß sich die Zinssätze an jede Veränderung in der Ertragsrate von Investitionen anpassen. Vgl. Knight, »Der Konjunkturzyklus, Zins und Geld«, in: *Review of Economic Statistics*, Bd. 23, Mai 1941, S. 53-57, insbes. S. 63 ff.

Außenhandels. Wenn nicht alle diese Bedingungen erfüllt sind, kann die Flexibilität der Faktorpreise keine Vollbeschäftigung der Produktionsfaktoren gewährleisten und ebensowenig das Vorkommen von Engpaßfaktoren verhindern. Sie kann sogar zu einer Quelle der ökonomischen Instabilität werden, das heißt, ein Preisverfall bei einem unterbeschäftigten (oder nachfragemonopolistisch unterbeschränkten) Faktor kann zu einer kumulativen Verringerung beim Einsatz dieses Faktors führen, während eine Preissteigerung bei einem Engpaßfaktor zu einer kumulativen Steigerung im Nachfrageüberhang nach diesem Faktor (oder zu einer monopolistischen Überbeschränkung des Angebots) führen kann. Wir wollen uns nun ansehen, wie die in unserer Analyse aufgestellten Prinzipien im Fall der beiden Spezialprobleme wirksam werden, mit denen wir uns hier befassen wollen.

Gehen wir von der Annahme einer Volkswirtschaft aus, in der alle Faktormärkte im Gleichgewicht sind. Wir teilen die Waren (hiervon sind Wertpapiere ausgeschlossen; vgl. S. 95 weiter oben) in unserer Wirtschaft in vier Gruppen auf: Waren, die nur Produktionsfaktoren sind[2] (das heißt, die von Haushalten an Unternehmen[3] verkauft werden); Waren, die nur Produkte[4] sind (das heißt, die von Unternehmen an Haushalte[5] verkauft werden); Waren, die sowohl Produkte als auch Produktionsfaktoren sind (das heißt, die von Unternehmen an Unternehmen verkauft werden); und Waren, die weder Produktionsfaktoren noch Produkte sind (das heißt von Haushalten an Haushalte verkauft werden). Wir wollen diese jeweils in dieser Reihenfolge als ursprüngliche Faktoren[6], als Endprodukte, als Zwischenprodukte (oder Investitionsgüter) und als unmittelbare Dienstleistungen bezeichnen. Unter dem modernen Kapitalismus (das heißt in einer Volkswirtschaft, in der die ganze Produktion in Unternehmen vorgenommen wird[7]), ist

---

2 Für eine Definition von Produktionsfaktoren vgl. Fußnote 1 auf S. 81 weiter oben.
3 Unter Unternehmen verstehen wir wirtschaftliche Entscheidungseinheiten, die zum Zweck der Profitmaximierung betrieben werden.
4 Für eine Definition von Produkten vgl. Fußnote 1 auf S. 81 weiter oben.
5 Unter Haushalten verstehen wir wirtschaftliche Entscheidungseinheiten, die zum Zweck der Nutzenmaximierung betrieben werden.
6 Der Begriff der Grundfaktoren (primary factors) sollte mit dem der ursprünglichen Faktoren nicht verglichen weden, der in zahlreichen Abhandlungen über die Kapitaltheorie (zum Beispiel der von Boehm-Bawerk) benutzt wird. Ursprüngliche Faktoren unterscheiden sich von »Kapitalgütern« (capital goods) dadurch, daß ihr Angebot unveränderlich ist, während das Unterscheidungskriterium für Grundfaktoren darin liegt, daß sie nicht von Unternehmen, sondern von Haushalten gestellt werden. Zwischenprodukte sind zwangsläufig »Kapitalgüter« im Sinne der erwähnten Kapitaltheorien, doch gilt nicht unbedingt auch das Umgekehrte, da »Kapitalgüter« von Haushalten produziert und verkauft werden können, zum Beispiel von Bauernhöfen, die dazu betrieben werden, den Nutzen des Bauern (und seiner Familie) und nicht seinen Gewinn in Geld zu maximieren.
7 Diese Definition des Kapitalismus bezieht sich auf den Zweck, zu dem die Produktion betrieben wird (zum Beispiel für Gewinn in Geld). Diese Definition ist bei Autoren wie

die Arbeit der einzige vorhandene ursprüngliche Produktionsfaktor[8], und unmittelbare Dienstleistungen spielen eine ziemlich untergeordnete Rolle.

Gehen wir nun von der Annahme aus, daß bei Gleichbleiben aller anderen Umstände die Haushalte in der Volkswirtschaft sich dafür entscheiden, ihre gegenwärtigen Käufe an Endprodukten und unmittelbaren Dienstleistungen einzuschränken. In diesem Fall sagen wir, daß die Konsumneigung des Gemeinwesens abnimmt[9]. Dies bedeutet bei altem Output, daß der Nachfragepreis nach (zumindest) einigen Endprodukten[10] zurückgeht, während die Nachfragekurven für alle anderen Endprodukte (und unmittelbaren Dienstleistungen) unverändert bleiben[11]. Solange die Preise der Produktionsfaktoren und aller anderen

---

Sombart (*Der moderne Kapitalismus*, Bd. I, München ⁵1922, S. 319), Max Weber (*Wirtschaft und Gesellschaft*, Tübingen 1956, Bd. I, § 6, S. 297 ff.) und Brentano (*Der wirtschaftende Mensch in der Geschichte*, Leipzig 1923, S. 211 ff.) zu finden. Sie findet sich auch bei Marx (vgl. *Das Kapital*, Bd. III, S. 51 f.). Sie schließt den Sklavenkapitalismus des Altertums nicht aus, und daher wird zur Unterscheidung das Adjektiv »modern« hinzugefügt. Es ist leicht nachzuweisen, daß diese Definition die Trennung von Arbeit und Eigentum an anderen Produktionsmitteln bedeutet, denn ein Eigentümer von Produktionsmitteln, der sie mit seiner eigenen Arbeitskraft betreibt, wird eine Chance zur Erhöhung seines Gewinns in Geld nicht wahrnehmen, wenn der Grenznutzen des Geldeinkommens geringer ist als der Grenznachteil der Arbeit, die mit der Ausnutzung der Chance verbunden ist; das heißt, er wird sich wie ein Haushalt verhalten (der den Nutzen maximiert) und nicht wie ein Unternehmer. Wenn die Sklaverei ausgeschlossen ist, wird dies gleichwertig mit Marx' anderer Definition in bezug auf den Einsatz von Lohnarbeit zum Betreiben von Produktionsmitteln, deren Eigentümer andere Personen sind (vgl. *Das Kapital*, Bd. I, S. 271).

8 Dies ist zum Teil auf institutionelle Ursachen zurückzuführen. Unter Bedingungen der Sklavenhaltung können Arbeiter zu Gewinnzwecken gezüchtet werden und daher Investitionsgüter sein. Vgl. zu diesem Thema die recht aufschlußreichen Bemerkungen von Professor F. H. Knight, »The Quantity of Capital and the Rate of Interest«, in: *Journal of Political Economy*, Bd. 44, August 1936, S. 438.

Soweit jedoch nichtkapitalistische Produzenten in unserer Wirtschaft ebenfalls vorhanden sind, können auch andere Produktionsfaktoren als die Arbeit Grundfaktoren sein, wie zum Beispiel im Fall von Produkten, die an Unternehmen von Subsistenzbauern verkauft werden, die ihren Hof eher als Haushalte denn als Unternehmen betreiben (das heißt anstatt des Geldprofits den Nutzen maximieren).

9 Der Ausdruck »Konsumneigung« bezeichnet die funktionale Beziehung zwischen den gegenwärtigen Aufwendungen für Endprodukte und unmittelbare Dienstleistungen einerseits und dem gegenwärtigen Einkommen und einer Anzahl anderer Variablen andererseits. Eine Ausnahme der Konsumneigung bedeutet eine Veränderung des Verlaufs dieser Funktion.

10 Theoretisch ist es möglich, daß sich eine Abnahme der Konsumneigung ausschließlich auf eine Verringerung der Nachfrage nach unmittelbaren Dienstleistungen richtet, ohne die Nachfrage nach Endprodukten zu beeinflussen. Dieser Fall ist jedoch in der Praxis äußerst unwahrscheinlich (zumindest unter dem modernen Kapitalismus) und daher theoretisch nicht von großem Interesse. Aus diesen Gründen wird er im Text außer acht gelassen.

11 Eine Abnahme der Konsumneigung kann verbunden sein mit einer Verschiebung nach oben der Nachfragekurven für einige besondere Endprodukte oder unmittelbare Dienstleistungen, die dazu herangezogen werden, den verringerten Konsum der anderen zu kompensieren, unter der Voraussetzung, daß der reale Wert der aggregierten Geldausgaben für Endprodukte und unmittelbare Dienstleistungen abnimmt. In unserem Text gehen wir jedoch von der engeren Annahme aus, nach der diese Möglichkeit sowohl zur Vereinfachung der Darstellung als auch zur Umgehung des schwierigen Problems »realer« Aggregate ausgeschlossen ist.

Güter (einschließlich der Wertpapiere) unverändert bleiben, führt dies unter Bedingungen vollkommener Konkurrenz und in der Regel auch unter einem Monopol (einschließlich der monopolistischen Konkurrenz)[12] zu einem Rückgang des Outputs derjenigen Produkte, deren Nachfrage abgenommen hat. Infolgedessen geht auch die Nachfrage nach den Produktionsfaktoren zurück, die zur Herstellung dieser Produkte benötigt werden[13]. Dies führt zu einem Überangebot bei diesen Faktoren oder schafft eine Situation der monopolistischen Unterbeschränkung der Nachfrage bei diesen Faktoren und ein Fallen ihrer Preise (unter der Annahme, daß diese Preise flexibel sind). Sodann wird versucht, andere Produktionsfaktoren durch diese billigeren Faktoren zu substituieren und den Output von Waren zu expandieren, die mit diesen Produktionsfaktoren hergestellt werden. Dies führt zu einem Sinken der Preise eben dieser anderen Faktoren. Gleichzeitig sinken infolge niedrigerer Faktorpreise die Grenzkosten. Dies führt zu einem Versuch, den Output (mindestens) einiger Produkte zu erhöhen. Die Endfolgen hängen vom Charakter des Geldeffekts und von den Elastizitäten der Erwartung ab.

Betrachten wir zunächst ein neutrales Geldsystem, und setzen wir voraus, daß alle effektiven Erwartungen die Elastizität Eins haben. In diesem Fall ist der Geldeffekt ungeachtet des numerischen Werts der effektiven Elastizität der Preiserwartungen Null. Da die intertemporale Substitution ausgeschlossen ist, hängen Angebot und Nachfrage bei jedem Gut nur von den Preisverhältnissen ab (die Zinssätze werden als konstant vorausgesetzt)[14]. Ein Überangebot oder eine monopolistische Unterbeschränkung der Nachfrage tritt für die Faktoren ein, die durch die unmittelbar im Rückgang der Konsumneigung betroffenen Faktoren substituiert worden sind, und ebenso tritt ein Überangebot oder eine angebotsmonopolistische Überbeschränkung der Ausbringung für die Produkte ein, deren Grenzkosten gesunken sind. Die Preise (und Grenzaufwendungen und Grenzerträge) dieser Faktoren und Produkte fallen bis auf den jeweiligen Märkten wieder ein Gleichgewicht erreicht ist. Das Gleichgewicht erfordert jedoch, daß dieselben Preisverhältnisse herrschen wie zuvor. Die erwähnten Faktorpreise und Produktpreise fallen daher proportional zu den Faktorpreisen, die unmittelbar von der Veränderung in der Konsumneigung[15] betroffen

---

12 Unter monopolistischen Bedingungen kann dann eine Ausnahme auftreten, wenn der Nachfragerückgang zusammenfällt mit einer ausreichenden Zunahme bei der Elastizität der Nachfragekurve.
13 Das ist das »Prinzip der abgeleiteten Nachfrage« (derived demand).
14 Vgl. S. 89 und S. 122 weiter oben.
15 Die Preise für die Faktoren, deren Unterbeschäftigung durch den Rückgang der Konsum-

wurden. Außerdem fallen alle anderen Warenpreise in der Volkswirtschaft (und die Aktienkurse) in derselben Proportion, da sich ansonsten ein Überangebot (und eine nachfragemonopolistische Unterbeschränkung und eine angebotsmonopolistische Überbeschränkung) auf anderen Märkten entwickeln würde. Daher tritt ein proportionaler Verfall aller Warenpreise[16] (und Aktienkurse) ein. All das jedoch kann die Unterbeschäftigung (oder monopolistische Unterbeschränkung der Nachfrage) bei den Faktoren nicht beseitigen, die zur Herstellung der Endprodukte erforderlich sind, für die die Nachfrage infolge der abnehmenden Konsumneigung zurückgegangen ist. Bei den erwähnten Faktoren bleibt das Überangebot (oder die monopolistische Unterbeschränkung der Nachfrage) bestehen, und ihre Preise fallen weiter. Dies führt erneut zu einem proportionalen Rückgang aller Preise usw. Daher führt bei flexiblen Faktorpreisen und einem neutralen Geldsystem jeder Rückgang der Konsumneigung zu einer Unterbeschäftigung oder monopolistischen Unterbeschränkung der Nachfrage nach (mindestens) einigen Produktionsfaktoren und zu einem kumulativen Verfall aller Preise mit Ausnahme der Zinssätze. In ähnlicher Weise führt eine Zunahme der Konsumneigung zu einem Nachfrageüberhang oder einer monopolistischen Überbeschränkung der Nachfrage bei (einigen oder allen) Faktoren und zu einem kumulativen Steigen aller Preise. Die Preisflexibilität versagt also völlig beim Problem der Beseitigung des Ungleichgewichts.

Da sich alle Warenpreise und Aktienkurse (und alle Grenzerträge und Grenzaufwendungen) in derselben Proportion verändern, bleibt der Output bei allen Waren gleich. Daher wird genau dieselbe Menge jedes Endprodukts und jedes Investitionsguts produziert wie vor der Veränderung der Konsumneigung. Die Nachfragekurve für (mindestens) einige Investitionsgüter verläuft jedoch ebenso wie die Nachfragekurve für einige Endprodukte niedriger oder höher, je nachdem, ob die Konsumneigung abgenommen oder zugenommen hat. Daher führt eine Abnahme der Konsumneigung zu einem dauernden Überangebot (oder einer angebotsmonopolistischen Unterbeschränkung des Outputs) bei (einigen oder allen) Investitionsgütern, während eine

---

neigung unmittelbar verursacht wird, fallen alle in derselben Proportion. Wenn nämlich einer überproportional zu den anderen fallen sollte, würde dies zu einem Versuch führen, andere Faktoren durch diesen Faktor zu ersetzen, und das zunehmende Überangebot der ersetzten Faktoren würde zu einem stärkeren Verfall ihrer Preise führen. Dieses Argument beruht auf der Annahme, daß der Preisverfall um so größer ist, je größer das Überangebot ist, die in der Theorie der Stabilität des ökonomischen Gleichgewichts vorausgesetzt wird. Vgl. Formel (2.6) im Anhang.

16 Die Preise festverzinslicher Wertpapiere bleiben konstant und die Zinssätze daher unverändert.

Zunahme der Konsumneigung zu einem dauernden Nachfrageüberhang bei ihnen führt. Das eine führt zur »Überersparnis«, die mit einem Überangebot an Investitionsgütern einhergeht; das andere führt zu einer »Unterersparnis«, die von einem Nachfrageüberhang nach Investitionsgütern begleitet ist. Dieses Ergebnis ist leicht zu erklären. Unter den angenommenen Bedingungen ist der Output an Investitionsgütern unveränderlich. Daher verursacht jede Veränderung in der Nachfrage nach Investitionsgütern, die sich aus einer Veränderung der Konsumneigung ergibt, ein Überangebot oder einen Nachfrageüberhang.

Auf den ersten Blick hat es seltsamerweise den Anschein, als ob die Gleichgewichtsstörung statt mit dem Konsumniveau mit der Veränderung der Konsumneigung zusammenhinge. Dies ist jedoch nur dem Anschein nach so. Da der Output an Investitionsgütern unveränderlich ist, ist für Vollbeschäftigung und Gleichgewicht eine Konsumneigung erforderlich, die für jedes Investitionsgut eine Nachfrage gewährleistet, die genau gleich seinem Output ist[17]. Dies wollen wir als die *gleichgewichtige Konsumneigung* bezeichnen. Jede Abweichung von der gleichgewichtigen Konsumneigung[18] in eine der beiden Richtungen erzeugt entweder einen Nachfrageüberhang oder ein Überangebot und führt zu einem kumulativen Steigen oder Fallen aller Warenpreise[19].

Wenn wir nun die Annahme einheitlicher Elastizitäten der effektiven Erwartungen aufgeben, die Annahme eines neutralen Geldsystems jedoch beibehalten, stellen wir fest, daß die intratemporale Substitution und Expansion in jeder Richtung stattfinden können. Aus den im vorstehenden Kapitel dargelegten Gründen ist es jedoch nicht wahrschein-

---

17 Der Begriff des »Gleichgewichtkonsums« (equilibrium comsumption), der einer gegebenen Investitionsrate entspricht, wird von Dr. A. P. Lerner gebraucht. Vgl. seinen Artikel »Some Swedish Stepping-Stones in the Theory of Employment«, in: *The Canadian Journal of Economics and Political Science*, Bd. 6, November 1940, S. 574-591.

18 Nicht nur eine Veränderung im Niveau (das heißt des Gesamtausgabenumfangs) der Konsumneigung, sondern auch eine Veränderung ihrer Zusammensetzung (das heißt der Richtung der Aufwendungen) führt zu einem Ungleichgewicht. Die Gleichgewichtsneigung zum Konsum impliziert daher nicht nur ein bestimmtes Konsumniveau, sondern auch eine bestimmte Richtung der Aufwendungen.

19 Unser Ergebnis läßt sich auch in der Wicksell'schen Theorie des kumulativen Falls oder Steigens von Warenpreisen ausdrücken. Da der Output an Investitionsgütern feststeht, verursacht eine Abweichung von der Gleichgewichtsneigung zum Konsum *ex ante* eine Ersparnis, die entweder die Investition übertrifft oder unter ihr liegt und daher zu einem kumulativen Verfall oder kumulativen Steigen aller Preise führt. Dies läßt sich auch in den Zinssätzen ausdrücken. Die Preise festverzinslicher Wertpapiere (das heißt »der Geldzins«) bleiben konstant, das Überangebot an Investitionsgütern, das sich aus einer unter den Anforderungen des Gleichgewichts liegenden Konsumneigung ergibt, senkt die »natürliche Zinsrate«. Die Folge ist ein nach unten verlaufender Wicksell'scher Prozeß. In ähnlicher Weise führt eine Konsumneigung, die über den Anforderungen des Gleichgewichts liegt, zu einer Erhöhung des »natürlichen Zinses«, und ein nach oben verlaufender Wicksell'scher Prozeß findet statt.

lich, daß der intratemporale Substitutions- und Expansionseffekt bedeutend ist, und die Folgen einer Veränderung in der Konsumneigung hängen von der Elastizität der effektiven Erwartungen ab, die unmittelbar die jeweilige Nachfrage oder das jeweilige Angebot bei den Faktoren beeinflussen, die von dieser Veränderung betroffen sind. Wenn diese Erwartungen unelastisch sind, verringert die intertemporale Substitution das Überangebot an unterbeschäftigten Faktoren und erhöht den Nachfrageüberhang nach Engpaßfaktoren. Die Preisflexibilität wirkt sich daher in Richtung auf eine Wiederherstellung des Gleichgewichts aus. Wenn statt dessen diese Erwartungen elastisch sind, verschlimmert sich die Unterbeschäftigung oder der Nachfrageüberhang. In diesem Fall führt die Preisflexibilität zu einer kumulativen Verstärkung des Ungleichgewichts, das durch eine Veränderung in der Konsumneigung erzeugt wird.

## X. Veränderungen in der Konsumneigung (Fortsetzung)

Wir geben nun die Annahme eines neutralen Geldsystems auf und betrachten die effektiven Elastizitäten von Erwartungen und die Elastizität des Geldsystems. Nach der *Allgemeinen Regel* wird ein positiver Geldeffekt in einem unempfindlichen Geldsystem nur dann hervorgerufen, wenn bei proportionalem Fall aller laufenden Warenpreise und Aktienkurse die effektiven Elastizitäten der (diskontierten) Erwartungen vorwiegend kleiner als Eins sind, und bei einem empfindlich reagierenden Geldsystem, wenn sie vorwiegend gleich Eins oder größer als Eins sind. Ein negativer Geldeffekt tritt ein, wenn die umgekehrten Bedingungen vorliegen.

Wir wollen zuerst den Fall betrachten, in dem der Geldeffekt positiv ist. In diesem Fall führt ein proportionaler Verfall aller laufenden Preise mit Ausnahme der Zinssätze zu einem Rückgang des realen Nachfrageüberhangs nach Kassenbeständen. Dies zieht eine Substitution von Gütern für Geld nach sich, die wie ein Fallschirm wirkt und verhindert, daß die anderen Faktorpreise und Produktpreise (mit Ausnahme derer, für die sich infolge der Veränderungen der Konsumneigung die Nachfragekurve nach unten verschoben hat) in der gleichen Proportion wie die Preise derjenigen Produktionsfaktoren fallen, die infolge einer Abnahme der Konsumneigung zu unterbeschäftigten wurden. Diese Fallschirmwirkung kann auf zweierlei Arten oder in einer Kombination dieser zwei Arten auftreten.

Zunächst kann sich die Nachfragesteigerung, die sich aus der Verringerung des realen Nachfrageüberhangs nach Kassenbeständen ergibt, auf Waren richten. In Anbetracht dessen, daß der Rückgang der Konsumneigung die Nachfrage nach (mindestens) einigen Endprodukten und unmittelbaren Dienstleistungen verringert und daß die Annahme gilt, daß die Nachfrage nach keiner dieser Warenkategorien steigt[1], muß sich die Nachfragesteigerung auf Investitionsgüter und Grundfaktoren der Produktion richten. Weil jedoch die Nachfrage nach Endprodukten abnimmt oder unverändert bleibt, muß jede Nachfragesteigerung nach Grundfaktoren der Produktion zum Zweck der Produktion von Investitionsgütern erfolgen; sie ist daher nur ein Aspekt der zunehmenden Nachfrage nach Investitionsgütern. Die Preise (mindestens einiger) Investitionsgüter und der Grundfaktoren, die zu ihrer Produktion erforderlich sind, fallen unterproportional zu den Preisen derjenigen Faktoren, die durch den Rückgang der Konsumneigung unterbeschäftigt geworden sind. Ein intratemporaler Substitutions- und Expansionseffekt tritt ein. Dies setzt sich so lange fort, wie die Preise für die unterbeschäftigten Faktoren gelten, das heißt, solange ein Überangebot an diesen Faktoren besteht[2].

Wenn die Elastizität der Erwartung der Effektivpreise, die die jeweilige Nachfrage oder das jeweilige Angebot bei den Faktoren beeinflußt, die durch die Abnahme der Konsumneigung in Mitleidenschaft gezogen werden, Eins ist, bewirkt der intratemporale Substitutions-

---

1 Vgl. S. 140 weiter oben. Diese Aussage gilt im strengen Sinne nur für den Fall, daß die Menge der verfügbaren realen Kassenbestandsüberschüsse nicht als unabhängige Variable in die Funktion eingeht, die Ausdruck der Konsumneigung ist. Wenn dem so wäre, könnte die Nachfrage nach den von der Veränderung in der Konsumneigung betroffenen Endprodukten und unmittelbaren Dienstleistungen weniger als im anderen Falle zurückgehen, während die Nachfrage nach den anderen Endprodukten und unmittelbaren Dienstleistungen sogar zunimmt. Wenn die »Elastizität der Kassenbestandsüberschüsse« der Nachfrage nach der zuerst genannten Kategorie von Endprodukten und unmittelbaren Dienstleistungen groß genug ist, kann sie die Auswirkung der Abnahme der Konsumneigung mehr als aufwiegen. Infolgedessen kann derselbe Konsum an Endprodukten und unmittelbaren Dienstleistungen, der vor der Veränderung der Konsumneigung bestand, aufrechterhalten werden. Dies entspricht Professor D. H. Robertsons »abortive saving« (vgl. *Money*, New York / Chicago 1929, S. 102 f.; und *Banking Policy and the Price Level*, London 1926, S. 45 f.). Diese Komplikationen werden im Text außer acht gelassen, um die Argumentation zu vereinfachen und auch, weil sie in der Praxis nicht sehr bedeutend zu sein scheinen.

2 Daher muß unter der Voraussetzung, daß alle Faktorpreise flexibel sind, die Nachfragesteigerung nach Investitionsgütern, die sich aus dem Rückgang des realen Nachfrageüberhangs nach Kassenbeständen ergibt, immer größer sein als der Rückgang der Nachfrage nach Investitionsgütern und Grundfaktoren, der durch den Rückgang der Nachfrage für (einige oder alle) Endprodukte verursacht worden ist, das heißt auf das »Prinzip der abgeleiteten Nachfrage« zurückgeht. Ansonsten würde nämlich das Überangebot an Faktoren weiterbestehen, und die Faktorpreise würden weiter fallen. Dies würde den realen Nachfrageüberhang nach Kassenbeständen weiter verringern, und infolgedessen würde die Nachfrage nach Investitionsgütern und Grundfaktoren steigen. Schließlich muß eine Nettozunahme der Nachfrage nach Investitionsgütern erfolgen, die ausreicht, um jedes Überangebot an Produktionsfaktoren zu beseitigen. Der Geldeffekt überwiegt daher das »Prinzip der abgleitenden Nachfrage«.

und Expansionseffekt für sich selbst schon die Herstellung eines neuen Gleichgewichts mit Vollbeschäftigung aller Produktionsfaktoren. Wenn diese Elastizität größer oder kleiner als Eins ist, kommt die intertemporale Substitution ins Spiel. Wenn die erwähnten Erwartungen unelastisch sind, wird die derzeitige Nachfrage nach den unterbeschäftigten Produktionsfaktoren durch intertemporale Substitution weiter gesteigert (oder das gegenwärtige Angebot wird weiter verringert). Die Vollbeschäftigung wird bei einem geringeren Rückgang der Preise dieser Faktoren wiederhergestellt, als bei Fehlen der intertemporalen Substitution notwendig gewesen wäre. Wenn aber die für die jeweilige Nachfrage oder das jeweilige Angebot des unterbeschäftigten Faktors relevanten Erwartungen elastisch sind, nimmt infolge der intertemporalen Substitution die Nachfrage nach diesen Faktoren ab (und das Angebot nimmt zu). Dies wirkt dem intratemporalen Substitutions- und Expansionseffekt entgegen. Das Endergebnis kann in jeder der beiden Richtungen liegen. Wenn der intertemporale Substitutionseffekt schwächer ist, wird die Vollbeschäftigung letztlich wiederhergestellt, auch wenn die Wiederherstellung der Vollbeschäftigung einen größeren Preisverfall bei den unterbeschäftigten Faktoren erfordert, als andernfalls nötig gewesen wäre. Wenn sich statt dessen der intertemporale Substitutionseffekt als stärker erweist als der intratemporale Substitutions- und Expansionseffekt, nimmt das Überangebot an den durch die Abnahme der Konsumneigung betroffenen Faktoren kumulativ zu.

Zweitens kann sich die auf die Verringerung der realen Kassenbestandsüberschüsse zurückzuführende Nachfragesteigerung anstatt auf Waren auch auf Wertpapiere richten[3]. Wir wollen davon ausgehen, daß sie sich auf festverzinsliche Wertpapiere richte (in realen Einheiten gemessen)[4]. In diesem Fall steigen die Preise festverzinslicher Wertpapiere, und es tritt ein Sinken der Zinssätze ein, das um so größer ist, je größer die Elastizität der Erwartungen der (diskontierten) Preise festverzinslicher Wertpapiere ist[5]. Das Sinken der Zinsraten erhöht den diskontierten Wert der erwarteten Warenpreise und führt daher zu einer intertemporalen Substitution (Verschiebung) von Käufen auf die Gegenwart und von Verkäufen auf die Zukunft. Dies führt zu einer allseitigen Steigerung der gegenwärtigen Nachfrage nach Waren und zu einer Abnahme des gegenwärtigen Angebots. Ein Nachfrageüberhang tritt auf, und die Preise steigen auf Märkten, die im Gleich-

---

3 Zu den Bedingungen, unter denen dies geschehen dürfte, vgl. S. 98 weiter oben.
4 Vgl. S. 95 weiter oben.
5 Vgl. S. 110 weiter oben.

gewicht waren, während ein zuvor vorhandenes Überangebot verringert (oder möglicherweise sogar zum Verschwinden gebracht wird) und der Verfall der entsprechenden Preise gebremst wird. Das Steigen der Preise der vollbeschäftigten Faktoren führt zu einem intratemporalen Substitutionseffekt. Das Steigen der Preise von Produkten, an denen kein Überangebot besteht, führt zu einem Expansionseffekt, entweder unmittelbar, wenn sie mit einigen derjenigen Faktoren hergestellt werden, die durch die abnehmende Konsumneigung freigesetzt werden, oder mittelbar dadurch, daß es den Preis der entsprechenden Produkte im Vergleich zu den mit den unterbeschäftigten Faktoren hergestellten Produkten erhöht und bewirkt, daß letztere Produkte für die ersteren substituiert werden.

In der Regel ist die intertemporale Substitution auf den Märkten für Investitionsgüter größer als auf den Märkten für Endprodukte und unmittelbare Dienstleistungen. Soweit die beschriebene intertemporale Substitution auf den Märkten für Endprodukte und unmittelbare Dienstleistungen wirksam wird, kann der Fall der Zinssätze den durch den Rückgang der Konsumneigung erzeugten Nachfragerückgang nach Endprodukten und unmittelbaren Dienstleistungen zum Teil umkehren[6]. Eine derartige Umkehrung ist jedoch in der Regel geringfügig[7]. Eine tatsächliche Nachfragesteigerung beschränkt sich auf Investitionsgüter[8]. Daher besteht die Auswirkung der sinkenden Zinssätze darin, daß die derzeitige Nachfrage nach Investitionsgütern steigt, und das Ergebnis ist das gleiche wie in dem Fall, wenn der Rückgang des Nachfrageüberhangs nach Kassenbeständen unmittelbar zur Erhöhung dieser Nachfrage führt[9]. Es können nicht alle jeweiligen

6 Dies entspricht der These der traditionellen Spartheorie, daß ein Sinken der Zinssätze zu einem Rückgang der »Sparbereitschaft« führt. Es gibt jedoch Ausnahmen von dieser Regel. Wenn der Haushalt plant, nicht Darlehensnehmer, sondern Darlehensgeber zu sein, verringert das Sinken der Zinssätze den Kapitalwert seiner Aktiva. Der Haushalt wird »ärmer« und schränkt tendenziell die gegenwärtige Nachfrage nach Endprodukten und unmittelbaren Dienstleistungen ein. Diese Einschränkung kann die intertemporale Substitution, die sich aus einer Zunahme des diskontierten Werts der erwarteten Preise ergibt, ausgleichen (oder sogar mehr als ausgleichen). In diesem Fall wird die im Text beschriebene Umkehrung nicht stattfinden, und es kann sogar eine weitere Verringerung der Nachfrage nach Endprodukten und unmittelbaren Dienstleistungen auftreten. Für eine präzise Analyse des Verhältnisses zwischen Zinskondition und »Sparbereitschaft« vgl. Hicks, a.a.O., S. 232-235.

7 Aus praktischen Beobachtungen geht hervor, daß die Sparbereitschaft von Veränderungen der Zinskonditionen nur wenig beeinflußt wird, wohin dieser Einfluß auch immer gehen mag.

8 Es kann auch eine Steigerung der Nachfrage nach denjenigen Endprodukten und unmittelbaren Dienstleistungen eintreten, deren Nachfrage infolge der Veränderung der Konsumneigung nicht abgenommen hat. Eine derartige Steigerung verändert unsere Ergebnisse nicht und wird im Text zur Vereinfachung der Darstellung vernachlässigt.

9 Auch in diesem Fall überwiegt der Geldeffekt gegenüber dem »Prinzip der abgeleiteten Nachfrage«, das heißt, die aus dem Verfall der Zinssätze resultierende Nachfragesteige-

Preise genau proportional zu den Preisen derjenigen Faktoren fallen, die durch den Rückgang der Konsumneigung zu unterbeschäftigten wurden, und der intratemporale Substitutions- und Expansionseffekt wird nicht wirksam. Dies stellt tendenziell die Vollbeschäftigung wieder her, es sei denn, dies würde durch eine entgegengerichtete intertemporale Substitution verhindert, die sich aus elastischen Erwartungen hinsichtlich der Effektivpreise ergibt, die unmittelbare Auswirkungen auf die jeweilige Nachfrage oder das jeweilige Angebot bei den unterbeschäftigten Faktoren haben.

Das gleiche Ergebnis wird erreicht, wenn sich aus dem Rückgang des Nachfrageüberhangs nach Kassenbeständen resultierende Nachfragesteigerung auf Aktien richtet. Eine Zunahme der Nachfrage nach Aktien, die sich nicht infolge verbesserter Dividendenerwartungen, sondern aus einer Verringerung des realen Nachfrageüberhangs nach Kassenbeständen ergibt, führt zu einem Steigen der Aktienpreise in Relation zu den erwarteten Einkünften. Dies hat genau die gleiche Auswirkung wie ein Sinken der Zinssätze. Es führt auch in der Regel zu einem solchen Sinken der Zinssätze, weil die in steigenden Aktienpreisen enthaltene Erwartung einer geringeren Verzinsung unter den beschriebenen Umständen dazu führt, daß Aktien durch festverzinsliche Wertpapiere substituiert werden und daher der Preis für festverzinsliche Wertpapiere steigt.

Anzumerken ist hier jedoch, daß es bei der zweiten beschriebenen Art weitaus weniger sicher ist, daß der intratemporale Substitutions- und Expansionseffekt entsteht, als bei der ersten. Dies liegt daran, daß die intertemporale Substitution, die sich aus dem Sinken der Zinssätze ergibt, sehr gering und in der Praxis sogar vernachlässigbar sein kann. Die Auswirkung, die die intertemporale Substitution auf die derzeitige Nachfrage und das derzeitige Angebot hat, hängt von der Länge des

---

rung für Investitionsgüter ist größer als der Nachfragerückgang, der auf die sinkende Nachfrage nach Endprodukten zurückzuführen ist. Es muß jedoch daran erinnert werden, daß dies die Flexibilität aller Faktorpreise voraussetzt. Wenn die Preise einiger Faktoren (zum Beispiel der Grundfaktoren) starr sind, ist der mit jedem beliebigen Geldeffekt zusammenhängende intratemporale Expansionseffekt schwächer, da die Senkung der Grenzkosten geringer ist. Die Grenzkosten sinken um so weniger (im Vergleich zu einer Situation, in der alle Faktorpreise flexibel sind), je größer der Nachfragerückgang bei Endprodukten ist. Daher kann es vorkommen, daß bei ständig sinkender Konsumneigung ein Punkt erreicht wird, an dem der Rückgang der Zinssätze das »Prinzip der abgeleiteten Nachfrage« nicht mehr überkompensiert und dieses anfängt, gegenüber dem Rückgang der Zinssätze zu überwiegen. Die entsprechende Konsumneigung kann als optimale Konsumneigung bezeichnet werden. Die genauen Bedingungen, die dafür erforderlich sind, sind in dem Artikel des Verfassers, »The Rate of Interest and the Optimum Propensity to Consume«, in: *Economica*, N. S., Bd. 5, 1938, ausgearbeitet. Die optimale Konsumneigung maximiert die Nachfrage nach Investitionsgütern, stellt jedoch vom gesellschaftspolitischen Standpunkt aus nicht unbedingt ein Optimum dar.

Zeitraums ab, innerhalb dessen die intertemporale Substitution stattfindet. Dies ist der Zeitraum, innerhalb dessen die Wirtschaftssubjekte ihre Käufe oder Verkäufe planen, das heißt ihr ökonomischer Horizont. Ein Sinken der Faktorpreise kann jedoch die Ungewißheit der Preiserwartungen erhöhen. Eine derartige Zunahme der Ungewißheit verkürzt den ökonomischen Horizont von Unternehmen (und ebenso von Haushalten)[10]. Dies verringert die Auswirkung der intertemporalen Substitution auf die jeweilige Nachfrage und das jeweilige Angebot, nicht nur, weil die Anzahl der intertemporalen Substitution zurückgeht, sondern auch weil damit die bedeutendsten intertemporalen Substitutionsvorgänge wegfallen.

Eine Veränderung der Zinssätze wirkt sich auf die diskontierten Werte der erwarteten Preise im Verhältnis dazu aus, wie weit sie in der Zukunft liegen. Je weiter in der Zukunft der entsprechende Preis liegt, desto stärker wird er diskontiert und desto größer ist entsprechend die Veränderung seines diskontierten Werts, die sich aus einer beliebigen Veränderung des Zinssatzes ergibt. Daher werden die diskontierten Werte der in naher Zukunft erwarteten Preise durch eine Veränderung der Zinssätze nur geringfügig betroffen, und die durch eine derartige Veränderung bewirkte intertemporale Substitution ist sehr klein. Die bedeutenden intertemporalen Substitutionen, die sich aus Veränderungen der Zinssätze ergeben, sind die zwischen Käufen und Verkäufen in der Gegenwart und den Käufen und Verkäufen, die für die entfernte Zukunft geplant sind. In dem Maße, wie sich der ökonomische Horizont wegen der zunehmenden Ungewißheit verkürzt, entfallen diese zeitlich entfernteren intertemporalen Substitutionen, und es bleiben nur die intertemporalen Substitutionen zwischen den Käufen und Verkäufen der Gegenwart und denen, die für die nahe Zukunft geplant sind. Infolgedessen kann die Auswirkung einer Veränderung des Zinssatzes auf die gegenwärtige Nachfrage nach Investitionsgütern sehr klein und (insbesondere dann, wenn eine gewisse Reibung vorliegt) in der Praxis vernachlässigbar sein[11]. Dies erklärt die wohlbekannte Unempfindlichkeit der Investitionstätigkeit gegenüber Veränderungen der Zinskonditionen. Das Ergebnis sieht so aus, daß ein Preisverfall bei den Faktoren, deren Unterbeschäftigung durch die Abnahme der Konsumneigung bewirkt wird, die gegenwärtige Nachfrage nach In-

---

10 Vgl. S. 117 weiter oben.
11 Nach den Worten von Professor Hicks: »Der Zins ist zu schwach, um einen großen Einfluß auf die nahe Zukunft zu haben; das Risiko ist zu stark, als daß der Zins in der Lage wäre, einen großen Einfluß auf die entferntere Zukunft zu haben.« A.a.O., S. 226.

vestitionsgütern auch dann nicht zu erhöhen braucht, wenn der Geld-effekt positiv ist[12].

Es gibt eine weitere Ursache, die verhindern kann, daß die Steigerung der realen Nachfrage nach festverzinslichen Wertpapieren die gegenwärtige Nachfrage nach Investitionsgütern in nennenswertem Umfang beeinflußt, auch wenn die eben beschriebene Auswirkung der Ungewißheit nicht eintritt. Diese Ursache liegt darin, daß die aus einer Verringerung des realen Nachfrageüberhangs nach Kassenbeständen resultierende Nachfragesteigerung sich anstatt auf langfristige festverzinsliche Wertpapiere auf kurzfristige Wertpapiere (und Wechsel) richten kann. Die hauptsächliche Auswirkung einer Veränderung der Zinskonditionen auf die gegenwärtige Nachfrage nach Investitionsgütern liegt, wie wir gesehen haben, in intertemporalen Substitutionen zwischen gegenwärtigen Käufen und Verkäufen und solchen, die für die entferntere Zukunft geplant sind. Damit derartige intertemporale Substitutionen ausgelöst werden können, ist es erforderlich, daß die entsprechenden langfristigen Zinskonditionen, das heißt die Zinssätze, um die die jeweiligen erwarteten Preise diskontiert werden, abnehmen. Daher kann eine Veränderung der realen Nachfrage nach kurzfristigen festverzinslichen Wertpapieren nur dann eine Auswirkung auf die gegenwärtige Nachfrage nach Investitionsgütern haben, wenn die daraus resultierende Veränderung kurzfristiger Zinskonditionen sich in eine Veränderung langfristiger Zinskonditionen umsetzt. Ob eine solche Umsetzung stattfindet oder nicht, hängt von der Elastizität der Erwartungen kurzfristiger Zinskonditionen ab.

Da die Halter von festverzinslichen Wertpapieren die Wahl haben, entweder langfristige oder kurzfristige festverzinsliche Papiere (und Wechsel) zu halten, muß der effektive Ertrag (das heißt nach Abzug der Risikoprämie) eines langfristigen festverzinslichen Wertpapiers gleich der Summe des Effektivertrags kurzfristiger Wertpapiere im

---

12 In einem derartigen Fall führt eine Abnahme der Konsumneigung zu einem Rückgang der Nachfrage nach Investitionsgütern, da der Nachfragerückgang für diese Güter, der sich aus einem Nachfragerückgang nach (einigen oder allen) Endprodukten ergibt (das heißt auf das »Prinzip der abgeleiteten Nachfrage« zurückzuführen ist), nicht durch eine vom Geldeffekt bewirkte Nachfragesteigerung ausgleichen wird. In ähnlicher Weise führt eine Zunahme der Konsumneigung zu einer Nachfragesteigerung bei Investitionsgütern. Der letztere Effekt dürfte jedoch nur bis zu einem gewissen Punkt eintreten, nach dem er sich umkehrt. Unter den im Text beschriebenen Umständen verursacht eine fortdauernde Zunahme der Konsumneigung eine immer größere Abnahme des realen Nachfrageüberhangs nach Kassenbeständen und erhöht daher die Zinssätze immer weiter. Schließlich werden die Zinssätze so hoch, daß eine intertemporale Substitution zwischen gegenwärtigen Käufen und Verkäufen herbeigeführt wird. Mit anderen Worten ist der Anstieg der Zinssätze so groß, daß er die gegenwärtige Nachfrage nach Investitionsgütern ohne Rücksicht darauf beschneidet, wie gering die Elastizität dieser Nachfrage in bezug auf Zinssätze ist, solange sie nicht Null sind.

gleichen Zeitraum sein, das heißt, der Effektivertrag eines Darlehens, das beispielsweise für $n$ Monate ausgeliehen wurde, muß gleich dem zusammengenommenen Effektivertrag eines Darlehens sein, das nur einen Monat gegeben und $n - 1$ mal zum Ende jedes Monats erneuert wurde. Anderenfalls würden die Halter von festverzinslichen Wertpapieren von langfristigen Wertpapieren auf kurzfristige oder umgekehrt umsteigen, bis die Preise der verschiedenen Arten festverzinslicher Wertpapiere im geeigneten Verhältnis zueinander stünden. Dies bedeutet, daß die langfristigen Zinskonditionen von dem jeweiligen kurzfristigen Zinssatz und von den kurzfristigen Zinskonditionen abhängen, von denen erwartet wird, daß sie während der Laufzeit des langfristigen Darlehens gelten[13]. Eine Veränderung der kurzfristigen Zinskonditionen beeinflußt nur dann nennenswert die langfristigen, wenn sie eine starke Auswirkung auf die für die Zukunft erwarteten (effektiven) kurzfristigen Zinskonditionen hat, das heißt, wenn die effektive Elastizität der Erwartungen bezüglich kurzfristiger Zinskonditionen genügend groß ist[14]. Daher kann eine Nachfragesteigerung nach kurzfristigen festverzinslichen Wertpapieren (und Wechseln) die langfristigen Zinssätze nicht senken, wenn die effektive Elastizität der Erwartungen bezüglich kurzfristiger Zinskonditionen gering ist, und infolgedessen auch zu keiner Steigerung der jeweiligen Nachfrage nach Investitionsgütern führen.

Da die jeweilige Nachfrage nach Investitionsgütern keine Steigerung erfährt, ist eine etwa vorkommende intratemporale Substitution und Expansion gänzlich auf den unmittelbaren Einfluß von Preiserwartungen auf den verschiedenen Märkten zurückzuführen. Da jedoch keine Substitution zwischen Geld und Waren stattfindet, dürften der intratemporale Substitutions- und Expansionseffekt schwach sein, und wenn die effektiven Erwartungen von der Elastizität Eins sind, fallen sie sogar vollkommen weg. Das Ergebnis hängt daher von der un-

---

13 $R_n$ sei der Effektivzins auf ein Darlehen für $n$ Zeiträume, mit $r_1$ sei der laufende Effektivzins auf ein Darlehen für einen einzigen Zeitraum bezeichnet, und mit $r_2$, $r_3$, $\cdots$, $r_n$ die Effektivzinssätze auf ein derartiges Darlehen, das über die aufeinanderfolgenden Zeiträume verlängert werden soll. Dann ist

$$(1 + R_n)^n = (1 + r_1)(1 + r_2) \cdots (1 + r_n).$$

Vgl. Hicks, a.a.O., S. 145.

14 Dies ergibt sich unmittelbar aus der Formel in der vorstehenden Fußnote. Wenn die Elastizität der Erwartungen bezüglich kurzfristiger Effektivzinsen Null ist, kann der Effekt einer Veränderung des gegenwärtigen kurzfristigen Zinses auf den langfristigen Zins vernachlässigt werden, und dies um so mehr, je langfristiger das Darlehen ist. Der effektive langfristige Zins verändert sich unterproportional, genau proportional oder überproportional zum gegenwärtigen kurzfristigen Zins, je nachdem, ob die Elastizitäten der Erwartung des effektiven kurzfristigen Zinses (alle also »vorwiegend«) kleiner als, gleich oder größer als Eins sind. Vgl. auch T. de Scitovsky, »A Study of Interest and Capital«, in: *Economica*, N. S., Bd. 7, August 1940, S. 293-317.

mittelbaren intertemporalen Substitution auf den Märkten für die unterbeschäftigten Faktoren ab. Wenn die effektiven Preiserwartungen, die die laufende Nachfrage oder das laufende Angebot bei diesen Faktoren beeinflussen, unelastisch sind, wird das Überangebot so weit beseitigt, bis das Gleichgewicht wiederhergestellt wird. Wenn diese Preiserwartungen elastisch sind, wird eine durch die Abnahme der Konsumneigung bewirkte Unterbeschäftigung kumulativ schlimmer, und dies trotz des positiven Geldeffekts.

Wenn der Geldeffekt negativ ist, ist das Ergebnis genau entgegengesetzt dem, das im Falle eines positiven Geldeffekts beschrieben wurde. Ein proportionaler Verfall aller jeweiligen Warenpreise führt zu einer Steigerung des realen Nachfrageüberhangs nach Kassenbeständen. Dies führt tendenziell zu einer Abnahme der Nachfrage nach Investitionsgütern. Die gegenwärtigen Preise für Investitionsgüter und für zu ihrer Produktion herangezogene Grundfaktoren fallen überproportional zum Preisverfall bei den unterbeschäftigten Faktoren, und der intratemporale Substitutions- und Expansionseffekt sind negativ. Das Überangebot an den durch die Abnahme der Konsumneigung unterbeschäftigt gewordenen Faktoren steigt, und ihre Preise fallen noch weiter, es sei denn, dem würde durch genügend unelastische Preiserwartungen hinsichtlich der Preise entgegengewirkt, die die jeweilige Nachfrage und das jeweilige Angebot bei diesen Faktoren beeinflussen. Dies führt nicht nur zu einem kumulativen Verfall der Preise (wie im Fall eines neutralen Geldsystems), sondern auch zu einer kumulativen Zunahme des Überangebots der Produktionsfaktoren, die durch die Abnahme der Konsumneigung in Mitleidenschaft gezogen worden sind. Die Flexibilität der Faktorpreise bewirkt, daß sich die Volkswirtschaft immer weiter vom Gleichgewicht entfernt. Diese Instabilität kann jedoch gemildert werden, wenn eine Steigerung des realen Nachfrageüberhangs nach Kassenbeständen nicht zu einem Rückgang der Nachfrage nach Waren, sondern zu einem Nachfragerückgang bei Wertpapieren führt. Es kann vorkommen, daß die daraus resultierende Erhöhung der Zinssätze die jeweilige Nachfrage nach Investitionsgütern nicht senkt, weil diese Nachfrage durch die gestiegene Ungewißheit unempfindlich gegenüber Zinskonditionen wird oder weil sich die Erhöhung auf kurzfristige Zinssätze beschränkt, die sich nicht in langfristige umsetzen, und der negative intratemporale Substitutions- und Expansionseffekt unbedeutend werden oder überhaupt nicht eintreten.

Wie bereits bei unserer Abhandlung des Falls eines neutralen Geldsystems bemerkt, läßt sich unsere Analyse auch auf die Untersuchung der Folgen einer Zunahme der Konsumneigung anwenden und kann so weit verallgemeinert werden, daß sie auch unter Bedingungen des Angebots- und Nachfragemonopols gilt. Wenn der Geldeffekt einer Zunahme der Konsumneigung positiv ist, führt die Flexibilität der Faktorpreise zu einem neuen Gleichgewicht, es sei denn, die Preiserwartungen, die die jeweilige Nachfrage und das gegenwärtige Angebot bei Engpaßfaktoren beeinflussen, seien in hohem Maße elastisch. Sie führt kumulativ vom Gleichgewicht weg, wenn der Geldeffekt negativ ist, es sei denn, die erwähnten Erwartungen seien in hohem Maße unelastisch. Dies kann sich ändern, wenn die Ergebnisse des Geldeffekts über die Wertpapiermärkte und nicht unmittelbar über die Warenmärkte wirksam werden. Wenn Angebots- und Nachfragemonopol (einschließlich der angebots- und nachfragemonopolistischen Konkurrenz) gegeben sind, müssen wir in unserer Analyse jeweils soweit erforderlich Grenzerträge und Grenzaufwendungen an die Stelle der Preise setzen. Unsere Ergebnisse werden dadurch nicht beeinflußt.

Die Schlußfolgerungen, zu denen wir gelangt sind, können sich jedoch beträchtlich verändern, wenn der internationale Handel einbezogen wird. Wenn die Position des Landes auf den internationalen Märkten atomistisch ist oder wenn statt dessen die Nachfragekurve für Exportgüter und die Angebotskurven für Importgüter von Veränderungen der heimischen Preise beeinflußt bleiben, wird zusätzlich zum Geldeffekt und zu den unelastischen Erwartungen ein weiterer stabilisierender Einfluß wirksam. In diesem Fall kann das Gleichgewicht in jeder beliebigen Wirtschaft mit flexiblen Faktorpreisen auch unter den Bedingungen eines neutralen Geldsystems aufrechterhalten werden. Dies sogar, wenn der Geldeffekt negativ ist, vorausgesetzt, er ist dies nicht in allzu starkem Maße[15].

Wir sind nun in der Lage, eine Einschätzung der »orthodoxen« Theorie zu geben, die die Möglichkeit der »Überersparnis« (das heißt einer zu geringen Konsumneigung) bei flexiblen Faktorpreisen leugnet. Sie zieht genau die gleichen Schlußfolgerungen wie unsere Analyse für den Fall, daß der Geldeffekt positiv ist. In dieser Theorie wird davon ausgegangen, daß eine Abnahme der Konsumneigung die Nachfrage nach Kassenbeständen senkt, was zu einer Nachfragesteigerung bei Investitionsgütern führt, die den Nachfragerückgang nach Endprodukten mehr als ausgleicht. Die Steigerung der Nachfrage nach Investitionsgütern wird so aufgefaßt, daß sie entweder unmittelbar (direkte Investition von Ersparnis) oder mittelbar über die Wertpapiermärkte

---

15 Vgl. S. 133 weiter oben.

(indirekte Investition der Ersparnis über die Kapital- und Geld-
märkte) und über einen daraus folgenden Rückgang der Zinssätze erfolgt, der die Nachfrage nach Investitionsgütern ankurbelt. Diese
Argumentation ist vollkommen richtig, vorausgesetzt, daß der Geldeffekt positiv ist und für den Fall, daß die Investition der Ersparnis
über die Wertpapiermärkte stattfindet, unter der Voraussetzung, daß
die Nachfrage nach Investitionsgütern empfindlich auf Veränderungen
der Zinskonditionen reagiert. Die »orthodoxe« Theorie gelangt dadurch zu einem positiven Geldeffekt, daß sie von einer Elastizität der
Preiserwartungen von Eins ausgeht. In diesem Fall ist die reale Nachfrage nach Kassenbeständen konstant, während die reale Geldmenge
bei einem proportionalen Verfall aller laufenden Warenpreise zunimmt. Daher nimmt der reale Nachfrageüberhang nach Kassenbeständen ab[16]. Die Empfindlichkeit der Nachfrage nach Investitionsgütern
gegenüber Veränderungen der Zinskonditionen ist eine Folge davon,
daß die Auswirkung der Ungewißheit außer acht gelassen und für
kurzfristige Zinssätze eine Erwartungselastizität von Eins angenommen wird. Die Annahme, daß die Erwartungselastizität Eins sei, führt
auch zu einem Wegfall der intertemporalen Substitution.
Unter diesen Bedingungen hat die »orthodoxe« Theorie unumschränkte
Gültigkeit. Der Fehler dieser Theorie besteht darin, daß ihre Gültig-
keitsbedingungen als die einzig möglichen angesehen werden. Wir
haben gesehen, daß diese Bedingungen nur eine von mehreren Möglichkeiten sind und daß die Ergebnisse und die Schlußfolgerungen der
»orthodoxen« Theorie nur ein (zudem empirisch nicht allzu realistischer) Sonderfall einer allgemeineren Analyse sind. Auch gibt es noch
eine weitere Beschränkung der »orthodoxen« Theorie, die ebenso für
unsere allgemeinere Analyse des Problems gilt. Diese Beschränkung
ergibt sich aus den unterschiedlichen unternehmerischen Reaktions-
mustern unter einem auf Gruppenverhalten beruhenden Angebots-
oder Nachfrageoligopol. Diese müssen nun untersucht werden.
Welche Folgen ein Angebots- und Nachfrageoligopol hat, hängt in
großem Umfang davon ab, ob diese Arten von Unternehmerreaktionen
auch bei der Produktion von Endprodukten in starkem Maße vorliegen
oder ob sie sich hauptsächlich auf die Produktion von Investitionsgütern konzentrieren. Wenn die Unternehmen, die die Endprodukte
herstellen, deren Nachfrage sich aufgrund der Veränderung der
Konsumneigung verändert hat, angebots- oder nachfrageoligopolistisch
sind, kann es sein, daß die Nachfrage nach den zur Herstellung dieser

16 Vgl. S. 93 weiter oben.

Produkte verwendeten Faktoren durch eine Veränderung der Konsumneigung nur geringfügig oder überhaupt nicht in Mitleidenschaft gezogen wird. Im Fall des Angebotsoligopols kann die Veränderung der Nachfrage nach Endprodukten infolge des Effekts auf die »Disziplin« der produzierenden Gruppen teilweise oder ganz auf Preisveränderungen und Veränderungen des Monopolisierungsgrads hinauslaufen. Der Output dürfte nur zum Teil oder überhaupt nicht darauf reagieren[17]. Im Fall des Nachfrageoligopols kann es sein, daß sich die Veränderung in der Nachfrage nach den Produkten keineswegs in eine Veränderung der Nachfrage nach Faktoren umsetzt, weil die letzteren (innerhalb eines gewissen Bereichs) auf Verschiebungen der wertbezogenen Nettogrenzproduktivitätskurven der Faktoren nicht reagieren. In gewissen Fällen kann dies auch verhindern, daß sich der Output von Endprodukten verändert[18]. Daher reduzieren Angebots- und Nachfrageoligopol tendenziell die Veränderung des Outputs von Endprodukten und in noch stärkerem Maße Veränderungen in der Beschäftigung von Faktoren, die sich aus Veränderungen der Konsumneigung ergeben, oder sie verhindern sie überhaupt. Die Nachfrage nach Faktoren von seiten der Unternehmen, die Endprodukte herstellen, wird mehr oder weniger stabilisiert, und alle weiteren Konsequenzen einer Veränderung in der Konsumneigung fehlen entweder ganz oder werden abgeschwächt. Veränderungen im Monopolisierungsgrad von Angebot und Nachfrage wirken sich hier als Stoßdämpfer aus.

Eine andere Situation liegt vor, wenn die Veränderung in der Nachfrage nach Endprodukten wirksam in einer Veränderung ihres Outputs und der Nachfrage nach den geeigneten Produktionsfaktoren umgesetzt wird, während in der Produktion von Investitionsgütern ein Angebots- oder Nachfrageoligopol herrscht. In einer derartigen Situation kann es sein, daß der Geldeffekt, wenn er vorhanden ist, durchaus keine Veränderung des Outputs von Investitionsgütern und keinen intratemporalen Substitutions- oder Expansionseffekt bewirkt, der zur Beseitigung des Überangebots oder des Nachfrageüberhangs (oder der

---

17 Diese geringe (oder fehlende) Reaktionsbereitschaft des Outputs dürfte bei zunehmender Konsumneigung eher eintreten als bei abnehmender. Eine Nachfragesteigerung scheint nämlich (gemäß empirischen Beobachtungen) die »Disziplin« der Gruppe zu stärken, während sie durch eine Abnahme der Nachfrage geschwächt wird.

18 Das letztere tritt ein, wenn die Nachfrage des Unternehmens nach allen Faktoren nachfrageoligopolistisch ist. Andernfalls verändert sich nur die Nachfrage nach den dem Nachfrageoligopol des Unternehmens unterworfenen Faktoren nicht, während die Nachfrage nach den übrigen Faktoren sich in der gleichen Richtung wie die Nachfrage nach dem Produkt verändert. Die Ausbringung verändert sich, jedoch in geringerem Umfang als bei fehlendem Nachfrageoligopol, da die Grenzkostenkurven infolge des fixen Charakters der dem Nachfrageoligopol des Unternehmens unterworfenen Faktoren steiler verlaufen.

nachfragemonopolistischen Unterbeschränkung oder Überbeschränkung der Nachfrage) bei Faktoren erforderlich ist. Unter Bedingungen des Angebotsoligopols können sich die Veränderungen der Nachfrage nach Investitionsgütern zum Teil oder gänzlich in Preisveränderungen und Veränderungen des Monopolisierungsgrads niederschlagen; wodurch das Wirksamwerden des intratemporalen Expansionseffekts abgeschwächt oder sogar völlig verunmöglicht wird. Die fehlende Reaktionsfähigkeit des Outputs auf Verschiebungen (innerhalb eines gewissen Spielraums) der Grenzkostenkurve unter Bedingungen des Oligopols bewirkt tendenziell dasselbe Ergebnis. Das Nachfrageoligopol kann das Wirksamwerden des intratemporalen Substitutionseffekts verhindern, da sich eine Veränderung im Grenzaufwand für die Faktoren, bei denen ein Überangebot oder ein Nachfrageüberhang besteht, zum Teil oder gänzlich in Veränderungen ihrer Preise und Veränderungen des Monopolisierungsgrads der Nachfrage niederschlagen kann, ohne die Nachfrage nach diesen Faktoren stark (oder überhaupt) zu beeinflussen. Oder aber, wenn der Geldeffekt nicht zu einer unmittelbaren Veränderung in der Nachfrage nach Investitionsgütern, sondern statt dessen zu einer Veränderung der Zinskonditionen führt, kann es sein, daß die Veränderung der Zinskonditionen keine Veränderung der jeweiligen Nachfrage nach Investitionsgütern bewirkt, weil zusätzlich zu den bereits weiter oben erwähnten Ursachen des Ausbleibens einer solchen Reaktion ein Angebots- oder Nachfrageoligopol besteht. Die mangelnde Reaktionsfähigkeit des Outputs auf Veränderungen der Faktorpreise (oder des Grenzaufwands) und des Faktoreinsatzes auf Veränderungen der wertbezogenen Nettogrenzproduktivität von Faktoren kann verhindern, daß sich infolge der Veränderungen bei den diskontierten Werten der erwarteten Preise (oder Grenzerträge und Grenzaufwendungen) eine intertemporale Substitution ergibt[19].

In der beschriebenen Situation stabilisieren Angebots- und Nachfrageoligopol tendenziell den Output von Investitionsgütern und die Nachfrage nach den in der Produktion von Investitionsgütern verwendeten Grundfaktoren. Wenn die Konsumneigung von dem Gleichgewichtsniveau[20] abweicht, das dem derzeitigen Output an Investitionsgütern entspricht, kann es sein, daß das daraus entstehende Überangebot oder der Nachfrageüberhang bei Produktionsfaktoren nicht durch die Flexibilität ihrer Preise absorbiert wird, selbst dann nicht,

---

19 Vgl. S. 126-128 weiter oben.
20 Vgl. die Definition der Gleichgewichtsneigung zum Konsum auf S. 143 weiter oben. Die Argumentation im Text gilt auch für Abweichungen der Konsumneigung von ihrem Gleichgewichtsniveau. In bezug auf letztere vgl. Fußnote 18 auf S. 143 weiter oben.

wenn eine solche Flexibilität einen positiven Geldeffekt erzeugt und die Erwartungen unelastisch sind, die die jeweilige Nachfrage oder das jeweilige Angebot bei den Faktoren beeinflussen. Auf der anderen Seite verhindern Angebots- und Nachfrageoligopol, daß sich die Flexibilität der Faktorpreise entstabilisierend auswirkt, wenn ihr Geldeffekt negativ ist.

## XI. Kapitalakkumulation und Investitionsmöglichkeiten

Unter Kapitalakkumulation verstehen wir eine Zunahme des Bestands an Investitionsgütern in der Volkswirtschaft[1]. Unser gegenwärtiges Problem besteht darin, die Auswirkung zu untersuchen, die eine derartige Zunahme auf die Nachfrage und das Angebot bei Investitionsgütern hat.

Die Nachfrage nach einem Investitionsgut wird wie die nach jedem anderen Produktionsfaktor durch die Gleichsetzung der wertbezogenen Grenzproduktivität mit dem Preis (oder Grenzaufwand) des Gutes bestimmt. Die physische Grenzproduktivität, die einer der Bestandteile der wertbezogenen Grenzproduktivität[2] ist, nimmt (zumindest von einem gewissen Punkt an) mit zunehmender Verwendung des Bestands der Investitionsgüter in der Produktion ab, während die Mengen aller anderen verwendeten Faktoren konstant bleiben[3]. Dies ist das Gesetz

---

1 Der Begriff der Kapitalakkumulation, wie er im Text verwendet wird, ist etwas enger gefaßt als derjenige, der in den meisten Abhandlungen über die Kapitaltheorie zu finden ist. Investitionsgüter (capital goods) werden gewöhnlich so definiert, daß darunter auch einige Grundfaktoren in dem Sinne verstanden werden, in dem die Bezeichnung hier gebraucht wird (vgl. Fußnote 6 auf S. 139). Bisweilen werden auch dauerhafte Endprodukte als Investitionsgüter (capital goods) bezeichnet. Der Grund dafür, daß »produzierte« Grundfaktoren ausgeschlossen sind, liegt darin, daß in einer rein kapitalistischen Volkswirtschaft keine vorhanden sind und daß ihr empirisches Vorkommen, wenn überhaupt, auf das Vorhandensein einiger nichtkapitalistischer Produzenten zurückzuführen ist, die quantitativ ziemlich unbedeutend sind. Dauerhafte Endprodukte werden ausgeschlossen, weil sie von Haushalten gekauft werden und die Nachfrage nach ihnen durch den »Nutzen« und nicht durch die Grenzproduktivität geregelt wird und weil sie daher mit denselben Methoden analysiert werden müssen wie jede aus den Haushalten kommende Nachfrage.

2 Die wertbezogene Grenzproduktivität (marginal value productivity) ist die physische Grenzproduktivität multipliziert um den Preis des Produkts oder um den Grenzertrag. Wenn sie um den Preis multipliziert wird, wird sie auch Wert des Grenzprodukts genannt.

3 Strenggenommen hängt die physische Grenzproduktivität nicht vom Bestand an Investitionsgütern, sondern vom Fluß ihrer Inanspruchnahme in der Produktion ab; so zum Beispiel von Maschinenstunden. Eine Steigerung im Strom dieser Inanspruchnahme ist jedoch stets in einer Zunahme des Bestands an Investitionsgütern enthalten, wenn alle Investitionsgüter genutzt werden und ihr Nutzungsgrad pro Zeiteinheit (das heißt die Anzahl der Stunden pro Woche, in der ein Maschinenpark in der Produktion eingesetzt wird), wenn überhaupt, dann unterproportional zur Zunahme des Bestands abnimmt. Eine derartige Annahme ist völlig realistisch. Indem wir sie treffen, sind wir in der Lage, eine unmittelbare Beziehung zwischen dem Bestand an Investitionsgütern und ihrer Grenzproduktivität herzustellen und dadurch unsere Darlegung beträchtlich zu vereinfachen.

vom abnehmenden Ertragszuwachs. Infolgedessen führt jede Zunahme des Bestands an einigen (oder allen)[4] Investitionsgütern, der nicht von einer proportionalen Zunahme im Angebot an Primärfaktoren[5] begleitet ist, zu einem Rückgang der physischen Grenzproduktivität der Investitionsgüter[6]. In der Regel impliziert dies eine Abnahme ihrer wertbezogenen Grenzproduktivität und außerdem bei gegebenen Preisen (oder Grenzaufwendungen) ein Sinken der Nachfrage nach ihnen. Ein derartiger Nachfragerückgang tritt immer dann ein, wenn die Unternehmen unter Bedingungen vollkommener Konkurrenz auf der Verkäuferseite arbeiten, denn die Preise für die Produkte der Investitionsgüter bleiben *prima facie* unverändert, während ihre physische Grenzproduktivität fällt. Diese Abnahme findet auch unter Bedingungen des Monopols (und der monopolistischen Konkurrenz) statt. Eine Ausnahme tritt auf, wenn die Elastizität der Nachfragekurven nach Produkten zunimmt, das heißt der Monopolisierungsgrad abnimmt, und dies um so viel, daß die daraus resultierende Steigerung des Grenzertrags die Abnahme der physischen Grenzproduktivität ausgleicht.

Der Rückgang der Nachfrage nach Investitionsgütern als Folge einer Zunahme ihres Bestands stellt die »Erschöpfung der Investitionsmöglichkeiten« dar, von der viele Verfasser behaupten, daß sie die Folge der Kapitalakkumulation sei, wenn die Zunahme des Angebots an Grundfaktoren nicht mit dieser Schritt hält. Die »orthodoxe« Theorie behauptet, daß eine derartige »Erschöpfung« unmöglich ist, wenn alle Faktorpreise flexibel sind, da ein Sinken der Faktorpreise (einschließlich der Preise für Grundfaktoren) die Produktionskosten senken muß

---

4 Im Text wird daher angenommen, daß der Bestand an keinem der Investitionsgüter abnimmt. Diese restriktive Annahme ist nicht unbedingt in der Kapitalakkumulation impliziert. Erforderlich ist lediglich eine Zunahme des aggregierten realen Werts des Bestands an Investitionsgütern in der Wirtschaft. Letzteres führt jedoch direkt zu dem kniffligen Thema realer Aggregate, nämlich zu dem Problem: Was soll mit der aggregierten Menge des »realen Kapitals« in der Wirtschaft bezeichnet werden? Die ganze Schwierigkeit wird durch die im Text getroffene Annahme umgangen, ohne daß deswegen ein signifikanter Aspekt des diskutierten Problems verlorengeht.

5 Damit ist im modernen Kapitalismus das Arbeitsangebot gemeint (vgl. S. 139 weiter oben). Das Angebot, das hier relevant ist, ist natürlich der Strom an Arbeitsleistung, das heißt von Arbeitsstunden der verschiedenen Arten von Arbeit. Von diesem Angebot wird angenommen, daß es geringer zunimmt als der Strom von Leistungen von Investitionsgütern.

6 Diese Abnahmerate sinkt, wenn die Investitionsgüter in bezug aufeinander kooperativ sind, das heißt, wenn die Zunahme im Bestand eines dieser Güter (die unter Voraussetzung unserer Annahmen eine Steigerung ihrer Inanspruchnahme impliziert) die Grenzproduktivität der anderen Investitionsgüter erhöht (vgl. A. C. Pigou, *The Economics of Welfare*, S. 659 f.). Nichtsdestoweniger tritt eine gewisse Abnahme ein. Wenn keine derartige Abnahme eintreten sollte, müßten Arbeit und Investitionsgüter insgesamt vollkommen gegeneinander substituierbar sein, was offensichtlich im Widerspruch zur Erfahrung steht.

und daher auch die Preise für Investitionsgüter, und dies bis zu dem Ausmaß, das die Abnahme ihrer wertbezogenen Grenzproduktivität kompensiert. Wenn die Faktorpreise genügend gesenkt werden, kann die Nachfrage nach Investitionsgütern der orthodoxen Theorie zufolge bis auf jeden gewünschten Umfang gesteigert werden, ohne Rücksicht darauf, welcher Bestand an Investitionsgütern akkumuliert wurde. Die »Investitionsmöglichkeiten« werden daher als unbeschränkt betrachtet.

Nach unserer Analyse hängt das Ergebnis davon ab, welche Art von Geldeffekt durch den Verfall der Faktorpreise bewirkt wird, und außerdem von der Elastizität der effektiven Erwartungen, die die jeweilige Nachfrage oder das jeweilige Angebot bei den Faktoren beeinflussen. Der Charakter dieser Abhängigkeit ist in den vorangegangenen Kapiteln ausführlich dargestellt worden. Wenn das Geldsystem neutral ist und die effektiven Erwartungen von der Elastizität Eins sind, fallen die laufenden Preise in der Volkswirtschaft (mit Ausnahme der Zinssätze) kumulativ proportional zum Fall der Preise derjenigen Faktoren, die infolge der Abnahme der physischen Grenzproduktivität von Investitionsgütern unterbeschäftigt (oder nachfragemonopolistisch unterbeschränkt) wurden. Weder das Überangebot an den erwähnten Faktoren noch die Nachfrage nach Investitionsgütern werden davon betroffen. Die Flexibilität der Preise für Produktionsfaktoren kann daher die »Investitionsmöglichkeiten« nicht ausdehnen. Sie kann sogar zu einer Schrumpfung dieser Möglichkeiten führen, wenn das Geldsystem neutral ist und die Erwartungen, die die jeweilige Nachfrage oder das jeweilige Angebot an Produktionsfaktoren beeinflussen, elastisch sind, oder wenn das Geldsystem so geartet ist, daß es unter den in der *Allgemeinen Regel* niedergelegten Bedingungen einen negativen Geldeffekt bewirkt; es sei denn, die Ergebnisse des negativen Geldeffekts würden durch die Folgen unelastischer Erwartungen aufgewogen. In diesem Fall fallen alle anderen jeweiligen Preise überproportional zu denen der unterbeschäftigten Faktoren, mit dem Ergebnis, daß das Überangebot an diesen Faktoren zunimmt und die Nachfrage nach Investitionsgütern weiter sinkt. Auch dieser Prozeß ist kumulativ.

Die Schlußfolgerung der »orthodoxen« Theorie gilt nur im Fall eines Geldsystems, in dem ein Sinken von Warenpreisen einen positiven Geldeffekt bewirkt, und sogar dann nur unter der Voraussetzung, daß der intratemporale Substitutions- und Expansionseffekt nicht durch eine entgegengerichtete intertemporale Substitution mehr als aufgewogen werden, die sich aus elastischen Erwartungen ergibt, welche

die jeweilige Nachfrage oder das jeweilige Angebot bei Produktionsfaktoren beeinflussen. Die Verringerung des realen Nachfrageüberhangs nach Kassenbeständen, die im positiven Geldeffekt impliziert
ist, verstärkt tendenziell die Nachfrage nach Investitionsgütern entweder unmittelbar oder mittelbar durch die Senkung der Zinssätze.
Die Preise aller anderen Waren fallen unterproportional zu denen der
unterbeschäftigten (oder nachfragemonopolistisch unterbeschränkten)
Faktoren, und neue »Investitionsmöglichkeiten« werden daher über
den Expansionseffekt und den (sowohl intratemporalen als auch intertemporalen) Substitutionseffekt eröffnet, die in der Volkswirtschaft
eintreten. Diese Tendenz kann jedoch unwirksam werden, wenn der
unmittelbare Effekt der Verringerung des realen Nachfrageüberhangs
nach Kassenbeständen in erster Linie darin besteht, daß die Nachfrage
nach Wertpapieren steigt. Wie wir gesehen haben, kann es nämlich in
diesem Fall sein, daß das Sinken der Zinssätze unter Umständen die
jeweilige Nachfrage nach Investitionsgütern (oder jeden anderen
Waren) nicht steigert. Außerdem können ein positiver intratemporaler
Substitutions- und Expansionseffekt zwar eintreten, jedoch durch die
entgegengerichtete Einwirkung der auf elastische Preiserwartungen
zurückzuführenden intertemporalen Substitution zunichte gemacht
oder überschattet werden. Daher gilt die »orthodoxe« Theorie der unbeschränkten Investitionsmöglichkeiten bei einem System flexibler
Faktorpreise genau wie die »orthodoxe« Theorie des Sparens nur für
einen Sonderfall. Ihr Irrtum besteht darin, daß sie einer Möglichkeit
von vielen Allgemeingültigkeit zuschreibt.
Diese Analyse bedarf einiger Veränderungen, wenn ein Angebots- oder
Nachfrageoligopol gegeben ist. Die Andersartigkeit der Unternehmerreaktionen, die in diesem Fall auftreten, kann die Wiederherstellung
der Vollbeschäftigung aller Faktoren trotz eines positiven Geldeffekts
und unelastischer Erwartungen hinsichtlich der Preise (oder Grenzerträge und Grenzaufwendungen) verhindern, die die jeweilige Nachfrage und das jeweilige Angebot bei Produktionsfaktoren unmittelbar
beeinflussen. Die notwendigen Expansionseffekte und (sowohl intratemporalen als auch intertemporalen) Substitutionseffekte können abgeschwächt werden oder überhaupt nicht eintreten. Der intratemporale
Expansionseffekt kann durch die fehlende Reaktion des Outputs der
unter oligopolitischen Bedingungen produzierten Investitionsgüter auf
das Sinken der Grenzkosten zunichte gemacht werden, das sich aus dem
Sinken der Faktorpreise (oder des Grenzaufwands) ergibt. Dasselbe
kann durch eine Stärkung der Gruppen»disziplin« unter den oligopolistischen Produzenten von Investitionsgütern geschehen, die sich in-

folge einer Steigerung der Nachfrage nach diesen Gütern ergibt, die auf die Verringerung des Nachfrageüberhangs nach Kassenbeständen zurückzuführen ist. Der intratemporale Substitutionseffekt kann durch die mangelnde Reaktion von Faktoren, die einem Nachfrageoligopol unterworfen sind, auf Verschiebungen ihrer wertbezogenen Grenzproduktivitätskurven zunichte gemacht werden. Die intertemporale Substitution kann aus einem beliebigen der eben erwähnten Gründe oder einer Verbindung dieser Gründe ausfallen[7]. In den beschriebenen Fällen kann die Flexibilität der Faktorpreise nicht verhindern, daß die Kapitalakkumulation zu einem Überangebot an Produktionsfaktoren führt, da das Angebots- und Nachfrageoligopol eine Schranke gegen die Expansion der Investitionsmöglichkeiten bilden.

Unter bestimmten Bedingungen kann jedoch diese Schranke auch als Schranke gegen ein Schrumpfen der »Investitionsmöglichkeiten« wirken, die sich aus der Abnahme der wertbezogenen Grenzproduktivität für Investitionsgüter ergibt. So ist zum Beispiel die Nachfrage nach Investitionsgütern bei Vorliegen eines Nachfrageoligopols von Verschiebungen (innerhalb eines gewissen Spielraums) ihrer wertbezogenen Grenzproduktivität nicht betroffen. Die Nachfrage nach Investitionsgütern kann also ebenso wie ihr Output und ihre Preise von einem Rückgang der wertbezogenen Grenzproduktivität unberührt bleiben. Deren einzige Auswirkung besteht dann darin, daß sie den Grad der Monopolisierung der Nachfrage auf den Märkten für Investitionsgüter verringert. Ein ähnliches Ergebnis kann eintreten, wenn das Angebot von Investitionsgütern angebotsoligopolistisch ist. In diesem Fall kann die Abnahme der Nachfrage nach Investitionsgütern zu einer Schwächung der »Disziplin« der oligopolistischen Gruppen führen, und die Preise der Investitionsgüter können fallen, ohne einen Rückgang des Outputs nach sich zu ziehen. Die Nachfrage nach den Produktionsfaktoren (das heißt den Grundfaktoren und anderen Investitionsgütern), die zur Herstellung der fraglichen Investitionsgüter gebraucht werden, bleibt dann unverändert.

Die Tendenz von Angebots- und Nachfrageoligopolen zur Schaffung einer Starrheit der Output- und Inputreaktion von Unternehmern kann daher als Stabilisierungsfaktor wirken, der die Effekte der Kapitalakkumulation dämpft, und ebenso als Faktor, der den Anpassungsprozeß behindert, der sich normalerweise aus einem positiven Geldeffekt ergibt. Welches Ergebnis in jedem Fall herauskommt, hängt von dem beschriebenen jeweiligen Typ der angebots- oder nach-

---

7 Vgl. S. 128 weiter oben.

frageoligopolistischen Situation ab und davon, ob das Investitionsgut, auf das es sich bezieht, von der Kapitalakkumulation beeinflußt wird. Daher können darüber auf rein theoretischer Grundlage keine Voraussagen getroffen werden. Eine wichtige praktische Schlußfolgerung läßt sich jedoch aus unserer Analyse des Angebots- und Nachfrageoligopols wie aus der bereits erwähnten Tatsache schließen, daß unter Bedingungen des Monopols (und der monopolistischen Konkurrenz) ein genügend hoher Monopolisierungsgrad verhindern kann, daß ein Rückgang der physischen Grenzproduktivität einen Rückgang der wertbezogenen Grenzproduktivität bewirkt. Die Schlußfolgerung lautet so, daß eine Abnahme des Monopolisierungsgrads von Angebot oder Nachfrage es der Wirtschaft erleichtert, die Folgen der Kapitalakkumulation zu verkraften.

## XII. Innovationen[1]

Innovationen sind Veränderungen in den Produktionsfunktionen, das heißt in den Relationen, die das Verhältnis zwischen dem Einsatz an Produktionsfaktoren und dem Output von Produkten bezeichnen und es dem Unternehmen möglich machen, den diskontierten Wert des unter bestehenden Marktbedingungen erzielbaren Höchstprofits zu steigern. Hierbei handelt es sich um den effektiven Gesamtprofit (das heißt den Gewinn nach Abzug der Risikoprämien), den das Unternehmen für den Zeitabschnitt erwartet, innerhalb dessen es seine Faktoreinsatz- und Outputpläne aufstellt, das heißt also innerhalb seines ökonomischen Horizonts. Unter Marktbedingungen verstehen wir die Effektivpreise und bei unvollkommener Konkurrenz die effektiven Nachfrage- und Angebotskurven jeweils für die relevanten Produkte und Faktoren. Einbezogen sind diskontierte erwartete Preise und Kurven ebenso wie die laufenden.

Wenn die einzige Ungewißheit hinsichtlich der Preiserwartungen besteht, können die Effektivprofite dadurch errechnet werden, daß alle zukünftigen Einnahmen und Ausgaben aufgrund der effektiv erwarteten Preise bewertet werden (vgl. S. 114 weiter oben). Zusätzlich zur Ungewißheit der Preiserwartungen kann jedoch auch eine »technologisch bestimmte Ungewißheit« gegeben sein. Hierbei handelt es sich um eine Ungewißheit in bezug auf die Mengenverhältnisse zwischen

---

1 Ein Teil dieses Kapitels ist unter dem Titel »A note on Innovations«, in: *Review of Economic Statistics*, Bd. 25, Februar 1943 (Sonderausgabe zu Ehren von J. A. Schumpeter), auf S. 19-25 veröffentlicht worden.

laufenden oder zukünftigen Faktoreinsätzen und zukünftigem Output. In diesem Fall muß eine »technologisch bestimmte Risikoprämie« von dem Gewinn abgezogen werden, der aufgrund der effektiv erwarteten Preise errechnet worden ist. Infolgedessen nimmt der Effektivgewinn zu, wenn die technologische Risikoprämie abnimmt. Die hauptsächliche Auswirkung vieler Innovationen besteht daran, daß sie die technologische Risikoprämie senken und nicht etwa den um die technologische Ungewißheit unbereinigten erwarteten Profit erhöhen[2].

Die ökonomische Auswirkung einer Innovation hängt davon ab, wie sie die Grenzkosten des jeweiligen Outputs und die physische Grenzproduktivität der jeweils eingesetzten Faktoren beeinflußt, und ebenso davon, welche Reaktionen die Unternehmen zeigen, die die Innovation übernehmen.

Die Grenzkosten des gegebenen Outputs können wie die Grenzkosten jedes für ein zukünftiges Datum geplanten Outputs von einer Innovation in jeder der beiden Richtungen beeinflußt werden oder aber überhaupt nicht[3]. Wenn die Grenzkosten des jeweiligen Outputs, bei denen

2 Die technologische Ungewißheit tritt dann auf, wenn die Produktionsfunktion entweder eine stochastische Beziehung zwischen Output und Faktoreinsatz ist (wie zum Beispiel in der Landwirtschaft) oder wenn die Produktionsfunktion zwar nicht stochastisch ist, die quantitativen Verhältnisse zwischen Input und Output aber infolge unvorhergesehener Veränderungen des Inputs oder des Outputs oder aber der Größenordnung des Betriebs (mangelnde Anpassungsfähigkeit und Flexibilität des Produktionsplans des Unternehmens) Veränderungen unterworfen sind. Zum ersten Typ der technologischen Ungewißheit vgl. G. Tintner, »The Pure Theory of Production under Technological Risk and Uncertainty«, in: *Econometrica*, Bd. 9, Juli-Oktober 1941, S. 305-312; zum zweiten Typus vgl. G. Stigler, »Production and Distribution in the Short Run«, in: *Journal of Political Economy*, Bd. 47, Juni 1939, S. 312 ff., und A. G. Hart, »Imputation and the Demand for Productive Resources in Disequilibrium«, in: *Explorations in Economics*, McGraw-Hill, New York 1936, S. 264-271. Eine Innovation kann darin bestehen, daß sie jede dieser beiden Arten der technologischen Ungewißheit reduziert. Die Ungewißheit des ersten Typs wird dadurch reduziert, daß die Wahrscheinlichkeitsverteilung möglicher Outputs verringert wird, die einem gegebenen Faktoreinsatz entsprechen, zum Beispiel dadurch, daß die Abhängigkeit der Ernten von Wetterbedingungen vermindert wird. Die Ungewißheit des zweiten Typs wird dadurch vermindert, daß die Anpassungsfähigkeit und Flexibilität des Betriebs erhöht wird. Die Verringerung der Ungewißheit von Preiserwartungen (oder von Erwartungen in bezug auf Grenzertrag und Grenzaufwand) wird von unserer Definition der Innovationen ausgeschlossen, weil diese Erwartungen im Begriff der »vorhandenen Marktbedingungen« enthalten sind.

3 Dies gilt sogar für den Fall, daß das Unternehmen lediglich den jeweiligen Profit maximiert, wie es der Fall ist, wenn der jeweilige Profit und die für einen späteren Zeitpunkt erwarteten Profite unabhängig voneinander sind (wenn nämlich die Profite für zwei oder mehrere Unterabschnitte einer Phase unabhängig voneinander sind, wird der Gesamtprofit über die Gesamtphase dadurch maximiert, daß der Profit jedes Unterabschnitts gesondert maximiert wird). Die Richtung der Veränderung in den jeweiligen Grenzkosten hängt davon ab, wie sich die Innovation auf die Gesamtkosten des jeweiligen Outputs und auf die jeweilige »Elastizität der Produktivität« auswirkt. Gehen wir von der Annahme aus, daß alle jeweiligen eingesetzten Faktoren im gleichen Verhältnis $\lambda$ zunehmen und daß $x$ der jeweilige Output sei. Die Elastizität der Produktivität ist dann

$$\frac{Ex}{E\lambda} = \frac{dx}{d\lambda} \cdot \frac{\lambda}{x}$$

(vgl. Allen, a.a.O., S. 263; vgl. auch S. Carlson, *A Study on the Pure Theory of Production*, London 1939, S. 17, und E. Schneider, *Theorie der Produktion*, Springer, Wien

der diskontierte Wert des Unternehmensprofits vor Einführung der Innovation maximiert wird, durch die Innovation gesenkt werden, steigt der jeweilige Output des Unternehmens. Im umgekehrten Fall nimmt er ab. Ähnliches gilt in bezug auf den für einen zukünftigen Zeitpunkt geplanten Output und die entsprechenden diskontierten

---

1934, S. 10. Der Begriff wurde von Schneider eingeführt). Nach einem von Schneider aufgestellten Theorem (a.a.O., S. 42 f.) haben wir für jeden beliebigen Output $x$ das Verhältnis

$$k(x) = k'(x) \cdot x \cdot \frac{Ex}{E\lambda},$$

worin $k(x)$ die Gesamtkosten und $k'(x)$ die Grenzkosten beim Output $x$ sind. Daher verringert oder erhöht eine Innovation die Grenzkosten für den Output $x$ je nachdem, ob sie die Elastizität der Produktivität in Relation zur Veränderung der Gesamtkosten, die sie bewirkt, erhöht oder senkt. Es liegt auf der Hand, daß die Elastizität der Produktivität durch eine Innovation in beiderlei Richtung oder überhaupt nicht beeinflußt werden kann. Dasselbe gilt für die Gesamtkosten $k(x)$, es sei denn, wenn $x$ derjenige Output ist, der den Profit des Unternehmens nach der Einführung dieser Innovation maximiert. Im letzterwähnten Fall wird $k(x)$ infolge einer Innovation stets verringert. Dies läßt sich aus

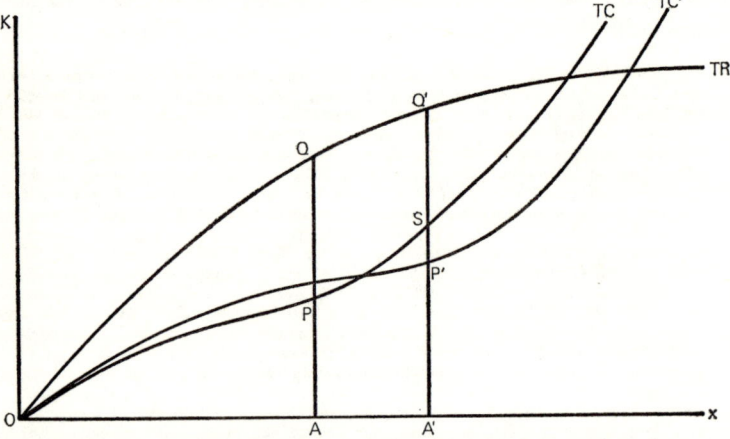

dem Schaubild ersehen. $TR$ ist die Gesamtertragskurve und $TC$ die Gesamtkostenkurve vor Einführung der Innovation. $PQ$ ist der maximal erzielbare Profit und $OA$ der entsprechende Output. Nach Einführung der Innovation wird die Gesamtkostenkurve zu $TC'$, wobei $P'Q'$ und $OA'$ der entsprechende Maximalprofit und der dazugehörige Output sind. Für die Definition einer Innovation folgt daraus, daß $PQ' > PQ$ ist. Doch ist $PQ > SQ'$, weil $PQ$ der Maximalprofit vor Einführung der Innovation ist. Infolgedessen ist $PQ' > SQ'$. Wie jeder andere Output als $OA'$ (oder bei kontinuierlichem Verlauf der Kostenkurven für jeden beliebigen Output, der nicht in der Nähe von $OA'$ liegt) brauchen die Gesamtkosten nach Einführung der Innovation nicht geringer zu sein als vor dieser Einführung. Die Beweisführung ist unabhängig vom Verlauf der $TR$-Kurve und gilt daher für unvollkommene Konkurrenz genauso wie für vollkommene Konkurrenz. Daher kann es sein, daß sowohl die $OA'$ entsprechenden Gesamtkosten wie auch die Elastizität der Produktivität beim Output $OA$ von der Innovation in jeder der beiden Richtungen betroffen werden. Unter Berücksichtigung von Dr. Schneiders Beziehung können die Grenzkosten des Outputs $OA$ daher in jeder der beiden Richtungen beeinflußt werden. Im Schaubild liegt $A'$ rechts von $A$, und die Innovation senkt die Grenzkosten von $OA$. Wenn die Grenzkosten von $OA$ steigen oder unverändert bleiben, liegt $A'$ jeweils links von $A$ oder ist mit $A$ deckungsgleich.

Grenzkosten. Eine Innovation wollen wir daher als outputerhöhend, outputneutral oder outputsenkend zum Zeitpunkt $t$ bezeichnen, je nachdem, ob sie den für dieses Datum geplanten Output erhöht, unverändert beläßt oder senkt.

Eine Innovation erhöht die gegenwärtige Nachfrage eines Unternehmens nach einem Produktionsfaktor oder die für einen bestimmten Zeitpunkt in der Zukunft geplante Nachfrage, wenn sich die physische Grenzproduktivität der vor Einführung der Innovation zu diesem Datum eingesetzten oder geplanten Faktormenge erhöht. Sie sinkt, wenn das Gegenteil der Fall ist. Dies gilt unter Bedingungen eines Angebots- und Nachfragemonopols (einschließlich der angebots- und nachfragemonopolistischen Konkurrenz) wie unter Bedingungen vollständiger Konkurrenz. Die Grenzerträge und die Grenzaufwendungen, die dem vor Einführung der Innovation aufgestellten Plan von Faktoreinsatz und Ausbringung entsprechen, sind alle gegeben. Eine Veränderung in der physischen Grenzproduktivität der entsprechenden (derzeitigen oder geplanten) Menge eines Faktors zieht also eine proportionale Veränderung ihrer wertbezogenen Grenzproduktivität nach sich[4]. Vor Einführung der Innovation war die wertbezogene Grenzproduktivität gleich dem Grenzaufwand. Nun übertrifft sie ihn oder erreicht ihn nicht, und die Nachfrage nach dem Faktor steigt oder fällt entsprechend. Wir werden eine Innovation als eine »faktorintensivere« oder »faktorersparende« für einen bestimmten Faktor zum Zeitpunkt $t$ bezeichnen, je nachdem, ob sie die für dieses Datum geplante Nachfrage erhöht oder vermindert. Daher kann eine Innovation nach einem Jahr zum Beispiel eine »arbeitsersparende« sein, gegenwärtig aber eine »stahlintensivere«[5]. Eine Innovation, die weder zu einer Faktoreinsparung noch zu einem Faktormehrverbrauch führt, soll als faktorneutral bezeichnet werden.

---

4 Vgl. Fußnote 2 auf S. 158 weiter oben.

5 Die Einteilung von Innovationen als »faktoreinsparende« oder »faktorintensive«, die oben im Text getroffen wird, bezieht sich auf die absolute Veränderung in der physischen Grenzproduktivität des Faktors. Professor Pigou (*The Economics of Welfare*, S. 674), Professor Hicks (*The Theory of Wages*, London 1932, S. 121 f.) und Mrs. Robinson (»The Classification of Inventions«, in: *Review of Economic Studies*, Bd. 5, Februar 1938, S. 139 f.) haben andere Einteilungen getroffen, die zwar untereinander verschieden sind, sich aber alle auf relative Veränderungen in der physischen Grenzproduktivität beziehen (das heißt auf Veränderungen der Grenzrate der Substitution von Faktoren). Der Unterschied zwischen unserer Einteilung und ihrer ist darauf zurückzuführen, daß es uns um die Auswirkung von Innovationen auf die Nachfrage nach Faktoren und deren Beschäftigung geht, während es Professor Pigou um die Auswirkung auf das aggregierte Realeinkommen und Professor Hicks und Mrs. Robinson um die Auswirkung auf den jeweiligen Anteil der Faktoren unter der Annahme geht (die allen dreien gemeinsam ist), daß die Vollbeschäftigung aller Faktoren nach Einführung der Innovation beibehalten oder wiederhergestellt wird. Die Einteilungen von Mrs. Robinson und Professor Hicks sind miteinander verwandt und können unter Heranziehung des Begriffs der Substitutionselastizität aufeinander übertragen werden.

Wenn eine Innovation zu keiner Einsparung bei einem der Faktoren führt, die das Unternehmen vor ihrer Einführung einsetzte oder deren Einsatz es plante, steigert sie entweder den Output zu (mindestens) einem Zeitpunkt innerhalb des ökonomischen Horizonts des Unternehmens oder verringert statt dessen die mit dem Produktionsplan zusammenhängende technologische Ungewißheit[6]. Unter gegebenen Marktbedingungen führt eine Mengensteigerung oder eine ausbleibende Mengenveränderung bei den in den Produktionsplan des Unternehmens eingehenden verschiedenen Faktoren zu einer Zunahme oder bestenfalls zum Ausbleiben einer Veränderung des diskontierten Werts der vom Unternehmen geplanten effektiven Gesamtkosten[7]. Definitionsgemäß erhöht eine Innovation jedoch den diskontierten Wert des effektiven Gesamtprofits, den das Unternehmen innerhalb der von seinem ökonomischen Horizont abgedeckten Zeitspanne machen will. Daher muß der diskontierte Wert des effektiven Gesamtertrags stärker zunehmen als der diskontierte Wert der effektiven Gesamtkosten. Da die Marktbedingungen gegeben sind, erfordert jede Zunahme des effektiven Gesamtertrags entweder eine Steigerung des für (mindestens) einen Zeitpunkt geplanten Outputs[8] oder eine Minderung der technologischen Risikoprämie. Umgekehrt kann eine Innovation, die sich überhaupt nicht im Sinne einer Steigerung des Outputs auswirkt, nicht durchgängig zu einem Faktormehrverbrauch führen oder auch nur faktorneutral sein, es sei denn, sie bewirkte eine Abnahme der technologischen Ungewißheit. Sie muß zumindestens zu irgendeinem Zeitpunkt bei irgendeinem Faktor zu einer Einsparung führen.

Bei Beachtung dieser beiden Einschränkungen ist jede beliebige Kombination zwischen dem outputsteigernden oder outputmindernden Effekt und den Faktormehrverbrauchs- oder Faktoreinsparungscharakter einer Innovation möglich. Insbesondere kann eine Innovation gleichzeitig zu jedem beliebigen Zeitpunkt outputsteigernd und in bezug auf alle Faktoren und Zeitpunkte faktoreinsparend sein. Aus unserem empirischen Wissen scheint hervorzugehen, daß die Mehrzahl der Innovationen gegenwärtig und in der nahen Zukunft zum Mehr-

---

6 Vgl. Fußnote 2 auf S. 163 weiter oben. Nur die technologische Ungewißheit kann von einer Innovation verringert weden, weil die Ungewißheit von Preiserwartungen im Begriff der »Marktbedingungen« enthalten ist, die definitionsgemäß unverändert bleibt.

7 Wir gehen von der Annahme aus, daß keine der Angebotskurven der relevanten Faktoren ein Gefälle hat.

8 Es wird davon ausgegangen, daß der diskontierte Grenzertrag, der dem für jeden Zeitpunkt geplanten Output entspricht, nicht negativ ist, während er mindestens für einige Zeitpunkte positiv ist. Da zu jedem Zeitpunkt der geplante diskontierte Grenzertrag gleich den geplanten diskontierten Grenzkosten ist, kann der erstere nur negativ sein, wenn dies die letzteren auch sind.

verbrauch wenigstens einiger Faktoren (hauptsächlich bei Investitionsgütern) führt und in etwas entfernterer Zukunft outputsteigernd wirkt. Die wirtschaftlichen Auswirkungen derartiger Innovationen lassen sich grob in zwei Zeitabschnitte unterteilen: einen faktorintensiveren Zeitabschnitt der »Reifung« und einen outputsteigernden Zeitabschnitt des »Wirksamwerdens« der Innovation[9].

Um die Auswirkung einer Innovation auf den Output an einer Ware und auf die Nachfrage nach verschiedenen Produktionsfaktoren in der Gesamtwirtschaft feststellen zu können, müssen wir zusätzlich zu den bereits erwähnten Punkten auch ihre Auswirkung auf die Anzahl der Unternehmen in einer Industrie berücksichtigen. Wenn die Industrie, die die fragliche Ware produziert, unter Bedingungen vollständiger Konkurrenz arbeitet und außerdem Niederlassungsfreiheit[10] in dieser Industrie besteht, zieht die Zunahme des diskontierten Werts des Effektivprofits neue Firmen an. Der Zustrom neuer Unternehmen hält so lange an, bis der für einige oder alle Zeitpunkte geplante aggregierte Output so weit zugenommen hat[11], daß der diskontierte Wert des Effektivprofits der Unternehmen auf Null reduziert wird[12]. Wenn also Niederlassungsfreiheit gewährleistet ist, muß sich jede Innovation in bezug auf die Gesamtwirtschaft zu irgendeinem Zeitpunkt als outputsteigernd erweisen, und dies sogar dann, wenn sie vom Standpunkt der Einzelunternehmen ausschließlich outputmindernd wirkt[13]. Die Niederlassungsfreiheit bewirkt dadurch, daß infolge einer Innovation die Anzahl der Unternehmen zunimmt, auch einen Faktormehrverbrauch. Der Nettoeffekt einer Innovation auf die Nachfrage nach Produktionsfaktoren in einer Industrie mit vollkommener Konkurrenz und Niederlassungsfreiheit kann jedoch in jede der beiden Richtungen gehen.

Wenn die Konkurrenz angebots- oder nachfragemonopolistisch ist,

---

9 Hierauf wurde von Professor J. A. Schumpeter hingewiesen, der mit dieser Begründung den Mechanismus des Konjunkturzyklus erklärt, wobei der faktorintensiveren Phase für die Hochkonjunktur verantwortlich ist und die outputsteigernde Phase für die Rezession. Vgl. sein Buch *Business Cycles: A Theoretical, Historical und Statistical Study of the Capitalistic Process*, McGraw-Hill Co., New York 1939, Bd. I, S. 93 ff.

10 Die Niederlassungsfreiheit kann fehlen, obwohl die Konkurrenz in dem Sinne vollkommen ist, daß sie atomistisch ist (das heißt, daß kein Unternehmen in der Lage ist, den Preis durch die Veränderung seines individuellen Outputs und seines individuellen Inputs zu beeinflussen).

11 Es wird davon ausgegangen, daß alle Nachfragekurven des Produkts ein Gefälle haben.

12 Der »normale« Profit ist gleich der Summe aller Risikoprämien. Daher ist der effektive Profit, d. h. der Profit nach Abzug der Risikoprämien, Null, wenn der um die Ungewißheit unbereinigte Profit »normal« ist.

13 In dem Sonderfall, bei dem die Unternehmen nur den laufenden Profit maximieren (vgl. Fußnote 3 auf S. 163 weiter oben), wird der jeweilige Output der Industrie durch jede Innovation erhöht.

167

ist der Begriff der Niederlassungsfreiheit bedeutungslos[14], und es genügt, die Auswirkungen einer Innovation auf die Entscheidungen des Unternehmens zu analysieren. Eine oberflächliche Analogie zur Niederlassungsfreiheit ist gegeben, wenn die Innovation zur Gründung neuer Unternehmen führt, die neue Waren herstellen. Dieser Fall kann jedoch als der Extremfall outputsteigernder und faktorintensiverer Innovationen behandelt werden.

Unter oligopolistischen Bedingungen kann eine Innovation nur dann outputsteigernd sein, wenn die durch sie bewirkte Senkung der Grenzkosten groß genug ist, um ein Unternehmen zu verleiten, gegen die »Disziplin« der Gruppe zu verstoßen. Der letzterwähnte Fall tritt dann ein, wenn sich die Grenzkostenkurve so weit verschiebt, daß sie dadurch außerhalb des Diskontinuitätsbereichs der Grenzertragskurve gerät[15]. Unter Bedingungen des Oligopols können daher nur solche Innovationen, die zu einem starken Rückgang der Grenzkosten führen, outputsteigernd sein. Hieraus folgt, daß eine Innovation unter Bedingungen des Oligopols nicht bei allen Faktoren zu einem Mehrverbrauch führen oder bei allen Faktoren neutral sein kann, wenn sie keinen genügend großen Rückgang der Grenzkosten oder statt dessen eine Abnahme der technologischen Ungewißheit bewirkt; sie muß im Produktionsplan des Unternehmens bei mindestens einem Faktor zu irgendeinem Zeitpunkt eine Einsparung bewirken. Mit Ausnahme von Innovationen, die die Grenzkosten *drastisch* senken, und Innovationen, die die technologische Ungewißheit verringern, wirkt sich das Angebotsoligopol selektiv gegen outputsteigernde und zugunsten von faktoreinsparenden Innovationen aus.

Das Nachfrageoligopol begünstigt faktorneutrale Innovationen. Die Nachfrage nach einem Produktionsfaktor verändert sich unter einem Nachfrageoligopol nämlich nur dann, wenn die wertbezogene Grenzproduktivitätskurve des Faktors so weit verschoben wird, daß sie außerhalb des Diskontinuitätsbereichs der Grenzaufwandskurve gerät[16]. Die Nachfrage nach Produktionsfaktoren unter einem Nachfrageoligopol wird daher nur von Innovationen beeinflußt, die Veränderungen in ihrer physischen Grenzproduktivität bewirken, die groß genug sind, das Unternehmen zu veranlassen, gegen die »Disziplin«

---

14 In diesem Fall muß jedes Unternehmen so betrachtet werden, daß es ein eigenständiges Produkt verkauft oder eigenständige Faktoren einsetzt. Dabei verliert der Begriff einer Industrie seine Bedeutung. Vgl. Robert Triffin, *Monopolistic Competition and General Equilibrium Theory*, Harvard University Press 1940, S. 81-96.
15 Vgl. Abb. 1 auf S. 126 weiter oben Fußnote 14. Damit eine Steigerung des Outputs erzielt werden kann, müssen die Grenzkosten unter *MG* fallen.
16 Vgl. Abb. 2 auf S. 126 Fußnote 14. Der Diskontinuitätsbereich ist hier *GH*.

der Oligopolgruppe zu verstoßen. Doch müssen Innovationen, die die in die Produktion des Unternehmens eingehende Faktormenge nicht beeinflussen, zu irgendeinem Zeitpunkt outputsteigernd wirken oder statt dessen die technologische Ungewißheit verringern. Unter nachfrageoligopolistischen Bedingungen scheint diese Art von Innovation begünstigt zu werden.

Die Art der Konkurrenz und die mit den Innovationen zusammenhängenden Unternehmerreaktionen üben daher auf sie einen bedeutenden selektiven Einfluß aus. Unter Bedingungen vollkommener Konkurrenz und Niederlassungsfreiheit von Unternehmen sind alle Innovationen mindestens zu irgendeinem Zeitpunkt in bezug auf die ganze Industrie outputsteigernd, können aber in bezug auf Einzelunternehmen[17] entweder outputsteigernd oder outputmindernd wirken. Das Nachfrageoligopol begünstigt Innovationen, die sowohl in bezug auf das Unternehmen als auch auf die Industrie outputsteigernd wirken[18], aber gleichzeitig faktorneutral sind. Das Angebotsoligopol begünstigt outputneutrale Innovationen, die in bezug auf das Unternehmen wie auch auf die Industrie zwangsläufig faktoreinsparende Auswirkungen haben.

Wenn eine Innovation auf eine kleine Anzahl atomistischer Unternehmen beschränkt ist, können ihre Auswirkungen mit der Methode der Theorie des partiellen Gleichgewichts analysiert werden. Dies gilt

---

17 Wenn diese Innovation in bezug auf das Unternehmen outputsenkend wirkt, führt sie in diesem Fall zu einer Entflechtung der Industrie.

18 Auf die Situation des Angebots- oder Nachfrageoligopols läßt sich der Begriff einer Industrie im Gegensatz zur angebotsmonopolistischen oder nachfragemonopolistischen Konkurrenz anwenden. Eine Industrie läßt sich genauso definieren wie bei vollkommener Konkurrenz, das heißt als die Summe der Unternehmen, die das gleiche Produkt (oder die gleichen Produkte) herstellen, oder als die Summe der Unternehmen, die den gleichen Faktor einsetzen. Als Waren, ob sie nun Produkt oder Produktionsfaktor sind, werden die »Gegenstände« (einschließlich der Dienstleistungen) definiert, deren Preise sich in den gleichen Proportionen verändern (Preisgleichheit ist ein Sonderfall davon). Vgl. Abschn. 5 des Anhangs weiter unten und vgl. auch Triffin, a.a.O., S. 138. Das angebotsoligopolistische oder nachfrageoligopolistische Gruppenverhalten führt zur Aufstellung einer »Preisstruktur«, das heißt zu bestimmten Verhältnissen bei den Preisen, die von den verschiedenen Verkäufern verlangt oder von den verschiedenen Käufern gezahlt werden, wobei diese Struktur durch die »Gruppendisziplin« aufrechterhalten wird. Daher können alle Angebotsoligopolisten als Verkäufer der gleichen Ware und alle Nachfrageoligopolisten als Käufer der gleichen Ware betrachtet werden, das heißt beide als Industrie. Wie hier definiert, fällt der Einzugsbereich einer Industrie mit dem Umfang der nachfrage- oder angebotsoligopolistischen Gruppen zusammen. Anzumerken ist hier jedoch, daß die in bezug auf Produktverkäufe definierte Industrie nicht gleichgesetzt wird mit einer in bezug auf Faktorkäufe definierten Industrie. Ein Unternehmen kann in bezug auf sein Produkt der einen Industrie und in bezug auf die Faktoren einer anderen Industrie angehören. Wenn es sich um ein Unternehmen mit einer Vielzahl von Produkten handelt, kann es auch in bezug auf jedes seiner Produkte einer anderen Industrie angehören. Unter Bedingungen vollkommener Konkurrenz sind jedoch alle Firmen gleich und gehören der gleichen Industrie an, ohne Rücksicht darauf, ob letztere nun in bezug auf die Produkte oder auf die Faktoren definiert ist.

auch für den höchst unrealistischen Fall, daß die Firmen zwar nicht atomistisch verteilt oder nur in kleiner Anzahl vorhanden sind, jedoch mit Nachfrage- und Angebotskurven konfrontiert sind, die von den Preisen anderer Waren absolut unabhängig sind, und außerdem die Preise ihrer eigenen Produkte und der zu ihrer Herstellung benutzten Faktoren keinerlei Einfluß auf Angebot oder Nachfrage irgendeiner anderen Ware in der Wirtschaft haben. Da die Analyse des partiellen Gleichgewichts auf beide Fälle anwendbar ist, gewährleistet die Flexibilität der Faktorpreise oder Produktpreise nach Einführung der Innovation eine automatische Wiederherstellung des Gleichgewichts auf den jeweiligen Märkten. Außerhalb des engen Gültigkeitsbereichs der Theorie des partiellen Gleichgewichts hängen die Folgen von Innovationen vom Charakter des dadurch hervorgerufenen Geldeffekts ab.

Wir wollen nun eine Innovation oder eine »Welle« von Innovationen betrachten, die sich über einen größeren Teil der Wirtschaft ausbreitet. Die Innovation führe gegenwärtig zur Ersparnis bei einem oder mehreren Produktionsfaktoren, und wir wollen weiterhin annehmen, daß die Wirtschaft vor Einführung dieser Innovation im Gleichgewicht war. Unter den beschriebenen Bedingungen führt die Innovation zu einem Überangebot an den Faktoren, bei denen eine Ersparnis eingetreten ist. Alle Preise seien flexibel, und wir wollen nun sehen, was auf den Märkten der Faktoren geschieht, bei denen durch die Innovation eine Einsparung bewirkt wurde. Die Preise der Faktoren, bei denen ein Überangebot besteht, sinken[19]. Wenn das Geldsystem neutral ist und die effektiven Erwartungen von der Elastizität Eins sind, fallen alle gegenwärtigen Preise mit Ausnahme der Zinssätze in derselben Proportion, ohne deswegen aber das Überangebot an den jeweiligen Faktoren zu beseitigen. Die Preise dieser Faktoren fallen wiederum, und ein kumulativer Preisverfall tritt ein, während die Angebots- und Nachfragesituation auf diesen Märkten unverändert bleibt.

Wenn der Geldeffekt negativ ist und die effektiven Erwartungen, die die jeweilige Nachfrage und das jeweilige Angebot bei den durch die Innovation in Mitleidenschaft gezogenen Faktoren beeinflussen, nicht genügend unelastisch sind, um den Folgen dieser Innovation entgegenzuwirken, wird der kumulative Preisverfall von einer kumulativen Zunahme des Überangebots an den Faktoren begleitet, bei denen durch die Innovation eine Einsparung aufgetreten ist. Wie wir nämlich in früheren Kapiteln dieser Untersuchung gesehen haben, fallen die Preise anderer Faktoren und Produkte überproportional zu den Preisen (oder

---

19 Aus den in Fußnote 15 auf S. 141 angegebenen Gründen fallen alle in der gleichen Proportion.

Grenzaufwendungen) für die Faktoren, bei denen eine Einsparung eingetreten ist. Der intratemporale Substitutions- und Expansionseffekt ist negativ, und in Übereinstimmung mit den Grundannahmen ist eine günstige intertemporale Substitution, wenn sie überhaupt vorkommt, nicht stark genug, um diesen Effekten entgegenzuwirken.

Nur unter spezifischen Bedingungen kann eine Vollbeschäftigung der Faktoren, bei denen durch die Innovation eine Einsparung aufgetreten ist, automatisch durch ein Sinken ihrer Preise (oder Grenzaufwendungen) wiederhergestellt werden. Diese Bedingungen erfordern entweder einen positiven Geldeffekt, dessen Folgen nicht durch eine entgegengerichtete intertemporale Substitution aufgewogen werden, die sich aus einer hohen Elastizität der Erwartungen ergibt und die jeweilige Nachfrage oder das jeweilige Angebot bei den Faktoren beeinflußt, die von der Innovation betroffen sind; oder sie erfordern derart unelastische Erwartungen, die die laufende Nachfrage oder das laufende Angebot der erwähnten Faktoren so beeinflussen, daß damit die entgegengesetzten Folgen eines negativen Geldeffekts oder die Folgen des Ausbleibens eines Geldeffekts mehr als wettgemacht werden. Wie wir aber gesehen haben, können der intratemporale Substitutions- und Expansionseffekt trotz eines positiven Geldeffekts ausbleiben, wenn sich der letztere auf den Wertpapiermärkten verausgabt. Auch können diese beiden Effekte ebenso wie die intertemporale Substitution durch Angebots- und Nachfrageoligopol zunichte gemacht werden. Wiederum wird in solchen Fällen die Vollbeschäftigung nicht wiederhergestellt.

Wenn anstelle einer Einsparung von Faktoren durch die Innovation gegenwärtig ein Faktormehrverbrauch bewirkt wird, entsteht ein Nachfrageüberhang nach diesem Faktor. Unter einem neutralen Geldsystem bei einer Elastizität der effektiven Erwartungen von Eins führt dies zu einem kumulativen Steigen aller Preise (mit Ausnahme der Zinssätze), verringert aber das Überangebot nicht. Die Faktoren, bei denen durch die Innovation ein Mehrverbrauch entsteht, werden zu dauernden Engpaßfaktoren in der Wirtschaft. Wenn das Geldsystem neutral ist, die Erwartungen aber, die die jeweilige Nachfrage oder das jeweilige Angebot bei dem Faktor beeinflussen, wo durch die Innovation ein Mehrverbrauch entsteht, elastisch sind, oder wenn der Geldeffekt negativ ist und durch eine hohe Unelastizität dieser Erwartungen nicht mehr als wettgemacht wird, nimmt der Nachfrageüberhang nach den Engpaßfaktoren ebenso zu, wie ihre Preise steigen. Die Preissteigerung bei den Engpaßfaktoren führt nur dann zu einem Verschwinden des Nachfrageüberhangs, wenn entweder die Erwartungen, die die jeweilige Nachfrage oder das jeweilige Angebot bei diesen Faktoren beeinflussen, bei neutralem Geldsystem unelastisch sind oder wenn der Geldeffekt positiv ist und durch eine hohe Elastizität dieser Erwartungen nicht zunichte gemacht wird. Doch selbst im letztgenannten Fall kann dieses Ergebnis zunichte gemacht werden, wenn der Geldeffekt sich in Wertpapiermärkten verausgabt oder wenn die besonderen Unternehmerreaktionen auftreten, die mit Angebots- und Nachfrageoligopol zusammenhängen.

Ein interessanter Fall entsteht in der Praxis, wenn eine »Welle« von Innovationen auftritt, die in der Gegenwart und in der Zukunft zu einem Faktormehrverbrauch (insbesondere bei Investitionsgütern) führt und zu einem späteren Zeitpunkt outputsteigernd wirkt. Wir haben bereits darauf hingewiesen, daß ein Großteil der Innovationen von dieser Art zu sein scheint. Wir wollen weiter annehmen, daß der Geldeffekt negativ sei und daß seine Auswirkungen in bezug auf die jeweilige Nachfrage und das jeweilige Angebot bei Produktionsfaktoren nicht durch eine intertemporale Substitution zunichte gemacht werden, die aus äußerst unelastischen Erwartungen resultiert. Die Bedingungen, unter denen der Geldeffekt negativ sein wird, werden von der *Allgemeinen Regel* angegeben[20]. Sie hängen ab von der Beziehung zwischen den effektiven Elastizitäten der Preiserwartungen (oder Erwartungen in bezug auf Grenzerträge und Grenzaufwendungen) und der Empfindlichkeit des Geldsystems. Im Falle vorwiegend unelastischer effektiver Erwartungen ist der Geldeffekt negativ, wenn das Geldsystem empfindlich ist, während im Falle vorwiegend elastischer Erwartungen oder Erwartungen der Elastizität Eins der Geldeffekt bei einem unempfindlichen Geldsystem negativ ist. Unter den beschriebenen Bedingungen führt die faktormehrverbrauchende Reifungsperiode der Innovation zu einem kumulativen Steigen der Preise aller Waren (sowohl der Produkte wie der Faktoren) und der Aktien und ist von einem zunehmenden Nachfrageüberhang für die Faktoren begleitet, bei denen durch die Innovation ein Mehrverbrauch eintritt (das heißt in der Hauptsache bei den Investitionsgütern). Später, wenn die faktorintensivere Reifungsphase der Innovation von der outputsteigernden Wirksamkeitsphase der Innovation abgelöst wird, entsteht ein Überangebot an Produkten. Da der Geldeffekt negativ ist, ritt ein kumulativer Fall aller Warenpreise (sowohl der Faktorpreise wie der Produktpreise) ein, und das Überangebot an Produkten ebenso wie an den zu ihrer Herstellung erforderlichen Faktoren nimmt ebenfalls

20 Vgl. S. 105 weiter oben.

kumulativ zu. Innovationen von der diskutierten Art führen daher zu einer typischen halbzyklischen Struktur.

Der obere Zweig des Halbzyklus kommt zu einem automatischen Endpunkt, weil die faktorintensiveren Eigenschaften der Innovation auf eine gewisse Zeitphase beschränkt sind, das heißt auf ihre Reifungsphase. Der outputsteigernde Effekt jedoch, das heißt die Wirksamkeitsphase, erstreckt sich auf unbestimmte Zeit in die Zukunft, so lange, wie die neuen Produktionsfunktionen, die mit der Innovation eingeführt wurden, weiterhin die Grundlage für die unternehmerischen Produktionspläne abgeben. Wenn daher der Geldeffekt weiterhin negativ ist, setzt sich die absteigende Tendenz des Halbzyklus ins Unendliche fort. Der kumulative Preisverfall und der Beschäftigungsrückgang bei den Faktoren, die zur Herstellung der Produkte eingesetzt werden, bei denen ein Überangebot entsteht, können nur umgekehrt werden, wenn sich der Charakter des Geldeffekts verändert[21]. Dieser muß positiv werden. Da die Preiserwartungen nach einer gewissen Zeit des Preisverfalls elastisch sein dürften, erfordert dies, daß das Geldsystem empfindlich ist oder empfindlich werden muß[22]. Wie wir bereits wissen, kann jedoch sogar dies dem Preisverfall nicht Einhalt gebieten, wenn sich der Geldeffekt gänzlich oder in der Hauptsache über Veränderungen der Zinssätze auswirkt.

---

21 Aufgrund der Annahme, daß Innovationen des oben erörterten Typs in »Wellen« oder »Häufungen« auftreten, erhalten wir das, was Professor Schumpeter das Reinmodell oder die erste Näherungslösung seiner Theorie des Konjunkturzyklus nennt (vgl. a.a.O., S. 130 ff.). Daß das Auftreten von Innovationen tendenziell gruppenweise in der Zeit verteilt ist, läßt sich in der Tat aus der in diesem Abschnitt enthaltenen Analyse ableiten. Der diskontierte Wert des von einem Unternehmen erwarteten Effektivprofits ist ceteris paribus um so größer, je geringer die Ungewißheit der Preiserwartungen (oder der Erwartungen in bezug auf Grenzerträge und Grenzaufwendungen) einschließlich der Erwartungen von Zinssätzen ist. Daher wird man feststellen können, daß viele Veränderungen der Produktionsfunktionen, die technologisch möglich sind, den diskontierten Wert des maximalen Effektivprofits steigern, der unter gegebenen Marktbedingungen erzielbar ist; dies jedoch nur, wenn die Ungewißheit der Preiserwartungen gering ist, aber nicht, wenn sie groß ist. In Zeiten geringer Unsicherheit der Preiserwartungen werden Innovationen begünstigt, in Zeiten großer Ungewißheit gehemmt. Unter Bedingungen eines negativen Geldeffekts führt eine »Welle« von Innovationen zu einer Verstärkung der Ungewißheit der Preiserwartungen und leitet damit eine Phase ein, die ungünstig für Innovationen ist. Wenn sich die Wirtschaft wieder automatisch auf ein neues Gleichgewicht einpendelt, dürfte wiederum eine für Innovationen günstige Phase eintreten. Professor Schumpeter geht von der Annahme aus, daß dies tatsächlich so ist. Wie aber im Text nachgewiesen wird, erfordert die Rückkehr zu einem neuen Gleichgewicht eine Umkehrung des Geldeffekts vom negativen zum positiven (und sogar damit braucht das Gleichgewicht noch nicht unbedingt wiederhergestellt zu sein). Später müßte der Geldeffekt wiederum umgekehrt werden, das heißt negativ werden, damit die neue »Welle« von Innovationen den im Text beschriebenen Halbzyklus erneut auslösen kann. Auf diese Umkehrungen geht Professor Schumpeter nicht ein; außerdem stützt sich eine Konjunkturtheorie, die mit solchen Umkehrungen steht und fällt, auf recht unrealistische Grundannahmen.

22 Es ist jedoch möglich, daß die Preiserwartungen nach einem längeren Preisverfall unelastisch werden, weil davon ausgegangen wird, daß es »normale« Preise gibt, und von den gegenwärtigen Preisen angenommen wird, daß sie unter die »normalen« Preise gefallen sind. In einem derartigen Fall muß das Geldsystem reaktionsunfähig sein oder werden.

Die eben abgehandelte Art von Innovationen dürfte sich jedoch in einem System von Angebots- und Nachfrageoligopol kaum ereignen, es sei denn als »industrielle Revolution«. Das Nachfrageoligopol begünstigt, wie wir gesehen haben, faktorneutrale Innovationen. Derartige Innovationen müssen aber entweder zu irgendeinem Zeitpunkt outputsteigernd wirken oder aber die technologische Ungewißheit verringern. In keinem dieser beiden Fälle führen sie zum beschriebenen Halbzyklus. Wenn sie zu einem gewissen Zeitpunkt (oder zu gewissen Zeitpunkten) outputsteigernd wirken, führen sie unter Bedingung eines negativen Geldeffekts zu einem kumulativen Preisverfall und einem zunehmenden Überangebot an den betroffenen Produkten. Dem Preisverfall und dem Überangebot an bestimmten Produkten geht jedoch nicht wie im zuvor erörterten Falle ein Nachfrageüberhang nach Faktoren und eine kumulative Preissteigerung voraus. Das Angebotsoligopol begünstigt Innovationen, die outputneutral sind. Derartige Innovationen müssen entweder zu irgendeinem Zeitpunkt zu einer Faktoreinsparung führen oder die technologische Ungewißheit verringern. Wenn sie faktoreinsparend wirken und der Geldeffekt negativ ist, ist das Ergebnis eine kumulative Zunahme des Überangebots der »eingesparten« Faktoren und ein kumulativer Verfall aller Preise.

Daher dürfte es unter Bedingungen des Angebots- und Nachfrageoligopols wahrscheinlich sein, daß Innovationen eher zu einem kumulativen Preisverfall und einem zunehmenden Überangebot jeweils an Faktoren oder Produkten führen als zu einem Halbzyklus der beschriebenen Art. Derartige halboffene Zyklen scheinen typisch für ein Wirtschaftssystem zu sein, das von den Unternehmerreaktionen der vollkommenen Konkurrenz, des Angebotsmonopols, des Nachfragemonopols, der angebotsmonopolistischen und nachfragemonopolistischen Konkurrenz beherrscht wird, und nicht etwa für ein System, in dem angebotsoligopolistisches oder nachfrageoligopolistisches Gruppenverhalten vorherrscht. Die Halbzyklen können jedoch auch in letzterem auftreten, wenn die Veränderungen bei den Grenzkosten oder bei der physischen Grenzproduktivität so groß sind, daß sie Unternehmen veranlassen können, gegen die »Disziplin« der angebots- oder nachfrageoligopolistischen Gruppe zu verstoßen. Derartige Veränderungen sind mit dem oben verwendeten Ausdruck »industrielle Revolutionen« gemeint.

Wir haben die Auswirkung von Innovationen in einer Wirtschaft untersucht, die im Gleichgewicht war. Nun wollen wir von der Annahme ausgehen, daß schon vor Einführung der Innovation (oder der Innovationen) ein Überangebot an gewissen Faktoren bestand, insbesondere an Investitionsgütern und an zur Produktion von Investitionsgütern eingesetzten Grundfaktoren, entweder deswegen, weil die Konsumneigung unter dem Gleichgewichtsniveau lag[23], oder wegen einer »Erschöpfung der Investitionsmöglichkeiten«, die sich aus einer Kapitalakkumulation ergab, die über der Zunahme des Angebots an Grundfaktoren lag[24]. Beide Fälle setzen voraus, daß entweder der Geldeffekt eines Verfalls der Faktorpreise ausbleibt oder negativ ist oder, wenn er positiv ist, daß eine Verringerung des realen Nachfrageüberhangs nach Kassenbeständen die Nachfrage nach Investitionsgütern nicht steigern kann. Das letztere kann entweder deswegen eintreten, weil die Kassenbestände in erster Linie zum Erwerb von Wertpapieren benutzt werden und das daraus folgende Sinken der Zinssätze die laufende Nachfrage nach Investitionsgütern nicht stimulieren kann, oder weil der intratemporale Substitutions- und Expansionseffekt durch eine entgegengerichtete intertemporale Substitution zunichte gemacht oder abgeschwächt wird, die sich aus einer hohen Elastizität der Erwartungen ergibt, welche die gegenwärtige Nachfrage nach Investitionen beeinflußt; oder schließlich, weil Angebots- und Nachfrageoligopol vorliegen. Ganz gleich, wie die Situation beschaffen sein mag, wollen wir davon ausgehen, daß sie durch die Innovationen nicht verändert wird. Dies bedeutet, daß die Innovation die effektiven Elastizitäten der (diskontierten) Preiserwartungen (oder Erwartungen in bezug auf Grenzerträge und Grenzaufwendungen) nicht von vorwiegend elastischen zu vorwiegend unelastischen oder umgekehrt verändert.

Unter den angenommenen Bedingungen hängt der Effekt von Innovationen in der Hauptsache davon ab, ob sie zu einer Einsparung oder zu einem Mehrverbrauch von Investitionsgütern und Grundfaktoren führen, die in der Herstellung von Investitionsgütern eingesetzt werden. Wenn sie zu einem Mehrverbrauch an Investitionsgütern und Grundfaktoren führen, können sich Innovationen dahingehend auswirken, daß das vor Einführung der Innovationen bestehende Überangebot beseitigt wird. Anzumerken ist hier jedoch, daß dieser Effekt nur zeitweilig ist und nur während der faktormehrverbrauchenden Reifungsphase der Innovationen eintritt. Später, während der outputsteigernden Wirksamkeitsphase der Innovation (die folgen muß, es sei denn, die Innovation reduziere lediglich die technologische Ungewißheit), entwickelt sich ein Überangebot an Produkten. Damit

23 Vgl. S. 143 weiter oben.
24 Vgl. S. 159 weiter oben.

die Innovationen eine Vollbeschäftigung der Faktoren gewährleisten können, an denen ansonsten ein Überangebot bestünde, ist ein geeigneter *kontinuierlicher* Fluß von Innovationen erforderlich, die zu einem Mehrverbrauch an diesen Faktoren führen. In dem Fall jedoch, daß Innovationen zu einer Einsparung an Faktoren führen, an denen ein Überangebot besteht, das heißt an den zur Produktion der letzteren erforderlichen Investitionsgütern und Grundfaktoren, wird das Überangebot durch die Innovation erhöht. Durch Innovationen wird die Situation dann nur verschärft.

Unter Ökonomen wird weithin die Meinung vertreten, daß ein geeigneter kontinuierlicher Innovationsfluß ein Gegenmittel gegen die beschäftigungsreduzierenden Effekte eines Rückgangs der Konsumneigung oder einer Kapitalakkumulation ist, die über die Zunahme des Angebots an Grundfaktoren der Produktion hinausgeht. Diese Meinung ist dann unrichtig, wenn sie ohne nähere Angaben über den Charakter der Innovationen vertreten wird. Sie gilt nur für den Sonderfall, daß die Innovationen zu einem Mehrverbrauch an den zu ihrer Produktion eingesetzten Investitionsgütern und Grundfaktoren führen. Sie ist nicht richtig, wenn die Innovationen in bezug auf die erwähnten Faktoren »neutral« sind, und sie ist *a fortiori* falsch, wenn durch die Innovationen Faktoren eingespart werden. Im letzteren Fall führen die Innovationen keineswegs zu einem Ausgleich des Rückgangs der Konsumneigung oder der Kapitalakkumulation, sondern sind im Gegenteil eine zusätzliche Ursache für die Unterbeschäftigung von Produktionsfaktoren. Es gibt keinen theoretischen und empirischen Grund dafür, warum die Innovationen zu einem Mehrverbrauch an den unterbeschäftigten Faktoren führen sollten.

In Wirklichkeit sind sie bei einem Nachfrageoligopol eher faktorneutral, und unter einem Angebotsoligopol besteht eine eindeutige Tendenz, daß Innovationen zur Faktorersparnis führen. Daher kann man sich in einem Wirtschaftssystem, in welchem die Unternehmerreaktionen nachfrageoligopolistisch oder angebotsoligopolistisch sind, keineswegs darauf verlassen, daß Innovationen einen Einfluß ausüben, der einem Rückgang der Konsumneigung oder der Kapitalakkumulation steuert, die dem Angebot an Grundfaktoren davonläuft, es sei denn, es läge eine »industrielle Revolution« vor. Unter Bedingung des Angebotsoligopols dürften Innovationen eher die Unterbeschäftigung von Faktoren verschlimmern als dazu beitragen, sie zu lindern. Dies gilt sogar in dem Fall, daß die Innovationen entgegen unseren vorstehenden Annahmen eine so große Veränderung in den effektiven Elastizitäten der Erwartungen bewirken, daß dies zu einem positiven

Geldeffekt führt. Wir wissen nämlich, daß ein Nachfrageoligopol oder Angebotsoligopol den Effekt von Kassenbestandsüberschüssen auf die Nachfrage nach Produktionsfaktoren zunichte machen kann. Ohne Rücksicht auf den Charakter des Geldeffekts stellen oligopolistische Bedingungen einen fruchtbaren Boden für die Entwicklung einer dauerhaften »technologischen Arbeitslosigkeit« dar.

## XIII. Das Problem der Politik

Wir haben festgestellt, daß die Preisflexibilität nur unter ganz besonderen Bedingungen zur automatischen Aufrechterhaltung oder Wiederherstellung des Gleichgewichts bei Angebot und Nachfrage von Produktionsfaktoren führt. Diese Bedingungen erfordern: eine Kombination einer empfindlichen Reaktion des Geldsystems und einer Elastizität der Preiserwartungen, die einen positiven Geldeffekt bewirken; Empfindlichkeit der Reaktion der intertemporalen Substitution auf Veränderungen der Zinskonditionen (wenn der positive Geldeffekt statt zu einer unmittelbaren Veränderung der Nachfrage nach Waren zu einer Veränderung in der Nachfrage nach Wertpapieren führt); das Fehlen hochspezialisierter Faktoren, deren Angebot und Nachfage von stark elastischen Preiserwartungen abhängig sind; und schließlich das Fehlen einer angebots- oder nachfrageoligopolistischen Erstarrung von Output und Faktoreinsatz. In einem gewissen Umfang kann das Fehlen eines positiven Geldeffekts durch den stabilisierenden Einfluß des Außenhandels bei einem atomistischen internationalen Markt (zwischen den verschiedenen Ländern) ersetzt werden. Es gibt gute Gründe für die Annahme, daß diese Bedingungen langfristig näherungsweise im Zeitraum zwischen den vierziger Jahren des 19. Jahrhunderts und 1914 gegeben waren. Während dieser Zeitspanne war die Preisflexibilität eine funktionsfähige Norm der langfristigen Wirtschaftspolitik.
Das Gefühl der Stabilität und Sicherheit der Wirtschaftsordnung, von dem diese Zeit durchdrungen war (mit möglichen Ausnahmen während der Jahre von 1873 bis 1896), schuf einen starken Glauben an ein »normales« Niveau bestimmter wirtschaftlicher Mengen einschließlich der Preise. Die langfristigen effektiven Preiserwartungen waren daher vorwiegend unelastisch. Bei einem längeren Preisanstieg oder Preisverfall wurde eine Umkehrung der Tendenz erwartet, und die reale Nachfrage nach Kassenbeständen variierte langfristig in der gleichen Richtung wie die Preise. Da ein metallischer Geldstandard der einen oder anderen Art vorherrschte, reagierte das Geldsystem zumeist langfristig unemp-

findlich. Dies begünstigte langfristig das Auftreten positiver Geldeffekte bei Preisveränderungen. In Anbetracht des Gefühls der Sicherheit und Stabilität, das bei Unternehmern vorherrschte, war die Ungewißheit von Preiserwartungen gering, und die Nachfrage nach Investitionsgütern reagierte empfindlich auf Veränderungen der (langfristigen) Zinskonditionen. Die Unternehmerreaktionen beruhten nur selten auf angebots- und nachfrageoligopolistischem Gruppenverhalten. Unter diesen Umständen führte die Preisflexibilität langfristig zum Wirksamwerden des intratemporalen Substitutions- und Expansionseffekts, die automatisch die Wirtschaft stabilisierten. Die intertemporalen Substitutionseffekte wirkten sich in der gleichen Richtung aus.

Diese Stabilisierungsfunktion der Preisflexibilität war jedoch nur langfristig wirksam. Kurzfristige effektive Preiserwartungen waren häufig elastisch (oder von der Elastizität Eins), und die Entwicklung des Kreditgelds ermöglichte dem Geldsystem auch ein empfindliches Reagieren kurzfristiger Art. Wenn kurzfristige elastische Preiserwartungen zufällig mit einer kurzfristigen Reaktionsträgheit des Geldsystems zusammentrafen oder wenn umgekehrt unelastische kurzfristige Preiserwartungen zufällig mit einer kurzfristigen Reaktionsbereitschaft des Geldsystems zusammenkamen, waren die Geldeffekte von Preisveränderungen negativ[1]. Überdies übten elastische kurzfristige Preiserwartungen häufig einen unmittelbar entstabilisierenden Einfluß auf die jeweilige Nachfrage und das jeweilige Angebot bei Produktionsfaktoren aus, und dies sogar dann, wenn der Geldeffekt positiv war. Daher konnte die Preisflexibilität, insbesondere die Flexibilität der Faktorpreise, die sich langfristig als stabilisierender Einfluß auswirkte, dies kurzfristig nicht leisten. Entsprechend können wir feststellen, daß die kapitalistische Wirtschaft dieser Epoche zwar langfristig bemerkenswert stabil war, aber kurzfristig starken Schwankungen des Beschäftigungsniveaus, der Ausbringung und der Preise unterworfen waren. Diese Schwankungen traten in Form des Konjunkturzyklus auf.

Auf diese Weise kam es dazu, daß die langfristige (aber nicht unbedingt kurzfristige[2]) Preisflexibilität als Glaubenssatz der Wirtschafts-

---

1 Das erste Zusammentreffen scheint das typische Merkmal aller Finanzpaniken gewesen zu sein, wenn die reale Nachfrage nach Kassenbeständen zunahm, die reale Geldmenge jedoch abnahm, anstatt in noch größerem Umfang zuzunehmen, wie das zur Erzeugung eines positiven Geldeffekts erforderlich ist. Das letztere Zusammentreffen scheint bei gewöhnlichen Konjunkturflauten die Regel gewesen zu sein, wenn der Preisverfall zu einer Abnahme in der realen Nachfrage nach Kassenbeständen führte, dies jedoch nicht zu einem positiven Geldeffekt führte, weil eine Welle von Zusammenbrüchen die reale Menge an Giralgeld noch stärker zurückgehen ließ.

2 So wurde zum Beispiel die Spekulation damit verteidigt, daß sie Preise kurzfristig stabilisiere.

politik anerkannt wurde. Hierbei muß jedoch erwähnt werden, daß die Preisflexibilität nicht nur deshalb als langfristig stabilisierende Kraft in der Wirtschaft wirksam werden konnte, weil eine glückliche Kombination von Umständen die Substitutions- und Expansionseffekte intertemporaler und intratemporaler Art hervorbrachte, durch die ein solches Wirksamwerden möglich wurde, sondern auch deswegen, weil die Kräfte, die sich in Richtung auf ein Überangebot an Produktionsfaktoren auswirkten, ziemlich schwach waren und bereits geringfügige Substitutions- und Expansionseffekte ausreichten, um das Gleichgewicht aufrechtzuerhalten oder wiederherzustellen. Eine rasche Bevölkerungszunahme, die Öffnung neuer Länder und Kontinente für die Kapitalinvestitionen und die Erschließung neuer Quellen für die Lieferung von Naturschätzen verhinderte, daß der Bestand an Investitionsgütern sehr viel schneller wuchs als das Angebot an Grundfaktoren der Produktion. Dadurch wurde für Investitionsgüter eine hohe Grenzproduktivität gewährleistet. Der hohe Bevölkerungszuwachs und das sehr viel geringere Pro-Kopf-Einkommen (im Vergleich zu heute) hielten die Konsumneigung auf einem sehr hohen Stand. Das Fehlen eines weitverbreiteten angebots- und nachfrageoligopolistischen Gruppenverhaltens unter den Unternehmern beugte einer Diskriminierung gegenüber faktorintensiveren Innovationen vor, wie sie bei dieser Art von Unternehmerreaktion vorkommt. Daher wirkten Innovationen viel häufiger als in der Gegenwart als Auslöser einer unmittelbaren Nachfragesteigerung nach Produktionsfaktoren. Unter den beschriebenen Bedingungen waren die Tendenzen ziemlich schwach, die in Richtung auf eine Überersparnis, eine Erschöpfung der Investitionsmöglichkeiten und eine »technologische Arbeitslosigkeit« hätten wirksam werden können. Soweit es solche Tendenzen gab, konnten sie (mit Ausnahme des Zeitraums von 1873 bis 1896) durch den langfristigen intratemporalen Substitutions- und Expansionseffekt und durch den aus der Preisflexibilität resultierenden stabilisierenden intertemporalen Substitutionseffekt leicht bewältigt werden. Die Preisflexibilität war nicht nur deswegen als langfristiger Stabilisator der Wirtschaft erfolgreich, weil die Bedingungen, unter denen sie die Gleichgewichtseffekte erzeugt, die die traditionelle Lehre von ihr erwartet, annähernd erfüllt waren, sondern auch, weil die Aufgabe leicht war, die sie zu lösen hatte.

In unserer gegenwärtigen kapitalistischen Wirtschaft haben sich die Kräfte, die zur Überersparnis, Erschöpfung von Investitionsmöglichkeiten und »technologischer Arbeitslosigkeit« führen, außerordentlich verstärkt. Gleichzeitig sind die Bedingungen verschwunden, die der

Preisflexibilität einen langfristig stabilisierenden Einfluß auf die Wirtschaft verliehen (insbesondere die Flexibilität der Preise für Produktionsfaktoren). Die Erfahrung zweier Weltkriege, politischer und gesellschaftlicher Umwälzungen, der Kriegs- und Nachkriegsinflation, der großen Wirtschaftsflaute, die in der Vorstellung der Geschäftswelt aus einem wolkenlosen Himmel hereinbrach; all das hat den Glauben an eine langfristige »Normalität« zerstört. Dieser Glaube wird sich lange Zeit nicht mehr festigen lassen, so große Anstrengungen wir auch unternehmen mögen, was eine Generation oder länger dauern kann. Ohne eine spezifische Intervention von seiten der Regierung zu ihrer Beeinflussung dürften die langfristigen Preiserwartungen noch lange Zeit elastisch bleiben. Die große Ungewißheit der Preiserwartungen (»Vertrauensmangel«[3]), die das Ergebnis der gemachten Erfahrungen ist, hat dazu geführt, daß die intertemporale Substitution und infolgedessen auch die Nachfrage nach Investitionsgütern höchst empfindlich auf Veränderungen der Zinskonditionen reagiert[4]. Die Entwicklung angebots- und nachfrageoligopolistischer Gruppen zu einer beherrschenden Stellung im gegenwärtigen Kapitalismus verhindert, daß sich der positive Geldeffekt einer Preisveränderung in eine Outputsteigerung oder eine Zunahme der Nachfrage nach Produktionsfaktoren umsetzt. Das Verschwinden atomistischer Bedingungen im internationalen Handel (zwischen den verschiedenen beteiligten Ländern) hat den stabilisierenden Einfluß dieses Handels ausgehöhlt. All dies führt dazu, daß die Preisflexibilität unter den gegenwärtigen Bedingungen als Norm kurzfristiger oder langfristiger Wirtschaftspolitik unanwendbar geworden ist.

In Anbetracht der Tatsache, daß langfristige Preiserwartungen unter den gegenwärtigen Umständen elastisch sein dürften, kann man sich (langfristig) nicht darauf verlassen, daß ein automatisch funktionierendes reaktionsträges (unempfindliches) Geldsystem positive Geldeffekte bewirkt. Damit solche positiven Geldeffekte erzeugt werden können, ist es erforderlich, daß die Geldpolitik in Übereinstimmung mit unserer *Allgemeinen Regel* geplant wird. Eine solche Planung erfordert, daß jeder Zunahme in der realen Nachfrage nach Kassenbeständen, die mit

---

3 Vgl. Jacob Marschak, »Lack of Confidence«, in: *Social Research*, Bd. 8, 1941, S. 41-62.
4 Vgl. S. 149-152 weiter oben. Vgl. ebenso E. J. Meade und P. W. S. Andrews, »Summary of Replies to Questions on Effects of Interest Rates«, in: *Oxford Economic Papers*, Nr. 1, Oktober 1938, S. 14-31; R. S. Sayers, »Business Men and the Terms of Borrowing«, a.a.O., Nr. 3, Februar 1940, S. 23-31; und P. W. S. Andrews, »A Further Inquiry into the Effects of Rates of Interest«, a.a.O., Nr. 3, Februar 1940, S. 32-73. Vgl. auch J. F. Ebersole, »The Influence of Interest Rates upon Entrepreneurial Decisions in Business – A Case Study«, in: *Harvard Business Review*, Bd. 17, Herbst 1938, S. 35-39.

fallenden Preisen zusammenhängt, durch eine noch größere Erhöhung der realen Geldmenge begegnet wird. Dies setzt die Aufgabe oder Revision des Goldstandards ebenso wie des gegenwärtigen Bankensystems voraus, in der die Schaffung von Kreditgeld nicht der Kontrolle und wirksamen Beeinflussung durch eine Behörde unterworfen ist, die mit der Verantwortung für die Aufrechterhaltung der Stabilität der Volkswirtschaft betraut ist[5]. Die erste Bedingung für die wirtschaftliche Stabilität in unserer Zeit besteht darin, daß ein Geldsystem geschaffen wird, das nach unserer *Allgemeinen Regel* verwaltet wird, so daß Preisveränderungen von einem positiven Geldeffekt begleitet werden können. Diese Bedingung ist jedoch nicht hinreichend, weil der positive Geldeffekt die intratemporalen Substitutions- und Expansionseffekte nicht hervorbringen dürfte, die für die Stabilisierung der Volkswirtschaft erforderlich sind.

Wenn der positive Geldeffekt lediglich zu einem Verfall der Zinssätze führt, muß die Geldpolitik durch Maßnahmen ergänzt werden, die unmittelbar eine Steigerung der Nachfrage nach Waren gewährleisten. Dies erfordert Subventionen, die unmittelbar an die Konsumenten geleistet werden (die das Geld dazu benutzen, Waren und nicht Wertpapiere zu kaufen) oder eine unmittelbare Schaffung der Nachfrage nach Investitionsgütern durch die Regierung selbst (das heißt öffentliche Investitionen). Die meisten Ökonomen sind der Ansicht, daß derartige Maßnahmen einen Multiplikatoreffekt haben, der bewirkt, daß auf die ursprünglichen Regierungsausgaben (Subventionen an Konsumenten und staatliche Investitionen) eine gesteigerte Nachfrage nach Waren durch Privatunternehmen folgt. Ein derartiger Multiplikatoreffekt kann jedoch durch ein angebots- oder nachfrageoligopolistisches Gruppenverhalten stark vermindert oder sogar zunichte gemacht werden. Unter angebotsoligopolistischen Bedingungen tritt dies dann ein, wenn die ursprüngliche Regierungsausgabe die Disziplin der angebotsoligopolistischen Gruppen in einem derartigen Ausmaß verstärkt, daß diese Ausgaben größtenteils oder sogar gänzlich zu einer Zunahme des Monopolisierungsgrads führen. Unter Bedingungen des Nachfrageoligopols wird der Multiplikatoreffekt auch ohne Zunahme der Gruppendisziplin dann zunichte gemacht, wenn die Verschiebung der preisbezogenen Grenzproduktivitätskurve, die sich aus einer Veränderung in der Nachfrage nach der Ware ergibt, sich innerhalb des Dis-

5 Der Hundert-Prozent-Reserveplan ist eines der Mittel, durch das die Bestimmung der Geldmenge wirksam in den Händen der Behörde konzentriert werden kann, die mit der erwähnten Aufgabe betraut ist.

kontinuitätsbereichs der Grenzaufwandskurve hält. Die Regierungsausgaben müssen also, um wirksam werden zu können, entweder in so riesigem Umfang erfolgen, daß sie dieses Ergebnis auch ohne oder mit einem nur geringen Multiplikatoreffekt erzielen, oder sie müssen mit politischen Maßnahmen zur Entflechtung dieser angebots- und nachfrageoligopolistischen Gruppen verbunden sein.

Die Entflechtung dieser Gruppen kann sich nicht in Form einer Rückkehr zur vollkommenen oder auch nur der angebots- und nachfragemonopolistischen Konkurrenz unter Privatunternehmen abspielen. Die Entstehung von angebots- oder nachfragemonopolistischem Gruppenverhalten ist nicht nur das Resultat der »Gier nach Profit«. Die Regeln des angebotsoligopolistischen und nachfrageoligopolistischen Verhaltens entstehen, weil ohne sie kein Unternehmen in der Lage wäre, die Reaktion der anderen Unternehmen auf eine Veränderung seiner Preise vorherzusagen[6]. Diese Regeln erfüllen die gesellschaftliche Funktion, solche Voraussagen möglich zu machen. Eine bloße Beseitigung dieser Regeln würde nicht die vollkommene Konkurrenz wiederherstellen, und nicht einmal eine angebots- oder nachfragemonopolistische Konkurrenz im Sinne Chamberlins; denn alle diese Formen unternehmerischer Reaktion erfordern, daß sich die Auswirkungen einer Preisänderung eines Unternehmens auf so viele andere Unternehmen gleichmäßig verteilen, daß keines darauf spezifisch reagiert. Das angebots- und nachfrageoligopolistische Gruppenverhalten entsteht dann, wenn dieses Grunderfordernis sowohl der vollkommenen als auch der angebots- und nachfragemonopolistischen Konkurrenz nicht erfüllt ist. Infolgedessen würde die bloße Beseitigung angebots- und nachfrageoligopolitischer Regeln zu einer allgemeinen Unvorhersehbarkeit der Reaktion der anderen Unternehmen führen, ein Zustand, der treffend als »angebots- oder nachfrageoligopolistisches Chaos« zu beschreiben ist. Diese Regeln müssen daher durch neue Regeln ersetzt werden, nämlich durch Regeln der staatlichen Politik, die im Interesse des leistungsfähigen Funktionierens der Wirtschaft aufgestellt worden sind. In einigen Fällen kann dies dadurch erreicht werden, daß die Unternehmen in der angebots- oder nachfrageoligopolistischen Gruppe der Reglementierung durch staatliche Behörden unterworfen werden, die die neuen Regeln formulieren und durchsetzen. Dies kann funktionieren, wenn die Gruppe aus einer großen Anzahl kleiner Unternehmen zusammengesetzt ist, die deswegen gezwungen waren, ein

---

6 Vgl. S. 123-125 weiter oben.

angebots- oder nachfrageoligopolistisches Gruppenverhalten anzunehmen (häufig mit Hilfe der »Wettbewerbs«-Gesetzgebung der Regierung), weil sich die Auswirkungen der Preispolitik eines Unternehmens auf eine sehr kleine Anzahl anderer Unternehmen konzentriert hätte. In den meisten Fällen eines schädlichen Angebots- oder Nachfrageoligopols scheint die Sozialisierung der jeweiligen Industrie- oder Handelszweige das einzige Mittel zu sein, um zu gewäl rleisten, daß sie nach Regeln funktionieren, die mit Stabilität und Leistungsfähigkeit der Wirtschaft vereinbar sind[7].

Ohne alle die beschriebenen Maßnahmen kann die Preisflexibilität unter den gegenwärtigen Bedingungen nicht als stabilisierender Einfluß in der Wirtschaft wirksam werden; sie kann sich sogar entstabilisierend auswirken. Wenn aber diese Maßnahmen getroffen werden, erweist sich die Flexibilität *aller* Preise als überflüssig. Der erwünschte positive Geldeffekt kann unmittelbar durch Mittel der Geldpolitik erreicht werden. Außerdem sind bei vorwiegend elastischen langfristigen Preiserwartungen geringere Regierungsausgaben und auch eine geringere Geldpolitik erforderlich, wenn einige wichtige Preise in der Wirtschaft starr sind, als wenn alle Preise flexibel sind. Die Starrheit eines wichtigen[8] Preises (oder einiger Preise) wird nämlich unmittelbar die für die Stabilisierung der Wirtschaft erforderlichen intratemporalen Substitutions- und Expansionseffekte bewirken, ohne die Entwicklung eines allgemeinen Preisverfalls, einer daraus folgenden Steigerung der realen Nachfrage nach Kassenbeständen und schließlich einer größeren Zunahme der realen Geldmenge durchlaufen zu müssen, um einen positiven Geldeffekt zu schaffen[9]. Je weniger flexibel daher ein wichtiger Preis (oder einige Preise) ist, desto weniger Geldpolitik ist erforderlich, und desto weniger können die Auswirkungen einer Geldbewirtschaftung durch angebots- und nachfrageoligopolistisches Gruppenverhalten beeinträchtigt werden[10]. Dies weist darauf hin, daß es

---

7 Die geeigneten Funktionsregeln, die durch sozialisierte Unternehmen eingehalten werden müssen, werden im Aufsatz des Verfassers »On the Economic Theory of Socialism«, University of Minnesota Press, Minneapolis 1938, erörtert, der auch in diesem Sammelband enthalten ist.

8 Mit »wichtigem« Preis meinen wir in diesem Zusammenhang den Preis einer Ware, die in der Gesamtausgabe der Wirtschaftsgemeinschaft einen großen Posten darstellt.

9 Der Außenhandel erfüllt auf einem atomistischen internationalen Markt (in bezug auf die verschiedenen Länder) die gleiche Funktion wie die Starrheit der Preise, das heißt, er gewährleistet das unmittelbare Funktionieren von Substitutions- und Expansionseffekten, ohne daß dafür ein positiver Geldeffekt erforderlich wäre. Vgl. S. 130-133 weiter oben.

10 Eine Volkswirtschaft, in der angebots- und nachfrageoligopolistisches Gruppenverhalten durch Sozialisierung der relevanten Industrie- und Handelszweige abgeschafft worden ist, kann daher eine sehr viel höhere Dosis von Preisflexibilität »vertragen« als das Wirtschaftssystem des angebots- und nachfrageoligopolistischen Kapitalismus.

ratsam ist, den Preis einer wichtigen Ware in der Volkswirtschaft festzulegen.

Da Veränderungen der relativen Preise für Güter die wichtige Funktion erfüllen, zu gewährleisten, daß die Verteilung der Ressourcen auf die Nachfrage der Konsumenten reagiert, sollte nur ein Preis festgelegt werden und alle anderen Preise flexibel sein, so daß die relativen Preise sich den Entscheidungen der Konsumenten und den relativen Grenzkosten der Produktion anpassen können[11]. Damit die Preisfestsetzung zu praktischen Ergebnissen führen kann, muß eine Ware ausgewählt werden, die mit der größtmöglichen Zahl anderer Waren in Substitutions- und Outputrelationen steht. In einem Industrieland ist die Arbeit die geeignetste Ware für diesen Zweck, und die Festlegung der Lohnrate in Geld[12] dürfte am besten als Mittel geeignet sein, die Stabilität der Wirtschaft zu gewährleisten. In einem Agrarland kann ein Lagerprodukt (zum Beispiel Weizen, Kaffee, Zucker) für diesen Zweck ausgewählt werden. In den Vereinigten Staaten könnte es erwünscht sein, sowohl die Geldlohnraten als auch den Preis für einige landwirtschaftliche Lagergüter festzulegen, unter Berücksichtigung einer langfristigen Anpassung der beiden je nach den Veränderungen in den Grenzarbeitskosten des gewählten Produkts. Eine derartige Preisfixierung würde nicht nur den Umfang der Geldpolitik verringern, der für das Funktionieren der Wirtschaft erforderlich ist, sondern auch die Möglichkeit beseitigen, daß sich flexible Preise in eine Quelle der Instabilität der Wirtschaft verwandeln, wenn in der Geldpolitik Fehler gemacht werden.

Anstatt den Preis einer wichtigen Ware in der Wirtschaft festzulegen, kann man sich auch dafür entscheiden, das allgemeine Niveau der Warenpreise zu stabilisieren. Auch dies würde das Wirksamwerden des intratemporalen Substitutions- und Expansionseffekts gewährleisten, die zur Aufrechterhaltung der Stabilität der Wirtschaft erforderlich sind. Dies würde dadurch geschehen, daß verhindert wird, daß sich die Warenpreise alle in der gleichen Proportion (oder sogar Richtung) ändern. Die Stabilisierung des allgemeinen Warenpreisniveaus würde

---

11 Dies würde das bewahren, was Professor Hansen strukturelle Preisflexibilität nennt (structural price flexibility; vgl. *Fiscal Policy and Business Cycles*, Norton and Co., New York 1941, S. 313 f.). Erwähnt werden muß hier jedoch, daß eine derartige Anpassung den erwähnten Zweck nur bei Fehlen von Angebots- und Nachfragemonopol (einschließlich angebots- und nachfragemonopilistischer Konkurrenz) ebenso wie bei Fehlen von Angebots- und Nachfrageoligopol erfüllt, das heißt nur unter Bedingungen vollkommener Konkurrenz oder unter geeigneten »Spielregeln«, die durch die Sozialisierung (oder in gewissen Fällen auch durch öffentliche Reglementierung von Privatunternehmen) aufgestellt worden sind.

12 Dies bedeutet in der Praxis, daß man einen Eckwert der Geldlohnrate stabilisiert und die anderen relativen Lohnraten frei aufeinander einspielen läßt.

jedoch sehr viel mehr Geldpolitik erfordern als die Festlegung des Preises einer einzigen Ware (oder des Preisniveaus einer sehr kleinen Warengruppe) und würde auch die entstabilisierenden Folgen von Irrtümern der Geldpolitik erhöhen. Die Argumente zugunsten der Geldpolitik sind daher ähnlich wie einige der Argumente zugunsten des Goldstandards und gegen einen »Preisindexstandard«. Der Goldstandard impliziert die Festlegung des Geldpreises einer Ware, nämlich des Goldes, und ähnelt unserem Vorschlag, einen Preis in der Wirtschaft festzulegen. Das Gold ist jedoch eine für diesen Zweck recht schlecht gewählte Ware. Es unterhält nur zu einer äußerst kleinen Anzahl anderer Waren unmittelbare Substitutions- und Outputrelationen. Unter dem Gesichtspunkt, daß das Wirksamwerden des intratemporalen Substitutions- und Expansionseffekts erleichtert und damit die Vollbeschäftigung aller Produktionsfaktoren gewährleistet werden soll, ist der Goldstandard nicht viel mehr wert als etwa ein Pfefferstandard. Nichtsdestoweniger ist die Grundvorstellung, nämlich den Geldpreis einer einzigen Ware festzulegen, sehr vernünftig. Die für diesen Zweck ausgewählte Ware muß jedoch so geartet sein, daß sie das Wirksamwerden des intratemporalen Substitutions- und Expansionseffekts am stärksten begünstigt.

Daß die Stabilisierung bestimmter Preise zur Verhinderung einer Instabilität der Wirtschaft erforderlich ist, wird in Perioden inflationären Drucks, z. B. in unserer gegenwärtigen* Kriegswirtschaft, allgemein anerkannt. Wenn wir der traditionellen Lehre folgen und die Preisflexibilität als Norm der Wirtschaftspolitik betrachten, müßten wir die Preise einschließlich der Faktorpreise, wie zum Beispiel der Löhne, steigen lassen und uns darauf verlassen, daß die Preissteigerung automatisch diejenigen Substitutions- und Expansionseffekte bewirkt, die den Nachfrageüberhang auf allen Märkten beseitigen. Wir wissen recht gut, daß dies nur dann funktionieren kann, wenn der Abnahme in der realen Nachfrage nach Kassenbeständen (welche sich bei vorwiegend elastischen Preiserwartungen aus allgemein steigenden Preisen ergibt) durch eine noch größere Verringerung der realen Geldmenge begegnet wird, das heißt, wenn das Geldsystem durch geeignete Bewirtschaftung reaktionsbereit gemacht wird. Wir wissen weiterhin, daß dies nicht hinreicht und nicht funktionieren würde, wenn das Ergebnis lediglich darin bestände, die Zinssätze zu erhöhen. Infolgedessen muß die Nachfrage nach Waren durch Mittel wie Besteuerung, Zwangssparen, Ausgabenrationierung usw. unmittelbar gesenkt werden. Um schließlich

---

* Anmerkung des Übersetzers: *1944.*

zu gewährleisten, daß Angebots- und Nachfrageoligopole nicht verhindern, daß sich der Rückgang der Nachfrage nach Produkten in einen Rückgang der Nachfrage nach Produktionsfaktoren umsetzt, müssen wir den Output und den Faktoreinsatz unmittelbar durch Maßnahmen wie Outputlizenzierung, Prioritäten für einige Produktionsfaktoren usw. steuern (dies wird als Ersatz für die Entflechtung angebots- und nachfrageoligopolistischer Gruppen vorgenommen, durch die der Preismechanismus auch in einer Kriegswirtschaft anwendbar würde). Wir wissen, daß die zur Verhinderung der Inflation und einer kumulativen Steigerung des Nachfrageüberhangs nach Waren erforderliche Geldpolitik durch die Festlegung wichtiger Preise, wie zum Beispiel der Geldlohnrate[13], außerordentlich reduziert werden kann und daß dies auch dazu beiträgt, die Folgen möglicher Fehler der Geldpolitik auf ein Minimum zu reduzieren.

Die Argumente, die in bezug auf die Aufrechterhaltung der Stabilität der Volkswirtschaft gegenüber der Gefahr einer kumulativen Steigerung des Nachfrageüberhangs nach Waren gelten, gelten auch in bezug auf die Aufrechterhaltung der Stabilität der Volkswirtschaft angesichts der Gefahr einer kumulativen Steigerung des Überangebots an einigen oder allen Produktionsfaktoren.


## Anhang
### Die Stabilität des ökonomischen Gleichgewichts

### 1. Die Gleichgewichtsbedingungen bei Hicks

Die Theorie der Stabilität des ökonomischen Gleichgewichts beruht auf der Annahme, daß ein Nachfrageüberhang nach einem Gut zu einem Steigen seines Preises führt, während ein Überangebot einen Preisverfall bewirkt. Das Gleichgewicht wird daher als stabil bezeichnet, wenn in der Nähe der Gleichgewichtssituation ein Preis, der über dem Gleichgewichtspreis liegt, ein Überangebot bewirkt und ein Preis unter dem Gleichgewichtspreis einen Nachfrageüberhang. Diese Bedingung wurde zuerst von Walras formuliert. Walras formulierte sie jedoch so, daß ihre Anwendbarkeit auf die Analyse des partiellen Gleichgewichts beschränkt bleibt. Innerhalb des Rahmens einer allgemeinen Gleichge-

---

13 Es ist seltsam (oder in Anbetracht der Soziologie der Sache überhaupt nicht seltsam), daß die Leute, die die Notwendigkeit betonen, die Geldlöhne flexibel zu halten – in Zeiten der Wirtschaftsflaute –, die gleichen sind, die zur Verhinderung der Inflation eine obere Lohngrenze fordern.

wichtstheorie müssen die Stabilitätsbedingungen die Auswirkungen berücksichtigen, die die Veränderung des Preises eines Guts auf die Preise aller anderen Güter hat, und ebenso die Tatsache, daß der Nachfrageüberhang (oder das Überangebot) bei einem Gut von den Preisen der anderen Güter in der Wirtschaft abhängt. Dies hat Professor Hicks geleistet[1].

Nach Professor Hicks befindet sich das Wirtschaftssystem dann im stabilen Gleichgewicht, falls eine Preissteigerung beim Preis eines Guts über den Gleichgewichtspreis hinaus ein Überangebot und ein Preisverfall unter den Gleichgewichtspreis einen Nachfrageüberhang bei diesem Gut erzeugt, *wenn die Preise aller anderen Güter im System so aufeinander eingespielt sind, daß das Gleichgewicht auf allen anderen Märkten erhalten bleibt.* Anderenfalls befindet sich das System entweder in einem instabilen oder in einem neutralen Gleichgewichtszustand. Der instabile Gleichgewichtszustand liegt vor, wenn eine Preissteigerung über den Gleichgewichtspreis hinaus einen Nachfrageüberhang erzeugt und ein Preisverfall ein Überangebot; der neutrale Gleichgewichtszustand liegt vor, wenn keinerlei Nachfrageüberhang oder Überangebot auftreten. In beiden Fällen wird davon ausgegangen, daß die Preise auf allen anderen Märkten so angepaßt sind, daß das Gleichgewicht erhalten bleibt. Diese Formulierung der Theorie des stabilen Gleichgewichts führt zu einer Reihe von Bedingungen, die am besten mathematisch formuliert werden.

In einer Wirtschaft seien $n + 1$ Güter enthalten, und eins von ihnen, sagen wir das $(n + 1)$te, diene als Geld und *Recheneinheit.* Mit $p_r$ ($r = 1, 2, \cdots, n$) sei der Preis des $r$-ten Guts bezeichnet; wobei definitionsgemäß $p_{n+1} = 1$ ist. Man schreibe weiter $D_r(p_1, p_2, \cdots, p_n)$ für die Nachfragefunktion und $S_r(p_1, p_2, \cdots, p_n)$ für die Angebotsfunktion des $r$-ten Guts. Wir haben dann $n$ unabhängige Nachfrageüberhangsfunktionen $X$, die definiert werden durch

$$(1.1) \qquad X_r(p_1, p_2, \cdots, p_n) \equiv D_r(p_1, p_2, \cdots, p_n) - S_r(p_1, p_2, \cdots, p_n)$$
$$(r = 1, 2, \cdots, n).$$

Das System ist im Gleichgewicht, wenn $X_r = 0$ ($r = 1, 2, \cdots, n$) ist. Das Gleichgewicht ist stabil, wenn zum Gleichgewichtspunkt

$$(1.2) \qquad \begin{aligned} &\frac{dX_r}{dp_r} < 0, \\ &\frac{dX_s}{dp_r} = 0 \, (s \neq r) \text{ ist.} \end{aligned} \qquad (r, s = 1, 2, \cdots, n)$$

---

1 Vgl. *Value and Capital*, S. 66 ff. und S. 315 f.

Die Ungleichung bezeichnet einen negativen Nachfrageüberhang (das heißt ein Überangebot), wenn der Preis über den Gleichgewichtspreis steigt, und einen positiven Nachfrageüberhang, wenn der Preis unter den Gleichgewichtsstand fällt. Die Gleichungen bezeichnen, daß die Preise auf den anderen Märkten so angepaßt sind, daß das Gleichgewicht auf diesen Märkten erhalten bleibt[2].

Wir schreiben

$$(1.3) \qquad a_{sr} \equiv \frac{\partial X_s}{\partial p_r} \qquad\qquad (r, s = 1, 2, \cdots, n).$$

Dann erhalten wir

$$(1.4) \qquad \frac{dX_s}{dp_r} = a_{s1} \frac{dp_1}{dp_r} + a_{s2} \frac{dp_2}{dp_r} + \cdots + a_{sr} + \cdots + a_{sn} \frac{dp_n}{dp_r}$$

$$(s = 1, 2, \cdots, n).$$

Wenn wir $dX_s/dp_r$ und $a_{sr}$ gegeneinander austauschen und die Gleichung (1.2) berücksichtigen, erhalten wir die Gleichungen:

$$
\begin{aligned}
- a_{1r} &= a_{11} \frac{dp_1}{dp_r} + a_{12} \frac{dp_2}{dp_r} + \cdots + 0 + \cdots + a_{1n} \frac{dp_n}{dp_r}, \\
&\quad \cdot \quad \cdot \quad \cdot \quad \cdot \quad \cdot \quad \cdot \quad \cdot \\
(1.5) \qquad - a_{rr} &= a_{r1} \frac{dp_1}{dp_r} + a_{r2} \frac{dp_2}{dp_r} + \cdots = \frac{dX_r}{dp_r} + \cdots + a_{rn} \frac{dp_n}{dp_r}, \\
&\quad \cdot \quad \cdot \quad \cdot \quad \cdot \quad \cdot \quad \cdot \quad \cdot \\
- a_{nr} &= a_{n1} \frac{dp_1}{dp_r} + a_{n2} \frac{dp_2}{dp_r} + \cdots + 0 + \cdots + a_{nn} \frac{dp_n}{dp_r}.
\end{aligned}
$$

---

2 Die Stabilitätsbedingungen können auch bezogen auf den Nachfrageüberhang nach Geld ausgedrückt werden. Der aggregierte Wert des Nachfrageüberhangs auf allen $n$ Märkten ist das Überangebot an Geld, das heißt

$$- X_{n+1} \equiv \sum_{s=1}^{n} p_s X_s.$$

Da alle anderen Märkte im Gleichgewicht bleiben, erhalten wir $X_s = 0$ für $s \neq r$ und

$$- \frac{dX_{n+1}}{dp_r} = X_r + p_r \frac{dX_r}{dp_r}.$$

Am Gleichgewichtspunkt ist $X_r = 0$ und infolge von (1.2)

$$(1.3) \qquad \frac{dX_{n+1}}{dp_r} > 0 \qquad\qquad (r = 1, 2, \cdots, n).$$

Daher muß der Nachfrageüberhang nach Geld positiv werden, wenn der Preis eines anderen Gutes als Geld über das Gleichgewicht hinaus ansteigt. Er wird negativ, wenn der Preis unter das Gleichgewicht fällt.

Wir schreiben

$$(1.6) \qquad J \equiv \begin{vmatrix} a_{11} & a_{12} \cdots a_{1n} \\ a_{21} & a_{22} \cdots a_{2n} \\ \cdot & \cdot \cdot \cdot \cdot \cdot \cdot \\ a_{n1} & a_{n2} \cdots a_{nn} \end{vmatrix}$$

und bezeichnen $J_{rs}$ den Kofaktor von $a_{rs}$. Nach Lösung der Gleichungen (1.5) erhalten wir

$$(1.7) \qquad \frac{dX_r}{dp_r} = \frac{J}{J_{rr}} < 0 \qquad (r = 1, 2, \cdots, n).$$

Wegen (1.2) ist diese Größe negativ.

In Erweiterung und Veränderung der Terminologie von Professor Hicks führen wir den Begriff der *partiellen Stabilität* verschiedener Größenordnung und Rangfolge ein. Das System wird als partiell stabil in der Ordnung $m$ ($m < n$) bezeichnet, wenn (1.2) dann erfüllt ist, wenn nur $m$ andere Preise angepaßt werden und die übrigbleibenden Preise konstant gehalten werden[3]. Durch ein Verfahren analog zu dem, das zu (1.7) geführt hat, erhalten wir eine Bedingung der partiellen Stabilität der Ordnung $m$

$$(1.8) \qquad \left( \frac{dX_r}{dp_r} \right)_{n-m} = \frac{J_{nn, \cdots, n-m}}{J_{nn, \cdots, n-m, rr}} < 0 \qquad (r = 1, 2, \cdots, m),$$

worin der Zähler und Nenner jeweils Kofaktoren von $J$ der Ordnung $m$ und der Ordnung $m - 1$ sind. Der Index linker Hand bezeichnet, welche Preise konstant gehalten werden (nämlich $m + 1, m + 2, \cdots, n$). Der Begriff des partiellen Gleichgewichts bezieht sich immer auf die Preise, die konstant gehalten werden. Das System kann partiell stabil in der Ordnung $m$ sein, wenn bestimmte $n - m$ Preise konstant gehalten werden, jedoch nicht teilweise stabil sein, wenn andere $n - m$ Preise konstant gehalten werden. Wenn das System partiell stabil in der Ordnung $n$ ist (wobei $n$ die Anzahl der Güter ausschließlich des Geldes ist), so bezeichnen wir es als total stabil. Die Bedingung (1.8) wandelt sich dann in die Bedingung (1.7).

Das System wird als stabil im Rang $m$ bezeichnet (und als unstabil oder neutral im *Rang $n - m$*), wenn es partiell stabil in der Ordnung $m$, jedoch nicht in einer höheren Ordnung ist. Der Rang der Stabilität des Systems ist daher die höchste Ordnung der partiellen Stabilität, die es aufweist. Ein total stabiles System hat eine Stabilität des Rangs $n$.

---

3 In diesem Fall gilt (1.2) für $r = 1, 2, \cdots, m$.

Die partielle Stabilität der Ordnung $m$ wird als *vollkommen* bezeichnet, wenn das System eine partielle Stabilität aller niedrigeren Ordnungen in bezug auf jeden beliebigen konstant gehaltenen Preis aufweist. Anderenfalls wird die partielle Stabilität als *unvollkommen* bezeichnet. Diese Definition der vollkommenen partiellen Stabilität gilt auch für die partielle Stabilität der Ordnung $n$, das heißt für die totale Stabilität. In Anbetracht von (1.8) kann die Bedingung für vollkommene Stabilität der Ordnung $m$ wie folgt geschrieben werden:

$$(1.9) \quad a_{11} < 0, \begin{vmatrix} a_{11} & a_{12} \\ a_{21} & a_{22} \end{vmatrix} > 0, \cdots, \text{sign} \begin{vmatrix} a_{11} & a_{12} & \cdots & a_{1m} \\ a_{21} & a_{22} & \cdots & a_{2m} \\ \cdot & \cdot & \cdots & \cdot \\ a_{m1} & a_{m2} & \cdots & a_{mm} \end{vmatrix} = \text{sign} \, (-1)^m,$$

wobei die Numerierung der Güter natürlich beliebig ist. Dies sind die Hicks'schen Bedingungen der vollkommenen Stabilität[4].

## 2. Dynamische Stabilitätsbedingungen

Der Leser wird bemerkt haben, daß in der mathematischen Formulierung der Theorie der Stabilität des ökonomischen Gleichgewichts die Grundannahme dieser Theorie, nämlich daß ein Nachfrageüberhang nach einem Gut zu einem Steigen seines Preises und ein Überangebot zu einem Preisverfall führt, nicht explizit in Erscheinung tritt. Diese Annahme ist jedoch stillschweigend in der Formulierung der Bedingung impliziert, daß ein Nachfrageüberhang dann auftritt, wenn der Preis unter dem Gleichgewicht liegt, und ein Überangebot, wenn er über dem Gleichgewicht liegt. Um alle Implikationen der Stabilitätsanalyse klarzustellen, muß die erwähnte Grundannahme explizit in die mathematische Formulierung der Theorie der Stabilität des Gleichgewichts eingeführt werden. Wenn dies erfolgt ist, wird die Stabilitätsanalyse Teil einer dynamischen Theorie, wie Professor Samuelson vor kurzem nachgewiesen hat[5]. Die traditionelle Methode der Behandlung der Stabilität des ökonomischen Gleichgewichts, wie sie von Walras, Marshall und Hicks angewendet wird, ist nur eine implizite (und daher unvollständige) Form der dynamischen Analyse.

Die Grundannahme der Stabilitätsanalyse, das heißt die, daß ein Nach-

---

4 Professor Hicks schränkt den Begriff der vollkommenen Stabilität auf den Fall der totalen Stabilität ein. Die von ihm angegebenen Bedingungen für vollkommene Stabilität gelten daher nur für den Fall $m = n$.

5 »The Stability of Equilibrium: Comparative Statics and Dynamics«, in: *Econometrica*, Bd. 9, April 1941, S. 97-120.

frageüberhang zu einer Preissteigerung und ein Überangebot zu einem Preisverfall führt, kann wie folgt formuliert werden:

(2.1) $\quad \text{sign} \dfrac{dp_r}{dt} = \text{sign}\, X_r \qquad (r = 1, 2, \cdots, n),$

wobei $dp_r/dt$ die Rate der Preisveränderung im Zeitverlauf ist.

(2.2) $\quad \dfrac{dp_r}{dt} = F_r(X_r) \qquad (r = 1, 2, \cdots, n)$

sei eine Reihe von Funktionen, die den Relationen (2.1) genügen. Dann haben wir durch (2.1)

(2.3) $\quad F_r(0) = 0 \qquad (r = 1, 2, \cdots, n),$

als die Gleichgewichtsbedingungen des Systems.

Mit (2.2) haben wir ein normales System von $n$ Differenzialgleichungen, das die Lösungen $p_r(t)$ $(r = 1, 2, \cdots, n)$ aufweist[6]. Die Funktionen $p_r(t)$ sind die Anpassungspfade der Preise, und das Gleichgewicht ist stabil, wenn diese Pfade zurück zu den Gleichgewichtspreisen führen, unstabil, wenn sie davon wegführen, und neutral, wenn keins von beiden zutrifft[7]. Wenn wir alle Preise in bezug auf Abweichungen von den Gleichgewichtspreisen ausdrücken, das heißt die letzteren gleich Null setzen, haben wir ein stabiles Gleichgewicht, wenn

(2.4) $\quad \lim\limits_{t=\infty} p_r(t) = 0 \qquad (r = 1, 2, \cdots, n).$

Um die Gleichung zu lösen, erweitern wir auf der rechten Seite von (2.2) $F_r$ und $X_r$ durch Maclaurins Theorem und behalten nur den linearen Teil der Erweiterung bei. Bei Erweiterung von $F_r$ erhalten wir

$$\dfrac{dp_r}{dt} = F'(0)X_r \qquad (r = 1, 2, \cdots, n),$$

und dann, nach Erweiterung von $X_r$, erhalten wir

(2.5) $\quad \dfrac{dp_r}{dt} = F_r' \sum\limits_{s=1}^{n} a^0_{rs} p_s \qquad (r = 1, 2, \cdots, n),$

worin $p_s$ als Abweichung vom Gleichgewichtspreis $p_s^0 = 0$ ausgedrückt ist.

$\qquad F_r' = F_r'(0) = \text{konst. und } a_{rs} = (p_1^0, p_2^0, \cdots, p_m^0) = \text{konst.}$

---

6 Es wird davon ausgegangen, daß den Existenzbedingungen Genüge getan ist. Dies ist immer dann der Fall, wenn die Funktionen $F_r$ und $X_r$ $(r = 1, 2, \cdots, n)$ und ihre ersten Ableitungen kontinuierlich verlaufen.

7 Diese Definitionen sind umfassender als die auf der ersten Seite dieses Anhangs und schließen letztere als einen Sonderfall ein.

Wir haben nun ein System linearer Gleichungen mit konstanten Koeffizienten.

Es wird aufgefallen sein, daß in Anbetracht von (2.1)

$$(2.6) \qquad F_r{'}(0) > 0 \qquad\qquad (r = 1, 2, \cdots, n)$$

ist.

Wenn daher die Funktionen auf der rechten Seite von (2.2) als in $X_r$ linear angenommen werden, impliziert die Grundannahme der Stabilitätsanalyse zwangsläufig, *daß die Geschwindigkeit der Preissteigerung um so größer ist, je größer der Nachfrageüberhang ist.* $F_r{'}(0)$ kann als Maßstab für die Flexibilität des Preises $p_r$ dienen. Im allgemeinen wird der Preis als flexibel bezeichnet werden können, wenn $F_r{'}(0) > 0$ ist, und als unflexibel oder starr, wenn $F_r{'}(0) = 0$, und als negativ flexibel, wenn $F_r{'}(0) < 0$ ist. Die letzteren beiden Fälle sind durch (2.6) ausgeschlossen.

Die Lösung des linearen Systems (2.5) wird durch die Funktionsmenge angegeben:

$$(2.7) \qquad p_r(t) = \sum_{s=1}^{k} q_{rs}(t)e^{\lambda_s t} \qquad\qquad (r = 1, 2, \cdots, n),$$

worin $\lambda_s$ $(s = 1, 2, \cdots, k)$ die $k$ $(k \leq n)$ distinkten Wurzeln der typischen Gleichung[8]

$$(2.8) \qquad f(\lambda) \equiv \begin{vmatrix} F_1{'}a_{11}{}^0 - \lambda & F_1{'}a_{12}{}^0 & \cdots F_1{'}a_{1n}{}^0 \\ F_2{'}a_{21}{}^0 & F_2{'}a_{22}{}^0 - \lambda & \cdots F_2{'}a_{2n}{}^0 \\ \cdots \cdots \cdots \cdots \cdots \cdots \cdots \cdots \\ F_n{'}a_{n1}{}^0 & F_n{'}a_{n2}{}^0 & \cdots F_n{'}a_{nn}{}^0 - \lambda \end{vmatrix} = 0,$$

und die $q_{rs}(t)$ die Polynome in $t$ im Grad minus Eins des Vielfachen der Wurzel $\lambda_s$ sind[9]. Von den Koeffizienten der Polynome sind $n$ beliebig und nur durch die ursprünglichen Bestimmungen determiniert (das heißt durch die ursprüngliche Störung des Gleichgewichts), und die übrigen Koeffizienten sind mit einem System homogener linearer Gleichungen mit einer wie in (2.8) gegebenen Koeffizientenmatrix zu finden.

Wir betrachten die Wurzel als komplex und schreiben

$$(2.9) \qquad \lambda_s = R(\lambda_s) + I(\lambda_s) \qquad\qquad (s = 1, 2, \cdots, k),$$

---

8 Professor Samuelson (a.a.O., S. 109 f.) läßt in der typischen Determinante die Faktoren $F_r{'}$ weg. Dies ist nur dann zulässig, wenn $F_1{'} = F_2{'} = \cdots = F_n$ ist. Seine Ergebnisse haben daher nur für den Sonderfall Gültigkeit, in dem alle Preise innerhalb des Systems die gleiche Flexibilität aufweisen.

9 Daher werden unter der Voraussetzung, daß $\lambda_s$ eine einfache Wurzel ist, die entsprechenden Polynome $q_{rs}(t)$ $(r = 1, 2, \cdots, n)$ auf Konstanten reduziert.

wobei die zwei Ausdrücke auf der rechten Seite jeweils den realen und den imaginären Teil darstellen. Dies schließt die realen Wurzeln als einen Sonderfall ein, in dem $I(\lambda_s) = 0$ ist. Wenn wir $I(\lambda_s) = \beta i$ schreiben, erhalten wir

(2.10)     $e^{\lambda_s t} = e^{R(\lambda_s)t}(cos\ \beta t + i\ sin\ \beta t)$.

Das Gleichgewicht ist daher stabil, das heißt, die Bedingung (2.4) ist erfüllt, wenn

(2.11)     $R(\lambda_s) < 0$                     für $s = 1, 2, \cdots, k$

ist.

Dies ist die Stabilitätsbedingung, die in der dynamischen Theorie an die Stelle der statischen Bedingung (1.7) tritt. Wenn einige $R(\lambda_s) > 0$ sind, erhalten wir $\lim_{t=\infty} p_r(t) = \pm \infty$ $(r = 1, 2, \cdots, n)$, und das Gleichgewicht ist unstabil. Wenn einige $R(\lambda_s) = 0$ und keine $R(\lambda_s) > 0$ ist, ist das Gleichgewicht neutral.

Wie in der statischen Theorie, führen wir die Begriffe der *partiellen Stabilität* einer gegebenen Ordnung und des Rangs der Stabilität des Systems ein. Das dynamische System ist partiell stabil in der *Ordnung m*, falls es stabil ist, wenn sich nur $m$ Preise anpassen können und die anderen $n-m$ Preise konstant gehalten werden. Dies impliziert, daß

(2.12)     $F_r' \equiv 0$                     für $r = m + 1, \cdots, n$

und

(2.13)     $p_s \equiv p_s^0 = 0$                     für $s = m + 1, \cdots, n$

Das Gleichungssystem (2.5) verwandelt sich in

(2.14)     $\dfrac{dp_r}{dt} = F_r' \sum\limits_{s=1}^{m} a_{rs}p_s$          $(r = 1, 2, \cdots, m)$,

und die Lösungen werden zu

(2.15)     $p_r(t) = \sum\limits_{s=1}^{k} q_{rs}(t)e^{\lambda_s t}$          $(r = 1, 2, \cdots, m; k \leqq m)$.

Die Bedingung für die partielle Stabilität der Ordnung $m$ wird wie zuvor durch (2.11) angegeben mit der Ausnahme, daß die $\lambda_s$ Unbekannte einer typischen Gleichung der Ordnung $m$ sind. Die typische Determinante dieser Gleichung ist ein Hauptsubtrahend der Ordnung $m$ der typischen Determinante in der Gleichung (2.8).

Wenn das dynamische System partiell stabil in der Ordnung $m$ ist, sagen wir, daß es total stabil ist. Die höchste Ordnung der partiellen Stabilität des Systems heißt der *Stabilitätsgrad des Systems*.

Wenn die typische Determinante symmetrisch ist, sind alle Unbekannten real[10]. Wenn sie alle negativ werden sollen, ist es notwendig und hinreichend[11], daß die Hicks'schen Bedingungen (1.9) erfüllt sind. Eine dynamische partielle Stabilität der Ordnung $m$ erfordert eine *vollkommene* Hicks'sche Stabilität der gleichen Ordnung und setzt sie voraus. Dies liegt auf der Hand: Die Symmetrie der typischen Determinanten der Ordnung $m$ impliziert (und erfordert) die Symmetrie aller ihrer Hauptsubtrahenden.

### 3. Implikationen der Validität der Hicks'schen Bedingungen

Die Hicks'schen Bedingungen für die vollkommene Stabilität sind den dynamischen Stabilitätsbedingungen äquivalent, wenn die typische Determinante der Ordnung $m$ symmetrisch ist. Wir wollen uns die ökonomische Bedeutung einer derartigen Symmetrie ansehen. Aus (2.2) haben wir

$$(3.1) \qquad F_r' = \frac{d}{dX_r}\left(\frac{dp_r}{dt}\right) \qquad (r = 1, 2, \cdots, m).$$

Unter Berücksichtigung von (1.3) erhalten wir

$$(3.2) \qquad F_r' a_{rs} = \frac{\partial}{\partial p_s}\left(\frac{dp_r}{dt}\right) \qquad (r, s = 1, 2, \cdots, m).$$

Die Symmetrie $F_r' a_{rs} = F_s' a_{sr}$ impliziert daher

$$(3.3) \qquad \frac{\partial}{\partial p_s}\left(\frac{dp_r}{dt}\right) = \frac{\partial}{\partial p_r}\left(\frac{dp_s}{dp_t}\right) \qquad (r, s = 1, 2, \cdots, m),$$

das heißt, *der Grenzeffekt einer Veränderung im Preis $p_s$ auf die Anpassungsgeschwindigkeit des Preises $p_r$ ist gleich dem Grenzeffekt einer Veränderung im Preis $p_r$ auf die Anpassungsgeschwindigkeit des Preises $p_s$[12].*

---

10 Wir gehen von der Annahme aus, daß die $F_r' a_{re}$ real sind, und wenden das bekannte Theorem über die typische Gleichung an, das in der Determinantentheorie bewiesen wurde. Vgl. zum Beispiel G. Kowalewski, *Einführung in die Determinantentheorie*, Berlin/Leipzig 1925, S. 114 ff.; H. W. Turnbull und A. C. Aitken, *An Introduction to the Theory of Canonical Matrices*, London/Glasgow, S. 101. Ein sehr einfacher Beweis wird von F. R. Moulton in *Differential Equations*, New York 1930, S. 298 f., erbracht.

11 Dies ist das Grundtheorem über definite Hermitische Formen. Vgl. Kowaleski, a.a.O., S. 199.

12 Von einigen Ökonomen wurde die Ansicht vertreten, daß die Anpassungsgeschwindigkeit auf allen Märkten gleich sein muß, wenn das statische Gleichgewicht und die Stabilitätsanalyse anwendbar sein sollen. Diese Ansicht wurde vertreten von S. Kohn (»On the Problems of the Modern Theory of Price and Value«, in: *Economista*, 1925, in Polnisch); von P. N. Rosenstein-Rodan (»Das Zeitmoment in der mathematischen Theorie des wirtschaftlichen Gleichgewichtes«, in: *Zeitschrift für Nationalökonomie*, Bd. 1, 1930, S. 129

Die Symmetrie des Grenzeffekts einer Veränderung bei einem Preis auf die Anpassungsgeschwindigkeit eines anderen Preises kann durch eine mathematische Überlegung weiter geklärt werden. Die Symmetriebedingungen (3.3) sind die hinreichenden Bedingungen dafür, daß die totale Differenzialgleichung integrierbar ist:

$$(3.4) \qquad \sum_{r=1}^{m} \frac{dp_r}{dt} \, dp_r = 0.$$

Wenn die Bedingungen (3.3) gelten, gibt es eine Funktion (oder vielmehr eine Klasse von Funktionen)[13]

$$(3.5) \qquad P[p_1(t), p_2(t), \cdots, p_m(t)],$$

die so geartet ist, daß

$$(3.6) \qquad \frac{dp_r}{dt} = \frac{\partial P}{\partial p_r(t)} \qquad (r = 1, 2, \cdots, m),$$

das heißt, so geartet ist, daß die Anpassungsgeschwindigkeiten ihre partiellen Ableitungen sind. Die Gleichung (3.4) kann als die Maximalbedingung dieser Funktion (oder Klasse von Funktionen)[14] interpretiert werden. Die Anpassungspfade $p_r(t)$ $(r = 1, 2, \cdots, m)$ sind dann zu einem zusammenhängenden System koordiniert, das diese Funktion maximiert. Die Funktion $P$ kann daher als *Anpassungspotential* bezeichnet werden, und ein dynamisches System, für das ein Anpassungs-

---

bis 142, und »The Role of Time in Economic Theory«, in: *Economica*, N. S., Bd. 1, Februar 1934, S. 90 f.); und von Simon Kusnets (»Equilibrium Economics and Business-Cycle Theory«, in: *Quarterly Journal of Economics*, Bd. 44, Februar 1930, S. 404). Wie oben nachgewiesen wurde, ist dies falsch. Die Bedingung für die Anwendbarkeit der statischen Analyse ist nicht die Gleichheit der Preisanpassungsgeschwindigkeit auf allen Märkten, sondern, wie in (3.3) dargestellt, die Symmetrie der Kreuzeffekte einer Veränderung bei einem Preis auf die Anpassungsgeschwindigkeit eines anderen. Diese Symmetrie ist ähnlich den Hotelling'schen Bedingungen in der reinen Theorie von Angebot und Nachfrage ohne Budgetbeschränkungen (»Edgeworth's Taxation Paradox and the Nature of Demand and Supply Functions«, in: *Journal of Political Economy*, Bd. 40, Oktober 1932, S. 591 und 594). Diese Bedingungen sind:

$$\frac{\partial D_r}{\partial p_s} = \frac{\partial D_s}{\partial p_r}$$

und $\qquad\qquad\qquad\qquad\qquad\qquad\qquad (r \text{ und } s = 1, 2, \cdots, n).$

$$\frac{\partial S_r}{\partial p_s} = \frac{\partial S_s}{\partial p_r}$$

Wenn diese Bedingungen erfüllt sind, haben wir wegen (1.1) und (1.3) $a_{rs} = a_{sr}$ ($r$ und $s = 1, 2, \cdots, n$). Wenn $F_r' = F_s'$ ($r$ und $s = 1, 2, \cdots, n$) ist, impliziert dies, daß die Bedingung (3.3) erfüllt ist. Daher ist die Bedingung der Anwendbarkeit des statischen Gleichgewichts und der Stabilitätsanalyse identisch mit den Hotelling'schen Bedingungen für Nachfrage- und Angebotsfunktionen, wenn alle Preise gleichermaßen flexibel sind.

13 Wenn $P$ eine Lösung der Gleichung ist, ist auch ebenso jede beliebige Funktion von $\Phi(P)$, die so geartet ist, daß $\Phi'(P) \neq 0$ ist, ebenfalls eine Lösung.
14 Die Maximum-Bedingungen zweiter Ordnung werden von den Hicks'schen Ungleichungen (1.9) angegeben. Um diesen Genüge zu tun, müssen die Funktionen von $\Phi(P)$ auf Fälle beschränkt bleiben, in denen $\Phi'(P) > 0$ ist.

potential existiert, wird als *integriertes System* bezeichnet; $m$ wird als Größenordnung der Integration des Systems bezeichnet. Aus (3.3) ersehen wir, daß das System auch in allen kleineren Ordnungen integriert ist, wenn es in der Ordnung $m$ integriert ist. Die Hicks'schen Bedingungen stellen die hinreichenden[15] Bedingungen für die (partielle) Stabilität (der Ordnung $m$; $m \leq n$) für integrierte (der Ordnung $m$) dynamische Systeme dar.

Die ökonomische Bedeutung eines integrierten Systems kann wie folgt veranschaulicht werden. Gehen wir davon aus, daß die $m$ Anpassungspfade $p_r(t)$ $(r = 1, 2, \cdots, m)$ von einer Planungsbehörde bestimmt werden, die zu jedem beliebigen Augenblick das Gemeinwohl maximieren will. Die Anpassungspfade müssen dann den Maximalbedingungen einer Funktion wie (3.5) genügen. Da die atomistische Konkurrenz automatisch, wenn auch nicht ohne bedeutende Einschränkungen (innerhalb eines statischen Systems) eine Maximierung des Gemeinwohls hervorbringt, *kann* in ähnlicher Weise ein dynamisches System unter geeigneten Umständen die Maximierung einer Potentialfunktion implizieren, die als Indikator des allgemeinen Wohlfahrts dient.

## 4. Homogene Systeme

Gehen wir von einem System aus, das aus $n + 1$ Gütern besteht, und machen wir die Annahme, daß das $(n + 1)$-te Gut als Geld fungiert. Die Nachfrageüberhangsfunktion von $m$ Gütern, zu denen das Geld nicht gehört $(m < n)$, sollen homogen im Grade Null in den Preisen dieser Güter sein[16] und die Nachfrageüberhangsfunktionen der übrigen $n - m$ Güter mit Ausnahme des Geldes homogen im Grade Eins mit den gleichen Preisen. Wir werden beweisen, daß ein derartiges System die folgenden Eigenschaften hat:

1. Die Nachfrageüberhangsfunktion nach Geld ist homogen im Grade Eins in den gleichen $m$ Preisen.

---

15 Die Bedingungen der Integrierbarkeit von (3.4) sehen so aus, daß $\frac{1}{2}(m-1)(m-2)$ Gleichungen von der Form

$$\frac{dp_r}{dt}\left[\frac{\partial}{\partial p_n}\left(\frac{\partial p_s}{\partial t}\right) - \frac{\partial}{\partial p_s}\left(\frac{\partial p_n}{\partial t}\right)\right] + \frac{dp_s}{dt}\left[\frac{\partial}{\partial p_r}\left(\frac{\partial p_t}{\partial t}\right) - \frac{\partial}{\partial p_n}\left(\frac{\partial p_r}{\partial t}\right)\right]$$

$$+ \frac{dp_n}{dt}\left[\frac{\partial}{\partial p_s}\left(\frac{\partial p_r}{\partial t}\right) - \frac{\partial}{\partial p_r}\left(\frac{\partial p_s}{\partial t}\right)\right] = 0$$

erfüllt sein müssen; hierfür ist (3.3) hinreichend, jedoch nicht notwendig.

16 Eine Funktion $f(x_1, x_2, \cdots, x_m; x_{m+1}, \cdots, x_n)$ wird als homogen im $r$-ten Grad in den Variablen $x_1, x_2, \cdots, x_m$ bezeichnet, wenn für jedes $k$, $f(kx_1, kx_2, \cdots, kx_m; x_{m+1}, \cdots, x_n) = k^r f(x_1, x_2, \cdots, x_m; x_{m+1}, \cdots, x_n)$ ist.

2. Das System ist neutral im Rang nichts weniger als Eins, **und der** Stabilitätsrang des Systems übertrifft nicht $n-1$.

3. Der Gleichgewichtswert einer der $m$ Preise, in dem die Nachfrage-überhangsfunktionen homogen im Grade Null sind, ist beliebig, und die Gleichgewichtswerte der anderen $m-1$ dieser Preise sind proportional zum beliebigen Gleichgewichtspreis.

Um eine Festlegung zu treffen, wollen wir annehmen, daß die Nachfrageüberhangsfunktionen $X_1, X_2, \cdots, X_m$ homogen im Grade Null in den Preisen $p_1, p_2, \cdots, p_m$ sind und daß die Nachfrageüberhangsfunktionen $X_{m+1}, X_{m+2}, \cdots, X_n$ homogen im ersten Grade in denselben Variablen sind. Wir stellen fest, daß die Relation

$$(4.1) \qquad \sum_{r=1}^{m} p_r X_r + \sum_{r=m+1}^{n} p_r X_r + X_{n+1} \equiv 0$$

zwischen den $(n + 1)$ Angebotsüberhangsfunktionen gilt. Diese Relation ist eine Identität in den $p$'s und kann *Walras'sches Gesetz* genannt werden[17]. Wenn die Preise $p_1, p_2, \cdots, p_m$ mit einer beliebigen Zahl $k$ multipliziert werden und die Preise $p_{m+1}, p_{m+2}, \cdots, p_n$ konstant gehalten werden, wird jeder der unter dem Summenzeichen (4.1) erfaßten Ausdrücke um $k$ vervielfacht, denn im ersten Ausdruck werden die $p$'s um $k$ vervielfacht, und die $X$ bleiben unverändert, während im zweiten Ausdruck die $p$'s unverändert bleiben und die $X$ um $k$ vervielfacht werden. Aus der Identität ergibt sich, daß auch $X_{n+1}$ um $k$ vervielfacht wird. Dies beweist die erste Eigenschaft unseres Systems. Wenn wir das Euler'sche Theorem anwenden, erhalten wir

$$(4.2) \qquad \sum_{s=1}^{m} a_{rs} p_s = 0 \qquad\qquad \text{für } r = 1, 2, \cdots, m$$

und

$$(4.3) \qquad \sum_{s=1}^{m} a_{rs} p_s = X_s \qquad\qquad \text{für } r = m+1, m+2, \cdots, n,$$

worin $a_{rs}$ definiert wird wie in (1.3). Wenn wir die Gleichgewichtspreise $p_r^0$ $(r = 1, 2, \cdots, n)$ in die Gleichungen (4.2) und (4.3) einsetzen und berücksichtigen, daß $X_r(p_1^0, p_2^0, \cdots, p_n^0) = 0$ $(r = 1, 2, \cdots, n)$ ist, erhalten wir

---

17 Für einen Sonderfall (den Devisenmarkt) war diese Beziehung bereits Cournot bekannt (vgl. *Researches into the Mathematical Principles of the Theory of Wealth*, trans. by T. Bacon, Macmillan Co., New York 1927, S. 33 f.). Walras war jedoch der erste, der sie allgemeinmathematisch formulierte und ihre Bedeutung für die Preistheorie erkannte. Vgl. sein Werk *Eléments d'économie politique pure*, édition définitive, Paris/Lausanne 1926, S. 120 f.

$$(4.4) \qquad \sum_{s=1}^{m} a_{rs}{}^0 p_s{}^0 = 0 \qquad\qquad (r = 1, 2, \cdots, n),$$

wobei

$$a_{rs}{}^0 = a_{rs}(p_1{}^0, p_2{}^0, \cdots, p_n{}^0).$$

Betrachten wir nun die Determinante

$$(4.5) \qquad J^0 = \begin{vmatrix} a_{11}{}^0 & a_{12}{}^0 \cdots a_{1n}{}^0 \\ a_{21}{}^0 & a_{22}{}^0 \cdots a_{2n}{}^0 \\ \cdot \; \cdot \; \cdot \; \cdot \; \cdot \; \cdot \; \cdot \; \cdot \\ a_{n1}{}^0 & a_{n2}{}^0 \cdots a_{nn}{}^0 \end{vmatrix}$$

Multiplizieren wir die erste Spalte mit $p_1{}^0$, addieren die zweite Spalte hinzu, die mit $p_2{}^0$ multipliziert ist usw., bis wir zum Schluß die $m$'te Spalte hinzuaddieren, die mit $p_m{}^0$ multipliziert ist. Im Ergebnis haben wir die Determinante

$$(4.6) \qquad \begin{vmatrix} \sum\limits_{s=1}^{m} a_{rs}{}^0 p_s{}^0 & a_{12}{}^0 \cdots a_{1n}{}^0 \\ \sum\limits_{s=1}^{m} a_{rs}{}^0 p_s{}^0 & a_{22}{}^0 \cdots a_{2n}{}^0 \\ \cdot \; \cdot \; \cdot \; \cdot \; \cdot \; \cdot \; \cdot \; \cdot \\ \sum\limits_{s=1}^{m} a_{rs}{}^0 p_s{}^0 & a_{n2}{}^0 \cdots a_{nn}{}^0 \end{vmatrix} = p_1{}^0 J^0.$$

Infolge von (4.4) verschwindet diese Determinante und ebenso $J^0$, weil der Ursprung der Preiskoordinaten immer so gewählt werden kann, daß $p_1{}^0 \neq 0$ ist. Daher ist $J^0$ bestenfalls vom Rang $n-1$. Dasselbe Verfahren läßt sich nicht mit allen ersten Unbekannten von $J^0$ durchführen, und es ist unmöglich nachzuweisen, daß alle verschwinden müssen. Sie können natürlich verschwinden, müssen dies aber nicht. Alles, was daher behauptet werden kann, ist, daß der Rang von $J^0$ nicht über $n-1$ hinausgehen kann.

Die Determinante

$$(4.7) \qquad D^0 = \begin{vmatrix} F_1{}' a_{11}{}^0 & F_1{}' a_{12}{}^0 \cdots F_1{}' a_{1n}{}^0 \\ F_2{}' a_{21}{}^0 & F_2{}' a_{22}{}^0 \cdots F_2{}' a_{2n}{}^0 \\ \cdot \; \cdot \; \cdot \; \cdot \; \cdot \; \cdot \; \cdot \; \cdot \\ F_n{}' a_{n1}{}^0 & F_n{}' a_{n2}{}^0 \cdots F_n{}' a_{nn}{}^0 \end{vmatrix} = F_1{}' F_2{}' \cdots F_n{}' J^0,$$

worin $F_r{}' = F_r{}'(0) > 0$ $(r = 1, 2, \cdots, n)$ infolge von (2.6) höchstens denselben Rang wie $J^0$ haben kann, das heißt $n-1$.

Die typische Gleichung (2.8) kann in der polynomischen Form geschrieben werden:

(4.8) $\quad \lambda^n - S_1\lambda^{n-1} + S_2\lambda^{n-2} + \cdots + (-1)^n S_n = 0,$

worin $S_r$ $(r = 1, 2, \cdots, n)$ die Summe aller Hauptsubtrahenden der Ordnung $r$ in $D^0$ ist. Da $D^0$ keinen höheren Rang hat als $n-1$, verschwindet zumindest der letzte Ausdruck des Polynoms, und wir haben

(4.9) $\quad \lambda[\lambda^{n-1} - S_1\lambda^{n-2} + S_2\lambda^{n-3} + \cdots + (-1)^{n-1}S_{n-1}] = 0.$

Die typische Gleichung hat damit zumindest eine Unbekannte $\lambda = 0$, und das System ist daher zumindestens im Rang Eins neutral. Da zumindest eine der Unbekannten gleich Null ist, können höchstens $n-1$ Unbekannte negative reale Teile haben, das heißt, die Größenordnung der Stabilität des Systems kann nicht höher als $n-1$ sein. Dies beweist die zweite Eigenschaft unseres Systems.

Die Gleichgewichtsgleichungen sind

(4.10) $\quad X_r(p_1, p_2, \cdots, p_n) = 0 \qquad (r = 1, 2, \cdots, n).$

In Anbetracht der Tatsache, daß $X_1, X_2, \cdots, X_m$ homogen im Grade Null und $X_{m+1}, X_{m+2}, \cdots, X_n$ homogen im ersten Grade in den Variablen $p_1, p_2, \cdots, p_m$ sind, können die Gleichungen in folgender Form geschrieben werden:

(4.11)
$$\Phi_r\left(1, \frac{p_2}{p_1}, \cdots, \frac{p_m}{p_1}; p_{m+1}, \cdots, p_n\right) = 0$$
$$\text{für } r = 1, 2, \cdots, m,$$

$$p_1\Phi_r\left(1, \frac{p_2}{p_1}, \cdots, \frac{p_m}{p_1}; p_{m+1}, \cdots, p_n\right) = 0$$
$$\text{für } r = m+1, m+2, \cdots, n.$$

Wir ersehen daraus unmittelbar, daß unter der Voraussetzung, daß das Preisgefüge $p_1^0, p_2^0, \cdots, p_m^0, p_{m+1}^0, \cdots, p_n^0$ eine Lösung von (4.11)[18] ist, auch das Preisgefüge $kp_1^0, kp_2^0, \cdots, kp_m^0, p_{m+1}^0, \cdots, p_n^0$, worin $k$ eine beliebige Zahl ist, ebenfalls eine Lösung darstellt. Dies beweist die dritte Eigenschaft unseres Systems.

Eine praktische Anwendungsmöglichkeit für das behandelte System ist dadurch zu finden, daß die Güter $1, 2, \cdots, m$ als Waren und Aktien und die Güter $m+1, m+2, \cdots, n$ als festverzinsliche Wertpapiere interpretiert werden. Unser System beschreibt dann den Fall, in dem

---

18 Es wird davon ausgegangen, daß es eine Lösung für die Gleichgewichtsgleichung gibt.

die Nachfrageüberhangsfunktionen von Waren und Aktien homogen im Grade Null in den Preisen von Waren und Aktien sind, wobei die Zinssätze (oder die Preise festverzinslicher Wertpapiere) konstant sind. Unter diesen Umständen sind die Nachfrage- und Angebotsfunktionen und infolgedessen auch die Nachfrageüberhangsfunktionen festverzinslicher Wertpapiere homogen im Grade Eins mit den Warenpreisen, da unter der Voraussetzung, daß alle Waren- und Aktienpreise um das $k$-fache zunehmen, die reale Ertragskraft der erwähnten festverzinslichen Wertpapiere im umgekehrten Verhältnis abnimmt und zur Darstellung der realen Ertragskraft wie zuvor $k$-mal so viele festverzinsliche Wertpapiere erforderlich sind[19]. Die Eigenschaften eines derartigen Systems sind von Lord Keynes in seiner Lehre von der Auswirkung von Veränderungen in Geldlöhnen auf die Beschäftigung und auf die Produktpreise entdeckt worden[20]. Lord Keynes' Theorie setzt ein System voraus, in dem die Zinskonditionen konstant gehalten werden und in dem die Angebots- und Nachfragefunktionen aller Waren homogen im Grade Null in den Geldlohnraten und Warenpreisen sind. Professor Hicks hat diese Lehre weiterentwickelt, indem er sie auf die allgemeine Gleichgewichtstheorie unter Bedingungen anwandte, wo alle Preiserwartungen von der Elastizität Eins sind[21]. Ein mathematischer Beweis für die Schlußfolgerung wurde von Dr. Mosak[22] erbracht. Dr. Mosak benutzt die Hicks'schen Stabilitätsbedingungen in seiner Beweisführung. Sein Beweis ist daher auf Systeme beschränkt, in denen diese Bedingungen gelten. Die in diesem Abschnitt aufgestellten Ergebnisse enthalten diejenigen von Keynes, Hicks und Mosak als Spezialfälle.

## 5. Das Gesetz der Aggregation von Gütern

Der Rang der Stabilität des ökonomischen Gleichgewichts bezeichnet die Höchstzahl flexibler Preise, die mit der Stabilität des Systems vereinbar sind. Um die Stabilität zu gewährleisten, müssen die übrigen Preise starr sein. Jede Beweisführung, die der Anzahl von Gütern oder

---

19 Vgl. S. 97 weiter oben.
20 *Allgemeine Theorie der Beschäftigung, des Zinses und des Geldes*, übersetzt von Fritz Wagner, Berlin 1936, S. 217-229.
21 A.a.O., S. 212 f. Es hat jedoch den Anschein, daß er sich nicht darüber klar war, daß seine Analyse und seine Schlußfolgerungen ein neutrales Geldsystem voraussetzen. Vgl. Fußnote 10 auf S. 106 weiter oben.
22 Jacob Mosak, *General Equilibrium Theory in International Trade*, Cowles Commission Monograph Nr. 7, Principia Press, Bloomington, Indiana, 1944, S. 162 ff.

Preisen eine Bedeutung beimißt, setzt jedoch voraus, daß es eine Methode gibt, die Güter einzuteilen und ihre Anzahl zu bestimmen, die nicht rein willkürlich ist. Aus der Erfahrung wissen wir, daß es nicht nur eine Methode zur Einteilung von Gütern gibt. Eine Ware kann in mehrere Untereinheiten aufgespalten werden; so zum Beispiel der Weizen in Weizen verschiedener Qualität. Auf der anderen Seite können mehrere Waren zu einer zusammengesetzten Ware kombiniert werden. Die Einteilung der Güter, wie sie im praktischen Wirtschaftsleben vorgenommen wird, entspricht in gewissem Umfang der Konvention. In den Wirtschaftswissenschaften kann jedoch die Einteilung von Gütern nicht auf einer rein willkürlichen Basis getroffen werden, da die ökonomischen Gesetze dann von der jeweils gewählten Einteilung abhängig wären. Damit würde die Bedeutung der Aussagen der Ökonomie derartigen Einschränkungen unterworfen, daß sie praktisch wertlos würden. Durch eine bloße Veränderung der Einteilung der Güter könnte jede Aussage in ihr Gegenteil verkehrt werden. Wir entscheiden uns daher für das folgende *Invarianz-Prinzip*:

*Das Kriterium der Einteilung von Gütern muß so geartet sein, daß durch eine Neueinteilung einer beliebigen Gruppe von Gütern im Wirtschaftssystem (1) alle Aussagen der Wirtschaftstheorie, die sich auf das aus den restlichen Gütern bestehende Subsystem beziehen, und (2) die formale mathematische Struktur der Aussagen in bezug auf die neu einzuteilenden Güter unverändert bleiben.*

In der Gleichgewichts- und Stabilitätstheorie gelangt man durch folgende Überlegungen zu dem erforderlichen Kriterium:

Gegeben sei ein System, das aus $n + 1$ Gütern (einschließlich des Geldes) besteht. Die Güter $q$ ($q < n$) seien so geartet, daß sich ihre Preise immer proportional verändern. Diese Güter werden nun zu einem zusammengesetzten Gut kombiniert, und der Preis des zusammengesetzten Guts wird als eine lineare Kombination der Preise der $q$ Güter definiert. Ohne Verlust der Allgemeingültigkeit können wir annehmen, daß es sich hierbei um die Güter $1, 2, \cdots, q$ handelt und daß das zusammengesetzte Gut mit dem Symbol $(1q)$ dargestellt werden kann. Dann haben wir

$$(5.1) \qquad p_r(t) \equiv b_r p_q(t) \qquad\qquad (r = 1, 2, \ldots, q-1).$$

worin $b_r = $ konst. $> 0$ ($r = 1, 2, \cdots, q-1$). Indem wir den Preis des zusammengesetzten Guts mit $p_{(1q)}$ bezeichnen, schreiben wir

$$(5.2) \qquad p_{(1q)}(t) \equiv \sum_{r=1}^{q} w_r p_r(t) \qquad\qquad (w_r = \text{konst.} > 0).$$

Durch Kombination von (5.1) und (5.2) erhalten wir

(5.3) $\qquad p_r(t) \equiv c_r p_{(1q)}(t) \qquad\qquad (r = 1, 2, \cdots, n),$

worin

(5.4) $\qquad c_r = \dfrac{b_r}{\displaystyle\sum_{s=1}^{q} w_s b_s} > 0 \qquad\qquad (b_q = 1).$

Der Nachfrageüberhang $X_{(1q)}$ für das zusammengesetzte Gut $(1q)$ wird durch die Relation

(5.5) $\qquad p_{(1q)} X_{(1q)} \equiv \displaystyle\sum_{r=1}^{q} p_r X_r$ definiert.

Zusammen mit (5.2) führt dies zu den Relationen

(5.6) $\qquad X_r = w_r X_{(1q)} \qquad\qquad (r = 1, 2, \cdots, q).$

Unter Berücksichtigung von (5.3) schreiben wir dies in der Form:

$$X_r(p_1, p_2, \cdots, p_q; p_{q+1}, \cdots, p_n) \equiv$$
$$\equiv [c_1 p_{(1q)}, c_2 p_{(2q)}, \cdots, c_q p_{(1q)}; p_{q+1}, \cdots, p_n]$$
$$\equiv w_r X_{(1q)} [p_{(1q)}, p_{q+1}, \cdots, p_n].$$

Indem wir uns an unsere vorige Schreibweise halten, schreiben wir

(5.7) $\qquad a_{(1q)s} = \dfrac{\partial X_{(1q)}}{\partial p_s} \qquad\qquad [s = (1q), q+1, q+2, \cdots, n]$

und erhalten die Relation

(5.8) $\qquad \displaystyle\sum_{s=1}^{q} a_{rs} c_s = w_r a_{(1q)(1q)} \qquad\qquad (r = 1, 2, \cdots, q),$

$\qquad\qquad a_{rs} = w_r a_{(1q)s} \qquad\qquad$ für $s = q+1, q+2, \cdots, n.$

Man berücksichtige das System der Differentialgleichungen

(5.9) $\qquad \dfrac{dp_r}{dt} = F_r' \displaystyle\sum_{s=1}^{n} a_{rs}{}^0 p_s \qquad\qquad (r = 1, 2, \cdots, n),$

das heißt das System, das weiter oben (2.5) erörtert wurde. Infolge von (5.3) und (5.8) kann dieses System in folgender Form geschrieben werden:

$$\dfrac{dp_{(1q)}}{dt} = \dfrac{F_r' w_r}{c_r} \left[ a_{(1q)(1q)}{}^0 p_{(1q)} + \displaystyle\sum_{s=q+1}^{n} a_{(1q)s}{}^0 p_s \right]$$

(5.10) $\qquad\qquad\qquad\qquad\qquad$ für $r = 1, 2, \cdots, q,$

$$\dfrac{dp_r}{dt} = F_r' \displaystyle\sum_{s=1}^{n} a_{rs}{}^0 p_s \qquad\qquad$$ für $r = q+1, q+2, \cdots, n.$

Da das System (5.10) äquivalent dem System (5.9) ist, werden die Preise der Güter $q+1, q+2, \cdots, n$ nicht davon betroffen, daß die Güter $1, 2, \cdots, q$ zu einem zusammengesetzten Gut kombiniert werden. Aus (5.10) ersehen wir, daß die Differentialgleichungen für $s = q+1, q+2, \cdots, n$ ebenfalls nicht betroffen werden. Die Preise $p_1, p_2, \cdots, p_q$ werden in den Preis $p_{(1q)}$ durch Multiplikation mit einer Konstanten verwandelt. Indem wir schreiben

$$(5.11) \qquad F_{(1q)}' = \frac{F_r' w_r}{c_r} \qquad (r = 1, 2, \cdots, q),$$

läßt sich das System (5.10) in der reduzierten Form schreiben:

$$(5.12) \qquad \frac{dp_r}{dt} = F_r' \sum_{}^{n} a_{rs}{}^0 p_s \qquad [r, s = (1q), q+1, q+2, \cdots, n].$$

Wenn wir dieses reduzierte System mit dem ursprünglichen System (5.9) vergleichen, stellen wir fest, daß die ersten $q$ Differentialgleichungen (5.9) auf eine Gleichung reduziert werden, die die mathematische Struktur der ursprünglichen Gleichungen beibehält (das heißt eine lineare Gleichung mit konstanten Koeffizienten ist). Wir ersehen außerdem, daß das zusammengesetzte Gut sich genauso verhält, als ob es sich um ein einziges Gut handle und daß die Zusammensetzung die anderen Güter in keiner Weise beeinflußt.

Der Übergang vom System (5.9) zum System (5.10) oder (5.12) ist äquivalent dem Verfahren, das System (5.9) der folgenden algebraischen Transformationen zu unterziehen:

$$(5.13) \qquad \begin{aligned} \frac{dp_r}{dt} &\equiv \frac{c_r}{w_r} \frac{dp_{(1q)}}{dt} \qquad \text{für } r = 1, 2, \cdots, q, \\[2mm] \frac{dp_r}{dt} &\equiv \frac{dp_r}{dt} \qquad \text{für } r = q+1, q+2, \cdots, n \end{aligned}$$

und

$$(5.14) \qquad \begin{aligned} p_s(t) &\equiv c_s p_{(1q)}(t) \qquad \text{für } s = 1, 2, \cdots, q, \\[1mm] p_s(t) &\equiv p_s(t) \qquad \text{für } s = q+1, q+2, \cdots, n. \end{aligned}$$

Diese Transformationen sind nicht singulär und umkehrbar. Ökonomisch ausgedrückt, bedeuten die umgekehrten Transformationen die Aufspaltung des zusammengesetzten Guts $(1q)$ in $q$ einzelne Güter. Durch die umgekehrte Transformation werden weder die Preise der Güter $q+1, q+2, \cdots, n$ noch die entsprechenden Differentialgleichungen verändert. Die Preise der einzelnen Güter $1, 2, \cdots, q$ erhält man durch Multiplikation des Preises des zusammengesetzten Guts mit einer

Konstanten, und die entsprechenden Differentialgleichungen behalten die mathematische Struktur der ursprünglichen Gleichung bei.

Daher genügen die Transformationen (5.13) und (5.14) wie ihre Umkehrungen unserem *Invarianzprinzip*. Diese Überlegung verhilft uns zum folgenden Kriterium für die Einteilung von Gütern:

*Alle Güter, deren Preise sich stets proportional verändern, können zu einem zusammengesetzten Gut kombiniert werden; und umgekehrt kann jedes Gut in eine beliebige Zahl von Einzelgütern aufgespalten werden, deren Preise sich stets proportional verändern.*

Dies wollen wir das *Gesetz der Zusammensetzung von Gütern* nennen. Durch Anwendung dieses Gesetzes kann die Anzahl der Güter im theoretischen System auf ein bestimmtes Minimum reduziert werden. Dieses Minimum wird erreicht, wenn keine zwei Güter im System so geartet sind, daß ihre Preise stets in derselben Proportion schwanken. In diesem Fall wird das theoretische System als *kanonisch* bezeichnet. In einem kanonischen System ist die Anzahl von Gütern eindeutig bestimmt. In einem nichtkanonischen System ist die Anzahl von Gütern beliebig und braucht nicht einmal endlich zu sein. Jedes Gut kann nämlich in Einzelgüter aufgespalten werden, deren Preise sich stets proportional verändern. Durch sukzessive Anwendung von Transformationen dieser Art kann die Anzahl von Gütern bis ins Unendliche gesteigert werden.

Konstante Preise sind ein Sonderfall von Preisen, die sich stets in derselben Proportion verändern, nämlich in derselben Proportion wie der Preis des Geldes, der definitionsgemäß die Einheit ist. Daher können alle Güter mit starren Preisen mit dem Geld zu einem zusammengesetzten Gut kombiniert werden. In einem kanonischen System ist die Einführung starrer Preise synonym mit einer Reduzierung der Anzahl von Gütern. Dies legt eine Interpretation des Rangs der Stabilität des ökonomischen Gleichgewichts nahe. Die Stabilität des Rangs $n-q$ eines Systems, das $n+1$ Güter enthält (einschließlich des Geldes), bedeutet, daß $q$ Preise starr gehalten werden müssen, um die Stabilität zu gewährleisten. Dies bedeutet, daß die entsprechenden kanonischen Systeme nicht mehr als $n-q+1$ Güter enthalten dürfen, wenn sie immer noch stabil sein sollen. Die Instabilität ist darauf zurückzuführen, daß $q$ Güter zu viel vorhanden sind. Um die Stabilität zu gewährleisten, müssen $q$ Güter mit dem Geld zu einem zusammengesetzten Gut kombiniert werden. Daher kann jede Stabilität, die unter der totalen Stabilität liegt, als Hinweis auf eine zu große Anzahl von Gütern im kanonischen System interpretiert werden.

# 6. Unvollkommene Konkurrenz

Mit einer gewissen Neuinterpretation der ökonomischen Bedeutung von Symbolen läßt sich unsere Analyse auf Systeme ausdehnen, die Formen unvollkommener Konkurrenz enthalten, in denen Käufer oder Verkäufer es mit bestimmten und differenzierbaren Angebots- und Nachfragefunktionen zu tun haben. Diese Formen sind das Angebots- und Nachfragemonopol und die angebots- und nachfragemonopolistische Konkurrenz[23]. Dies setzt voraus, daß es jeder Verkäufer mit atomistischen Verkäufern zu tun hat. Jeder nicht atomistische Käufer oder Verkäufer muß so betrachtet werden, als handle er mit einem Einzelgut. Das Gleichgewicht herrscht in dem System, wenn alle Preise so geartet sind, daß jeder Verkäufer und jeder Käufer seinen Profit oder Nutzen maximieren kann. Wenn Märkte mit vollkommener Marktkonkurrenz vorliegen, muß ein Nachfrageüberhang auf ihnen verschwinden.

Daß die atomistischen Käufer und Verkäufer ihren Nutzen oder Profit maximieren, ist in der Konstruktion ihrer Nachfrage und Angebotsfunktionen enthalten. Da die Nachfrage- und Angebotsfunktionen der atomistischen Käufer und Verkäufer gegeben sind, kann der Profit oder Nutzen $U_r$, den der nicht atomistische Verkäufer oder Käufer des Gutes $r$ maximiert, als Funktion der Preise betrachtet werden, das heißt $U_r \equiv U_r(p_1, p_2, \cdots, p_n)$. Von diesen Preisen hat der nicht atomistische Verkäufer oder Käufer nur $p_r$ unter Kontrolle, und bei den Formen der unvollkommenen Konkurrenz, die wir betrachten, nimmt er keine Rücksicht auf einen möglichen Einfluß einer Veränderung von $p_r$ auf andere Preise. Wir definieren nun für jeden nicht atomistischen Verkäufer und Käufer eine Funktion $X_r(p_1, p_2, \cdots, p_n)$ so, daß

(6.1) $\qquad X_r \equiv \dfrac{\partial U_r}{\partial p_r}$ (wobei $r$ alle Werte der Folge $1, 2, \cdots, n$)

durchläuft.

Wir nennen dies die *Grenznutzenfunktion* (marginal gain function). $X_r = 0$, wenn der nicht atomistische Verkäufer oder Käufer des Guts $r$ seinen Profit oder Nutzen maximiert. Die Maximierungsbedingung zweiter Ordnung erfordert, daß $X_r \lesseqgtr 0$ ist, je nachdem, ob sein Preis kleiner oder größer als der Preis ist, der seinen Profit oder Nutzen maximiert. Wenn also $X_r > 0$ ist, erhöht der nicht atomistische Ver-

---

23 Auf Gruppenverhalten beruhendes Angebots- und Nachfrageoligopol sind ausgeschlossen, weil die Angebots- und Nachfragefunktionen zwar bestimmt sind, jedoch an dem Punkt des durch Übereinkunft festgelegten Preises nicht differenzierbar sind.

käufer oder Käufer seinen Preis. Er senkt seinen Preis, wenn $X_r < 0$ ist. Die Funktionen $X_r$ sind daher konform mit den Gleichungen (2.1) und infolgedessen auch mit den Differentialgleichungen (2.2) und (2.5)[24]. In diesen Gleichungen können die Funktionen $X_r$ daher als Nachfrageüberhangsfunktionen interpretiert werden, wenn der Markt für das Gut $r$ vollkommener Konkurrenz unterliegt, und als Grenzprofitfunktionen, wenn die Konkurrenz unvollkommen ist. Auf diese Weise kann unsere Analyse auf Systeme ausgedehnt werden, in denen es unvollkommene Konkurrenz des erwähnten Typs gibt. Für derartige Systeme gelten die Schlußfolgerungen der Abschnitte 1-3 *in* vollem Umfang.

Die Eigenschaften homogener Systeme, wie sie in Abschnitt 4 aufgestellt wurden, gelten in Systemen, die unvollkommene Konkurrenz bei irgendeinem der Güter 1, 2, $\cdots$, $m$ (das heißt Waren und Aktien) enthalten, unter der Voraussetzung, daß die nicht atomistischen Käufer und Verkäufer Unternehmen sind.

Setzen wir nun voraus, daß die Annahmen des Abschnitts 4 auf den atomistischen Märkten gegeben sind. Da auf nicht atomistischen Märkten der Nachfrageüberhang stets Null ist, ohne Rücksicht darauf, ob diese Märkte im Gleichgewicht sind oder nicht, verschwinden die entsprechenden Ausdrücke in der Identität (4.1). Diese Identität beschränkt sich daher auf Ausdrücke, die in Beziehung zu atomistischen Märkten stehen, und die erste Eigenschaft homogener Systeme ergibt sich unmittelbar.

Setzen wir weiter voraus, daß auf jedem atomistischen Markt die Nachfragefunktion, der sich der Angebotsmonopolist gegenübersieht, oder die Angebotsfunktion, vor der der Nachfragemonopolist steht, homogen im Grade Null in den Preisen $p_1, p_2, \cdots, p_m$ sei. Man bezeichne die Nachfragefunktion oder Angebotsfunktion, mit der der nicht atomistische Verkäufer oder Käufer des $r$'ten Guts konfrontiert ist, jeweils mit $D_r(p_1, p_2, \cdots, p_n)$ oder mit $S_r(p_1, p_2, \cdots, p_n)$. Der Profit des Unternehmens läßt sich dann in folgender Form ausdrücken:

(6.2a) $\quad U_r(p_1, p_2, \cdots, p_n) \equiv p_r D_r + \sum_{s \neq r} p_s q_s$

oder

(6.2b) $\quad U_r(p_1, p_2, \cdots, p_n) \equiv - p_r S_r + \sum_{s \neq r} p_s q_s,$

je nachdem, ob das Unternehmen das $r$'te Gut auf einem nicht atomi-

---

24 Sie leisten auch den Ungleichungen Genüge (1.2), die für Professor Hicks die Bedingungen »unvollkommener« Stabilität sind.

stischen Markt kauft oder verkauft. Die $q_0$ sind die Mengen der auf atomistischen Märkten gekauften oder verkauften Güter und können jedes beliebigen Gut der Güter $1, 2, \cdots, m$ sein. Die $q_0$, die für gekaufte Güter stehen, sind negativ. Wenn alle Preise außer $p_r$ gegeben sind, werden die Mengen $q_0$ so gewählt, daß damit der Profit des Unternehmens maximiert wird. Diese Mengen werden daher durch die folgende Reihe von Gleichungen bestimmt:

$$(6.3a) \qquad \frac{\partial U_r}{\partial q_s} = \frac{\partial D_r}{\partial q_s} \left( p_r + D_r \frac{\partial p_r}{\partial D_r} \right) + p_s = 0 \qquad\qquad (s \neq r)$$

oder

$$(6.3b) \qquad \frac{\partial U_r}{\partial q_r} = - \frac{\partial S_r}{\partial q_s} \left( p_r + S_r \frac{\partial p_r}{\partial S_r} \right) + p_s = 0$$

In diesen Gleichungen wird $\partial D_r / \partial q_s$ oder $\partial S_r / \partial q_s$ aus der Transformationsfunktion des Unternehmens abgeleitet und ist die Grenzrate der Transformation des $s$'ten in das $r$'te Gut oder umgekehrt. $\partial p_r / \partial D_r$ oder $\partial p_r / \partial S_r$ ist der Kehrwert der partiellen Ableitung jeweils der Nachfrage- oder Angebotsfunktion.

Da $D_r$ oder $S_r$ homogen im Grade Null in $p_1, p_2, \cdots, p_m$ sind, sind $\partial p_r / \partial D_r$ oder $\partial p_r / \partial S_r$ homogen im ersten Grad in den gleichen Variablen ($\partial D_r / \partial p_r$ oder $\partial S_r / \partial p_r$ sind homogen im Grade $-1$). Da die Preise $p_r$ und $p_s$ unter den Variablen $p_1, p_2, \cdots, p_m$ sind, sind die Gleichungen unter (6.3) bei einer proportionalen Veränderung dieser Variablen invariant. Infolgedessen werden die Mengen $q_s$, die die Lösung dieser Gleichungen sind, durch eine proportionale Veränderung bei den Preisen $p_1, p_2, \cdots, p_m$ nicht betroffen. Hieraus ergibt sich, daß der Ausdruck (6.2) im ersten Grade homogen mit $p_1, p_2, \cdots, p_m$ ist, da die $q_s$ ebenso wie die $D_r$ oder $S_r$ konstant bleiben, wenn sich die $p_r$ und die $p_s$ alle in derselben Proportion verändern. Die Grenznutzenfunktion $X_r \equiv \partial U_r / \partial p_r$ ist daher homogen im Grade Null mit $p_1, p_2, \cdots, p_m$. Die zweite und dritte Eigenschaft des homogenen Systems ergibt sich aus den Ergebnissen von Abschnitt 4 durch bloße Neuinterpretation der Symbole.

# Demokratisches Vollbeschäftigungsprogramm*

## I. Was steht der wirtschaftlichen Expansion im Wege?

Die amerikanische Wirtschaft arbeitete während der letzten zehn Jahre weit unter ihrer Kapazitätsgrenze. Eine wirtschaftliche Expansion fand in diesem Zeitraum praktisch nicht statt. In den Jahren zwischen 1919 und 1929 war das reale Volkseinkommen der Vereinigten Staaten (gemessen in konstanten Preisen) um 49,4 %, d. h. um durchschnittlich 4,1 % im Jahr, gestiegen. In dem folgenden Jahrzehnt bis 1939 trat man auf der Stelle. 1939 belief sich das reale Volkseinkommen auf 97,5 % des Betrages von 1929. Nach einer Schätzung des National Resources Committee stieg der Volkseinkommensverlust infolge von Arbeitslosigkeit zwischen 1929 und 1937 auf 160 Milliarden Dollar (ausgedrückt in den Preisen von 1939)[1]. Man stelle sich vor, Hitler würde eine solche Summe als Kontribution von uns verlangen. Wir würden sicher eher in den Krieg eintreten, als solch demütigenden Forderungen nachkommen. Und doch haben wir genau diesen Betrag durch Ineffizienz und schlechte Organisation unserer Wirtschaft verloren. Die Einbuße an Arbeitsplätzen ist sogar noch größer als der Einkommensverlust. Mit zunehmender Technisierung bedarf es zur Produktion einer bestimmten Menge von Gütern und Dienstleistungen einer immer geringer werdenden Zahl von Arbeitskräften. So wurden in den verarbeitenden Industrien 1939 für den gleichen Produktionsausstoß wie 1929 25 % weniger Arbeitskräfte benötigt[2].

---

* Bisher unveröffentlichter Text. Verfaßt spätestens 1941 in Chicago. Aus dem Amerikanischen übersetzt von Hanne Herkommer.
1 An den Preisen von 1929 gemessen, waren es 200 Milliarden Dollar. Vgl. National Resources Committee, *The Structure of the American Economy*, Washington, D. C., S. 2. Die vom Autor vorgenommene Umrechnung in Preise von 1939 erfolgte anhand des Lebenshaltungskostenindex, wie ihn das Bureau of Labor Statistics errechnet hat. Daß dieser Index anstelle des speziellen Index für sinkendes Volkseinkommen als Annäherungswert benutzt werden kann, zeigt der Autor in seinem Aufsatz »Is the American Economy Contracting?«, in: *American Economic Review*, Sept. 1939, S. 505.
2 Vgl. Witt Bowden, »Wages, Hours and Productivity of Indrustial Labor, 1909-1939«, in:

In dieser geringen Nutzung unserer produktiven Ressourcen liegt die Ursache für den Mangel an wirtschaftlichen Möglichkeiten sowie für einen großen Teil der in der amerikanischen Gesellschaft vorhandenen Armut. Daß heißt, die meisten bestehenden Mißstände ließen sich durch wirtschaftliche Expansion beseitigen, d. h. durch eine Ausweitung der Produktion und die damit verbundene Steigerung der Beschäftigtenzahlen. Tatsächlich stehen weder der Zustand unseres Volkes noch der unserer Ressourcen, noch der Stand unseres technischen Wissens und unserer Fähigkeiten einer solchen Expansion entgegen. Es gibt eine Menge unbefriedigter Bedürfnisse. Das amerikanische Volk braucht bessere Nahrung, bessere Kleidung und bessere Wohnungen. Große Teile unserer Bevölkerung brauchen sogar ganz erheblich mehr, als sie bisher haben. Weiter braucht das amerikanische Volk mehr und bessere Einrichtungen für Erholung, Ausbildung und im Gesundheitswesen. Das Feld unbefriedigter Bedürfnisse ist unendlich, und es wäre töricht zu behaupten, weitere wirtschaftliche Expansion sei unmöglich, da alle unsere Bedürfnisse bereits gestillt seien. Auf der anderen Seite verfügen wir über ungenutzte Ressourcen in Hülle und Fülle – da gibt es brachliegende Arbeitskraft, ungenützte Produktionskapazitäten, große Überschüsse an Agrarprodukten und Rohstoffen und totes Kapital. Damit ist selbst innerhalb der Grenzen unseres derzeitig verfügbaren technischen Wissens und unserer Fähigkeiten eine ungeheure wirtschaftliche Expansion möglich.

Die Expansion kann aber auch über diese Grenzen hinausgehen. Der Fortschritt in Wissenschaft und Technik macht es möglich, die Bedürfnisse unseres Volkes immer umfassender und immer vollkommener zu befriedigen. Die volle Nutzung der vorhandenen Ressourcen und der anhaltende technische Fortschritt schaffen Raum für mehr Produktion und mehr Arbeitsplätze. Es ist gesagt worden, das wirtschaftliche Wachstum der Vereinigten Staaten in den vergangenen Jahrhunderten habe auf der Existenz einer »open frontier« beruht, und diese offene Grenze gebe es heute nicht mehr. Man hat aus dieser Tatsache die Unmöglichkeit weiterer wirtschaftlicher Expansion abgeleitet. Die geographische Grenze bildet aber nur einen der Kanäle, in denen die wirtschaftliche Expansion sich vollzog. Andere und viel leistungsfähigere Kanäle stehen nach wie vor offen. Ihr Fundament ist der Fortschritt von Wissenschaft und

*U. S. Bureau of Labor Statistics, Monthly Labor Review,* Sept. 1940. Vgl. außerdem die *T.N.E.C. Monographie Nr. 22* »Technology in our Economy«.

Technik, die es uns erlauben, unbegrenzt neue Produktionsmöglichkeiten zu schaffen. Die Fesseln, die die wirtschaftliche Expansion hemmen, sind also keine psychologischen (Mangel an Bedürfnissen), auch keine materiellen (Mangel an Ressourcen und den entsprechenden technischen Mitteln, sie zu nutzen); es sind organisatorische Fesseln.

Die wirtschaftliche Expansion im 19. Jahrhundert war das Resultat eines Systems, in dem freie Unternehmen miteinander konkurrierten. Der Konkurrenzkampf um Märkte zwang die Unternehmer, die Preise auf das Kostenniveau zu senken, und erzeugte damit die Nachfrage nach ihren Produkten. Weiter zwang er sie, jede Möglichkeit der Kosteneinsparung zu erspähen, die Wissenschaft, Technologie oder organisatorisches Talent boten. Kostensenkende Verbesserungen wurden unter dem Druck der Konkurrenz ohne Rücksicht darauf eingeführt, in welcher Weise sie den Wert von altem investiertem Kapital beeinträchtigten. Die Erbauer von Eisenbahnlinien fragten nicht, inwieweit ihre neue Transportmethode den Wert des in anderen Transporteinrichtungen investierten Kapitals und die aus ihnen gezogenen Profite mindern werde (wie etwa im Falle von Wasserstraßen oder Postkutschen). So konnte es sogar geschehen, daß Firmen ihre alten Betriebsanlagen mit Verlust verkaufen und neue verbesserte Produktionsverfahren und -methoden einführen mußten, um mit ihren Konkurrenten Schritt halten zu können. Die Folge waren Kosten- und Preissenkungen, eine Steigerung der Nachfrage und die Ausweitung des Marktes.

Heute sind diese automatischen Expansionskräfte nicht mehr am Werk. Ein großer Teil unseres Industrie- und Finanzsystems wird von den Monopolen beherrscht. Im Jahre 1935 beschäftigten 100 Gesellschaften 21 % aller in der Industrie tätigen Arbeitskräfte, 32 % des Gesamtwerts aller Industrieprodukte entfielen auf sie. 1933 hatten die 200 größten Aktiengesellschaften (Geldinstitute ausgenommen) zwischen 46 % und 51 % des gesamten amerikanischen Industrievermögens in ihrem Besitz; 75 Gesellschaften hielten einen Industrieanteil von rund 40 %. Diese Zahlen sind zu vergleichen mit einer Gesamtzahl von 1,7 Millionen Geschäftsunternehmen (die Landwirtschaft ausgenommen) im Jahr 1937. Wenn wir uns einzelnen Industriezweigen zuwenden und dabei allein die Betriebe betrachten, die über 25 000 Arbeitskräfte beschäftigen, so sehen wir, daß 1935 in den folgenden Industriezweigen mehr als die Hälfte des Gesamtertrags jeweils von den vier größten Firmen produziert wurde:

| Industriezweig | Anteil der vier größten Firmen am Gesamtwert der jeweiligen Produktion in Prozent |
|---|---|
| Zigaretten | 90 |
| Kraftfahrzeuge | 87 |
| Reifen und Schläuche | 81 |
| Weißblechdosen und Bleche | 81 |
| Rayon | 74 |
| Landwirtschaftliche Geräte | 72 |
| Kraftfahrzeugchassis und -teile | 69 |
| Fleischverpackung | 56 |
| Teppiche und Brücken | 51 |

Angaben über den Prozentanteil an der Produktion in einem Industriezweig, der von einigen wenigen Firmen kontrolliert wird, bringen indes den Grad der Monopolbildung noch nicht voll zum Ausdruck. So kann beispielsweise eine Firmengruppe, die nur 10 % der gesamten nationalen Produktion eines Industriezweiges kontrolliert, aufgrund der Transportkosten von Konkurrenzprodukten durchaus ein erhebliches lokales Monopol haben. 1935 hielten 30 Banken – ohne die Federal Reserve Bank – gemeinsam 34 % der Bankguthaben des Landes, und 17 Lebensversicherungsgesellschaften verfügten über mehr als 81 % der Versicherungsguthaben aller Versicherungsgesellschaften[3]. Die tatsächliche Machtkonzentration ist viel größer, als in den Zahlen zum Ausdruck kommt, weil verschiedene Gesellschaften bekanntlich durch Verflechtungen von Direktorien und Aktienbesitz gemeinsamer Kontrolle und Lenkung unterliegen. So sind von den 250 größten Aktiengesellschaften (darunter 50 Geldinstiute) 41 zu einer gemeinsamen Interessengruppe verbunden, der Morgan-First-National; 13 andere bilden die Kuhn-Loeb-Gruppe. Weitere Interessengruppen vereinigen jeweils 7 (Rockefeller), 14 (Mellon) und 4 (du Pont) Gesellschaften. Daneben gibt es noch zahlreiche andere Verflechtungen von geringerer Bedeutung[4].

Die Konzentration wirtschaftlicher Macht hat im 20. Jahrhundert stetig zugenommen. 1909 verfügten die 200 größten Aktiengesellschaften über ein Drittel der Vermögenswerte (Inter-Körperschafts-

---

3 Alle genannten Zahlen entstammen *The Structure of the American Economy*, a.a.O., S. 99-105. Vgl. auch die in den Anhörungen vor dem Temporary National Committee erwähnten Daten, 76. Kongress der Vereinigten Staaten, Teil I, S. 136-141.
4 Vgl. *The Structure of the American Economy*, a.a.O., S. 161 f.

wertpapiere ausgenommen) aller in der Produktion und nicht im Finanzbereich angesiedelten Gesellschaften. 1933 waren es 54 Prozent. Diese fortschreitende Konzentration ist zum Teil auf die wachsende technische Überlegenheit der Massenproduktion zurückzuführen. Zum Teil resultiert sie auch aus der Möglichkeit, aus der Vergrößerung oder Zusammenlegung von Betrieben Monopolprofite zu ziehen. Schließlich wird sie durch staatliche Initiativen gegen den Wettbewerb begünstigt (z. B. durch Zolltarife oder andere Sonderverfügungen wie Beschränkungen im Handel zwischen Staaten). Die so geschaffene konzentrierte Macht ermutigt Industrie und Finanz, Monopolpraktiken zu entwickeln. Und genau diese Praktiken sind es, die das amerikanische Volk daran hindern, den durch Wissenschaft, Technologie und brachliegende Ressourcen gewiesenen Weg tatsächlich einzuschlagen.

In der Industrie führt die Monopolbildung direkt zur Einschränkung von Produktion und Arbeitsplätzen. Wo immer eine Preissteigerung im Endeffekt den Verlust übersteigt, der sich aus dem mit dem Preisanstieg verbundenen Nachfragerückgang ergibt, kann ein Unternehmen seinen Profit dadurch steigern, daß es den Output beschränkt und die Preise anhebt. Und genauso wird verfahren, es sei denn, Wettbewerb und Konkurrenz hindern das Unternehmen daran. Unter dem Monopol müssen kostensparende Neuerungen nicht notwendig zur Erweiterung des Outputs führen. Der Unternehmer kann durchaus der Beibehaltung der alten Erträge vor einer Produktionssteigerung mit Preissenkung den Vorzug geben. Obwohl in einem solchen Falle der alte Output beibehalten bleibt, sinkt infolge der kostensparenden Neuerung die Nachfrage nach produktiven Ressourcen. Damit zieht Monopolherrschaft eine Einschränkung entweder des Outputs oder der Zahl der Beschäftigten nach sich, oder beides tritt ein. Die Zunahme monopolistischer Restriktion in der amerikanischen Wirtschaft läßt sich an der Zunahme von Programmen zur Preiserhaltung und Produktionsbeschränkung ablesen[5].

Aber auch die Finanzmonopole beschneiden Produktion und Arbeitsplätze. Sie tun dies auf zweierlei Weise. Ein Finanzinstitut (sei es ein Investment-Trust, eine Versicherungsgesellschaft oder eine Bank), das Vermögenswerte bei einer Reihe von Industriegesellschaften

---

5 Zum derzeitigen Ausmaß monopolistischer Praktiken in der amerikanischen Industrie siehe den Bericht des Bundesbeauftragten für Handel über *Monopolistic Practices in Industries*, in den Anhörungen vor dem Temporary National Economic Committee, 76. Kongress der USA, Teil 5A vom 2. März 1939, ebenso Teil 5.

hält, kann deren Wert steigern, indem es die Gesellschaften ermuntert, ihren Gewinn durch Kartellbildung und monopolistische Praktiken zu erhöhen. Die Konzentration von finanzieller Macht ist damit ein potenter Faktor zugunsten der Monopolbildung in der Industrie. Zudem hat ein Finanzmonopol die Macht sich zu weigern, Kapitalwerte zu Ertragsraten, wie sie Konkurrenzbedingungen entsprechen würden, anzunehmen. Wenn die Profitrate von Kapitalinvestitionen in Produktion und Handel infolge von Nachfrageverschiebungen oder wegen der Konkurrenz neuer technischer Methoden und Verfahren fällt, wird die alte Kapitalausstattung teilweise oder gänzlich nutzlos, ihr Wert sinkt. Gehört dieses Kapital jedoch einem mächtigen Finanzinstitut, kann dieses sich weigern, eine Wertminderung des Kapitals zu akzeptieren. Damit wird den Unternehmern eine erdrückende Last von »totem« Kapital aufgeladen. Sie stehen vor der Alternative, Bankrott zu machen oder Kartelle zu bilden, um so die Preise mit Hilfe von Produktionsbeschränkungen stabil zu halten. Sie suchen dies mit Hilfe ihrer Verbände zu erreichen; gelingt es nicht, wird die Regierung auf den Plan gerufen, um die Industrie zu »stabilisieren« (so geschehen im Kohlebergbau und in der Landwirtschaft).

Die infolge monopolistischer Produktionsbeschränkung freigesetzten Ressourcen finden auch bei freier Konkurrenz keine Verwendung. Der Grund dafür liegt darin, daß Monopole die Profitrate der Produktion von frei konkurrierenden Unternehmen herunterdrücken. Monopolpreise für Güter und Dienstleistungen, auf die Konkurrenten angewiesen sind, erhöhen auch deren Kosten und Preise. Die Folge ist eine sinkende Nachfrage nach ihren Produkten und die Verringerung ihrer Profite. Bauern und Kleinunternehmer leiden unter den hohen Maschinen-, Werkzeug- und Materialpreisen. Finanzinstitute können die Rentabilität des Freikonkurrenzgeschäfts durch den monopolistischen Kniff ihrer Weigerung zunichte machen, den Wert ihres in konkurrierenden Unternehmen investierten Kapitals den veränderten Marktbedingungen anzupassen. Wenn solche Unternehmen sich nicht durch monopolistischen Zusammenschluß oder mit staatlicher Hilfe aus der Umklammerung durch die Finanzinstitute befreien können, stehen sie vor dem Bankrott und dem Verlust ihres Besitzes. Millionen von Bauern und Kleinunternehmern leben in der Furcht, ihren Besitz zu verlieren; Millionen haben ihn bereits an Geldinstitute verloren, die sich weigerten, Kreditschulden auf die aktuellen Profitraten in Produktion oder Handel zurückzuschrauben. Große Geldinstitute machen zudem in ihrer Kreditpolitik häufig Unterschiede zugunsten großer Monopolgesellschaften, während der unabhängig konkurrierende Geschäftsmann Schwierigkeiten hat, überhaupt einen Kapital- oder Bankkredit zu bekommen, es sei denn zu außerordentlich teuren Zinskonditionen[6]. Solch unterschiedliche Behandlung mag zum Teil durch die größere Unsicherheit und das entsprechend höhere Risiko im Freikonkurrenzgeschäft gerechtfertigt sein. Indes, diese Unsicherheit ist selbst Resultat der Monopolpraktiken der Geldinstitute. Schließlich versetzen die Monopole der Wettbewerbswirtschaft mit der aus der monopolistischen Restriktion der Produktion herrührenden Verminderung des Volkseinkommens einen direkten Schlag – die Nachfrage nach den Produkten und Dienstleistungen freier Konkurrenten geht zwangsläufig zurück.

Die restriktive Wirkung des Monopols auf Beschäftigtenzahl und Produktion wird durch das Mißverhältnis zwischen Kapitalausstattung und anderen produktiven Ressourcen, wie es für die gegenwärtige amerikanische Wirtschaft bezeichnend ist, noch verschärft. Bei ansonsten gleichbleibenden Bedingungen führt eine Erhöhung der Kapitalausstattung eines Landes zu einem Sinken der Profitrate von Investitionen. Im 19. Jahrhundert wurde dieser Rückgang durch die Existenz einer sich noch erweiternden geographischen Grenze aufgewogen, die der wirtschaftlichen Ausbeutung neue natürliche Ressourcen darbot. Damit war das Verhältnis von Kapital und natürlichen Ressourcen trotz steigender Kapitalmenge stabil oder verschob sich doch nur langsam, was die Profitrate von Investitionen vor Rückläufigkeit bewahrte.

Solange dies galt, stellte das Monopol, wenngleich eine Belastung, so doch kein unüberwindliches Hindernis für die wirtschaftliche Expansion dar. Denn bei einer ausreichenden Profitrate im Konkurrenzgeschäft war dieses durchaus in der Lage, den größten Teil der durch Monopolrestriktion freigesetzten Arbeitskräfte aufzunehmen. Das heißt, daß die wirtschaftliche Revolution der siebziger und achtziger Jahre des vergangenen Jahrhunderts, die den Aufstieg des monopolitischen Unternehmens brachte, die wirtschaftliche Ausweitung dennoch nicht aufhielt. Erst mit sinkender Profitrate, in der freien Konkurrenz durch die Auswirkung von Monopolrestriktionen anderswo verstärkt, erwies sich das Monopol als unüberwindliche Barriere bei der vollen Nutzung der Ressourcen. Und genau zu

---

6 Siehe die Anhörungen vor dem Temporary National Economic Committee des 76. Kongresses der USA Teil 9, S. 3855-6; 3948-56.

diesem Zeitpunkt begann die Macht der Monopole zu wachsen. Monopolpraktiken breiteten sich in der Wirtschaft aus. Letzteres ist weitgehend den Versuchen jedes einzelnen Betriebes zuzuschreiben, durch Preis- und Produktionskontrollen den Anteil am stagnierenden oder schrumpfenden Markt »stabil« zu halten.

Ein Rückgang der Profitrate von Investitionen muß an sich nicht notwendig Produktion und Beschäftigung verringern. Dazu kommt es nur, wenn der Rückgang nicht mit einer entsprechenden Senkung der Zinssätze oder einem ausgleichenden Nachfragezuwachs nach Konsumgütern einhergeht. Der Investitionsanreiz hängt von der Höhe der Profitrate im Vergleich zum Zinssatz ab. Wenn die Profitrate von Investitionen *in Relation* zum Zinssatz sinkt, erscheint es den Unternehmern weniger rentabel, Investitionskapital aufzunehmen. Möglicherweise halten sie es für lohnender, ihr eigenes Kapital in Anleihen oder anderen festverzinslichen Papieren anzulegen, als es zur Produktionsausweitung zu verwenden. Die Angleichung der Zinssätze an eine sinkende Profitrate in der Produktion wird durch zwei Faktoren verhindert. Zum einen sind es die Kosten, die den Banken bei ihren Geschäften entstehen, die Kosten im Versicherungsgeschäft usw. Es leuchtet ein, daß die Zinssätze diese Kosten nicht unterschreiten können. Zum anderen wird der Fall der Zinssätze, lange bevor sie diese untere Grenze erreichen, von den Geldinstituten mit Hilfe von Monopolpraktiken gebremst. Die Institute lassen lieber einen Teil ihres Kapitals ruhen, statt den Preis zu senken, zu dem sie es der Geschäftswelt zur Verfügung stellen – übrigens genau wie monopolistische Unternehmer die Produktion drosseln, um die Preise zu halten. Wenn die Zinssätze so in Gegensatz der sinkenden Profitrate gebracht werden, nimmt die Investitionstätigkeit ab. Damit geht auch die Nachfrage nach Kapitalgütern und ihre Produktion zurück. Weniger Beschäftigte in den Kapitalgüterindustrien bedeuten eine geringere Nachfrage nach Konsumgütern. In der gesamten Wirtschaft liegen Menschen und Kapital brach.

Selbst bei einem Kapitalgüterausstoß von geringem Umfang kann die Gesamtproduktion so angelegt sein, daß sie hinreicht, um alle Arbeitskräfte zu nutzen. Und zwar läßt sich dies erreichen, indem man die sinkende Nachfrage nach Kapitalgütern durch eine Steigerung der Nachfrage nach Konsumgütern kompensiert. Die Arbeitskräfte, die in den Kapitalgüterindustrien keine Verwendung finden können, fänden sie nun in den Konsumgüterindustrien. Allerdings reicht die Nachfrage nach Konsumgütern nicht aus, um diese Flaute auszugleichen. Während der letzten 20 Jahre hat sich der Anstieg unserer Bevölkerungszahl beträchtlich verlangsamt. Die Einwanderergesetze haben eine Quelle des Bevölkerungszuwachses versiegen lassen. Gleichzeitig ging die natürliche Zuwachsrate zurück. Wirtschaftlich gesehen wirkt sich dieser Umstand auf zweierlei Weise aus. Erstens verlagert sich der Konsum von Gütern mit unelastischer oder stabiler Nachfrage wie Nahrung, Kleidung und Wohnung auf Güter und Dienstleistungen mit elastischer und veränderlicher Nachfrage wie Autos, Reisen, Vergnügungen usw. Die Rentabilität im Produktionsbereich dieser Güter nimmt indes bei sinkenden Beschäftigtenzahlen spürbarer und rascher ab und unterliegt einem höheren Risiko; er wird deshalb kaum eine Flaute auf dem Arbeitsmarkt auffangen können. Zweitens verringern sich die Ausgaben auf dem Konsumsektor dadurch, daß an die Stelle von großen Familien und armen Einwanderern wohlhabendere Haushalte mit nur wenigen Kindern treten. Die Spartätigkeit wird angeregt; da das Ersparte sich aber nicht in rentable Investition umsetzen läßt, ist es mit einer Verminderung der Gesamtnachfrage verbunden und damit vergeudet. Die Nachfrage nach Konsumgütern sinkt, während die Nachfrage nach Kapitalgütern nicht entsprechend steigt. Da die höheren Einkommensstufen mehr sparen als die niedrigen, wird das Problem durch die hohe Ungleichheit in der Einkommensverteilung noch verschärft. Diese Ungleichheit wiederum ist weitgehend ein Resultat der Konzentration von wirtschaftlicher Macht und der damit verbundenen Monopolpraktiken.

Monopolpraktiken in Industrie und Finanz schränken die Produktion ein. Sie verringern die Rentabilität frei konkurrierender Unternehmen. Ertrags- und Beschäftigtenziffern im Konkurrenzgeschäft sind niedrig, weil das Finanzmonopol den Kleinunternehmern Kreditmöglichkeiten versagt, die der geringeren Rentabilität ihrer Betriebe angemessen wären. Tote Kapitalstrukturen, vom Finanzmonopol aufrechterhalten, untergraben die Sicherheit des Besitzes von Bauern und Kleinunternehmern. Die sinkende Kapitalrentabilität, Resultat der erhöhten Kapitalausstattung des Landes, führt zu verminderter Investitionstätigkeit, denn das Finanzmonopol verhindert eine entsprechende Anpassung der Zinssätze. Der reduzierte Ausstoß von Kapitalgütern erfährt keinen Ausgleich durch eine erhöhte Konsumgüterproduktion, weil die Nachfrage nach Konsumgütern sich durch die gesteigerte Spartätigkeit verringert, die sich mit der Verlangsamung des Bevölkerungszuwachses und der hohen, durch die Konzentration von wirtschaftlicher Macht verursachten

Einkommensunterschiede einstellt. Die Folge ist wirtschaftliche Stagnation – die Arbeiter erfahren sie als Arbeitslosigkeit und Unsicherheit des Arbeitsplatzes, die unabhängigen Geschäftsleute als ein Fehlen von rentablen Möglichkeiten und als Unsicherheit ihres Besitzes.

Stagnation und Unsicherheit höhlen das Vertrauen in die bestehende Wirtschaftsordnung aus. Ein Versuch, die Situation zu verbessern, jagt den andern. All dies erzeugt einen Zustand von wirtschaftlicher, sozialer und politischer Unsicherheit, der von Investition und Produktion abhält. Ein *circulus vitiosus* entsteht. Stagnation begünstigt Unsicherheit, Unsicherheit begünstigt die Kräfte der Stagnation. Dieser Teufelskreis kann nur durch eine mutige Politik durchbrochen werden, die die Voraussetzungen für eine wirtschaftliche Expansion wiederherstellt.

*II. Politik der wirtschaftlichen Expansion: kompensatorische Mittel*

Die für eine wirtschaftliche Expansion, wie sie für die Beschäftigung aller Arbeitslosen notwendig ist, erforderlichen Maßnahmen lassen sich in zwei Kategorien einteilen. In die erste gehören die Schritte, die die Regierung unternimmt, um den restriktiven Kräften in der Wirtschaft entgegenzuwirken, ohne daß diese in ihrer bestehenden Form beseitigt wird. Das heißt, ihr Ziel ist eine sofortige Steigerung der Produktions- und Beschäftigtenzahlen ohne entscheidende Veränderung der Organisation des Wirtschaftssystems. In die zweite Kategorie hingegen fallen organisatorische Veränderungen der amerikanischen Wirtschaft, Veränderungen, die die Hindernisse der wirtschaftlichen Expansion an der Wurzel packen und beiseite räumen. Ihr Ziel ist ein Wirtschaftssystem, das fähig ist, seine Ressourcen automatisch, d. h. ohne Unterstützung durch die Regierung zu nutzen. Nach einer solchen Reorganisation müßte sich die amerikanische Wirtschaft wieder selbst tragen können und vom Staat unabhängig sein; die kompensatorischen Maßnahmen der ersten Kategorie könnten entfallen.

Die kompensatorischen Maßnahmen bestehen in einer Erweiterung der Kaufkraft, mit dem Ziel, Produktion und Arbeitsplätze zu vermehren. Da die Privatindustrie nicht imstande ist bzw. es versäumt, für eine Kaufkraft zu sorgen, die ausreicht, um Vollbeschäftigung zu garantieren, muß durch öffentliche Ausgaben zusätzliche Kaufkraft geschaffen werden. Solche Ausgaben müssen auf Ausweitung der

Kapitalinvestitionen und auf Einkommenssteigerungen der Konsumenten abzielen.

Das nationale Verteidigungsprogramm wird solche öffentlichen Ausgaben großen Umfangs bringen. Sie werden sich als kräftiger Anreiz für die Vermehrung von Produktion und Arbeitsplätzen erweisen. Und zwar werden sie dies direkt tun, indem sie die Produktion von Waffen und anderen Rüstungsgütern anregen. Der Steigerung von Produktions- und Beschäftigtenzahlen in der Rüstungsindustrie wird eine größere Nachfrage auch nach Produkten und Dienstleistungen anderer Industriezweige nach sich ziehen. Das heißt, daß Produktion und Zahl der Arbeitsplätze in anderen Industrien ebenfalls zunehmen werden. Dennoch wird der Produktionszuwachs, den das nationale Verteidigungsprogramm anregt, nicht ausreichen, um in der gesamten Wirtschaft Vollbeschäftigung wiederherzustellen. Die Nachfrage der Rüstungsindustrie richtet sich an einen ganz speziellen Arbeitnehmerkreis, und Arbeitskräfte, die dafür nicht in Frage kommen, können durchaus weiterhin arbeitslos bleiben. Sicher, ein Teil von ihnen wird durch den allgemeinen Anstieg der Nachfrage, wie er sich aus einer erhöhten Produktion und Beschäftigung in der Rüstungsindustrie ergibt, Arbeit finden. Dennoch ist es äußerst unwahrscheinlich, daß dieser indirekte Effekt ausreichen wird, alle brachliegenden Arbeitskräfte der amerikanischen Wirtschaft aufzunehmen. Die Erfahrung in Großbritannien zum Beispiel zeigt, daß ein hohes Maß an Arbeitslosigkeit auch während der gesamten Aufrüstungsphase anhalten kann. Die Durchschnittszahl der dauernd Unbeschäftigten (d. h. jene, die zeitweilig ohne Arbeit waren, nicht gerechnet) belief sich 1929 auf 994 000. 1933 waren es 2 110 000. In den Jahren der Aufrüstung wurden dann gezählt: 1937 = 1 278 000 Arbeitslose; 1938 = 1 424 000; 1939 die Höchstzahl von 1 635 000 im Januar bzw. der niedrigste Stand im August von 1 032 000. Selbst im Januar 1940 gab es in Großbritannien immer noch 1 216 000 Arbeitslose, ein spürbarer Rückgang setzte erst im April jenes Jahres ein. Wenngleich alles dafür spricht, daß in den Vereinigten Staaten die nationale Verteidigungsanstrengung viel intensiver sein wird, als sie es in Großbritannien (bis April 1940) war, so ist hier doch auch die Gesamtzahl der Arbeitslosen erheblich höher. Es ist deshalb wenig wahrscheinlich, daß alle brachliegenden Arbeitskräfte allein schon aufgrund des nationalen Verteidigungsprogramms Beschäftigung finden können.

Vollbeschäftigung in der gesamten amerikanischen Wirtschaft setzt also zusätzlich zu den Ausgaben für nationale Verteidigung weitere staatliche Investitionen voraus. Am geeignetsten sind dabei solche, die die wirtschaftlichen Ressourcen des Landes erhalten und erweitern helfen. Dazu zählen Investitionen, die die natürlichen Ressourcen konservieren und weiter erschließen, zum Beispiel Investitionen zur Instandhaltung des Bodens, zum Schutz gegen Hochwasser, für den Straßenbau und den Ausbau von Wasserstraßen und Häfen. Weiter gehören dazu Investitionen, die die produktive Effizienz und die berufliche Qualifikation des amerikanischen Volkes sichern und erweitern. Investitionen auf dem Erziehungs- und Ausbildungssektor sorgen für qualifizierte Arbeitskräfte und für eine Anpassung des Arbeitskräfteangebots an die Nachfrage, an den Bedarf der verschiedenen Industrien. Letzteres wird auch mit Hilfe von Investitionen erreicht, die die geographische Mobilität der Arbeiter steigern, wie die Finanzierung von Übersiedlungen aus öffentlichen Geldern, die Sorge für angemessene Unterkunft, öffentliche Siedlungsprojekte. Investitionen im Wohnungs- und Krankenhausbau, im Gesundheitswesen usw. kommen der Gesundheit des Volkes zustatten und steigern die Arbeitskapazität. Investitionen zugunsten von wissenschaftlicher und industrieller Forschung, von Verbraucherforschung und Ausbildung erhöhen die Effizienz unserer Wirtschaft. Die Investition von öffentlichen Geldern außerhalb des Verteidigungssektors darf allerdings nicht nur an die sich daraus ergebenden Vorteile und Gewinne denken, auch die erforderlich werdenden Arbeitskräfte müssen bedacht werden. Solche Investition will also sorgfältig geplant sein, damit sie nicht Kräfte bindet, die für die nationale Verteidigung oder in der Privatindustrie gebraucht werden; daß heißt, nur eine entsprechende Planung der staatlichen Investitionen wird das Auftreten von Engpässen im Verteidigungsbereich wie in der Privatwirtschaft im allgemeinen verhindern. Indes, nicht alle hier genannten staatlichen Investitionen sind rein kompensatorische Notmaßnahmen. Zum großen Teil sind sie auch in einer selbständig expandierenden Wirtschaft notwendig, weil sie wichtige Bedürfnisse befriedigen, denen allein die öffentliche Hand nachkommen kann. Wo dies zutrifft, hat die Frage, wie die Bindung von Arbeitskräften, die die Privatindustrie braucht, zu vermeiden sei, nur sekundäre Bedeutung. Die nationale Verteidigung muß selbstverständlich vorrangig über sämtliche Ressourcen der Nation verfügen können.

Die Kaufkraft läßt sich auch auf andere Weise steigern, nämlich durch direkte Zahlungen an die Konsumenten in Form von Unterstützung, Sozialversicherung und Rente. Solange die Arbeitslosigkeit anhält, müssen solche Zahlungen ausgedehnt werden, insbesondere

Sozialhilfe und Altersrenten. Ein großer Teil dieser Zahlungen trägt direkt den Charakter von Notmaßnahmen und wird in dem Moment überflüssig, da Vollbeschäftigung erreicht ist. Aber selbst dann wird die Notwendigkeit bestehen bleiben, für jene zu sorgen, die infolge von Invalidität oder Alter nicht arbeiten können. Der Staat sollte deshalb die Garantie für ein Mindesteinkommen für jeden Bürger übernehmen, der ohne eigenes Verschulden keine Arbeit finden kann. Eine solche Garantie würde jedem Amerikaner ein Gefühl der Sicherheit und das Bewußtsein geben, an den wirtschaftlichen Ressourcen des Landes teilzuhaben. Außerdem würde sie die amerikanische Wirtschaft mit einem festen Boden versehen, unter den die Kaufkraft nicht absinken kann, und damit Deflationskatastrophen wie die von 1929-1932 verhindern. Diese Garantie sollte durch eine Versicherung gegen zeitweilige Arbeitslosigkeit, die für einen Ausgleich über das Minimum hinaus sorgt, ergänzt werden. Je großzügiger die Leistungen einer solchen Versicherung sein werden, um so geringer wird auch der Widerstand gegen die Stillegung von unrationellen und überflüssigen Unternehmen oder gegen ihre Ausschaltung aus dem Geschäftsleben durch die Konkurrenz sein. Auch die Einwände gegen die Einführung von arbeitssparenden Neuerungen werden abnehmen. Mobilität und Flexibilität der amerikanischen Wirtschaft werden steigen.

Sollen die öffentlichen Ausgaben für Investitionen und Konsum zu einer Steigerung der gesamtgesellschaftlichen Kaufkraft führen, dann müssen sie aus Mitteln finanziert werden, die nicht die Kaufkraft zugleich wieder mindern, wie es geschieht, wenn sie durch Besteuerung der unteren Einkommensgruppen finanziert werden. In diesem Fall werden die Ausgaben, die die Regierung tätigt, durch einen Rückgang der Ausgaben jener Personen ausgeglichen, deren Einkommen durch Besteuerung geringer geworden ist. Die Gesamtnachfrage nach Gütern und Dienstleistungen steigt nicht; die Nachfrage verlagert sich nur von Privatpersonen auf den Staat, steigert also die Staatsnachfrage nach den Ressourcen der Nation auf Kosten des Privatbürgers. Ein Anreiz, Produktion und Arbeitsplätze zu vermehren, besteht dabei nicht. Dies gilt insbesondere im Falle von indirekten Steuern, etwa der Umsatzsteuer. Auch Einkommenssteuern, die den höheren Einkommensgruppen auferlegt werden, schränken die Nachfrage ein. Da aber die Einkommensempfänger dieser Schichten mehr Geld zurücklegen als die Arbeiter im öffentlichen Dienst oder Sozial- und Rentenempfänger, an die das eingezogene Geld letztlich gezahlt wird, kommt unter dem Strich doch eine Steigerung der Gesamtnachfrage heraus. Der gleiche Effekt tritt bei Besteuerung nichtausgeschütteter Aktiengewinne ein, wenn Teile dieser Gewinne, statt in Kapitalgütern investiert zu werden, zur Erhöhung des liquiden Vermögens der Aktiengesellschaft benutzt wird. Der sicherste Weg allerdings, dafür zu sorgen, daß öffentliche Ausgaben die Gesamtkaufkraft des Landes erhöhen, besteht in ihrer Finanzierung durch Staatsverschuldung oder direkte Geldschöpfung (das heißt Druck von Banknoten). Solange untätiges Kapital vorhanden ist, führt eine Staatsverschuldung zugunsten von öffentlichen Ausgaben zu einer Erweiterung der Kaufkraft, weil Gelder ausgegeben werden, die sonst in privaten Händen brachlägen.

Häufig wird gesagt, die Staatsverschuldung zur Finanzierung öffentlicher Ausgaben treibe das Land in den Bankrott, und sowohl das Anleihengeschäft wie die direkte Geldschöpfung durch den Staat führten zur Inflation. Betrachten wir den letzten Punkt zuerst. Inflation im Sinne eines ansteigenden Preisniveaus findet statt, wenn die Nachfrage nach Gütern und Dienstleistungen schneller zunimmt als ihr verfügbares Angebot. Solange jedoch brachliegende Arbeitskraft darauf wartet, die infolge von öffentlichen Ausgaben nachgefragten Güter und Dienstleistungen zu produzieren, steht der Kaufkraftsteigerung auch eine entsprechend höhere Produktion gegenüber, d. h., sie wird aufgefangen. Die Menge der Güter und Dienstleistungen steigt gemeinsam mit der Geldmenge, während das Preisniveau konstant bleibt. Auch eine wachsende öffentliche Verschuldung hat keine unheilvollen Folgen, solange die damit einhergehenden Ausgaben die zur Aufnahme der Arbeitslosen in den Arbeitsprozeß notwendige Höhe nicht übersteigen. Das ganze 19. Jahrhundert hindurch nahm die private langfristige Verschuldung zu. Sie bildete den Kanal, durch den Rücklagen als Investitionen in die Privatwirtschaft flossen. Die Zunahme langfristiger Verschuldung ging mit einer Kapitalakkumulation auf seiten des Landes einher. Wenn die Privatindustrie, wie im Augenblick, nicht in der Lage ist, die Rücklagen des Landes zu nutzen, verwendet die Regierung sie für staatliche Investitionen oder reduziert sie durch Zahlungen an Konsumenten (zum Beispiel auf dem Wege der Unterstützung). Wenn der Staat als Kapitalanleger auftritt, ist es nur natürlich, daß er zum Schuldner derer wird, die ihn mit ihrem Kapital ausstatten. In welchem Ausmaß während der letzten Jahre öffentliche Verschuldung an die Stelle privater Schuld getreten ist, zeigt sich daran, daß die Gesamtsumme der langfristigen Verschuldung in den Vereinigten Staaten von etwa 115 Milliarden Dollar im Jahre 1929 anwuchs auf etwa 120 Milliarden Dollar im Jahre 1937; die öffentliche Schuld stieg in dieser Zeit um 19 Milliarden, während die private um 14 Milliarden abnahm. Die öffentliche Kapitalanlage füllte das Vakuum aus, das zurückgeblieben war, als die Privatinvestition mit der Sparneigung des Volkes nicht Schritt halten konnte und wollte.

Die Behauptung, eine wachsende öffentliche Schuld führe notwendig in die Inflation oder zum Bankrott, trifft demnach nicht zu. Den Schuldzins zahlt der Fiskus aus den wachsenden Steuereinnahmen, die sich aus dem steigenden Volkseinkommen infolge von öffentlichen Ausgaben ergeben. Allerdings könnte man sagen, daß die Notwendigkeit, Zinsen auf die Staatsschuld zu zahlen, sich auf die Einkommensverteilung nachteilig auswirkt. Wenn diejenigen, die die Staatsanleihen besitzen, den höheren Einkommensgruppen angehören, während die Steuern von den niedrigeren Einkommensgruppen stammen, dann ist dies ganz gewiß der Fall. Um einen solchen Effekt zu vermeiden, braucht man allerdings nur die höheren statt der niedrigen Einkommensgruppen zu besteuern. Das ganze Problem läßt sich natürlich vereinfachen, wenn die Staatsausgaben direkt durch Drucken von Geld finanziert werden[7]. Diese Methode hat den Vorteil, daß keine Besteuerung zwecks Bezahlung von Zinsen notwendig ist und daß zugleich die Besitzer von nicht arbeitendem Kapital, die keine Aussicht auf Anlage ihrer Gelder beim Staat haben, stimuliert werden, diese Gelder in der Privatindustrie anzulegen.

Ein unerschrockenes und gut geplantes Programm für öffentliche Ausgaben kann Vollbeschäftigung und wirtschaftliche Expansion durchaus ohne nachteilige ökonomische Folgen sichern. Dennoch empfiehlt es sich nur als Not- und Hilfsmaßnahme. Der Grund: völlige Abhängigkeit des Wirtschaftsverlaufs vom Staat. Solche Abhängigkeit unseres Wirtschaftslebens von den Launen der Politik ist für demokratische Institutionen gefährlich. Öffentliche Ausgaben allein beseitigen nämlich die Monopolpraktiken, die eine wirtschaftliche Expansion und eine volle Nutzung unserer Ressourcen blockieren, nicht. Im Gegenteil, sie können sie sogar stärken. Da staatliche Nachfrage in der Regel weniger elastisch ist als private, begünstigt sie monopolistische Preistreiberei. So spricht einiges da-

---

7 Ein äußerst einfallsreicher und rühmlicher Vorschlag dieser Art stammt von Professor Albert C. Hart, »Economic Policy for Rearmaments«, in: *Public Policy Pamphlet*, Nr. 33, 1940, S. 28.

für, daß der Aufschwung zwischen 1933 und 1937, der wesentlich durch öffentliche Ausgaben in die Wege geleitet war, die Monopolmacht gestärkt hat. Wo aber die Monopolmacht gefestigt wird, steigen die zum Ausgleich ihres restriktiven Einflusses notwendigen öffentlichen Ausgaben.

Das Wirtschaftssystem wird so zunehmend mehr vom Staat abhängig. Es besteht eine Quelle wirtschaftlicher Instabilität. Stimmt der Kongreß neuen Ausgaben zu, gibt es einen kleinen Aufschwung; will er der Regierung politisch eins auswischen und stimmt er gegen weitere Ausgaben, kommt es zu einer Depression. Dies mag den Kongreß solange zur Billigung neuer Ausgaben bestimmen, bis ihn die Besserung der wirtschaftlichen Lage erneut ermutigt, seine Autorität geltend zu machen und das Staatssäckel der Regierung zuzuschnüren. Produktion und Beschäftigung unterliegen Schwankungen, die vom veränderlichen politischen Wetter abhängen. Regierungsorgane, die das Geld ausgeben, errichten eine riesige Bürokratie mit konzentrierter wirtschaftlicher Macht. Die Bundesregierung ist gegenwärtig der größte Arbeitgeber in diesem Land. 1935 beschäftigte sie (die Post eingeschlossen) 1 050 000 Menschen, während beim größten privaten Arbeitgeber (die amerikanische Telephone and Telegraph Company) nur 270 000 Leute arbeiteten[8]. Eine so hohe Konzentration von Macht in den Händen einer zentralisierten Regierungsbürokratie ist für demokratische Institutionen nicht weniger gefährlich als Machtkonzentration auf seiten der Privatwirtschaft.

Ein kluges Programm für wirtschaftliche Expansion, das unsere demokratischen Institutionen erhalten und weiter ausbauen will, muß deshalb über rein kompensatorische Maßnahmen, die dem Staat eine der Demokratie gefährlich werdende Macht über unser Wirtschaftsleben verleihen, hinausreichen. Sein Ziel muß die Wiederherstellung einer gesunden Wirtschaft sein, die Vollbeschäftigung und Nutzung aller Produktionsmöglichkeiten sichert, ohne sich auf die Krücken der Regierung zu stützen. Dies geht aber nur, wenn die Monopolrestriktionen, die die wirtschaftliche Expansion blockieren und die amerikanische Wirtschaft an einer vollen Nutzung ihrer Ressourcen hindern, beseitigt werden.

---

8 Vgl. *The Structure of the American Economy*, a.a.O., S. 100 f.

### III. Politik der wirtschaftlichen Expansion:
### Reorganisation der Wirtschaft

Um die amerikanische Wirtschaft in die Lage zu versetzen, ihre sämtlichen Ressourcen automatisch, d. h. ohne Hilfe kompensatorischer Maßnahmen durch die Regierung zu nutzen, müssen die sie daran hindernden Monopolrestriktionen beseitigt werden. Dies zu tun, gibt es zwei Möglichkeiten. Die eine ist die Wiederherstellung einer echten Wettbewerbssituation, wo immer dies möglich ist. Wo echter Wettbewerb sich nicht wiederherstellen läßt, müssen neue Institutionen geschaffen werden, die die Funktionen übernehmen, die ehedem durch den Wettbewerb erfüllt wurden. Ihre Aufgabe wird es sein, dafür zu sorgen, daß in den Bereichen, in denen sich wirksamer Wettbewerb nicht wiederherstellen läßt, das Geschäftsleben nach »Spielregeln« verläuft, die die wirtschaftliche Expansion begünstigen. Solche Institutionen müssen fester Bestandteil unseres Wirtschaftssystems werden.

Wirksamer Wettbewerb läßt sich mit folgenden Mitteln wiederherstellen:

1. *Revision von Zolltarifen und Außenhandelspolitik.* Zölle und andere Außenhandelsbarrieren zählen zu den wichtigsten Faktoren der Monopolbildung. Sie stellen einen Eingriff des Staats in den Markt zugunsten einer besonderen Gruppe und auf Kosten des Rests der Gesellschaft dar. Abschaffung und Herabsetzung von Zöllen sorgen für eine wirksame Steigerung des Wettbewerbs. Um wirtschaftliche Erschütterungen und möglichen Widerstand gegen eine Revision der Zollpolitik zu umgehen, kann den von der Tarifrevision am härtesten betroffenen Industrien zeitweilig ein Ausgleich gewährt werden. Zollsenkungen müssen sich allerdings im Hinblick auf die Verteidigung der Hemisphäre und die Möglichkeit, daß totalitäre Mächte politischer Ziele wegen Dumping betreiben, innerhalb bestimmter Grenzen bewegen. Um eventuellen Dumpingaktionen entgegenwirken zu können, muß der Außenhandel mit totalitären Mächten möglicherweise von besonderen staatlichen Dienststellen geführt werden.

2. *Revision und Verschärfung der Anti-Trust-Gesetze.* Anti-Trust-Gesetze dienen dem Zweck, bestehende Monopolverbindungen aufzubrechen und die Bildung neuer Monopole zu verhindern. Eine erfolgreiche Durchsetzung der Anti-Trust-Gesetze kann den echten Wettbewerb wiederherstellen. Die Erfahrungen der Vergangenheit zeigen allerdings, daß es trotz der Anti-Trust-Gesetze nicht gelang, die zunehmende Monopolbildung in der amerikanischen Wirtschaft zu stoppen. Das dürfte hauptsächlich daran liegen, daß den Gesetzen nicht

energisch genug Geltung verschafft wurde. Die staatliche Exekutive hat zu ihrer Durchsetzung nicht viel unternommen. In ihrer Auslegung waren die Gerichte sehr milde. Es ist deshalb notwendig, die Anti-Trust-Gesetze zu revidieren. Die strafrechtliche Verfolgung muß verfahrenstechnisch erleichtert werden; es gilt, klare wirtschaftliche Kriterien (in Form von Preis-Kosten-Relationen) aufzustellen und im Falle von Verstößen angemessene Strafen vorzusehen. Wiederholte Verstöße gegen die Anti-Trust-Gesetze durch eine einzelne Gesellschaft beweisen, daß eine Wiederherstellung des Wettbewerbs mit den Mitteln der Anti-Trust-Gesetzgebung in diesem Falle nicht möglich ist; hier muß die Regierung das Recht erhalten, die betreffende Gesellschaft in öffentliches Eigentum zu überführen.

3. *Schaffung von öffentlichen Musterbetrieben.* Der Zweck solcher Betriebe ist ein doppelter. Die Regierung erhält über sie zuverlässige Informationen hinsichtlich der Kosten in einem bestimmten Industriezweig. Es wird also möglich, die Existenz von Monopolpraktiken aufzudecken und gleichzeitig die mit der Durchsetzung der Anti-Trust-Gesetze beauftragten Organe mit Informationen zu versehen. Und da die öffentlichen Musterbetriebe auf dem Markt mit den Privatgesellschaften in Konkurrenz treten, schränken sie deren Monopolmachtstellung ein. Um dieses Ziel zu erreichen, müssen die Musterbetriebe allerdings einen wesentlichen Teil des Angebots der betreffenden Produkte oder Dienstleistungen bestreiten. Der gleiche Effekt, wie Musterbetriebe ihn erzielen, läßt sich auch dadurch erreichen, daß Konsumgenossenschaften zur Errichtung von Produktionsbetrieben Kapital erhalten. Solche Genossenschaften haben bei der Eindämmung der Monopole in den skandinavischen Ländern eine große Rolle gespielt. Da in den USA jedoch eine ähnlich ausgedehnte Genossenschaftsbewegung nicht existiert (von einigen wenigen Staaten abgesehen), muß man sich hier hauptsächlich auf öffentliche Musterbetriebe stützen. Das Prinzip der Musterbetriebe sollte auch auf Geldinstitute angewandt werden. Vor allem ist eine öffentliche Investmentbank zu dem besonderen Zweck der Vergabe langfristiger Kredite an Bauern und Kleinunternehmer zu schaffen.

Der Möglichkeit, wirksamen Wettbewerb wiederherzustellen, sind, wie bereits gesagt, Grenzen gesetzt. Zölle und andere Importbeschränkungen sind nur für einen Teil der Monopolpraktiken in der amerikanischen Wirtschaft verantwortlich. Allein aufgrund von Transportkosten entsteht – selbst ohne jeden Zoll – eine ganz erhebliche Monopolmacht von nationalem wie internationalem Ausmaß. Der Umfang möglicher Zollrevisionen wird zudem durch die Erfordernisse der Verteidigung eingeschränkt. Auch sind nicht sämtliche Monopole durch Anti-Trust-Gesetze aufzubrechen. In vielen Fällen ist dies unmöglich, in anderen nicht einmal ratsam. In Bereichen, in denen es nur einen Betrieb oder eine kleine Anzahl von Firmen gibt, bedarf es zur Errichtung eines Monopols keines Zusammenschlusses und auch keiner Geheimabsprachen. Aber selbst im Falle einer Vielzahl von Firmen kann es infolge der Transportkostenunterschiede zu lokaler Monopolmacht kommen. Hier ist die Anti-Trust-Gesetzgebung machtlos. In anderen Fällen wiederum ist die Wiederherstellung des Wettbewerbs zwar möglich, aber nur, indem man große Produktionseinheiten in kleine aufspaltet. Und in einer Wirtschaft, in der es Massenproduktion gibt, heißt das Kosten- und Preisanstieg. Es heißt Rückkehr zu primitiven und ineffizienten Produktionsmethoden und ist gleichbedeutend mit dem Verbot, von der fortgeschrittenen Technologie der Massenproduktion Gebrauch zu machen. Der dabei entstehende gesellschaftliche Verlust kann den Schaden, den das Monopol anrichtet, erheblich übersteigen. Wo aufgrund der mit der Massenproduktion verbundenen Erfordernisse große Produktionseinheiten notwendig sind, scheidet Wettbewerb durch öffentliche Musterbetriebe möglicherweise dadurch aus, daß nur für eine einzige oder einige wenige Einheiten Raum da ist. Sie würden zu einer unnötigen Verdoppelung von Produktionsstätten führen. So wäre es glatter Unsinn, eine staatliche Eisenbahnlinie oder einen öffentlichen Versorgungsbetrieb zum Zwecke der Konkurrenz dort hinzulegen, wo schon ein entsprechendes Privatunternehmen existiert. Die Verschwendung von Kapitalressourcen wäre größer als der Schaden durch das Monopol.

Eine andere Beschränkung ergibt sich daraus, daß erfolgreich angewandte Anti-Trust-Gesetze und Konkurrenz durch Musterbetriebe starke Spannungen zwischen Staat und Unternehmerschaft hervorrufen können. Die Anwendung der Anti-Trust-Gesetze darf nicht auf Klagefälle von Privatpersonen beschränkt sein. Das aber war in der Vergangenheit weitgehend der Fall, und zwar mit der Konsequenz, daß das Gesetz nicht gegen Monopolgesellschaften, sondern vielmehr von diesen gegen Gewerkschaften, Bauerngenossenschaften und Kleinunternehmerverbände angewandt wurde, wodurch die Monopolmacht der Großunternehmen gestärkt statt geschwächt wurde. Die wirksame Durchsetzung dieser Gesetze erfordert eine ständige und aufmerksame Überwachung der Wirtschaft durch den Staat. Er muß stets die Augen für etwaige Rechtsbrüche offen halten. Daraus können Spannungen, ja offene Konflikte zwischen Unternehmerschaft und Staat erwachsen; die Anwendung des Gesetzes wird zu einer politischen Angelegenheit mit allen dazugehörigen Folgen. Die gleichen Überlegungen gelten für die Wiederherstellung von offenem Wettbewerb mit Hilfe von Musterbetrieben. Die Spannung zwischen Privatwirtschaft und Staat kann eine Situation erzeugen, in der die Regierung entweder nachgeben, d. h. sich vor der Macht des Privatmonopols beugen, oder aber mit diktatorischen Machtbefugnissen ausgestattet werden muß. Das bedeutet, daß sich im Rahmen von demokratischen Institutionen wirksamer Wettbewerb nicht in jedem Falle wiederherstellen läßt.

Die Wiederherstellung echten Wettbewerbs ist dort unmöglich, wo 1. Monopole nicht nur das Resultat einer bestimmten Zollpolitik oder 2. eines Zusammenschlusses sind und wo zusätzlich 3. in wichtigen Wirtschaftszweigen Massenproduktion herrscht; wo 4. nur eine einzige oder eine Handvoll von Produktionseinheiten Platz haben; oder 5. die erfolgreiche Anwendung der Anti-Trust-Gesetze und die Konkurrenz durch Musterbetriebe zu unproduktiven Spannungen zwischen Unternehmerschaft und Staat führen würden. In all diesen Fällen kann offener Wettbewerb nicht wiedereingeführt oder aufrechterhalten werden, es ist vielmehr notwendig, besondere Institutionen zu schaffen, die Produktion und Finanzen anhand von Wettbewerbs-»Spielregeln« kontrollieren.

Es gibt zwei Möglichkeiten, an Wettbewerbs-»Spielregeln« festzuhalten, ohne einen echten Wettbewerb zwischen den verschiedenen unabhängigen Einheiten wiederherzustellen.

1. *Preis- und Produktionsregelung durch öffentliche Behörden.* Solche Regelung vermag Industrie- und Finanzgesellschaften an der Verfolgung monopolistischer Ziele zu hindern. Dazu muß der Produktionsausstoß (oder das Angebot) so groß sein, daß er, auf den Markt gebracht, exakt den Preis realisiert, der den Herstellungskosten (oder den Angebotskosten) der letzten Waren- oder Dienstleistungseinheit entspricht. Übrigens ist das genau das Prinzip, das Produktion und Angebot im Freikonkurrenzgeschäft leitet. In der Regel genügt es, den Preis festzulegen. Ausstoß oder Umfang des Angebots stehen dann, wie oben gezeigt, automatisch ebenfalls fest; denn solange die Produktions- oder Beschaffungskosten jeder zusätzlichen Wareneinheit geringer sind als der von ihr erzielte Preis, lohnt es sich für das Unternehmen, die Produktion oder das Angebot zu erhöhen; sind sie dagegen höher als der Preis, rentieren sich Produktionskürzungen. In einigen Fällen, insbesondere auf dem Sektor der Verteidigungsindustrie, kann es angezeigt sein, neben den Preisen auch Produktionsquoten nach dem oben genannten Prinzip festzulegen.

Der Bereich, in dem Preiskontrollen (und eventuell Produktionskontrollen) als Mittel zur Durchsetzung von Wettbewerbs-»Spielregeln« anwendbar sind, ist indes recht begrenzt. Erstens ist die Einschätzung dessen, was vernünftige Kosten sind, für eine Regierungsbehörde äußerst schwierig, wenngleich sich diese Schwierigkeit durch die Führung öffentlicher Musterbetriebe erheblich verringern läßt. Zweitens zwingen Preiskontrollen Besitzer und Manager von Gesellschaften dazu, Dinge zu tun, die ihren Interessen offen zuwiderlaufen, und dies, wo doch die Leitung ihres Unternehmens in ihren Händen verbleibt. Daraus können sehr lästige Spannungen zwischen Unternehmerschaft und Regierung entstehen. Die Durchsetzung der Kontrolle kann in ein politisches »football«-Spiel ausarten, tatsächlich wirksame Kontrolle möglicherweise nur von einer mit diktatorischen Befugnissen ausgestatteten Regierung zu praktizieren sein. Die amerikanische Wirtschaftsgeschichte ist voll von vergeblichen Versuchen, der Monopolbildung mit Vorschriften Herr zu werden. Die Vergeblichkeit dieser Versuche beruht auf den eben erwähnten Ursachen. Es kann aber auch geschehen, daß es den »regulierten« Gesellschaften gelingt, auf die Behörden, die da sind, um zu steuern, über politische oder andere Kanäle Einfluß zu nehmen. In einem solchen Fall kann Kontrolle durchaus zu einer Begünstigung der Monopole statt zu ihrer Eindämmung führen.

Schließlich kann es sein, daß Kontrollen zur Einhaltung von Wettbewerbs-»Spielregeln« sich deshalb als nicht praktizierbar erweisen, weil sie die kontrollierten Gesellschaften zu Kapitalverlusten oder gar in den Bankrott zwingen. Das passiert immer dann, wenn eine Aktiengesellschaft mit dem belastet ist, was die Kontrollbehörde als exzessive Kapitalisierung ansehen muß, d. h. wenn der Wert ihres Kapitals, auf Monopolprofiten basierend, das übersteigt, was mit einer Profitrate im Sinne des freien Wettbewerbs vereinbar ist. Ein Zurückschrauben der Profitrate auf normales Wettbewerbsniveau verringert den Wert des Kapitals. Dies stürzt die Kapitaleigner in Verluste, und sofern der größere Teil des Kapitals in Krediten (Obligationen oder Hypotheken) besteht, treibt es die Gesellschaft in den Bankrott. Eine entsprechende Operation, d. h. das Abschreiben eines Teils des Kapitals, gehört untrennbar zur Wiederherstellung von Wettbewerbs-»Spielregeln«, es kann sich aber als unvereinbar mit dem Fortbestehen einer Gesellschaft als Privatunternehmen erweisen.

Die bisherigen Ausführungen implizieren nicht, daß Monopolkontrollen niemals und überhaupt nicht funktionieren. Es gibt Fälle, etwa auf dem Sektor der öffentlichen Versorgung, wo sie sich als durchaus praktikabel erwiesen haben. Allerdings zeigt ein Blick auf die Geschichte versuchter Monopolkontrollen weit mehr Fehlschläge als Erfolge, und um das Mittel der Kontrolle erfolgreich einsetzen zu können, muß man seine Grenzen sehen.

2. *Öffentliches Eigentum.* Da ein dem Staat gehörendes und von ihm betriebenes Unternehmen nicht wie jedes Privatunternehmen dem Zwang der Profitmaximierung unterliegt, kann es ohne jede Schwierigkeit Massenproduktion mit einer Befolgung der Wettbewerbs-»Spielregeln« verbinden. Wie bereits gezeigt, erfordern diese Regeln, daß der Output (oder das Angebot) so bestimmt ist, daß der am Markt realisierte Preis genau den Herstellungskosten (oder den Kosten der Verfügbarmachung) der letzten Waren- oder Dienstleistungseinheit entspricht. Dieses Verfahren zur Festlegung von Output (oder Angebot) und Preis eines Produkts und einer Dienstleistung läßt sich sehr treffend als »Prinzip des Dienstes an der Allgemeinheit« im Unterschied zum »Prinzip der Profitmaximierung« bezeichnen. Eine Unterscheidung, die der recht vagen Unterscheidung zwischen »Produktion für den Gebrauch« und »Produktion für den Profit« entspricht. Jedes Privatunternehmen strebt nach Profitmaximierung; unter Konkurrenzbedingungen läßt sich dieses Ziel aber nur erreichen, wenn man so handelt, als folge man dem »Prinzip des Dienstes an der Allgemeinheit«. Das heißt, der Konkurrenzmechanismus zwingt das Profitmotiv, im Interesse des allgemeinen Nutzens zu agieren. Öffentliches Eigentum, nach dem »Prinzip des Dienstes an der Allgemeinheit« handelnd, erreicht auf direktem Wege, ohne Umweg über das Profitmotiv, genau dasselbe Resultat wie die echte Konkurrenz. Ergo: wo infolge der Unmöglichkeit, echten Wettbewerb wieder zu etablieren, nicht darauf vertraut werden kann und darf, daß das Profitmotiv im Interesse des allgemeinen Nutzens agiert, bleiben öffentliches Eigentum und seine öffentliche Lenkung die einzige Lösung.

Verglichen mit Preiskontrollen durch staatliche Organe stellt der Sachverhalt des öffentlichen Eigentums eine viel liberalere Maßnahme dar. Preisregulierungen stützen sich auf administrative Kontrolle als Mittel zur Eindämmung von Monopolmacht. Dabei steht das Geschäftsleben unter der konstanten Aufsicht von Behörden, deren Pflicht und Aufgabe es ist, Unternehmer zum Verzicht auf die Verfolgung ihrer Interessen, d. h. auf die Ausnutzung ihrer Monopolmacht zu zwingen. Regulierung schränkt das Monopol ein, indem sie ihm Einhaltung der Wettbewerbs-»Spielregeln« abverlangen. Öffentlich betriebene Unternehmen dagegen sind frei von dieser beständigen administrativen Bevormundung. Der einzige administrative Akt liegt hier in der Übernahme. Dies geschehen, ist keine weitere administrative Kontrolle notwendig. Die Leitung eines öffentlichen Unternehmens geht nach den allgemein üblichen Methoden vor sich. Nicht vom Profitmotiv bestimmt, hat es nicht automatisch die Tendenz, eine Monopolmachtstellung auszunutzen. Es ist in der Lage, sich in der Betriebsführung auf irgendein gesetzlich festgelegtes Prinzip einzulassen, ohne daß aus der Anwendung dieses Prinzips und den gegenteiligen Interessen der Privatbesitzer ein Konflikt entsteht. Wird das »Prinzip des Dienstes an der Allgemeinheit« zur Basis der Führung eines öffentlichen Unternehmens gemacht, können die Wettbewerbs-»Spielregeln« ohne den Zwang befolgt werden, den die Regulierung des Privatmonopols impliziert. Öffentliches Eigentum ist damit auch demokratischer als Regulierung von oben. Die gleichen Vorteile bei öffentlichem Eigentum gelten auch hinsichtlich der Durchsetzung der Anti-Trust-Gesetze und der Verwendung von Musterbetrieben; eine ständige Überwachung durch die Behörden, im Falle der Privatwirtschaft erforderlich, entfällt.

Um öffentliche Unternehmen von politischer Beeinflussung freizuhalten, sollten sie nicht von Regierungsministerien geleitet werden (wie beispielsweise die Post), sondern vielmehr als separate öffentliche Körperschaften eingerichtet und von *unabhängigen* Aufsichtsräten geleitet sein (wie z. B. die TVA oder das Federal Reserve Board). Diese Aufsichtsräte sollten die öffentlichen Körperschaften nach »Spielregeln« führen, die vom Kongreß (oder von einer durch den Kongreß dazu bestimmten Behörde, von einer Legislative auf Staatsebene oder auch von einem Gemeinderat) festgelegt sind. Die Anwendung der »Spielregeln« muß jedoch frei von politischer Beeinflussung erfolgen. Dasselbe gilt für die Führung von öffentlichen Musterbetrieben. Auch sie sollten nicht als Regierungsressorts angesehen, sondern als unabhängige öffentliche Körperschaften betrieben werden. Einzelheiten zur Organisation öffentlicher Körperschaften sollen im nächsten Kapitel besprochen werden.

Die amerikanische Wirtschaft bedarf demnach einer tiefgreifenden Reorganisation, soll sie aus eigener Kraft »funktionieren«. Ziel dieser Reorganisation ist die Wiedereinsetzung der Wettbewerbs-»Spielregeln«, weil sie allein wirtschaftliche Expansion ohne gleichzeitige totalitäre Kontrolle garantieren können. Wo immer möglich, muß dies auf dem Wege der Restauration von echtem Wettbewerb zwischen Privatunternehmen geschehen. Die anzuwendenden Maßnahmen sind Revision der Zolltarife sowie der Außenhandelspolitik, Revision und strenge Durchsetzung der Anti-Trust-Gesetze und Konkurrenz durch öffentliche Musterbetriebe. Die Möglichkeit, wirksamen Wettbewerb zwischen privaten Unternehmen in Bereichen wiederherzustellen, in denen er gegenwärtig überhaupt nicht existiert, unterliegt allerdings gewissen Grenzen. In solchen Fällen müssen die Wettbewerbs-»Spiel-regeln« vermittels spezieller Einrichtungen angewendet werden. Einen Weg stellt die Preisregulierung (wenn nötig auch die der Produktion) durch öffentliche Organe dar. Es gibt indes nur sehr wenige Beispiele, wo Regulierung sich unter Bedingungen, die demokratischen Regie-rungsprinzipien nicht widersprechen, als erfolgreich erwiesen hat. In allen anderen Fällen lassen sich Wettbewerbs-»Spielregeln« nur auf dem Wege des öffentlichen Eigentums wiedereinführen. Öffentliche Unternehmen müssen nach dem »Prinzip des allgemeinen Nutzens« betrieben und als öffentliche Körperschaften frei von politischen Ein-griffen geführt werden.

Der beschränkten Wirksamkeit aller anderen Mittel zur Wiederher-stellung von Wettbewerbs-»Spielregeln« wegen muß das öffentliche Unternehmen zum Eckpfeiler unserer Wirtschaft werden, wenn wir wirklich eine wirtschaftliche Expansion haben sollen. Insbesondere brauchen wir:

1. *Öffentliches Bank- und Kreditwesen (Investmentbanken und Ver-sicherungsgesellschaften).* Solange die Finanzierung der Wirtschaft nicht frei von Monopolpraktiken ist, kann es keine gesunde Konkurrenz zwischen den Unternehmen geben. Die Erhaltung wettbewerbsfähiger Privatunternehmen und die Anwendung von Wettbewerbs-»Spiel-regeln« in öffentlichen Unternehmen macht eine dauernde Neuanpas-sung der Kapitalwerte an wechselnde Profitraten erforderlich. Kapital-entwertung, wenn die Profitrate infolge neuer Produktionsmethoden oder Nachfrageschwankungen sinkt, ist einfach Teil der Wettbewerbs-»Spielregeln«. Von privaten Finanzinstituten kann man nicht erwar-ten, daß sie solchen Entwertungen ihrer Vermögenswerte zustimmen, weil dies schwere Kapitalverluste auf seiten ihrer Besitzer impliziert und sie in den Bankrott stürzen kann. Allein ein öffentliches Bank- und Kreditsystem ist mit der Flexibilität von Kapitalwerten vereinbar, wie sie notwendig ist, um Wettbewerbsstandards in Produktion und Handel zu erhalten.

Das Bank- und Kreditwesen muß alle Schulden, deren Kapitalwert über die Profitraten der freien Konkurrenz hinausgeht, abwerten. Solche Schuldenabwertung erst gibt dem unabhängigen Konkurrenz-geschäft seine Rentabilität zurück. Bauern und Kleinunternehmer kön-nen ihre Sicherheit hinsichtlich ihres Besitzes von Grund und Boden bzw. ihres Betriebes wiedergewinnen. Befreit von der Last toten Kapi-tals sehen Unternehmen, ob privat oder öffentlich, ihre finanzielle Struktur gesunden.

Zukünftige langfristige Geschäftskredite – ob privat oder öffentlich –

sollten auf der Basis von »Partnerschaft« und nicht auf der eines festen Kapitalwerts gegeben werden. So würde ein Unternehmen nicht den ursprünglichen Kapitalwert des Kredits zurückzahlen müssen, sondern den kapitalisierten Wert seines tatsächlichen Gewinns (der höher oder niedriger sein kann, je nachdem, ob die jeweilige Profitrate größer oder kleiner ist als der zu zahlende Zinssatz). Gesundes Investieren und gerechte Aufteilung der Ressourcen des Landes erfordern, daß Finanzinstitute Kredite nur geben, wenn der kapitalisierte Wert des erwarteten Gewinns die ursprüngliche Kreditsumme übersteigt oder ihr zumindest gleichkommt. Auf diese Weise werden Investitionen nur getätigt, wenn die erwartete Profitrate höher ist als der Zinssatz oder ihm zumindest entspricht; Fehlplazierung von Ressourcen wird vermieden. Wenn jedoch die tatsächliche Profitrate hinter den Erwartungen zurückbleibt (z. B. aufgrund von Innovationen oder Schwankungen in der Nachfrage), sollte der Kapitalwert der Schuld entsprechend revidiert werden. Schulden werden so flexibel und automatisch an die auf Wettbewerbs-»Spielregeln« basierende Wirtschaft angepaßt. Die Zins- und Kreditpolitik muß so aussehen, daß sie eine Nachfrage nach Investitionsmitteln garantiert, die ausreicht, um alle vorhandenen Arbeitskräfte zu beschäftigen. Dies wird erreicht, wenn die Kreditzinsen den unter Bedingungen von Vollbeschäftigung realisierten Kapitalrentabilitäten entsprechen. Höhere Zinssätze erzeugen Arbeitslosigkeit, weil die Investitionstätigkeit nicht ausreicht, um alle vorhandenen Arbeitskräfte zu beschäftigen. Niedrigere Zinssätze führen zur Inflation, weil die Investitionsvorhaben das Angebot verfügbarer Arbeitskräfte überschreiten und damit logischerweise das Preisniveau heben.

Zur Sicherung der Effizienz eines öffentlichen Bank- und Kreditsystems müssen folgende Vorkehrungen getroffen werden. Erstens sollte es so organisiert sein, daß es von der politischen Kontrolle unabhängig ist. Zweitens sollten dezentrale örtliche Niederlassungen existieren, die ihre Entscheidungen bezüglich Kreditvergabe autonom treffen. Die allgemeinen Kreditkonditionen, wie Zinssätze (die langfristigen eingeschlossen), Sicherheiten usw. müssen allerdings zentral vom Federal Reserve Board festgelegt werden. Das ist nötig, um Kreditkonditionen zu sichern, die Vollbeschäftigung garantieren und gleichzeitig eine Inflation verhindern. Drittens sollten die Leiter der Niederlassungen Prämien erhalten, die sich an den Gewinnen und vermiedenen Verlusten bemessen. Ein solches Verfahren sorgt für eine effiziente Verteilung der Finanzressourcen, und da Zinssätze und andere allgemeine Kreditkonditionen vom Federal Reserve Board festgesetzt sind, besteht keinerlei Möglichkeit zur Anwendung von Monopolpraktiken, besonders dann nicht, wenn langfristige Kredite auf der Basis von »Partnerschaft« gegeben werden. Viertens sollten das Handelsbankgeschäft, die Vergabe langfristiger Kredite und Versicherungsaufgaben auf verschiedene Institutionen oder verschiedene Organe mit jeweils eigener Leitung aufgeteilt werden. Das Federal Reserve Board jedoch sollte die Befugnis haben, die Bedingungen und Prinzipien festzulegen, nach denen alle drei verfahren.

Ein öffentliches Bank- und Kreditwesen sollte die Existenz von selbständigen kleinen privaten und genossenschaftlichen Finanzinstituten nicht ausschließen. Unter den geschilderten Umständen folgen solche Institute automatisch den Wettbewerbs-»Spielregeln«. Solange es noch kein öffentliches Bank- und Kreditsystem gibt, sollte wenigstens eine öffentliche Investmentbank (mit einem ausgedehnten Zweigstellennetz) für den speziellen Zweck da sein, Bauern und Kleinunternehmen langfristige Kredite zur Verfügung zu stellen.

2. *Öffentliches Eigentum der monopolisierten Schlüsselindustrien.* In Industrien, die für das wirtschaftliche Leben des Landes wichtig sind und in denen sich Wettbewerb auf der Basis privaten Unternehmertums nicht wiederherstellen läßt, kann nur öffentliches Eigentum den »Spielregeln« des freien Wettbewerbs zur Geltung verhelfen. Die Rechtsbasis für öffentliches Eigentum an Industrien sollte durch eine Neufassung der Anti-Trust-Gesetze geschaffen werden, die vorsieht, daß bei erwiesener wiederholter Anwendung monopolistischer Praktiken und bei gegebener Unmöglichkeit, die Situation auf der Basis privaten Unternehmertums zu korrigieren, die fraglichen Gesellschaften in öffentliches Eigentum zu überführen und nach dem »Prinzip des Dienstes an der Allgemeinheit« zu betreiben sind.

Um die Effizienz staatseigener Industrien zu sichern, müssen sie als unabhängige öffentliche Gesellschaften frei von politischer Bevormundung organisiert sein. Die Gehälter ihrer Direktoren sollten hoch genug sein, um die besten verfügbaren Kräfte anzuziehen. Weitere Anreize sind allerdings nicht ratsam, da sie die Direktoren dazu verleiten können, die Gewinne durch Monopolpraktiken zu steigern. Aus dem gleichen Grund sollte niemand gleichzeitig im Aufsichtsrat zweier konkurrierender Unternehmen sitzen können.

3. *Öffentliches Eigentum der wichtigsten Grundstoffe.* Im Bereich der natürlichen Ressourcen hat öffentliches Eigentum neben dem Zweck der Beseitigung von Monopolen noch ein zweites Ziel. Es geht darum, die planlose und übereilte Zerstörung knapper Ressourcen zu verhindern. Zu solcher Zerstörung kann es auch ohne Monopole im freien Wettbewerb zwischen einzelnen Unternehmen kommen, weil die Ausbeu-

tung natürlicher Ressourcen indirekte Auswirkungen hat, denen die Privatindustrie nicht Rechnung zu tragen vermag. So kann z. B. unkontrolliertes und planloses Abholzen den Wert des Bodens zerstören und zu katastrophalen Überflutungen führen. Zum Teil ist es möglich, den nachteiligen Folgen der privaten Ausbeutung natürlicher Ressourcen mit Verordnungen gegenzusteuern. Wo Reglementierung fruchtlos bleibt, ist das öffentliche Eigentum angezeigt. Die Verwaltung und Leitung öffentlicher Grundstoffbetriebe kann nach dem gleichen Prinzip organisiert werden wie die öffentlichen Schlüsselindustrien.

Die Überführung von Bank- und Kreditwesen, von Monopolen der Schlüsselindustrien und natürlichen Ressourcen in öffentliches Eigentum wirft die Frage nach der Entschädigung auf. Um Erschütterungen in der Wirtschaft auf ein Minimum zu beschränken und um zu erwartenden Widerstand gegen die Eigentumsübertragung zu verringern, müssen den bisherigen Eignern Entschädigungen gezahlt werden. Diese Entschädigungen sollten dem kapitalisierten Wert des Gewinns entsprechen, den das öffentliche, nach dem »Prinzip des Dienstes an der Allgemeinheit« arbeitende Unternehmen erzielt, und in Staatsanleihen ausbezahlt werden. Dies garantiert den ehemaligen Besitzern den Marktwert ihres Kapitals. Es ist indes notwendig, gewisse Gruppen von Eignern und Aktionären bevorzugt zu behandeln. So haben Kleinaktionäre möglicherweise einen Preis für ihre Aktien bezahlt, der die monopolistische Inflation des Aktienwerts einschließt. Die Abwertung des Kapitals auf konkurrierende Werte kann sie unverdient hart treffen. Halböffentliche Einrichtungen wie Universitäten, Colleges, Hospitäler, Stiftungen zugunsten von Forschung usw. können auf Zahlungen aus Unternehmen angewiesen sein, die in öffentlichen Besitz übergehen. Damit solche Personen und Einrichtungen geschützt sind, muß ihnen eine Entschädigung, die dem alten monopolistisch inflationierten Aktienwert entspricht, gezahlt werden. Um eine Belastung von öffentlichen Unternehmen mit »totem« Kapital zu vermeiden, sollten solche Extraentschädigungen vom Fiskus aus Steuermitteln finanziert werden.

Die Notwendigkeit, das Bank- und Kreditwesen, die monopolistischen Schlüsselindustrien sowie die wichtigsten natürlichen Ressourcen in öffentliches Eigentum zu überführen, erscheint auf den ersten Blick als eine schwere Beeinträchtigung des Prinzips des Privateigentums und des freien Unternehmertums. Indes, diese Beeinträchtigung trifft nur an der Oberfläche zu. Sie impliziert die Abschaffung von Privateigentum und freiem Unternehmertum nämlich nur dort, wo diese ihre Fähigkeit, nach den »Spielregeln« des echten Wettbewerbs zu operieren, bereits verloren haben und zu antisozialen Monopolen entartet sind, die jede wirtschaftliche Expansion blockieren. Eine Beseitigung dieses degenerierten Auswuchses läßt das freie Unternehmertum auf all jenen Gebieten erstarken, auf denen es eine genuine gesellschaftliche Funktion hat. Die Funktion von Privateigentum an den Produktionsmitteln und von freiem Unternehmertum ist eine dreifache. Erstens bildet das freie Unternehmertum die Grundlage für eine effiziente Konkurrenz im wirtschaftlichen Leben. Kleine unabhängige Betriebe begünstigen die Förderung von handwerklichem und produktivem Talent, sie spezialisieren rationeller, passen sich besonderen Erfordernissen und Örtlichkeiten leichter an, verändern ihre Methoden rascher und senken die Kosten schneller. Zweitens bietet das private Unternehmertum eine Basis für wirtschaftliche Pioniertätigkeit. Es ist eher bereit, in neue Bereiche vorzustoßen und sein Kapital in riskanten Investitionen aufs Spiel zu setzen, als institutionalisierte Großbetriebe dies tun, gleich ob private oder öffentliche. Und drittens schließlich gewährleisten Privateigentum an den Produktionsmitteln und freies Unternehmertum ökonomisch unabhängige Bürger und bilden damit ein Bollwerk politischer Demokratie.

Indes, eine riesige Monopolgesellschaft erfüllt keine einzige dieser Funktionen. Sie wird von einer Bürokratie verwaltet, die sich von einer Staatsbürokratie nur darin unterscheidet, daß sie sich selbst reproduziert, keiner demokratischen Kontrolle unterworfen ist und damit gesellschaftlich ohne Verantwortung ist. Wir haben gesehen, wie Monopolpraktiken in Industrie und Finanz der freien Konkurrenz schaden. Gibt man dem privaten Konkurrenzunternehmen durch die Beseitigung von Monopolrestriktionen aus der Wirtschaft die Chance, zu überleben und zu expandieren, wird es eine ganz neue Bedeutung gewinnen. Das soll heißen, daß das öffentliche Eigentum des Bank- und Kreditwesens, der monopolistischen Schlüsselindustrien sowie der natürlichen Ressourcen die ganze wirtschaftliche Stärke und Vitalität unabhängiger Privatunternehmer und -geschäftsleute freisetzen wird.

Eine Reorganisation der amerikanischen Wirtschaft, die überall zu den »Spielregeln« des Wettbewerbs zurückkehrt, wird eine automatische wirtschaftliche Expansion ohne die Notwendigkeit einer andauernden Mithilfe des Staats sichern. Allerdings braucht eine solche Reorganisation ihre Zeit. Zur Sicherung von sofortiger wirtschaftlicher Expansion, und um alle temporären nachteiligen Auswirkungen der Reorganisationsmaßnahmen auf die wirtschaftliche Aktivität aufzufangen, müssen die in Kapitel III dargelegten kompensatorischen Mittel eingesetzt werden. In dem Maße, in dem die Reorganisation der Wirtschaft erfolgreich fortschreitet, werden solche Mittel zunehmend überflüssig und können langsam eingeschränkt werden oder entfallen. Jene öffentlichen Investitionen jedoch, die permanente soziale Bedürfnisse befriedigen und deshalb konstanter Bestandteil des Wirtschaftssystems werden müssen, sollten von unabhängigen öffentlichen Körperschaften getätigt werden, die nach dem Muster der öffentlichen Gesellschaften in den Schlüsselindustrien organisiert sind.

## IV. Stärkung der wirtschaftlichen Fundamente der Demokratie

Die Politik wirtschaftlicher Expansion, wie sie in den vorangehenden zwei Kapiteln skizziert worden ist, soll auch die demokratischen Institutionen neu beleben und demokratische Prozesse in der gesamten Sphäre des amerikanischen Lebens weitertreiben. Die Demokratie ist ein zartes Pflänzchen, das nur unter besonderen wirtschaftlichen Bedingungen gedeihen kann. Die wirtschaftlichen Grundlagen der modernen Demokratie setzen dreierlei voraus: 1. die Entflechtung wirtschaftlicher Macht, 2. die Existenz eines freien Marktes als Medium der freien Entscheidung des Menschen für Konsum und Betätigung wie auch als Medium der Dezentralisierung von Entscheidungen und 3. eine expandierende Wirtschaft, die den Bestand der beiden vorangehenden Kriterien garantiert.

In der gesamten bisherigen Geschichte war die Demokratie stets mit der Existenz freier und unabhängiger Unternehmer verbunden, weil zur Erhaltung von politischer Freiheit und demokratischer Kontrolle wirtschaftliche Unabhängigkeit erforderlich ist. Wo immer große Teile eines Volkes von konzentrierter wirtschaftlicher Macht abhängig sind, kann keine Demokratie existieren. Die moderne Demokratie entwickelt sich gemeinsam mit dem System des freien Unternehmertums, das die konzentrierte wirtschaftliche Macht der feudalen Institutionen und des merkantilistischen Systems aufbrach. Das System des freien Unternehmertums führt jedoch nur zur Demokratie, wenn Eigentum und Unternehmerschaft in der Bevölkerung breit genug gestreut sind, so daß sich jeder wirtschaftlicher Unabhängigkeit erfreut oder sie zumindest potentiell erlangen kann. Solche Dekonzentration von wirtschaftlicher Macht ist unter dem Kapitalismus, wo Eigentum und Unternehmerschaft in den Händen nur eines Teils der Bevölkerung konzentriert sind, während der Rest aus Lohn- und Gehaltsempfängern besteht, niemals voll realisiert worden. Damit war der Demokratie im Kapitalismus stets eine gefährliche Beschränkung auferlegt. Allerdings erhält die Beschränkung ein Gegengewicht in der Freiheit der Lohn-

und Gehaltsempfänger, sich zur Durchsetzung ihrer wirtschaftlichen Interessen zu organisieren und von den demokratischen Rechten Gebrauch zu machen. Außerdem schafft die Existenz von Kleineigentümern und -unternehmern (Bauern und unterer Mittelstand) einen Sektor in der Gesellschaft, auf dem wirtschaftliche Macht nicht konzentriert ist. In den USA gewann dieser Sektor dadurch zusätzliche Bedeutung, daß die Existenz der sich nach Westen verschiebenden Grenze einem viel größeren Teil der Bevölkerung wirtschaftliche Unabhängigkeit bescherte, als dies sonst möglich ist. Durch Besitz- und Unternehmenskonzentration zwar eingeschränkt, funktioniert die Demokratie, wie unvollkommen auch immer, unter dem Kapitalismus so lange, wie die Konzentration nicht überhand nimmt.

Heute ist die ökonomische Basis der Demokratie durch die konzentrierte wirtschaftliche Macht von Monopolgiganten ausgehöhlt. Wir haben bereits darauf hingewiesen, daß 1935 die 200 größten in der Produktion angesiedelten Gesellschaften zwischen 46 % und 51 % des industriellen Reichtums der Nation besaßen und daß 100 Gesellschaften 21 % der gesamten in der Herstellung tätigen Arbeitskraft beschäftigten. 1935 gab es 62 Gesellschaften mit über 10 000 Beschäftigten[9]. Die tatsächliche Konzentration wirtschaftlicher Macht jedoch ist wegen der bestehenden Verflechtungen in Management und Besitz von Gesellschaften viel größer, als das aus diesen Zahlen hervorgeht. Die Inhaber der konzentrierten Wirtschaftsmacht sind niemandem verantwortlich und können ihre Macht mit Hilfe von Monopolpraktiken jederzeit zu egoistischen Zwecken ausnutzen. Den Menschen, die ökonomisch von ihnen abhängig sind, können sie ihren Willen aufzwingen. Verweigerung des Rechts auf Organisation der bei ihnen Beschäftigten, Einflußnahme auf politische Aktivitäten, soweit ihr Arm reicht, Irreführung der öffentlichen Meinung infolge finanzieller Kontrolle der Presse und der politischen Organisationen gehören nur zu den gebräuchlichsten Praktiken großer Monopolgesellschaften. Indem sie sich weigern zu »kooperieren« und indem sie den von ihnen Abhängigen Arbeitslosigkeit und wirtschaftlichen Ruin androhen, können die Inhaber konzentrierter privater Macht der vom Volk gewählten Regierung ihren Willen aufzwingen. Der Abbau solcher Macht entweder durch die Wiederherstellung echten Wettbewerbs oder durch Einführung öffentlichen Eigentums wird die wirtschaftlichen Grundlagen der amerikanischen Demokratie stärken.

Das Medium, in dem sich ökonomische Unabhängigkeit in einer Wirt-

---

9 Siehe *The Structure of the American Economy*, a.a.O., Tabelle II, S. 100 f.

schaft mit fortgeschrittener Arbeitsteilung (wie sie in der unsrigen besteht) realisiert, ist der Markt. Auf dem Markt steht es jedermann offen, seine Güter und Dienstleistungen anzubieten oder zurückzuhalten, zu kaufen oder sich zu weigern zu kaufen. Jeder kann frei auswählen, und der Mechanismus von Angebot und Nachfrage sorgt bei freier Entscheidung aller Wirtschaftssubjekte für eine Anpassung. Es gibt zwei Gründe, weshalb die Demokratie in einer Gesellschaft mit Arbeitsteilung der Existenz eines Marktes bedarf. Erstens ist Freiheit des einzelnen bei der Wahl seines Konsums oder seines Berufs nur auf der Basis eines freien Marktes möglich. Ohne Markt müßten Güter und Dienstleistungen verteilt und Berufe qua administrativer Entscheidung zugewiesen werden. Damit fiele den Administratoren die Kontrolle über die persönlichsten und intimsten Dinge des menschlichen Lebens zu, während die solcher Kontrolle Unterworfenen auf effektive demokratische Rechte verzichten müßten. Zweitens bedarf es eines Marktes, um dezentralisierte Entscheidungen zu ermöglichen. Ohne Markt müßten alle Entscheidungen bezüglich der Aufstellung der in der Gesellschaft vorhandenen Ressourcen für diesen oder jenen Zweck an zentraler Stelle gefällt werden, es sei denn, man verzichtete auf die Vorteile der Arbeitsteilung und wiese jedem einzelnen (oder kleinen Gruppen) die zur Befriedigung seiner Bedürfnisse notwendigen Mittel zu. Dies setzt enorme Konzentration von wirtschaftlicher Macht voraus. Als Resultat von freier und individueller Auswahl und dezentralisierter Entscheidungen sind die Auswirkungen der Handlungen von Menschen am Markt unpersönlich. Der Markt funktioniert nach den »Spielregeln« von Angebot und Nachfrage, nicht nach persönlichen Vorlieben und Abneigungen. Das heißt, daß sich ökonomische Beziehungen zwischen Menschen herstellen können, deren Grundlage nicht irgendwelche Entscheidungen einer übergeordneten persönlichen Autorität, sondern unpersönliche und automatisch wirkende »Spielregeln« sind. Die Freiheit des einzelnen wird größer. Es gibt zwei anschauliche historische Beispiel für die Herausbildung von Freiheit und Unabhängigkeit des einzelnen – einmal im alten Griechenland und zum andern in der modernen westlichen Zivilisation. In beiden Fällen hing die Entwicklung der Rechte des einzelnen eng damit zusammen, daß unpersönliche und automatische Markt-»Spielregeln« an die Stelle von persönlicher Reglementierung durch die Gemeinschaft und ihre verschiedenen Autoritäten und Gruppen (wie Familie, Staat und Kirche) traten.

Um jedoch als Medium für ökonomische Freiheit und Unabhängigkeit dienen zu können, muß der Markt bestimmte Voraussetzungen erfüllen. Er muß erstens offen sein, d. h., der Zugang zum Markt muß jedermann als Verkäufer oder Käufer freistehen. Das bedeutet keinerlei Einschränkungen oder Ausschlüsse infolge von Rasse, sozialem Status oder anderen Kriterien. Zweitens muß der Markt unparteilich sein, d. h., niemand (auch keine Personengruppe) darf einen substantiell größeren Einfluß als ein anderer ausüben. Solche Einflußnahme kann auf zweierlei Weise ausgeübt werden. Einmal vermittelt Konzentration eines großen Teils von Angebot oder Nachfrage am Markt, was eine Beeinflussung des Preises gestattet. Hier handelt es sich um ein Monopol. Zum andern durch ungleiche Einkommens- oder Vermögensverteilung (Kapital). Personen (oder Personengruppen) mit einem im Vergleich zu anderen höherem Einkommen oder größerem Kapital kontrollieren über den Markt auch einen größeren Teil der Ressourcen. Ein Markt, der offen und unparteilich ist, kann als freier Markt bezeichnet werden. Das Wesen des freien Marktes ist der Wettbewerb aller Beteiligten.

Nur ein freier Markt garantiert die wirtschaftliche Unabhängigkeit, die die Grundlage einer wirklichen Demokratie ist. Wenn der Markt nicht frei ist, wird er zum Vehikel der Versklavung statt zum Medium der Freiheit. Bleibt der Markt bestimmten Teilen der Bevölkerung verschlossen, weil Monopolmacht und Einkommens- und Vermögenskonzentration ihn beherrschen, können jene Leute gezwungen werden, sich dem Willen derer zu unterwerfen, die den Markt kontrollieren. Die den Markt beherrschen, können den anderen jede wirtschaftliche Chance nehmen, sie können sie in ihrer Mobilität behindern und ihre Freiheit bei der Berufs- und Konsumwahl einschränken. Ihre Machtstellung erlaubt es ihnen weiter, die Politik, Religion und persönliche Meinung der andern zu beeinflussen. Kurz, freie Märkte machen den Menschen frei; kontrollierte Märkte schränken ihn ein. Zur Sicherung der Grundlagen unserer Demokratie müssen wieder freie Märkte geschaffen werden, und zwar durch Wiederherstellung von echtem Wettbewerb und durch öffentliches Eigentum, das die »Spielregeln« des Wettbewerbs dort anwendet, wo Wettbewerb zwischen privaten Unternehmen nicht mehr möglich ist.

Entflechtung von wirtschaftlicher Macht und einen freien Markt kann es nur in einer expandierenden Wirtschaft geben, d. h. in einer Wirtschaft, in der sowohl Produktion als auch Nachfrage steigen. Eine expandierende Wirtschaft schafft Raum für neue Konkurrenten, ohne den Anteil der bisherigen zu schmälern, zudem ermöglicht sie jedem, seine wirtschaftliche Position zu verbessern, ohne dabei dem andern ins Gehege zu kommen. Möglichkeiten stehen offen für neue Generationen und für persönliches Fortkommen, ohne daß bestehende Interessen verletzt würden. Wirtschaftliche Expansion erleichtert auch die Anpassung an Schwankungen in Angebot und Nachfrage (z. B. infolge der Einführung von neuen Produktionsmethoden), weil eine allgemeine Ausweitung Erschütterungen durch Arbeitsplatzverlust, Kunden- und Kapitalverluste usw., die aus solchen Schwankungen resultieren, auffängt. In einer expandierenden Wirtschaft besteht deshalb kein besonderer Druck, gegen die »Spielregeln« des freien Marktes zu agieren. Mit der Herausforderung durch neue Konkurrenten und möglichem wirtschaftlichen Aufstieg setzte die wirtschaftliche Expansion der Konzentration von wirtschaftlicher Macht überdies Grenzen.

Wenn die Wirtschaft jedoch aufhört zu expandieren oder gar rückläufig ist, treten mächtige Kräfte hervor, die die Freiheit des Marktes aushöhlen. Jede Gruppe ist darauf bedacht, sich gegen Beeinträchtigungen durch die andern zu schützen, indem sie den Zugang zum Markt beschränkt oder sich bemüht, ihren Anteil und Einfluß mittels Monopolisierung und Ausschluß anderer Gruppen zu erhöhen. Die Kapitalisten wollen ihre Investitionen, die Hersteller ihre Märkte, die Kleinhändler und Freiberuflichen ihre Geschäfte und die Arbeiter und Gehaltsempfänger ihren Arbeitsplatz schützen. Wirtschaftliche Möglichkeiten werden abgesichert durch Zusammenschluß und Kartellbildung, durch Restriktion des Zugangs zum Markt usw. Zur Sicherung von Arbeitsplätzen und Geschäftsinteressen wird das Mittel der Diskriminierung (der rassischen, religiösen, geographischen usw.) eingesetzt. Arbeitslose sehen sich in ihrer Bewegungsfreiheit durch staatliche und städtische Behörden eingeschränkt. Wenn einer von fünf Männern arbeitslos ist, wird die Freiheit der vier andern, den Arbeitsplatz oder die Tätigkeit zu wechseln, illusorisch. Die Errichtung eines Monopols zwingt andere Gruppen zum Zusammenschluß, um der Monopolmacht entgegentreten zu können. Es kommt zu Reibung, Spannung und Konflikten zwischen und innerhalb der sozialen Gruppen. In einer allgemeinen Balgerei um besonderen Schutz und besondere Privilegien geht der freie Markt unter. Die Zusammenschlüsse, zustandegekommen zur Schaffung und zum Schutz spezieller Privilegien, schaffen neue und größere Machtkonzentrationen. Das heißt, ohne wirtschaftliche Expansion verschwinden die wirtschaftlichen Grundlagen der Demokratie.

Der erste Schritt zur Stärkung der ökonomischen Basis der Demokratie muß deshalb zwangsläufig in der Sicherung der wirtschaftlichen Expansion bestehen. Um eine sofortige Expansion zu bewirken, müssen öffentliche Ausgaben als kompensatorische Mittel eingesetzt werden. Öffentliche Ausgaben großen Umfangs (Verteidigungsausgaben eingeschlossen) statten jedoch die Regierung mit zentraler wirtschaftlicher

Macht aus. Das heißt, die wirtschaftliche Expansion wird erreicht auf Kosten der Schaffung einer neuen Form von konzentrierter Wirtschaftsmacht, nämlich der Macht von Staat und Regierung. Es stellt sich die Frage, ob dies nicht der Austreibung des Teufels mit dem Beelzebub gleichkommt, ob nicht dem Regen hier die Traufe folgt.

Die Gefahren öffentlicher Ausgaben werden indes in der Regel übertrieben. Zugleich mit der wirtschaftlichen Expansion rufen öffentliche Ausgaben auch unmittelbar Kräfte auf den Plan, die die Grundlagen der Demokratie stärken und immanente Gefahren aufheben. Wir haben gesehen, wie wirtschaftliche Stagnation die Grundlagen der Demokratie, insbesondere den freien Markt, aushöhlt. Wirtschaftliche Stagnation oder Konzentration untergraben diese Grundlagen in der gesamten Gesellschaft. Öffentliche Ausgaben gefährden die Wirtschaft nur in einem einzigen Punkt (durch Konzentration von wirtschaftlicher Macht in den Händen des Staats), ansonsten beseitigen sie die Gefahren. Die Gefahren, die aus einer stagnierenden oder rückläufigen Wirtschaft für die Demokratie entstehen, sind deshalb viel größer, als öffentliche Ausgaben zugunsten von wirtschaftlicher Expansion sie heraufbeschwören. Die jüngste historische Erfahrung bestätigt diese Feststellung. Nicht wegen eines Machtzuwachses infolge öffentlicher Ausgaben wurden bestimmte Staaten totalitär (die schwedische Erfahrung scheint eher das Gegenteil zu lehren); der Totalitarismus kam als Revolution gegen Regierungen an die Macht, denen es nicht gelang, dem Abbröckeln der Grundlagen der Demokratie gegenzusteuern, ein Abbröckeln, das seinen Grund in der Stagnation oder rückläufigen Entwicklung der Wirtschaft hatte.

Indes, unser Programm setzt nicht auf öffentliche Ausgaben als normales Mittel zur Sicherung von Vollbeschäftigung. Es sieht vielmehr eine Reorganisation der Wirtschaft vor, die den »Spielregeln« des Wettbewerbs zu neuer Geltung verhilft und sie damit befähigt, automatisch, d. h. ohne Unterstützung durch den Staat, zu funktionieren. Öffentliche Ausgaben sind in unserem Programm nur Not- und Ausgleichsmaßnahmen, anzuwenden in der Phase der Reorganisation. Die fortschreitende wirtschaftliche Reorganisation wird die ökonomischen Grundlagen der Demokratie stärken, so daß möglicher Mißbrauch wirtschaftlicher Macht von seiten des Staates ihnen nichts anhaben kann.

Eine Reorganisation der Wirtschaft, wie sie im vorigen Kapitel skizziert wurde, macht wirtschaftliche Expansion automatisch und verstärkt die ökonomische Basis der Demokratie dadurch weiter, daß sie die Freiheit des Marktes wiederherstellt und eine Entflechtung wirtschaftlicher Macht vornimmt. Wiedererrichtung des freien Marktes und

Entflechtung von wirtschaftlicher Macht passieren unmittelbar und überall dort, wo sich unserem Reorganisationsprogramm entsprechend echter Wettbewerb zwischen freien und privaten Unternehmern wiedereinstellt. Das öffentliche Eigentum der Banken und Kreditinstitute, der monopolistischen Schlüsselindustrien und der wichtigsten natürlichen Ressourcen trägt dazu bei, den »Spielregeln« des freien Marktes neue Geltung zu verschaffen. Der Privatwirtschaft werden Rentabilität und Sicherheit zurückgegeben, sie kann expandieren. Das heißt, daß die Wiedereinsetzung der Wettbewerbs-»Spielregeln« durch öffentliches Eigentum zur Entflechtung von wirtschaftlicher Macht beiträgt, indem sie konkurrierende Privatunternehmen zur Expansion anreizt.

Das öffentliche Eigentum führt auch dann direkt zur Entflechtung von wirtschaftlicher Macht, wenn die Leitung öffentlicher Unternehmen 1. stärker dezentralisiert ist als die von privaten Monopolgesellschaften und 2. demokratischer Kontrolle und Verantwortung unterliegt. Um zu verhindern, daß öffentliches Eigentum zur Konzentration von wirtschaftlicher Macht in Händen der Regierung führt, wird vorgeschlagen, alle öffentlichen Unternehmen voneinander getrennt und unter der Leitung unabhängiger Aufsichtsräte zu organisieren. Die Direktorien müßten ihre Gesellschaften gemäß den von der Legislative erlassenen »Spielregeln« führen. Auf diese Weise werden die öffentlichen Körperschaften dezentral gelenkt, außerhalb der Reichweite der Regierungsexekutive (so den von der Exekutive ebenfalls unabhängigen Gerichten vergleichbar). Weitere Machtentflechtung läßt sich erreichen, wenn auch die Legislative dezentralisiert wird, die die »Spielregeln« für die öffentlichen Körperschaften bestimmt. Bei Körperschaften von nationalem Rang kann der Kongreß zuständig sein, bei solchen mit lokaler Bedeutung die Legislative des jeweiligen Staates und im Falle eines Betriebes von regionaler Bedeutung auch die der Stadt. Um zu gewährleisten, daß öffentliche Gesellschaften sich an die Wettbewerbs-»Spielregeln« halten, können spezielle Wirtschaftsgerichtshöfe (mit der gleichen Unabhängigkeit, wie Strafgerichte sie haben) eingesetzt werden. Sie würden die Macht haben, alle Entscheidungen der Führung öffentlicher Unternehmen aufzuheben, die die »Spielregeln« verletzen. Es könnte auch sinnvoll sein, daß der Kongreß und die einzelnen Legislativen sich auf eine Grundsatzregelung für die Wettbewerbs-»Spielregeln« der öffentlichen Körperschaften einigen und daß die Wirtschaftsgerichte die Macht erhalten, alle Anordnungen des Kongresses, der Legislativen oder der Stadträte außer Kraft zu setzen, sofern sie dieser Grundsatzregelung zuwiderlaufen. Ein solches System unabhängig geleiteter öffentlicher Gesellschaften wird eine größere

Dezentralisierung wirtschaftlicher Macht bringen, als derzeit vorhanden. Das öffentliche Bank- und Kreditsystem, wenngleich auf der Basis von Zinssätzen und Kreditkonditionen arbeitend, die zentral vom Federal Reserve Board festgesetzt sind, wird aus einer Vielzahl autonomer Einheiten bestehen. Die Größe der Industrieunternehmen und der Körperschaften zur Verwaltung der natürlichen Ressourcen wird so bestimmt werden, daß sie einem technologischen und verwaltungstechnischen Optimum entspricht. Dieses Optimum liegt weit unter dem Umfang eines großen Teils privater Monopolgesellschaften. Die Verfolgung von Monopolmacht macht eine private Gesellschaft leicht geneigt, über das technologische und verwaltungstechnische Optimum hinauszugehen. Je umfangreicher die Gesellschaft, desto größer ihr Marktanteil und damit ihre Monopolmachtstellung. Hinzu kommt, daß eine größere Gesellschaft auch über größere Möglichkeiten verfügt, an finanzielle Mittel heranzukommen und das Arbeitskräfte- und Rohstoffangebot zu kontrollieren. So zieht das Faktum, daß Größe Monopolmacht erzeugt, viel größere Industrie- und Finanzeinheiten nach sich, als unter dem Gesichtspunkt der technischen und verwaltungstechnischen Effizienz nötig ist. Als öffentliches Eigentum wären die Gesellschaften deshalb in ihrem Umfang kleiner, würden aber zahlenmäßig zunehmen.

Wie bereits festgestellt, ist infolge der Verflechtung von Direktorien und Aktienbesitz die tatsächliche Konzentration von wirtschaftlicher Macht viel größer, als der Umfang von Gesellschaften erkennen läßt. So besteht beispielsweise eine Interessengruppe aus 41 Gesellschaften, eine andere aus 14 usw.[10]. Befinden sich die Unternehmen erst in öffentlicher Hand, was bedeutet, daß sie sich an die Wettbewerbs-»Spielregeln« halten, verschwinden diese Verflechtungen automatisch. Mit Ausnahme des Federal Reserve Board, das ermächtigt ist, Zinssätze und Kreditkonditionen festzusetzen, die für die gesamte Wirtschaft gelten, wird die Einheit wirtschaftlicher Konzentration in der Regel über das öffentliche oder das private Einzelunternehmen nicht hinausgehen. Die Zentren wirtschaftlicher Entscheidung werden weit weniger konzentriert sein als unter dem gegenwärtigen Monopolkapitalismus. Auf gleichem Wege kann auch die gegenwärtige wirtschaftliche Macht der Regierung beschnitten werden. Dazu ist es notwendig, jene öffentlichen Unternehmen, die zur Zeit als Regierungsressorts geführt werden, in voneinander getrennte unabhängige öffentliche Gesellschaften zu überführen. So würden z. B. mit der Überführung der Post in eine unab-

---

10 Siehe oben S. 211.

hängige öffentliche Gesellschaft 260 000 Beschäftigte der Kontrolle durch die Regierungsexekutive entzogen[11]. Ähnlich sollten alle für öffentliche Investitionen zuständigen Behörden, ob sie nun Behelfscharakter tragen (wie die WPA) oder auf Dauer angelegt sind, als unabhängige Einheiten neu organisiert werden.

Öffentliches Eigentum, das im Sinne der »Spielregeln« des Wettbewerbs arbeitet, wird eo ipso jede exzessive Konzentration von wirtschaftlicher Macht, ob privat oder staatlich, beseitigen. Und es wird dafür sorgen, daß wirtschaftliche Entscheidungen anhand von Regeln fallen, die auf dem freien Markt gelten und nicht aufgrund von Willkür und Machtausübung. Eine freie Wirtschaft auf der Basis von unpersönlichen »Spielregeln« gibt es nur solange, wie freier Wettbewerb herrscht. Wo das Monopol den Wettbewerb verdrängt, wird sie zu einer Machtquelle, die ohne jede soziale Verantwortung genutzt wird. Die Überführung des Privatmonopols in öffentliches Eigentum dort, wo echter Wettbewerb auf der Basis eines privaten Unternehmertums sich nicht mehr herstellen läßt, verschafft den »Spielregeln« neue Geltung. Daß Entscheidungen auch tatsächlich nach diesen Regeln fallen, dafür garantieren die Wirtschaftsgerichte, die getroffene Entscheidungen annullieren können. Damit jedoch die Leitung eines öffentlichen Unternehmens in voller sozialer Verantwortung handelt, muß sie demokratischer Kontrolle unterliegen. Zu diesem Zwecke müssen die Mitglieder des Aufsichtsrats jeder öffentlichen Körperschaft (ebenso wie des Federal Reserve Board) von den verschiedenen gesellschaftlichen Gruppen gewählt und durch sie absetzbar sein. Weiter muß ein angemessen gewichtiger Einfluß der einzelnen funktionalen Gruppen in jedem Aufsichtsrat gesichert sein.

So müßten sich die Aufsichtsräte von industriellen Körperschaften zusammensetzen aus Vertretern der Verbraucher der vom jeweiligen Unternehmen angebotenen Produkte oder Dienstleistungen (wobei diese Abnehmer Privatunternehmen oder öffentliche Unternehmen, Konsumgenossenschaften oder Einzelhaushalte sein können), aus betriebsangehörigen Arbeitern sowie aus Ingenieuren und Verwaltungsleuten, die für die technische und organisatorische Effizienz verantwortlich sind. Der Verbrauchervertreter hätte darüber zu wachen, ob Verstöße gegen die »Spielregeln« durch Monopolpraktiken geschehen. Die Arbeitervertreter bildeten ein Gegengewicht gegen ihre mögliche monopolistische Ausbeutung durch Konsumenten, die ungebührlich billige Pro-

---

11 Dies ist die Zahl der Postbediensteten aus dem Jahr 1935. Siehe *The Structure of the American Economy*, a.a.O., S. 101.

dukte oder Dienstleistungen verlangen. Die Vertreter von Technik und Verwaltung fungieren als Wächter über das gesamtgesellschaftliche Interesse an effizienter Technologie und Organisation. Direktorien von Gesellschaften zur Verwaltung natürlicher Ressourcen und von Finanzinstituten müßten aus ähnlichen Vertretungen bestehen, wobei die Beschäftigten allerdings zwangsläufig eine geringere Rolle spielen würden, während Techniker und Verwaltungsleute entsprechend wichtiger wären. In den Direktorien von Finanzinstituten könnten auch Mitglieder sitzen, die vom Federal Reserve Board ernannt werden, und in den Direktorien zur Verwaltung natürlicher Ressourcen könnten Vertreter der Bundesregierung oder der einzelnen Staatsregierungen erforderlich sein.

Die Lenkung von öffentlichen Gesellschaften durch unabhängige Gremien, bestehend aus gewählten und abwählbaren Vertretern verschiedener funktionaler Gruppen und der Kontrolle von Wirtschaftsgerichtshöfen unterstellt, die jeden Verstoß gegen die »Spielregeln« konstatieren, eine solche Lenkung in Verbindung mit der Wiederherstellung, wo möglich, und der Belebung der freien Konkurrenz wird eine Entflechtung von wirtschaftlicher Macht bewirken, die zur Sicherung der Grundlagen der Demokratie ausreicht. Um jedoch Demokratie wirklich funktionsfähig zu machen, genügt es nicht, übermäßige Machtkonzentration zu verhindern. Die wirtschaftliche Macht muß auch gleich verteilt sein. Solche Gleichheit herrscht in vollem Umfang in einer Gesellschaft, die aus Kleinbauern und Handwerkern besteht. In der modernen Industriegesellschaft mit ihrem Fabriksystem und ihrer Massenproduktion jedoch arbeiten die Beschäftigten unter dem Regiment und nach den Anweisungen anderer Menschen. Ihr Arbeitsvertrag bedeutet mehr als den Kauf oder die Heuer einer Ware. Die Betroffenen erklären durch einen solchen Vertrag ihre Bereitschaft, sich während ihrer Arbeitszeit den Anordnungen der Unternehmensleitung zu unterwerfen. Damit ist eine Situation persönlicher Unterordnung geschaffen. Da fehlende Bereitschaft, ein solches Unterordnungsverhältnis einzugehen, den Menschen in der Regel seiner Subsistenzmittel und der seiner Familie beraubt, liegt hier eine Quelle der ungleichen Verteilung wirtschaftlicher Macht. Die Ungleichheit ist um so größer, je mehr Beschäftigte in einem einzelnen Unternehmen konzentriert sind. Und ganz eindeutig liegt es an dieser Ungleichheit, wenn im Kapitalismus, wo ein großer Teil der Bevölkerung aus besitzlosen Lohnarbeitern besteht, die Demokratie nur beschränkt wirksam werden kann.

Aber selbst in einer zu hundert Prozent sozialistischen Gesellschaft bestünde zwischen Arbeitern und Betriebsleitung Ungleichheit, was die wirtschaftliche Macht anlangt, wenngleich sie dank darüber wachender demokratischer Kontrollen erheblich geringer wäre[12]. Zur Beseitigung dieser Ungleichheit sind besondere Schritte und Maßnahmen nötig.

Eine solche Maßnahme ist bereits beschrieben worden. Wir meinen die Repräsentanz der Arbeiter durch ihre gewählten Vertreter im Aufsichtsrat öffentlicher Unternehmen. Damit erhalten die Arbeiter Sitz und Stimme in der Leitung öffentlicher Körperschaften. Vermutlich ist es gar nicht ratsam, Arbeitervertreter auch in die Leitung von Privatunternehmen zu setzen, weil diese eine Einschränkung ihres Rechts darin sähen, unbehindert – außer von der Konkurrenz – nach dem höchstmöglichen Profit zu streben. Dagegen kann die Tatsache, daß in öffentlichen Gesellschaften die Beschäftigten an der Leitung beteiligt sind, die Arbeiter im allgemeinen veranlassen, einen Arbeitsplatz in öffentlichen Körperschaften einem solchen in privaten vorzuziehen. Unter Voraussetzungen der Vollbeschäftigung sehen die privaten Arbeitgeber sich so gezwungen, mit öffentlichen Unternehmen, was den Standard der Arbeitsbedingungen, die persönlichen Beziehungen im Betrieb usw. angeht, zu konkurrieren. Damit reduziert sich die Ungleichheit in der Verteilung der wirtschaftlichen Macht zwischen Manager und Arbeiter auch in der Privatwirtschaft.

Die zweite Maßnahme im Dienste einer gleichen Verteilung von wirtschaftlicher Macht zwischen Leitung und Arbeitern in einem Betrieb ist das Recht der letzteren, sich in freien Gewerkschaften zu organisieren, sowie die Anerkennung dieser Gewerkschaften in den Tarifverhandlungen. Die Organisierung ermöglicht den Arbeitern, ihre nun konzentrierte Macht der ebenfalls konzentrierten wirtschaftlichen Macht der Arbeitgeber entgegenzusetzen (gleich, ob es sich um private oder öffentliche Betriebe handelt). Die Existenz freier und unabhängiger Gewerkschaften ist für eine funktionsfähige Demokratie deshalb

---

12 Die Ungleichheit verschwände erst, wenn jedermann Anspruch auf Unterhalt hätte, auch wenn er es ablehnte zu arbeiten. Eine solche Garantie ist keineswegs so töricht, wie es auf den ersten Blick scheinen mag. Das Volkseinkommen ist ebensosehr ein Produkt aus den natürlichen Ressourcen und der Kapitalausstattung wie aus der Arbeitskraft. Werden natürliche Ressourcen und Kapital als gesellschaftlicher Besitz angesehen, dann hat jeder Bürger Anspruch auf eine »gesellschaftliche Dividende«, anteilig an den natürlichen Ressourcen und dem Kapital. Wenn ein Bürger willens ist, auf das zusätzliche Einkommen aus dem Lohn für seine Arbeit zu verzichten, dann heißt das, daß der »Grenznachteil« der Arbeit für ihn größer ist als die »Grenzproduktivität« seiner Arbeit für die Gesellschaft. In einem solchem Falle wird der gesellschaftliche Reichtum dadurch maximiert, daß man ihm gestattet, untätig zu sein und von seiner »gesellschaftlichen Dividende« zu leben. Wenn die gesellschaftliche Dividende hoch genug, d. h. so hoch ist, daß Menschen, die sich anderen im Produktionsprozeß nicht unterordnen mögen, von Arbeit frei bleiben können, dann gibt es keine unterschiedlich großen wirtschaftlichen Machtpositionen zwischen Leitung und Arbeitern mehr. Die ökonomische Grundlage der perfekten Demokratie ist gegeben. Voraussetzung dafür ist allerdings eine sehr reiche Gesellschaft.

unabdingbar. Auch die jüngsten historischen Erfahrungen bestätigen dies. Sowohl unter den Kommunisten in Rußland wie unter den Faschisten in allen von ihnen beherrschten Ländern begann die Abschaffung der Demokratie mit der Unterdrückung der freien Gewerkschaften und ihrer Verdrängung durch Regierungsorgane. Jüngst erst hat das Pétain-Regime in Frankreich sein faschistisches System damit eingeführt, daß es den Gerwerkschaften ihre Unabhängigkeit nahm. Ein solcher Schritt liefert die lohnabhängige Bevölkerung der konzentrierten Macht der von der Regierung eingesetzten Betriebsleitung in Rußland und einem Kartell von Privatkapitalisten und Regierungsbürokraten in den faschistischen Ländern schutzlos aus. Allein freie Gewerkschaften und Tarifverhandlungen garantieren ein Machtgleichgewicht zwischen Arbeitgebern und Arbeitnehmern. Das Recht der Arbeiterschaft auf Organisierung und auf Streik sowie die Verbindlichkeit von Tarifverhandlungen muß deshalb in öffentlichen Körperschaften ebenso gesichert sein wie in Privatfirmen.

Um tatsächlich als Funktionsträger der industriellen Demokratie wirken zu können, müssen die Gewerkschaften offen sein, d. h., die Mitgliedschaft in ihnen darf keinen Beschränkungen unterliegen. Eine Kombination aus »closed shop« und limitierten Mitgliederzahlen sowie anderen Restriktionen, wie die Innungen sie praktizieren, bedeutet die Monopolstellung einer speziellen Gruppe von Arbeitern zu Lasten aller übrigen. Das ist weder mit den Erfordernissen wirtschaftlicher Expansion noch mit industrieller Demokratie vereinbar. Deshalb sollte der »union shop« (offene Gewerkschaft) und nicht der »closed shop«, sollte die Industriegewerkschaft und nicht die Innung die Regel bilden. Viele Monopolpraktiken von Gewerkschaften haben ihren Grund in der Furcht vor Arbeitslosigkeit und werden in einer expandierenden Wirtschaft automatisch verschwinden. Und wo solche Praktiken bleiben, lassen sie sich durch eine Gesetzgebung beseitigen, die den Gewerkschaften untersagt, ihre Mitgliederzahl zu begrenzen.

Eine Variante der Konzentration von wirtschaftlicher Macht verdient angesichts ihres besonderen Einflusses auf das Problem der ökonomischen Grundlagen der Demokratie unsere spezielle Aufmerksamkeit. Wir meinen die Konzentration von wirtschaftlicher Macht in den Händen von »meinungsbildenden« Institutionen und Industrien wie Kirchen, Schulen, Colleges, Universitäten, Presse, Film, Rundfunk und Verlagen. Entflechtung von wirtschaftlicher Macht in diesen Bereichen ist für eine funktionierende Demokratie absolut essentiell. Entflechtung von wirtschaftlicher Macht in Kirchen und Privatschulen, Colleges und Universitäten folgt der Entflechtung von wirtschaftlicher Macht in der

Gesellschaft insgesamt auf dem Fuße. Mit dem Verschwinden riesiger Machtzentren, die auch über den Geldbeutel bestimmen, aus dem Spenden fließen, sind diese Institutionen (die Kirchen sind es bereits großenteils) auf die Unterstützung breiterer Bevölkerungsschichten angewiesen. Wo dadurch die Finanzierung von Schulen, Colleges und Universitäten gefährdet ist, müssen die »Quellen« aus öffentlichen Mitteln ergänzt werden. Schulen, Colleges und Universitäten, die solche Geldmittel erhalten, genauso aber auch staatseigene Ausbildungs- und Forschungsstätten, müssen von Regierungskontrolle und politischer Einmischung frei bleiben. Staatliche und kommunale Schulen, Colleges und Universitäten sollten von unabhängigen Gremien geleitet werden, die im wesentlichen so aussehen wie die Direktorien von öffentlichen Körperschaften. Im Falle von Colleges und Universitäten sollten die finanziellen Zuwendungen nicht jährlich als Posten auf der Ausgabenliste des Staats- oder Kommunalhaushalts erscheinen, sondern in Form staatlicher Stiftungen verwirklicht werden, die in Selbstverwaltung von den Institutionen verausgabt werden.

Zur Wiederherstellung der Freiheit von Presse, Rundfunk, Film und Verlagswesen muß die Konzentration von wirtschaftlicher Macht in diesen Industrien aufgebrochen werden. Zum Teil läßt sich dies auf dem Wege über die Anti-Trust-Gesetze erreichen. Monopolkonzentration im Verlagswesen, bei der Presse (und ihrem Vertrieb), bei Film und Rundfunk muß strafrechtlich verfolgt werden. In Hinblick auf diese Bereiche müssen die Anti-Trust-Gesetze so verbessert werden, daß sie hier keinerlei Konzentration mehr zulassen. So können beispielsweise Beschränkungen hinsichtlich der Anzahl der von einer einzelnen Gesellschaft publizierten Zeitungen (oder Zeitschriften) auferlegt werden (damit wären Konzerne wie der von William Randolph Hearst ausgeschlossen). Gleiches gilt für Pressesyndikate usw. Auch eine Investitionsbeschränkung für den einzelnen Unternehmer oder die einzelne Gesellschaft in diesen Bereichen dürfte sinnvoll sein. Ziel dabei ist die Dezentralisierung der Presse, des Rundfunks, der Filmindustrie und des Verlagsgeschäfts und die Wiederherstellung ihrer auf privatem (oder genossenschaftlichem) Eigentum basierenden Wettbewerbsfähigkeit. Der Ausweg kann hier keinesfalls in der Verstaatlichung liegen. Zeitungen, Rundfunk usw. sollten überdies die Auflage erhalten, ihre Einkommensquellen offenzulegen.

Unser Programm der wirtschaftlichen Reorganisation begründet die ökonomischen Grundlagen der Demokratie neu und befestigt sie zugleich, indem es für wirtschaftliche Expansion sorgt, wirtschaftliche Macht entflicht und die »Spielregeln« des freien Marktes wiederherstellt. Die Entflechtung von wirtschaftlicher Macht und die Wiedererrichtung des freien Marktes werden erreicht 1. durch die Wiederherstellung von echtem Wettbewerb zwischen privaten Unternehmen, 2. durch öffentliches Eigentum, das von unabhängigen Gremien dezentral verwaltet wird, Gremien, die demokratischer Kontrolle unterliegen und auf der Basis von Wettbewerbs-»Spielregeln« operieren, und 3. durch die Expansion einer freien Wirtschaft auf Konkurrenzbasis, wie sie aus den beiden vorgenannten Maßnahmen folgt. Die ökonomischen Grundlagen der Demokratie werden zudem durch die Beteiligung von Arbeitern an der Leitung der öffentlichen Gesellschaften sowie durch Tarifverhandlungen mit freien und unabhängigen Gewerkschaften erweitert und verstärkt. Schließlich wird besonders sorgfältig darauf geachtet, daß jede Konzentration von wirtschaftlicher Macht in den meinungsbildenden Schaltstellen aufgebrochen wird.

## V. Überlegungen zu alternativen Konzepten

Die Politik der wirtschaftlichen Expansion, wie sie in den vorangehenden Kapiteln skizziert ist, impliziert die Auflösung von Monopolmacht und Restriktionismus. Als solche muß sie viele angestammte Interessen verletzen. Diejenigen, die diese unangenehme Konsequenz vermeiden wollen, versuchen, den Weg zu alternativen politischen Konzeptionen zu weisen, die mit Monopolprivilegien nicht in Konflikt geraten.

Das einfachste dieser Programme besteht in der Politik der »Wiederherstellung des Vertrauens«. Es wird behauptet, der Stand von Produktions- und Beschäftigungsziffern sei deshalb niedrig, weil das Vertrauen der Geschäftsleute durch politische Eingriffe einer unternehmerfeindlichen Regierung untergraben werde. Kapitaleigner und Unternehmer fürchteten sich vor langfristigen Verbindlichkeiten, weil die Regierung sie an angemessenen Profiten hindere und weil sie Kapitalverluste aufgrund möglicher Aktionen von seiten der Regierung fürchteten. Wäre eine unternehmerfreundliche Regierung an der Macht, würden Produktion und Zahl der Arbeitsplätze automatisch zunehmen.

Es steckt durchaus ein Körnchen Wahrheit in der Feststellung, daß Mangel an Vertrauen in der Geschäftswelt Produktion und Beschäftigung auf einen niedrigen Stand halten bzw. daß Vertrauen notwendig ist, sollen langfristige Verbindlichkeiten eingegangen werden. Dennoch ist die Analyse der Ursachen für den Mangel an Vertrauen falsch. Der Niedergang der Prosperität und die Periode der tiefsten Depression

(1929–1932) fielen in die Regierung Herbert Hoovers, und gerade ihr kann ganz bestimmt keine Unternehmerfeindlichkeit vorgeworfen werden. Nach 1932 erlebte die amerikanische Wirtschaft einen Aufschwung unter einer Regierung, die viel weniger »unternehmerfreundlich« war als die Hoover-Administration. Die Depression wurde demnach durch tiefere Kräfte verursacht als durch eine schlechte Regierung. Und solange diese Kräfte wirken, kann ein Regierungswechsel höchstens einen zeitweiligen Effekt haben. Es ist schon möglich, daß Geschäftsleute, die an bessere Zeiten infolge eines Wechsels im Weißen Haus glauben, ihre Produktion steigern und damit eine gewisse wirtschaftliche Expansion in Gang setzen. Ist sie aber nicht mit einer anhaltenden Nachfrage-steigerung gekoppelt, dann ist eine solche Expansion nur sehr kurzlebig. Schauen wir, ob ein Produktionsanstieg infolge einer rein subjektiven Veränderung im Vertrauen der Unternehmer die permanente Nachfragesteigerung zu erzeugen vermag, die notwendig ist, um die wirtschaftliche Aktivität auf einem höheren Niveau zu halten.

Gesellschaften, die bislang Monopolrestriktionen praktiziert haben, werden ihre Monopolpraktiken wegen eines solchen politischen Wandels kaum aufgeben. Daß sie ihren Output verringern, liegt nicht daran, daß sie keine ausreichenden Profite machen, sondern vielmehr an der Tatsache, daß ihre *Profite höher sind, wenn der Output niedriger ist.* Die Profitrate im Konkurrenzgeschäft ist sicherlich zu niedrig, als daß der Ausstoß hinreichend erweitert werden könnte, um alle brachliegenden Arbeitskräfte zu beschäftigen. Wie wir jedoch gesehen haben, ist diese Profitrate auch deshalb niedrig, weil in anderen Bereichen Monopolpraktiken existieren. Monopolpraktiken in der Produktion steigern die Kosten und senken die Nachfrage bei der Konkurrenz. Monopolpraktiken im Finanzgeschäft belasten die Konkurrenz mit »teurerem« Kapital und sorgen für Kreditzinssätze, die für rentable Investitionen viel zu hoch sind. Extreme Einkommens-unterschiede infolge der Konzentration von privater wirtschaftlicher Macht verhindern, daß sich eine Nachfrage nach Konsumgütern und Dienstleistungen entwickelt, die ausreicht, um der sinkenden Investitionsneigung entgegenzuwirken. Damit verringert sich die Nachfrage nach den Produkten und Dienstleistungen der Konkurrenz. Solange die Monopolmacht nicht beseitigt ist, bleibt das Bild dasselbe. Eine reale und anhaltende Profitsteigerung im Konkurrenzgeschäft läßt sich nicht erreichen. Ein bloß imaginativer Anstieg der Profitaussichten als Resultat politischer Veränderungen würde so letztlich zu einer Enttäuschung der Unternehmer führen, wenn sie feststellen, daß Kostensenkungen und Nachfragesteigerung mit ihrer Erwartung nicht Schritt halten. Ergebnis wäre eine neue Wirtschafts- und damit verbunden eine neue Vertrauenskrise. Mangel an Vertrauen ist also nicht die primäre Ursache eines niedrigen Produktions- und Beschäftigungsstandes. Vielmehr ist fehlendes Vertrauen die Reaktion auf die Hindernisse, die die wirtschaftliche Expansion blockieren, und es wird nur verschwinden, wenn diese Hindernisse, die die wirklichen Ursachen für die niedrige Profitrate im Konkurrenzgeschäft sind, beseitigt werden.

Eine spitzfindigere Argumentation sagt, eine angemessene Investitionsverzinsung sei auf dem Weg von Lohnkürzungen zu erreichen. Die Kürzung von Löhnen senke die Kosten und stelle so die Profite wieder her. Zur Kürzung der Löhne müsse die Regierung ihre arbeiterfreundliche Politik aufgeben. Durch Kürzung oder sogar völlige Einstellung von Unterstützungszahlungen, durch Einsparungen bei Ausgleichszahlungen der Sozialversicherung, durch Auflösung von Gewerkschaften und Aufhebung der gesetzlichen Lohn- und Arbeitszeitregelungen könnten die Arbeiter gezwungen werden, einen Lohnsatz zu akzeptieren, der Profite erlaube, die hoch genug seien, um Vollbeschäftigung zu sichern. Nun sind aber Löhne nicht nur ein Faktor in der Kostenrechnung, sie sind auch eine Quelle der Verbrauchernachfrage. Die Stichhaltigkeit dieser Überlegungen hängt deshalb von der Voraussetzung ab, daß die Kostensenkung, die sich aus solchen Lohnkürzungen ergibt, größer ist als der Rückgang der Nachfrage, denn nur in diesem Falle können die Profite steigen. Wenn eine einzelne Firma oder Industrie ihre Löhne kürzt, profitiert sie von der Kostensenkung, während die Auswirkung auf die Konsumnachfrage unerheblich ist. So verbessert eine Lohnkürzung durch eine einzelne Firma oder einen Industriezweig deren Gewinnsituation tatsächlich, vorausgesetzt allerdings, die Löhne in der übrigen Wirtschaft bleiben dieselben, so daß der Einfluß der Kürzung auf die Nachfrage nur sehr gering ist. Wenn jedoch in der gesamten Wirtschaft Lohnsenkungen vorgenommen werden (und dies verlangt die politische Konzeption), wird die Konsumnachfrage ganz entschieden tangiert, und es steht keineswegs fest, daß die Kostenersparnis auch tatsächlich größer ist als der Nachfragerückgang. Analysieren wir diesen Punkt genauer.

Herrscht Konkurrenz zwischen Produzenten, zieht ein Kostenrückgang bei der Herstellung von Produkten notwendig eine Senkung der Preise nach sich, weil Wettbewerb die Preise tendenziell den Produktionskosten angleicht. Wenn die Leute einen bestimmten Geldbetrag zur Verfügung haben und die Preise von Waren und Dienstleistungen fallen, dann stellen sie fest, daß die Kaufkraft (der reale Wert) ihres Geldes gestiegen ist. Nun will niemand mehr Geld herumliegen lassen als notwendig. Und da die Geldbesitzer (Individuen so gut wie Industrie- und Finanzgesellschaften) zuvor mit dem genau gleichen Geldbetrag zufrieden waren, kommen sie nun zu dem Schluß, daß sie zuviel brachliegendes Geld in Händen haben. Sie versuchen, ihre Ersparnisse dadurch zu verringern, daß sie einen Teil davon ausgeben. Und zwar geben sie es entweder direkt für Waren und Dienstleistungen aus, indem sie ihren Konsum und ihre Investition in Kapitalgüter steigern, womit zugleich auch Produktions- und Beschäftigtenziffern steigen; oder sie kaufen Aktien oder Anleihen und andere festverzinsliche Papiere (z. B. Pfandbriefe). Der Kauf von Aktien steigert deren Kurse und reizt zur Ausgabe neuer Aktien zur Finanzierung neuer Investitionen an. Der Kauf von Anleihen und anderen festverzinslichen Papieren senkt den langfristigen Zinssatz. Ein Sinken der Zinssätze indes regt die Investitionstätigkeit an, weil das Kapital billiger wird. Die Investitionssteigerung wiederum erhöht die Nachfrage nach Arbeitskräften und Kapitalgütern und damit indirekt auch die Nachfrage nach Konsumgütern. Unter den skizzierten Bedingungen führen Lohnkürzungen tatsächlich zur Expansion von Produktion und Beschäftigung. Das heißt, bei ausreichender Kürzung der Löhne läßt sich der Zustand der Vollbeschäftigung wiederherstellen.

Die Frage ist jedoch, wie weit diese Bedingungen in der gegenwärtigen amerikanischen Wirtschaft erfüllt sind. Die erste Bedingung ist freier Wettbewerb in der Produktion, so daß ein Kostenrückgang auch mit einer Preissenkung verbunden ist. Wenn eine Industrie monopolistischer Kontrolle oder einem Kartell unterliegt, muß es nicht zum Preisrückgang kommen. In einem solchen Falle verspüren die Geldbesitzer keinerlei Neigung, mehr für Güter und Dienstleistungen oder für Aktien und Wertpapiere auszugeben. Einen Produktionszuwachs gibt es dann nicht; das einzige Ergebnis sind höhere Profite. Unter solchen Voraussetzungen können die Auswirkungen von Lohnkürzungen sogar unheilvoll sein. Wird der Output nicht erhöht, ist es wenig wahrscheinlich, daß die zusätzlichen Profite investiert werden und so das Sinken der Kaufkraft infolge von Lohnkürzungen aufgefangen wird. Wenn die nichtinvestierten Profite von den Gesellschaften nicht ausgeschüttet werden, entsteht per saldo ein den Lohnkürzungen entsprechender Kaufkraftverlust; Produktions- und Beschäftigungsziffern fallen statt zu steigen. Werden die Profite jedoch an die Aktionäre ausgeschüttet, wird möglicherweise ein Teil davon ausgegeben. Da aber die Neigung, Geld auzugeben, bei Aktionären in der Regel geringer ist als bei Lohnempfängern, ergibt sich per saldo wiederum ein Kaufkraftverlust, dem konsequent der Rückgang der Produktions- und Beschäftigtenziffern folgt. Lohnkürzungen funktionieren also nur, wenn gleichzeitig Monopolrestriktionen in der Produktion fallen.

Aber selbst wenn die Preise von Gütern und Dienstleistungen fallen, kann es geschehen, daß Kürzungen ohne die beabsichtigten Folgen bleiben, d. h. keine Erhöhung der Produktions- und Beschäftigtenziffern eintritt. Möglicherweise veranlassen Preissenkungen viele Geldbesitzer zum Kauf von Aktien statt zu einer direkten Steigerung ihrer Nachfrage nach Gütern und Dienstleistungen. Es steht keineswegs fest, daß das dadurch verursachte Anziehen der Aktienkurse auch zu größerer Investition in Kapitalgütern führt. Wenn Industrie- und Finanzgesellschaften Monopolrestriktionen praktizieren, braucht es keinerlei Investitionszuwachs in realen Kapitalgütern zu geben; die steigenden Aktienkurse führen dann nur zu einem spekulativen Finanzboom. Auch hier hängt der positive Effekt von Lohnkürzungen in Form einer Schaffung zusätzlicher Arbeitsplätze von der Abschaffung der Monopolpraktiken ab. Bleibt zu betrachten die Senkung der Zinssätze infolge eines vermehrten Ankaufs von festverzinslichen Papieren. Eine solche Senkung kann ausbleiben, wenn das Angebot von Anleihen sehr elastisch ist, sie kann aber auch zuwenig substantiell sein, um eine Investitionstätigkeit erheblichen Ausmaßes anzuregen. Ist die Senkung der Zinssätze nicht deutlich spürbar, wird sich auf der Investitionsebene nichts Entscheidendes tun.

Damit ein Preisrückgang tatsächlich zu gesteigerten Ausgaben für Güter und Dienstleistungen, Aktien und Wertpapieren führt, muß die den Geldbesitzern zur Verfügung stehende Geldsumme entweder dieselbe bleiben oder im Verhältnis zum Rückgang der Preise geringfügiger zurückgehen. Geht die Geldsumme im gleichen Verhältnis wie die Preise zurück, bleibt die Kaufkraft des sich in Händen von Einzelpersonen und Institutionen befindlichen Geldes dieselbe, und es besteht kein Anreiz, mehr auszugeben. Genau dies geschieht aber in unserem Währungssystem. Der größte Teil (etwa 80%) unseres Geldangebots besteht in Bankgeld in Form von Depositen. Dieses Angebot ist sehr elastisch und paßt sich der Nachfrage nach Geld ganz leicht an. Wenn die Nachfrage nach Geld sinkt, ist es also wahrscheinlicher, daß die Banken das Kreditangebot beschränken, als daß sie die Zinssätze senken. Wenn Banken und andere Finanzinstitute sich einer Monopolstellung erfreuen, dann ist dies um so wahrscheinlicher. Tatsächlich gingen zwischen 1929 und 1933 die Großhandelspreise um 31 % zurück und die Lebenshaltungskosten um 28 %. In der gleichen Zeit fiel der Gesamtbetrag an Depositen bei allen Banken um 34 %, und das gesamte Geldangebot der Vereinigten Staaten ging um 25 % zurück. Die Auswirkung des Preisrückgangs auf die Kaufkraft des den Geldbesitzern zur Verfügung stehenden Geldes war somit nur geringfügig. Gleichzeitig ging der Gesamtdarlehensbetrag aller Banken um 47 % zurück[13]. Wenn das Geldangebot dermaßen elastisch ist, führen Lohnkürzungen bestenfalls zu einem Rückgang der Preise und des Geldangebots gleichzeitig. Ein Anreiz, mehr auszugeben, besteht nicht. Beschäftigten- und Produktionsziffern erfahren keine Steigerung.

Außerdem läßt sich eine Politik der Lohnkürzungen, die nicht mit der Auflösung der Monopolmacht in Industrie und Finanz einhergeht, kaum mit dem Fortbestand demokratischer Institutionen vereinbaren. Sie impliziert einen Frontalangriff auf die bestehende Arbeitsgesetzgebung und auf die freien Gewerkschaften. Ein solcher Angriff würde unmittelbar auf den Widerstand der organisierten Arbeiterschaft stoßen. Um ihn zu brechen und die Arbeiterschaft zu »disziplinieren«, müßten die meisten demokratischen Rechte und Freiheiten aufgehoben werden. Es ist kein reiner Zufall, daß die Entstehung des Faschismus in Europa in eine Phase der »Politik der Deflation« fiel. Diese Politik versuchte, die Rentabilität des Geschäfts durch Kostensenkung, insbesondere durch Lohnkürzungen wiederherzustellen, während die Macht der Industrie- und Finanzmonopole unangetastet blieb. In Deutschland betrieb man eine solche Politik in den Jahren zwischen 1930 und 1933, sie brachte Hitler an die Macht. Die gleiche Politik ließ 1935 bis 1936 in Frankreich eine faschistische Bewegung gedeihen, die das Land an den Rand des Bürgerkrieges führte. In beiden Fällen ließ der fehlende wirtschaftliche Erfolg dieser Politik sowie die mit ihr aufkommende soziale Unruhe die faschistischen Bewegungen anschwellen. Die Hoffnung, Bedrohung und Terror durch faschistische Kommandos würden die Arbeiterschaft »disziplinieren«, d. h., sie dazu bringen, die Opfer der »Deflationspolitik« hinzunehmen, diese Hoffnung veranlaßte das Großunternehmertum, die Kommandos zu unterstützen, und die Regierung, sie zu dulden.

---

13 Sämtliche Zahlen sind nach Daten des Federal Reserve Board und des Bureau of Labor Statistics errechnet.

Wenn Lohnkürzungen zu wirtschaftlicher Expansion führen sollen, müssen sie einerseits mit einer Politik verbunden sein, die die Beseitigung von Monopolmacht und Monopolpraktiken betreibt, und andererseits mit einer radikalen Reorganisation der Finanzinstitute (auch sie bestünde übrigens vorwiegend in einer Auflösung von Monopolmacht). Aber genau das ist es, was die Fürsprecher von Lohnkürzungen vermeiden möchten. Wenn sie davon reden, die »Flexibilität der Preise« müsse wiederhergestellt werden, dann meinen sie die Flexibilität der Löhne und nicht der Preise, die von monopolistischen Unternehmen verlangt werden. Wird jedoch zur Wiederherstellung der Voraussetzungen für eine Expansion der Wirtschaft ein Frontalangriff auf die Monopole beschlossen, dann ist eine allgemeine Senkung des Lohnniveaus gar nicht notwendig. Die Abschaffung von Monopolschranken gegen vermehrte Produktion steigert das Volkseinkommen und die Nachfrage nach Gütern und Dienstleistungen und stellt damit automatisch die Rentabilität konkurrierender Unternehmen wieder her. Statt zusätzliche Ausgabefreudigkeit und einen Rückgang der Zinssätze durch eine Steigerung der Kaufkraft des vorhandenen Geldbestandes herbeizuführen, läßt sich der gleiche Effekt auch auf direkterem Wege und mit größerer Sicherheit erzielen, wenn man die Industriegesellschaften zu höherer Produktion und die Finanzinstitutionen zur Abwertung »toter« Kapitalstrukturen und zur Senkung der Zinssätze veranlaßt. Eine Politik, die Industrie- und Finanzmonopolen Schach bietet, erreicht dieses Ziel ganz automatisch, ohne die Reibungen und Spannungen zu erzeugen, die pauschale Lohnkürzungen mit sich bringen. Tritt die Politik der Lohnkürzungen ersatzweise an die Stelle der Politik der Auflösung von Monopolen, so ist sie nicht nur ineffektiv, sondern sogar gefährlich; und zur Verstärkung einer solchen Politik ist sie nicht nötig.

Eine dritte politische Konzeption verlangt die Planung von Preisen und Produktion, damit den Unternehmern ein ausreichender Gewinn sicher sei. Diese Planungen sollten, wo immer möglich, Unternehmer selbst durch Handelsvereinigungen, Handelskammern oder Arbeitgeberverbände vornehmen, die eigens zu diesem Zwecke zu schaffen seien. Man bezeichnet dies als »self-government in business« (Selbstverwaltung des Unternehmertums) und lobt es als ein Beispiel demokratischer Verfahrensweise. Wo das Unternehmertum sich als unfähig erweist, Preise und Produktion zu planen, soll die Regierung einspringen und ihm helfen, Programme zur Preiserhaltung und zur Produktionskontrolle zu entwickeln. Den konsequentesten Ausdruck fand diese Politik in den Gesetzesvollmachten der NIRA\*. Sie ist aber auch in einigen der gegenwärtigen New-Deal-Maßnahmen enthalten. Konsequent verfolgt, erfordert sie die Außerkraftsetzung der Anti-Trust-Gesetze (wie in der NRA\*\*-Periode tatsächlich geschehen). Vertreten wird diese Politik mit dem Argument, sie stelle die Rentabilität der Privatwirtschaft wieder her und führe so zu einer Expansion von Produktion und Arbeit.

In seinem zweiten Teil ist dieser Gedankengang jedoch falsch. Die Wiederherstellung der Rentabilität wird hier durch »Kontrolle« von Produktion und Angebot erreicht, was das genaue Gegenteil von Expansion bedeutet. Solche von der Privatwirtschaft ausgeübte Kontrolle ist gleichbedeutend mit der Errichtung von Monopolen in allen Wirtschaftszweigen. »Self-government in business« heißt in der Regel nichts anderes als die Herrschaft der größten Gesellschaften in der Branche. Vom Staat getragene Programme zur Preis- und Produktionskontrolle, wie hier angesprochen, unterstützen die Durchsetzung von Monopolpraktiken und versehen sie mit der Würde staatlicher Autorität. Diese Politik ist sehr treffend als »organisierte Knappheit« bezeichnet worden[14]. Sie endet in der Restriktion von Produktion und Arbeit, ganz bestimmt nicht in ihrer Expansion. Arbeitslosigkeit und Überkapazität werden zum Dauerzustand.

Ohne eine kühne Expansionspolitik wird die amerikanische Wirtschaft automatisch auf eine Kombination aus »self-government in business« und staatlicher Kontrolle zur Aufrechterhaltung von Preisen und Profiten zutreiben, auf eine Planung von »organisierter Knappheit«. Wenn keine wirtschaftliche Expansion durch Beseitigung der Monopole zustande kommt, wird monopolistischer Restriktionismus das gesamte Wirtschaftssystem überziehen. Dem Druck der Monopolmacht auf das freie Konkurrenzgeschäft kann dieses nur durch eigene monopolistische Organisierung entgegentreten. Unabhängige Unternehmer sind gezwungen, Vereinigungen zu bilden, zu versuchen, Programme zur Preiserhaltung und zur Restriktion des Angebots durchzusetzen. Wo konkurrierende Unternehmer sich ihrer großen Zahl wegen nicht zu Monopolen zusammenschließen können, üben sie Druck auf die Regierung aus, um bei der Produktionsrestriktion und der Erhaltung der Preise unterstützt zu werden. Die Situation der amerikanischen Landwirtschaft

---

\* National Industrial Recovery Act (Anm. d. Hrsg.).
\*\* National Recovery Administration (Anm. d. Hrsg.).
14 Harry Gideonse, »Organized Scarcity and Public Policy«, in: *Public Policy Pamphlet,* Nr. 30.

ist dafür ein verblüffendes Beispiel. Unfähig, dem Druck von Industrie- und Finanzmonopolen durch eigene Organisation zu begegnen, ruft man nach der Regierung, damit sie mit entsprechenden Programmen die Preise erhalte und Ertragsbeschränkungen durchsetze. Auch die Gewerkschaften, um die Sicherheit der Arbeitsplätze und den Lebensstandard ihrer Mitglieder besorgt, werden zu Monopolpraktiken getrieben. Sie restringieren das Arbeitskräfteangebot in gewissen Berufen, indem sie ihre Mitgliederzahlen begrenzen und Regelungen durchsetzen, die die Effizienz der Arbeit in der Produktion behindern. Dies beeinträchtigt die Arbeiter, die nicht der Gewerkschaft angehören oder anderen Berufen nachgehen. Sinkendes Volkseinkommen, Arbeitslosigkeit und Unsicherheit infolge von Monopolrestriktionen, die jede Expansion blockieren, ziehen Monopolpraktiken in allen anderen Bereichen nach sich.

Der Kampf um den Anteil an einem stagnierenden und restriktiven Markt gibt rassischer, religiöser und sozialer Diskriminierung Auftrieb, einer Diskriminierung, die darauf abzielt, die Sicherheit der eigenen Gruppe durch Fernhalten von »outsidern« zu bewahren. Der freie Markt zerfällt und verkommt zur »organisierten Knappheit« eines allgegenwärtigen Monopols. Zur Durchsetzung und Aufrechterhaltung von »organisierter Knappheit« wird die Regierung um Intervention angegangen; sie soll verschiedenen Gruppen das Recht garantieren, Produktion und Preise zu bestimmen, und ihre Gesetzesmacht gegen jene Gruppenmitglieder einsetzen, die das System mittels Wettbewerb aus dem Gleichgewicht zu bringen drohen. Diese Entwicklung läuft letztlich auf einen organisierten und staatlich geförderten Monopolkapitalismus hinaus, eine Art von Finanz- und Industriefeudalismus, in dem der Staat Monopolprivilegien und -profite garantiert.

Im Unterschied zu echten Konkurrenzverhältnissen hört in einem solchen System der Unternehmerprofit auf, Entgelt zu sein für die Bereitschaft, Risiko zu tragen, und für den wirksamen und raschen Einsatz kostensparender Mittel. Er wird zum reinen Privileg, aus der Konzentration von wirtschaftlicher Macht erwachsend und vom Staate garantiert. Unsere Wirtschaft würde sich in einen Finanz- und Industriefeudalismus verwandeln, d. h. in ein System von exakt definierten Branchen- und Gruppenprivilegien und mit einer sozialen Schichtung, so rigide wie im Mittelalter. Der Fortschritt würde in einer solchen Gesellschaft seinen Beweggrund verlieren. Zudem würde der gesamte kulturelle und politische Überbau des Feudalismus wieder aufleben: Diskriminierungen aller Art, Intoleranz, Fanatismus, Engstirnigkeit unter dem gemeinsamen Regiment von Staatsbürokraten und Finanz- und Industriemagnaten.

Dieses Gesellschaftssystem wäre unfähig, dem Druck totalitärer Kräfte auf Amerika Widerstand zu leisten. Sich stützend auf eine Hierarchie »organisierter Knappheit« aller Art, wäre es nicht in der Lage, die Mittel zu einer wirksamen nationalen Verteidigung aufzubringen. Die Anfänge einer solchen Gesellschaftsform kündigen sich im heutigen England deutlich an. Auf der Basis eines staatlich geförderten Monopolkapitalismus sind Englands Industrie und Finanzen straff organisiert. Monopolistische Preis- und Produktionskontrollen sind vom Parlament zum Gesetz erhoben und werden von einer Regierung durchgesetzt, in der Industrie- und Finanzmagnaten gemeinsam mit Politikern sitzen. Dieser monopolistische Restriktionismus in Verbindung mit der Furcht vor den demokratischen Kräften im Lande verhinderte eine wirksame nationale Verteidigung und brachte England in seine gegenwärtige Notlage. Das gleiche würde unter ähnlichen Umständen unweigerlich auch hier passieren. Um das Hindernis der »organisierten Knappheit« zu überwinden, müßte das amerikanische Volk aufwachen und erkennen, daß es die Monopolherrschaft brechen muß, indem es von seinen demokratischen Rechten und Einflußmöglichkeiten Gebrauch macht, oder es wird sich einer totalitären Diktatur beugen.

# Zur ökonomischen Theorie des Sozialismus[*]

*Vorwort zur polnischen Ausgabe*

Die vorliegende Arbeit wurde im Frühling 1936 geschrieben. Zunächst erschien sie in der Form zweier Artikel, abgedruckt in *Review of Economic Studies*, danach mit eingreifenden Änderungen 1938 in Buchform in der University of Minnesota Press.

Seit damals hat die Wirtschaftswissenschaft beträchtliche Fortschritte gemacht. Der Zweite Weltkrieg und die Wandlungen in der Wirtschaftsstruktur, die in der Nachkriegsperiode in vielen Ländern erfolgten, lieferten neues empirisches Material, das wissenschaftliche Verarbeitung erforderte. Darum wäre diese Arbeit anders ausgefallen, wäre sie jetzt geschrieben worden. Das betrifft vor allem Kapitel 6, über die Politik der Übergangsperiode, und den *Nachtrag*, dessen Thema durch neu herausgebrachte Literatur bereichert wurde. Auch der rein theoretische Teil des Buchs würde einer Revision unterzogen werden. Die Veränderungen würden auf der Erweiterung dieser Teile durch die Analyse der Dynamik jener Faktoren beruhen, die das Nationaleinkommen bestimmen. Diese Dynamik des Nationaleinkommens zu gestalten ist die Hauptaufgabe der Planung in der sozialistischen Wirtschaft. In diesem Rahmen müssen die weiteren Probleme der Wirtschaftsrechnung behandelt werden, von denen in der vorliegenden Arbeit die Rede ist.

Ursprünglich hatte ich vor, eine neue Version dieser Arbeit für eine weitere Ausgabe abzufassen, in der die Ergebnisse der jüngsten Fortschritte in der Wirtschaftstheorie und historische Erfahrungen verwertet worden wären. Diesen Gedanken verwarf ich aber und beschloß, das Problem in einem eigenen Kapitel im Abriß der Wirtschaftstheorie, an dem ich zu arbeiten begann, zu behandeln. Diese Arbeit mußte ich jedoch unterbrechen, da mich Funktionen im öffentlichen Leben, die ich nach der Befreiung unseres Landes übernommen hatte,

[*] Ursprünglich erschienen in *Review of Economic Studies*, Bd. IV, Nr. 1 und 2 (Oktober 1936 / Februar 1937). Veränderter Nachdruck in: Oskar Lange / F. M. Taylor, *On the Economic Theory of Socialism*, Minneapolis 1938, S. 57-143. Aus dem Englischen übersetzt von Günter Seib. Das Vorwort zur polnischen Ausgabe von 1947 wurde von Edda Werfel aus dem Polnischen übersetzt.

in Anspruch nahmen. In dieser Situation lege ich die Arbeit unverändert in die Hände des polnischen Lesers. Ich denke, daß sie eine gewisse Lücke in unserer wissenschaftlichen Literatur schließen und gleichzeitig als Orientierungsmittel – wie unvollkommen es auch sein mag – jenen dienen wird, die sich mit der Praxis der Wirtschaftsplanung befassen. Vielleicht wird sie auch zu weiteren wissenschaftlichen Untersuchungen anregen, die unter den heutigen Bedingungen der Planwirtschaft große praktische Bedeutung gewinnen.

Der zentralen Planungsbehörde statte ich meinen Dank dafür ab, daß sie für die Übersetzung und Herausgabe meiner Arbeit sorgte.

## I. *Der gegenwärtige Stand der Diskussion*

Die Sozialisten haben gewiß guten Grund, Professor Mises, dem großen *advocatus diaboli* ihrer Sache, dankbar zu sein. Dadurch, daß er ihnen so entschlossen den Fehdehandschuh hinwarf, wurden die Sozialisten nämlich erst gezwungen, die Bedeutung anzuerkennen, die ein adäquates System der Wirtschaftsrechnung für die richtige Verteilung der Ressourcen in einer sozialistischen Volkswirtschaft hat. Ja mehr noch, viele Sozialisten wurden sich erst infolge der Herausforderung durch Professor Mises bewußt, daß es überhaupt ein derartiges Problem gibt. Zwar hat er es nicht als erster aufgeworfen, und es war auch nicht allen Sozialisten so völlig unbekannt, wie dies häufig behauptet wird; doch trifft es nichtsdestoweniger zu, daß insbesondere auf dem europäischen Festland (mit Ausnahme Italiens) das Verdienst dafür, daß die Sozialisten veranlaßt wurden, dieses Problem systematisch anzugehen, gänzlich Professor Mises zukommt. Sowohl zum Ausdruck der Anerkennung für den großen Dienst, den er geleistet hat, als auch als Mahnung daran, wie wichtig eine saubere Wirtschaftsrechnung ist, müßte einer Statue von Professor Mises in der Vorhalle des Ministeriums für Sozialisierung oder der Zentralen Planungskommission des sozialistischen Staats ein Ehrenplatz eingeräumt werden. Ich fürchte jedoch, daß er kaum seine Freude daran hätte, obwohl dies die einzig angemessene Art und Weise zu sein scheint, wie ihm die Sozialisten den Dank für das abstatten können, was sie ihm verdanken. Und er ist auch kaum dafür zu tadeln. Erstens müßte er vielleicht seinen Standort mit den großen Führern der sozialistischen Bewegung teilen, und in dieser Gesellschaft wäre ihm vielleicht nicht wohl. Und außerdem könnte, um das Maß vollzumachen, ein sozialistischer Lehrer seine Studenten in der Vorlesung über dialektischen Materialismus auffordern, hinzugehen und die Statue anzusehen, damit sie sich am konkreten Beispiel die Hegelsche *List der Vernunft* vor Augen führen könnten, die dafür sorgte, daß auch der unerschütterlichste der bürgerliche Wirtschaftstheoretiker unwissentlich der Sache des Proletariats diente.

Da die saubere und klare Formulierung eines Problems zweifellos ein größerer Beitrag zur Wissenschaft ist, werden sich die Wirtschaftstheoretiker den Sozialisten anschließen und Professor Mises' Arbeiten über die Wirtschaftsrechnung in einer sozialistischen Volkswirtschaft ebenfalls ihre Anerkennung zollen müssen. Wie Professor Hayek schrieb, »gebührt Professor Mises das Verdienst, als erster das Zentralproblem sozialistischer Volkswirtschaften so formuliert zu haben, daß es unmöglich je wieder aus der Diskussion verschwinden konnte«[1].

Unglückseligerweise hat Professor Mises nicht nur das Problem formuliert, sondern auch behauptet, daß er nachgewiesen habe, daß in einer sozialistischen Gesellschaft eine Wirtschaftsrechnung nicht aufgestellt werden kann[*]. Der Volkswirtschaftler wird diese Behauptung kaum akzeptieren können. Vom Standpunkt des Volkswirtschaftlers aus hätte Mises besser daran getan, sich wie Pierson auf die Formulierung des Problems zu beschränken; obwohl er in diesem Falle wahrscheinlich die große Anerkennung der Sozialisten nicht verdient hätte. Denn gerade die Tatsache, daß Professor Mises die Möglichkeit der Wirtschaftsrechnung unter dem Sozialismus leugnete, gab seiner Herausforderung eine derartige Durchschlagskraft. Daher dürften der Sozialist und der Volkswirtschaftler die Leistung von Professor Mises unterschiedlich beurteilen – ein merkwürdiges Beispiel für ihre Meinungsverschiedenheit, die nach Meinung von Professor Mises stets die Regel sein wird.

Eine Lösung des Problems, die sich von der von Professor Mises vertretenen unterscheidet, wurde von Pareto bereits 1897[2] vorgeschlagen und später von Barone[3] weiter ausgeführt. Die weitere Diskussion des Problems ist mit einer Ausnahme, die weiter unten noch erwähnt

---

1 F. A. von Hayek, »The Nature and History of the Problem«, Einleitung zu *Collectivist Economic Planning*, London 1935, S. 32. Vgl. auch Ludwig Mises, *Die Gemeinwirtschaft*, Jena 1922.
* *Anm. des Übers.:* Die Stelle bei Mises lautet: »Die Theorie der Wirtschaftsrechnung zeigt, daß im sozialistischen Gemeinwesen Wirtschaftsrechnung nicht möglich ist.« Mises, a.a.O., S. 119.
2 Vilfredo Pareto, *Cours d'économie politique*, Lausanne 1897, Bd. II, S. 364 ff. Vgl. auch sein *Manuel d'économie politique*, Paris 1910, S. 362 ff.
3 Enrico Barone, »Il ministerio della produzione nello stato collettivista«, in: *Giornale degli Economisti*, 1908. Dieser Aufsatz wurde auch in Englisch unter dem Titel »The Ministry of Production in the Collectivist State« als Anhang zu dem Band *Collectivist Economic Planning*, Hrsg. Hayek abgedruckt.

werden wird, kaum über das hinausgegangen, was in Barones Aufsatz bereits enthalten war.

Professor Mises' Behauptung, daß eine sozialistische Volkswirtschaft das Problem der rationalen Verteilung ihrer Ressourcen nicht lösen kann, beruht auf einer Verwechslung in bezug auf die Natur der Preise. Wie Wicksteed bemerkte, hat der Terminus »Preis« zwei Bedeutungen. Er kann entweder den Preis im gewöhnlichen Sinne bedeuten, das heißt das Tauschverhältnis zweier Waren auf einem Markt, oder er kann die umfassendere Bedeutung von »Bedingungen (haben), zu denen Alternativen angeboten werden«. Wicksteed schreibt: »Der ›Preis‹ im engeren Sinne als ›das Geld, für das eine materielle Sache, eine Dienstleistung oder ein Privileg erworben werden kann‹, ist also lediglich ein Sonderfall des ›Preises‹ in der weiteren Bedeutung von: ›die Bedingungen, unter denen uns Alternativen angeboten werden‹.«[4] Für die Lösung des Problems der Verteilung der Ressourcen sind nur die Preise in diesem allgemeineren Sinne nötig. Das volkswirtschaftliche Problem ist ein Problem der *Wahl* zwischen Alternativen. Zu seiner Lösung sind drei Daten erforderlich: 1. eine Präferenzskala, die zur Anleitung der Einzelentscheidungen dient; 2. die Kenntnis der »Bedingungen, zu denen Alternativen angeboten werden«; und 3. die Kenntnis der Menge der verfügbaren Ressourcen. Wenn diese drei Daten gegeben sind, ist das Entscheidungsproblem lösbar.

Nun liegt es auf der Hand, daß eine sozialistische Volkswirtschaft die Daten unter 1. und unter 3. als gegeben betrachten kann, zumindestens im gleichen Umfang, wie sie in einer kapitalistischen Volkswirtschaft gegeben sind. Die Daten unter 1. können entweder durch die Nachfragekurven der Wirtschaftssubjekte gegeben sein oder nach dem Urteil der Behörden aufgestellt werden, die die Volkswirtschaft verwalten. Es bleibt die Frage, ob die Daten unter 2. den Verwaltern einer sozialistischen Volkswirtschaft zugänglich sind. Professor Mises bestritt dies. Jedoch gelangen wir nach einem sorgfältigen Studium der Preistheorie und der Produktionstheorie zu der Überzeugung, daß unter der Voraussetzung, daß die Daten unter 1. und unter 3. gegeben sind, die »Bedingungen, zu denen Alternativen angeboten werden« letztlich dadurch bestimmt werden, welche technischen Möglichkeiten es gibt, eine Ware in eine andere zu verwandeln, das heißt durch die Produktionsfunktionen. Die Verwalter einer sozialistischen Volkswirtschaft dürften

---

4 P. H. Wicksteed, *The Common Sense of Political Economy*, London ²1933, S. 28. In ähnlicher Weise hat Schumpeter erklärt, daß der Ausdruck »Tauschrate« in weiterem Sinne dazu benutzt werden kann, die verfügbaren Alternativen zu bezeichnen, so daß die Produktion als »Tausch« *sui generis* betrachtet werden kann. Joseph Schumpeter, *Das Wesen und der Hauptinhalt der theoretischen Nationalökonomie*, Leipzig 1908, S. 50 ff.

genau über dieselbe Kenntnis oder Unkenntnis der Produktionsfunktionen verfügen wie die kapitalistischen Unternehmer. Professor Mises scheint jedoch Preise im engeren Sinne, das heißt die Tauschverhältnisse von Waren auf dem Markt, mit Preisen im weiteren Sinne von »Bedingungen, zu denen Alternativen angeboten werden« verwechselt zu haben. Da es infolge des Gemeineigentums an den Produktionsmitteln in einer sozialistischen Volkswirtschaft keinen Markt gibt, auf dem Investitionsgüter tatsächlich getauscht werden, gibt es offensichtlich keine Preise von Investitionsgütern im Sinne von Tauschverhältnissen auf einem Markt. Und infolgedessen ist, wie Professor Mises argumentiert, im Bereich der Investitionsgüter keine »Skala von Alternativen« verfügbar. Diese Schlußfolgerung beruht jedoch auf einer Verwechslung von »Preis« im engeren Sinne mit »Preis« im weiteren Sinne einer Skala von Alternativen. Nur in diesem letzteren Sinne sind »Preise« unabdingbar für die Verteilung von Ressourcen, und soweit es technisch möglich ist, eine Ware in eine andere zu verwandeln, sind sie auch in einer sozialistischen Volkswirtschaft gegeben.

Professor Mises behauptet, daß das Privateigentum an den Produktionsmitteln für eine rationale Allokation der Ressourcen unerläßlich sei. Da ihm zufolge ohne Privateigentum an den Produktionsmitteln keine determinierte Skala von Alternativen vorhanden ist (zumindest nicht im Bereich der Investitionsgüter), sind die ökonomischen Prinzipien der Auswahl zwischen verschiedenen Alternativen nur auf eine besondere institutionelle Struktur anwendbar, das heißt auf eine Gesellschaft, die das private Eigentum an den Produktionsmitteln anerkennt. In der Tat ist von Marx[5] und von der historischen Schule (soweit letztere überhaupt öknomische Gesetze anerkannte) behauptet worden, daß alle ökonomischen Gesetze ihre Gültigkeit nur historisch relativiert haben. Äußerst überraschend ist es jedoch, unter den Anhängern dieser institutionalistischen Betrachtungsweise einen Vertreter der österreichischen Schule[6] zu finden, die so große Anstrengungen unternahm, die Allgemeingültigkeit der grundlegenden Prinzipien der Volkswirtschaftstheorie ins rechte Licht zu rücken.

---

5 In bezug auf Marx erfordert diese Aussage gewisse Einschränkungen. Vgl. Anhang.
6 Ich bin mir natürlich vollkommen darüber klar, daß Professor Mises sich selbst nicht als Institutionalist betrachtet und er die Allgemeingültigkeit der ökonomischen Theorie ausdrücklich erklärt hat (vgl. *Grundprobleme der Nationalökonomie*, Jena 1933, S. 27 f.). Es gibt jedoch einen erstaunlichen Widerspruch zwischen dieser Aussage und seiner Behauptung, daß das Privateigentum an den Produktionsmitteln für eine rationale Allokation der Ressourcen unerläßlich ist. Denn wenn diese Behauptung zutrifft, ist die Volkswirtschaftslehre als eine Theorie der Ressourcenverteilung nur auf eine Gesellschaft mit Privateigentum an den Produktionsmitteln anwendbar. Die Schlußfolgerungen, die sich aus der Ablehnung der Möglichkeit einer rationalen Entscheidung in einer sozialistischen Volkswirtschaft ergeben, sind eindeutig institutionalistischer Art.

Die Behautpung von Professor Mises, daß die Wirtschaftsrechnung in einem sozialistischen Wirtschaftssystem unmöglich sei, ist daher abzulehnen. In verfeinerter Form ist seine Argumentation jedoch vor kurzem von Professor Hayek und Professor Robbins wieder aufgenommen worden. Sie bestreiten nicht die *theoretische* Möglichkeit einer rationalen Verteilung der Ressourcen in einer sozialistischen Volkswirtschaft; sie bezweifeln nur, daß es möglich ist, eine zufriedenstellende *praktische* Lösung des Problems zu finden. Bei seiner Erörterung der von Barone, Dickinson und anderen angebotenen Lösung schreibt Professor Hayek, daß »zugegeben werden muß, daß dies keine Unmöglichkeit in dem Sinne ist, daß es ein logischer Widerspruch wäre«[7]. Er bestreitet jedoch, daß das Problem in einer Gesellschaft ohne Privateigentum an den Produktionsmitteln praktisch gelöst werden kann[8].

Die Streitfrage ist von Professor Robbins recht deutlich formuliert worden. »Auf dem Papier«, schreibt er, »können wir dieses Problem so auffassen, daß es durch eine Reihe mathematischer Berechnungen gelöst werden kann ... In der Praxis jedoch ist die Lösung völlig undurchführbar. Sie würde die Aufstellung von Millionen von Gleichungen auf der Grundlage von Millionen statistischer Daten erfordern, die wiederum auf noch viel mehr Millionen von Einzelberechnungen fußen. Bis diese Gleichungen gelöst wären, wären die Informationen, auf denen sie beruhen, veraltet, und sie müßten erneut berechnet werden. Die Hypothese, daß eine praktische Lösung des Problems der Planung auf der Grundlage der Gleichungen Paretos möglich ist, ist lediglich ein Hinweis darauf, daß diejenigen, die sie aufstellten, nicht begriffen haben, was mit diesen Gleichungen gemeint ist.«[9]

Auf diese Weise haben Professor Hayek und Professor Robbins den entscheidenden Punkt der Position von Professor Mises aufgegeben und sich auf eine zweite Verteidigungslinie zurückgezogen. Im Prinzip, so räumen sie ein, ist das Problem lösbar, doch muß bezweifelt werden, ob es in einer sozialistischen Gemeinschaft durch die einfache Methode von *Versuch und Irrtum* wie in der kapitalistischen Volkswirtschaft gelöst werden kann. Die Bedeutung des Privateigentums an den Produktionsmitteln und eines tatsächlich vorhandenen Markts für Investitionsgüter hat sich verschoben. Theoretisch wird eingeräumt, daß Preise im allgemeinen Sinne von »Bedingungen, zu denen Alternativen angeboten werden« auch gegeben sind, ohne daß ein echter Markt vorhanden ist. Die Funktion des Markts ist diesen Autoren zufolge eine

7 »The Present State of the Debate«, in: *Collectivist Economic Planning*, a.a.O., S. 207.
8 A.a.O., S. 208 ff.
9 L. C. Robbins, *The Great Depression*, London 1934, S. 151.

andere, nämlich die, eine Methode anzubieten, nach der die Ressourcen durch Versuch und Irrtum verteilt werden können. Und eben diese Funktion wäre in einer sozialistischen Volkswirtschaft nicht gegeben.

Die Position, die Professor Hayek und Professor Robbins einnehmen, ist ein bedeutender Fortschritt in der Diskussion des Problems. Sie verspricht einen fruchtbareren Ansatz als die Position von Professor Mises, der die Möglichkeit der Wirtschaftsrechnung unter dem Sozialismus in Bausch und Bogen ablehnte. Ob sie dadurch, daß sie diesen Schritt getan haben, auch ein Ehrenstandbild oder zumindestens eine Erinnerungsplakette im Gebäude des Ministeriums für Sozialisierung oder der Zentralen Planungskommission verdienen, steht noch dahin. Nach der Bedeutung, die das Problem hat, ist es durchaus möglich.

Barone hat bereits darauf hingewiesen, daß die Gleichungen des ökonomischen Gleichgewichts auch in einer sozialistischen Gesellschaft nach Versuch und Irrtum gelöst werden müssen[10]. Er hielt eine derartige Lösung für möglich, gab jedoch keinen Hinweis darauf, wie sie seiner Meinung nach erreicht werden sollte. Doch ist die Art und Weise, wie eine sozialistische Volkswirtschaft das Problem nach einer Methode von Versuch und Irrtum lösen könnte, recht eindeutig durch Fred. M. Taylor in einem 1929 veröffentlichten Aufsatz beschrieben worden[11]. Dieser Aufsatz gibt im wesentlichen die Antwort auf Professor Hayeks und Professor Robbins Argumentation und stellt den ersten Beitrag dar, der wirklich darüber hinausgeht, was in Barones Aufsatz enthalten ist. Die große Bedeutung der Argumentation von Hayek und Robbins erfordert jedoch, daß das Problem mehr im einzelnen untersucht wird. Zweck dieses Aufsatzes ist es daher, die Art und Weise klarzustellen, wie die Verteilung von Ressourcen durch Versuch und Irrtum bei Marktkonkurrenz vorgenommen wird, und festzustellen, ob auch in einer sozialistischen Volkswirtschaft ein ähnliches Verfahren von Versuch und Irrtum möglich ist.

## II. Die Bestimmung des Gleichgewichts bei Marktkonkurrenz

Sehen wir uns einmal an, wie sich das ökonomische Gleichgewicht bei Marktkonkurrenz durch Versuch und Irrtum einstellt. Unter Marktkonkurrenz verstehen wir einen Markt, auf dem 1. die Zahl der Wirt-

---

10 Vgl. »The Ministry of Production in the Collectivist State«, in: *Collectivist Economic Planning*, a.a.O., S. 286–289.
11 »The Guidance of Production in a Socialist State«, in: *American Economic Review*, März 1929.

schaftsubjekte so groß ist, daß keines die Preise durch Veränderung seines Angebots oder seiner Nachfrage merklich beeinflussen kann und jedes Wirtschaftssubjekt daher die Preise als verhaltensunabhängige, konstante Parameter betrachten muß; und bei dem 2. die Verteilung der Faktoren Kapital und Arbeit keinerlei Beschränkungen unterliegt.

Das Gleichgewicht hat zwei Bedingungen: (A) alle an der Volkswirtschaft beteiligten Wirtschaftssubjekte müssen ihren maximalen Ertrag oder Nutzen aufgrund bestehender Gleichgewichtspreise erreichen; und (B) die Gleichgewichtspreise richten sich nach der Bedingung, daß die Nachfrage nach jeder Ware gleich ihrem Angebot ist. Die erste Bedingung wollen wir als *subjektive,* die zweite als *objektive* bezeichnen. Diese zwei Bedingungen bestimmen jedoch nur dann das Gleichgewicht, wenn eine dritte Bedingung hinzukommt, die Ausdruck *der gesellschaftlichen Organisation des Wirtschaftssystems* ist. In unserem Falle lautet die Bedingung wie folgt: (C) die Einkommen der Konsumenten sind gleich ihren Erträgen aus dem Verkauf des Einsatzes der Produktionsmittel, über die sie verfügen, zusätzlich des Unternehmergewinns (der im Gleichgewicht gleich null ist)[12]. Diese Bedingung ist keine Gleichgewichtsbedingung im strengen Sinne, da sie unabhängig davon gilt, ob sich die Volkswirtschaft im Gleichgewicht befindet oder nicht[13]. Dennoch ist es erforderlich, das Gleichgewicht als bestimmt anzunehmen. Wir wollen nun die drei Bedingungen A, B und C untersuchen, wobei A und B die Gleichgewichtsbedingungen im strengen Sinne sind.

A. Die subjektive Bedingung des Gleichgewichts wird von den Wirtschaftssubjekten erfüllt[14], die ihren Nutzen, ihren Gewinn oder ihr Einkommen aus dem Eigentum an Produktionsmitteln maximieren.

1. Die Konsumenten maximieren den Gesamtnutzen, den sie aus ihrem Einkommen ziehen können, indem sie es so ausgeben, daß der Grenznutzen der für eine (in Geld ausgedrückte) Einkommenseinheit erhältlichen Menge für alle Waren gleich ist. Da ihre Einkommen und die Preise gegeben sind (letztere sind zur Bestimmung der für eine Einkommenseinheit erhältlichen Menge einer Ware erforderlich), ist die Nachfrage nach Konsumgütern bestimmt.

2. Die Produzenten maximieren ihren Gewinn. Der Prozeß der Gewinnmaximierung setzt sich aus zwei Elementen zusammen: (a) der Bestimmung der optimalen Faktorkombination und (b) der Bestim-

---

12 Diejenigen Gewinne, die im Gleichgewichtszustand nicht verschwinden, weil die unternehmerischen Fähigkeiten ein knapper Produktionsfaktor sind, können hilfsweise als Erträge aus dem Verkauf von Produktionsmitteln (das heißt unternehmerischen Fähigkeiten) betrachtet werden.

13 Um es mathematisch auszudrücken: Diese Bedingung ist eine Identität und keine Gleichung.

14 Der Ausdruck »Wirtschaftssubjekt« enthält hier auch kollektive Einheiten (das heißt Familienhaushalte und Aktiengesellschaften).

mung des optimalen Outputs. Das erste wird dadurch erfüllt, daß die Produktionsfaktoren in einem Verhältnis kombiniert werden, bei dem die Grenzproduktivität jeder für eine Geldeinheit erhältlichen Faktormenge gleich ist[15]. Da die Faktorpreise gegeben sind, womit es möglich ist, die für eine Geldeinheit erhältliche Menge jedes Faktors zu bestimmen, bestimmt diese Bedingung die Minimalkostenkurve der Produzenten. Da diese Kurve gegeben ist, wird die optimale Höhe des Outputs dann erreicht, wenn die Grenzkosten gleich dem Preis des Produkts sind (der auf dem Markt gegeben ist). Daher ist der Output des einzelnen Produzenten und seine Nachfrage nach Produktionsfaktoren bestimmt. Diese Bestimmtheit beruht ausschließlich auf dem ersten Merkmal der Marktkonkurrenz, nämlich dem, daß die Produktpreise und die Faktorpreise (wegen der großen Anzahl konkurrierender Produzenten) unabhängig von der Höhe des Outputs und der vom Produzenten gewählten Faktorkombination sind. Die Bestimmung des Gesamtoutputs einer Industrie beruht auf dem anderen Merkmal der Marktkonkurrenz, das heißt der freien Verteilung der Faktoren Kapital und Arbeit. Dies gestaltet den Gesamtoutput einer Industrie so, daß der Preis des Produkts gleich den durchschnittlichen Produktionskosten[16] ist. Da der Output und die Nachfrage nach Produktionsfaktoren bei jedem Produzenten und der Gesamtoutput einer Industrie gegeben sind, ist auch ihre Gesamtnachfrage nach Produktionsfaktoren bestimmt. Da somit die Produktpreise und die Faktorpreise gegeben sind, ist das Angebot an Produkten und die Nachfrage nach Produktionsfaktoren bestimmt.

3. Die Eigentümer der wichtigsten Produktionsfaktoren (Arbeit, Kapital und Rohstoffe) maximieren ihr Einkommen, indem sie den Einsatz dieser Faktoren an den Meistbietenden verkaufen. Da die

---

15 Diese Aussage muß korrigiert werden, wenn limitationale Faktoren in der Produktion verwendet werden. Es gibt zwei Arten von limitationalen Faktoren, je nachdem, ob sich die Menge des limitationalen Faktors, die in der Produktion verwendet werden muß, nach der Menge des Produkts richtet, die wir erhalten wollen, oder nach der Menge eines anderen verwendeten Faktors. Wenn limitationale Faktoren der ersten Art verwendet werden, gilt die Aussage im Text für die substitutionalen Faktoren, wobei die erforderliche Menge limitationaler Faktoren durch den gewählten Umfang des Outputs bestimmt wird. Wenn limitationale Faktoren der zweiten Art verwendet werden, muß die Grenzproduktivität der substitutionalen Faktoren proportional ihrem Preis *plus* dem Grenzaufwand für diejenigen limitationalen Faktoren sein, die sich nach dem jeweiligen substitutionalen Faktor richten; die Menge der erforderlichen limitationalen Faktoren wird dann durch die Menge der verwendeten substitutionalen Faktoren bestimmt. Was die limitationalen Faktoren der ersten Art angeht, vgl. N. Georgescu-Roegen, »Fixed Coefficient of Production and the Marginal Productivity Theory«, in: *Review of Economic Studies,* Bd. III., Nr. 1, Okt. 1935, S. 40-49. Dr. Tord Palander hat mich darauf aufmerksam gemacht, daß es auch die zweite Art limitationaler Faktoren gibt.

16 In diesem ganzen Aufsatz bedeuten Durchschnittskosten die Durchschnittskosten pro Produktionseinheit.

Preise für den Einsatz dieser Faktoren gegeben sind, ist ihre Verteilung auf die verschiedenen Industrien bestimmt[17].

B. Die subjektive Bedingung des Gleichgewichts kann nur aufgrund *gegebener* Preisgefüge und Konsumenteinkommen erfüllt werden. Die Preise werden von den Wirtschaftssubjekten als verhaltensunabhängige Konstanten betrachtet. Für jedes Preisgefüge und Gefüge von Konsumenteneinkommen erhalten wir andere Mengen angebotener und nachgefragter Waren. Die Bedingung C besagt, daß die Einkommen der Konsumenten gleich ihren Einkommen aus dem Verkauf des Einsatzes der wichtigsten Produktionsfaktoren zusätzlich des Unternehmergewinns sind. Kraft dieser Bedingung werden die Einkommen der Konsumenten von den Preisen des Einsatzes der wichtigsten Produktionsfaktoren und von den Profiten bestimmt, so daß schließlich nur die Preise als die Variablen übrigbleiben, die Nachfrage und Angebot von Gütern bestimmen. Indem wir verschiedene Preisgefüge annehmen, gelangen wir zu den Angebots- und Nachfragekurven. Nun dient die objektive Gleichgewichtsbedingung zur Auswahl eines bestimmten Preisgefüges als des einzigen, das gewährleistet, daß alle an der Volkswirtschaft beteiligten Wirtschaftssubjekte ihr Maximum erreichen können. Diese Bedingung besagt, daß bei jedem Gut Angebot und Nachfrage gleich sein müssen. Erfüllt wird diese Bedingung von den Gleichgewichtspreisen. Wenn die Angebots- und Nachfragekurven durchweg monotone Funktionen sind, gibt es nur ein einziges Preisgefüge, das der objektiven Gleichgewichtsbedingung Genüge tut; ansonsten sind auch Mehrfachlösungen möglich, doch stellen einige der so erzielten Preisgefüge labile Gleichgewichtssituationen dar[18].

---

17 Zur Vereinfachung der Darlegung vernachlässigen wir die Tatsache, daß die Menge der verfügbaren Mittel nicht konstant sein, sondern von ihrem Preis abhängen kann. Auf diese Weise kann das Gesamtangebot von Arbeitskräften sich nach der Lohnrate richten. Was das Kapital angeht, kann seine Menge kurzfristig als konstant betrachtet werden, während langfristig die Sparrate sicher von Einfluß auf das Sparen ist. Im langfristigen Gleichgewicht wird die Kapitalmenge durch die Bedingung bestimmt, daß die Rate ihrer netto Grenzproduktivität gleich der Zinsrate und der Zeitpräferenz der Wirtschaftssubjekte ist (die null sein kann und es vielleicht auch ist). Vgl. die Aufsätze des Verfassers »The Place of Interest in the Theory of Production«, in: *Review of Economic Studies,* Juni 1936, S. 159-92, und »Professor Knight's Note and Interest Theory«, in *Review of Economic Studies,* Juni 1937; ebenso F. H. Knight, »Professor Fisher's Interest Theory«, in: *Journal of Political Economy,* 39, April 1931, S. 197 ff.; und Hayek, »Utility Analysis and Interest«, in: *Economic Journal,* März 1936, S. 58 ff.

18 Wenn die Kurven von Angebot und Nachfrage keine monotonen Funktionen sind, muß erstere einen fallenden und letztere einen steigenden Zweig haben. Nachfrage kann im Fall konkurrierender Waren eine zunehmende Funktion des Preises sein, und wie Walras gezeigt hat, kann das Angebot eine abnehmende Funktion des Preises sein, wenn die jeweilige Ware für den Verkäufer einen persönlichen Nutzen hat. Wenn entweder die Nachfrage eine zunehmende oder das Angebot eine abnehmende Funktion des Preises ist, können sich selbst dann Mehrfachlösungen ergeben, wenn diese Funktionen monoton sind. Hierbei handelt es sich jedoch um Ausnahmefälle.

So sieht die Lösung des Gleichgewichtsproblems bei Marktkonkurrenz aus. Nun wollen wir uns ansehen, wie das Problem tatsächlich durch *Versuch und Irrtum* gelöst wird. Die Lösung nach Versuch und Irrtum beruht auf der sogenannten *Parameterfunktion der Preise,* das heißt darauf, daß jedes Wirtschaftssubjekt für sich selbst die tatsächlichen Marktpreise als gegebene Daten betrachtet, an die es sich anpassen muß, obwohl die Preise eine Resultante des Marktverhaltens aller Wirtschaftssubjekte sind. Jedes Wirtschaftssubjekt versucht aus der Marktsituation, vor die es gestellt wird, die jedoch außerhalb seiner Beeinflussungsmöglichkeiten steht, den größten Nutzen zu ziehen. Die Marktpreise sind daher für die Wirtschaftssubjekte verhaltensbestimmende Parameter. Der Gleichgewichtswert dieser Parameter wird durch die objektive Gleichgewichtsbedingung (B) bestimmt. Wie Walras so glänzend nachgewiesen hat[19], geschieht dies durch eine Reihe aufeinanderfolgender Tastversuche *(tâtonnements).*

Beginnen wir mit einem *zufällig* gegebenen Preisgefüge (indem wir zum Beispiel Zahlen aus einer Urne ziehen). Auf der Grundlage dieses *zufälligen* Preisgefüges (Walras: *prix criés par hasard*) erfüllen die Wirtschaftssubjekte ihre subjektive Gleichgewichtsbedingung und erreichen ihre Maxima. Für jede Ware wird eine nachgefragte und angebotene Menge ermittelt. Nun kommt die objektive Gleichgewichtsbedingung ins Spiel. Wenn die nachgefragte und angebotene Menge jeder Ware zufällig gleich sind, hat sich die Gesamtsituation eingespielt, und die Preise sind die Gleichgewichtspreise. Wenn jedoch die nachgefragten Mengen und die angebotenen Mengen auseinanderklaffen, werden die Preise durch die Konkurrenz der Käufer und Verkäufer verändert. Die Preise für diejengen Waren steigen, deren Nachfrage das Angebot übersteigt, während die Preise derjenigen Waren fallen, für die das Umgekehrte gilt. Im Ergebnis erhalten wir ein *neues* Preisgefüge, das als neue Grundlage für das Bestreben der Wirtschaftssubjekte dient, ihre subjektive Gleichgewichtsbedingung zu erfüllen. Wenn die subjektive Gleichgewichtsbedingung erfüllt wird, gelangen wir zu einem neuen Gefüge von nachgefragten und angebotenen Mengen. Wenn Angebot und Nachfrage nicht für jede Ware gleich sind, verändern sich die Preise erneut, und wir haben *ein weiteres Preisgefüge,* das wiederum zur Grundlage dafür wird, wie die Wirtschaftssubjekte ihre Entscheidungen disponieren; und auf diese Weise gelangen wir zu einen neuen Gefüge von angebotenen und nach-

---

19 Léon Walras, *Elements d'économie politique pure,* éd. *définitive,* Paris 1926, S. 65, 132 f., 214 f., 217 ff., 259 f., 261 ff.

gefragten Mengen. Und so setzt sich der Prozeß fort, bis die objektive Gleichgewichtsbedingung erfüllt und das Gleichgewicht schließlich erreicht ist[20]. In Wirklichkeit sind es die *historisch gegebenen* Preise, die als Grundlage für den Prozeß aufeinanderfolgender Versuche dienen.

Wir müssen uns beim Leser dafür entschuldigen, daß wir seine Aufmerksamkeit mit dieser Lehrbuchdarstellung der Bestandteile der ökonomischen Gleichgewichtstheorie in Anspruch genommen haben. Daß jedoch die Möglichkeit der Bestimmung von Preisen (im weiteren Sinne von: Bedingungen, zu denen Alternativen angeboten werden) in einer sozialistischen Volkswirtschaft bestritten wird, scheint darauf hinzudeuten, daß die Bedeutung dieser elementaren Dinge bis jetzt noch nicht voll erfaßt worden ist. Wir wollen uns nun ansehen, ob nicht auch in einer sozialistischen Volkswirtschaft eine ähnliche Methode von Versuch und Irrtum angewandt werden kann.

*III. Das Verfahren von Versuch und Irrtum in einer sozialistischen Volkswirtschaft*

Um die Methode der Verteilung von Ressourcen in einer sozialistischen Volkswirtschaft diskutieren zu können, müssen wir zuerst erklären, welche Art von sozialistischer Gesellschaft wir im Sinn haben. Daß die Produktionsmittel in Gemeineigentum befindlich sind, bestimmt an sich noch nicht das System der Verteilung der Konsumgüter und der Verteilung der Arbeitskraft auf die verschiedenen Berufe, und auch nicht die Grundsätze, nach denen sich die Warenproduktion richtet. Wir wollen nun von der Annahme ausgehen, daß die Freiheit der Konsumwahl und die freie Wahl des Arbeitsplatzes gewährleistet sind und daß die Präferenzen der Konsumenten, wie sie in ihren Nachfragepreisen zum Ausdruck kommen, die Leitkriterien für die Produktion und die

---

20 Auf diese Weise kommt jedes folgende Preisgefüge der Befriedigung der objektiven Gleichgewichtsbedingung näher als das vorhergehende. Da jedoch eine Veränderung der Angebotsmenge im allgemeinen eine gewisse Zeitspanne voraussetzt, muß eine Einschränkung getroffen werden. In Industrien, in denen Veränderungen des Outputs mehr oder weniger kontinuierlich vorgenommen werden können, indem einige Produktionsfaktoren variiert und andere unverändert belassen werden, und indem im Zeitverlauf die Anzahl der Faktoren, die variabel gemacht werden können, erhöht wird, wird der Anpassungsprozeß von einer Familie von kurzfristigen Angebots-(und Kosten-)kurven bestimmt. Bei diesem Typ der Anpassung, den wir als Marshall'sche bezeichnen können, ist jeder folgende Preis dem Gleichgewichtspreis näher. Wo jedoch der Output nur sprunghaft variiert werden kann, wie im Fall von Agrarprodukten, tritt der als Spinnwebzyklus (cobweb theorem) beschriebene Mechanismus in Aktion, und das Gleichgewicht kann nur unter bestimmten Bedingungen durch aufeinanderfolgende Versuche erreicht werden. Der Marshall'sche Typ der Anpassung des Angebots scheint jedoch aber der vorherrschende zu sein. Zu diesem Punkt vgl. den Aufsatz des Verfassers »Formen der Angebotsanpassung und wirtschaftliches Gleichgewicht«, in: *Zeitschrift für Nationalökonomie*, Bd. VI, Heft 3, 1935.

Verteilung von Ressourcen sind. Weiter unten werden wir zur Untersuchung eines zentralisierteren sozialistischen Systems übergehen[21].

In dem derart beschriebenen sozialistischen System haben wir einen echten Markt (im institutionellen Sinne des Worts) für Konsumgüter und für Arbeitsleistungen. Doch gibt es darin keinen Markt für Investitionsgüter und Produktionsfaktoren mit Ausnahme der Arbeit[22]. Die Preise für Investitionsgüter und Produktionsfaktoren außer der Arbeitskraft sind daher Preise im allgemeinen Sinne, das heißt bloße Indices für die verfügbaren Alternativen, die zu Verrechnungszwecken festgelegt sind. Sehen wir uns einmal an, wie in einem derartigen System das ökonomische Gleichgewicht bestimmt wird. Genau wie in einem konkurrenzbezogenen individualistischen Wirtschaftssystem vollzieht sich die Bestimmung des Gleichgewichts in zwei Teilen. (A) Auf der Grundlage *gegebener* Indikatoren von Alternativen (die im Fall der Konsumgüter und der Arbeitsleistungen Marktpreise und in allen anderen Fällen Verrechnungspreise sind) fällen sowohl die Wirtschaftssubjekte, die am Wirtschaftssystem als Konsumenten und als Eigner der Arbeitsleistungen teilnehmen, als auch die Leiter und Verwalter der Produktion und der wichtigsten Faktoren außer der Arbeitskraft (das heißt des Kapitals und der Naturschätze) nach bestimmten Prinzipien ihre Entscheidungen. Von diesen Leitern und Verwaltern wird angenommen, daß sie Staatsbeamte sind. (B) Die Preise (ob es sich nun um Markt- oder Verrechnungspreise handelt) werden durch die Bedingung bestimmt, daß die nachgefragte Menge jeder Ware gleich der angebotenen Menge ist. Die Bedingungen, die die Entscheidungen unter A bestimmen, bilden die *subjektive* Gleichgewichtsbedingung, während die Bedingung unter B die *objektive* ist. Schließlich haben wir auch eine Bedingung C, die Ausdruck der gesellschaftlichen Organisation des Wirtschaftssystems ist. Da die Produktionsfaktoren mit Ausnahme der Arbeitskraft Gemeineigentum sind, sind die Einkommen der Konsumenten vom Eigentum an diesen Faktoren abgelöst, und die Form der Bedingung C (der gesellschaftlichen Organisation) wird durch

---

21 In der Literatur vor dem Ersten Weltkrieg wurden die Termini Sozialismus und Kollektivismus zur Bezeichnung eines sozialistischen Systems wie oben beschrieben benutzt, und das Wort Kommunismus wurde zur Bezeichnung zentralisierterer Systeme angewendet. Die klassische Definition des Sozialismus (und des Kollektivismus) war die eines Systems, das lediglich die Produktion sozialisiert, während der Kommunismus als System definiert wurde, in dem sowohl Produktion als auch Konsumtion sozialisiert werden. Gegenwärtig sind diese Worte zu politischen Ausdrücken mit besonderen Konnotationen geworden.

22 Zur Vereinfachung des Problems gehen wir davon aus, daß alle Produktionsmittel öffentliches Eigentum sind. Es versteht sich von selbst, daß in einer tatsächlich existierenden sozialistischen Gemeinschaft eine große Zahl von Produktionsmitteln als Privateigentum vorhanden sein muß (zum Beispiel bei Bauern, Handwerkern und Kleinunternehmern). Dies wirft jedoch kein neues theoretisches Problem auf.

die *Prinzipien der Einkommensbildung* bestimmt, für die man sich entschieden hat.

Die Möglichkeit, die Bedingung C auf verschiedene Art und Weise zu bestimmen, ermöglicht einer sozialistischen Gesellschaft beträchtlichen Spielraum bei der Einkommensverteilung. Die Notwendigkeit jedoch, die freie Wahl des Arbeitsplatzes zu gewährleisten, setzt der willkürlichen Nutzung dieses Spielraums Grenzen, denn zwischen dem Einkommen eines Konsumenten und den von ihm erbrachten Arbeitsleistungen muß ein gewisser Zusammenhang bestehen. Es scheint daher angebracht, davon auszugehen, daß sich das Einkommen der Konsumenten aus zwei Teilen zusammensetzt, wobei der eine Teil aus den Entgelten für die erbrachten Arbeitsleistungen besteht, und der andere Teil eine soziale Dividende ist, die aus dem Anteil des Wirtschaftssubjekts an dem Einkommen besteht, das aus dem Kapital und den Naturschätzen fließt, die sich im Gemeineigentum der Gesellschaft befinden. Wir gehen von der Annahme aus, daß der Verteilung dieser sozialen Dividende bestimmte Prinzipien zugrunde liegen, wobei wir uns die Behandlung dieser Grundsätze weiter unten vorbehalten. Daher ist die Bedingung C gegeben und bestimmt die Einkommen der Konsumenten bezogen auf die Preise für die Arbeitsleistung und die soziale Dividende, die wiederum als durch den Gesamtertrag des Kapitals und der Naturschätze und durch die Prinzipien determiniert betrachtet werden kann, die bei der Verteilung dieses Ertrags angewandt werden[23].

A. Betrachten wir nun einmal die subjektive Gleichgewichtsbedingung in einer sozialistischen Volkswirtschaft:

1. Wenn wir von der Freiheit der Konsumwahl ausgehen[24], gilt dieser Teil der subjektiven Gleichgewichtsbedingung für Marktkonkurrenz auch für den Markt von Konsumgütern in einer sozialistischen Wirtschaft. Da die Einkommen der Konsumenten und die Preise der

---

23 Bei der Formulierung der Bedingung C muß die Kapitalakkumulation berücksichtigt werden. Die Kapitalakkumulation kann entweder »vorweg« dadurch erfolgen, daß ein bestimmter Teil des Volkseinkommens abgezogen wird, bevor die soziale Dividende verteilt wird, oder sie kann dem Sparen der Wirtschaftssubjekte überlassen bleiben, oder beide Methoden können kombiniert werden. Die Akkumulation »vorweg« muß jedoch in einer sozialistischen Volkswirtschaft mit Sicherheit die vorherrschende Form der Kapitalbildung sein.

24 Natürlich kann es auch einen Sektor sozialisierter Konsumption geben, deren Kosten durch Besteuerung gedeckt werden. Ein derartiger Sektor existiert auch in einer kapitalistischen Gesellschaft und enthält nicht nur die Erfüllung kollektiver Bedürfnisse im Sinne Cassels, sondern auch die Erfüllung anderer Bedürfnisse, deren gesellschaftliche Bedeutung zu groß ist, als daß sie der freien Entscheidung der Wirtschaftssubjekte überlassen werden könnten (zum Beispiel kostenloses Gesundheitswesen und kostenlose Bildung). Dieses Problem wirft jedoch keine theoretischen Schwierigkeiten auf, und wir können es vernachlässigen.

Konsumgüter gegeben sind, ist die Nachfrage nach Konsumgütern bestimmt.

2. Die Entscheidungen der Produktionsleiter sind nicht mehr nach dem Ziel der Profitmaximierung ausgerichtet. Statt dessen werden ihnen von der Zentralen Planungskommission bestimmte Regeln vorgeschrieben, die darauf abzielen, die Präferenzen der Konsumenten auf die bestmögliche Art zu befriedigen. Diese Regeln bestimmen die Kombination der Produktionsfaktoren und den Umfang des Outputs.

Eine Regel muß die Entscheidung für eine Faktorkombination vorschreiben, die die durchschnittlichen Produktionskosten minimiert. Diese Regel führt dazu, daß die Faktoren in einem solchen Verhältnis kombiniert werden, daß die Grenzproduktivität derjenigen Faktormenge, die eine Geldeinheit wert ist, für alle Faktoren gleich ist[25]. Diese Regel betrifft alle, die Entscheidungen in bezug auf das Problem der optimalen Faktorkombination fällen, das heißt alle Produktionsleiter, die für die Produktion in vorhandenen Fabriken und den Aufbau neuer Fabriken verantwortlich sind. Eine zweite Regel bestimmt den Umfang des Outputs dadurch, daß sie vorschreibt, daß der Output so festgelegt werden muß, daß die Grenzkosten gleich dem Preis des Produkts sind. Diese Regel betrifft zwei Personenkreise. Zunächst richtet sie sich an die Fabrikleiter und bestimmt auf diese Weise den Umfang des Outputs jeder Fabrik und zusammen mit der ersten Regel deren Nachfrage nach Produktionsfaktoren. Die erste Regel, gleichgültig, wen sie betrifft, und die zweite Regel, wenn sie sich an die Leiter von Fabriken wendet, erfüllen die gleiche Funktion, die bei Marktkonkurrenz dadurch erfüllt wird, daß der private Produzent bestrebt ist, seinen Profit zu maximieren, wenn die Faktorpreise und Produktpreise unabhängig von seiner eingesetzten Faktormenge und dem Umfang seines Outputs sind.

Der Gesamtoutput einer Industrie muß noch bestimmt werden. Dies geschieht dadurch, daß die zweite Regel auch den Leitern eines gesamten Industriezweiges (zum Beispiel den Direktoren des nationalen Kohlentrusts) als Prinzip vorgeschrieben wird, an das sie sich bei Entscheidungen darüber zu halten haben, ob eine Industrie (durch Bau neuer Betriebe oder Vergrößerung alter) ausgebaut oder (durch Nichtersetzung abgenutzter Betriebe) geschrumpft werden soll. Auf diese Weise muß jede Industrie genau die Menge einer Ware produzieren, die verkauft oder mit anderen Industrien zu einem Preis verrechnet werden kann, der gleich den Grenzkosten ist, die *in derselben Industrie* bei der

---

25 Vgl. jedoch die Korrektur in bezug auf limitationale Faktoren in Fußnote 15.

Herstellung dieser Menge anfallen. Die Grenzkosten, die in einer Industrie anfallen, sind die Kosten, die diese Industrie (und nicht ein bestimmter Betrieb) dafür aufwenden muß, bei Anwendung der optimalen Faktorkombination eine zusätzliche Outputeinheit zu erzeugen. Hierzu können auch die Aufwendungen gehören, die für den Bau neuer Betriebe oder die Vergrößerung alter erforderlich sind[26].

Wenn sie sich an die Produktionsleiter einer Industrie wendet, erfüllt die zweite Regel die Funktion, die bei freier Konkurrenz dadurch gegeben ist, daß sich Firmen in einer Industrie freizügig niederlassen oder daraus zurückziehen können: das heißt, sie bestimmt den Output einer Industrie[27]. Die zweite Regel muß jedoch befolgt werden ohne Rücksicht darauf, ob die Durchschnittskosten gedeckt werden oder nicht, selbst wenn dies dazu führen sollte, daß Betriebe oder ganze Industrien Verlust machen.

Beide Richtlinien lassen sich in die Form der einfachen Aufforderung kleiden, stets diejenige Produktionsmethode (das heißt Faktorkombination) anzuwenden, die die Durchschnittskosten minimiert, und jeweils diejenige Menge jeder Dienstleistung oder Ware zu erzeugen, bei der Grenzkosten und Produktpreis gleich sind, wobei sich diese Anforderung jeweils an diejenigen Personen richtet, die für die jeweils zu fällende Entscheidung verantwortlich sind. Auf diese Weise sind der Output jedes Betriebs und jeder Industrie und die Gesamtnachfrage nach Produktionsfaktoren durch jede Industrie bestimmt. Um die Produktionsleiter in die Lage zu versetzen, diese Regeln zu beachten,

---

26 Da derartige Grenzkosten in der Praxis keine kontinuierliche Funktion des Outputs sind, müssen wir die Kosten jedes zusätzlichen unteilbaren Inputs mit den Erträgen vergleichen, die von dem auf diese Weise gewährleisteten zusätzlichen Output zu erwarten sind. So müssen zum Beispiel in einem Eisenbahnsystem, in dem unbenutzte Eisenbahnwaggons zur Verfügung stehen, die Kosten ihres Einsatzes mit den zusätzlichen Erträgen durch ihren Einsatz verglichen werden. Wenn alle verfügbaren Waggons in ihrer Kapazität voll ausgelastet sind, müssen die Kosten von Bau und Einsatz zusätzlicher Waggons (und Lokomotiven) mit den zusätzlichen Erträgen verglichen werden, die aus einem solchen Einsatz zu erwarten sind. Schließlich muß auch die Frage der Verlegung neuer Gleise nach denselben Grundsätzen entschieden werden. Vgl. hierzu A. P. Lerner, »Statics and Dynamics in Socialist Economies«, in: *Economic Journal*, 47, Juni 1937, S. 263 f.

27 Das Ergebnis jedoch der Einhaltung dieser Regel stimmt überein mit dem Ergebnis, das bei freier Konkurrenz nur im Falle konstanter Erträge für die Industrie (das heißt einer homogenen Produktionsfunktion ersten Grades) erzielt wird. In diesem Fall sind die bei der Industrie entstehenden Grenzkosten gleich den Durchschnittskosten. In allen anderen Fällen divergieren die Ergebnisse, da unter Bedingung freier Konkurrenz der Output einer Industrie so aussieht, daß die Durchschnittskosten gleich dem Produktpreis sind, während nach unserer Regel die Grenzkosten (die in der Industrie entstehen) gleich dem Preis sein müßten. Dieser Unterschied führt dazu, daß die Industrien Profite machen, deren Grenzkosten über den Durchschnittskosten liegen, während bei den Industrien, in denen das Gegenteil der Fall ist, Verluste entstehen. Diese Gewinne und Verluste entsprechen den Steuern und Prämien, die Professor Pigou vorgeschlagen hat, um unter Bedingungen freier Konkurrenz das private und das gesellschaftliche Grenznettoprodukt zur Deckung miteinander zu bringen. Vgl. A. C. Pigou, *The Economics of Welfare*, London ³1929, S. 223-227.

müssen natürlich die Faktorpreise und die Produktpreise gegeben sein. Im Falle der Konsumgüter und Arbeitsleistungen werden sie auf dem Markt bestimmt; in allen anderen Fällen werden sie vom zentralen Planungsausschuß festgelegt. Da diese Preise gegeben sind, ist das Angebot an Produkten und die Nachfrage nach Faktoren bestimmt.

Die Gründe für die Aufstellung der beiden erwähnten Regeln liegen auf der Hand. Da Preise Indikatoren für die Bedingungen sind, zu denen Alternativen angeboten werden, minimiert diejenige Produktionsmethode, die die Durchschnittskosten minimiert, auch die Alternativen, die dafür aufgegeben werden müssen. Daher bedeutet die erste Regel einfach, daß jede Ware mit einem Minimum an aufgegebenen Alternativen produziert werden muß. Die zweite Regel ist eine notwendige Konsequenz dessen, daß den Präferenzen der Konsumenten nachgegeben wird. Sie besagt, daß der Grenzumfang jeder zufriedengestellten Präferenz dem Grenzumfang der alternativen Präferenzen gleich sein muß, auf deren Zufriedenstellung verzichtet wird. Wenn die zweite Regel nicht eingehalten würde, würden bestimmte niedrigere Präferenzen erfüllt, während Präferenzen, die auf der Skala weiter oben stehen, unbefriedigt blieben.

3. Wenn freie Wahl des Arbeitsplatzes vorausgesetzt ist, bieten die Arbeitenden ihre Arbeitskraft bei der Industrie oder der Arbeitsstelle an, wo die höchsten Arbeitsentgelte bezahlt werden. Für die in Gemeineigentum befindlichen Ressourcen an Kapital und Naturschätzen muß von der Zentralen Planungskommission ein Preis mit der Maßgabe festgelegt werden, daß diese Ressourcen nur in solche Industrien Eingang finden dürfen, die diesen Preis »bezahlen« oder vielmehr »verrechnen« können. Dies ist eine Folge dessen, daß den Präferenzen der Konsumenten nachgegeben wird. Da die Preise für den Einsatz der wichtigsten Produktionsfaktoren gegeben sind, ist auch ihre Verteilung auf die verschiedenen Industrien bestimmt.

B. Die subjektive Gleichgewichtsbedingung kann nur dann erfüllt werden, wenn die Preise *gegeben* sind. Dies gilt auch für die Entscheidungen der Produktionsleiter und für die Verwalter der Produktionsmittel in Gemeineigentum. Nur wenn die Preise gegeben sind, kann die Faktorkombination, die die Durchschnittskosten minimiert, der Output, bei dem Grenzkosten und Produktpreis gleich sind, und die bestmögliche Verteilung der wichtigsten Produktionsfaktoren bestimmt werden. Wenn es jedoch keinen Markt (im institutionellen Sinne des Wortes) für Investitionsgüter oder für die wichtigsten Produktionsmittel außerhalb der Arbeitsleistung gibt, können dann ihre Preise objektiv bestimmt werden? Müssen nicht die Preise, die von der Zentralen Planungskommission festgelegt werden, zwangsläufig völlig willkürlich sein? Wenn dem so wäre, würden ihnen durch ihren willkürlichen Charakter jede ökonomische Signifikanz als Indices für die Bedingungen genommen, zu denen Alternativen angeboten werden. Genau das ist die Meinung von Professor Mises[28]. Und diese Auffassung wird von Herrn Cole geteilt, der schreibt: »Eine planlose Wirtschaft, in der jeder Unternehmer seine Entscheidungen getrennt von den anderen fällt, stellt offensichtlich jeden Unternehmer vor eine in groben Zügen gegebene Kostenstruktur, die sich im derzeit gültigen Niveau von Lohn, Pacht und Zins ausdrückt ... In einer sozialistischen Planwirtschaft kann es keine objektive Kostenstruktur geben. Kosten können in jedem beliebigen Umfang festgelegt werden ... Diese beliebig festgelegten Kosten sind jedoch keine objektiven, sondern angenommene Kosten, die jeweils durch die staatliche Politik bestimmt werden.«[29] Diese Ansicht läßt sich jedoch leicht widerlegen, wenn wir uns die elementaren Bestandteile der Preistheorie ins Gedächtnis rufen.

Warum gibt es bei Marktkonkurrenz eine objektive Preisstruktur? Weil es infolge der Parameterfunktion der Preise im allgemeinen nur *ein* Preisgefüge gibt, das die objektive Gleichgewichtsbedingung erfüllt, das heißt Angebot und Nachfrage bei jeder Ware ausgleicht. Dieselbe objektive Preisstruktur kann auch in einer sozialistischen Wirtschaft erreicht werden, wenn die *Parameterfunktion der Preise* beibehalten wird. Bei Marktkonkurrenz ergibt sich die Parameterfunktion der Preise daraus, daß die Anzahl der konkurrierenden Wirtschaftssubjekte zu groß ist, als daß irgendeines von ihnen die Preise durch sein eigenes Handeln beeinflussen könnte. In einer sozialistischen Volkswirtschaft, in der die Produktion und das Eigentum an den Produktionsmitteln mit Ausnahme der Arbeit zentralisiert sind, können die Produktionsleiter gewiß die Preise durch ihre Entscheidungen beeinflussen und tun dies auch. Daher muß ihnen die Parameterfunktion der Preise von der Zentralen Planungskommission als *Verrechnungsregel* vorgeschrieben werden. Jede Verrechnung muß so vorgenommen werden, *als ob* die Preise unabhängig von den gefällten Entscheidungen wären. Für Verrechnungszwecke müssen die Preise als konstant betrachtet werden, wie sie auch von Unternehmern bei Marktkonkurrenz behandelt werden. Das Verfahren zur Erreichung dieses Ziels ist recht einfach: Die Zentrale Planungskommission muß die Preise festlegen und darauf achten,

---

28 »Economic Calculation in the Socialist Commonwealth«, abgedruckt in: *Collectivist Economic Planning*, a.a.O., S. 112.

29 G. D. H. Cole, *Economic Planning*, New York 1935, S. 183 f.

daß alle Leiter von Betrieben, Industrien und alle Verwalter von Faktoren ihre Verrechnungen aufgrund der von der Zentralen Planungskommission festgelegten Preise vornehmen und die Verwendung anderer Verrechnungsmethoden nicht dulden. Wenn erst einmal die Parameterfunktion der Preise als Verrechnungsregel anerkannt ist, wird die Preisstruktur durch die objektive Gleichgewichtsbedingung festgelegt. Für jedes Preisgefüge und jedes Gefüge von Konsumenteneinkommen wird eine bestimmte Menge jeder Ware angeboten und nachgefragt. Die Bedingung C bestimmt die Einkommen der Konsumenten nach den Preisen für den Einsatz der wichtigsten Produktionsfaktoren und den Grundsätzen, die für die Verteilung der sozialen Dividende gelten. Wenn diese Grundsätze gegeben sind, sind die Preise die einzigen Variablen, die Angebot und Nachfrage von Waren bestimmen.

Die Bedingung, daß die angebotene und nachgefragte Menge für jede Ware gleich sein muß, dient zur Auswahl des Gleichgewichtspreises, der allein gewährleisten kann, daß alle gefällten Entscheidungen miteinander vereinbar sind. *Jeder andere als der Gleichgewichtspreis würde am Ende der Verrechnungsperiode einen Überschuß oder einen Mangel an der fraglichen Ware ausweisen.* Daher sind die Verrechnungspreise in einer sozialistischen Wirtschaft alles andere als willkürlich und haben genau denselben objektiven Charakter wie die Marktpreise bei Marktkonkurrenz. Jeder Fehler der Zentralen Planungskommission bei der Festlegung der Preise würde auf sehr objektive Art und Weise zutage treten – durch einen materiellen Überschuß oder Mangel bei der Menge der in Frage stehenden Produktionsmittel oder Waren – und müßte ausgebügelt werden, damit die Produktion reibungslos weiterlaufen kann. Da es im allgemeinen nur ein einziges Preisgefüge gibt, das die objektive Gleichgewichtsbedingung erfüllt, sind sowohl die Preise der Produkte als auch die Kosten[30] eindeutig bestimmt[31].

Unsere Untersuchung der Bestimmung der Gleichgewichtspreise in einer sozialistischen Wirtschaft hat ergeben, daß der Prozeß der Preis-

---

30 Hayek behauptet, daß es unmöglich sei, den Wert dauerhafter Produktionswerkzeuge zu bestimmen, weil infolge der Veränderungen »der Wert der meisten dauerhaften Produktionswerkzeuge wenig oder keine Beziehung zu den Kosten hat, die bei ihrer Produktion entstanden sind« *(Collectivist Economic Planning,* a.a.O., S. 227). Es ist zwar richtig, daß der Wert solcher dauerhaften Produktionswerkzeuge im wesentlichen eine kapitalisierte Pseudo-Rente ist und daher erst bestimmt werden kann, wenn der für das Produkt erzielbare Preis bekannt ist (vgl. a.a.O., S. 228). Es gibt jedoch keinen Grund dafür, warum der Produktpreis in einer sozialistischen Volkswirtschaft weniger bestimmt sein sollte als bei Marktkonkurrenz. Die Leiter des fraglichen Industriebetriebs brauchen lediglich den vom zentralen Planungsausschuß festgelegten Preis als Kalkulationsgrundlage zu nehmen. Der zentrale Planungsausschuß würde diesen Preis so festlegen, daß er der objektiven Gleichgewichtsbedingung ebenso Genüge tut, wie dies bei Marktkonkurrenz geschieht.
31 In bestimmten Fällen kann es jedoch eine Mehrfachlösung geben. Vgl. S. 267 oben.

bestimmung ganz analog zu dem bei Marktkonkurrenz verläuft. Die Zentrale Planungskommission nimmt die Funktionen des Markts wahr. Sie stellt die Richtlinien dafür auf, wie die Produktionsmittel kombiniert werden und der Umfang des Outputs eines Betriebs festgelegt wird, wie der Output einer Industrie bestimmt wird, wie die Faktoren verteilt werden und wie die Preise bei der Verrechnung als Parameter gebraucht werden. Schließlich legt sie die Preise so fest, daß sich die angebotenen und nachgefragten Mengen jeder Ware ausgleichen. Hieraus ergibt sich, daß es durchaus möglich und durchführbar ist, die Planung an die Stelle der Funktionen des Marktes treten zu lassen.

Zwei Probleme verdienen besondere Aufmerksamkeit. Das erste bezieht sich auf die Bestimmung der bestmöglichen Verteilung der sozialen Dividende. Wenn freie Wahl des Arbeitsplatzes vorausgesetzt werden kann, kann die Verteilung der sozialen Dividende Auswirkungen auf die Menge von Arbeitsleistungen haben, die verschiedenen Industrien angeboten wird. Wenn bestimmte Berufe eine höhere soziale Dividende als andere erhalten, würden die Arbeitskräfte auf diejenigen Berufe umverteilt, die eine höhere Dividende erhalten. Daher muß die Verteilung der sozialen Dividende so aussehen, daß die optimale Verteilung der Arbeitsleistungen auf die verschiedenen Industrien und Berufszweige nicht beeinträchtigt werden kann. Die optimale Verteilung ist diejenige, bei der die Unterschiede des Werts des Grenzprodukts der Arbeitsleistung in verschiedenen Industrien und Berufen gleich den Unterschieden des Grenznachteils[32] der Arbeit in diesen Industrien oder Berufen wird[33]. Diese Verteilung der Arbeitsleistungen ergibt sich automatisch immer dann, wenn die Arbeitsentgelte die einzige Einkommensquelle sind. *Daher muß die soziale Dividende so verteilt werden, daß sie keinerlei Einfluß auf die Wahl des Arbeitsplatzes hat.* Die einem Wirtschaftssubjekt ausbezahlte soziale Dividende muß völlig unabhängig von seiner Wahl des Arbeitsplatzes sein. So zum Beispiel kann sie auf die Bevölkerung gleichmäßig nach

---

32 Es zählt jedoch nur der *relative* Nachteil von verschiedenen Berufen. Der absolute Nachteil kann Null oder sogar negativ sein. Wenn Freizeit, Sicherheit und Arbeitsplatzfaktoren usw. in die Präferenzskala einbezogen werden, können alle Arbeitskosten als Alternativkosten ausgedrückt werden. Wenn ein derartiges Verfahren akzeptiert wird, kann jede Industrie oder jeder Berufszweig so betrachtet werden, als produziere er ein Kuppelprodukt: die jeweilige Ware oder Dienstleistung *und* Freizeit, Sicherheit, angenehme Arbeit usw. Die Arbeitsleistungen müssen so verteilt werden, daß der Wert dieses Grenz*kuppel*produkts für alle Industrien und Berufszweige gleich ist.

33 Wenn die Gesamtmenge geleisteter Arbeit nicht durch Gesetzgebung oder Brauch beschränkt wird, die die Arbeitszeit regulieren usw., muß der Wert des Grenzprodukts der Arbeitsleistung in jedem Berufszweig *gleich* dem Grenznachteil sein. Wenn limitationale Faktoren eingesetzt werden, ist es das Grenznettoprodukt der Arbeitsleistungen, das man erhält, wenn man vom Grenzprodukt den Grenzaufwand für die limitationalen Faktoren abzieht), die die Bedingung im Text erfüllen muß.

Köpfen entsprechend dem Alter oder dem Umfang der Familie oder nach irgendeinem anderen Prinzip verteilt werden, das ohne Einfluß auf die Wahl des Arbeitsplatzes ist.

Das andere Problem ist die Bestimmung des Zinssatzes. Wir müssen zwischen einer kurzfristigen und einer langfristigen Lösung des Problems unterscheiden. Für erstere wird die Kapitalmenge als konstant betrachtet, und der Zinssatz wird einfach durch die Bedingung bestimmt, daß die Nachfrage nach Kapital gleich dem vorhandenen Angebot ist. Wenn der Zinssatz zu niedrig festgesetzt ist, könnte das sozialisierte Bankensystem die Nachfrage der Industrie nach Kapital nicht erfüllen; wenn der Zinssatz zu hoch festgesetzt ist, entstünde ein Überschuß an Kapital, das für Investitionen zur Verfügung steht. Langfristig jedoch kann die Kapitalmenge durch Akkumulation erhöht werden. Wenn die Kapitalakkumulation vorweg vorgenommen wird, bevor die soziale Dividende an die Wirtschaftssubjekte verteilt wird, kann die Akkumulationsrate von der Zentralen Planungskommission *beliebig* bestimmt werden. Die Zentrale Planungskommission wird wahrscheinlich bestrebt sein, so viel zu akkumulieren, daß die *Netto-*Grenzproduktivität des Kapitals gleich null wird[34], wobei dieses Ziel infolge des Fortschritts der Technik (neue arbeitssparende Verfahren), der Bevölkerungszunahme, der Entdeckung neuer Naturschätze und möglicherweise auch wegen der Verschiebung der Nachfrage auf Waren, die mit kapitalintensiveren Verfahren hergestellt werden müssen[35], nie erreicht wird. Die Akkumulationsrate jedoch, das heißt die *Geschwindigkeit*, mit der sich die Akkumulation vollzieht, ist beliebig.

Die Aussage, daß die Rate der vorweg bestimmten Kapitalakkumulation beliebig ist, bedeutet lediglich, daß die Entscheidung über die Akkumulationsrate Ausdruck dessen ist, welcher Zeit/Mengenverlauf des Einkommensstroms von der Zentralen Planungskommission und nicht etwa vom Konsumenten für optimal gehalten wird. Es läßt sich natürlich einwenden, daß damit die Möglichkeiten der Konsumenten eingeschränkt werden. Diese Schwierigkeit könnte jedoch nur dadurch überwunden werden, daß die gesamte Akkumulation dem Sparen der Wirtschaftssubjekte überlassen bleibt[36]. Dies ist jedoch mit der Organi-

---

34 Vgl. Knut Wicksell, »Professor Cassel's System of Economics«, abgedruckt in: *Lectures on Political Economy* (L. Robbins, Hrsg., 2 Bde., London 1934), Bd. I, S. 241.
35 Diese Veränderungen können sich jedoch, wenn sie recht häufig auftreten, auch in der gegenteiligen Richtung auswirken und die Grenznettoproduktivität des Kapitals vermindern, weil sie das Risiko des Veraltens enthalten. Daraus weist A.-P. Lerner in »A Note on Social Economics«, in: *Review of Economic Studies*, Oktober 1936, S. 72, hin.
36 Diese Methode wurde von Barone in »The Ministry of Production in the Collectivist State«, in: *Collectivist Economic Planning*, a.a.O., S. 278 f., vertreten.

sation einer sozialistischen Gesellschaft kaum vereinbar[37]. Diesen Punkt werden wir weiter unten in diesem Aufsatz diskutieren.

Nachdem wir abgehandelt haben, wie das ökonomische Gleichgewicht in einer sozialistischen Gesellschaft theoretisch bestimmt wird, wollen wir uns nun ansehen, wie das Gleichgewicht durch eine Methode von *Versuch* und *Irrtum* ähnlich wie bei Marktkonkurrenz bestimmt werden kann. Diese Methode von Versuch und Irrtum beruht auf der *Parameterfunktion der Preise.* Wir wollen die Zentrale Planungskommission mit einem gegebenen, *zufällig* ausgewählten Preisgefüge anfangen lassen. Alle Entscheidungen der Produktionsleiter und der Verwalter der Produktionsmittel in Gemeineigentum und ebenso alle Entscheidungen von Wirtschaftssubjekten als Konsumenten und als Anbieter von Arbeitskraft erfolgen auf Grundlage dieser Preise. Als Ergebnis dieser Entscheidungen wird die angebotene und nachgefragte Menge jeder Ware bestimmt. Wenn die nachgefragte Menge einer Ware nicht gleich der angebotenen Menge ist, muß der Preis dieser Ware verändert werden. Er muß erhöht werden, wenn die Nachfrage das Angebot übersteigt, und gesenkt, wenn das Umgekehrte der Fall ist. Daher setzt der zentrale Planungsausschuß sein neues Preisgefüge fest, das als Grundlage für neue Entscheidungen dient und zu einem neuen Gefüge von angebotenen und nachgefragten Mengen führt. Durch diesen Prozeß von Versuch und Irrtum werden schließlich Gleichgewichtspreise bestimmt. In Wirklichkeit würde sich der Prozeß von Versuch und Irrtum natürlich auf der Grundlage der *historisch gegebenen Preise* entwickeln. Relativ kleine Anpassungsänderungen dieser Preise würden ständig vorgenommen, und es bestünde keine Notwendigkeit, ein völlig neues Preissystem zu errichten.

Dieser Prozeß von Versuch und Irrtum ist von dem verstorbenen Professor Fred M. Taylor hervorragend beschrieben worden. Er geht von der Annahme aus, daß die Behörden der sozialistischen Volkswirtschaft den Produktionsfaktoren (ebenso wie allen anderen Waren) vorläufige Wert zumessen würden. Er fährt fort: »Wenn die Behörden bei der Regulierung der Produktionsprozesse tatsächlich für irgendeinen bestimmten Faktor einen zu hohen oder zu niedrigen Wert ansetzen würden, würde dies bald unverkennbar zutage treten. So würden zum Beispiel die Behörden für den Fall, daß die Bewertung eines bestimmten

---

37 Natürlich haben die Konsumenten weiterhin die Freiheit, so viel zu sparen, wie sie aus dem ihnen ausbezahlten Einkommen sparen wollen, und die sozialisierten Banken könnten auf diese Ersparnisse Zinsen zahlen. Tatsächlich müßten sie dies sogar tun, um die Schatzbildung zu vermeiden. *Diese* Zinsrate müßte aber in keinem notwendigen Zusammenhang mit der *netto* Grenzproduktivität des Kapitals stehen. Sie könnte völlig beliebig festgelegt werden.

Faktors zu hoch angesetzt würde, unvermeidlich dazu verleitet, mit dem Einsatz dieses Faktors ungerechtfertigt sparsam umzugehen; und dieses Verhalten würde wiederum dazu führen, daß die für die laufende Produktionsperiode zur Verfügung stehende Menge dieses Faktors größer würde als die Menge, die während dieser Periode verbraucht wurde. Anders gesagt, würde eine zu hohe Bewertung eines beliebigen Faktors dazu führen, daß der Bestand dieses Faktors am Ende der Produktionsperiode einen Überschuß aufweist.«[38]

In ähnlicher Weise würde eine zu geringe Bewertung zu einem Defizit im Bestand dieses Faktors führen. »Überschuß oder Defizit – eins von beiden würde sich aus jeder falschen Bewertung eines Faktors ergeben.«[39] Durch eine Reihe aufeinanderfolgender Versuche werden die richtigen Verrechnungspreise für die Faktoren gefunden.

Daher können die Verrechnungspreise in einer sozialistischen Volkswirtschaft durch dieselben Verfahren von Versuch und Irrtum bestimmt werden wie die Preise bei Marktkonkurrenz. Um die Preise bestimmen zu können, muß die Zentrale Planungskommission keine »vollständigen Listen der verschiedenen Mengen aller Waren (haben), die bei jeder denkbaren Kombination von Preisen der verschiedenen Waren gekauft würden, die zur Verfügung stehen könnten«[40]. Ebensowenig würde der zentrale Planungsausschuß Hunderttausende von Gleichungen (wie Professor Hayek erwartet[41]) oder gar Millionen von Gleichungen (wie Professor Robbins meint[42]) zu lösen haben. Die einzigen »Gleichungen«, die »gelöst« werden müßten, wären diejenigen der Konsumenten und der Produktionsleiter. Hierbei handelt es sich um genau dieselben »Gleichungen«, die im gegenwärtigen Wirtschaftssystem »gelöst« werden, und die Personen, die diese »Lösungen« finden, sind ebenfalls die gleichen. Die Konsumenten »lösen« sie, indem sie ihr Einkommen so ausgeben, daß sie daraus den maximalen Gesamtnutzen ziehen; und die Produktionsleiter »lösen« sie, indem sie die Faktorkombination, die die Durchschnittskosten minimiert, und den Umfang des Outputs finden, bei dem Grenzkosten und Produktpreis gleich sind. Sie »lösen« sie durch ein Verfahren von Versuch und Irrtum, wobei sie kleine Variationen im Grenzbereich *(at the margin)*, wie Marshall zu sagen pflegte, vornehmen (oder sich vorstellen) und die Auswirkung beobachten, die diese Variationen entweder auf den Gesamtnutzen oder auf

38 »The Guidance of Production in a Socialist State«, in: *On the Economic Theory of Socialism,* Hrsg. Benjamin E. Lippincott, University of Minnesota Press, 1948, S. 39-54, S. 53 f.
39 A.a.O.
40 »The Present State of the Debate«, in: *Collectivist Economic Planning,* a.a.O., S. 211.
41 A.a.O., S. 212.
42 »The Great Depression«, a.a.O., S. 151.

die Produktionskosten haben. Und nur wenige von ihnen haben ein Examen in höherer Mathematik absolviert. Professor Hayek und Professor Robbins »lösen« selbst wenigstens Hunderte von Gleichungen täglich, zum Beispiel, wenn sie eine Zeitung kaufen oder beschließen, in einem Restaurant eine Mahlzeit einzunehmen. Und vermutlich brauchen sie zu diesem Zweck keine Bestimmungsfaktoren und auch keine Jacobischen Determinanten*. Und auch jeder Unternehmer, der einen Arbeiter einstellt oder entläßt oder einen Ballen Baumwolle kauft, »löst Gleichungen«. Genau dieselbe Art und Anzahl von »Gleichungen«, und nicht mehr und nicht weniger, müssen in einer sozialistischen wie in einer kapitalistischen Volkswirtschaft »gelöst« werden, und genau die gleichen Personen, die Konsumenten und die Leiter der Produktionsbetriebe, müssen diese »Lösungen« finden.

Zur Feststellung der Preise, die den Personen, die »die Gleichungen lösen«, als Parameter dienen, ist ebenfalls keine Mathematik erforderlich. Auch braucht dies keine Kenntnis der Funktionen von Angebot und Nachfrage. Die richtigen Preise werden einfach durch Beobachtung der nachgefragten und angebotenen Mengen und dadurch gefunden, daß der Preis einer Ware oder Dienstleistung immer dann erhöht wird, wenn ein Nachfrageüberhang entsteht, und gesenkt wird, wenn ein Überangebot entsteht, bis durch Versuch und Irrtum derjenige Preis gefunden wird, bei dem Angebot und Nachfrage im Gleichgewicht sind.

Wie wir gesehen haben, gibt es nicht den geringsten Grund dafür, warum ein Verfahren von Versuch und Irrtum ähnlich wie das bei Marktkonkurrenz in einer sozialistischen Volkswirtschaft bei der Bestimmung der Verrechnungspreise für Investitionsgüter und für die Produktionsmittel in Gemeineigentum nicht funktionieren sollte. In der Tat hat es den Anschein, daß dieses Verfahren von Versuch und Irrtum in einer sozialistischen Volkswirtschaft *viel besser* als bei Marktkonkurrenz funktionieren würde oder zumindestens könnte. Die Zentrale Planungskommission hat nämlich viel umfassendere Kenntnisse über die Vorgänge im gesamten Wirtschaftssystem, als sie ein Privatunternehmer je haben kann, und kann infolgedessen die richtigen Gleichgewichtspreise durch eine *viel kürzere* Reihe aufeinanderfolgender Versuche erreichen, als dies bei Marktkonkurrenz tatsächlich der

---

* *Anm. des Übers.:* Benannt nach dem Mathematiker Prof. K. G. Jacobi (Königsberg 1804-1851). Eine bedeutende funktionale Determinante, deren Bestandteile einer beliebigen Anzahl von Funktionen ($u$, $v$, $w$, . . .) in bezug auf dieselbe Anzahl von Variablen ($x$, $y$, $z$, . . .) sind, wird gewöhnlich so geschrieben:

$$\frac{d\,(u, v, w, \ldots)}{d\,(x, y, z, \ldots)}$$

Fall ist[43]. Der Einwand, daß in einer sozialistischen Volkswirtschaft die Verrechnungspreise für Investitionsgüter und für Produktionsmittel in Gemeineigentum nicht objektiv bestimmt werden können, entweder weil dies theoretisch unmöglich sei oder weil kein adäquates Verfahren von Versuch und Irrtum zur Verfügung stehe, läßt sich nicht aufrechterhalten. Bereits 1911 ordnete Professor Taussig das Argument, daß »Güter nicht bewertet werden könnten«, unter die Einwände gegen den Sozialismus ein, die »von geringem Gewicht sind«[44]. Nach den ganzen Diskussionen seit dieser Zeit läßt sich kein vernünftiger Grund dafür finden, warum diese Ansicht umgestoßen werden sollte.

## IV. Die allgemeine Anwendbarkeit der Methode von Versuch und Irrtum

Das beschriebene Verfahren von Versuch und Irrtum ist auch in einem sozialistischen System anwendbar, in dem es keine Freiheit der Konsumwahl und keine freie Wahl des Arbeitsplatzes gibt und wo die Verteilung der Ressourcen sich nicht nach den Präferenzen der Konsumenten richtet, sondern nach den Zielen und Bewertungen der Bürokratie erfolgt, die mit der Verwaltung des Wirtschaftssystems betraut ist. In einem derartigen System entscheidet die Zentrale Planungskommission, welche Waren in welchen Mengen produziert werden sollen, wobei die produzierten Konsumgüter durch Rationierung an die Bevölkerung verteilt und die verschiedenen Arbeitsstellen durch Zuweisung ausgefüllt werden. Auch in einem solchen System ist ein rationales ökonomisches Verrechnungswesen möglich, nur mit dem Unterschied, daß der Verrechnungsmodus Ausdruck der Präferenzen der Bürokraten im zentralen Planungsausschuß und nicht der der Kon-

---

43 Bei der Verringerung der Zahl der erforderlichen Versuche kann eine Kenntnis der aus der Statistik abgeleiteten Angebots- und Nachfragekurven, auf die Dickinson die Preisbildung von Gütern in einer sozialistischen Volkswirtschaft gründen will, gute Dienste erweisen, doch ist eine solche Kenntnis für die Feststellung der Gleichgewichtspreise zwar *nützlich*, aber *nicht notwendig*. Wenn der zentrale Planungsausschuß jedoch so vorgeht, daß er Preise rein nach Versuch und Irrtum festlegt, und die Produktionsleiter strikt dabei bleiben, die festgelegten Preise als Konstanten zu behandeln, könnten die im Schweinezyklus beschriebenen Fluktuationen in gewissen Industriezweigen auch in einer sozialistischen Volkswirtschaft auftreten. In derartigen Fällen müßte der zentrale Planungsausschuß zur Vermeidung derartiger Fluktuationen bei der Festlegung der Verrechnungspreise bewußt Erwartungen in bezug auf den Einfluß von Variationen des Outputs auf den Produktpreis und umgekehrt (das heißt Kenntnis der Angebots- und Nachfragekurven) einsetzen. Eine derart bewußte Verwendung von Angebots- und Nachfragekurven ist auch in allen anderen Fällen nützlich, denn sie dient dazu, die Reihe von Versuchen abzukürzen, und verhindert daher unnötige Vergeudung.
44 F. W. Taussig, *Principles of Economics*, New York 1911, Bd. II, S. XVI. Vgl. auch S. 456 f.

sumenten ist. Der zentrale Planungsausschuß muß eine Präferenzskala festlegen, die als Grundlage für die Bewertung von Konsumgütern dient.

Die Aufstellung einer derartigen Präferenzskala ist keineswegs praktisch unmöglich. Der Konsument bei Marktkonkurrenz hat nie Zweifel, wofür er sich entscheiden soll, wenn nur die Preise der Waren gegeben sind, obwohl er es gewiß schwierig finden würde, die mathematische Formel seiner Nutzen-(oder vielmehr Präferenz-)funktion aufzuschreiben. In ähnlicher Weise braucht die Zentrale Planungskommission keine komplizierte Formel für seine Präferenzen. Durch bloße Beurteilung könnte er zum Beispiel einem Hut die Bewertung von zehn Geldeinheiten zuweisen, wenn monatlich 100 000 Hüte produziert werden, und eine Bewertung von acht Geldeinheiten, wenn monatlich 150 000 Hüte produziert werden.

Da die Präferenzskala der Zentralen Planungskommission gegeben ist, werden die Preise, die in diesem Falle *alle* Verrechnungspreise sind, auf genau dieselbe Art und Weise wie vorher bestimmt. Die Zentrale Planungskommission muß den Leitern und Erbauern von Betrieben vorschreiben, daß die Produktionsmittel so kombiniert werden müssen, daß die durchschnittlichen Produktionskosten minimiert werden. Für jeden Betrieb und jede Industrie muß die Regel gelten, daß sie genau diejenige Menge einer Ware produzieren, die zu einem Preis »verrechnet« werden kann, der gleich den Grenzkosten ist; und den Verwaltern der wichtigsten Produktionsmittel muß die Regel vorgeschrieben werden, daß sie diese nur denjenigen Industrien zuleiten, die zu dem von der Zentralen Planungskommission festgelegten Preis »verrechnen« können. Die letzten beiden Regeln waren zuvor die Folge davon, daß den Präferenzen der Konsumenten nachgegeben wurde. Nun ergeben sie sich aus der Einhaltung der vom zentralen Planungsausschuß festgelegten Präferenzskala. Es handelt sich daher um die Regeln, durch die die Entscheidungen der Produktionsleiter und der Verwalter der Produktionsmittel mit den von der Zentralen Planungskommission gesetzten Zielen vereinbar werden. In anderen Worten sind sie die Regeln für die *innere Logik* der Planwirtschaft. Die Regel also, daß diejenige Faktorkombination gewählt werden muß, die die Durchschnittskosten minimiert, gewährleistet also die *Effizienz* der Planerfüllung.

Die Zentrale Planungskommission muß schließlich die Parameterfunktion der Verrechnungspreise vorschreiben, die er selbst festgelegt hat, und diese Festlegung so treffen, daß dabei bei jeder Ware die angebotene und die nachgefragte Menge im Gleichgewicht sind. Die Preisfestlegung kann durch Versuch und Irrtum erfolgen, genau wie im oben untersuchten Falle; die auf diese Weise festgelegten Gleichgewichtspreise haben eine bestimmte objektive Bedeutung. Die Preise werden insofern »geplant«, als die Präferenzskala von der Zentralen Planungskommission festgelegt wird; sowie aber diese Skala festgelegt ist, sind die Preise vollkommen bestimmt. Jeder Preis, der vom Gleichgewichtspreis abwiche, würde am Ende der Verrechnungsperiode einen Überschuß oder Mangel der jeweiligen Ware ausweisen und daher den reibungslosen Ablauf des Produktionsprozesses stören. Die Anwendung der richtigen Verrechnungspreise ist entscheidend dafür, daß Störungen im *materiellen* Verlauf der Produktion vermieden werden, und diese Preise sind alles andere als willkürlich.

Die Bestimmtheit der Verrechnungspreise gilt jedoch nur dann, wenn allen Diskrepanzen zwischen Angebot und Nachfrage einer Ware dadurch begegnet wird, daß ihr Preis im geeigneten Umfang verändert wird. Daher muß mit Ausnahme der Verteilung der Konsumgüter an die Bürger die Rationierung als Methode für den Ausgleich von Angebot und Nachfrage ausgeschlossen sein. Wenn die Rationierung für diesen Zweck benutzt wird, wird der Preis beliebig. Von Interesse ist jedoch die Feststellung, daß selbst bei der Anwendung der Rationierung innerhalb gewisser Grenzen eine Tendenz weiterbesteht, dieselben Mengen von Waren zu produzieren, die auch dann produziert worden wären, wenn alle Anpassungsvorgänge zwischen Angebot und Nachfrage ausschließlich durch die Preisfestlegung vorgenommen worden wären. Wenn zum Beispiel der Verrechnungspreis zu niedrig angesetzt worden ist, übersteigt die Nachfrage das Angebot. In einem solchen Falle müßte der zentrale Planungsausschuß einschreiten und der für die Produktion der jeweiligen Ware zuständigen Industrie den Befehl geben, ihren Output zu steigern, während gleichzeitig diejenigen Industrien, die diese Ware als Produktionsfaktor einsetzen, den Befehl erhalten müßten, bei ihrem Verbrauch sparsamer vorzugehen[45].

---

45 *DD'* und *SS'* seien jeweils die Angebots- und Nachfragekurven. *BQ* ist der Gleichgewichtspreis und *OB* die Gleichgewichtsmenge. Wenn der Preis bei *AP* festgelegt wird, wird die Menge *OA* erzeugt, während die Menge *OC* nachgefragt wird. Infolge des Einschreitens des zentralen Planungsausschusses dürfte die produzierte Menge irgendwo zwischen *OA* und *OC* festgelegt werden.

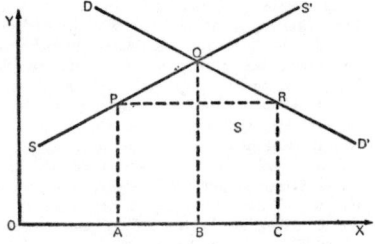

Daher führt die Methode der Rationierung annäherungsweise ebenfalls zu dem Punkt, zu dem man auch mit der Festlegung von Gleichgewichtspreisen hätte gelangen können. Wenn jedoch die Rationierung zum allgemeinen Verfahren wird, sind die oben aufgezählten Richtlinien keine zuverlässigen Indices mehr dafür, daß die Entscheidungen der Produktionsleiter mit den vom Plan aufgestellten Zielen vereinbar sind. Ob diese Entscheidungen mit dem Plan vereinbar sind, kann statt dessen dadurch gemessen werden, daß Outputquoten festgelegt und mit dem tatsächlich erreichten Ergebnis verglichen werden (wie dies in der Sowjetunion geschieht). Es gibt jedoch keine Möglichkeit, die *Effizienz* der Planerfüllung ohne ein System von Verrechnungspreisen zu messen, das der objektiven Gleichgewichtsbedingung Genüge tut, denn die Regel, daß zu den minimalen Durchschnittskosten produziert werden muß, ist von keinerlei Signifikanz in bezug auf die Planziele, wenn die Preise nicht Ausdruck der relativen Knappheit der Produktionsfaktoren sind[46].

Mit dem Nachweis der ökonomischen Logik und Funktionsfähigkeit einer sozialistischen Volkswirtschaft, die keine Freiheit der Konsumwahl und keine freie Wahl des Arbeitsplatzes kennt, sondern statt dessen von Präferenzskalen gelenkt wird, die von den Bürokraten in der Zentralen Planungskommission vorgeschrieben werden, wollen wir natürlich keine Empfehlung für ein derartiges System aussprechen. Lerner hat den undemokratischen Charakter eines derartigen Systems

---

46 Es gibt jedoch einen Sonderfall, wo die Preise nicht erforderlich sind, um den Plan effizient durchzuführen. Dies ist der Fall konstanter Produktionskoeffizienten. Wenn alle Produktionsfaktoren limitational sind, entsteht nicht das ökonomische Problem der Feststellung der besten Faktorkombination. Die Kombination der Produktionsfaktoren wird durch die technischen Zwänge der Produktion vorgeschrieben. Es bleibt jedoch das Problem der Bestimmung des optimalen Umfangs des Outputs, und für diesen Zweck sind die Preise aller Produktionsfaktoren erforderlich. Wenn jedoch die erforderliche Menge aller Produktionsfaktoren entweder einfach der Produktmenge proportional ist (wenn es sich um limitationale Faktoren erster Art handelt) oder der Menge eines anderen eingesetzten Faktors proportional ist (wenn es sich um limitationale Faktoren zweiter Art handelt) – dies ist Paretos Fall konstanter Produktionskoeffizienten –, sind die Grenzkosten unabhängig vom Umfang des Outputs. Das Problem der Entscheidung für die optimale Outputmenge scheidet daher auch aus. In dem behandelten Sonderfall, in dem alle Produktionskoeffizienten konstant sind, sind keinerlei Preise und keinerlei Kostenrechnungen nötig. Die Effizienz der Produktion wird hier schon durch Überlegungen technischer Art in bezug auf die Vermeidung von Materialverschwendung usw. gewährleistet. Die Autoren, die bestreiten, daß in einer sozialistischen Volkswirtschaft ein adäquates Preissystem erforderlich ist, scheinen diesen Fall im Sinn zu haben. Wenn die Quoten der zu produzierenden Konsumgüter gegeben sind, sind alle weiteren Probleme der Produktionsplanung rein technischer Art, und kein Preis oder Kostenrechnungssystem ist erforderlich. Wir brauchen jedoch nicht weiter auszuführen, wie äußerst unrealistisch die Annahme ist, daß alle Produktionskoeffizienten konstant seien. Die bloße Tatsache, daß in der Sowjetunion derart große Betonung auf die Kostenrechnung gelegt wird, beweist, wie weit dieser Sonderfall von der Realität entfernt ist. Wenn jedoch die Kostenrechnung ihren Zweck erfüllen soll, die Effizienz der Planerfüllung zu gewährleisten, können die Verrechnungspreise nicht willkürlich gewählt werden.

und seine Unvereinbarkeit mit den Idealen der sozialistischen Bewegung zur Genüge nachgewiesen[47]. Ein derartiges System würde von einem zivilisierten Volk kaum toleriert. Eine Verteilung von Konsumgütern durch Rationierung war in der Sowjetunion zu einem Zeitpunkt möglich, als der Lebensstandard ein physiologisches Minimum erreicht hatte und eine Erhöhung der Ration jeder beliebigen Nahrung, Bekleidung oder Wohnmöglichkeit ohne Rücksicht auf Art und Umfang willkommen war. Sobald das Volkseinkommen jedoch genügend gesteigert worden war, wurde auf die Rationierung verzichtet, und diese wurde in großem Umfang durch einen Markt für Konsumgüter ersetzt. Außerdem hat es, wenn man bestimmte Ausnahmen einmal beiseite läßt, in der Sowjetunion immer freie Wahl des Arbeitsplatzes gegeben. Eine Verteilung von Konsumgütern durch Rationierung ist in den Ländern Westeuropas oder in den Vereinigten Staaten völlig undenkbar.

Die Freiheit der Konsumwahl bedeutet jedoch nicht, daß die Produktion tatsächlich von den Entscheidungen der Konsumenten gelenkt wird. Man kann sich sehr gut ein System vorstellen, in dem die Produktion und die Ressourcenverteilung durch eine Präferenzskala gelenkt werden, die von der Zentralen Planungskommission festgelegt wird, während das Preissystem dazu benutzt wird, die produzierten Konsumgüter zu verteilen. In einem derartigen System gibt es zwar eine Freiheit der Konsumwahl, doch haben die Konsumenten keinerlei Einfluß auf die Entscheidungen der Produktionsleiter und der Verwalter der Produktionsfaktoren[48]. Es würde also zwei Preisgefüge für Konsumgüter geben. Das eine wären die Marktpreise, zu denen die Güter den Konsumenten verkauft werden; das andere die Verrechnungspreise, die aus der von der Zentralen Planungskommission festgelegten Präferenzskala abgeleitet wären. Die Produktionsleiter würden ihre Entscheidungen auf der Grundlage des letzteren Preisgefüges treffen.

Es ist jedoch nicht sehr wahrscheinlich, daß ein derartiges System von den Bürgern einer sozialistischen Gemeinschaft toleriert würde. Das doppelte Preissystem für Konsumgüter würde der Bevölkerung klarmachen, daß die Bürokraten in der Zentralen Planungskommission die

---

47 »Economic Theory and Socialist Economy«, in: *Review of Economic Studies*, Oktober 1934, S. 51-61.
48 Natürlich verbleibt hier die Möglichkeit der Beeinflussung über politische Kanäle, doch gibt es keinen regulären ökonomischen Mechanismus, durch den die Konsumenten automatisch die Ausrichtung der Produktion beeinflussen. Zassenhaus hat eine sehr interessante theoretische Formulierung des Einflusses über politische Kanäle vorgeschlagen, die der der ökonomischen Entscheidungstheorie analog ist. Vgl. »Über die ökonomische Theorie der Planwirtschaft«, in: *Zeitschrift für Nationalökonomie*, Bd. V, September 1934, S. 511 ff.

Produktionsmittel der Gemeinschaft nach einer Präferenzskala verteilen, die anders aussieht als die der Bürger. Daß es ein doppeltes Preissystem für Konsumgüter gibt, könnte vor der Bevölkerung kaum verborgen werden, insbesondere dann nicht, wenn eine Institution (wie die Arbeiter- und Bauerninspektion der Sowjetunion[49]) vorhanden ist, die dem gewöhnlichen Bürger das Recht einräumt, Einblick in die Buchführung und in die Verwaltung der Mittel der Gemeinschaft zu nehmen.

Daher wäre eine Abweichung der Verrechnungspreise für Konsumgüter von den Marktpreisen nur in Ausnahmefällen gestattet, in denen allgemeine Einigkeit darüber besteht, daß eine derartige Abweichung im Interesse des Gemeinwohls ist. So zum Beispiel könnte man sich darüber einig werden, daß der Konsum von Whisky gebremst werden sollte, während die Lektüre der Werke von Karl Marx oder der Bibel (oder beider, wie dies in einem angelsächsischen Gemeinwesen gewiß der Fall wäre) gefördert werden sollte. Die Preise für diese Güter könnten entsprechend festgelegt werden. Derartige Vorgänge spielen sich aber auch in einer kapitalistischen Gesellschaft ab. Wenn die Bürokraten mit Erfolg eine eigene Präferenzskala für die Produktionslenkung vorschreiben wollen, müssen sie die Abweichung ihrer Präferenzskala von der der Bürger dadurch verschleiern, daß sie zur Rationierung im Bereich der Produktionsgüter und Produktionsmittel greifen[50]. Daher kann eine sozialistische Gemeinschaft, die das Prinzip durchsetzen konnte, daß die Rationierung ausgeschlossen und die Preisfestsetzung als einzige Methode zum Ausgleich der angebotenen und nachgefragten Mengen verwendet werden sollte[51], recht zuversichtlich sein, daß sie auch gewährleisten kann, daß sich die Zentrale Planungskommission nach den Präferenzen der Konsumenten richtet.

---

49 Diese Institution wurde im Juni 1934 abgeschafft und durch die Kommissionen der Sowjetkontrolle ersetzt. Ein Teil ihrer Funktionen sind von den Gewerkschaften übernommen worden. Vgl. Sidney und Beatrice Webb, *Soviet Communism*, London 1935, Bd. I, S. 99 und 474-478.

50 Es hat den Anschein, daß der große Umfang, in dem Rationierungen in der Sowjetunion erfolgten, zum Teil darauf zurückzuführen waren, daß der Anteil des Nationaleinkommens vertuscht werden mußte, der an die Bürokratie ging, in der Hauptsache jedoch darauf, daß man nicht verstand, den Preismechanismus richtig einzusetzen. Daß die Rationierung nach dem Bürgerkrieg und der Aufbauphase immer noch beibehalten wurde, ist ein Symptom für die bürokratische Entartung der sowjetischen Wirtschaft.

51 Man kann sich ein Oberstes Wirtschaftsgericht vorstellen, dessen Funktion darin bestünde, zu gewährleisten, daß die Produktionsfaktoren der Nation in Übereinstimmung mit dem öffentlichen Interesse eingesetzt werden. Es müßte die Macht haben, Entscheidungen der Zentralen Planungskommission umzustoßen, die im Widerspruch zu den allgemeinen Regeln der inneren Logik und Effizienz stünden, genauso wie der Oberste Gerichtshof der Vereinigten Staaten das Recht hat, für verfassungswidrig erachtete Gesetze aufzuheben. Dieses Gericht müßte alle Maßnahmen aufheben, die zur Rationierung führen.

## V. Die Argumente des Ökonomen für den Sozialismus

Die Regeln für die Logik der Entscheidungen und für die Effizienz ihrer Ausführung in einer sozialistischen Volkswirtschaft sind genau die gleichen wie diejenigen, die das Verhalten von Unternehmern bei reiner Marktkonkurrenz bestimmen[52]. Die Konkurrenz zwingt die Unternehmer, ziemlich genau so zu handeln, wie sie handeln müßten, wenn sie Produktionsleiter in einem sozialistischen System wären. Die Tatsache, daß die freie Konkurrenz tendenziell Verhaltensregeln vorschreibt, die denjenigen in einer idealen Planwirtschaft ähnlich sind, macht die Konkurrenz zur Lieblingsvorstellung der Ökonomen. Wenn aber die Konkurrenz dieselben Regeln für die Faktorverteilung erzwingt, wie sie in einer rational gelenkten sozialistischen Volkswirtschaft eingehalten werden müssen, weshalb sollte man sich dann noch mit dem Sozialismus befassen? Weshalb sollte man das gesamte Wirtschaftssystem ändern, wenn das gleiche Ergebnis innerhalb des gegenwärtigen Wirtschaftssystems erreicht werden kann, wenn dieses nur gezwungen werden muß, die Konkurrenz beizubehalten?

Die Analogie zwischen Allokation der Ressourcen in einer konkurrenzbetonten kapitalistischen und in einer sozialistischen Volkswirtschaft ist jedoch eine rein formale Analogie. Die *formalen* Prinzipien sind dieselben, doch kann die *tatsächliche* Allokation der Ressourcen ganz unterschiedlich erfolgen. Dieser Unterschied ist auf zwei Merkmale[53] zurückzuführen, die eine sozialistische Volkswirtschaft von einem ökonomischen System unterscheiden, das auf dem Privateigentum an den Produktionsmitteln und auf dem privaten Unternehmertum beruht.

Das eine Merkmal ist die Verteilung der Einkommen (Bedingung C

---

52 Es scheint hier eine Ausnahme zu geben: die Regel, die den Output einer Industrie bestimmt. Unter Bedingungen freier Konkurrenz ist der Output einer Industrie so hoch, daß der Produktpreis gleich den durchschnittlichen Produktionskosten ist, während der gesellschaftlich optimale Output (das heißt der Output, der die Präferenzen der Konsumenten am besten befriedigt) dann erreicht wird, wenn der Output einer Industrie so hoch ist, daß der Produktpreis gleich den *Grenz*kosten ist, die in der Industrie bei der Produktion dieser Menge entstehen. Wenn die Industrie bei konstanten Erträgen arbeitet, gibt es keinen derartigen Unterschied, da die Durchschnittskosten und Grenzkosten in dieser Industrie gleich sind. Wenn jedoch abnehmende außenbestimmte Grenzerträge oder zunehmende gegeben sind, tritt eine Divergenz auf, die bereits von Marshall bemerkt und von Professor Pigou ausdrücklich anerkannt wurde. Vgl. Alfred Marshall, *Principles of Economics*, London [8]1930, S. 472 und 474 f.; ebenso Pigou, *The Economics of Welfare*, a.a.O., S. 223 ff. Diese Ausnahme kann jedoch so interpretiert werden, daß sie auf einen Unterschied im Umfang der einzelnen Posten zurückzuführen ist, die in die Kalkulation von Kosten und Erträgen eingehen (wie auf S. 293 weiter unten erörtert).

53 Diese beiden Merkmale sind bereits von Marshall bei der Erörterung der Lehre der maximalen Befriedigung erörtert worden, wenn auch unter Bezug auf eine sozialistische Volkswirtschaft. Vgl. *Principles of Economics*, a.a.O., S. 470 ff.

bei der Bestimmung des ökonomischen Gleichgewichts). Nur eine sozialistische Volkswirtschaft kann die Einkommen so verteilen, daß ein maximaler Wohlstand erreicht wird. In jedem System mit Privateigentum an den Produktionsmitteln wird die Verteilung der Einkommen durch die Verteilung des Eigentums an den wichtigsten Produktionsmitteln bestimmt. Diese Verteilung ist eine historische Gegebenheit, die sich unabhängig von den Bedingungen für die Maximierung des Wohlstands entwickelt hat. So zum Beispiel besteht ein Unterschied in der Verteilung von Grund und Boden zwischen den Ländern, in denen die großen Landgüter der Feudalzeit durch bürgerliche und Bauernrevolutionen zerschlagen worden sind, und den Ländern, wo diese unangetastet blieben. Unter dem Kapitalismus ist die Verteilung des Eigentums an den wichtigsten Produktionsfaktoren sehr ungleichmäßig, da ein großer Teil der Bevölkerung nur die eigene Arbeitskraft besitzt. Unter solchen Bedingungen spiegeln die Nachfragepreise nicht die relative Dringlichkeit der Bedürfnisse verschiedener Personen wider[54], und die Allokation der Ressourcen, die durch die für Konsumgüter gebotenen Nachfragepreise bestimmt wird, ist alles andere als geeignet, das Maximum an Wohlstand zu erreichen. Während die einen verhungern, wird den anderen ermöglicht, dem Luxus zu frönen. In einer sozialistischen Gesellschaft könnten die Einkommen der Konsumenten so bestimmt werden, daß damit der Wohlfahrt der ganzen Bevölkerung maximiert wird.

Wenn wir davon ausgehen, daß Freiheit der Konsumwahl und freie Wahl des Arbeitsplatzes gegeben sind, muß die Einkommensverteilung,

---

54 Diese Kritik setzt natürlich voraus, daß die verschiedenen Nutzenarten, die von verschiedenen Personen aus einem bestimmten Einkommen gezogen werden, vergleichbar sind. Die Theorie des ökonomischen Gleichgewichts bedarf keiner derartigen Grundannahme, da sie sich, eben weil sie eine *Erklärung* des Verhaltens unter bestimmten Bedingungen ist, nur mit Individuen befaßt, von denen jedes seinen Nutzen getrennt maximiert. Die Möglichkeit eines derartigen Vergleichs ist ein notwendiges Postulat (es sei denn in einer Robinson-Crusoe-Wirtschaft), wenn unterschiedliche Gleichgewichtspositionen in bezug auf den *menschlichen Wohlstand* interpretiert werden sollen. Und eine derartige Interpretation ist erforderlich, wenn über verschiedene Wirtschaftspolitiken entschieden werden soll. Wenn diese Möglichkeit nicht gegeben ist, ist jedes Urteil über die Vorzüge und Nachteile einer ökonomischen Strategie unmöglich, das über die Frage rein formaler Entscheidungslogik und der Effizienz der Planerfüllung hinausginge. In einem solchen Fall ist auch kein Grund dafür zu finden, warum die Allokation der Ressourcen aufgrund der Nachfragepreise erfolgen sollte, die sich aus der freien Entscheidung der Konsumenten ergeben, und nicht nach den Launen eines Diktators. Jede andere von der Zentralen Planungskommission beliebig ausgewählte Präferenzskala würde dasselbe leisten. Es wäre ein Widerspruch in sich, die Vergleichbarkeit der Dringlichkeit der Bedürfnisse verschiedener Personen zu bestreiten und gleichzeitig die Allokation der Ressourcen auf der Grundlage von Nachfragepreisen als die einzige zu betrachten, die mit wirtschaftlichen Grundsätzen logisch vereinbar ist. Diese wäre, wie Mr. Dobb mit Recht bemerkt hat, ein Manöver, das es ermöglicht, »die wissenschaftliche Würde einer ethischen Neutralität mit der unbeschränkten Fähigkeit zu verbinden, Urteile über praktische Dinge abzugeben«. (M. H. Dobb, »Economic Theory and the Problem of a Socialist Economy«, in: *Economic Journal,* Dezember 1933, S. 591). Der logische Fehlschluß eines solchen Tricks ist leicht aufzudecken.

die den Wohlstand der Gesellschaft maximieren soll, den folgenden zwei Bedingungen Genüge tun: 1. Die Einkommensverteilung muß so geartet sein, daß derselbe Nachfragepreis, der von verschiedenen Konsumenten geboten wird, für eine gleiche Dringlichkeit der Bedürfnisse steht. Dies wird dadurch erreicht, daß der Grenznutzen des Einkommens für alle Konsumenten derselbe ist. 2. Die Einkommensverteilung muß zu einer solchen Aufteilung der Arbeitsleistungen auf die verschiedenen Berufe führen, daß die Unterschiede des Werts des Grenzprodukts der Arbeit in den verschiedenen Berufen gleich den Unterschieden des zu ihrer Ausübung gehörenden Grenznachteils ist[55]. Wenn wir davon ausgehen, daß die Grenznutzenkurve des Einkommens für alle Wirtschaftssubjekte dieselbe ist, wird die Bedingung 1 dann erfüllt, wenn alle Konsumenten das gleiche Einkommen haben. Die Bedingung 2 erfordert jedoch eine Einkommensdifferenzierung, da zur Gewährleistung der erforderlichen Aufteilung der Arbeitsleistungen Unterschiede im Grenznachteil der verschiedenen Berufe durch Einkommensunterschiede kompensiert werden müssen. Der Widerspruch ist jedoch nur scheinbar. Wenn man Freizeit, Sicherheit, Arbeitserschwernisse usw. in die Nutzenskalen des Wirtschaftssubjekts einsetzt, kann der Grenznachteil jedes Berufes als Alternativaufwand dargestellt werden. Die Entscheidung für einen Beruf, der zwar ein geringeres Geldeinkommen bietet, aber auch einen geringeren Grenznachteil der Arbeit, läßt sich als das Erkaufen von Freizeit, Sicherheit, angenehmerer Arbeit usw. zu einem Preis definieren, der gleich der Differenz zwischen dem Geldeinkommen in diesem Beruf und dem Geldeinkommen in anderen Berufen ist. Daher bestehen die von Bedingung 2 geforderten Einkommensunterschiede nur dem Anschein nach. Sie stellen Preise dar, die von den Wirtschaftssubjekten für unterschiedliche Arbeitsbedingungen bezahlt werden. Anstatt den verschiedenen Berufen verschiedene Geldeinkommen zuzuweisen, könnte die Verwaltung einer sozialistischen Volkswirtschaft allen Bürgern dasselbe Geldeinkommen bezahlen und für die Ausübung jeweils verschiedener Berufe verschiedene Preise verlangen. Es leuchtet ein, daß zwischen diesen beiden Bedingungen nicht nur kein Widerspruch besteht, sondern daß die Bedingung 2 erforderlich ist, damit die Bedingung 1 erfüllt werden kann[56].

---

55 Vergleiche jedoch die einschränkende Bedingung in Fußnote 33, S. 278.
56 Daher hat Dobb unrecht, wenn er behauptet, daß diese Bedingungen widersprüchlich sind. Vgl. a.a.O., S. 591 f. Wenn Erziehung und Ausbildung für die verschiedenen Berufe nicht kostenlos sind, ist auch die Bedingung 1 erforderlich, um die Bedingung 2 zu erfüllen, denn wenn der Grenznutzen des Einkommens nicht für alle Personen derselbe ist, müßte der Wert des Grenzprodukts der Arbeitsleistung (der gleich dem Lohn ist) in

Unser Argument ist zwingend, wenn die Grenznutzenkurve des Einkommens für alle Wirtschaftssubjekte die gleiche ist[57]. Natürlich entspricht dies nicht der Realität, und man könnte darauf verfallen, den Unterschieden zwischen den Grenznutzenkurven des Einkommens verschiedener Wirtschaftssubjekte dadurch Rechnung zu tragen, daß man den »weniger belastbaren« Personen höhere Einkommen zubilligt. Da aber solche Unterschiede der »Belastbarkeit« nicht gemessen werden können, wäre dieses Unterfangen praktisch undurchführbar. Außerdem sind die Unterschiede der »Belastbarkeit« in der gegenwärtigen Gesellschaft in der Hauptsache auf gesellschaftliche Klassenschranken zurückzuführen; zum Beispiel ist ein ungarischer Graf weniger »belastbar« als ein ungarischer Bauer. Derartige Unterschiede würden in der relativ homogenen sozialen Schichtung einer sozialistischen Gesellschaft verschwinden, und alle Unterschiede in bezug auf »Belastbarkeit« wären rein individueller Art. Es kann davon ausgegangen werden, daß derartige individuelle Unterschiede nach dem normalen Wahrscheinlichkeitsgesetz verteilt sind[58]. Daher würde eine sozialistische Gesellschaft, wenn sie die Einkommensverteilung auf die Annahme gründet, daß alle Wirtschaftssubjekte dieselbe Grenznutzenkurve des Einkommens haben, bei der Einschätzung der relativen Dringlichkeit der Bedürfnisse verschiedener Personen den richtigen Durchschnitt treffen und dabei nur die üblichen Wahrscheinlichkeitsfehler machen, während in die Einkommensverteilung in einer kapitalistischen Gesellschaft eine konstante Verzerrung eingeht – nämlich ein Klassenvorteil zugunsten der Reichen.

Das zweite Merkmal, das eine sozialistische Volkswirtschaft von einer auf dem privaten Unternehmertum beruhenden unterscheidet, liegt in der *Vielzahl der Einzelposten*, die in das Preissystem eingehen. Was

---

Relation zum Grenznachteil in den Berufen höher sein, die höhere Ausbildungskosten haben. Dies tritt in der kapitalistischen Gesellschaft auf, wo diejenigen, die sich eine teure Erziehung und Ausbildung leisten können, überproportional zum relativen Nachteil ihrer Arbeit bezahlt werden. Die Bedingung 2 würde jedoch im Falle außergewöhnlicher Begabungen (zum Beispiel hervorragender Künstler oder Chirurgen) nicht gelten, die ein natürliches Monopol bilden. In solchen Fällen muß der Wert des Grenzprodukts der Arbeitsleistung zwangsläufig überproportional dem Grenznachteil sein. Wenn sie nach dem Wert des Grenzprodukts ihrer Arbeitsleistung bezahlt würden, würden derartige Personen eine privilegierte Gruppe bilden, die sehr hohe Einkommen bezieht (zum Beispiel Schriftsteller in der Sowjetunion). Eine sozialistische Gesellschaft wäre aber auch in der Lage, ihnen Einkommen zu bezahlen, die weit unter dem Wert des Grenzprodukts ihrer Arbeitsleistung sind, ohne dadurch auf diese Arbeitsleistungen verzichten zu müssen.

57 Dies impliziert *nicht*, daß alle Wirtschaftssubjekte dieselben Nutzenskalen haben, obwohl sich dies aus einer derartigen Annahme ergeben könnte.

58 Unterschiede in den Grenznutzenkurven des Einkommens verschiedener Wirtschaftssubjekte, die nicht rein zufällig sind, sondern auf Alter, Familienstand, Krankheit usw. zurückzuführen sind, könnten leicht erkannt und die Einkommen könnten entsprechend differenziert werden.

in das Preissystem eingeht, hängt von der historisch gegebenen institutionellen Struktur ab. Wie Professor Pigou nachgewiesen hat, besteht häufig ein Unterschied zwischen den vom Unternehmer getragenen privaten Kosten und den sozialen Kosten der Produktion[59]. In der Kostenrechnung des Privatunternehmers treten nur diejenigen Posten auf, für die er einen Preis bezahlen muß, während Posten wie der Lebensunterhalt der Arbeitslosen, die entstehen, wenn er Arbeiter entläßt, die Fürsorge für die Opfer von Berufskrankheiten und Arbeitsunfällen usw. nicht in diese Rechnung eingehen oder, wie Professor J. M. Clark nachgewiesen hat, den sozialen Gemeinkosten zugeschlagen werden[60]. Andererseits gibt es aber auch Fälle, wo private Produzenten Dienstleistungen erbringen, die nicht im Produktpreis enthalten sind.

Ein auf dem privaten Unternehmertum beruhendes Wirtschaftssystem kann die bei der Produktion verwirklichten und geopferten Alternativen nur äußerst unvollkommen in Rechnung stellen. Die meisten wichtigen Alternativen, wie Leben, Sicherheit und Gesundheit der Arbeiter, werden geopfert, ohne als Produktionskosten buchmäßig in Erscheinung zu treten. Eine sozialistische Wirtschaft wäre in der Lage, *alle* Alternativen in ihre Wirtschaftsrechnung einzubeziehen. Auf diese Weise würde sie *alle* Dienstleistungen bewerten, die von der Produktion erbracht werden, und *alle* geopferten Alternativen in die Kostenrechnung einbeziehen; infolgedessen wäre sie auch in der Lage, die sozialen Gemeinkosten in Selbstkosten zu verwandeln. Damit würde sie einen großen Teil der gesellschaftlichen Vergeudung vermeiden, die mit dem privaten Unternehmertum verbunden ist. Wie Professor Pigou nachgewiesen hat, kann ein großer Teil dieser Vergeudung durch geeignete Gesetzgebung, Besteuerung und Prämiengewährung auch innerhalb des Rahmens des gegenwärtigen Wirtschaftssystems vermieden werden, doch kann eine sozialistische Volkswirtschaft dies sehr viel gründlicher bewerkstelligen.

Ein sehr wichtiger Fall von Aufwand und Erträgen, die der Privatproduzent nicht berücksichtigen kann, ergibt sich, wenn außenbestimmte abnehmende oder zunehmende Erträge gegeben sind. In einem derartigen Fall erhöht oder vermindert eine Steigerung des Outputs eines Produzenten die Leistungsfähigkeit der Produktionsfaktoren, die von den anderen Produzenten eingesetzt werden. Da die gesellschaftlichen Aufwendungen oder Erträge, die auf diese Weise entstehen, dem Einzelproduzenten weder zugute kommen noch belastet werden, kann

59 J. Maurice Clark, *The Economics of Welfare*, Bd. II, Kap. IX.
60 J. Maurice Clark, *Studies in the Economics of Overhead Costs*, Chicago 1923, S. 25 ff., 397-403, 463 f.

er sie bei der Bestimmung seines Outputs nicht in Rechnung stellen. Und bei freier Marktkonkurrenz ist die Zahl von Firmen, die eine bestimmte Ware erzeugen, so hoch, daß der Produktpreis gleich den von den Privatproduzenten getragenen Durchschnittskosten ist. Daher können die gesellschaftlichen Aufwendungen und Erträge, die auf außenbestimmte abnehmende oder zunehmende Erträge zurückzuführen sind, buchmäßig nicht berücksichtigt werden. In einer sozialistischen Volkswirtschaft wird diese Situation automatisch durch die Regel bewältigt, daß jede Industrie gerade so viel produzieren muß, daß die in diesem Industriezweig bei der Produktion dieser Menge entstehenden *Grenz*kosten gleich dem Produktpreis sind. Außenbestimmte abnehmende Niveaugrenzerträge, die sich aus einer Veränderung im Output der Industrie ergeben, erscheinen in Form einer Divergenz zwischen den Durchschnittskosten und den Grenzkosten, die bei der Industrie anfallen. Beseitigt werden sie durch die Regel, daß der Produktpreis nicht gleich den Durchschnittskosten, sondern gleich den Grenzkosten der Produktion sein muß.

Infolge der Möglichkeit, *alle* Alternativen in die Rechnung einzubeziehen, wäre eine sozialistische Volkswirtschaft den Schwankungen des Konjunkturzyklus nicht unterworfen. Was auch immer die theoretischen Erklärungen für den Konjunkturzyklus sein mögen, die kumulative Schrumpfung von Nachfrage und Output, die durch eine kumulative Verminderung der Kaufkraft verursacht wird, könnte in einer sozialistischen Volkswirtschaft gestoppt werden. In einer sozialistischen Volkswirtschaft können natürlich schwere Fehler und Fehlorientierungen von Investition und Produktion vorkommen. Derartige Fehlorientierungen brauchen jedoch nicht dazu zu führen, daß der Rückgang des Outputs und die Nichtbeschäftigung von Produktionsmitteln sich über das ganze Wirtschaftssystem ausbreiten. Ein Privatunternehmer *muß* seinen Betrieb schließen, wenn er schwere Verluste erleidet. Auch in einer sozialistischen Volkswirtschaft bleibt ein Fehler ein Fehler und muß korrigiert werden. Bei der Korrektur jedoch können *alle* gewonnenen und geopferten Alternativen in Rechnung gestellt werden, und es besteht keine Notwendigkeit, Verluste in einem Teil des Wirtschaftssystems durch ein Verfahren zu korrigieren, das durch den Sekundäreffekt eines kumulativen Rückgangs der Nachfrage und der Nichtbeschäftigung von Produktionsfaktoren noch weitere Verluste erzeugt. Fehler können eingegrenzt werden, und eine Überproduktion in Teilgebieten braucht sich nicht zu einer allgemeinen ausweiten[61]. Der Kon-

---

61 Da die Entscheidungen der Zentralen Planungskommission nicht von dem Ziel geleitet werden, für jede Investition einen maximalen Profit zu erzielen, sondern von der Rück-

junkturtheoretiker ginge daher in einer sozialistischen Volkswirtschaft seines Untersuchungsgegenstands verlustig, das Wissen jedoch, das er gesammelt hat, wäre immer noch nützlich zur Ermittlung von Methoden zur Fehlervermeidung und von Methoden zur Korrektur von Fehlern, die nicht zu weiteren Verlusten führen.

Die Möglichkeit, die Einkommensverteilung so zu bestimmen, daß der Wohlstand maximiert und alle Alternativen in die Wirtschaftsrechnung einbezogen werden, macht eine sozialistische Volkswirtschaft aus der Sicht des Ökonomen einem Konkurrenzsystem mit Privateigentum an den Produktionsmitteln und mit privatem Unternehmertum überlegen[62], besonders überlegen jedoch gegenüber einer auf Konkurrenz beruhenden kapitalistischen Wirtschaft, wo ein großer Teil der Wirtschaftssubjekte auf das Eigentum an Produktionsfaktoren über ihre eigene Arbeitskraft hinaus verzichten muß. Das tatsächlich vorhandene kapitalistische System ist jedoch keines mit vollkommener Konkurrenz; in ihm herrschen vielmehr oligopolistische und monopolistische Konkurrenz vor. Dies gibt den Argumenten des Ökonomen für den Sozialismus noch größere Durchschlagskraft. Die Vergeudungen, die durch die Konkurrenz der Monopole verursacht werden, sind in der neueren theoretischen Literatur so umfassend behandelt worden, daß diese Argumentation an dieser Stelle nicht wiederholt zu werden braucht. Das kapitalistische System ist von dem Modell der Marktkonkurrenz, wie es die ökonomische Theorie aufgestellt hat, weit entfernt. Und selbst wenn es mit diesem Modell deckungsgleich wäre, wäre es, wie wir gesehen haben, weit davon entfernt, das Gemeinwohl zu maximieren. Nur eine sozialistische Wirtschaft kann den von vielen Ökonomen in bezug auf die Leistungen der freien Konkurrenz aufgestellten Anspruch in vollem Umfang einlösen. Durch die *formale* Analogie zwischen den Prinzipien der Allokation der Ressourcen in einem sozialistischen System und in einem System von Privatunternehmertum

---

sicht darauf, alle im gesamten Wirtschaftssystem verfügbaren Produktionsmittel auf die bestmögliche Art und Weise einzusetzen, würde immer ein Investitionsumfang gewährleistet, der ausreicht, die Vollbeschäftigung aller Produktionsfaktoren sicherzustellen.

62 Die Mängel, die auf die Ungleichheit der Einkommen zurückzuführen sind, wären in einem Konkurrenzsystem nicht vorhanden, in dem das Privateigentum an den Produktionsmitteln auf alle Teile der Bevölkerung gleichmäßig verteilt ist. (Marx nannte ein derartiges System einfache Warenproduktion.) Ein derartiges System ist unvereinbar mit der Großindustrie. Wegen der annähernden Gleichheit der Einkommen in einem derartigen System könnte innerhalb einer sozialistischen Gesellschaft ein derartiges System zum Teil enthalten sein. Daher braucht der Sozialismus das Privateigentum an den Produktionsmitteln in der Kleinindustrie und der Landwirtschaft nicht abzubauen, es sei denn, die Großproduktion wäre in diesen Bereichen wirtschaftlicher. Durch entsprechende Gesetzgebung, Besteuerung und Prämiengewährung kann eine sozialistische Volkswirtschaft diese Kleinunternehmer dazu bringen, alle Alternativen zu berücksichtigen und der Gefahr aus dem Wege gehen, daß sie ernsthafte zyklische Schwankungen hervorrufen.

und Konkurrenz wird jedoch die wissenschaftliche Methode der Theorie des ökonomischen Gleichgewichts, die für das kapitalistische System entwickelt wurde, auch für das sozialistische System anwendbar. Das gegenwärtige kapitalistische System wird durch die Analysen von Frau Robinson und Professor Chamberlin weit besser beschrieben als durch die von Walras und Marshall. Das Werk der letzteren wird jedoch viel nützlicher dafür sein, die Probleme eines sozialistischen Systems zu lösen. Infolgedessen stehen Professor Chamberlin und Mrs. Robinson vor der Gefahr, im Sozialismus ihre Arbeit zu verlieren, es sei denn, sie ließen sich in die Abteilung für Wirtschaftsgeschichte versetzen, um den Studenten der Geschichte den theoretischen Apparat zu vermitteln, der für das Verständnis dessen notwendig ist, was einer zukünftigen Generation als der Wahnsinn einer vergangenen Epoche erscheinen wird.

Gegen diese Vorteile einer sozialistischen Wirtschaft könnte der Ökonom den Nachteil stellen, der sich aus der willkürlichen Festsetzung der Akkumulationsrate des Kapitals ergibt, wenn die Kapitalakkumulation »vorweg«genommen wird. Eine Akkumulationsrate, die nicht Ausdruck der Konsumentenpräferenzen im Hinblick auf den Zeit/Mengenverlauf des Einkommens ist, kann als Einbuße am Gemeinwohl betrachtet werden. Es hat jedoch den Anschein, daß dieser Nachteil durch die aufgezählten Vorteile mehr als aufgewogen wird. Außerdem wird das Sparen auch bei der gegenwärtigen Wirtschaftsordnung nur zum Teil durch reine Nutzenerwägungen bestimmt, *und die Sparrate wird in viel größerem Umfang durch die Einkommensverteilung beeinflußt, die vom Standpunkt des Ökonomen aus irrational ist.* Außerdem kann in einer kapitalistischen Volkswirtschaft, wie Mr. Robertson bereits nachgewiesen[63] und Mr. Keynes bei seiner Analyse der Bestimmungsfaktoren für die Gesamtbeschäftigung näher ausgeführt hat[64], der Versuch des Publikums, zu sparen, dadurch vereitelt werden, daß ihm keine angemessene Investitionsrate folgt, was dazu führt, daß sich aus der Sparneigung der Bevölkerung anstatt vermehrten Wohlstands eine größere Armut ergibt. Daher könnte sich vom Standpunkt des Ökonomen die in einer sozialistischen Gesellschaft »vorweg«bestimmte Akkumulationsrate als sehr viel rationaler erweisen, als dies die gegenwärtige Sparrate in einer kapitalistischen Gesellschaft ist.

---

63 D. H. Robertson, *Banking Policy and the Price Level,* London 1926, S. 45 ff.; *Money* (rev. Ausg.), London 1929, S. 93-97.
64 J. M. Keynes, *Allgemeine Theorie der Beschäftigung, des Zinses und des Geldes,* Berlin 1936; übersetzt von Fritz Waeger nach der engl. Ausgabe von 1936.

Es gibt auch noch einen Einwand, der in bezug auf die Leistungsfähigkeit von Staatsbeamten im Vergleich zu Privatunternehmern als Produktionsleitern gegen den Sozialismus vorgebracht werden könnte. Streng genommen müssen diese staatlichen Funktionäre mit den Funktionären großer Aktiengesellschaften unter dem Kapitalismus verglichen werden und nicht mit privaten Kleinunternehmern. Damit verliert der Einwand viel von seiner Gültigkeit. Die Diskussion dieses Arguments gehört mehr in den Bereich der Soziologie als in den der ökonomischen Theorie, und wir müssen daher hier darauf verzichten. Damit wollen wir keineswegs leugnen, daß dieses Problem von großer Bedeutung ist. Es scheint uns in der Tat, daß die *wahre Gefahr des Sozialismus in der Bürokratisierung des Wirtschaftslebens liegt,* und nicht darin, daß es unmöglich wäre, mit dem Problem der Ressourcenverteilung fertig zu werden. Leider sehen wir keine Möglichkeit, wie dieselbe oder sogar noch größere Gefahr im Monopolkapitalismus vermieden werden kann. Funktionäre, die der demokratischen Kontrolle unterworfen sind, dürften Direktoren privater Aktiengesellschaften vorzuziehen sein, die praktisch niemandem verantwortlich sind.

Das wirklich bedeutsame Problem bei der Abhandlung der ökonomischen Vorzüge des Sozialismus ist jedoch nicht das des Vergleichs der Gleichgewichtsposition einer sozialistischen und einer kapitalistischen Volkswirtschaft in bezug auf das Gemeinwohl. So interessant dieser Vergleich für den Wirtschaftstheoretiker ist, ist er bei der Diskussion des Sozialismus nicht die wahre Streitfrage. Die wahre Streitfrage ist, *ob das Weiterbestehen des kapitalistischen Systems mit dem wirtschaftlichen Fortschritt vereinbar ist oder nicht.*

Die Sozialisten sind die letzten, die bestreiten, daß der Kapitalismus der Träger des größten ökonomischen Fortschritts ist, den es in der Geschichte der Menschheit je gegeben hat. Es gibt in der Tat kaum eine enthusiastischere Lobpreisung der revolutionierenden Leistungen des kapitalistischen Systems als die, die im *Kommunistischen Manifest* enthalten ist. Über die Bourgeoisie heißt es dort: »Erst sie hat bewiesen, was die Tätigkeit der Menschen zustandebringen kann. Sie hat ganz andere Wunderwerke vollbracht als ägyptische Pyramiden, römische Wasserleitungen und gotische Kathedralen, sie hat ganz andere Züge ausgeführt als Völkerwanderungen und Kreuzzüge ... Die Bourgeoisie reißt durch die raschen Verbesserungen aller Produktionsinstrumente, durch die unendlich erleichterten Kommunikationen alle, auch die barbarischsten Nationen in die Zivilisation ... Die Bourgeoisie hat in ihrer kaum hundertjährigen Klassenherrschaft massenhaftere und kolossalere Produktionskräfte geschaffen als alle vergangenen Generationen zusammen. Unterjochungen der Naturkräfte, Maschinerie, Anwendung der Chemie auf Industrie und Ackerbau, Dampfschiffahrt, Eisenbahnen, elektrische Telegraphen, Urbarmachung ganzer Weltteile, Schiffbarmachung der Flüsse, ganze aus dem Boden hervorgestampfte Bevölkerungen – welches frühere Jahrhundert ahnte, daß solche Produktionskräfte im Schoß der gesellschaftlichen Arbeit schlummerten.«* Es erhebt sich jedoch die Frage, ob die Institution des Privateigentums an den Produktionsmitteln und des Privatunternehmertums weiterhin auf bestimmte Zeit den ökonomischen Fortschritt fördern werden oder ob sie in einem bestimmten Stadium der Entwicklung der Technik sich aus Triebkräften in Fesseln des weiteren Fortschritts verwandeln. Letzteres behaupten die Sozialisten.

Der unerhörte ökonomische Fortschritt der letzten 200 Jahre ist auf Neuerungen (Innovationen) zurückzuführen, die die Produktivität einer bestimmten Kombination von Produktionsfaktoren erhöhten oder neue Waren und Dienstleistungen schufen. Die Auswirkungen solcher Neuerungen auf die Profite des Privatunternehmertums sind von zweierlei Art: 1. Der Unternehmer, der eine Neuerung einführt, erlangt einen unmittelbaren, wenn auch unter Bedingungen freier Konkurrenz nur zeitlich begrenzten Profit bzw. eine Profitsteigerung. 2. Die Unternehmer, die die veralteten Produktionsmittel einsetzen, oder konkurrierende Güter produzieren, die durch billigere Konkurrenzgüter substituiert werden, müssen Verluste hinnehmen, die letztlich zu einer Abwertung des in ihrem Geschäft investierten Kapitals führen; auf der anderen Seite kann es auch Unternehmer geben, die aus einer infolge der Neuerung neu entstehenden Nachfrage Nutzen ziehen. In jedem Falle steht jede Innovation in notwendigem Zusammenhang mit einer Wertminderung bestimmter früherer Investitionen.

In einem System mit Marktkonkurrenz, bei dem die Parameterfunktion der Preise und die freie Zugangsmöglichkeit neuer Firmen in jede Industrie gegeben sind, *müssen* sich Unternehmer und Investoren mit der aus Neuerungen entstehenden Wertminderung oder Entwertung alter Investitionen abfinden, da es keine Möglichkeit gibt, gegen diese Neuerungen vorzugehen. Die einzige Art, wie die Unternehmer mit der Situation fertig werden können, besteht darin, daß sie in ihrem eigenen Betrieb Neuerungen einführen, die wiederum anderen Ver-

---

* *Anmerkung des Übers.:* Manifest der Kommunistischen Partei, Marx/Engels, *Werke*, Bd. 4, S. 465 ff.

luste zufügen. Wenn aber die Wirtschaftseinheiten so groß werden, daß die Parameterfunktion der Preise und die Möglichkeit eines freien Zuwanderns neuer Firmen (und Investitionen) in die Industrie ausgeschaltet wird, entsteht die Tendenz zur Vermeidung einer Entwertung des investierten Kapitals. Wenn es nicht durch die Konkurrenz zu einem anderen Verhalten gezwungen wird, wird ein Privatunternehmen Neuerungen nur dann einführen, wenn das alte Investitionskapital amortisiert ist oder die Kostensenkung so ausgeprägt ist, daß sie die Wertminderung des bereits investierten Kapitals mehr als ausgleicht, das heißt, wenn die durchschnittlichen Gesamtkosten niedriger werden als die durchschnittlichen Selbstkosten der Produktion mit dem alten Maschinenpark bzw. der alten Ausstattung. Eine derartige Verlangsamung des technischen Fortschritts verstößt aber gegen die Interessen der Gesellschaft[65].

Die Tendenz zur Werterhaltung vorhandener Investitionen wird sogar noch mächtiger, wenn das Eigentum am investierten Kapital von der Unternehmerfunktion abgelöst ist, wie dies im heutigen sogenannten *Finanzkapitalismus* in zunehmendem Maße der Fall ist. Das Industrieunternehmen muß nämlich den vollen Wert des investierten Kapitals ersetzen oder bankrott gehen. Dies gilt besonders, wenn die Finanzierung des Unternehmens durch festverzinsliche Papiere erfolgt ist, aber selbst wenn sie durch Aktienausgabe vorgenommen wurde, kann ein ausgeprägtes Fallen der Kursnotierungen das finanzielle Ansehen der Firma schädigen.

Die Werterhaltung des investierten Kapitals ist jedoch unvereinbar mit kostensenkenden Neuerungen. Professor Robbins hat dies glänzend nachgewiesen:

»Die Werterhaltung des investierten Kapitals kann sehr wohl dazu führen, daß Produzenten, denen die Aussichten in einer Industrie vielversprechender erscheinen als in jeder anderen, davon abgehalten werden, sich darin niederzulassen, daß kostensparende technische Ver-

---

65 Es liegt im Interesse der Gesellschaft, daß *jede* mögliche Verbesserung eingeführt wird, ungeachtet dessen, wie sich dies auf den Wert des bereits investierten Kapitals auswirkt. Wenn es durch die Verbesserung möglich ist, die Ware zu Durchschnittsgesamtkosten zu produzieren, die unter den durchschnittlichen Selbstkosten ihrer Herstellung mit dem alten Maschinenpark liegen, liegt eine Ersetzung des alten Maschinenparks durch den neuen offensichtlich im öffentlichen Interesse. Aber selbst wenn die Durchschnittsgesamtkosten der neuen Produktionsmethode nicht niedriger sind als die durchschnittlichen Selbstkosten der Produktion mit dem alten Maschinenpark, liegt die Einführung der neuen Methode im öffentlichen Interesse. In diesem Falle sollten sowohl der alte wie der neue Maschinenpark zur Produktion herangezogen werden und die Öffentlichkeit in den Genuß der niedrigeren Preise kommen. Der Wertverlust des alten Investitionskapitals wird genau aufgewogen durch den Gewinn der Öffentlichkeit infolge der Preissenkung. Vgl. Pigou, *The Economics of Welfare*, a.a.O., S. 190 ff.

besserungen unterbleiben, die die Ware für die Konsumenten stark verbilligen würden, und daß verhindert wird, daß sich die Vergeudungskonkurrenz von Personen, die sich bereitfinden, dem Konsumenten für geringere Entgelte als zuvor zu dienen, im Sinne einer Preissenkung auswirkt. Jeder Schüler weiß, daß die Verbilligung, die sich aus dem Import von Getreide ergibt, unvereinbar mit der Werterhaltung der Anbauflächen ist, die bestellt würden, wenn der Getreideimport Beschränkungen unterliegen würde. Die Binsenwahrheiten der Theorie des Welthandels verlieren nichts an Gültigkeit, wenn sie auf die Konkurrenz des Binnenmarkts angewandt werden. Der Einwand zum Beispiel, daß durch den Straßentransport der Wert des Eisenbahnkapitals gemindert wird, hat genausoviel und sowenig Durchschlagskraft wie der Einwand, daß durch Verbilligung der Nahrungsmittel der Wert des Eigentums an Grund und Boden sinkt ... Der wirtschaftliche Fortschritt im Sinne einer Verbilligung von Waren ist unvereinbar mit der Erhaltung des Werts, der in bestimmten Industrien bereits investiert ist.«[66]

Wenn daher die Werterhaltung des bereits investierten Kapitals zur Hauptsorge der Unternehmer wird, muß der weitere ökonomische Fortschritt gestoppt oder zumindestens beträchtlich verlangsamt werden.

Im gegenwärtigen Kapitalismus ist die Erhaltung des Werts der jeweiligen Investition in der Tat zum Hauptproblem geworden. Entsprechend stehen Interventionismus und Restriktionsmaßnahmen in der Wirtschaftspolitik an erster Stelle[67]. Da es aber sehr häufig so ist, daß durch Neuerungen der Wert des Investitionskapitals nicht in der Industrie oder Firma sinkt, die sie einführt, sondern in anderen, können Neuerungen nicht gänzlich unterbunden werden. Wenn der Druck von Neuerungen so stark wird, daß er den künstlich hochgehaltenen Wert der alten Investitionen vernichtet, ist das Ergebnis ein ungeheurer wirtschaftlicher Zusammenbruch. Die Stabilität des kapitalistischen Systems wird erschüttert durch das ständige Wechselspiel zwischen Versuchen, den wirtschaftlichen Fortschritt zum Schutz alter Investitionen aufzuhalten, und den ungeheuren Zusammenbrüchen beim Scheitern dieser Versuche. Der zunehmenden Instabilität des Konjunkturklimas kann nur dadurch gegengesteuert werden, daß entweder die Versuche zur Werterhaltung alter Investitionen aufgegeben oder Neuerungen mit Erfolg unterbunden werden.

---

66 *The Great Depression*, a.a.O., S. 141.
67 Der Schutz von Monopolprivilegien und von besonderen Investitionen ist außerdem die Hauptquelle der imperialistischen Rivalitäten der Großmächte.

Die Unterbindung des technischen Fortschritts würde jedoch das kapitalistische System vor neue Schwierigkeiten stellen, da es für die Kapitalakkumulation keine profitträchtigen Investitionsmöglichkeiten gäbe. Ohne den technischen Fortschritt (arbeitssparender Art), Entdeckung neuer Naturschätze oder beträchtliche Bevölkerungszunahme (und die letzteren beiden reichen heutzutage nicht mehr aus, das Fehlen des ersten auszugleichen) dürfte die *netto* Grenzproduktivität des Kapitals auf ein Niveau abfallen, das nicht mehr ausreicht, die Liquiditätspräferenz der Kapitalhalter zu kompensieren. Dieses Ergebnis tritt noch schärfer hervor, wenn ein Teil der Industrien eine Monopolstellung genießt, die sie in die Lage versetzt, den Wert ihrer Investitionen zu schützen; denn dadurch, daß das neue Kapital sich frei nur in den Industrien niederlassen kann, in denen noch freie Konkurrenz herrscht, wird die *netto* Grenzproduktivität des Kapitals noch stärker gesenkt, als dies ansonsten der Fall wäre. Wie dies Keynes in seiner glänzenden Analyse[68] untermauert hat, dürfte dies zu einem deflationären Druck führen, der eine chronische Unterbeschäftigung der Produktionsfaktoren zum Ergebnis hat.

Um einer derart chronischen Arbeitslosigkeit vorzubeugen, müßte der Staat große öffentliche Investitionen vornehmen und daher den Privatkapitalisten dort ersetzen, wo dieser infolge der niedrigen Ertragsrate der Investitionen nicht einzutreten bereit ist. Wenn eine weitere Kapitalakkumulation nicht wirksam unter Verbot gestellt wird, müßte der Staat mehr und mehr die Privatkapitalisten in ihrer Funktion als Investoren ersetzen. Daher scheint das kapitalistische System in einer unentrinnbaren Zwangslage zu sein; die Hemmung des technischen Fortschritts führt dadurch, daß die Möglichkeiten für gewinnbringende Investitionen erschöpft werden, zu einem Stadium chronischer Arbeitslosigkeit, dem nur durch eine Politik öffentlicher Investitionen in immer höherem Maßstab abgeholfen werden kann, während ein weiterer technischer Fortschritt zu der Instabilität führt, die auf die bereits beschriebene Politik der Werterhaltung alter Investitionen zurückzuführen ist.

Wir sind der Meinung, daß die Neigung zur Werterhaltung alter Inve-

---

68 Vgl. *Allgemeine Theorie der Beschäftigung, des Zinses und des Geldes*, a.a.O., S. 182-185 und 260 ff. Hierbei wäre zu erwähnen, daß die Schwierigkeiten, die sich für das kapitalistische System dadurch ergeben, daß die Kapitalakkumulation kein Ventil in gewinnbringenden Investitionsmöglichkeiten findet, wenn auch ohne endgültigen Schlüsse, von einer langen Reihe von Autoren der marxistischen Schule abgehandelt wurden; Tugan-Baranowski, Hilferding, Rosa Luxemburg, Otto Bauer, Bucharin, Sternberg, Grossmann und Strachey sind nur die wichtigsten von ihnen. Viel erfolgreicher waren diese Autoren jedoch bei der Erklärung, welche Auswirkung diese Schwierigkeiten auf die imperialistische Politik kapitalistischer Staaten hat.

stitionen nur durch die Abschaffung des privaten Unternehmertums und des Privateigentums an Kapital und Bodenschätzen erfolgreich beseitigt werden kann, zumindest für diejenigen Industrien, in denen eine derartige Tendenz vorherrscht. Auch zwei andere Möglichkeiten zur Beseitigung dieser Tendenz sind denkbar.

Eine Möglichkeit wäre, zur freien Konkurrenz zurückzukehren. Diese scheint jedoch wegen der Größe moderner Wirtschaftseinheiten nicht gegeben zu sein. In einem System, das auf dem Streben nach privatem Profit beruht, ist jeder Unternehmer von Natur aus geneigt, alle Möglichkeiten zur Steigerung seines Profits auszuschöpfen. Die Neigung zur Beschränkung der Konkurrenz ist für das private Unternehmertum genauso natürlich wie für das Privateigentum am Kapital die Neigung, den Wert seiner alten Investitionen zu schützen. Adam Smith bemerkte dazu schon vor langer Zeit: »Und doch ist das Interesse der Verkäufer in jedem Zweige des Handels und der Gewerke stets in gewissem Betracht von dem öffentlichen Interesse verschieden und ihm sogar entgegengesetzt. Es liegt immer im Interesse der Verkäufer, den Markt zu erweitern und die Konkurrenz zu verengen. Die Erweiterung des Marktes kann oft mit dem öffentlichen Interesse ganz im Einklange sein, aber die Verengung der Konkurrenz widerstreitet demselben immer . . .«[69] Oder in einem anderen Abschnitt: »Leute von demselben Gewerbe kommen selten auch nur zum Vergnügen zusammen, ohne daß ihre Unterhaltung mit einer Verschwörung gegen das Publikum oder einem Plane zur Erhöhung der Preise endigt.«[70] Von keinem Privatunternehmer oder Priatkapitalisten ist zu erwarten, daß er freiwillig auf eine Gelegenheit verzichtet, seinen Profit oder den Wert seiner Investition zu steigern:

> »Al monde nun fur mai persone ratte
> a far lor pro ed a fuggir lor danne.«
> (Dante, *Inferno*, Canto II)

Das System der freien Konkurrenz ist ein recht merkwürdiges. Es besteht darin, daß die Unternehmer zum Narren gehalten werden. Um funktionieren zu können, erfordert es das Streben nach maximalem Profit, es vernichtet jedoch die Profite, wenn diese tatsächlich von einer größeren Anzahl Personen angestrebt werden. Doch ist dieses Blindekuh-Spiel mit dem Streben nach maximalem Profit nur so lange mög-

---

69 Adam Smith, *Der Reichtum der Nationen*, übersetzt von Max Stirner nach der englischen Ausgabe von Cannan (1904), Kröners Volksausgabe, Jena 1910, Bd. I, S. 149 f.
70 A.a.O., S. 75.

lich, wie die einzelne Wirtschaftseinheit von geringer Größe und die Anzahl der Unternehmer infolgedessen groß ist. Mit dem Aufkommen der großen Industrie und der Zentralisierung der finanziellen Verfügungsmacht zerstört jedoch das Streben nach maximalem Profit die freie Konkurrenz.

Das Bild wäre nicht vollständig ohne die Bemerkung, daß zum Schutz von Profiten oder Investitionen häufig politische Eingriffe ins Wirtschaftsleben erfolgen[71]. Auch diese politische Intervention ist ein Ergebnis der zunehmenden Größe industrieller und finanzieller Einheiten. Kleinunternehmen sind zu klein, als daß sie politisch von Bedeutung wären, die ökonomische Macht großer Aktiengesellschaften und Bankinteressen ist jedoch so groß, daß sie nicht ohne ernsthafte politische Auswirkungen bleiben kann. Solange die Profitmaximierung die Grundlage jeder Geschäftstätigkeit ist, ist es unvermeidlich, daß Aktiengesellschaften und Banken versuchen, ihre ökonomische Macht zur Steigerung ihrer Profite oder des Werts ihrer Investitionen dadurch einzusetzen, daß sie eine geeignete Intervention von Seiten des Staats herbeiführen[72]. Und wenn die exekutiven und legislativen Organe des Staats keine abstrakten metaphysischen Einheiten jenseits der Wirkungsmöglichkeiten jeder irdischen Beeinflussung sind, werden sie dem Druck dieser Mächte nachgeben. Eine Rückkehr zur freien Konkurrenz könnte nur dadurch bewerkstelligt werden, daß die großen Wirtschaftseinheiten zerschlagen werden und ihre ökonomische und politische Macht zerstört wird. Dies könnte nur um den Preis der Aufgabe der Großproduktion und der großen ökonomischen Errungenschaften der Massenproduktion erreicht werden, die damit zusammenhängen. Ein derart künstlich aufrechterhaltenes System der freien Konkurrenz müßte die Anwendung fortgeschrittener Technik verbieten.

Es gibt noch eine zweite Möglichkeit der Überwindung der Neigung zur Werterhaltung alter Investitionen: die Kontrolle der Produktion und der Investitionen durch die Regierung mit dem Zweck, Monopole und Wettbewerbsbeschränkungen zu verhindern. Eine derartige Kon-

---

71 Dies ist in Europa häufiger der Fall als in den Vereinigten Staaten.
72 Dies hat auch bedeutende Auswirkungen auf die Selektion von Wirtschaftsführern. Unter der Bedingung freier Konkurrenz ist der erfolgreichste Führer eines Geschäftsunternehmens derjenige, der zu den geringsten Kosten produzieren kann. Unter den Bedingungen des Interventionismus und der Restriktionspolitik ist der beste Geschäftsmann derjenige, der sich am besten darauf versteht, die Entscheidungen der Staatsorgane (in bezug auf Zölle, Regierungssubventionen oder -aufträge, vorteilhafte Importquoten usw.) in seinem Interesse zu beeinflussen. Eine besondere Fähigkeit in dieser Richtung kann durchaus die Unfähigkeit kompensieren, zu geringen Kosten zu produzieren. Der beste Lobbyist wird zum erfolgreichsten Wirtschaftsführer. Was früher als besonderes Merkmal der Rüstungsindustrie betrachtet wurde, wird im interventionistischen Kapitalismus zur allgemeinen Regel.

trolle würde Produktions- und Investitionsplanung ohne Beseitigung des privaten Unternehmertums und des Privateigentums an den Produktionsmitteln bedeuten. Eine derartige Planung kann jedoch kaum von Erfolg gekrönt sein. In Anbetracht der großen ökonomischen Macht von Konzernen und Banken wären es vermutlich diese, die die staatlichen Planungsbehörden unter Kontrolle hätten, und nicht umgekehrt. Das Ergebnis wäre eine Planung zugunsten der Monopole und der Wettbewerbsbeschränkung, also das Gegenteil dessen, was angestrebt wurde.

Aber selbst wenn dieses Ergebnis vermieden werden könnte, wäre eine derartige Kontrolle erfolglos. Das Privateigentum an den Produktionsmitteln und das Privatunternehmertum beizubehalten und sie dazu zu zwingen, etwas anderes zu tun als das, was vom Streben nach Profitmaximierung gefordert wird, würde einen ungeheuren Umfang der Reglementierung von Investition und Unternehmertum bedeuten. Um sich dies zu vergegenwärtigen, braucht man sich nur klarzumachen, daß eine Kontrolle durch die Regierung, die eine restriktive Werterhaltung alter Investitionen verhindern wollte, die Produzenten zu einem Handeln zwingen müßte, das ihnen tatsächliche Kapitalverluste auferlegt. Es würde die Finanzstruktur der modernen kapitalistischen Industrie über den Haufen werfen. Die dauernden Reibereien zwischen Kapitalisten und Unternehmern einerseits und den mit der Kontrolle betrauten Regierungsbehörden andererseits würden das Wirtschaftsleben lähmen. Außerdem würden die Konzerne und Großbanken ihre wirtschaftliche Macht dazu benutzen, den Regierungsbehörden Paroli zu bieten (zum Beispiel, indem sie ihre Betriebe schließen, Investitionen verweigern und die Wirtschaft auf andere Weise sabotieren). Im Ergebnis müßte die Regierung entweder einlenken, und daher jede wirksame Einwirkung auf das Streben nach Profitmaximierung aufgeben, oder die widerstrebenden Konzerne und Banken in öffentliches Eigentum und öffentliche Verfügungsgewalt überführen. Letzteres würde unmittelbar zum Sozialismus führen.

Daher können Monopole, Restriktionspolitik und Interventionismus nur zusammen mit dem privaten Unternehmertum und dem Privateigentum an den Produktionsmitteln abgeschafft werden, die inzwischen den ökonomischen Fortschritt alles andere als fördern und sich in seine Fesseln verwandelt haben. Dies impliziert jedoch nicht, daß es notwendig oder klug wäre, das private Unternehmertum und das Privateigentum an den Produktionsmitteln auf denjenigen Gebieten abzuschaffen, wo noch echte Konkurrenz herrscht, das heißt in der Kleinindustrie und in der Landwirtschaft. Auf diesen Gebieten können das Privateigentum an den Produktionsmitteln und das private Unternehmertum durchaus weiterhin eine nützliche soziale Funktion haben, weil sie leistungsfähiger sind, als dies eine sozialisierte Industrie wäre. Der größte Teil des modernen Wirtschaftslebens ist jedoch von der freien Konkurrenz gerade genausoweit entfernt wie vom Sozialismus[73]; es erstickt an Beschränkungen aller Art. Wenn dieser Zustand unerträglich geworden sein wird, wenn seine Unvereinbarkeit mit dem ökonomischen Fortschritt offenbar wird und wenn allgemein anerkannt wird, daß es unmöglich ist, zur freien Konkurrenz zurückzukehren oder zu einer erfolgreichen öffentlichen Kontrolle über das Unternehmertum und die Investitionen zu gelangen, ohne sie aus privaten Händen zu nehmen, dann wird der Sozialismus als die einzig mögliche Lösung übrigbleiben. Natürlich werden diejenigen Klassen gegen die Lösung auftreten, die verbriefte Interessen am *Status quo* haben. Die sozialistische Lösung kann also nur dann verwirklicht werden, wenn die politische Macht dieser Klassen gebrochen ist.

## VI. Zur Politik des Übergangs

Die vorstehende Abhandlung der Allokation der Ressourcen und der Preisbildung in einer sozialistischen Volkswirtschaft bezieht sich auf ein bereits bestehendes sozialistisches System. Diese Frage wirft keine besonderen theoretischen Schwierigkeiten auf, auch wenn in dieser sozialistischen Volkswirtschaft ein Sektor von privaten Kleinunternehmen und privatem Kleineigentum an den Produktionsmitteln enthalten ist. Aus Gründen, die sich aus unserer vorigen Diskussion des Problems ergeben, sollte dieser Sektor jedoch den folgenden drei Bedingungen Genüge tun: 1. Es muß darin freie Konkurrenz herrschen; 2. der Umfang des Besitzes an Produktionsmitteln bei einem privaten Produzenten (oder an Kapital im Besitz eines Privataktionärs in sozialisierten Industrien) darf nicht so groß sein, daß er eine beträchtliche Ungleichheit in der Einkommensverteilung bewirkt; und 3. die Kleinproduktion darf langfristig nicht teurer als die Großproduktion sein.
Die Frage des Übergangs vom Kapitalismus zum Sozialismus wirft je-

---

73 Nach dem United States Senate Report über *Industrial Prices and Their Relative Inflexibility* (74. Kongreß, 1. Sitzung, Document No. 13, S. 10), der von Professor G. C. Means verfaßt wurde, erfolgt in den Vereinigten Staaten »mehr als die Hälfte aller Produktionstätigkeit durch 200 Großkonzerne, während Großkonzerne auch die Eisenbahn und andere öffentliche Dienstleistungsbereiche beherrschen und auch im Bauwesen und Handel eine wichtige Rolle spielen«. Vgl. auch A. A. Berle und G. C. Means, *The Modern Corporation and Private Property*, New York 1933, Buch I, Kap. III, und A. R. Burns, *The Decline of Competition*, New York 1936.

doch einige spezifische Probleme auf. Die meisten dieser Probleme beziehen sich auf die ökonomischen Maßnahmen, die durch die politische Strategie der Durchführung der Umwandlung der wirtschaftlichen und gesellschaftlichen Ordnung erforderlich werden. Es gibt jedoch auch einige Probleme, die rein ökonomischer Art sind und die daher die Aufmerksamkeit des Ökonomen verdienen.

Die erste Frage ist die, ob die Überführung der zu sozialisierenden Produktionsmittel und Unternehmen in öffentliches Eigentum und unter öffentliche Aufsicht die erste oder letzte Phase der Strategie des Übergangs sein sollte. Unserer Meinung nach sollte es die erste Phase sein. Die sozialistische Regierung muß ihre Übergangspolitik unmittelbar mit der *Sozialisierung* der Industrien und Banken beginnen. Dies ergibt sich aus dem, was weiter oben über die Möglichkeit einer erfolgreichen Kontrolle von Privatunternehmen und Privatinvestitionen durch die Regierung gesagt wurde. Wenn die sozialistische Regierung den Versuch unternähme, sie unter Belastung in privaten Händen zu kontrollieren oder zu überwachen, würden alle die Schwierigkeiten auftreten, die sich ergeben, wenn man einen Privatunternehmer oder Privatkapitalisten dazu zwingen will, sich anders zu verhalten, als dies das Profitstreben erfordert. Im besten Falle würden die dauernden Reibereien zwischen den überwachenden Regierungsbehörden und Unternehmern und Kapitalisten das Wirtschaftsleben lähmen. Nach einem derartigen erfolglosen Versuch müßte die sozialistische Regierung entweder ihre sozialistischen Ziele aufgeben oder zur Sozialisierung übergehen.

Fast überall wird die Auffassung anerkannt, daß der Sozialisierungsprozeß so allmählich wie möglich vor sich gehen sollte, um schwere Störungen der Wirtschaft zu vermeiden. Nicht nur rechtsstehende Sozialisten, sondern auch linke Sozialisten und Kommunisten[74] vertreten diese Theorie der ökonomischen Politik der kleinen Schritte. Während die beiden letzteren eine rasche Sozialisierung aus Gründen der politischen Strategie für erforderlich halten, räumen sie nichtsdestoweniger gewöhnlich ein, daß unter rein wirtschaftlichen Erwägungen eine allmähliche Sozialisierung bei weitem vorzuziehen ist. Leider kann der Ökonom mit dieser Theorie der ökonomischen Politik der kleinen Schritte nicht übereinstimmen.

Ein Wirtschaftssystem, das auf privatem Unternehmertum und Privateigentum an den Produktionsmitteln beruht, kann nur so lange funk-

---

74 Wie weit die russischen Bolschewisten vor der Machtübernahme die Sozialisierung als schrittweisen Prozeß betrachteten, ist aus Lenins Aufsatz zu ersehen: »Die drohende Katastrophe und wie man sie bekämpfen soll«, Lenin, *Werke*, Bd. XXV, S. 327-377.

tionieren, als die Sicherheit des Privateigentums und des aus Privateigentum und Unternehmen bezogenen Einkommens gewährleistet ist. Schon die Existenz einer Regierung, die darauf aus ist, den Sozialismus einzuführen, ist eine ständige Bedrohung dieser Sicherheit. Daher kann die kapitalistische Wirtschaft unter einer sozialistischen Regierung nur dann funktionieren, wenn diese Regierung nur dem Namen nach sozialistisch ist. Wenn die sozialistische Regierung heute die Bergwerke sozialisiert und erklärt, daß die Textilindustrie in fünf Jahren sozialisiert werden soll, können wir völlig sicher sein, daß die Textilindustrie ruiniert sein wird, bevor sie sozialisiert wird. Die Eigentümer nämlich, die von Enteignung bedroht sind, haben keinerlei Anreiz, die notwendigen Investitionen und Verbesserungen durchzuführen und ihre Betriebe effizient zu leiten. Und keine Aufsicht durch die Regierung und keine Verwaltungsmaßnahmen können wirksam mit dem passiven Widerstand und der Sabotage durch die Eigentümer und Produktionsleiter fertigwerden. Ausnahmen sind möglich im Fall von Industrien, die mehr von Technikern als von Wirtschaftsleuten geleitet werden. Diese Techniker könnten, wenn man ihnen ihre Stellungen garantiert, der Vorstellung des Übergangs dieser Industrien in öffentliches Eigentum recht wohlwollend gegenüberstehen. Außerdem könnte auch ein Plan für eine angemessene Entschädigung der enteigneten Eigentümer dazu beitragen, die Schwierigkeiten zu lösen. Um jedoch ihre volle Wirksamkeit zu erreichen, müßte die Entschädigung so hoch sein, daß sie den vollen Wert der enteigneten Objekte abdeckt. Da der Kapitalwert dieser Objekte durch monopolistische und wettbewerbsbeschränkte Praktiken auf einem künstlich hohen Niveau gehalten wurde, müßte die Entschädigung den Wert dieser Objekte in einer sozialistischen Volkswirtschaft (und ebenso im Kapitalismus bei freier Konkurrenz) weit übersteigen. Dies würde der sozialistischen Regierung eine finanzielle Bürde auferlegen, die jeden weiteren Fortschritt im Sozialisierungsprogramm fast unmöglich machen würde. Daher kann ein Programm umfassender Sozialisierung kaum durch eine Politik der kleinen Schritte erfüllt werden.

Eine sozialistische Regierung, die tatsächlich den Sozialismus zum Ziel hat, muß sich dafür entscheiden, ihr Sozialisierungsprogramm auf einen Schlag durchzuführen oder es gänzlich aufzugeben[75]. Schon die bloße

---

[75] Dies gilt für jede politische Strategie, die eine radikale Veränderung der Eigentumsverhältnisse anstrebt, und nicht nur für die Sozialisierung. So kann zum Beispiel eine Agrarrevolution, wie diejenige, die in Spanien zur Zeit [1936/37] stattfindet und in vielen Ländern des östlichen Mitteleuropa fällig ist, nicht schrittweise vollzogen werden, wenn die landwirtschaftliche Produktion nicht durch viele Jahre der Ungewißheit ruiniert werden soll.

Tatsache, daß eine derartige Regierung ins Amt kommt, muß eine finanzielle Panik und einen ökonomischen Zusammenbruch bewirken. Daher muß die sozialistische Regierung entweder die Unantastbarkeit des Privateigentums und des privaten Unternehmertums garantieren, um zu gewährleisten, daß die kapitalistische Wirtschaft normal weiter funktioniert, womit sie ihre sozialistischen Ziele aufgäbe, oder sie muß ihr Sozialisierungsprogramm mit größtmöglicher Geschwindigkeit entschlossen durchführen[76]. Jedes Zögern, jedes Schwanken und jede Unentschiedenheit würde die unvermeidliche ökonomische Katastrophe provozieren[77]. Der Sozialismus ist keine ökonomische Strategie für ängstliche Menschen.

Andererseits muß die sozialistische Regierung in Ergänzung ihrer entschlossenen Politik der raschen Sozialisierung unmißverständlich erklären, daß jedes Eigentum und jedes Unternehmen, das nicht ausdrücklich in den Sozialisierungsmaßnahmen eingeschlossen ist, in privaten Händen bleiben wird, und *dessen absolute Sicherheit garantieren.* Die Regierung muß jedem absolut klarmachen, daß sich der Sozialismus nicht gegen das Privateigentum als solches richtet, sondern nur gegen jenen besonderen Typ des Privateigentums, der gesellschaftliche Vorrechte zu Lasten der großen Mehrheit der Bevölkerung erzeugt oder dem ökonomischen Fortschritt Hindernisse in den Weg legt, und daß infolgedessen jedes Privateigentum an den Produktionsmitteln und jedes private Unternehmertum, das eine nützliche soziale Funktion erfüllt, den vollen Schutz und die volle Unterstützung des sozialistischen Staats genießen wird. Um zu verhindern, daß sich in diesem Sektor des Privateigentums und des privaten Unternehmertums eine Atmosphäre der Panik entwickelt, sollte die sozialistische Regierung die Ernsthaftigkeit ihrer Absichten durch einige *unmittelbare Maßnahmen zugunsten der Kleinunternehmer und Kleineigentümer* (einschließlich der Eigner von Spareinlagen und kleiner Wertpapierbesitzer) durchführen.

Um erfolgreich zu sein, muß sich die sozialistische Regierung an die Spitze einer großen Massenbewegung gegen Monopole und Wettbe-

---

[76] In dem Zwang, zwischen diesen beiden Alternativen wählen zu müssen, liegt die Tragödie aller rechtsgerichteten sozialistischen Regierungen.

[77] Dies kam klar zum Ausdruck in der Erfahrung der ersten acht Monate der bolschewistischen Machtausübung in Rußland. Die Sowjetregierung versuchte aufrichtig, eine rasche und umfassende Sozialisierung der Industrien zu vermeiden. Das Ergebnis war ein wirtschaftlicher Zusammenbruch. Die meisten Sozialisierungserlasse während dieser Monate waren Notstandsmaßnahmen, die ergriffen werden mußten, weil die alten Eigentümer nicht in der Lage waren, ohne die notwendige Gewährleistung von Eigentum und Profit und ohne die erforderliche Autorität über die Arbeiter ihre Fabriken zu betreiben. Für Einzelheiten vgl. Dobb, *Russian Economic Development since the Revolution,* New York 1928, Kap. II.

werbsbeschränkungen, gegen Imperialismus und gegen die Konzentration ökonomischer Macht in wenigen Händen, gegen gesellschaftliche und ökonomische Instabilität und Unsicherheit stellen. Nur unter dem Druck einer solchen Massenbewegung, die die Mehrheit der Bevölkerung umfaßt, wird sie in der Lage sein, ein kühnes Sozialisierungsprogramm rasch durchzusetzen. Bei Fehlen einer derartigen Massenbewegung kann eine im Amt befindliche sozialistische Regierung wenig erreichen. Wenn nämlich die Sozialisierung nicht durch große und kühne Maßnahmen durchgeführt werden kann, muß die Regierung, wie wir gesehen haben, ihre sozialistischen Ziele insgesamt aufgeben.

Wenn sie diese Ziele aufgibt, bleibt sie nur dem Namen nach sozialistisch, und ihre reale Funktion besteht darin, die kapitalistische Wirtschaft zu verwalten, die nur dann erfolgreich weitergeführt werden kann, wenn das Eigentum der Kapitalisten und die Freizügigkeit der kapitalistischen Unternehmer bei der Realisierung ihrer Profite gewährleistet sind. In einem derartigen Fall täten die Sozialisten besser daran, ihre Ämter einer kapitalistischen Regierung zur Verfügung zu stellen, die besser in der Lage ist, eine kapitalistische Gesellschaft zu verwalten, da sie das Vertrauen der Geschäftswelt hat.

Es gibt jedoch besondere Situationen, in denen eine sozialistische Regierung auch dann, wenn sie nicht die Macht hat, eine umfassende Sozialisierung durchzuführen, eine nützliche Aufgabe erfüllen kann, eine Aufgabe, die eine kapitalistische Regierung vielleicht nicht leisten kann. Denn wenn die Grenzleistungsfähigkeit des Kapitals (wie von Keynes definiert[78]) sehr niedrig ist und die Liquiditätspräferenz der Kapitalisten sehr hoch, wie das üblicherweise im Fall einer Wirtschaftsdepression der Fall ist, ist ein kühnes Programm öffentlicher Investitionen erforderlich, um ein höheres Beschäftigungsniveau zu erzielen. Im Prinzip gibt es keinen Grund dafür, warum eine kapitalistische Regierung nicht in der Lage sein sollte, derartige Investitionen durchzuführen. Da diese aber ohne Rücksicht auf die geringe Ertragsrate dieser Investitionen, das heißt im Widerspruch zum Grundprinzip der kapitalistischen Wirtschaft, vorgenommen werden müssen, daß Investitionen nur zum Zwecke des Profits erfolgen sollten, kann es sein, daß sie allen kapitalistischen Parteien als »unvernünftig« erscheinen. Deshalb kann eine sozialistische Regierung, die vom Ballast der bourgeoisen Vorurteile über Wirtschaftspolitik[79] frei ist, zur Restauration der kapitalistischen

---

78 *Die Allgemeine Theorie der Beschäftigung, des Zinses und des Geldes*, a.a.O., Kap. II.
79 Erwähnenswert ist hier jedoch, daß sich bisweilen herausgestellt hat, daß sozialistische Regierungen viel stärker unter den bürgerlichen Vorurteilen in bezug auf Wirtschafts- und Finanzpolitik zu leiden haben als kapitalistische Regierungen. Der Grund dafür lag darin,

Volkswirtschaft erforderlich sein. Unter solchen Umständen könnten die Sozialisten eine Regierung mit einem »Arbeitsbeschaffungsplan« bilden, um gegen die Arbeitslosigkeit und die Wirtschaftsdepression anzugehen. Wenn dieser Arbeitsbeschaffungsplan erfolgreich durchgeführt wird, wird die Beliebtheit der Sozialisten stark zunehmen.

In dem Maße, wie der Verfall des Kapitalismus weitergeht, wird es viele Gelegenheiten geben, wo sich die kapitalistischen Parteien als unfähig erweisen, selbst die Reformen durchzuführen, die vom Standpunkt der Sicherung des normalen Funktionierens der kapitalistischen Gesellschaft her notwendig sind. Da sie soziologisch im engsten Zusammenhang mit den vorherrschenden etablierten Interessen, das heißt mit den Interessen des Monopol- und Finanzkapitals, in Verbindung stehen, können die kapitalistischen Parteien sogar dann zu jeder Handlung unfähig sein, die den mit ihnen verbundenen Interessen abträglich ist, selbst wenn diese Interessen dem normalen Funktionieren der kapitalistischen Wirtschaft insgesamt entgegenstehen. Und je größer die ökonomische und politische Instabilität des kapitalistischen Systems wird, desto ängstlicher können die kapitalistischen Parteien in bezug auf Veränderungen werden, da sie fürchten, daß die Anerkennung der Notwendigkeit von Veränderungen dem Sozialismus Tür und Tor öffnet. So kann es sein, daß die kapitalistischen Parteien selbst zögern, diejenigen Anpassungen und Reformen durchzuführen, die im Rahmen der kapitalistischen Ordnung notwendig geworden sind. Wenn in solchen Fällen *ein breites Verlangen* nach derartigen Reformen entsteht, sollten die Sozialisten mit einem Arbeitsbeschaffungsplan vor die Öffentlichkeit treten können, um die verlangten Reformen durchzuführen und eine Regierung zu bilden, die diesen Plan in Aktion umsetzt[80]. Wenn sie diese Aufgabe erfolgreich bewältigen, wird dadurch ihre Position gestärkt. Daher kann ein Arbeitsbeschaffungsplan oder eine Reihe von Arbeitsbeschaffungsplänen sich als wichtiges Bindeglied in der Entwicklung erweisen, die schließlich zur Herausbildung einer antikapitalistischen Massenbewegung von unwiderstehlicher Macht

---

daß sie durch die Seriosität ihrer Politik den Vertrauensmangel der Geschäfts- und Finanzwelt ausgleichen wollten. Es versteht sich von selbst, daß eine sozialistische Regierung auch um diesen Preis kaum die Sympathie der großen Kapital- und Finanzinteressen gewinnen kann, während sie damit gleichzeitig in der Wirtschaftspolitik ihre einzige Erfolgschance preisgibt.

80 Wenn eine solche Politik möglich sein soll, setzt dies natürlich das Vorhandensein demokratischer politischer Institutionen voraus. Wenn natürlich die bedrohten etablierten Interessen der Kapitalisten versuchen sollten, dieses Werk der Sozialisten durch den Versuch unmöglich zu machen, die Institutionen der politischen Demokratie zu zerschlagen, würde sich eine soziale Revolution automatisch genau aus der Notwendigkeit ergeben, den Feinden der Demokratie die wirtschaftliche Macht aus den Händen zu nehmen.

und Durchsetzungskraft führt, die eine umfassende Neuordnung der wirtschaftlichen und gesellschaftlichen Verhältnisse erzwingt.

Doch selbst eine sozialistische Regierung, deren Ziele sich in den Grenzen eines solchen Arbeitsbeschaffungsplanes halten, braucht bei der Durchführung ihres Programms Kühnheit und Entschlußfähigkeit; ansonsten degeneriert sie zu einem bloßen Verwalter der bestehenden kapitalistischen Gesellschaft.

Marshall ordnete die Vorsicht unter die Haupteigenschaften ein, die ein Ökonom haben sollte. Über die Eigentumsrechte bemerkte er: »Es ist Sache verantwortlicher Männer, bei der Abschaffung oder Veränderung selbst solcher Rechte, die für den Idealzustand des sozialen Lebens unangemessen erscheinen, vorsichtig und zögernd vorzugehen.«[81] Er versäumte jedoch nicht, darauf hinzuweisen, daß die großen Begründer der modernen Ökonomie nicht nur in der Vorsicht stark waren, sondern auch im Wagemut[82]. Die Vorsicht war die große Tugend des Ökonomen des 19. Jahrhunderts, der sich mit geringfügigen Verbesserungen des bestehenden Wirtschaftssystems befaßte. Durch einen unvorsichtigen Schritt hätte der empfindliche Mechanismus von Angebot und Nachfrage beschädigt und die Initiative und Leistungsfähigkeit von Geschäftsleuten unterminiert werden können. Der Ökonom jedoch, der eine sozialistische Regierung beraten soll, steht vor einer anderen Aufgabe, und die für diese Aufgabe erforderlichen Eigenschaften sind andere. Denn es gibt nur eine ökonomische Strategie, die einer sozialistischen Regierung als erfolgversprechend empfohlen werden kann. Und dies ist eine Strategie des *revolutionären Wagemuts*.

*Anhang*
*Die Allokation der Ressourcen unter dem Sozialismus in der marxistischen Literatur*

Es ist interessant zu sehen, wie das Probleme der Allokation der Ressourcen in einer sozialistischen Volkswirtschaft von den führenden Autoren der sozialistischen Bewegung gelöst wird, und ihre Lösung mit den von der modernen Wirtschaftstheorie angebotenen Lösungen zu vergleichen. Da die theoretischen Grundlagen der sozialistischen Bewegung in der Hauptsache von den Marxisten erarbeitet wurden, sind vor allem ihre Ansichten von Interesse. Zu diesem Zweck wollen wir uns kurz die Aussagen einiger der hervorragendsten Marxisten ansehen.

---

81 *Principles of Economics*, a.a.O., S. 48.
82 A.a.O., S. 47.

Um mit Marx anzufangen: es ist nicht schwierig, mit Zitaten zu belegen, daß er sich des Problems sehr klar war, wenn er es auch auf unbefriedigende Weise zu lösen versuchte. Bei der Abhandlung der ökonomischen Probleme von Robinson Crusoe im *Kapital* schreibt er: »Bescheiden, wie er von Haus aus ist, hat er doch verschiedenartige Bedürfnisse zu befriedigen und muß daher nützliche Arbeiten verschiedener Art verrichten... Die Not selbst zwingt ihn, seine Zeit genau zwischen seinen verschiedenen Funktionen zu verteilen. Ob die eine mehr, die andere weniger Raum in seiner Gesamttätigkeit einnimmt, hängt ab von der größeren oder geringeren Schwierigkeit, die zur Erzielung des bezweckten Nutzeffekts zu überwinden ist. Die Erfahrung lehrt ihn das, und unser Robinson, der Uhr, Hauptbuch, Tinte und Feder aus dem Schiffbruch gerettet, beginnt als guter Engländer bald Buch über sich selbst zu führen. Sein Inventarium enthält ein Verzeichnis der Gebrauchsgegenstände, die er besitzt, der verschiedenen Verrichtungen, die zu ihrer Produktion erheischt sind, endlich der Arbeitszeit, die ihm bestimmte Quanta dieser verschiedenen Produkte im Durchschnitt kosten. Alle Beziehungen zwischen Robinson und den Dingen, die seinen selbst geschaffenen Reichtum bilden, sind hier so einfach und durchsichtig, daß selbst Herr M. Wirth sie ohne besondere Geistesanstrengung verstehen dürfte. Und dennoch sind darin alle wesentlichen Bestimmungen des Werts enthalten.«[83]

Und er fährt fort:

»Stellen wir uns endlich, zur Abwechslung, einen Verein freier Menschen vor, die mit gemeinschaftlichen Produktionsmitteln arbeiten... Alle Bestimmungen von Robinsons Arbeit wiederholen sich hier, nur gesellschaftlich statt individuell... Das Gesamtprodukt des Vereins ist ein gesellschaftliches Produkt. Ein Teil dieses Produkts dient wieder als Produktionsmittel. Es bleibt gesellschaftlich. Aber ein anderer Teil wird als Lebensmittel von den Vereinsgliedern verzehrt. Er muß daher unter sie verteilt werden. Die Art dieser Verteilung wird wechseln mit der besonderen Art des gesellschaftlichen Entwicklungshöhe der Produzenten. Nur zur Parallele mit der Warenproduktion setzen wir voraus, der Anteil jedes Produzenten an den Lebensmitteln sei bestimmt durch seine Arbeitszeit. Die Arbeitszeit würde also eine doppelte Rolle spielen. Ihre gesellschaftlich planmäßige Verteilung regelt die richtige Proportion der verschiedenen Arbeitsfunktionen zu den verschiedenen Bedürfnissen. Andererseits dient die Arbeitszeit zugleich als Maß des

83 Marx, *Das Kapital*, Bd. I, MEW, Bd. 23, S. 90 f.

individuellen Anteils des Produzenten an der Gemeinarbeit und daher auch an dem individuell verzehrbaren Teil des Gemeinprodukts.«[84] Innerhalb der so bestimmten Grenzen würde jedem Arbeiter die Freiheit der Konsumwahl zuteil: »Er erhält von der Gesellschaft einen Schein, daß er so und so viel Arbeit geliefert (nach Abzug seiner Arbeit für die gemeinschaftlichen Fonds), und zieht mit diesem Schein aus dem dem gesellschaftlichen Vorrat von Konsumptionsmitteln so viel heraus, als gleich viel Arbeit kostet.«[85]

Die Bedeutung des Problems der Allokation der Ressourcen kommt sehr klar in einem Brief zum Ausdruck, den er 1868 an Kugelmann schrieb: »Daß jede Nation verrecken würde, die, ich will nicht sagen für ein Jahr, sondern für ein paar Wochen die Arbeit einstellte, weiß jedes Kind. Ebenso weiß es, daß sie den verschiedenen Bedürfnissen entsprechenden Massen von Produkten verschiedene und quantitativ bestimmte Massen der gesellschaftlichen Gesamtarbeit erheischen. Daß diese Notwendigkeit der Verteilung der gesellschaftlichen Arbeit in bestimmten Proportionen durchaus nicht nurch die *bestimmte Form* der gesellschaftlichen Produktion aufgehoben, sondern nur *ihre Erscheinungsweise* ändern kann, ist self-evident. Naturgesetze können überhaupt nicht aufgehoben werden. Was sich in historisch verschiedenen Zuständen ändern kann, ist nur *die Form,* worin jene Gesetze sich durchsetzen. Und die Form, worin sich diese proportionelle Verteilung der Arbeit durchsetzt, in einem Gesellschaftszustand, worin der Zusammenhang der gesellschaftlichen Arbeit sich als *Privataustausch* der individuellen Arbeitsprodukte geltend macht, ist eben der *Tauschwert* dieser Produkte.«[86]

Aus den zitierten Textstellen geht hervor, daß sich Marx über das Problem der Allokation der Ressourcen in einer sozialistischen Volkswirtschaft durchaus klar war. Er scheint jedoch die Arbeit als den einzigen knappen Faktor betrachtet zu haben, der auf verschiedene Anwendungsbereiche verteilt werden müsse, und wollte das Problem durch die Arbeitswerttheorie lösen. Daß diese Lösung nicht befriedigen kann, braucht nach unserer ganzen vorherigen Abhandlung des Themas

84 A.a.O., S. 92 f.
85 Marx, *Kritik des Gothaer Programms*, MEW, Bd. 19, S. 20.
86 Marx und Engels, *Briefe*, MEW, Bd. 32, S. 552. Diese und einige andere Aussagen widerlegen die allgemein vertretene Ansicht, daß Marx *allen* ökonomischen Gesetzen einen historisch/relativen Charakter zuschrieb. Er scheint jedoch die Position eingenommen zu haben, daß die allgemeingültigen ökonomischen Gesetze so selbstverständlich sind, daß es zu ihrer Untersuchung kaum eines besonderen wissenschaftlichen Verfahrens bedarf und sich die ökonomische Wissenschaft daher auf die besonderen Formen konzentrieren sollte, die diese Gesetze in einem bestimmten institutionellen Rahmen annehmen. Vgl. Engels, *Anti-Dühring*, MEW, Bd. 20, S. 114 f.

hier nicht besonders dargelegt zu werden. Professor Pierson und Professor Mises verdienen in der Tat den Dank eines jeden, der dieses Problem studiert, da sie die Unzulänglichkeit dieser simplizistischen Lösung nachgewiesen haben[87].

Aber selbst wenn wir die Arbeitswertlehre als Grundlage für die Problemlösung annehmen, läßt sich die Frage des Nutzens (oder der Nachfrage) nicht umgehen, denn sonst wären die von den verschiedenen Gütern zu produzierenden Mengen unbestimmt. Dies hatte Engels klar erkannt: »Die Nutzeffekte der verschiedenen Gebrauchsgegenstände, abgewogen untereinander und gegenüber den zu ihrer Herstellung nötigen Arbeitsmengen, werden den Plan schließlich bestimmen.«[88] Jeder, der die Rolle kennt, die der Begriff des *gesellschaftlichen Bedürf-nisses* im dritten Band des *Kapitals* spielt, muß einräumen, daß sich Marx sehr wohl über die Rolle klar war, die die Nachfrage (oder der Nutzen) bei der Bestimmung der Allokation von Ressourcen spielt, obwohl er ähnlich wie Ricardo[89] nicht in der Lage war, das Nach-fragegesetz funktional klar auszudrücken. Die Grenzen von Marx und Engels sind auch die der klassischen Ökonomen.

Von Marx und Engels wollen wir zu Kautsky übergehen, der mehr als jeder andere zur Verbreitung der marxistischen Ideen in der Welt beigetragen hat. In einem Vortrag von 1902 mit dem Titel »Am Tage nach der sozialen Revolution«[90], der in gewissem Maß eine Antwort auf Professor Piersons Herausforderung war, formuliert Kautsky seine Ansicht über die Rolle des Geldes und der Preise in einer sozialistischen Wirtschaft. Er stellt ganz klar, daß infolge der Freiheit der Konsum-wahl und der freien Wahl des Arbeitsplatzes Geld und Preise auch in einer sozialistischen Volkswirtschaft vorhanden sein müssen. Er schreibt wie folgt: »Das Geld ist das einfachste bisher bekannte Mittel, welches

---

87 N. G. Pierson, »The Problem of Value in the Socialist Society«, abgedruckt in *Collectivist Economic Planning*, a.a.O., S. 76 ff.; Ludwig von Mises, »Economic Calculation in the Socialist Commonwealth«, a.a.O., S. 113 ff.
88 Engels, *Anti-Dühring*, MEW, Bd. 20, S. 288. Bei einiger wohlwollender Interpretation kann man in der Tat davon ausgehen, daß diese Aussage von Engels alle wesentlichen Bestandteile der modernen Lösung enthält. Wenn man die für die Produktion bestimmter Güter notwendige Arbeitsmenge als *Grenzmenge* interpretiert, lassen sich alle Kosten im langfristigen Gleichgewicht auf Arbeitskosten reduzieren. Die Preise für den Einsatz von Naturschätzen lassen sich als Differenzialrenten betrachten, und wenn die Kapitalakkumula-tion so weit getrieben wurde, daß die *netto* Grenzproduktivität des Kapitals auf Null reduziert wird, wie dies in einer sozialistischen Gesellschaft tendenziell einträte (vgl. S. 279 oben), wird die Zinsberechnung eliminiert. Daher muß die Produktion jeder Ware so weit betrieben werden, daß die Rate der Grenzmenge von Arbeit, die zur Herstellung der verschiedenen Waren erforderlich ist, gleich der Rate des Grenznutzens (und der Preise) dieser Waren wird. Eine derartige langfristige Lösung, die den Zins eliminiert, wäre jedoch für praktische Zwecke von geringem Nutzen.
89 Vgl. Ricardos Behandlung der Nachfrage im Zusammenhang mit der Rententheorie.
90 Veröffentlicht als zweiter Teil von Kautsky, *Die Soziale Revolution*, Berlin 1902, S. 67 f.

es ermöglicht, in einem so komplizierten Mechanismus, wie es die moderne Produktionsweise mit ihrer ungeheuer weit getriebenen Arbeitsteilung ist, die Zirkulation der Produkte und ihre Verteilung an die einzelnen Mitglieder der Gesellschaft zu vermitteln; es ist das Mittel, welches es jedem ermöglicht, seine Bedürfnisse nach seinen individuellen Neigungen (natürlich innerhalb der Grenzen seiner ökonomischen Macht) zu befriedigen.«[91]

Und in bezug auf die Verteilung der Arbeitskräfte auf die verschiedenen Industrien in einer sozialistischen Wirtschaft bemerkt er: »Da man die Arbeiter ja nicht militärisch ohne ihre eigene Einwilligung den einzelnen Betrieben zuweisen wird, so kann es vorkommen, daß einigen Industriezweigen zu viel Arbeiter zuströmen, während bei anderen Mangel an Arbeitern herrscht. Den nötigen Ausgleich kann man dadurch herbeiführen, daß man dort, wo sich zuviel Arbeiter melden, die Löhne herabsetzt, dagegen in jenen Industriezweigen, wo es an Arbeitern mangelt, den Lohn erhöht, bis man es erreicht, daß jeder Zweig so viel Arbeiter hat, als er braucht.«[92]

Leider befaßte sich Kautsky nicht mit der Frage der Kriterien, die bei der Planung der Produktion angelegt werden sollten. Er entwickelte seine Ideen jedoch in seinem Buch *Die Proletarische Revolution und ihr Programm* aus dem Jahre 1922 weiter[93]. Indem er erneut hervorhebt, daß Sozialismus nicht die Abschaffung des Geldes nach sich zieht, erklärt er sehr eindeutig, daß das Problem mit der Freiheit der Konsumwahl zusammenhängt: »Ohne Geld sind nur zwei Arten Wirtschaft möglich: Einmal die schon erwähnte primitive. Auf moderne Dimensionen übertragen, würde das heißen: Die ganze produktive Tätigkeit im Staate bildet eine einzige Fabrik unter einer zentralen Oberleitung, die jedem Einzelbetrieb seine Produktionsaufgaben zuweist, alle Produkte der gesamten Bevölkerung aufnimmt und jedem Betrieb seine Produktionsmittel, jedem einzelnen Konsumenten seine Konsumtionsmittel *in natura* zuweist. Das Ideal eines solchen Zustandes ist das Zuchthaus oder die Kaserne, deren Insassen ja auch im wesentlichen alles, was sie brauchen, *in natura* zugemessen bekommen. Diese monotone Barbarei lauert tatsächlich hinter den Vorstellungen von der ›Naturalwirtschaft‹ des Sozialismus.«[94]

In seiner Auseinandersetzung mit Neurath, einem überzeugten Vertreter der Naturalwirtschaft, der davon ausgeht, daß die Kriegsratio-

---

91 A.a.O., S. 81.
92 A.a.O., S. 84.
93 Kautsky, *Die proletarische Revolution und ihr Programm*, Berlin 1922.
94 A.a.O., S. 314.

nierung gezeigt habe, daß die Konsumrationierung »gesellschaftstechnisch nicht übermäßig schwierig ist«, bemerkt Kautsky:

»Sicher, wenn man das ganze Leben des Kulturmenschen auf Kriegsrationen reduzieren will. Alle Welt bekommt die gleichen Mengen Brot, Fleisch, Wohnung, Kleider; persönliche Neigungen spielen dabei keine Rolle, Unterschiede werden nicht gemacht, nur für Kinder und Dichter wird besonders gekocht. Wir erfahren leider nicht, wie viele Kilogramm Bücher jedem Bürger im Jahr zugewogen werden, und wie oft die Bewohnerschaft eines jeden Hauses ins Kino geführt wird.«[95]

Die andere Form einer sozialistischen Wirtschaft, die ohne Geld auskommen kann, ist nach Kautsky diejenige, in der alle Waren kostenlos verteilt werden[96].

Kautsky erkennt auch an, daß ein Preissystem zur Kostenverrechnung erforderlich ist. Wie alle Marxisten der alten Schule benutzt er die Arbeitswertlehre als Grundlage für die Darstellung des Problems der Mittelverteilung in einer sozialistischen Wirtschaft. Das Wichtigste ist jedoch, daß er zugibt, daß es praktisch unmöglich ist, die Menge der zur Produktion einer bestimmten Ware notwendigen gesellschaftlichen Arbeit zu errechnen: »Aber welche ungeheure Arbeit würde es bedeuten, für jedes Produkt den Betrag der Arbeit zu berechnen, den es von seinen ersten Anfängen bis zur völligen Fertigstellung samt Transportarbeit und anderen Nebenarbeiten gekostet hat.«[97] Hieraus ergibt sich, daß ein Preissystem erforderlich ist: »Was selbst der ungeheuerste und vollkommenste statistische Apparat nicht zu leisten vermöchte, die Schätzung der Waren nach der in ihnen enthaltenen Arbeit, das finden wir in den überkommenen Preisen als Ergebnis eines langen historischen Prozesses gegeben vor, unvollkommen und ungenau, aber als einzig mögliche Grundlage für möglichst glattes und leichtes Weiterfunktionieren des ökonomischen Zirkulationsprozesses.«[98] Daher sind die Preise in Geld die Grundlage der Wirtschaftsrechnung: »Wie immer eine sozialistische Gesellschaft organisiert sein mag, sie wird einer sorgfältigen Buchführung bedürfen und ebenso jeder ihrer Betriebe ... Das ist aber ganz unmöglich zu erzielen, wenn man die Ein- und Ausgänge nur *in natura* bucht.«[99]

Der große Führer des orthodoxen Marxismus in der Vorkriegszeit ist sich natürlich völlig über den Unterschied zwischen dem Marxschen Begriff des Kapitalismus und dem der Geldwirtschaft klar:

---

95 A.a.O., S. 314/315.
96 A.a.O., S. 316.
97 A.a.O., S. 318.
98 A.a.O., S. 321.
99 A.a.O., S. 317.

»Es (das Geld) bestand Jahrtausende, ehe es eine kapitalistische Produktionsweise gab. Als Wertmesser und Zirkulationsmittel der Produkte wird es auch in einer sozialistischen Gesellschaft wenigstens solange existieren müssen, als sie nicht in die gesegnete zweite Phase des Kommunismus eingetreten ist, von der wir heute noch gar nicht wissen, ob sie jemals mehr sein wird als ein frommer Wunsch, ähnlich dem Tausendjährigen Reich.«[100]

Kautsky schließt wie folgt:

»Die ›Geldordnung‹ ist eine Maschine, die unentbehrlich ist für den Fortgang einer Gesellschaft mit weitgetriebener Arbeitsteilung ... Es wäre ein Rückschritt in die Barbarei, wollte man diese Maschine zerschlagen, um zu den primitiven Behelfen der natural wirtschaftenden Vorzeit zu greifen. Diese Methode, den Kapitalismus zu bekämpfen, erinnert bedenklich an die naiven Arbeiter der ersten Jahrzehnte des vorigen Jahrhunderts, die wähnten, sich zu befreien und der kapitalistischen Ausbeutung ein Ende zu machen, wenn sie die Maschinen in Stücke schlugen, die sie gerade vorfanden. Wir aber wollen die Maschinen nicht zertrümmern, sondern sie der Gesellschaft dienstbar machen, um sie dadurch zu einem Mittel zu gestalten, die Arbeit zu befreien.«[101]

Doch sind diese Ansichten Kautskys eine ketzerische Abweichung von der orthodoxen Linie des marxistischen Denkens? Vielleicht sind sie nicht repräsentativ für die modernen Marxisten, von denen ein großer Teil erbitterte Gegner der politischen Strategie sind, die von Kautsky vertreten wird. Wir wollen uns die Ansichten anderer führender Marxisten ansehen und mit dem folgenden Zitat von Trotzki anfangen:

»Wenn es ein Weltgehirn gäbe, wie es sich Laplace in seiner wissenschaftlichen Phantasie vorgestellt hat, ... könnte ein solches Weltgehirn natürlich a priori einen fehlerlosen und umfassenden Wirtschaftsplan aufstellen, der mit der Zahl der mit Weizen bebauten Hektar anfängt und bis zum letzten Westenknopf reicht. Es ist wahr, daß sich die Bürokratie häufig vorstellt, daß ihr ein derartiges Gehirn zur Verfügung steht, und das ist der Grund dafür, warum sie sich so leicht der Kontrolle durch den Markt und nicht durch die sowjetische Demokratie entzieht. In Wirklichkeit jedoch unterlaufen der Bürokratie bei der Einschätzung ihrer Geisteskräfte furchtbare Irrtümer ... Die unzähligen lebenden Teilnehmer an der Wirtschaft, sowohl staatliche wie private, kollektive wie individuelle, müssen ihre Bedürfnisse und deren

100 A.a.O., S. 316 f.
101 A.a.O., S. 324.

relative Intensität nicht nur durch die statistische Bestimmung von Plankommissionen, sondern auch durch den unmittelbaren Druck von Angebot und Nachfrage Ausdruck geben. Durch den Markt wird der Plan kontrolliert und in beträchtlichem Maße durchgeführt. Die Regulierung des Marktes selbst muß von den Tendenzen abhängen, die durch ihn als Vermittler zum Tragen kommen. Die von den Behörden erstellten Blaupausen müssen ihre wirtschaftliche Durchführbarkeit durch kommerzielle Kalkulation nachweisen.«[102]

Und nach der Kritik der sowjetischen Wirtschaftspolitik wollen wir hören, was ihr Führer dazu zu sagen hat. Bei der Diskussion des Problems des sowjetischen Handels bemerkt Stalin:

»Dann müssen wir auch Vorurteile anderer Art überwinden. Ich beziele mich auf das linksradikale Geschwätz ... darüber, daß der sowjetische Handel ein überholtes Stadium sei ... Diese Leute, die vom Marxismus so weit entfernt sind wie der Himmel von der Erde, sind sich offensichtlich nicht darüber klar, daß wir das Geld noch lange beibehalten werden, bis das erste Stadium des Kommunismus, das heißt das sozialistische Entwicklungsstadium abgeschlossen ist.«[103]

Marx sah jedoch auch eine zweite Phase des Kommunismus voraus, (die bisweilen auch Kommunismus im strengen Sinne genannt wird, während die erste Phase als Sozialismus bezeichnet wird), in der die Einkommensverteilung völlig abgelöst ist von den von den Wirtschaftssubjekten erbrachten Arbeitsleistungen und auf dem Grundsatz beruht:

»Jeder nach seinen Fähigkeiten, jedem nach seinen Bedürfnissen!«[104]

Bertrand Russell nennt diese Verteilungsform sehr treffend »kostenlose Verteilung« (»free sharing«)[105]. Die kostenlose Verteilung setzt natürlich voraus, daß die jeweiligen Waren praktisch kostenlose Güter sind. Ein hervorragender Marxist wie Kautsky spricht daher mit Ironie von jener gesegneten zweiten Phase des Kommunismus, von der wir noch nicht wissen, ob sie jemals mehr als ein frommer Wunsch ähnlich wie das Tausendjährige Reich sein wird, während Lenin[106], Trotzki und Stalin von der Möglichkeit eines solchen Stadiums der Wirtschaftsentwicklung in der Zukunft ernsthaft überzeugt sind.

Die Vorstellung einer kostenlosen Verteilung von Gütern und Dienstleistungen klingt in der Tat utopisch. Wenn sie jedoch nur auf einen

102 *Soviet Economy in Danger*, Pioneer Publishers, New York 1932, S. 29 f.
103 Bericht über die Arbeit des Zentralkomitees der Kommunistischen Partei der Sowjetunion, vorgelegt zum siebzehnten Parteikongreß in Moskau vom 26. Januar bis 10. Februar 1937.
104 Marx, *Kritik des Gothaer Programms*, MEW, Bd. 19, S 21.
105 *Roads to Freedom*, London 1919, S. 107 ff.
106 Vgl. Lenin, *Staat und Revolution*, Lenin, *Werke*, Bd. 25, S. 397 f.; und Trotzki, *Die verratene Revolution*.

Teil der Waren angewendet wird, ist die kostenlose Verteilung keineswegs ökonomisch so unsinnig, wie dies auf den ersten Blick scheinen könnte. Die Nachfrage nach vielen Waren wird von einem bestimmten Punkt an völlig unelastisch. Wenn der Preis einer derartigen Ware unter einem bestimmten Minimum und das Einkommen des Konsumenten über einem bestimmten Minimum liegt, wird die Ware vom Konsumenten so behandelt, *als sei sie tatsächlich ein kostenloses Gut.* Die Ware wird in einer solchen Menge verbraucht, daß das Bedürfnis, das sie erfüllen soll, vollständig *gesättigt* wird. Nehmen wir zum Beispiel das Salz. Bei wohlhabenden Leuten gilt dasselbe für das Brot oder für die Heizung im Winter. Sie hören nicht an dem Punkt auf, Brot zu essen, wo der Grenznutzen einer Scheibe Brot gleich dem Grenznutzen ihres Preises ist, und genausowenig stellen sie die Heizung kraft einer ähnlichen Überlegung ab. Oder würden sie dadurch, daß der Preis von Seife auf null sinkt, mit der Verwendung von Seife großzügiger sein? Selbst wenn der Preis null wäre, würde die von wohlhabenden Leuten konsumierte Menge an Salz, Brot, Heizung und Seife nicht merklich steigen. Bei derartigen Waren wird Sättigung selbst dann schon erreicht, wenn noch ein positiver Preis verlangt wird. Wenn der Preis bereits so gering und das Einkommen bereits so hoch ist, daß die von diesen Waren verbrauchte Menge gleich der *Sättigungsmenge* ist, kann auch die kostenlose Verteilung angewendet werden[107]. Bereits in unserer heutigen Gesellschaft werden bestimmte Dienstleistungen auf diese Art und Weise verteilt.

Wenn die Verteilung eines Teils der Waren und Dienstleistungen kostenlos erfolgt, braucht sich das Preissystem nur auf die restlichen zu beschränken. Obwohl die Nachfrage nach kostenlos verteilten Waren innerhalb bestimmter Grenzen eine fixe Menge ist, müssen Kosten dafür verrechnet werden, um die beste Faktorkombination und den optimalen Umfang des Outputs bestimmen zu können. Das Geldeinkommen der Konsumenten muß um einen Betrag reduziert werden, der den Produktionskosten dieser Waren gleichwertig ist. Dies bedeutet lediglich, daß die freie Verteilung sozusagen einen »sozialisierten Sektor« der Konsumption darstellt, deren Kosten durch Besteuerung gedeckt werden (denn die Reduzierung der Geldeinkommen der Konsumenten ist genau die Besteuerung zur Deckung der Konsumption durch kostenlose Verteilung). Einen derartigen Sektor gibt es auch in der kapitalistischen Gesellschaft, und es gehören zum Beispiel die kostenlose Ausbildung, die kostenlose medizinische Versorgung durch Kran-

---

107 Vgl. Russell, *Roads to Freedom*, S. 109 f.

kenversicherungen, öffentliche Parks und alle kollektiven Bedürfnisse in Cassels Sinne (zum Beispiel Straßenbeleuchtung) dazu. Es ist durchaus vorstellbar, daß mit steigendem Wohlstand auch dieser Sektor zunimmt und eine zunehmende Anzahl von Waren kostenlos verteilt werden, bis zum Schluß alle Grundbedürfnisse des Lebens auf diese Art gedeckt werden und die Verteilung über das Preissystem sich auf Waren höherer Qualität und Luxusgüter beschränkt. Auf diese Weise kann man sich der zweiten Phase des Kommunismus bei Marx allmählich nähern.

Aus den zitierten Aussagen geht zur Genüge hervor, daß die führenden Autoren der marxistischen Schule sich über die Notwendigkeit eines Preissystems in einer sozialistischen Volkswirtschaft klarer waren und sind. Die Behauptung, daß die marxistischen Sozialisten das Problem nicht sahen und keine Lösung dafür angeboten haben, ist daher stark übertrieben. Richtig ist, daß sie das Problem nur innerhalb der Grenzen der Arbeitswerttheorie sahen und lösten und daher allen Einschränkungen der klassischen Theorie unterworfen waren. Erwähnt sollte jedoch werden, daß die sozialistischen Autoren in Italien unter dem Einfluß von Pareto auf diesem Gebiet schon viel weiter waren. Der Unterschied zwischen der traditionellen marxistischen und der modernen Position bezieht sich also nur auf einen Unterschied in der angewandten Methode. Nur die moderne Methode der Grenznutzenanalyse versetzt uns in die Lage, das Problem befriedigend zu lösen. Die Herausforderung von Professor Mises hatte das große Verdienst, daß sie die Sozialisten anregte, nach befriedigenderen Lösungen des Problems Ausschau zu halten, und es ist nur zu wahr, daß viele sich über das Vorhandensein dieses Problems erst klar wurden, nachdem dieser Fehdehandschuh hingeworfen war. Wie wir jedoch gesehen haben, sind die Sozialisten, die die Notwendigkeit und Bedeutung eines adäquaten Preissystems und eines wirtschaftlichen Rechnungswesens in der sozialistischen Volkswirtschaft nicht einsahen oder nicht einsehen, nicht nur in bezug auf den gegenwärtigen Stand der ökonomischen Analyse im Rückstand; sie reichen nicht einmal an das große Erbe der marxistischen Lehre heran.

*Ausgewählte Literatur über die Theorie der Verteilung der Ressourcen unter dem Sozialismus*

Barone, Enrico, »The Ministry of Produktion in the Collectivist State«, nachgedruckt in: *Collectivist Economic Planning* (Hrsg., F. A. von Hayek), London 1935

Dickinson, H. D., »Price Formation in a Socialist Community«, in: *Economic Journal*, Bd. XLIII, Juni 1933

Dobb, M. H., »Economic Theory and the Problem of a Socialist Economy, in: *Economic Journal*, Bd. XLIII, Dez. 1933

–, *Political Economy and Capitalism*, London 1937

Durbin, E. F. M., »Economic Calculus in a Planned Economy«, in: *Economic Journal*, Bd. XLVI, Dezember 1936

Hall, R. L., *The Economic System in a Socialist State*, London 1937

Halm, Georg, »Further Considerations on the Possibility of Adequate Calculation in a Socialist Community«, in: *Collectivist Economic Planning* (Hrsg., F. A. von Hayek), London 1935

Hayek, F. A. von, »The Nature and History of the Problem«, Kap. I; »The Present State of the Debate«, Kap. V, in: *Collectivist Economic Plannnig*, Routledge, London 1935

Heimann, Eduard, *Sozialistische Wirtschafts- und Arbeitsordnung*, Potsdam 1932

–, »Planning and the Market System«, in: *Social Research*, Bd. I, November 1934

Knight, F. H., »The Place of Marginal Economics in a Collectivist System«, in: *American Economic Review*, Supplement zu Bd. XXVI, März 1936

Landauer, Carl, *Planwirtschaft und Verkehrswirtschaft*, München 1931

–, »Value Theory and Economic Planning«, in: *Plan Age*, Bd. III, Oktober 1937

Lerner, A. P., »Economic Theorie and Socialist Economy«, in: *Review of Economic Studies*, Bd. II, Oktober 1934

–, »A Note on Socialist Economies«, in: *Review of Economic Studies*, Bd. IV, Oktober 1936

–, »Statics and Dynamics in Socialist Economics«, in: *Economic Journal*, Bd. XLVII, Juni 1937

Meyer, Gerhard, »A Contribution to the Theory of Socialist Planning«, in: *Plan Age*, Bd. III, Oktober 1937

Mises, Ludwig von, »Economic Calculation in the Socialist Commonwealth«, nachgedruckt in: *Collectivist Economic Planning* (Hrsg., F. A. von Hayek), London 1935

–, *Die Gemeinwirtschaft*, Jena 1922

Mossé, Robert, »The Theory of Planned Economy: A Study of Some Recent Works«, in: *International Labour Review*, September 1937. Ebenso in verkürzter Form nachgedruckt in: *Plan Age*, Bd. III, Oktober 1937

Pierson, N. G., »The Problem of Value in the Socialist Society«, nachgedruckt in: *Collectivist Economic Planning* (Hrsg., F. A. von Hayek), London 1935

Pigou, A. C., *Socialism versus Capitalism*, Macmillan, London 1937

Robbins, Lionel, *The Great Depression*, London 1934

Roper, W. Crosby, *The Problem of Pricing in a Socialist State*, Cambridge, Mass. 1929

Sweezy, R. R., »The Economist's Place under Socialism«, in: *Explorations in Economics: Essays in Honor of F. W. Taussig*, Cambridge, Mass. 1937

Taylor, Fred M., »The Guidance of Production in a Socialist State«, in: *American Economic Review*, Bd. XIX, März 1929

Wootton, Barbara, *Plan or No Plan*, London 1934

Zassenhaus, H., »Über die ökonomische Theorie der Planwirtschaft«, in: *Zeitschrift für Nationalökonomie*, Bd. V, September 1934

# Computer und Markt*

Vor nicht ganz dreißig Jahren publizierte ich einen Essay *Zur ökonomischen Theorie des Sozialismus*[1]. V. Pareto und E. Barone hatten nachgewiesen, daß sich in der sozialistischen Wirtschaft die Bedingungen des ökonomischen Gleichgewichts mittels eines Systems simultaner Gleichungen darstellen lassen. Die Preise, die wir aus diesen Gleichungen erhalten, bilden die Grundlage einer rationalen Wirtschaftsrechnung im Sozialismus (zu jener Zeit betrachtete man das Problem der Wirtschaftsrechnung einzig und allein unter dem Aspekt eines statischen Gleichgewichts). Etwas später meinten F. Hayek und L. Robbins, die Gleichungen von Pareto und Barone hätten keinerlei praktische Bedeutung; in der Praxis sei es unmöglich, ein System von Tausenden oder noch mehr simultanen Gleichungen aufzulösen, also sei das praktische Problem der Wirtschaftsrechnung im Sozialismus weiterhin unlösbar.

In meinem Essay widerlegte ich die Behauptungen von Hayek und Robbins, indem ich nachwies, daß in der sozialistischen Wirtschaft ein Marktmechanismus praktikabel sei, der die Auflösung simultaner Gleichungen durch Anwendung eines empirischen Verfahrens der schrittweisen Annäherung durch Versuch und Irrtum (»trial and error«) ermöglicht. Ausgangspunkt wäre ein bestimmtes, beliebig gewähltes Preissystem: der Preis wird angehoben, wenn die Nachfrage das Angebot übersteigt, und er wird herabgesetzt, wenn das Gegenteil der Fall ist. Über ein solches Verfahren von aufeinanderfolgenden *tâtonnements* (Tastversuchen), erstmalig von Walras beschrieben, gelangt man schrittweise zu definitiven Gleichgewichtspreisen. Diese Preise entsprechen einem System von simultanen Gleichungen. Ich

---

* Oskar Langes letzte Arbeit; erschienen in der Zeitschrift *Zycie Gospodarcze*, 24. 10. 1965. Aus dem Polnischen übersetzt von Edda Werfel.
1 Oskar Lange, »On the Economic Theory of Socialism«, in *The Review of Economic Studies*, London 1936/37, vgl. in diesem Band den Aufsatz »Zur ökonomischen Theorie des Sozialismus«.

nahm damals vorbehaltslos an, daß der Prozeß der *tâtonnements* konvergent ist und tatsächlich einem System von Gleichgewichtspreisen zustrebt.

Würde ich meinen Artikel heute aufs neue schreiben, dann wäre meine Aufgabe leichter durchführbar. Hayek und Robbins würde ich antworten: Worin besteht eigentlich die Schwierigkeit? Überlassen wir die Auflösung des Systems von simultanen Gleichungen dem Computer, und wir erhalten die Ergebnisse binnen weniger als einer Sekunde. Der Marktprozeß und seine mühsamen *tâtonnements* erweisen sich als veraltet. Im Grunde genommen könnte man ihn als spezifische Rechenmaschine aus der Vorzeit der Elektronik ansehen.

Der Marktmechanismus und die Methode der schrittweisen Annäherung, die ich in meinem Essay vorschlug, spielten eigentlich die Rolle einer Rechenmaschine, die der Auflösung eines Systems von simultanen Gleichungen dient. Die Auflösung erzielte man mit Hilfe eines Iterationsprozesses, vorausgesetzt, daß die Iteration konvergent sind. Die Iteration beruhten auf dem Rückkoppelungsprinzip, mit dem Effekt, daß die Abweichungen vom Gleichgewicht schrittweise eliminiert wurden. Den Verlauf dieses Prozesses stellte man sich genauso vor wie das Funktionieren eines Servomechanismus, der dank dem Rückkoppelungseffekt Störungen automatisch beseitigt[2].

Der elektronische Analogrechner kann genau dasselbe Verfahren ausführen, indem er die Iteration simuliert, die *implicite* in den *tâtonnements* des Marktmechanismus enthalten ist. Ein solcher elektronischer Analogrechner (Servomechanismus) simuliert die Funktionen des Marktes. Diese Behauptung kann man aber auch umkehren: der Markt simuliert die Tätigkeit des elektronischen Analogrechners. Anders ausgedrückt: man könnte den Markt als einen spezifischen Computer betrachten, der dazu dient, ein System simultaner Gleichungen aufzulösen. Er funktioniert auf gleiche Art wie der Analogrechner, wie ein auf dem Rückkoppelungsprinzip beruhender Servomechanismus. Folglich könnte man den Markt als eines der ältesten Instrumente zur Auflösung simultaner Gleichungen betrachten. Interessant ist die Tatsache, daß der Auflösungsmechanismus nicht unter Vermittlung eines physischen, sondern eines gesellschaftlichen Prozesses operiert. Es erweist sich, daß auch gesellschaftliche Prozesse die Grundlage von Rückkoppelungen sein können, die auf dem Iterationsweg zur Auflösung eines Gleichungssystem führen.

---

2 Siehe Josef Steindl, »Servomechanismen und Regler in der Theorie der Ökonomie und der Politik«, in: *Probleme der Ökonomie, Planung und Ökonometrie*, Warschau 1967, 258 ff.

Die Leitungsorgane der sozialistischen Wirtschaft verfügen heute über zwei Instrumente der Wirtschaftsrechnung. Das eine ist der Computer (der elektronische Digitalrechner oder Analogrechner), das andere – der Markt. Auch in den kapitalistischen Ländern werden Computer in einem bestimmten Ausmaß als Instrumente der Wirtschaftsrechnung eingesetzt. Die Erfahrung zeigt, daß für sehr viele Probleme eine lineare Approximation ausreicht, daher auch die sehr verbreitete Anwendung der linearen Programmierungstechnik. In der sozialistischen Wirtschaft sind die Anwendungsmöglichkeiten einer solchen Technik noch viel größer. Sie läßt sich für die Volkswirtschaft als Ganzes einsetzen.

Interessant wäre ein Vergleich zwischen den jeweiligen Vorzügen des Marktes und des Computers für die sozialistische Wirtschaft. Der Computer ist zweifellos insofern überlegen, als er schneller Resultate bringt. Der Markt ist hingegen ein unhandlicher und langsam arbeitender Servomechanismus. Die Iterationsprozesse gehen mit großen Verspätungen und Schwankungen vor sich, und es kann vorkommen, daß sie überhaupt nicht konvergent sind. Das tritt in den Spinnwebzyklen, in den Lagerzyklen und in anderen Re-Investitionszyklen sowie auch im generellen Konjunkturzyklus zutage. So sind die Walras'schen *tâtonnements* ebenfalls voller lästiger Fluktuationen, und sie können sich sogar als divergent erweisen. So betrachtet, steht die Überlegenheit des Computers außer Frage. Er arbeitet ungeheuer schnell, erzeugt Fluktuationen in den realen Wirtschaftsprozessen, und die bloße Beschaffenheit des Computers garantiert schon die Konvergenz der Iteration.

Ein weiterer Nachteil des Marktes als Servomechanismus besteht darin, daß seine Iterationsprozesse Einkommenseffekte verursachen. Jede Preisveränderung bringt Gewinne und Verluste für die verschiedenen Bevölkerungsschichten mit sich. Im Zusammenhang mit diesen Gewinnen und Verlusten wird die Verwaltung der sozialistischen Wirtschaft vor mannigfaltige soziale Probleme gestellt. Und was mehr, es kann sich ein konservativer Widerstand gegen die mit der Handhabung des Marktes als Servomechanismus verbundenen Iterationsprozesse formieren.

All das bedeutet jedoch nicht, daß der Markt nicht auch verhältnismäßig positive Seiten hätte; vor allen Dingen ist die Rechenkapazität selbst der leistungsfähigsten Computer begrenzt. Es kann Wirtschaftsprozesse geben – und es gibt sie tatsächlich –, die sowohl hinsichtlich der Anzahl der Güter als auch der Typen der in sie eingehenden Gleichungen so kompliziert sind, daß kein Computer damit zu Rande käme; oder auch, daß der Bau eines Computers mit einer dem Problem entsprechenden Rechenkapazität sich als zu kostspielig erwiese. In solchen Fällen bleibt nichts anderes übrig, als den altmodischen Servomechanismus des Marktes einzusetzen, dessen Arbeitskapazität viel größer ist.

Zweitens stellt der Markt eine institutionelle Komponente der gegenwärtig bestehenden sozialistischen Wirtschaftssysteme dar. In allen sozialistischen Ländern werden (mit Ausnahme bestimmter Perioden, in denen der Verbrauch rationiert wird) die Konsumgüter unter der Bevölkerung über Vermittlung des Marktes verteilt. Der Markt ist eine real existierende gesellschaftliche Institution, und irgendeine alternative Methode der Rechnungsführung anzuwenden wäre sinnlos. Man mag den Computer zur Erstellung von Prognosen einsetzen, aber die berechneten Prognosen müssen später durch das faktische Funktionieren des Marktes verifiziert werden.

Eine wesentliche Begrenzung des Marktes besteht darin, daß er das Problem der Wirtschaftsrechnung in ausschließlich statischen Kategorien ausdrückt, d. h. als Gleichgewichtsproblem. Er bietet keine ausreichende Basis für die Lösung von Wachstums- und Entwicklungsproblemen. Insbesondere bietet er keine adäquate Grundlage für eine langfristige Wirtschaftsplanung. Bei der Planung der wirtschaftlichen Entwicklung müssen die langfristigen Investitionen aus dem Wirkungsbereich des Marktmechanismus ausgenommen werden; sie müssen sich auf die politische Einschätzung der Entwicklungsaufgaben gründen. Das liegt daran, daß die aktuellen Preise den aktuellen Stand der Dinge widerspiegeln, während die Investitionen ihn verändern, indem sie neue Einkommen, neue technische Produktionsbedingungen und häufig auch neue Bedürfnisse schaffen (die Erzeugung von Fernsehapparaten schafft den Bedarf für Fernsehempfänger und nicht umgekehrt). Mit anderen Worten, die Investitionen verändern die Bedingungen von Angebot und Nachfrage, die wiederum die Gleichgewichtspreise bestimmen. Das ist eine Wahrheit, die im Kapitalismus wie im Sozialismus gilt.

Aus obigen Gründen stützt sich die langfristige Planung in der Regel eher auf die allgemeinen politischen und wirtschaftlichen Konzeptionen als auf ein Rechnungsverfahren, das mit den laufenden Preisen operiert. Dennoch ermöglichen Theorie und Praxis der mathematischen Programmierung (der linearen wie der nichtlinearen) die Einführung eines strengen ökonomischen Kalküls auch in diesen Prozeß. Nach Festlegung der Zielfunktion (z. B. der Maximierung des Nationaleinkommenszuwachses innerhalb einer bestimmten Frist) und bestimmter Grenzen lassen sich die künftigen Schattenpreise (*shadow-prices*, Anm.

d. Hrsg.) berechnen. Diese Schattenpreise dienen als Instrument des ökonomischen Kalküls in langfristigen Entwicklungsplänen. Hier reichen die realen Preise des Marktgleichgewichts nicht aus, es bedarf der Kenntnis künftiger, programmierter Schattenpreise.

Es zeigt sich, daß die mathematische Programmierung ein wichtiges Instrument der *optimalen* langfristigen Wirtschaftsplanung ist. Der Computer ist hier unentbehrlich, mit Rücksicht darauf, daß hier die Auflösung einer immens großen Zahl von Gleichungen und Ungleichungen erforderlich ist. Die mathematische Programmierung, unterstützt vom Computer, wird zum wichtigsten Instrument sowohl der langfristigen Wirtschaftsplanung als auch der Lösung dynamischer Wirtschaftsprobleme von kleinerem Umfang. Bei dieser Anwendung tritt der Computer nicht an die Stelle des Marktes. Er erfüllt eine Funktion, die auszuüben der Markt niemals imstande war.

# Was ich unter Sozialismus verstehe*

Sozialismus ist nach meinem Verständnis die Organisation der gesellschaftlichen Prozesse im Dienste und zum Wohle des Volkes und nicht zugunsten der Privilegien einiger weniger. In Ziel und Methode bezieht sich der Sozialismus wesentlich auf die moderne Industriegesellschaft, er ist kein Standardrezept jenseits von Zeit und Verhältnissen. Das Ziel des Sozialismus ist die volle Entfaltung der demokratischen Lebensweise, weil allein unter demokratischer Kontrolle und im Rahmen eines demokratischen Gesamtprozesses gesellschaftliche Ämter und Funktionen vor ihrer Deformierung zu Machtmitteln einer privilegierten Minderheit bewahrt werden können. Die Methode des Sozialismus ist es, gesellschaftliche Probleme im Geiste rationaler und wissenschaftlicher Untersuchung anzugehen, ohne Rücksicht auf bestehende Vorurteile und bestehende Dogmen Schlüsse aus solcher Untersuchung zu ziehen und die gewonnenen Erkenntnisse unbehindert von irgendwelchen angestammten Interessen anzuwenden.

Das demokratische Ziel des Sozialismus impliziert die Abschaffung gesellschaftlicher Privilegien. Mit gesellschaftlichen Privilegien meine ich den Umstand, daß Chancen und Möglichkeiten, handle es sich um wirtschaftliche, politische, soziale oder kulturelle, einer ganz bestimmten Gruppe von Menschen unter Ausschluß aller anderen vorbehalten sind. Soll heißen: ein gesellschaftliches Privileg ist ein Monopol auf bestimmte Chancen, die einer kleinen, genau abgegrenzten Gruppe reserviert bleiben. Der wichtigste Beitrag des modernen Sozialismus zum gesellschaftlichen Denken besteht meiner Meinung nach darin, daß er die zwischen den verschiedenen gesellschaftlichen Privilegien bestehenden Verknüpfungen aufgedeckt hat. Er hat gezeigt, wie aus ökonomischen Privilegien politische Privilegien entstehen und umgekehrt, und er hat gezeigt, wie auch rassische und nationale Privilegien mit den verschiedenen ökonomischen und politischen Privilegien zusammenhängen.

---

* *The Call*, 13. 4. 1940. Aus dem Amerikanischen übersetzt von Hanne Herkommer.

Der Sozialismus hat den bürgerlich-liberalen Irrtum deutlich gemacht, in einer Welt krasser ökonomischer und sozialer Ungleichheit könne es echte politische Demokratie geben. In einer Gesellschaft, in der wichtige soziale Privilegien aus Eigentumskonzentration, aus industrieller und finanzieller Macht und aus durch Geburt ererbten Positionen resultieren, herrscht eine Ungleichheit des politischen Einflusses, die die Funktionsfähigkeit von demokratisch-politischen Institutionen einengt und zunichte macht. Das bedeutet, daß die politische Demokratie im Kapitalismus durch die Existenz und das Gewicht mächtiger ökonomischer Privilegien eingeschränkt und deformiert wird. An diese Einschränkung und Deformierung denken die Sozialisten, wenn sie von »kapitalistischer« oder »bürgerlicher« Demokratie sprechen.

Andererseits geht der Sozialismus aber auch davon aus, daß industrielle und wirtschaftliche Demokratie ohne politische Demokratie nicht möglich ist. Ohne demokratische Praxis und Kontrolle ist politische Macht nichts als ein Privileg, das jenen wirtschaftliche Vorteile verschafft, die im Besitz der politischen Macht sind. Diesen Punkt haben die Sozialisten stets gegen alle aristrokratischen (etwa den Tory-»Sozialismus«) und bürokratischen (den Staats-»Sozialismus«) »Sozialismen« ins Feld geführt, die industrielle und wirtschaftliche Demokratie versprachen, aber gleichzeitig die politische Macht als Monopol einer ausgewählten Gruppe erhalten wollten.

Mit derselben Argumentation traten die Sozialisten in jüngster Vergangenheit auch jenen Kommunisten entgegen, die glaubten, die industrielle und wirtschaftliche Demokratie lasse sich errichten, wenn man eine einzige politische Partei mit unkontrollierten diktatorischen Machtbefugnissen ausstatte. Die tragische Erfahrung des sowjetischen Volkes hat die Richtigkeit der sozialistischen Auffassung nur zu klar bewiesen.

## Die universelle Demokratie

Wirtschaftliche und politische Demokratie wiederum kann es ohne demokratische Verhältnisse zwischen den Völkern und Rassen nicht geben. Die politische Herrschaft einer Nation oder Rasse über eine andere führt zwangsläufig zu den verschiedensten wirtschaftlichen und kulturellen Privilegien für die Mitglieder der herrschenden Nation oder Rasse. Mehr noch, die politische oder wirtschaftliche Herrschaft von Nationen oder Rassen über andere tendiert durch die Beschneidung der demokratischen Rechte des beherrschten Volkes bzw. durch die Schaffung gesellschaftlicher Privilegien zugunsten des herrschenden Volkes dazu, die Demokratie auch innerhalb der herrschenden Nation (oder Rasse) gleich mit einzuschränken und soziale Privilegien auszubilden. Diese Überlegung verdeutlicht den Trugschluß des nationalen »Sozialismus«, der glaubt, auf der Basis der Ausbeutung fremder Völker und Rassen größere wirtschaftliche und soziale Gleichheit im eigenen Land versprechen zu können; dies ist nur ein Köder, mit dem Imperialismus und Faschismus die Massen für sich zu gewinnen suchen.

Wenn also ein soziales Privileg das andere nach sich zieht, kann es keine partielle Demokratie geben. Um funktionsfähig und effektiv zu sein, muß die Demokratie universellen Charakter haben. Sie muß industriell und wirtschaftlich ebenso existieren wie politisch, auf der Ebene zwischen den Völkern und Rassen ebenso wie in jedem einzelnen Volk. Ausgehöhlt in einem Bereich, ist sie auch in allen anderen bedroht. Demokratie ist unteilbar – das ist die vom modernen Sozialismus vertretene Grundposition. Den klarsten Beleg für ihre Unteilbarkeit liefert die Geschichte der modernen politischen Demokratie. Der Begriff der »bürgerlichen Demokratie« eignet sich zwar gut zur Beschreibung der Beschränkungen und Deformationen der politischen Demokratie unter dem Kapitalismus, über ihren historischen Ursprung indes kann er nichts sagen. Denn die moderne politische Demokratie hat ihren Ursprung nahezu durchweg im Kampf der Arbeiterklasse gegen erdrückende soziale Privilegien. Das allgemeine Wahlrecht, Basis der modernen politischen Demokratie, mußte in Amerika – ehe Jackson Präsident wurde – von den Bauern und Arbeitern schwer erkämpft werden, in England bedurfte es des Drucks der Arbeiterklasse, und auf dem europäischen Kontinent wurde es erst als Resultat einer Serie von Revolutionen und Arbeiterkämpfen verwirklicht.

Der Sieg der politischen Demokratie war Teil eines umfassenden Kampfes gegen jede Art von sozialen Privilegien; ein Kampf, der begünstigt wurde von dem Zwang zu wirtschaftlicher und industrieller Demokratie. In dem Augenblick jedoch, da die ökonomischen Privilegien und die Macht des Monopolkapitalismus zu dominieren begannen, setzte eine Aushöhlung der politischen Demokratie in ihrem Kern ein. Wo sie sich nicht zu wirtschaftlicher und industrieller Demokratie ausweiten kann, erliegt die politische Demokratie nur allzu leicht dem Faschismus. Die Unteilbarkeit der Demokratie, auf die der Sozialismus nachdrücklich hinweist, bedeutet demnach, daß politische Demokratie sich nur bewahren läßt, wenn sie auf Industrie und Wirtschaft ausgeweitet wird.

Wirtschaftliche Demokratie bedeutet die Nutzung der produktiven Ressourcen im Interesse des Volkes. Das heißt, daß jedermann innerhalb der ihm zubestimmten Einkommensgrenzen das Recht und die Möglichkeit haben muß, frei zu entscheiden, was und wann er konsumieren möchte, und daß Einkommensunterschiede nur insoweit geduldet werden, als sie zur Sicherung maximaler Effizienz notwendig sind. Weiter bedeutet wirtschaftliche Demokratie, daß die Produktion als ein öffentlicher Dienst betrieben wird, das heißt, daß Güter und Dienstleistungen auf der Basis von gesellschaftlichen Kosten angeboten werden, und nicht, wie im Kapitalismus, um den privaten (oder Branchen-)Profit von Einzelunternehmern oder von Gesellschaften, die ein Unternehmen besitzen, zu maximieren. Industrielle Demokratie bedeutet den demokratischen Ablauf der industriellen Prozesse und ihre demokratische Kontrolle. Sie impliziert freie Wahl des Arbeitsplatzes ebenso wie die Freiheit, ihn zu wechseln (schließt demnach industrielle Sklaverei, wie sie im faschistischen Deutschland und in der Sowjetunion existiert, aus), und impliziert als Basis der persönlichen Beziehungen innerhalb der Betriebe demokratische Selbstbestimmung und Selbstverantwortung anstelle der Autokratie der Bosse, gleichgültig, ob diese »Bosse« nun Privatkapitalisten und Unternehmer im Sinne des traditionellen Kapitalismus oder Staatsbürokraten wie in der Sowjetunion oder eine Mischung aus beiden sind wie im Faschismus.

Das Grundprinzip der wirtschaftlichen Demokratie ist demnach Produktion im Dienste der Allgemeinheit im Gegensatz zur Produktion um des privaten Profits willen; das Grundprinzip der industriellen Demokratie ist demokratische Selbstbestimmung in der Industrie im Gegensatz zur Herrschaft der »Bosse«.

Wirtschaftliche und industrielle Demokratie läßt Raum für eine große Vielfalt von Eigentums-, Unternehmens- und Unternehmensleitungsformen. Sie setzt das Privateigentum an Konsumgütern ebenso voraus wie das Privateigentum an den feststellbaren Früchten individueller Anstrengung (beispielsweise private Ersparnisse). Sie erlaubt Privatbesitz an den Produktionsmitteln und Privatunternehmen in den Bereichen, in denen Wettbewerb sich als wirksam erweist und zu größerer Effizienz führt, indem er die gesellschaftlichen Kosten der Produktion senkt. Unter solchen Umständen führt das Streben nach privatem Profit zu einer effizienten öffentlichen Versorgung, da Güter und Dienstleistungen tendenziell zu Kostpreisen angeboten werden. Wo Produktion für privaten Profit jedoch mit dem Prinzip der Produktion im Dienste der Allgemeinheit kollidiert (weil Monopolrestriktion, Ineffizienz aufgrund der Divergenz zwischen der Kostenrechnung des Privatunternehmens und den tatsächlichen gesellschaftlichen Kosten oder wirtschaftliche Machtkonzentration dabei herauskommen), verlangt die wirtschaftliche und industrielle Demokratie öffentliches Eigentum der Unternehmen.

## Dezentrale Verwaltung

Die Formen öffentlichen Eigentums und Unternehmen können höchst unterschiedlich sein. Es kann Genossenschaften geben und verschiedenartige öffentliche Unternehmen. Ihre Funktionen und ihre Leitung können sich auf den Bereich der Gemeinde, der Stadt, eines Landbezirks oder auf den ganzen Staat erstrecken, wobei das bestimmende Kriterium für die Wahl der Organisationsform die Sicherstellung der Produktion im Dienste der Allgemeinheit und damit die Verhinderung von Branchenprofiten und Monopolbildung ist. Was Rohstoffe anbelangt, die wie Öl, Kupfer, Gummi, Kohle oder Eisenerz sich nur in bestimmten Ländern finden und dadurch zum Monopol bestimmter Staaten werden, so impliziert die Produktion im Dienste der Allgemeinheit, daß der Besitz an ihnen und ihre Administration in den Händen von internationalen Verwaltungskörpern liegen muß, weil sich nur so verhindern läßt, daß diese Ressourcen als Teilmonopole einzelner Nationen ausgebeutet werden und zu internationalen Konflikten führen. Der Natur dieser Ressourcen entsprechend können solche internationalen Verwaltungskörper in Form und geographischer Ausdehnung durchaus unterschiedlich sein.

Die Form eines öffentlichen Unternehmens muß demnach zwei Kriterien erfüllen. Sie muß die Erwirtschaftung von Branchenprofiten und Monopolbildung ausschließen und zugleich industrielle Selbstbestimmung garantieren. Letzteres impliziert eine weitgehende Dezentralisierung der Verwaltung, es impliziert Gewaltenteilung und Steuerung der Produktion nach festen Regeln der Kostenrechnung usw. und schließt Willkürentscheidungen einzelner Manager aus. Erste Voraussetzung ist jedoch die Unabhängigkeit der Genossenschaften und öffentlichen Unternehmen von der politischen Führung.

Der Sozialismus wendet sich mit Nachdruck dagegen, daß die gesamte Produktion Staatsbesitz ist und von der Regierung gelenkt wird. Er tritt für öffentlichen Besitz und seine öffentliche Lenkung in all den Bereichen ein, wo dies zur Sicherung der Produktion im Dienste der

Allgemeinheit notwendig ist, und zwar gelenkt durch demokratische Selbstverwaltungskörperschaften, die von der politischen Führung unabhängig sind. Wie bereits gesagt, müssen Funktionen und Leitung dieser Verwaltungsorgane so organisiert sein, daß sie die Produktion im Dienste der Allgemeinheit garantieren und eine syndikalistische Degeneration in branchenmäßige Monopole verhindern.

Das läßt sich erreichen, wenn man die Verwaltungskörper strengen Regeln bei der Rechnungslegung und Preisfestsetzung unterwirft und den Verbrauchern die entscheidende Stimme in den Direktorien der öffentlichen Unternehmen einräumt. In privatkapitalistischen Gesellschaften gibt die Stimme der Aktienbesitzer den Ausschlag, damit die Aktien-Gesellschaft im Sinne der Profitmaximierung zugunsten der Aktienbesitzer geführt wird. Wenn in öffentlichen Unternehmen die ausschlaggebende Stimme den Verbrauchern zufällt, wird eine Produktion im Dienste der Allgemeinheit gesichert.


*Arbeitslosigkeit*

Allein das sozialistische Produktionsprinzip bietet einen Ausweg aus dem Dilemma, in das der Kampf um die Monopolisierung von immer geringer werdenden Möglichkeiten führt. Das haben selbst die kapitalistischen Staatsführungen erkannt, die sich zur Bekämpfung der Arbeitslosigkeit mehr und mehr auf öffentliche Investitionen verlegen, was unter dem Aspekt des gesellschaftlichen Gesamtwohls auch voll gerechtfertigt ist, nicht allerdings unter dem des privaten Profits. Aber selbst eine so partielle Lösung stößt bei den angestammten Interessen des Monopolkapitalismus auf Ablehnung, vermutet dieser doch dahinter ein gefährliches neues ökonomisches Prinzip.

Der einzige Bereich, in dem der Kapitalismus Produktion im Dienste der Allgemeinheit toleriert, ist der Bereich der Rüstung; die Rüstungsindustrie wird zum wichtigsten Auffangbecken für die Arbeitskräfte, die zu beschäftigen der Privatkapitalismus nicht in der Lage ist. Während die Nutzung brachliegender Ressourcen zum Bau von Schulen und Hospitälern oder auch zur Beschaffung von billiger Elektrizität usw. als »Verschwendung« apostrophiert wird, gilt ihre Verwendung zur Herstellung von Schlachtschiffen, Panzern, Bombern usw. als Zeichen einer »gesunden Wirtschaft«.

Immer wieder wird gesagt, die wirtschaftliche Expansion der vergangenen Jahrhunderte habe auf der Existenz einer offenen Grenze beruht, einer Grenze, die es heute nicht mehr gebe. An dieser Feststellung stimmt jedoch nur die erste Hälfte, denn die Offenheit der Grenze existiert auch heute noch, wenngleich in veränderter Form. Sie wird gebildet von Wissenschaft und Technologie, die es uns ermöglichen, neue Gebiete für die Produktion zu erobern. Allerdings wird sie bisher durch die angestammten Interessen des privaten und branchenmäßigen Monopols verstellt. Wir können die Schranke jedoch beiseite räumen, wenn wir unser Wirtschaftsleben auf der Basis des Prinzips der Produktion im Dienst der Allgemeinheit reorganisieren. Soll heißen: der Sozialismus eröffnet neue Möglichkeiten und schafft neue Arbeitsbereiche.

## Der Sozialismus eröffnet neue Möglichkeiten

Der private Profit als Motiv für Produktionstätigkeit beginnt in einer wachsenden Zahl von Bereichen seine Wirkung zu versagen. Die Massenarbeitslosigkeit, wie sie in allen entwickelten kapitalistischen Ländern hartnäckig besteht, zeigt deutlich das Fehlen rentabler Möglichkeiten für private Investitionen. Das bedeutet indes keineswegs, daß auch keine Möglichkeiten für eine Produktion im Dienste der Allgemeinheit vorhanden sind. Die Tatsache, daß es unbefriedigte Bedürfnisse, Armut und Elend gibt, zugleich aber auch brachliegende Ressourcen und ein konstantes Anwachsen des technischen Fortschritts, beweist, daß genügend Potential da ist für mehr Produktion und Beschäftigung – vorausgesetzt, das Produktionsprinzip ist der gesellschaftliche Nutzen.

Die anhaltende Arbeitslosigkeit im Kapitalismus erklärt sich aus dem restriktiven Einfluß der Monopole sowie daraus, daß die Kostenrechnung privater Unternehmen erheblich von dem abweicht, was Kosten vom gesellschaftlichen Standpunkt aus sind. So können produktive Aktivitäten, die gesamtgesellschaftlich absolut gerechtfertigt sind, aus privatkapitalistischer Sicht schlichtweg unrentabel sein.

Der Rückgang profitträchtiger Investitions- und Beschäftigungsmöglichkeiten hat allerlei Restriktionen zur Folge, deren Zweck es ist, durch den Einsatz von politischer Macht alle noch vorhandenen Möglichkeiten, und seien sie noch so begrenzt, für die eigene Gruppe oder die eigene Nation zu monopolisieren. Es kommt zu einem universellen Wettlauf um die Schaffung von branchenmäßigen und nationalen Privilegien, dem rassische und nationale Diskriminierung und Verfolgung, imperialistische Rivalität und die Suche nach »Lebensraum« folgen, um schließlich in Faschismus und Krieg zu kulminieren.

# Die Funktionsprinzipien der sowjetischen Wirtschaft*

1. Die vorangehenden Texte** behandelten Struktur und Organisation der Sowjetwirtschaft; der vorliegende Text will nun versuchen zu beschreiben, *wie* diese Wirtschaft funktioniert. Um einen Vergleich zu benutzen: Die bisherigen Aufsätze befaßten sich mit der Anatomie der Sowjetwirtschaft, unser Thema ist die Physiologie.

Die Aufgabe ist nicht einfach; schon sie klar zu umreißen bereitet Schwierigkeiten. Um herauszufinden und zu erläutern, wie unsere Wirtschaft funktioniert, bedurfte es langwieriger ökonomischer Analysen, und unser Verständnis von ihr ist noch lange nicht vollkommen. Die Sowjetwirtschaft ist noch sehr jung, ihre wissenschaftliche Erforschung steckt in den Anfängen. Eine weitere Schwierigkeit liegt darin, daß Struktur und Funktionsweise der Sowjetwirtschaft während der zweieinhalb Jahrzehnte seit der Oktoberrevolution tiefgreifende Veränderungen erfahren haben. Die Informationsquellen zu unserem Thema fließen äußerst spärlich. In der sowjetischen ökonomischen Literatur findet sich nur ganz wenig darüber. Die vorhandenen Schriften behandeln eher aktuelle praktische Probleme als Grundfragen der ökonomischen Theorie. Theoretisch-ökonomische Abhandlungen, wie sie in der Sowjetunion publiziert werden, sind viel stärker an den Funktionsweisen der kapitalistischen Wirtschaft interessiert (die streng marxistisch interpretiert werden) als an den Funktionsprinzipien der Wirtschaft des eigenen Landes. Und wo Untersuchungen über die eigene Wirtschaft vorliegen, sind sie eher deskriptiv und »institutionell« als

* *The Working Principles of the Soviet Economy*, Russian Economic Institute Pamphlet Series No. 1, New York ²1944 (Research Bureau for Post-War Economics). Aus dem Amerikanischen übersetzt von Hanne Herkommer.
** Dies ist eines der Referate, die Oskar Lange als Gastprofessor an der Columbia University (New York) 1942/43 im neuentstandenen »Institut für Sowjetische Studien« hielt. Nach beträchtlicher Erweiterung wurde es erstmals in der Sammelausgabe: *USSR and the War*, New York 1943, veröffentlicht, dann 1944 in Form dieser Broschüre.
Es enthält die theoretische Konkretisierung von Langes Überlegungen zur Funktionsweise sozialistischer Wirtschaft, die im Zyklus öffentlicher Vorträge im Sozialistischen Klub an der Universität Chicago im Mai 1942 unter dem Titel *The Economic Operation in a Socialist Society* dargestellt wurden (Anm. d. Hrsg.).

theoretisch. Dieser Mangel wird nur teilweise durch die größere Durchsichtigkeit der Funktionsweisen der sowjetischen im Vergleich zur kapitalistischen Wirtschaft aufgehoben. Angesichts dieser Schwierigkeiten kann die Darstellung der »Physiologie« der Sowjetwirtschaft nur vorläufig sein und ist auf Kritik angewiesen.

2. Um die Funktionsprinzipien eines Wirtschaftssystems begreifen zu können, müssen wir zunächst seine Ziele kennen. Erklärtes Ideal des sowjetischen Staates ist die Verwirklichung des Sozialismus. Der traditionellen Lehrbuchdefinition zufolge meint Sozialismus ein Wirtschaftssystem, in dem die Produktionsmittel öffentliches Eigentum sind und so eingesetzt werden, daß die größtmögliche Wohlfahrt des gesamten Volkes erreicht wird. Was genau die Kriterien von »größtmöglicher Wohlfahrt« sind, sagt die traditionelle sozialistische Literatur nicht[1]. Einigkeit besteht nur darüber, daß sie in irgendeiner Weise die Wünsche und Bedürfnisse der Gesellschaft enthalten und ausdrücken müssen. Denn Sozialismus bedeutet Demokratie, und zwar wirtschaftliche so gut wie soziale und politische. Unter sozialistischer Wirtschaftsordnung wird damit relativ einmütig demokratische Wohlfahrtsökonomie verstanden, und sie ist auch erklärtes Ideal der sowjetischen Staatsführung. Das heutige sowjetische System ist allerdings kein demokratischer Wohlfahrtsstaat. Es ist ein autoritäres System, das von *politischen Zielen,* genauer von zwei politischen Zielen bestimmt wird: 1. das Land zu einer der führenden Industrienationen der Welt zu machen und 2. die wirtschaftliche Basis für eine wirksame nationale Verteidigung im Zeitalter der industrialisierten Kriegsführung zu sichern.

Das erste Ziel wird von der sowjetischen Staatsführung (und von der Mehrheit der sowjetischen Bevölkerung) als notwendige Voraussetzung für die Schaffung einer sozialistischen Gesellschaft angesehen. Ein sozialistischer Wohlfahrtsstaat läßt sich nur auf der Basis einer Industriegesellschaft errichten. Da Rußland weitgehend ein Agrarstaat und wirtschaftlich wie kulturell enorm rückständig war, konnte der Übergang zur sozialistischen Wohlfahrtsökonomie nicht unmittelbar nach der Oktoberrevolution erfolgen. Es bedurfte einer Periode intensiver Indu-

---

1 Dies gilt allerdings nur für die ältere sozialistische Literatur. In jüngerer Zeit hat sich ein breites Schrifttum entwickelt, das diese Kriterien im Sinne einer präzisen technischen Analyse diskutiert. Vgl. Edward Heimann, »Planning and the Market System«, in: *Social Research,* 1934; R. L. Hall, *The Economic System in a Socialist State,* Oxford University Press, 1937; A. C. Pigou, *Socialism versus Capitalism,* Macmillan and Co., London 1937; Oscar Lange, *On the Economic Theory of Socialism,* The University of Minnesota Press, 1938; A. P. Lerner, »Statics and Dynamics in Socialist Economics«, in: *Economic Journal,* 1937; Maurice Dobb, »A Note on Saving and Investment in a Socialist Economy«, in: *Economic Journal,* Dez. 1939; und H. D. Dickinson, *The Economics of Socialism,* Oxford University Press, 1940.

strialisierung, um die Grundlagen einer Industriegesellschaft zu schaffen, die für die Errichtung des Sozialismus Voraussetzung ist. Indes, der Entschluß, die Sowjetunion zu einer der führenden Industrienationen zu machen, war auch von militärischen Überlegungen geleitet. Die Erfahrung der Einmischung von außen während des Bürgerkriegs, die feindselige Haltung, auf die das Sowjetregime in der gesamten kapitalistischen Welt stieß, und schließlich die Machtergreifung der Nazis, die ihre Dienste den kapitalistischen Kräften als *Condottieri* in einem Kreuzzug gegen die Sowjetunion anboten (eine Zeitlang durchaus mit Erfolg), dies alles erzeugte bei der sowjetischen Staatsführung ein tiefes und anhaltendes Gefühl äußerer Unsicherheit. Gleichzeitig waren die sowjetischen Militärs die ersten, die die Auswirkung des Industriezeitlaters auf die Methoden der Kriegführung in ihrer ganzen Tragweite erfaßten. Sie erkannten, daß nur eine industriell entwickelte Nation imstande ist, einem Aggressor entgegenzutreten, der alle Mittel der technischen Kriegführung zu seiner Verfügung hat. Damit besteht zwischen den beiden Zielen ein enger Zusammenhang. Man begriff, daß rasche Industrialisierung für die politische und nationale Selbsterhaltung der Sowjetunion lebenswichtig war, und verfolgte dieses Ziel skrupellos, ohne Rücksicht auf Kosten und Opfer.

Die von der Bevölkerung verlangten Opfer waren so groß, daß die sowjetische Staatsführung es für unmöglich ansah, die Bevölkerung (weitgehend eine Agrarbevölkerung und kulturell wie wirtschaftlich rückständig) um Zustimmung zu den gesetzten Zielen zu fragen. Die Ziele, denen die Sowjetwirtschaft dienen sollte, mußten wie die Methoden ihrer Erreichung mit den strengsten autoritären Mitteln aufgezwungen werden. Das heißt nicht, daß die sowjetische Staatsführung sich nicht um die Zustimmung der Bevölkerung zu ihren Zielen wie auch zu den Methoden ihrer Durchführung bemüht hätte; sie wurde jedoch ex post mit Hilfe von Propaganda und Schulung durch den Staat und die Kommunistische Partei eingeholt. In dieser Hinsicht war die sowjetische Staatsführung äußerst erfolgreich. Die große Mehrheit der Menschen in der Sowjetunion hat diese Ziele und die damit verbundenen Opfer akzeptiert, weil sie deren Unerläßlichkeit für die nationale Sicherheit spürte und das Ideal eines demokratischen Wohlfahrtsstaates ihnen die Überzeugung gab, daß diese Ziele und Opfer nur vorübergehende Notmaßnahmen waren. Ihr temporärer Charakter wurde durch die Verfassung von 1936 unterstrichen und symbolisiert. Ein erhebliches Maß an Freiheit und Initiative blieb dem Volk in Details von Organisation und Verwaltung, allerdings nur im Rahmen der von der Führung gesteckten politischen Ziele und der zu ihrer

Erfüllung wichtigen Methoden. Nirgends konnten und durften die Wünsche des Volkes die obersten Ziele des sowjetischen Staates, die rasche Industrialisierung und die Schaffung einer wirksamen nationalen Verteidigung, umstoßen.

Eine Zeitlang (besonders in den Jahren 1935 und 1936) schien es, als sei die sowjetische Staatsführung bereit, ihre autoritäre Kontrolle über die Wirtschaft und das politische Leben ein wenig zu lockern, und als unternehme sie Schritte in Richtung auf einen demokratisch-sozialistischen Wohlfahrtsstaat. Alle Entwicklungen in dieser Richtung wurden jedoch durch die erstarkende Militärmacht des nazistischen Deutschlands, durch die Appeasementpolitik der westeuropäischen Mächte (1935 und 1936) und nicht zuletzt durch das geheime Einverständnis aller kapitalistischen Kräfte mit der italienischen und deutschen Intervention in Spanien vereitelt. Diese Ereignisse machten es unmöglich, den autoritären Charakter des sowjetischen Systems zu lockern.

Die Außenwelt war über das Ausmaß der Opfer im Lebensstandard und in der politischen und privaten Freiheit, die die sowjetische Staatsführung vom Volk verlangte, schockiert. Der Schock beruhte allerdings zum großen Teil auf unserer Verkennung der Tatsache, daß diese Opfer für die nationale Selbsterhaltung lebenswichtig waren. Natürlich kann man einwenden, daß mit anderen wirtschaftspolitischen Techniken und Methoden die gleichen Ziele bei wesentlich niedrigeren wirtschaftlichen und auch geringeren menschlichen Kosten hätten erreicht werden können. Höchstwahrscheinlich wird dieser Einwand sogar richtig sein.

Die meisten Methoden der Wirtschaftsführung mußten von der sowjetischen Regierung jedoch in einem Prozeß von »trial and error« entdeckt werden. Techniken der Wirtschaftsführung, den »bürgerlichen« Ökonomen Westeuropas und der Vereinigten Staaten bestens vertraut, wurden von den sowjetischen Politikern verächtlich verworfen, häufig jedoch nur, um später unter dem Druck der Umstände dennoch angewandt zu werden. Ideologieverdacht (vorwiegend auf Mißverständnissen bezüglich der Bedeutung der sogenannten »bürgerlichen« Wirtschaftswissenschaft beruhend) hinderte die Sowjetunion daran, die eine oder andere westliche Wirtschaftsmethode in der gleichen Weise zu nutzen, in der sie die technischen Errungenschaften des Westens verwertete. Das sind jedoch akademische Fragen. Was heute zählt, ist die Tatsache, daß die sowjetische Wirtschaft die ihr von der Staatsführung gesetzten Ziele erreicht hat und daß gegenwärtig nicht nur das sowjetische Volk, sondern auch wir, das Volk der Vereinigten Staaten, und alle freiheitsliebenden Völker der Welt die Nutznießer der enormen, vom sowjetischen Volk in der Industrialisierungsphase und nun im Kriege gebrachten Opfer sind.

Es gibt einen weiteren Grund, warum wir die Sowjetwirtschaft heute mit viel größerem Verständnis betrachten als früher. Wir befinden uns selbst im Krieg und machen unsere eigenen Erfahrungen mit einer auf ein politisches Ziel (die nationale Selbsterhaltung) ausgerichteten und in erheblichem Maße autoritär geführten Wirtschaft. Die bewußte Senkung des Lebensstandards zugunsten eines politischen Zieles (nämlich den Krieg zu gewinnen), die Steuerung der Produktion per Regierungsentscheidung statt durch Konsumnachfrage, die staatlichen Preiskontrollen, die Rationierung von Konsumgütern, der Wettstreit in Patriotismus als Impuls bei der Arbeit, der Erinnerungen weckt an den »sozialistischen Wettstreit« in der UdSSR, und die Möglichkeit, Arbeitsplätze »einzufrieren«, dies alles sind Erscheinungen, die uns heute durchaus vertraut sind. Angesichts unserer eigenen Erfahrung mit der Kriegswirtschaft verliert das Sowjetsystem viel von dem Geheimnis und der Merkwüdigkeit, in die es gehüllt schien.

3. Die Funktionsweisen der Sowjetwirtschaft sind leichter zu verstehen, wenn man sie mit denen unserer eigenen Wirtschaft vergleicht. Unser Wirtschaftsprozeß basiert, zumindest gehen wir davon aus, auf dem System der freien Preisbildung. Von ihm versprechen wir uns die Erfüllung von drei verschiedenen Aufgaben. Es soll 1. die Verteilung des Volkseinkommens unter die einzelnen Wirtschaftssubjekte sowie das Verhältnis zwischen Konsum und Investition bestimmen; 2. den Konsumenten als Richtlinie dienen, mit deren Hilfe sie ihre Einkünfte für Güter und Dienstleistungen ihrer Wahl ausgeben können (freie Konsumwahl); und 3. das Mittel sein, das per Nachfrage der Konsumenten die Produktion steuert (Souveränität der Konsumenten)[2]. Die letztgenannte Funktion soll aus unserer Wirtschaft eine vom Konsumenten gesteuerte Wirtschaft machen – ein Punkt, auf den wir sehr stolz sind. Denn die Ausrichtung der Produktion an der Nachfrage der Konsumenten wird zurecht als ein wesentliches Moment wirtschaftlicher Demokratie angesehen. Häufig wird sie als permanente Stimmabgabe bezeichnet, bei der jeder für eine Ware oder Dienstleistung verausgabte Dollar einem Votum für ihre Produktion gleichkommt. Aber leider wird unser derzeitiges Wirtschaftssystem diesem Ideal keineswegs gerecht. Unsere Einkommensverteilung ist alles andere als gerecht, was dazu führt, daß Personen mit hohem Einkommen einen viel größeren

---

2 Die Unterscheidung zwischen freier Konsumwahl und Souveränität der Konsumenten findet in dem Aufsatz von Professor Robert Mossé, »The Theory of Planned Economy«, in: *International Labor Review,* Sept. 1937 eine fruchtbare Anwendung.

Einfluß auf die Produktion ausüben als solche mit niedrigen Einkommen. Um bei der Analogie der Stimmabgabe zu bleiben: es besteht Stimmenmehrheit zugunsten der Reichen. Die Verteilung des Sozialprodukts zwischen Konsum und Investitionen wird fast kaum durch die Entscheidungen des Volkes bestimmt. Viel eher hängt sie von der Geld- und Steuerpolitik (bislang ziemlich ungeplant) und von den Launen des Konjunkturzyklus ab. Das Resultat ist eine große Verschwendung von Ressourcen durch Arbeitslosigkeit, ein Zustand, der ganz sicher nicht die Wünsche der Konsumenten ausdrückt. Schließlich wird die Steuerung der Produktion durch die Konsumenten durch eine monopolistische Preis- und Ertragspolitik vereitelt. Selbst die freie Konsumwahl, der Punkt, an dem unsere Wirtschaft ihrem erklärten Ideal am nächsten kommt, wird durch die Propagandamaschine der Verkaufs- und Werbebranche beeinträchtigt.

Vor diesem Hintergrund wollen wir nun die Funktionsweisen des sowjetischen Wirtschaftssystems betrachten.

Im sowjetischen System besteht dem Prinzip nach und weitgehend auch in der Praxis freie Konsumwahl. Diese Freiheit wird genau wie in unserer Wirtschaft über das Medium eines Marktes für Konsumgüter und Dienstleistungen hergestellt. Von gewissen zeitweiligen Ausnahmen abgesehen, auf die wir später eingehen werden, kommt die Verteilung der Güter und Dienstleistungen dadurch zustande, daß die Konsumenten ein Geldeinkommen erhalten, für das sie Güter und Dienstleistungen ihrer Wahl zu einem bestimmten Preis kaufen können. Geldeinkommen bestehen in der Sowjetunion fast gänzlich in Löhnen und Gehältern und, im Falle der Bauern, im Erlös aus dem Verkauf der kollektiv oder individuell erzeugten Produkte. Die Preise werden von den Planungsbehörden so festgesetzt, daß der »Markt leergefegt wird«, d. h., daß Nachfrage und verfügbares Angebot sich die Waage halten[3]. Wie in unserer Wirtschaft gibt es große Einkommensunterschiede, so daß die Nachfrage auch hier die Dringlichkeit der Bedürfnisse nur verzerrt und unvollkommen ausdrückt, mit der Einschränkung allerdings, daß diese Unterschiede in der Sowjetunion nicht auf Rechte infolge von Privateigentum zurückgehen, sondern ausschließlich auf die ungleiche Bewertung des produktiven Beitrags der einzelnen zur nationalen Wirtschaft.

Was freie Konsumwahl anbelangt, so unterscheidet sich die Situation

---

3 Die staatliche Preisplanung bei Konsumgütern und Dienstleistungen beschreiben L. E. Hubbard in *Soviet Trade and Distribution,* Macmillan and Company, London 1938, Teil V, und E. M. Chossudowsky, »De-Rationing in the U.S.S.R.«, in: *Review of Economic Studies,* Nov. 1941.

im sowjetischen System also nicht erheblich von der unsrigen. Allerdings erfüllt der Mechanismus der Preisbildung in der Sowjetunion nicht die beiden anderen Funktionen, die ihm in unserer Wirtschaft zukommen. Die Verteilung des Sozialprodukts zwischen Konsum und Investition bestimmt einzig und allein die Staatsführung in autoritär-politischer Entscheidung, auf die die einzelnen Einkommensempfänger keinen Einfluß haben. Und die Produktion der einzelnen Waren und Dienstleistungen orientiert sich allein an den obersten politischen Zielen des sowjetischen Systems, ohne daß die Nachfrage der Konsumenten, wie sie auf dem Markt ihren Ausdruck findet, besonders berücksichtigt würde. Damit fehlt die Konsumentensouveränität, eine Steuerung der Produktion durch die Nachfrage der Konsumenten gibt es im sowjetischen Staat im Grunde nicht.

Der allgemeine Wirtschaftsplan der Regierung entscheidet über die Höhe der Investitionen« die verbleibenden Ressourcen stehen zur Produktion von Konsumgütern und Dienstleistungen zur Verfügung. Die Investitionshöhe ist also vom Sparwillen der einzelnen völlig unabhängig. Privates Sparen besteht in der Sowjetunion vorwiegend in einer Ansammlung von überschüssigem Geld durch Einzelpersonen für späteren Konsum. Da die Menschen aber nicht mehr kaufen können, als die nach staatlichen Plänen produzierte Gütermenge es erlaubt (weniger kaufen sie nicht, weil der Lebensstandard niedrig und ein Anreiz, in größerem Umfang zu sparen, nicht vorhanden ist), wird der Investitionsplan der Staatsführung dadurch nicht angetastet; seine Realisierung ist unmittelbares Resultat der Allokation der materiellen Ressourcen, die Art seiner Finanzierung spielt dabei keine Rolle; finanzielle »Kräfte« können diesen Plan nicht beeinträchtigen. Wenn die Gesamteinkommenssumme des Volkes der Geldwertsumme der produzierten Konsumgüter und Dienstleistungen zu geltenden Preisen entspricht, dann »spart« die Nation die Differenz zwischen der an die Konsumenten verteilten Einkommenssumme und dem gesamten Volkseinkommen. Und wenn die Einkommenssumme höher ist, d. h., wenn die Staatsführung es unterläßt, die Geldeinkünfte der Konsumenten auf das Maß zu reduzieren, das dem Ausstoß an Konsumgütern und Dienstleistungen genau entspricht (so geschehen in der Zeit zwischen 1928–1935), dann »spart« die Nation entweder durch einen Preisanstieg (Inflation) oder durch Rationierung des privaten Konsums.

Der Mechanismus, mit dessen Hilfe die sowjetische Staatsführung ihr Investitionsprogramm verwirklicht, ist genau derselbe, auf den sich auch die Regierung der Vereinigten Staaten in ihrem Rüstungsprogramm stützt. Auch das Rüstungsprogramm der Vereinigten Staaten beruht auf einer politischen Entscheidung, auf die der einzelne Konsument keinen Einfluß hat. Sie bestimmt Art und Umfang der Rüstungsproduktion, und nur die restlichen Ressourcen stehen der Produktion von Konsumgütern und Dienstleistungen zur Verfügung. Auch hier können also keinerlei »Finanzkräfte« den Plan durcheinanderbringen, gleichgültig, ob die Anpassung der Konsumnachfrage an das verfügbare Angebot durch Besteuerung oder nichtinflatorische Kredite, durch Preissteigerungen (Inflation), durch Rationierung oder durch eine Kombination aus mehreren dieser Methoden zustande kommt. Wir zahlen Steuern und kaufen Kriegsanleihen, um die Inflation zu verhindern, und nicht, weil die Staatsführung unser Geld zur Führung des Krieges braucht. Die Regierung bekommt alle Waffen und Güter, die sie zum Krieg braucht, ob wir ihr unser Geld geben oder nicht. Es ist allerdings zu bemerken, daß selbst im Frieden die Verteilung des Sozialprodukts zwischen Konsum und Investitionen in unserer Wirtschaft nicht vom Sparwillen des Volkes bestimmt war. Diese Verteilung wurde von den Investitionsentscheidungen der Unternehmer bestimmt, Entscheidungen, die ihrerseits wieder von den Aussichten auf zukünftige Profite abhingen (und von all den Launen der Massenpsychologie, denen diese Aussichten unterliegen). Die Ausgabegewohnheiten des Volkes in Verbindung mit den unternehmerischen Investitionsentscheidungen bestimmten die Einkünfte der Konsumenten und damit deren Sparwillen. Auch vor dem Kriege war unsere Kapitalakkumulationsrate also nicht von der Souveränität der Konsumenten abhängig (d. h. von deren Sparwillen). Sie hing von den Investitionsentscheidungen der Unternehmer in unserer Gesellschaft und letzten Endes von der Psychologie der Profiterwartungen ab sowie von der Geld-, Steuer- und Bankpolitik, die diese Entscheidungen beeinflußten.

Wir haben bereits gesagt, daß freie Konsumwahl in der Sowjetwirtschaft die Souveränität des Konsumenten nicht impliziert. Die sowjetische Produktion wird nicht durch Konsumnachfrage gesteuert, sondern von der Staatsführung mit Blick auf die grundlegenden politischen Ziele der Sowjetwirtschaft. Der Wirtschaftsplan, den die Staatsführung festlegt, schreibt in absoluten Zahlen den Ausstoß jedes einzelnen Industriezweigs, jedes Betriebs und jeder Kolchose vor. Er setzt auch die Preise für die verschiedenen Waren und Dienstleistungen fest. Aber diese Preise haben keinen Einfluß auf die Ertragshöhe. Die übliche Praxis besteht in der Festsetzung eines Preisniveaus, das den durchschnittlichen Produktionskosten in der Industrie unter angemessener Berücksichtigung regionaler und sonstiger Unterschiede entspricht, zuzüglich eines Aufschlags für Gewinn und, im Falle von Konsumgütern, einer Umsatzsteuer. Gewinn und Steuer werden allein von den Staatsbehörden geplant (wenngleich sie im Falle von Konsumgütern so kalkuliert sein müssen, daß der Markt »leergefegt« wird); sie liefern die Mittel zur Finanzierung neuer Investitionen[4]. Die tatsächlichen Kosten und Gewinne sollen als Vergleichsbasis für die jeweilige Effizienz der einzelnen Betriebe und als Indikator für den Fortschritt der Produktivität dienen[5]. Im Gegensatz zur kapitalistischen Wirtschaft besteht aber in der Sowjetunion zwischen Produktionsplanung und Gewinn einer Industrie oder eines Betriebes kein Zusammenhang. Das heißt, die Nachfrage der Konsumenten kann nicht über Preis und Profit Einfluß auf die Produktionsentscheidungen nehmen.

Bis zu einem gewissen Grad werden die Inhalte des Produktionsplans zweifellos auch von der Konsumentennachfrage, wie sie sich am Markt äußert, beeinflußt. In den letzten Jahren waren die sowjetischen Planungsbehörden sehr bemüht, ihre Pläne an den Wünschen der Konsumenten zu orientieren[6]. In erster Linie sollten die Bestände im Einzelhandel auf die Konsumentenwünsche zugeschnitten werden. Das heißt, eine erhebliche Steigerung der Nachfrage nach einer bestimmten Ware kann die Planungsinstanzen durchaus veranlassen, ihre Produktion zu steigern. Eine entsprechende Verfahrensweise bedeutet allerdings nicht die Akzeptierung und Anwendung des Prinzips, daß steigende Nachfrage, steigender Preis und Gewinn automatisch eine Steigerung der Produktion nach sich ziehen müssen. Dies ist vielmehr das Ergebnis einer politischen Entscheidung, die jeweils von Fall zu Fall fällt. So kann die sowjetische Wirtschaft trotz eines gewissen Einflusses der Konsumnachfrage auf die Planung der Produktion nicht als eine Wirtschaft bezeichnet werden, die der Souveränität der Konsumenten unterliegt. Erstens gibt es keine speziellen Regeln, nach denen eine Nach-

---

4 Eine Beschreibung der Preis- und Gewinnplanung findet sich bei L. E. Hubbard, *Soviet Money and Finance*, Macmillan and Co., London 1936, Kap. XIV und XVIII; und in *Soviet Trade and Distribution*, Teil V vom gleichen Autor.

5 Eine theoretische Kritik der Verwendung von willkürlich geplanten Preisen (das heißt von Preisen, die die relative Knappheit der verschiedenen Ressourcen nicht reflektieren) als Basis für die Beurteilung der wirtschaftlichen Effizienz von Betrieben habe ich in meinem Aufsatz »Zur ökonomischen Theorie des Sozialismus« zu geben versucht. Wenn der Preis eines knappen Produktionsmittels zu niedrig und der eines reichlich vorhandenen zu hoch angesetzt ist, können die in der Buchführung der Betriebe ausgewiesenen Produktionskosten gesenkt werden, indem man die knappen Mittel an die Stelle der reichlich verfügbaren setzt. Gesamtwirtschaftlich gesehen ist eine solche Substituierung eine Verschwendung von Ressourcen, und die Senkung der buchhalterischen Kosten der Betriebe stellt eine Abnahme und keine Zunahme ihrer wirtschaftlichen Effizienz dar. Diese Diskrepanz zwischen der Kostenrechnung der Betriebe und ihrer tatsächlichen wirtschaftlichen Effizienz läßt sich nur vermeiden, wenn die Preise der Produktionsmittel entsprechend ihrer an der Nachfrage gemessenen Knappheit festgesetzt werden.

6 Vgl. die Beschreibung der Mittel zur Feststellung von Konsumwünschen bei Chossudowsky, a.a.O., S. 22-27.

fragesteigerung auf seiten der Konsumenten zu einer Produktions-steigerung der fraglichen Ware führt. Und zweitens sind die bestimmenden Kriterien für die Planung der Produktion die politischen Ziele, unter deren Primat die sowjetische Wirtschaft steht, und das heißt, daß die Konsumentenwünsche in jedem Falle diesen Zielen untergeordnet sind.

Daß es Souveränität des Konsumenten in der Sowjetunion nicht gibt, sie also bei der Produktionssteuerung keine Rolle spielt, scheint den größten Unterschied in der Funktionsweise der sowjetischen Wirtschaft zu unserer eigenen auszumachen. Diese Feststellung bedarf allerdings angesichts der Ausbreitung monopolistischer Formen industrieller Organisation und monopolistischer Preis- und Produktionspolitik in unserer Wirtschaft der Modifikation. Das Prinzip der Souveränität des Konsumenten ist derzeit in unserer Wirtschaft ganz erheblich deformiert[7]. Zudem fällt die Konsumentensouveränität sehr zugunsten der Reichen aus, die dank der hierzulande herrschenden riesigen Einkommensunterschiede einfach günstiger abschneiden, wenngleich ein ähnlicher Einfluß sich auch in der Sowjetunion bemerkbar macht. Hinzu kommt die starke Einschränkung der Konsumentensouveränität durch den Krieg. Die Umstellung der Produktion vom zivilen auf den Rüstungssektor kam in den Vereinigten Staaten nicht in Reaktion auf eine Nachfrageverschiebung am Markt zustande, sondern weitgehend durch politische Entscheidungen, die über administrative Maßnahmen ausgeführt wurden. Unsere Rüstungsproduktion wird von Regierungsentscheidungen und nicht vom Markt bestimmt, die Basis unserer Produktionslenkung verlagert sich zunehmend von Markt und Profitanreiz auf Regierungsentscheidungen. Im Kriege verliert die Konsumentensouveränität an Boden. Die Gründe für diese Entwicklung sind die gleichen, die die sowjetische Wirtschaft daran hindern, sich von den individuellen Wünschen der Konsumenten leiten zu lassen, das heißt die Unterordnung allen wirtschaftlichen Lebens unter ein oberstes politisches Ziel.

4. Eins der weitestverbreiteten Mißverständnisse über das Sowjetsystem ist die Auffassung, es ziele auf die Abschaffung der freien Konsumwahl und auf die Distribution sämtlicher Güter und Dienstleistungen durch Zuteilung in Naturalien und durch Rationierung ab. Die kommunistische Lehre impliziere, so wird interpretiert, die völlige

---

7 Diese Deformierung geht weniger auf das Vorgehen des »reinen Monopols« als auf Situationen zurück, die der Ökonom als »Oligopol« und als »bilaterales Monopol« bezeichnet und die dazu führen, daß die Produktion durch Interessenkompromisse zwischen organisierten Firmengruppen und nicht durch die Nachfrage der Konsumenten bestimmt wird.

Abschaffung von Geld, Macht und Preisen und damit von freier Konsumwahl. Die Tatsache, das die Sowjetunion in ihrer konkreten Praxis die genannten Dinge zuläßt, wird als vorläufiger Kompromiß mit einer kapitalistischen Vergangenheit gewertet, ein Kompromiß, der aufgehoben werde, sobald die Umstände es erlaubten. Eine Bestätigung dieser Interpretation wird in der Tatsache gesehen, daß Allokation von Naturalgütern und Rationierung des Konsums in der sowjetischen Wirtschaftsgeschichte eine wichtige Rolle gespielt haben. In zwei Phasen wurden Konsumgüter und Dienstleistungen auf dem Wege der Rationierung verteilt, einmal während des Kriegskommunismus (1917–1921) und später während des ersten und zu Anfang des zweiten Fünfjahresplanes (1928–1935). Die Periode nach 1935 wird von denen, die dieser Interpretation anhängen, als Zurückweichen, als Konzession an die wirtschaftlichen Kräfte des Kapitalismus, vergleichbar der NEP (1921–1927), dargestellt.

Diese Interpretation ist jedoch absolut falsch. Die öffentlichen Erklärungen zur kommunistischen Doktrin und zu den Fünfjahresplänen wie auch die Verlautbarungen der offiziellen Sprecher der Sowjetregierung zeigen deutlich, daß Abschaffung der freien Konsumwahl und Verteilung von Konsumgütern mittels Rationierung niemals zu den Zielen des Sowjetregimes gehörten. Im Gegenteil, die Rationierung von Konsumgütern, wenngleich während bestimmter Phasen der sowjetischen Wirtschaftsgeschichte extensiv angewandt, wurde stets als Notmaßnahme betrachtet, als Abweichung von den ursprünglichen Zielen, notwendig geworden durch die Macht besonderer Umstände und aufzuheben, sobald die Verhältnisse es erlaubten. Die Abweichung wurde als zulässig erachtet, weil die grundlegenden politischen Ziele, denen die sowjetische Wirtschaft sowie alle anderen Aufgaben untergeordnet waren, diese erforderlich machten.

Die kommunistische Lehre folgt in diesen Fragen exakt der von Marx in seiner »Kritik des Gothaer Programms« geäußerten Auffassung. Marx unterschied zwei Phasen der zukünftigen Gesellschaft. Kennzeichen der ersten Phase (korrekt als »Sozialismus« bezeichnet) ist allein die Verstaatlichung (Sozialisierung) der Produktionsmittel, während das Privateigentum an den Konsumgütern bestehen bleibt. Der Lohn richtet sich nach der geleisteten Arbeit, und jedermann kann die entsprechende Menge von Konsumgütern aus dem gesellschaftlichen Warenhaus entnehmen. Damit beruht die Verteilung auf der freien Wahl der Konsumenten in den Grenzen des Äquivalents der von jedem geleisteten Arbeit. Obgleich von Marx nicht ausdrücklich festgestellt, impliziert dies die Existenz eines Marktes für Konsumgüter und Dienstleistungen[8]. Die zweite Phase (die des Kommunismus im strengen Sinne) ist von der Verteilung »nach den Bedürfnissen« bestimmt. Darunter ist nicht Allokation in Naturalien auf dem Wege der Rationierung zu verstehen, sondern die Freiheit eines jeden, sich ohne Beschränkung so viele Güter zu nehmen, wie er möchte – eine Verteilung, die Bertrand Russell sehr treffend als »free sharing« bezeichnet hat[9]. Diese Verteilungsform setzt natürlich ein Maß an gesellschaftlichem Reichtum voraus, das hoch genug ist, um die Nachfrage nach materiellen Gütern nahezu bis zur Sättigung zu befriedigen, wie heute z. B. im Falle von Salz (selbst wenn Salz kostenlos verteilt würde, würden wir nicht mehr verbrauchen)[10]. Diese zweite Stufe schwebt Marx als ein Ideal vor, dem man sich in einer sehr fernen Zukunft allmählich nähern könne. Keine der beiden Stufen geht aber von der Verteilung knapper Güter durch Konsumrationierung aus.

Neben der Zweistufenlehre der sozialistischen Gesellschaft beinhaltete das marxistische Erbe der Bolschewiki eine generelle Vorliebe für »Planung«. »Planung« sollte Ordnung in die »Anarchie« des Marktes bringen. Diese »Anarchie« wurde oft ganz naiv interpretiert, wobei die ausgleichenden Funktionen des Preissystems ebenso übersehen wurden wie die sorgfältige Analyse dieser Ausgleichsfunktionen durch Marx selber. Allerdings war die marxistische Lehre, was Ziel und Kriterien wirtschaftlicher Planung anbelangte, sehr vage[11] (Marxisten weigerten sich, Zukunftsentwürfe zu machen, die ihnen als unwissenschaftlich und utopisch galten), und die sowjetische Praxis auf diesem Gebiet beruht auch heute noch gänzlich auf »trial and error«. Insofern jedoch, als die sowjetische Wirtschaft unter dem Primat bestimmter politischer Grundziele steht und Konsumentensouveränität folgerichtig entfällt, wird die Allokation der vorhandenen Produktionsgüter auf die einzelnen Industrien, Fabriken und landwirtschaftlichen Betriebe materiell, d. h. *in natura*, geplant. Dies führt zu Zuteilungsmethoden,

---

8 Dieser Tatsache wurde von Karl Kautsky, dem führenden Marxisten in der Zeit vor dem Ersten Weltkrieg, gesehen. In seiner Vorlesung zum Thema »Am Tage nach der sozialen Revolution« im Jahre 1889 sagte er: »Das Geld ist das einfachste bisher bekannte Mittel, welches es ermöglicht, in einem so komplizierten Mechanismus, wie es die moderne Produktionsweise mit ihrer ungeheuer weit getriebenen Arbeitsteilung ist, die Zirkulation der Produkte und ihre Verteilung an die einzelnen Mitglieder der Gesellschaft zu vermitteln; es ist das Mittel, welches es jedem ermöglicht, seine Bedürfnisse nach seinen individuellen Neigungen (natürlich innerhalb der Grenzen seiner ökonomischen Macht) zu befriedigen.« Diese Sätze stammen aus der »ökumenischen« Periode der marxistischen Theorie. Kautsky: Schriften dieser Zeit gelten auch den Bolschewiki als richtungsweisend.

9 *Roads to Freedom*, London 1919, S. 107 ff.

10 Vgl. zu diesem Thema unsere Schrift »Zur ökonomischen Theorie des Sozialismus«; in diesem Band S. 259.

11 Vgl. zu diesem Gegenstand den Anhang meines Aufsatzes »Zur ökonomischen Theorie des Sozialismus«.

die den Prioritäten usw., die in unserer eigenen Rüstungswirtschaft vorherrschen, gleichen. Die Tatsache, daß Produktionsgüter in der sowjetischen Wirtschaft in Naturalform und nicht auf der Basis einer Wirtschaftsrechnung bezogen auf Preisbildung zugeteilt werden, in denen sich die Dringlichkeit der Konsumbedürfnisse ausdrückt, ist, wie das entsprechende Phänomen in unserer eigenen Rüstungswirtschaft, das Resultat einer Wirtschaft, die einem obersten politischen Ziel dient. Sie ist nicht die Folge irgendeiner immanenten Doktrin sozialistischer »Planung«.

Konsumrationierung während des Kriegskommunismus war eindeutig eine Notmaßnahme, bedingt durch den Bürgerkrieg. Da wir zur Zeit selbst Erfahrungen mit der Rüstungswirtschaft sammeln, brauchen wir die Ursachen einer solchen Maßnahme nicht weiter zu diskutieren. Daß die sowjetische Wirtschaft zeitweise in Produktion und Konsumtion Güter in Naturalform zuteilen mußte und vorübergehend den Charakter einer Naturaltauschwirtschaft annahm, erklärt sich aus dem Zusammenbruch des Geldsystems, den der Bürgerkrieg und die Hyperinflation verursachten. Die Verherrlichung der Methoden des Kriegskommunismus als Abkürzung auf dem Weg zur zweiten Stufe einer sozialistischen Gesellschaft (d. h. zum »Kommunismus« im strengen Sinne) durch einige Linkskommunisten (wie Bucharin und Preobazhenskii) wurde von Lenin und der offiziellen Parteilinie heftig kritisiert.

Die Rationierung von Konsumgütern und Dienstleistungen in der Sowjetunion zwischen 1928 und 1935 regt dank einer auffallenden Ähnlichkeit mit der derzeitigen Situation in der amerikanischen Wirtschaft zum Vergleich an. Der Fünfjahresplan sah keine Rationierung des privaten Konsums vor[12]. Freie Konsumwahl und Verteilung von Konsumgütern und Dienstleistugen über den Markt sollten erhalten bleiben und wurden durchaus als konstitutiv für die sowjetische Wirtschaft betrachtet. Das riesige Investitionsprogramm des Fünfjahresplans brachte jedoch zwei Dinge mit sich: die Verringerung des Konsumgüterausstoßes und eine erhebliche Steigerung der Zahl der Lohnarbeiter. Die Arbeitslosigkeit hörte völlig auf (während der NEP war sie beträchtlich), und eine große Zahl von Bauern wurde zusätzlich in den Industrieprozeß hineingezogen. Bis dahin hatten die Bauern an der Geldwirtschaft nur geringfügig partizipiert, ihr Wechsel in die Industrie brachte ihnen eine Steigerung ihrer Geldeinkünfte. Das be-

---

12 Vgl. E. M. Chossudowsky, »Rationing in the U.S.S.R.«, in: *Review of Economic Studies*, Juni 1941, S. 144. Siehe auch Hubbard, *Soviet Trade and Distribution*, Kap. III, und Maurice Dobb, *Soviet Economy and the War*, Routledge and Sons, London 1941, S. 82 f.

deutet, daß eine Parallelentwicklung eintrat, bei der auf der einen Seite der Konsumgüterausstoß zurückging, während auf der anderen Einkünfte und Ausgaben der Konsumenten stiegen. Zwangsläufige Preissteigerungen waren die Folge[13]. Um der Industrie Arbeitskräfte zuzuführen, mußte die sowjetische Regierung die Löhne anheben[14] und danach die galoppierende Inflation durch Festpreise verhindern. Der sich einstellenden Diskrepanz zwischen Angebot und Nachfrage an den Konsumgütermärkten begegnete man dann mit dem Mittel der Rationierung. Es ist jedoch interessant zu sehen, daß es totale Rationierung niemals gab. Um das überschüssige Geld der Konsumenten (d. h. den Teil ihrer Einkünfte, der ihnen nach dem Kauf der rationierten Güter blieb) abzuschöpfen und damit auch der Gefahr des »schwarzen Marktes« zu begegnen, wurden spezielle Märkte, die sogenannte »kommerziellen« Läden, unterhalten, in denen man Waren in jeder Menge kaufen konnte, allerdings zu Preisen, die um ein Vielfaches über den Festpreisen für rationierte Güter lagen.

Diese Entwicklung ähnelt den Verhältnissen, wie sie zur Zeit bei uns durch den Krieg herrschen. Der Einkommenszuwachs auf seiten der Konsumenten und die gleichzeitig drohenden Produktionseinschränkungen bei gewissen Konsumgütern haben in den Vereinigten Staaten zunächst zu Preisanstieg und in der Folge zur Festsetzung von Höchstpreisen geführt. Am Ende dieser Entwicklung steht zwangsläufig die Rationierung eines großen Teils des Privatkonsums, es sei denn, das Geldeinkommen der Bevölkerung wird durch Besteuerung und Zwangsanleihen soweit reduziert, daß es gerade noch zum Kauf des Konsumgüterausstoßes zu Höchstpreisen ausreicht. Auch die sowjetische Staatsführung hätte dem Zwang zur Rationierung des privaten Konsums ausweichen können, wenn sie darauf vorbereitet gewesen wäre, das Geldeinkommen der Bevölkerung ausreichend zu verringern. Daß sie sich dazu nicht entschloß, hat seinen Grund vermutlich darin, daß die Zustimmung des Volkes zu den ungeheuren Opfern, die mit der raschen Industrialisierung des Landes verbunden waren, noch schwerer hätte erreicht werden können.

Während des zweiten Fünfjahresplanes (1933–1937) nahm der Kon-

---

13 Dieser Preisanstieg war von der Sowjetregierung nicht vorausgesehen worden, weil der Erste Fünfjahresplan den Konsumgüterausstoß überschätzt hatte. Der tatsächliche Ausstoß blieb unter dem geplanten Ertrag, weil der geplante Produktivitätszuwachs nicht erreicht wurde; aber auch der Katastrophe wegen, die nach der Kollektivierung in der Landwirtschaft eintrat. Zudem zwang der Rückgang der Weltmarktpreise die Sowjetunion, ihren Export zu erhöhen, um die zur Industrialisierung notwendigen Maschinen und Geräte importieren zu können. Vgl. Chossudowsky, *Rationing in the U.S.S.R.*, S. 144.

14 Siehe Hubbard, *Soviet Trade and Distribution*, Kap. XXXI, und A. A. Yugow, *Russia's Economic Front in War and Peace*, Harper and Brothers, New York 1942, S. 165.

sumgüterausstoß ganz beträchtlich zu, die Rationierung wurde abgeschafft. Auf die Brotrationierung konnte man ab 1. Januar 1935 verzichten, und vom 1. Januar 1936 an gab es keinerlei Zuteilung mehr. Der Verzicht auf Rationierung bei Konsumgütern wurde vom linken Flügel der Kommunistischen Partei kritisiert, der – genau wie die Linkskommunisten in der Phase des Kriegskommunismus – in der Rationierung eine Abkürzung auf dem Weg zum Kommunismus im strengen Sinn sah. Die offizielle Parteilinie stimmte dieser Auffassung jedoch nicht zu[15]. Die Produktionssteigerung in der Konsumgüterindustrie ermöglichte den Verzicht auf Rationierung, was auch insofern vorteilhaft schien, als dies dem Leistungsanreiz, der in der Einkommensdifferenzierung liegt, neue Wirkung gab. Die Einkommensdifferenzierung war eingeführt worden, um die Produktivität der Arbeit zu stimulieren, doch die Rationierung des privaten Konsums hatte diesem Mechanismus seine Wirkung genommen. Um einen gewissen Anreiz zu bieten (aber auch aus politischen Gründen), wurde die Rationierung nach Bevölkerungsgruppen unterschiedlich gehandhabt. Aber das System war schwerfällig und vermochte keine ausreichende persönliche Motivation zu erzeugen. Diese Motivation war in vollem Umfang erst wieder gegeben, als die Einkommen frei am Markt in Güter umgesetzt werden konnten[16].

Natürlich existiert in der sowjetischen Wirtschaft ein riesiger Sektor des gemeinschaftlichen Konsums; z. B. öffentliche Parkanlagen, Museen und staatliche Büchereien, Arbeitervereine, öffentliche Unterhaltung, Ausbildung usw. Dieser Sektor des gemeinschaftlichen Konsums unterscheidet sich jedoch substantiell nicht von dem entsprechenden Bereich in unserer Gesellschaft (er ist nur umfangreicher) und bedarf deshalb auch keiner speziellen Erörterung. Insgesamt bewegte sich die sowjetische Wirtschaft nach Abschaffung der Rationierung im Jahre 1935 in Richtung auf eine uneingeschränkte Freiheit des Konsumenten bei der Auswahl von Gütern, ergänzt (genau wie bei uns) durch gemeinschaftlichen Konsum. Die Bereitwilligkeit, mit der sowjetische Staatsorgane die Bedürfnisse der Konsumenten in den letzten Jahren zu erforschen begannen, legt die Vermutung nahe, daß der nächste Schritt in der sowjetischen Wirtschaft die Herausbildung von Elementen der Konsumentensouveränität hätte sein können. Jeder Ansatz einer solchen Entwicklung wurde jedoch im Keim erstickt. Nach dem 22. Juni 1941 verwandelte sich die sowjetische Wirtschaft in eine ausgewachsene Rüstungswirtschaft.

15 Siehe Stalins Bericht vor dem 17. Parteitag im Januar 1937.
16 Vgl. Chossudowsky, *De-Rationing in the U.S.S.R.*

5. Die Vorbereitung auf den Krieg war eines der vorrangigen Ziele, die die sowjetische Wirtschaftspolitik seit 1928 leiteten. Heute ist die Kriegführung das beherrschende Ziel auch unserer Wirtschaftspolitik. Wir haben immer wieder gesehen, wie ähnliche Ziele ähnliche Probleme, aber auch ähnliche Möglichkeiten, diese Probleme zu lösen, nach sich ziehen. Es ist äußerst lehrreich, diesen Entsprechungen systematisch nachzugehen.

In beiden Ländern stellen wir eine bewußte Senkung des Lebensstandards der Bevölkerung fest, die Kräfte zur nationalen Verteidigung freisetzen soll. Verbunden ist dieser Schritt mit einem staatlichen Investitionsprogramm, das dem Aufbau der für die Rüstungsproduktion notwendigen Betriebe und Anlagen dient. Dieses Investitionsprogramm basiert auf materiellen Ressourcen, sein Erfolg wird durch Entscheidungen *in natura* gesichert und ist unabhängig von finanziellen »Kräften«. Unter rein ökonomischem Aspekt war die Aufgabe durch die Sowjetunion viel schwerer zu lösen als durch die Vereinigten Staaten. Die Vereinigten Staaten konnten eine vorhandene Zivilgüterindustrie auf Militärproduktion umstellen, während die Sowjetunion ihre Rüstungsindustrie gewissermaßen aus dem Boden stampfen mußte. Die Herabsetzung des Lebensstandards in der Sowjetunion ging deshalb unvergleichlich viel weiter als in den Vereinigten Staaten oder irgendeinem anderen Land.

Die ungeheure, *bewußte* Senkung des Lebensstandards und der ihr vorangegangene Bürgerkrieg sind für den diktatorischen und totalitären Charakter des Sowjetregimes verantwortlich[17]. In den Vereinigten Staaten haben wir solche politischen Konsequenzen aus der Rüstungswirtschaft nicht zu befürchten, nicht nur, weil die von uns geforderten Opfer viel geringer sind, sondern auch, weil wir sie in einer Zeit bringen müssen, da Krieg herrscht und ihre Notwendigkeit jedermann einsichtig ist. Das Beispiel Großbritanniens hat gezeigt, daß selbst die größten bewußt gebrachten Opfer im Lebensstandard die demokratischen Institutionen nicht zu gefährden brauchen, wenn das Volk einmütig von ihrer Notwendigkeit für die nationale Selbsterhaltung und Freiheit überzeugt ist. In der Sowjetunion hingegen mußten diese Opfer in Friedenszeiten von einem kulturell und politisch rückständigen Volk erbracht werden, unter Bedingungen, da nur die poli-

---

17 Obwohl die Bolschewiki politischen Widersachern von Anfang an höchst anmaßend gegenübertraten (auch bevor sie die politische Macht innehatten), gehörte die Etablierung eines Einparteienstaates und eines totalitären Regimes ganz eindeutig *nicht* zu ihren anfänglichen Zielen und war auch nicht Teil der Marxschen Lehre über die »Diktatur« des Proletariats. Diese Konsequenzen resultierten aus dem Bürgerkrieg und später aus den beispiellosen Opfern, die die schnelle Industrialisierung des Landes forderte.

tischen Führer die Gefahr, die langfristig der Nation drohte, und die Notwendigkeit der Opfer sehen konnten[18].

Unter dem Aspekt der Gesellschaftsform dagegen war die Aufgabe der Wirtschaftsorganisation für die Sowjetunion einfacher als für die Vereinigten Staaten. Sie war leichter, weil die sowjetische Staatsführung in ihren Entscheidungen nicht durch private Besitzrechte (wie das Patentrecht), durch angestammte Privatinteressen und ihre *pressure groups* und durch monopolistische Produktionsbeschränkungen oder Widerstände gegen Produktionssteigerungen behindert wurde, wie es hierzulande der Fall ist.

Die Unterordnung des wirtschaftlichen Lebens unter militärische Ziele hat in unserem Lande zu einem Abbröckeln der Konsumentensouveränität geführt und in der Sowjetunion jeden Ansatz dazu vernichtet. Die Ursachen dafür sind in beiden Fällen dieselben, nämlich die Planung eines großen Teils der nationalen Produktion »in Naturalien« und die Unmöglichkeit, auf Marktprozesse zu warten, wenn große und rasche Veränderungen vonnöten sind. Im Prinzip könnte die Regierung sowohl in einem sozialistischen wie in einem kapitalistischen Land Güter und Dienstleistungen, die sie zum Krieg benötigt, dadurch bekommen, daß sie am Markt mit den Privatkonsumenten konkurriert. Die Verlagerung der Ressourcen auf die Rüstungsindustrie würde dann über den Preismechanismus erfolgen. Ein solches Verfahren wäre jedoch viel zu langsam. Die Anpassung des Angebots an die Staatsnachfrage würde durch spekulatives Zurückhalten von Ressourcen und Kapital in privater Hand, wie es aus der Erwartung eines weiteren Anstiegs der vom Staat gebotenen Preise entspringen müßte, behindert und verzögert. In einer kapitalistischen Wirtschaft würde dies gleichzeitig zu einer Ausweitung der Monopolmachtstellung von Privatunternehmern führen, die »Profit-

---

18 Man kann sich leicht vorstellen, welche Auswirkungen die Existenz einer Antiindustrialisierungspartei (der rechte Oppositionsflügel in der Kommunistischen Partei versuchte praktisch diese Rolle zu spielen), die sich frei an das Volk hätte wenden können in der Absicht, die von der Regierung geforderten Opfer als unnötig und allein in den tyrannischen Ambitionen der Staatsführung begründet anzugreifen, auf das Vermögen der Sowjetunion, ihre nationale Existenz im Falle eines deutschen oder japanischen Angriffs zu behaupten, gehabt hätte. In gewisser Weise waren die Ursachen, die das Sowjetregime totalitär machten (und bleiben ließen), dieselben, die auch Deutschland totalitär werden ließen. Deutschlands Vorbereitungen auf einen Angriffskrieg und auf die Eroberung der ganzen Welt waren nur unter einem totalitären, von keinerlei pazifistischer Opposition behindertem Regime möglich. In Friedenszeiten hätte das deutsche Volk die Opfer, die die Kriegsvorbereitungen forderten, nicht hingenommen. Natürlich bereitete sich die Sowjetunion, ganz im Unterschied zu Deutschland, auf einen Verteidigungskrieg vor, wie an der sowjetischen Außenpolitik trotz anscheinend widersprüchlicher Aktionen in Polen, Finnland, dem Baltikum und Rumänien deutlich sichtbar wird. Aber die Vorbereitung mußte in Friedenszeiten erfolgen, also zu einer Zeit, da das Volk weder die auf lange Sicht drohenden Gefahren noch die Methoden der technischen Kriegführung sehen konnte.

macherei« nähme zu, und das ist weder politisch noch gesellschaftlich erstrebenswert. Deshalb greifen in Kriegszeiten selbst kapitalistische Länder zum Mittel der Allokation von Naturalgütern (auf der Basis von Prioritäten, Lizenzen und ähnlichen Mitteln) und trennen Produktionslenkung von Preisbildung und Profitmotiv[19].

Die Ursachen der Konsumrationierung in der Sowjetunion sind, wie wir gezeigt haben, denen, die eine Rationierung in den Vereinigten Staaten in unmittelbare Nähe rücken, so auffallend ähnlich, daß sie als Indiz für das gleichmäßige Wirken ökonomischer Gesetzmäßigkeiten selbst in den unterschiedlichsten Ländern herangezogen werden können. Die Rationierung von Konsumgütern ist das Resultat eines Rückgangs im Konsumgüterausstoß bei gleichzeitiger Steigerung der Geldeinkommen der Konsumenten, herbeigeführt durch das Versäumnis der Staatsführung, die Kaufkraft der Konsumenten über Steuern oder Zwangsanleihen ausreichend zu beschneiden. Allerdings tut sich die amerikanische Wirtschaftspolitik in einer solchen Situation viel leichter als die sowjetische. Große Lagerbestände, aufgehäuft in den Jahren 1940 und 1941, verschaffen der amerikanischen Wirtschaft jene »Atempause«, die es ihr erlaubt, eine Diskrepanz zwischen Nachfrage und Angebot zu Höchstpreisen bestehen zu lassen, ohne sofort zur Rationierung Zuflucht zu nehmen. Während dieser »Atempause« hat die amerikanische Wirtschaftspolitik Zeit, eine restriktive Steuerpolitik zu betreiben, die die überschüssige Kaufkraft der Konsumenten absorbiert. Die Aufgabe, vor die sich die sowjetische Wirtschaft im Jahr 1928 gestellt sah, war viel komplizierter. Nennenswerte Vorräte existierten nicht, und die vom Volk geforderten Opfer waren so riesig, daß die sowjetische Staatsführung trotz ihrer autoritären politischen und wirtschaftlichen Machtstellung es für unmöglich hielt, diese Opfer durch eine Verringerung der Geldeinkommen der Bevölkerung noch spürbar zu machen. Nachdem die Zeit der schlimmsten Opfer vorbei war und die Rationierung 1935 entfallen konnte, holte sich der Staat einen Teil der Geldeinkommen aus der Bevölkerung auf dem Wege über eine Umsatzsteuer auf Konsumgüter (d. h. eine Verkaufssteuer). Diese Steuer war extrem hoch, die Sätze lagen zwischen 30 und 98 %[20]. Auf diese

---

19 Einiges davon, nicht alles, geht auf eine Steuer- und Geldpolitik zurück, der es bei bestehendem Preisniveau nicht gelingt, die Nachfrage am Markt auf das verfügbare Angebot zurückzuschrauben, und nicht auf eine immanente Funktionsunfähigkeit des Preismechanismus in einer Rüstungswirtschaft. Zu den Grenzen der Brauchbarkeit der freien Preisbildung in der Rüstungswirtschaft vgl. unseren Aufsatz in *Economic Mobilization*, American Council on Public Affairs, Washington, D. C. 1941, S. 18 f.
20 Eine Tabelle bei Yugow, a.a.O., S. 131, nennt verschiedene Steuersätze. Der niedrigste Satz in der Tabelle wird mit 30 % für Kartoffeln und Gemüse angegeben, der höchste

Weise war es möglich, auf eine Rationierung des Konsums zu verzichten und zugleich gewaltige Preiserhöhungen zu vermeiden[21].

Wie gegenwärtig die Rüstung in unserer Wirtschaft, so verursachten die Fünfjahrespläne in der Sowjetunion einen starken Arbeitskräftemangel und eine enorme Fluktuation unter den Arbeitern. Man begegnete der Knappheit teils mit einer Anhebung der Lohnsätze in den Produktionsgüterindustrien, die die Hauptlast des Industrialisierungsprogramms zu tragen hatten[22], um die Attraktivität der Arbeit in diesen Industriezweigen zu steigern, zum Teil aber auch durch Einschränkung der Mobilität der Arbeiter, d. h. durch »Einfrieren« von Arbeitsplätzen, und in gewissem Ausmaß auch durch Arbeitsverpflichtung[23]. Die Probleme und Methoden gleichen denen, die zur Zeit in den Vereinigten Staaten diskutiert werden.

Wir sehen, daß uns die Funktionsweisen der Sowjetwirtschaft, wenn wir sie vor dem Hintergrund unserer eigenen Erfahrungen mit der Rüstungswirtschaft interpretieren, viel einsichtiger und auch viel weniger fremd sind, als sie es ohne diese Erfahrungen wären. Die Tatsache, daß die Vorbereitung auf den Krieg eines der Hauptziele der sowjetischen Wirtschaftspolitik war, erklärt ein Moment in der Funktionsweise der Sowjetwirtschaft, das bei vielen Wissenschaftlern Verwirrung und Überraschung ausgelöst hat. Wir meinen den Punkt, daß Übererfüllung von Produktionsplänen durch einzelne Betriebe oder Industrien in der Sowjetunion als positive Leistung gefeiert wird. Leuchtendstes Beispiel dafür ist die Losung »Erfülle den Fünfjahresplan in vier Jahren«. Einige Forscher halten diese Auffassung für unvereinbar mit dem Wesen von Planwirtschaft. In einer echten Planwirtschaft müßten der Ertrag der einzelnen Industrien und Betriebe und der Ablauf des Investitionsprogramms aufeinander abgestimmt und miteinander koordiniert sein. Übererfüllung des Plans müßte deshalb wie Untererfüllung als eine Störung des Plans betrachtet werden[24]. Dieses Argument sticht aber nur, wenn die militärischen Ziele aus der Wirtschaftsplanung ausgespart bleiben. Im Zentrum der sowjetischen Wirtschaftsplanung stand nicht die Har-

---

mit 90 % für Alkohol. Dobb, a.a.O., S. 83, spricht von 98 % als Maximum (ohne die Ware anzugeben). Für Fleisch liegt die Steuer bei 63-69 %, für Butter und Eier bei 70-75 %, für Textilien bei 74 %, für Halbschuhe und Stiefel bei 70-86 %.

21 Dennoch belief sich der Preisanstieg häufig immer noch auf das Vier- bis Siebenfache. Vgl. Hubbard, *Soviet Trade and Distribution*, S. 270.

22 Vgl. Hubbard, *Soviet Trade and Distribution*, S. 264 f.

23 Siehe Yugow, a.a.O., S. 171-183.

24 Vgl. M. T. Florinsky, *Toward an Understanding of the U.S.S.R.*, Macmillan Company, New York 1939, S. 164. Zum gleichen Thema, A. A. Yugow, a.a.O., S. 234 ff. Yugow spricht von der sowjetischen Wirtschaft als einer »gelenkten«, nicht von einer »geplanten« Wirtschaft, was natürlich eine rein terminologische Frage ist.

monie ihrer verschiedenen Zweige, sondern einzig und allein eine möglichst rasche Industrialisierung und die Vorbereitung auf eine wirksame nationale Verteidigung. Das Industrialisierungsprogramm wurde von der sowjetischen Staatsführung als ein Wettlauf mit der Zeit betrachtet. So besteht ein direkter Zusammenhang zwischen der Beschleunigung des Ersten Fünfjahresplans, d. h. dem Entschluß, ihn in vier Jahren zu erfüllen, und der Furcht vor einem Angriff der Japaner[25]. Die Tatsache, daß Übererfüllung der Produktionspläne als eine Tugend und nicht als Störung angesehen wird, zeigt deutlich, daß die sowjetische Wirtschaftsplanung nicht den Zielen eines harmonischen sozialistischen Wohlfahrtsstaates diente, sondern politischen und militärischen Zielen, denen alle anderen Aspekte wirtschaftlicher Planung geopfert wurden.

6. Die Opfer bezüglich des Lebensstandards und der politischen Freiheit, die das sowjetische Volk in der Industrialisierungsphase brachte, sind erschreckend. Ihnen gleich kommt nur der Heroismus, den die Sowjetunion und ihre Armee im gegenwärtigen Krieg zeigen. Viele von uns, die mit den Zielen des sowjetischen Volkes symphatisieren, haben sich immer wieder gefragt, ob seine Opfer nicht letztlich in bürokratischer Ineffizienz vertan seien und ob sich durch die während der Industrialisierungsphase herrschenden Spannungen nicht so starke Verfestigungen in den diktatorischen und autoritären Methoden der Staatsführung herangebildet haben, daß eine Verwirklichung der offiziell verkündeten demokratisch-sozialistischen Ideale nicht mehr möglich sei. Die Antwort auf diese Frage fiel auf dem Schlachtfeld von Smolensk, in den Vororten von Leningrad, vor den Toren Moskaus und in den zerstörten Straßen von Stalingrad. Heute wissen wir, daß diese Opfer nicht vergeblich waren, daß sie das sowjetische Volk davor bewahrt haben, zum Objekt der skrupellosesten kolonialen Ausbeutung durch die nazideutsche Herrenrasse zu werden. Wir wissen, daß das gesamte 170-Millionen-Volk der Sowjetunion – Menschen verschiedenster Sprachen, Kulturen und Rassen – von dem Willen durchdrungen ist, seine nationale Existenz und seine Freiheit zu behaupten. Wir wissen sogar noch mehr. Wir wissen, daß die Opfer nicht nur für Rußland gebracht wurden, sondern auch für uns und alle friedliebenden Völker der Welt. Ohne die historischen Opfer des sowjetischen Volkes in der Phase der Industrialisierung und noch einmal im gegenwärtigen Krieg wäre England heute niedergeworfen und von den Eroberern unterjocht,

---

25 Vgl. Dobb, a.a.O., S. 19.

und die Kriegsmaschine von Deutschland, Japan und Italien befände sich im Vormarsch auf die Vereinigten Staaten.

Und doch werden sich die Opfer letzten Endes als vergeblich erweisen, wenn einem Sieg im Krieg nicht wirklicher Frieden folgt. Während es seine größten Opfer zu bringen hatte, rückte das sowjetische Volk niemals von dem Ideal einer freien und demokratischen Gesellschaft ab, einer Gesellschaft mit gleichen Möglichkeiten für alle und mit politischer, wirtschaftlicher und gesellschaftlicher Demokratie. Dieses Ideal ist es, daß den Kämpfern der Russischen Revolution und des Bürgerkrieges ihre Kraft gab. Sie teilten es mit uns und leiten es aus dem gleichen Erbe her, nämlich aus der Sozialphilosophie der Aufklärung. Im Unterschied zum deutschen Volk, dessen Mehrheit diese Ideale zugunsten von mittelalterlichen Zuständen, von staatlicher Sklaverei, von Herrschaft einiger weniger über viele und für die Beherrschung der Welt durch eine Herrenrasse preisgegeben hat, betrachtete das sowjetische Volk das totalitäre und autoritäre Regime niemals als etwas anderes als einen vorübergehenden Ausnahmezustand in der Not. Seine wahren Ziele finden ihren Ausdruck in der demokratischen Phraseologie der Verfassung von 1936, in der Betonung von sozialer Gleichheit, in dem Begriff der Roten Armee als einer neuen »Ritterlichkeit«, bestehend im Schutz der Armen und Ausgebeuteten, und vor allem in der untadeligen Praxis von rassischer und ethnischer Gleichheit. Diese Ziele sollen erreicht werden in einer demokratisch-sozialistischen Gesellschaft. Ihre Verwirklichung setzt allerdings das Verschwinden der politischen, moralischen und wirtschaftlichen Isolation voraus, die die Sowjetunion zu Opfern in einem Ausmaß zwangen, die mit einer freien Gesellschaft nicht zu vereinbaren sind. Sollen die demokratischen und freiheitlichen Bestrebungen des sowjetischen Volkes auch nur die geringste Aussicht auf Verwirklichung haben, müssen das sowjetische Volk und seine Führung an erster Stelle »Freiheit von Angst« erlangen.

Ein großer Teil des sowjetischen Territoriums ist durch den Krieg verwüstet. Die Industrieanlagen in diesen Gebieten sind zerstört, der Boden ist verbrannt, die Bevölkerung obdachlos und ausgehungert oder vom Eroberer versklavt. Im restlichen Teil des Landes werden alle wirtschaftlichen und menschlichen Ressourcen bis zur letzten Erschöpfung im Dienste des Krieges ausgepreßt. Wenn der Krieg vorbei ist und der Wiederaufbau beginnt, soll das sowjetische Volk dann wieder am Punkt Null anfangen, umgeben von einer feindlichen Welt und gestützt allein auf seine eigenen Kräfte? Oder soll die Aufgabe des Wiederaufbaus gemeinsam und in Freundschaft mit jenen Völkern bewältigt werden, deren wirtschaftliche Ressourcen im Krieg viel weniger beansprucht wurden und die die Nutznießer der riesigen, vom sowjetischen Volk sowohl vor dem Krieg als auch während des Krieges gebrachten Opfer sind? Tritt der erste Fall ein, dann sind die Chancen für eine Lockerung des autoritären und totalitären Regimes in der Sowjetunion und für eine Entwicklung der Sowjetwirtschaft in Richtung eines demokratischen Wohlfahrtsstaates praktisch gleich Null. Denn die sowjetische Staatsführung wird ihre Politik der eilig betriebenen Industrialisierung auf der Basis einer bewußten Herabsetzung des Lebensstandards sowie der Rüstung für technische Kriegführung im Wettlauf mit der Zeit wiederholen müssen. Wenn die politischen Ziele dann schließlich irgendwann erreicht sind, werden die totalitären Methoden so fest verankert sein, daß die Möglichkeit einer Entwicklung zum demokratischen Wohlfahrtsstaat verstellt ist. Wenn die Sowjetunion aber ihren Wiederaufbau mit Hilfe anderer Staaten, deren wirtschaftliche und menschliche Ressourcen im Krieg weniger beansprucht wurden, anpacken kann, wenn sie ihre Wiederaufbaupläne nicht vorrangigen militärischen Zielen unterzuordnen braucht, wenn ihr Wiederaufbau in freundschaftlicher, politischer und wirtschaftlicher Zusammenarbeit mit einer freien demokratischen Welt vor sich geht, dann können die Demokratiebestrebungen des sowjetischen Volkes, wie die Verfassung von 1936 sie symbolisiert, ihre Verwirklichung finden. Die Sowjetunion wird also die Hilfe und Mitarbeit der Außenwelt brauchen. Der »zweiten Front« im Krieg muß eine »zweite Front« im wirtschaftlichen Wiederaufbau folgen.

Ebensosehr wie die Sowjetunion auf die Kooperation der übrigen Welt angewiesen ist, bedarf diese aber auch der Kooperation durch die Sowjetunion, und zwar im Frieden wie im Krieg. Ohne ihre Beteiligung und Kooperation an einem internationalen System zur Erhaltung von Sicherheit, wirtschaftlichen Möglichkeiten und Stabilität ist ein dauerhafter Friede nicht möglich. Der gegenwärtige Krieg ist ein direktes Ergebnis des Ausschlusses der Sowjetunion von der Zusammenarbeit mit der übrigen Welt. Die fehlende Bereitschaft der Westmächte, mit der Sowjetunion zu kooperieren, ihre Hoffnung, Nazideutschland als Werkzeug gegen die Sowjetunion benutzen zu können, ihre Furcht vor einem wachsenden ideologischen Einfluß der Sowjetunion im Falle eines Sturzes von Hitler, Mussolini, Franco oder des japanischen »Oberbefehls« in Nordchina, all dies hat uns geradewegs in den gegenwärtigen Krieg geführt. Ohne Kooperation mit der Sowjetunion werden wir niemals jenes »freedom from fear« erlangen, die Präsident Roosevelt zu einem der Ziele erklärte, die uns im Kriege leiten. Wir werden gezwungen sein, permanent einen Teil unserer Ressourcen militärischen Zwecken zu opfern, und wir werden auf immer in einer Rüstungswirtschaft leben. Auf lange Sicht bedeutet das den Verlust unserer amerikanischen demokratischen Institutionen und unserer Lebensweise. Das heißt, die zur Realisierung der demokratischen Bestrebungen des sowjetischen Volkes notwendigen Voraussetzungen sind dieselben wie die zur Erhaltung unserer eigenen demokratischen Lebensform, wie auch der von England und Westeuropa.

Wie aber ist eine solche Kooperation angesichts der grundlegenden Unterschiede in der sozio-ökonomischen Organisation möglich? Die Antwort lautet, daß diese Unterschiede, wenngleich sie tatsächlich groß sind, doch nicht so tief gehen, wie viele Beobachter meinen, denn die Unterschiede sind eher pragmatischer Natur, als daß es sich um Differenzen bei den höchsten Zielen und Idealen handelte. Gemeinsames Band ist das Ideal eines freien demokratischen Wohlfahrtsstaates. Ob und wie weit sich dieses Ideal auf der Grundlage von Privateigentum oder von gesellschaftlichem Eigentum an den Produktionsmitteln oder in einer Kombination aus beidem leichter und besser verwirklichen läßt, ist eine Frage der Technik, eine Frage der wirksamsten Mittel und Wege in der Wirtschafts- und Sozialpolitik. Es ist keine Frage der höchsten Werte. Lange Zeit haben wir uns über das Problem von Mittel und Technik so sehr erregt, daß wir die Identität der höchsten Werte des liberalen Kapitalismus und des demokratischen Sozialismus gar nicht mehr sahen. Die Gemeinsamkeit der Werte mußten wir in einem schmerzlichen Prozeß unter den Erfolgen des Faschismus erst neu erkennen lernen. Der Faschismus ist nicht, wie viele tatsächlich glaubten und wofür sie mit ihrem eigenen Untergang bezahlen mußten, eine Frage von Mittel und Technik, sondern eine Frage der höchsten Werte. Er bedeutet die Abkehr von allen Werten, auf denen unsere Zivilisation beruht. Bittere Erfahrung hat uns gelehrt, weniger dogmatisch und dafür mehr pragmatisch in Fragen von Mittel und Technik zu sein, und Gleiches lehrt sie auch die Führung und das Volk der Sowjetunion. Die Staaten des europäischen Kontinents und Großbritannien können nach dem Krieg mit einem demokratischen Sozialismus beginnen, der sich vom sowjetischen System ebensosehr unterscheiden wird wie vom amerikanischen. Wir werden hier unseren eigenen Weg zur volleren Verwirklichung unserer demokratischen Ziele finden, einen Weg, der eher vom Erbe Jeffersons, Jacksons und Lincolns, von hohem Individualismus und Populismus als vom Sozialismus irgendeiner europäischen Spielart geprägt ist. Wir werden ebenso wie andere experimentieren müssen und dabei nutzlose Techniken verwerfen, um neue anzuwenden. Noch anders wird der Weg aussehen, den China oder auch Indien einschlagen werden. Aber über alle diese Unterschiede hinweg können, ja, müssen wir eine fundamentale Gemeinsamkeit der höchsten Werte bewahren, eine Gemeinsamkeit, die Vizepräsident Wallace so treffend in seiner Rede über »The Century of the Common Man« beschrieben hat. Allein dieser Weg führt uns zum Frieden.

# Wie ich mir Polens neues Wirtschaftsmodell vorstelle*

Das polnische Wirtschaftsmodell, Modell einer sozialistischen Wirtschaft, die den historischen und geographischen Bedingungen Polens Rechnung trägt und den Bedürfnissen des Volkes entspricht, kann nicht von oben kommen, es kann nicht am »Grünen Tisch« konstruiert werden. Dieses Modell ersteht aus der großen, das ganze Land umspannenden Bewegung für die sozialistische Demokratisierung, aus der Bewegung, die auf die Dezentralisierung der Wirtschaftsverwaltung gerichtet ist, aus der sich herausbildenden Arbeiterselbstverwaltung, aus der Wiedergeburt der Selbstverwaltung im Genossenschaftswesen, auf der Suche nach neuen Formen der Selbstverwaltung und kollektiven Initiative der Bauern; es erwächst aus der schöpferischen Leidenschaft, mit der die junge Intelligenz neue ideologische Wege beschreitet, aus der objektiven Notwendigkeit, die Verwaltung der Volkswirtschaft mittels administrativer Anordnung durch den Einsatz von wirksamen ökonomischen Stimuli zu ersetzen.

Die Erfahrungen dieser großen Bewegung müssen jedoch wissenschaftlich analysiert werden, damit man praktische Schlußfolgerungen daraus ziehen kann und damit es der Partei ermöglicht wird, diese Erfahrungen zu verwerten und dem Aufbau des sozialistischen Wirtschaftsmodells Polens die Richtung zu geben Die wissenschaftliche Analyse dieser Erfahrungen wird eine der wichtigsten Aufgaben des Wirtschaftsrates sein, der in allernächster Zeit als Organ des Ministerrats gebildet werden wird.

Im Augenblick läßt sich schwer voraussagen, zu welchen Ergebnissen die aufgrund von umfassendem theoretischen und empirischen Material erstellte Analyse des Aufbaus eines neuen Wirtschaftsmodells, das den polnischen Bedingungen und Notwendigkeiten entspräche, kommen wird. Gewisse Grundzüge eines solchen Modells kristalli-

---

* *Trybuna Ludu*, Nr. 363, 21. 12. 1956. Aus dem Polnischen übersetzt von Edda Werfel.

sieren sich aber schon heute heraus. Man kann sie bereits jetzt wahrnehmen und weitere Schlüsse aus ihnen ziehen.

*Zentrale Planung und dezentralisierte Verwaltung*

Das polnische sozialistische Wirtschaftsmodell wird sich zweifellos durch die Verbindung einer zentral geplanten Entwicklung der Volkswirtschaft mit der Dezentralisierung ihrer Verwaltung, gestützt auf die Arbeiterselbstverwaltung und zum Teil auch auf genossenschaftliche und regionale Selbstverwaltung, auszeichnen. Ein weiterer Wesenszug dieses Modells wird darin bestehen, daß es sich ökonomischer Anreize als dem entsprechenden Instrument zur Erfüllung der Volkswirtschaftspläne bedient.

Die zentrale Planung soll die allgemeinen Entwicklungstrends der Volkswirtschaft bestimmen sowie für jene Bereiche zuständig sein, die von grundlegender Bedeutung für die Gesamtwirtschaft sind oder deren Verwaltung aus technischen Gründen zentral gelenkt werden muß. Gegenstand der zentralen Planung sollten also sein: die Verteilung des Nationaleinkommens auf Akkumulation und Verbrauch und im Zusammenhang damit das Entwicklungstempo der Volkswirtschaft, der Lohnfonds und anderer Einkünfte der Bevölkerung, der Wert der zur Befriedigung des Konsumbedarfs produzierten Warenmenge, der Geldumlauf. Die Planung dieser Größen ist notwendig, um das Gleichgewicht in der Entwicklung der Volkswirtschaft zu sichern.

Darüber hinaus muß aber die zentrale Planung den erwünschten Entwicklungstrend der Volkswirtschaft sichern, der mit den Bedürfnissen und Anliegen des Volkes, die vom höchsten Organ der Staatsmacht, vom Sejm, zum Ausdruck gebracht werden, übereinstimmen. Darum sollten die Investitionen der zentralen Planung unterworfen sein, wobei die Hauptinvestitionen unmittelbar zentral zu planen sind, Investitionen von geringerer gesamtwirtschaftlicher Bedeutung aber von den einzelnen Ressorts, Volksräten und Unternehmen im Rahmen der allgemeinen vom zentralen Plan festgesetzten Begrenzungen und Direktiven. Schließlich müßte der Volkswirtschaftsplan die Produktion von Gütern einschließen, die für die Gesamtwirtschaft von grundlegender Bedeutung sind, wie Kohle, Stahl und andere wichtige Rohstoffe, Kunstdünger, Maschinen, Transporteinrichtungen und Verbrauchsgüter, die als Massenkonsummittel anzusehen sind. Die Produktion aller anderen Güter sollte in autonomen

Regionalplänen oder unmittelbar von den einzelnen Unternehmen bestimmt werden.

Der Volkswirtschaftsplan sollte auch die grundlegenden Mittel (vor allem in Gestalt entsprechender Investitionen) für die Sicherung des technischen Fortschritts einschließen. In jenen Produktionszweigen, deren Technik eine zentralisierte Verwaltung erfordert, z. B. in der Stahlindustrie, muß der Volkswirtschaftsplan die direkte Realisierung konkreter Innovationen in der Produktionstechnik vorsehen.

*Grundlage der Verwaltung – das selbständige Unternehmen*

Grundlage der Verwaltung der Volkswirtschaft müßten selbständige sozialistische Unternehmen sein. Diese Unternehmen können als Kollektive von Mitarbeitern funktionieren, die gemeinsame gesellschaftliche Aufgaben erfüllen, persönliches Interesse an der erfolgreichen Durchführung dieser Aufgaben bekunden und durch das kameradschaftliche Gefühl der Zusammenarbeit verbunden sind. In der staatlichen Wirtschaft sind die Unternehmen Sachwalter des gesamtnationalen Eigentums, das sie mit den Mitteln der Selbstverwaltung im Rahmen des Volkswirtschaftsplans und der allgemeinen wirtschaftspolitischen Direktiven des Staates verwalten. In der genossenschaftlichen Wirtschaft sind die sozialistischen Betriebe die Eigentümer ihres Vermögens; klar ist, daß auch sie sich bis zu einem gewissen Grad als Sachverwalter des gesamtstaatlichen Interesses betrachten und im Rahmen des Volkswirtschaftsplans und der allgemeinen Wirtschaftspolitik des Staates wirken müssen.

Da in Polen noch für lange Zeit die private kleine Warenproduktion und in einem bestimmten Ausmaß sogar kleinkapitalistische Verhältnisse in der Landwirtschaft, im Handwerk und im regionalen Gewerbe existieren werden, werden die Volkswirtschaftspläne Mittel der Einwirkung auf diese Produktion durch entsprechenden Einsatz von ökonomischen Stimuli enthalten müssen, welche die Kleinproduzenten dazu bewegen, in Übereinstimmung mit den staatlichen Wirtschaftsplänen vorzugehen.

Pflicht der sozialistischen Unternehmen, sowohl der staatlichen als auch der genossenschaftlichen, ist die Erfüllung von Aufgaben des Volkswirtschaftsplans, die Erzeugung von Artikeln, die im Plan nicht erfaßt sind, die Senkung der Kosten, die Einführung des technischen Fortschritts, die Erzielung einer entsprechenden Rentabilität. Die Erfüllung dieser Aufgaben müßte vor allem auf der materiellen

Interessiertheit der Beschäftigten an der Rentabilität des Unternehmens basieren. Die Rentabilität müßte zum Hauptkriterium werden, das anzeigt, ob ein Unternehmen seine gesellschaftlich-wirtschaftlichen Aufgaben erfüllt.

Gegenwärtig kommt es des öfteren zu einem Konflikt zwischen der Rentabilität der Erzeugung verschiedener Sortimente und der gesellschaftlichen Nachfrage nach diesen Sortimenten. Die Unternehmen weisen vielfach die Tendenz auf, rentablere, doch gesellschaftlich weniger gefragte Artikel zu produzieren. Dieser Widerspruch ist die Folge eines falschen Preissystems, das mit dem Wertgesetz nicht übereinstimmt. Bei einem korrekten Preissystem müßten die gesellschaftlich notwendigsten Produkte auch die rentabelsten sein. Dann würde das sozialistische Unternehmen, das sich von der Rentabilität der Produktion leiten läßt, automatisch seine gesellschaftlich-wirtschaftlichen Aufgaben erfüllen.

Die Beziehungen zwischen den sozialistischen Unternehmen sollten sich im Prinzip auf ein System direkter Abmachungen stützen, die das gegenwärtige System der Allokation von oben ersetzen würde. Die Allokation von oben müßte sich auf Ausnahmsfälle beschränken, in denen die Verknappung mancher Produkte, insbesondere von Rohstoffen, nicht auf dem Wege von Preiserhöhungen beseitigt werden kann, weil die Erfüllung des Volkswirtschaftsplans selektiverer Methoden bedarf, als es die Preispolitik ist.

## Das Prinzip der Preisbestimmung

Das entscheidendste Mittel, das die sozialistischen Unternehmen miteinander, aber auch mit den Konsumenten und den privaten Erzeugern (Bauern und Handwerkern) verbindet, müßten die Preise sein. Mit anderen Worten, diese Verbindung müßte sich auf das Wirken des Wertgesetzes gründen. Unter diesen Bedingungen wird die Bestimmung der Preise einen Hebel zur Lenkung der Volkswirtschaft darstellen.

Die Festlegung der Preise muß in den Händen des Staates bleiben, d. h. der zentralen oder der regionalen Organe, je nach Charakter und gesamtwirtschaftlicher Bedeutung der jeweiligen Ware. Für Produkte, die elementare Bedeutung für die gesamte Volkswirtschaft haben, deren Erzeugung unmittelbar im zentralen Volkswirtschaftsplan erfaßt ist, müssen die Preise zentral festgelegt werden. Das ist erforderlich für die Schaffung ökonomischer Anreize, die die Planerfüllung sichern sollen. Dort, wo es sich um Produkte handelt, über deren Erzeugung die regionalen Wirtschaftspläne entscheiden oder die in den Plänen nicht enthalten sind, können die Preise von den regionalen Organen festgelegt werden.

Nur in Ausnahmsfällen, im (gesellschaftlichen oder privaten) Kleingewerbe, wo es eine große Zahl effektiv miteinander konkurrierender Unternehmen gibt, können die Preise sich frei auf dem Markt herausbilden. Doch auch hier ist eine gewisse Kontrolle durch die staatlichen Organe notwendig. Was die landwirtschaftlichen Erzeugnisse betrifft, würden sie teilweise vom Staat, beim Ankauf durch die staatlichen und genossenschaftlichen Handelsorganisationen bestimmt werden, und zum anderen Teil würden sie sich auf dem freien Markt' im direkten Warenaustausch zwischen Bauern und Konsumenten stabilisieren.

Das Prinzip der Preisbestimmung durch den Staat ist auch anzuwenden, damit die Entstehung eines gewissen Monopolismus unter den sozialistischen Unternehmen unterbunden wird. Dürften die sozialistischen Unternehmen die Preise ihrer Produkte selbst festsetzen, dann bestünde die Möglichkeit einer Erhöhung der Rentabilität dieser Unternehmen nicht durch Produktionssteigerung, Kostensenkung, technischen Fortschritt, sondern durch Preiserhöhung bei unveränderter Produktion, gleichbleibenden Kosten und bei gleichem technischen Niveau. Dann würden sich die sozialistischen Unternehmen oder ihre Vereinigungen in monopolistische Eigentümer verwandeln und aufhören, Treuhänder des gesamtgesellschaftlichen Eigentums zu sein, das im Interesse der ganzen Gesellschaft genützt wird.

### Die tägliche Erfahrung entscheidet

So stellt sich mir in großen Umrissen das künftige polnische Modell der sozialistischen Wirtschaft dar. Man muß sich jedoch vorbehalten, daß dieses Bild bloß ein provisorisches ist und durch weitere Untersuchungen und Studien beträchtliche Veränderungen erfahren kann. Denn das neue Modell der sozialistischen Wirtschaft Polens muß aus den Erfahrungen des täglichen Lebens, insbesondere aus den Erfahrungen der großen Bewegung der Arbeitsselbstverwaltung, herauswachsen. Hier kann man nicht nach einem Schema vorgehen. Die Stahlindustrie muß anders verwaltet werden als die Industrie, die Ledergalanteriewaren oder Knöpfe erzeugt; die Verwaltung in einem

Industriezweig, in dem große zentrale Investitionen erforderlich sind, muß sich anders gestalten als in einer regionalen Industrie. Dementsprechend verschieden muß der Grad der Selbständigkeit der Betriebe sein, und sogar der Charakter der Arbeiterselbstverwaltung wird variieren.

Von großer Hilfe für den Erfahrungsaustausch im Verlauf der Herausbildung des neuen Wirtschaftsmodells können Konferenzen von Vertretern der Arbeiterräte und der Betriebsleitungen verschiedener Bereiche der Volkswirtschaft sein, Konferenzen der Vertreter genossenschaftlicher Selbstverwaltungen usw. Solche Konferenzen würden wertvolles Material für die Konkretisierung der Verwaltung der Volkswirtschaft liefern. Zur entsprechenden Zeit sollte ein gesamtpolnischer Kongreß der Arbeiterräte einberufen werden, der die Prinzipien der Tätigkeit dieser Räte und ihre Rolle bei der Verwaltung der Volkswirtschaft festlegen würde. Ein solcher Kongreß hätte auch große politische Bedeutung als ein Faktor, der die Aktivitäten der Arbeiterklasse koordiniert, Aktivitäten, die die Grundlage der sozialistischen Demokratisierung der Volkswirtschaft bilden.

Das neue Modell der sozialistischen Wirtschaft wird auch gewisse Veränderungen in der politischen Struktur erforderlich machen. Die logische Konsequenz einer Wirtschaftspolitik, bei der die Verwaltung der Volkswirtschaft sich auf die Arbeiterselbstverwaltung in den Betrieben, auf die genossenschaftlichen und anderen Formen der bäuerlichen Selbstverwaltung, die erst im Entstehen begriffen sind, gründet, wird die Schaffung einer zweiten Kammer im Sejm sein, als Repräsentanz der Selbstverwaltung der einzelnen Zweige der sozialistischen Wirtschaft. Diese Kammer wäre ein entscheidendes Organ der sozialistischen Demokratie, die, wie Marx sagte, einen »Verein freier Menschen, die mit gemeinschaftlichen Produktionsmitteln arbeiten«, darstellt.

# Probleme sozialistischer Wirtschaft und Planung*

## 1. *Gegenwartsprobleme der sozialistischen Wirtschaft***

Zum dritten Mal ergreife ich im Gramsci-Institut das Wort. Das ist doch wohl, werden Sie zugeben, ein Beweis von Anhänglichkeit. Und tatsächlich fühle ich mich diesem Institut durch meine früheren Besuche und vor allem durch das Ideal verbunden, das es vertritt. Darum bin ich ganz besonders glücklich, heute Abend zu einem in diesem Institut versammelten Kreis sprechen zu dürfen.

Ich werde aktuelle Probleme der sozialistischen Wirtschaft behandeln. Ein sehr umfangreiches Thema, zu umfangreich, als daß es mich nicht zwingen würde, eine Auswahl unter den Problemen zu treffen. Ich werde mich also auf die neuen Probleme, die in der sozialistischen Wirtschaft auftreten, konzentrieren.

Die Zahl der sozialistischen Länder ist heute so groß, und das sozialistische Lager umfaßt Länder, die in bezug auf das wirtschaftliche und soziale Entwicklungsniveau und die historischen Bedingungen so verschieden sind, daß es kaum möglich ist, über ihre aktuellen Wirtschaftsprobleme in ganz allgemeiner Form zu sprechen. Ich werde mich also auf die Wirtschaftsprobleme in der UdSSR und in den europäischen Ländern der Volksdemokratie beschränken. Die Wirtschaftsprobleme Volkschinas, Koreas und Vietnams haben sehr spezifischen Charakter und sind anders geartet, und es wäre etwas schwierig, sie alle zusammen in einem Vortrag zu behandeln.

Doch haben wir einmal diesen Bereich abgegrenzt, dann bleibt noch immer eine große Divergenz von Bedingungen und Problemen übrig. Sind, wie mir scheint, die Grundprobleme dieser Gruppe von sozialistischen Ländern die gleichen, so sind doch die Formen und

---

* Veröffentlicht unter dem Titel *Problèmes d'économie socialiste et de planification,* in: Academia Polacca di Scienze e Lettere, Biblioteca di Roma, Conferenze, Fascicolo 23, Wroclaw-Warszawa-Kraków 1964 (Ossolineum). Aus dem Französischen übersetzt von Edda Werfel.
** Vortrag am Gramsci-Institut in Rom am 3. 4. 1963.

die jeweiligen Bedingungen, unter denen sie sich präsentieren, verschieden. So werde ich die Wirtschaftsfragen der von mir genannten Gruppe sozialistischer Länder nur recht allgemein behandeln; zur konkreten Illustration meiner Darlegungen werde ich jedoch den besonderen Fall Polens heranziehen. Es ist klar, daß viele dieser Probleme nicht nur in Polen bestehen, sie sind weitgehend allgemeiner Natur, aber die Formen, unter denen sie sich manifestieren, können ziemlich verschieden sein, ebenso ihre Lösungen.

Das große Problem der sozialistischen Wirtschaft besteht gegenwärtig in der historischen Tatsache, daß sie in eine neue Entwicklungsphase eintritt. Die sozialistische Wirtschaft hatte sich zunächst in ökonomisch relativ rückständigen Ländern, wie der UdSSR und den Ländern Osteuropas, entwickelt. Dieses Faktum hat, von Anfang an, der Entwicklung der sozialistischen Wirtschaft in diesen Ländern einen spezifischen Charakter verliehen. Im einen wie im anderen stand im Vordergrund die Entwicklung der Produktivkräfte und ganz speziell die Industrialisierung des Landes und Modernisierung seiner Landwirtschaft. Die Entwicklung der sozialistischen Wirtschaft war von diesem Hauptproblem beherrscht: eine hohe Wachstumsrate der Wirtschaftsentwicklung zu sichern, um den Rückstand gegenüber den entwickelten kapitalistischen Ländern aufzuholen, und dies hauptsächlich mit Hilfe der Akkumulation. Die Akkumulation war also die Hauptaufgabe in der Wirtschaft dieser Periode, und Planung und Verwaltung der Volkswirtschaft sollten dieser Aufgabe angepaßt werden.

Doch in den von mir genannten Ländern ist die Wirtschaftsentwicklung in letzter Zeit in eine neue Phase getreten. Diese Länder, früher rückständig, haben sich in beträchtlichem Ausmaß industrialisiert (die Sowjetunion selbst ist zur zweiten Industriemacht der Welt geworden), und das allgemeine Wirtschaftsniveau ist gestiegen. Man kann sagen, daß die Wirtschaft der sozialistischen Länder »gereift« ist; sie ist nicht mehr eine unterentwickelte Wirtschaft, sie ist eine moderne Industriewirtschaft geworden. Dieser wichtigste Umstand wirft für die Wirtschaftspolitik und die Methoden der Lenkung der ökonomischen Entwicklung neue Probleme auf. Die Entwicklung der Produktivkräfte, die sich in den sozialistischen Ländern vollzog, hatte als erstes die Hebung des Wirtschaftsniveaus zur Folge, zugleich aber die wachsende Mannigfaltigkeit und Kompliziertheit der sozialistischen Wirtschaftsstrukturen. Diese zunehmende Kompliziertheit stellt die Wirtschaftsleitung vor neue Probleme.

Zur zunehmenden Kompliziertheit des Wirtschaftslebens gesellt sich ein anderes Phänomen: nämlich der Übergang zu neuen Bedingungen der wirtschaftlichen Entwicklung. Diese Entwicklung war in der vorangegangenen Periode durch das, was ich als extensive Methode bezeichnen möchte, erzielt worden: in allen diesen Ländern gab es große ungenützte Reserven an Arbeitskräften und Naturschätzen. Die Arbeitskraftreserven waren hauptsächlich durch die Überbevölkerung in der Landwirtschaft und zum Teil auch durch Arbeitslose in der Stadtbevölkerung vertreten. Wie anders als durch Investitionen sollten diese Reserven an Arbeitskräften und an Naturschätzen mobilisiert werden? Akkumulation und Investitionen waren also die Mittel, die die Entwicklung der Wirtschaft sicherten. Man errichtete Fabriken, setzte Bergwerke in Betrieb, stellte Leute ein, und die Wirkung war unausbleiblich: Produktionssteigerung.

Heute ist die Wirtschaft der sozialistischen Länder und besonders der Volksdemokratien in Europa in eine Etappe eingetreten, wo ihre Reserven sich immer mehr erschöpfen. Um die weitere Wirtschaftsentwicklung zu sichern, muß man von den extensiven zu den intensiven Methoden übergehen. Intensive Methoden, das sind: Erhöhung der Arbeitsproduktivität, Erhöhung der Leistungsfähigkeit in der Organisation der Volkswirtschaft und des technischen Fortschritts. Es genügt nicht mehr zu sagen: Wenn ich akkumuliere, werde ich die Mittel haben, um zu investieren; ich habe genügend Arbeitskräfte, ich habe Naturschätze: die Produktion folgt daraus automatisch. Die Sache steht ganz anders: jetzt gilt es die Produktivität, den Nutzeffekt der vorhandenen Mittel zu erhöhen. Diese zwei Faktoren, die zunehmende Komplexität der Wirtschaft und der Übergang vom extensiven zum intensiven Stadium der Wirtschaftsentwicklung, werfen neue Probleme auf; Probleme hinsichtlich:

1. der Methodologie der Planung
2. der Organisation und Verwaltung der Volkswirtschaft
3. der Instrumente, deren man sich bedienen soll, um eine Erhöhung der Arbeitsproduktivität und des Nutzeffekts der Wirtschaft zu sichern.

Etwa seit 1956 ist in diesen Ländern ein Prozeß der Veränderung der Planungsmethoden, der Organisation und Verwaltung der Volkswirtschaft zu beobachten; im Zusammenhang mit diesen Veränderungen sind lebhafte wissenschaftliche Diskussionen über die hier von mir erwähnten Probleme im Gange.

Die Frage, die sich in den verschiedenen sozialistischen Ländern stellt, ist im Prinzip die gleiche. Das ist in erster Linie die Methodologie der Planung, das Problem der Sicherung ihrer höchstmöglichen Kapazität – insbesondere durch bessere gegenseitige Abstimmung der Pläne. Die Planung ist im Begriff, aus dem Stadium der inneren Harmonisierung der Pläne vermittels der Bilanzierungsmethode in jenes Stadium überzugehen, in welchem sie mehr und mehr den Erwägungen der Planoptimierung untergeordnet wird.

An diese Entwicklung knüpfen die wohlbekannten Diskussionen über die Methodologie der Planung und besonders über die »Mathematisierung« dieser Methodologie, über deren Verbesserungsmöglichkeiten an. Die elektronischen Rechenmaschinen haben sich als nützliches Instrument erwiesen, das eine präzisere Planung zu sichern vermag, eine Planung, die gleichzeitig bessere Resultate vom Standpunkt der Optimierung ergibt, als die traditionellen Methoden sie zu liefern vermochten.

Das zweite Problem, das der Organisation und Verwaltung der Volkswirtschaft, tritt ebenfalls in allen Ländern auf den Plan. Im wesentlichen geht es darum, den Grad der Zentralisierung und Dezentralisierung der sozialistischen Wirtschaft zu bestimmen.

In der vorangegangenen Periode ging die Planung sehr ins Einzelne, und folglich war die Wirtschaftsverwaltung, die nichts anderes ist als die Realisierung der Pläne, in hohem Maße zentralisiert. Diese Zentralisierung war deshalb möglich, weil die Wirtschaft einfach, in gewissem Sinne sogar primitiv war; man war in der Lage, sie praktisch bis in die kleinsten Einzelheiten von einem einzigen Führungszentrum aus zu leiten. Andrerseits erschien diese Zentralisierung als Notwendigkeit, denn die umfassenden Entscheidungen zur Industrialisierung des Landes und zur Modernisierung der Agrarwirtschaft waren zugleich jene Entscheidungen, die die revolutionären Veränderungen in der ökonomischen und sozialen Struktur mit sich brachten, Entscheidungen, die einzig und allein auf Zentraler Ebene zustande kommen konnten und deren Anwendung im Detail ebenfalls auf zentralisierte Weise geleitet werden mußte. Sonst hätte man nicht alle vorhandenen Mittel zu mobilisieren und zu konzentrieren vermocht, zunächst, um die Wirtschafts- und Gesellschaftsstruktur zu verändern, und später, um das Land zu industrialisieren und seine Landwirtschaft zu modernisieren. Man wäre sonst Gefahr gelaufen, alle Anstrengungen umsonst gemacht zu haben, weil die Koordination gefehlt oder weil man sich, in der Verfolgung verschiedener Richtungen, zersplittert hätte.

Gegenwärtig, da die Wirtschaft größer und komplexer geworden ist, stellen sich die Probleme auf andere Art. Vor mehreren Jahren gab man in der Sowjetunion die Zahl der Industriebetriebe mit 200 000, der Baustellen mit 100 000 an, was 300 000 Einheiten ausmachte. Heute muß diese Zahl bedeutend höher sein. Es ist ganz klar, daß man eine so geartete Organisation nicht auf die gleiche Weise zu leiten vermag, wie man es noch vor 20 Jahren tat, als die Zahl dieser Einheiten, sagen wir ein Zehntel, ein Zwanzigstel dessen ausmachte, was sie heute ist. Ich ziehe also daraus den Schluß, daß die Frage der Dezentralisierung der Verwaltung in allen diesen Ländern zur Debatte steht.

In der Sowjetunion hat die Lösung die Form der territorialen Organisation angenommen, eine Form, die allgemein bekannt ist, die in der ganzen Weltpresse zitiert wurde. Man hat in der UdSSR verschiedenste Experimente gemacht, eine sehr weitentwickelte Dezentralisierung mit mehr als hundert territorialen Einheiten, genannt »Volkswirtschaftsräte«, verwirklicht. Kürzlich hat man eine gewisse Ballung vorgenommen, indem man die Zahl dieser Einheiten auf ein Viertel der früheren herabgesetzt hat, aber jetzt aus der Idee der territorialen Verwaltungsorganisation der Volkswirtschaft heraus. Die Grundidee ist noch immer die einer zentralen Planung, doch mit einer mehr oder weniger dezentralisierten Verwaltung – das heißt Durchführung der Pläne.

In Polen hat man im Prinzip das gleiche gemacht, mit dem Unterschied, daß die Basis der neuen Organisation nicht territorial war. Ich glaube, daß der territoriale Charakter der Dezentralisierung in der UdSSR in erster Linie von der geographischen Ausdehnung des Landes diktiert war. In Polen gab es dieses Problem nicht; das Land ist nicht groß, so brachte man eine gewisse Dezentralisierung zur Anwendung, indem man Betrieben und Industrieverwaltungen, z. B. der Kohlenindustrie, der chemischen Industrie u. a., sowie einzelnen Unternehmen größere Autonomie zusprach. In der Tschechoslowakei hat man eine prinzipiell ähnliche Methode wie in Polen angewendet, d. h., man hat eine Dezentralisierung nach Industriebetrieben und nicht eine territoriale vollzogen: mit dem Unterschied, daß nicht das individuelle Unternehmen zur Basis der Dezentralisierung wurde, vielmehr eine ganze Vereinigung von Unternehmen ein und derselben Industrie.

Was Polen betrifft, hat man, um ein konkretes Beispiel zu geben, den Betrieben mehr Autonomie geboten, indem man ihnen selbst die Entscheidung über das Produktionsprogramm überließ und ihnen überdies gestattete, gewisse selbständige Investitionen vorzunehmen. Bei uns, um bei dem konkreten Beispiel Polens zu bleiben, werden die Hauptinvestitionen des Unternehmens vom zentralen Plan bestimmt, und ihre finanzielle Form finden sie in Gestalt einer Zuwendung der Staatskasse an das Unternehmen. Das Unternehmen hat seine eigenen Fonds, die es für zusätzliche Investitionen ohne offizielle Bewilligung benützen kann. Es kann auch Investitionen vornehmen, die auf Bankanleihen basieren. Die Grundidee besteht darin, daß die Hauptinvestitionen – sagen wir 70 bis 80 Prozent der Gesamtinvestitionen – vom zentralen Plan in einem Ausmaß verfügt werden, das die Entwicklungsrichtung der Volkswirtschaft zu bestimmen vermag, und auf der anderen Seite die Unternehmen den Rest in der Form autonom bestimmter Investitionen besitzen, was die Flexibilität der Wirtschaftstätigkeit zu garantieren vermag.

In der Praxis ist man auf Schwierigkeiten gestoßen; sie ist nicht immer so, wie ich sie geschildert habe, doch jedenfalls ist dies das Prinzip, das angenommen wurde.

Das zweite Problem, das mit dem Übergang von dem einen Entwicklungsstadium zum anderen zusammenhängt, ist die Frage, welcher Mittel man sich zur Durchführung des Plans bedienen soll.

Man unterscheidet bei uns im allgemeinen zwei Arten von Mitteln: die administrativen und die ökonomischen. Unter administrativen Mitteln versteht man die direkte Allokation – in Naturaleinheiten – der Investitionen, der Rohstoffe sowie der Produktionsaufgaben. Unter ökonomischen Mitteln versteht man den Gebrauch ökonomischer Anreize, mit deren Hilfe dafür gesorgt werden soll, daß die Unternehmen und andere Einheiten der Volkswirtschaft auf die vom Plan gewünschte Weise agieren.

Man hat in Polen und in anderen sozialistischen Ländern viel darüber diskutiert, ob den administrativen oder den ökonomischen Mitteln der Vorrang gegeben werden soll. Die vorangegangene Periode war durch den fast lückenlosen Einsatz der administrativen Mittel gekennzeichnet; dann hat man, einfach aus Opposition, sogar daran gedacht, von den administrativen Mitteln in der Verwaltung der Volkswirtschaft ganz Abstand zu nehmen.

Schließlich ist man jetzt übereingekommen zu erklären, daß die Priorität der Mittel von den Bedingungen abhängt und daß die einen wie die anderen, je nach Notwendigkeit, einzusetzen sind. Das eigentliche Problem der Verwaltung der sozialistischen Wirtschaft besteht also darin, die administrativen und die ökonomischen Mittel aufeinander abzustimmen, um nicht in die Situation zu geraten – und es muß gesagt werden, daß es mitunter zu solchen Situationen gekommen ist –, wo die ökonomischen Mittel, die ökonomischen Anreize, die Unternehmen und andere Einheiten dahin drängen, anders vorzugehen, als es das Leitungszentrum mit seinen administrativen Anordnungen gewünscht hatte. Das Problem der ökonomischen Mittel, der Harmonisierung dieser Mittel mit den administrativen Verfügungen und den vom Plan gestellten Aufgaben bleibt heute wahrscheinlich das Hauptproblem der sozialistischen Wirtschaftsverwaltung.

Einer der Aspekte dieses Problems ist die Preisbestimmung in der sozialistischen Wirtschaft. Diese Frage rückt in allen sozialistischen Ländern, von denen ich hier spreche, mehr und mehr in den Vordergrund; sie steht auch im Mittelpunkt der Wirtschaftsdiskussion. Nach welchen Prinzipien werden in der sozialistischen Wirtschaft die Preise bestimmt? Wie muß man sie bestimmen, damit sie tatsächlich als Stimuli der ökonomischen Entwicklung zu wirken vermögen? Ich will mich hier nicht in diese Diskussion einlassen: hier handelt es sich um eines der bestbekannten Elemente der ganzen Diskussion.

Einen weiteren Aspekt des Problems stellen die Kriterien der Tätigkeit des sozialistischen Unternehmens dar; insbesondere ergibt sich die Frage, ob man für den sozialistischen Betrieb als einziges Kriterium der Effektivität seiner Tätigkeit den Gewinn heranziehen darf oder ob zum Gewinn nicht auch noch andere Kriterien, Richtmaße in natürlichen Einheiten (z. B. Sortiment, Zahl der einzustellenden Arbeiter usw.) hinzukommen sollen. Hier hat es Diskussionen gegeben, die bislang noch nicht zu einer allgemein akzeptierten Auffassung geführt haben. Das hier dargestellte Problem ist mit der Frage der Preisbestimmung eng verknüpft; denn dieselben Leute, die sich der Anerkennung des Gewinns als einzigem Leistungskriterium für ein sozialistisches Unternehmen widersetzen, behaupten, dieses Kriterium veranlasse das Unternehmen, ein anderes Warensortiment zu produzieren, als vom Plan vorgesehen. Doch was sich zeigt, ist dies: unter der Voraussetzung, daß man über das richtige Preissystem verfügt, vermag man sicherzustellen, daß gerade die vom Plan als vorrangig verlangten Produkte auch die für das Unternehmen lohnendsten Erzeugnisse sind. Man sieht also, wie eng die Frage des Gewinnkriteriums als Maßstab der Effektivität des Unternehmens und das Preissystem miteinander verbunden sind.

Spricht man über die Veränderung der Methoden bei der Planung und Verwaltung der sozialistischen Wirtschaft, dann muß auch hinzugefügt werden, daß die sozialistischen Länder nicht bloß eine Transformation ihrer ökonomischen Struktur, sondern auch ihrer sozialen Struktur durchgemacht haben. Anfangs waren das Länder, in denen die Landbevölkerung die Mehrheit bildete. Die Industrialisierung hat die Zunahme der Arbeiterklasse bewirkt, doch diese hat auf Grund ihrer bäuerlichen Herkunft viele soziologische, psychologische und selbst politische Züge der Bauern bewahrt. Diese Arbeiterklasse reift heran, kristallisiert sich und integriert sich immer mehr in das Leben der

Industriegesellschaft. Das wirft neue soziologische Probleme bei der Verwaltung der sozialistischen Wirtschaft auf – weil das Hauptproblem das der Teilnahme der Arbeiter an der Verwaltung des Betriebes, der Arbeiterselbstverwaltung in der Industrie ist.

In Ländern wie Polen trat dieses Problem in sichtbarer Form 1956 auf; in letzter Zeit hat die Sowjetunion in dieser Hinsicht schon sehr viel getan. Ich glaube, daß dies bloß der Anfang einer Entwicklung ist, denn der Reifeprozeß, die Kristallisierung der Arbeiterklasse, ihre Bewußtseinsbildung werden großen Einfluß auf die Entwicklung der Verwaltung der sozialistischen Wirtschaft ausüben.

Ein weiterer Faktor, der in dieser Phase zum dominierenden geworden ist, ist die Entwicklung einer neuen sozialistischen Intelligenz: Ingenieure, Führungskräfte, Lehrer, Fachleute auf dem Gebiet der wissenschaftlichen Forschung. Diese Tatsache beeinflußt ebenfalls die Entwicklung der Methoden der sozialistischen Wirtschaftsverwaltung. Zusammenfassend kann man sagen, daß in dem Maße, in welchem die Arbeiterklasse allmählich ein höheres Bewußtsein ihrer selbst und ihrer Rolle erlangt, die Demokratisierung der Verwaltung durch die wachsende Mitbeteiligung der Arbeiter zur Wirklichkeit wird. Die Intelligenz wird ihrerseits zum Verfechter einer effizienten sozialistischen Wirtschaft, zum Verfechter der Anwendung von Methoden, die auf den neuen Entwicklungen der Wissenschaft beruhen, von Tendenzen, wie z. B. die »Mathematisierung« der Planungstätigkeit und die Anwendung von kybernetischen Methoden in der Verwaltungsorganisation.

Es ist noch zu früh, um sagen zu können, wie diese beiden soziologischen Faktoren, die ich hier in sehr vereinfachter Form präsentiert habe, in der Zukunft die Entwicklung der sozialistischen Wirtschaft beeinflussen werden.

Schließlich wäre noch zu bemerken, daß das Wachstum der sozialistischen Wirtschaft die wirtschaftliche Zusammenarbeit der sozialistischen Länder zu einer immer dringlicher werdenden Sache gestaltet. Für die Mehrzahl der sozialistischen Länder wird in zunehmendem Maße das Problem des Außenhandels, Import und Export, zu einer akuten Frage. In diesem Bereich besteht eine gewisse Differenz zwischen der Sowjetunion und den Volksdemokratien Europas. Die Sowjetunion hat eine derartige geographische Ausdehnung, sie verfügt über so großen Reichtum und solche Vielfalt an Naturschätzen, daß für sie das Problem des Außenhandels keine solche Dringlichkeit darstellt wie für die anderen Länder, die viel kleiner sind, keine solche Vielfalt an Rohstoffen aufweisen und mehr und mehr importabhängig sind. In Polen werden, glaube ich, fast 20 Prozent des Nationaleinkommens für Importe verausgabt; in der Tschechoslowakei und in Ungarn wahrscheinlich noch mehr. Hier stellen sich zwei Probleme: die Wirtschaftsbeziehungen zwischen den sozialistischen Ländern und die Beziehungen dieser Länder mit der kapitalistischen Welt. Ich werde mich darauf beschränken, nur das erstere zu untersuchen. Das Problem der Zusammenarbeit der sozialistischen Länder besteht in der Koordinierung ihrer Entwicklungspläne. Vor ungefähr vier Jahren kam die Koordination der staatlichen Pläne der einzelnen sozialistischen Länder noch auf indirektem Wege, durch langfristige Handelsverträge, zustande. Meistens unterzeichnete man Fünfjahresverträge, und diese dienten der Planung als Basis, denn man muß die Produktion der Güter, die zu exportierten man sich verpflichtet hat, ebenso wie die aus anderen sozialistischen Ländern zu erwartenden Importe als Bestandteil der Pläne betrachten.

Doch diese indirekte Methode der Koordinierung genügt heute nicht mehr; sie entspricht nicht mehr der Entwicklungsstufe, die die Wirtschaft der sozialistischen Länder erreicht hat.

Heute gilt es bereits, zu einer direkten Koordinierung der Pläne zu schreiten: das heißt praktisch, an erster Stelle zur Koordinierung der Investitionen. Muß Polen Kraftwagen produzieren, wenn die Tschechoslowakei sie produziert? Wenn ja, welche Typen sollte man dann der Tschechoslowakei überlassen? Kürzlich wurde, im Zusammenhang mit der von den sozialistischen Ländern vereinbarten Entscheidung, im Rahmen des Rats für gegenseitige Wirtschaftshilfe – des COMECON, wie er im Westen genannt wird – beschlossen, Entwicklungspläne, die sich über 20 Jahre, also bis 1980, erstrecken sollen, zu formulieren und diese Pläne zu koordinieren. Die Koordinierung in Form von gemischten Kommissionen wird auf gegenseitigem Einverständnis über die diversen wirtschaftlichen Entwicklungstrends – sagen wir, der Energiewirtschaft, der Maschinenindustrie, der chemischen Industrie usw. – beruhen, aber auch über gewisse allgemeinere Probleme, zu dem Zweck, eine ziemlich weitgehende Arbeitsteilung zwischen den sozialistischen Ländern sicherzustellen, die dem Rat für gegenseitige Wirtschaftshilfe angehören. Nach dem Muster der allgemeinen Vereinbarungen über die Zusammenarbeit der COMECON-Länder werden nun auch im Rahmen des Rates spezielle Verträge zur Kooperation zwischen zwei oder mehreren Ländern abgeschlossen. Insbesondere wurde, im Hinblick auf die Entwicklung der Maschinenbauindustrie und später auch der chemischen Industrie, der Gedanke geäußert, eine ähnliche Zusammenarbeit zwischen Polen, der Tschechoslowakei und der

Deutschen Demokratischen Republik herzustellen. Weitere Sonderverträge könnten auch auf anderen Gebieten zwischen zwei, drei, vier Ländern, je nach den Umständen, unterzeichnet werden.

Das Ziel dieser Spezialisierung ist zunächst die Erhöhung der Produktivität, die Senkung der Produktionskosten. Es ist eine bestimmte Bewegung festzustellen, die dahin tendiert, gemeinschaftliche Betriebe von drei und mehr Ländern errichten zu lassen. Zur Zeit ist diese Art von gemeinschaftlichen Betrieben noch im embryonalen Zustand. Ein Beispiel weitgehender Zusammenarbeit bieten die *pipelines*, die von der Sowjetunion nach Polen, Ungarn, der Tschechoslowakei und in die Deutsche Demokratische Republik führen. Doch das ist in Wirklichkeit nicht mehr ein Gemeinschaftsunternehmen im engeren Sinn des Wortes, denn die Investitionen in jedem Land werden vom jeweiligen Land aufgeboten. Das ist nur eine Koordinierung der Investitionen gemäß einem gemeinsamen Programm. Die Möglichkeit wirklich gemeinschaftlicher Unternehmen wird von der Bank ins Auge gefaßt, deren Gründung jetzt im Gange ist. Der Zweck dieser Bank wird gerade darin bestehen, die gemeinschaftlichen Unternehmen der verschiedenen sozialistischen Länder zu finanzieren.

Diese wachsende Zusammenarbeit der sozialistischen Länder bedeutet nicht eine Politik der Autarkie – im Rahmen der sozialistischen Länder. Ich glaube, es ist der Mühe wert, hier über zwei Einzelheiten zu sprechen: Die Bank, die ich zuvor erwähnte, sieht auch vor, ihren Mitgliedsländern Kredite zur Entwicklung von Handelsbeziehungen mit den nichtsozialistischen Ländern durch Schaffung eines Devisenfonds einzuräumen. Es gibt ein Projekt für die Zusammenarbeit auf dem Gebiet der Maschinenbauindustrie zwischen Polen, der Tschechoslowakei und der Deutschen Demokratischen Republik. Diese Zusammenarbeit verfolgt als Hauptzweck, die Produktionskosten zu senken, denn jedes Land wird die Möglichkeit haben, von der Produktion einer großen Zahl verschiedener Maschinentypen zu einer spezialisierteren, doch in viel größerem Maßstab betriebenen Produktion zu gelangen. Die Kostensenkung trägt unmittelbaren internen Erfordernissen Rechnung, hat aber auch den Vorteil, daß sie den Export von Maschinen in Länder außerhalb des sozialistischen Lagers erleichtert.

Die zwei von mir angeführten Punkte beweisen, daß die Kooperation zwischen den sich entwickelnden sozialistischen Ländern nicht eine Autarkie im Rahmen des sozialistischen Lagers zum Ziel hat. Ihr Hauptziel besteht darin, das Nationaleinkommen und den Wohlstand der sozialistischen Völker zu heben. Und die Wirtschaftsbeziehungen mit den nichtsozialistischen Ländern gehen als wichtiger Bestandteil in diese Aufgabe ein. Die internationale Zusammenarbeit mit der ganzen Welt ist und bleibt ein wesentlicher und entscheidender Faktor der Entwicklung der sozialistischen Wirtschaft.

## 2. *Entwicklung der Wirtschaftsplanung\*\*\**

Nur sehr zögernd ergreife ich hier das Wort, denn ich fürchte, daß meine Ausführungen, so sehr ich das möchte, Ihren Erwartungen nicht entsprechen werden. Ich werde über die Planung sprechen, doch ich habe nicht im geringsten die Absicht, Ihnen eine *summa* der Theorie der Planung zu geben. Die Wirtschaftsplanung ist eine eminent praktische Angelegenheit, die sich nicht für eine *summa* und noch weniger für eine doktrinär dogmatische Darlegung, eine *summa theologica,* eignet. Darum werde ich Ihnen das Problem der Wirtschaftsplanung unter einem historischen Gesichtswinkel präsentieren und werde über die Entwicklung der Planungsmethoden sprechen.

Die Wirtschaftsplanung ist, in einem gewissen Sinne, eine neue Sache. Sie hat sich mit dem Erscheinen der sozialistischen Wirtschaft in einer Reihe von Ländern entwickelt; doch heute hat die Idee der Planung eine weit über die sozialistischen Länder hinausgehende Anerkennung gefunden. Fast alle Länder, die wir als die unterentwickelten bezeichnen – in Asien, Afrika und Lateinamerika –, leiten Pläne zur Wirtschaftsentwicklung in die Wege, und die Idee der Planung ist sogar in die alten kapitalistischen Länder, wie Frankreich und noch andere, vorgedrungen. Man kann sagen, daß die Wirtschaftsplanung zu einem neuen Zweig der Wirtschaftswissenschaft geworden ist und gleichzeitig zu einer neuen Methode, die wirtschaftliche Entwicklung weiterzutreiben.

Heute möchte ich Ihnen die historische Entwicklung der Planungsmethoden in den sozialistischen Ländern darlegen, Ländern, in denen die Wirtschaftsentwicklung und die Verwaltung der Volkswirtschaft auf der Planung basieren. Diese Planung hat eine Geschichte, die einerseits der Geschichte der wirtschaftlichen Entwicklung der sozialistischen Länder folgt und sich mit der Entwicklung der Volkswirtschaft dieser Länder entwickelt; allerdings, Erfordernisse und Wünsche in bezug auf die Planung unterliegen Modifikationen. Doch gleichzeitig wird die Geschichte der Planung nicht allein von der wirtschaftlichen Ent-

---

\*\*\* Vortrag am 29. 3. 1963 in der Bibliothek der Polnischen Akademie der Wissenschaft in Rom.

wicklung entschieden; sie wird auch von der inneren Entwicklung der ökonomischen Wissenschaft, von der Entwicklung der Planungswissenschaft im besonderen, bestimmt. Und das wechselseitige, dialektische Aufeinanderwirken der Entwicklung der Volkswirtschaften und der Entwicklung wissenschaftlicher ökonomischer Ideen ist entscheidend für den Gang der Geschichte der sozialistischen Wirtschaftsplanung.

In der Wirtschaftsplanung sind folgende Grundelemente zu berücksichtigen:

1. das Ziel der Planung
2. die Mittel zur Erreichung dieses Ziels.

Diese zwei Elemente bestimmen die Methodologie der Planung.

Das erste Problem, das sich in der Entwicklung der praktischen Realisierung, aber auch in der Theorie der Planung stellte, war die Sicherung der inneren Konsistenz des Plans. So wie die Volkswirtschaft ein integriertes Ganzes darstellt, dessen einzelne Teile voneinander abhängig sind, so muß ein Plan zur Entwicklung der Volkswirtschaft ebenfalls eine integrierte, in ihren verschiedenen Teilen koordinierte Sache sein.

Wenn man, zum Beispiel, die Vergrößerung der Produktion von Stahl plant, dann muß man gleichzeitig auch die Produktion von Kohle, Eisenerz, der notwendigen elektrischen Energie sowie auch die Bereitstellung von qualifizierten Arbeitskräften planen. Das nun sind die Notwendigkeiten der Koordinierung, die sich bei der Planung der Wirtschaft ergeben. Die erste logische Aufgabe bei der Planung besteht also darin, diese innere Koordinierung des Plans herzustellen. Wenn diese Koordinierung fehlt, ist der Plan nicht realisierbar.

Um bei dem angeführten Beispiel zu bleiben: Es ist nicht möglich, die Produktion von Stahl zu vergrößern, wenn man nicht gleichzeitig die Produktion von Kohle, von Eisenerz usw. vergrößert. Also ist die innere Koordinierung des Plans die *conditio sine qua non* seiner praktischen Durchführung. Diese erste logische Aufgabe trat auch historisch als erstes Problem in der Praxis der Planung auf. Mit der Entwicklung der ersten sozialistischen Wirtschaftssysteme war die Planung ein historisch neues Unternehmen, praktisch ohne Präzedenz.

Aber hat es nicht von der alten kapitalistischen Wirtschaft verwendete Methoden gegeben, die in der sozialistischen Planung zu gebrauchen waren? Es gab eine: das war die historisch zuerst im Handel etablierte und später von der kapitalistischen Industrie im Rahmen des kapitalistischen Unternehmens angewendete Buchführung. Speziell die Methode der Bilanzaufstellung. Um also dem von der sozialistischen Planung angestrebten Ziel zu entsprechen, mußten diese Bilanzen generalisiert und erweitert werden, denn es handelte sich darum, Bilanzen nicht für ein Einzelunternehmen, sondern für die gesamte Volkswirtschaft aufzustellen. Die Volkswirtschaftsbilanzen waren das erste technische, methodologische Instrument der Wirtschaftsplanung. Man mußte einzelne Bilanzen der Produktion und der Verwendung der verschiedenen Produkte, sagen wir der Kohle, der elektrischen Energie, der Arbeitskräfte usw., aufstellen; hat man alle Bilanzen in eine synthetische Einheit gebracht, dann ist man soweit, eine volkswirtschaftliche Gesamtbilanz zu schaffen, die den gesamten Prozeß von Produktion und Verteilung im Ablauf der Volkswirtschaft zum Ausdruck bringt.

Anfangs wurden diese Bilanzen mit primitiven Mitteln gemacht, mit den traditionellen arithmetischen Mitteln, wie sie in der Buchführung kapitalistischer Unternehmen angewendet werden. Später, sehr viel später, erkannte man den mathematischen Charakter der Bilanzen: daß die Bilanzen unter dem mathematischen Gesichtspunkt ein System von Gleichungen darstellen. In diesem System von Gleichungen gibt es zweierlei Art von Quantitäten: die objektiven Gegebenheiten, die Ressourcen, die der Volkswirtschaft zur Verfügung stehen – und die Planziele, die durch Wirtschaftspolitik festgelegt werden. Es gibt auch noch eine dritte Kategorie von Quantitäten: das sind die unbekannten Größen in den Gleichungen, die zu bestimmen Aufgabe der Planung ist. Um ein Beispiel zu geben: In der Bilanz des Plans gibt es die Produktionskapazitäten der einzelnen Industrien, die Produktion der Rohstoffe und die Produktionskoeffizienten, die die technischen Relationen zwischen produzierten Quantitäten und Rohstoffen und genutzten Kapazitäten feststellen; andrerseits gibt es die Planziele, die durch die Wirtschaftspolitik festgelegt und durch die Produktion der einzelnen gewünschten Produkte repräsentiert werden, und es gibt, als Unbekannte, die Verteilung der Rohstoffe auf die Industrie, die Allokation der Arbeitskräfte usw. Diese Unbekannten müssen bestimmt werden, damit die Ziele, die Zwecke, welche die Wirtschaftspolitik anstrebt, unter den Bedingungen objektiver Gegebenheiten erreicht werden. Im Ergebnis wird die Frage der Bilanzen, die die Grundlage der inneren Koordinierung des Plans bilden, immer mehr zu einem Problem des Studiums der mathematischen Ökonomie.

Dies ist die erste Aufgabe und zugleich die erste historische Etappe der Planung.

Es gibt noch eine Aufgabe, die erst seit kurzem in deutlicher Form auftritt. Sie besteht nicht allein in der inneren Koordinierung des Plans, sondern auch in seiner Optimierung. Es mag eine große Zahl verschiedener, in sich koordinierter und daher realisierbarer Pläne geben; doch sie können in bezug auf den Grad, in dem sie die Ziele der Wirtschaftspolitik verwirklichen, differieren. Es entsteht also das Problem, zwischen diesen möglichen Plänen den optimalen Plan zu wählen.

Aber was ist optimal? Hier stellt sich das Problem des Ziels, das die sozialistische Wirtschaft anstrebt.

In der ersten Planungsperiode trat dieses Problem nicht in klarer Form auf, sondern vage, andeutungsweise, was unter den gegebenen Umständen naheliegend und ausreichend war. Unter den Bedingungen einer von Krieg und Besetzung zerstörten Wirtschaft gab es ein sehr einfaches Ziel: das, was zerstört war, wiederherzustellen, vielleicht mit einigen Veränderungen. Danach, in der Periode der großen Industrialisierung, die die sozialistischen Länder durchschritten oder noch durchschreiten, ist das Ziel, mit dem gesunden Menschenverstand betrachtet, meine ich, immer noch recht einfach. Es war klar, daß die Schlüsselindustrie, die die Produktionsmittel erzeugte, aufgebaut werden mußte und den Vorrang vor jenen Industriewerken, die Konsummittel erzeugten, und sogar vor der Landwirtschaft hatte. Auch auf diesem Boden des gesunden Menschenverstands konnte man feststellen, daß es in einer bestimmten Phase angebracht war, die Investitionsproportionen nach verschiedenen Seiten, sagen wir, zu verändern.

Doch in dem Maße, in dem die sozialistische Wirtschaft reifer wird, wird sie auch umfassender und komplexer. Es wächst die Zahl der Betriebe, die in die Planung einbezogen werden; ebenso die Vielfalt der Produkte, die darin Platz finden müssen; die Verschiedenheit möglicher Varianten der Investitionsmethoden wird viel größer, der technische Fortschritt zwingt neue Entscheidungen auf usw. Das ist wie auf anderen Gebieten, zum Beispiel bei der Schiffahrt: man braucht andere Instrumente, um einen großen, modernen Dampfer zu steuern, als man zur Steuerung der alten Karavellen von Christoph Kolumbus brauchte; es bedarf anderer Mittel, um ein Düsenflugzeug fliegen zu lassen, als es beim primitiven Flugzeug der Brüder Wright der Fall war. So muß das Ziel der sozialistischen Wirtschaft, der die Planung als Instrument dienen wird, viel deutlicher und exakter formuliert werden.

In der traditionellen sozialistischen Literatur bezeichnete man als Ziel der sozialistischen Wirtschaft immer die Befriedigung der Bedürfnisse der Menschen, im Gegensatz zur kapitalistischen Wirtschaft, welche die Maximierung der Profite der Kapitalisten zum Ziel hat. Im Prinzip stimmt das. In der kapitalistischen Gesellschaft gibt es kein alleiniges und einzig dominierendes Ziel; es gibt eine Vielfalt von Zielen, wobei die Profite jedes Unternehmens und jeder Unternehmergruppe autonome Ziele darstellen. Die Entwicklung der kapitalistischen Wirtschaft ist die Resultante des Wettlaufs nach den verschiedenen Zielen, einzeln und insgesamt, der Profite der verschiedenen Unternehmen.

Doch die sozialistische Wirtschaft ist ein integriertes System, in dem alle Unternehmen bestrebt sind, einen Plan der Wirtschaftsentwicklung zu realisieren; und da kommt es darauf an, eine präzise Formulierung für dieses Planziel zu finden.

In diesem Punkt, muß man sagen, gehen bislang die Meinungen auseinander.

Die Frage ist folgende: läßt sich das Ziel der sozialistischen Wirtschaft in der Form einer einzigen Kennziffer, deren Maximierung das Planziel wäre, formulieren, oder gibt es vielleicht eine Reihe von Zielen, eine Reihe von Kennziffern, die miteinander nicht vergleichbar sind?

Ich will mich hier nicht bis auf den Grund des Problems begeben, mich nicht auf die Argumente der einen und der anderen Seite einlassen. Ich sage nur: Ich persönlich glaube, daß man das Ziel der sozialistischen Wirtschaft in der Form einer einzigen synthetischen Kennziffer darstellen kann und daß diese Kennziffer das Nationaleinkommen ist. In diesem Fall wäre das Ziel der Planung als die Maximierung des Nationaleinkommens zu formulieren oder – was gleichbedeutend ist – als die Maximierung des Nationaleinkommenszuwachses in einem selbstgewählten Zeitraum. Das ist das gleiche, denn das Nationaleinkommen des laufenden Jahres ist gegeben; sucht man also das Maximum des Einkommens, sagen wir, des nächstfolgenden Jahres, so ist es so, als wollte man nach dem Maximum des Einkommenzuwachses im laufenden Jahr forschen.

Stellen wir das Problem in dieser Weise, dann wird die Aufgabe der Planung einfach, denn die verschiedenen Elemente der Planung werden vergleichbar sein, und diese Vergleichbarkeit ist eine abgeleitete Funktion dieses umfassenden, einzigen Ziels. Sonst gäbe es verschiedene Teilziele; es wäre also unmöglich, die verschiedenen Teile des Plans miteinander zu vergleichen.

Die Aufgabe der Planung wird also eine Anwendung der mathematischen Theorie der Programmierung sein, jener Theorie, die uns die mathematischen Methoden liefert, mittels deren wir das Maximum eines Ziels ermitteln, das einer Anzahl von gegebenen Bedingungen unterworfen ist.

Bei der Hypothese, von der ich ausgegangen bin, haben wir die Möglichkeit, die Teilziele der verschiedenen Unternehmen, der verschiedenen Sektoren der Volkswirtschaft zu bestimmen, die praktisch integraler Teil des allgemeinen Ziels sind, von dem ich spreche; insbesondere vermag man das Ziel der Tätigkeit eines sozialistischen Unternehmens zu bestimmen. Wenn das allgemeine Ziel des Plans die Maximierung des Nationaleinkommens ist, dann folgt daraus, daß das Ziel jedes Unternehmens der Maximalbeitrag zum Nationaleinkommen sein wird. Und worin besteht der Beitrag des Unternehmens zum Nationaleinkommen? In seinem Nettoprodukt. So wird, nach diesem Kriterium der Optimierung, das Optimalverhalten des Unternehmens die Maximierung seines Nettoprodukts sein. Unter bestimmten Bedingungen – jedoch nur unter bestimmten, klar definierten Bedingungen, die ich hier nicht in die Diskussion einführen möchte – wird dieses Kriterium zum Äquivalent der Maximierung des Gewinns. Doch das ist hier keine allgemeine Regel. Ausgehend von unserer Hypothese, sind wir auch in der Lage, das Kriterium des Investitionseffekts zu ermitteln. Über dieses Kriterium ist in den sozialistischen Ländern viel diskutiert worden. Die Diskussionen haben aber zu keinem positiven Resultat geführt, weil man diskutierte, ohne vorher das Ziel der sozialistischen Wirtschaft klar formuliert zu haben.

Akzeptiert man die Maximierung des Nationaleinkommens als Kriterium der Planoptimierung, dann, das ist klar, beträgt der Investitionseffekt soviel, wie die Investition zum Nationaleinkommen beiträgt. Nimmt man hingegen andere Optimierungskriterien im Plan, dann wird es auch andere Kriterien des Investitionseffekts geben.

Die Planoptimierung ist also, nach der Sicherung der inneren Koordination, das zweite Problem, das in der Planung auftritt. Doch um tatsächlich in präziser und wirksamer Weise die innere Koordination des Plans – speziell in einer Wirtschaft, die aufgrund ihres Wachstums immer komplexer wird, herzustellen, bedarf es technischer Mittel. Diese technischen Mittel stehen uns erst in jüngster Zeit zur Verfügung. Wir verdanken sie der Entwicklung elektronischer Maschinen.

Der Gedanke, daß die Volkswirtschaftsbilanz oder ihre verschiedenen Teile theoretisch als ein System mathematischer Gleichungen aufgefaßt werden können, ist nicht neu. Doch erst mit dem Erscheinen der elektronischen Rechner hat diese Idee praktischen Wert gewonnen. Vor Zeiten hatten Quesnay und Marx und – im Rahmen anderer Ideen, doch in ausdrücklich mathematischer Form – die italienischen Nationalökonomen Pareto und Barone bereits begriffen, daß die Volkswirtschaftsbilanz ein Gleichungssystem ist. Doch was erwartete man praktisch von dieser Idee? Man sagte: nun gut, man kann diese Gleichungen nicht auflösen; es gibt tausende, vielleicht sogar Millionen Gleichungen, die da aufzulösen sind, es gibt nur einen Weg zu ihrer spontanen Auflösung, und das ist der Markt. Und selbst die ersten Diskussionen über das ökonomische Kalkül in der sozialistischen Wirtschaft mußten sich der Möglichkeit zuwenden, das komplexere System von Wechselbeziehungen zwischen verschiedenen Teilen der Volkswirtschaft durch den Marktmechanismus zu lösen. Die Rolle des Marktes wurde in diesen Diskussionen in gleicher Weise wie die Rolle einer Rechenmaschine, einer Maschine zur Lösung einer großen Zahl simultaner Gleichungen, aufgefaßt.

Ich will hier auch nicht über die Rolle des Marktes in der sozialistischen Wirtschaft sprechen. Das ist ein interessantes Thema, das an sich schon eine Diskussion verdienen würde. Doch was ich unterstreichen möchte, ist die Tatsache, daß wir heute über elektronische Rechenmaschinen verfügen. Wir haben die praktische Möglichkeit, die Volkswirtschaftsbilanz in der Form von Gleichungen aufzustellen und sie in wirksamer Weise zahlenmäßig, ohne Hilfe des Ersatzkalkulators – des Marktes – zu lösen. Um die mathematischen Methoden bei der Aufstellung der Volkswirtschaftsbilanz zu benützen, muß man schnell Berechnungen anstellen können, sehr schnell sogar, da die Rechnungen, die mit großer Verspätung fertig werden, keinen praktischen Wert mehr haben.

Es muß gesagt werden, daß zur Zeit in den sozialistischen Ländern erst die theoretischen Arbeiten in Vorbereitung sind; man verwendet noch nicht in gesamtstaatlichem Maßstab elektronische Rechenmaschinen zur Vorbereitung der Volkswirtschaftsbilanzen. Es handelt sich bei dem, was gegenwärtig als Vorbereitungsübung gemacht wird, nicht darum, Bilanzen über die vergangenen statistischen Gegebenheiten herzustellen. Es handelt sich darum, Bilanzen über die für die Zukunft geplanten Gegebenheiten zu machen und zu berechnen und die Harmonisierung, die innere Koordinierung des Plans zu sichern. Es sind erst die Anfangsschritte in der Richtung der praktischen Planoptimierung gemacht worden.

Auf diesem Gebiet eröffnen sich große Möglichkeiten. Bisher war es uns noch nicht möglich, Alternativpläne aufzustellen und die besten unter ihnen auszuwählen. Die Vorbereitung des Plans erfordert viel Zeit und Arbeit – nicht nur in den Planungskommissionen, sondern auch in den Ministerien, Betrieben, auf den verschiedenen Ebenen, auf denen die Pläne diskutiert und vorbereitet werden. Wenn der Plan fertig ist, wenn man sich überzeugt hat, daß er mehr oder weniger innerlich koordiniert ist, daß er auf sorgsam erarbeiteten Bilanzen basiert, dann macht sich der Plan von den Planern unabhängig. Es wird sehr schwierig, ihn zu ändern. Gewiß wird man ihn modifizieren, ihn im Parlament, in den Kommissionen, in den Betrieben, den Gewerkschaften, in der Presse, in allgemeinen Versammlungen der Bevölkerung usw. diskutieren, doch man wird hier stets nur nebulöse, zweitrangige, marginale Korrekturen vorzunehmen vermögen. Niemand wird vorschlagen, den Plan total umzuarbeiten, von unten nach oben, denn das wäre praktisch unmöglich. Man würde, sagen wir, ein halbes Jahr oder länger dazu brauchen, und infolgedessen käme der neue Plan zu spät. Tatsächlich werden die Pläne, nachdem man sie geprüft hat, in die Praxis umgesetzt; man wird sie nur dann ändern, wenn sich wichtige objektive Bedingungen ändern und wenn sich ihrer Realisierung größere Schwierigkeiten entgegenstellen. Es ist eher die Anwendung des Plans, die oftmals größere Korrekturen erfordert, als der Plan selbst.

Die Perspektive, die sich da eröffnet, ist gewaltig; ideal wäre es, tatsächlich eine Anzahl von Planalternativen zur Verfügung zu haben, um ihren – wie ich schon vorschlug – wirklichen Wachstumseffekt, bezogen auf das Nationaleinkommen, zu berechnen und, nach einem solchen Vergleichskalkül, die beste Variante auszuwählen.

Damit bin ich an dem Punkt angekommen, wo ich Sie auf die Existenz eines dritten Faktors hinzuweisen vermag, der auf die Planungsmethode Einfluß nimmt. Über zwei Faktoren habe ich bereits gesprochen: über die Entwicklung der sozialistischen Wirtschaft und die Entwicklung der ökonomischen Wissenschaft und die dialektische Wechselwirkung zwischen ihnen. Nun sind wir bei einem dritten angekommen: es ist die technische Revolution, die die elektronischen Rechenmaschinen gebracht haben. Diese technische Revolution eröffnet die Möglichkeit neuer Methoden in der Planung. Wie ich sagte, befinden wir uns zur Zeit noch im Stadium der wissenschaftlichen Vorbereitung; sagen wir – in Analogie –, daß wir uns noch in dem Stadium befinden, in welchem man die Bahn bestimmt, die die künstlichen Satelliten zu beschreiben haben, und wo man die Energiequellen für die Antriebskraft ermittelt, wir aber noch nicht die ersten Satelliten in den Weltraum geschickt haben. Das wird noch einige Zeit dauern. Doch man kann feststellen, daß man in der Mehrzahl der sozialistischen Länder, insbesondere in der Sowjetunion, in Polen und in Ungarn, im Begriff ist, eine sehr bedeutende und intensive Arbeit auf diesem Gebiet zu leisten.

Nach diesem kurzen Überblick, den ich über die historische Entwicklung der Planung und über die Perspektiven, die sie eröffnet, gegeben habe, muß ich betonen, daß sie nicht allein auf die Ergebnisse der Entwicklung der Planungswissenschaft und der Mittel, die uns die Technologie zur Verfügung stellt, zurückzuführen ist. Wie ich schon andeutete, ist sie auch das Resultat der Entwicklung der sozialistischen Wirtschaft. Kurz gefaßt, kann man, ganz allgemein, sagen, daß bislang die Wirtschaft der sozialistischen Länder – aus historischen Gründen, über die ich hier nicht diskutieren möchte – sich in einer Art und Weise entwickelt hat, die ich als den Weg extensiver Entwicklung bezeichnen möchte. Es gab große Reserven: Unterbeschäftigung der Arbeitskräfte, im besonderen in der Landwirtschaft, es gab unausgeschöpfte Naturschätze und eine historische Lage, die man mit dem Begriff der unterentwickelten Wirtschaft kennzeichnet. Alles, was zu tun war, bestand darin, zu investieren, die Arbeitskräfte zu beschäftigen, die Naturschätze auszubeuten. Die geplante Investition hat die Arbeitskräfte mobilisiert und gleichzeitig die Ausbeutung der Naturschätze vorangetrieben. Die Entwicklung der Produktion, so beachtlich in den sozialistischen Ländern, hatte auf dieser Basis neue Investitionen, Beschäftigungszuwachs und erweiterte Ausbeutung der Naturschätze erzielt.

Unter diesen historischen Bedingungen war die Planungsproblematik einfach, und die Planungsmethoden durften primitiv sein. Errichtet man eine Fabrik, beschäftigt man dort Menschen, die auf dem Land überflüssig geworden sind, stellt man die notwendigen Rohstoffe bereit, dann hat das stets eine Produktion zur Folge und dementsprechend wirtschaftlichen Fortschritt. Das Problem des Nutzeffekts dieser Produktion ist, unter den angezeigten Umständen, nicht das Hautproblem, die Alternative heißt, Reserven an Arbeitern und an ungenützten, unausgeschöpften Ressourcen zu haben oder sie durch Investitionen zu aktivieren. Dieser zweite Weg bringt stets positive Ergebnisse.

Doch jetzt kann man schon sagen, daß in vielen sozialistischen Ländern – und das gilt auch für Polen – die wirtschaftliche Entwicklung eine Stufe erreicht hat, wo die alte extensive Methode nicht mehr ausreicht. Es gibt keine – jedenfalls keine nennenswerten – ungenützten Ressourcen, keine unangetasteten Reserven mehr, wie man sie an der Schwelle einer unterentwickelten Wirtschaft vorfindet. Infolgedessen muß sich die Wirtschaftsentwicklung immer mehr auf eine intensive Methode gründen, d. h. auf die Steigerung der Arbeitsproduktivität, auf die Erhöhung des Investitionseffekts, auf Erhöhung der Effektivität der Organisation in der Wirtschaftsverwaltung, auf den technischen Fortschritt, auf die Aufstellung eines Systems ökonomischer Anreize, das diese intensiven Entwicklungskräfte mobilisiert. Ich würde meinen, daß wir uns in Polen und in einem großen Teil der sozialistischen Länder – nicht in allen, aber in einem großen Teil – in einer Zwischenetappe befinden, zwischen der ersten Etappe der extensiven Methode und der neuen Etappe der intensiven Methode der Wirtschaftsentwicklung.

In dieser Situation treten neue Probleme für die Methodologie der

Planung auf. Jetzt müssen die Bilanzen präziser sein, jetzt rücken die Fragen der Optimierung des Plans und der Wirksamkeit aller Teile der Volkswirtschaft in aller Schärfe in den Vordergrund. Die neuen Ideen, die im Bereich der Wirtschaftsplanung entstehen und sich entwickeln, finden im Übergang der sozialistischen Wirtschaft zu einer neuen Entwicklungsstufe ihren Boden. Sie entsprechen den praktischen Bedürfnissen der neuen Etappe, sie trachten, eine Lösung für die neuen Probleme zu finden, mit denen diese neue Etappe die Wissenschaft und die Planverwirklichung konfrontiert.

Das ist mein kurzer Bericht über die Evolution der Planung. Ich habe von einer Evolution gesprochen, die ihrer Vollendung entgegengeht, und von den Perspektiven dieser Evolution. Man muß sich klar darüber sein, daß die sozialistische Wirtschaft, weil sie sich im Wachstum, in voller Entfaltung befindet, keine statischen Planungsmethoden ohne Veränderungen brauchen kann. Sie verändern sich und werden sich verändern, indem sie sich den Erfordernissen der Dynamik der sozialistischen Gesellschaft anpassen. Und darum möchte ich am Ende meines Referats wiederholen, was ich schon zu Anfang sagte: im Bereich der Planung gibt es keine *summa*, ganz gewiß keine *summa theologica*. Doch gibt es wohl eine Summe praktischer Erfahrungen, die wir nützen, eine Summe wissenschaftlicher Erkenntnisse, die auf diesen Erfahrungen fußen, eine Summe technischer Mittel zur Lösung der Probleme, die im Zuge der Verwirklichung hervortreten. Diese Erfahrungen, Erkenntnisse und technischen Mittel bemühen wir uns zu vervollkommnen, um daraus ein immer effektiveres Instrument für die bewußte Lenkung der sozialistischen Wirtschaft zu machen.

# Personenregister

385

# Sachregister

# Politische Ökonomie. Geschichte und Kritik

Die Handbücher zur Kritik der Politischen Ökonomie wenden sich an alle, die einen Zugang zum Verständnis der Entwicklungsbedingungen des Kapitalismus und zentraler Probleme der Kapitalismuskritik suchen. Zugleich wollen Sie eine Bestandsaufnahme der gegenwärtig geführten wissenschaftlichen Diskussion sein und in diese vorwärtstreibend eingreifen. Damit sollten die Handbücher für Wissenschaftler nicht weniger interessant sein als für alle, die einen ersten Überblick über zentrale Fragen der gegenwärtigen Kapitalismusentwicklung suchen.

### Handbuch 1
### Perspektiven des Kapitalismus
Beiträge von E. Altvater, A. Blechschmidt, Ch. Deutschmann, B. Heinrich, H. Magdoff, E. Mandel, P. Mattick, E. Piehl, U. Rödel, R. Schmiede, B. Tibi, D. Yaffe u. a.
Herausgegeben von Volkhard Brandes.
Mit einem Poster: Daten zur politischen und ökonomischen Entwicklung der Bundesrepublik Deutschland.

### Handbuch 2
### Unterentwicklung
Originalbeiträge von A. Buro, A. G. Frank, G. Junne, C. Leggewie, O. Poppinga, W. Schoeller, E. Senghaas, D. Senghaas, R. Tetzlaff, K. Wohlmuth u. a.
Herausgegeben von Bassam Tibi und Volkhard Brandes.
Mit einem Poster »Daten zur Unterentwicklung«.

### Handbuch 3
### Inflation — Akkumulation — Krise, I
Inflation und Reproduktion des Kapitals
Originalbeiträge von A. Blechschmidt, J.-L. Dallemagne, F. Gerlach, W. Hanesch, P. Mattick, U. Rödel u. a.
Herausgegeben von Elmar Altvater, Volkhard Brandes, Jochen Reiche.

### Handbuch 4
### Inflation — Akkumulation — Krise, II
Internationale und nationale Bedingungen von Inflation und Krise
Originalbeiträge von G. Armanski, J. Brinch, A. Glyn, Th. Hurtienne, C. Leggewie, T. Noguchi, P. Singer u. a.
Herausgegeben von Elmar Altvater, Volkhard Brandes und Jochen Reiche.

### Handbuch 5
### Staat
Herausgegeben von Volkhard Brandes, Jürgen Hoffmann, Ulrich Jürgens und Willi Semmler.
Mit Beiträgen von Elmar Altvater, Bernhard Blanke, Manfred Deutschmann, Heide Gerstenberger, Joachim Hirsch, Dieter Läpple, Werner Olle, Volker Ronge, Wolfgang Schoeller u. a.

Die Weltwirtschaftskrise der siebziger Jahre hat der Diskussion um Möglichkeiten und Grenzen staatlicher Regulierbarkeit und Planbarkeit des Wirtschaftsprozesses einen verstärkten aktuellen Bezug gegeben. Das vorliegende Staats-Handbuch versucht dazu beizutragen, daß praxisbezogene Diskussionen stärker als bisher in einem systematisch entwickelten theoretischen Rahmen geführt werden.

**Europäische Verlagsanstalt · 5 Köln 21 · Postfach 210140**

# Politische Ökonomie. Geschichte und Kritik

**Europäische Verlagsanstalt · 5 Köln 21 · Postfach 210140**

John Updike
# Rabbit in Ruhe

Roman

Deutsch von
Maria Carlsson

Büchergilde Gutenberg

Die Originalausgabe erschien 1990
unter dem Titel «Rabbit at Rest»
im Verlag Alfred A. Knopf, New York

Lizenzausgabe für die Büchergilde Gutenberg
Frankfurt am Main und Wien
mit freundlicher Genehmigung der
Rowohlt Verlags GmbH, Reinbek bei Hamburg
Copyright © 1992 by Rowohlt Verlag GmbH,
Reinbek bei Hamburg
«Rabbit at Rest»
Copyright © 1990 by John Updike
Alle Deutschen Rechte vorbehalten
Gesetzt aus der Baskerville (Linotronic 500)
Umschlaggestaltung Hennes Maier, Bad Homburg
Gesamtherstellung Clausen & Bosse, Leck
Printed in Germany
ISBN 3 7632 4246 5

# Rabbit in Ruhe

Hoch über jener alten, erinnerten Welt
sonnt sich Rabbit, reich, in Ruhe.

> Bessere Verhältnisse


Für den Gleichgültigen ist Essen Gift,
nicht Nahrung.

> Leben des Frederick Douglass

# Die Kapitel

# I

## FL

Harry Angstrom steht inmitten der braungebrannten, aufgeregten nachweihnachtlichen Menschenmenge im Southwest Florida Regional Airport und hat ganz plötzlich das eigenartige Gefühl, daß das, was da auf ihn zukommt, was da ungesehen einschwebt und gleich landen wird, nicht sein Sohn Nelson mit Ehefrau Pru und den beiden Kindern ist, sondern etwas Schicksalhafteres, etwas viel Persönlicheres: sein Tod, in Gestalt eines Flugzeugs. Eine Kühle weht ihn an, die nichts mit der Klimaanlage im Terminal zu tun hat. Aber Nelson gegenüberzutreten bereitet ihm schließlich schon seit dreißig Jahren Unbehagen.

Der Flughafen ist verhältnismäßig neu. Man erreicht ihn, indem man die Interstate 75 bei der Ausfahrt 21 verläßt und fünf Kilometer auf einem Highway fährt, der trotz all der schmächtigen, links und rechts aufgereihten Palmen und gepflegten, übertrieben grünen Grassäume nirgendwohin zu führen scheint. Keine Reklametafeln, keine sich anpreisenden Ladengeschäfte am Straßenrand und auch nicht diese niedrigen Häuser mit den hitzeabweisenden Weißziegeldächern, die hier unten quadratkilometerweise in die Landschaft gestellt werden. Man denkt, man hat sich verfahren. Ein nervöses rotes Camaro-Kabrio drängelt im Rückspiegel.

«Harry, es besteht kein Anlaß zur Eile. Wir kommen auch so viel zu früh.»

Janice, Rabbits Frau, hat das auf der Herfahrt gesagt. Ihn ärgert der nachsichtige, besorgte Ton, den sie sich seit neuestem zu eigen gemacht hat – als ob er vor der Zeit senil geworden sei. Er hat ihr kurz den Kopf zugewandt und gesehen, wie sie sich eine widerspenstige flatternde halbgraue Haarsträhne aus dem sonnengegerbten kleinen Nußgesicht gestrichen hat. «Schatz, mir fährt gleich einer hinten drauf», hat er erklärt, ist wieder auf die rechte Spur geschwenkt und hat die Tachometernadel unter hundert zurückzittern lassen. Das Camaro-Kabrio ist vorbeigerauscht, hinterm Steuer eine kakaofarbene junge Schwarze, Stewardessenkäppi aus grauem Filz auf dem Kopf, Kinn und Lippen nach vorn gereckt, für ihn nicht mal der flüchtigste Seitenblick. Das hat zusätzlich gewurmt. So wie die den Kofferraum und die Stoßstange designed haben, sieht ein Camaro von hinten aus, als hätte er einen Mund: zwei dicke Metallippen, leicht geöffnet, als wollten sie zischen. Vielleicht ist das der Anfang gewesen vom Spuk, der Harry noch heimsuchen wird.

Schließlich taucht der Terminal auf, ein langgestrecktes, niedriges weißes Gebäude, das wie eine größere Version der sonnenbeschienenen Kliniken wirkt – Zahnmedizin, Chiropraktik, Arthritis, Herz, Gerichtsmedizin –, mit denen die Boulevards in diesem den Alten geweihten Staat gesäumt sind. Man stellt das Auto auf einem Parkplatz ab und hat nur wenige Schritte bis zur Schiebetür aus braunem Glas: der ganze Staat verhätschelt einen. Im Innern des Terminals, oben, wo die Fluggäste ankommen, sind die Flure lang und niedrig und geschmackvoll mit Filz ausgeschlagen, grau, wie das freche Stewardessenkäppi vorhin, und voller Musik, Musik von der Art, die man erst dann wahrnimmt, wenn der Fahrstuhl anhält oder der Zahnarzt zu bohren aufhört. Gezupfte Saiten, nichts Gesungenes, Musik, die dazu da ist, nicht beachtet zu werden, eine Art Teppich in der Luft, der ein Schweigen zudecken soll, das einen an den Tod erinnern könnte. Diese langen, niedrigen, geschmackvollen Flure, so wenig mit Reklame verunziert wie der Highway, erinnern

Rabbit an etwas. Luftschächte einer Klimaanlage, denkt er zunächst und dann: Grüfte. Diese Flure sind futuristische Räume, wie die viereckigen Tunnel im Film, aus denen die beschleunigende Trickkamera Raumkrümmung macht, um zu zeigen, daß wir von einem Stern zum nächsten überwechseln. *2001*, lebt er dann noch? Er berührt Janice neben sich, den durchgeschwitzten weißen Baumwollstoff ihres Tennishemds, um seinem jähen Untergangsgefühl Luft zu machen. Ihre Taille ist dicker geworden, hat nicht mehr diese Einknikkung, jetzt, da sie allmählich den faßförmigen Körper einer Frau vorgerückten mittleren Alters bekommt – die Beine werden ganz dünn bei denen und die Arme schlaff und zatterig wie gekochtes Hühnerfleisch, das sich vom Knochen löst. Über dem verschwitzten Tennisdress trägt sie eine grobmaschige gelbe Strickjacke, die sie sich lose um die Schultern gehängt hat, zum Schutz gegen die Kälte der Klimaanlage. Er empfindet unschuldigen Stolz, daß sie in ihrem Dress und mit ihrer Bräune – auch wenn sie von der Sonnenbrille blasse Ringe um die Augen hat – wie all die anderen amerikanischen Großmütter aussieht, die es sich leisten können, hier zu sein, in diesem Land beständigen Sonnenscheins und ewiger Jugend.

«Ankunft A 5», sagt Janice, als sei seine Berührung eine technische Frage gewesen. «Von Cleveland mit Zwischenstopp in Newark», sagt sie mit dieser Geschäftsfrauentüchtigkeit, die sie sich in mittleren Jahren zugelegt hat, erst recht, als vor sieben Jahren ihre Mutter gestorben ist und ihr den Platz hinterlassen hat, Springer Motors und alles, was dazugehört, eine von nur zwei Toyota-Vertretungen im Großraum Brewer, Pennsylvania. Die ganze Familie sagt immer noch «der Platz» dazu, denn angefangen hat alles mit einem Gebrauchtwagenplatz, Eigentümer: Fred Springer, der tote Fred Springer, der seine Reinkarnation in Nelson gefunden hat, so stellen Witwe Bessie und Tochter Janice sich das vor – Nelson ist genauso ein zäher kleiner Knirps, wie sein Großvater einer war, mit demselben Hang zur Verschlagenheit. Nelson ist auch der Grund, weshalb Harry und Janice die Hälfte des Jahres in Florida verbringen, er hat dann freie Hand in der Firma. Harry, seit über zehn Jahren Geschäftsführer – er und Charlie Stavros haben alles unter sich ausgemacht –, kam mit keiner Silbe in Ma Springers Testament vor, trotz all der vielen Jahre, in denen er mit ihr in ihrem düsteren großen Haus an der Joseph Street gelebt und ihrem Gequatsche zugehört hat, was für ein Heiliger Fred war und wie schlecht es ihr mit ihren geschwollenen Fußgelenken ging. Alles fiel an Janice, als ob er ein nicht weiter erwähnenswerter Zwischenfall in der Springer-Dynastie sei. Das Haus an der Joseph Street, das Nelson mit seiner Familie zum Wohnen gekriegt hat – er muß nur für die Instandhaltung und die Steuern aufkommen –, ist bestimmt dreihunderttausend wert, jetzt wo die Yuppies von Nordost-Brewer über den Berg nach Mt. Judge ziehen, nicht zu reden vom Cottage in den Poconos, wo sogar die Bruchbuden im Wald zu Höchstpreisen weggehen, und das Firmengelände, nur das Grundstück, sechzehntausend Quadratmeter an der Route 111 südlich vom Fluß, ließe sich für annähernd eine Million an eine der Hi-Tech-Gesellschaften verkaufen, die in den letzten zehn Jahren in den Raum Brewer gekommen sind und sich die leerstehenden Fabriken, die ausgebildeten, aber unterbeschäftigten Arbeitskräfte und das altmodisch billige Leben zunutze gemacht haben. Janice ist reich. Rabbit würde den plötzlichen Kälteschauer, den er gefühlt hat, gern mit ihr teilen, aber ihr ist eine Schale gewachsen, die ihn abstößt. Das Tennishemd hat sich an ihrer Taille dick und unzugänglich angefühlt, eine feuchte Tierhaut. Er ist allein mit seiner Vorahnung.

Eine Schar von Abholern hat sich hier versammelt an diesem Dienstag nach Weihnachten im letzten Jahr der Regierung Reagan. Ein kleiner Mann mit krummem Rücken und der unangenehmen Flinkheit, die Juden oft zu haben scheinen, wuselt zwischen ihnen umher und blafft hinter Rabbit, als seien die Angstroms gar nicht da, seine Frau an: «Beeilung, Grace!»

Grace, denkt Harry. Merkwürdiger Name für eine Jüdin. Oder vielleicht auch nicht. Biblische Namen, Rachel, Esther, aber nicht immer: Barbra, Bette. Er hat immer noch damit zu tun, sich an die Juden hier unten zu gewöhnen, er würde gern von ihnen lernen, sich ihre Philosophie aneignen, mit der sie die Welt derart im Griff haben. Dieser bucklige Alte in pink kariertem Hemd und lippenstiftroten langen Hosen rennt, als ob das nahende Flugzeug der letzte Zug aus Warschau raus wär. Als Harry und Janice den Umzug nach hier unten planten, haben ihre Berater in Sachen Florida – hauptsächlich Charlie Stavros und Webb Murkett – ihnen gesagt, die Golfseite sei die christliche Küste, im Unterschied zur jüdischen Atlantikseite, aber Harry hat das eigentlich so nicht bemerkt; so weit sein Bekanntenkreis reicht, ist ganz Florida genauso jüdisch wie New York und Hollywood und Tel Aviv. In ihrer Condo-Anlage sind er und Janice allerdings ausgesprochen beliebt, weil sie Nichtjuden sind: sie gelten als attraktives, angenehmes Paar. Während Harry zusieht, wie der kleine Alte – allerhöchstens siebzig – losrast und im Zickzack um die gepolsterten Sessel hüpft, damit ihm an der Ankunftstür nur ja keiner zuvorkommt, fühlt er reuevoll die Fleischmasse – zweihundertdreißig Pfund geben die freundlichsten Waagen an –, in die er jetzt, mit fünfundfünfzig, eingewickelt ist wie in mehrere aufeinanderliegende Wolldecken, die die Dekaden nach und nach mit sich gebracht haben. Sein Arzt hier unten sagt dauernd, er soll mit dem Biertrinken aufhören und das Knabberzeug nicht mehr anrühren, und jeden Abend nach dem Zähneputzen schwört er sich auch, sich daran zu halten, aber im Sonnenschein des nächsten Tags hat er wieder Hunger auf irgend etwas Salziges, leicht zu Kauendes. Wie ging das, was sein alter Basketballcoach, Marty Tothero, ihm kurz vorm Tod gesagt hat – wenn man alt wird, ißt man und ißt, und es ist nie das Richtige? Manchmal kommt es Rabbit so vor, als müßten seine Lebensgeister ohnmächtig werden unter der Last von so viel Körper. Kleine beklemmende Schmerzen foppen seine Rippen und reichen bis oben in den linken Arm hinauf. Immer mal wieder, es kommt und geht, meint er, nicht genügend Luft zu bekommen, und in seiner Brust spürt er eine eigentümliche Völle, etwas, das alle Hohlräume ausfüllt und drückt. Wenn er als Junge früher mal Schmerzen vom zu schnellen Wachsen hatte und er darüber beunruhigt war, lachten die Erwachsenen um ihn her ihn aus, und die Schmerzen waren weg; jetzt ist er unzweifelhaft auch ein Erwachsener und muß fürs Aus- und Weglachen selber sorgen.

Ein knallbunter achteckiger Kiosk, in dem man Zeitungen und Magazine kaufen kann, Süßigkeiten und korallengeschmückte Andenken und lächerliche pastellfarbene T-Shirts, die verkünden, was für ein Segen das südwestliche Florida ist, unterbricht die strenge Gräue im Flughafengebäude. Janice bleibt stehen und sagt: «Könntest du hier einen Moment warten? Ich will nur schnell sehen, ob die neue *Elle* da ist. Und vielleicht kann's nicht schaden, wenn ich auf die Toilette gehe, solange ich Gelegenheit dazu habe, der Verkehr auf der Rückfahrt ist sicher fürchterlich bei diesem Strandwetter.»

«*Jetzt* fällt dir das ein», sagt er. «Also bitte, wenn's unbedingt sein muß.» Die kurzen Mamie-Eisenhower-Ponies, die sie noch immer trägt, sind schütter geworden im Lauf der Jahre und von der Feuchtigkeit und dem Salzwasser zu zippeligen Löckchen gedreht; sie lassen sie kindlich und widerspenstig aussehen, ja, und eigentlich sehr niedlich.

«Wir haben noch zehn Minuten mindestens, ich weiß nicht, wieso dieser Knallkopf es so eilig hatte.»

«Einfach aus Liebe zum Leben», erklärt Harry ihr und wartet brav. Während sie auf der Toilette ist, kann er nicht widerstehen, er muß einfach in den kleinen Laden gehen und sich etwas zum Knabbern kaufen, einen knusprigen Erdnußriegel für fünfundvierzig Cent. Planter's Original Peanut Bar steht auf dem Einwickelpapier. Er ist irgendwo unterwegs in zwei Teile zerbrochen, und Harry denkt, er sollte die eine Hälfte vielleicht aufheben und sie seinen beiden Enkelkindern anbieten, wenn sie alle zusammen im Auto sitzen und nach

Hause fahren. Er könnte einen kleinen Treffer damit landen. Aber die erste Hälfte schmeckt so gut, daß er auch noch die zweite ißt und sich die süßen Krümel aus dem Einwickelpapier in die Hand schüttet und sie mit der Zunge alle aufleckt wie ein Ameisenbär. Dann überlegt er, ob er noch einen zweiten Riegel kaufen und ihn sich mit seinen Enkelkindern teilen soll – «kuck mal, was Grandpa hat!», wenn sie im Auto sitzen und zur Interstate 75 zurückfahren –, aber er mißtraut sich, ißt ihn womöglich wieder allein auf und zwingt sich, stehenzubleiben und lieber aus dem Fenster zu sehen. Das Flughafengebäude hat besonders großflächige Fenster, die alle auf die Start- und Landebahnen hinausgehen: sollte es mal zu einem Crash kommen, kann jeder sich mit eigenen Augen daran gütlich tun. Der Feuerball, der Flugzeugrumpf in langsamem schlitterndem Wirbel seine Flügel abstreifend. Rabbit versucht, mit der Zunge das klebrige krümclige Zeug, den karamelisierten Zucker und Maissirup, zwischen seinen Zähnen zu entfernen – alles noch seine, Gott sei Dank, und die vorderen nicht mal überkront –, und starrt auf das große Viereck sonnigen Nachmittags hinaus. Die Piste sich verjüngend zum Dreieck, die Florida-Ebene braun wie altes Reet jenseits des grünen bewässerten Bereichs. Der Winter, das, was man hier dafür hält, ist noch nicht angebrochen. Jeden Tag hat das Thermometer um die dreißig Grad angezeigt. Nach vier Wintern in Florida weiß er, wie scharf der Wind vom Golf manchmal beim ersten Abschlag in einen hineinschneidet, wenn man früh am Morgen seine Runde beginnt, und daß man auf den Pullover erst gegen Mittag verzichten kann, wenn die Sonne höher steht, aber dieser Dezember ist, mit Ausnahme des einen kurzen Kälteeinbruchs um den Fünfzehnten herum, wie beginnender September in Pennsylvania gewesen: heiß, nur die Roßkastanien verfärben sich, und nur eine bestimmte müde Trockenheit in der Luft und das Zirpen der Zikaden erinnern daran, daß der Sommer vorüber ist.

Als das Zuckerzeug in seinen Magen absinkt, kommt das Untergangsgefühl wieder und umkrallt sein Herz: kleine Zinken wie die, die einen Brillanten festhalten. In den Zeitungen der letzten Zeit ist viel von Tod die Rede gewesen. Max Robinson, der erste und einzige schwarze Anchorman im Fernsehen, und Roy Orbison, der immer eine tiefschwarze Sonnenbrille trug und «Pretty Woman» sang, mit einer Stimme, die so hoch hinaufreichte wie die einer Frau, und dann kurz vor Weihnachten die Pan-Am-Maschine Flug 103, die achteinhalb Kilometer über Schottland aufplatzte wie eine verfaulte Melone und all die Menschenkörper und brennenden Trümmer auf den Golfplatz und die Straßen der kleinen Stadt niederregnen ließ, die so ähnlich wie Glockamorra hieß, Lockerbie. Das muß man sich vorstellen: man lehnt sich in seinem Sitz zurück, eingenebelt vom Brummen der großen Rolls-Royce-Motoren, die Stewardessen bringen den klirrenden Getränkewagen, man hat das wohlige Gefühl, das Flugzeug erwischt zu haben, und es gibt jetzt nichts weiter zu tun, als sich zu entspannen, da plötzlich bricht mit Donnerkrachen, mit einem riesigen reißenden Geräusch und mit zerfetzten Schreien diese ganze gemütliche Umgebung weg, unter einem nichts als schwarzer Weltraum, die Brust wird einem zugeschnürt von der entsetzlichen atemlosen Kälte, dieser Kälte, von der man kaum glauben kann, daß es sie gibt, die man manchmal aber wirklich spürt, tief innen in den Koffern, die im Laderaum verstaut waren, wo es keinen Druckausgleich gibt: wenn man seine Sachen auspackt, die schmutzige Wäsche und die Strandtücher, nistet in ihnen noch der gnadenlose kalte Todeshauch aus dem Weltraum. Gerade gestern erst riß ein Jet auf der Strecke von Rochester nach Atlanta in einer Höhe von fast zehntausend Metern auf, ein fünfunddreißig Zentimeter großes Loch, stand in der Zeitung, und hatte Glück, daß er in West Virginia landen konnte. Alles fällt auseinander, Flugzeuge, Brücken, acht Jahre unter Reagan, in denen sich niemand um den Laden gekümmert, jeder aus der hohlen Hand Geld verdient, Schulden aufgehäuft, sich auf den lieben Gott verlassen hat.

Harry ist in seinem Leben etliche Male geflogen, zu Vertragshändlertreffen, und einmal, vor neun Jahren, mit zwei anderen Paaren in die Karibik, aber nach Florida fahren er und Janice immer mit dem Auto, dann haben sie es gleich da. Nelson meckert wahrscheinlich, weil nur *ein* Wagen da ist, obwohl es ein Camry-Kombi ist, in dem bequem sechs Platz haben, aber Nelson sondert sich gern ab, macht sich zu rätselhaften Besorgungen auf, die Stunden dauern. Nelson. Wirklich ein wunder Punkt. Harrys Zunge fängt zu brennen an, deshalb hört er auf, an dem gezackten süßen Maissirupkrümel zu pulen, der ihm hinter dem einen Eckzahn klebt.

Und außerdem in der *News-Press* aus Fort Myers heute morgen die Meldung von der schwangeren Frau drüben in Fort Lauderdale, die gestern bei einem versuchten Raubüberfall niedergeschossen worden ist. Wohl eine Schwarze, aber die Zeitung erwähnt nichts davon, macht man heutzutage nicht mehr. Sie ist gestorben, aber das Kind wurde gerettet, durch Kaiserschnitt. Und auf der ersten Seite das Interview mit dem Kerl, der verurteilt ist, weil er eine Zwölfjährige mitgenommen und gezwungen hat, Dope zu rauchen, und dann hat er sie vergewaltigt und zum Schluß irgendwie bei lebendigem Leib verbrannt, und jetzt beschwert er sich über die Kakerlaken und Ratten in seiner Todeszelle und sagt zum Reporter: «Ich habe immer versucht, mein Bestes zu geben, aber ich bin kein Engel. Und auch kein Killer.» Harry mußte lachen bei dieser Formulierung. Sie kam ihm irgendwie vertraut vor. Kein Engel, aber auch kein Killer. Nicht wie dieser Bundy, der Dutzende von Frauen in Dutzenden von Staaten umgebracht hat und seit zehn Jahren hier unten in Tallahassee seine Hinrichtung vor sich herschiebt. Und Hirohito läßt sich auch Zeit. Harry weiß noch, was für eine Rolle Hirohito neben Hitler und Mussolini in der Kriegspropaganda gespielt hat.

Und er hat nie vergessen, wie im Juni vor dreißig Jahren seine kleine Tochter Rebecca June ertrank; als er noch einmal allein in die Wohnung zurückging, stand in der Badewanne immer noch das laue graue Wasser, das sie getötet hatte. Gott hatte nicht den Stöpsel herausgezogen. Es wäre so einfach für

Ihn gewesen, für Ihn, der die Sterne an ihren Platz gesetzt hat. Es ungeschehen zu machen. Oder das aus dem Universum zu tilgen, das die Pan-Am-Boeing 747 über Schottland in Stücke riß. All diese Körper mit pumpenden Herzen, die in der Finsternis hinunterstürzten. Wieviel wußten sie, während sie fielen, durch die Luft, die dicht wie laues Wasser war, laugrau wie dieser Terminal, durch den die Menschen wehen wie Staub durch einen Luftkanal, für die Fluggesellschaft sind wir alle doch nichts weiter als Zahlen im Computer, eine mehr oder weniger, wen kümmert's? Ein Flackern auf dem Schirm, dann ist es weg. Die Körper stürzten nieder wie nasse Melonenkerne.

Ein Stern ist aufgegangen am Tageshimmel, im Blau unterhalb der Zirrusstreifen: ein funkelndes Flugzeug, das immer tiefer und näher kommt, direkt auf sie zu. Dies Funkeln, denkt er, umschließt seine Lieben – seinen Sohn Nelson, seine linkshändige Schwiegertochter Teresa, genannt Pru, seine achtjährige Enkelin Judy und seinen vierjährigen Enkel Roy, der in dem Herbst geboren worden ist, da Harry und Janice zum erstenmal die Hälfte des Jahres in Florida verbrachten. Der kleine Junge ist genaugenommen auf die Namen beider Großväter getauft worden, Harold Roy, aber jeder nennt ihn Roy, das kann Harry wirklich ärgern, denn Roy Lubell ist ein miesepetriger abgehalfterter Heizungsmonteur aus Akron, der nicht mal zur Hochzeit gekommen ist und sich einen Dreck um seine sieben hungrigen Blagen gekümmert hat. Pru scheint immer noch hungrig zu sein, und darin fühlt Harry sich mit ihr verwandt. Der Stern wächst, hat jetzt die Form einer Untertasse mit vielen Glitzerpunkten, eine geflügelte Aluminiummaschine, näher gleitend, immer größer werdend über der tristen platten Gestrüppebene und dem palmenzerfaserten Horizont. Er stellt sich vor, daß das Flugzeug im Augenblick, da es den Boden berührt, entzündet von einem seiner Glitzerpunkte, explodiert: ein roter Flammenball, schwarz umschattet, wie man es dauernd im Fernsehen sieht, und er ist schockiert, daß diese Vorstellung keine tiefere Emotion in ihm auslöst; er fühlt nur einen kalten Schauer beim Gedanken, das mit anzusehen, eine Art ödes Staunen über das Wüten der Chemie, und Erleichterung, daß er nicht selbst in der Maschine gewesen ist, sondern in Sicherheit diesseits der Glasscheibe, mit seiner undeutlichen krallenden Untergangsahnung.

Janice ist wieder bei ihm. Sie ist außer Atem, aufgeregt. «Harry, be*eil* dich», sagt sie. «Sie sind *da*, zehn Minuten früher als angekündigt, sie müssen Rückenwind gehabt haben ab Newark. Ich bin von der Toilette gleich zur Ankunft gegangen und konnte dich nicht finden, du warst nicht da, wo *warst* du?»

«Nirgends. Ich stand einfach hier am Fenster.» Das Flugzeug, das er im Geist hat explodieren lassen, war überhaupt nicht ihr Flugzeug.

Mit donnerndem Herzen, ärgerlich kurzatmig hastet er hinter seiner kleinen Frau über den grauen Teppichbelag. Der plissierte Tennisrock wippt ihr hinten gegen die braunen Schenkel, und die dicksohligen weißen Nikes wirken absurd groß unten an ihren dünnen Beinen, wie Minnie Mouse in ihren Riesenschuhen sieht sie aus, aber ihre Aufmachung ist nicht absurder als die der meisten anderen Abholer: ergraute Männer mit gepflegtem Banker-Haarschnitt und langen, würdevoll beherrschten Banker-Gesichtern tragen knallgelbgrüne Tanktops, auf denen CORAL POINT oder CAPTIVA ISLAND steht, und tomatenrote Radlershorts und Bermudas mit spiegeleierartigem Muster, und ihre dauergewellten taillenlosen Frauen stecken in lächerlichen einteiligen, an lange Flanellunterwäsche erinnernden Aerobicanzügen in Pink oder Blau: in Babyfarben daherkommende pausbackpuppenhafte Großmütter, die mit ihrer Kleidung von der ewigen Jugend künden, die sie gefunden haben, wie all die Skiläufer und Tennisspieler und Golfer heutzutage, die, mit Logos bepflastert wie wandelnde Litfaßsäulen, im Fernsehen zu besichtigen sind. Der bucklige kleine Jude, der in solcher Eile war, hat sein Liebstes bereits in Empfang genommen, eine große grienende Frau, eine Rachel oder Esther mit kräuseligem Haar und langem blassen Profil, die überm einen Arm ihren Parka aus Newark trägt und am andern ihre pummelige stummelige Mutter hängen hat, die Grace von vorhin; der Alte gibt den beiden Frauen wortreich, mit erregten hackenden Gesten die neueste Kostprobe von dem, was ihm so furchtbar wichtig ist, und mit halbem Ohr hören sie ihm zu. Rabbit sieht mit Interesse, daß diese erwachsene Tochter, die ihre Eltern um Haupteslänge überragt, offenbar solo ist. Ein großgewachsener Schwarzer, schick, in dreiteiligem grauem Anzug, aber keineswegs geschniegelt, der sich mit unverschnörkelter, Wasp-hafter Nonchalance hinsichtlich seiner äußeren Erscheinung bewegt und eine dieser großen schlappigen Taschen bei sich trägt, die smarte Reisende zu benutzen pflegen und die das ganze obere Gepäckfach beanspruchen, schließt ungewöhnlich dicht auf. Aber er kann kein Verwandter sein, er will wahrscheinlich nur überholen, wie die schwarze Maus vorhin im roten Camaro. Jeder fährt jedem hinten drauf, das ist die Art, wie wir uns jetzt fortbewegen.

Harry und Janice haben Ankunft A 5 erreicht. Leute kommen schubweise aus Flugzeugen, ein einzelner wichtigtuerischer Umstandskrämer mit drei Koffern oder ein tatteriges altes Muttchen mit Krückstock, die alle nach ihnen Kommenden aufhalten. Man fragt sich wirklich, ob wir's nicht übertreiben mit unserer Krüppelpäppelei. «Da kommen sie!» ruft Janice schließlich und fügt rasch, im selben Atemzug, hinzu: «Nelson sieht erschöpft aus.»

Weniger erschöpft als verschlagen, denkt Rabbit. Nelson trägt seinen Sohn auf dem linken Arm, und sein rechtes Auge ist zugekniffen, das Lid zuckt, als könnte ein Schlag von dieser ungeschützten Seite kommen. Roy muß während des Fluges eingeschlafen sein, sein Kopf lehnt an seines Vaters Hals, als suche er dort ein Kissen, seine Augen sind offen, haben diesen kindlich dunklen feuchten Schimmer, aber sein runder Mund, spuckeglänzend, ist starr, wie im Schock. Harry tritt, soweit es die Absperrseile zulassen, vor, um seinem Sohn die Last abzunehmen, aber Nelson will nicht loslassen, als ob der eigene

Großvater des Kindes ein Kidnapper wäre, und Roy will auch nicht. Mit verärgertem Achselzucken gibt Harry auf; er beugt sich weit vor und küßt Roy auf die samtige Wange, die weicher ist als Samt und noch heiß vom Schlaf, und schüttelt die kleine klamme Hand seines Sohnes. Nelson trägt seit ein paar Jahren ein Oberlippenbärtchen, ein zerrupftes braunes Haarbüschel, nicht viel breiter als seine Nase. Der zarte Mund darunter scheint nie zu lächeln. Harry sucht in diesem furchtsamen braunäugigen Gesicht vergebens nach einer Spur seines eigenen blauäugigen Gesichts. Nelson hat die straffen akkuraten Züge seiner Mutter geerbt und auch ihren ausweichenden, verwirrten Blick; der bestürzte Ausdruck steht einer Frau besser als einem Mann. Schlimmer noch, er hat auch die hohe Stirn und das schüttere feine Haar seiner Mutter, nur daß sich bei ihm deutlich eine Glatze bildet. Zwischen seinen Geheimratsecken ist nur noch ein durchsichtiges Haardreieck, das bald eine Insel sein wird, ein kleines Atoll, und als er sich Janice zuwendet und sie küßt, sieht Harry die kahle Hautstelle an seinem Hinterkopf. Nelson hat es für richtig gehalten, während des Fluges eine abgewetzte blaue Denimjacke zu tragen, allerdings über einem frischgestärkten schnieken Hemd, rosa-weiß gestreift, mit weißem Kragen und weißen Manschetten, nicht Fisch, nicht Fleisch, wie ein verheirateter Rockstar oder ein Wochenendgangster. Am einen Ohrläppchen trägt er einen kleinen goldenen Ohrring.

«Mmmm-*wah*!» sagt Janice zum krönenden Abschluß ihres Begrüßungskusses; sie hat sich angewöhnt, alle möglichen Geräusche zu machen inmitten der überexpressiven jüdischen Frauen hier unten.

Harry begrüßt Judith und Pru. Das magere Mädchen, das in knapp einem Monat neun wird, ist der Entwurf einer Frau, weniger als lebensgroß, noch nicht ausgefüllt. Ein Rotschopf wie ihre Mutter. Wunderbare Haut, die Wangen rosig unter den Sommersprossen und die Einzelheiten ihres Gesichts – Wimpern, Brauen, Ohren, Nasenflügel, Lippen, die rasch die Zähne entblößen – erschreckend vollkommen, als ließen sie sich allzuleicht zerstören. Als er sich herabbeugt, um ihr einen Kuß zu geben, sieht er vor ihrem Ohr den Schimmer des unsichtbaren Flaums der Kindheit. Sie hat Prus klare grüne Augen und Prus karottenfarbenes Haar, aber ihrer zerbrechlichen, aufrechten Gestalt und ihrem länglichen, ruhigen Gesicht ist bislang nichts von dem Verkrümmenden anzumerken, das das Leben zu irgendeinem Zeitpunkt ihrer Mutter zugefügt hat – deren Schönheit hat dadurch, schon als Pru vierundzwanzig war, etwas Beschädigtes bekommen, etwas Hinkendes gleichsam, und in den neun Jahren Ehe mit Nelson hat dieser Ausdruck des Schiefen, des Beschwerten sich noch verstärkt. Sie mag Harry, und er mag sie, obwohl die beiden nie einen Weg um all die anderen herum gefunden haben, sich einander mitzuteilen. «Was für ein Bild, zwei so schöne Frauen», sagt er jetzt, Mutter und Tochter meinend.

Die kleine Judy zieht die Nase kraus und sagt: «Grandpa hat wieder was Süßes gegessen, schämen soll er sich. Ich hab's genau gerochen, irgendwas mit Erdnüssen drin. Ein paar Krümel davon stecken noch immer zwischen seinen Zähnen. Pfui.»

Er muß lachen über diesen Angriff, über die Treffgenauigkeit und den Pennsylvania-Dutch-Ton, in dem sie «schämen soll er sich» und «pfui» gesagt hat. Regionale Akzente sterben aus, aber nur langsam, Kinder sprechen so präzis ihren Voreltern nach. Judy hat zu Hause vermutlich mit angehört, wie Nelson und Pru und vielleicht auch Janice über seine Gewichtsprobleme und seine miserablen Ernährungsgewohnheiten gesprochen haben. Wenn sie darüber reden, steht es um seine Gesundheit vielleicht schlimmer, als er meint. Er muß schlecht aussehen.

«Scheiße», sagte er, ziemlich verlegen. «Immer werde ich ertappt. Pru, ist die Welt gut zu dir?»

Als er sich pflichtschuldig vorbeugt, um seiner Schwiegertochter einen Kuß auf die Wange zu geben, küßt sie ihn zu seiner Verblüffung voll auf den Mund. Ihre Lippen ziehen sich schief und scheu und kummervoll nach unten, aber während der Kuß in ihm nachwirkt, sind sie warm: warm und weich und schwellend wie Kissen. Seit er sie zum erstenmal in den Schatten des Springer-Hauses in jenem Sommer vor langer Zeit gesehen hat – eine hagere hängeschultrige Erscheinung, die plötzlich ins Leben der Angstroms geraten war, Nelsons schwangere römisch-katholische Freundin aus Ohio, Sekretärin an der Kent State University, Teresa Lubell mit Namen, die die Mutter seiner beiden Enkelkinder werden sollte, die Trägerin seiner Gene in Richtung Ewigkeit –, ist sie breiter geworden, ohne schwer zu werden auf diese talgige Pennsylvania-Art. Als hätten unsichtbare kleine Brechstangen ihre Knochen sacht auseinandergedrückt und für mehr Calcium Platz gemacht und als habe das Fleisch sich dann behutsam aufs passende Maß gedehnt, zeigt sie jetzt mehr Vorderseite. Ihr Gesicht, einst so schmal wie das Judys, sieht in manchen Augenblicken wie eine flächige Maske aus. Groß ist sie immer gewesen, und in den Jahren, da sie allmählich eine abgehärtete Ehefrau und Matrone wurde, hat sie sich das lange glatte Haar abschneiden und sich eine kurze flügelig gebauschte Frisur machen lassen, ein bißchen wie das, was die Sphinx auf dem Kopf hat. Ihre Hüften und Schultern haben sich auch geweitet unter dem emsigen Muster des Kostüms – braune, weiße, schwarze Quadrate und Rauten, so angeordnet, daß sie dreidimensional wirken –, dieses karierten leichten Kostüms, das sie für den Flug angezogen hat und das ganz zerknautscht ist vom dreistündigen Sitzen und Kinderhüten. Eine vollgestopfte blaue Stofftasche hängt ihr an langem Gurt über der Schulter, und mit Armen und Händen hält sie einen kamelhaarfarbenen Mantel, zwei Kinderjacken, mehrere rutschige Kinderbücher – Nacherzählungen verschiedener morgendlicher Fernsehsendungen –, eine Cabbage-Patch-Puppe mit knolligem, beigefarbenem Gesicht und einen aufgeblasenen Plastikdinosaurier. Sie hat große Hände mit geröteten rissigen Knöcheln. Harrys Mutter hatte solche Hände, vom Wäschewaschen und Geschirrspülen. Wie hat Pru sie gekriegt, in diesem Zeitalter elektrischer Küchenmaschinen? Er starrt sie an, eine halbe Sekunde betäubt vom Kuß. Frau und Kinder hatten rasch ihren Reiz für ihn verloren, aber immer wieder findet er es aufregend, eine Schwiegertochter zu haben.

Salopp, um die Verlegenheit des Wiedersehens zu überspielen, sagt sie: «Siehst prima aus, Harry. Der sonnige Süden bekommt dir.»

Was bedeutete dieser Kuß auf den Mund? Dies leichte Drängen. Irgendeine traurige Botschaft. Sie und Nelson haben nie wirklich zueinander gepaßt.

«Außer dir findet das keiner», sagt er und greift nach ihrer Schultertasche. «Gib mir ein bißchen was zum Tragen ab von all dem Zeug, ich nehme die Tasche.» Er versucht sie ihr von der Schulter zu nehmen.

Pru klemmt sich den Mantel und das Spielzeug unter den anderen Arm, damit sie den mit der Tasche ausstrecken und Harry die Last abnehmen lassen kann, gleichzeitig aber fragt sie: «Ist dir das nicht zuviel?»

«Wieso behandelt mich eigentlich jeder wie einen beknackten Invaliden?» fragt Harry. Aber er fragt ins Leere; Pru und Janice umarmen sich mit stürmischer falscher Begeisterung, und Nelson trottet voran, den langen grauen Korridor entlang, mit dem wieder eingeschlafenen Roy auf dem Arm. Harry ist irritiert, als er sieht, daß Nelson sich zwar vor wenigen Tagen sorgfältig hat die Haare schneiden lassen, daß der Friseur aber eine Strähne lang gelassen hat, die dem Jungen wie ein Rattenschwanz hinten unter der beginnenden Glatze über den Kragen hängt. Was denkt er, wie alt er ist, siebzehn? Die kleine Judy schnürt hinter ihrem Vater her, aber der bleibt nicht stehen und dreht sich auch nicht um. Das Mädchen ist gerade alt genug, um zu spüren, daß es in seiner hübschen, properen Reiseaufmachung nicht alle Würde sausen lassen und losrennen darf, um den Vater einzuholen. Sie trägt einen marineblauen Wintermantel und darunter ein rosa Sommerkleid; der rosa Saum guckt unter dem Mantel hervor, und ihre nackten Beine kommen Harry lang vor, länger als

Anfang November, als er sie das letzte Mal gesehen hat. Aber was ihn schier überwältigt, ist ihr Hinterkopf, das karottenrote glänzende Haar, das zu einem Zopf geflochten ist, der von einer pompösen steifen weißen Schleife zusammengehalten wird. Bringt etwas von der katholischen Erziehung ihrer Mutter zum Ausdruck, diese Schleife: die Heilige Jungfrau oder das Jesuskind oder so ähnlich schönmachen für die Prozession, für eine Ausfahrt im Himmel. Judy trägt die prächtige Schleife, die ihre Mutter ihr gebunden hat, so brav, so achtlos hinten an ihrem hüpfenden Zopf, während sie sich Mühe gibt, nicht zu rennen, daß Harry lächeln muß. Er beschleunigt seinen Schritt, holt sie ein und sagt: «Na, du Hübsche» und nimmt die Hand, die sie in kindlichem Reflex hochhebt, darauf vertrauend, daß man sie ergreift. Ihre Hand ist überraschend feucht, so wie die Lippen ihrer Mutter warm gewesen sind. Ihr Kopf mit dem porzellanweißen Scheitel ist in Höhe seiner Rippen. Sie beklagt sich bei ihrer Mutter darüber, hat Harry von Janice gehört, daß sie das größte Mädchen in ihrer vierten Klasse ist. Die gemeinen Jungen ziehen sie auf.

«Was macht die Schule?» fragt er.

«Ich hasse sie», informiert Judy ihn. «All diese Kids, die sich wer weiß wie super vorkommen. Die Mädchen sind eindeutig die schlimmsten.»

«Denkst du manchmal, daß *du* super bist?»

Sie überlegt. «Ein paar von den Jungs sind dauernd hinter mir her, aber ich sag ihnen, sie sollen sich verpissen.»

Er schnalzt mit der Zunge. «Ziemlich ruppige Sprache, für die vierte Klasse.»

«Och nee», sagt sie. «Die Lehrerin sagt auch manchmal ‹verdammt›, wenn wir sie auf die Palme bringen.»

«Wie bringt ihr sie auf die Palme?»

Judy lächelt zu ihm hinauf, das rasche, großmundige Lächeln ihrer Mutter, nur ohne alles Verzerrte. «Manchmal summen wir alle, und sie weiß nicht, wer es ist, weil wir nicht den Mund bewegen. Vor ein paar Wochen, als sie uns dazu kriegen wollte, daß wir alle zusammen Weihnachtslieder sin-

gen, hat einer von diesen Superjungs, von denen ich dir erzählt hab, gesagt, daß das gegen die Religion seiner Eltern
verstößt und daß sein Vater Rechtsanwalt ist und jeden ver-
klagen kann.»

«Scheint ein ziemliches Arschloch zu sein.»

«Grandpa. Red nicht so unanständig.»

«Das ist nicht unanständig, das ist nur die Wahrheit. He.
Da drüben hab ich vorhin den Erdnußriegel gekauft, den du
gerochen hast. Willst du einen?»

«Frag lieber erst Mom.»

Harry dreht sich um und läßt die beiden Mütter, die Hüfte
an Hüfte gehen und sich gesenkten Kopfes beraten, näher
kommen. «Pru», sagt er, «gehen irgendwelche Zähne drauf,
wenn ich Judy was Süßes kaufe?»

Sie sieht zerstreut auf, denkt aber daran, ihm zuzulächeln.
«Dies eine Mal wird's ihr wohl nicht schaden, aber Nelson
und ich sind grundsätzlich darauf bedacht, daß sie keinen
Müll in sich hineinstopft.»

«Was immer du ihr kaufst, Harry», fügt Janice hinzu, «Roy
muß dasselbe bekommen.»

«Aber Roy schläft und ist erst halb so alt wie sie.»

«Trotzdem merkt er, wenn du seine Schwester vorziehst»,
sagt Pru. «Er ist gerade dabei, aus ihrem Schatten zu treten.»

Die kleine Judy und einen Schatten werfen? Hat *er* einen
Schatten auf Mim geworfen? Mim hat sich jedenfalls weit genug entfernt vom Diamond County, wenn das was sagt. Ist in
Las Vegas auf die Schnellspur geraten und nicht wieder runtergekommen.

«Bleib nicht ewig hier hängen», sagt Janice zu Harry.
«Oder gib mir die Schlüssel, damit wir ins Auto können. Sie
haben noch zwei Koffer, die sie in Newark aufgeben mußten.
Nelson kümmert sich wahrscheinlich schon darum.»

«Ja überhaupt, was ist los, warum ist er so losgedüst? Auf
wen ist er sauer?»

«Wahrscheinlich auf mich», sagt Pru. «Ich hab's aufgegeben, darüber nachzugrübeln, warum.»

Harry gräbt in der Tasche seiner karierten Golfhose, fördert aber nur Ballmarker und einige Tees zutage, auf die zwei blaue Vs geprägt sind, für Valhalla Village, und sucht und findet dann in der anderen Hosentasche den knubbeligen, gezackten, auf einen Ring gefädelten Schlüsselpacken. «Achtung!» sagt er und wirft Janice das Schlüsselbund zu. Ihre Hände patschen in weiblicher Panik zusammen, die Schlüssel segeln an ihnen vorbei und prallen ihr gegen den Magen. Schon diese kleine Anstrengung, das Suchen und Werfen, macht ihn ganz müde, als sei der Arm, den er hochgehoben hat, schwer wie klitschnasse Wäsche gewesen. Die Spontaneität und das Vergnügen, seiner Enkeltochter eine Nascherei zu kaufen, sind dahin. Sie sucht sich keinen Planter's Peanut Bar aus, wie er sich ausgemalt hat, sondern einen Sky Bar, und er denkt, der ist nun wirklich schlecht für die Zähne, diese fünf verschiedenen klebrigen Füllungen in den fünf höckerigen Teilstücken aus reiner Schokolade. Er greift in die Gesäßtasche seiner Hose, die so alt ist, daß ihr Schottenkaro von der Sonne ausgeblichen ist und alle Taschenkanten im Lauf der Jahre vom Schweiß seiner Hände dunkel geworden sind, und zieht seine Brieftasche heraus; er zögert eine Weile am Süßigkeitenständer, unschlüssig, ob er sich noch ein zweites zuckriges Rechteck aus zusammengepappten Nüssen kaufen soll, und fragt sich, ob er diesmal wohl das Glück hätte, eines zu erwischen, das nicht im Einwickelpapier zerbrochen ist, entscheidet sich dann aber, darauf zu verzichten, weil er viel zuviel ißt, zu viel Müll in sich hineinstopft, wie Pru das genannt hat, Pru und sein Arzt hier unten, der alte Doktor Morris, und im allerletzten Augenblick, als die Schwarze hinterm Ladentisch im achteckigen Kiosk ihm schon das Wechselgeld auf den Dollar herausgibt, den er ihr für den Sky Bar hingelegt hat, entschließt er sich doch noch, den knusprigen Erdnußriegel zu kaufen. Es ist nicht so sehr das Hinunterschlucken, das Zu-sich-Nehmen, das er so mag, sondern vielmehr das sandig-scharfkantige Gefühl des ersten Bissens im Mund, des ersten rechteckigen Stückchens, das langsam zergeht. Zu seiner

Überraschung und seinem Verdruß bekommt er jetzt nicht nur überhaupt nichts auf seinen Dollar heraus, sondern schuldet der Schwarzen – strenge, matte, unvermischte Hautfarbe, die man selten in den Staaten sieht, stumpf wie Schiefer, wahrscheinlich eine Haitianerin oder Dominikanerin, Florida ist voller Boat People – auch noch fünf Cent für die Staatssteuer. Flughafenpreise. Wo keine Konkurrenz ist, wird man ausgenommen. Wo's keine Konkurrenz gibt, reißen Sozialismus ein und allgemeines Schnorrertum und wirtschaftliche Verhältnisse wie in Kuba und Haiti. Er wirft einen Blick auf die Zeitschriften im Ständer. In der obersten Reihe stecken, in Plastikfolie eingeschweißt, die Aktmagazine, dicke Hefte, in denen bis ins Detail die offenmundigen Mädchen abgebildet sind, immer offenen Munds, als kämen sie nie aus dem Staunen heraus über ihre handfesten Aktivposten. *Hustler, Gallery, Club, Penthouse, Oui, Live, Fox.* Er stellt sich vor, daß er eines davon kauft, der Mißbilligung der Haitianerin standhält – diese karibischen Typen sind alle evangelische Fundamentalisten, blechgedeckte Kirchen, in denen sie laut betend den sofortigen Untergang der Welt fordern – und das Magazin nach Hause schmuggelt, und wenn Janice schläft oder kocht oder bei einer ihrer Gruppen ist, bis zum Überdruß die Großaufnahmen studiert, die rosa Schamlippen und strotzenden Titten und hochgereckten Ärsche, von hinten, so daß die rasierte Fotze zu sehen ist mit ihrer traurigen kleinen Anatomie, die an eine Auster erinnert, und ahnt trübselig, daß er nicht genügend erregt sein wird, Langeweile wird so ziemlich alles sein, was er empfindet, und Peinlichkeit wegen der unnützen Geldausgabe. Vier Dollar fünfundzwanzig verlangen die derzeit und locken mit *Sexy Sirens in the Sauna* und *Cara Lott Gets Hot* und *Oral Sex: A Gourmet's Guide.* Wie widerlich wir sind, wenn man's bedenkt – Wegwerffleisch.

«Komm endlich, Grandpa, was dauert denn so lange!»

Sie hasten hinter den andern her, die schon nicht mehr zu sehen sind. Judys leuchtender schleifengeschmückter Kopf macht ihn nervös, taucht erst auf seiner linken Seite auf, dann auf der rechten, wie die Autoschlüssel, die er nicht gleich finden konnte. Janice sagt, er ist vertrottelt, dabei kann *sie* nicht mal fangen, die ungeschickte dumme Nuß. Wenn sein Enkelkind von seiner Seite weggekidnappt wird, sagt sie erst recht, daß er vertrottelt ist. «Immer mit der Ruhe», sagt er zu Judy oben an der Rolltreppe, «mach einen Schritt und bleib stehen. Tritt nicht auf die Kante», und als sie unten sind: «Okay, nun einen Schritt vorwärts, aber nicht zu hastig, keine Panik, es geht ganz von allein. So, sehr gut.»

«Ich fahre immerzu Rolltreppe, beim Einkaufen», sagt sie und macht, Schokoladenschaumbläschen in den Mundwinkeln, eine kleine, vorwurfsvoll verkniffene Grimasse zu ihm hinauf.

«Wo zum Teufel sind die alle?» fragt er sie, denn unter all den sonnenbraunen lärmenden Anwesenden, die sich in der unteren Halle drängen – sie hat eine höhere Decke, ist weniger tunnel-, weniger grufthaft, hallt aber trotzdem noch von einem dumpfen stählernen Verdammungsurteil wider, das seinem Magen zusetzt –, ist niemand, den er kennt, alle sind so total fremd, als sei er in die Hölle hinabgestiegen.

«Haben wir uns verlaufen, Grandpa?»

«Können wir gar nicht», antwortet er.

In der kleinen Notlage, in der sie sich plötzlich befinden, wird ihm aufs neue ihre Kostbarkeit bewußt: der erlesene Schnitt ihrer Augen und die langen Wimpern, der flaumige Schimmer vor ihren Ohren und der Glanz ihres üppigen Haars, das straff zu einem dicken Zopf geflochten und mit einer unwirklichen steifen weißen Schleife geschmückt ist. Zum erstenmal bemerkt er, daß sie außerdem zwei symmetrische weiße, wie Schmetterlinge geformte Spangen trägt. Sie sieht zu seinem Gesicht hinauf und kämpft mit den Tränen angesichts der Leere, die sie dort vorfindet.

«Dieser Mantel ist zu warm», beschwert sie sich.

«Ich nehme ihn dir ab», sagt er. Er faltet das Stückchen Stoff und legt es sich über den Arm, und sie ist jetzt selber wie ein Schmetterling in ihrem rosa Kleid. Ihre grünen Augen haben sich weit geöffnet im grauen Flughafen, diesem geschäftigen Zwischenreich, und die eine ihrer rötlichbraunen Brauen hat nahe der flachen Erhebung der sommersprossigen Nase einen kleinen Wirbel, so daß sich die Härchen dort zur falschen Seite auffächern. Nelson hat auch diesen kleinen Wirbel, er hat ihn von Harry, der immer vorm Spiegel der Jungentoilette in der High-School mit spuckefeuchtem Finger seine Braue glattzustreichen versucht hat. Unglaublich, daß so eine Winzigkeit sich weitervererbt. Vielleicht die einzige Unsterblichkeit, die es für uns gibt: eine kleine genetische Schrulle, die immer wiederkehrt, wie eine im Computer gespeicherte Nummer auf dem monatlichen Kontoauszug. Geisterhafte, inhaltslose Gestalten, Menschen, die er nicht kennt, drängen und strömen an ihnen vorbei. Er und Judy sind eine Insel, umgeben von Scherzen, lärmenden Neuigkeiten und Umarmungen; Leute von einer so satten bläulichen Mahagonifärbung, wie man sie nur in sehr vielen Florida-Monaten erringen kann, umarmen Neuankömmlinge, die so hell sind wie Tapetenkleister. Harry sagt – damit Judy ihren Großvater etwas sagen hört und ihn nicht nur dumm herumstehen sieht –: «Die sind sicher vorn beim Gepäck.»

Er blickt nach oben, sieht das Schild mit der Aufschrift BAGGAGE, faßt Judys feuchte kleine Hand und zerrt sie zur Menschenmenge am Gepäckband hin, das bereits herumläuft. Aber weder Pru noch Janice noch Nelson noch Roy sind da, soweit er sehen kann. Gesicht auf Gesicht weigert sich, ihm bekannt zu sein. Seine Augen, die immer gut funktioniert haben, machen ihm bei künstlicher Beleuchtung neuerdings zu schaffen. Die blaue Tasche, die er Pru abgenommen hat, ist schwerer, als er dachte; Pru muß Ziegelsteine eingepackt haben. Seine Schulter und seine Augen brennen.

«Ich nehme an», sagt er auf gut Glück, obwohl es ihm unwahrscheinlich vorkommt, «die sind schon beim Auto.» Er klopft seine Taschen nach dem Schlüsselklumpen ab, fühlt ihn nicht, bekommt es mit panischer Angst zu tun und erinnert sich dann, wie er ihn Janice zugeworfen hat. Natürlich.

Zuversichtlich strebt er den braungläsernen Ausgangstüren zu, aber die falsche entriegelt sich, als die Photozelle auf seinen Körper reagiert. Er *denkt* jedoch nur, daß es die falsche ist; Judy hat ihn in die richtige Richtung dirigiert, dorthin, wo ein Spalt heißer Außenluft rasch breiter wird. Das Sonnenlicht hat sich einen Weg gebahnt durch die milchigen Zirruswolken. Es prallt von den wachsartigen Blättern der namenlosen tropischen Pflanzen hoch, die in Höhe seiner Knie blühen. Es blinkt grell von den fahrenden Autos, die wie ein brutaler Fluß dicht am Kantstein vorbeieilen. Er packt Judys Hand fester, für den Fall, daß ihr einfällt, vom Kantstein herunterzuhüpfen, wir sind alle voller verrückter Einfälle. Sie gehen zu einem See schimmernder Autos hinüber, dem Platz, wo er geparkt hat. Wo genau? Er stellt fest, daß er es vergessen hat. Er hat nicht die leiseste Ahnung, wo das Auto steht.

Ein Camry-Deluxe-Kombi, perlgrau-metallic, mit dem stärkeren 24-Ventile-2,5-Liter-V-6-Motor. Er ist immer noch so verärgert gewesen über den Camaro, der von hinten so dicht aufgefahren ist, und über Janice, die seine Art zu fahren kritisiert hat, daß ihm völlig entgangen ist, wo sie geparkt haben. Er erinnert sich an den Zebrastreifen und den kleinen gärtnerisch gestalteten Wall in der Mitte der Straße, auf dem ein sonnenhungriges College-Kid seinen Rucksack abgestellt hatte und diesen als Kopfkissen benutzte, um ein paar Strahlen einzufangen, und an den wichtigtuerischen Alten, der sich für zuständig hielt und einem Zeichen machte, wo der Ausgang war und das Kassenhäuschen, und viel zuviel Gewese machte, wie der Ehemann im Flughafen, der auf seine Frau einschnatterte, Grace, wie wenn die nicht bei Trost wäre, als sie diese kraushaarige, langzahnige lächelnde jüdische Prinzessin begrüßten, die größer war als die beiden Alten, aber er erinnert sich nicht, in welcher dieser Reihen er das Auto geparkt hat. Er hat es genau da geparkt, wo die toten leeren Gehirnzellen sind, so leer, wie unser ganzes Gehirn sein wird, wenn wir tot sind, es sei denn, das Universum hat bis dahin eine wirklich ausgereifte Überraschung parat. Der *National*

*Enquirer*, den Janice gelegentlich vom Winn Dixie nach Hause mitbringt, berichtet immer mal wieder über die Erfahrungen, die Menschen auf der Schwelle zum Tod machen, aber für Harry hat das alles zu viel Ähnlichkeit mit den kleinen grünen Männchen in Ufos. Selbst wenn diese Geschichten wahr sind, sind sie doch nicht tröstlich genug. Judys Hand ist aus der seinen gerutscht, als er, angestrengt nachdenkend, auf dem Grasstreifen am Rand des Parkplatzes steht, diesem breithalmigen Gras, Augustinusgras genannt, das, von Sprinklern bewässert, überall hier unten wächst und sich überhaupt nicht anfühlt wie Gras, viel zu verfilzt und grob, es knirscht regelrecht unter den Füßen. Seine Brust beginnt zu schmerzen. Ein versteckter, breiter Schmerz, wie ein Band, das ihm fest unter die Haut genäht ist.

Judys Stimme zieht sich wie eine dünne Lebenslinie zu ihm hinauf: «Was für eine Farbe hat das Auto, Grandpa?»

«Ach, du weißt schon», sagt er und hält seine Sätze kurz, um den Schmerz nicht aufzurühren, «hellgrau. Metallic. Selbe Farbe wie ungefähr die Hälfte aller Autos auf der Welt. Keine Panik. Mir fällt schon noch ein, wo ich es gelassen habe.»

Das arme Ding verliert den Kampf gegen die Tränen. «Daddy fährt weg!» schluchzt sie heraus.

«Und läßt dich und mich hier stehen? Warum sollte er das tun? Das tut er nicht, Judy.»

«Er flippt manchmal richtig aus, ohne richtigen Grund.»

«Er hat wahrscheinlich einen Grund und sagt ihn dir nur nicht. Was ist mit dir, flippst du auch manchmal aus?»

«Nicht wie Daddy. Mom sagt, er sollte zum Arzt gehen.»

«Das sollten wir wohl alle, hin und wieder.» Das Untergangsgefühl rieselt Rabbit wie kaltes Wasser durch den Magen. Ärzte. Sein eigener bringt seinen Sohn mit in die Praxis: wenn er tot umfällt, kann der Sprößling gleich weitermachen, braucht keinen Krankenschein auszulassen. Man füllt eine Zeitlang eine Lücke aus und rückt dann beiseite, so gehört es sich: man macht Platz. Er grast mit den Augen die blitzenden Metallreihen ab, in der Hoffnung, in irgendeiner Parkbucht ein

Grau zu finden, das ihm bekannt vorkommt, und überlegt, ob er die Farbe überhaupt richtig in Erinnerung hat – er hat in seinem Leben so viele Autos gehabt und noch viel mehr verkauft. «Ich glaube, ich habe da drüben links geparkt», verkündet er, «ungefähr die dritte Reihe. Judy, das war alles wegen dem alten Mann, der Kerl hat den Leuten Zeichen gemacht, wie sie fahren sollen, und dadurch war ich abgelenkt. Haßt du nicht auch diese rechthaberischen Typen, die alles besser wissen als du?»

Der schimmernde rote Kopf des kleinen Mädchens neben ihm nickt stumm, die Besorgnis ist zu groß für Worte.

Rabbit redet weiter, um seine und ihre Wolken zu verjagen: «Immer wenn mir jemand sagt, ich soll dies oder das tun, rät mein Instinkt mir, genau das Gegenteil zu machen. Das hat mir eine Menge Schwierigkeiten eingetragen, aber auch eine Menge Spaß. Der alte Wichtigtuer wollte mich in die eine Richtung schicken, und ich fuhr prompt in die andere und hab einen Platz gefunden.» Und in einer Art Fenster zwischen zwei Zusammenschnürungen des Bandes quer über seiner Brust *sieht* er eine Sekunde lang den Platz: neben einem cremefarbenen Lieferwagen, einem Ford Bivouac mit den wasserblauen Nummernschildern von Minnesota, der liederlich über die weiße Linie ragt – noch ein Grund, sich zu ärgern. Er mußte sein Auto vorsichtig in die Lücke bugsieren, damit Janice rechts ihre Tür öffnen konnte und er links nicht den Kotflügel des kastanienbraunen Galaxy schrammte. Und jetzt sieht er von weitem in der flimmernden Florida-Hitze, über die anderen Autodächer hinweg, einen cremefarbenen Streifen. Dritte Reihe, ungefähr einen Annäherungsschlag entfernt. Triumphierend sagt er: «Judy, ich *sehe* es. Auf geht's», und er nimmt sie wieder bei der Hand, auf daß ihre kleine Vollkommenheit nicht zermalmt werde von einem der Automobile, die auf der Suche nach einer freien Lücke durch die Reihen pirschen. In manchen dieser enormen weißen Caddys und Olds kann der winzige alte Fahrer hinter der Windschutzscheibe kaum über die Kühlerhaube blicken, klammert sich einfach am Lenkrad fest, der Körper ganz zusammengeschnurrt und gekrümmt vor Osteoporose. Ihn hat's noch nicht erwischt, er ist immer noch einsneunzig groß, soviel er weiß, zumindest schleifen seine Hosenbeine nicht auf dem Fußboden, aber er hört Janice oft davon reden, das Fernsehen hat ziemlich häufig diesen Werbespot mit den zwei Frauen im Zug gebracht, Frauen sind stärker betroffen als Männer, haben kleinere Knochen, sie nimmt Calciumtabletten, zusätzlich zu all den Vitaminpillen, die beim Frühstück neben ihrem Orangensaftglas liegen. Gott, ist sie gesund. Sie wird bis in alle Ewigkeit leben, nur um ihm eins auszuwischen.

Er hat mit der kleinen Judy den gefährlichen heißen Asphalt überquert und ist jetzt beim perlgrauen Camry, der seiner ist, das sieht er an Janices Tennisschläger auf dem Rücksitz und dem achtlos danebengeworfenen Spanner – die dumme Nuß, was nützt ein Spanner, wenn man den Schläger nicht einspannt? Aber niemand ist hier, das Auto ist abgeschlossen, und er hat die Schlüssel weggegeben. Das kleine Mädchen fängt zu weinen an. Glücklicherweise hat er ein Taschentuch in der Hüfttasche seiner ausgeblichenen karierten Golfhose. Er setzt Prus bleierne blaue Tasche auf dem Asphaltpflaster ab, legt den kleinen Wintermantel, den er bis hierher getragen hat, wie zum Beweis seiner Besitzrechte aufs Autodach, kniet nieder und wischt die geschmolzenen Schokoladenreste des Sky Bar von Judys Mund und dann die Tränen von ihren Wangen. Er würde am liebsten auch ein bißchen weinen, so wie er hier neben der sonnenglühenden Metallic-Flanke des Autos hockt und die Knie ihm weh tun, auch das noch, und der heiße, angstvolle Atem seiner kleinen Enkeltochter die Hitze noch heißer macht. In der Verzweiflung hat ihre sommersprossige Nase zu laufen angefangen, ihr Mund ist zu einer Härte verkrampft, zu einer Versteifung der Oberlippe, die Harry von Nelson kennt, wenn der verängstigt oder wütend ist.

«Wir können entweder hierbleiben und warten, daß die anderen uns finden», setzt Harry seiner Enkeltochter auseinander, «oder wir können zurückgehen und sie suchen. Vielleicht sind wir aber zu müde und es ist viel zu heiß, und das beste ist, wir bleiben hier. Wir könnten ein Spiel spielen, zum Beispiel nachsehen, aus wieviel verschiedenen Staaten wir hier Nummernschilder finden.»

Ihr Schluchzen geht in ein schniefendes kleines Lachen über. «Dann verlaufen wir uns bloß wieder.» Ihre Lider sind gerötet vom Scheuern der Tränen, und in ihrer Iris leuchten winzige Lichtpunkte, wie die mikroskopischen Glitzerpartikel, die einer Metallic-Lackierung dies flitterige Funkeln geben.

«Kuck», sagt er, «hier ist ein Minnesota-Schild, mit der kleinen Kieferngruppe. ‹Zehntausend Seen› steht da, ein Punkt für Grandpa.»

Judy lächelt diesmal nur, schenkt ihm kein Lachen, sie weiß, daß er sich bemüht, ihr Verzeihen zu erlangen für den Fehler, die anderen aus den Augen verloren zu haben.

«Wir beide haben uns nicht verlaufen, wir wissen, wo wir sind», sagt er. «*Die* haben sich verirrt.» Er beendet jetzt den Kniefall neben dem eingebildeten kleinen Fratz und steht auf, um seine Beine zu strecken und auch um dem Gefühl der Enge in seiner Brust Linderung zu verschaffen.

Er sieht die anderen. Auf dieser Seite des Zebrastreifens, gepäckbeladen den Autos zustrebend. Zuerst sieht er Nelson, der Roy auf den Schultern trägt: wie ein zweiköpfiges Monster sehen sie aus. Dann erkennt er Prus roten Schopf, an den Seiten gebauscht wie bei der Sphinx, und Janices weißen Tennisdress. Harry, bis zur Brust zwischen Autodächern, schwenkt den Arm hin und her wie ein Mann auf einer verlassenen Insel. Janice winkt zurück, ein knappes Wedeln mit der Hand, als störe er nur bei dem, was sie gerade besprechen.

Aber als sie dann alle wieder vereint sind, ist Nelson wütend. Sein Gesicht ist blaß und seine Oberlippe steif und borstig. «Großer Gott, Dad, wo hast du gesteckt! Wir sind den ganzen Weg zurück und wieder rauf zu diesem blödsinnigen Bonbonladen gegangen, als du nicht in der Gepäckhalle aufgekreuzt bist.»

«Wir waren da, stimmt's, Judy?» sagt Harry und staunt über die zunehmende Kahlköpfigkeit seines Sohnes, die erbarmungslos bloßliegt im Florida-Sonnenlicht, das auf Nelsons ausgedünnte Strähnen niedersengt. Und erst der Bart: ein mäusefarbener verirrter kleiner Schmutz, wie die Fusselknäuel, die sich unter Möbeln sammeln. Ihm sind diese Entwicklungen schon in früheren Jahren aufgefallen, aber zum Staunen findet er sie immer noch, auch die Krähenfüße und die bitteren Wangenfurchen, scharf im Sonnenlicht, die die Zeit ins Gesicht seines Kindes geätzt hat. «Wir waren höchstens eine Minute im Kiosk und sind dann mit der Rolltreppe sofort zum Gepäck runtergefahren», sagt Rabbit und freut sich, daß er sich so genau erinnert, so genau die zwei Schokoriegel vor Augen hat, die zusätzlichen fünf Cent, die er hervorkramen und der Schwarzen hinterm Ladentisch in die ausgestreckte silberglanzfarbene Handfläche legen mußte, die Aktmagazine mit den offenen Mädchenmündern, die ineinandergreifenden Zähne der Rolltreppenstufen, auf denen Judy mit dem Fuß hätte hängenbleiben können. «Wir müssen uns in der Menge verfehlt haben», fügt er hinzu, bemüht, zuvorkommend und harmlos zu erscheinen. Sein Sohn macht ihm angst.

Janice schließt den Camry auf. Die Bruthitze im Innern, erlöst wie ein Geist, streift an ihren Gesichtern vorbei. Sie verstauen das Gepäck im hinteren Teil. Pru hebt den taumeligen Jungen von Nelsons Schulter und bettet ihn in den Schatten auf dem Rücksitz; er hat den Daumen im Mund, und eine Sekunde lang öffnen sich leeren Blicks seine dunklen Augen. Nelson, der endlich die Hände frei hat, haut auf das Dach des Camry und schreit in höchster Erregung: «Ver*dammt*, Dad, wir waren halb *tot* vor Angst, deinetwegen. Wir dachten, du hättest sie womöglich verloren!» Wenn Nelson wütend oder erschreckt ist, bekommt sein Gesicht einen Ausdruck, den Harry im stillen für sich als «weiß um die Kiemen» bezeichnet hat – eine Angespanntheit, die alle Farbe aus dem Gesicht des Jungen wegzehrt und die Augen in den Schädel zurücksaugt.

Er hat diesen Gesichtsausdruck von seiner Mutter, und die hat ihn von *ihrer* Mutter, der dunklen dicken alten Bessie, die eine heißblütige Koerner war, wie sie gern erzählte.

«Wir waren die ganze Zeit zusammen», sagt Rabbit ruhig. «Und mach mir ja keine Beule in meinen Wagen. Du hast in deinem Leben genügend Autos zuschanden gemacht.»

«Ja, und du in deinem genügend Menschen. Jetzt kidnappst du auch noch meine verdammte Tochter!»

«Ich glaub, ich spinne», fängt Harry an. Ein kalter Schmerzpfeil schießt ihm jäh durch die Achselhöhle in den linken Arm. Er kneift die Augen zusammen. «Meine eigene Enkelin» – zu mehr kann er sich nicht aufraffen.

Janice sieht zu seinem Gesicht hinüber und sagt: «Was ist los, Harry.»

«Nichts», sagt er scharf. «Nur dieser Verrückte da. Irgendwas regt ihn fürchterlich auf, und ich kann nicht glauben, daß ich das bin.» Eine eigentümliche gasige Schwere, die sich ihm um Kopf und Brust legt, hat sich im Gefolge des jähen Pfeils auf ihn gesenkt. Er läßt sich hinter das Lenkrad fallen, fühlt sich leicht desorientiert, ist aber entschlossen zu fahren. Wenn man im Ruhestand ist, legt man sich seine festen Gewohnheiten zu, und andere Leute, auch die sogenannten Nahestehenden, werden zur Last. Diese komplette andere Familie verstaut sich auf den Plätzen hinter ihm. Pru schwenkt ihren hübschen breiten Arsch im dreidimensional karierten Kostüm auf den Sitz neben dem schlafenden Roy, und Nelson steigt auf der anderen Seite ein, sitzt direkt hinter Harry, so daß dieser den Atem des Jungen im Nacken spürt. Er dreht den Kopf herum, so weit er kann, wirft Nelson einen Blick aus dem Augenwinkel zu und sagt: «Ich hab was gegen das Wort ‹kidnappen›.»

«Bitte, hab was dagegen. Genau das Gefühl hatte man aber. Wir sahen uns plötzlich um, und du warst nicht da.»

Wie der Pan-Am-Flug 103 auf dem Radarschirm. «Wir wußten, wo wir waren, stimmt's, Judy?» ruft Harry nach hinten. Das Mädchen ist über seine Eltern und den Bruder hinweg ganz nach hinten zum Gepäck gekrabbelt. Rabbit kann die Silhouette ihres Kopfes mit dem Zopf und der gezackten Schleife im Rückspiegel sehen.

«Ich wußte nicht, wo ich war, aber ich wußte, daß du es weißt», antwortet sie loyal, den dünnen Faden ihrer Stimme auswerfend.

Nelson versucht, sich zu entschuldigen. «Ich wollte nicht gleich so eklig werden», sagt er, «aber wenn du wüßtest, was für ein Brassel es ist, zwei Kinder zu haben und mit ihnen zu verreisen, und dann kommt der eigene Vater und entführt eins von ihnen –»

«Ich hab sie nicht entführt, Herrgott noch mal», sagt Harry, «ich hab ihr einen Sky Bar gekauft.» Er fühlt, wie sein Herz rast, eine Art Galopp, bei dem eines der Beine schneller ist als die anderen. Er läßt den Camry an, schaltet auf Drive, bremst dann, als der Wagen vorwärts bockt, geht in den Rückwärtsgang und gibt sich Mühe, beim Zurücksetzen nicht in Berührung zu kommen mit dem Minnesota-Bivouac, seinem abstehenden Seitenspiegel und dem Zierstreifen in drei Brauntönen.

«Harry, möchtest du, daß *ich* fahre?» fragt Janice.

«Nein», sagt er, «wieso?»

Sie zögert; ohne ihr den Kopf zuzuwenden, kann er sehen, wie sie die kleine spitze Zunge hervorstreckt und mit ihr die Oberlippe berührt, wie sie es immer macht, wenn sie zu denken versucht, er kennt sie so gut. Er kennt sie so gut, daß eine Unterhaltung mit ihr für ihn so ist, als halte er Zwiesprache mit sich selbst. «Du hast eben so ein Gesicht gemacht», sagt sie. «Du warst so –»

«Weiß um die Kiemen», ergänzt er.

«So in der Art.»

Der Alte, der denkt, er dirigiert hier die Show, weist sie an, den auf den Asphalt gemalten Pfeilen zu folgen und bis zum Kassenhäuschen zu fahren. Im Auto vor ihnen, einem gelbbraunen Honda Accord mit New-Jersey-Nummernschild, GARDEN STATE, sieht Harry Hinterköpfe, die ihm bekannt vorkommen: der hippelige krumme kleine Wicht von vorhin, der in der Ankunftshalle zwischen den Sesseln herumgehopst ist, vorn neben ihm die gute alte Grace und auf der Rückbank die kraushaarige Tochter und ein weiterer Fahrgast, einen Kopf größer noch und mit strammerer Krause – der Schwarze im Wasp-haften Börsenanzug, eben der, von dem Harry meinte, er gehöre nicht zur Familie. Der Alte schnattert und gestikuliert, und der Schwarze nickt, genau wie Harry das immer bei Fred Springer gemacht hat. Es ist schon schlimm genug, wenn der Schwiegervater die gleiche Hautfarbe hat wie man selbst. Harry ist so interessiert, daß er dem Honda fast hinten drauffährt. «Schatz, bremsen!» sagt Janice, und aus dem verwischten Weiß des Tennisdress in seinem Augenwinkel streckt sie ihm fünfzig Cent hin für die Parkplatzgebühr. Ein asiatischer Junge, stocktaub zwischen seinen Walkman-Kopfhörern, nimmt die beiden Vierteldollarmünzen mit einer Hand, die sich in einem nur für ihn hörbaren Rhythmus bewegt, der gestreifte Schlagbaum geht hoch, und sie sind frei und können nach Hause fahren.

«Also», sagt Harry, als er wieder auf dem unheimlichen kurzen Highway ist, «das ist ja ein starkes Stück, wenn der eigene Sohn einen beschuldigt, ein Kidnapper zu sein, und was die reife Leistung mit den zwei Kindern angeht: es kann nicht wesentlich schlimmer sein, als wenn man nur eins hat. So oder so, die eigene Freiheit ist futsch.»

Tatsächlich hat Nelson, ob er es weiß oder nicht, einen wunden Punkt berührt, denn Harry und Janice haben zwei Kinder *gehabt*. Ihr totes Kind lebt mit ihnen fort, ein stummes Bindeglied der Schuld und Scham, eine untilgbare Bitternis auf dem Grund aller Dinge. Und Rabbit hat sich im Verdacht, Vater einer illegitimen Tochter zu sein, die drei Jahre jünger ist als Nelson und deren Mutter eine Frau namens Ruth ist, die es nicht zugeben wollte, als Harry sie das letzte Mal sah.

Nelson macht weiter, hilflos gefangen in seinem verhärteten Groll: «Du haust mit Judy in inniger Vertrautheit ab und hast zum kleinen Roy noch nicht mal Buh gemacht.»

«*Was* soll ich machen? Ich würde ihn aufwecken, wenn ich Buh mache, er schläft doch die ganze Zeit, man könnte meinen, er steht unter Drogen. Und wie lange willst du ihn eigentlich noch am Daumen lutschen lassen? Ist er dafür nicht langsam zu alt?»

«Wieso geht es dich was an, ob er am Daumen lutscht? Was stört dich dabei?»

«Er kriegt vorstehende Zähne.»

«Dad, das ist ein Ammenmärchen. Pru hat unseren Kinderarzt gefragt, und der sagt, man lutscht nicht mit den Zähnen am Daumen.»

Pru sagt ruhig: «Er hat gesagt, er hört sowieso bald damit auf.»

«Warum mußt du über alles und jedes so *her*ziehen, Dad.» Nelson spricht in weinerlichem Ton, unfähig, so scheint es, einen anderen anzuschlagen. Den Jungen juckt es, und seine Stimme kann nicht aufhören zu kratzen. «Du warst früher ein so fabelhaft entkrampfter Hombre – jetzt ist alles, was du sagst, irgendwie negativ.»

Rabbit möchte den Jungen weiterlocken, ausprobieren, wie schlecht er ihn vor den Frauen dastehen lassen kann. «Verknöchert», stimmt er lächelnd zu. «Je älter man wird, desto mehr hält man am Gewohnten fest. Niemand im Valhalla Village nuckelt am Daumen. Kann sogar sein, daß es eine Bestimmung gibt, die das verbietet, wie Schwimmen im Pool ohne Badekappe. Oder Schwimmen mit Ohrring. Sag mir eins: Was für einen tieferen Sinn hat ein Ohrring, wenn man verheiratet ist und zwei Kinder hat?»

Nelson übergeht die Frage mit Schweigen, und sein Vater ist der, der schlecht dasteht.

Sie rauschen dahin zwischen Grassäumen, und die Palmen klicken vorbei wie Telegraphenmasten. Pru sagt vom Rücksitz her, um das Thema zu wechseln: «Ich bin immer wieder überrascht, wie flach Florida ist.»

«Zum Binnenland hin, weg von den Küsten wird es ein bißchen welliger», erklärt Harry ihr. «Ranch- und Orangenhainland. Rednecks und viele Mexikaner. Wir könnten doch alle zusammen mal einen Ausflug ins Landesinnere machen. Das richtige Florida kennenlernen.»

«Judy und Roy möchten so wahnsinnig gern Disney World sehen», sagt Nelson im Bemühen, vernünftig zu werden.

«Viel zu weit», sagt sein Vater rasch. «Das ist ungefähr so, als wenn man von Pittsburgh nach Brewer fährt. Dies ist ein großer Staat. Man braucht feste Hotelreservierungen für die Nacht, und um diese Jahreszeit ist alles ausgebucht. Absolut unmöglich.»

Diese entschiedene Auskunft macht sie alle sprachlos. Durch das Summen der Reifen und das Sausen der Klimaanlage hindurch hört Harry von ganz hinten im Auto ein Schluchzen – zum zweitenmal in dieser ersten halben Stunde hat er seine Enkeltochter zum Weinen gebracht. Pru dreht sich zu ihr um und tröstet sie leise. Harry ruft nach hinten: «Es gibt jede Menge anderes zu tun. Wir können noch mal ins Zirkusmuseum in Sarasota gehen.»

«Ich *hasse* das Zirkusmuseum», hört er Judys kleine Stimme sagen.

«Wir waren noch nie im Edison-Haus in Fort Myers», verkündet er; er spricht jetzt als Patriarch, an alle im Auto gewandt. «Die Leute im Village sagen, es ist faszinierend, er hat sogar das Fernsehen erfunden.»

«Und der Strand, Kleines», fügt Pru sanft hinzu. «Du weißt, wie gern du den Strand hast, an der Küste.» In einem weniger mütterlichen Ton teilt sie Janice und Harry mit: «Sie kann inzwischen ganz entzückend schwimmen.»

«An die Jersey-Küste zu fahren war immer das Allerlangweiligste, was wir je gemacht haben», sagt Nelson zu seinen Eltern, bemüht, aus seiner dunklen Wolke aufzutauchen, bereit, sich zu erinnern und wieder Kind zu sein.

«Fahren ist langweilig», gibt Harry kund, «aber wir tun's nun mal. Der größte Teil des amerikanischen Lebens besteht darin, daß man irgendwohin fährt und wieder zurück und sich fragt, warum zum Teufel man eigentlich hingefahren ist.»

43

«Harry», sagt Janice, «du bist wieder zu schnell. Willst du auf die Interstate 75 oder weiter zur Route 41?»

Von allen Straßen, die Harry in seinem Leben gesehen hat, ist die Route 41, der alte Tamiami Trail, die am stetigsten deprimierende. Sie ist breiter, als es für den normalen Verkehr nötig wäre, breiter als die großen mautfreien Highways oben im Norden, und die gegeneinander auftrumpfenden Ladengeschäfte sehen im beständigen Sonnenlicht schlimmer aus als anderswo: als wollten sie, wie Plastikmüllsäcke, nie verrotten. WINN DIXIE. PUBLIX. Eckerd Drugs. K Mart. Wal-Mart. TACO BELL. ARK PLAZA. Joy Food Store. Starvin' Marvin Discount Food Wine and Beer. Zwischen den immer wiederkehrenden Konzessionsläden, die Benzin, Lebensmittel, Alkohol und Medikamente verkaufen, alles bunt durcheinander, in dieser eigenartigen gesetzlosen Art und Weise, die die Leute hier unten an sich haben, stehen niedrige blasse Gebäude, die vor allem den Kranken und Alten gewidmet sind. Arthritis-Rehabilitationszentrum. Schwesterndienst e. V. Chiropraktik. Herz-Rehabilitationszentrum. Rechtsberatung – Spezialität: ärztliche Kunstfehler. Hörgeräte und Kontaktlinsen. Kniezentrum Westküste. Allgemeine Prothetik. Nationale Feuerbestattungsgesellschaft. Auf den Telegraphendrähten hocken statt der Spatzen und Stare, die man in Pennsylvania sieht, einsame Falken und Bussarde. Banken, elegante große Konstruktionen in Rauchglas, ragen mit ihren glänzenden Firmenschildern hoch über die Drähte hinaus. First Federal. Southeast. Barnett Bank. C & S, die «Alle Dienstleistungen» verspricht, Dienstleistungen an den Millionen und Milliarden Dollars, die die Leute mitsamt ihren hinfälligen Körpern hierherbringen, die Ausbeute all dieser Lebensspannen, die das sandige flache Land überschwemmt und diese großen Superliner aus Rauchglas flottmacht.

Neben der 41, zwischen den Banken und Läden und Schoßtierausstattern und Sprinkler-Installateuren, ziehen sich Meilen niedriger Eigenheime hin, die mit dicken weißen hitzeabweisenden Dachziegeln gedeckt sind. Einige Blocks vom Highway entfernt heben sich hohe rosa Apartmentbauten wie spanische Schlösser oder chinesische Pagoden aus dem Kohlenmonoxyddunst und breiten sich zu den Seiten hin aus wie Banyanbäume. Banyanbäume faszinieren Harry; so wie die in die Breite wachsen – sie lassen Ranken auf die Erde hängen, die Wurzeln schlagen –, kommen sie ihm wie riesige Kaugummis vor, die einem am Schuh kleben. Easy Drugs. NU-VIEW. Ameri-Life and Health. Starlite Motel. JESUS CHRISTUS IST DER HERR. In seinem Auto voll Familie wird es still und dösig, während er die Kilometer hinter sich bringt; hin und wieder hält er an einer Ampel, wenn eine Straße seinen Weg kreuzt, eine Nebenstraße, die nach Westen zu den Stränden führt und zu dem, was noch übrig ist von den Mangrovensümpfen, und nach Osten zur grindigen Prärie, die in weitläufige Abschnitte zerlegt wird zwecks immer weiterer Erschließung und Entwicklung. Entwicklung! Wir werden zu Tode entwickelt. Jede Abzweigung von der Route 41 führt ein paar Menschen nach Hause, zu ihrer kleinen Nische im Labyrinth, ihrem persönlichen Parkplätzchen und teuer erkauften Platz an der Sonne. Die Sonne steht jetzt so niedrig über dem Golf, daß sie alles rosa färbt und das Rot der Rücklichter kaum noch sichtbar ist. Von der Abzweigung, die die Angstroms immer nehmen, sind es noch drei Kilometer auf teils geraden, teils gewundenen Straßen, die durch Einfamilienhaussiedlungen führen, wo jedes Haus seinen kleinen halbtoten Vorgarten hat mit Pampasgraswedeln und Blütenbüschen, die jetzt Urlaub machen vom Blühen an diesem trockenen Jahresende. Janice und Harry haben zu Anfang überlegt, ob sie sich eines dieser blassen eingeschossigen Häuser kaufen sollten, die sich hinter ihren tropischen Büschen und Orangenbäumen verstecken, Höhlen der Kühle und des Schattens, mit verschwiegenen Swimmingpools in den Gärten hinter den Garagen mit den automatischen Toren, aber diese Häuser erinnerten sie unseligerweise an das Haus, das sie in Penn Villas hatten und das so viel eheliches Elend, so viel

Fremdheit sehen mußte, bevor es abbrannte, zur Hälfte jedenfalls, daß sie sich für ein Apartment mit zwei Schlafzimmern hoch in der Luft, im vierten Stock, entschieden, mit schmalem, von den obersten Zweigen mehrerer Araukarien abgeschirmtem Balkon und Blick auf einen Golfplatz. Von allen Adressen, unter denen Harry in seinem Leben gehaust hat – 303 Jackson Road; Btry A, 66th FA Bn, Fort Hood, Texas; 447 Wilbur Street, Apt. 5; Summer Street Nummer soundsoviel, wo er sich in jenem Frühling vor langer Zeit bei Ruth Leonard einquartiert hat; 26 Vista Crescent; 89 Joseph Street, zehn Jahre lang, mit Ma Springers freundlicher Genehmigung; 14½ Franklin Drive –, ist dies die weitaus höchste Hausnummer: 59600 Pindo Palm Boulevard, Haus B, Apt. 413. Er hat sich nicht gerade gerissen um die Dreizehn, ja, er hat eigentlich gemeint, diese Zahl würde beim Numerieren von Häusern oder Wohnungen übersprungen, aber vielleicht sind die Leute jetzt weniger abergläubisch als früher. Als er ein Kind war, gab es viel Getue, und keineswegs nur spaßig gemeintes, um schwarze Katzen und verschüttetes Salz und daß man keine Regenschirme im Haus aufspannen und keine Eimer umstoßen und nicht unter Leitern hindurchgehen soll. Man dachte damals, die Luft hat Augen und Ohren und muß günstig gestimmt werden.

VALHALLA VILLAGE: das große Schild, auf dem die beiden Worte sich um einen goldenen Ring schlingen, der eigentlich aus Messing ist, hat man in die Wand eingelassen und mit Epoxidharz überzogen, um es vor vandalischen Dieben zu schützen. Man fährt am Wachhäuschen vorbei, läßt sich vom Wachmann dort erkennen, stellt das Auto auf einem der beiden Plätze ab, denen die Apartmentnummer ohne Umstände auf den Asphalt geschrieben ist, schließt mit dem Schlüssel die äußere Tür zu Haus B auf, tippt die Codenummer ein, damit man die innere Tür öffnen kann, nimmt den Fahrstuhl und geht nach links. Der Flur ist mit pfirsichfarbenem Teppichboden ausgelegt und riecht nach Frischluftspray, mit dem man den Schimmel tarnen will, der in Florida in jeden geschlossenen Raum kriecht. Ein Reinigungstrupp saugt dreimal in der Woche Staub, und einmal im Monat wird der Teppich schaumgereinigt, und die Wände werden abgewischt, und neben jeder numerierten Tür stecken Plastikblumentöpfe in kleinen Haltern, die wie Basketballkörbe aussehen, und gegenüber vom Fahrstuhl gibt es einen Spiegel plus eine große schlierig grüngoldene Vase auf einem halbmondförmigen Marmortisch, und trotzdem ist es kein Ort, an dem man verweilen möchte.

Als ihre Koffer gegen die silber- und pfirsichfarbenen Wände rumpeln und Janice und Pru nach wie vor forsch miteinander schwatzen, und der kleine Roy dazu überredet worden ist, nun, wo er ausnahmsweise mal wach ist, auf seinen eigenen zwei Beinen zu gehen, was er bei jedem Schritt laut bejammert, hat Harry das Gefühl, daß sie die Ruhe eines Leichenschauhauses stören, dabei hat sich höchstwahrscheinlich jeder hinter diesen Türen für den Nachmittag etwas vorgenommen: Golf oder Tennis oder einen Besuch im Schönheitssalon oder einen Busausflug zu den Everglades. Man verbringt sein Leben hier, als ob das Apartment, das man hat, nichts weiter als ein Stützpunkt wäre, eine Art klimatisiertes Vorzimmer zur sonnigen Villa des Lebens im Freien. Wenn man drinnen bleibt, könnte man Schimmel ansetzen. Gegen halb sechs tritt die gespenstische Stille vieler gleichzeitiger Nickerchen ein, aber um vier ist es dafür noch zu früh.

Die Tür zu 413 hat ein doppeltes Schloß, für das man zwei Schlüssel braucht – einer von ihnen paßt auch für die Außentür unten. Die ganze Familie ist ungeduldig und drängelt mit dem Gepäck; Harry fummelt am Schloß herum, seine Hand ist zappelig wie immer, wenn er diese Völle in der Brust spürt, sein schartiger Schlüssel kratzt außen am schlängeligen kleinen Loch, aber dann paßt er, dreht sich, es macht klick, und die Tür geht auf, und Harry hat es geschafft. Diese Wohnung könnte irgendeinem unter Millionen gehören, die einen Teil des Jahres in Florida verbringen, ist aber tatsächlich seine, seine und Janices. Man betritt eine Art Diele, links ein Wandschrank, rechts von beiden Seiten nutzbare Regale aus gebeiztem Holz, die Janice vollgerümpelt hat mit Vögeln und Blumen, die sie aus Muscheln gemacht hat, im Bastelkurs im ersten Jahr hier unten, als sie von Muscheln noch begeistert war. Begeisterung über Muscheln hält nicht vor, so wenig wie der Spanischunterricht, den man anfänglich nimmt, damit man mit der Putzfrau reden kann. Durch diese Phase müssen die Greenhorns, die frischen Snowbirds einfach durch. Babykammuscheln eignen sich für Federn und Blütenblätter, Korkenziehermuscheln für Vogelschnäbel, Pantoffelmuscheln sehen wie kleine Boote aus. Die Regale, auf denen auch einiges von Ma Springers Schnickschnack steht, unter anderem ein großes grünes Glasei mit einer Blase im Innern, trennen die Diele von der Küche, hinter der das Eßzimmer liegt. Geradeaus ist der Wohnraum, in dem der Fernsehapparat und die bequemen Korbsessel und ein niedriger runder Glastisch stehen, an dem sie oft zu Abend essen, wenn eine Sendung läuft, die sie interessiert. Links kann ein helles Sofa mit eckiger Lehne zu einem Bett ausgeklappt werden, und eine Doppeltür führt zum Hauptschlafzimmer, das ein Bad hat und daneben einen Abstellraum, in dem Janice ein Bügelbrett aufbewahrt, das sie nie benutzt, und einen Heimtrainer, auf den sie sich setzt, wenn sie denkt, sie wiegt zuviel: zu Nelsons alten Bändern von den Bee Gees, die er längst ausrangiert hat, tritt sie dann die Pedale. Das Gästeschlafzimmer betritt man rechter Hand vom Wohnzimmer aus, es hat ein eigenes Bad, das hinten an die Küche grenzt. In den vergangenen Jahren haben sie es so gehalten, daß Nelson und Pru in diesem Zimmer schlafen und für das Baby ein Feldbett bei ihnen aufgeschlagen wird und Judy auf dem ausklappbaren Sofa schläft, aber Harry ist sich nicht sicher, ob diese Einteilung noch angebracht ist. Die Kleinen sind älter geworden, Roy ist vielleicht schon zu groß und kriegt zu viel mit, als daß er mit seinen Eltern im selben Zimmer schlafen könnte, und das Mädchen ist allmählich Dame genug, um Anspruch auf ein bißchen Privatsphäre zu haben.

Er legt seinen Plan dar: «Ich habe mir gedacht, wir sollten dies Jahr das Feldbett in der Abstellkammer aufschlagen, für Judy, sie kann unser Badezimmer benutzen und dann die Tür zumachen und Roy das Sofa im Wohnzimmer überlassen.»

Der kleine Junge starrt zu seinem Großvater hinauf, und der Daumen nähert sich verstohlen dem Mund. Er hat einen irgendwie daneben geratenen Mund, den Rabbit nur mit den Lubells in Zusammenhang bringen kann; weder die Angstroms noch die Springers haben derart zusammengeknäuelte dicke Lippen, wie aufgefädelte pralle Beeren, die dicht zusammengeschoben sind, aber das eine Mal, als Harry Teresas Vater gesehen hat, als er nach Akron gefahren ist, weil er sowieso auf dem Weg nach Cleveland zu einer Händlertagung war, hat ihm gereicht, um festzustellen, daß *der* solche Lippen gehabt hat, falls man überhaupt etwas sehen konnte bei dem Dreitagebart und der ewigen Zigarette, die dem Kerl im fetten Mund hing. Es ist, als sei Prus nichtsnutziger Widerling von Vater als kleines Kind verkleidet und ausgeschickt worden, sie alle zu bespitzeln. Der Junge nimmt alles auf und sagt nichts. «Na los», sagt Harry grob zu Roy hinunter, «wie findest du das.»

Der Daumen schiebt sich tiefer hinein, und die Augen des Kindes, dunkler noch als die Nelsons und Janices, leuchten vor Mißtrauen. Judy hilft ihm mit einer Erklärung aus: «Er hat Angst, ganz allein in diesem Zimmer zu sein, der Säugling.»

Pru versucht zu helfen. «Mein Süßer, Mommy und Daddy sind gleich da drüben im anderen Zimmer, wo du früher geschlafen hast, als du noch nicht so groß warst wie jetzt.»

Nelson sagt: «Du hättest es erst mit uns besprechen sollen, Dad, bevor du hier alles über den Haufen schmeißt.»

«Besprechen! Wann ist denn je 'ne Gelegenheit, irgendwas mit dir zu besprechen! Jedesmal, wenn ich auf dem Platz anrufe, bist du nicht da, oder es ist besetzt. Früher hab ich wenigstens Jake oder Rudy zu fassen gekriegt, jetzt gerate ich immer nur an irgend so einen volltönenden Kumpel von dir, den du angestellt hast.»

«Ja, Lyle erzählt mir, wie du ihn ausquetschst wegen jeder Kleinigkeit.»

«Ich quetsche ihn nicht aus, ich versuche nur, mich wie ein interessierter Mensch zu benehmen. Ich bin noch immer beteiligt da oben, auch wenn du denkst, *du* führst den Laden das halbe Jahr.»

«Das halbe Jahr! Das *ganze* Jahr, nach dem, was Mom sagt.»

Janice greift ein: «Alles, was Mom sagt, ist, daß ihr die Beine weh tun vom vielen Sitzen im Auto und daß sie die Cocktailstunde wohl vorverlegen muß, wenn dies der Ton ist, in dem wir uns fünf Tage unterhalten wollen. Nelson, dein Vater hat sich lediglich Gedanken gemacht, wie und wo ihr am besten schlaft. Er hat es mit mir besprochen. Judy, was ist dir lieber, das Sofa oder das Bügelzimmer?»

«Ich fand's gut, wie es war», sagt sie.

Der kleine Roy versucht, dem Kurs der Unterhaltung zu folgen, und nimmt den Daumen so weit heraus, daß sein ungefüger Mund etwas äußern kann, das Rabbit nicht versteht. Was immer es ist, der Gedanke daran treibt Roy Tränen in die Augen. «Eeeeeeen» ist alles, was Harry am Ende des Satzes mitbekommt.

Pru übersetzt: «Er sagt, sie will bloß wieder fernsehen.»

«Was für ein scheußliches Babygebrabbel», sagt Judy, und schnell, wie eine Libelle übers Wasser schießt, flitzt sie quer über den Teppich und schlägt ihrem kleinen Bruder mit der flachen Hand seitlich gegen den kugeligen Kopf. Pru schneidet ihm das Haar in Form einer umgestülpten Schüssel. So wie ein Wasserhahn eine Sekunde lang trocken nach Luft ringt, wenn er aufgedreht worden ist, macht seine Empörung ihn für einen Augenblick stumm, obgleich sein Mund offensteht. Als das gellende Geheul kommt, ist es sofort in voller Lautstärke da. Vor dieser Geräuschkulisse erklärt Judy ihnen mit einer gewissen Herablassung: «Nur ab und zu Johnny

Carson, wenn alle anderen geschlafen haben, und einmal *Saturday Night Live*, soweit ich mich erinnere.»

Harry fragt sie: «Du willst also lieber hier beim bescheuerten Fernseher bleiben als ein gemütliches kleines Zimmer für dich allein haben?»

«Es hat überhaupt kein Fenster», sagt sie schüchtern; sie will ihn nicht kränken.

«Gut, gut», sagt Harry, «mir doch scheißegal, wo ihr alle schlaft», und zum Beweis seiner Gleichgültigkeit schlendert er in sein eigenes Schlafzimmer hinüber, am Bett vorbei, das sie hier unten gekauft haben, ein Kingsize-Ding mit gepolstertem Kopfteil, das mit gestepptem Satin bezogen ist, und die dazu passende jadegrüne Tagesdecke ist genauso schwer zusammenzufalten wie die Tagesdecken in Hotels; er geht in das kleine fensterlose Zimmer, hebt das Feldbett mitsamt den Laken und der babyblauen Orlondecke hoch, trägt es, gegen den Türrahmen und gegen einen der Korbsessel stoßend, ins Wohnzimmer und weiter ins Gästezimmer. Er ist verlegen: er hat die Geschwindigkeit, mit der Judy wächst, überschätzt, er hat sie umhegen wollen als seine Prinzessin, er kennt sich nicht aus mit kleinen Mädchen, seine eine Tochter ist gestorben und seine andere ist nicht seine.

Janice sagt: «Harry, du sollst dich nicht überanstrengen, sagt der Doktor.»

«Sagt der Doktor», mokiert er sich. «Alles, was der je zu sehen kriegt, sind Leute über fünfundsiebzig, und er sagt mir das, was er auch denen sagt.»

Aber er atmet schwer, und Pru beeilt sich, ihm die Mühe mit dem Klappgestell abzunehmen, einer U-Form aus Metallrohr, die unter der Liegefläche hervorgeholt und entfaltet werden muß, und zieht die Laken und die Decke straff. Zurück im Wohnzimmer, sagt Harry zu Nelson, der wieder den kleinen Roy im Arm hat: «Seid ihr *jetzt* glücklich, du und dein Balg?»

Statt zu antworten, dreht Nelson sich zu Janice und sagt: «Allmächtiger, Mom, ich weiß nicht, ob ich das fünf Tage aushalte.»

Aber als sie es sich dann gemütlich machen können – die Koffer sind ausgepackt, alle Sachen auf Kommoden verteilt, Judy und Roy haben Milch und Plätzchen bekommen und sind in Badeanzüge gesteckt und von ihrer Mutter und Janice zum beheizten Valhalla-Village-Pool gebracht worden, wo Janice ihnen Zutritt verschaffen muß –, setzen Harry und Nelson sich jeder mit einem Bier an den runden Glastisch und versuchen, nett zueinander zu sein. «Na», sagt Harry, «wie läuft denn der Autohandel?»

«Das weißt du so gut wie ich», sagt Nelson. «Du liest doch jeden Monat die Berichte.» Er hat die unangenehme nervöse Gewohnheit angenommen, das Gesicht zu verziehen und die Schultern zu krümmen, als stünde jemand hinter ihm, der ihm jeden Augenblick eins über den Schädel geben könnte. Er raucht, wie wenn er durch einen Schlauch Nahrung in sich aufsöge, und wetzt unablässig die Asche seiner Zigarette am Rand einer Klaffmuschelschale, die er Janices Kollektion entnommen hat.

«Wie findest du die 89er?» fragt Harry, entschlossen, nicht lockerzulassen, jetzt wo er mit dem Jungen allein ist. «Ich habe die Wagen selber noch nicht gesehen, nur die Prospekte. Schöne Prospekte. Wie viele Millionen, denkst du, kriegen die Werbeagenturen dafür, daß sie diese Prospekte machen? Ich habe mir das Corolla-Heft angesehen und versucht herauszufinden, ob sie diese Limousine und jenen Kombi tatsächlich in die Berge raufgefahren haben oder das nur vortäuschen, und ich mußte lachen. Die Wagen stehen im Schnee, aber weit und breit keine Reifenspuren, die einem verraten hätten, wie sie dahin gekommen sind! Sieh es dir bei Gelegenheit mal an.»

Nelson ist nicht sonderlich amüsiert. Er formt seine Asche zu einem perfekten Kegel und drückt dann jäh die Zigarette aus, dreht den Stummel heftig hin und her in der Muschelschale. Seine Hände zittern bei weitem zu stark für sein Alter. Er nippt von seinem Bier, Schaumfetzen haften an seinem fusseligen Bärtchen, und seinen Vater unbewegt ansehend, sagt er: «Du hast mich gefragt, was ich von den 89ern halte. Dasselbe wie von den 88ern. Langweilig, Dad. Die reinsten Kisten. Die liefern immer noch Autos, die wie Benzinknauser aussehen, obwohl wir seit über zehn Jahren eine Benzinschwemme haben. Amerikaner wollen wieder zurück zu Heckflossen und Kabrios und dem Limousinen-Look, und diese Japse versuchen immer noch, brave kleine Kisten zu verkaufen. Und das auch noch teuer. Das ist das Schlimme. Der schlappe Dollar gegen den Yen. Warum sollten Leute siebzehn Mille für einen GTS zahlen, wenn sie fürs selbe Geld einen Mustang oder Beretta GT oder Mazda MX 6 haben können?»

«Ein Celica kostet nicht siebzehn Mille», sagt Harry. «Meiner zu Haus hat einen Listenpreis unter fünfzehn gehabt.»

«Ein paar Extras, und er ist bei siebzehn.»

«Dräng den Leuten keine Extras auf. So was spricht sich schnell rum im County. Die Leute kommen rein mit der festen Absicht, ein Auto zu nehmen, das nur die Grundausstattung hat, und du solltest es ihnen verkaufen, ohne ihnen das Gefühl zu geben, daß sie Geizkragen sind.»

«Erzähl das denen in Kalifornien», sagt Nelson. «Die wollen so gut wie ausschließlich Modelle mit Extraausstattung an den Mann bringen. Die automatischen Notchbacks, die Allrad-Turbos. Wenn du einen einfachen ST oder GT ohne alles willst, kannst du Monate warten, bis die Bestellung überhaupt zur Kenntnis genommen wird. Luxus bringt den höheren Profit, das gilt von hier bis Tokio. Du mußt versuchen, das zu verkaufen, was sie uns schicken – der eine Wagen von denen, der wirklich läuft, der Camry, um den zu kriegen, kann man gar nicht genug an die Mistkerle hinseimen. Sie behandeln uns wie Dreck, Dad. Sie halten uns für schwach im Kopf. Schwachköpfige, faule Amerikaner, auf dem absteigenden Ast. Noch zehn Jahre, und sie haben das ganze Land aufgekauft. Ich habe einen Bericht im Fernsehen gesehen, danach gehört ihnen schon ganz Hawaii und die Hälfte von L. A. und Nevada. Sie kaufen in Nevada Tausende Hektar Wüste auf!

Wozu brauchen sie die? Zum Ausprobieren von japanischen Atombomben?»

«Zieh nicht so über die Japaner her, Nelson. Wir sind gut gefahren mit den Japanern.»

«Gut gefahren! Du meinst gezuckelt, wie auf dem Rücksitz eines Tercel. Du sprichst immer mit so einer Ehrfurcht von ihnen, als ob sie Übermenschen wären. Sind sie nicht. Wenn du den kleinen, sicheren, zuverlässigen, preiswerten Familienwagen mal beiseite läßt, ist ihr Design eine Katastrophe. Der Land Cruiser ist unter aller Sau, er reicht nicht im entferntesten an den Cherokee heran, und der 4-Runner auch nicht, der hat so wenig Leistung gehabt, daß sie mit einem V-6-Motor kommen mußten, und der entpuppt sich nun als Benzinsäufer, achtzehn Liter auf hundert Kilometer, steht in *Consumer Reports*. Und dieser Lieferwagen! Einfach lächerlich. Wo bei dem der Motor ist – oben zwischen den Vorderrädern! Wenn du von hinten nach vorn willst, mußt du aussteigen und vorn wieder einsteigen. Im Winter in Pennsylvania finden die Leute das nicht komisch. So viele Kunden haben sich darüber beschwert, daß ich neulich selbst mit so einem Ding gefahren bin, um mich zu vergewissern, und ich bin ja nun wirklich kein Riese, aber ich kann dir sagen, ich *hab* mich vielleicht eingeklemmt gefühlt, kein Platz für die Beine, nichts, wo man seinen Ellbogen abstützen könnte. Und null Beschleunigung: auf einem Highway mit zügigem Verkehr wirst du sofort abgehängt. Der Wind hat mich quer über die 422 gepustet, das verdammte Ding ist so hoch – ich hatte Mühe beim Einsteigen.»

*Das stimmt*, denkt Harry, *du bist kein Riese*. Sein Sohn kommt ihm merkwürdig pingelig und entrüstet und zappelig vor, wie eine hübsch gearbeitete Uhr, deren eines Zahnrädchen einen Zahn verloren hat. Der Junge schnieft in einem fort und zündet sich noch eine Zigarette an, obwohl ihm die eben gerauchte schon nicht geschmeckt hat. Er faßt sich ständig an die Nase, als tue das Bärtchen ihm weh. «Na ja», sagt Harry und schlägt einen entspannten Ton an in der Hoffnung, er werde entspannend auf Nelson wirken, «Lieferwagen waren nie das Gelbe vom Ei, und die bei Toyota wissen, daß sie da Montagsproduktion machen. 1991 bringen sie eine Neuauflage vom Van raus. Wie gefällt dir der neue Cressida?»

«Zum Kotzen, wenn ich das so schlicht sagen darf. Nichts ist neu an ihm. Oh, er ist ein bißchen größer, und der Motor hat zugelegt, von zwei Komma acht auf drei Komma null und statt zwölf jetzt vierundzwanzig Ventile, damit man ein bißchen mehr Pep zu spüren kriegt, aber für schlappe einundzwanzigtausend erwartet man ein bißchen Pep, mein Gott! Das Armaturenbrett ist eine Katastrophe. Das Klimakontrollpanel rutscht raus wie eine Schublade und rührt sich nicht, außer wenn die Zündung an ist, was idiotisch ist, erstens, und zweitens haben sie vom letztjährigen Modell die verrückte Idee beibehalten, zwei Tonsteuerungsanlagen zu installieren, so daß man all die zusätzlichen Knöpfe hat, wo's sowieso schon genug wären für ein Flugzeug-Cockpit. Das Ding kostet ein Vermögen, Dad, und es fährt auch danach, könntest du sagen, aber es sieht von innen billig aus und von außen wie ein Pseudo-Audi. Machen wir uns nichts vor, Toyota hat von Styling ungefähr so viel Ahnung wie eine Wüstenrennmaus. Die Autos haben einfach keine *Aus*sage. Gute Autos, klassische Autos, die Dreißigerjahre-Packards, die kleinen Jags mit der langen Kühlerhaube und den Speichenrädern, die tollen Dinger mit den Heckflossen aus den Fünfzigern, sogar der VW-Käfer, die alle hatten eine *Aus*sage, ein *An*liegen. Das einzige Anliegen, das Toyota hat, ist, auf Nummer Sicher zu gehen und anderer Leute Ideen zu klauen. Kuck dir den Pickup an. Der Pickup war immer eine geile Sache, aber jetzt haben sie es geschafft, daß Ford und GM wieder prima im Rennen liegen. Kuck dir den MR 2 an. Den wird man jetzt ums Verrecken nicht los.»

Harry argumentiert: «Die hohen Versicherungskosten halten die Leute von den Zweisitzern ab. Toyota bringt anständige, solide Fahrzeuge raus. Sie funktionieren gut und halten lange, und die Leute wissen und schätzen das.»

Nelson schneidet ihm das Wort ab. «Und sie sind so verdammt diktatorisch – sie schreiben dir haarklein vor, was du berechnen sollst und was in die Schaufenster gehört, was dein Verkaufspersonal anzuziehen hat und wie viele Quadratmeter von dem und dem du haben mußt, um gut genug zu sein, ihren Allerwertesten zu lecken. Als ich den Laden übernahm, habe ich mich gewundert, was für Kacke ihr beide, du und Charlie, über die Jahre geschluckt habt. Die halten dich für ihren Roboter.»

Jetzt ist Rabbit endgültig beleidigt. «Willkommen in der Wirklichkeit, Junge. Zu irgendeiner Organisation gehört jeder in diesem Leben, da kommst auch du nicht drum herum. Toyota ist gut zu uns gewesen und gut zu deinem Großvater, vergiß das gefälligst nicht. Ich erinnere mich, als Fred Springer die Toyota-Vertretung bekam, wie er da gesagt hat, er käme sich vor wie ein Kind, für das das ganze Jahr über Weihnachten ist.» Die Frauen in der Familie sagen immer, Nelson sei ein Abklatsch seines Großvaters, und Harry hofft, daß er den Jungen zur Vernunft bringt, wenn er den toten Fred erwähnt. All dies Gelästere über Toyota bedrückt ihn.

Aber Nelson macht weiter. «Grandpa war ein Geschäftemacher, Dad. Geschäftemachen war sein Schönstes. Er hat oft davon erzählt: manchmal zog man den kürzeren, und manchmal hat man die Leute ausgenommen wie ein Straßenräuber, und es hat *Spaß* gemacht. Die Sache hatte noch was Spielerisches, es gab noch Raum für Kreativität. In Zahlung genommene Autos loszuschlagen ist so ungefähr das einzige Spontan-Kreative, was das Geschäft heute noch hergibt, aber die Herren wünschen keinen häßlichen amerikanischen Ramsch auf dem Ausstellungsgelände, man muß die Gebrauchtwagen geradezu heimlich verkaufen. Wenigstens kann man einen Extratausender oder so abstauben, wenn man's mit einem Trottel zu tun hat. Neue Wagen zu verkaufen heißt nichts weiter, als die Registrierkasse zu bedienen. Ich nenne das nicht Verkaufen, das ist nur Rumstehen hinterm Ladentisch.»

«Nicht übel für fünfundvierzigtausend plus Zulagen.» Soviel kriegt Nelson jetzt im Jahr. Harry und Janice zanken sich deswegen: er sagt, es ist zuviel, sie sagt, er hat eine Familie zu ernähren. «Als ich in deinem Alter war», sagt er zu dem Jungen, und vielleicht nicht zum erstenmal, «habe ich dreizehn fünf im Jahr als Linotypemaschinensetzer verdient und bin jeden Abend schmutzig nach Hause gekommen. Der Job hat mir Kopfschmerzen gemacht und meine Augen ruiniert. Ich hatte immer besonders gute Augen.»

«Das war *da*mals, Dad, jetzt ist *jetzt*. Du hast noch das Industriezeitalter erlebt. Du warst ein ausgebeuteter Arbeiter. Heute verdient man sein Geld nicht mehr mühsam stundenweise, heute hievt man sich in die richtige Position, und es *rollt*. Ich kenne Juristen, Leute im Immobiliengeschäft, die nicht älter sind als ich und nicht so auf Draht, die zwei-, dreihundert Mille bei einem einzigen Geschäftsabschluß einstreichen. Du mußt doch hier unten eine Menge über Geld auf der hohen Kante wissen. Es ist *leicht*, reich zu sein, darum geht's doch in diesem Land.»

«Du mußt die Leute meinen, die Nevada an die Japaner verscherbeln, was dich eben noch so aufgeregt hat. Wieso bist du eigentlich so erpicht auf Geld? Das Haus, das du von deiner Mutter hast, ist hypothekenfrei, du mußt einen schönen Batzen übrig haben. Da wir gerade von Gebrauchtwagen sprechen –»

«Dad, ich bring's dir ja wirklich ungern bei, aber vierzigtausend ist ein Scheißdreck, wenn du halbwegs mit Stil leben willst.»

«Grundgütiger, wieviel Stil braucht ihr denn, du und Pru? Euer Haus ist kostenfrei, alles, was ihr zahlen müßt, sind Heizung und Steuern –»

«Die Grundsteuern für den Schuppen sind inzwischen auf über vier Mille geklettert, Mt.-Judge-Immobilien sind enorm gestiegen seit dem neuen Babyboom, sogar eine Doppelhaushälfte drüben am abgefuckten Ende der Jackson Road, wo du früher gewohnt hast, geht jetzt für eine sechsstellige Summe weg. Und die Steuerreform hat für meine Steuerklasse leider auch nichts gebracht, man muß schon reich sein, um etwas davon zu haben. Lyle hat mir auf einem Blatt Papier vorgerechnet –»

«Das ist auch etwas, was ich dich fragen wollte. Wessen Idee war das, Mildred Kroust durch diesen Kerl zu ersetzen?»

«Dad, sie war eine Ewigkeit bei Springer Motors –»

«Genau. Das ist der Punkt. Sie konnte alles im Schlaf erledigen.»

«Sie konnte es eben *nicht*, obwohl sie tatsächlich die meiste Zeit geschlafen hat. Sie konnte zum Beispiel nie mit Computern umgehen. Ja sicher, sie hat es versucht, aber sowie mal was nicht glatt lief oder das Wörtchen Error auf dem Schirm auftauchte, hat sie dem Gerät die Schuld gegeben und die Firma angerufen, daß die jemanden zum Reparieren schikken, für hundertzwanzig Dollar Stundenlohn, dabei war alles in Ordnung, sie konnte bloß die Bedienungsanleitung nicht lesen und hat die falsche Taste gedrückt. Sie war uralt. Du hättest sie gehen lassen sollen, als sie ins Rentenalter kam.»

Die Tür des Apartments klickt leise auf. «Ich bin's nur», ruft Janices Stimme. «Pru und die Kleinen wollten noch ein bißchen am Pool bleiben, und da dachte ich, ich geh schon mal vor und fang mit dem Abendessen an. Ich dachte, wir machen heute ein Resteessen, ich seh mal nach, ob noch Suppe zum Aufwärmen da ist. Unterhaltet euch weiter, Jungs.» Sie will sie nicht stören, ihre Schritte steuern auf die Küche zu. Sie muß denken, daß er ein klärendes Gespräch mit Nelson führt, von Vater zu Sohn. Tatsächlich sieht Harry Nelson an, als sei der Junge ein Computer. Irgend etwas stimmt nicht. Er redet zuviel, zu schnell. Nellie ist immer wortkarg und verdruckst gewesen, und jetzt sprudeln die Worte nur so aus ihm heraus, er antwortet mehr, als er gefragt worden ist. Irgend etwas bringt ihn auf Hochtouren, etwas Ungutes. Harry sagt, Mildred Kroust meinend: «Sie war aber doch gar nicht *so* alt, oder? Achtundsechzig? Neunundsechzig?»

«Dad, sie war in den Siebzigern, mindestens. Lyle erledigt alles, was sie sonst gemacht hat, und er kommt nur zwei, drei Tage in der Woche rein.»

«Er macht etwas anderes, ich sehe das an den Monatsberichten. Danach wollte ich dich sowieso noch fragen – die Zahlen bei den Gebrauchtwagen in den Unterlagen vom November.»

Aus irgendeinem Grund ist der Junge plötzlich wieder weiß um die Kiemen. Er bohrt seine Zigarette durch die Öffnungslasche der Bierdose und zerquetscht dann die leere Dose mit einer Hand: kein großes Kunststück, jetzt wo die Dinger aus papierdünnem Aluminium sind. Er steht auf und will anscheinend zu seiner Mutter, die in der Küche herumklappert.

«*Janice!*» ruft Harry und wendet mühsam den Kopf, sein Nacken ist steif vor Fett.

Sie steht im Durchgang zur Küche in nassem schwarzen Badeanzug und violettem Wickelrock, den sie sich umgebunden hat, um schicklich für den Fahrstuhl zu sein. Sie sieht ein klein wenig beduselt aus: sie hat die Campariflasche angebrochen, bevor sie die anderen zum Swimmingpool begleitet hat, und ist anscheinend eilends zurückgekehrt, um sich noch einen Schluck zu genehmigen. Ihr schütteres Haar ist naß und strähnig. «Ja?» sagt sie kleinlaut, als Antwort auf Harrys energischen Ton.

«Wo sind die letzten Geschäftsunterlagen geblieben? Lagen sie nicht da drüben auf dem Schreibtisch?»

Dieser Schreibtisch gehört zu den Dingen, die sie billig hier unten gekauft haben, in aller Eile, um das Apartment zu möblieren; er ist im selben Stil gearbeitet wie die beiden Lampentische links und rechts vom blonden ausklappbaren Sofa und wie die Kommoden im Schlafzimmer: weißlackiertes Holz, die Beine in regelmäßigen Abständen mit ein bißchen Goldfarbe bepinselt, damit sie wie aus Bambus aussehen. Er hat nur drei flache Schubladen, die in der Feuchtigkeit klemmen, und oben ein paar kleine offene Fächer, in denen Rechnungen und Einladungen verlorengehen. Die Schreibfläche, irgendein glänzendes, Marmor imitierendes Zeug, das wie erstarrtes Honig-Vanille-Eis aussieht, ist gewöhnlich begraben unter einer Papierverwehung: unbeantwortete Briefe, Bankauszüge, Benachrichtigungen ihrer Börsenmakler und Anlageberater, Golf-Scorekarten und vervielfältigte Ankündigungen des Village Activities Committee, kurz VAC genannt, da das Leben hier unten ganz selbstverständlich als permanente «vacation», als Freizeit angesehen wird. Außerdem hat Janice die Angewohnheit, aus Gesundheitszeitschriften, dem *National Enquirer* und der *News-Press* von Fort Myers Artikel auszuschneiden und dann zu vergessen, wem sie sie schicken wollte. Sie sieht verängstigt aus.

«Ach ja?» sagt sie. «Vielleicht habe ich sie weggeworfen. Deine Vorstellung von Ordnung ist, erst mal alles da drüben aufzustapeln, und da liegt's dann auch noch nächstes Jahr, wenn du's vielleicht mal brauchst.»

«Die sind erst letzte Woche gekommen. Das war die Zwischenbilanz von November.»

Ihr Mund preßt sich zusammen, ihr Gesicht klickt ins Schloß, als hätte sie eine Entscheidung getroffen, an der sie blind festhalten wird, einerlei, was kommt, wie das so die Art der Frauen ist. «Ich weiß nicht, wo sie abgeblieben sind. Und besonders hasse ich es, wenn deine alten Golfkarten überall herumschluren. Wozu hebst du die eigentlich auf?»

«Ich notiere mir auf ihnen, was ich gelernt habe bei der Runde. Wechsle nicht das Thema, Janice. Ich will diese verdammten Aufstellungen haben.»

Nelson steht neben seiner Mutter im Kücheneingang, die zerdrückte Dose in der Hand. Ohne die Jeansjacke sieht sein Hemd noch weibischer aus mit den zarten rosa Streifen und den weißen Manschetten und dem weißen Krägelchen mit den abgerundeten Ecken. Der Junge und Janice sind fast gleich groß, zwei enge kleine bewölkte Gesichter. Beide sehen schuldbewußt aus. «Mach keine Affäre draus, Dad», sagt Nelson mit belegter Stimme, «in ein paar Wochen kriegst du die Dezember-Aufstellungen.» Als er sich umdreht, um sich noch ein Bier aus dem Kühlschrank zu holen, gewährt er Rabbit den herzzerreißenden Anblick seines Hinterkopfs – mit dem sorgfältigen Rattenschwänzchen, dem gebogenen Stückchen Ohrring, dem wachsenden kahlen Fleck.

Und als Pru mit den Kindern vom Pool zurückkommt, alle drei in Gummilatschen und die Handtücher um die Schultern gelegt und das Haar glatt an die Schädel geklebt, die beiden kleinen Kinder vergnügt bibbernd, ihre Lippen bläulich, ihre Miniaturfinger weiß und runzlig vom Wasser, sieht Harry seine Schwiegertochter Pru in einem neuen Licht: als das schwächste Glied in einer Kette der Verschwörung gegen ihn. Dieser kissenweiche Kuß auf den Mund, den sie ihm im Flughafen gegeben hat. Dies Becken, das im weißen Badeanzug – hohe Beinausschnitte, sonst aber zurückhaltend – so sacht geweitet aussieht von den verfließenden Jahren.

Dies ist ihr fünfter Winter hier unten, und Harry staunt beim Aufwachen immer noch darüber, daß er in Florida ist, am Golf von Mexiko. Zwar nicht direkt am Wasser, aber doch in Sichtweite, das wenigstens hatte er gehabt, bis diese neue Reihe sechsgeschossiger Apartmentbauten mit Ziertürmchen und roten Dachziegeln das letzte ferne Meeresblinken am Horizont ausgelöscht hat. Als er und Janice sich 1984 hier einkauften, hat man von ihrem Balkon aus noch Fetzen des Golfs sehen können, ein schnurgerader Rand der Welt über den Dachfirsten, der von den rohen neuen Türmen zerstückelt wurde wie zu den Punkten und Strichen des Morsealphabets, und in ihrer Aufregung haben sie sich in einem Geschäft für Schiffsausrüstung in der Einkaufspassage zwei Kilometer weiter südlich am Pindo Palm Boulevard ein Teleskop mit Stativ gekauft. In seinem zitternden kleinen Sehkreis haben sie in jenem ersten Winter gelegentlich ein Segelboot mit windgeblähtem gestreiftem Spinnaker eingefangen oder eine Luxusjacht, von deren hohem weißem Bug sich lautlos die Wellen wegpellten, oder einen Fischkutter mit flügelartig wie Gaffeln zu den Seiten ragenden Laufplanken oder, ganz weit draußen, eine Welt für sich, einen rostigen grauen Öltanker, der reglos auf Mobile oder New Orleans zuhielt oder in der anderen Richtung auf Panama oder Venezuela. In den Jahren seither ist ihnen der Seeblick verbaut worden, Wolkenkratzerhotels erheben sich entlang der Küste, Konstruktionen, die die Farbe von Haferschleim oder von Himbeersahne haben oder aus schierem Glas sind, wie vertikale Destillate, kalt und pur, aus dem Blaugrün des Golfs.

Wo diese Türme ragen, war früher einmal nichts als Sand und Mangrovensumpf und eine Vielzahl schlängeliger kleiner Priele, die das Netzwerk der Wurzeln umspülten und sich kräuselten, wenn ein Alligator oder eine Mokassinschlange hindurchglitt; und dann ein paar verstreute weiß getünchte Häuser und ungestrichene Bretterhütten – ungefähre südliche Imitation nördlicher Verhältnisse –, deren Bewohner ein bißchen Baumwolle zogen und ein bißchen Vieh auf dem sandigen Boden hielten und stampfende Herden lebenden Rindfleischs nach Norden schickten zu den hungernden Aufständischen im Bürgerkrieg; und dann dichter stehende Häuser, einige aus Backstein und Schmiedeeisen, andere aus Kalkstein oder Granit, der aus Steinbrüchen in Alabama herbeigeschleppt worden war. Mit dem neuen Jahrhundert dann kamen die Eisenbahnen, die Reichen und die Kranken und die hoffnungsvollen Außenseiter in dieses Anhängsel des Südens, dies Grenzland, das in ganz anderer Richtung lag als die anderen. Fehlschläge folgten auf Blütezeiten; Optimismus behielt die Oberhand. Und jetzt, im Zeitalter der Düsenflugzeuge und Sozialversicherung und der landesweiten Sonnenanbetung können sie sie gar nicht schnell genug hochziehen, diese Stadt namens Deleon, die nach irgendeinem spanischen Entdecker benannt ist, der trotz seines schimmernden schwarzen Brustharnischs 1521 hier in der Nähe vom vergifteten Pfeil eines Seminolen getötet worden ist. Die Vergangenheit flackert in Harrys Kopf wie ein Traum, als er aufwacht; seit er sich halb von der Arbeit zurückgezogen hat, liest er Bücher über Geschichte. Er hat sich immer interessiert für diesen multschigen

Kompost dessen, was einmal war, aus dem unser Leben wächst und zu dem es dann selber wird, die brüchigen, braunen, modernden Schichten früherer Tode, Schichten, die nur dick genug aufeinanderliegen, nur fest genug zusammengepreßt werden müssen, um Kohle zu ergeben wie in Pennsylvania. An stillen Abenden, wenn Janice auf dem Sofa sitzt und sich bei einer schwachköpfigen Fernseh-Show schlückchenweise einen antrinkt, liegt er mit einem Buch auf dem Bett, den Rücken gegen das gepolsterte, satinbezogene Kopfteil gelehnt, und starrt schwindelig in die Vergangenheit hinab, wie von hoch oben aus einem jadegrünen Baumhaus.

Das Geräusch, das in seine Träume bricht und sie verjagt, ist das Raspeln von Rasenmähern auf den Grüns des Golfplatzes und dann das kaum weniger mechanische Klagen der Möwen, die sich auf den frisch gewässerten Fairways versammeln, wo die Regenwürmer zum Trinken an die Oberfläche kommen. Das Bett steht mit dem Kopfende neben der großen gläsernen Schiebetür, die in den wenigen Wintermonaten, wenn die Klimaanlage entbehrlich ist, einen Spaltbreit offensteht, um die Morgenkühle hereinzulassen; die harsche Salzluft, gesänftigt durch den Duft nach frisch gesprengten Fairways, weht gegen sein Gesicht und erinnert ihn daran, wo er ist, in diesem Massenparadies, in das Janices Geld ihn gebracht hat. Sie ist nicht im Bett, aber sein Knie stößt auf ihre Wärme, als er sich breit in ihre Betthälfte hineinrekelt. Mit Rücksicht auf seine ein Meter neunzig haben sie sich endlich ein Kingsize-Bett gekauft: zum erstenmal in seinem Leben ragen seine Füße nicht übers Matratzenende hinaus, hier muß er nicht auf dem Bauch schlafen wie ein im Wasser treibender Toter. Er hat lange gebraucht, bis er sich daran gewöhnt hat, daß seine Füße sich nicht hakenförmig an der Matratze festhalten können, sondern sich in den Knöcheln abknicken oder zur Seite zeigen müssen. Er bekommt Fußkrämpfe. Er versucht, auf der Seite zu schlafen, leicht zusammengerollt; so hat sein Mund Platz zum Atmen, und sein Bauch kann sich bequem hinfläzen, und es macht seinem schwachen Herzen weniger angst, als wenn er mit dem Gesicht nach unten auf der dicken, dichten Matratze liegt. Aber seine Arme wissen nicht, wohin. Wenn er eine Hand unter den Kopf geschoben hat, wird sie irgendwann nicht mehr ausreichend durchblutet, und er wacht auf, weil sie sich taub anfühlt und kribbelt, als hätte sie einen elektrischen Schlag bekommen. Wenn er auf dem Rücken liegt, schnarcht er, sagt Janice. Sie schnarcht selber, jetzt, wo sie allmählich in die Jahre kommen, aber er versucht, ihr das nicht anzukreiden: arme dumme Nuß, sie kann nichts für das, was sie im Schlaf macht, schnarchen und manchmal furzen, so fürchterlich, daß er die Nase ins Kissen drücken und sich gut zureden muß, daß sie auch bloß ein Mensch ist. Arme Frauen, sie haben so viele undichte Stellen da unten. Ihre Körper sind zu kompliziert. Er hört sie jetzt in der Küche, sie spricht in einem hohen, unechten, nervenden Ton, eben so, wie wir mit Kindern reden.

Rabbit wartet darauf, daß die tiefere jüngere Stimme der Mutter der Kinder einstimmt, statt dessen aber hört er, nahe seinem Kopf, lautes Vogelgepiep aus der Araukarie, deren Äste man vom Balkon aus berühren kann. Er kann es immer noch nicht fassen, wie Araukarien aussehen: wie die Plastikbäume, die man zu Weihnachten kauft, die Äste in regelmäßigen Abständen, wie hineingeschraubt, und das Ganze absolut kegelförmig. Das Piepen des Vogels hört sich an, als lasse man zwei feuchte Holzstücke rhythmisch, Quietschtöne erzeugend, gegeneinanderschaben. Die Natur in Florida hat größtenteils etwas Hergestelltes. Auslegeware überall, grüner Teppichbelag auf den Zementwegen, Augustinusgras auf der Fläche zwischen den Wegen, alles oben auf den Sand gelegt, den schmutziggrauen Sand, der einem über die Schuhe stäubt, wenn man mit dem Golfschläger hier unten mal ein Stückchen Rasen heraushackt.

Heute ist Mittwoch, er hat eine Golfverabredung, die übliche Viererrunde, erster Abschlag um neun Uhr vierzig: das ist ein Grund für ihn, aufzustehen und nicht einfach im Bett liegenzubleiben und seinem Traum nachzuhängen. Im

Traum hat er sich nach etwas ausgerenkt, was seine schlafenden Augen ihn nicht durch die geschlossenen Lider haben sehen lassen, nach etwas Rundem, Verschwommenem, Traurigem, nach etwas, was trächtig war mit dem unbestimmten Verhängnis, welches er untertags niederzuhalten versucht.

Als Rabbit aufgestanden ist, sucht er mit den Augen die unecht aussehenden Zweige der Araukarie nach dem geräuschvollen Vogel ab. Er denkt, so überheblich, wie der sich anhört, muß er mindestens ein Kakadu oder ein Tukan sein, irgendein kreischendes tropisches Vieh mit halbmeterlangen niederhängenden Schwanzfedern, aber alles, was er sieht, ist ein kleiner brauner Vogel, wie sie überall in Pennsylvania herumflattern. Vielleicht *ist* es ein Vogel aus Pennsylvania, ein Zugvogel, der hier unten gelandet ist wie er. Ein Snowbird.

Er geht ins Badezimmer, putzt sich die Zähne und uriniert. Komisch, früher hat es immer so schwer und satt in die Toilettenschüssel geklatscht, jetzt ist es nur noch ein knauseriger, unsicherer Strahl, er muß jede Nacht einmal, manchmal sogar zweimal aufstehen und sitzt dann auf der Toilette wie eine Frau; wenn die Vorhaut schläfrig drübergefaltet ist, kann er nie sicher sein, in welcher Richtung es rauskommt, schlimm, wirklich wie eine Frau, die können auch nicht zielen. Er rasiert sich und stellt sich auf die Waage. Er hat fast ein Pfund zugenommen. Die Erdnußriegel. Er will aus dem Schlafzimmer gehen und merkt, er kann gar nicht. In Florida schläft er im Unterzeug; Pyjamas wickeln sich so zerkrumpelt um ihn, und gegen zwei in der Frühe wird ihm so heiß, daß er aufwacht, davon und vom Druck in seiner Blase. Jetzt, wo Pru und die Kinder hier sind, kann er nicht einfach im Unterzeug in die Küche marschieren. Er hört sie draußen herumpoltern. Er sollte sich entweder seine Golfhose und ein Polohemd anziehen oder den Bademantel nehmen. Er entscheidet sich für den Bademantel, flauschiges kastanienbraunes Frottee, darin sieht er besser aus – wie heißt das Wort, das dauernd in Büchern über mittelalterliche Geschichte vorkommt? – seigneural. Hausherrenhaft. Großväterlich. Der Bademantel hat eine Aussage, würde Nelson sagen.

Als Rabbit die Tür öffnet, ist in der Küche bereits der erste Kampf des Tages im Gange. Die kostbare kleine Judy ist unglücklich; salzige Tränen röten die Ränder ihrer Lider, und ihre Stimme zittert, doch sie versucht, nicht zu weinen. «Aber die Hälfte aller Kinder in meiner Schule ist schon dagewesen. Manche sind sogar zweimal dagewesen, und die haben nicht mal Großeltern in Florida.» Sie schafft es nicht, nach Disney World zu kommen.

Janice erklärt: «Das ist wirklich eine Extrareise, Schätzchen. Ihr müßt nach Orlando fliegen, wenn ihr dorthin wollt. Von hier aus hinzufahren –»

«Ist, als ob man nach Pittsburgh fährt», ergänzt Harry für sie.

«Daddy hat es versprochen!» protestiert Judy mit solcher Leidenschaft, daß ihr vier Jahre alter Bruder, der einen Löffel in der Faust hält und die Haferflocken auf seinem Teller zermanscht, ohne sie zu essen, angesteckt wird und mitschluchzt. Zwei Tropfen Milch fallen ihm von der schlaffen Unterlippe.

«Außerdem eine so langweilige Fahrt», setzt Harry hinzu. «Scheußlich viele Ampeln auf der 27. Wir kommen da manchmal durch, wenn wir hierherfahren.»

Pru sagt: «Daddy hat nicht diesmal gemeint, er hat ein andermal gemeint, wenn wir länger hier sind.»

«Er hat *dies*mal gemeint», beharrt das Kind. «Immer verspricht er was und hält es dann nicht!»

«Daddy ist sehr beschäftigt mit dem Geldverdienen, damit du all die Sachen haben kannst, die du dir wünschst», sagt Pru ihr im affektierten Ton einer Frau, die mit einer anderen die Geduld verliert. Sie trägt auch einen Bademantel, ein kurzes gestepptes Kittelchen mit einem Muster aus Purpurwinden und den dazugehörigen Ranken. Ihre sommersprossigen Schenkel haben die breite, sanfte Glätte von Kotflügeln. Ihre Füße sind lang und knochig, rosa in den Fugen zwischen den Zehen und sonst papierweiß und stecken in lippenstiftroten

66

Sandalen mit dicken Korksohlen. An ihren Zehennägeln ist der Lack abgeplatzt, und Harry findet auch das sexy.

«O jaaa!» antwortet das Kind mit einer wütenden sarkastischen Emphase, die Harry nicht versteht. Familienleben, Leben mit Kindern, ist für ihn etwas Vergangenes, es hat ihm nicht leid getan, es hinter sich zu lassen; es ist für ihn wie ein Strauch in einer vernachlässigten Ecke des Hintergartens gewesen, der nicht gestutzt worden ist, ein Flieder- oder Ligusterstrauch, in den von unten ein Schlingkraut wuchert, dessen Blätter denen des Strauchs gleichen und dessen Ranken sich so fest um die Zweige gewickelt haben, daß es dem Gärtner Kopfschmerzen in der Sonne bereitet, das böse Gewächs vom guten zu trennen. Ohnehin hat er im Grunde nur ein Kind gehabt, Nelson, ein einziges mickriges Kind, dabei hat er neulich gelesen, daß ein Mann genügend Sperma produziert, um nicht nur den Planeten Erde, sondern auch noch Mars und Venus zu bevölkern, wenn auf ihnen Leben gedeihen könnte. Es ist ein deprimierender Gedanke – zu planetarisch, wie der unerreichbare runde Gegenstand in seinem Traum –, daß der Zweck seiner irdischen Existenz einzig der gewesen sein soll, den kleinen Nellie Angstrom hervorzubringen, damit der wiederum Judy und Roy hervorbringen konnte, und so weiter, bis die Sonne sich ausgebrannt hat.

Jetzt ist Nelson aufgestört worden, durch den Lärm wird er in die Küche gesogen. Er muß mitbekommen haben, daß über ihn gesprochen wird, und kommt aus dem Gästezimmer herbei, barbrüstig und unrasiert, in zerknautschter rauchblauer Pyjamahose, die teuer aussieht. Unbehagen darüber, daß Nelson einen so teuren Geschmack hat, macht sich in Harrys Bauch breit – irgend etwas mit Zahlen, an das er sich zu erinnern versucht, das er aber nicht zu fassen bekommt. Janice hat gesagt, der Junge sehe erschöpft aus, und er sieht wirklich dünn aus, mit blassen flackernden Schatten zwischen den Rippen. Eine Spur von Aggressivität geht von der nackten Brust aus, etwas Revierbeanspruchendes, im

Zusammenhang mit Prus Minibademantel. Das Pyjamaspiel. Doris Day und, wer war's, John Raitt? Trotz der teuren Pyjamahose sieht Nelson abgerissen und erbärmlich aus mit den unrasierten Wangen und dem fusseligen Bärtchen, ähnlich dem des seligen Fred Springer, und dem feuchtzipfelig gesträubten dünnen Haar. Rabbit weiß noch, wie tief Nelson als Kind immer schlief, wie heiß und naß sich sein Kopf auf dem Kissen angefühlt hat. «*Was* soll ich versprochen haben», sagt der Junge verärgert und starrt irgendwohin zwischen Judy und Pru. «Mit keiner Silbe hab ich versprochen, daß wir diesmal nach Orlando fahren.»

«Daddy, man kann überhaupt nichts anfangen in dieser blöden Gegend von Florida! Das Zirkusmuseum letztes Jahr war gräßlich, und auf der Rückfahrt war der Verkehr so schlimm, daß Roy sich auf dem Kentucky-Fried-Chicken-Parkplatz übergeben mußte!»

«Die 41 macht einen fertig», bestätigt Harry.

«Und ob man was anfangen kann», sagt Nelson. «Geh schwimmen im Pool. Geh Shuffleboard spielen.» Das war's, mehr fällt ihm nicht ein: in Panik sieht er zu seiner Mutter hinüber.

Janice sagt zu Judy: «Zum Village gehören Tennisplätze, da können wir beide uns Bälle zuschlagen.»

«Bestimmt muß Roy mitkommen, und der verdirbt immer alles», beschwert Judy sich, und bei der Vorstellung quellen wieder ihre Tränen.

«– und es gibt den Strand –», fährt Janice fort.

Judy will jetzt einfach nur noch Widerworte machen: «Unsere Lehrerin sagt, von der Sonne kriegt man einen Hautschaden, und je früher man den kriegt, desto mehr Krebs kriegt man später.»

«Hör auf mit dieser beschissenen Wichtigtuerei», sagt Nelson zu ihr. «Deine Großmutter meint es gut.»

Diese Bemerkung läßt die Tränen des Kindes überfließen, zwischen den gebogenen Wimpern hindurch über die Wangen: wie die silbrigen pulsenden Spuren, die der Regen auf

Fensterscheiben zieht. «Ich wollte doch gar nicht –», bringt sie mit Mühe heraus.

*In ihrem Alter sollte dies Mädchen glücklicher sein, als sie ist,* denkt Harry. «Klar wolltest du», sagt er. «Und wieso auch nicht. Es ist so langweilig, mit der Familie irgendwohin zu fahren, weg von allen Freunden. Wir alle hier wissen noch, wie das ist, wir haben deinen Daddy immer an die Jersey-Küste mitgeschleppt und ihn später gezwungen, mit uns rauf in die Poconos zu fahren und Heuschnupfen zu kriegen in den gotterbärmlichen Kiefernwäldern da oben. Reinste Folter! Was tun wir uns gegenseitig an im Namen des Vergnügens! Okay, ich habe einen Plan. Will irgend jemand meinen Plan hören?»

Das kleine Mädchen nickt. Die andern, sogar Roy, der seinen Haferflockenmatsch mit der Rückseite des Löffels sorgfältig zu einer Pyramide geformt hat, sehen ihn gespannt an, als ob er ein Zauberkünstler wäre. Es ist gar nicht so schwer, wieder in Takt mit dem Familienleben zu kommen. Man muß nur ein bißchen aus sich herausgehen. Es ist wie früher beim Basketball, diese ersten zwei oder drei Minuten, wenn man inmitten des Gewühls und Geschreis, der heißen Körperausdünstungen und des Lärms der Menge erkannte, *daß man es selber tun mußte,* daß niemand es einem abnehmen würde. «Heute muß ich Golf spielen», fängt er an.

«Toll», sagt Nelson. «Das ist eine große Hilfe. Du wirst Judy nicht zu deinem Caddie machen, falls das dein Plan ist. Du verbiegst damit ihre Wirbelsäule.»

«Nellie, du wirst langsam paranoid», sagt Harry. Seit der Sache mit Jill vor zwanzig Jahren ist der Junge unentwegt bemüht, Frauen vor seinem Vater in Schutz zu nehmen. Sein Sohn ist der einzige Mensch auf der Welt, der ihn für gefährlich hält. Harry spürt den ersten kleinen Schmerz des Tages in der Brust, ein spielerisches Brennen, als fummele ein Kind mit einem angezündeten Streichholz in ihm. «Das war nicht mein Plan, nein, aber wieso nicht, bei Gelegenheit? Sie könnte meine leichte Tasche tragen, ich würde zwei von den Holzschlägern und einen von den Wedges rausnehmen, und wir könnten gemütlich zu Fuß gehen und ein paar Löcher spielen, irgendwann am späten Nachmittag, wenn die Runden alle durch sind. Ich könnte ihr den Schwung zeigen. Aber bei der Viererrunde benutzen wir Karren. Mir wär's lieber, wir würden zu Fuß gehen, ist 'ne gute Übung, aber die andern Jungs wollen unbedingt fahren. Sind aber wirklich großartige Kerle, haben alle Enkelkinder, sie würden Judy mögen. Sie könnte meinen Platz haben.» Er sieht es vor sich: sie sitzt da wie eine zarte kleine Prinzessin, und Bernie Drechsel, Zigarre im Mund, steuert den Elektrokarren.

Er verliert sein Zauberkünstler-Publikum, als er so laut vor sich hin denkt. Roy läßt den Löffel fallen, und Pru geht in die Hocke, um ihn aufzuheben; der kurze Bademantel schiebt sich an ihren Schenkeln hoch. Ein durchbrochener pechschwarzer Bikinislip spitzt hervor. Hoch oben ein leicht glänzendes ovales Impfmal. Nelson stöhnt. «Also was ist jetzt, Dad. Ich muß ins Bad.» Er schneuzt sich in ein Papiertaschentuch. Warum läuft ihm fortwährend die Nase? Harry hat irgendwo gelesen, vielleicht im *People* über den Tod von Rock Hudson, daß das eines der ersten Anzeichen von Aids ist.

Harry sagt: «Das Zirkusmuseum fällt aus. Es ist geschlossen, wegen Renovierung.» Er hat vor ein, zwei Wochen in der Sarasota-Zeitung einen Artikel mit der Überschrift *Circus Redux* gesehen. Er haßt dieses Wort, man liest es überall, und er weiß nicht, wie er es aussprechen soll. Dasselbe wie mit «Arbitrage» und «Perestroika». «Mein Plan sieht so aus: heute muß ich Golf spielen, aber heute abend gibt es im Speisesaal Bingo, und ich dachte, die Kinder oder wenigstens Judy haben vielleicht Spaß daran, und wir könnten alle zur Abwechslung mal ein richtiges Essen zu uns nehmen. Morgen können wir entweder ins Spielzeugeisenbahn-und-Muschel-Museum gehen, von dem Joe Gold sagt, daß es einfach phantastisch ist, oder wir fahren in die andere Richtung, nach Süden, da ist das Edison-Haus. Mich hat es immer irgendwie gereizt, aber vielleicht ist es für die Kinder zu wissenschaftlich, ich weiß nicht. Vielleicht ist die Erfindung des Telephons und des Grammophons nicht übermäßig spannend für Kinder, die mit all dem Computerschrott aufwachsen, der heutzutage üblich ist.»

«Dad», sagt Nelson in seinem Schmerzenston und schnieft, «es ist nicht mal für mich besonders spannend. Gibt es denn nicht irgendeinen Schuppen an der 41, wo sie sich mit Videospielen beschäftigen können. Oder Minigolf. Oder Strand und Swimmingpool, mein Gott. Ich dachte, wir sind hergekommen, um uns zu erholen, und du machst eine pädagogische Veranstaltung daraus. Nun komm, gib Ruhe.»

Rabbit ist verletzt. «Gib Ruhe! Ich hab nur versucht, ein bißchen Struktur in die Sache zu bringen.»

Pru steht ihm bei. «Nelson, die Kinder können nicht den ganzen Tag am Pool sein. Sie bekommen zu viele UV-Strahlen ab.»

Janice sagt: «Die starke Sonne ist ungewöhnlich. Um diese Zeit im Jahr wird es normalerweise kühl. Wir haben Glück.»

«Das ist der Treibhauseffekt», sagt Nelson und dreht sich um und will ins Badezimmer gehen, und man sieht den ekelhaften Rattenschwanz an seinem Hinterkopf und den glänzenden Ohrring. Wie verkorkst *ist* der Junge? «Die gefräßige Konsumgesellschaft hat das Ozon ruiniert, und bis zum Jahr 2000 sind wir alle gebraten», sagt er. «Hier!» Er zeigt auf die *News-Press* von Fort Myers, die jemand auf den Küchentisch gelegt hat. Der Aufmacher ist überschrieben mit *1988: der Trocken-Look*, und ein Cartoon zeigt eine irrsinnig gewordene gelbe Sonne, die aus ein paar Wolken einen einzelnen Tropfen Wasser wringt. Janice muß die Zeitung aus dem Korridor hereingeholt haben, obwohl sie sich bloß für den *Lifestyles*-Teil interessiert. Wer mit wem vögelt, wer sich von wem scheiden läßt. Normalerweise bleibt sie im Bett, und ihr Mann darf derjenige sein, der die Zeitung hereinholt. *Lifestyles* eilt nicht.

Pru gibt Roy den Löffel zurück und nimmt die gräßliche kleine Schüssel mit dem Haferbreimatsch weg, der inzwischen steif geworden ist wie über Nacht draußen stehengebliebenes Hundefutter. «Möchtest du eine 'nane?» fragt sie mit gurrender, kosender Sexy-Stimme. «Eine feine 'nane, wenn Mommy sie abpellt und in Scheiben schneidet?»

«Teresa, ich bin nicht sicher, ob wir Bananen im Haus haben», gesteht Janice. «Das heißt, ich *weiß*, daß wir keine haben. Harry haßt Obst, obwohl er's essen sollte, und ich wollte gestern ja alles für dich und Nelson einkaufen, aber mein Tennismatch ging bis zum dritten Satz, und dann war es Zeit, zum Flughafen zu fahren.» Ihre Miene hellt sich auf, ihre Stimme gewinnt an Lautstärke; sie will auch die Zauberkünstlernummer probieren. «Jetzt weiß ich, was wir heute vormittag machen, wenn Grandpa bei seinem Golf ist! Wir gehen alle zusammen ins Winn Dixie und kaufen *ganz* viel ein!»

«Ohne mich», ruft Nelson aus dem Badezimmer. «Aber ich würde mir irgendwann gern das Auto ausleihen.»

Wozu braucht er ein Auto, der kleine Angeber.

Judys Tränen sind getrocknet, sie hat sich ins Wohnzimmer verzogen; das Fernsehen bringt gerade die letzte Zusammenfassung der Nachrichten und die Wettervorhersage. Willard Scott, aus Nome, Alaska, zugeschaltet, läßt Jane und Bryant beinah sterben vor Lachen. ·

Pru guckt in alle Schränke und bekniet Roy: «Wie wär's mit Sugar-Pops, Schätzchen? Grandpa und Grandma haben jede Menge Sugar-Pops. Und bergeweise geröstete Erdnüsse und Cashewnüsse. Harry, weißt du, daß Nüsse Cholesterinbomben sind?»

«Ja, alle Welt liegt mir damit in den Ohren. Aber ich habe irgendwo in einem Artikel gelesen, daß der Körper Cholesterin *braucht* und daß die Hühnerlobby den ganzen Spuk inszeniert hat.» Janice, in pinkfarbenem Lacostehemd und fuchsienroten Slacks, wie die Frauen hier unten sie zum Einkaufen anziehen, hat sich mit der *News-Press*, einem aufgeschnittenen Bagel und einem Plastiktopf voll Frischkäse an den Küchentisch gezwängt. Immer, wenn sie sich in Florida aufhält, ißt sie Bagels. Und Räucherlachs. Sie hat den *Lifestyles*-Teil aus

der Zeitung herausgezogen, und Harry, der seit seiner Zeit als
Schriftsetzer Gedrucktes von jeder Seite lesen kann, egal,
wie's liegt, sieht die Schlagzeile – (die arbeiten hier mit einer
eher zurückhaltenden Typographie und vielen farbigen Diagrammen à la *USA Today*):

**Manwatchers
nominieren Mann
mit dem meisten**

und ganz oben, in Großbuchstaben, GEWALTIGE VER-
LUSTE und ‹ARBEITET› AUF DIE NÄCHSTE HOCH-
ZEIT HIN. Er legt den Kopf schief, um die Zeitungsseite
richtig herum sehen zu können, und erkennt, daß von Melanie
Griffith die Rede ist, der Hauptdarstellerin in *Working Girl*,
und von den Überlebenden der armenischen Tragödie und
ihrem «einzigartigen Leid». Komisch, wenn die Ehefrau die
Zeitung liest, kommt einem die kleinste Notiz interessant vor,
und wenn man dann selber hineinsieht, entpuppt sich alles als
fad. Die Aromaster-Kaffeemaschine von Braun, in deren
Glaskanne noch ein bißchen schlammiger lauwarmer Kaffee
ist, steht am Ende des Küchentresens, wo Pru noch immer
irgend etwas sucht, was Roy essen könnte. Damit Harry mit
seinem Bauch an ihr vorbeikann, reckt sie sich auf die Zehenspitzen und preßt mit einem unterdrückten kleinen Grunzen
ihre Schenkel fest gegen die Tresenkante. Diese Familie hockt
so eng aufeinander, daß es fast wie in einer afrikanischen
Hütte zugeht, wo jeder vor aller Augen schläft und vögelt.
Aber andererseits, überlegt Harry, was hat der abendländi-
sche Mensch mit seiner kostbaren Intimsphäre schon groß
angefangen? Nach den Geschichtsbüchern zu urteilen nicht
viel mehr, als die Schußwaffen und die Psychoanalyse zu erfinden.

Hier unten muß man Brot und Kekse in einer großen Blechdose in einer Schublade aufbewahren, damit die Ameisen
nicht drangehen, sogar im vierten Stock. Es macht Mühe, die

Schublade aufzuziehen und dann den Deckel anzuheben, aber er tut es und findet außer zwei leeren Kekspackungen, in denen seine Enkelkinder lediglich ein paar Krümel übriggelassen haben, zwei muffige Doughnuts vor, einer ganz, einer angenagt, die selbst die Kinder nicht mehr essen mochten. Rabbit nimmt sie, füllt seinen Becher mit dem schlammigen Kaffee, zwängt sich wieder an Pru vorbei und konzentriert sich auf das Gefühl in seiner Leistengegend, als der kurze Bademantel ihn streift, und einem boshaften Impuls folgend, gibt er dem Küchentisch mit der Rückseite seiner Schenkel einen kleinen Stoß, damit Janices volle Kaffeetasse ins Wakkeln kommt und überschwappt. *«Harry»*, sagt sie und hebt schnell die Zeitung hoch. «Scheiße.»

Das Geräusch der aufgedrehten Dusche leckt in die Küche. «Warum ist Nelson so verdammt zappelig?» fragt er die Frauen laut.

Pru, die es wissen müßte, antwortet nicht, und Janice, die mit einem Papiertuch, das Pru ihr reicht, den Kaffee wegwischt, sagt: «Er steht unter Stress. Der Konkurrenzkampf im Autogeschäft ist viel größer als vor zehn Jahren, und Nelson macht alles allein, er hat keinen Charlie, hinter dem er sich verstecken kann, wie du das immer getan hast.»

«Er hätte Charlie behalten können, aber er wollte nicht, Charlie war bereit, halbtags zu kommen», sagt er, aber niemand antwortet ihm außer Roy, der ihn ansieht und sagt: «Grampa sieht lächerlich aus.»

«Toller Wortschatz», sagt Harry, Pru gratulierend.

«Er weiß nicht, was er sagt, er hört diese Ausdrücke im Fernsehen», sagt sie und streicht sich auf ihre rührende beidhändige Art das Haar aus der Stirn.

Die Küche ist in Aquamarin gehalten, einem sahnigen, frostigen Ton; auf der Farbtabelle, die er und Janice zu Rate zogen, vor vier Jahren, als sie die Wohnung neu streichen ließen, hat er feiner gewirkt. Harry ist sich damals nicht sicher gewesen, ob man es mit so einer Farbe lange würde aushalten können, aber Janice fand, daß Aquamarin heiter sei und ein bißchen gewagt, wie überhaupt die ganze Idee, ein Apartment zu kaufen. Sogar der Kühlschrank und die Arbeitsflächen aus Resopal sind aquamarin, und alles zusammen, einschließlich der Flügeltiere und Blumen aus Muscheln, mit denen Janice die offenen Regale zur Diele hin vollgestellt hat, erzeugt Panik in ihm, nimmt ihm den Atem. Unter Wasser zu sein ist einer seiner Alpträume. Ein simples gebrochenes Weiß wie bei den Golds nebenan wäre weniger bedrückend gewesen. Er geht mit seinem Kaffeebecher, dem ganzen und dem halben Doughnut und dem Rest der *News-Press* ins Wohnzimmer und macht es sich auf der Sofahälfte, die dem runden Glastisch am nächsten ist, bequem, denn Judy hält den Korbsessel gegenüber dem Fernseher besetzt. Die Bilder auf der ersten Seite zeigen Donald Trump *(Begehrtester Mann des Jahres)*, die grimassierende Sonne, die die Wolken auswringt *(Niederschläge 33% unter dem Jahresmittel; das trockenste Jahr seit 1927)* und den Bürgermeister von Fort Myers, Wilbur Smith, der wie ein langhaariger Jüngling aussieht, jünger noch als Nelson, und mit dem Ausspruch zitiert wird, die kürzlich erfolgte Festnahme des Footballstars Deion Sanders wegen tätlicher Beleidigung eines Polizeibeamten sei zum Teil der aufrührerischen Menge zuzuschreiben, die sich versammelt hatte, um den Vorfall zu beobachten. Ein Artikel handelt von einem alljährlich erscheinenden buchdicken Bericht über Automobile und Verbraucherbeschwerden: in dem grauen Kasten mit der fett gedruckten Überschrift *Die Besten nach offiziellen Angaben* ist unter keiner der vier Kategorien – Kleinwagen, kompakte Mittelklasse, gehobene Mittelklasse, Minivans – ein Toyota aufgeführt. Er fühlt ein kleines schmerzendes Rutschen im Magen.

«Harry, du *mußt* etwas Richtiges frühstücken, wenn du bis Mittag Golf spielen willst», ruft Janice. «Dr. Morris hat dir gesagt, Kaffee auf nüchternen Magen ist so ungefähr das Schlimmste, was man sich bei Bluthochdruck antun kann.»

«Wenn ich von irgendwas Bluthochdruck habe», ruft er zurück, «dann von Frauen, die mir die ganze Zeit erzählen, was ich essen soll.» Als er in den muffigen Doughnut beißt, regnet der Zucker aufs Papier nieder und bestäubt die karmesinroten Aufschläge seines seigneuralen Bademantels.

Janice redet, zu Pru gewandt, weiter: «Hast du dir mal Gedanken über Nelsons Ernährung gemacht? Er sieht nicht so aus, als ob er überhaupt etwas äße.»

«Er hat nie viel gegessen», sagt Pru. «Wahrscheinlich hat Roy es von ihm, daß er so mäkelig ist.»

Judy ist unter all den Antennen- und Kabelprogrammen auf einen alten Lassie-Film gestoßen; Harry setzt sich ganz ans Ende des Sofas, um ein bißchen vom Bild zu sehen. Die Collie-Hündin stupst den im Heuschober schlafenden Jungen wach, der sich verlaufen hat, und führt ihn nach Haus, einen ungepflasterten Weg entlang, einem lila Sonnenuntergang entgegen. Die Musik schwillt an wie ein Schmerz im Hals; Harry lächelt Judy verlegen durch seine Tränen hindurch zu. Ihre Augen, die ihr Weinen ein wenig früher besorgt haben, sind trocken. Lassie ist nicht Teil ihrer Kindheitsvergangenheit, auf immer dahin.

Als der Frosch ihm nicht mehr in der Kehle sitzt, sagt er: «Ich muß zum Golfspielen, Judy. Glaubst du, du packst es heute auch allein mit dieser ungehobelten Verwandtschaft?»

Sie mustert ihn ernst, nicht ganz sicher, ob das ein Scherz war. «Ich denke schon.»

«Sie sind in Ordnung», sagt er, nicht sicher, ob das stimmt. «Hast du Lust, mal zum Sunfishing mitzukommen?»

«Was ist Sunfishing?»

«Segeln mit einem kleinen Boot. Wir könnten uns an einem der Hotelstrände in Deleon eins leihen. Die sind eigentlich nur für die Gäste, aber ich kenne den Vermieter. Ich spiele Golf mit seinem Vater.»

Ihr Blick ist auf sein Gesicht geheftet. «Hast du das schon mal gemacht, Grandpa? Sunfishing.»

«Klar. Schon öfter.» Einmal in Wahrheit, aber es war eine nachhaltige Lektion. Mit Cindy Murkett in ihrem schwarzen Bikini. Die Haare oben zwischen ihren Beinen waren zu sehen, ihre Brüste schaukelten lose in der schmalen schwarzen Stoffschlinge. Der Wind zerrte, die Wellen klatschten, die Sonne drosch mit stillem weißem Hammer auf ihrer beider Haut ein, sie waren allein und fast nackt.

«Klingt nicht schlecht», sagt Judy mutig und fügt hinzu: «Ich hab beim Schwimmunterricht im Camp einen Preis gekriegt, weil ich am längsten unter Wasser bleiben konnte.» Sie richtet ihren Blick wieder auf den Fernsehschirm und schaltet mit der Fernbedienung rasch von einem Kanal zum nächsten – Channel-Surfing nennen die Kids das.

Harry versucht, sich die Welt vorzustellen, wie sie sich in Judys klaren grünen Augen ausnehmen muß – jedes Detail, auch das kleinste, lebendig und scharf und neu, zum Bersten erfüllt von sich selbst, wie ein Valentinsgruß aus Satin. Er selber, so scheint es ihm, sieht alles nur noch wie durch Nebel, einerlei, welche Brille er trägt, die zum Lesen oder die zum Weitsehen. Letztere setzt er nur im Kino auf oder wenn er nachts Auto fährt, und Zweistärkengläser lehnt er ab: wenn er eine Brille länger als eine Stunde trägt, tut sie ihm hinter den Ohren weh. Und die Gläser sind immer staubig, und das, was er sieht, kommt ihm matt und müde vor; er hat es schon zu oft gesehen. Eine Art Dürre hat sich über die Welt gelegt, etwas Ausbleichendes, wie es alte Farbdrucke befällt, auch solche, die man in der Schublade aufbewahrt.

Seltsamerweise gilt das nicht fürs erste Fairway auf dem Golfplatz vor dem ersten Schwung. Dieser Anblick ist immer frisch. Wenn Harry in seinen bequemen weißen spikessohligen Footjoys und blauen Frotteesocken auf der Erdplattform des Abschlags steht und den langen, sich verjüngenden Stahlschaft des Lynx-Predator-Drivers aus dem Golfsack zieht, fühlt er sich wieder groß, so groß wie früher auf dem Hartholzboden beim Basketball, wenn die ersten Minuten vorüber waren und seine Bewegungskraft zunahm und seine Sätze und Sprünge immer länger wurden und das Feld auf kindliche Dimensionen reduzierten, auf die Größe eines Tennisplatzes und dann eines Pingpongtisches, so mühelos wurden seine Beine mit den Entfernungen fertig, vor und zurück, und der Ring mit seinem zierlichen, rockähnlichen Netz war auf einmal ganz niedrig und weit offen für die Korbleger. Genauso schnurren beim Golf die Hunderte von Metern zu einigen wenigen Schwüngen zusammen, wenn man die innere Magie, den Schlüssel, findet. Golf hält für ihn immer von neuem die Hoffnung auf Vollkommenheit bereit, auf eine vollkommene Gewichtslosigkeit und Gelöstheit, denn hin und wieder trifft es tatsächlich ein, in drei Dimensionen, Schlag für Schlag. Aber dann ist er wieder nur ein Mensch und versucht, es zu erzwingen, es eintreten zu lassen, zehn Meter zusätzlich zu schaffen, es zu steuern, und es vergeht, Gnade könnte man's nennen, dies Gefühl des Zusammenwirkens, das Gefühl, größer zu sein, als er wirklich ist. Wenn man am ersten Abschlag steht und sich bereit macht, ist es da, es kommt zurück von dort, wo es sich versteckt hält, während man sein restliches Leben lebt, unendliche Möglichkeit, die Möglichkeit einer makellosen Runde, einer Runde ohne den kleinsten Schönheitsfehler, ohne einen verpatzten Halbmeterschlag oder einen «flatternden» rechten Ellbogen, ohne den Ball auch nur ein einziges Mal mit einem Holz zu schieben oder mit einem Eisen zu verziehen; das erste Fairway liegt vor einem, Palmen links, Wasser rechts, flach wie ein Bild. Alles, was man tun muß, ist, einen einfachen klaren Schwung ausführen und das Bild in der Mitte mit einem Ball durchbohren, der innerhalb einer Sekunde auf die Größe einer Nadelspitze schrumpft, ein winziger Tunnel ins Absolute. Das genau wär's.

Aber als er zum Übungsschwung ausholt, gellt in seiner Brust ein Schmerz auf, und er muß an Nelson denken. Der Junge liegt ihm schrill auf der Seele. Harry macht sich für den Abschlag bereit, er fühlt sich bedrängt und ist ungeduldig und trifft den Ball mit dem äußeren Ende des Schlägerkopfes, weil er die rechte Hand zu stark einsetzt. Der Ball beginnt seine Flugbahn vielversprechend, driftet dann aber mehr und mehr nach rechts ab und fällt irgendwo zu nah am Rand des langen schaumigen Wassertümpels nieder.

«Fürchte, das ist Alligatorland», sagt Bernie bekümmert. Bernie ist sein Partner bei dieser Runde.

«Kriege ich einen Mulligan?» fragt Harry.

Eine Pause entsteht. Ed Silberstein fragt Joe Gold: «Was meinst du?»

Joe sagt zu Harry: «Ich habe nicht bemerkt, daß *wir* uns Mulligans gestatten.»

Harry sagt: «Ihr Krüppel schlagt nicht weit genug, um je in Schwierigkeiten zu kommen. Beim ersten Drive lassen wir immer Mulligans zu, das ist unsere Tradition.»

Ed sagt: «Angstrom, wie willst du jemals dein Potential ausschöpfen, wenn wir dich ständig mit Mulligans verhätscheln.»

Joe sagt: «Was denkst du denn, wieviel Potential einer mit so einem Wanst noch hat? Ich glaube, sein ganzes Potential ist ihm in den Dickdarm gerutscht.»

Während die anderen ihn so aufziehen, holt Rabbit einen zweiten Ball aus der Tasche, legt ihn aufs Tee und schickt ihn mit einem steifen Halbschwung sicher, aber unrühmlich an der linken Seite des Fairways entlang. Vielleicht doch nicht so sicher: er scheint auf etwas Hartes zu prallen, springt wieder hoch und hoppelt auf eine Palme zu.

«Entschuldige, Bernie», sagt Harry. «Bin noch ein bißchen verkrampft, aber das gibt sich.»

«Mach ich mir Sorgen?» fragt Bernie und tritt einen Sekundenbruchteil bevor Harry sich neben ihn gesetzt hat, aufs Pedal des Elektrokarrens. «Mit deinen Muskeln und meinem Gehirn werden wir's den Lümmeln schon zeigen.»

Bernie Drechsel, Ed Silberstein und Joe Gold sind alle älter als Harry und kleiner und vermitteln ihm für gewöhnlich ein angenehmes Selbstgefühl. Sie nennen ihn Angstrom, er ist ein großer Schwede für sie, ein komischer Lieblings-Goi, ein dicker, bleicher unbeschnittener Vertreter des Amerikanischen Traums. Er wiederum bewundert ihre Lebenseinstellung: sie erscheint ihm männlicher als die seine, melancholischer und weiser und weniger wankelmütig. Ihre lange Geschichte hat alles Leid in die Tasche gesteckt und geht weiter. Während der Karren über das festgewalzte glitzernde Gras zu den Bällen rollt, fragt Harry: «Was hältst du von dem Rummel um diesen Deion Sanders? Er hat sogar den Bürgermeister von Fort Myers dazu gekriegt, sich in der Zeitung heute zu seinen Gunsten auszulassen.»

Bernie verschiebt die Zigarre einen Zollbreit in seinem Mund und sagt: «Weißt du, es ist unmenschlich, diese schwarzen Jungs aus dem Nichts zu holen und ihnen all diese Publicity zu verschaffen und sie zu Millionären zu machen. Ist doch kein Wunder, daß die durchdrehen.»

«In der Zeitung steht, die Zuschauer waren schuld, daß die Polizisten ihn laufenließen. Er war wegen einer Verkäuferin ausgeflippt, die gesagt hat, er hätte ein Paar Ohrringe gestohlen. Er hat ihr sogar eine runtergehauen.»

«Ich kenne die Geschichte mit Sanders nicht», sagt Bernie, «aber zum großen Teil kommt so was von Drogen. Kokain. Das Zeug ist überall.»

«Was erwarten die Leute sich bloß davon», sagt Rabbit.

«Was sie sich davon erwarten», sagt Bernie, indem er den Karren anhält und seine Zigarre vorn auf die Plastikkante legt, die eine Abstellfläche für Gläser oder Bierdosen bietet, «ist Glück auf die Schnelle.» Er baut sich zu seinem zweiten Schlag auf, nimmt wie üblich seine entsetzliche Grundstellung ein, die Füße zu nah beisammen, den kahlen Kopf in falscher Gewichtsverlagerung zu weit vornübergeneigt, und führt den Schlag mit Eisen vier aus, macht alles nur mit den Armen und Handgelenken. Der Ball fliegt trotzdem auf gerader Bahn und bleibt wenige Meter vor dem erhöhten Grün liegen. «Es gibt zwei Wege zum Glück», fährt er fort, als er wieder hinterm Steuer sitzt, «dafür arbeiten, Tag für Tag, wie du und ich es gemacht haben, oder eine chemische Abkürzung nehmen. Und so wie die Welt ist, wählen diese Kids die Abkürzung. Der lange Weg erscheint zu lang.»

«Ja nun, er *ist* lang. Und wenn du die ganze Strecke hinter dich gebracht hast, wo ist dann das Glück?»

«Hinter dir», gibt der andere zu.

«Mein Interesse für Sanders und andere Typen dieser Art», sagt Rabbit, als Bernie das von der Sonne ausgedörrte Fairway entlangfährt und herabgefallenen braunen Palmwedeln und Kokosnüssen ausweicht, «kommt daher, daß ich früher mal eine kleine Kostprobe davon hatte. Vom Sport. Jeder feuert dich an, liebt dich. Erwartet etwas von dir.»

«Sicher, ist gar nicht zu übersehen. Schon wie du mit dem Schläger rumwedelst. Fürchte trotzdem, du hast die Palme erwischt. Du bist blockiert, mein Freund.» Bernie fährt für Harrys Geschmack ein bißchen zu nah an den Ball heran.

«Ich glaub, ich kann ihn mit einem Hook drum rumbringen.»

«Versuch es gar nicht erst. Schlag ihn ins Aus. Du weißt, was Tommy Armour sagt: gib dich geschlagen in einer Situation wie dieser, und geh das nächste Grün an. Fang nicht an, Wunderdinge tun zu wollen.»

«Du hast gut reden, du hast schon so gut wie sicher ein Bogey in der Tasche. Laß mich versuchen, ihn ans Grün zu bekommen.» Die Palme gehört zu der Sorte, bei der der Stamm wie eine riesige Kordel aussieht. Sie atmet auf ihn herab mit ihrem sachten Rascheln, ihrem leisen Geruch nach einer freundlichen Dachstube voller vergilbter Schulhefte und Liebesbriefe. Es gibt viel Tod in Florida, wenn man genau hinschaut. Die Palmen wachsen, indem die unteren Wedel absterben und zur Erde fallen. Die heiße Sonne beschleunigt die Lebenszyklen. Harry geht in Stellung, seine Hüfte berührt fast den schrundigen Stamm; er stülpt eine Haube über das Eisen fünf, malt sich den aufsteigenden Bogen des Wunderschlags aus und hört schon Bernies erfreuten Glückwunschschrei.

Aber die Nähe des Baums und vielleicht auch die Nähe Bernies im Elektrokarren hemmen seinen Schwung, und er verzieht den Ball, so daß er bis zur Spitze der nächsten Palme am Fairway hinauffliegt und senkrecht ins kurze Rough niederfällt. Roughs in Florida sind ganz anders als Roughs im Norden: sie bestehen nur aus schwammigem bleichem Gras, das höchstens zwei Zentimeter höher ist als das auf den Fairways. Die Golfplätze hier sind auf die Alten und Lahmen zugeschnitten. Man wird wie ein Baby behandelt hier unten.

Bernie seufzt. «Dickkopf», sagt er, als Harry wieder zu ihm einsteigt. «Ihr Kerle denkt, die Welt schmilzt dahin, wenn ihr pfeift.»

Der Gedanke, daß er, Harry, sich irren könnte, daß Hindernisse nicht wegschmelzen, wenn er pfeift, weckt wieder das dumpfe schmerzende Untergangsgefühl, das ihn im Flughafen überkommen hat. Als er sich für seinen dritten Schlag bereit macht – Eisen acht, taxiert er –, beschwert Bernies Mißbilligung seinen Arm, und der Schlag gerät ihm eine Idee zu saftlos – der Ball ist flügellahm und geht zehn Meter zu früh nieder.

«Tut mir leid, Bernie. Mach deinen Chip, und bring dein Par unter Dach und Fach.» Aber Bernie verpatzt den Schlag – wieder nur mit den Handgelenken und zu schnell –, und sie benötigen beide sechs Schläge und verlieren das Loch an Ed Silbersteins Routine-Bogey. Ed ist ein drahtiger, im Ruhestand lebender Wirtschaftsprüfer aus Toledo; er hat dunkles hochstehendes Haar und einen schmalen vorspringenden Unterkiefer und sieht immer so aus, als wolle er gleich lächeln. Er scheint den Ball nie höher als drei Meter zu bekommen, aber er treibt ihn beständig aufs Loch zu.

«Ihr Jungs habt eben wie Dukakis ausgesehen», kräht er. «Als er sich alles vermasselt hat.»

«Hack nicht auf dem Duke rum», sagt Joe. «Er ist uns zur Abwechslung ein ehrlicher Gouverneur gewesen. Die Bostoner Politiker können ihm das nicht verzeihen.» Joe Gold besitzt mehrere Spirituosenläden in einer Stadt in Massachusetts, die Framingham heißt. Er ist untersetzt und sandblond und trägt eine so dicke Brille, daß seine hin und her hüpfenden Augen aussehen, als versuchten sie, aus zwei kleinen Goldfischgläsern zu entkommen. Er und seine Frau Beu, Beu für Beulah, sind überaus ruhige Nachbarn im Valhalla Village;

man möchte wissen, was sie wohl die ganze Zeit in ihrem Apartment tun, daß nie ein Laut zu hören ist.

«Er hat gekniffen, wo er hätte Flagge zeigen müssen», sagt Ed. «Er hätte aufstehen sollen und sagen: ‹Jawohl, ich bin ein Liberaler, und ich bin stolz darauf.›»

«Ach, und wie wäre das wohl im Süden und im Mittelwesten angekommen?» fragt Joe. «Und speziell in Kalifornien und Florida, wo all die alten Kacker sitzen, die nur eins hören wollen: ‹Keine Steuererhöhungen›?»

«Verheerend», räumt Ed ein. «Aber deren Stimmen hätte er sowieso nicht gekriegt. Seine einzige Hoffnung war, die Armen zu begeistern. Schlag diesen Einmeterball da weg, Angstrom. Ich habe deine sechs schon aufgeschrieben.»

«Ich brauch die Übung», sagt Harry und macht den Schlag und sieht, wie der Ball haarscharf am linken Lochrand vorbeirollt. Nicht sein Tag. Wird je wieder sein Tag kommen? Fünfundfünfzig und am Ende. Sein eigener Sohn kann es nicht ertragen, in einem Zimmer mit ihm zu sein. Ruth hat ihn, Harry, einmal den Tod persönlich genannt.

«Er wollte die sogenannten Reagan-Demokraten für sich gewinnen», erklärt Joe weiter, «bloß daß es keine Reagan-Demokraten gibt, das sind alles in der Wolle gefärbte Rednecks. Seit ich hier unten im Süden bin, verstehe ich besser, worum es geht. Es geht um die Schwarzen. Hundertdreißig Jahre nach Abe Lincoln haben die Republikaner die Stimmen der antischwarzen Wähler bekommen, und dies Potential ist so groß, daß ein demokratischer Präsidentschaftskandidat dagegen nicht ankommt, außer im Fall einer massiven Depression, oder jemand schießt einen Bock à la Watergate. Ollie North reicht nicht. Reagan, der Hohlkopf, hat auch nicht gereicht. Sehen wir den Tatsachen ins Auge, die Mehrheit in diesem Land hat eine Todesangst vor den Schwarzen. Da liegt der Hund begraben.»

Seit der Episode mit Skeeter vor zwanzig Jahren hat Rabbit zwiespältige Gefühle gegenüber Schwarzen, und immer, wenn dies Thema aufkommt, hält er lieber den Mund, damit er sich nicht so oder so verrät. «Bernie, was meinst du?» fragt Harry, während sie den beiden anderen zusehen, die am zweiten Abschlag stehen und sich auf die vor ihnen liegenden hundertvierundzwanzig Meter vorbereiten, die mit Par drei zu spielen sind und auch am schaumigen Tümpel vorbeiführen. Bernie ist für ihn der weiseste von den dreien, der phlegmatischste, der, der am zögerlichsten spricht. Er hat sich von einer Operation am offenen Herzen, der er sich vor ein paar Jahren hat unterziehen müssen, nie mehr richtig erholt. Er bewegt sich schwerfällig, hat ein Emphysem und den Ansatz eines Buckels und das sackige Aussehen eines dicken Mannes, der abgenommen hat, weil der Arzt es so wollte. Seine Gesichtsfarbe ist ungesund, seine Unterlippe sieht, im Profil, so aus, als sei sie nicht befestigt.

«Ich meine», sagt er, «Dukakis hat versucht, vernünftig mit dem amerikanischen Volk zu reden, aber wir sind nicht bereit dafür. Bush hat mit uns geredet, als ob wir ein Haufen Schwachsinniger wären, und wir haben alles geschluckt. Der Treueeid, ‹read my lips› – kann man sich in der heutigen Zeit etwas Idiotischeres vorstellen? Ailes und Konsorten haben eine Bierwerbung aus ihm gemacht – nimm Kurs auf die Berge.» Bernie hat den letzten Teil gesungen, mit zittriger Stimme, aber rührend genau den Ton haltend. Rabbit ist beeindruckt von dieser Fähigkeit, die die Juden zu haben scheinen: zu singen und zu tanzen und sich dem Augenblick hinzugeben. Sie singen am Sederabend – er weiß das, weil Bernie und Fern ihn und Janice in einem April einmal, unmittelbar bevor sie nach Norden wollten, zu einer Sederfeier eingeladen haben. Passah, Passover. Der Todesengel ging vorüber. Harry hat sich den Namen dieses Festes vorher nie erklären können. Laß diesen Kelch an mir vorübergehen. Bernie sagt abschließend: «Meiner Meinung nach gibt es bei Bush zwei Möglichkeiten: er hat geglaubt, was er gesagt hat, oder er hat's nicht geglaubt. Ich weiß nicht, was von beidem erschreckender ist. Er ist ein Pisher, wie wir sagen.»

«Dukakis sah immer aus, als hätte er sich über irgendwas

geärgert», bringt Rabbit vor. Das ist das Äußerste, noch deutlicher möchte er nicht eingestehen, daß er, als einziger dieses Vierers, für Bush gestimmt hat.

Bernie vermutet es vielleicht. «Nach acht Jahren Reagan hätte ich gedacht, daß mehr Leute sauer sind, stimmt aber nicht», sagt er. «Wenn man je die Armen in diesem Land dazu bewegen könnte, zur Wahl zu gehen, hätten wir den Sozialismus. Aber die Leute denken lieber in Kategorien des Reichtums. Das ist das Geniale am kapitalistischen System: entweder man ist reich, oder man möchte es sein, oder man denkt, es stünde einem zu.»

Rabbit mochte Reagan. Er mochte die dunstige Stimme, das Lächeln, die breiten Schultern, die Art, wie er während seiner langen Pausen weiter mit dem Kopf wackelte, die Art, wie er über den Fakten schwebte, wußte er doch, daß am Regieren mehr dran ist als bloß Fakten, und die Art, wie er die Richtung ändern konnte, noch während er sagte, er gehe strikt geradeaus: wie er sich aus Beirut zurückzog, kuschelig wurde mit Gorbi und das Land in die Verschuldung trieb. Das Merkwürdige war, daß außer für die hoffnungslos auf den Hund Gekommenen die Welt unter ihm eine bessere wurde. Die Kommunisten gingen unter, außer in Nicaragua, aber sogar da drängte er sie in die Defensive. Der Mann hatte das magische Etwas. Er war ein Traummann. Harry traut sich zu sagen: «Unter Reagan, verstehst du, das war wie Narkose.»

«Schon mal operiert worden? Richtig operiert?»

«Eigentlich nicht. Mandeln, als ich noch ein Kind war, und Blinddarm, als ich bei der Army war. Sie haben ihn mir rausgenommen für den Fall, daß ich nach Korea muß. Dann mußte ich aber gar nicht hin.»

«Ich habe vier Bypässe bekommen, vor zwei Jahren.»

«Ich weiß, Bern. Du hast mir alles erzählt. Aber du siehst jetzt großartig aus.»

«Es tut höllisch weh, wenn du aus der Narkose aufwachst. Du glaubst nicht, daß du mit solchen Schmerzen leben kannst. Um an dein Herz ranzukommen, schneiden sie dir der

Länge nach den ganzen Brustkorb auf. Sie knacken dich wie eine Kokosnuß. Und sie ziehen die besten Venen, die sie finden können, oben aus deinem Schenkel raus. Wenn du also aufwachst, bringt dich nicht nur deine Brust fast um, sondern auch noch deine Leiste.»

«Wow.» Harry lacht unpassend; während Bernie, im Karren sitzend, mit ihm spricht, hat Ed, der sich auf seine plusterige, übertrieben sorgfältige Weise zum Abschlag aufgebaut hat – er ordnet alle zehn Finger einzeln um den Schlägerschaft, als sei er mit einem Blumenarrangement beschäftigt, und linst dann fünf- oder sechsmal, bevor er ausholt, in Richtung Loch, ruckt dabei mit dem Kopf, als versuche er, Spinnweben abzuschütteln, oder als zwicke ihn sein Kragen –, während des Schwungs aufgesehen, so daß der zu hoch getroffene Ball ins Wasser fegt und dreimal über die Oberfläche ditscht, bevor er untergeht und drei ineinandergeschachtelte, immer weiter werdende Kreise auf dem Tümpel hinterläßt. Alligatorfutter.

«Sechs Stunden habe ich auf dem Tisch gelegen», drängt Bernies Stimme an seinem Ohr. «Ich bin aufgewacht und konnte mich nicht bewegen. Ich kriegte nicht einmal die Augen auf. Sie frieren dich ein, dein Blutkreislauf steht also praktisch still. Es war ein Gefühl, als wär ich in einem schwarzen Sarg eingesperrt. Nein, als wär ich selber der Sarg. Und in der Schwärze höre ich dann eine Geisterstimme mit dickem indischem Akzent: der pakistanische Anästhesist.»

Joe Gold will nun, nachdem der Ball seines Partners ins Wasser gegangen ist, seinerseits einen Ball ins Spiel bringen, aber er ist zu hastig, reißt den Schläger in zwei Etappen, wie er das immer macht, zum Rückschwung hoch und läßt ihn dann runtersausen zu diesem flachen Abschwung, den untersetzte Typen oft am Leib haben. Er trifft nicht richtig, und der Ball landet rechts vom Fairway im Bunker.

Bernie macht eine hohe, tragende pakistanische Stimme nach: «‹Ber-nie, Ber-nie›, sagt diese Stimme und kommt von so weit her, daß ich denke, vielleicht ist es die Stimme Gottes, ‹Ope-ration erfolg-reich über-standen!›»

Harry kennt die Geschichte schon, aber er lacht trotzdem. Es ist eine gute, gruselige Geschichte von der Grenze zum Tod.

«‹Ber-nie, Ber-nie›», sagt Bernie noch einmal, «wie die Stimme, die aus den Wolken zu Abraham sprach, daß er Isaak die Kehle durchschneiden soll.»

«Selbe Reihenfolge wie vorhin?» fragt Harry. Er hat das Gefühl, daß er sich beim vorigen Loch blamiert hat.

«Du zuerst, Angstrom. Ich glaube, es nimmt dich zu sehr mit, wenn du als letzter drankommst. Streng dich an. Zeig diesen Stümpern, wie's gemacht wird.»

Das ist es, was Rabbit hören wollte. Er nimmt ein Eisen sieben und versucht, fünf Regeln zu beherzigen: mit dem Kopf unten bleiben, den Rückschwung nicht zu lang werden lassen, die Hüfte bewegen, noch während der Schläger oben ist, den Abschwung weich ausführen und die Schlagfläche des Schlägerkopfes rechtwinklig mit dem Ball in Berührung bringen, an dem Punkt, wo das Zifferblatt einer Uhr Viertel nach drei anzeigt. Der Ball verschwindet im Nu, mit leisem Pfeifen, aus Harrys nach unten gewandtem Blick, und er weiß, der Schlag hat gesessen. Alle zusammen beobachten sie, wie der dunkle Punkt aufsteigt, die kleine geisterhafte Sekunde, die die Weite bringt, in der Luft stehenbleibt und dann senkrecht aufs Grün herunterfällt; der Ball trifft eine Idee zu weit links auf, aber wie es scheint, auf Höhe der Fahne, und hüpft parallel zur Schrägung des schüsselförmigen Grüns. Die Welt fängt an dahinzuschmelzen.

«Schön», muß Ed zugeben.

«Wie wär's mit einem Mulligan?» fragt Joe. «Diesmal genehmigen wir dir einen.»

Bernie fragt, während er sich aus dem Karren zwängt: «Was für ein Eisen war das?»

«Sieben.»

«Für solche Schläge, mein Freund, solltest du Eisen acht nehmen.»

«Glaubst du, ich bin übers Loch hinaus?»

«Weit. Du bist ganz hinten am Rand.»

Schöner Partner. Einfach nicht zufriedenzustellen. Wie Marty Tothero vor fast vierzig Jahren. Wenn man fünfundzwanzig Punkte in einem Spiel geschafft hatte, wollte Marty fünfunddreißig haben und hielt einem einen mißglückten Korbleger vor. Der Soldat in Harry, der masochistische Christ, schätzt solche Männer. Die totale unkritische Liebe, wie Frauen sie einem entgegenbringen, nimmt einem alle Kraft, macht einen fertig.

«Für mich ist, glaube ich, ein gebremstes Eisen sechs richtig», sagt Bernie.

Aber beim Versuch, dem Schlag ein bißchen von seiner Härte zu nehmen, nimmt er ihm zu viel weg und schlägt zu kurz; der Ball fliegt zwar übers Wasser, landet aber auf der Uferböschung, wo man sich nicht richtig hinstellen kann. «Schwieriger Chip von da», sagt Harry, unfähig, auf die kleine Spitze zu verzichten. Er grollt Bernie immer noch, weil der vorhin so nah an den versuchten, wohlerwogenen Hook herangefahren ist.

Bernie nimmt die Spitze hin. «Wo doch mein letzter Chip schon so saumäßig war, hm?» sagt er und hievt seinen zerschnittenen, ausgeleierten, buckligen alten Körper wieder in den Karren, nachdem Harry auf den Fahrersitz gerutscht ist. Wer auf dem Grün ist, hat sich das Recht erworben zu fahren. Harry fühlt, wie er in Schwung kommt – sie werden es diesen Lümmeln zeigen. Er steuert den Karren über eine gewölbte hölzerne Brücke, auf deren Planken ein roter Gummiläufer liegt. «Von da, wo du bist», sagt Bernie ihm, als sie aussteigen, «fällt das Grün ab. Wenn du mit dem Putter nicht ganz vorsichtig umgehst, saust du meilenweit am Loch vorbei.»

Ed, der einen Ball ins Wasser geschlagen hat, ist bei diesem Loch ausgeschieden. Bernie steht so ungeschickt auf der steilen Böschung, daß er den Ball verfehlt, ihn beim nächsten Versuch mit dem hinteren Teil des Schlägerkopfs zur Seite kickt und ihn schließlich aufnimmt. Der sandblonde Joe Gold aber, ganz in seinem Element, ruckelt mit den Füßen so lange, bis er ganz fest im Sand steht, und befördert seinen Ball mit einem sicheren satten Schlag aus dem Bunker heraus. Harry möchte Bernies Rat befolgen, obwohl er seinen eigenen Instinkten zuwiderläuft, und führt seinen langen Putt besonders vorsichtig aus: einen Meter zwanzig zu kurz. Er markiert die Stelle mit einem Valhalla-Village-Marker und macht Joe Platz, der zwei kleine Putts für sein Bogey braucht. Joe läßt sich Zeit, und Harry hat dadurch zu lange Gelegenheit, über seine ein Meter zwanzig nachzudenken. Er sieht eine günstige Möglichkeit, dann sieht er sie wieder nicht. Als er schließlich zu verhindern sucht, daß der Ball links am Lochrand vorbeirollt wie beim vorigenmal, verschenkt er seinen – durchaus machbaren – Par-Schlag: der Ball landet zwei Zentimeter rechts vom Loch. «Verdammt, verdammt, *verdammt*», sagt er; die Enttäuschung preßt sich ihm von hinten so heftig gegen die Augen, daß ihm ist, als müsse er in Tränen ausbrechen. «Mit einem Schlag auf dem Grün und dann dreimal putten, so was Beschissenes!»

«So was gibt's», sagt Ed und schreibt mit geübter Wirtschaftsprüfer-Akkuratesse die 4 auf. «Unentschieden.»

«Tut mir leid, Bern», sagt Harry und steigt wieder in den Karren, auf der Beifahrerseite.

«Ich habe dich nervös gemacht», sagt sein Partner. «Hätte lieber die Klappe halten sollen, statt dir zu sagen, daß das Grün zum Loch hin abfällt.» Er wickelt die nächste Zigarre aus, und aufs Pedal tretend, lehnt er sich zurück in einen langen Tag.

Nicht Harrys Tag. Ihm ist, als sei die Florida-Sonne hoch oben nicht etwas großes Einzelnes, sondern eher eine Batterie sengender Scheinwerfer, die einem überallhin folgen mit gleichmäßigem weißem Licht. Sogar unmittelbar unter Palmen und dicht an der dreieinhalb Meter hohen Umzäunung aus Kiefernholz, die das Village gegen den Rest der Welt abgrenzt, findet die Sonne einen; sie rötet Rabbits Nasenspitze und brennt ihm auf den Unterarmen und auf dem Rücken der unbehandschuhten Hand, der schon mit kleinen weißen

Keratoseknötchen gesprenkelt ist. Rabbit hat immer eine Tube Sonnencreme mit Schutzfaktor 15 in seinem Golfsack und reibt sich regelmäßig ein, aber die ultravioletten Strahlen dringen doch durch und backen seine schuppigen Zellen zu Hautkrebs. Die drei Männer, mit denen er spielt, benutzen nie irgendwelchen Sonnenschutz und werden einfach nur angenehm braun, sogar Bernies Glatze, glatt wie ein Straußenei, nur wenige kleine Flecken drauf, die man sieht, wenn er sich in dieser gräßlichen Haltung – Kopf vornüber, Füße zu eng zusammen – über seine Schläge beugt. Harry empfindet Bernies gleichförmige, mechanisch sich wiederholende Unfähigkeit, die zu kurzen Treibschläge und ungeschickten Chips, heute als Last, weil er sie nicht wettmachen kann, und er fragt sich, wie es möglich ist, daß jemand, der so viel erduldende Weisheit ausstrahlt wie Bernie, nie auch nur das kleinste bißchen von Golf begreift, es nicht einmal versucht. Für ihn, vermutet Harry, ist Golf einfach nur ein Spiel, ein Zeittotschlagen in der Sonne in diesem Stadium seines Lebens. Bernie war mal ein Junge und dann ein Mann, der Geld und Kinder gemacht hat (ein Teppichgeschäft in Queens; zwei Töchter, die nette solide Burschen geheiratet haben; ein Sohn, der in Princeton und an der Wharton School in Philadelphia studiert hat und ein Hostile-Takeover-Spezialist an der Wall Street geworden ist), und nun ist er am andern Ende des Lebensregenbogens, und wie die Menschen so sind: Bernie erduldet die Ruhestandsfreuden in Florida genauso, wie er sein ganzes Leben erduldet hat, saugt denselben beißenden nassen Zigarrengeschmack daraus. Er sieht nicht, was Harry in dem Spiel sieht – Unendlichkeit, eine Gelegenheit zu unendlicher Verfeinerung. Rabbit sieht es heute selber nicht. Am elften Loch, einem Dogleg Par fünf, das er verpfuscht – beim zweiten Schlag schneidet er mit einem Eisen vier den Ball so stark, daß er im Seitenhof eines Condos liegenbleibt, zwischen Plastikmülleimern und einer Zementplatte, in die ein paar rostige Wäschepfosten eingelassen sind (ein deutscher Schäferhund, der an die Wäscheleine aus Draht gebunden ist, bellt ihn an und versucht, sich auf ihn zu stürzen, so daß der straffgespannte Draht singt, und Gold und Silberstein, die faul in ihrem Karren sitzen, gackern, und Bernie sackt tiefer in sich zusammen und sieht mürrisch aus), und während der Hund bellt und bellt, legt Harry sich den ins Aus gegangenen Ball für einen Strafschlag mit Eisen vier zurecht und versucht es dann mit einem Eisen drei, aber zu heftig: zwanzig Zentimeter hinterm Ball hackt er in den Boden und schüttet sich die ganzen Schuhe und die Socken voll Sand; den nächsten Schlag verzieht er nach links, der Ball geht in ein Beet mit verdorrten, die Blätter abwerfenden Azaleen neben dem zwölften Abschlag; er läßt den Ball fallen für den Strafschlag, und das Ding schlittert quer übers ganze Grün (alle drei Mitspieler sind jetzt gespenstisch still, geschockt, voll trauernden Mitleids mit ihm, oder ist es ein schadenfrohes Schweigen?); der Ball liegt im Sandbunker, er kriegt ihn nicht heraus, sondern haut ihn mit dem Schläger gegen den Rand des Hindernisses, so daß er zurückkullert; angeekelt nimmt er ihn auf, und als er nach dem Harken den Rechen wegschmeißt, tut er sich auch noch am Knie weh –, nach diesem Loch beginnen das Spiel und der Tag ihn zu zermürben; er gerät in einen Zustand der Niedergeschlagenheit. Das Gras sieht schmierig und unwirklich aus, jede zweite Palme stirbt an der Dürre und wirft steife braune Wedel ab, die Condos reihen sich an jedem Fairway wie große stuckverzierte Hinterhofabtritte, und sogar der Himmel, der den Augen gewöhnlich Trost bietet, ist verschmutzt mit Kondensstreifen, die sich zerfasern und verteilen, bis sie nicht mehr zu unterscheiden sind von Gottes reinen Wolken.

Die Stunden summieren sich, der Mittag kommt und geht, die Sonnenscheinwerfer werden allmählich matter, aber die Hitze wird höher gedreht. Sie hören um Viertel vor drei auf, Harry und Bernie liegen mit zwanzig Dollar im Rückstand. «Wir zeigen's ihnen beim nächstenmal», verspricht Harry seinem Partner, ohne es wirklich zu glauben.

«Du warst heute nicht ganz auf der Höhe, mein Freund»,

sagt Bernie. «Hast du Probleme mit deiner Freundin oder so?»

Juden sind sexversessen: in einer Geschichte über Hollywood hat er mal gelesen, wie die hinter Frauen her waren. Harry Cohn, Groucho Marx, die Warner Brothers, die wurden ganz wild da draußen bei all dem Sonnenschein und den Swimmingpools und den vielen Schicksen aus dem Mittleren Westen, die zu allem bereit waren, um Filmstars zu werden: an Orgien teilnehmen, einem Mogul einen blasen, während der ein Telephongespräch führt; aber seine Golfpartner sind alle noch mit denselben Frauen verheiratet, seit vierzig, fünfzig Jahren, Frauen mit mächtig viel gefärbtem Haar und dikken Armbändern und fetten braunen Oberarmen, Frauen, die ununterbrochen reden, wenn man sie aufgepuppt zum Dinner trifft, und Bernie, Ed und Joe sitzen daneben und lächeln und schweigen, als ob all dies Gerede, das ihre Frauen veranstalten, Sex wär, und wahrscheinlich ist es das – Pep, Leben. Wie machen sie das? Das Leben wie einen maßgeschneiderten Anzug tragen. «Ich glaub, ich hab's dir schon gesagt», sagt Harry zu Bernie, «mein Sohn und seine Familie sind auf Besuch da.»

«Da haben wir dein Problem, Angstrom. Du fühlst dich schuldig, weil du mit uns rumtobst, anstatt dich mit deinen Lieben zu vergnügen.»

«*Sie* vergnügen, ja. Sie sind gestern erst angekommen und langweilen sich schon. Am liebsten sollen wir neben Disney World wohnen.»

«Geh mit ihnen in den Dschungelpark. In Sarasota beim Ringling-Museum von der 41 runter. Fern und ich gehen jeden Winter zwei-, dreimal hin und bekommen ihn nie über. Ich könnte den Flamingos stundenlang beim Schlafen zusehen – wie machen die das? Balancieren auf einem Bein, das sechzig Zentimeter lang ist und dünner als mein Finger.» Er hält einen Finger hoch, der dick erscheint. «Dünner als mein Finger», schwört er.

«Ich weiß nicht, Bernie. Mein Sohn benimmt sich, als ob er

nicht will, daß meine eigenen Enkelkinder was mit mir zu tun haben. Der kleine Junge, er ist vier, ist praktisch ein Fremder für mich, aber mit dem Mädchen käme ich gut zurecht. Sie ist fast neun. Ich hab sogar schon überlegt, sie irgendwann mal im Cart mitzunehmen und sie mit Ball und Schläger üben zu lassen. Oder ich leihe mir vielleicht einen Sunfish, Ed, wenn dein Sohn drüben im Bayview mich als Gast eintragen könnte.»

Die vier bestellen Bier und bekommen gratis Knabberzeug dazu: im Club Nineteen, neben dem Golfladen im Erdgeschoß des Hauses A im Valhalla Village. Die Dunkelheit im Innern – dunkle Wandtäfelungen und Deckenbalken wie in einem englischen Pub – wird verstärkt durch die tropische Helle draußen, an den runden weißen Tischen unter Sonnenschirmen, auf denen *Coors* steht. Das Planschen vom Pool, der zwischen den Häusern A und B liegt, dringt herüber und das Klopfen eines Generators, der hinten an der Hauswand steht, hinter den Waschräumen und Dartboards und Videospielen. Nachts bildet Harry sich manchmal ein, daß er hören kann, wie der Generator pulst, durch alle sich dazwischen schiebenden Apartments, Teppiche, Klimaanlagen, Unterhaltungen, Matratzen und pfirsichfarbenen Flurtapeten hindurch. Das Geräusch schlängelt sich irgendwie um alles herum, haftet an den Wänden und kommt zur großen Schiebetür herein, durch den Spalt, der offensteht für die Golfluft.

«Kein Problem», sagt Ed, während er die Spielpunkte zusammenzählt. «Geh einfach zum Empfang und sag, du willst zu Gregg Silvers. So nennt er sich, frag mich nicht, warum. Sie lassen euch dann durch die Lobby gehen und die Treppe runter zu den Umkleideräumen. Ich rate davon ab, die Lobby im Badeanzug zu betreten. Das wird dort nicht gern gesehen. Weißt du schon den Tag? Ich gebe ihm Bescheid, und er erwartet dich dann.»

In Harry wächst der Eindruck, daß dies ein ernsthafterer Gefallen ist, als er gedacht hat, eine größere Verbindlichkeit, als sich eigentlich lohnt.

«Freitag, wenn überhaupt», sagt er. «Muß Gregg im voraus Bescheid haben? Morgen, dachte ich, fahren wir erst mal Richtung Sarasota.»

«Dschungelpark», drängt Bernie.

«Spielzeugeisenbahn-Museum», steuert Joe Gold bei. «Und gleich gegenüber vom Ringling-Museum ist ‹Bellm's Cars and Music of Yesterday›, ja, ich glaube, das ist der Name. Über tausend Musikapparate, kannst du dir das vorstellen? Oldtimer von 1897, ich habe nie gewußt, daß es damals schon Autos gab. Du hast doch geschäftlich mit Autos zu tun, Angstrom, nicht? Du und dein Junge. Ihr freut euch beide einen Affen, wenn ihr das seht.»

«Ich weiß nicht», fängt Harry an und sucht nach Worten, mit denen sich die eigenartige Wolke erklären ließe, die Nelson mit sich trägt und die sich drückend auf jeden Ausflug legt.

«Harry, das ist interessant», sagt Ed. «Du hast sieben, zwei über Par wegen deiner Vorgabe beim elften Loch, wo du den Ball aufgenommen hast, und sechs beim sechzehnten, wo du zwei Bälle ins Wasser geschlagen hast, aber insgesamt kommst du immer noch mit glatten neunzig weg. Du hast nicht so schlecht gespielt, wie's ausgesehen hat. Ein paar verbockte Drives und ein paar lange Eisen weniger, und du bist jedesmal in den Achtzigern.»

«Ich bin einfach nicht in Schwung gekommen», sagt Harry, «ich konnte nicht loslassen.» Er hat eine unstellbare Frage für diese weisen jüdischen Männer: was sagt ihr zum Tod? Er fragt sie: «He, was sagt ihr zu der Pan-Am-Maschine?»

Eine Pause entsteht. «Es muß eine Bombe gewesen sein», sagt Ed. «Wenn man Stahlsplitter findet, die Lederkoffer durchschlagen haben, und Wrackteile, die im Umkreis von achtzig Kilometern über Schottland verstreut sind, muß es eine Bombe gewesen sein.»

Bernie seufzt: «Das waren sie wieder. Die Schiiten.»

«Araber», sagt Joe Gold. Patriotische Freude erhellt seine

hin und her flitzenden Augen: «Sobald wir Gewißheit haben, fliegen unsere F-111 wieder nach Libyen. Das beste wäre, wir würden in einem Aufwasch gleich in den Iran fliegen und es dem alten Ajatollah heimzahlen.»

Aber ihre Zungen sind nicht so flink wie sonst; Harry hat sie beklommen gemacht mit seiner Frage, die doch so politisch gar nicht gemeint war. Für Juden läuft alles, was in den Zeitungen steht, auf Israel hinaus.

«Ich meine», sagt er, «verdammt, was für ein Gefühl ist das, eurer Meinung nach – man sitzt da, und plötzlich explodiert das Flugzeug.»

«Na, ich wette, es weckt einen auf», sagt Ed.

«Sie haben *nichts* gefühlt», sagt Bernie taktvoll – er spürt Harrys persönliche Besorgnis. «Null. So schnell war alles vorbei.»

Joe sagt zu Harry: «Du weißt, was die Israelis sagen, Angstrom, oder? ‹Wenn wir schon Feinde haben müssen, danken wir Gott, daß es die Araber sind.›»

Harry hat das schon einmal gehört, aber er versucht zu lachen. Bernie sagt: «Ich glaube, Angstrom könnte einen neuen Partner gebrauchen. Ich deprimiere ihn.»

«Das warst nicht du, Bernie. Ich bin deprimiert hergekommen.»

Im Club Nineteen wird einem in kleinen Porzellanschalen mit dem Valhalla-Village-Monogramm, zwei meerblauen, ineinander verschlungenen Vs, ein wundervolles Sortiment an Knabbersachen hingestellt. Nicht einfach nur trockengeröstete Erd- und Haselnüsse und Mandeln, sondern winzige Salzstangen und gesalzene Kürbiskerne und eng aufgerollte Löckchen ähnlich wie Corn Chips, nur feiner und schärfer im Mund in dem wonnevollen Moment, da die Zunge eins von ihnen zwischen die Backenzähne befördert. Die drei andern nehmen nur hin und wieder eine Prise von diesem knusprigen salzigen Gemisch, achtzig Prozent davon verspeist Rabbit, und die Schale ist bald geleert.

«Das Zeug ist voller Natrium», warnt Bernie ihn.

«Schon, aber es ist gut für die Seele», sagt Harry, eine religiöse Bemerkung, die er sich gerade eben noch zu machen traut. «Sonst noch jemand bereit für 'n zweites Bier?» fragt er. «Diese Runde spendieren die Verlierer.»

Er fühlt, wie er allmählich leicht wird: seine düstere Stimmung verdünnt sich wie ein Spritzer Druckfarbe im sanften Lösungsmittel Alkohol. Er winkt den Kellner herbei und trägt ihm auf, zusammen mit den vier frischen Bieren noch eine Schale mit Knuspereien zu bringen. Der Kellner, ein wie ein Faun aussehender junger Hispanic mit einem Ohrring, der größer ist als der Nelsons, und goldenen Kettchen an beiden Handgelenken nickt verschüchtert; Harry muß ihm enorm vorkommen, bedrohlich weiß und rosa und aufgeschwemmt von natriumhaltigem Wasser. Das ganze Quartett muß ihm laut und potentiell ungebärdig vorkommen: häßliche alte Gringos. Noch ein Klecks Druckerschwärze. Harry fühlt sich wieder schwer. Gute Stunden in Florida sind nie so gut, wie die angesäuselten Spätnachmittage im Flying Eagle, seinem alten Club zu Haus im Diamond County, gewesen sind, damals, bevor Buddy Inglefinger die verrückte Hippie-Bohnenstange Valerie geheiratet hat und nach Royersford gezogen ist und Thelma Harrisons Lupus sich so verschlimmert hat, daß sie nicht mehr unter Menschen ging, und Cindy Murkett fett wurde und Webb sich von ihr scheiden ließ und man nie mehr irgendwen traf. In Florida sind die Leute so vorsichtig, als ob sie nach zwei Bieren hinfallen und sich eine Hüfte brechen könnten. Der ganze Staat ist brüchig.

«Spielt dein Sohn Golf?» fragt Joe ihn.

«Nicht ernsthaft. Er hat nie die Geduld dazu gehabt. Oder die Zeit, wie er sagt.» Und, hätte Rabbit hinzufügen können, er hat ihn nie ernsthaft dazu aufgefordert.

«Was macht er denn in seiner Freizeit?» fragt Ed. Diese Männer, dämmert es Harry, sind jetzt höflich. Durch die Bestellung einer zweiten Runde Bier hat er die Kameraderie des neunzehnten Lochs überdehnt, sie ist nicht mehr unangestrengt. Die Burschen werden von ihren angejahrten Sexy-

Gattinnen erwartet. Müssen sich auf den neuesten Stand des Klatsches bringen. Briefe von pflichtbewußten, gedeihenden Kindern lesen. Zinsen addieren. Die Thora studieren.

«Ist mir schleierhaft», sagt Harry. «Hängt mit 'ner Horde Nieten aus Brewer rum, ‹Swinging Singles›, so in der Art. Ich hab den nie viel machen sehen mit seiner Freizeit. Er hat nie Sport getrieben.»

«So wie du über ihn redest, könnte man denken, du bist der Sohn und er ist der Vater», sagt Bernie.

Rabbit stimmt emphatisch zu; mit ein bißchen Anschubhilfe vom zweiten Bier hat er fast eine Vision. «Ja, und noch dazu ein straffälliger Sohn. Genau das sieht er in mir, einen alten jugendlichen Straftäter. Seine Frau sieht elend aus.» Wie kommt er darauf? Stimmt es denn? *Helft mir, Jungs. Sagt mir, wie ihr Sex und Tod so in den Griff gekriegt habt, daß sie euch nichts anhaben.* Er fährt fort: «Die ganze Familie ist fertig mit den Nerven, auch die beiden Kinder. Ich weiß nicht, was da läuft.»

«Deine Frau, weiß *sie*, was da läuft?»

Die dumme Nuß. Harry übergeht die Frage. «Erst gestern abend hab ich versucht, mich ganz friedlich mit dem Jungen zu unterhalten, und was tut er? Er meckert an Toyota rum. Die Gesellschaft, die uns ernährt, die ihn und seinen alten Herrn und seinen Großvater, diesen dubiosen kleinen Gauner, davor bewahrt hat, auf der Straße zu sitzen, und er? Er beschwert sich, daß Toyotas keine Lamborghinis sind! Himmel, das Bier ist nur so runtergeflutscht. Das war ja wie in der Wüste Gobi da draußen.»

«Harry, du willst kein drittes Bier.»

«Du willst nach Hause und deiner Familie von Bellm's erzählen. B-E-L-L-M's. Ich weiß, es hört sich an, als könnte ich nicht buchstabieren. Jedes Uraltauto, das du dir denken kannst. Noch bevor es Lenkräder gab. Sogar noch vor der Gangschaltung.»

«Um ehrlich zu sein, Jungs, ich hab mich nie doll für Autos interessiert. Ich fahr sie, ich verkauf sie, aber ich hab die blöden Dinger nie wirklich kapiert. Für mich sind sie alle gleich. Prima, wenn sie funktionieren, mistig, wenn nicht.» Die anderen Männer stehen auf.

«Ich möchte dich morgen nachmittag hier draußen mit deiner kleinen Enkelin vorfinden. Bring ihr die Anfangsgründe bei. Kopf runter, langsam abschlagen.»

Der da eben gesprochen hat, war Bernie; Ed Silberstein sagt:

«Tu was, damit dein Rückschwung kürzer wird, Harry. Du brauchst nicht all dies Gewuchte hinter der Schulter. Der Ball liegt genau in der Mitte vor dir, da mußt du ihn treffen, direkt vor deinem Pimmel. Das ist der beste Rat, den ich je von einem Pro bekommen habe: ‹Stellen Sie sich vor, Sie schlagen den Ball mit Ihrem Pimmel.›»

Sie haben seinen stummen Schrei nach Hilfe, nach Trost verstanden; ihm scheint, während er da sitzt, daß sie ihm zuliebe jetzt jüdischer werden.

Bernie hat sich vom Tisch hochgestemmt und türmt sich über Harry mit seiner grauen Haut, seinen losen Kehllappen, in denen Schatten nisten. «Wir haben ein Wort dafür», sagt er zu Harry hinab, «Zores. Mir scheint, mein Freund, du hast Zores. Noch keinen ausgewachsenen, keinen *gehoketh* Zores, aber Zores.»

Harry fühlt sich angenehm beduselt, in seiner Brust ist ein leises Stechen, auf seiner Nase macht sich allmählich der Sonnenbrand bemerkbar, und er hat überhaupt keine Lust, sich zu bewegen, obwohl die Welt um ihn in Bewegung ist. Die beiden großspurigen College-Kids, die den ganzen Nachmittag hinter ihnen hergespielt und -gedrängelt haben, sind inzwischen fertig und lassen nun die Videospiele drüben bei den Waschräumen surren, jaulen, pfeifen, quäken. Bewegte roboterhafte Figuren in vielen Farben tauchen auf den Bildschirmen auf und verschwinden. Er sieht seine weißen Finger mit den großen Nagelmonden zerstreut auf dem Boden der Knabberschale grabbeln, als wollten sie die ineinanderverschlungenen Vs dort pflücken. Das Junk-Food-Zeug ist weggeputzt. Er könnte nicht mit Sicherheit sagen, ob der Kellner nun eine zweite Schale gebracht hat oder nicht.

Joe Gold mit der sandblonden Mähne und den vergrößerten Augen, die in den eckigen Brillengläsern hin und her schwappen, beugt sich ein wenig vor, als pflanze er seine Füße gerade wieder fest in einen Sandbunker, und sagt: «Ich habe einen jüdischen Witz für dich. Abe trifft Izzy, sie haben sich lange nicht gesehen. Abe fragt: ‹Wie viele Kinder hast du?› Izzy sagt: ‹Keine.› Sagt Abe: ‹Keine! Was tust du denn dann, um dir das Leben schwerzumachen?›»

Ihr Lachen wirkt überdreht, wie die Schauspielerei in einem Werbespot für Bier; ihr Gespöttel, ungewohnt unisono, enthält eine Warnung für Harry: er hat den Tag vertrödelt, er muß sich jetzt beeilen, muß sich beeilen, um es noch zu schaffen, wie früher, wenn er zu spät zur Schule rannte mit wässerigem Flattern im Magen.

Die drei andern, die in ihre soliden häuslichen Verhältnisse zurück wollen, schlagen ihm zum Abschied leicht auf die Schulter, zwicken ihn sogar in den Nacken, als müßten sie ihn aus einer geistig-seelischen Erstarrung wachrufen. In Florida, denkt er, hat sogar Freundschaft etwas Fadenscheiniges, Provisorisches – die Leute können jeden Augenblick woanders ein Apartment kaufen und dorthin ziehen oder ganz abtreten und sterben.

Man läßt die Schläger und die Schuhe im Pro-Shop. Rabbit geht in seinen Mokassins, die so ausgetreten sind, daß seine Füße sich darin bewegen, scheinbar ohne das Leder zu berühren, über den Parkplatz, über die Fahrbahn und eine der kleinen, mit grünem Teppich belegten Verkehrsinseln des Valhalla-Komplexes zum Eingang des Hauses B. Er benutzt seinen Schlüssel, tippt den Code auf der Nummerntastatur im engen Raum zwischen den Türen ein, wo die beiden Überwachungskameras, die ihn beobachten, installiert sind, zieht die Innentür auf – sie summt nicht, sie macht *ding ding ding* wie ein zurücksetzendes Feuerwehrauto – und fährt mit dem Fahrstuhl in den vierten Stock. Im Apartment 413, seinem Zuhause fern von zu Hause, spielen Janice, Pru und die Kinder Karten, das heißt, Janice, Pru und Judy spielen, Roy hält nur ungeschickt seine Karten fest, und Pru erklärt ihm, wie das Spiel funktioniert und was er ablegen soll. Sein Gesicht sieht geschwollen aus, der Nachmittag scheint voller Vergeblichkeiten und Enttäuschungen gewesen zu sein. Alle begrüßen Harry, als komme er, um sie von der Langeweile zu erretten, aber er fühlt sich so erschlagen, daß er sich nur hinlegen möchte, damit sein Körper sich mit Nichtsein vollsaugen kann. Er fragt: «Wo ist Nelson?»

Das ist nicht die richtige Frage, zumindest nicht in Gegenwart der Kinder. Janice und Pru werfen sich einen Blick zu, dann wagt Pru sich vor: «Er ist unterwegs, macht ein paar Besorgungen mit dem Auto.» Hier unten haben sie nur ein Auto, den Camry, Harrys Celica bleibt immer in Penn Park. Es geht gut so, denn nahezu alles, was sie brauchen – Medikamente, Magazine, ab und zu einen Haarschnitt, Badeanzüge, Tennisbälle –, gibt es innerhalb des Valhalla-Komplexes. Der kleine Lebensmittelhändler im Haus C verlangt Flughafenpreise, deshalb fährt Janice für gewöhnlich einmal in der Woche zum Großeinkauf ins Winn Dixie einen Kilometer weiter unten am Pindo Palm Boulevard. Etwa einmal in der Woche besuchen sie ihre Bank in Downtown-Deleon, an einer Plaza zwei Häuserblocks von den Stränden entfernt, wo ununterbrochen Fahrstuhlmusik plätschert, sowohl im Innern der Bank als auch draußen davor; in den Bäumen müssen Lautsprecher versteckt sein. Vielleicht zweimal im Monat sehen sie sich in einem Cineplex in einer riesigen Shopping-Mall am drei Kilometer entfernten Palmetto Palm Boulevard einen Film an. Aber oft vergehen viele Tage, während deren der Wagen nur auf dem Parkplatz herumsteht und Rost und weißklecksigen Vogeldreck ansetzt.

«Was für Besorgungen hat er denn zu machen?»

«Ach Harry», sagt Janice. «Was er eben braucht. Er mag das Bier nicht, das du kaufst. Er mag eine spezielle Art von

Zahnseide, nicht Faden, sondern Band. Und er mag gern Auto fahren, er leidet an Klaustrophobie.»

«Wir leiden alle an Klaustrophobie», sagt er. «Die meisten von uns stehlen deswegen nicht gleich anderer Leute Wagen.»

«Du siehst erschöpft aus. Hast du verloren?»

«Kannst ja mal raten.»

«Du verlierst immer. Er spielt mit diesen drei jüdischen Männern», erklärt sie ihrer Schwiegertochter, «und die nehmen ihm jedesmal zwanzig Dollar ab.»

«Sei nicht so voreingenommen, du klingst wie deine Mutter. Und zu deiner Information: ich gewinne genauso oft, wie ich verliere.»

«Ich erfahre bloß nie, wenn das mal vorkommt. Die erzählen dir unentwegt, wie gut du bist, und nehmen dir dann dein Geld ab.»

«Dumme Kuh, einer von ihnen hat zwanzig Dollar mit mir *zusammen* verloren. Er war mein Partner!»

Heiter, ganz wie ihre Mutter niemanden im besonderen anredend, sagt sie: «Wahrscheinlich geben sie's ihm zurück, die kunkeln doch alle miteinander.»

Ihm kommt in den Sinn, daß sie diese unerquicklichen und unsinnigen Dinge sagt, um von Nelsons rüdem, mysteriösem Fernbleiben abzulenken.

Judy sagt: «Grandpa, komm, spiel *du*, nimm Roys Karten. Er weiß nicht mal, wie man sie hält, und fängt an, Zicken zu machen.»

Roy tritt eilfertig den Beweis ihrer Behauptung an und wirft die Karten auf den runden Glastisch, ähnlich, wie er heute morgen den Löffel hingeworfen hat. «Ich finde Kartenspielen scheußlich», sagt er mit eigenartiger Exaktheit, wie eine der altmodischen Puppen, die ein paar kleine Sätze aufsagten, wenn man an der Strippe zog, die ihnen hinten aus dem Rükken wuchs.

Judy langt behend mit der Hand, die nicht die Karten hält, zu ihm hinüber und haut ihm mit der Faust gegen Schulter und Hals, und als er in Notwehr aufkreischt, erklärt sie ihm:

«Der Stich ist jetzt verdorben, du hast alles kaputtgemacht, keiner kann jetzt mehr spielen. Und ich wollte gerade durchmarschieren!» Pru legt ihre Karten zierlich aufgefächert, mit der Bildseite nach unten, auf den Tisch und zieht mit dem anderen Arm, einem flaumigen Arm aus langen zärtlichen Knochen, den heulenden kleinen Jungen an sich. Als Judy das sieht, entflammt sie in Eifersucht, sie wird rosaäugig, wie Frauen das so an sich haben, bevor sie sich entschließen zu weinen, und rennt davon in Harrys und Janices Schlafzimmer.

Pru lächelt matt, *sie* sieht erschöpft aus. «Jeder ist müde und quengelig», sagt sie singend, über Roys Kopf hinweg, damit auch Judy es hören kann.

Janice steht auf, ist eine Sekunde lang ein bißchen unsicher auf den Beinen. Sie stößt sich das Schienbein am Glastisch, und neben ihren niedergelegten Spielkarten erzittert ein halb mit Campari gefülltes Orangensaftglas, der hellrote kleine Kreis oben, und Harry muß an den Tümpel denken, als Eds Ball hineingeditscht ist. Sie hat wieder den Tennisdress an. Getrocknete Schweißflecke an der Seite und unter den Armen zeichnen sich ab wie Kontinente auf einer sehr blassen Landkarte. «Vielleicht haben wir zuviel mit ihnen gemacht», sagt sie erklärend zu Harry. «Wir haben diesen enormen Einkauf bewältigt, sind zum Lunch ins Burger King gegangen, dann hierher zurück, dann hat Pru sie zwei Stunden zum Schwimmen und Shuffleboard mitgenommen, und dann sind Judy und ich noch zu den Tennisplätzen rübergegangen und haben uns eine Weile den Ball zugeschlagen.»

«Wie macht sie sich?» fragt er.

Janice lacht; es klingt überrascht. «Fabelhaft, wirklich. Die wird mal ein richtiger Crack, genau wie du.»

Rabbit geht ins Schlafzimmer. Wenn niemand außer Janice da wäre, würde er sich aufs Bett legen, sich durch ein paar Seiten des Geschichtsbuchs kämpfen, das sie ihm zu Weihnachten geschenkt hat, überm trockenen Zirpen des Vogels in der Araukarie die Augen schließen und der großen Schwere des Seins erliegen. Aber Judy ist ihm zuvorgekommen; zusammengerollt, mit abgewandtem Gesicht liegt sie auf seinem Kingsize-Bett mit der jadegrünen Überdecke. Er legt sich an den äußersten Rand, läßt zu, daß ihre Knie sich gegen seine Nähe stemmen. Er bestaunt ihr Haar, seine wunderbare Protein-Vollkommenheit, die langen blassen Strähnen, die in der Sonne leuchtend orange werden. «Ruh dich ein bißchen aus, heute abend geht's zum Bingo», sagt er.

«Wenn Roy mitkommt, bleib ich hier», sagt sie.

«Sei nicht so streng mit Roy», sagt er. «Er ist ein guter Kerl.»

«Ist er *nicht*. Ich war dabei, zu gewinnen. Ich hatte schon die Pik-Dame aufgenommen, und ich hatte Herz-As und den Buben und ein paar andere, und dann verdirbt er alles, und Mommy findet das auch noch niedlich. Alles dreht sich nur um ihn, von Anfang an, er darf alles, nur weil er ein Junge ist!»

«Ist hart», gibt Harry zu. «Ich kann mich in dich reinversetzen, bloß daß es bei uns umgekehrt war. Ich hatte eine Schwester, keinen Bruder.»

· «Hast du sie gehaßt?» Sie hebt das Gesicht von den verschränkten Armen und starrt ihn mit blankgescheuerten grünen Augen an.

Er antwortet: «Nein. Um ehrlich zu sein, ich glaube, ich habe sie geliebt. Ich habe Mim geliebt.» Er ist geschockt von dieser Wahrheit: ihm geht auf, wie wenig andere Menschen in seinem Leben er so ohne Wenn und Aber, so ganz ohne Verachtung geliebt hat wie seine kleine zähe Mim. Ihr Gesicht ist eine schmalere, härtere Version des seinen gewesen, sie hat die gleiche gerade kleine Nase und kurze Oberlippe gehabt, ist nur dunkel gewesen und ein Mädchen. Er selbst, in eine andere Tonart transponiert, doch unverkennbar dieselbe Melodie. Er erinnert sich, wie ihre klebrige Hand sich an seiner festhielt, sonntags, wenn Mom und Pop mit ihnen spazierengingen, den Berg hinauf zum Pinnacle-Hotel und dann zurück am Steinbruch entlang; Mim hat sich an ihm festgehalten und Beschützergefühle in ihm geweckt und sie vielleicht ganz und gar für sich verbraucht, nichts übriggelassen für andere Frauen. Mim als seine Blutsverwandte, seine Schwester, hatte ein natürliches Anrecht auf ihn, wie keine andere Frau nach ihr es sich je hat erwerben können.

«War sie jünger als du oder älter?»

«Jünger. Der Altersunterschied zwischen uns war sogar noch größer als der zwischen dir und Roy. Aber Mädchen sind nicht so aufsässig wie Jungen. Obwohl, ich glaube, Mim war auf ihre Weise ziemlich aufsässig. Von ihrem sechzehnten Jahr an hat sie meinen Eltern das Leben zur Hölle gemacht.»

«Grandpa, was bedeutet ‹aufsässig›?»

«Ach du weißt schon. Gemein sein. Bockig. Rebellisch.»

«Wie Daddy?»

«Ich finde nicht, daß dein Daddy aufsässig ist, er ist nur – wie soll ich sagen – sehr nervös. Er ist leichter in Rage zu bringen als die meisten andern Menschen.» Schon bei der Formulierung dieses einfachen Satzes verdickt sich ihm die Zunge, und seine Gedanken verschwimmen. «Judy, wir machen einen Wettstreit. Du liegst da, ich liege hier, und wir sehen mal, wer von uns als erster einschlafen kann.»

«Wer ist der Schiedsrichter?»

«Deine Mutter», sagt er und läßt die Mokassins von den Füßen über die Bettkante auf den Boden fallen. Er schließt die Augen und sperrt den plakathaften Florida-Sonnenschein aus und sieht im innersten Rot seines Gehirns, wie er auf einem Fahrrad die Jackson Road und dann die Potter Avenue hinuntersaust, Mim sitzt auf der Lenkstange des klappernden alten blauen Elgin-Rads, sie ist vielleicht sechs und er zwölf, wenn sie gegen einen Stein fahren oder in ein Schlagloch, fällt sie mit ihm hin und das Fahrrad auf sie drauf, es zermatscht sie auf dem Asphalt, entstellt für immer ihr hübsches Gesicht, ein hübsches Gesicht ist das Kapital einer Frau, aber Mim vertraut ihm so sehr, daß sie singt, er erinnert sich nicht mehr an das Lied, nur daran, daß Wortfetzen zurückflattern, in seine Ohren, und ihr langes schwarzes Haar ihm gegen Augen und Mund peitscht, was die Fahrradfahrt noch gefährlicher macht. Er hat Mim in Gefahr gebracht, aber sie auch immer wieder herausgeführt. Sirupbuttertorte. Das war eins der Lieder, die sie zu Hause immer gesungen hat, jeden Tag, sie hat alle ganz verrückt damit gemacht. *Sirupbuttertorte, hm! Apfelbuttertorte, oh! Die Augen leuchten auf, das Bäuchlein sagt «hallo!»* Und dann hat sie etwas mit den Augen gemacht, das die ganze Familie zum Lachen brachte.

Er fühlt, daß Judy ihr Gewicht vom Bett hebt und mit der übertriebenen, atemlosen Heimlichkeit kleiner Kinder ums Fußende herumstelzt und aus dem Zimmer geht. Die Tür klickt, weibliche Stimmen flüstern. Das Flüstern verschmilzt mit einem Traum, in dem ein riesiger beckenförmiger Raum vorkommt, ein Amphitheater, ein Publikum, vor dem er agiert, obwohl es keine andere Person im Raum gibt, nur diese allgemeine Gegenwart, eine widerhallende, erhabene, schrecklich ernste Gegenwart. Er wacht auf, angsterfüllt, ein wenig Spucke tropft ihm aus dem Mundwinkel. Er kommt sich vor wie eine Trommel, die gerade geschlagen worden ist. Der Raum, von dem er geträumt hat, das weiß er jetzt, war sein Rippengewölbe, so als sei er sein eigenes Herz gewesen, ein keuchender, schnaubender, nach Luft ringender Spieler, der in der Mitte des Felds auf das Pfeifen und den hochfliegenden Sprungball wartet. Irgendwann, während er schlief, hat seine Brust angefangen weh zu tun, ein abgenützter, grämlicher Schmerz, den er mit seinem miserablen Golfspiel heute nachmittag verknüpft, als er unfähig war, sich zu konzentrieren, sich zu lokkern. Er überlegt, wie lange er wohl geschlafen hat. Das Poster mit dem Sonnenschein und den Palmwipfeln und den fernen rosafarbenen, mit roten Dächern geschmückten Gebäuden, das von außen auf die Schiebetür geklebt ist, hat jetzt einen stumpfen Ton, ist verschatteter, und die Geräusche vom Golfplatz – die absichtlich herbeigeführten Erschütterungen, gefolgt von gespannter Stille und unwillkürlichen Triumph- oder Enttäuschungsschreien – haben nachgelassen. Und in der Luft draußen, wie die flatternden Stanniolstreifen über einem Gebrauchtwagenplatz, rufen Vögel mancherlei Typs einander zu, daß es Zeit ist, den Tag zusammenzupacken. Diese Zeit, ein, zwei Stunden vor dem Abendbrot, wenn das Spiel – der letzte wilde Ansturm auf den Korb an der Garage draußen am Durchfahrtsweg – immer am intensivsten war, ist zur Zeit des Nickerchens geworden, jetzt, da er langsam der Erde zusinkt mit seinen schwindenden Muskeln und dem zunehmenden Fett. Er muß ein paar Pfunde abnehmen.

Nur Judy ist im Wohnzimmer. Sie schaltet, ohne Ton, zwischen den Kanälen hin und her. Gesichter, schwarz in den *Jeffersons*, weiß in *Family Ties*, tauchen flehentlich auf und verschwinden dann inmitten anderer Bilder: Bierdosen, die von Slow-Motion-Wasserfällen umstrudelt werden, George Bush, der mit Gewehr durchs Unterholz von Texas streicht, ein Farmer aus Florida, der auf seine verbrannten Felder zeigt, ein Scotland-Yard-Beamter, der anhand der schematischen Darstellung eines Flugzeug-Laderaums einen kleinen Vortrag hält. «Was sagt er?» fragt Harry, aber noch während er fragt, ist das Bild weg und ein anderes ist da, das einer Seekuh, der von einem ponyschwänzigen, auf die Erhaltung der Seekühe erpichten Naturschützer ein Mikrochip eingepflanzt wird. Eine ungeduldige Wut in dem Kind, ein unstillbarer Heißhunger auf Bilder fegt die Seekuh weg. «Schalt zwei Kanäle zurück», bittet Harry. «Wo sie von dem Flugzeug geredet haben.»

«Es war eine Bombe, du Dummer», sagt Judy. «Ist doch klar.»

Kinder: sie glauben, daß Schlagzeilen immer nur die anderen betreffen. «Hör um Himmels willen auf, mit der Fernbedienung rumzuspielen. Ich hol mir ein Bier und zeig dir dann ein nettes Kartenspiel. Wo sind die andern?»

«Grandma ist zu ihrer Frauengruppe gegangen, und Mom hat Roy zu seinem Nachmittagsschlaf hingelegt.»

«Dein Daddy –?» Auf halben Weg denkt er, er sollte das lieber nicht fragen, aber die Worte sind heraus.

Judy zuckt die Achseln und führt den Satz zu Ende: «Hat sich noch nicht blicken lassen.»

Es stellt sich heraus, daß sie schon weiß, wie man Rommé spielt. Mehr noch, sie erwischt ihn, als er die Hand voller zusammengehöriger Dreier hat, die er alle auf einmal ablegen wollte, sobald er Gin hätte. Reingefallen. Sie lachen, und das lockt Pru aus ihrem Schlafzimmer heraus; sie hat kurze weiße Shorts an, die von ihren geweiteten Hüften in horizontale Falten gezogen worden sind. Ihr Gesicht hat Knitterfältchen vom Kopfkissen und sieht ein bißchen verwischt und gedunsen aus, vom Schlaf oder vom Weinen. Wie beeinflußbar weibliches Fleisch ist. Ihre Füße sind lang und nackt, an den Zehennägeln ist der Lack abgeplatzt. Harry fragt seine Schwiegertochter: «Was ist angesagt?»

Sie zuckt mit den Achseln. «Ich nehme an, wir gehen essen, wenn Janice zurückkommt. Ich gebe Roy ein bißchen Apfelmus, damit er durchhält.»

Er und Judy spielen noch eine Partie Rommé, und Pru klappert unterdessen leise in der Küche und gurrt dann mit Roy. Der Abend bricht hier unten ohne viel Aufhebens an; plötzlich ist die Luft jenseits des Balkons grau, wie von feinem Nebel durchzogen, und Meergeruch weht durch die Schiebetür herein, und die Vogel- und Golfplatzgeräusche sind verstummt. Das ist Frieden. Es stört ihn, als Janice schließlich zurückkommt und wieder so aggressiv glüht, wie immer, wenn sie bei ihrer Frauengruppe gewesen ist. «Harry, ihr Männer seid ja so furchtbar gewesen! Ihr habt uns nicht nur als Eigentum behandelt, sondern all die patriarchalischen Religionen haben auch noch versucht, uns Schuldgefühle einzutrichtern, weil wir menstruieren. Die haben gesagt, wir sind *unrein.*»

«Entschuldigung», sagt er, «das war eine Schweinerei.»

«Das war Evas eigentliche Sünde, hat die Dozentin uns erklärt», fährt Janice, halb zu Pru gewandt, fort. «Irgendwas mit Äpfeln, die rot wie Blut sind, ich konnte nicht ganz folgen.»

Harry unterbricht sie: «Geht es zufällig einer von euch beiden Evas wie mir, und sie verhungert gerade?»

«Wir haben dir Unmengen gesunde Sachen für zwischen-

durch gekauft», sagt Pru. «Ungeschwefelte gedörrte Apriko-
sen, ungesalzene Bananen-Chips.»

«Ist das das Zeug, das in den kleinen Plastikbeuteln war?
Ich dachte, das sind vielleicht Zutaten für ein chinesisches
Essen, und ich darf sie nicht anrühren.»

«Ja», entscheidet Janice, «laßt uns einfach essen gehen.
Wir legen Nelson einen Zettel hin. Pru, irgendein altes Kleid.
Abends kriegen Frauen in Shorts und Männer ohne Jackett
keinen Tisch.»

Die Mead Hall, in Haus A über dem Club Nineteen, ist eine
Mischung aus Restaurant und Veranstaltungssaal. Es gibt
einerseits Speisekarten mit verschiedenen Gerichten und
Preisen und Kellnerinnen in knappen goldfarbenen Outfits,
auf denen sich Valhallas Ringgold-Thema wiederholt, das
hier und da in der Einrichtung vorkommt, wenn der Innen-
ausstatter gerade mal dran gedacht hat, und es gibt sogar
einen Weinkellner in weißer Smokingjacke und mit einer Art
Fahrradschloß um den Hals; andererseits ist da, wenn man
hereinkommt, ein großes Anschlagbrett, das über und über
mit Bekanntmachungen, Prospekten und bunten Zetteln gespickt ist, lauter Papier, dem man entnehmen kann, was
einem hier an Kursen oder Vorträgen, an Konzerten oder
Volkstanz- oder Dia-Vorführungen geboten wird, und an
Mittwoch- und Samstagabenden findet die ganze Zeit, während man ißt, auf der anderen Seite des Raums Bingo statt,
per Mikrophon, von einer Bühne herunter, die weitgehend
außer Sichtweite ist, hinter einem mächtigen, ausladenden
Pfeiler, der die gestirnte gewölbte Decke des Saals stützt. Sie
ist zum Teil aus Glas, ein Oberlicht. Dieser sonderbare, sich
höhlende, personifizierte Raum in seinem Traum: war das
vielleicht einfach nur dieser Saal, vom Unterbewußtsein her-
aufbeschworen, weil sein Magen nach Nahrung verlangte?
Rabbit kommt sich vor wie Marty Tothero, als er auf die Speisekarte blickt, zum tausendstenmal die immer gleiche Auswahl vor sich sieht: Steak und Kalb, Schwein und Schinken,
Garnelen und Kammuscheln, Schwertfisch nach Cajun-Art

und Seezungenfilet mit Miesmuscheln, Pilzen und Artischok-kenherzen.

Der Pfeiler ist an zwei seiner breiten Seiten mit riesigen konfusen Wikingerszenen in Keramik geschmückt: Breitschwerter und Helme mit Hörnern und drachenköpfige Schiffe ragen aus der emaillierten Masse mit ihren zahlreichen fleckigen Farben heraus, aber die Männer, die diese Protuberanzen schwingen, tragen, segeln, gehen unter in einem verrückten Gewebe aus Armen, Beinen und Blitzpfeilen, einer Art blutrünstigen Korbflechterarbeit zu Ehren der Geschichte. «Einundsiebzig», psalmodiert die klagende männliche Stimme, die hinter dem Pfeiler versteckt ist. «Sieben eins», wiederholt sie.

Es ist schwer, eine Unterhaltung zu führen, wenn in einem fort Zahlen über die Lautsprecher geplärrt werden. Pru bemuttert Roy und erreicht mit viel Überredungskunst, daß er eine kleine gebackene Kartoffel und eine einzelne in schwimmendem Fett gebratene Garnele zu sich nimmt. Janice beschwatzt Judy, Hummer zu bestellen, und muß ihr dann erklären, wie man ihn knackt, wie man das große weiße Fleischstück herausstößt, nämlich indem man der armen gekochten Kreatur mit dem Finger hinten reinfährt, und daß man die kleinen Schwanzsegmente auslutscht, ähnlich wie man's mit Artischockenblättern macht. Rabbit, der Steak bestellt hat, kann es kaum mit ansehen; Hummer zu essen – die vielen kleinen haarigen Beine, die Augen an Stielen, die Fühler rot gesotten wie alles übrige – hat etwas Alptraumhaftes für ihn, ist ein Zurück zum Gewürm und Gekrabbel der Ursprünge des Lebens. Dasselbe gilt für Krabben und Austern und Muscheln: in Florida sieht er überall um sich her alte Leute, die dies ekelhafte schleimige unsägliche Zeug in sich reinstopfen und einem obendrein noch erzählen, daß es gesund ist, besser als Steak und Hamburger, das sind die Sachen, die er sich gewöhnlich bestellt, obwohl er nichts gegen ein paniertes Schweinekotelett oder ein Stück Kalbfleisch oder eine Scheibe Schinken mit einem Ananasring oder ein paar halbmondförmigen Bratapfelscheiben obendrauf und einigen fettigen gebratenen Leber- und Nierenstückchen daneben hat, die wie ein kleiner rutschiger Stapel Pokerchips geschichtet sind. So wird einem Schinken in Pennsylvania serviert. Man bekommt keine Wurst hier unten, jedenfalls nicht die würzige Schweinewurst, mit der er groß geworden ist, und auch nicht gebratene Maismehlschnitten in Ahornsirup oder Apfelkuchen mit genügend Zimt oder gar Sirupbuttertorte. Vor ein paar Wintern hat Janice an einem Ernährungskurs teilgenommen, und wenn sie nach Hause kam, hat sie ihm vorgequakt, daß er sich mit all dem Fett und dem Teig die Arterien verstopft. Eine Weile sind dann im Apartment nur noch Salate und kalorienarme Teigwaren und Fisch und Geflügel auf den Tisch gekommen; in der Mead Hall aber kann er sich immer bestellen, was er mag. Bei Steak muß man extra angeben: «gut durch», sonst bekommt man es zäh wie Gummi und bläulich roh vorgesetzt. Widerlich. All die Dinge, die den Appetit stillen und so köstlich erscheinen, sind widerlich, wenn man den Appetit nicht hat. Wegwerffleisch.

Judys vollkommene kleine Hände sind hummerüberglänzt. Sie fragt ihre Mutter etwas, und er sieht, wie Prus Mund sich antwortend bewegt, aber die gottähnliche Stimme deckt die Worte zu mit ihrem feierlichen «Siebenundzwanzig. Zwei sieben.»

«Was sagst du, Süße?» fragt er irritiert. Läßt sein Gehör nach, oder reden die Leute ein klein wenig anders als früher, schneller und leiser? In den Fernsehsendungen, bei denen britische Schauspieler mitmachen, gibt es ganze Passagen – besonders dann, wenn im Tonfall der unteren Schichten gesprochen wird –, wo er kein einziges beschissenes Wort versteht. Im Kino genauso, vor allem in den Liebesszenen, wenn die Stars dem Teenager-Publikum ihre Coolness vorführen.

Pru erklärt: «Sie macht sich Sorgen, daß Daddy vielleicht nichts zu essen bekommen könnte» und zieht dazu ihren schiefen, einseitigen Mund. Ist diese Grimasse eine Mitteilung für ihn, eine kleine Klage, mit der sie ihn einlädt, sich mit ihr gegen Nelson zu verbünden?

Judys glänzende grüne Augen wenden sich nach oben, zum Großvater hin, als rechne sie damit, daß ein liebloser Bescheid von ihm kommt. Aber er sagt: «Du brauchst dir keine Sorgen zu machen, Judy. Man wird hier bis neun Uhr bedient, und danach gibt es unten im Club Nineteen Sandwiches bis Mitternacht. Und du hast die Route 41 gesehen: in Florida wimmelt es nur so von Eßgelegenheiten für deinen armen hungrigen Daddy.»

Die Unterlippe des Mädchens zittert, und es bringt heraus: «Vielleicht hat er aber kein Geld.»

«Warum sollte er denn kein Geld haben?»

Das Mädchen erklärt: «Ganz oft hat er kein Geld. Rechnungen kommen, und immer wieder stehen Männer vor der Tür, und Mommy kann sie nicht bezahlen.» Ihre Augen wechseln zum Gesicht der Mutter, als ihr aufgeht, daß sie zuviel gesagt hat.

Pru sieht weg, wischt Roy einen Kartoffelkrümel aus dem Mundwinkel. «Ist alles ein bißchen eng gewesen», gibt sie fast unhörbar zu.

Harry möchte der Sache nachgehen. «Tatsächlich? Kann doch gar nicht sein. Er kassiert fünfzig Riesen im Jahr, wenn man die Prämien und die Gewinnbeteiligung mitrechnet. Mein Vater hat uns alle von weniger als zweitausendzweihundert ernährt.»

«Harry», fällt Janice ein, mit einer Stimme, die wie die ihrer Mutter klingt, gegen Ende, als die alte Witwe sich angewöhnt hatte, allen zu sagen, wo es langging, «die Menschen brauchen heutzutage mehr als dein Vater. Das war eine einfachere Welt damals. Ich erinnere mich daran, ich war nämlich auch dabei. Was haben wir für gewöhnlich gemacht, wenn wir verabredet waren und du mich ausgeführt hast? Wir sind für fünfundsiebzig Cent pro Karte ins Kino gegangen oder für noch weniger zum Minigolf draußen an der 422. Und anschließend ein Eis im Pensupreme, und man hatte einen sehr angemessenen schönen Tag verbracht.»

Mehr als angemessen, erinnert er sich, wenn sie im Auto

nach all dem Geküsse und Tittengefummel, das sein mußte, damit sie warm wurde, ihn einließ in ihr warmes, feuchtes, sanftkörniges Innere, das wie ein seidener Pantoffel war. Wenn sie ihre Periode hatte oder eine tugendhafte Anwandlung, umschloß sie ihn manchmal mit der Hand, und er tat die Bewegung dazu und kam, und sein Samen war weiß wie Hummerfleisch. Erschreckend weiß geradezu und schwer wegzuwischen. Am liebsten hatte er's im Auto mit Janice, wenn sie auf ihm saß, ihr Hintern in seinen Händen, ihre Titten in seinem Gesicht. Und sie reinlich seinen Saft in sich aufnahm.

Sie ist mit den Gedanken auf einer ganz anderen Spur als er und fährt fort: «Nelson braucht gute Anzüge, um in der Firma eine gute Figur zu machen, und Kinder geben sich heute nicht mehr mit Bauklötzen und einem Ball zufrieden, sie müssen diese Videospiele haben –»

«Du meine Güte, für fünfzigtausend gibt es eine Menge Videospiele, da kann er ja bald eine Spielhalle aufmachen, wenn's das ist, wofür er das Geld ausgibt.»

«Na schön, scherz du nur, aber dieser riesige Kasten, den sie von Mutter haben, da nehmen die Ausgaben kein Ende, nicht, Pru, das ist der Grund.»

Pru wird aus ihrer artig lächelnden Benommenheit gerissen und grient. «Das Haus verschlingt die Dollars», pflichtet sie bei.

Sie verheimlichen ihm etwas, das ist Harry klar. Der unsichtbare Mann singt unheilverkündend: «Sechsundfünfzig. Fünf sechs», und eine zittrige alte Stimme krächzt, so ungestüm, daß sie fast an sich selbst erstickt: «Bingo!» *Eff eins elf*, hatte Joe Gold gesagt.

Harry sagt: «Also, ich weiß nicht, was zum Teufel vorgeht.»

Niemand widerspricht ihm.

Roy schläft ein mit einem Garnelenschüppchen auf der schlaffen Unterlippe. Harry hat plötzlich einen Jieper auf Pekantorte. Er versucht, Judy zu einem Nachtisch zu überreden, damit sie ihm Gesellschaft leistet. «Keylimonentorte», schmachtet er ihr vor. «Die kriegst du nur in Florida. Die Chance deines Lebens.»

«Was ist so besonders daran?»

Er ist sich nicht ganz sicher. Er lügt: «Winzige köstliche Limonen, die nur auf den Florida-Keys wachsen. Überall sonst ist es ihnen zu rauh, zu kalt und scheußlich.»

Sie willigt ein, pickt dann aber nur ein paar Krümchen hinten aus der Kruste, und da er ihr den Nachtisch aufgeschwatzt hat, muß er ihn nun für sie essen, zusätzlich zu seiner Pekantorte, auf der eine große, kleckernde Haube aus Pekansahneeis thront. Nelsons Abwesenheit wiegt immer schwerer, je länger das Essen sich hinzieht. Janice und Pru bestellen sich koffeinfreien Kaffee und können es, mit sich selbst beschäftigt, danach lechzend, unter vier Augen zu reden, kaum abwarten, daß Harry mit Judys Nachtisch fertig wird. In gewisser Weise ist Prasserei eine sportliche Leistung, eine Dehnübung. *Das Bäuchlein sagt «hallo!»* Die Kellnerin in ihrem gefältelten Golddress bringt schließlich die Rechnung, und als er sie mit seiner Apartmentnummer unterzeichnet, kommt er sich wie ein Gott vor, der beiläufig Donnerkeile schleudert; der Betrag wird auf seinem monatlichen Kontoauszug erscheinen, nächstes Jahr, wenn die Welt sich ein ganzes Stück weitergedreht hat. Wie überfüllt er sich fühlt, als er in die Nachtluft hinaustritt! Ein riesiges Gummifloß von Mann, in einem Geleitzug von Anverwandten.

Er trägt Roy, der beim Nachtisch eingeschlafen ist. Janice und Pru haben Judy in die Mitte genommen und halten sie bei den Händen, und weil sie brav gewesen ist während des langen, langweiligen Essens, darf sie sich kichernd vorwärts schwingen zwischen den beiden vor Anstrengung stöhnenden Frauen.

Zwischen den Häusern A und B sind mehrere der auf hohen brünierten Aluminiumpeitschen montierten Natriumdampflampen zerschmettert: sie sind da draußen, die Kriminellen, liegen auf der Lauer, warten darauf, daß die Wachposten einnicken, damit die Festung schlafender Ruheständler gestürmt werden kann. In dieser unbeleuchteten Lücke springen ihnen die Sterne aus dem schwarzen warmen Himmel entgegen. Nachts gewinnt Florida etwas von seinem alten subtropischen Selbst zurück, wird ein bißchen so, wie es war, bevor die Menschen seine strotzende Eintönigkeit zähmten. Hier zu sein ist erregend, als sei man an Deck eines Schiffs; die Luft schmeckt nach Salz, nach modernden Palmwedeln, nach Sumpf. Die Sterne sind saftiger hier, pompöser. Das Augustinusgras fühlt sich elastisch und rauh unter den Füßen an wie immer, jeder Halm scheint mit dunklem Metallic überzogen; runde Sprinklerköpfe hocken versteckt im Rasen. Die Haut, mit der die Menschen die kahle Natur versehen haben, ist so dünn, daß sie leicht reißt, und durch die Löcher winden sich Gürteltiere hervor, die rührenden komplizierten Tiere, die in der Dämmerung mitten auf dem Pindo Palm Boulevard auftauchen und beim ersten Ansturm des morgendlichen Verkehrs plattgewalzt werden, obwohl sie sich zu schützenden Kugeln zusammenrollen. Roys Atem streicht Harry feucht gegen den Hals, der Kopf des Kindes liegt ihm schwer wie ein Stein auf der Schulter, und er sieht zum wimmelnden Himmel auf und denkt: *Es gibt kein Erbarmen.* Die krassen pompösen Sterne drücken hernieder, und die Tiefe der galaktischen Leere gibt einem für einen Augenblick das Gefühl, als hänge man mit dem Kopf nach unten. Der Eingang des Hauses B lockt verführerisch mit seinem glasgefaßten gelben Schein. Die fünf Angstroms haben, jeder auf seine Weise, mit dem wunden Punkt in sich zu tun, Nelsons nagender Abwesenheit. Sie tappen durch die gesicherten Eingangstüren, in den Fahrstuhl, den Pfirsich-und-Silber-Flur entlang und vermeiden es in lächelnder Verlegenheit, einander in die Augen zu sehen.

Als Pru den kleinen Jungen zu Bett bringt, läßt Judy sich vor dem Fernseher nieder und schaltet von *The Wonder Years* zu *Night Court* zu einem französischen Film mit dem vierschrötigem Depardieu, der in allen französischen Filmen mitspielt, in diesem hier einen Mann, der in ein Dorf kommt und sich der Identität eines anderen bemächtigt, inklusive dessen Ehefrau. Die junge Witwe, befleckt und einsam, braucht nur einen Augenblick, um sich für ihn zu entscheiden, ihn als Ehemann zu akzeptieren, und das erregt Harry; es sollte ein Gesetz geben, daß wir alle zehn Jahre oder so Identität und Familie wechseln müssen. Aber Judy hat den Film schon weggeschnippt und schaltet weiter von Sender zu Sender, bis Pru schließlich brüllt, sie solle sich fertigmachen zum Schlafen auf dem Sofa, alle würden ihretwegen das Wohnzimmer räumen, warum sie Grandpas und Grandmas nettes Angebot, in einem Zimmer ganz für sich allein zu schlafen, nicht angenommen habe, gehe über ihre Begriffe. Judy bricht in Tränen aus, und das ist eine Erleichterung für alle, denn es macht ihrem gemeinsamen uneingestandenen Gefühl des Verlassenseins Luft.

Janice sagt zu Harry: «Du gehst zu Bett, Schatz. Du siehst erledigt aus. Ich kann noch nicht schlafen, ich bin durch den Kaffee zu aufgepulvert. Pru und ich setzen uns noch in die Küche.»

«Ich dachte, der Kaffee war koffeinfrei.» Er hat sich drauf gefreut, sie, ihren kleinen festen braunen Körper, im Bett neben sich zu haben; seit die anderen da sind, haben er und Janice nicht eine Sekunde für sich allein. Seine Erinnerungen haben ihn angestachelt. Zweiundfünfzig ist sie und hat noch immer einen festen Hintern. Im Gegensatz zu Thelma, bei der ist er in letzter Zeit schlaff geworden.

«Den hab ich zwar bestellt», sagt Janice, aber ich trau denen nie. Ich glaube, die sagen jetzt oft einfach nur ‹jawohl, koffeinfrei›, damit man Ruhe gibt.»

«Bleib nicht zu lange auf.» Einem Impuls folgend, fügt er beruhigend hinzu: «Dem Jungen geht's gut, er ist einfach nur auf dem Bummel.»

Pru streift ihn mit einem überraschten Blick, als hätte er mehr gesagt, als er weiß.

Er fühlt sich ermuntert zu der Feststellung: «Toyota und ich, wir beide gehen ihm aus irgendeinem Grund gewaltig auf die Eier.»

Auch diesmal gibt es keinen Widerspruch. *Wunschvorstellungen von Amerika führten zu einander heftig widersprechenden Schlußfolgerungen, die am Ende auf ein und dasselbe hinausliefen, nämlich, daß den goldenen Träumen ein wenig Vorsicht beizumischen sei,* liest er im Bett. Es ist ein Geschichtsbuch, das Janice ihm zu Weihnachten geschenkt hat, geschrieben von einer Frau, einer Historikerin, über den niederländischen Part in der Amerikanischen Revolution, den er bislang eigentlich nie für so bedeutend gehalten hat. *Nach der einen Schule war Amerika zu groß, zu zerteilt, um je ein einziges Land zu werden, das Verbindungsnetz war zu weitmaschig geknüpft, als daß das Land je vereinigt werden könnte.* Allein schon dieser Satz gibt ihm das Gefühl, enorm, schlaff, weitmaschig zu sein. Das Schöne an Geschichte ist, daß sie schnurstracks in den Schlaf führt. Er erinnert sich, gestern abend etwas Lustiges gelesen zu haben, und überfliegt die Seite von unten nach oben, auf der Suche nach der Stelle. *Das Klima in der Neuen Welt machte, nach einer vielverkauften französischen Abhandlung, die 1775 ins Holländische übersetzt wurde, Männer teilnahmslos und träge; sie konnten vielleicht glücklich werden, niemals aber standhaft und tapfer. Amerika, bekräftigte dieser Gelehrte, «war fürs Glücklichwerden gemacht, nicht jedoch fürs Herrschen».* Ein anderer europäischer Gelehrter berichtete: *Die eingeborenen Indianer «haben kleine Fortpflanzungsorgane»* und *«geringe geschlechtliche Befähigung».*

Wenn Nelson größer geraten wäre, hätte er vielleicht glücklicher werden können. Aber groß zu sein bedeutet nicht automatisch, daß man glücklich wird. Harry ist groß genug – da kann man mal sehen. Manchmal erschrecken ihn die Ausmaße dessen, was er erblickt, wenn er vor dem Spiegel eines Herrenbekleidungsgeschäfts oder vor einer reflektierenden Schaufensterscheibe steht. Sie entsetzen ihn geradezu: all der Platz, den er in der Welt beansprucht. Er kämpft sich noch durch ein paar Seiten: *Aussicht auf lukrativen Handel... Seegefecht... verwickeltes Problem... gewachsene Spannung... neutraler Boden... Franzosen nachdrücklich... Debatte in den Provinzialstaaten... Uneingeschränktes Geleit sollte als ein weiteres Kriterium fürs Ego zum* casus belli *werden.* Er muß den letzten Satz dreimal lesen, bis er merkt, daß er keine Ahnung hat, was er bedeutet, denn sein Gehirn stellt Kurzschlußverbindungen her, wie im Traum. Er macht die Lampe aus. Das bewirkt, daß ein dünner Lichtspalt unter der Tür ist, wie ein phosphoreszierender Sender, der Geräusche ausstrahlt. Harry hört Janice und Pru flüstern, ein Gläserklirren, einen Schritt und dann das Schnarren eines Türsummers und hastige Schritte, eine Frauenstimme, ängstlich-nervös, wie man in ein Mikrophon spricht, dem man nicht traut, und dann, an einer etwas späteren Windung seines rastlosen, weit gedehnten Bewußtseins, das Aufgehen der Tür, Nelsons Stimme, tiefer als die der Frauen, und, traumhafter als alles andere, Lachen, alle da draußen lachen.

Ein knirschendes Geräusch: die Grüns werden gemäht, von Jungen, die auf den großen häßlichen Spiralwalzenmähern sitzen. Aufgeregtes Seemöwengeschrei. Die Araukarie, deren Äste in ebenso regelmäßigen Abständen stehen wie die dünnen Metallstreben des Balkongeländers. Erstaunlich. Er ist immer noch in Florida, immer noch am Leben. Morgenkühle Salzluft weht vom Golf her durch den fünf Zentimeter breit offenstehenden Spalt der Schiebetür herein. Janice liegt schlafend neben ihm im Bett. Von ihrem warmen Körper geht ein leicht ranziger Geruch aus; vom Nachtschweiß feuchte dunkle Ringellöckchen kleben ihr im Nacken. Im Nacken ist ihr Haar am wenigsten grau, ein heimliches Nest ihres alten dunklen seidigen Selbst. Sie schläft auf dem Bauch, mit dem Rücken zu Harry, und wenn die Nacht kühl ist, zieht sie ihm die Decken weg und mummelt sich ein, und wenn es heiß ist, schlägt sie sie zurück, auf ihn drauf, und all das macht sie angeblich im Schlaf. Rabbit hebt sich vorsichtig vom Kingsize-Bett, geht ins Bad mit der integrierten Badewanne und Duschkabine aus rosenfarbenem Fiberglas und uriniert in die farblich abgestimmte rosa Porzellantoilette. Er setzt sich hin, weil es leiser ist, wenn sein Strahl vorn gegen die Schüsselwand geht. Er putzt sich die Zähne, ist aber zu neugierig, um sich zu rasieren; wenn er sich die Zeit zum Rasieren nimmt, könnte Janice ihm entschlüpfen und sich zwischen den anderen verstecken, was schon vorgekommen ist. Er schiebt sich wieder ins Bett, leise, aber darauf hoffend, daß das unvermeidliche Lakengeraschel und das sanfte Heben und Senken der Matratze sie wecken werden. Sie wird nicht wach, und er rüttelt sie sacht an der Schulter. «Janice?» flüstert er. «Traumschatz?»

Ihre Stimme klingt erstickt. «Was? Laß mich in Ruhe.»

«Wann bist du ins Bett gekommen?»

«Ich hab mich nicht getraut, auf die Uhr zu sehen. Gegen eins.»

«Wo *war* Nelson nun, was hat er gesagt?»

Sie antwortet nicht. Sie möchte, daß er denkt, sie sei wieder eingeschlafen. Er wartet. Hingebungsvoll streichelt er ihre Schulter. Der kleine Einblick in den französischen Film gestern abend hat ihn erregt: die Vorstellung von einer Ehefrau als einer total Fremden, bei der man einfach einzieht, ganz nah an ihren kleinen warmen braunen Körper heran. Eine Ehefrau kann so fremd wie eine Hure sein, das ist das Schöne an Mann-Frau-Beziehungen. Sie sagt, immer noch ohne ihm den Kopf zuzudrehen: «Harry, wenn du mich noch einmal anfaßt, bring ich dich um.»

Er überdenkt das und entschließt sich zum Gegenangriff. «Wo zum Teufel ist er gewesen?» fragt er.

Sie rollt sich herum, gibt auf. Ihr Atem riecht nach schalem Tabak. Sie hat das Rauchen angeblich aufgegeben, aber jedesmal, wenn Nelson mit seinen Camels in der Nähe ist und Pru mit ihren Pall Malls, fängt sie wieder an. «Er wußte es nicht genau, ist einfach durch die Gegend gefahren. Er sagt, er hätte rausgemußt, Florida ist so beengend.»

Der Junge hat recht: das Leben hier unten ist eingeengt auf die kargen Wege, die man macht. Zum Winn Dixie, zum Loew's-Cineplex und den Läden in der Palmetto Palm Mall, zum Arzt, zum Golfladen und zurück. Zwischen diesen Wegen ist irgendwie nichts, nur immer gleiche Palmen und Kak-

teen, durstige Rasenflächen und nichtssagender Sonnenschein, Hotels, in denen man nicht wohnt, und Strände, zu
denen man keinen Zutritt hat, und Gegenden im Binnenland,
die man niemals aufsucht, weil es keinen Grund dafür gibt. In
Pennsylvania, zumindest im Diamond County, ist alles solide
mit Erinnerungen gepflastert, und in welche Richtung man
auch geht, man ist schon einmal dagewesen.

Janice leckt sich über die Lippen und macht ein Gesicht, als
tue ihr der Hals weh, als sie weiterredet. «Er ist auf der 41
nach Süden gefahren, bis in die Nähe von Naples, so heißt der
Ort, und als er Hunger bekam, hat er an einem Restaurant
gehalten und bei uns angerufen, aber niemand hat abgenommen, ich hab mir zur selben Zeit überlegt, ob wir nicht lieber
hätten warten sollen, aber du hast gesagt, du kämst um vor
Hunger —»

«So ist es recht. Gib mir die Schuld.»

«Tu ich nicht, Schatz. Du warst ja nicht der einzige. Die
Kinder waren wepsig und beunruhigt, und ich dachte, das
Leben muß weitergehen, Essen wird uns ablenken, aber nach
dem, was er sagt, hat er genau in dem Augenblick angerufen,
als wir zur Tür rausgingen, und da, wo er war, ist es nicht bei
*einem* Bier geblieben, und auf dem Rückweg hat er sich dann
ein bißchen verfahren, du weißt selbst, wenn man die Pindo-
Palm-Abfahrt verpaßt, sieht alles gleich aus, auf viele Kilometer.»

«Ich kann das nicht glauben», sagt Harry. Er fühlt, wie
Wut in seiner Brust hochkocht, und setzt sich auf im Bett,
damit der Druck nachläßt. «Ohne irgend jemandem ein lausi-
ges Sterbenswort zu sagen, verschwindet er für *wie* lange?
Acht Stunden? Er wird allen Ernstes verrückt. Er ist immer
schon launenhaft gewesen, aber das hier ist krank. Der Junge
braucht Hilfe.»

Janice sagt: «Er war vollkommen nüchtern, als er zurückkam, und hat ein paar von den kleinen winzigen ausgestopften
Alligatoren mitgebracht, die es hier als Souvenirs zu kaufen
gibt; Pru und ich mußten so lachen. Einen für jedes Kind,

auch für dich einen, der steht aufrecht und hält einen Golf-schläger zwischen seinen niedlichen Füßchen.» Sie schlägt die Decke von seinem Schoß zurück und berührt seinen schläfrigen Penis im offenen Pyjamaschlitz. «Wie geht's uns denn hier unten? Wir schlafen überhaupt nicht mehr miteinander.»

Aber er ist jetzt nicht mehr in der Stimmung. Er gibt ihr einen prüde-energischen Klaps auf die Hand, zieht die Decke wieder herauf und sagt: «Wir *haben* grade miteinander ge-schlafen. Kurz vor Weihnachten.»

«*Lange* vor Weihnachten», sagt Janice und bewegt nicht den Kopf, und eine Sekunde lang hat er die irre Hoffnung, daß sie die Decke wieder wegzieht und ohne Umstände, rasch, sei-nen Schwanz in den Mund nimmt, wie Thelma es fast immer als erstes getan hat bei ihren heimlichen Treffen in diesen letz-ten zehn Jahren; aber es mit dem Mund zu machen ist nie Janices Sache gewesen. Sie muß dazu sehr betrunken sein, und er hat sie betrunken nie gemocht, eine Art Chaos quillt dann in ihr hoch, das ihn bedroht, das die ganze Welt zu über-schwemmen droht. Sie sagt: «Okay, Freundchen, wie du willst», um für den Fall, daß er sie später will, klarzustellen, daß er sie jetzt zurückgewiesen hat, und schwingt sich auf ih-rer Seite aus dem Bett. Ihr feuchtes Nachthemd ist bis zur Taille hochgerutscht, und bevor sie es herunterzieht, bewun-dert er ihren festen blassen Hintern über den sonnengebräun-ten Schenkeln. Schuldbewußt hört er, wie sie im Bad die Toi-lettenspülung betätigt und verärgert, mit Geklapper und Wassergespritz, die Dusche aufdreht. Er stellt sich in allen Einzelheiten vor, wie sie aussieht, wenn sie unter der Dusche hervorkommt, mit durchsichtiger Duschhaube auf dem Kopf und rosigem Hintern und weiß überperlter Möse, und bedau-ert, daß er und seine kleine dunkle Frau, seine bockige, ge-hemmte, dumme Springernuß, in einer Welt unklarer, ver-paßter Signale leben müssen. Hier unten haben sie von Anfang an enger aufeinandergehockt als zu irgendeiner ande-ren Zeit ihres Lebens, und sie haben versucht, damit fertig zu werden, indem sie einander den Rücken kehrten und sich eine dicke Haut wachsen ließen. Er spielt drei- oder viermal in der Woche Golf, und sie geht zum Tennis und zu ihren Gruppen und macht ihre Besorgungen. Als sie aus dem Bad zurückkommt, in einem Samtfrotteemantel, ist er noch im Bett und liest in seinem Buch über britisches Vorgehen gegen niederländische Handelsschiffe und Frankreich und die Notwendigkeit, seine zerrüttete Flotte wiederaufzubauen, mit baltischem Holz, das von niederländischen Frachtern transportiert wird, für den Fall, daß Janice noch einmal versuchen möchte, ihn zum Sex rumzukriegen, aber vom anderen Ende des Apartments sind jetzt Kindergeräusche zu hören und Pru, die mit ihrer überbesorgten mütterlichen Stimme zur Ruhe mahnt.

Harry sagt zu Janice: «Ich finde, wir sollten heute ganz für Judy und Roy dasein. Sie haben so was Vernachlässigtes, findest du nicht auch?»

Sie antwortet nicht, ist auf der Hut. Sie versteht seine Bemerkung als Kritik an Nelson: daß der seiner väterlichen Fürsorgepflicht nicht nachkommt. Vielleicht hat sie recht. Nelson ist derjenige, der elterliche Fürsorge braucht; er hat sie immer gebraucht und nie genug bekommen. Wenn man zum richtigen biologischen Zeitpunkt von etwas nicht genug bekommt, hat Rabbit irgendwo gelesen, kann man das Defizit bis an sein Lebensende nicht mehr ausgleichen. Er fragt: «Worüber redet ihr die ganze Zeit, du und Pru?»

Sie antwortet dünnlippig: «Ach, Frauensachen. Für dich ganz langweilig.» Janice hat immer einen merkwürdig angespannten, mißbilligenden Ausdruck im Gesicht, wenn sie sich anzieht. Auch wenn's nur eine Hose und eine Bluse ist, um ins Winn Dixie zu gehen, wirft sie einen finsteren, anklagenden Blick in den Spiegel, als müsse sie sich behaupten gegen das, was sie sieht.

«Ja, wahrscheinlich», stimmt er zu und beendet die Unterhaltung, wohlwissend, daß Janice sie daraufhin fortsetzen möchte.

Und tatsächlich sagt sie: «Sie macht sich Sorgen wegen Nelson» und will noch mehr sagen, stochert nach den Worten

– ihre Zungenspitze schlüpft heraus und drückt gegen die Oberlippe vor lauter Denkanstrengung.

Aber Rabbit sagt barsch: «Wer tut das nicht.» Er kehrt ihr den Rücken zu, um seine Unterhose anzuziehen. Er trägt immer noch Jockey-Shorts. Ruth hat sie komisch gefunden in jener Nacht vor Hunderten von Jahren, und er denkt immer daran. Heute möchte er Großvater sein und versucht, sich für die Rolle anzukleiden. Eierschalenfarbene Leinenhose mit Aufschlägen anstelle der schmutzigen alten karierten Golf-slacks mit dem hängenden Hosenboden und statt des üblichen Polotrikothemds ein richtiges Hemd, hundert Prozent Baumwolle, mit blauen Nadelstreifen und kurzen Ärmeln. Er sieht in den Spiegel, den Janices Abbild freigegeben hat, und ist, tief innerlich, wie betäubt von der Massigkeit dessen, was er erblickt – das Gesicht angeschwollen zu einem Vollmond, die kleine sonnenverbrannte Nase, die eisblauen Augen und der mümmelnde schmale Mund zusammengedrängt in der Mitte oberhalb der Kinnpartie, einer knochenlosen Kinn-partie, die sich hochschiebt und sogar vorn vor die Ohren je ein Fettpolster packt, da, wo bei Judy seidig schimmernder Flaum ist. Sein blondes Haar, schmutzig und stumpf, mit Grau durchmischt, wird schütter an den Schläfen und weicht zurück, nicht nur Nelson geht es so. Und die Wölbung unter seinem Hemd ist gewaltig und wabbelt, ein Wanst, der für sich genommen sicher so viel wie ein hungerndes äthiopisches Kind wiegt. Er muß endlich abnehmen. Bei jeder Bewegung, die er macht, kann er fühlen, wie sein Gewicht an seinem Her-zen zerrt – dies sengende Gefühl, das er so oft hat, als ob in seinem Innern ein Kind mit Streichhölzern spielt.

In der heutigen *News-Press* auf dem Frühstückstisch ist das Farbphoto eines winzigen kranken einjährigen Mädchens, das letzte Nacht gestorben ist, weil sich keine Leber für die rettende Transplantation finden ließ. Amber hat sie geheißen. Und eine Schlagzeile teilt mit, daß laut Scotland Yard an Bord der Pan-Am-Maschine Flug 103 definitiv eine Spreng-ladung gewesen ist, genau wie Ed Silberstein und Judy gesagt haben. Metallsplitter. Frachtraum. Plastiksprengstoff, kann in jede beliebige Form geknetet werden, vermutlich ein hoch-explosives tschechisches Erzeugnis mit Namen Semtex: Harry hält es kaum aus, das zu lesen – all diese fühlenden Körper, die jäh vom Nichts umgeben sind, von Kälte, *Ber-nie Ber-nie*, und Lockerbie ein blasses Sternengesprenkel tief un-ten, alles ist auf den Kopf gestellt, ohne Gnade, ohne Sinn. Und der Bürgermeister von Fort Myers ist jetzt der Meinung, die Polizei habe sich korrekt verhalten bei der Festnahme von Deion Sanders. Und *Lake Okeechobee von tödlicher Verschmutzung bedroht.* Und *Teils wolkig, Höchsttemperaturen zwischen 26 und 30 Grad.* «Heute ist der große Tag», verkündet er. «Grandpa zeigt euch die kolossalen Sehenswürdigkeiten!»

Judy und Roy sehen aus, als hätten sie Zweifel, aber keine, die unüberwindbar wären.

Janice sagt: «Harry, nimm noch einen von den Kopenhage-nern mit Kirschfüllung, bevor sie ranzig werden. Wir haben sie hauptsächlich wegen der Kinder gekauft, aber beide sa-gen, sie hassen rotes matschiges Zeug.»

«Warum willst du mich mit Kohlenhydraten umbringen?» fragt er, ißt den Kopenhagener aber trotzdem und tupft die süßen zuckerigen Krümel mit den Fingerspitzen auf.

Pru, groß von Harrys Stuhl aus gesehen, ihre Hüften auf gleicher Höhe wie seine Augen, fragt stockend: «Würde es euch eventuell Freude machen, wenn ihr eure Enkelkinder bei diesem Ausflug ganz für euch allein hättet? Nelson konnte letzte Nacht nicht schlafen und hat mich ganz schön in Trab gehalten. Ich bin einfach nicht imstande, einen Tag im Auto zu verbringen.» Sie sieht wirklich blaß und ausgelaugt aus, der Junge hat sie die ganze Nacht wach gehalten mit seinem Gegreine und was nicht sonst noch allem. Sogar ihre Sommer-sprossen sind blaß, und ihr Mund, der sich im Flughafen so weich und warm angefühlt hat, ist bitter und schmal und schief zur Seite heruntergezogen.

Janice sagt: «Aber natürlich, Liebes. Du schläfst ein biß-chen, und dann könnt ihr beide, du und Nellie, vielleicht was

Angenehmes unternehmen, irgendwas Gesundes. Wenn ihr den Valhalla-Pool benutzt, erinnere ihn daran, daß er vorher *und* nachher duschen muß, und Kopfsprünge sind nicht erlaubt.»

Judy lacht und fährt dazwischen: «Daddy macht Bauchklatscher.»

Roy sagt: «Daddy macht *keine* Klatscher. *Du* machst Klatscher.»

«He, Himmel», sagt Harry, «fangt nicht jetzt schon zu streiten an. Wir sind noch nicht mal im Auto.»

Um halb zehn ist es dann soweit, sie sitzen im Auto, ausgerüstet mit einer Dreierpackung Double Stuff Oreos und einem Sechserpack Classic Coke, und beginnen den langen Tag, der auf Jahre hinaus in liebevoller Familienerinnerung bleiben wird als «Der Tag, an dem Grandpa das Papageienfutter aß», obwohl es eigentlich nicht für Papageien war und er nicht viel davon gegessen hat. Sie fahren als erstes auf der Route 41 Richtung Süden (PATIOLAND, Kissin' Kuzzins, Easy Drugs, LAND OF SLEEP) nach Fort Myers, um Thomas Alva Edisons Wintersitz zu besichtigen, der sie fix und fertig macht. Sie parken den Camry und gehen unter einem riesigen Banyan hindurch, einem Baum, den Edison (ein hilfreiches Schild erläutert ihnen dies) seinerzeit als Zweiglein von einem Wirtschaftsmogul, Harvey Firestone oder Henry Ford, geschenkt bekommen hat und der in der Zwischenzeit zum größten Banyan außerhalb Indiens herangewachsen ist; in Indien kann ein solcher Baumriese übrigens einen ganzen Bazar überschirmen. Banyans breiten sich aus, indem sie Luftwurzeln baumeln lassen und aus ihnen neue Stämme bilden, die die Funktion von Krücken haben, während die Äste weiter und immer weiter wachsen – diese unheimlichen Bäume breiten sich kilometerweit aus, wenn niemand sie daran hindert. Harry denkt: *Wie sterben sie?*

Es stellt sich heraus, daß man nicht einfach durchs Haus und über das Grundstück gehen kann, sondern sich einer Führung anschließen muß, für fünf Dollar pro Person. Judy und Roy rasten beide aus, als ihnen das erklärt wird. Sie sehen sich umringt von alten pensionierten Leuten, die in Bussen herangekarrt worden sind und Baseballmützen und Sonnenbrillen mit hochklappbaren Gläsern tragen und mit kleinen Stöcken bewaffnet sind, die sich zu einer Art Sattel auffalten lassen und einbeinige Schemel ergeben. Etliche Wracks in Rollstühlen gesellen sich zu der Gruppe, die immer größer wird, während sie darauf wartet, daß es endlich losgeht. Judy, frühreif langbeinig aussehend in kurzen rosa Shorts und mit lustigen Rougeschatten auf den Wangenknochen, sagt: «Ich interessier mich nicht für blöde Gärten, ich will die Maschine sehen, die Blitze macht», und Roy, dessen schlaffer kleiner Mund schokoladenverschmiert ist, starrt aus glasierten braunen Augen, als schmelze er gleich in der Hitze.

Harry sagt zu Judy: «Ich glaube nicht, daß es eine Maschine gibt, die Blitze macht, nur die allererste Glühbirne, die erfunden worden ist.» Und zu Roy sagt er: «Ich trag dich, wenn du zu müde wirst.»

Auf irgendein Zeichen, das er nicht mitbekommt, so daß er mit den Seinen hinter allen anderen zurückbleibt, drängt sich der ganze Pulk, einschließlich der Rollstühle, auf ein staubiges graues Fleckchen Erde hinaus, wo eine Dschungelschwüle brütet und messerförmige Blattschatten zucken. Ihre Führerin ist eine pingelige, blauhaarige alte Jungfer, die eine Mütze mit langem schmalem Schirm trägt und hersagt, was sie auswendig gelernt hat. Als erstes zeigt sie auf die *Kigelia pinnata*, den Wurstbaum aus Afrika. «Die Frucht erinnert an eine Wurst, daher der Name. Sie ist nicht eßbar, aber die Eingeborenen in Afrika verwenden sie als Medizin und halten aufgrund ihrer abergläubischen Natur den Baum mit seiner Heilkraft für heilig. Da, auf der andern Seite vom Gedächtnishain, steht der Spiegeleierbaum. Die Blüte ähnelt stark einem in die Pfanne geschlagenen Ei. Der Baum wurde gepflanzt für den Fall, daß Sie Ihre Wurst mal mit Ei möchten.»

Die Gruppe lacht höflich. Einige der alten Leute lachen tatsächlich mehr als höflich, als ob dies das Komischste wäre, das sie in ihrem langen Leben gehört haben. Wann fangen die grauen Zellen an, in nennenswerter Zahl Schluß zu machen? Wann fängt es wohl bei ihm an, denkt Harry. Oder hat es schon angefangen? Erquickt von der freundlichen Aufnahme, die sie beim Publikum findet, zeigt die Führerin noch auf ein paar andere lustige Bäume – den Dynamitbaum, *Hura crepitans*, dessen Früchte explodieren, wenn sie reif sind, und die sehr seltene *Cecropia* aus Südamerika, den Faultierbaum, ja wahrhaftig die *einzige* voll ausgereifte *Cecropia palmata* in den Vereinigten Staaten, deren Blätter sich wie Chamois anfühlen und *nie* vergehen. *Warum*, denkt Harry, *hat Gott sich die Mühe gemacht, all diese Possen zu erfinden, ganz für sich allein im Amazonas-Dschungel?* «Sie sind auf der einen Seite schokoladenbraun und auf der andern weiß, und wegen ihrer ausgefallenen Formen und ihrer Haltbarkeit nimmt man sie gern zum Binden von Trockenblumensträußen. Sie können diese Blätter in unserem Andenkenladen kaufen.» Also hat Er sie gemacht, damit die Leute etwas zum Kaufen haben in den Andenkenläden.

Als nächstes kommen wir zum *Enterolobium cyclocarpum*, bekannt als Ohrbaum. «Die Samenschoten», sagt die Führerin auf, «haben Ähnlichkeit mit dem menschlichen Ohr.» Die Schar, die mittlerweile so aufgetaut ist, daß sie über nahezu jede Albernheit lachen würde, die Gott sich ausdenkt, kichert, und die Führerin gestattet sich ein selbstbelobigendes Lächeln; sie kennt diese Bäume, diese Sätze, diese schafsfrommen senilen Touristen vor- und rückwärts auswendig.

Eine kleine Hand, die ihre eigene chamoishafte Weichheit hat, zieht an Harrys Hand. Er beugt sich zu Judys exquisitem, feingemachtem, grauäugigem Gesicht hinunter. Er sieht, daß Pru ihr erlaubt hat, auch ein wenig Lippenrot aufzutragen. Um ihr diesen Ausflug zu versüßen, ihn ihr als etwas Besonderes erscheinen zu lassen. Auf Sightseeing-Tour fahren mit Grandpa und Grandma. Daran wirst du dich immer erinnern, wenn die beiden längst vor den himmlischen Richter getreten sind. «Roy will wissen», sagt Judy so leise sie nur kann, doch Unruhe jagt ihre Stimme hoch, «wann das hier zu Ende ist.»

«Es hat gerade angefangen», sagt Harry.

Janice flüstert jetzt mit den beiden. Ihre Ausdauer läßt ebenso zu wünschen übrig wie die der Kinder. «Könnten wir eine Pause einlegen, bevor wir über die Straße müssen?»

«Das ist hier ein vorgeschriebener Rundgang», sagt Harry. «Los, ihr drei, wir wollen nicht den Anschluß verlieren.»

Er nimmt den kleinen Roy auf, dessen Gewicht sich durch Langeweile verdoppelt hat, und trägt ihn, und alle zusammen überqueren sie die Straße, die in sehr alter Zeit ein Rinderpfad gewesen ist und die «Mr. Edison», wie die Frau ihn dauernd nennt, und dabei grient sie affektiert, als handle es sich um einen hochmögenden Freund von ihr, unbedingt mit Königspalmen einfassen wollte, das hatte er sich in den Kopf gesetzt. «Königspalmen wachsen wild neunzig Kilometer von hier, am Rand der Everglades, 1900 jedoch war es viel einfacher, sie mit großen Segelschiffen aus Kuba zu importieren, als sie mit Ochsengespannen durch unsere faktisch unwegsamen Florida-Sümpfe herzuschleifen.»

Auf gewundenen Pfaden trotten sie dahin, drücken sich um Rollstühle herum, bemühen sich, nicht auf die kleinen Kaktus- und Blumenbeete zu treten, die die Pfade säumen, bemühen sich mitzubekommen, was die Fremdenführerin sagt, deren Stimme bald leiser, bald deutlicher in ihrer abgenutzten kratzigen Rille läuft, bemühen sich, Interesse aufzubringen für die sich über ihnen wölbenden Geheimnisse, die Edison von weit her gebracht hat auf seiner hochfinanzierten Suche nach einem Ersatz-Kautschuk. Hier gibt es den Kapokbaum und die Javapflaume, den Kanonenkugelbaum aus Trinidad und den Mangobaum aus Indien, den Lippenstiftbaum und den Vogelaugenbusch, die Sweetheart-Orchidee, die entgegen der Ansicht vieler Menschen *keine* Schmarotzerpflanze ist, und den Litschibaum, dessen Früchte bei den Chinesen sehr begehrt sind. Harry tun die Beine weh und das Kreuz, und in der verdächtigen Gegend links hinter den Rippen sticht es, aber er kann Roy nicht absetzen, denn der Junge schläft: er muß einer der verschlafensten Vierjährigen auf der Welt sein.

Janice und Judy haben sich verschwörerisch abgesondert und sind vorausgegangen zum Edison-Haus, einem Haus, das 1886 in vier Schonern von Maine hergebracht worden ist, das erste Fertighaus der Welt, könnte man sagen, ein Haus ohne Küche, denn Edison mochte Kochgerüche nicht, ein Haus mit einer breiten umlaufenden Veranda und dem ersten modernen Swimmingpool in Florida, aus blauem Zement, der nicht mit Stahl, sondern mit Bambus bewehrt ist und bis zum heutigen Tag keine undichte Stelle, keinen Riß hat. Unfaßlich alles! So viel Bemühen, Erfindungskraft, Kauzigkeit und Tapferkeit ist in die Geschichte gepreßt: Harry kann kaum stehen unter dem Gewicht, seine Knochen biegen sich, sein Geist zergeht, wie mit einem Schraubenzieher drückt es auf seinen Schädel, und unterhalb seiner Schulterblätter, wo das blaugestreifte Hemd aus hundert Prozent Baumwolle feucht geworden und wieder getrocknet ist, juckt es ihn wahnsinnig. Mit dröhnendem Herzen holt er Janice ein und bittet sie leise: «Kratz mich.» Leise, damit das Kind nicht aufwacht.

«Wo?» Sie nimmt die Zigarette, eine Pall Mall, die sie bei Pru geschnorrt haben muß, in die andere Hand und harkt seinen Rücken, rauf, runter, weiter rechts, weiter links, je nachdem, wie er sie dirigiert, bis der Dämon ausgetrieben ist. Dieser dschungelartige Garten des alten Edison ist ein teuflischer Ort. Harry hat Schwierigkeiten mit dem Atmen; entschlossen kämpft er gegen Hyperventilation an. Durch die heftige Bewegung wird Roy geweckt, und schlaftrunken tut er kund: «Ich muß Pipi machen.»

«Darauf hätte ich wetten können», sagt Harry, und zu Roy sagt er: «Du kannst hier nicht einfach hinter irgendeinen Baum gehen. Die sind alle viel zu selten.»

«Die scharlachrote *Dombeya wallichi* ist bekannt als rosa Kugelbaum aus Indien», erklärt die Fremdenführerin in singendem Tonfall ihren weniger ungebärdigen Schülern. «Sie hat einen sehr schweren Duft. Mrs. Edison liebte Vögel und hielt immer Kanarienvögel, Sittiche und Papageien. Diese

Vögel leben das ganze Jahr über im Freien und finden es hier herrlich.»

«Woher weiß sie, daß die es hier herrlich finden?» fragt Judy ihre Großeltern mit ein bißchen zu viel Stimme, so daß mehrere altehrwürdige Häupter sich umdrehen. «Sie ist doch kein Papagei.»

«Woher weißt du, daß sie keiner ist?» flüstert Harry.

«Ich muß Pipi machen», wiederholt Roy.

«Na und? Du mußt Pipi machen, das ist nicht der Mittelpunkt des Universums, verdammt», sagt Harry. Er ist schrecklich aus der Übung bei diesem Vatergetue und hat es nie besonders gut gekonnt.

Janice erbarmt sich: «Ich geh mit ihm zurück. Da wo wir reingekommen sind, waren Toiletten.»

Judy bekommt es mit der Angst, als sie die beiden entwischen sieht. «Ich will mitkommen!» schreit sie so laut, daß die Fremdenführerin einen Augenblick innehält in ihrem Vortrag. «Vielleicht muß ich auch Pipi machen!»

Harry packt ihre Hand und hält sie fest und drückt sogar sadistisch zu. «Vielleicht ja auch nicht», sagt er. «Komm, steh das jetzt durch. Und verlier nicht den Anschluß, Herrgott noch mal. Du verpaßt noch die älteste gottverdammte Glühbirne der Welt.»

Eine Frau im Rollstuhl, nicht so verkrüppelt, daß ihr Haar nicht orange gefärbt und dauergewellt wäre und mehr Schnörkellöckchen hätte als ein Affenarsch, sieht herüber und bedenkt sie mit einem durchdringenden Blick. *Kapieren, wann man aufhören muß*, denkt Harry. *Niemand kapiert, wann's Zeit ist aufzuhören.* Die Fremdenführerin sagt gerade: «Hier haben wir den Sapotillbaum der amerikanischen Tropen. Aus dem Milchsaft dieser Bäume wird Chiclegummi gewonnen, das man zur Herstellung von Kaugummi verwendet.»

«Hast du das gehört?» fragt Harry, außer Atem wegen der sozialen Spannungen bei dieser endlosen Besichtigung und voll Reue, daß er Judys Hand so schmerzhaft gedrückt hat. «Der Baum, von dem die Chiclets kommen.»

«Was sind Chiclets?» fragt Judy und schickt einen schnellen Blick zu ihm hinauf, der ihren klaren grünen Augen bislang fremd gewesen ist. Sie ist ein bißchen gekränkt und nimmt sich jetzt in acht vor ihm. Er hat ihre Unschuld verletzt. Kann es sein, daß sie nie von Chiclets gehört hat? Sind die wirklich verschwunden wie die Penny-Bonbons, wie Saure Drops und Gummihütchen, wie die kleinen roten Lebensmittelmarken, die man während des Kriegs haben mußte? Für Harry alles so wirklich, als sei es gestern gewesen.

«Mr. Edison hat diesen Kaugummibaum für Kinder gepflanzt», redet die Fremdenführerin weiter. «Er liebte seine Kinder und Enkelkinder sehr und verbrachte viele Stunden mit ihnen, auch wenn er, bedingt durch seine Taubheit, den größten Teil der Unterhaltung allein bestreiten mußte.» Raschelndes Lachen ist zu hören, und sie wirft sich stolz in die Brust, reckt den Hals, spitzt die Lippen, als hätte sie das nicht erwartet, aber natürlich hat sie's doch erwartet, sie hat diese Nummer so oft abgezogen, daß sie die Reaktionen ihres Publikums genau kennt, bis ins kleinste Glucksen. Jetzt führt sie ihre andächtig schlurfende, ruckweise sich vorwärts schiebende Seniorenschar in den farbenfrohen Strampelanzügen auf eine Absperrung zu und einer neuen Etappe ihrer Fünfdollarpilgerreise entgegen. Gleich müssen sie die Straße überqueren, an der die unnatürlich geraden, betonfarbenen Palmenstämme aufgereiht sind, die Edison, der erstaunliche, große Amerikaner, von Kuba herübergeschippert hat, als das Jahrhundert noch in den Babyschuhen steckte. Aber bevor sie sie hinübergehen läßt, muß sie ihnen schnell noch eine letzte irre Pflanze überbraten. «Der Busch mit den langen roten Troddeln ist die Chenille-Pflanze vom Bismarckarchipel. Chenille ist französisch und heißt Raupe. Man kann ohne weiteres sehen, warum die Pflanze so heißt.»

«Juhu, Raupen», piepst die kleine Judy zu Harry hinauf, und er sieht darin einen weiblichen Versuch, die Kluft zwischen ihnen wieder zu überbrücken, und hat nun ein noch schlechteres Gewissen wegen des schmerzhaften Händedrucks. Er fragt sich, warum er das getan hat, warum er dazu neigt, solche Gemeinheiten zu begehen, hauptsächlich Frauen gegenüber, als gebe er ihnen die Schuld, daß die Welt so ist, wie sie ist: voller Chenillepflanzen und ohne Erbarmen. Er fühlt sich elend, fast schon hundsmiserabel. Das ungezogene Kind in ihm hört nicht auf, mit Streichhölzern zu spielen.

Die Fremdenführerin verkündet: «Wir überqueren jetzt die Straße und gehen zum Laboratorium, in dem Mr. Edison seine letzten Experimente gemacht hat.»

Sie überqueren schließlich tatsächlich die Straße, und in Edisons zugigen alten Laborräumen, zwischen staubigen Bechergläsern, Stechhebern, Destillierkolben und großen schwarzen, von Treibriemen angetriebenen Maschinen, treffen sie Janice und Roy wieder. Die Fremdenführerin weist auf das Feldbett hin, auf dem Edison zehn Minuten lange Nickerchen gemacht hat, die es ihm ermöglichten, viele Stunden an einem Stück dazusitzen und Träume in seinem großen tauben Kopf zu bewegen, und sie zeigt auf das Stück Goldrutengummi auf dem Schreibtisch, das aus Goldrute gemacht ist, die hier in Fort Myers wächst, ein Stück Gummi, das sich immer noch biegen läßt, nach all den Jahren. Schließlich gibt die Fremdenführerin sie frei, erlaubt ihnen, umherzuschlendern, zu staunen und zu entwischen. Als sie Richtung Norden fahren, fragt Harry die drei anderen: «Was hat euch denn am besten gefallen?»

«Pipi machen», sagt Roy.

«Du bist blöde», attestiert Judy ihrem Bruder, und um zu zeigen, daß sie's nicht ist, gibt sie zur Antwort: «Mir hat am besten der Phonograph gefallen, wo er, um was zu hören, er war ja taub, seine Zähne auf diesem Holzgestell abgestützt hat und man noch die Spuren davon sehen kann. Das war interessant.»

«*Ich* fand interessant», sagt Harry, «wie viele Versuche es ihn gekostet hat, den Akkumulator zu entwickeln. Ich hätte nicht gedacht, daß das so ein Problem ist. Wie viele – neun*tau*send Versuche?»

Die 41 zieht eintönig an den Autofenstern vorbei. Banken.

Lebensmittel und Benzin. Arthritis-Kliniken. Janice scheint mit den Gedanken woanders zu sein. «Oh», sagt sie, bemüht, sich zu beteiligen, «ich glaube, die alten Filmvorführmaschinen. Und der Toaster und das Waffeleisen. Mir war nicht bewußt, daß er die erfunden hat, man macht sich nicht klar, daß die auch erfunden werden müssen. Wie anders die Welt wohl wäre, wenn er nicht gelebt hätte. Dieser eine Mann.»

Harry sagt gebieterisch – er und Janice spielen «Großeltern» für ihr kleines Publikum hinten im Auto, sind wie Handpuppen auf den Vordersitzen, nur als zwei Köpfe sichtbar –: «Kaum etwas wäre anders. Von der Technologie her war alles schon da, es lag sozusagen auf der Straße und mußte nur aufgehoben werden. Wenn wir's nicht getan hätten, dann eben die Schweizer oder sonstwer. Die einzige moderne Erfindung, die nicht unvermeidlich war, hab ich irgendwo gelesen, war der Reißverschluß.»

«Der Reißverschluß!» kreischt Judy, als habe sie beschlossen, sich zu amüsieren, wenn dieser Tag mit den Großeltern schon so aussieht, als wolle er nie zu Ende gehen.

«Mhm, eine wirklich komplizierte Sache», sagt Harry, «all diese kleinen Zacken und Kerben, wie die ineinandergreifen. Es funktioniert nach dem Prinzip des Keils, der schiefen Ebene, genauso, wie die Pyramiden gebaut worden sind.» Er hat das Gefühl, daß er wohl doch etwas weit vom Weg abkommt, wenn er sich tiefer in den schrecklichen leeren Raum vorwagt, in dem die Pyramiden gebaut worden sind, und gibt bekannt: «Außerdem hat Edison Rückendeckung gehabt. Man muß sich nur ansehen, wer seine Freunde hier unten gewesen sind. Ford. Firestone. Die mächtigen Geldsäcke. Er brauchte Ideen, die er ihnen verkaufen konnte. All dies Gerede über seine Menschenliebe, daß ich nicht lache.»

«O ja», sagt Janice, «ich mochte das alte Auto mit den Narzissengummireifen.»

«Goldrute», berichtigt Harry. «Nicht Narzisse.»

«Ich meinte Goldrute.»

«Ich mag Narzisse lieber», sagt Judy vom Rücksitz her. «Grandpa, wie fandest du die Besichtigungsdame, die gräßliche Art, wie sie redete und dabei einen Mund machte, als ob sie einen ganz sauren Bonbon lutscht?»

«Ich fand, sie war auf ihre Art sehr sexy», sagt Harry.

«Sexy!» kreischt Judy.

«Ich hab Hunger», sagt Roy.

«Ich auch, Roy», sagt Janice. «Danke, daß du die Rede drauf gebracht hast.»

Sie essen in einem McDonald's, wo aus irgendwelchen rechtlichen Gründen – Angst vor Prozessen, vermutet die ungerührte Kassiererin, als sie sie fragen – die Tür verriegelt ist, die zum Spielplatz hinausführt. Da draußen gibt es eine spiralförmige Rutsche und einen verlockenden Plastikmann mit einem Kopf, der noch größer ist als der Edisons und wie ein Hamburger geformt ist. Roy regt sich furchtbar auf wegen der verschlossenen Tür und schnieft in einem fort während des Essens und zieht den dicken feuchten Kummerrotz hoch. Er hat sich den Salzstreuer genommen und schüttet sich nach und nach Salz auf den Teller, bis er einen Haufen hat, und dann wälzt er einzeln die Pommes frites darin. Pommes frites und ungefähr ein Pfund Salz, das ist alles, was der Junge ißt; Harry nimmt ihm den Big Mac ab und verdrückt ihn für ihn, obwohl er gar nicht so sehr zu haben ist für den Technicolor-Pamps, den McDonald's auf alles draufklatscht – nichts als Chemie. Wo ist nur der altmodische einfache Hamburger geblieben. In der Ecke findet ein kleines Bingo-Spiel statt; man muß mitten hindurchgehen, wenn man zu den Toiletten will: alte Leute, durch Stellwände voneinander getrennt, sitzen über ihre Karten gebeugt, und eine junge Schwarze in brauner McDonald's-Uniform verliest feierlich näselnd die Zahlen. «Zwannzich-fümmf..., vörzich-einns...»

Als sie wieder im heißen Auto sitzen, sieht Harry heimlich auf die Uhr. Gerade erst Mittag. Er kann's nicht glauben, ihm kommt es vor, als sei es vier Uhr nachmittags. Seine Knochen schmerzen, tief innen im Fleisch. «Also dann», verkündet er, «wir haben freie Wahl.» Er entfaltet die Karte, die er im Handschuhfach verwahrt. *Man geht erst los, wenn man sich überlegt hat, wohin man will:* es ist lange her, daß jemand ihm das gesagt hat. «Oben bei Sarasota hätten wir das Ringling-Museum, aber das ist geschlossen, und noch ein anderes, das heißt ‹Bellm's Cars of Yesterday›, aber vielleicht haben wir seit Edison erst mal genug von alten Autos. Bliebe noch der Dschungelpark, ein Kumpel, mit dem ich Golf spiele, schwört regelrecht darauf.»

Judy stöhnt, und der kleine Roy, der sich nach ihr richtet, fängt prompt mit seinem Unterlippengebibber an. «Bitte, Grandpa», sagt sie, und es klingt fast mütterlich, «nicht schon wieder Raupenbäume!»

«Da sind nicht nur Pflanzen, Pflanzen sind da das *mindeste*, da sind Leoparden und diese verrückten Vögel. Richtige Leoparden, Roy, die krallen dir die Augen raus, wenn du nicht aufpaßt, und Flamingos, die stehen auf einem Bein und schlafen ein – Bernie, dieser Freund von mir, kommt einfach nicht drüber hinweg, wie die schlafen können und dabei auf diesem einen dünnen Bein stehen!» Er streckt einen einzelnen Finger hoch, um das Phantastische daran deutlich zu machen. Wie häßlich und merkwürdig ein einzelner Finger ist – die Falten am Knöchel, die strudeligen Linien an der Kuppe, der hübsche, nutzlose Nagel. Beide Kinder hinten im Auto sehen erhitzt aus, wie Nelson früher, wenn er eine Erkältung ausgebrütet hat, schwelendes Flackern in den Augen. «Oder hier», sagt Rabbit und studiert die Karte, «die Braden-Castle-Ruine. Was haltet ihr Kameraden von Ruinen?» Er kennt die Antwort und sichert sich den Punkt mit: «Oder wir fahren alle zurück ins Village und halten ein Schläfchen.» So viel hat er beim Autoverkaufen gelernt: biete dem Kunden etwas an, das er überhaupt nicht will, um das, was er halb und halb will, besser erscheinen zu lassen. Er linst zu Janice hinüber, leicht vergrätzt, weil die so tut, als gehe das Ganze sie nichts an. Wieso läßt sie ihn alles allein machen? Es sind auch ihre Enkelkinder.

Sie rafft sich auf und sagt: «Wir können nicht so früh zurückfahren. Sie schlafen vielleicht noch.»

«Oder was auch immer», sagt er. Zanken. Ficken. Etwas Heißes, Unglückliches ist um Nelson und Pru, das den andern in der Familie angst macht. Junge Paare verströmen diese Hitze; sie sind noch mit der wichtigsten Sache der Welt befaßt, mit dem Kindermachen. Alte Paare wie er und Janice senden den modrigen Geruch toter Blumenstengel aus, die in der Vase verrotten.

Judy meint: «Laßt uns ins Kino gehen.»

«Ja, Kino», sagt Roy und bringt diese beiden Worte mit einer so erwachsen klingenden Stimme vor, daß man meinen könnte, sie hätten einen Anhalter mitgenommen, und der sitze jetzt auf dem Rücksitz.

«Machen wir einen Kompromiß», schlägt Harry vor. «Wir fahren rasch hin und kucken mal eben in den Dschungelpark rein, und wenn da wieder nur eine Führung stattfindet oder ihr meint, das ist nicht das Wahre, sind wir gleich wieder draußen, zum Kuckuck mit denen. Wenn's aber nicht so schlimm ist, dann gehen wir einmal durch, sehen uns die Flamingos an, kaufen uns eine Zeitung und kucken, was es im Kino gibt. Roy, bist du groß genug, um einen ganzen Film durchzuhalten?» Er läßt den Motor an und legt den Gang ein.

Judy sagt: «Er hat bei *Dumbo* so schrecklich geweint, daß Mommy mit ihm rausgehen mußte.»

«Dumbos Mommy...» will Roy erklären und bricht in Tränen aus.

«Ja», sagt Harry, als er wieder auf die 41 fährt und das Auto dahinrollt, «man macht was mit, wenn er da in dem Gefängniswagen steckt. Die Sache mit den Rüsseln, weißt du noch? Aber es wird noch alles gut. Du hättest bis zum Ende bleiben sollen, Roy. Wenn man nicht bis zum Ende bleibt, wird man seine Traurigkeit auch nicht los.»

«Er wird ein *Star*», sagt Judy gehässig zu ihrem Bruder. «Er beschießt die bösen Clowns mit Erdnüssen. All das hast du verpaßt.»

«Dieser Disney», sagt Harry, halb zu Janice, halb für sein kleines Publikum. «Der wußte, wie er einen in die Magengrube trifft. Man muß in der Depressionszeit aufgewachsen sein, um das zu verkraften. Nelson, euer Daddy, hat's auch nicht geschafft, er konnte *Schneewittchen* nicht aushalten, als das wieder in die Kinos kam.»

«Daddy mag überhaupt nichts», vertraut Judy ihm an. «Bloß seine blöden Freunde.»

«Was für Freunde?» fragt Rabbit.

«Ach, ich weiß nicht, wie die heißen. Slim und so. Mommy haßt sie und will nicht mehr ausgehen.»

«Wieso denn nicht, eh?»

«Sie sagt, sie hat Angst.»

«Angst! Angst vor was?»

«Harry», brummt Janice neben ihm, «quetsch die Kinder nicht aus.»

«Angst vor Slim», sagt Roy, nur so, um auszuprobieren, wie es klingt.

Judy knufft ihn: «Nein, Daddy hat nicht Angst vor Slim, du Dumbo, er hat Angst vor den andern Männern.»

«Welche andern Männer?» fragt Harry.

«*Harry*», sagt Janice.

«Vergeßt, was ich gefragt habe», ruft er nach hinten; seine Worte gehen unter in Gebrüll: Roy hat Judy bei den Haaren gepackt und will nicht loslassen. Als Janice nach hinten langt, um die beiden voneinander zu trennen, platzt eine Naht ihrer Bluse auf; er kann hören, wie die Fäden reißen, obwohl im selben Augenblick ein achtzehnrädriger Truck vorbeizieht, dessen bebende weiße Flanke *MAYFLOWER MEANS MOVING* verkündet und einen aerodynamischen Effekt erzeugt, der ihn seitwärts saugt, so daß er Mühe hat, den Camry auf Kurs zu halten. Ein Blechboot auf zu rauher See. Japanische Autos entsprechen nicht der vollen Bandbreite amerikanischer Gegebenheiten. Was Nelson schon ausgedrückt hat, als er von dem Lieferwagen sprach, den der Wind quer über die 422 geweht hat. Aber irgend etwas muß man nun mal im Leben verkaufen. Man kann nicht einfach dasitzen und meckern. Wir können nicht alle mit Lamborghinis handeln.

Der Dschungelpark ist eine bessere Idee, als man zu hoffen gewagt hat. Man geht durch einen großen Laden voller Muscheln und kitschiger Kunstgewerbesachen – wie Janices Kreationen im Regal in der Diele – und tritt in eine Miniaturlandschaft hinaus. Man kann in die eine Richtung zur Reptilienschau und zum Christusgarten gehen und in die andere zur Vogelschau. Alle vier wollen zu den Vögeln; sie sehen zerrupften, mißmutig dreinschauenden Papageien zu, die Fahrrad fahren, auf Wippen wippen und durch Reifen hüpfen. Ein gewundener Zementweg, der «Dschungelpfad», führt sie dann weiter: gehorsam trottet man an moosigen Wurzeln und tröpfelnden Felsen vorbei, und an jeder Biegung trifft man auf eine neue freundliche Überraschung – ein Trio Klammeraffen mit langen haarigen Armen und kleinen besorgten Gesichtern, dann ein Käfig voller Finken, die auf- und niederschwirren, von Stange zu Stange, knappe unablässige Bewegungen, wie im Innern einer komplizierten Uhr; dann ein Bodhi-Baum (unter einem solchen hat Buddha seine Erleuchtung erfahren). Rabbit denkt, wie es dem Dalai Lama wohl geht, nach so langem Exil. Glaubt man noch an Gott, wenn die Menschen einem dauernd sagen, man *sei* Gott?

Die vier Angstroms kommen zum Spiegelsee, auf dem stumme Schwäne dahingleiten, und zur Flamingo-Lagune, wo, wie Bernie Drechsel gesagt hat, Scharen von Flamingos mit unwirklich orangerosa Gefieder stehen und schlafen: wie große plustrige Lollies sehen sie aus, jeder Körper ein Ball, in den sich das freie Bein, der Hals, der Kopf irgendwie mit hineingeknäuelt haben, ein Ball, der auf einem bleistiftdünnen Bein und einem breiten ledrigen, bizarren Fuß balanciert. Andere, fast genauso phantastisch, sind wach und regen sich und schreiten sacht. «Seht, wie sie trinken», sagt Harry zu seinen Enkelkindern und senkt seine Stimme wie in Gegenwart von etwas Heiligem. «Verkehrt herum. Ihre Schnäbel sind Schöpflöffel, die verkehrt herum funktionieren.» Und sie stehen da und staunen, die vier Menschenwesen, als sei der Raum zwischen weit voneinander entfernten Planeten aufgehoben, so anders sehen diese Geschöpfe aus. Die Erde besteht aus vielen Planeten, die sich nur für Augenblicke schneiden. Sie sehen es an sich selbst, sogar zwischen ihnen tut sich Anderssein auf, obgleich sie dieselbe Sprache sprechen und keine Federn haben und alle richtig herum trinken.

Der Zementweg führt sie weiter, zu einer Snackbar in einem Pavillon, zu einer Muschel- und Schmetterlingsausstellung, einem Goldfischteich und einem Käfig mit schwarzen Leoparden, genau wie Harry es Roy versprochen hat. Das dunkeläugige Kind starrt auf die lautlos hin und her gehenden Tiere, als blicke es ins Zentrum eines Wasserstrudels, der es in die Tiefe reißen könnte. Ein kleiner Automat, ähnlich denen, die es in Harrys Jugend an fast jeder Tankstelle, in jedem Lebensmittelladen gegeben hat und die einen mit einer Handvoll Erdnüsse oder Pistazienkerne versorgt haben, ist an einem Pavillonpfosten nahe dem Gehege befestigt, in dem Pfauen nervös, rastlos ihre extravaganten Federn hinter sich her durch den Staub schleifen lassen. Hier passiert ihm sein kapitales Versehen. Als seine drei Anverwandten weitergehen, kramt er ein Zehncentstück aus der Tasche, steckt es in den Automaten, erhält eine Handvoll brauner trockener Kerne und beginnt zu kauen. Erdnüsse sind es eigentlich nicht, aber vielleicht irgendeine Florida-Delikatesse, auf jeden Fall sind sie so trocken und muffig, daß sie fast bitter schmecken; aber wer weiß, wie lange diese Automaten auf Kundschaft warten. Trotzdem bietet er Judy welche an: sie beäugt sie, riecht an ihnen und starrt in fassungslosem Staunen zu seinem Gesicht hinauf. «Grandpa!» schreit sie. «Damit soll man die Vögel füttern! Grandma! Er ißt Vogelfutter! Kleine braune Kugeln, wie Kaninchenkötel!»

Janice und Roy treten herzu, und Harry streckt die Hand aus und zeigt ihnen das schandbare Beweismaterial. «Ich hab das nicht gewußt», sagt er kraftlos. «Da ist kein Schild dran, nichts.» Eine eigenartige Empfindung überströmt ihn; er fühlt sich leicht betäubt, und ihm ist übel, und jenseits der warmen, von seiner Haut umschlossenen Masse ist eine allgemeine Entwertung über alles hinweggefegt; einen Blitzschlag lang sieht er sein Leben als etwas sehr Törichtes, das abzustreifen eine Erleichterung sein wird.

Nur Judy lacht, ein Lachen, das gekünstelt klingt, wie es da aus ihrem feingeschnittenen kleinen Gesicht mit den vollkommenen Zähnen kommt; Janice und Roy sehen einfach nur traurig aus und ein bißchen ratlos.

Judy sagt: «Grandpa, das war das Dümmste, was je ein Mensch gemacht hat!»

Er lächelt und nickt ihr über seinem aufgepumpten Rumpf zu; er bekommt schlecht Luft, und Schmerzbänder sind ihm fest über die Brust gespannt und pulsen. In seinem Mund verstärkt sich ein saurer Geschmack. Er dreht die Hand um, seine fette keratotische Hand, die Finger lang genug, um einen Basketball von oben zu halten, und streut die Kügelchen den Pfauen hin. Ein schmutzigweißer mit schillerndem schleifendem Schwanz beäugt das kötelähnliche Futter, pickt es aber nicht auf. Vielleicht war's doch Menschenfutter. Aber ob so oder so, der Tag hat einen Sprung bekommen, und als sie weitergehen auf dem Zementweg, ist nur Judy vergnügt; ihr Geplapper deckt den jäh hinter ihnen aufsteigenden angstvollen Schrei zu, das Geräusch, das Pfauen machen.

Müde schleppen sie sich durch den Dschungelpark, sind jetzt auf einem Weg, der an einem wieder anderen Teilstück desselben Allzwecksees vorbeiführt, zu einem Käfig, in dem ein einsamer Ozelot döst, zum Kakteengarten und einem schwarzen Tümpel, der einen «Bindenwaran» verheißt, wo sie aber nichts sehen, vielleicht, weil sie nicht wissen, was ein Bindenwaran ist, und weiter zu einem Käfig mit Papageien und Aras, die so aussehen, als trügen sie schwer an ihrem leuchtenden Gefieder und ihren prunkvollen Schnäbeln. Es ist verdammt hart, eine Kreatur zu sein. Man ist in sich selbst, seiner genetischen Programmierung, strenger gefangen als in einem Käfig. Im letzten Käfig schnappen ein zerzauster großer Emu und ein Nandu mit kummervollem, sanftem, ledrigem Klacken ihrer Schnäbel nach den Drähten der Umzäunung. Ihre langbewimperten großen Augen starren durch die Gitterrauten. *Klipp. Tapp. Klipp* sagen ihre traurigen beharrlichen Schnäbel, ohne Sinn. Fangen sie Insekten, die Menschen nicht sehen können? Sind sie im Delirium, wie alte Säufer?

Harry schmeckt wieder die bittersauren Kügelchen und den gelbroten Pamps, den McDonald's zusammen mit einem welken Essiggürkchen auf die Hamburger tut, und wünscht sich inständig, er könnte aufhören zu essen. Janice kommt zu ihm und berührt den Rücken seiner herabhängenden Hand mit dem Rücken der ihren. «Das war ein ganz natürliches Versehen», sagt sie.

«Das sind die, die mir passieren», sagt er. «Die natürlichen.»

«Harry, sei doch nicht so deprimiert.»

«Bin ich das?»

«Du denkst die ganze Zeit über Nelson nach», sagt sie. Das war es also, was sie so beschäftigt hat. Sie, nicht ihn.

«Ich habe über Emus nachgedacht», gesteht er.

Janice sagt: «Komm, wir gucken mal, ob die Kinder irgendwas aus dem Souvenirladen wollen, und kaufen uns dann eine Zeitung. Ich lechze danach, irgendwo zu sein, wo's eine Klimaanlage gibt.» Im Souvenirladen kaufen sie für Judy eine wunderschöne glänzende Kreiselschnecke und für Roy eine umwerfend schwarzweiß gemusterte Stachelschnecke mit scharfen Zinken, die er unverzüglich an glatten Oberflächen ausprobiert: am lackierten Geländer, das zum Parkplatz zurückführt, und auch am Camry, wenn Harry nicht hinuntergelangt und den kleinen Banausen am knochenlosen Ärmchen gepackt hätte. Harry haßt Schneckenhäuser, Muschelschalen. Immer wenn er sie sieht, muß er an die klebrigen, hungrigen, kriechenden Wesen denken, die darin wohnen, mit Herz und Mund und Anus und Fühlern und schwachen Augen, auf dem Meeresgrund, in einer düsteren, kalten Welt auf halbem Weg zwischen hier und dem Tod. Er hält den Gedanken an Unterseeisches wirklich nicht aus: was da alles wimmelt, sich gegenseitig auffrißt, sich durch Muschelschalen bohrt und einander die flechsigen Innereien aussaugt.

Das Wageninnere hat sich während ihrer Abwesenheit wie ein Backofen aufgeheizt. Die Floridasonne hat die dünnen Wolken weggebrannt, die wie vergehende Jetspuren aussahen, und nur eine Wüste aus reinem Blau hinterlassen über den Palmen und roten Dachziegeln. Die Kinder sind benommen von der Hitze und dem Druck des Familienlebens; sie wollen nicht einmal etwas zum Naschen haben, als er an einem Joy Food and Gas hält und einen Sarasota-*Sentinel* kauft. Der Film, auf den sie sich alle einigen, ist *Working Girl* und fängt um Viertel vor drei an, in irgendeinem «Park», der, wie sich herausstellt, meilenweit entfernt ist, flimmernde flache Floridameilen voller großer weißer schnulziger servogelenkter amerikanischer Wagen, deren alte Fahrer so verschrumpelt sind, daß sie kaum über die Motorhaube blicken können. Jede Fahrt, die man hier unten ohne Frontalzusammenstoß besteht, ist ein Kompliment an die geriatrische Medizin in diesem Teil der Welt, an die Muntermacher und Vitaminspritzen und Blutverdünnungsmittel.

Obwohl Judy schwört, daß Roy schon mal im Kino gewesen ist, scheint er nicht zu begreifen, daß man nicht einfach losreden kann wie zu Hause im eigenen Wohnzimmer. Er fragt immerfort, mit klagender Betonung, warum: «*Warum* zieht sie ihre Sachen aus?» – «*Warum* ist sie so böse auf den Mann?» Es gefällt Harry, im Film, daß Melanie Griffith in ihrer nuttigen Unterwäsche ordentlich was auf den Knochen hat, anders als die andern Hollywood-Frauen, die sehen fast alle magersüchtig aus, und wie sie reinplatzt, als ihr Freund mit dem splitternackten Mädchen zusammen ist, das auch eine Italienerin sein soll, genau wie sie, aber, anders als sie, nicht drauf aus ist, an der Wall Street ins Big Business einzusteigen, und mit gespreizten Beinen auf ihm sitzt, in der Reiterposition, ihre lange nackte Flanke ist glatt wie die Haut einer Kreiselschnecke, und ihre Titten mit den dunklen Spitzen sind gute fünf Sekunden auf der Leinwand. Aber der Plot, die Posse vom Helden und der Heldin, die sich langsam, aber sicher auf die Upper-Ten-Hochzeit zubewegt, er weiß nicht, er meint, das hat er schon vor vierzig Jahren gesehen, mit Cary Grant oder Gary Cooper und Irene Dunne oder Jean Arthur. Als Roy laut fragt: «*Warum* gehn wir jetzt nicht?», ist er bereit, mit ihm in den Vorraum hinauszugehen, damit Janice und Judy den Film in Ruhe zu Ende sehen können.

Er teilt sich mit Roy eine Schachtel Popcorn und probiert ein Videospiel, das Vernichtung heißt. Harry hat sich, was die Koordination von Augen und Händen betrifft, immer für ziemlich gut gehalten, aber es gelingt ihm nicht, auch nur ein einziges der Weltraummonster zu treffen, die in Computergraphik über den Schirm zucken und rucken. Roy, der so klein ist, daß Harry ihn hochheben muß zu den Bedienungsknöpfen, bis der zuckende, ruckende Junge so schwer wird, daß ihm ein Schmerz durch beide Schultern schießt, kann es nicht besser. «Ja, Roy», faßt er zusammen, als er wieder Luft bekommt, «wenn es auf uns beide ankäme, würden Raummonster die Weltherrschaft an sich reißen.» Der Junge, der inzwischen Zeit gehabt hat, sich an seinen Großvater zu gewöhnen, steht dicht bei ihm, sein Atem riecht butterig vom Popcorn, und Harry wird ein bißchen übel: dieser dünne unbewußte kindliche Atemstrom erinnert ihn an die kleine Frischluftdüse überm Sitz im Flugzeug.

Als die Zuschauer aus Saal 3 herauskommen, verkündet Janice: «Ich glaube, ich brauche einen Job. Würde ich dir nicht besser gefallen, Harry, wenn ich ein Working Girl wäre?»

«In welchem Staat würdest du arbeiten wollen?»

«In Pennsylvania natürlich. Florida ist für die Ferien.»

Er mag die Idee nicht. Irgend etwas ist faul daran und unangenehm, wie an den Novemberaufstellungen von Springer Motors. «Was für eine Arbeit würdest du machen?»

«Ich weiß nicht. Nichts auf dem Platz, Nelson haßt es, wenn wir ihm in die Quere kommen. Irgendwas verkaufen vielleicht. Mein Vater war einer und mein Sohn ist einer, warum sollte ich nicht auch einer sein? Ein Mensch, der etwas verkauft.»

Rabbit weiß nicht, was er darauf antworten soll. Nach all den Jahren, in denen er zähneknirschend bei ihr geblieben ist, kann er sich nicht vorstellen, daß er sie bittet, *sie* solle bei *ihm* bleiben, obwohl es ihn dazu drängt. Er wechselt die Gesprächspartnerin. «Judy. Wie ging der Film aus?»

«Gut. Der Mann von der Hochzeit hat ihre Geschichte geglaubt, und sie hat ein eigenes Büro mit Fenster gekriegt, und ihre eklige Chefin hat sich das Bein gebrochen und den Mann verloren, den sie beide mochten.»

«Arme Sigourney», sagt Harry. «Sie hätte bei den Gorillas bleiben sollen.» Er sieht von hoch oben auf seine eigene kleine Horde hinab im Kinovorraum, wo die Platzanweiserinnen mit grünen Müllsäcken und roten Samtseilen hin und her eilen und alles für die Fünfuhrvorstellungen bereitmachen. «So, Leute. Was machen wir als nächstes? Was haltet ihr von Minigolf? Oder fahren wir nach St. Petersburg rauf, über die phantastische lange Brücke, die es da gibt?»

Roys Unterlippe beginnt zu zittern, und er hat solche Mühe, die Worte herauszubringen, daß Judy für ihn dolmetscht: «Er sagt, er will nach Hause.»

«Wollen doch alle», springt Janice ihm bei. «Grandpa hat nur Spaß gemacht. Hast du das noch nicht gemerkt, Roy? Dein Großvater ist schlimm, er muß immer Witze machen.»

Wirklich? Er hat sich so noch nie gesehen. Er sagt manchmal etwas, um's auszuprobieren – so ähnlich wie Täuschen auf dem Spielfeld –, um sich ein bißchen Platz zu schaffen.

Judy lächelt wissend. «Er tut so, als ob er gemein wäre», sagt sie.

«Grrrr», sagt Grandpa.

Nach vierzig Minuten im Stoßverkehr von Südwestflorida gelangen sie zur Ausfahrt nach Deleon, zum Pindo Palm Boulevard und zum sorgfältig bewachten Eingang des Valhalla Village. Pru und Nelson oben in 413 sehen gebadet und erfrischt aus und benehmen sich, als sei nie etwas passiert. Sie lauschen den Reiseberichten, zuvörderst der unglaublichen Geschichte «Wie Grandpa das eklige Vogelfutter aß», und Pru macht sich daran, das Abendbrot zuzubereiten, und sagt Janice, sie solle die Füße hochlegen, und Nelson schaltet die Lokalnachrichten ein und läßt sich auf dem Sofa nieder, auf jedem Knie ein Kind, was Harry einen eifersüchtigen Stich versetzt und ihm als Ungerechtigkeit vorkommt. Der mucksche Kerl macht den ganzen Tag mit dieser großen Rothaarigen rum und wird dann auch noch wie ein Held gefeiert von den zwei Bälgern da, für die Harry sich abgestrampelt hat.

Rabbit sitzt im Sessel auf der anderen Seite des Glastisches und piesackt seinen Sohn mit feiner Nadel. «Hast du dich gut ausgeschlafen?»

Nelson kapiert und sieht zu ihm herüber mit seinen dunklen unsteten Augen, die oben ein wenig abgeflacht sind, wie bei einer erbosten Katze. «Ich hab mir gestern abend irgendwo einen Happen zu essen bestellt und bin zu lange an der Bar geblieben», erläutert er seinem Vater.

«Machst du das öfter?»

Mit einem Rollen seiner Augäpfel macht Nelson auf die Kinderköpfe dicht unterhalb seines Gesichts aufmerksam – die beiden sehen fern, aber vielleicht spitzen sie auch die Ohren. Die kleinen Schleimscheißer. «Nee», sagt er. «Nur ab und zu mal, wenn ich sehr nervös bin. Es entspannt mich dann ein bißchen. Pru versteht das. Ist nichts dabei.»

Rabbit hebt generös die Hand. «Geht mich nichts an, nicht? Du bist über einundzwanzig. Ich finde nur, du hättest anrufen können. Ein rücksichtsvoller Mensch hätte angerufen. Keiner von uns hat was vom Dinner gehabt, weil wir nicht wußten, was mit dir ist. Wir konnten kaum essen.»

«Ich hab ver*sucht* anzurufen, Dad, aber ich weiß eure Nummer hier unten nicht auswendig, und da, wo ich war, hat irgend so ein Knallidiot das Telephonbuch geklaut.»

«Ach, das ist heut *abend* deine Version? Heut *morgen* hat

deine Mutter mir gesagt, du *hast* angerufen, aber wir waren unten beim Dinner.»

«Das stimmt *auch*. Ich hab's zuerst von einem Apparat am Highway versucht und dann vom Lokal aus, wo's kein Telephonbuch gab.»

«Wo war das Lokal? Glaubst du, daß ich es kenne?»

«Keine Ahnung, wo das war», sagt Nelson und lächelt ins Fernsehgeflacker. «Ich weiß hier unten nie, wo ich bin, es ist wie eine einzige Geschäftsstraße. Das ist das Angenehme an Florida: Pennsylvania wirkt dagegen unberührt.»

Der Sprecher der Lokalnachrichten gibt das Neueste zum Thema Seekühe bekannt. «Seekuhherden kommen weiterhin sowohl in Warmwetter-Weidegebieten als auch in den traditionellen Winterschutzzonen vor, wenn das schöne Wetter anhält. Eine Mahnung für den gesamten Schiffsverkehr: Gas weg, nur noch halbe Fahrt machen. Während des Wochenendes kann es in Südwestflorida an den verschiedensten Standorten zu Begegnungen mit Seekühen kommen.»

«Das sagen die so», sagt Rabbit, «aber ich begegne nie einer.»

«Weil du nicht auf dem Wasser bist», sagt Nelson. «Es ist hirnrissig, hier unten zu leben, so wie du, und kein Boot zu haben.»

«Wozu brauch ich ein Boot? Ich kann das Wasser nicht ausstehen.»

«Du würdest dich daran gewöhnen und es herrlich finden. Du könntest überall im Golf fischen. Du hast nicht genug zu tun, Dad.»

«Welcher halbwegs zivilisierte Mensch will schon fischen. Irgend so einem armen hirnlosen Vieh 'n Happen totes Fleisch vor der Nase baumeln lassen und es dann hochziehen, an einem Haken, der sich ihm in den Gaumen gebohrt hat. Das Grausamste, was Leute tun können, ist fischen.»

Der blonde Nachrichtenmensch, der sich das Haar so stark pomadisiert hat, daß es steif wie eine Perücke ist, informiert sie: «Uns liegt eine Meldung vor, daß Mittwoch mittag eine ausgewachsene Seekuh mit Jungem gesichtet wurde, die ungefähr einen Kilometer vom Bimini-Becken entfernt landeinwärts durch den Bimini-Kanal bei Cap Coral schwamm. Beobachtungen wie diese sind ein Hinweis, daß trotz der Tatsache, daß die Caloosahatchee-Herde zum größten Teil in die Gewässer des Flusses und der hinteren Buchten zurückgekehrt ist, in und nahe den geschützten Fahrrinnen weiterhin mit vereinzelten Tieren gerechnet werden muß. Wenn Sie tote oder verletzte Seekühe zu melden haben, wählen Sie 1-800-342-1821.» Die Nummer läuft quer über eine Seekuhfamilie, die sich träge im Wasser wälzt. «Und», sagt er abschließend in dem sonoren Ton, den Fernsehsprecher immer haben, wenn sie sehen, daß es Zeit für die Werbung ist, «wenn Sie eine Seekuh beobachtet haben und darüber berichten wollen, machen Sie Gebrauch vom heißen Seekuhdraht 332-3092.»

Um seine Beziehung zu Judy aufzufrischen, ruft Rabbit hinüber: «Was würdest du dazu sagen, wenn du so einen großen einzelnen Zahn hättest wie die Mamaseekuh eben?» Aber sie scheint nicht zu hören, ihr hübsches kleines Gesicht leuchtet und ist gebannt von einem der Werbespots, in denen kalifornische Rosinen singen und tanzen wie schwarze Musiker. Wie die alten Mausketiere. Was machen die jetzt? Sind inzwischen auch Eltern in vorgerücktem Alter. Jimmie ist vor Jahren gestorben, er erinnert sich, das gelesen zu haben. Ist jung gestorben. So was kommt vor. Roy nuckelt am Daumen und nickt an Nelsons Brust ein. Nelson trägt noch immer das rosa gestreifte Hemd mit dem weißen Kragen, das er auf dem Flug hierher angehabt hat, als besäße er nicht so was Lächerliches wie ein kurzärmliges Hemd.

«Morgen fahre ich aufs Wasser raus», gelobt Rabbit laut, er weiß nicht, wem. «Judy und ich leihen uns einen Sunfish. Ist schon alles arrangiert, mit Ed Silbersteins Sohn drüben im Bayview Hotel.»

«Ich weiß nicht», sagt Nelson. «Wie sicher *sind* die Dinger?»

Rabbit ist beleidigt. «Das sind Spielzeugboote, Herrgott.

Wenn sie umkippen, stellt man sich aufs Schwert, und schwupp kommen sie wieder hoch. Zehn-, Elfjährige flitzen damit den ganzen Tag in der Bucht herum.»

«Mag sein, aber Judy ist noch nicht einmal neun, jedenfalls nicht vorm übernächsten Monat. Und nimm's nicht krumm, Dad, du bist reichlich hoch in den Zweistelligen. Und nicht gerade ein Seebär nach dem, was du eben gesagt hast.»

«Okay, *du* machst morgen was mit deinen Kindern. *Du* sorgst für ihre Unterhaltung. Ich habe heute acht Stunden damit verbracht und mal eben achtzig Dollar ausgegeben.»

Nelson klärt ihn auf: «Von dir erwartet man, daß du so was *gern* tust. Du bist der liebe alte *Groß*vater, schon vergessen?» Er mäßigt sich ein wenig. «Segeln ist eine nette Idee. Paß aber auf, daß sie eine Schwimmweste anhat.»

«Warum kommt ihr nicht alle mit? Du, Pru, dies Dornröschen hier. Es ist ein Wahnsinnsstrand. Er wird saubergehalten.»

«Vielleicht tun wir's. Wenn ich kann. Ich erwarte ein paar Anrufe.»

«Vom Platz? Können die nicht mal 'ne halbe Woche allein zurechtkommen?»

Nelson driftet ab, versteckt sich hinter der Ablenkung des Fernsehens. Einer der neuen Toyota-Spots läuft, mit der Schwarzen als Autoverkäuferin. Am Ende springen sie und der Kunde in die Luft und verharren reglos. «Nein», sagt er, so leise, daß Rabbit ihn kaum hört. «Es geht um einen Kontakt, den ich hier unten geknüpft habe.»

«Ein Kontakt? Weswegen?»

Nelson legt den Finger an die Lippen, um anzudeuten, daß sie Roy nicht wecken dürfen.

Rabbit holt wieder die Nadel hervor. «Da du gerade von Zahlen gesprochen hast, zweistelligen und so – ich komme einfach nicht drauf, was mit dieser Novemberaufstellung los war. Vielleicht hat's was mit der Anzahl der verkauften Gebrauchtwagen zu tun: sie kam mir niedrig vor für diese

Jahreszeit. Normalerweise geht sie jetzt rauf, genau wie die der Neuwagen.»

«Das Geld sitzt nicht mehr so locker, seit Reagan weg ist», säuselt Nelson. «Außerdem hat Lyle ein neues Buchführungssystem eingeführt, vielleicht sind sie auf den nächsten Monat übertragen worden und tauchen in der Dezemberaufstellung auf. Mach dir keine Sorgen, Dad. Du und Mom, ihr genießt jetzt einfach Florida. Ihr habt euer Leben lang hart gearbeitet, ihr habt euch ein bißchen Erholung verdient.»

Und als wolle er die Möglichkeit nicht ausschließen, daß dies ironisch gemeint sein könnte, küßt er Judy auf den schimmernd glatten karottenfarbenen Kopf. Das blaue Licht der Mattscheibe scheint durch das Dreieck schütteren Haars zwischen seinen tiefen Geheimratsecken. Ein Tribut, den er dem Leben hat zollen müssen. Daß die Kinder den Kampf mit der Zeit verlieren, erscheint einem trauriger als die eigene Niederlage.

«Essen, Jungs und Mädels!» ruft Pru aus Janices aquamarinblauer Küche.

Die Mahlzeit, die sie zubereitet hat, ist sorgfältiger zusammengestellt als alles, was Janice je auf den Tisch bringt: zuerst eine würzige klare Gemüsesuppe, dann Salat auf einem Extrateller und frischer weißer Fisch, gegrillt auf dem Grillaufsatz des Herds, den Janice aus Bequemlichkeit nie benutzt. Janice ist groß im Aufwärmen von Resten in der Mikrowelle und im Kaufen von Tiefkühlgerichten: Hackbraten, gefüllte Paprika, Allerlei aus Meeresfrüchten in kleinen Aluminiumschalen, die, wenn sie leer sind, in den Müllzerkleinerer geworfen werden können. Sie ist immer eine miserable Hausfrau gewesen, und jetzt hat die Industrie sich auf sie eingestellt. Die Gemüse, die Pru serviert, wilden Reis und kleine zarte Erbsen und junge Zwiebeln, haben einen delikaten, zugespitzten Geschmack, der auf Harry gezielt ist, das spürt er, eine persönliche Botschaft, die die andern verspeisen, ohne etwas davon zu wissen. «Köstlich», sagt er zu Pru. «Wie heißt der Fisch?»

«Die haben gesagt ‹Schnock›», sagt sie. «Ich sagte: ‹Wie

bitte?›, und die sagten wieder ‹Schnock›, und ich mußte
lachen, es klang so ordinär. Aber den hatten sie frisch. Er gehört zur Familie der Hechte oder Barsche, ich hab vergessen,
zu welcher.»

Janice erklärt Harry: «Pru war in diesem kleinen engen
Fischgeschäft hinter Eckerd. Ich bin nie auf die Idee gekommen, dahin zu gehen. Unsere Generation», erklärt sie, jetzt
zu Pru gewandt, «hat mit Fisch nicht soviel am Hut gehabt.
Ich erinnere mich nur, daß Daddy sich manchmal als Leckerbissen ein Pfund aus der Schale genommene Chesapeake-
Austern mitgebracht hat.»

Pru sagt zu Harry – und sie spricht mit ihrer nur ihn mei-
nenden, leicht kratzigen Ohiostimme –: «Ölhaltige Hochsee-
fische, Goldmakrelen vor allem, haben viel EPS in ihrem Öl,
das ist eine Art Säure, die blutverdünnend wirkt und den Tri-
glyzeridspiegel senkt.»

*Sie würde auf mich achtgeben,* denkt Harry. Vergnüglich beschwert er sich: «Wieso ist eigentlich jeder um meinen Cholesterinspiegel besorgt. Ich muß furchtbar aussehen.»

«Du bist ein Riesenkerl», sagt Pru, und diese Bewertung
durchbohrt ihn wie ein Liebespfeil, «und wenn wir älter werden, nimmt der Fettanteil in unserem Körper zu, das LDL,
das Low-Density-Lipoprotein, also die schlechte Sorte Fett,
steigt, und die gute Sorte, das High-Density-Lipoprotein,
bleibt gleich, das bedeutet, das Schlechte überwiegt, und damit steigt die Gefahr, daß sich Apo-B in deinen Arterien abla-
gert. Außerdem hast du nicht die Bewegung, die die Leute
früher hatten, als sie noch auf dem Feld arbeiten mußten; die
Fette werden also nicht verbrannt.»

«Teresa, du *weißt* so viel», sagt Janice; sie hat es nicht gern,
wenn man ihr die Schau stiehlt, und benutzt Prus Taufnamen
als kleine Maßregelung, um die Schwiegertochter in ihren
Schranken zu halten.

Pru schlägt die Augen nieder und senkt die Stimme. «Du
erinnerst dich, ich hab doch diesen Kurs an der Penn-State-
Abendschule in Brewer mitgemacht. Ich dachte, wenn Roy

richtig in die Schule geht, muß ich mir eine Beschäftigung suchen, und da dachte ich, vielleicht irgend etwas mit Ernährung oder Diätetik...»

«Ich will auch einen Job», sagt Janice, und Harry ärgert sich, daß sie so aufdringlich Prus sanft-ernsten Vortrag unterbricht, der, das fühlt er, von seinem ureigenen fettreichen Innern handelt. «Der Film, den wir heut nachmittag gesehen haben, all diese Frauen, die in New Yorker Wolkenkratzern arbeiten, das hat mich so *nei*disch gemacht.» Es ist früher nicht Janices Art gewesen, sich in Szene zu setzen. Aber seit ihre Mutter tot ist und sie dies Apartment haben, entwickelt sie ein irritierendes Selbstvertrauen, sie bildet sich ein, daß die Welt ihre Bühne ist und sie eine ziemlich gute Vorstellung gibt. Im Valhalla Village gehört sie zu den jüngeren Frauen und sitzt in mehreren Komitees. Ist einer hier unten nicht senil, gilt er gleich als großartig. Am Sederabend bei den Drechsels ist sie die Jüngste gewesen, die, welche die vier Fragen stellen mußte.

Eifersüchtig fragt er Pru: «Profitiert Nelson von all diesem Ernährungswissen?»

Pru sagt: «Er hat es nicht nötig – er ißt kaum, und er hat so viel nervöse Energie. Er könnte ein paar Lipide *brauchen*. Aber die Kinder – man sagt, daß die meisten amerikanischen Kinder, die älter als zwei Jahre sind, einen zu hohen Cholesterinspiegel haben. Als man Autopsien an jungen Männern durchgeführt hat, die im Koreakrieg umgekommen sind, hat man bei drei Vierteln von ihnen zuviel Fett in den Kranzgefäßen gefunden.»

Die Brust schnürt sich ihm zu und beginnt zu schmerzen. Sein Inneres kommt ihm wie das Meer vor, dunkel und naß und voller Dinge, an die er nicht denken möchte.

Nelson hat außer einem gelegentlichen Schniefen bislang nichts zur Unterhaltung beigesteuert. Der Junge scheint ununterbrochen eine Triefnase zu haben, und der schmale Streifen nackter Haut über seinem Bärtchen sieht wund aus. Jetzt schiebt er seinen halbgegessenen Schnock weg und verkündet selbstzufrieden: «Ich denke so: wenn das eine dich nicht umbringt, tut's bestimmt das andere.» Obwohl seine Hände sich an der Tischkante festhalten, zittern sie, die Nerven sind außer Kontrolle.

«Es geht nicht ums *Was*, sondern ums *Wann*», erklärt sein Vater ihm.

Janice sieht beunruhigt aus, ihre Augen fliegen vom einen zum andern. «Laßt uns doch fröhlich sein», sagt sie.

Zum Dessert serviert Pru ihnen geeisten Joghurt – bekommt einem viel besser als Eiscreme, ganz ohne Cholesterin. Als die Mahlzeit beendet ist, lungert Harry so lange am Küchentresen herum, bis es ihm gelingt, in die Keksschublade zu greifen und drei Vanille-Cameos und eine zerbrochene Brezel in sich hineinzustopfen. Hier unten gibt es nicht die Auswahl an Brezeln, die man in Brewer hat, aber Sunshine verkauft eine dicke, in Schachteln abgepackte Sorte, die nicht zu fade schmeckt. Er hat die Regung, Janice beim Abwasch zu helfen, aber er läßt es; man muß die Teller doch bloß in die Geschirrspülmaschine tun, und was hat sie denn sonst schon beigetragen zum Abendessen. Die Füße tun ihm weh vom vielen Gehen heute; zwei seiner Zehen haben sich im Lauf der Jahre so verkrümmt in den Schuhen, daß sie sich gegenseitig mit ihren Nägeln triezen, wenn er sie nicht ganz kurz schneidet.

Pru, Roy und Nelson ziehen sich in ihr Zimmer zurück, und er sitzt eine Weile da und sieht zu, wie Judy, die Fernbedienung in der Hand, hin- und herschaltet zwischen der *Cosby Show*, irgendwelchen Eiskapaden und einer Horrordokumentation über Ausländer, die amerikanische Firmen aufkaufen, und dann zwischen *Cheers* und dem Drama einer Vierzehnjährigen, die davor bewahrt werden muß, Prostituierte zu werden wie ihre Mutter. So viel Elend, denkt Harry, so viel Lachen vom Band, so viele Schauspielertränen, all die Anstrengung, glücklich zu sein, tapfer zu sein, geliebt zu werden, all diese vergebliche Anstrengung. Die unermüdliche Energie des Fernsehens setzt ihm quälend zu. Er seufzt und steht mühselig auf. Sein Körper hängt schwer um sein Herz nieder wie ein Zelt um einen Pfosten. Er sagt zu Judy: «Besser, du machst jetzt Schluß, Süße. Morgen ist wieder ein großer Tag. Wir gehen an den Strand, zum Segeln.» Aber seine Stimme ist ganz ohne Schwung, und vielleicht ist das der traurigste Verlust, den die Zeit mit sich bringt: daß man kaum noch etwas aufregend findet. Diese vier Gäste sind eine Strapaze; er freut sich auf ihre Abreise am Samstag, dem letzten Tag des Jahres 1988.

Judy starrt weiter auf den Bildschirm und hört auch nicht auf, zwischen den Kanälen hin- und herzuhüpfen. «Nur den ersten Teil von *L. A. Law*», verspricht sie, schaltet statt dessen aber ein ABC-Nachrichten-Special über «Amerikanische Jugendliche und ihr täglich Brot, die Gefahr» ein. Im Schlafzimmer liest Janice *Elle*, sie sieht sich die Photos von überschlanken, zugekifft wirkenden Models an.

«Janice», sagt er. «Ich muß dich etwas fragen.»

«Was ist denn? Reg mich jetzt nicht auf, ich lese, um mich schlafmüde zu machen.»

«Heute», sagt er. «All die Leute, die über das Edison-Grundstück geschleust wurden. Habe ich so ausgesehen, als paßte ich dazu?»

Sie braucht eine Weile, bis ihre Augen sich auf die andere Entfernung eingestellt haben, aber dann sieht sie, um was es ihm geht. «Natürlich nicht, Harry. Du hast viel jünger ausgesehen als die andern Männer. Du hast ausgesehen wie ein Sohn, der zu Besuch ist.»

Er beschließt, sich damit zufriedenzugeben; mehr Bestätigung kann er nicht erwarten. «Zumindest», stimmt er zu, «hab ich nicht im Rollstuhl gesessen.» Er liest ein paar Seiten in seinem Geschichtsbuch, über das Gefecht zwischen der *Bonhomme Richard* und der *Serapis* und wie inmitten der blutrünstigen Explosionen *der Erste Geschützoffizier schrie:* «Gnade! Um Gottes willen Gnade!» *John Paul Jones richtete seine Pistole auf den Mann und streckte ihn nieder. Aber Pearson, der Commander der* Serapis, *hatte den Schrei vernommen und rief:* «Bittet Ihr um Gnade?» *Und durch das Getöse der Schlacht, den Geschützdonner, das Prasseln des Feuers drang schwach die berühmte Antwort zu ihm herüber: «Ich habe noch nicht begonnen mit dem Kampf!»* Das siegreiche amerikanische Schiff war so stark beschädigt, daß es am nächsten Tag sank, und Jones brachte die gekaperte *Serapis*, ihres Mastes beraubt, nach Holland, *die britische Verstimmung, die ohnehin schon bestand, noch verschärfend.* All dies Wüten, diese Unerschrockenheit kommt Rabbit wie eine weitere vergebliche Anstrengung vor. Er hat das Gefühl, als sei das Menschengeschlecht eine gewaltige bunte drängelnde wimmelnde Parade, in der er mithinkt und zurückbleibt. Er legt das Buch auf den Nachttisch und macht die Lampe aus. Der Lichtstab unter der Tür übermittelt ferne Schüsse und Rufe aus irgendeiner Fernsehsendung, aus jeder Fernsehsendung. Er schläft ungewöhnlich schnell ein, ohne den Kopf bequem ins Kissen schmiegen zu müssen. Seine Arme, die sonst immer im Weg sind, falten sich zusammen, als gehörten sie zur Wolldecke. Zu seinen Träumen zählt einer, in dem er an eine Tür gekommen ist, eine Tür, die oben rund ist und die er aufzustoßen versucht. Die Glastür bei McDonald's, aber nicht die, durch die man den Hamburger-Kopf sehen konnte. Im Traum weiß er, daß auf der andern Seite etwas ist, etwas, das er fürchtet, etwas Hungriges, Regloses, aber er drückt trotzdem gegen die Tür, und je mehr er drückt, desto größer wird seine Furcht, bis er schließlich aufwacht und merkt, seine Blase hält's kaum noch aus, er muß ins Bad. Er kann nicht mehr die Nacht durchhalten. Seine Prostata, seine Blase lassen nach, wie Goldrutengummi. Sein Fehler war, daß er ein Schlitz getrunken hat, als er mit Judy auf Kanalsurftour war. Wieder einzuschlafen ist gar nicht so leicht bei den tiefen Atemzügen, die Janice macht und die dann und wann in raspelndes Schnarchen übergehen, immer gerade dann, wenn er dabei ist loszulassen, und sein Gehirn anfängt, Unsinn zu erzeugen. Der Leuchtstab unter der Tür ist weg, statt dessen ist ein gleichsam generalisiertes lavendelfarbenes Licht aufgezogen, das Licht, das Eulen und andere Nachttiere sehen und bei dem sie töten, und hebt die Oberflächen und großen Gegenstände des

Schlafzimmers aus dem Dunkel. Auf einer eckigen Kommode steht das gläserne Rechteck der Photographie Nelsons bei seiner High-School-Abschlußfeier; über der Lehne eines dicken blassen Sessels liegt Harrys achtlos hingeworfene Leinenhose – die Stoffalten ergeben einen hohläugigen Schädel, der in die Länge gezogen ist wie Kaugummi. Vom Balkon, unter den Bahnen des zugezogenen Vorhangs hervor, dringt Luft herein und streicht ihm über das Gesicht. Eine Möglichkeit, Schlaf zu finden, ist, auf dem Rücken zu liegen und sich zu erinnern, was man eben geträumt hat. Unbehagen packt ihn wie eine große schuppenfüßige Papageienklaue und dreht ihn wieder aufs Gesicht. Was er dann noch weiß, ist, daß er die Rasenmäher auf dem Golfplatz hört und das Klagen der aufgescheuchten Möwen.

Wenn man unter dem weiten kastanienbraunen zelthimmelartigen Vordach hindurchgeht und die gläsernen Schiebetüren, lichtundurchlässig getönt wie Limousinenfenster, sich vor einem öffnen und man in die Halle des Omni Bayview Hotels tritt, ist man buchstäblich geblendet von der aufragenden Weiträumigkeit und Helligkeit, dem riesigen prismenfunkelnden Kronleuchter, der spritzenden Fontäne und der hohen Rückwand aus Spiegelglas, die überflutet ist mit der Ansicht der Deleon Bay: Strand im Vordergrund, dann Meer, wie ein glitzernder Vorhang an einer Horizontlinie aufgehängt, die zwischen zwei Landpflöcken gespannt ist, Reicheleuteinseln. «Wow», haucht Judy an Harrys Seite. Pru und Roy, die hinter ihnen hergehen, sagen nichts; aber das Schlurren ihrer Sandalen wird langsamer und verstummt. Sie kommen sich wie vier Unbefugte vor. Die Frau an der schwarzmarmornen Rezeption ist von exotischer Schattierung; ihre Haut spiegelt negroide und indische oder andere orientalische Einflüsse wider und spannt sich fest über die Wangenknochen und das Nasenbein; ihre Augenlider sind mit einem metallischen Grün bemalt, und geriffelte Goldmuscheln bedecken ihre Ohrläppchen.

Harry ist so eingeschüchtert, daß er sich beim Nennen des magischen Namens, des Sesam-öffne-dich, verspricht und «Silberstein» sagt.

Die Frau blinzelt mit ihren erstaunlichen Metallic-Lidern und sagt dann huldvoll: «Sie meinen sicher Mr. Silvers. Er hat heute vormittag die Strandaufsicht.» Mit gnädiger Herablassung weist sie ihnen den Weg durch die Halle; ohne den schlanken goldenen Füllfederhalter loszulassen, vollführt ihre beringte Hand Bewegungen wie die einer balinesischen Tänzerin. Harry führt seine kleine Schar in den riesigen klimatisierten Raum hinein, über einen Fußboden aus schwarzem Marmor, in den Messingbänder eingelassen sind, die sonnenstrahlengleich von einem orgelförmigen Brunnen ausgehen, unter einer fernen hohen Decke, von der vergoldete Metallrechtecke hängen wie die Folienstreifen, die die Farmer flattern lassen, um Vögel zu verscheuchen. An einer abwärts führenden Treppe steht ZUM POOL UND ZUM STRAND, in ernsten, feierlichen Buchstaben, wie man sie an den Fassaden von Postämtern findet. Nachdem sie erst eine falsche Abzweigung in den milchiggrünen Terrazzokorridoren des Untergeschosses nehmen und an eine Tür mit der Aufschrift NUR FÜR PERSONAL gelangen, finden Harry und die Seinen Ed Silbersteins Sohn Gregg auf einem durch Glaswände abgetrennten und mit Bastmatten ausgelegten Platz auf dem Weg zum Swimmingpool, zu den Swimming*pools*, denn Harry sieht gleich drei davon, die so angeordnet sind, daß sie ein Muster wie in einem Intelligenztest ergeben: einen für Nichtschwimmer, einen für Turmspringer und einen langen, der in Schwimmbahnen unterteilt ist. Gregg ist ein Lockenkopf und braun wie ein Araber von seinen ganztägigen Strandaufenthalten. Wie er in seiner europäisch kleinen schwarzen Elastikbadehose und dem Kapuzensweatshirt mit dem aufgedruckten fünfseitigen Omni-Logo dasteht, ist er nicht so groß wie sein Vater, und sein ererbtes scharfkantiges Wirtschaftsprüferkinn ist gemildert durch mütterliches Zutun und den Job als Betreuer von Feriengästen. Er lächelt und entblößt Zähne, die ebenso weiß sind wie die seines Vaters, nur runder: Eds sind so viereckig, daß man denkt, sie sind falsch, aber Harry hat sie nie rutschen sehen. Als Gregg spricht, scheint seine Stimme zu jung für sein Alter; in seinen Locken kringeln sich graue Fäden, und das Lächeln knifft Falten in sein sonnengegerbtes Gesicht. Er sollte langsam aufhören, am Strand rumzutoben.

«Mein Vater hat gesagt, daß Sie kommen würden. Das ist Mrs. Angstrom?» Er meint Pru, die anstelle von Janice mitgekommen ist. Janice wollte nach dem vielen Herumgerenne gestern zu Hause bleiben, Besorgungen machen, zur Aerobic-Stunde und zu ihrer Bridge-Runde gehen und ein bißchen Zeit mit Nelson verbringen, bevor der wieder abreist. Harry ist perplex, daß Eds Sohn sich so vertun kann, denkt dann aber, daß Gregg bestimmt ständig mit Männern vorgerückten mittleren Alters zu tun hat, die jüngere Frauen haben. Und *so* jung ist Pru ohnehin nicht mehr. Groß und hellhäutig wie er, könnte sie ohne weiteres zu ihm gehören.

«Danke für das Kompliment, Gregg», sagt Harry verhältnismäßig glattzüngig, «aber das ist meine Schwiegertochter Teresa.» Teresa, Pru – sogar darin ist sie wie er, auch sie hat zwei Namen, einen, den sie «hat», und einen, der wirklich zu ihr paßt. «Und das sind meine beiden Enkelkinder, Judy und Roy.»

Gregg sagt zu Judy: «Du bist also die, die gern zur See fahren möchte.»

Als sie die Augen zu seinem Gesicht aufhebt, sind sie hier bei den Pools von einem himmelblauen Licht überflutet, das alles Grün herausspült und die Pupillen punktklein wie Bleistiftminen macht. «Ja schon.»

Seine Art, sich zu bewegen und zu sprechen, ist so gelöst, so ganz und gar den Angstroms zugewandt, daß man das Gefühl hat, er könnte glatt den ganzen Tag damit zubringen, ihnen zu Gefallen zu sein. Er geleitet sie zurück in die Terrazzokorridore und besorgt ihnen Spindschlüssel bei einem schwarzen Jüngling hinter einem Schreibtisch – der Junge hat diese Brikettfrisur, die man jetzt häufig sieht: oben in der Mitte eine dicke Haartolle, Hinterkopf und Seiten kahlgeschoren, eine häßliche Mode –, und dann bringt Gregg sie zu den Umkleideräumen und erklärt ihnen, wie sie auf dem kürzesten Weg zum Strand gelangen, wo er auf sie warten und ihnen mit den Booten helfen will. «Wieviel bin ich Ihnen insgesamt schuldig?» fragt Harry und erwartet halb, daß er nichts zahlen muß, daß Ed alles arrangiert hat zum Ausgleich für die zwanzig Dollar, die er Harry am Mittwoch beim Golf abgeknöpft hat.

Aber Gregg streift ein bißchen von seiner Liebenswürdigkeit ab und sagt: «Die Boote sind ausschließlich für die Hotelgäste da und im Zimmerpreis inbegriffen, aber ich denke, so hundertzwanzig alles in allem würden wohl ausreichen, Spinde für Sie vier, Strandbenutzung und zwei Sunfish-Boote für je eine Stunde.»

Pru meldet sich zu Wort. «Wir brauchen nur eins. Ich hätte viel zuviel Angst.»

Er sieht sie von oben bis unten an und sagt mit einem neuen Vorstoß in der Stimme, dem kleinen freundlich-energischen Entgegenkommen eines Mannes, der bei seinem Job mit vielen Frauen zu tun hat: «Sie brauchen keine Angst zu haben, Teresa. Die Dinger können nicht sinken, und ohne Schwimmwesten geht hier sowieso nichts. Wenn es zum Schlimmsten kommt und Sie merken, Sie haben keine Gewalt mehr übers Boot, lassen Sie einfach das Segel los, wir kommen dann sofort mit dem Motorboot zu Ihnen raus.»

«Danke, lieber nicht», sagt Pru, ein bißchen kiebig, findet Harry, aber andererseits, sie und dieser Bursche sind ungefähr gleichaltrig. Babyboomer. Rock and Roll, Dope, *Leave It to Beaver*, körperliche Fitness. Und warte, wenn sie entdecken, daß sie beide aus Ohio kommen.

Gregg Silvers wendet sich ihm zu und sagt: «Dann kommen wir wohl mit neunzig hin.»

Die Summe kommt Harry wie eine Einladung vor, zehn Dollar Trinkgeld zu geben, aber er ist sich nicht sicher, ob das

157

nicht eine Beleidigung wäre, denn er ist doch als Freund der Familie hier, und wartet auf Gregg, der beim Jungen mit der Brikettfrisur den Geldschein holt. Als Rabbit mit Roy allein ist, im Umkleideraum, sagt er zu dem Kind: «Himmel, Roy, das hat die Brieftasche vom armen alten Grandpa aber gründlich ausgeräumt!»

Roy sieht mit erschreckten tintigen Augen zu ihm auf. «Kommen wir jetzt ins Gefängnis?» fragt er; seine Stimme ist hoch und präzis, wie ein vom Wind bewegtes Glockenspiel.

Harry lacht. «Wie kommst du denn auf *die* Idee?»

«Daddy haßt das Gefängnis.»

«Wer nicht», sagt Harry und fragt sich, ob der Junge ganz richtig im Kopf ist. Roy versteht nicht, daß man das Band der Badehose lockern muß, um sie anzuziehen, und während er ungeschickt fummelt und sich abmüht, guckt sein kleiner Penis raus, nicht länger, als er dick ist, wie ein niedlicher kleiner Knopfpilz. Er ist beschnitten. Rabbit würde gern wissen, wie *sein* Leben sich wohl entwickelt hätte, wenn er beschnitten wäre. Das Thema taucht ab und zu in den Zeitschriften auf. Manche sagen, die Vorhaut ist wie ein Augenlid; ohne sie ist die ständig entblößte Eichel weniger empfindlich, sie wird dickhäutig und stumpft ab, weil sie sich die ganze Zeit am Stoff scheuert. In einem Pornomagazin hat er mal einen Leserbrief gelesen von jemandem, der sich in mittleren Jahren hatte beschneiden lassen und fand, daß sein sexuelles Vergnügen, seine Empfindlichkeit so nachgelassen habe, daß es sich kaum noch lohnte, dies beschnittene Leben zu leben. Wenn Harry weniger empfindlich gewesen wäre, hätte er wahrscheinlich ein verläßlicherer Mensch werden können, nicht so scharf darauf, daß das Auge da unten ihm aufgeht. Wenn man einen Ständer kriegt, kann man fühlen, wie sich die Vorhaut süß zurückzieht – ähnlich wie gefrierender Rahm bei den alten Milchflaschen früher den Papierdeckel hochgeschoben hat. So taub, wie sein Schwanz aussieht, wird Roy mal ein solider Bürger werden. Sein Großvater streckt ihm die Hand hinunter, um ihn an den Strand hinauszuführen.

Harry und Janice sind während ihrer ersten ein, zwei Jahre in Florida, als sie sich in ihrer Aufregung, hier zu sein, ein Fernrohr für den Balkon kauften, drei- oder viermal in der Woche die drei Kilometer bis zum öffentlichen Strand von Deleon gefahren, um spazierenzugehen und ein abendliches Picknick zu veranstalten, sogar auch um zu schwimmen, aber nach und nach haben sie dann aufgehört, an den Golf zu gehen. Deshalb trifft es ihn jetzt als etwas Neues, Unvorhergesehenes, diese Unermeßlichkeit an Luft, an Wasser, die grenzenlose Oberfläche von etwas in Fluß Befindlichem, die zu Millionen oszillierender kleiner Dellen zerbeult ist. Die krude Pracht bezwingt für einen Augenblick die nagenden Schmerzen und Sorgen in seiner Brust und entläßt ihn in die Selbstvergessenheit. Diese lichtübergossene, horizontweite Großartigkeit ist ganz und gar anders als das, was er von Pennsylvania her kennt, von der Landschaft dort, die von Wäldern und Hugeln und Hausdächern begrenzt ist, ein Land, das schmuddelig und abgegriffen ist von jahrhundertelanger Benutzung, in dem selbst die wilden Gegenden, die Steinbrüche und von allein nachwachsenden Waldstücke und verlassenen Fabriken und Minenschächte von Menschen ausgewertet und abgetan worden sind. Hier kommt ihm alles jungfräulich vor, obwohl es natürlich auch hier Geschichte gibt, mit Indianern und Konquistadoren und mit barfüßigen Postboten, die in den moskitogeplagten Küstensiedlungen ihren Dienst getan haben. Links und rechts am Horizont liegen Inseln, da sind früher im April die Millionäre, die in privaten Eisenbahnwaggons angereist sind, auf Tarponfang gegangen. Spanische und französische Piraten haben sich einst dort versteckt. Noch heute liegt Gold im Sand dieser Inseln vergraben. Sie sind flach und scheinen sehr weit weg von da, wo Harry und Roy auf der Strandmauer stehen. Es ist alles so hell, so offen, daß man meint, die Welt sei aufs neue erschaffen, in synthetischen Elementen. Segelboote, Surfsegel, diese Motorräder, die knatternd über die Wellen rasen, Plastikpaddelboote und aufgepumpte Luftmatratzen sprenkeln das

Wasser mit kunterbunten Farben wie aus dem Supermarkt. In einiger Entfernung, vor einem anderen Hotel, läßt jemand einen Drachen fliegen – ein Paar zusammengebundener Kastendrachen, das einträchtig im Sturzflug niedergeht und wieder steigt und glänzende orangegelbe Bänder hinter sich herzieht. Auf anderthalb Kilometern in beiden Richtungen hat sich eine flimmernde Party aus braunem Fleisch und buntem Stoff eingefunden, lebendige Körper, sandkornhaft über den Strand gestreut.

Pru und Judy kommen aus dem Hotel und gesellen sich zu ihnen, und sie gehen ein paar Betonstufen hinunter. Es ist kurz nach zehn; das große Hotel hinter ihnen, gebaut wie ein S, fünfzehn Stockwerke hoch, jedes Stockwerk mit einem Fransenbesatz aus Balkonen, so daß der Eindruck von feinzinkigen roten Kämmen entsteht, ragt mit der Stirnseite noch im Schatten, obgleich der Schatten, den es selber wirft, schon so kurz geworden ist, daß er nur noch bis zum nächstgelegenen der drei Swimmingpools reicht. Der Sand zu Füßen ist frisch geharkt; die Fußspuren von gestern, die Plastikbecher und leeren Sonnenmilchflaschen sind weggeräumt, und die hölzernen Strandliegen sind ordentlich aufgestapelt. Die Sonnenbadenden von heute legen sich und ihre Ausrüstung für den Tag zurecht, ihre Handtücher und Kriminalromane (Ruth hat immer so was gelesen, und was sie daran gefunden hat, war ein Krimi für *ihn*) und diverse mit Schutzfaktorziffern versehene Tuben und Flaschen. Paare reiben sich gegenseitig ein. Alte Fatzkes, längst lederfarben, mit schlohweißen Haaren auf der Brust, massieren sich ihre kahlen Schädel mit Öl. Der Geruch der Lotionen steigt auf und vermischt sich mit dem Duft nach Salzluft, totem Krabbenzeug, Tang. Harry führt seine kleine Schar über den Sand und fühlt, wie Köpfe sich heben und Augen hinter dunklen Brillengläsern ihm folgen. Er ist stolz und kommt sich eigenartig vor, so mit dieser viel jüngeren Frau und zwei kleinen Kindern gesehen zu werden. Seine zweite Familie. Oder seine dritte oder vierte. Das Leben bewegt sich durch uns hindurch, Familie auf Familie.

Am schlagenden, zischenden, gischtigen Saum des Wassers trippeln Strandläufer entlang, bleiben abrupt stehen, picken sich einen Leckerbissen aus dem Schaum und trippeln weiter. Ihre Köpfe und Füße sind so schnell, daß man denkt, die Vögel seien mechanisch. Roy kann sie nicht fangen, obwohl sie doch wie Spielzeug sind. Als Harry seine aufgeschnürten Nikes auszieht, beißt der Sand ihm unerwartet eisig in die nackten Füße – unter der sonnenbeschienenen obersten Körnerschicht ist noch die Kälte des Nachtwassers. Die Oberseite seiner Füße ist von schlängeligen blauen Äderchen durchzogen, und seine Schienbeine sind kreidig und krakeliert, als ob er bis zu den Knien im Greisenalter stünde. Erschrecktes Zittern rieselt durch seine Beine. Die See, die Sonne sind so groß: kosmische Räder, zwischen denen er zermahlen werden könnte. Er spielt mit dem Feuer.

Gregg wartet auf sie vor einer Hütte aus geriffeltem glasfaserverstärktem Kunststoff etwas weiter oben am Strand, in der Nähe einiger Palmen mit bloßliegenden Wurzeln. Er hat ein Steuerruder aus der Hütte geholt, ein Schwert und zwei Schwimmwesten aus schwarzem Schaumgummi. Rabbit mag die Farbe, das Material nicht; er will altmodischen knallfarbenen Kapok von Thomas Edisons Kapokbäumen. Gregg fragt ihn: «Sie haben's schon mal gemacht?»

«Klar.»

Aber etwas in Harrys Ton veranlaßt Gregg, Instruktionen zu geben: «Drücken Sie die Ruderpinne weg vom Segel. Achten Sie auf die Wellenspitzen, die zeigen Ihnen die Windrichtung. Wenn der Wind von achtern kommt, halten Sie die Großschot ganz locker.»

«Okay, klar», sagt Harry; er hat nicht richtig zugehört, weil er sich gerade wieder über Ed Silbersteins Bogey gestern beim ersten Loch geärgert hat – mit dem einen Schlag hatte er von vornherein den Sieg in der Tasche, und die ganze Runde war praktisch im Eimer.

Gregg fragt, zu Pru gewandt: «Ihre Kleine kann schwimmen?»

«Oh, klar», sagt sie, Harrys nöliges Wort aufgreifend. «Sie war die Beste beim Schwimmen im Sommercamp.»

«*Mom*», sagt das Mädchen flehentlich. «Ich war *Zweite*.»

Gregg sieht zu Judy hinunter, und die Sonne hinter ihm ist so hell, daß der Schatten auf seinem Gesicht einen eigenen blauen Schein hat. «Zweite ist fast so gut wie Beste.» Er hat noch nicht genug mit Pru geredet und sagt nun also: «Ich würde nicht raten, den Kleinen mitfahren zu lassen. Es weht heute eine ablandige Brise, man merkt nichts davon hier im Windschatten des Hotels, aber es zieht einen sehr schnell raus. Das Boot hat keine Plicht, man rutscht leicht ab.»

Sie schenkt Gregg Silvers ein verkrümmtes, schiefes Grienen und verlagert ihr Gewicht aufs andere Bein, als mache die Nähe dieses gleichaltrigen Mannes ihr unangenehm ihre Beinahe-Nacktheit bewußt. Sie trägt einen Dashiki aus braunem Batikstoff über dem einteiligen weißen Badeanzug, dessen hochgeschnittene Seiten die Beine bis zu den Hüftknochen freigeben. Der Schnitt verlangt, daß man sich seitlich die Muschi rasiert. Was Frauen alles mitmachen. Man kann sich die Haare auch mit Wachs entfernen lassen, das ist dann dauerhaft. Aber was, wenn die Bademode sich wieder ändert? Rabbit hat die Mode vor Reagan lieber gemocht, die Bikinis mit den kleinen windelartigen Unterteilen, in denen Cindy Murkett früher herumgeplanscht hat. Aber andererseits gefällt es ihm, wie dieser neue Stil Prus ohnehin schon lange Beine noch länger macht und ihre dicker werdende Taille kaschiert. «Er bleibt hier bei mir am Strand», sagt sie zu Gregg Silvers, und wie zum Nachdruck bückt sie sich, so daß ihr rotes Haar nach vorn schwappt, streift den Dashiki ab und enthüllt Spaghettiträger und breite weiße, mit blassen Sommersprossen getüpfelte Schultern.

Harry fühlt sich vernachlässigt. «Für wie lange habe ich das Boot?» fragt er Eds Sohn. Bei diesen europäisch engen kleinen Badehosen zeichnet sich eindeutig der Wulst des Schwanzes ab.

«Eine Stunde, Sir.» Das «Sir» ist dem Jungen aus Zer-

162

streutheit herausgerutscht; er bemüht sich, wieder freund-schaftliche Ungezwungenheit herzustellen. «Kein Problem, wenn Sie nicht auf die Minute pünktlich sind. Heute ist nicht viel los, die Leute wollen nicht so gern aufs Wasser bei diesem starken Wind. Nehmen Sie Nummer neunzehn, da ganz hin-ten.»

Als Harry losstapft, hört er, wie Gregg Silvers Pru fragt: «Aus welcher Gegend im Norden kommt ihr denn?»

«Aus Pennsylvania. Aber ich bin eigentlich aus Akron, Ohio.»

«He! Raten Sie mal, wo *ich* aufgewachsen bin – in Toledo!»

Die Boote liegen in einer Reihe auf dem trockenen Sand, zusammen mit einigem anderen großen Wasserspielzeug – diesen motorradähnlichen Vehikeln und gedrungenen Pad-delbooten. Harry zieht an der Leine, die am Bug befestigt ist: der Rumpf ist schwerer, als er gedacht hat. Als er ihn ungefähr zehn Meter durch den Sand geschleift hat, spürt er, daß sein Atem ganz flach geworden ist und links hinter seinen Rippen wieder dieser lästige, zuschnürende Schmerz flackert. Er hievt das Boot mit äußerster Kraft noch ein Stück weiter und setzt sich in den Sand nah bei der Liege, die Gregg für Pru vom Stapel gezerrt hat und auf der sie sich jetzt niederläßt. Ein anderer Strandgast hat Gregg für einen Moment in Beschlag genommen. «Du magst die?» keucht Rabbit. «Fühlst du denn nicht gern den Sand unter deinem – ich meine, so wie 'ne Art Nest?»

Sie sagt: «Er kommt in den Badeanzug, Harry. Er kommt *überall* rein.»

Diese überflüssige Betonung – er hatte doch schon kapiert – erregt ihn, hier, in der verwirrenden Helligkeit. Er erinnert sich dunkel an einen alten High-School-Witz über Frauen, die Perlen machen. Fotzen wie Chesapeake-Austern. Dieser aus-gefuchste alte Fred. Harry sagt zu Judy: «Gönn mir 'ne klitze-kleine Verschnaufpause, ja, Süße? Geh, tummel dich ein biß-chen im Wasser, dann hast du nachher keine Angst, wenn wir losschippern. Ich komme in einer Minute nach.»

Er sollte versuchen, mit Pru über Nelson zu reden. Irgendwas ist da faul. Roy gräbt bereits den zuckerfeinen Sand mit einer Plastikschaufel um, die Janice ihm vorsorglich im Winn Dixie gekauft hat. Stirnrunzelnd schüttet das dunkeläugige Kind den Sand in einen Eimer, der wie ein kopfstehender Kater Garfield geformt ist. Da Harry anscheinend nicht weiß, wie er anfangen soll, sagt Pru: «Es ist furchtbar nett von dir, daß du das hier arrangiert hast. Ich war erstaunt, wieviel er dafür haben wollte.»

Die Wärme der obersten Sandschicht dringt in seine nackten Beine, und er fühlt sich langsam besser. «Nun ja», sagt er, «man ist schließlich nur einmal Großvater. Oder zweimal, in meinem Fall. Habt ihr beide, du und Nelson, noch mehr eingeplant?» Das kommt ihm sehr direkt vor, aber doch auf einer anderen Ebene als die Bemerkung mit dem Sand, der überall reinkommt.

«O mein Gott, nein», sagt sie zu schnell, in einem Trog der Stille, während Welle auf Welle heranrollt, lang und niedrig, und sich bricht in schaumigem Geglitzer und mechanischem Strandläufergetrippel. «Wir sind zu mehr nicht in der Lage.»

«Seid ihr nicht, aha», sagt er, nicht sicher, wie er das verstehen soll.

Sie hilft ihm, ihre Stimme dringt ihm ins Ohr, indes er auf den Golf hinausstarrt. Er wagt nicht, den Kopf zu wenden und auf ihre nackten Füße zu sehen, mit den rosa Fugen zwischen den Zehen und dem abblätternden Nagellack, und auf ihre langen, leicht angewinkelten Beine, zwischen denen oben im Schritt ein bißchen weißer elastischer Stoff schimmert und sanftes Fleisch an der Unterseite. Diese neuen Badeanzüge sind nicht gerade dafür gemacht, den Hintern einer Frau zu bedecken. Sie gesteht Harry: «Ich glaube, wir werden den beiden, die wir haben, nicht gerecht, so wie Nelson ist.»

«Ja, was ist los mit ihm? Er kommt mir so nervös vor und als ob er nicht ganz da wäre.»

«Genau!» sagt sie überschwenglich zustimmend. Mehr sagt

sie nicht. Wieder überschlägt sich eine Welle und schüttet sich auf den Sand. Pru hat sich in sich selbst zurückgezogen. Sie wartet darauf, daß er eine intuitiv richtige Vermutung äußert.

«Er haßt Toyotas», bietet er ihr an.

«Oh, er würde sich auch beklagen, wenn's Jaguars wären», sagt Pru. «Nichts würde ihn befriedigen, so wie er jetzt ist.»

So wie er ist. Das Geheimnis scheint in diesem Satz zu liegen. Hat der arme Junge mit dem Weiß-um-die-Kiemen-Ausdruck eine tödliche Krankheit in sich – Leukämie, wie das Mädchen in *Love Story*? Oder hat er sich Aids geholt, irgendwie – wie, mag Harry sich nicht ausmalen, ihm wird sonst schlecht –, beim ewigen Herumlungern mit diesem schwulen Slim und seiner Bagage, zu der auch Lyle, der neue Buchhalter, gehört? Aber all das scheint weit weg, wie die Inseln da draußen, auf denen Piraten Gold versteckt und reiche Leute Tarpone gefangen haben, bloße Verdickungen des Horizonts aus diesem Blickwinkel einen Meter überm Meeresspiegel. Er kann sich nicht konzentrieren, so, wie die Sonne ihm auf den Kopf brennt. Vielleicht hätte er sich doch einen Hut mitbringen sollen, um seinen schwedischen Teint zu schützen. Er hat immer den Verdacht gehabt, daß er albern aussieht mit Hut, daß sein Kopf immer schon zu mächtig dafür gewesen ist. Roy hat den Eimer gefüllt und stürzt ihn, sehr sorgfältig, wenn man bedenkt, daß er erst vier ist, um und hebt ihn ab. Er denkt, daß er jetzt einen Garfield aus Sand hat, aber die Form ist zu kompliziert und zerbröselt an einer Seite. Schlechtes Prinzip: Phantasieformen. Man bleibt besser bei den alten Sandburgen und läßt die Kinder eigene Ideen entwickeln. Harry sagt von sich aus – und er sagt es in die Luft, weil er sich noch immer nicht traut, den Kopf zu wenden, aus Scheu vor dem, was er sähe, so wie Pru die Beine hält: ihren Schoß und die namenlosen anderen entblößten Stellen –: «Er war nie das, was man ein irrsinnig glückliches Kind nennt. Ich nehme an, daran sind ich und Jan schuld.»

«Er würde euch nur zu gern die Schuld geben», sagt Pru mit ihrer flachen Ohio-Stimme. «Aber ich finde nicht, daß du

ihn darin bestärken solltest, indem du dich selbst anklagst.»
Ihre Sprache kommt ihm hier, ebenso wie gestern abend, als
sie sich über Cholesterin ausgelassen hat, unangenehm genau
vor, ist wie ein Kuscheltierfell, das, wenn man's berührt, rauh
ist und stachliger, als man erwartet hat.

«Ich würde es mir verbitten», sagt sie energisch, «wenn
eins *meiner* Kinder versuchen wollte, mir einen Schuldkomplex aufzuschwatzen.»

«Ich weiß nicht», wendet Harry ein, «er hat allerhand mit
uns durchgemacht – wir haben ihm in den späten Sechzigern
ein paar reichlich wüste Szenen geliefert.»

«Das waren die späten Sechziger für jeden: wüste Szenen»,
sagt Pru und fällt in diese unangenehme halbmedinizische
Ausdrucksweise zurück. «Dadurch, daß ihr beide, du und Janice, die Schuld akzeptiert, die er euch zuschieben möchte,
haltet ihr ihn im Zustand des Unerwachsenseins. Aber wenn
wir über dreißig sind, sollten wir da nicht selbst verantwortlich sein für unser Leben?»

«Mich darfst du nicht fragen», sagt er, «ich weiß bis heute
nicht, wer für meins verantwortlich ist», und er stemmt sich
aus der Mulde hoch, die sein Körper in den Sand gedrückt
hat, wirft aber rasch noch einen Blick auf den Steg aus straff
gespanntem Stretchstoff zwischen sanftem Pru-Fleisch, das
nie genügend Sonne bekommen hat, um sich mit Sommersprossen zu sprenkeln. Judy kommt aus dem Wasser zurück,
das rote Haar klebt ihr klatschnaß am Kopf, und unter dem
marineblauen Badeanzug zeichnen sich die stecknadelkopf-
großen Höcker ihrer Brustwarzen ab.

«Du hast *eine Minute* gesagt», mahnt sie ihn, und Wasser
rinnt über ihr Gesicht und hängt ihr an den Wimpern wie
Tränen.

«Stimmt, das hab ich gesagt», bestätigt er. «Auf zum Sunfishing!» Er richtet sich auf, und die Floridabrise verfängt sich
in jedem Quadratzentimeter seiner Haut, als sei er der Drachen weiter unten am Strand. Er fühlt sich groß unter dem
hohen blauen Himmel; die verschwenderisch ausgebreiteten

Elemente um ihn her – Wasser, Sand, Luft, Sonnenfeuer, alles in üppigen Mengen und doch weit davon entfernt, den grenzenlosen Raum zu füllen – wecken in ihm wieder eine alte animalische Unbekümmertheit. Seine Haut, sein Herz können nie genug bekommen. «Zieh deine Schwimmweste an», sagt er zu seiner Enkeltochter.

«Ich komme mir so fett darin vor», wehrt sie sich. «Ich brauch sie nicht, ich kann kilometerweit schwimmen, ehrlich. Im Camp hab ich's quer über den ganzen See geschafft und wieder zurück. Wenn man müde wird, dreht man sich einfach auf den Rücken und läßt sich treiben. Und im Salzwasser geht das sogar noch leichter.»

«Zieh sie an, Süße», wiederholt er heiter-ruhig, erfreut, daß dies Blut von seinem Blut gelernt hat, sich wohl zu fühlen in einem Element, das ihm immer angst gemacht hat. Er zieht seine eigene Weste an und kommt sich wie in einem Panzer vor und weiblich und, wie das Kind sagt, fett. An den Armen und Beinen hat er nie besonders zugenommen, merkwürdigerweise nur am Bauch und im Gesicht; sich jeden Morgen zu rasieren, das ist, als müßte er ganze Ländereien von Seifenschaum befreien, und wenn er sich zufällig von der Seite in einer spiegelnden Oberfläche im gläsernen Downtown-Deleon sieht, wundert er sich über diesen großen blassen, wie mit Kapok gepolsterten Kerl. «Du hast bitte ein Auge auf uns», sagt er zu Pru, die zur Feier dieses Stapellaufs aufgestanden ist. Fast nackt, wie sie ist, hilft sie, das Boot an den aufgeregten, klatschenden Rand des Wassers zu ziehen. Sie beruhigt das flatternde Segel, das am liebsten den Baum herumschwenken möchte, und er entwirrt die Leinen – es ist komplizierter, als er es in Erinnerung hat von dem einen Mal vor vielen Jahren in der Karibik, als er mit Cindy Murkett und ihrem Bikini auf Sunfish-Fahrt gegangen ist – und hängt das Ruder ein. Er hebt Judy aufs Boot. Als der kleine Roy sieht, daß seine Schwester irgendwohin fahren will, ohne ihn, schreit er los und stakst in eine Welle, die ihn umwirft. Pru nimmt ihn auf den Arm und rückt ihn sich auf der Hüfte zurecht. Die Luft ist so hell, daß alles wie ausgeschnitten wirkt und lila umrandet ist, wie man es in Filmen sieht, wenn die Kulisse getürkt ist. Harry watet bis zur Hüfte im Wasser und schiebt das Boot ins Tiefe, dann zieht er sich an Bord, schürft sich das Schienbein an einer Klampe auf und greift nach einer Leine, die am Aluminiumbaum befestigt ist. Wie hat Cindy diese Nylonschnur genannt? Die Schot. Süße Cindy, was für ein Lollipop sie mal war. Er hält das Ruder fest und zieht das Segel straff. Das Boot durchschneidet dippend, patschend die Wellen, eine nach der andern; in der traumartigen Stille, die innerhalb des Windes aufkommt, treibt die ablandige Brise den Sunfish fort vom festen Land, vom Strand, von Pru, die in ihrem klaren weißen Badeanzug dasteht und den brüllenden Roy auf ihrer Hüfte hält.

Judy ist auf der anderen Seite des Mastes postiert, bereit für den Befehl, das Schwert durch den Schlitz hinunterzustoßen. Harry hockt ungeschickt, mit angezogenen Beinen auf dem nassen Kunststoff, mit der einen Hand hinter sich die Pinne haltend, mit der andern die Schot umklammernd. Der helle Wind preßt gegen die sich durchbiegende gestreifte Höhe des Segels, und Harrys Kopf beginnt, ein Bild aus Richtungspfeilen zu montieren. Von seinen Händen gehen straffgespannte schräge Linien aus und fächern sich bis zum Horizont und zum Zenit. *Wie eine Schere*, hatte Cindy gesagt, und ein Gefühl konzentrierter unsichtbarer Macht ergreift immer stärker Besitz von ihm. «Schwert runter», kommandiert er, endlich Kapitän, im zarten Alter von fünfundfünfzig Jahren. Die kleine Schürfwunde an seinem Schienbein brennt, und der harte Kunststoffboden macht seinem Hintern in der dünnen nassen Badehose zu schaffen. Er wiegt so viel mehr als Judy, daß das hohle Boot sich vorn leicht aus dem Wasser hebt. Die Wellen sind rauher, das Reißen am Segel ist ruppiger, und das Wasser ist von schmutzigerem Grün als in seiner verklärten Erinnerung an jenes karibische Abenteuer zu Beginn dieses Jahrzehnts.

Seine Gefährtin aber ist glücklich, ihr leuchtendes Gesicht

ist mit feuchten Perlen übersprüht. Ihre dünnen kleinen Arme stöckern gänsehäutig aus der stumpfschwarzen Gummiweste heraus, und ihr ganzer Körper bebt, ist erfaßt von Bewegung, von dem Neuen, dem elementar Anderen. Rabbit sieht zum Land zurück: Pru, mit der Sonne im Rücken, steht als gegabelte Silhouette vor der gleißenden Helle des Strandes. Noch eine Minute, und ihre Gestalt wird nicht mehr zu unterscheiden sein von all den anderen, die sich im Sand hinwirren, diesem übereinandergedruckten Silhouettenalphabet. Auch das Hotel schrumpft, je größer die Entfernung wird, ist nur noch eine hohe Tafel unter vielen: in beiden Richtungen ziehen sich, so weit sein Auge reicht, Hotels und Apartmenthäuser an diesem Teil der Küste Floridas hin. Dieser Perspektivwechsel, zu dem seine Hände ihm verhelfen, drückt ihm auf Brust und Magen. Die kleinen dreieckigen Segel hier draußen zu sehen, wenn er und Janice an der Küste entlang gefahren sind oder ihrer Bank in Downtown-Deleon einen Besuch abgestattet haben, hat ihn nicht auf die Unermeßlichkeit seiner Perspektiven vorbereitet, sowenig wie der Anblick von Männern auf einem Dach oder einem Baugerüst den knieerweichenden Schrecken vermittelt, der einen packen würde, wenn man in dieser Höhe eine Planke beträte. «Also, Judy», sagt er, bemüht, alles Angststeife aus seiner Stimme zu verbannen, aber doch laut genug zu sprechen, damit die überwältigenden Amplituden des Raums nicht sämtlichen Sinn aus seinen Worten saugen, «wir können nicht ewig in diese Richtung segeln, sonst landen wir in Mexiko. Was ich gleich tun werde, nennt man wenden. Ich sage – ich weiß, es klingt albern – ‹Klar zum Wenden. Ree›, und du duckst dann den Kopf und rutschst nicht vom Boot runter, wenn es die Richtung ändert. Fertig? Klar zum Wenden. Ree.»

Er schiebt die Pinne nicht entschieden genug von sich weg, und viele Sekunden lang, während deren Judy zu einer akrobatischen kleinen Kugel gekrümmt dahockt, obwohl der Baum längst über ihren Kopf hinweggeschwenkt ist, steuern sie lahm in den Wind, in einer Bewegungslosigkeit, die das

Klatschen des Wassers sinnlos macht und Harry das Gefühl gibt, sie würden nach hinten gezogen. Aber dann hebt ein Beharrungsvermögen, das noch nicht ganz vertan ist, trotz Harrys Verzagtheit, den Bug durch den Wind, und das Segel hört auf mit seinem ungeduldigen Rippeln. Es bauscht sich trotzig und prall in Richtung Horizont, und Judy sieht nicht mehr besorgt drein, sondern lacht, als sie merkt, daß das Boot wieder vorwärts gezogen wird über die kabbeligen, dunklen Wellen. Er zieht das Segel straff, und sie gleiten im rechten Winkel zum Wind dahin, parallel zur buntgesprenkelten Küste. In ihrem Augenblick angehaltener Bewegung hatte die ungeheure Weite um sie her sie durchbohrt und gelähmt, als würden aus allen leeren leuchtenden Gegenden des Himmels und des Wassers Pfeile auf sie abgeschossen, aber indem sie sich bewegen, entkommen sie, machen sie sich den Raum zunutze; der Golf, das Boot, der Wind, die Sonne, die ihnen auf den entblößten Ohren brennt und den Gischt zwischen den gesträubten blassen Härchen auf ihren gänsehäutigen Armen wegtrocknet, schaffen alle zusammen einen kleinen, in sich geschlossenen Lebensraum, einen bergenden Bau mit fest umrissenen Bedingungen, dem Harry sich nach und nach anpaßt. Er weiß mittlerweile, von wo der Wind kommt, ohne daß er zu dem ausgeblichenen Windstander oben am Mast schielen muß, und entwickelt einen Instinkt für die Kraftflächen, die von seinen Händen kontrolliert werden, genauso, wie er früher beim Basketball, wenn er einen Abpraller aufgefangen oder dem Gegner den Ball weggeschnappt hatte und eine schnelle Angriffsaktion startete, ohne zu denken den Ablauf vor sich gesehen hat: von diesem Teamkollegen zu dem, dann Korbleger, und der Ball springt vom Brett zurück in den Ring. Er wird selbstsicherer, wendet noch einmal und hält auf eine ferne grüne Insel zu, die mit einem rosa Haus gekrönt ist, einer großen Villa wahrscheinlich, aus dieser Entfernung aber einer geduckten Hütte, zieht das Segel straff und zuckt nicht mit der Wimper, als das Boot in Schräglage auf den neuen Kurs geht.

Wie ein guter Großvater erklärt Harry seiner Enkelin alles, was er tut, während sie dahingleiten, Theorie und Praxis, und beide werden sie von Zuversicht ergriffen, von der Leichtigkeit, mit der dies Spielzeug, das sie trägt, dazu gebracht werden kann, eine spitzwinklige Bahn hin und zurück zu ziehen und Wind und Wasser zu necken und sich einen Bruchteil von deren ungeheuren, funkelnden Ausmaßen anzueignen.

«Ich möchte lenken», gibt Judy bekannt.

«Man *lenkt* ein Boot nicht, wie man ein Fahrrad lenkt, Süße. Du kannst es nicht einfach in die Richtung drehen, in die du grad gern fahren möchtest. Du mußt den Wind berücksichtigen, drauf achten, von welcher Seite er kommt. Aber wieso nicht, okay, krabbel rückwärts zu mir her und übernimm die Pinne. Steuere auf die kleine Insel da draußen mit dem rosa Haus zu. So ist es richtig. Sehr schön. Jetzt kommst du ein bißchen ab. Zieh die Pinne noch ein bißchen mehr zu dir hin, damit wir weiter nach links kommen. Das nennt man Backbord. Links ist Backbord, Steuerbord ist rechts. Jetzt laß ich daß Segel ein bißchen lockerer, und wenn ich sage: ‹Klar zum Wenden›, drückst du die Pinne, so kräftig du kannst, zu mir rüber und hältst sie fest. Krieg keine Panik, das Boot braucht eine Sekunde, bis es reagiert. Klar? Alles klar, Judy? Okay. Klar zum Wenden. Ree!»

Er hilft ihr, die Pinne herüberzudrücken, ihr kleiner Arm reicht nicht so weit. Das Segel gibt nach und flattert. Der Baum schwingt nervös hin und her. Der Aluminiummast quietscht in seiner Kunststoffhalterung. Ein ferner grauer Frachter liegt auf dem Horizont wie ein Fünfcentstück auf einer hohen Tischkante. Eine Seeschwalbe mit gebogenen Schwingen stemmt sich reglos gegen den Wind und äugt mit schiefgelegtem Kopf zu ihnen hinunter, als wolle sie fragen, was sie da unten tun, so weit weg von ihrem Element. Und dann füllt sich das Segel; Harry zurrt es fest; er deckt seine große Hand auf Judys kleine und stellt den Winkel der Pinne für den neuen Kurs ein. Ihrer beider Körpergewicht so nah am Heck hebt den Bug an und versetzt den Sunfish in leichtes

Schlingern. Das Klatschen der Wellen gegen den Rumpf hat sich in Harrys Ohren als eine Art Taubheit eingenistet. Judy wendet noch ein paarmal, entscheidet für sich, daß nicht viel dran ist an dieser Sache, und fängt an, sich zu langweilen. Ihr mädchenhaftes Gähnen ist eine Blume aus makellosen Zähnen (die Chemikalien, die man heute in die Zahnpasta tut: diese Kids werden nie etwas von der Qual wissen, die *er* in Behandlungsstühlen kennengelernt hat) und samtiger gewölbter Zunge. Irgendwann wird ein Mann diese Zunge benutzen.

«Man verliert hier draußen ein bißchen den Sinn für die Zeit», erklärt Harry ihr. «Aber nach dem Stand der Sonne zu urteilen muß es bald Mittag sein. Wir sollten zusehen, daß wir zurückkommen. Das wird ein Weilchen dauern, weil wir gegen den Wind segeln müssen. Wir wollen doch nicht, daß deine Mutter sich Sorgen macht.»

«Der Mann hat gesagt, er schickt ein Motorboot.»

Harry lacht, um sich ein wenig vom Druck der Zärtlichkeit zu befreien, die er für dieses vollkommene Kind empfindet, das so kupferig ist und leuchtend und noch ganz unbeschädigt. «Aber doch nur, wenn jemand in Not ist. Die einzige Not, in der *wir* sind, ist, daß wir einen Sonnenbrand auf der Nase kriegen. Wir können zurücksegeln – in unserem Fall nennt man das anluven. Man geht so hart an den Wind, wie man nur kann. Paß auf, ich halte das Segel fest, und du versuchst, uns zu dem Hotel da hinzubugsieren. Nicht zu dem Hotel ganz hinten rechts. Zu dem gleich daneben, das wie eine Pyramide aussieht.»

Die ineinanderfließenden Körper am Strand haben ihre Farbkleckse, das Flimmern ihrer Badeanzüge, verloren und sehen wie eine graue Schnur aus, die sich kilometerlang, vibrierend, an der Deleon Bay entlangzieht. Die Farbe des Wassers hier draußen – Blaßgrün über einem versunkenen Gallegrün – ist häßlicher, als es vom Ufer aus den Anschein hat.

«Grandpa, ist dir kalt?»

«So langsam», gibt er zu. «Jetzt, wo du fragst. Es ist frisch so weit draußen.»

«Kann man wohl sagen.»

«Hält die Schwimmweste dich nicht richtig warm?»

«Sie ist glitschig und scheußlich. Ich möchte sie ausziehen.»

«Behalt sie an.»

Die Zeit verrinnt, die Wellen klatschen sinnlos, die neugierige Seeschwalbe hält Wache, aber die Küste kommt nicht näher, und der Fleck, wo Pru und Roy stehen und warten, scheint weit hinter ihnen zu sein. «Laß uns wenden», sagt er, und getrieben von der zunehmenden Langeweile des Kindes und seinem eigenen Verlangen, an Land zu kommen und dies Abenteuer zu beenden, geht er diesmal zu hart an den Wind. Eine kleine Bö kommt aus unerwarteter Richtung – von den flachen Pirateninseln und nicht direkt von der Küste –, und anstatt daß der Sunfish in ganz bestimmter Krängung in gerader Linie in spitzem Winkel zur Richtung, in der sie eben gesegelt sind, aus dem Wendemanöver hervorgeht, kippt er zur Seite und hört nicht auf zu kippen, er verliert seinen Halt auf dem Wasser, in der blauen Luft. Der Mast streift an einem bestimmten Punkt oben unter der Sonne vorbei und neigt sich unaufhaltsam, wie von einer riesigen, übelwollenden Hand gestoßen, zur Seite in den Golf. Rabbit fühlt, wie sein großer Körper zusammen mit Judys kleinem geschmeidigen, Füße voran, in den Wasserschlund stürzt – seine Faust hält in Panik noch immer die Leine umklammert, und an einer Kunststoffkante ratscht sein Schienbein wieder auf. Ein mörderisches dichtes kaltes Element umschließt seinen Kopf mit luftabschnürendem dunklen Grün, das ihm Mund und Augen verklammert, dann blasser wird und ihn entläßt in die Luft, die Sonne, die unheimliche Stille angehaltener Bewegung.

Er macht sich klar, was passiert ist. Er erinnert sich, wie Cindy sich damals aufs Schwert gestellt, der Sunfish sich wieder aufgerichtet und der Mast dabei Tröpfchenbögen gegen den Himmel geschleudert hat. Da gibt es also kein großes Problem. Aber irgend etwas kommt ihm komisch vor, herzzerreißend falsch. Judy. Wo ist sie? «Judy?» ruft er, mit einer

Stimme, die nicht seine ist hier draußen zwischen Horizonten, wo er keinen Boden unter sich hat und die Wellen ihm mit foppender Boshaftigkeit ins Gesicht schlagen und der auf der Seite liegende hohe Rumpf des Sunfish einen schmalen Schatten wirft und das gestreifte Segel flach auf dem Wasser ausgebreitet ist wie ein vielfarbiger Schmutzfilm. «*Judy!*» Jetzt gehört die Stimme ganz der hohlen Luft an, den Gipfeln des Entsetzens; er ruft so laut, daß er Wasser schluckt, sein untergetauchter Körper bietet ihm ja keine Plattform, von der er rufen könnte; statt Luft strömt ihm bitteres geschmolzenes Blei in die Kehle, und das Pumpen seines Herzens vermengt sich mit dem Ziehen und Wogen der See. Er hustet und hustet, und seine Augen füllen sich mit Tränen. Sie ist nicht da. Nur die schmutziggrünen Wellen sind da, stoßendes, tretendes Wasser, Jade, wo die Sonne durchscheint, über Galle geschichtet. Und im Westen Wolken, dünn und schräg abfallend, einen Wetterumschwung ankündigend. Und neben ihm, stumm ragend, der hohle Rumpf des Sunfish. Seine Blase fleht ihn an zu pinkeln, und vielleicht tut er's.

Auf der andern Seite. Da muß sie sein. Er und das Boot und das Segel existieren innerhalb weniger Quadratmeter, aber ihm ist, als seien enorme Entfernungen gegen ihn aufgeboten. Er muß unter dem Rumpf durchtauchen, rasch. Mit jeder Sekunde sinkt alles tiefer. Die Schwimmweste trägt ihn, behindert ihn aber. Strömungen im Wasser schieben sich ihm entgegen. Er ist nie ein geborener Schwimmer gewesen. Luft, Licht, Wasser, Stille, alles kracht in seinem Kopf zu einem donnernden Beweis der Erbarmungslosigkeit zusammen. Sogar jetzt, in diesem perfekt ausgeleuchteten Augenblick, ist Raum für seinen lebenslangen animalischen Widerwillen, mit dem Kopf unter Wasser zu gehen, und für den Gedanken, wenn noch eine weitere Sekunde so verstreicht, ohne daß er etwas tut, wird vielleicht alles wunderbar von selbst wieder gut; das lächelnde Gesicht des Kindes wird auftauchen mit funkelnden Salzwassertropfen in den Wimpern. Aber die Mittagssonne sagt jetzt oder nie, und etwas Heiliges in ihm schreit, daß alles wiedergutgemacht werden kann, und er öffnet den Mund und saugt in Panik Luft durch ein Schmerzsieb in seiner Brust ein und versucht, sich durch eine Lichtundurchdringlichkeit zu kämpfen, in der er nicht sehen, nicht atmen kann. Sein Kopf wird nach oben gedrückt, gegen etwas Hartes, indes seine Hände schleppend, schwer nach einem festhängenden kleinen Körper tappen und nicht einmal einen Vorsprung finden, an dem ein Körper hängenbleiben könnte. Er versucht aufzutauchen. Kunststoff preßt sich gegen seinen Rücken wie Haifischhaut, und dann schrammt ihm das tropfend herunterhängende hölzerne Ruderblatt übers Gesicht.

«Judy!» Zum drittenmal ruft er ihren Namen, und diesmal ist es ein Gurgeln. Wassertropfen malen regenbogenfarbene Kreise vor seine Augen, sein direkt in die Sonne gewandtes Gesicht. Das Boot dreht sich in diesen Sekunden langsam herum, und der Schatten, den es aufs Wasser wirft, ändert sich.

Unterm Segel. Sie muß unterm Segel sein. Es kommt ihm weitflächig im Wasser vor, ein langes Leichentuch aus Nylon mit Quersäumen, aufgenähten Zahlen und der Sunfish-Silhouette. Er muß. Seine Eingeweide brennen von all der beißenden Schuld, die sich seit der Schöpfung angesammelt hat; er zwingt sich noch einmal unterzutauchen, tief in eine Art schmutziggrünen Schlamm hinein, in dem seine Atemblasen Edelsteine sind. In gegenläufiger Bewegung zum stoffigen Rutschen auf seinem Rücken versucht er, sich einen Tunnel zu graben. In diesem Tunnel trifft er auf eine Schlange, ein biegsames schlappes Ding, das unter seiner Berührung so erschrickt, daß es ihn strangulieren und tiefer hinunterziehen will. Es greift nach seinen Ohren; sein Kopf stößt nach oben ins Segel, und gefiltertes weißes Licht dringt ihm in die Augen, und ein heimlicher feuchter Nylongeruch ist da, aber keine Luft zum Atmen. Sein Körper versucht krampfhaft, sich aus diesem Grab zu befreien; er kämpft mit geschlossenen Augen; schließlich schleift die Kante des Segels an seinem Gesicht vorbei, und er hat Judy mit sich ans Licht geschleppt.

Ihr kupferiges nasses Haar glänzt einen Zoll von seinen Augen entfernt; ihr Gesicht macht einen verwischten, geronnenen Eindruck auf ihn, aber sie krümmt und windet sich, ist lebendig. Sie will auf seine Schultern, schafft es und umklammert mit den Armen seinen Kopf. Ihr Körper fühlt sich heiß an unter seiner glitschigen Glasur. Dunkles Wasser springt ihm in Augen und Mund, als dränge sich hartnäckig eine explodierende Spinne zwischen ihn und die Sonne. Er streckt einen langen weißen Arm aus und greift nach dem Aluminiummast, der mit dem zusätzlichen Gewicht zwar in einem steileren Winkel einsinkt, aber vom Segel und dem hohlen Rumpf daran gehindert wird, ganz unterzugehen. Harry keucht und zieht sich und das Kind mit zweimaligem heftigen Rucken höher hinauf, dorthin, wo der Mast aus dem Wasser kommt. Freude, daß Judy lebt, bedrängt sein Herz, ein Glücksgefühl, das sich zuzieht und rhythmisch schmerzt, wie eine Hand, die, um geschmeidiger zu werden, einen Ball drückt und wieder losläßt. Der Raum in seinem Innern hat sich verengt – er muß, während er da hängt, dünne Atemkeile hinunterzwängen in eine schmerzende Überfülltheit. Judy hält seinen Hals umklammert und hustet, hustet Wasser und Schreck aus sich heraus. Die heftige Bewegung des kleinen Körpers wringt stechende Schmerzen aus seiner schwachen, betäubten Brust, in der etwas Lebendiges flattert und weh tut. Es ist, als sei seine Brust inmitten all dieses Meerwassers ein Gefäß aus demselben Element und beherberge einen aufgeregten Tintenfisch.

Ungefähr eine Minute ist vergangen, seit sie gekentert sind. Nach einer weiteren Minute bekommt Judy genügend Luft, um ein Lächeln zu versuchen. Ihre Augäpfel sind gerötet, von innen, von den Hustentränen. Ihr schmales kleines Gesicht glitzert über und über, wie mit Lametta bestreut, und der Sunfish dreht sich langsam und rückt ihre Köpfe in das schmale, klamme Schattenband des Rumpfs. In ihrer atemlosen, erschreckten Blässe sieht sie für ihn eher Nelson ähnlich als Pru, feinknochig und weiß um die Kiemen und mit Schatten unter den Augen wie nach einer schlaflosen Nacht.

Seine Schmerzen unter Wasser hören nicht auf, aber er kann sprechen. «He», sagt er. «*Wow.* Was ist eigentlich passiert?»

«Ich weiß nicht, Grandpa», sagt sie höflich und bekommt gleich wieder einen Hustenanfall. «Ich kam hoch, und da war dies Ding über mir, und als ich schwimmen wollte, hat sich nichts gerührt, ich konnte nicht drunter durchkommen.»

Er erkennt, daß ihre Furcht Grenzen hat. Sie denkt, daß sogar hier draußen ihr nichts Schlimmeres zustoßen kann als ein bißchen Unannehmlichkeit. Sie hat ein kindliches Unsterblichkeitsgefühl, und er ist dessen Hüter.

«Na, nun ist es geschafft», keucht er. «War nicht weiter schlimm.» Zum Schmerz, der nicht nachlassen will und in den Arm hinaufreicht, mit dem er sich am Mast festhält, kommt hinzu, daß jeder seiner Atemzüge sofort auf einen starren Boden trifft, und von tiefer unten steigt Übelkeit herauf, vielleicht weil er seekrank ist, und eine Schwäche ergreift ihn, ein tiefes Bedürfnis auszuruhen. «Der Wind hat plötzlich gedreht», sagt er erklärend zu Judy. «Diese Dinger kippen verdammt leicht um.»

Jetzt dämmert ihr die gewaltige Merkwürdigkeit des Orts, an dem sie sich befinden: viele hundert Meter vom Land entfernt und mehr als hundert Fuß überm Meeresboden. Ihre Augen mit den wunderbar gleichmäßig angeordneten Wimpern weiten sich, und ihre akkurat aufeinander passenden schmalen Lippen werden schlaff, verlieren die Form. In ihrer Stimme ist ein Zittern. «Wie kriegen wir das Boot wieder gerade?»

«Kein Problem», sagt er. «Ich zeige dir einen Trick.» Wußte er noch, wie? Cindy hatte es so schnell erledigt, war direkt unter den Sunfish getaucht in diesen glasklaren karibischen Fluten. Eine Leine, sie muß an einer Leine gezogen haben. «Bleib dicht bei mir, aber klammere dich nicht an mir fest, Süße. Die Schwimmweste hält dich oben.»

«Hat sie vorhin nicht getan.»

«Hat sie doch getan. Du warst nur unterm Segel.»

Ihre Stimmen klingen klein hier draußen im Golf, der Ton fliegt gleich davon in die Weite, bleibt nicht ein Weilchen in der Luft hängen, wie Worte das tun, die in Zimmern gesprochen werden. Das Wassertreten nimmt ihm allen Atem. Er darf das Bewußtsein nicht verlieren. Er darf nicht zulassen, daß der sonnenbeschienene Tag ihm vor der Nase die Rolläden herunterläßt. Er denkt, wenn er je hier herauskommt, wird er sich auf eine feste trockene Wiese legen – er sieht sie vor sich, die grünen Halme, die struppigen Lücken kahlgescheuerter Erde dazwischen, wie auf dem alten Spielplatz in Mt. Judge – und nie mehr aufstehen. Sacht läßt er den Mast los, und vorsichtig paddelnd, darauf bedacht, daß das, was da so aufgescheucht in ihm ist, nicht erschüttert wird, nimmt er die beiden Nylonleinen, die lose treiben, und mit einem Aufbäumen, von dem er so heftig zurückfällt, daß sein Gesicht unter Wasser gedrückt wird, wirft er sie auf die andere Seite. Die Wellen sind so rauh, daß Judy sich an seiner Schulter festhält, obwohl er sie gebeten hat, das nicht zu tun. Er erklärt ihr: «Okay. Jetzt paddeln wir wie Hündchen um das Boot herum.»

«Vielleicht kommt der Mann, der Mom mochte, und holt uns mit seinem Motorboot.»

«Wär 'ne Möglichkeit. Aber ist das nicht peinlich – gerettet zu werden, und Roy kuckt zu?»

Judy ist zu beunruhigt, um zu lachen oder zu antworten. Sie schwimmen am Ruder vorbei, dem scheußlichen Holzding, das ihm übers Gesicht geschrammt ist. Die Seeschwalbe hat den Himmel verlassen, aber treibende Fetzen braunen Tangs, wie Papierfeudel oder Clownsperücken, liefern Beweise für anderes Leben. Der algenverschmierte weiße Rumpf, auf der Seite im Wasser liegend, kommt ihm wie ein Leichnam vor, den er nie wieder ins Leben rufen kann. «Geh ein bißchen zur Seite», sagt er zu dem sich anklammernden Kind. «Ich weiß nicht genau, wie's funktioniert.»

Solange er im Wasser ist, wiegt er wenigstens nicht viel; aber als er die Leine packt, die oben durch den Aluminiummast gefädelt ist, und sein Gewicht aufs Schwert stemmt, erst mit den Armen, dann mit den Füßen, ist ihm, als würde er zerquetscht von seiner eigenen schlaffen Muskel-, Fett- und Eingeweidemasse. Der Schmerz in seiner Brust schießt zu einer so roten lodernden Flamme zusammen, daß er die Augen zukneift, um sie auszulöschen, und blind fühlt er dann, wie das Segel sich schmatzend aus dem Wasser hebt und das Schwert unter ihm in die Vertikale abtaucht. Das Boot wirft ihn hintenüber, als es sich aufrichtet, und das lose nasse Segel schwenkt in peitschendem Leinengewirr den Baum hin und her. Er hat keine Luft mehr und fühlt den Drang, sich dem Wasser zu überlassen, das ihn haßt und ihn doch will.

Aber das Kind an seiner Seite jubelt. «Jaiii! Du hast es geschafft! Alles in Ordnung, Grandpa?»

«Mir geht's prima. Klettere du zuerst rauf, Süße, ich halte das Boot fest.»

Nach mehreren vergeblichen Versuchen, mit Schwung aufs Boot zu gelangen, läßt Judy sich bäuchlings, das blauschwarz glänzende Hinterteil in zwei Bögen hochgereckt, aufs gewölbte Deck plumpsen, robbt zum Mast und kauert sich da nieder,

«Achtung, jetzt kommt der Wal», kündigt er an, und im Kopf sich frei machend vom bandförmigen pulsenden Druck in seinem Brustkorb, hievt er sich so weit aus dem Wasser, daß er sich mit dem Bauch gegen den kippeligen Bootsrumpf stemmen kann. Er greift nach einer Klampe. Die Holz vortäuschende Maserung des Kunststoffs preßt sich feinmaschig in seine Wange. Das hungrige Wasser saugt immer noch an seinen Beinen und Füßen, aber er stößt es weg und nimmt zitterig wieder seinen Platz an der Pinne ein. Er teilt Judy mit: «Wir schaffen es, kleines Fräulein.»

«Geht es dir gut, Grandpa? Du sprichst so komisch.»

«Krieg nicht richtig Luft. Weiß nicht, wieso. Muß mich vielleicht übergeben. Laß mich einen Moment ausruhen. Und nachdenken. Wir wollen nicht. Daß dies Scheißding noch mal umkippt.» Der Schmerz reicht jetzt in beide Arme hinunter und bis zum Unterkiefer hinauf. Vor langer Zeit hat Rabbit mal zu jemandem, einem wißbegierigen Geistlichen, gesagt: *Irgendwo hinter all diesem ist etwas, das darauf wartet, von mir aufgespürt zu werden.* Was immer es ist, *es* hat *ihn* aufgespürt und nimmt ihn jetzt in die Mangel.

«Tut dir was weh?»

«Und wie. Das Ohr, an dem du mich gerissen hast. Das Bein, das ich mir aufgeratscht hab.» Er möchte sie zum Lächeln bringen, aber ihr sternenäugiger prüfender Blick bleibt unverändert ernst. Wie merkwürdig Kinder sind, denkt Rabbit, und der Schmerz taucht seine Gedanken in ein eigentümliches Licht, sie sind geformt wie wir, haben Rumpf, Beine, Ohren und so weiter, aber alles in einem eigenen Maßstab, Minimenschen sozusagen, geschaffen für einen besseren, allerdings auch kleineren Planeten. Judy sieht ihn an, unschlüssig, ob sie ihn ernst nehmen soll oder nicht, wie gestern, als er die falschen Erdnüsse gegessen hat.

«Bleib ganz ruhig da sitzen», sagt er. «Bring das Boot nicht zum Wackeln.»

Die Pinne fühlt sich eigenartig groß in seinen Händen an, die Nylonleine unwirklich grob und dick. Er muß beides wieder in den Griff bekommen. Das steuerlose Boot ist tot in den Wind gedriftet. Er ruckelt die Pinne kräftig zur einen und sacht zur anderen Seite, um sie in die richtige Stellung zu bringen, und traut sich nicht recht, das Segel anzuziehen, aus Angst, die Riesenhand könnte das Boot wieder umkippen. Überrascht sieht er, daß noch andere Sunfish-Boote draußen in der Bucht sind und zwei Jungen auf Motorskiern, die rüde über die Wellen brettern, in so großer Entfernung, daß ihre Schreie und die klatschenden Aufprallgeräusche mit Verzögerung herüberdringen. Die Sonne ist über den höchsten Punkt hinaus, scheint den großen Hotels jetzt ins Gesicht. Die Fenster funkeln, die kammartigen Balkone heben sich deutlich ab, die Menge am Strand flimmert, und zu dem steigenden, sinkenden Drachen hat sich ein zweiter gesellt. Die Wasserfläche zwischen hier und dem Ufer ist über und über von niederstoßenden, funkenschlagenden Lichthämmern zerdellt. Rabbit fröstelt in seiner trocknenden Haut. Er fühlt sich von einer grauen Unruhe erfüllt, die nach außen, über seine Poren, Gift absondern will. Er streckt die Beine aus und lehnt sich unbeholfen, auf einen Ellbogen gestützt, so weit zurück, wie er kann: diese Haltung entspricht noch am ehesten seinem Wunsch, sich hinzulegen. Einschlafen, das wäre jetzt nicht schlecht, wenn er nicht da wäre, wo er ist, mit diesem Kind, das er unbeschädigt den Eltern zurückbringen muß.

Er spricht schnell, zwischen Schmerzwellen, und deutlich, um nichts wiederholen zu müssen. «Judy. Wir versuchen jetzt, mit zwei ganz ruhigen Wendemanövern ans Ufer zu kommen. Vielleicht nicht genau an der Stelle, wo deine Mutter ist, aber wir wollen jetzt an Land. Ich bin sehr müde und fühle mich so eigenartig, und wenn ich einschlafe, mußt du mich aufwecken.»

«Dich aufwecken?»

«Kuck nicht so ängstlich. Dies ist ein lustiges Abenteuer. Ich habe auch eine lustige Aufgabe für dich.»

«Was denn für eine?» Ihre Stimme ist schärfer geworden; ihr geht jetzt auf, daß dies anders ist als die Sache mit dem Papageienfutter.

«Sing mir was vor.» Als er das Segel straffer zieht, ist es, als straffe er etwas in sich selbst; Schmerz schießt an der weichen Innenseite seines Arms hinauf bis zum Ellbogen.

«Singen? Ich kenne gar keine Lieder, Grandpa.»

«Jeder kennt ein paar Lieder. Fang einfach mit ‹Ruder, ruder, ruder dein Boot› an.»

Er schließt zwischendurch immer wieder die Augen, dem animalischen Instinkt gehorchend, daß man sich mit seinem Schmerz in eine Höhle verkriechen soll, und über das Klatschen der Wellen und das zähe Quietschen des Mastes hinweg hört er, wie Judys kleine Stimme sich zitterig durch die Worte des Kanons fädelt, den er oft in der zweiten Klasse gesungen hat, in jenen Tagen, die für ihn mit Knickerbockern aus Cordsamt und mit Margaret Schoelkopfs Zöpfen und hohen Knöpfstiefelchen verbunden sind. Im Geist singt er mit, hat aber nicht die Kraft, sich mit dem Kehlkopf zu beteiligen: *Gleich bist du am Ziel, lustig, lustig, lustig...* «Das Leben ist nur ein Spiel», beendet Judy ihren Vortrag.

«Hübsch», sagt er. «Wie sieht es mit ‹Mary hat ein kleines Lamm› aus? Lernt man das noch in der Schule? Was zum Teufel lernt man heute über*haupt* in der Schule!» Dadurch, daß er so flach liegt, hat sich seine Sprache gelöst; sein Urbedürfnis zu fluchen und seine latente Empörung in politischen Dingen sind geweckt. Er redet weiter und denkt, daß er dadurch weniger beunruhigend auf sein Enkelkind wirkt und einen lustig-lebendigen Eindruck macht: «Ich weiß, was Physikunterricht angeht, hängen wir am hintersten Nippel, die Zeitungen werden ja nicht müde, uns das vorzubarmen. Was für ein Glück, daß es die Asiaten gibt. Ohne die chinesischen und vietnamesischen Flüchtlinge wären wir eine Nation von Vollidioten.»

Aber Judy kennt «Mary hat ein kleines Lamm» und auch «Drei blinde Mäuse» und alle Strophen vom «Bauer im finsteren Tal» bis «die Frau nimmt eine Kuh», aber dann verlieren sie beide den Faden. «Wir singen noch mal ‹Drei blinde Mäuse›», drängt er sie. «*Sieh* nur, wie sie rennen. Die Mäuse rannten hinter der Bäuerin her...»

Sie nimmt die Zeile aber nicht auf, und seine Stimme erstirbt. Ihr erstes Wendemanöver führt sie in weitem Bogen Richtung Norden, auf Sarasota und Tampa zu und zu den Reicheleuteinseln hinüber, auf denen mal die Piraten gehaust haben, aber die Menschen am Strand sehen nun doch nicht mehr ganz so wie eine Schnur aus, das Farbflirren ihrer Badeanzüge ist etwas näher gerückt, und er kann den trudelnden Flug eines malträtierten Volleyballs erkennen. Der Druck in der Mitte seiner Brust hat sich verstärkt, und zu seinem Brechreiz ist das dringende Verlangen zu scheißen gekommen. Er versucht, sich sein wirkliches Leben vorzustellen, dies Leben mit schlichtem Komfort und bescheidenen Herausforderungen, das er aufgegeben hat, als sein Fuß den Sandstrand verließ, und sieht jetzt, vor allem anderen, die Toilettenschüssel aus rosa Porzellan mit der farblich dazu passenden bequemen Brille in seinem Apartment vor sich und die aufgeschichteten *Consumer-Reports*- und *Time*-Ausgaben, die auf der unteren Ablagefläche des weißlackierten Bambustisches bereitliegen, auf dem Janice ihre Kosmetiksachen verwahrt, gleich neben der rosa Badewanne. Es ist ein Platz im Paradies gewesen, so kommt es ihm vor.

«Grandpa, mehr Lieder fallen mir nicht ein.» Die grünen Augen des Kindes, grüner als Prus, haben einen wässerigen Anflug von Panik.

«Nicht aufhören», knurrt er und bemüht sich, alles in sich zu behalten. «Du treibst das Boot an.»

«Nein, tu ich nicht.» Sie bringt ein verwischtes Lächeln zustande. «Der Wind treibt es an.»

«In die scheißfalsche Richtung», sagt er.

«Wir fahren in die falsche Richtung?» fragt sie mit ängstlicher Promptheit.

«Nein, ich mach nur Spaß.» Dasselbe wie gestern, als er ihr so sadistisch die Hand gedrückt hat. Er muß aufhören mit diesem Blödsinn. Wenn man Kinder großzuziehen hat, muß man sich der Lage gewachsen zeigen. «Mit uns ist alles in Ordnung», beruhigt er sie. «Laß uns wenden. Fertig? Zieh den Kopf ein, Süße.» Kein Seemannsgerede mehr. Er reißt die Pinne herum, das Boot dreht sich, das Segel sackt durch, die Sonne scheint durch das Loch der Stille herab und drischt funkenstiebend aufs Wasser ein. Der Bug hebt sich über eine bestimmte imaginäre Linie, das Segel füllt sich erst zögernd, dann entschieden, und sie ziehen in anderer Richtung davon, nach Süden, zum entferntesten Glashotel und nach Naples hin und zur anderen Reicheleuteinselgruppe. Die kleine Anstrengung, die dies Manöver ihn gekostet hat, das bißchen ängstliche Gespanntheit, das dazu gehört, ringen ihm einen solchen Schmerz aus der Brust, daß ihm Tränen in die Augen steigen. Aber tief im Innern ist ihm wohl. Es hat etwas Befriedigendes, daß sein körperloser Feind ihn endlich gefunden hat. Die Unheilsahnung, die während der letzten Tage über ihm geschwebt hat, hat sich zu Wirklichkeit verdichtet, wie Wolken sich zu notwendigem Regen verdichten. Eine Leichtheit, eine Er-Leichterung ist da, die mit dem Schmerz kommt: große Teile der Welt sind abgeschnitten, plötzlich nicht mehr wichtig. Man wird einfach zu einem physischen Gepäckstück, das abgeliefert werden muß. Wie er da liegt, ausgestreckt auf dem Kunststoff, ist er an den Boden der Welt genagelt. Das Drücken in ihm, das Gefühl unerträglicher Völle hat jetzt einen Rhythmus, ist wie ein exzentrisches Stoßen, als drehe sich ein Schwungrad, das sich von seiner Kolbenstange gelöst hat. Ein Schmerz, bei dem man, ein bißchen wenigstens, den Kopf heben kann. Als unangenehmer empfindet er, daß er kaum atmen kann, daß die Öffnung, durch die er Luft bekommt, sich zu einem Spalt verengt hat, den das kleinste Schleimklümpchen verstopfen könnte, und noch schlimmer als die Schwierigkeit mit dem Atmen, die sich ein wenig zu legen scheint, wenn man mal einen Augenblick nicht an sie denkt, ist das, was in seinen Eingeweiden passiert, dies schmierige graue Brodeln, und der Drang, zu erbrechen und zu scheißen und es doch nicht zu wollen, und das feuchtkalte Schwitzen, das ihn frösteln läßt im Wind, und das rasche Trocknen in der Sonne.

«Splish, splash, I was takin' a bath», singt Judys zaghafte Stimme, kleine Musikfedern, die davonfliegen, «along about Saturday night...» Sie ist von Kinderliedern zu Fernseh-Werbespots übergewechselt, zu den jeweils ersten zwei, drei Zeilen, bis sie nicht mehr weiter weiß. «Denn *so* ist McDonald's, Essen mit Spaß...» – «Ich wollt, ich wär ein Oscar-Mayer-Würstchen. Wunderbar, daß es so was gibt. Wenn ich ein Oscar-Mayer-Würstchen wär, wär jeder in mich verliebt.» Und das Lied, das das Toilettenpapier singt, und die «Stand by Me»-Imitation der kalifornischen Rosinen und «Mack the Knife» von Ray Charles als Mondmann und die Versicherung, daß, wenn du ihn willst, wir ihn haben, «To-yo-ta...»

Es ist, als schalte man zwischen den Kanälen hin und her; ihre kleine Stimme steigt auf und weht ihm ins Gesicht. Seine Augen sind geschlossen, und heimlich, im Dunkeln, inspiziert er die mahlende, galoppierende, einseitige Funktionsstörung in seiner Brust; dann öffnen seine Augen sich wieder, und er kontrolliert den Kurs und die Spannung im Segel und prüft, ob die Illusion von blauem Himmel noch standhält und er recht hat mit seinem festen Glauben, daß Judys Stimme den Sunfish antreibt, zur Küste hin. «Coke hat's», singt Judy, «der frischeste Geschmack weit und breit, Coke hat's, stets und ständig für dich bereit, Coke hat's, der größte Genuß dieser Zeit!»

Er muß zweimal mehr wenden, und in der Zwischenzeit hat seine Enkeltochter in sich noch einen Liedschatz entdeckt: Songs aus Filmen, die sie sich viele Male angeschaut hat, auf Video, Kinderklassiker, die Rabbit gesehen hat, als sie neu waren und in den alten, in arabischem Stil ausgeschmückten Lichtspieltheatern mit den auseinandergleitenden Plüschvorhängen und den Foyers voll riesiger Spiegel gezeigt wurden: Aufbruchslieder, «We're off to see the Wizard, the wonderful Wizard of Oz» und «Hi-ho, hi-ho, it's off to work we go», und traurige Lieder über etwas im Himmel, die uns von der großen Wirtschaftskrise ablenken sollten, «Somewhere over the Rainbow» und «When You Wish upon a Star», der kleine Jiminy Cricket mit Zylinder und eingerolltem Regenschirm da draußen auf dem mondbeschienenen Fenstersims. *Dieser Disney, der wußte, wie er einen in die Magengrube trifft.*

«Fein, Judy», stöhnt Rabbit. «Ganz toll. Du bist richtig in Fahrt gekommen.»

«Es war lustig. Wie du gesagt hast. Kuck, da ist Mommy!»

Harry läßt Segel und Pinne los. Der Sunfish wippt in den sich überschlagenden Wellen flachen Wassers, und Judy zieht das Schwert hoch und springt bis zu den glänzenden Hüften ins Wasser und zieht das Boot die letzten Meter wie einen Schleppkahn, bis der Bug auf Sand schrammt. «Wir sind umgekippt, und Grandpa ist schlecht geworden!» ruft sie.

Nicht nur Pru und Roy sind gekommen, auch Gregg Silvers ist zur Begrüßung angetreten, weiter unten am Strand, einen guten Schlag mit Eisen sechs von der Stelle entfernt, an der sie losgesegelt sind. In Greggs übermäßig braunem Gesicht zuckt es, als er sieht, wie Harry ausgestreckt neben der Pinne verharrt; und er sieht noch etwas anderes, etwas, das Harry nicht sehen kann, vielleicht seine Gesichtsfarbe. Wie schlimm steht es um ihn? Er schaut auf seine Handflächen; sie sind gelb und blau gefleckt. Gregg nimmt Judy die Vorleine ab und fragt Harry: «Möchten Sie erst mal da bleiben, wo Sie sind?»

Harry wartet, bis ein Schmerzschub vorüber ist, und sagt: «Ich will von diesem verdammten Kahn runter, und wenn's mich umbringt.»

Aber was er dazu unternehmen muß: aufstehen, sich vom kippenden Sunfish hinuntergleiten lassen, ein paar Schritte waten, bekommt seinem aus den Fugen geratenen Innern schlecht. Er fühlt, wie er auch dann noch gegen einen deutlichen Widerstand anwatet, als er schon auf dem trockenen Sand ist. Er legt sich nieder, zu Prus Füßen, ihren langen nackten Füßen mit dem abgesplitterten roten Lack auf den Nägeln und den rosa Vertiefungen zwischen den Zehen, rosa wie die Fingerknöchel seiner Mutter gewesen sind vom zu vielen Geschirrspülen. Er liegt mit dem Gesicht nach oben und sieht zu dem Steg aus weißem Stretch zwischen ihren Beinen hinauf. Der kleine Roy, der denkt, Harry liege zum Spaß so da, kommt angeputtelt, stellt sich an seines Großvaters Kopf auf und läßt ihm von oben Sandkörner in die Ohren, den zusammengepreßten Mund, die offenen Augen rieseln. Rabbit kneift die Augen zu.

Der Himmel ist eine leere Röte, aus der Prus sachliche Ohio-Stimme mit besorgtem Ton fällt. «Wir haben gesehen, wie ihr umgekippt seid, aber Gregg sagt, das passiert laufend. Dann schien es aber so lange zu dauern, daß er drauf und dran war, mit dem Motorboot zu euch rauszufahren.»

Die Röte pulst mit einem Schmerz, der Zwischenräume hat wie Rippen: Streifen von Schmerz mit barmherzigem Nichts dazwischen. Sehr hoch oben zieht langsam ein Flugzeug dahin und schleppt sein Dröhnen hinter sich her. «Judy ist unters Segel gekommen», hört er seine Stimme sagen. «Hab's mit der Angst gekriegt.» Er liegt da wie eine angespülte, aufgeblubberte Qualle, die zittert vor Verlangen nach dem verlorenen Element. Etwas Laues, mit Fingern, berührt sein Handgelenk, fühlt seinen Puls. Erste Hilfe zu leisten muß zu Greggs Job gehören. Um ihm bei der Diagnose zu helfen, sagt Harry: «Tut mir leid, daß ich Ihnen Scherereien mache. Ich hatte das fürchterliche Bedürfnis, mich hinzulegen.»

«Sie bleiben da liegen, Mr. Angstrom», sagt Gregg und hört sich plötzlich laut und energisch und eine Spur zu autoritär an, wie sein Vater, wenn der die Punkte nach einer Golfrunde zusammenzählt. «Wir bringen Sie ins Krankenhaus.»

In seiner roten blinden Welt ist diese Nachricht eine solche Erleichterung, daß er die Augen öffnet. Er sieht Judy über sich, groß und sonnenumglänzt steht sie da, das zerstrubbelte, trocknende Haar von Regenbogensplittern durchflimmert. Er versucht, beruhigend zu lächeln, und sagt zu ihr: «Es kommt sicher vom Vogelfutter, das ich gegessen habe.»

Nelson hat um elf noch geschlafen, aber Janice hat es nicht eilig gehabt mit der Konfrontation. Als Harry, Pru und die Kinder schließlich gegangen waren – zweimal waren sie umgekehrt, um Sachen zu holen, die sie vergessen hatten, und am Ende hatten sie doch zwei Flossen und eine Flasche Sonnenlotion liegenlassen –, hat sie eine Weile auf dem Balkon gesessen und entdeckt, daß es eine Stelle gibt, einen halben Meter links von den Araukarienästen, die den Blick versperren, von der aus man doch noch ein Stückchen, ein kleines, fast quadratisches, glitzerndes Stückchen blaugrünes Wasser sehen kann, zwischen dem Ziertürmchen und dem mit roten Ziegeln gedeckten Dach eines Apartmentgebäudes, ein Stückchen Golf. Aber natürlich ist es aussichtslos gewesen, darauf zu warten, daß das Segel des gemieteten Bootes auftaucht; wenn man aus dieser Entfernung etwas erkennen will, müßte schon eine Yacht kommen, eine wie die, die letzten September in San Diego zu der Regatta gestartet ist, bei der die Amerikaner die Neuseeländer in ihrem riesigen, schönen, chancenlosen Boot mit einem Katamaran überlistet haben. Von ihrem kleinen Balkon zu schauen macht sie immer ein bißchen traurig, weckt etwas in ihr Verschüttetes, den Blick, den sie von den Fenstern ihrer Wohnung an der Wilbur Street über die ganze Stadt gehabt haben, weit unten die geschäftigen, unschuldigen Straßen von Mt. Judge. Damals war Harry auch fortgegangen, und sie ist allein mit Nelson gewesen, wie jetzt.

Als Nelson schließlich herauskommt in seinem teuren rauchblauen Pyjama, ist er überrascht und verärgert, sie hier zu finden, auch wenn er versucht, es nicht zu zeigen. «Ich dachte, du wolltest mit den andern gehn. Die haben vielleicht ein Spektakel gemacht, als sie losgezogen sind.»

«Nein», antwortet sie ihrem Sohn, «ich bekomme genug Sonne und wollte mit dir ein wenig zusammensitzen, bevor du wieder nach Hause düst.»

«Das ist nett», sagt er, geht zurück in sein Zimmer, kommt nach einer Minute wieder und hat jetzt einen Morgenrock an, wahrscheinlich, weil er sich geniert, denkt sie, vor seiner eigenen Mutter. Man weiß noch all die Male, wo man ihnen die Windeln gewechselt und sie gebadet hat, und dann, eines Tages, ist man ausgeschlossen. Es ist ein sommerlich leichter Morgenrock mit einem dunkelroten Paisley-Muster, das sie an das erinnert, was reiche Leute im Film angehabt haben, als sie ein Mädchen war. Morgenröcke, Hausjacken, Frack und Zylinder, fließende weiße Abendkleider, wenn man Ginger Rogers war, mit Straußenfedern bis zum Kinn, oder war's Weißfuchs. Für junge Leute von heute gibt es so was nicht, etwas, das ihnen nachahmenswert, erstrebenswert im Leben wäre, die Rockstars haben einfach schmutzige Bluejeans an, und selbst Baseballspieler, fällt ihr auf, wenn sie Harry bei einer Fernsehübertragung über die Schulter guckt, machen sich nicht die Mühe, sich zu rasieren – wie arabische Terroristen. Als sie ein junges Mädchen war, hatte niemand Geld, aber die Menschen hatten Träume.

Sie bietet Nelson an, ihm das zu machen, was er früher am liebsten zum Frühstück gegessen hat, Arme Ritter. Damals, in den Jahren am Vista Crescent, bevor sie alle in solche Schwierigkeiten kamen, hat sie es immer als etwas Besonderes hingestellt, wenn Sonntagmorgen war und es Arme Ritter gab, ehe Nelson sich zur Sonntagsschule aufmachte. Er ist wirklich ein so vertrauensvolles Kind gewesen, so leicht zufriedenzustellen, und dieser kleine Wirbel in der Augenbraue und die braunen Augen, die so ängstlich zwischen ihr und Harry hin und her geflitzt sind.

Er sagt: «Nein danke, Mom. Laß mich in Ruhe ein bißchen Kaffee trinken und nerv mich nicht mit Essen. Beim Gedanken an fritiertes Brot mit Sirup wird mir speiübel.»

«Dein Appetit ist in letzter Zeit nicht sehr ausgeprägt.»

«Was willst du – daß ich mir 'ne Speckschwarte zulege wie Dad? Er sollte dreißig Pfund abnehmen, er krepiert sonst noch dran.»

«Er knabbert nun mal so gern, davon kommt sein Übergewicht. Das Salz bindet Wasser.»

Im Aromaster ist noch ein teeriger Rest Kaffee, etwa eine halbe Tasse. Janice weiß noch, wie sie diese Kaffeemaschine im K Mart an der Route 41 gekauft haben, ganz am Anfang ihres Lebens hier unten. Sie hat eigentlich eher den zehn Tassen fassenden Brewmaster von Krups haben wollen, aber Harry ist damals noch so fixiert auf *Consumer Reports* gewesen und hat gesagt, die hätten gesagt, der Zwölf-Tassen-Aromaster von Braun sei besser. Nelson macht ein Gesicht wie früher als Kind, wenn er Lebertran bekam, und schüttet den Inhalt der elfkommafünften Tasse in den Ausguß. Er schnieft ausgiebig und nimmt sich die *News-Press*, die auf der Arbeitsfläche unterm Klarglasfenster liegt. Er liest laut: «Anklage gegen Footballstar abgeschwächt. Sanierung des Lake Okeechobee möglicherweise schwere Zumutung», aber beiden ist klar, daß sie richtig miteinander reden müssen.

Janice sagt: «Du setzt dich ins Wohnzimmer und liest die Zeitung, und ich mach schnell eine frische Tasse Kaffee. Möchtest du den Kopenhagener, der noch übrig ist? Wenn nicht, ißt dein Vater ihn.»

«Nein, Mom, ich sagte es schon, ich möchte keinen Mist essen.»

Als das Wasser in der Kaffeemaschine kurz vorm Kochen ist, lacht er im Wohnzimmer vor sich hin. «Hör dir das an», ruft er und liest laut: «‹Der hochverdiente Chef des Rauschgiftdezernats der Polizei von Cape Coral soll gefeuert werden, weil Ermittlungen ergeben haben, daß er sich der Veruntreuung von Kokain im Wert von annähernd eintausend Dollar schuldig gemacht hat, welches er sich beim Police Department in Sanibel ausgeliehen hat. Das geliehene Kokain ist verschwunden, sagt die Polizei, es ist durch eine Handvoll Backpulver in einer Kaufhausschachtel ersetzt worden.›» Nelson fügt hinzu, als sei sie zu blöd, um die Pointe mitzukriegen: «Jeder snifft und stiehlt hier unten, sogar der Chef des Rauschgiftdezernats.»

«Du auch?» fragt Janice.

Er denkt, sie spricht vom Kaffee, und sagt «ja klar» und hält seine Tasse hin, ohne von der Zeitung aufzusehen. «Hier steht, in Südwest-Florida war es gestern heißer als überall sonst in den Staaten.»

Janice kommt mit der Filterkanne und stellt sie auf den Glastisch, auf einen Teil der Zeitung, den sie umklappt, damit er einen isolierenden Untersatz abgibt. Sie hat eine abergläubische Angst, das Glas könnte platzen, wenn man etwas Heißes draufstellt, auch wenn Harry sie auslacht und sagt, nicht mal mit einem Schweißbrenner würde man's zum Platzen bringen. Männer lachen über so was wie dies hier und Elektrizität, haben aber oft keine Ahnung. Es passieren sehr wohl schlimme Sachen, und Männer versuchen dann, so zu tun, als wären sie nicht passiert oder als wär ein anderer dran schuld. Sie setzt sich energisch aufs Klappsofa nahe dem Korbsessel, in dem Nelson sitzt, und spreizt die Schenkel, um ihren

Schoß breiter zu machen, wie sie es oft bei ihrer Mutter gesehen hat, wenn die sich vorgenommen hatte, energisch zu sein, und sagt: «Nein, ich hab gemeint, ob du auch Kokain nimmst. Was ist dran an der Geschichte, Kind?»

Als er zu ihr herübersieht, muß sie an den verängstigten, verschlagen-geduckten Blick denken, den er den ganzen Sommer gehabt hat, als er zwölf war oder dreizehn – 1969, er war erst zwölf, bis September. Zu all dem, das sie sich nie verzeihen kann, gehört, wie er auf seinem Fahrrad immer in die Eisenhower Avenue herübergekommen ist und draußen vor Charlies Haus gestanden hat, in der Hoffnung, sie kurz zu sehen, sie, seine Mutter, die mit einem andern Mann durchgebrannt war. Er fragt: «Was für 'ne Geschichte – wer sagt so was?»

«Deine Frau, Nelson. Sie sagt, du bist abhängig und verpulverst eine Menge Geld, das du nicht hast.»

«Dies verrückte, verlogene Miststück. Du weißt doch, was die alles redet, nur um Eindruck zu machen. Wann hat sie dich denn mit dieser Scheiße abgefüllt?»

«Laß die rüde Ausdrucksweise. Sieht doch ein Blinder mit dem Krückstock, daß etwas nicht stimmt. Teresa hat vorgestern abend, als du erst nach Mitternacht nach Hause gekommen bist, ein paar Andeutungen gemacht, und gestern konnten wir auch noch ein bißchen reden, weil dein Vater mit den Kindern vorausgegangen war.»

«Ja, was soll das überhaupt, diese Nummer vom wunderbaren großen gütigen Großvater, die er mit meinen Kindern abzieht? Mit *mir* ist er nie so umgegangen.»

«Lenk nicht dauernd vom Thema ab. Vielleicht möchte er an ihnen einiges gutmachen, was er mit dir falsch gemacht hat. Dein Vater ist es jedenfalls nicht, der mir in letzter Zeit Sorgen macht. Er hat's schwer gehabt, als wir jünger waren und er seine Träume und seine Freiheit aufgeben mußte, aber er scheint jetzt seinen Frieden mit sich gemacht zu haben. Was ich von dir nun wirklich nicht sagen kann. Du bist nervös und schroff, und deine Gedanken sind keinen Augenblick bei irgend etwas, das in diesem Zimmer ist oder mit deiner Familie zu tun hat. Du denkst ununterbrochen an etwas anderes, und nach allem, was ich lese und im Fernsehen sehe, kann es sich nur um Rauschgift handeln. Pru sagt, du nimmst Kokain und jetzt vermutlich Crack, sie glaubt, daß du von Heroin die Finger gelassen hast, obwohl, aus Heroin und Kokain kann man anscheinend etwas mischen, das sich Speedball nennt.»

«Das muß man sich spritzen, Ma, und ich komme nie auch nur in die Nähe einer Nadel. Darauf kannst du Gift nehmen. Meine Güte, auf diese Weise kann man sich Aids holen.»

«Ach ja, Aids. Die Sorge haben wir jetzt alle.» Sie schließt die Augen und denkt an all das Elend, das durch Sex über die Welt gekommen ist, mit herzlich wenig Vergnügen als Ausgleich. Nelson mag seine Schwächen haben, aber sie kennt ihn gut genug, um zu wissen, daß er nie versessen auf Sex gewesen ist wie sein Vater – daß seine Generation so früh so viel davon bekommen hat, daß der Zauber sich abnutzen konnte. Ihr armer Harry, bis er's dann ein bißchen langsamer hat angehen lassen, ist er jeden Abend mit wunder weiß was für Erwartungen ins Bett gehüpft. Und vielleicht ist sie zu einer gewissen Zeit ihres Lebens genauso töricht gewesen. Damals hat sie gespürt, daß sie Charlie damit vom Rand des Grabes zurückgeholt hat. Mit bloßer Liebe. Für eine Frau ist das Macht. Die einzige Macht, die einem bis vor kurzem zugestanden worden ist.

Nelson nutzt ihr Schweigen und rüstet sich zur Offensive. «Und was, wenn ich mir an den Wochenenden tatsächlich ein bißchen reinpfeife? Es ist nicht schlimmer als das Süffeln, das *du* veranstaltest. Solange ich zurückdenken kann, hast du immer ein Gläschen zur Hand gehabt, ob in der Küche oder sonstwo. Verstehst du, Mom, Alkohol ist tödlich auf lange Sicht. Durch verschiedene wissenschaftliche Untersuchungen ist belegt, daß Koks viel weniger schädlich für den Körper ist als Schnaps.»

«Nun ja», sagt sie und zurrt sich den kurzen Khakirock über die Schenkel herunter, «es mag weniger schädlich sein, aber es scheint beträchtlich mehr zu *kosten*.»

«Doch nur, weil idiotische Gesetze es illegal machen.»

«Ja, das stimmt – bei allem Schlimmen, das man gegen Alkohol sagen kann, ist er wenigstens legal. Als dein Granddaddy Springer jung war, war Alkohol verboten, und so ist er gar nicht erst auf den Geschmack gekommen, sonst hätte er aus seinem Leben nicht so was Gutes machen können, von dem wir alle so glücklich profitieren.» Sie sieht, daß er den Mund öffnen will, um sie zu unterbrechen, und spricht schnell mit lauterer Stimme weiter. «Und du bist ihm sehr ähnlich, Nelson, in vielerlei Hinsicht. Du hast seine nervöse Energie, du mußt immer an irgendwas herumknobeln, ununterbrochen, und ich finde es gräßlich mitanzusehen, wie du diese Energie an etwas so Selbstzerstörerisches verschwendest.» Sie sieht, daß er unbedingt etwas sagen will, und beendet ihre Rede: «Also, Nelson, du mußt mir das mit dem Kokain erklären. Du mußt einer alten Frau auf die Sprünge helfen. Was für einen Wert hat das Zeug für dich? Pru sagt, deine unbezahlten Rechnungen stapeln sich immer höher, demnach muß es dir eine ganze Menge wert sein.»

Nelson läßt sich mit solcher Erbitterung in den Sessel zurückfallen, daß das Korbgeflecht laut knarzt; sie hört, daß etwas bricht. «*Mom*. Ich habe keine Lust, über mein Privatleben zu sprechen. Ich bin zweiunddreißig Jahre alt, zum Donnerwetter.»

«Auch mit zweiundachtzig bist du noch mein Sohn», belehrt sie ihn.

Er sagt: «Du versuchst, dich wie deine Mutter aufzuführen und auch so zu reden, aber du und ich, wir beide wissen, daß du dafür nicht clever genug bist, nicht genügend auf Zack.» Doch er hat ein so schlechtes Gewissen, als er das sagt, daß er wegsieht, zum leuchtenden, unbekümmerten Florida-Tag hin, der sich jenseits des Balkons ausbreitet mit Vogelgequiek und gedämpften Golfgeräuschen und allmählich auf Mittag zugeht mit Temperaturen um die dreißig Grad, die wärmste Gegend in den Staaten. Seine Mutter hält den Blick auf sein Gesicht geheftet. Seine Haut sieht durchsichtig aus im herein-

193

strömenden Licht, dünngewetzt durch ungesunde Lebens-führung, schädliche Angewohnheiten. In seiner Verlegenheit faßt er sich an den Ohrring und streicht sich mit dem Zeige-finger über beide Hälften seines fusseligen kleinen Schnurr-barts. «Es entspannt mich», sagt er schließlich.

Janice möchte mehr hören. «Du machst keinen besonders entspannten Eindruck», sagt sie anspornend und setzt hinzu: «Du bist nie sehr entspannt gewesen, Nelson. Du hast schon als Kind alles sehr ernst genommen.»

Er sagt schnell: «Wie bitte soll man's denn sonst nehmen? Als dicken großen Spaß, wie Dad das tut? Als ob die beschis-sene Welt eine einzige Liebeserklärung an einen wär?»

«Versuchen wir doch, über dich zu sprechen, nicht über deinen Vater. Wie du sagst, ich bin eine einfache Frau. Nicht clever, nicht auf Zack. Ich bin ungebildet und weiß vieles nicht. Nicht einmal die simpelsten Sachen, zum Beispiel, wieviel man braucht, und was es kostet. Ich weiß nicht mal, wie man's nimmt – durch die Nase, oder raucht man's, und wo tut man's rein, wenn man's raucht, lauter so Sachen. Al-les, was ich über Kokain weiß, hab ich aus *Miami Vice* und Talkshows, und da wird einem nicht allzuviel erklärt. Es ist einfach nichts, von dem ich je gedacht hab, das es mich mal angehen würde.»

Seine Verlegenheit wächst, sieht sie, wie damals, als er sechs war und krank und sie ihn über seine Verdauung aus-gefragt hat. Oder einmal, als er vierzehn war und sie die Flecken auf seinen Bettlaken erwähnt hat. Aber sie sieht auch, daß er reden *möchte*, ins Detail gehen will, um das Wis-sen vorzuführen, das das Mannsein ihm verschafft hat. Er seufzt kapitulierend, schließt die Augen und sagt: «Es ist schwer zu beschreiben. Du weißt, was man von Betrunkenen sagt: ihnen tut nichts weh? Wenn ich was genommen habe, tut mir nichts weh. Vermutlich heißt das, daß mir sonst stän-dig etwas weh tut. Alles geht von Schwarzweiß zu Farbe über. Alles ist intensiver, hoffnungsvoller. Man sieht die Welt so, wie sie ursprünglich gedacht war.» Diese letzte Auskunft ist so intim, daß die Augenlider des Jungen flattern, die Wimpern lang wie die eines Mädchens, und er rot wird.

Janice ist leicht mulmig zumute, als sie dem Neutralen, Unentschiedenen in der Sexualität ihres Sohnes so nah kommt – dem, was ihm fehlt, wovor er Angst hat –, und sie zieht die Beine unter sich, so daß ihr kurzer Rock weit heraufrutscht und die Knie freigibt. Ihre Beine sind immer noch fest und gut geformt, trotz ihrer zweiundfünfzig Jahre, waren immer das Beste, das sie als Mädchen und Frau vorzuweisen gehabt hat, ihr Haar ist immer mickerig gewesen, ihr Busen klein und ihr Gesicht unscheinbar. Sie mag ihre Beine, besonders hier in Florida, wo sie braun werden und sich vorteilhaft unterscheiden von denen der anderen Frauen, die auf gute Figur keinen Wert mehr legen oder nie eine gehabt haben. Diese Jüdinnen neigen alle zu Stampfbeinen und Hängehintern. Sie gönnt ihrem Sohn die Freude an ihrer Unwissenheit und fragt: «Wie viele Prisen brauchst du, um die leuchtenden Farben zu fühlen?»

Er lacht überlegen. «Wenn man snifft, spricht man von ‹Lines›, Mom. Man zerhackt das Pulver mit einer Rasierklinge auf einem Spiegel und ordnet es dann zu Linien von ungefähr drei Millimetern Breite und drei bis fünf Zentimetern Länge. Und die zieht man sich mit einem Strohhalm oder einem Glasröhrchen in die Nase, kann man alles unten in Brewer in der Nähe der Brücke kaufen. Manche benutzen einen zusammengerollten Dollarschein; wenn's, sagen wir, ein Hundertdollarschein ist, dann gilt das als cool.» Er lächelt bei der Erinnerung an diese krossen, schick glitzernden Prozeduren unter Freunden in deren Condos und Apartments im nördlichen Teil Brewers, der den Berg hinaufsteigt und an Mt. Judge grenzt.

Seine Mutter fragt: «Macht Pru das auch?»

Sein Gesicht bewölkt sich. «Früher ja, aber sie hat aufgehört, als sie mit Roy schwanger war, und hat's danach nicht wieder angefangen. Sie ist sehr rigoros geworden. Sie sagt, es zerstört die Menschen.»

«Hat sie recht?»

«Manche Menschen. Aber im Grunde nicht. Diese Leute wären sonst an was anderem zugrunde gegangen. Ich sag doch, es bekommt einem körperlich besser als Alkohol. Man kann sich bei der Arbeit schnell auf dem Klo eine Line reinziehen, und niemand merkt was, nur daß man sich wie Superman fühlt. Und wie Superman verkauft. Wenn du dich unwiderstehlich fühlst, kann dir auch niemand widerstehen.» Er lacht wieder und zeigt kleine, angegraute Zähne, die wie ihre aussehen. Sein Gesicht ist klein wie ihres, als wolle er nicht zu viel herzeigen, vorn, wo die Welt es beschädigen kann. Wohingegen Harry sich in mittleren Jahren aufgebläht hat, sein Gesicht ein Mond hoch oben. Die Leute hier, diese smarten Juden, hänseln ihn gern und nutzen ihn aus wie die drei vom Vierergespann.

Sie tippt sich mit der Zunge an die Oberlippe, unschlüssig, wie sie dies Interview weiterführen soll. Sie weiß, so bald wird es ihr nicht wieder gelingen, Nelson derart unverhohlen auszufragen. Er fliegt morgen nachmittag zurück, um eine Silvesterparty zu veranstalten. Sie fragt: «Nimmst du auch Crack?»

Er wird vorsichtiger. Er zündet sich eine Camel an und wirft den Kopf zurück, um den restlichen Kaffee hinunterzuschlucken. An seiner Schläfe, unter der grauen durchsichtigen Haut, zuckt ein Nerv. «Crack ist nichts weiter als zur Base aufgekochtes Koks. Dann läßt man das Zeug trocknen, und es entstehen kleine Bröckchen – Rocks sagt man dazu. Man raucht sie gewöhnlich in einer Art Pfeife.» Er fuchtelt mit den Händen; Rauch ringelt sich um sein Gesicht. «Es wirkt angenehm schnell, schneller, als wenn man snifft. Aber man stürzt auch schneller ab. Man braucht mehr. Man kommt auf die Schnellschiene.»

«Du tust es also. Du rauchst Crack.»

«Ich hab's mal probiert. Was ist dabei? Es ist praktisch, man kommt leicht an das Zeug ran, es liegt seit ein paar Jahren quasi auf der Straße, und es ist spottbillig, weil die Gangs sich gegenseitig Konkurrenz machen. Fünfzehn, ach was, zehn Dollar pro Rock. Candy sagt man dazu. Mom, es ist nicht der Rede wert! Leute in deinem Alter haben eine übertriebene Angst vor Drogen, aber das ist einfach nur 'ne Art, sich zu entspannen, sich ein bißchen anzutörnen. Menschen müssen sich immer ein bißchen antörnen, das war schon so, als sie noch in Höhlen lebten. Opium, Bier, Junk, Pot – das gibt's alles schon seit Urzeiten! Koks ist das Reinste von all dem Zeug, und die, die es nehmen, sind erfolgreich, im großen und ganzen. Es *hält* sie erfolgreich, *so* ist das nämlich. Sie bleiben scharf dadurch.»

Mit der Hand hält sie jetzt ihren nackten Fuß auf dem Sofapolster umfaßt. Sie drückt die Zehen zusammen und spreizt sie dann, um die Luft dazwischen zu spüren. «Da siehst du, wie dumm ich bin», sagt sie. «Ich hab gedacht, es ist nur bei der Unterschicht ein Thema und steckt hinter den meisten Verbrechen, über die man liest.»

«Die Zeitungen übertreiben. Sie übertreiben in allem, nur damit sie gekauft werden. Die Regierung übertreibt, um uns davon abzulenken, aus was für Trotteln sie besteht.»

Sie nickt trübselig. Daddy hat es immer gehaßt, wenn Leute die Regierung angriffen. Sie klappt erst das eine Bein unter sich hervor, stützt die Ferse auf dem runden Glastisch ab und legt dann das andere parallel daneben, so daß die nackten Waden einander berühren; sie wölbt die braunen sehnigen Riste, als heische sie Bewunderung. Ihre Beine sehen noch immer jung aus, und ihr Gesicht hat's nie getan. Sie stößt die Beine elegant nach unten und setzt die Füße auf den Teppich; sie hat sich wieder gefangen. «Ich wärme schnell den Kaffee auf. Magst du dir nicht den ranzigen Kopenhagener mit mir teilen? Damit er nicht im Magen deines Vaters landet?»

«Du kannst ihn ganz haben», sagt er. «Pru will nicht, daß ich minderwertiges Zeug esse.» Janice findet das ungehörig. *Sie* ist seine Mutter, nicht Pru. Als sie in der Küche steht und darauf wartet, daß der Kaffee heiß wird, ruft Nelson, zufrieden, ein anderes Thema gefunden zu haben, zu ihr herüber:

«Hier: ein stellvertretender Branddirektor hat in seiner dienstfreien Zeit mit eingeschaltetem Blinklicht und Martinshorn ein Motorrad übern Haufen gefahren – war vermutlich total zugekifft. Und Neujahr soll's Regen geben.»

«Wir haben ihn nötig», sagt Janice und kehrt mit dem Aromaster und dem in der Mitte durchgeschnittenen Kopenhagener ins Zimmer zurück. «Ich hab's gern, wenn es draußen warm ist, aber dieser Dezember war nicht normal.»

«Hast du in der Küche zufällig gesehen, wie spät es ist?»

«Kurz vor zwölf, wieso?»

«Ich dachte gerade, wie einem das auf die Eier geht, daß nur ein Auto hier unten ist. Sobald die andern zurück sind, möchte ich gern ein paar Besorgungen machen, wenn's recht ist.»

«Was für Besorgungen sind das denn?»

«Ach, nichts Besonderes. Sachen aus dem Drugstore. Ich könnte Sominex gebrauchen. Und Roy hat Ausschlag, weil er nach dem Baden in dieser Chlorbrühe die nasse Hose anbehalten hat. Weißt du nicht vielleicht irgendeine Salbe, die ich für ihn besorgen könnte?»

«Oder hast du vor, wieder die Leute zu treffen, mit denen du vorgestern abend zusammen warst? Leute, die dir ein paar Lines oder Rocks verkaufen können oder wie du das Zeug nennst?»

«Komm schon, Mom, spiel nicht Detektiv. Du kannst mich nicht in die Mangel nehmen, ich bin erwachsen. Ich bereue es, daß ich dir überhaupt was gesagt habe.»

«Du hast mir nicht gesagt, was mich wirklich interessiert, nämlich, wieviel du ausgibst für diese Sucht.»

«Nicht viel, ehrlich. Hast du gewußt, daß Computer und Kokain die einzigen Wirtschaftsgüter sind, die im Preis runtergehen? Früher hat es ein Vermögen gekostet, außer Popmusikern konnte kein Mensch es sich leisten, und jetzt kriegt man ein ganzes Gramm für lumpige fünfundsiebzig Dollar. Natürlich weiß man nicht, wie stark es gestreckt ist, aber man lernt, einen Dealer zu finden, dem man vertrauen kann.»

«Hast du heute morgen was genommen? Als du noch mal in dein Schlafzimmer gingst, bevor du dich mir gestellt hast?»

«He, mach mal Pause! Ich versuche, ehrlich zu sein, aber das hier ist lächerlich.»

«Ich glaube, du hast was genommen», sagt sie hartnäckig.

Zu ihrer Enttäuschung streitet er es nicht einmal ab. Kinder: warum haben sie Angst vor uns? «Vielleicht einen Sniff von dem, was im Briefchen noch übrig war, um in Schwung zu kommen. Mir gefällt die Idee nicht, daß Dad mit Judy auf einen kleinen Segelboot unterwegs ist. Er kann überhaupt nicht segeln, und außerdem scheint er dieser Tage irgendwie nicht ganz da zu sein. Er wirkt deprimiert, ist dir das schon aufgefallen?»

«Mir kann nicht alles auf einmal auffallen. Was mir an dir auffällt, Nelson, ist, daß du überhaupt nicht mehr du selbst bist. Du bist, wie meine Mutter gesagt hätte, in einem ‹Zustand›. Dieser Dealer, dem du so vertraust, schuldest du dem Geld? Wieviel?»

«Mom, geht dich das irgendwas an?»

Er genießt das, registriert sie traurig. Er ist froh, daß sie ihm all dies aus der Nase gezogen hat, und daß er seine schmähliche Last auf sie abwälzen kann. Wie erleichtert er ist, zeigt sich in der Art, wie er redet – ganz gelöst – und wie er die Schultern im ausgefallenen Paisley-Morgenrock hängen läßt. Sie sagt: «Dein Geld kommt vom Platz, und der Platz gehört dir noch nicht. Er gehört mir – mir und deinem Vater.»

«Das könnte ihm so passen.»

«Wieviel, Nelson?»

«Ich hab 'ne ganz schöne Kreditlinie ausgehandelt.»

«Warum kannst du deine Rechnungen nicht bezahlen? Du hast fünfundvierzigtausend Dollar im Jahr, plus das Haus.»

«Ich weiß, für deine Begriffe ist das eine Menge Kies, aber du denkst in Vorinflationsdollars.»

«Du sagst, dies Koks kostet fünfundsiebzig pro Gramm oder zehn Dollar pro Rock. Wieviel Gramm oder Rocks nimmst du am Tag? Sag's mir, Schatz, ich möchte dir nämlich helfen.»

«Wirklich? Wie denn?»

«Das kann ich nicht sagen, solange ich nicht weiß, in was für Schwierigkeiten du steckst.»

Er zögert, dann sagt er: «Ich schulde ihm ungefähr zwölf Riesen.»

«O Gott.» Janice hat das Gefühl, als tue sich ein Abgrund zu ihren Füßen auf; sie hatte sich ausgemalt, daß er beichtet und bereut und sie ihm am Ende das großzügige Rettungsangebot von ein-, zweitausend Dollar macht. Die Selbstverständlichkeit, mit der er eben einen viel höheren Betrag genannt hat, läßt völlig neue Dimensionen ahnen. «Wie konntest du das tun, Nelson?» fragt sie lahm, kraftlos; jede Spur von Bessie Springers gerechter Strenge ist von ihr gewichen.

Nelson wittert ihren Schock; in seinem blassen kleinen Gesicht entsteht Panik, es läuft rosa an. «Was ist denn schon dabei? Zwölf Riesen, dafür kriegt man nicht mal die Basisversion vom Camry. Was glaubst du, wie hoch eure jährliche Alkoholrechnung ist!»

«Nicht annähernd so hoch. Dein Vater trinkt nicht, auch wenn er's damals in den Murkett-Tagen probiert hat.»

«Damals in den Murkett-Tagen – du weißt, was er da wollte, oder? Er wollte Cindy Murkett an die Wäsche, *das* war's, was er wollte.»

Janice starrt ihn an und würde am liebsten lachen. Wie jung er ist, wie lange das her ist und wie anders es war, als er denkt. Sie fühlt, wie eine Hohlheit sich in ihr ausbreitet. Sie wollte, sie hätte einen Schluck zu trinken, ein kleines Orangensaftglas voll blutrotem Campari, nicht sodaverdünnt, wie die Frauen hier unten ihre Getränke, ihre «Gespritzten» bestellen, zum Lunch oder am Pool. Ihre Hälfte des mit Kirschenmus gefüllten Kopenhageners liegt ihr schwer im Magen, und in ihrer Nervosität kann sie jetzt nicht aufhören, den Zuckerguß von Nelsons Hälfte herunterzupicken. Seine Weigerung zu essen – sein Großtun, als seien die harmlosen Gifte, die sie und Harry mögen, unter seiner Würde – ist das Ärgerlichste an ihm. Sie sagt in prüdem Ton: «Einerlei, wie hoch unsere Rechnung ist, wir begleichen sie. Wir haben das Geld und können's uns leisten.» Sie streckt die Hand zu ihm hinüber und wedelt leicht mit zwei Fingern. «Könnte ich eine Zigarette bei dir schnorren?»

«Du rauchst nicht», gibt er ihr zur Antwort.

«Stimmt, außer wenn ich mit dir und deiner Frau zusammen bin.» Er zuckt die Achseln, nimmt sein Camel-Päckchen vom Tisch und wirft es ihr zu. Ihre Komplizenschaft ist besiegelt. Die Leichtigkeit des Ganzen – die Zigarette selbst, das trockene Kitzeln in der Nase, als sie den Rauch ausatmet – rückt alles wieder in eine Dimension, mit der sie umgehen kann. Sie fragt: «Was machen diese Männer, diese Dealer, wenn man nicht zahlt?» Sie könnte sich auf die Lippen beißen – sie ist wieder auf das Terrain gekommen, wo er sich als unschuldiges Opfer fühlt.

«Ach», sagt er, mit Genuß den beiläufig Mutigen herauskehrend und die Asche seiner Zigarette am Rand einer wunderhübschen Macomamuschel zurechtformend, die er als Aschenbecher benutzt, «das meiste ist Gerede. Sie sagen, sie brechen dir die Beine. Drohen, deine Kinder zu entführen. Wahrscheinlich bin ich deshalb auch so nervös wegen Judy und Roy. Wenn sie oft genug drohen, müssen sie irgendwann auch mal was machen. Aber andererseits verlieren sie ungern einen guten Kunden.»

Janice sagt: «Nelson. Wenn ich dir die zwölftausend gebe, würdest du dann schwören, nie mehr Drogen zu nehmen?» Sie bemüht sich, Augenkontakt herzustellen.

Sie erwartet zumindest ein eifriges Gelübde von ihm, als Dank für ihr Geschenk, aber der Junge hat die Unverschämtheit, die Schamlosigkeit, dazusitzen und, ohne daß er auch nur einen Blick für sie hätte, zu sagen: «Ich kann's versuchen, aber versprechen kann ich nichts. Ich hab's schon mal probiert, um Pru einen Gefallen zu tun. Ich liebe Koks, Mom. Und es liebt mich. Ich kann's nicht erklären. Es ist gut für mich. Ich *fühle* mich gut damit, auf eine Weise, wie ich es sonst nie erlebe.»

Sie merkt, daß sie weint – kein Schluchzen, nur das trocken-strohige Kratzen in der Kehle und die Nässe auf den Wangen, als gestehe ein Ehemann gelassen seine Liebe zu einer anderen Frau. Als sie ihre Stimme wieder so weit beieinander hat, daß sie sprechen kann, sagt sie, und es kommt sehr deutlich: «Dann wäre ich ja dumm, wenn ich dir bei deiner Selbstzerstörung auch noch hülfe.»

Er wendet den Kopf und sieht ihr voll ins Gesicht. «Ich geb's auf, ist doch klar. Ich hab nur eben laut gedacht.»

«Aber Baby, *kannst* du?»

«Logo. Ich komme oft tagelang ohne aus. Es gibt keine Entzugserscheinungen, das ist ja mit das Tolle daran, keine Übelkeit, kein Zittern, nichts. Man muß nur dazu entschlossen sein.»

«Aber *bist* du entschlossen? Ich hab nicht das Gefühl, daß du's bist.»

«Klar bin ich's. Du sagst ja selbst, ich kann's mir nicht leisten. Die Firma gehört dir und Dad, und ich bin euer Lohnsklave.»

«So kann man's auch nennen. Man könnte aber auch sagen, daß wir einiges auf uns genommen haben, damit du einen verantwortlichen Job kriegst, eine leitende Position hast, ohne unsere Einmischung. Dein Vater langweilt sich sehr hier unten. Sogar ich langweile mich ein bißchen.»

Nelson schlägt abrupt einen neuen Kurs ein. «Pru ist keine Hilfe, verstehst du.»

«Wieso denn nicht?»

«Sie hält mich für einen Schlappschwanz. Das hat sie immer getan. Ich hab ihr die Möglichkeit geboten, aus Akron rauszukommen, und jetzt *ist* sie raus. Ich kriege nichts von dem, was ein Mann von seiner Frau erwarten kann.»

«Was erwartet ein Mann?» Janice ist ehrlich interessiert; ihr gegenüber hat noch nie ein Mann das ausgesprochen.

Er macht ein mürrisches Gesicht. «Du weißt es doch, spiel nicht die Naive. Ermutigung. Zuneigung. Gib ihm das Gefühl, daß er der Größte ist, auch wenn's nicht stimmt.»

«Ich mag naiv sein, Nelson, aber meinst du nicht auch, daß man mit bestimmten Dingen selber fertig werden muß? Frauen haben ein eigenes Ego, das sie in Schuß halten müssen, sie haben ihre eigenen Probleme.» Sie hat nicht umsonst einmal die Woche hier unten bei einer Frauendiskussionsgruppe mitgemacht. Sie fühlt sich entrüstet genug, unabhängig genug, um aufzustehen, in die Küche zu gehen, die Schranktür zu öffnen und die Campariflasche und ein Orangensaftglas vom Bord zu nehmen. Die aquamarin emaillierte Uhr am Herd steht auf 12:25. Das Telephon unmittelbar neben ihr an der Wand klingelt und erschreckt sie so, daß ihr fast die Flasche aus der Hand fällt und ein wenig vom Campari auf die Resopalfläche tropft, wässerigrot wie verdünntes Blut.

«Ja... ja... o mein Gott...» Nelson, der im Korbsessel sitzt, seinen nächsten Zug plant und sich gerade überlegt, ob er nicht um mehr Geld bitten soll, mit zwölftausend kommt er todsicher nicht hin, hört, wie die Stimme seiner Mutter mit jeder Antwortsilbe zugeschnürter, atemloser klingt, und als sie auflegt und auf ihn zueilt, sieht er an ihrem Gesicht, daß die Dimension aller Dinge sich tatsächlich verändert hat; eine neue Ordnung ist angebrochen. Die Floridabräune seiner Mutter ist verflogen, ihr Gesicht ist jetzt grünlichgrau. «Nelson», sagt sie, und sie spricht sachlich wie eine Nachrichtensprecherin, «das war eben Pru. Dein Vater hatte einen Herzanfall. Sie haben ihn ins Krankenhaus gebracht. Sie kommen sofort her, damit ich das Auto habe. Sinnlos, daß du mitfährst, er darf keinen Besuch haben, nur ich darf zu ihm, und das auch nur alle Stunde für fünf Minuten. Er liegt auf der Intensivstation.»

Das Deleon Community General Hospital besteht aus einem modernen Ensemble niedriger weißer Gebäude, die einem bräunlichrosafarbenen Hauptbau aus den Dreißigern mit spanischen Dachziegeln und geschwungenem Gitterwerk an den Fenstern angegliedert sind. Der Komplex erstreckt sich über zwei Blocks auf der Südseite der Tamarind Avenue, die parallel zum Pindo Palm Boulevard knapp zwei Kilometer Richtung Norden verläuft. Janice ist gestern fast den ganzen Tag lang hier gewesen und weiß, wie man in die Garage kommt und welchen Pfeilen auf dem Fußboden man folgen muß, um auf eine verglaste Fußgängerbrücke im zweiten Stock zu gelangen, die über die Kassenhäuschen führt und über eine stark befahrene Asphaltfläche und einen mit sechseckigen Fliesen ausgelegten und von bogenförmigen Oleanderhecken eingefaßten Innenhof voller Rekonvaleszenten in Rollstühlen aus blitzendem Stahl und weiter, eine halbe Treppe hinunter in eine Halle, wo Obdachlose – vielrassig, aber die Weißen unter ihnen dunkelbraun an Händen und im Gesicht vom Leben ohne Dach überm Kopf – neben ordentlich geschnürten Bündeln und Plastikmülltüten dösen, in denen ihre ganze Habe ist. Es riecht nach Oleander, Urin und Raumspray in der Halle.

Janice, in sanft lachsfarbenem Jogginganzug mit puderblauen Ärmeln und Streifen an den Hosen, geht voran, und Nelson, Roy, Pru und Judy, alle schon fürs Flugzeug angezogen, hasten hinter ihr her und haben Mühe, mit ihr Schritt zu halten. Innerhalb nur eines Tages hat Janice die Tatkraft, die Energie einer Witwe entwickelt; sie hat gelernt, so schnell auf den Beinen zu sein wie eine Frau, der kein Mann mehr das Tempo vorgibt. Auch wird sie von einem Rest alter Liebe vorwärtsgezogen – von altem körperlichem Magnetismus, der wiedererwacht ist in dieser engen geschäftigen Anstaltsumgebung, die nicht so sehr anders ist als die Atmosphäre in den High-School-Korridoren, wo sie zum erstenmal auf Rabbit Angstrom aufmerksam wurde, er ein berühmter Schüler im letzten Jahr, groß und blond, sie eine namenlose kleine Neuntkläßlerin, dunkel und unscheinbar –, es zieht sie hin zu ihrem Mann, jetzt, da seine fleischliche Hinfälligkeit ihr Bewußtsein für seinen Körper neu geschärft hat. Für seinen und für ihren eigenen. Seit Harrys Zusammenbruch ist sie sich stolz und stetig der federnden Gesundheit ihres Körpers bewußt, seiner herausfordernden Straffheit, des beharrlichen Wunders seines Funktionierens.

Roy und Judy sind verschreckt. Sie wissen nicht, was sie zu sehen bekommen werden bei diesem Besuch. Vielleicht ist ihr Großvater greulich verwandelt, wie von einer bösen Hexe im Märchen, und sie treffen ihn jetzt als Kröte oder als dampfende Pfütze wieder. Oder vielleicht ist er überhaupt schon immer ein greuliches Monster gewesen, und die nette freundliche Art und die hohe Schmeichelstimme hat er sich nur ihretwegen zugelegt, wie der Wolf in Großmutters Kleidern, der Rotkäppchen auffressen wollte. Die süßlichen antiseptischen Gerüche, die Vielzahl der Fahrstühle und geschlossenen Türen und Hinweisschilder, all die Leute in weißen Strümpfen und Schuhen, mit Plastiknamensschildern an den weißen Kitteln, das hohle, zielstrebige Geräusch, das ihre eigenen Füße auf den Linoleumböden machen, die so blank geschrubbt und gebohnert sind, daß sie kleine Kräuselwellen schlagen wie Wasser, all das verschärft das bedrohliche Gefühl in ihren kindlichen Mägen, den Argwohn, in einem Labyrinth zu sein, aus dem es kein Entkommen gibt, in einer blankgeputzten Falle zu sitzen, in der alle Türen und Klappen nur in eine Richtung aufgehen. Die Welt, die Erwachsene für sich schaffen, ist eine so maßlose, verstiegene Schöpfung, daß sehr wohl Heimtücke das Motiv dazu sein könnte. Im Innern eines Krankenhauses hat man das Gefühl, daß es eine andere Welt nicht gibt. Der blaue Himmel, die Kondensstreifen und Palmen und durchhängenden Telegraphendrähte, die man durch die Fenster sieht, scheinen Teil der Scheiben, Teil der Falle zu sein.

Die Halle hat eine gewölbte Decke und ist mit zwei Wandgemälden geschmückt: am einen Ende arbeiten glückliche Menschen von vielerlei Hautfarbe in Orangenhainen unter einer Sonne, die gleichfalls wie eine runde Orange aussieht, und am andern Ende teilen bärtige, in Rüstungen steckende Spanier mit hölzerner Gebärde obskure Geschenke an fast nackte Indianer aus, deren einer mit Pfeil und Bogen hinter einem stacheligen Dschungelbusch hockt. Der Indianer hat finstere Absichten. Der Entdecker wird's nicht überleben.

Eine knochige strenge Frau am Hauptauskunftsschalter sieht auf einem Computer-Ausdruck nach, nennt ihnen eine Stockwerknummer und erklärt, welchen Fahrstuhl sie nehmen müssen. Zu fünft drängen sie sich dann in die Kabine zu einem Mann, der einen Blumenstrauß in der Hand hält und sich fortwährend räuspert, einem jungen Hispanic, der ein Tablett mit klirrenden Glasfläschchen trägt, und einer breitkiefrigen Frau mittleren Alters mit buschigem Haar, die eine Uralt-Version ihrer selbst, nur mit etwas weniger dichtem und nicht ganz so knallig gefärbtem Haar, im Rollstuhl schiebt. Sie zieht ihre Mutter heraus, um andere Leute aus- und einsteigen zu lassen, und zwängt dann den Rollstuhl wieder hinein. Judy verdreht ihre klaren grünen Augen himmelwärts in stummem Protest gegen die Scheußlichkeit und Ungeschicklichkeit der Erwachsenen.

Sie wollen in den dritten Stock, den obersten. Janice ist verblüfft, wie simpel es hier zugeht im Vergleich zur Intensivstation. Dort saßen die Schwestern hinter Herzmonitoren verschanzt, von denen jeder in zuckender orangefarbener Linie die fehlerhaften Schläge aus den Einzelzimmern aufzeichnete, die sich dicht nebeneinander an drei Seiten hinzogen, mit gläsernen Vorderfronten: einige Türen standen offen, so daß man hier und da einen benommenen Patienten unter seinem Schlauchsalat liegen sah; andere waren geschlossen, aber die Vorhänge waren nicht zugezogen, und man konnte die dunklen Nasenlöcher und den dreieckigen sterbenden Mund eines bewußtlosen Kopfes sehen; und bei wieder anderen *waren* die Vorhänge zugezogen, um irgendwelche verzweifelten medizinischen Prozeduren zu verbergen, die gerade im Gange waren. Sie hat zwei Kinder geboren und ihre beiden Eltern bis ans Grab begleitet, Krankenhäuser sind ihr also nicht ganz fremd. Hier, im dritten Stock, gibt es nur einen hohen Auskunftstresen, ein paar Schreibtische und einen Wartebereich mit einer Sitzbank aus Walnußholz und einem niedrigen

Tisch, auf dem Lesehefte wie *Modern Health, Woman's Day, The Watchtower* und *The Monthly Redeemer* liegen. Eine mächtige Schwarze mit öligglänzenden enggeflochtenen, zu kleinen Affenschaukeln unter das weiße Häubchen gesteckten Zöpfen tritt der ängstlich gespannten Angstrom-Herde lächelnd in den Weg. «Nur zwei auf einmal bitte. Mr. Angstrom ist heute morgen aus der Intensivstation gekommen, zuviel Spaß kann er noch nicht verkraften.»

Irgend etwas an ihrem breiten glänzenden Gesicht und dem kunstvoll geflochtenen Haar läßt den kleinen Roy erstarren; unter dem Druck der sich stauenden Merkwürdigkeit fängt er plötzlich zu weinen an. Seine dunklen Augen weiten sich und pressen sich dann zusammen; seine gummiartigen Lippen sind nach unten gezogen, als schmeckten sie etwas Scheußliches. Bei seinem ersten Aufschrei wenden sich etliche Köpfe auf dem Flur, wo Pfleger, Schwestern, Ärzte ihren früh nachmittäglichen Verrichtungen nachgehen.

Pru nimmt ihn Nelson aus dem Arm und drückt sein Gesicht gegen ihren Hals. «Warum gehst *du* nicht mit Judy zusammen rein», sagt sie zu ihrem Mann.

Auch Nelsons Gesicht zieht sich angeekelt, erschreckt in die Länge. «*Ich* möchte da *nicht* als erster rein. Vielleicht phantasiert er oder so. Mom, *du* mußt als erste ran.»

«Himmel noch mal», sagt sie, als müsse *sie* jetzt Harrys Last tragen, die Erbitterung über dies einzige überlebende Kind, «ich habe vor zwei Stunden mit ihm telephoniert, und er war vollkommen normal!» Aber sie nimmt das kleine Mädchen bei der Hand, und beide gehen sie den blankgebohnerten welligen Flur entlang und suchen die Zimmernummer 326. Die Nummer erinnert Janice von fern an etwas. 326, wo war das? In welchem Leben?

Pru sitzt auf der harten Bank – vielleicht hat sie keine Kissen, weil Tagediebe sich nicht eingeladen fühlen sollen – und versucht, Roy mit Schaukeln und leisem Zureden zu beruhigen. Nach fünf Minuten fällt er, mit einem Schluchzer, der wie ein Schluckauf klingt, in Schlaf, schwer und heiß drückt er sich gegen sie, zerknautscht ihr das karierte Kostüm, das sie für die Landung im nordöstlichen Winter angezogen hat und in dem ihr hier, auch ohne Roys Gewicht, viel zu warm ist. Die Klimaanlage scheint gar nicht in Betrieb; draußen ist es wieder fast dreißig Grad warm, zehn Grad wärmer als normalerweise um diese Jahreszeit. Sie haben die heutige *News-Press* mitgebracht, als kleines Geschenk für Harry, und während sie da auf der Wartebank sitzen, fängt Nelson an zu lesen. *Reagan und Bush erhalten Vorladungen,* liest Pru, ihm über die Schulter sehend. *1988 weniger Morde in der Region. Team-Eigner soll Ambers Begräbnis bezahlen.* Im Gegensatz zum *Standard* von Brewer gibt's bei dieser Zeitung immer ein bißchen Farbe auf der ersten Seite, und heute bringt sie eine grüne Landkarte von Großbritannien mit der genauen Lage von Lockerbie und eingefügten Photos von einem Koffer und einem explodierenden Flugzeug. *Polizei spricht von hochentwickelter Bombe.* «Nelson», sagt Pru leise, damit Roy nicht aufwacht und die Schwestern nicht hören können, was sie sagen möchte. «Mich beschäftigt die ganze Zeit etwas.»

«Ach ja? Dich auch?»

«Ich meine zur Abwechslung mal nicht dich und mich. Würdest du für möglich halten –? Es fällt mir schwer, es zu sagen.»

«*Was* zu sagen?»

«Sch. Nicht so laut.»

«Verdammt, nun laß mich doch, ich will die Zeitung lesen. Die glauben, sie wissen jetzt genau, was für'n Typ Bombe das war, die diese Pan-Am-Maschine zerfetzt hat.»

«Der Gedanke ist mir sofort gekommen, aber ich hab die ganze Zeit versucht, ihn zu verdrängen, und dann bist du gestern nacht eingeschlafen, bevor wir reden konnten.»

«Ich war fertig. Das war das erste Mal seit Wochen, daß ich eine Nacht durchgeschlafen habe.»

«Du weißt, warum, nicht? Gestern war der erste Tag seit Wochen, an dem du kein Kokain genommen hast.»

«Das hatte nichts damit zu tun. Mein Körper kommt prima

zurecht mit dem Stoff. Ich bin zusammengekracht, weil mein Vater plötzlich fast gestorben wär, das ist verdammt deprimierend. Ich meine, wenn er abtritt, wer ist dann der nächste? Ich bin zu jung, um keinen Vater mehr zu haben.»

«Du bist zusammengekracht, weil du zur Abwechslung mal nicht diese Chemikalie in dir gehabt hast. Du stehst die ganze Zeit unter schrecklicher neurologischer Spannung, und das kommt von dieser Droge.»

«Das kommt von meinem ganzen beschissenen neurologischen Leben, und zwar von dem Zeitpunkt an, wo ich dich geheiratet hab; das kommt von der Ehe mit 'ner Oberheiligen, die so viel Lust auf Sex hat wie'n Joghurteis, jetzt wo sie alle Kinder hat, die sie will.»

Wenn Pru wütend wird, zieht ihr Mund sich zusammen, so daß die Partie über der Oberlippe sich in lauter senkrechte Falten legt und fast wie ein Bärtchen wirkt. Und man sieht dann, daß ihr tatsächlich ein zarter Flaum sprießt; sie bekommt einen Damenbart. Wenn sie sauer ist, wird ihr Gesicht zu einem Schild, den sie ihm entgegenhält, die Seidenpapierhaut unter ihren Augen ist kreideweiß wie ihr Scheitel, und ihr Flüsterton zischt erbost aus immer derselben abgenudelten Rille. Er kennt das schon: «Ich riskiere mein Leben, wenn ich mit dir schlafe, du Drogensüchtiger, denkst du, ich will Aids kriegen von den dreckigen Nadeln, mit denen du Speedballs fixt, oder von irgend 'ner billigen Koksnutte, mit der du bumst, wenn du bis zwei Uhr morgens unterwegs bist?»

Roy wimmert an ihrem Hals, und zwei jüngere Schwestern, die drüben hinter der Anmeldung stehen, rascheln ostentativ mit Papier, als wollten sie vermeiden, alles mitanzuhören.

«Du scheißdämliches Miststück», sagt Nelson leise und lächelt dabei, als gebe er etwas Freundliches von sich, «ich hab nichts mit Nadeln zu tun, und ich ficke keine Koksnutten. Ich weiß nicht mal, was das ist, eine Koksnutte, und du weißt es auch nicht.»

«Nenn sie, wie du willst, aber steck mich nicht mit ihren Krankheiten an.»

Seine Stimme bleibt leise, hat fast etwas Streichelndes. «Wieso sitzt du eigentlich auf so einem verdammt hohen Roß, das möchte ich mal wissen. Wieso tust du so beschissen rein und unbefleckt – du warst dir nicht zu fein, dich anknallen zu lassen, als es dir in den Kram paßte. Und dann Melanie mit mir nach Brewer zurückzuschicken, damit sie die Beine für mich breit macht und ich nicht doch noch abspringe. Abgebrühter geht's wirklich nicht – die eigene Freundin zu verkuppeln.»

Für Nelson liegt ein gleichsam chronischer Trost im hellhäutigen, von der Zeit geweiteten Gesicht seiner Frau, diesem Gesicht mit dem Schnurrbart aus Wutfältchen und der zorngefurchten dreieckigen Stirn, das auf ihn eindringt und sein Blickfeld begrenzt. Alles Bedrohliche bleibt dadurch draußen, am Rand. Sie sagt – stockend, denn ihr ist klar, daß sie das jetzt über sich ergehen lassen muß –: «Wir haben das schon tausendmal durchgekaut, Nelson Angstrom, und ich hatte keine Ahnung, daß du mit Melanie ins Bett gehen würdest, ich war so blöd zu glauben, daß du in *mich* verliebt bist und versuchst, alles mit deinen *Eltern* zu regeln.» Diese Klagelitanei ist abgedroschen und abstoßend, aber etwas Vertrautes, in das er sich kuscheln kann. Nachts, wenn sie beide schlafen, schlingt sie den Arm, flaumig und lang, um seine schweißfeuchte Brust, und er rollt sich dann stärker zu fötaler Lage zusammen und schmiegt den Hintern in ihren pelzigen Schoß.

«Hab ich ja auch gemacht», sagt er, jetzt geradeheraus, freundlich spottend, «ich *habe* alles geregelt. Was wolltest du also sagen?»

«Sagen – wieso?»

«Du wolltest sagen, was du mir schon gestern sagen wolltest, aber nicht konntest, weil ich eingeschlafen bin, weil ich deiner Meinung nach nicht unter Strom stand wie sonst immer.» Er legt den Kopf gegen die Rückenlehne der Bank und seufzt in seiner so schon lang nicht mehr gespürten blutreinen Müdigkeit. Wenn's so runter geht in einem, merkt man erst, wie hoch oben man normalerweise ist. «Gott», sagt er, «es wird eine Wohltat sein, wieder in die reale Welt zu kommen. Du hast ein bißchen recht wegen gestern. Ich saß fest, Mom hat sich ja sofort den Wagen gekrallt, als du zurück warst, und im Valhalla Village kriegt man höchstens Tai Ginseng.»

Ihre Stimme sänftigt sich in ehelichem Mitgefühl. «Ich mag dich, wenn du so bist wie jetzt», gesteht sie. «Einfach du selbst. Ohne Zusätze.» Mit seinem akkuraten, knappen Profil, hinter dem sich seine müden Gedanken verbergen, und den immer weiter zurückweichenden Geheimratsecken, die durch den vorstehenden kleinen Schnurrbart ein wenig wettgemacht werden, ist er beinah ein gutaussehender Mann. Die grauen Haare hier und da in seiner Rattenschwanzfrisur rühren sie, als treffe sie die Schuld dafür.

Abgespannt hört er aus Prus verzeihendem Ton heraus, daß sie noch nicht bereit ist, diese Ehe aufzugeben. Er hat noch reichlich Spielraum. «Ich bin immer derselbe», widerspricht er. «Ich kann das Zeug nehmen, ich kann's auch lassen. Gestern, da hast du vielleicht recht, war's ein bißchen anders, hing wohl mit dem Alten zusammen oder so. Ich hab einfach beschlossen, ohne was auszukommen. Wieso begreift das denn keiner, der Stoff macht nicht süchtig.»

«Wunderbar», sagt Pru, und die Sanftheit in ihrer Stimme verebbt. «Mein Mann die Ausnahme, die die Regel bestätigt.»

«Haben wir kein anderes Thema?»

«Diese Geschichte», fängt sie schließlich an, «daß Judy unters Segel geraten sein soll. Sind die Segel nicht schrecklich klein? Du weißt, was für eine gute Schwimmerin sie ist. Hältst du für möglich –?»

«Halte ich *was* für möglich?»

«Daß sie nur so getan hat, daß sie sich vor deinem Vater versteckt hat, eine Art Spiel, das sich dann verselbständigt hat?»

«Und bei dem er fast draufgegangen wär? Was für ein Gedanke. Armer Dad.» Nelsons Profil lächelt; das Bärtchen schiebt sich dichter an die Unterseite der kleinen, geraden entzündeten Nase heran. «Nein, ich glaube das nicht», sagt er. «Sie hätte nicht die Kaltblütigkeit dafür. Überleg, wie enorm weit draußen es ihr vorgekommen sein muß, Haifische ringsum. Da spielt sie keine Spielchen.»

«Wir wissen nicht genau, was da draußen passiert ist oder wie viele Sekunden es alles in allem gedauert hat, und Kinder denken und reagieren nicht genauso wie wir. Dein Vater macht immer Spaß mit ihr und neckt sie, sie könnte doch versucht haben, den Spieß mal umzudrehen, nicht aus Boshaftigkeit, nur aus dem kindlichen Einfall heraus, ihn auch mal zu necken.»

Er lächelt jetzt so, daß seine kleinen, leicht nach innen gekippten Zähne entblößt sind, die immer ein wenig grau aussehen, so oft er sie auch putzt und mit Zahnseide bearbeitet und zu diesen kleinen, an Stielen befestigten Gummikegeln greift, kaum daß er im Pyjama ist. «Ich wußte gleich, es ist eine Schnapsidee, daß er mit ihr raussegeln will, wo er doch einen Scheißdreck von Booten versteht», sagt er. «Du sagst, er war stolz, daß er ihr das Leben gerettet hat?»

«Am Strand, bevor die Männer von der Ambulanz kamen – es schien eine Ewigkeit zu dauern, aber sie sagten, sie hätten nur sieben Minuten gebraucht –, kam er mir richtig glücklich vor, erleichtert irgendwie, obwohl er diese entsetzlichen Schmerzen hatte und kaum noch Luft bekam. Er versuchte in einem fort, Witze zu machen und uns zum Lachen zu bringen. Er hat gesagt, ich soll mir die Fußnägel neu lackieren.»

Nelsons Augen öffnen sich, und er starrt, nicht auf die Wand gegenüber, an der das Ölporträt eines toten Wohltäters prangt, sondern in die Vergangenheit. «Ich habe doch diese kleine Schwester gehabt», sagt er, «die ertrunken ist.»

«Ich weiß. Wie könnte irgendwer von uns das je vergessen.»

Er starrt noch ein Weilchen und sagt: «Vielleicht war er glücklich, daß er dies Kind hier retten konnte.»

Und tatsächlich ist für Harry, wie er da auf dem Rücken liegt, von Medikamenten betäubt, von Schläuchen und Drähten niedergehalten in etwas, das ihm wie ein horizontloses Feld aus Weiß erscheint, der Anblick der kleinen Judy, die lebendig vor ihm steht, vollkommen bis ins feinste rote Härchen, bis in die kleinste Sommersprosse, die langen Wimpern regelmäßig, wie mit Einpunkt-Spatien auf einer Linotypemaschine gesetzt, eine einzige Freude. Sie war in den Fluch verstrickt worden und hat überlebt. Sie kommt lebend aus Florida heraus.

Sein Kollaps vor sechsundzwanzig Stunden hat wirklich sein Gutes gehabt: als er hilflos, quallenhaft unter einem Himmel der Röte lag, war er von dem Gefühl ergriffen worden, nun in den Händen anderer zu sein, der blinde, schmerzgequälte Brennpunkt einer Welt der Fürsorge und der Sachkenntnis zu sein, was, genauer betrachtet, ein Nachhausekommen war nach lebenslangem unüberlegtem Herumreisen. Sinkend hatte er die Welt um sich als gasleicht und steigend wahrgenommen, die ernsten, freundlichen Gesichter der Männer von der Ambulanz, der Ärzte und der Schwestern durch seine Notlage freigesetzt wie eine Wolke festtäglicher Ballons. Seine vielen Bürden sind von ihm genommen worden in diesem lichtdurchtränkten Krankenhaus, diesem nüchternen Emporium, in dem Wunder üblich, wenn auch nicht wohlfeil sind. Man hat ihn inzwischen vom Katheter befreit, und sein einziges Problem ist, daß er – all die Flüssigkeit, die sie unablässig in ihn hineinträufeln lassen – häufig urinieren muß, seitlich in eine Bettflasche, ohne daß dabei der Infusionsschlauch und die Drähte zum Herzmonitor und die Sauerstoffschläuche in seinen Nasenlöchern verrutschen.

Ein anderes kleines Problem ist Nebel: ein Footballspiel, auf das er sich seit Tagen gefreut hat, die NFC-Playoff-Runde zwischen den Eagles und den Bears im Soldier's-Field-Stadion in Chicago, läuft im Fernsehapparat, der an einem hellbraun lackierten Metallarm so nah zu ihm herangezogen werden kann, daß er einen halben Meter von seinem Gesicht entfernt ist, aber das Spiel, das um halb eins angefangen hat, wird im weiteren Verlauf immer trüber und verschwommener, wird verschluckt von einem ungewöhnlich dichten Nebel, der vom Michigan-See hereinzieht. Die Berichterstattung ist auf die Kameras an den Seitenlinien reduziert; die Leute oben auf den Tribünen und die Kommentatoren in ihrer Kabine können noch weniger sehen als Rabbit, der hier mit Medikamenten zugedröhnt im Bett liegt. «Mordsmäßiger Fang», hat ein farbiger Ansager mal gesagt, Terry Bradshaw, um genau zu sein, der Bradshaw, der beim Super Bowl zu Anfang des Jahrzehnts durch einen zirkusreifen Fang des erfolgreichen, scharfen Stallworth gerettet worden war. Die Zuschauer hoch im Nebel rumoren und stöhnen kaum noch synchron mit dem, was auf dem Bildschirm zu sehen ist; sie versuchen, das Spiel von der elektronischen Anzeigetafel abzulesen. Die Kommentatoren – ein Schwarzer mit großen Froschaugen, vielleicht der, der Bill Cosbys Fernsehfrau geheiratet hat, und ein Weißer mit massigem Gesicht – sind irgendwie entrüstet, daß Gott so was tun kann: CBS in die Quere kommen und eine Fernsehübertragung verhindern, für die die Sponsoren eine Million Dollar pro Minute bezahlen und die Millionen sehen wollen. Sie wundern sich in einem fort, wieso die Veranstalter das Spiel nicht abbrechen. Harry findet den Nebel barmherzig, denn bevor er sich heranwälzte, haben die Eagles alt ausgesehen: zwei einwandfrei geworfene Touchdown-Pässe von Cunningham wurden wegen hirnrissiger Freitritte von Anthony Toney für ungültig erklärt, und dann hat dieser Anfänger Jackson einen Paß vermasselt, als er in der Endzone war und völlig freie Bahn hatte. Das im Nebel dahinflackernde Spiel der gepolsterten Männer, die aus dem Nichts auftauchen und dann wieder darin verschwinden, hat eine eigentümliche Schönheit, die in direktem Zusammenhang steht mit Rabbits neuer Position im windstillen Mittelpunkt einer neuen Welt. Die Kommentatoren verkünden weiterhin, so was hätten sie noch nie gesehen.

Er hat am Anfang Schwierigkeiten einzusehen, daß er seinen Besuchern etwas bieten muß, daß es nicht genügt, hier zu liegen und ihr Erscheinen über sich ergehen zu lassen wie ein weiteres Fernsehprogramm. Als die Werbung läuft – der Miller-Spot mit dem enormen Schwarzen, der den Billardtisch so anhebt, daß alle Kugeln angeblich ins Loch rollen –, wendet er den Blick Judys eifrigem Gesicht, klar und präzis wie ein Uhrwerk ohne Staub und Rost, zu und sagt: «Wir haben was gelernt, nicht wahr, Judy? Wir haben gelernt, wie man wendet.»

«Das ist wie eine Schere», sagt das Mädchen und zeigt mit den Händen, wie's geht. «Man stößt die Pinne zum Segel hin.»

«Genau», sagt er. Oder weg vom Segel? Er ist benebelt im Kopf, kann nicht richtig denken. Seine Stimme, nasal, kratzig, klingt nicht so, als sei es wirklich seine; seine Kehle fühlt sich wund an von etwas, das sie mit ihm gemacht haben, als sie ihn ins Krankenhaus brachten, irgendwas mit Sauerstoff, er war schon halb weggetreten, und dann war er ganz und gar weg, weil sie in der Aufregung irgendwas in ihn reingeschoben haben.

«Harry, was sagen die Ärzte?» fragt Janice. «Was soll mit dir gemacht werden?» Sie sitzt neben seinem Bett auf einem Sessel, einer neuen Art Rollstuhl mit Vinylpolsterung, ein bißchen wie eine aufgepeppte Version von Fred Springers geliebtem Barcalounger. Sie sieht ihn mit ihrem ängstlichen Blick an, die Haut spannt sich über ihrer Stirn, und ihr Mund ist zu einem blöden, dunklen, einen Zentimeter breiten Spalt geöffnet. In ihrem zweifarbigen Jogginganzug und mit den klobigen Adidas-Schuhen sieht sie aus wie eine Kegelschwester aus dem Seniorenverein; ihr Gesicht ist gegerbt von zuviel Sonne, oberhalb der Wangenknochen bilden sich zwei kleine Verdickungen heraus, wie Striemen, und die zarte Haut unter den Brauen wird runzlig. Mit zunehmendem Alter legen wir uns mehr Ecken und Kanten zu.

Er erklärt es ihr. «Einer von den Ärzten hat gesagt, ich hätte ein Sportlerherz. Zu groß. Zu groß von außen und innen zu klein. Der Muskel ist zu dick. Das Herz ist eben kein niedliches Valentinsding, wie man sich das immer vorstellt, sondern ein Muskel. Es pumpt mit einer Art Drehbewegung, ungefähr so.» Er macht es seinem kleinen Publikum mit einer sich zusammenpressenden und wieder entspannenden Faust vor: Schlag, Pause, Schlag, Pause. Judys Augen hängen gebannt am Schirm des Herzmonitors, den er nicht sehen kann, aber er vermutet, daß die Anstrengung seiner kleinen Vorführung vom laufenden Kardiogramm abzulesen ist. Auch Janice beobachtet es; die vier Augen der beiden reflektieren hell das elektronische Gezack, und beider Münder sind geöffnet und bilden identische dunkle Spalte. Das ist das erste Mal, daß er eine Familienähnlichkeit zwischen ihnen entdeckt. Er fährt fort: «Sie wollen mir Kontrastmittel ins Herz spritzen, durch einen langen Schlauch, den sie mir in eine Arterie oben im Bein schieben, damit sie genau sehen können, was los ist, aber auf Anhieb meinen sie, daß mindestens eins der Kranzgefäße verstopft ist. Zu viele Schweinekoteletts nach all dem Getobe auf dem Spielfeld, als ich ein Junge war. Aber weiter kein Problem. Die können jede Art von Bypass-Operation durchführen, das machen die jeden Tag heute, ist so einfach wie Installationsarbeiten mit Plastikrohren. Sie haben gesagt, es ist erstaunlich, was sie in den letzten Jahren alles dazugelernt haben.»

«Du sollst am offenen Herzen operiert werden?» fragt Janice erschreckt.

Die Faust, die ein Herz dargestellt hat, fühlt sich taub und schwer an; er läßt sie vorsichtig neben sich aufs Laken fallen und schließt vorübergehend die Augen, um dem Anblick seiner besorgten Frau zu entkommen. «Vorläufig nicht. Vielleicht läuft es drauf hinaus. Es ist eine von mehreren Möglichkeiten. Eine andere ist dieser Katheter – an dem ist irgendwie ein Ballon befestigt, den pumpen sie auf, wenn sie ihn in das verstopfte Gefäß bugsiert haben. Dadurch wird der Plaque gesprengt. So nennen die das: Plaque. Ich dachte immer, Plaque ist etwas, womit man zum Zahnarzt geht.» Rabbit muß sich Mühe geben, nicht zu lachen über seine Unfähigkeit, den durch Medikamente herbeigeführten Frieden in seinem Brustkorb mit Janice zu teilen, dies Gefühl, endlich im stillen Zentrum zu sein. Schmerzstillende, blutverdünnende, beruhigende, gefäßerweiternde, diuretische Mittel, alles tröpfelt von oben in sein System und taucht die Krankenhauswelt in einen rosigen Schimmer des Wohlwollens und der Kurzweil. Er genießt die unablässige Betriebsamkeit, das Blutabnehmen und Blutdruckmessen und Überprüfen der Instrumente und des Dauertropfs, das Kommen und Gehen der strammen, geruchlosen jungen Frauen in gestärkten Baumwollkitteln und Hautfarben aus allen Erdteilen, die sich mit einer aufregenden Mischung aus Ehrerbietung und brutaler Herablassung seines hilflosen Leibs annehmen: mit diesem geschulten Ausdruck in ihren hübschen Gesichtern, wie Schauspielerinnen oder Geishas. Sein kleines weißes Zimmer kommt ihm in seiner angenehmen Duseligkeit wie eine Bühnendekoration mit zahllosen unvorhersehbaren Auftritten und Abgängen vor. Da er halbprivat liegt, gibt es sogar einen Vorhang, der seinen Zimmergenossen von ihm abtrennt; der hat heute morgen vor sich hin gegurgelt, sich übergeben und gestöhnt, aber seitdem ist er so still, daß er gestorben sein könnte. Für Harry aber geht das Spiel weiter, und wie aufs Stichwort tritt der nächste Akteur auf. «Hier hast du einen Doktor», sagt er zu Janice. «Frag ihn, soviel du willst. Ich seh mir weiter das Footballspiel an, und Judy behält meinen Herzmonitor im Auge. Sag mir Bescheid, wenn er stehenbleibt, Judy.»

«Grandpa, laß die Witze», schimpft das liebe Kind.

Der Kardiologe ist ein schwerer, rothäutiger Einwanderer aus Australien und heißt Dr. Olman. Er hat eine rosa Hakennase, blitzende weiße Zähne und ausgebleichtes, dünnes glattes Haar. In langen Jahren guten Florida-Lebens ist sein abgeknappter Heimatakzent von einem schleppenden Südstaaten-Singsang überdeckt worden. Er nimmt Janices kleine schmale braune Hand in seine fleischige rote Pranke, und in Rabbits Augen werden sie seine Kardio-Eltern – sie die besorgte kleine nußbraune Mutter und er der gelassene, sachliche Vater. «Er ist ein ziemlich kranker Knabe gewesen», sagt Dr. Olman zu ihr. «Wir müssen ihm beibringen, daß er besser auf sich aufpassen soll.»

«Was genau *ist* denn nun mit seinem Herz?» fragte Janice.

«Das Übliche, Ma'am. Es ist müde und eingerostet und vollgerümpelt. Ein typisches amerikanisches Herz, für einen Mann seines Alters und von seinem ökonomischen Status et cetera.»

Gerade läuft dieser merkwürdig intensive und ein bißchen peinliche Gallo-Wein-Werbespot, in dem es um den Typ geht, der eine Verabredung mit einem ihm noch unbekannten Mädchen hat, das sich dann als die Verkäuferin im Spirituosenladen herausstellt, die ihn beraten hat, welche Flasche er als Geschenk zum Rendezvous mitnehmen soll.

«Soweit es sich ohne Herzkatheteruntersuchung beurteilen läßt», sagt Dr. Olman gerade, «ist die Hauptverengung an der üblichen Stelle: im vorderen absteigenden Ast, also an der linken Kammer, dem Arbeitspferd des Kreislaufs. Glücklicherweise scheint er ziemlich gut entwickelte Kollateralgefäße zu haben, damit ist er bis jetzt durchgekommen. Sehen Sie, Ma'am, immer wenn das Herz an Sauerstoffmangel leidet, versucht es, auf alternativen Wegen Blut zum Muskel zu befördern. Und nach dem Geräusch, das wir zu hören glauben, könnte er eine kleine Stenose in der Nähe der Aortenklappe haben. Keine schöne Sache, aber durchaus nicht die schlimmste, die wir kennen.»

Janice sieht fast mit Stolz zu ihrem Mann hinüber. «Oh, Harry! Du *hast* immer mal wieder was von leichten Schmerzen und Atemproblemen gesagt, aber ich hab dich nie ernst genommen. Du hast dich nicht energisch genug beklagt.»

«Es war wunderbar», sagt das Mädchen im Werbespot nach dem Rendezvous, romantisch seufzend und mit Weichzeichner photographiert; man erkennt klar, sie werden vögeln, wenn nicht jetzt, dann nächstesmal, und heiraten und glücklich sein bis an ihr seliges Ende, alles dank Gallo.

Dr. Olman hat Janice als erziehbar eingestuft und fährt jetzt massiveres Geschütz auf.

«Wenn er weiter Glück hat und die Läsion sich nicht an einer Bifurkation befindet und sich nicht zu viel Kalk abgelagert hat, würden viele Ärzte Ihnen raten, es sachte angehen zu lassen, mit einer Dilatation, und dann mal abzuwarten. Ich persönlich meine allerdings, daß man das relativ geringe Trauma und die niedrigen Kosten – wir können die Kostenfrage nicht außer acht lassen, nicht wahr, jetzt wo die staatliche Krankenversorgung die Hörner einzieht und das neue Kerlchen sich darauf versteift, die Steuern nicht zu erhöhen, hab ich recht? –, daß man diese psychologischen Pluspunkte dem Minus auf der anderen Seite gegenüberstellen muß, der Wahrscheinlichkeit, daß es wieder zu einer Stenose kommt und man alles noch einmal über sich ergehen lassen muß, und die Chancen, *daß* es so kommt, da wollen wir uns gar nichts vormachen, liegen bei über fünfzig Prozent. Wenn Sie *mich* fragen, und wir sollten nicht länger um den heißen Brei herumreden, ist nur der Bypass das Gelbe vom Ei. Wie heißt es bei euch in den Staaten: Schick nie einen Jungen, wenn du einen Mann schicken kannst? Also, Ma'am, wieviel wollen Sie über das Herz wissen?»

«Alles», sagt Janice, hingerissen, daß dieser Mann ihr etwas erklären will, und ihre Zunge schlüpft heraus, als sie sich zum konzentrierten Zuhören rüstet.

«Also dann», sagt Dr. Olman schneidig, macht eine Riesenfaust und beginnt mit den Fingern der anderen Hand Janice zu zeigen, wie die Kranzarterien auf der Herzoberfläche liegen und sich in den schwerarbeitenden Muskel hineinverästeln. Harry, dem diese Demonstration heute schon zuteil geworden ist, macht Judy ein Zeichen, sie solle näher an sein Bett kommen. Sie trägt das rosa Sonntagskleid, das sie auf dem Flug hierher anhatte, und ihr Zopf wird wieder von der steifen weißen Schleife zusammengehalten. Das Abenteuer auf See gestern hat ihr einen Sonnenbrand auf den Nasenflügeln und unterhalb der klaren grünen Augen eingetragen, da, wo ihre Sommersprossen am blassesten sind. Sie starrt immer noch auf seinen Herzmonitor.

«Was siehst du?» fragt er heiser.

«Das ist wie ein kleiner zuckender Wurm, der kriecht und kriecht.»

«Das ist das Leben», sagt er. «Das ist dein Granddad.»

Judy gibt einem Impuls nach: sie lehnt sich gegen das Bett und versucht, den alten Mann zu umarmen, verheddert und verzieht dabei die Schläuche und Drähte, die an seinem Oberkörper befestigt sind. «Oh, Grandpa», beichtet sie, «es ist alles meine Schuld!»

Ihr Atem ist heiß an seinem Hals. Er drückt sie, so gut er kann, mit dem Arm an sich, in dem nicht der Infusionsschlauch steckt. «Sei nicht albern. Was für eine Schuld denn?»

«Gestern. Ich hab dir einen Schreck eingejagt da draußen.»

«Du hast mir keinen Schreck eingejagt, Süße. Der Golf von Mexiko hat mir angst gemacht. Dir nicht?»

Mit Tränen in den Augen schüttelt sie den Kopf: nein.

Das kommt ihm wie ein Wunder vor, noch eines. «Warum nicht?» fragt er.

Ihr glattes kleines Gesicht bekommt diesen vorsichtigen Ausdruck, der bei einer erwachsenen Frau ein Zeichen dafür ist, daß sie gleich lügt. Sie sagt, ein bißchen geziert: «*Du* warst ja bei mir, Grandpa. Und um uns herum waren viele andere Boote.»

Er erneuert die behinderte Umarmung, und ihr magerer kleiner Körper leistet keinen Widerstand, irgend etwas ist nicht mehr da; Harry fühlt ein Kratzen in der Kehle, vielleicht vom vielen Salzwasser, das er gestern geschluckt hat. Seine Augen überziehen sich, heiß, tröstend, mit Tränen. Auf dem Fernsehschirm bewegen sich Männer mit breiten Schultern und schmalen Hüften wie Götter auf dem wolkenverhangenen Olymp. Man erkennt nicht einmal, wer weiß und wer schwarz ist. Die Kommentatoren können zwar nichts sehen, aber das hindert sie nicht, immer weiter zu schreien mit ihren aufgeregten, überanstrengten Kommentatorstimmen. Ein Werbespot zeigt, wie ein Subaru mit Geholpere einen Berg toter Autofahrgestelle erklimmt.

«Willst du ein anderes Programm?» fragt er Judy und schiebt ihre Hand von seinem bandagierten Handgelenk weg, wo sie ihm weh tut, zu den Bedienungstasten des Apparats auf dem hellbraunen Metallarm hin. Er legt sich ins Kissen zurück, fühlt, wie die weißen Wände sich rings um ihn ausdehnen wie der Ozean gestern, sein Bett ein Floß. Judy drückt sämtliche Tasten, wechselt in flimmernder Folge von einem Ringkampf zu einer Parade zu einem Schauer-Commercial mit belferndem Karl Malden (American-Express-Traveller-Schecks brauche der Mensch, dann könne er nicht beraubt werden) zu einem Mann und einer Frau ganz in Schwarz, Schlittschuh laufend in einem Gefunkel aus Eis, zu einem ironischen Horrorfilm über das Leben eines Teenager-Werwolfs in London zu noch einem Film mit dem Titel – er wird nach einem Werbeblock eingeblendet – *The Fists of Bruce Lee*. Die Kung-Fu-Gewalt ist interessant genug, um Judys Aufmerksamkeit für ein paar Minuten zu fesseln. Bruchstücke dessen, was Dr. Olman vertraulich, aber recht vernehmlich, weil auf diese peppige australische Art, Janice mitteilt, verweben sich mit der Handlung – mörderische Tritte, vom Regisseur in Zeitlupe gebracht, anmutig hingewischte fernöstliche Farben.

«...vorhergehender Test... Lungenstauung nichts Ungewöhnliches nach einem Herzinfarkt... Rückstau des Bluts, sickert ins Lungengewebe ein... Herzbeutelentzündung... Dilantin... Hautausschlag, Durchfall, Haarausfall... würde bei einem Mann seines Alters nicht gern zum Schrittmacher greifen...»

Bruce Lee schlägt aus, einmal, zweimal, dreimal, und drei hübsch gewandete Schurken fliegen langsam in die Zimmerecken, Einrichtungsgegenstände zerkrümeln wie Glücksplätzchen, und schon hat Judy wieder den Kanal gewechselt und stößt auf eine Werbung, die Harry liebt, irgendeine Feuchtigkeitscreme, deren Namen er immer wieder vergißt, nie aber könnte er den Blick des Models vergessen, die Art, wie sie über ihre nackte Schulter zurücklächelt, wenn sie hinter die Badezimmertür schlüpft, und das zufriedene, verruchte Schnurren in ihrem Gesichtsausdruck, wenn sie wieder rauskommt, das nasse Haar unter einem flauschigen, zum Turban geschlungenen Handtuch versteckt, die Brüste im Ansatz sichtbar, die Furche dazwischen, aber die Brustwarzen gerade eben außerhalb des Bildschirms, wenn der Schirm doch nur ein bißchen größer wäre, wenn er, Harry, die Handlung doch nur verlangsamen könnte, wie bei einem Kung-Fu-Film, für eine Dreißigstelsekunde wäre dann vielleicht eine Brustwarze zu sehen, und wie sie sich dann entspannt in ein blaues Samtsofa hineinräkelt, so über alle Maßen befriedigt, die feuchtglänzenden Lider zugeklappt über den wundervollen Augen, die Brauen breit und dicht wie die von Cindy Murkett, und jetzt kommt die Stelle, wo sie abendlich-elegant gekleidet ist, bereit zum Ausgehen, noch immer ganz befeuchtet unterm Goldlamé... «Nein, warte, Schatz»: er ahnt, daß Judy gleich wieder umschaltet, und streckt die Hand aus, sie daran zu hindern, aber es ist schon zu spät, der Werwolf ist wieder dran, der Junge kauert in einer Telephonzelle, und seinem Gesicht wächst ein Fell, und dann die Schlittschuhläufer, die Frau rückwärtsgleitend, auf ihn zu, mit hochgewehtem knappem Röckchen; und Harry tut das Handgelenk weh, es brennt vom Gezerr am Infusionsschlauch, und ein koketter Abglanz des gestrigen Schmerzes flattert ihm foppend über die Brust. Die Wirkung des Demerol scheint nachzulassen. Man hat ihm eine kleine braune Flasche Nitroglyzerinpillen auf den Nachttisch neben das Telephon und das Glas mit abgestandenem Wasser gestellt, und zitterig schüttelt er eine Pille heraus und legt sie sich unter die Zunge, wie man es ihm erklärt hat. Sie brennt unter der Zunge, und dann, komische Sache, ein, zwei Minuten später juckt sein After.

«Wieviel Junk-Food ißt er?» fragt Dr. Olman gerade.

«Oh», sagte Janice mit Enthusiasmus, «er ist geradezu süchtig danach.» Seine Frau, denkt Harry in diesem Augenblick, ist ein Programm, von dem man nicht wegschalten kann. Immer dieselbe zu hohe Stirn, derselbe blöde bockige Spalt von einem Mund, Tag für Tag, gleiche Stelle, gleiche Welle. Sie blickt in das große blonde Gesicht des Arztes auf wie in einen exemplarisch schönen Sonnenuntergang. Die beiden geben ein Duo ab, teilen ihn unter sich auf. Der eine nimmt das Innere, der andere das Äußere.

Jetzt schnurrt ein kirschroter Subaru durch eine steile, vielgezackte Westernlandschaft, wie die Hersteller von Automobilwerbespots sie lieben. Ein schimmerndes Model, dünn wie eine Kleiderstange, mit Grübchen und ausgeprägtem Unterkiefer, wie eine etwas größere Audrey Hepburn aus den *Frühstück bei Tiffany*-Tagen, entsteigt dem Auto, lächelt vielsagend und trägt einen eiförmigen Rennfahrerhelm zur eleganten Robe, die aus gleißenden Lichtbahnen komponiert zu sein scheint. Nelson hat vielleicht doch recht, Toyota ist eine langweilige Firma. In ihren Werbespots zeigt sie Menschen, die vor Freude in die Luft springen, weil sie ein paar lächerliche Pennies sparen. Judy hat zum Festumzug zurückgeschaltet, zur Fiesta-Bowl-Parade. Junge Leute, Blumen, ein riesiger Garfield, der majestätisch dahinschwankt. Harrys inneres, von Medikamenten und ihren Nachwirkungen erzeugtes Klima scheint einem weit weg tobenden Sturm ausgesetzt, etwas Ähnlichem wie Sonnenflecken oder den undeutlichen fernen Hurrikanen auf dem Jupiter. Harry hat ein abergläubisches Interesse nicht nur an Geschichte, auch an Astronomie. Vater unser, der Du bist im Himmel...

«...Unmengen von Fett durch sein System», sagt Dr. Olman, «ganze *Strö*me davon, etwas *muß* hängenbleiben. Durchwachsenes Fleisch, Schweinewurst, Leberwurst, Mortadella, Hot Dogs, Erdnußbutter, Salznüsse...»

«Die liebt er besonders, er ist ein schrecklicher Knabberer», fällt Janice ein, erpicht darauf zu gefallen, werbend, ihren Mann betrügend. «Er liebt Nüsse.»

«Das Schlimmste, das es für ihn gibt, absolut das Schlimmste», erwidert Dr. Olman; seine Stimme wird schneller, legt alles Schleppende ab, «voller Fett, nicht zu reden vom Natrium, und Cashews und Macadamianüsse erst, das sind die allerschlimmsten, aber alle sind sie schlimm, schlimm.» In seinem Eifer hat er sich immer weiter über sie gebeugt, wie über einen kniffligen Putt. «Alles, was mit hydrierten Pflanzenfetten gemacht wird, mit Kokosöl, Palmöl, aber auch Butter, Schmalz, Eigelb, Vollmilch, Eiscreme, Frischkäse, Hüttenkäse, alle Innereien, all die tiefgefrorenen TV-Menüs und handelsüblichen Backwaren, nahezu alles, was Sie abgepackt kaufen, in einer Wachspapiertüte, all das ist Gift, Ma'am, übelstes Gift. Ich gebe Ihnen eine Liste, die nehmen Sie mit nach Hause.»

«Wenn Sie wollen, aber meine Schwiegertochter studiert Ernährungswissenschaften. Sie hat schon viele Listen.» Aufs Stichwort erscheint Pru, zögernd bleibt sie auf der Schwelle stehen, füllt den Türrahmen mit ihrer fraulichbreiten Gestalt im dreidimensional karierten Reisekostüm. Janice bemerkt sie nicht und schmiert Dr. Olman weiter Honig um den Bart. «Alles, was Sie eben gesagt haben, sagt sie Harry schon seit Jahren, aber er hört einfach nicht. Er fühlt sich nicht betroffen, er denkt, er ist noch ein Teenager.»

Der Arzt schnaubt kurz. «Auch die Teenager mit ihrem überlasteten Stoffwechsel verbrennen die Fette und Kohlenhydrate nicht, die die Lebensmittelindustrie dieses Landes in sie hineinpumpt. Herzanfälle bei Halbwüchsigen gehören zur Tagesordnung» – seine Stimme klingt wieder weich und südstaatenhaft gedehnt – «in Gottes grüner Schöpfung.»

Pru tritt näher in ihren drei Dimensionen. «Janice, es tut mir leid», sagt sie, den Namen ihrer Schwiegermutter noch immer mit Scheu aussprechend, «ich weiß, er soll nicht soviel Besuch auf einmal haben, aber Nelson dreht gleich durch, er hat Angst, daß wir das Flugzeug verpassen.»

Janice steht so abrupt auf, daß der Rollstuhl unter ihr zurückprallt. Sie schwankt, hält sich aber auf den Füßen. «Ich geh schon. Du sagst guten Tag und bringst Judy mit, wenn du gehst. Harry, ich komme auf dem Rückweg noch mal vorbei, wenn ich sie ins Flugzeug gesetzt habe, aber im Village gibt es heute abend eine Origami-Vorführung, die ich nicht verpassen möchte.» Sie verläßt das Zimmer, und Judy schaltet mitten in einem besonders komischen Slapstick-Werbespot für Midas-Auspufftöpfe den Fernseher ab und geht mit ihr.

Dr. Olman schüttelt Pru stürmisch die Hand, entblößt seine haifischweißen Zähne und sagt: «Ma'am, bringen Sie dem sturen Hund bei, wie man sich ernährt.» Er dreht sich um und boxt Harry mit lockerer Faust gegen die Schulter. «Ein halbes Jahrhundert lang, mein Freund», sagt er, «haben Sie sich Abfall in die Eingeweide gekippt.» Dann verläßt auch er das Zimmer.

Harry und Pru, plötzlich allein miteinander, sind befangen. «Dieser Kerl», sagt er, «dauernd greift er Amerika an. Wenn ihm das Essen hier nicht paßt, warum geht er nicht dahin zurück, wo er hergekommen ist, und ißt Känguruhs?»

Seine Schwiegertochter fummelt an ihren langen roten Händen herum, dreht ihren Trauring, kommt aber näher, bis ans Fußende des Bettes. «Harry», sagt sie. «Hör zu. Wir sind ver*zwei*felt, daß das mit dir passiert ist.»

«Du und wer noch?» fragt er, entschlossen, sich heiter-souverän zu geben – Bogie auf dem Flugplatz in Casablanca, Flynn am Little Big Horn, George Sanders im einstürzenden Tempel des Dagon, nachdem Victor Mature die Säulen auseinandergestemmt hat.

«Nelson, wer sonst. Ich glaube, er hat letzte Nacht kein Auge zugemacht, du hast ihm so auf der Seele gelegen. Er kann's nicht ausdrücken, aber er liebt dich.»

Harry lacht, vorsichtig, damit dies Valentinsding in ihm nicht reißt. «Zwischen dem Jungen und mir läuft was, aber ob man das Liebe nennen kann – ich weiß nicht.» Sie zögert mit ihrer Antwort, sieht ihn an mit diesen intensiven, trübgefleckten, grünlichen Augen, aus denen Judys klarere, hellere Pupillen destilliert sind, und er fährt fort: «Ich liebe ihn ja auch, aber ich meine wahrscheinlich jemanden, den es schon lange nicht mehr gibt. Einen kleinen niedlichen Jungen, der vertrauensvoll zu einem aufsieht und den man im Stich läßt – das vergißt man nie.»

«Das ist immer noch da, ist nur zugeschüttet von all dem andern», versichert Pru ihm, ohne zu sagen, was «all das andere» ist. Ihre Sphinx-Frisur ist ein wenig verwuschelt, sieht Harry im hellen Krankenhauslicht – farblose vereinzelte Härchen sträuben sich ihr rings um den Kopf. Er spürt, daß es vieles gibt, das sie sagen möchte, sich aber nicht zu sagen traut. Er erinnert sich, wie sie ihm erschienen ist, als er, nach Luft ringend, im Strandsand lag: über ihm schwebend, besorgt und fraulich, das Gesicht verschattet, nicht einsehbar, und gleich daneben, wie eine Gewitterwolke, das Gesicht von Ed Silbersteins Sohn, seine salzverkrusteten schwarzen Locken, seine Butternußhaut, sein Schwanz klumpig sich abzeichnend in der engen Badehose neben dem fünfseitigen Omni-Logo – ein Abräumer, der's noch weit bringen wird. Hallo, Silvers.

«Erzähl mir von dir, Pru», sagt Rabbit, und die Worte schlüpfen ihm aus der rauhen Kehle, als sei dadurch, daß er im Bett liegt und chemisch ruhiggestellt ist, eine neue Intimität zwischen ihnen entstanden. «Wie geht es *dir* mit dem Jungen? Mit Nelson.»

Erstaunlich, die Leute reagieren prompt, wenn man direkt auf sie zugeht – als hocke jeder von uns in seinem Bau und warte nur darauf, daß man ihn aufspürt. Ohne zu zögern sagt sie: «Er ist den Kindern ein wunderbarer Vater, das kann ich nicht anders sagen. Fürsorglich, interessiert, geht auf sie ein. Wenn er sich konzentrieren kann.»

«Warum kann er sich nicht immer konzentrieren?»

Jetzt zögert sie; zerstreut dreht sie den Ring an ihrem Finger.

Als sei ganz Florida aus Versatzstücken zusammengestellt, steht draußen vor dem Krankenhausfenster eine Araukarie, in deren Geäst ein unsichtbarer Vogel sitzt und das Geräusch von nassem, quietschend gegeneinander geriebenem Holz macht. Er hat es heute morgen gehört, und er hört es jetzt.

Seine Brust echot mit einem leisen Stechen. Vorsichtshalber nimmt er noch eine Nitroglyzerinpille.

Aus Pru bricht es heraus: «Die Firma macht ihm Sorgen, glaub ich. Das Geschäft ist zurückgegangen in den letzten Jahren, seit der Dollar schwächer ist und so, und die Modelle sind alle langweilig, sagt er, und ich glaube, er hat Angst, daß Toyota den Vertrag kündigt.»

«Da müßte schon eine Riesenkatastrophe passieren, bevor die das machen. Wir sind all die Jahre gut gefahren mit Toyota. Als Fred Springer die Konzession bekam, galten japanische Produkte noch als ein Witz.»

«Das liegt aber lange zurück. Die Dinge bleiben nicht stehen», sagt Pru. «Es fällt Nelson schwer, geduldig zu sein, und um die Wahrheit zu sagen, ich glaube, es macht ihm angst, daß keiner von der alten Mannschaft mehr da ist, Charlie ist gegangen und dann Manny und jetzt Mildred, auch wenn er sie vor die Tür gesetzt hat, und du bist das halbe Jahr hier unten, und Jake ist übergewechselt zu Volvo-Olds drüben in Oriole in der Nähe vom neuen Einkaufszentrum, und Rudy macht an der 422 seine eigene Toyota-Mazda-Vertretung auf. Er fühlt sich alleingelassen, und die einzigen Leute, mit denen er umgeht, sind diese locker-flockigen Typen aus Nord-Brewer.»

Beim Gedanken an «diese locker-flockigen Typen» stehen ihr vor Erregung noch mehr einzelne Haare zu Berge, leuchtend wie Glühfädchen im fluoreszierenden Licht Floridas. Sie versucht, ihm etwas zu sagen, irgendwas will raus aus ihr, aber wie soll ein hilflos ans Bett gefesselter Mann drauf kommen, was sie meint? Rabbit muß sich um sein Herz kümmern, das hier ist eine Sache auf Leben und Tod. Die Wirkung der Medikamente scheint nachzulassen. Das tödlich Grauenhafte seiner Situation steigt ihm in die Kehle, brennend, würgend wie ein Brechreiz. Das Jucken ist wieder da, ganz pünktlich. Etwas Unheilvolles, Schwaches ist in ihm, das ihn jeden Augenblick in die eisige Schwärze stoßen kann, von der Bernie gesprochen hat.

Pru zieht – verspätete Antwort auf seine Frage, wie es ihr gehe – die breiten Schultern hoch. «Wie soll ein Leben schon sein? Man bekommt nur eines, hat keine Vergleichsmöglichkeit. Ich mag das große Haus und Pennsylvania. In Akron haben wir nur Wohnungen gehabt, und mit der Miete waren wir immer in Verzug, und irgendwie hat ständig die Toilettenspülung geleckt.»

Rabbit versucht, sein Vorgefühl von Finsternis, diesen Geschmack nach Erbrochenem, zu verdrängen und sich auf Pru einzustellen. «Du hast recht», sagt er. «Wir sollten dankbar sein. Aber es ist schwer, dankbar zu sein. Irgendwie scheint man von Anfang an in der Patsche zu sitzen, hungrig und verängstigt, und der einzige Ausweg, den es gibt, ist auch nicht gut. He, hör zu. Hör mir zu. Du bist noch jung. Du siehst fabelhaft aus. Lächle. Lächle für mich, Teresa.»

Pru lächelt und kommt ums Fußende des Bettes herum und beugt sich nieder, um ihm einen Kuß zu geben, nicht auf den Mund diesmal wie im Flughafen, sondern auf die Wange, vorsichtig, damit die Schläuche nicht verrutschen, die seiner Nase Sauerstoff zuführen. Ihre körperliche Nähe fühlt sich riesenhaft an, kariert, stoffig, eine Wolke, die über ihn gekommen ist wie der Schatten des auf der Seite liegenden Bootsrumpfs da draußen im Golf, wo es kalt und heiß gewesen ist, beides zugleich. Ihm ist übel; das Fürchterliche seiner Lage brennt ihm in der Kehle, würgt ihn – er ist kurz davor, sich zu übergeben.

«Du bist ein sehr netter Mann, Harry.»

«Mhm, klar. Wir sehen uns dann im Frühling.»

«Ich finde es schrecklich, einfach so abzureisen, aber Nelson will unbedingt heute abend auf diese Party in Brewer, und Umbuchen ist sowieso unmöglich, um diese Jahreszeit sind alle Maschinen voll, sogar die nach Newark.»

«Was will man machen», sagt er. «Mit mir geht schon alles in Ordnung. Wahrscheinlich entpuppt sich diese Sache noch als Segen. Bringt meinen alten Kopf zur Vernunft. Sorgt dafür, daß ich ein paar Pfund abnehme. Spazierengehe, weniger

Mist esse. Der Doktor sagt, ich muß mich von Grund auf ändern.»

«Und ich lackiere mir die Zehennägel.» Pru hat sich wieder aufgerichtet und sagt leise, in einem Ton, den er so von ihr noch nicht gehört hat und der sich direkt an ihn als Mann wendet: «Verändere dich nicht *zu* sehr, Harry.» Sie setzt hinzu: «Ich schicke dir jetzt Nelson.»

«Wenn der Junge unbedingt weg will, sag ihm, er soll ruhig gehen. Ich seh ihn später, wenn ich nachkomme.»

Sie preßt die Lippen aufeinander und zieht einen Mundwinkel nach unten, und ihr Gesicht wird ganz starr ob der Ungehörigkeit dieses Vorschlags. «Er *hat* seinem Vater guten Tag zu sagen», sagt sie.

Pru geht; die weiße saubere Welt um Harry weitet sich. Wenn alle weg sind, wird er sich den Luxus gönnen, nach der Schwester zu klingeln und um noch ein bißchen Demerol zu bitten. Und sehen, was die Eagles im Nebel machen. Und für einen gesegneten Moment die Augen schließen.

Nelson kommt herein, mit dem kleinen Roy auf dem Arm, obwohl Besucher unter sechs Jahren eigentlich keinen Zutritt haben. Der Junge trägt das Kind wie einen Schutzschild: solange er ein Kind auf dem Arm hat, noch dazu sein eigenes, wie kann man da etwas gegen ihn vorbringen? Roy starrt Harry empört an, als sei es ein übler Streich, daß sein Großvater da im Bett liegt und an lauter Apparate angeschlossen ist. Als Harry ein Lächeln und ein Zwinkern versucht, wirft Roy den Kopf herum und versteckt sein Gesicht am Hals seines Vaters. Auch Nelson scheint schockiert; seine Augen schweifen immer wieder zum Monitor mit seinem orangefarbenen Zucken fortlaufenden Lebens hinauf und dann übertrieben vorsichtig zurück zum Gesicht seines Vaters. Tapsig das bleierne, stierende Kind festhaltend, tritt er ans Bett und legt eine gefaltete *News-Press* auf die chromgefaßte Nachttischplatte, auf der schon das Wasserglas, das Telephon und die kleine braune Flasche mit dem Nitroglyzerin stehen. «Hier ist die Zeitung, wenn dir nach Lesen zumute ist. Steht 'ne Menge über den Pan-Am-Absturz drin, der dich so interessiert. Sie glauben, sie wissen jetzt genau, was für eine Bombe das war – eine mit Barometer, das den Zeitzünder auslöst, wenn die Maschine eine bestimmte Höhe erreicht hat.»

Höher, höher; die Luft wird dünn, das Barometer reagiert, der Zeitzünder beginnt zu ticken, während die Maschine sich glatt durch die Dunkelheit bohrt und der Pilot über Funk ein Schwätzchen hält und rings um ihn die Cockpitlämpchen leuchten und blinken und die Passagiere in ihren pastellenen Plastiksitzen einnicken über den Drinks. Dies Bild, wie ein Samenkorn, das in feuchter Erde endlich seine Schale aufbricht, weckt in Harry die Erkenntnis, daß es ihm auch jetzt noch, während er hier in diesem antiseptischen weißen Nebel liegt, verheddert in Schläuche und Bluts- und Ehebande, genau wie den Menschen geht, die aus dem aufgeplatzten Flugzeug gefallen sind und ihm so leid getan haben: auch er fällt, fällt hilflos dem Tod entgegen. Das Schicksal, das ihn hinter diesem Schleier ärztlicher Aufmerksamkeit erwartet, ist ebenso absolut wie das, das jene Körper in Empfang genommen hat, die auf die moorige schottische Erde geklatscht sind wie Müllsäcke voll Wasser. *Klatsch*, *platsch*, Leiber, die berstend auf den Golfplätzen und heideüberwachsenen Wegen des nächtlichen Lockerbie aufgeschlagen sind. Was ihnen geschehen ist, war nichts anderes als das, was auch ihm bevorsteht. Die Realität hat die Fluggäste ereilt, als sie gerade ihr im Preis inbegriffenes Hühnchen mit dem ausgewickelten Besteck tranchierten oder vor sich hindösten und sich über die Kopfhörer Barry Manilow in die Ohren träufeln ließen, und dieselbe eisige schwarze Realität ist auch über ihn hereingebrochen; der Tod ist kein domestiziertes Haustier des Lebens, sondern ein Ungeheuer, das Baby Amber und Baby Becky verschlungen hat und all die Studenten aus Syracuse und die heimkehrenden Soldaten, und das auch ihn verschlingen wird, es ist wahrhaft da, unter ihm, gewaltig wie ein Planet in der Nacht, riesenhaft und ganz und gar sein. Sein Tod. Das Brennen in seiner wunden Kehle verstärkt sich, und er erstickt fast vor Entsetzen.

«Danke», sagt er heiser zu seinem Sohn. «Ich lese sie, wenn du weg bist. Diese verdammten Araber. Ich habe Angst, daß du *deine* Maschine verpaßt.»

«Nicht nötig, wir haben noch jede Menge Zeit. Sogar Mom kann sich auf der Strecke nicht verfahren, oder?»

«Fahrt von hier nach Osten zur Interstate 75 und dann nach Süden bis zur Ausfahrt 21. Man denkt, die Straße führt nirgendwohin, aber nach fünf Kilometern taucht der Flughafen auf.» Harry erinnert sich, wie er kürzlich selber diesen unheimlichen Highway entlanggefahren ist: keine Reklametafeln, links und rechts Palmen, so dünn wie heruntergelaufene Farbtropfen, die kakaobraune Maus mit dem Stewardessenkäppi im roten Camaro, die von hinten so gedrängelt und beim Überholen nicht den flüchtigsten Seitenblick für ihn gehabt hat, ihre kleine Himmelfahrtsnase und die vorgewölbten Lippen, und alles zusammen – so unwirklich scheint es jetzt – mit kunstlichem Sonnenschein überzogen wie mit Email, wie mit dem gelben Sonnenlicht, das bei Fernsehsendungen mit Studioscheinwerfern hergestellt wird. Damals hat er keine Sorgen gehabt. Er war im Paradies und hat es nicht gewußt. Er fühlt, wie sein Körper schwitzt vor Angst, er riecht seinen eigenen Schweiß, naßkalt wie etwas auf dem Grund eines Brunnens, und sieht Nelson da stehen, gebadet im künstlichen Licht der Welt, die noch nichts vom Tod weiß, adrett und knapp in kittfarbenem Anzug statt der Jeansjacke, die er auf dem Herflug angehabt hat, aber das Hemd oben wieder offen, er sieht wie ein Spieler aus, der die Nacht durchgemacht und am Pokertisch den Schlips abgenommen hat, ist fast eine Woche hier unten und hat so gut wie nie die Sonne gesehen. Das fusselige trübe Bärtchen ärgert Harry, und der Junge lenkt auch noch ständig die Aufmerksamkeit darauf, indem er schnieft und in einem fort die Unterseite seiner Nase berührt, als rieche er die klamme Furcht seines Vaters. Er sagt: «Und der Fall Deion Sanders, Dad, ist nach hinten in den Sportteil gerutscht, und irgendwo im Vermischten steht, was man gegen Wabbeligkeit machen soll, da hast du was zum Lachen.»

«Wabbeligkeit, ja. Ich bin sogar von innen wabbelig.»

Das ist das Stichwort für seinen Sohn, einen herzlichen Ausdruck aufzusetzen und zu fragen: «Wie geht's dir überhaupt?» Der Junge wird ein bißchen weiß um die Kiemen, als fürchte er, sein Vater könnte ihm ernstlich Auskunft geben. Harry ärgert sich auch über Nelsons Frisur – vorn kurz, hinten zu lang, dieser erbärmliche Rattenschwanz. Und der winzige Ohrring.

«Ganz gut, unter den Umständen.»

«Prima. Der große Fleischkloß, der Arzt mit dem komischen Akzent, hat sich mit uns unterhalten und gesagt, daß der erste derjenige ist, den viele Leute nicht überleben, und daß es in deinem Fall jetzt, für eine Weile wenigstens, bloß darauf ankommt, daß du deinen Lebensstil ein bißchen änderst.»

«Der Kerl hat was gegen Kartoffelchips und Hot Dogs. Wenn Gott nicht gewollt hat, daß wir Salz und Fett essen, wieso hat er dann dafür gesorgt, daß beides so gut schmeckt?»

Nelsons Augen verdunkeln sich, bekommen etwas Flakkerndes, Ausweichendes, wie immer, wenn sein Vater Gott erwähnt. Die Unterhaltung ist zäh, kommt nicht in Gang, Harry kann nicht aufhören, daran zu denken, wie er fällt, der Junge liegt ihm wie ein Gewicht auf der Brust. *Na los*, redet er sich gut zu, *versuch's. Du lebst nur einmal.*

«Pru hat gesagt, du warst die ganze Nacht wach und hast dir Sorgen gemacht.»

«Na ja, sie übertreibt, aber so ungefähr. Ich weiß nicht, wieso ich hier unten nicht schlafen kann. Mir kommt hier alles so pseudo vor, und zu Haus in Brewer ist so viel Kram, um den ich mich kümmern müßte.»

«Du meinst, in der Firma? In der Woche zwischen den Jahren ist das Geschäft für gewöhnlich flau. Jeder ist erst mal pleite nach Weihnachten.»

«Ja, schon, aber es gibt noch anderes. Ich fühle mich ständig genervt.»

«Das ist das Leben, Nelson. Eine Nervensache.»

«Ja, wahrscheinlich.»

Harry sagt: «Ich hab über unsere Unterhaltung nachgedacht, darüber, daß Toyota so stieselige Wagen baut. Hab ein bißchen Geduld, die sind schon dabei, Pep in ihr Sortiment zu bringen. Nächsten Herbst kommen sie mit dem Lexus raus, diesem Luxusschlitten. Achtzylindertriebwerk, immerhin.»

«Ja, aber wir gewöhnlichen Vertragshändler kriegen ihn nicht. Sie bauen extra ein neues Einzelhändlernetz dafür auf. Laß sie, wird sowieso ein Flop. Japaner sind keine Italiener. Luxus ist nicht ihr Bier.»

«Das hatte ich vergessen, das mit dem gesonderten Lexus-Vertrieb. Junge, Junge, bin wirklich nicht auf der Höhe, Nelson. Bin irgendwie benebelt.»

«Willkommen im Club», sagt Nelson.

«Ach ja, und die Novemberaufstellungen. Ich hab drüber nachgedacht. Hast du Schwierigkeiten, die Gebrauchtwagen loszuwerden? Werd nicht gierig. Zehn Prozent, mehr solltest du nicht aufschlagen, lieber eine kleine Handelsspanne und dafür Bewegung im Bestand.»

«Okay, Dad. Wenn du es sagst. Ich werd's überprüfen.»

Die Unterhaltung stockt wieder. Roy windet sich im Klammergriff seines Vaters. Harry fällt, das Licht ist nur eine Haut auf dem Dunkel, dünner als eine Flugzeughaut, dünner als eine Bierdose aus Aluminium. Nach etwas greifen, nach irgend etwas. «Aus ihr ist eine wirklich gute Frau geworden – Pru meine ich», sagt er aufs Geratewohl zu seinem Sohn.

Der Junge guckt überrascht. «Doch, ja, sie ist nicht übel.» Und ganz von sich aus sagt er: «Ich müßte netter zu ihr sein.»

«Inwiefern?»

«Ach, du weißt schon, alles in die Reihe bringen. Versuchen, reifer zu sein.»

«Mir bist du immer ziemlich reif vorgekommen. Vielleicht zu reif, von frühauf. Ich hab in Sachen Reife wahrscheinlich kein gutes Beispiel gegeben.»

«Erst recht ein Grund. Für mich, meine ich.»

Bildet Harry es sich ein, oder rührt sich da etwas, ist da ein winziges trockenes Husten hinterm Vorhang neben ihm, im Bett, das er nicht sehen kann? Sein phantomhafter Zimmergenosse lebt. Er sagt: «Ich hab allmählich wirklich Angst, daß ihr euer Flugzeug verpaßt.»

«Apropos, entschuldige bitte. Ich find's mies abzureisen. Pru und ich haben letzte Nacht überlegt, ob wir nicht ein paar Tage anhängen sollen, aber verstehst du, man hat Pläne gemacht, Verabredungen, und kommt da nicht raus.»

«Versteh ich. Was würde es auch nützen, wenn ihr bleibt. Deinem Alten geht's gut. Er ist in fabelhaften Händen. Ich muß einfach lernen, mit einem Herzen zu leben, das nicht so fabelhaft ist. Angeknackste Pumpe. Charlie lebt seit zwanzig Jahren damit, ich kann das auch.» Aber dann sagt Rabbit, dicht am Sentimentalen, Klebrigen, Elegischen entlangschrammend: «Allerdings ist er ein drahtiger kleiner Grieche, und ich bin ein großer dicker Schwede.»

Nelson vibriert vor Nervosität. Er dünstet das Verlangen aus, woanders zu sein. «Okay, Dad. Du hast recht, wir gehen jetzt besser. Gib Grandpa einen Kuß», sagt er zu Roy.

Er streckt das Kind von sich weg, als wolle er einen zappelnden Football weitergeben, und hält es so, daß es seinen Großvater auf die Wange küssen kann. Aber anstatt seinen Kuß abzuliefern, packt Roy den doppelstrangigen babyblauen Schlauch, der Sauerstoff in Harrys Nase pumpt, und reißt ihn heraus.

«Um Gottes willen!» sagt Nelson, schließlich doch eine Gefühlsregung zeigend. «Bist du in Ordnung? Hat es weh getan?» Er gibt seinem Sohn eins auf den Hintern und setzt ihn auf den Fußboden.

Es hat tatsächlich ein bißchen weh getan, es war ein so jäher heftiger Ruck, aber Harry muß lachen. «Kein Problem», sagt er. «Das Ding sitzt einfach da, wie eine umgekehrte Brille. Sauerstoff. Brauch ich eigentlich nicht, krieg ich als Dreingabe.»

Roys Beine sind wie aus Gummi vor Wut, er knickt auf dem

gebohnerten Fußboden neben dem Bett zusammen, krümmt und windet sich, stößt laut japsende Töne aus, und Nelson bückt sich und schlägt ihn noch einmal.

«Schlag den Jungen nicht», sagt Harry ohne Nachdruck. «Er wollte mir nur einen Gefallen tun.» So gut er kann, rückt er mit der freien Hand die beiden hellblauen Schläuche zurecht, legt sich einen über jedes Ohr, so, wie sie aus dem Sauerstoffbehälter an der Wand hinter ihm kommen, und setzt sich den Clip mit dem leisen Wispern wieder unten an die Nasenscheidewand. «Vielleicht hat er gedacht, er muß mir die Nase putzen.»

«Du klcincs Mistvich, du hättest dcincn Großvatcr umbringen können!» erklärt Nelson dem strampelnden, um sich schlagenden Kind, das er unterm Bett hervorzerren muß.

«Nun übertreib mal nicht, so leicht bin ich denn doch nicht umzubringen», sagt Harry und fängt an, es zu glauben. Roy, weiß um die Kiemen, genau wie sein Vater, findet seine Stimme wieder: er bricht in gellendes Geheul aus und versucht, sich aus Nelsons Griff zu befreien. Die Gummiabsätze von Schwestern hasten durch den Flur. Der unsichtbare Zimmergenosse stöhnt hinter seinem weißen Vorhang, ein gurgelndes, aus lungenkranken Tiefen aufsteigendes Stöhnen. Roy zuckt und zappelt wie ein Fisch auf dem Trockenen, und Nelson fängt sich offenbar einen Schlag in die Magengrube ein. Harry muß glucksen beim Gedanken, wie das Kind das gemacht hat. Mit einem einzigen Griff: geschickt. Vielleicht hat er mit seinem vierjährigen Verstand gedacht, die Schläuche sind Schlangen und nagen an seines Großvaters Gesicht; vielleicht hat er sie auch bloß so häßlich gefunden, daß er sie nicht mehr sehen wollte.

Obwohl er alle Hände voll hat, schafft Nelson es, sich am Gewirr lebenserhaltender Schläuche und Drähte vorbei herunterzubeugen und auf Harrys Wange den flüchtigen Kuß zu plazieren, den eigentlich Roy seinem Großvater geben sollte. Warme Berührung eines Bärtchens. Seeigeliges Pieksen. Dem wässerigen Monster hinterm Vorhang entringt sich abermals ein gurgelndes, qualvolles Stöhnen aus den Tiefen. Alarmierte Schwestern kommen ins Zimmer; ihre Wangen sind gerötet. Die Oberschwester steht aufgetürmt da, ihre öligglänzenden schmalen Zöpfchen wie schwarzes Nudelgeschnudel oder kleine Knallfroschpäckchen.

«Ach ja!» sagt Harry noch, als Nelson mit seiner schreienden, strampelnden Last schon davoneilt, den Flur entlang, Pennsylvania entgegen. «Alles Gute für 1989!»

# II

## PA

Sonne und Mond, Steigen und Fallen: die eingefahrenen Räder der Natur, die in Florida grell aufeinandertreffen, wo Strand und Meer sich berühren, greifen in Pennsylvania glatter, sanfter ineinander, sind gedämpft vom zutiefst Vertrauten. Auf dem eintausend Quadratmeter großen Grundstück in Penn Park, das Janice und Harry vor einem Jahrzehnt erworben haben, steht drüben, nah beim benachbarten Haus, das aus Klinkersteinen erbaut ist, eine Trauerkirsche, und wenn sie blüht, um den zehnten April herum, ist Harry gern wieder im Land. Um diese Zeit beginnt im Norden auch wieder die Baseballsaison – Schmidt hat dies Jahr in den ersten beiden Spielen zwei Home Runs geschlagen und alles Gerede, mit ihm sei es aus, zum Schweigen gebracht –, und aus den Rasenflächen sprießen Zierlauchbüschel. Magnolien und Quitten stehen in Blüte, und die Forsythien sind da mit ihrem fröhlichen kühlen Gelb, das aus jedem Garten ruft, als künde es jäh vom verborgenen Saft, der durch aller Leben läuft. Roter Knospenschleier hängt in den Ahornen, die die Gehwege säumen, und weht durch die Gehölze, die es hier und da noch, immer schütterer werdend, am Rand alter und neuer Siedlungen gibt.

In den ersten Tagen nach seiner Rückkehr fährt Rabbit gern umher, frischt seine Erinnerung auf und tut sich weh an den Splittern seines alten Selbst, die er in fast jedem Winkel in und um Brewer findet. Die Straßen, in denen er Kind war, gibt es noch, auch wenn die Straßenbahnen nicht mehr in ihnen fahren. Die Eisenbrücken, die Rangierbahnhöfe rosten im Geschlinge der Umgehungsstraßen, das jetzt die Stadt umschnürt. Auf den Nummernschildern der Autos ist in der Mitte immer noch der orangefarbene keilförmige Schlußstein abgebildet, aber sie tragen jetzt den Spruch: *Du hast einen Freund in Pennsylvania*, was er immer dämlich gefunden hat, und noch dämlicher findet er diese imitierten Nummernschilder, die an die vordere Stoßstange geschraubt werden können und auf denen steht: *Du hast einen Freund in Jesus*. Die Umschlagdeckel der Telephonbücher prahlen: *Uncommonwealth of Pennsylvania*. Hinterm Lenkrad seines Wagens sitzend strebt er nach Mt. Judge, der Stadt, in der er geboren und aufgewachsen ist und die, von Penn Park aus gesehen, auf der gegenüberliegenden Seite von Brewer liegt. In der klobigen Sandsteinkirche mit dem nicht dazu passenden neuen Flügel, der evangelisch-lutherischen Kirche von Mt. Judge, ist er getauft worden und auch konfirmiert, in einem Hemd, das ihm den Hals wund gescheuert hat, als wär's mit Lauge gestärkt gewesen, und hier, ein Stück weiter an der Central Street, draußen vor einem Bonbonladen, der jetzt ein Copyshop ist, hat er sich zum erstenmal verliebt gefühlt, in Margaret Schoelkopf mit den Zöpfen und den hohen Knöpfstiefelchen. Sein Herz hoch über den quadratischen Platten des Gehwegs war ihm taub und gebläht vorgekommen, wie einer der Zeppeline, die man damals oft am Himmel gesehen hat, die Zementquadrate wie Häusergeviere weit unterhalb seines schwebenden kindlichen Herzens. Jedes zweite Haus dieses einfachen Stadtteils beherbergt den Geist von jemandem, den er einst gekannt hat und den es nicht mehr gibt. Leer für ihn wie Muschelschalen in der Vitrine eines Sammlers, verändern diese unscheinbaren Wohnhäuser mit den schummerigen guten Stuben und den von Ziegelpfeilern umstandenen Veranden sich kaum; auch die schäbigen Reihenhäuser, wie die an der Wilbur Street, wo er und Janice gewohnt haben, als sie jung verheiratet waren, sind sich noch immer gleich, steigen den Hügel hinauf wie eine Treppe, nur die trostlosen alten Teerpappeverkleidungen in den Farbtönen «Dung» und «blauer Fleck» sind freundlicheren Materialien gewichen, die rohbehauenen Stein oder Holz imitieren und an manchen Fassaden dicker angebracht worden sind als an anderen, so daß das Auge auf unregelmäßige kleine Vorsprünge an den Kanten trifft, wenn man die Häuserreihe entlangblickt. Harry vergißt immer, was so schwer vorstellbar ist im weiten, flachen Florida: die scheckige Wühligkeit, die bizarre zusammengepferchte Architektur, die ferne blaue Hügeligkeit, die die Satteldachhäuser im Vordergrund zum Klettern zwingt und dazu, sich festzuhalten an den hohen Seiten der Straßen; die mit spitzen Steinchen gespickten Stützmauern und die steil abfallenden Vorgärten, die mit einer Berberitzenhecke oder einem Tulpenbeet gekrönt sind und immer seltener als Rasenhang gehalten werden, sondern mit Efeu oder Teppichwacholder bepflanzt sind, Bodendeckern, die man nicht einmal die Woche mit diesen altmodischen Walzenmähern mähen muß. Manche Leute hatten an den Griff ihres Mähers eine Schnur gebunden, an der sie das Ding hinunterrasseln ließen und dann wieder heraufzogen. Rabbit lächelt im Auto, als er an diese alten Mäher mit den Holzgriffen denkt und an den längst toten Methodisten, der ihr Nachbar in der Jackson Road gewesen ist und mit dem Mom in Dauerfehde lag, weil er sich weigerte, den fußbreiten Grasstreifen zwischen den Zementwegen zu mähen, die an den Grundmauern seines und des Angstrom-Hauses entlangführten. Das alte Methodisten-Ehepaar hatte das Haus von den Zims gekauft, als die nach Cleveland zogen. Carolyn Zim war so hübsch gewesen – wie Shirley Temple, nur ohne Grübchen, eher so etwas Deanna-Durbin-haft Glutvolles, und das bei einem so kleinen Mädchen –, daß Mr. und Mrs. Zim pausenlos miteinander Krach hatten; Mom hatte gesagt, Mrs. Zim sei eifersüchtig. Er hat immer an seinem Fenster darauf gelauert, ob er sehen kann, wie Carolyn drüben im milden Abendlicht sich auszieht, um ins Bett zu gehen. Sein Zimmer: er erinnert sich noch an die

Tapete, den nachgedunkelten Gelbton über der Heizung, das gebeizte Bord, auf dem seine Teddybären gesessen haben, den Wäschekorb, in dem er seine Tinker-Toy-Speichen und -Naben, seine Gummisoldaten und Blechflugzeuge aufbewahrt hat. Das Zimmer hat ein Aroma gehabt – Wachstuch, heiße Fensterbrettfarbe oder Vanille und Muskat, wenn Mom gebacken hat –, das er beinah wieder riechen kann, aber nicht ganz, es verkriecht sich in die Schatten, versteckt sich hinter den silbern gestrichenen Heizungsrippen mit dem in verwischtem Basrelief aufgeprägten Schnörkelmuster.

Auch Brewer, dieser träge Bienenkorb, erzählt ihm von ihm selbst, von seiner Vergangenheit, die ehrfurchtgebietend weit zurückreicht, so daß Begebenheiten, die er selbst noch erlebt hat, der Tag des Sieges nach dem Zweiten Weltkrieg oder der Sonntag, an dem Truman Nordkorea den Krieg erklärt hat, inzwischen Geschichte sind, die die meisten Menschen auf der Welt nur aus Büchern kennen. Brewer ist die Stadt seiner Knabenzeit gewesen, die einzige große Stadt, die er gekannt hat. Er findet es immer noch aufregend, zwischen ihren schlichten blumentopffarbenen Blocks zu sein: Fabriken aus Ziegelstein, Reihenhäuser, große düstere Kirchen, alles bunt durcheinander, alles schwer und solide und mit einem veralteten dekorativen Anspruch gebaut. Das fast verlassene Zentrum, die breite Weiser Avenue, die er hellerleuchtet in Erinnerung hat und überfüllt wie einen Jahrmarkt zur Weihnachtszeit, ist jetzt ein ödes Durcheinander von Schutthalden und Parkplätzen und einigen wenigen Neubauten mit gläserner Außenhaut, in denen sich hauptsächlich Banken und Regierungsdienststellen eingenistet haben; die Ladengeschäfte wollen nicht zurück, sie bleiben draußen in den Einkaufszentren am Stadtrand. Das alte Bagdad, einst eines von einem halben Dutzend Erstaufführungskinos an der Weiser Avenue, steht jetzt, all seiner in arabischem Stil bemalten Kacheln beraubt, zwischen zwei unbebauten Grundstücken; sein abblätterndes, rostendes Vordach, das zuletzt ein Programm aus zwei nicht jugendfreien Filmen angezeigt hatte, trägt die

Buchstaben ILF und in der Reihe darunter RETT MICH – verstümmelter Überrest einer Bitte um historisch genaue Restaurierung. Die Filmpaläste seiner Knabenzeit, voll mit süßen Düften und dunklem Samt, mit Geflüster und Gekicher und Händchenhalten, gehören der Geschichte an. HILFE, RETTET MICH. Im Foyer war so etwas wie ein maurischer Springbrunnen gewesen, bunte Lichtpunkte hatten übers aufgerührte Wasser hingespielt. Die Musikalienhandlung Chords & Records, ein paar Häuser vom Bagdad entfernt, die Ollie Fosnacht vor zwanzig Jahren geführt hat und die dann den Namen Fidelity Audio bekam, ist immer noch ein Laden, heißt jetzt The Light Fantastic und verkauft Rennschuhe, zwei ganze Schaufenster sind voll davon. Muß einen Markt dafür geben bei den Minderheiten. Leute überfallen und rennen.

Rabbits Erfahrungen mit Rennschuhen sind begrenzt, aber je mehr Verbesserungen man ihnen hat angedeihen lassen, immer dickere Stützpolster und sprintstarke Keile und wissenschaftlich ausgetüftelte sechslagige Sohlen und so weiter, um so steifer und unbequemer sind sie geworden: genauso schlimm wie normale Schuhe. Und diese Renntrikots, die junge Frauen jetzt tragen und in denen sie wie Weltraumbewohnerinnen aussehen, himbeerrot und stahlblau und so eng, daß sich jeder Muskel darunter abzeichnet, bis in die Ritze des Hinterns, was für einen Sinn haben die? Herzuzeigen, was man hat. Junge Tiere müssen sich zur Schau stellen. Ollie Fosnachts Frau Peggy ist vor ungefähr acht Jahren gestorben, an Brustkrebs, der Metastasen gebildet hatte. Rabbit überlegt, daß sie von den Frauen, mit denen er geschlafen hat, die erste war, die gestorben ist, die tatsächlich ins Gras gebissen hat. Dann fällt ihm ein, daß es nicht stimmt. Jill ist die erste gewesen. Er hat Jill gefickt in dem verrückten Sommer damals, aber ihm war immer klar, daß sie's nicht besonders gemocht hat. Zu jung, um's zu mögen. Und die Hure in Texas, die ihn mit einer eigenartig schleppenden Höflichkeit entjungfert hat, ist jetzt vielleicht auch schon tot. Sie haben kein langes Leben, bei den Arbeitsstunden, dem vielen Alkohol, den Schlägen. Und die meisten von ihnen haben mit Drogen zu tun und mit Aids. Aber schließlich, wer lebt schon ewig? Wir kriegen alle unsere Schläge. So sehen sie's vermutlich, früher oder später ist es eben soweit. Sie sind genau wie wir, nur ausgeprägter. Die Typen im Gefängnis, die die Wärter beißen, um sie über ihre Spucke mit Aids anzustecken. Wir werden zu tollwütigen Hunden – die menschliche Rasse ist ein einziger großer Sumpf voller Viren.

Er verläßt das leere Zentrum Brewers und taucht in die engen Backsteinreihen ein, die vor hundert Jahren gebaut worden sind, als die großen Fabriken, die jetzt verlassen dastehen oder in Großmärkte umgewandelt worden sind, noch rauchten und vibrierten, Stoffe webten und Eisen gossen; hier geht das Leben so lebendig weiter wie eh, wenn auch in dunklerer Schattierung. Er liebt es, durch diese Straßen zu fahren. Zumindest im April quellen sie über von unschuldiger Energie. Vier langbeinige junge Schwarze drängen sich um ein Fahrrad, das gerade repariert wird. Ein Hispanic-Mädchen tritt in der schrägen Spätnachmittagssonne aus seiner schmalen Hauswabe, angetan mit hochhackigen Seidenschuhen, fliederfarbenem Ausgehkleid, diagonal gebundener purpurner Schärpe und großer Stoffrose in der Taille: sie ist eine Blume, sagt der Augenblick, und ein Schwarm Jungen versammelt sich, wuselnd, rempelnd, alle in stahlgrauen Windjacken und grünen Armyhosen, wohl so was wie eine Gang-Uniform, vermutet Harry. In Brewer benutzen die Leute noch die Straßen, sie sitzen so erwartungsvoll auf ihren Stufen und kleinen Veranden, wie man es in Deleon nie sieht. Und die Reihenhäuser Pennsylvanias gehen die Aufgabe «Dach überm Kopf» direkt und einfach an, nicht viel anders als die Städte aus Haferflockenschachteln mit ausgeschnittenen Türen und aufgemalten Fenstern, die man in der ersten Klasse auf Geheiß der Lehrerin errichtet hat. Der Anblick macht Harry glücklich nach dem Winter in Florida mit den in Golfplätze gebetteten Kondominiumanlagen, den Festungen voller Time-share-Apartments, den Dörfern, die keine Dörfer sind, den tausend Immobiliengesichtspunkten und den kitschigen Verschönerungen des Fipsig-Flüchtigen.

Im schiefergrauen zweitürigen Celica, den er und Janice im Herbst in die Garage sperren, wenn sie mit dem Camry-Kombi nach Süden fahren, fühlt er sich sicher, während er dahingleitet, und zieht nicht zu viele Blicke auf sich, aber in der rüden Gegend nahe den Gleisen sitzt auf der übereck laufenden Eingangsstufe einer vernagelten Kneipe ein kleines, rundes dunkles Mädchen im Sweatshirt auf dem Schoß eines Jungen, der trotz der noch kühlen Frühlingsluft barbrüstig ist, küßt ihn gleichgültig, mit entschlossen geöffnetem Mund, und mustert zwischendurch unverschämt die vorbeifahrenden Autos. Der halbnackte Junge ist vielleicht zu stoned, um zu starren, aber sie schickt durchs Seitenfenster des Celica einen Blick zu Harry hin, der ihn wegputzen würde, wenn's ginge. Sie kann ihn mal. Er kann sie mal, sagen ihre Augen. Sie scheint gespürt zu haben, was er versucht hat, als er vorüberrollte: ein bißchen Leben für sich selbst aus dieser Süd-Brewer-Szene ziehen – all diese Leben, jung und steigend wie die Säfte im Frühling, und seines alt und im Sinken begriffen.

Viel Leben hat stattgefunden in diesen abgenutzten Straßen. Die alten Reihenhäuser sind neu gestrichen worden, haben neue Giebelverkleidungen bekommen, sind mit Aluminium-Markisen und Eisengeländern aufgemöbelt worden, die ihrerseits alt geworden sind. Sie sind Fächer, die immer noch, immer wieder benutzt werden, versehen mit Nummern, die die Erbauer hinter Buntglaslünetten über den Türen angebracht haben. Die Blocks sind geschlossen, ohne Lücken gebaut, es würde nie eine Neunumerierung geben. Er hat mal in einem dieser Häuser gewohnt, Nummer 326, mit Ruth, und wenn er rasch eine Kleinigkeit zu essen besorgen wollte, ist er immer in den Laden dort an der Ecke gegangen, der jetzt RO-SAS FEINKOSTGESCHÄFT *(Tienda de Comestibles)* heißt, und von der kleinen Wohnung aus hat er auf die Fensterrose einer Kalksteinkirche geschaut, die jetzt das PAL *Community*

*Center / Centro Comunidad* ist. Die Stadt ist schneller, als er sie in Erinnerung hat, alles zieht rascher an ihm vorbei – Gebäude, die damals, als er ein Junge war, weit voneinander entfernt zu sein schienen, sind jetzt dicht zusammengerückt. Die Hustenbonbonfabrik, das Verwaltungshochhaus, das Hallenbad, in dem er Schwimmen lernen wollte, sich statt dessen aber eine Lungenentzündung holte, weil er mit nassen Haaren in die winterlichen Straßen hinausgegangen war, liegen alle gleich um die Ecke und nah beim Postamt mit seiner merkwürdigen, langen leeren Halle, die nur am einen Ende belebt und erleuchtet ist, weil da zwei, drei Schalter offen sind, nah auch beim Ben Franklin, einem stolzen glitzernden Downtown-Hotel, das jetzt ein Ramada-Motor-Inn ist. Dort hat der Abschlußball seines Schuljahrgangs, Mt. Judge '51, stattgefunden, er in weißem Dinnerjacket und Mary Ann in einem lavendelblauen trägerlosen Satinkleid mit steifen Petticoats, die ihnen nachher im Auto soviel Schwierigkeiten gemacht haben, daß sie lachen mußten, ihre runden weißen Schenkel versteckt zwischen all den raschelnden Falten und Säumen, Ostereier in einem Nest aus Seidenpapier, ihre Unterhosen feucht vom vielen Tanzen, ein weiches Baumwollkissen, gefüllt mit ihrem Moos, starker feuchter Moschusduft, Mary Ann die erste Frau, deren Geruch er sich zu eigen gemacht hat, alles an ihr war sein, jeder Spalt, jede Stimmung, bis er dann weg mußte, um seine zwei Jahre bei der Army zu absolvieren, und sie, ohne ihm ein Wort zu sagen, jemand anderen geheiratet hat. Vielleicht hat sie etwas gewittert. Daß er ein Verlierer ist. Obwohl er mit achtzehn wie ein Sieger ausgesehen hat. Immer wenn er mit Mary Ann ausgegangen ist und gewußt hat, sie gehört ihm, er wird sie ernten im warmen Auto, hat er sich wie ein Sieger gefühlt, lässig, gelassen, mit einem Leben, das unaufhaltsam auf Vorwärtskurs ist.

Zwei Blocks weiter zum Berg hin, weg vom Ben Franklin, haben die Arbeiter von einst unter der Eisenhower Avenue, da, wo sie sich zu einem mit Holzgeländern abgesicherten Buckel hebt, mit Schaufeln einen tiefen Graben ausgehoben, um die Eisenbahnschienen in die Stadt hineinzuführen, Schienen, die jetzt nicht mehr gebraucht werden, und der Einschnitt, mit Kalkstein ausgemauert, ist eine Grube, in die Bierdosen und Sprudelwasserflaschen geworfen werden, sogar ganze Müllsäcke und Matratzen; Brewer ist immer schon eine rüde Stadt gewesen, eine Eisenbahnstadt, in den Blocks längs den Gleisen haben rüde Männer gehaust, plieräugige Hobos, die für einen Vierteldollar bereit waren, einem einen zu blasen; rußige Hotels, in denen sich Kartenspiele über mehrere Tage hinzogen; Bars, deren Fensterscheiben gesprungen waren vom Dröhnen der vorbeifahrenden Züge, der meilenlangen Züge aus Kohlenwaggons, die quer über die Weiser Avenue donnerten und allen Verkehr zum Stillstand brachten, wie damals, als er mit Ruth wartend am Bahnübergang stand und die Neonlichter eines chinesischen Restaurants, das es schon lange nicht mehr gibt, in ihrem vielfarbigen Haar flimmerten.

Diese rotgestrichenen Ziegel, diese imitierten Grausteine haben herzzerreißende Dinge gesehen, wissen es aber nicht. Ein, zwei Blocks näher zum Berg hin, nicht weit von Ruths alter Straße entfernt – die Summer Street war's, obwohl sie im Frühling da gelebt haben, der Sommer hat das Ende gebracht –, fährt Rabbit plötzlich in einen weißen Tunnel: Bäume zu beiden Seiten der Straße, in weißer Blüte stehend, jung, oval geformt und ineinander übergehend wie Wolken und für die obersten Blüten ein wenig Blau vom hohen Himmel nehmend, wie es auch der Tagmond tut. Und ganz oben, wo das meiste Licht ist, beginnen die Blätter sich zu entfalten, glänzend und klein und herzförmig, wie er weiß, denn er ist so bewegt, daß er mit dem Celica an den Bordstein fährt, anhält, aussteigt und ein einzelnes Blatt abpflückt, um es zu untersuchen, als könne er darin den Schlüssel für all diese Herrlichkeit finden. Auf dem Gehweg in diesem leuchtenden langgestreckten Hain schieben verschattete Menschen Kinderwagen und stehen plaudernd vor ihren Haustürstufen, als seien sie blind für die Schönheit, die über ihnen ausgespannt ist, sie umschließt, einen Konfettischauer von Blütenblättern niedergehen läßt: sie sind im Paradies. Er möchte einen von ihnen nach dem Namen dieser Bäume fragen und wie es möglich ist, daß man sie hier in diese rauhen Backsteinstraßen von Brewer gepflanzt hat, wo sie doch so üppig sind wie die Ficusbäume, die die Avenues von Naples unten in Florida säumen, aber die Art, wie sie zu ihm hinstarren, macht ihn verlegen, er ist selber ein Schatten in diesem gefilterten Blütentunnellicht, ein Fremder, ein Unbefugter aus der Vergangenheit, und er denkt, sie wissen es ja sowieso nicht, und wenn sie's wissen, sagen sie's ihm nicht, weil sie es merkwürdig finden, daß er danach fragt.

Aber Janice weiß es. Als er ihr sein Erlebnis schildert, sagt sie: «Das sind Bradford-Birnbäume, die pflanzt die Stadt überall dorthin, wo die alten Ulmen und Platanen eingehen. Sie blühen, aber sie tragen keine Früchte, und sie sind sehr robust und eignen sich gut für die Großstadt. Kohlendioxyd und all das Zeug macht ihnen nichts aus.»

«Wieso habe ich sie bisher nie gesehen?»

«Du hast sie gesehen, Harry, ganz bestimmt. Sie werden jetzt seit mindestens zehn Jahren gepflanzt. Die Zeitung hat mehrfach Artikel darüber gebracht. Der Mann von einem der Mädchen drüben im Club sitzt in der Kommission für die Stadtverschönerung.»

«Ich habe so etwas noch nie gesehen. Es hat mich ganz aus der Fassung gebracht.»

Sie ist damit beschäftigt, das Penn-Park-Haus wieder herzurichten, die Spinnweben des Winters wegzuwischen und das Koerner-Silber zu putzen, das ihre Mutter ihr hinterlassen hat, und entfernt sich ungeduldig von ihm.

«Du *hast* es gesehen, du siehst jetzt nur mit anderen Augen.»

Seit er den Herzanfall gehabt hat, meint sie. Seit er fast gestorben ist. Er kommt sich mit Janice jetzt ein bißchen so vor wie einer von den Toten, die nach der alten Legende zurückgekommen sind und auf die Überlebenden aufpassen, unsichtbar mit ihnen leben wie die Mäuse in den Wänden. Sie scheint ihn oft nicht zu hören und ihn nicht ganz ernst zu nehmen. Sie fährt viel auf die andere Seite von Brewer, nach Mt. Judge, um Nelson, Pru und die Kinder zu besuchen oder um die Bekanntschaft mit den Frauen im Flying Eagle aufzufrischen, dem Country Club, wo gerade die Tennissandplätze gewalzt werden und der Golf-Course schon grün und bespielbar ist. Und sie sieht sich nach einem Job um. Er hat gedacht, sie hätte Spaß gemacht, als sie aus *Working Girl* heraus kamen, aber nein, fast alle Frauen in ihrem Alter tun heute was – eine ihrer Tenniskumpaninnen ist Physiotherapeutin, mit Arm- und Schultermuskeln, wie man sie nicht für möglich halten würde, und eine andere, Doris Eberhardt, die Doris Kaufmann von früher, ist jetzt Diamantenexpertin und fährt praktisch jede Woche mit dem Bus nach New York rüber und schleppt Steine im Wert von mehreren hunderttausend Dollar hin und her, und eine dritte Frau aus ihrem Bekanntenkreis ist auf einem ganz neuen florierenden Gebiet tätig: sie hilft mit, Privathäuser und große Gebäude wie Fabriken und Schulen von Asbest zu befreien. Offenbar gibt es endlos viel Asbest unschädlich zu machen. Janice meint, sie sollte vielleicht in den Immobilienhandel gehen. Die Freundin einer Freundin arbeitet hauptsächlich an den Wochenenden und bekommt über fünfzigtausend Dollar Provision im Jahr.

«Warum gehst du nicht rüber und hilfst Nelson auf dem Platz? Irgendwas läuft da schief», sagt Harry.

«Es ist nicht lustig für mich, mich selber einzustellen. Und du weißt, wie empfindlich Nelson ist beim Gedanken, wir könnten uns einmischen.»

«Ja, wieso eigentlich?»

Janice hat auf alles eine Antwort, seit sie wieder mit ihrer Clique von Alleswisserinnen im Flying Eagle zusammengluckt. «Weil er im Schatten eines dominierenden Vaters aufgewachsen ist.»

«Ich und dominierend! Mich schafft man doch mit links.»

«Für ihn bist du's. Dominierend im psychologischen Sinn.

Du bist viel größer als er. Und du warst ein wunderbarer Sportler.»

««Warst› ist richtig. Ein wunderbarer Sportler, dem die Ärzte sagen, er soll beim Golf im Karren fahren, und das Ungestümste an Bewegung, das er sich leisten kann, ist flottes Spazierengehen.»

«Und du *tust* es nicht, Harry. Ich hab dich noch nicht weiter gehen sehen als bis zum Auto und zurück.»

«Ich habe ein bißchen im Garten gearbeitet.»

«Was du schon darunter verstehst.»

Er geht gegen Ende des Tages gern in den Garten hinaus, bricht die toten Blumenstengel vom letzten Jahr ab und die knochenweißen alten Stiele der Kermesbeerstauden und verbrennt sie in einem Feuer, das er mit der Tageszeitung von Brewer, dem *Standard*, entfacht. Der Rasen mußte dringend gemäht werden, als sie ankamen, und von den Zwiebelbeeten hätte im März der Winterschutz entfernt werden müssen. Schneeglöckchen und Krokusse haben geblüht, als er noch in Florida war; die Hyazinthen sind auf dem Höhepunkt, und die Tulpen stehen bereit, haben aber noch spitze grüne Köpfe. Rabbit empfindet Frieden in dem Augenblick, da das Licht des Tages verblaßt und die Trauerkirsche im Dämmer leuchtet mit ihren Blüten, die wie kleine rosa Ranunkeln sind, und die ganze weiblich vergebende Gestalt des Baums mit den niederhängenden Zweigen von einer Neonblässe überkommen wird, indes die Schatten länger und feucht werden; die Erde ist ein Stück weiter auf ihrer Umlaufbahn, und die Sonnenlichtreste verweilen länger unter dem Aprilhimmel mit seinen Jetspuren und eisigen Pferdeschwanz-Zirren, nur wenige goldene Fetzen, die sich in der struppigen Forsythie drüben auf der Grenze zur Nachbarvilla, einem hellen Gelbziegelbau, und in der sich abmühenden Hemlocktanne verfangen haben und im höchsten der Rhododendren am Palisadenzaun, den man vom Küchenfenster aus sieht. Janice hat vor ein paar Jahren im Herbst ein kleines Futterhäuschen für Vögel in die Hemlocktanne gehängt, obwohl Doris Kaufmann oder eine andere

Wichtigtuerin ihr gesagt hat, daß es den Vögeln gegenüber grausam sei, ein Futterhäuschen aufzuhängen, wenn man den Winter über nicht da ist – eine hohle Plastikkugel, schräggeneigt wie der Saturn, die er mit Sonnenblumenkernen füllt, wenn er daran denkt. Vogelfutterhäuschen aufhängen, dergleichen hat ihre Mutter immer gemacht, Janice aber wäre so etwas nie in den Sinn gekommen, als sie beide noch jünger waren und die alte Bessie noch gelebt hat. Unsere Gene entfalten sich, solange wir leben. Harry schmeckt eine Säuernis in seinen Zähnen, die gleiche, die ihm unangenehm im Atem seines Vaters entgegengeschlagen ist. Armer Pop. Sein Gesicht ist zum Schluß gelb wie eine gedörrte Aprikose gewesen. Bessie hatte die Futterhäuschen in ihrem Hintergarten an der Joseph Street alle an Drähten und Stangen aufgehängt, damit die Eichhörnchen sich nicht bedienten. Die Blutbuche vor seinem und Janices altem Schlafzimmer, aus der die ganze Nacht die Bucheckern fallen, lockt die Eichhörnchen an, hat sie gesagt und dabei ihren breiten Schoß gemacht und die Hände auf die Knie gestützt, als hätte Gott sich die Eichhörnchen ausgedacht, nur um ihr was anzutun. Harry hat Bessie gemocht, auch wenn sie ihn in ihrem Testament beschissen hat. Hat ihm das, was 1959 passiert ist, nie verziehen. Ist an Diabetes und den dazugehörigen Kreislaufkomplikationen gestorben, einen Tag nachdem Prinzessin Di mit dem kleinen Prinzen William niedergekommen ist, dem letzten Lebewesen, für das Bessie sich interessiert hat – würde es in Zukunft einen König in England geben? –, das und der Hinckley-Prozeß, sie fand, man sollte den Jungen hängen, auf den Stufen des Capitols, im vollen Sonnenschein, ihn für nicht zurechnungsfähig zu erklären und davonkommen zu lassen, sei ein Skandal. Die alte Dame hat zum Schluß furchtbare Angst gehabt, daß ihr die Beine amputiert werden müßten, wie man's bei ihrer Mutter gemacht hat. Harry weiß sogar noch den Namen von Bessies Mutter. Hannah. Hannah Koerner. Kaum zu glauben, daß er jemals so tot sein wird wie Hannah Koerner.

Bevor der Aprilabend sich niedersenkt, flattern und hüpfen die von dem Futterhäuschen angelockten Vögel umher, große und kleine, um zu trinken oder ihr Gefieder platschend im blaugrundigen Zementteich zu spreizen, den ein früherer Besitzer dieses kleinen Anwesens, dieses kuscheligen kleinen, zwischen die größeren Penn-Park-Besitzungen geklemmten Landhauses, angelegt hat. Das Zementbassin hat Risse, hält aber noch dicht. Wie er selber, denkt Rabbit, als er wieder zu seinem Haus mit den erleuchteten Fenstern geht, die so weit weg und zugleich so seltsam nah scheinen wie früher die seines Elternhauses, als er ein Junge war und mit Mim und den Kindern aus der Nachbarschaft 21 gespielt hat oder Horse draußen am Spielbrett an der Garage im Durchgangsweg hinter dem langen schmalen Hof an der Jackson Road. Damals wie jetzt hat er, aus abenddämmerigen Tagträumen erwachend, festgestellt, daß er einer leuchtenden Gegenwart näher ist, als er gedacht hat, so nah, daß sie einen goldenen Schatten auf seinen Weg über den Hof geworfen hat; damals ist es seine Zukunft gewesen, jetzt ist es seine Vergangenheit.

Während jener Frühlingsmonate mit Ruth in der Summer Street hat er sich manchmal gefragt, wie es wohl wäre, bis ans Ende der Straße zu laufen, immer geradeaus, soweit das Auge reicht. In den dreißig Jahren seither ist er oft diesen Weg gefahren, an den nordwestlichen Rand von Brewer und weiter, wo der Highway mit seinen Motels *(Economy Lodge, Coronet, Safe Haven)* ins Ackerland hineinschmilzt und Schilder den Weg nach Harrisburg und Pittsburgh anzuzeigen beginnen. Die Farmen mit ihren Gebäuden – die Ställe aus Balken und Dübeln gefügt und die Farmhäuser akkurat, im rechten Winkel ausgerichtet, mit zwei Fuß dicken Mauern – werden eine nach der andern von Baugrunderschließungen verdrängt. Drei Kilometer jenseits der Straße nach Maiden Springs, wo die Murketts gewohnt haben, bevor sie sich scheiden ließen, erstreckt sich ein neues Siedlungsgelände, das Arrowdale heißt, nach der alten Arrowhead-Farm, die von den Nichten und Neffen der alten Jungfer, die da so viele Jahre gelebt hat, verramscht worden ist. Die Alte hatte gewollt, daß irgend so ein Fernsehprediger die Farm kriegt und eine Art Heilspark daraus macht, ein Refugium für Mitglieder der Holy-Roller-Sekte, aber ihre Anwälte haben es ihr ausgeredet. Rabbit hat im Lauf dieser letzten Jahre beobachtet, wie das von Bulldozern planierte Land nach und nach sein geschundenes Aussehen verloren hat und die Bäume und Büsche herangewachsen sind, so daß es beinah so scheint, als seien hier schon immer Häuser gewesen. Die Straßen schlängeln sich, wie in der Neubausiedlung, in der die Murketts gewohnt haben, aber die Häuser sind durchschnittlicher – Zweifamilienhäuser, bei denen die eine Hälfte aus einem Stockwerk besteht, die andere aus zweien, mit Aluminiumverkleidungen an den Seiten und Ziegelfassaden, die durch kleine gefliste Veranden und funktionslose Betonsteinverblendungen aufgelockert sind, und Ranchhäuser. Zementwege führen durch kleine Vorgärten mit noch nicht blühenden Azaleen unter den Panoramafenstern. Wohin man blickt, Rindenmulch, ordentlich zusammenpassende Verandamöbel und eine tyrannische Aufgeräumtheit, die es in den älteren, eher von Arbeitern bewohnten Städten wie Mt. Judge und West-Brewer nicht gegeben hat.

Ronnie und Thelma Harrison sind in eines dieser bescheidenen neuen Häuser gezogen, als ihre drei Söhne erwachsen waren und ihrer Wege gingen. Alex, der Älteste, ist Elektronikingenieur irgendwo südlich von San Francisco; der mittlere Sohn, Georgie, der in der Schule Probleme mit dem Lesen gehabt hat, versucht in New York als Tänzer und Musiker unterzukommen; und der Jüngste, Ron Junior, ist im County geblieben und hat einen Teilzeitjob als Bauarbeiter, dabei ist er zwei Jahre in Lehigh aufs College gegangen. Thelma beklagt sich nicht über ihre Söhne oder ihr Haus, obwohl Harry beides, Kinder und Haus, enttäuschend findet, enttäuschend mittelmäßig für eine Frau von Thelmas Intelligenz und – nach dem, was er von ihr weiß – Leidenschaftlichkeit.

Thelmas Krankheit, systemischer Lupus erythematodes, hat über die Jahre ein Vermögen gekostet, trotz der Beihilfe von Ronnies Versicherungsgesellschaft. Und wegen dieser Krankheit hat sie ihren alten Beruf als Lehrerin an der Elementary-School nicht wieder aufnehmen können, was sie immer gewollt hatte, sobald ihre Söhne auf und davon wären. Ihr Befinden ist zu unbeständig gewesen, und so ist sie zu Haus geblieben, wo Harry sie meist antreffen konnte. Als er heute mittag von einem Münzapparat in Brewer angerufen hat, wußte er, daß sie abnimmt, und sie hat's getan. Er hat gefragt, ob er rüberkommen kann, und sie hat gesagt, ja, er kann. Sie hat nicht so geklungen, als sei sie glücklich, von ihm zu hören, aber auch nicht unglücklich; bloß resigniert, mehr nicht. Er parkt den Celica am geschwungenen Kantstein vorm Haus, obwohl sie ihm über die Jahre immer die Garage geöffnet und das Tor von innen, von der Küche aus, elektronisch hinter ihm geschlossen hat, um keinen Verdacht zu erregen. Aber jetzt, wo er ebenso krank ist wie sie, wenn nicht kränker, weiß er nicht, wieviel sie noch zu verbergen haben. Die Nachbarschaft ist ausgestorben um die Mittagszeit, bis die Busse die Kinder von der Schule zurückbringen. Ein einzelner jaulender Motor ist irgendwo außer Sicht in Arrowdale zugange, und die Luft ist erfüllt vom alles durchdringenden Vibrieren und Summen des unsichtbaren Verkehrs auf der Maiden-Springs-Straße. Ebenfalls unsichtbar lärmen ein paar Vögel, ganz heiser in ihrer Nestbau-Erregung, obwohl es kaum Bäume in der Siedlung gibt. Eine Wanderdrossel hopst auf dem Stückchen Rasen neben Thelmas Zementweg und wirft sich flügelschlagend in die Luft, als Harry näher kommt. Er erinnert sich gar nicht, daß Drosseln so große grimmige Vögel sind; diese eben hat so groß wie eine Krähe ausgesehen. Er geht zwei gefliese Stufen hinauf, überquert eine kleine Veranda, und Thelma öffnet die Tür, bevor er auf den Klingelknopf drücken kann.

Sie scheint kleiner geworden und ihr Haar grauer. Ihr sprödes, eher unattraktives Gesicht hat immer etwas Angegilbtes gehabt, und dieser Gelbstich ist stärker geworden, Harry sieht das trotz des Make-up, das sie benutzt, um den schmetterlingsförmigen Ausschlag abzudecken, eine Rötung, die die Krankheit ihr, wie eine Wundheit, über die Nase und unter die Augen gelegt hat. Dennoch, die unmittelbare Nähe dieser ihm zutiefst bekannten Frau erregt ihn. Sie küssen sich flüchtig, als sie die Tür geschlossen hat, deren facettierte Glasscheibe von einem heruntergezogenen grünen Rollo verdunkelt ist. Ihre Lippen sind kühl und ein bißchen fettig. Sie verharrt eine Weile in seiner Umarmung, als erwarte sie, daß noch etwas kommt, den Körper in unausgesprochenem Geständnis gegen den seinen geschmiegt.

«Du bist dünn», sagt sie, sich schließlich von ihm lösend.

«Ein bißchen weniger fett», berichtigt er. «Ich habe noch 'ne lange Strecke vor mir, bis die Ärzte und Janice mit mir zufrieden sind.» Es scheint nur natürlich, Janice zu erwähnen, auch wenn er seine Zunge dazu hat zwingen müssen. Thelma kennt die Umstände, hat sie von Anfang an gekannt. Die ganze Affäre ist ihre Idee gewesen, obwohl sie ihm im Lauf der Jahre zur Gewohnheit geworden ist und er sie in seinen Alltag eingebaut hat. Als Thelma von ihm weggeht, ins Wohnzimmer, kommt ihr Gang ihm steif vor, ein bißchen watschelnd; Lupus bringt Arthritis mit sich.

«Janice», wiederholt sie. «Wie geht's denn der Traumfrau?» Er hat ihr mal anvertraut, daß er Janice so nennt, und sie hat es nie vergessen. Frauen vergessen nicht, besonders dann nicht, wenn man sich wünscht, daß sie's täten.

«Oh, unverändert. Sie macht nach wie vor bei allen möglichen Gruppen in Florida mit, sie ist so was wie das Nesthäkchen in unserm Condo, und sie ist eine Schickse. Du würdest sie kaum wiedererkennen, so auf Zack ist sie. Ihr Tennis ist phantastisch, höre ich von Leuten, die selber spielen.»

Er wird zu enthusiastisch, merkt er. «Aber wir waren froh, als wir abreisen konnten. Es wurde kalt. Der März war scheußlich. Hier oben ist man drauf eingestellt und hat die entsprechenden Kleider.»

«Du hast uns gar nichts von deinem Herzanfall erzählt.» Dies «uns» ist eine kleine Retourkutsche dafür, daß er eben so frischweg Janice erwähnt hat. Wir ziehen unsere Ehegesponse hinter uns her wie Schatten, bis ins Bett; sie bewölken die Laken.

«Es schien mir nicht wichtig genug, um damit rumzuprahlen.»

«Der kleine Ron hat es uns gesagt, er kennt einen Jungen, der Nelson kennt. Der Kindernachrichtendienst. Du kannst dir vorstellen, wie mir zumute war, es auf diese Weise zu erfahren. Mein Geliebter stirbt beinah und läßt es mich nicht wissen.»

«Wie hätten wir, ich, wer auch immer, es dich denn wissen lassen sollen. Für so was gibt's keine Grußkarten im Drugstore.»

In den letzten Jahren haben er und Janice die Harrisons immer seltener gesehen. Rabbit und Ron sind zusammen in Mt. Judge zur Schule gegangen und haben in dem Basketball-Team gespielt, das von Marty Tothero trainiert wurde und zwei von ihren drei Jahren auf der Senior-High Ligameister war. Aber er hat Ronnie nie gemocht: er war laut, eklig ehrgeizig, physisch roh und ordinär, hat im Umkleideraum dauernd an sich rumgefummelt, mit Handtüchern um sich geschlagen, die Kids vom Nachwuchsteam terrorisiert. Frauen stoßen sich an dieser Art Wichser nicht so sehr wie Harry. Teil der Faszination, die Thelma für ihn gehabt hat, ist immer gewesen, daß sie diesen Kerl mag, daß sie sich seine sexuellen Praktiken, seine Unflätigkeit gefallen läßt und äußerlich ein so spröder, unattraktiver Lehrerinnentyp bleibt. Unattraktiv stimmt nicht ganz: ausgezogen ist ihr Körper irgendwie besser, als man denkt, solange man sie nur bekleidet kennt. Als sie zum allererstenmal miteinander geschlafen haben, sind ihm ihre Brüste vorgekommen wie die eines Mädchens im *Playboy* – Warzen wie perfekte kleine Klingelknöpfe.

«Was möchtest du trinken?» fragt Thelma. «Kaffee? Bier?»

«Beides ist jetzt tabu für mich. Hast du Diät-Coke oder

Pepsi da?» Er erinnert sich, wie Judy mit zittriger kleiner Stimme *Coke hat's* gesungen hat auf dem langen Zickzackkurs Richtung Küste.

«Ja sicher. Wir trinken selber kaum noch Alkohol, seit wir aus dem Flying Eagle ausgetreten sind.»

«Tretet ihr irgendwann wieder ein?»

«Ich glaube nicht. Wir haben gehört, daß die Beiträge wieder gestiegen sind, was du vielleicht gar nicht bemerkt hast, du bist ja so reich, und dann kommen noch die Reparaturrücklagen für die beiden Grüns nahe der Straße hinzu, die dauernd ramponiert sind. Schon vor drei Jahren hat Ronnie ausgerechnet, daß eine Runde ihn über achtzig Dollar kostet, das ist es nicht wert. Eine ganz neue Clique hat jetzt das Sagen im Eagle, alle jünger als wir, da herrscht jetzt ein neuer Ton. Alles zu yuppiehaft.»

«Wie schade. Mir fehlt was, wenn ich nicht mit dem alten Ronnie spielen kann.»

«Wieso – du kannst ihn doch nicht leiden, Harry.»

«Es hat Spaß gemacht, ihn zu schlagen.»

Thelma nickt, als bestätige sie, das ihre getan zu haben, damit Harry Ronnie schlagen konnte. Aber sie kann nichts dafür, sie liebt diesen Mann, seine sanfte blasse Zerstreutheit und sein kühles hartes Herz, seinen unbeschnittenen Schwanz, seine lässige Art, und hat sich in ihrem langsamen Sterben nicht das Vergnügen versagt, dieser Liebe Ausdruck zu geben, soweit Harry es hat ertragen können. Sie hat ihre stärksten Gefühle für sich behalten, und die Affäre hat ihre Beziehungen zu Gott bereichert, hat ihr etwas gegeben, dessentwegen sie sich sündig fühlen und worüber sie mit Ihm verhandeln kann. Es scheint ihren Lupus zu erklären, wenn sie eine Ehebrecherin ist. Es macht es leichter für Ihn, wenn sie es verdient hat, bestraft zu werden.

Sie geht in die Küche, um die Getränke zu holen. Rabbit durchstreift mit den Augen das Wohnzimmer; bei der Vorbereitung auf seinen Besuch hat sie nicht nur das schmale Rollo an der Haustür heruntergezogen, sondern auch das breite am Panoramafenster. Es tut ihm leid um das Zimmer mit seiner gedämpften begräbnishaften Umstandskrämerei, der Dunkelheit, als könnte sogar das bißchen Licht, das durchs Fenster fällt, in ihre Haut eindringen und die Zerstörung der Zellen beschleunigen. Trotz der Leidenschaftlichkeit, die er an ihr kennengelernt hat und in die sich ein Schuß Herausforderung mischt, als lasse sie es drauf ankommen, verdammt zu werden, pflegt sie einen konventionellen, in dieser Gegend üblichen Einrichtungsstil. Geblümte Polstersessel mit breiten hölzernen Armlehnen, schokoladenbraunes Plüschsofa mit kleinen bestickten Kissen und Schondeckchen aus gilbender Spitze, lackierte Ziertischchen und Taburetts, eine Fußbank, die mit einer alten Wassermühle bemalt ist, zwei gleiche Lampen, auf deren Porzellanfüßen englische Jagdhunde in vergoldeten Ovalen abgebildet sind, eine überreich gemusterte, schlammigtrübe Neokolonialtapete, und auf jeder planen Oberfläche fransenbesetzte Tischläufer und Elfen und Papageien aus Glas und Porzellan und gerahmte Photographien von Babies und graduierenden Söhnen und kleine Teller und Kessel aus gehämmertem Kupfer und Zinn, lauter Staubfänger, die nie mehr umgestellt werden. Abgesehen vom Fernseher, der mit pudrigem graugrünen Gesicht in seinem Nußbaumgehäuse hockt und ein Toupet aus Klöppeldeckchen und Nippeskram trägt, könnte dies Wohnzimmer aus Harrys Jünglingszeit stammen, als er artige Besuche bei jungen Mädchen gemacht hat, deren Mütter aus ihren Küchen traten, sich die Hände an der Schürze abtrockneten und ihn in so erstarrten, vollgestopften Zimmern wie diesem hier begrüßten. Die Häuser, die er mit Janice bewohnt hat, haben im Vergleich dazu etwas Unaufgeräumtes, Unfertiges gehabt, aber wenigstens haben sie ihm Raum zum Atmen gelassen. Dies Zimmer ist so fertig ausstaffiert, daß er das Gefühl hat, hier kann er eigentlich nur tot sein. Es riecht nach all den Versicherungspolicen, die Ron an den Mann gebracht hat, um die Einrichtung zusammenzukaufen.

«Also dann erzähl mal», sagt Thelma, als sie mit einem

runden bemalten Tablett zurückkommt, auf dem zwei hohe Gläser mit sprudelndem dunklem Inhalt stehen und zwei zusammenpassende Schälchen mit Nüssen. Sie setzt das Tablett auf der Glasplatte des Sofatisches ab, die wie ein leerer, langer Bilderrahmen wirkt.

«Es fängt schon mal damit an, daß ich so was nicht anrühren darf – Salznüsse. Noch dazu Macadamianüsse! Das sind die allerschlimmsten, und sie kosten ein Heidengeld. Thel, du bist gemein.»

Er hat sie in Verlegenheit gebracht; ihre gelbstichige Haut versucht zu erröten. Ihr normalerweise mageres Gesicht sieht heute verquollen aus, vielleicht vom Kortison, das sie schluckt. «Ronnie kauft sie. Sie waren zufällig gerade da. Iß sie nicht, wenn du nicht darfst, Harry. Ich hab das nicht gewußt. Ich weiß nicht, wie ich mich verhalten soll mit dir, es ist so lange her.»

«Zwei, drei davon werden mich nicht gleich umbringen», tröstet er sie und nimmt sich aus Höflichkeit ein paar von den Macadamianüssen zwischen die Finger. Nuggets, sie sind wie kleine Nuggets mit einem Pelz aus Salz. Besonders gern hat er es, wenn er eine Nuß ein paar Sekunden im Mund behält und sie sich dann sacht zwischen die überkronten Backenzähne bugsiert: wie sie dann in zwei Hälften bricht und die Bruchflächen sich für seine Zunge glatt wie Glas, wie Babyhaut anfühlen. «Und Cashews auch», sagt er. «Das Zweitschlimmste für mich. Vor allem die trockengerösteten.»

«Ich meine mich zu erinnern, daß du die trockengerösteten besonders gern magst.»

«Ich wette, es gibt so manches, woran du dich erinnerst», sagt er und nimmt einen faden Schluck von seiner Diät-Coke. Erst lassen sie das Kokain weg, dann das Koffein und jetzt den Zucker. Er nimmt sich eine kleine Handvoll Cashewnüsse und lehnt sich zurück; trockengeröstet haben sie eine kleine bittere Schärfe, genau den Beigeschmack von Gift, den er mag. Er hat sich auf den Schaukelstuhl gesetzt, der schwarz lackiert und mit einem roten Schablonenmuster verziert ist und ein an der Rückenlehne festgebundenes, flaches rotgelbes Kissen hat, und sie sitzt auf dem braunen Plüschsofa, läßt sich aber nicht ins Polster sinken, sondern hockt vorn auf der Kante und berührt mit den aneinandergepreßten Knien den Glastisch. Sie haben sich geliebt auf diesem Sofa, das nicht lang genug war, als daß sie sich auf ihm hätten ausstrecken können, aber lang genug, wenn sie beide die Knie anzogen. In gewisser Weise hat er das Sofa einem der Betten vorgezogen, denn sie schien sich in einem richtigen Bett schuldiger zu fühlen, sich nicht so gehen lassen zu können, in einem Bett, das ihre Familie benutzte, und ihr Unbehagen hat sich immer auf ihn übertragen. Wenn er den Tisch wegrückte, konnte er sich neben das Sofa knien und hatte dann den idealen Winkel, um ihre Fotze zu küssen. Weiter, immer weiter, tiefer in ihre Dunkelheit hinein, wo alles zu beben und zu reagieren begann und ans Ziel gelangte. Er liebte es, wenn sie sein Gesicht zwischen ihre feuchten Schenkel klemmte, wie eine Nuß im Nußknakker, und kam. Er hat sich gefragt, ob wohl je ein Mann sich auf diese Weise den Hals gebrochen hat.

Ein Schatten ist über Thelmas Gesicht gehuscht, ein erschrecktes Zucken, als hätte er sie ans bloße Erinnern verwiesen, in die besiegelte und unwiederholbare Vergangenheit, wie die Photographien auf dem stummen Fernsehapparat. Aber er hatte es eher beruhigend gemeint, auf seinem Schaukelstuhl dem einzigen Menschen gegenübersitzend, der ihm in diesen letzten zehn Jahren nichts anderes gegeben hat als das, was er brauchte. Sex. Seelennahrung.

Sie hat die Augen niedergeschlagen, blickt auf das Tablett mit den Sachen, die sie nicht angerührt hat. «Für dich gibt's hoffentlich auch was, woran du dich erinnerst», sagt sie.

«Hab ich grad getan. Mich erinnert. Du machst den Eindruck, als wärst du traurig», sagt er anklagend, denn seine Gegenwart sollte sie fröhlich machen, trotz allem.

«Du bist irgendwie nicht wie sonst. Du bist – vorsichtiger.»

«Mein Gott, das wärst du auch. Ich nehme mir noch ein paar Macadamianüsse, wenn's dich beruhigt.» Er ißt sie eine nach der andern, kaut, genießt es zu fühlen, wie die pelzigen Nuggets sich sanftglatt in seinem Mund teilen, und erzählt ihr dabei von seinem Herzanfall – vom Boot, vom Golf, von der kleinen Judy, davon, wie er am Strand gelegen hat und sich wie eine Qualle vorgekommen ist, vom Krankenhaus, von den Ärzten, ihrem Rat und seinen Anstrengungen, ihn zu befolgen. «Die sind ganz scharf darauf, mich aufzuschneiden und mir einen Bypass zu machen. Aber es gibt eine etwas weniger radikale Möglichkeit, mit der kann man erst mal anfangen, ich soll zu einem Arzt hier im St. Joseph gehen und es in diesem Frühjahr machen lassen. Es heißt Ballondilatation. Man macht einen Schnitt gleich unterhalb der Leiste, da, wo die Arterie ist, und schiebt einen mindestens einen Meter langen Katheter mit einem Ballon an der Spitze ins Herz rauf. So was Ähnliches haben sie in Florida mit mir gemacht, nur daß es kein Ballon war, sondern Kontrastmittel, die sie eingeschleust haben, um festzustellen, wie meine arme alte Pumpe denn nun tatsächlich aussieht. Es ist ein komisches Gefühl: es tut nicht eigentlich weh, aber du fühlst dich sehr merkwürdig, während es gemacht wird, irgendwie demoralisiert, und noch Tage danach ist es schrecklich. Wenn sie das Kontrastmittel reinspritzen, wird die Brust heiß, als wärst du in einem Backofen. Tief innen, es geht zu tief. Als ob du ein Baby bekommst, aber es ist kein Baby, nur eine Menge computerisierte schlechte Nachrichten über deine Kranzgefäße. Bei einer Operation wird das Herz bloßgelegt, aber es schlägt trotzdem weiter, erst sägen sie dir das Sternum durch» – er tippt auf die Mitte seines Brustkorbs und denkt an Thelmas Brüste, an die Warzen, die so perfekt zum Saugen geformt sind und hinter ihrer Bluse warten, darauf warten, daß er den ersten Schritt tut –, «und dann lassen sie dein gesamtes Blut stundenlang durch eine Maschine laufen. Verstehst du, diese Maschine, das bist *du*, solange wie's dauert. Wenn sie stehenbleibt, stirbst du. Ein Kumpel, mit dem ich Golf spiele da unten, hat einen Vierfach-Bypass, eine künstliche Klappe und einen Schrittmacher bekommen, alles in einem Aufwasch, und er sagt, er hat sich nie mehr richtig aufgerappelt, es war, als ob ein Lastwagen über ihn weggebrettert wär und dann zurückgesetzt hat. Und sein Schwung ist seitdem auch ganz furchtbar, er hat ihn nie mehr richtig hingekriegt. Aber das reicht, hm? Was ist mit *dir*, wie steht's mit *deiner* Gesundheit?»

«Wie sehe ich aus?» Sie nippt an der Coke, überläßt aber die Nüsse in ihren Zwillingsschälchen alle ihm. Das Muster des Porzellans tut so, als sei es eine Kreuzstichstickerei: eckige Blumen in Blau und Rosa.

«Gut, für meine Begriffe», lügt er. «Ein bißchen blaß und gedunsen, aber so sehen wir alle gegen Ende des Winters aus.»

«Ich mach's nicht mehr lange, Harry», sagt Thelma und sieht ihn an, bis sein Blick dem ihren begegnet. Augen trüber als bei Pru, aber doch das, was man haselnußfarben nennt, Augen, die alles an ihm gesehen haben, die ihn so gut kennen, wie es Frauenaugen nur möglich ist. Eine Ehefrau fummelt im Dunkeln mit einem rum; einer Geliebten begegnet man bei hellem Tageslicht, gleich auf dem Sofa. Sie hat ihn oft damit geneckt, daß sein Schwanz ein Häubchen aufhat, wenn die Vorhaut noch drübergezogen ist. «Meinen Nieren geht es schlechter, und die Steroiddosis kann nicht mehr erhöht werden. Ich bin so anämisch, daß ich mich nur mit Mühe durch die Gegend schleppe und kaum die Hausarbeit schaffe und mich jeden Nachmittag ein bißchen hinlegen muß – jetzt ist übrigens genau meine Schlafenszeit.» Er macht eine instinktive Bewegung, spannt die Hände fester um die Armlehnen des Schaukelstuhls, um sich hochzustemmen, und ihre Stimme wird laut, fast zornig. «Nein. Geh nicht. Untersteh dich. Herrgott. Erst sehe ich dich fast sechs Monate lang überhaupt nicht, und dann bist du eine Woche hier und machst dir erst jetzt die Mühe, mich anzurufen.»

«Thelma, *sie* ist ständig da, ich kann nicht so ohne weiteres losziehen. Außerdem mußte ich mich erst wieder akklimatisieren. Ich muß jetzt alles vorsichtiger angehen lassen.»

«Du hast mich nie geliebt, Harry. Du hast die Tatsache geliebt, daß ich dich liebe, mehr nicht. Ich beklage mich nicht.

Ich verdiene es nicht anders. Man schafft sich selber seine Strafen, das ist meine ehrliche Überzeugung. Man bekommt im Leben, was man verdient. Gott sorgt dafür. Sieh dir meine Hände an. Ich habe immer hübsche Hände gehabt. Zumindest hab ich gedacht, sie sind hübsch. Und jetzt die Finger – sieh sie dir an! Deformiert. Wenn ich mir den Ehering abziehen wollte, ich bekäme ihn nicht mehr runter.»

Er beugt sich zu ihr, so daß der Schaukelstuhl unter ihm nach vorn kippt, und schaut prüfend auf ihre ausgestreckten Hände. Die Knöchel sind geschwollen und glänzen, und einige der obersten Fingerglieder, da, wo die Nägel sind, knikken in leichtem Winkel zur Seite, aber es wäre ihm nicht aufgefallen, wenn sie ihn nicht darauf hingewiesen hätte. «Du willst deinen Ehering gar nicht abziehen», sagt er. «Soweit ich mich erinnere, seid ihr beide, du und Ronnie, fest aneinandergeleimt. Ihr eßt sogar manchmal den Leim, hast du mir mal erzählt.»

Thelma ist zornig wegen ihrer Hände, und er wehrt sich, als ob sie ihn verantwortlich mache für diese Hände. Sie sagt: «Du hast es immer übelgenommen, daß ich Ronnie eine Ehefrau gewesen bin, während ich gleichzeitig dir zu Diensten war, wann immer es dir gepaßt hat. Aber wie kamst du dazu, mir das anzukreiden, wo du selber doch so fest mit Janice und ihrem Geld verbandelt warst? Ich hab nie versucht, dich ihr wegzunehmen, obwohl es zuzeiten ein leichtes gewesen wäre.»

«Meinst du?» Er läßt den Schaukelstuhl zurückwippen. «Ich weiß nicht, irgendwas an der kleinen dummen Nuß rührt mich immer noch. Sie gibt nicht auf. Sie ist nie richtig dahintergekommen, wie die Welt funktioniert, aber sie versucht's weiter. Jetzt hat sie sich in den Kopf gesetzt, ins Berufsleben einzusteigen. Sie hat sich im Ableger von der Penn-State-Uni an der Pine Street für die Kurse eingeschrieben, die man belegen muß, um die Lizenz als Immobilienmakler zu kriegen. In der Mt.-Judge-High ist sie, glaube ich, nie über ein ‹befriedigend› hinausgekommen, nicht mal in Hauswirtschaftslehre.

Jetzt, wo ich's mir überlege, bin ich sogar sicher, daß sie durchgefallen ist in Hauswirtschaftslehre. Das einzige Mädchen in der Geschichte der Schule.»

Thelma lächelt widerstrebend; ihr gelbliches Gesicht hellt auf im schattigen Wohnzimmer. «Gut so», sagt sie. «Wenn ich gesund wäre, würde ich auch sehen, daß ich rauskomme. Dies Hausfrauendasein – die haben uns ganz schön für blöd verkauft, damals in Hauswirtschaftslehre.»

«Wie geht's Ronnie übrigens?»

«Unverändert», sagt sie, und eine Note der müden, klagenden Musik klingt an, mit der die Frauen des County die Saga von ihren stoisch ertragenen Tagen würzen. «Er hetzt sich jetzt nicht mehr so wegen neuer Kunden ab, macht im Schongang mit den alten weiter. Die Ausbildung der Kinder ist er los, seine einzige finanzielle Belastung bin also ich mit den Arztrechnungen. Nicht, daß er nicht bereit wäre, für den kleinen Ron zu zahlen, wenn der aufs College zurückgehen würde; es ist eine ziemliche Enttäuschung gewesen, daß er das geworden ist, was er ist: eine Art Hippie. Das Merkwürdige ist, daß er von den dreien der Beste in der Schule war. Vermutlich ist ihm alles zu leicht gefallen.»

Harry kennt das schon. Thelma spricht wohlerzogen und betont ruhig, trägt kleine Familiengeschichten vor, wo sie beide doch wissen, daß sie in Wahrheit über etwas ganz anderes reden möchte, ihr altes Thema, das vor einer Minute schon einmal kurz aufgeflackert ist, nämlich, ob er sie liebt oder nicht, oder warum er sie nicht wenigstens genausosehr braucht wie sie ihn. Aber ihre Beziehung ist von Anfang an darauf gegründet gewesen, daß *sie* hinter *ihm* her ist, und in all den Jahren heimlicher Treffen, weiser Entscheidungen, Schluß zu machen, und erregender niedriger Rückfälle in den Sex hat sich nichts am Grundmuster geändert: sie gibt und er nimmt, sie fürchtet das Ende mehr als er und klammert sich an ihn und nimmt sich dies Klammern übel und möchte ihn dafür bestrafen, daß sie es sich übelnimmt, und er zuckt die Achseln und läßt sich weiter von der Sonne ihrer Liebe bescheinen, die jeden Tag aufgeht, ob er da ist oder nicht. Er kann's nicht ganz glauben und muß sie weiter auf die Probe stellen.

«Diese Kinder», sagt er und fällt in einen gutmütig-barschen Ton, als machten sie Konversation in der Öffentlichkeit, anstatt diese heimliche Zweisamkeit hinter heruntergezogenen Rollos in Arrowdale zu genießen, «sie brechen einem das Herz. Du müßtest Nelson sehen, wenn er unten in Florida ist und ein Weilchen mit mir auskommen soll. Der arme Junge war völlig mit den Nerven fertig.»

Thelma macht eine verärgerte Handbewegung. «Harry, du bist nicht der Mittelpunkt des Universums, es kommt dir nur so vor. Glaubst du wirklich, Nelson war deinetwegen nervös?»

«Weswegen sonst?»

Sie weiß etwas. Sie zögert, kann dann aber doch nicht widerstehen, sich ein bißchen dafur zu rächen, daß er ihrer immer so sicher ist, daß er seit einer Woche in Pennsylvania ist und sie erst jetzt angerufen hat. «Ich finde, du mußt Bescheid wissen über Nelson. Meine Jungen sagen, er ist kokainsüchtig. Sie haben alle das Zeug probiert, alle aus dieser Generation, aber sie sagen, Nelson ist regelrecht abhängig. Sie drücken es so aus: nicht er nimmt ab und zu die Droge, sondern die Droge hat *ihn*.»

Harry ist so weit zurückgewippt, wie die Kufen des Schaukelstuhls es zulassen; mit den Füßen berührt er noch den Teppich, und in dieser Haltung verharrt er so lange, daß Thelma es mit der Angst bekommt, weiß sie doch, daß dieser Mann innerlich nicht intakt ist und einen Herzanfall bekommen kann. Schließlich wippt er wieder nach vorn, und sie nachdenklich ansehend, sagt er: «Das erklärt vieles.» Er fischt aus der Seitentasche seines sportlichen grauen Tweedsakkos eine kleine braune Flasche, schüttet sich geschickt eine einzelne winzige Pille in die Hand und steckt sie in den Mund, unter die Zunge. Die Geste hat etwas Gewohnheitsmäßiges, etwas oft Geübtes, Elegantes. «Für Kokain braucht man Geld, nicht?» fragt er Thelma. «Ich meine, man gibt leicht mehrere Hundert dafür aus. Mehrere Tausend.»

Sie bedauert, daß sie es ihm gesagt hat, nun, da die Genugtuung nicht mehr darin liegt, ihm einen Schock zu versetzen, ihm wieder einmal die Augen für ihre Existenz zu öffnen. Sie ist im Grunde ihres Herzens immer noch zu sehr Lehrerin, sie genießt es, Unterricht zu erteilen. «Ich kann nicht glauben, daß Janice es nicht weiß und nicht mit dir darüber gesprochen hat, oder daß Nelsons Frau nicht zu euch gekommen ist.»

«Pru ist ziemlich verschwiegen», sagt er. «Ich sehe die beiden auch gar nicht so häufig. Selbst wenn wir alle gleichzeitig hier sind, sitzen wir doch an entgegengesetzten Enden von Brewer. Janice ist oft drüben im alten Haus ihrer Mutter, aber ich nicht. Sie ist die Eigentümerin, nicht ich.»

«Harry, schau doch nicht so fassungslos. Es sind alles bloß Gerüchte, und in Wahrheit geht's nur ihn etwas an, ihn und seine unmittelbare Familie. Wir tun alle Dinge, die unsere Eltern nicht billigen würden, und sie wissen das und wollen's gar nicht wissen, wenn du verstehst, was ich meine. O Harry, ver*dammt*! Jetzt hab ich dich traurig gemacht, und dabei sehne ich mich so danach, dich glücklich zu machen. Warum läßt du nicht zu, daß ich dich glücklich mache? Warum bist du immer dagegen angegangen?»

«Bin ich nicht. Ich bin nicht dagegen angegangen, Thel. Wir haben es gut miteinander gehabt. Es ist nur – so richtig fürs Glück sind wir eigentlich nie gedacht gewesen, und jetzt –»

«Jetzt, Lieber?»

«Jetzt weiß ich, wie du dich all die Jahre gefühlt hast.»

Sie möchte um seinetwillen, daß er's erklärt, aber er kann nicht, er hat plötzlich einen Anfall von Takt. «Sterblich?» souffliert sie ihm.

«Ja, das ist dicht dran. Verstehst du, alle Dinge werden so dünn, so fadenscheinig, daß man durch sie hindurchsieht.»

«Und ich gehöre dazu.»

«Nicht du. Hör auf damit, laß mich nicht die ganze Zeit

durch immer denselben beschissenen Reifen springen. Was denkst du, warum ich hier bin.»

«Um Liebe zu machen. Mich zu vögeln. Tu's doch. Komm. Was denkst du, warum ich die Tür aufgemacht habe.» Sie hat sich vorgebeugt, über den Tisch hinweg, ihre Knie sind weiß, da, wo sie sich gegen die Glaskante pressen, und in ihrem Gesicht ist der schmelzende irre Ausdruck, den Frauen bekommen, wenn sie entschlossen sind, sich fallenzulassen, zu fikken, allem zum Trotz, was ihm jetzt aber angst macht, weil es die Bereitschaft signalisiert, sich dem Tod hinzugeben.

«Warte. Thel. Laß uns überlegen.» Das Nitroglyzerin hat seinen Weg genommen, und prompt setzt das Jucken ein. Er lehnt sich zurück, versucht, nicht daran zu denken. «Ich soll jede Aufregung vermeiden.»

Irgendwie amüsiert über die Notwendigkeit zu verhandeln, fragt sie: «Hast du mit Janice geschlafen?»

«Ein-, zweimal vielleicht, ich weiß nicht mehr. Das ist wie Zähneputzen, verstehst du, man weiß nicht mehr, hat man oder hat man nicht.»

Sie nimmt das hin und beschließt, ihn zu triezen. «Ich habe Alex' altes Bett für uns hergerichtet.»

«Bislang mochtest du richtige Betten nicht.»

«Ich bin inzwischen sehr emanzipiert», sagt sie lächelnd, seinen Ausflüchten so viel Vergnügen abgewinnend, wie sie nur kann.

Es reizt ihn, sich Thelma nackt im Bett vorzustellen: ihr talgblasser willfähriger Körper, ihre Brüste, die drei Babies, drei Söhne, genährt haben und mindestens zwei Männer, aber keusch und rosig aussehen wie die Daumenkuppen eines kleinen Kindes, nicht so knubbelige, zerkaute dunkle Warzen, wie Janice sie hat; ihr Hintern, der sich ganz glatt anfühlt und nicht feinsandig wie der von Janice; ihr Schamhaar rötlich und nicht sehr dicht, so daß man die Spalte sieht, anders als bei Janice und deren dickem Busch; ihr schamloser, gleich zur Sache kommender Mund, ihr freimütiger heiterer Hunger, ihre Belustigung darüber, immer wieder in die

Falle der Begierde zu gehen, ihre Großzügigkeit, ihm das nicht übelzunehmen in all den Jahren des Hin und Her und Ein und Aus. Aber dann denkt er an Ronnie – wer weiß, wo dieser widerliche Sack überall seinen Schwengel reingehängt hat, Rabbit glaubt nämlich nicht, daß er so treu ist, wie Thelma annimmt, nicht nach dem, wie er sich im Umkleideraum aufgeführt hat und wie er Ruth gevögelt hat, bevor Harry dran war, und wie er sich Cindy gekrallt hat, damals in der Karibik –, und er denkt an Aids. Dies unvorstellbar kleine Virus, das in unseren Säften zirkuliert, sogar in einem Tropfen Spucke oder Fotzenschleim, und mit seinen kleinen Picken unsere Antikörper knackt, so daß unser Organismus aus dem Gleichgewicht gerät und wir der Lungenentzündung, der Auszehrung anheimfallen. Liebe und Tod, sie lassen sich nicht mehr voneinander trennen. Aber er kann Thelma das nicht sagen. Es wäre so, als spucke er ihr ins weit offene Gesicht.

Sie merkt von allein, daß er nicht in der richtigen Verfassung ist. «Noch eine Coke?» fragt sie. Er sieht, daß er das ganze Glas ausgetrunken und gedankenlos die fettigen, natriumhaltigen Nüsse aus beiden Schälchen weggeputzt hat.

«Nein. Ich muß dringend los, aber laß mich noch ein Weilchen hier sitzen. Es ist eine solche Wohltat, mit dir zusammenzusein.»

«Wieso – es scheint doch, daß ich Ansprüche stelle, wie alle andern.»

Ein kleiner Schmerzblitz flackert ihm über die Brust und hindert ihn daran, richtig durchzuatmen. Ansprüche aller Art lasten drückend auf ihm. Jetzt noch eine sexuell unbefriedigte Geliebte: eine weitere Last. Aber er lügt: «Nein, du nicht. Du bist immer die reine Freude gewesen, Thel. Ich weiß, es hat dich viel gekostet, aber du warst großartig.»

«Harry, *bitte*. Nicht diese weinerlichen Töne. Du bist noch jung. Wie alt? Fünfundfünfzig? Noch nicht mal überm Tempolimit.»

«Sechsundfünfzig seit zwei Monaten. Für manche ist das

kein Alter, so 'n stämmiger kleiner Grobsack wie Ronnie, für den ist das nichts, der macht noch ewig so weiter. Aber wenn man so groß ist wie ich und so lange Jahre Übergewicht gehabt hat, dann wird das Herz irgendwann müde, all den Ballast mit rumzuschleppen.» Ihm geht auf, daß er sich ein bestimmtes Bild von seinem Herzen gemacht hat, er stellt es sich als einen widerspenstigen Gefangenen in seiner Brust vor, als Galeerensklaven oder eines der geblendeten Pferde, die Mühlräder drehen. Er fühlt, daß Thelma ihn auf eine neue Weise betrachtet – nüchtern, mit einem unbeteiligten, taxierenden Blick, der weit entfernt ist von dem schmelzenden, irren Ausdruck von vorhin. Er hat sich etwas verscherzt, weil er sie nicht fickt: er hat sein Ansehen bei ihr eingebüßt, und sie schreibt ihn gerade ab, ohne es selbst zu merken. Das ist nur fair. Er hat sie, wegen ihres Lupus, schon vor langer Zeit abgeschrieben. Wenn sie gesund gewesen wäre, warum hätte er Janice ihretwegen nicht verlassen sollen in diesen letzten zehn Jahren? Statt dessen hat er alle Öffnungen benutzt, die sie hat, und ist dann im jeweiligen Toyota, dem Modell, das er im betreffenden Jahr gerade fuhr, zu Janice und ihrer sturen stumpfsinnigen Gesundheit zurückgeeilt. Was ist bloß dran an Janice? Muß was Religiöses sein, das Band zwischen ihnen, macht sonst so gar keinen Sinn.

Zwei kränkelnde alte Freunde, so sitzen er und Thelma noch eine halbe Stunde beisammen; sie reden über Symptome und Kinder und nehmen die Geschicke gemeinsamer Bekannter durch – Peggy Fosnacht tot, Ollie unten in New Orleans, soweit sie weiß, Cindy Murkett fett und unglücklich, arbeitet in einer Boutique im neuen Einkaufszentrum draußen bei Oriole, Webb zum viertenmal verheiratet, mit einer Mittzwanzigerin, ist aus dem schicken modernen Haus in Brewer Heights mitsamt seinem selbstgetischlerten Zeug ausgezogen und wohnt jetzt im Süden des County, bei Galilee, in einem alten Farmhaus aus Stein, das er vollständig renoviert hat.

«Dieser Webb. Was er tun will, das tut er auch. Der weiß wirklich, wie man lebt.»

«Finde ich nicht. Aber ich war nie so beeindruckt von ihm wie du und Janice. Ich habe ihn immer für einen Klugschwätzer, einen Alleswisser gehalten.»

«Du glaubst, Janice war von ihm beeindruckt?»

Thelma ist leicht nervös und weicht seinen Augen aus. «Na, zumindest hat's die eine Nacht gegeben. Sie hat sich am nächsten Morgen nicht beschwert.» Die Rede ist von einer Urlaubsnacht in der Karibik, als die drei Paare getauscht haben und Janice Webb bekam, Ronnie Cindy und er, zu seiner Enttäuschung, Thelma. In der Nacht hat sie ihm gesagt, daß sie ihn seit Jahren liebt.

«Ich mich auch nicht», sagt er galant, obwohl er sich hauptsächlich daran erinnert, wie müde er am andern Morgen war und wie verrückt ihm das Golfspiel, der Platz vorkamen, mit absurdem Dschungeldickicht und tiefen Korallenhöhlen gleich neben den Fairways.

Sie nickt, sich sarkastisch für das Kompliment bedankend, und zu einem früheren Punkt ihrer Unterhaltung zurückkehrend, sagt sie: «Was das Sterblichsein angeht – ich vermute, es wirkt sich auf jeden anders aus, aber für mich hat's nie Dezimierung, Ausdünnung bedeutet. Lebendig zu sein, ganz gleich, wie krank ich mich fühle, ist ein absolutes Recht bis zum Ende. Man ist absolut lebendig, und wenn man's nicht mehr ist, ist man absolut etwas anderes. Geht ihr je in die Kirche, du und Janice?»

Nicht allzu überrascht – Thelma ist auf ihre Art immer religiös gewesen, das paßt zu ihrer konventionellen Einrichtung und ihrer heimlichen Sinnlichkeit – antwortet er: «Eigentlich kaum. Die Kirchen da unten haben so was südstaatenhaft Volkstümelndes. Und die meisten unserer Freunde sind jüdisch.»

«Ronnie und ich gehen jetzt jeden Sonntag hin. Eine dieser neuen Glaubensgemeinschaften, die aufs Fundamentale zurückgehen. Du weißt schon – wir sind verloren, und wir sind gerettet.»

«Ach ja?» Diese Außenseiter-Sekten deprimieren Harry.

Die moderigen alten Konfessionen haben doch wenigstens so was wie Geschichte.

«Ich glaube daran, manchmal», sagt sie. «Es hilft gegen die Panik, wenn man an all das denkt, was man nie mehr machen wird, Dinge, von denen man immer vage gedacht hat, irgendwann macht man sie vielleicht. Zum Beispiel nach Portugal fahren oder seinen Magister machen.»

«Na, aber einiges *hast* du gemacht. Du hast Ronnie und mich drangekriegt und mich nicht zu knapp, wenn ich das mal so sagen darf, und du hast drei Söhne großgezogen. Und nach Portugal kannst du immer noch. Es soll relativ billig sein. Das einzige Land drüben, in das ich je gewollt habe, ist Tibet. Ich kann mir nicht vorstellen, daß ich nie dahin kommen soll. Oder daß ich nie Testpilot werde, was ich gewollt hab, als ich zehn war. Wie du gesagt hast, ich denke immer noch, ich bin der Mittelpunkt des Universums.»

«Ich habe das nicht unfreundlich gemeint. Es hat Charme, Harry.»

«Außer vielleicht für Nelson.»

«Auch für ihn. Er würde nicht wollen, daß du anders bist, als du bist.»

«Hier ist eine Frage für dich, Thel. Du bist doch so klug. Was ist mit dem Dalai Lama?»

In der nüchternen, taxierenden Stimmung, in der sie ist, dürfte eigentlich nichts sie überraschen, aber sie lacht. «Es gibt ihn noch, oder? Kommt er nicht manchmal in den Nachrichten vor, jetzt wo die Tibeter wieder meutern? Warum fragst du, Harry? Bist du neuerdings ein Anhänger von ihm? Ist das der Grund, weshalb du nicht in die Kirche gehst?»

In diesem Punkt mag er nicht gehänselt werden; er steht auf. «Ich habe mich immer sozusagen mit ihm identifiziert. Er ist ungefähr in meinem Alter, ich möchte ihm gern auf der Spur bleiben. Ich hab das Gefühl, dies wird ein gutes Jahr für ihn.» Der Schaukelstuhl wippt ihm hinten gegen die Waden, und er fühlt sich benommen von den Medikamenten.

«Danke für die Nüsse», sagt er. «Es gibt noch eine Menge, was wir sagen könnten.»

Sie steht auch auf, stemmt sich steif gegen den plüschigen Klettgriff des Sofas, geht mit ihrem arthritischen Watschelschritt um den Tisch herum und plaziert ihren Körper dicht an den seinen, ihr Gesicht an seinem Revers. Mit der anmaßenden Feierlichkeit von Frauen, die man gefickt hat, sieht sie zu ihm auf und sagt drängend: «Glaub an Gott, Liebling. Es hilft.»

Er krümmt sich innerlich. «Ich glaube nicht *nicht*.»

«Das ist nicht genug, fürchte ich, Harry, Liebling.» Ihr gefällt der Klang von «Liebling». «Bevor du gehst, laß mich ihn wenigstens sehen.»

«Wieso, wen?»

«Ihn, Harry. Dich. Mit dem Häubchen.»

Thelma kniet sich nieder in ihrem rüschigen, dumpfen, trüben Wohnzimmer und öffnet den Reißverschluß seiner Hose. Er spürt die sachliche kühle Berührung ihrer Finger und sieht die grauen Haare auf ihrem Kopf, die strahlenförmig vom Scheitel ausgehen, und sein Herz rast in Erwartung ihres warmen Mundes wie in den alten Tagen.

Aber sie sagt nur: «Einfach süß» und stopft ihn, halb steif, in die Jockey-Shorts zurück, zieht den Reißverschluß zu und rappelt sich wieder auf die Füße. Sie ist ein bißchen außer Atem, wie nach einer Hausfrauenarbeit. Er umarmt sie, und diesmal ist er es, der nicht loslassen will.

«Der Grund, warum ich Janice nie verlassen habe und es auch nie kann», gesteht er, plötzlich den Tränen nah, weinerlich, wie sie gesagt hat, «ist, daß ich ohne sie einen Dreck wert bin. Als Arbeitskraft komme ich nicht mehr in Frage, ich bin zu alt. Das einzige, was mir noch bleibt, ist, ihr Ehemann zu sein.»

Er erwartet Mitgefühl, aber vielleicht hat er Janice jetzt einmal zuviel erwähnt. Thelma erstirbt irgendwie in seinen Armen. «Ich weiß nicht», sagt sie.

«Was weißt du nicht?»

«Ob du noch mal herkommen sollst.»

«O bitte, laß mich wiederkommen», bettelt er, perverserweise endlich in Stimmung für dies Treffen und durch sie erregt. «Ohne dich habe ich kein Leben mehr.»

«Vielleicht will die Natur uns etwas sagen. Wir sind zu alt, um weiter Dummheiten zu machen.»

«Nie, Thelma. Nicht du und ich.»

«Du willst mich doch gar nicht.»

«Ich will dich, ich will nur Ronnies kleine Viren nicht.»

Sie stößt ihn gegen die Brust, um sich aus seiner Umarmung zu befreien. «Ronnie ist völlig in Ordnung. Er ist genausowenig ansteckend wie ich.»

«Ja klar, versteht sich, daß du das sagst, wo ihr beide dauernd miteinander schlaft. Aber davor habe ich gerade Angst. Ich sage dir, Thelma, du kennst ihn nicht. Er ist ein Irrer. Du siehst das nicht, weil du seine loyale Ehefrau bist.»

«Harry, ich glaube, wir haben einen Punkt erreicht, wo es nur schlimmer wird, wenn wir weiterreden. Sex ist nicht mehr so, wie er mal war, darin hast du recht. Wir müssen alle mehr aufpassen. *Du* mußt aufpassen. Putz dir schön die Zähne, ich putz meine.»

Erst als er draußen auf Thelmas Zementweg steht und die Tür mit dem heruntergezogenen Rollo und der facettierten Glasscheibe hinter ihm ins Schloß gefallen ist, kapiert er die Anspielung mit dem Zähneputzen. Wieder so eine Spitze gegen ihn und Janice. Man kann mit Frauen nicht offen reden, sie haben ein Gedächtnis wie das FBI. Die Wanderdrossel ist immer noch da auf dem kleinen Rasen. Vielleicht ist sie krank, die Tiere um uns her haben alle genauso ihre Krankheiten, ihre Heimsuchungsgeschichten. Die Drossel sieht Rabbit mit rundem, glänzendem Auge an und hüpft ein Stück weiter in Thelmas mattem Aprilgras, hält es aber für unter ihrer Würde, die Flügel zu benutzen. Drossel, hüpf. Das kühne Gelb des Löwenzahns ist diese Woche hervorgekommen und hat sich zu dem der Narzissen und Forsythien gesellt. Lockfarbe. Blumen locken Bienen an, wie wir uns gegenseitig anlocken. Unsere Signale. Gerüche. An Gott glauben. Wenn er nur wieder in ihrem Haus wäre – er würde sie ficken trotz der Gefahr. Statt dessen findet er Sicherheit im Innern seines grauen Celica; als er davonrollt, brechen die heimkehrenden rumpelnden gelben Schulbusse in die Stille von Arrowdale und entlassen an jeder Ecke der gewundenen Straßen lärmende, schrillende Kinder.

DER TOYOTA-TOUCH steht auf großem blauem Transparent in den Schaufenstern von Springer Motors an der Route 111. *36 Monate / 50000 km. Begrenzte Garantie auf alle neuen Modelle* verkündet ein kleineres Plakat, und ein drittes ruft: *Ganz neue Cressidas. Kraftvoller neuer 3,0-Liter-Motor. 190 PS. Vierganggetriebe mit elektronisch gesteuertem Overdrive. Neue Lenkradsicherheitsblockierung.* Nelson ist, zu Harrys beträchtlicher Erleichterung, nicht da. Heute ist Dienstag, ein Tag, an dem nie viel los ist, und die beiden Verkäufer im Verkaufsraum sind junge Männer, die er nicht kennt und die ihn nicht kennen. Einiges hat sich geändert seit letztem November. Nelson hat den Bürobereich in leuchtenderen Farben streichen lassen, in Rosa- und Grüntönen, wie ein chinesisches Teehaus, und er hat die alten vergrößerten Zeitungsphotos von der Wand genommen, die Harry in seinen ruhmreichen Zeiten als Basketballstar zeigen, mit den Schlagzeilen, in denen er «Rabbit» genannt wird.

«Mr. Angstrom ist gegen ein Uhr zum Lunch gegangen und hat gesagt, daß er am Nachmittag eventuell nicht wieder reinkommt», teilt ihm ein dicklicher Verkäufer mit. Die Schreibtische von Jake und Rudy haben immer mitten im Getümmel gestanden, an der Wand in Richtung der Disco, die pleite gemacht hat und wo gegen Ende der siebziger Jahre ein Geräteverleih-Center aufgemacht worden ist. Nelsons gloriose Idee war es, diese Schreibtische wegzuräumen und an der Wand gegenüber eine Reihe nach oben offener Kabäuschen zu installieren, wie Sitznischen in einem Restaurant. Möglicherweise schafft das im kitzligen Moment, wenn es darum geht, die Papiere zu unterzeichnen, eine größere Intimität zwischen Verkäufer und Kunden, aber die Nischen wirken abgekapselt vom allgemeinen Geschäftsbetrieb und sind dem Lärm aus der Servicewerkstatt ausgesetzt. In dieser Richtung, weiter hinten, zum Fluß und nach Brewer hin, erstreckt sich der gammelige, ungepflasterte Teil des Firmengeländes, der in Harrys Phantasie immer «Paraguay» gewesen ist, Paraguay, das in der Realität gerade seinen alten Diktator mit dem deutschen Namen losgeworden ist, wie Harry in der Zeitung gelesen hat.

«Ja nun», klärt er diesen dicken Fremden auf, «ich bin auch Mr. Angstrom. Gibt es hier jemanden, der sich auskennt?» Er meint es nicht so, er will nicht grob sein, aber was Thelma ihm entdeckt hat, ist ihm furchtbar in die Glieder gefahren; er fühlt, wie sein Herz rast und sein Magen sich mit der Verdauung der Nüsse abquält.

Ein anderer junger Verkäufer, ein dünnerer, kommt aus einem Kabäuschen am Paraguay-Ende auf sie zu, und er sieht, daß es kein Mann ist. Er hat sich täuschen lassen vom straff hinter die Ohren gekämmten Haar und dem gelbbraunen Trenchcoat, den sie übergezogen hat, um auf den Platz hinauszugehen zu einem Kunden. Eine Frau. Eine Frau, die Autos verkauft. Wie in dem Toyota-Werbespot, nur daß diese hier weiß ist. Er bemüht sich, sein Gesicht unter Kontrolle zu halten, damit es seinen Chauvinismus nicht verrät.

«Ich bin Elvira Ollenbach, Mr. Angstrom», sagt sie und streckt ihm eine schmale harte Hand hin, die sich, nach Thelmas pappiger kalter Berührung vor einer halben Stunde, heiß anfühlt. «Ich wüßte auch ohne die Photos, die Nelson bei sich hängen hat, daß Sie sein Vater sind. Sie sehen genauso aus wie er, besonders um den Mund herum.»

Macht sich die Person über ihn lustig? Sie ist eine dünne, sehnige junge Frau, übertrainiert, wie es heute so viele sind, hat tiefe knochige Augenhöhlen, eine tiefe Geradeaus-Stimme, schmale Lippen, die mit einem hellen, lumineszierenden Rosa nachgezogen sind, als wären sie mit Leuchtstreifen beklebt, und einen überschlanken Hals, der ihre Kinnpartie ausladend erscheinen läßt: der Unterkiefer zieht sich breit von einem entblößten weißen abstehenden Ohr zum andern und läuft unter jedem Ohrläppchen in einer harten Spitze aus. Sie trägt goldene Ohrclips, die wie Schneckenhäuser geformt sind. «Ich nehme an, Sie haben den Job hier gekriegt, nachdem ich das letzte Mal hier war», sagt er.

«Ich bin erst seit Januar hier», sagt sie. «Aber davor war ich drei Jahre bei Datsun an der Route 819.»

«Wie gefällt es Ihnen denn in der Autobranche?»

«Es gefällt mir sehr», sagt Elvira Ollenbach, mehr nicht. Sie lächelt nicht viel, und ihre Augen haben etwas Insistierendes.

Er geht das Risiko ein und sagt: «Normalerweise denkt man nicht, daß das was für Frauen ist.»

Es kommt ein bißchen Leben in sie. «Ich weiß! Ist das nicht merkwürdig, wo es doch wirklich auf der Hand liegt? Die Frauen, die hier reinkommen, fühlen sich nicht so eingeschüchtert, und die Männer genieren sich nicht so zu zeigen, daß sie keine Ahnung haben. Einem Mann gegenüber *würden* sie sich genieren. Ich find's toll. Mein Vater war ein Autonarr, und ich schlage ihm vermutlich nach.»

«Macht alles Sinn», gibt er zu. «Ich weiß nicht, warum es so lange gedauert hat, bis es dazu gekommen ist. Daß Frauen Autos verkaufen, meine ich. Wie läuft das Geschäft denn?»

«Es ist ein gutes Frühjahr bis jetzt. Der Camry geht fabelhaft, und der Corolla verkauft sich natürlich weiterhin ganz gut, aber wir haben überraschend viel Glück mit den Luxusmodellen gehabt, verglichen mit dem, was wir von anderen Händlern hören. Es geht mit der Wirtschaft in Brewer bergauf, nach all den Jahren. Die alten Industriezweige sind stillgelegt worden, und die neuen, die kleinen spezialisierten und die Hightech-Betriebe, sind immer mehr im Kommen, und die Großmärkte, die ab Werk verkaufen, haben natürlich enormen Anklang gefunden. Die haben überhaupt den Grundstein zu dieser ganzen Erneuerung gelegt.»

«Super. Wie sieht's mit den Gebrauchtwagen aus, flau?»

Ihre tiefliegenden Augen – trüb wie Nelsons, aber nicht verdrossen und beleidigt – blicken verdutzt auf. «Wieso, nein, überhaupt nicht. Einer der Gründe für Nelson, noch jemanden einzustellen, war, daß er sich selber mehr mit den Gebrauchtwagen befassen und nicht mehr so viele einfach so lieblos verramschen wollte. Hier war früher jemand, der hat sich darum gekümmert, ein Mann mit einem griechischen Namen –»

«Stavros. Charlie Stavros.»

«Genau. Und seit der hier ausgeschieden ist, hat Nelson das Gefühl, daß die Gebrauchten sich selbst überlassen waren. Nelsons Philosophie ist, wenn man dem Käufer mit niedrigem Einkommen, also dem jungen oder dem einer Minderheit zugehörigen, nicht mit einem Wagen entgegenkommt, den er sich leisten kann, hat man einen potentiellen Kunden für ein neues Hochpreis-Modell fünf oder zehn Jahre später verloren.»

«Klingt vernünftig.» Sie scheint fürchterlich eingenommen zu sein von Nelson, dies Mädchen. Mädchen, sie wird dreißig sein oder drüber, soweit er's überhaupt beurteilen kann, jede unter vierzig kommt ihm wie ein Teenie vor.

Der rundliche Verkäufer, der, der wirklich ein Mann ist – ein angenehmer, geläufiger italienischer Typ, Brewer bringt immer noch ein paar davon hervor, mit heiseren Stimmen, behaarten Handgelenken und altmodisch geschnittenen Frisuren, sehr kurz über den Ohren –, fühlt sich verpflichtet, seinen Senf dazuzugeben. «Nelson hat die Gebrauchten wirklich auf Trab gebracht. Anzeigen im *Standard*, Preise mit Rasierschaum auf die Windschutzscheibe gesprüht und alle zwei, drei Tage runtergesetzt. Rabatt bei Barzahlung. Manche Leute schauen jeden Tag rein und sehn, ob's ein Schnäppchen gibt.» Aus Übereifer rückt er einem zu nah auf die Pelle und spricht überstürzt; seine Wangen könnten eine Rasur gebrauchen und sein Atem ein paar Pfefferminzpastillen. Knoblauch – sie würzen alles damit.

«Rabatt bei Barzahlung, aha», sagt Harry. «Wo *ist* Nelson überhaupt?»

«Er hat gesagt, er muß sich ein bißchen entspannen», sagt Elvira. «Er wollte weg von den Anrufen.»

«Anrufe?»

«Irgendein Mann ruft ihn dauernd an», sagt Elvira. Ihre Stimme flaut ab. «Er klingt wie ein Ausländer.» Harry gewinnt langsam den Eindruck, daß sie nicht so clever ist, wie sie anfänglich gewirkt hat. Ihre insistierenden Augen kriegen offenbar etwas von seinen Gedanken mit, denn sich verteidigend fügt sie hinzu: «Ich sollte das vielleicht überhaupt nicht erwähnen, aber wo Sie doch sein Vater sind...»

«Hört sich nach einem unzufriedenen Kunden an», sagt Rabbit, um ihr aus der Patsche zu helfen.

«Davon gibt es nicht viele bei Toyota», beeilt sich der andere Verkäufer zu sagen. «Jahr für Jahr bringt die Firma die pflegeleichtesten Fahrzeuge auf den Weg, mit einer reparaturfreien Langlebigkeit, die absolut sensationell ist.»

«Mich müssen Sie nicht überzeugen, ich bin's schon», sagt Harry.

«Ich komme leicht ins Schwärmen. Mein Name ist übrigens Benny Leone, Mr. Angstrom. Eigentlich Benedict Leone. Ist mir ein Vergnügen, Sie hier zu begrüßen. Nelson hat uns gesagt, Sie hätten dem Autogeschäft glücklich den Rücken gekehrt.»

«Ich hab mich *halb* zurückgezogen.» Wissen die beiden, fragt er sich, daß Janice die rechtmäßige Besitzerin von all dem hier ist? Er vermutet, daß sie ziemlich genau im Bilde sind. Die meisten Menschen im Leben sind's. Die Leute wissen mehr, als sie sich anmerken lassen.

Benny sagt: «Man kriegt die idiotischsten Anrufe, wenn man in diesem Geschäft ist. Nelson sollte sich davon nicht ins Bockshorn jagen lassen.»

«Nelson nimmt alles zu ernst», fügt Elvira hinzu. «Ich sage ihm immer: Nimm dir doch nicht alles so zu Herzen, aber er kann nicht anders, er geht nervlich auf dem Zahnfleisch.»

«Er war immer ein sehr engagierter Junge», sagt Harry. «Wen gibt es sonst noch hier, außer euch beiden? Apropos sich selbst überlassen –»

«Wir haben noch Jeremy», sagt Benny. «Er ist in der Regel von Mittwoch bis Samstag hier.»

«Und Lyle ist da», sagt Elvira, und ihr Blick schweift zur Seite, dorthin, wo ein Paar in verwaschenen Jeans durchs funkelnde Meer von Toyotas streift.

«Ich dachte, Lyle ist krank», sagt Harry.

«Er hat gerade eine Phase, wo es ihm bessergeht», sagt Benny, und sein Gesicht bekommt einen vorsichtigen Ausdruck wie vielleicht Harrys vorhin, als er sich bemüht hat, in Elviras Augen nicht als Chauvi zu erscheinen. Elvira, in ihrem Fühlingstrench, hat sich plötzlich entfernt, geht hinaus ins Helle, wo die beiden potentiellen Käufer lungern.

«Freut mich, das zu hören», sagt Harry und fühlt sich nicht mehr so eingeengt und steif, jetzt, wo er nur noch mit Benny redet. «Ich wußte nicht, daß es einem bei dieser Krankheit auch bessergehen kann.»

«Nicht auf die Dauer.» Die Stimme des Mannes klingt jetzt rauher, fast eine Spur gangsterhaft, als hätte die Gegenwart der Frau auch ihn eingeengt.

Harry macht eine knappe Kopfbewegung zur Tür hin. «Wie macht sie sich *wirklich?*»

Benny rückt ihm noch einen Zoll dichter auf den Leib und vertraut ihm an: «Sie hat die Leute fast soweit, dann wird sie plötzlich unnachgiebig und läßt das Geschäft platzen. Als hätte sie Angst, wir andern könnten sagen, sie ist zu weich.»

Harry nickt. «Deswegen geben Frauen ja auch so knickerige Trinkgelder. Geld jagt ihnen Angst ein. Trotzdem», sagt er, loyal den sich ändernden Zeiten und den Erneuerungen seines Sohnes gegenüber, «ich finde, es ist eine gute Idee. Wie weibliche Geistliche. Sie kommen an bei den Leuten.»

«Ja», räumt der kleine Mann mit dem wabbeligen Doppelkinn vorsichtig ein, «bringt ein bißchen Schwung in den Laden. Ist mal was anderes.»

«Was sagten Sie, wo Lyle ist?» Er wüßte gern, wieviel die beiden, im Bestreben, Nelson zu schützen, vor ihm verbergen. Ihm ist aufgefallen, daß sie sich mit Blicken Zeichen gemacht haben, während sie redeten. Ein Labyrinth von Heimlichkeiten, diese Autovertretung, die er nach seinen eigenen Vorstellungen aufgebaut hat, seit 1975, als der alte Springer plötzlich, eines Sommertags, paff gemacht hat wie ein überhitztes Thermometer. Enorm viel Stress beim Autogeschäft. Unsichere Sache, aber was soll man machen, man hat nun mal den ganzen Bestand am Hals.

«Vor zehn Minuten war er in Nelsons Büro.»

«Benutzt er denn nicht das von Mildred?» Harry erklärt: «Mildred Kroust hat hier viele Jahre die Buchführung gemacht, da waren Sie noch ein kleiner Junge.» In Sachen Springer Motors ist er mittlerweile ein Historiker geworden. Er weiß noch, wie dieser Geräteverleih weiter oben an der Straße eine große Leuchtreklame trug, die DISCO verkündete und früher ein Mister Peanut mit Gamaschen und Zylinder war, der sein Neonstöckchen schwang.

Aber Benny scheint schon genug zu wissen. Er sagt: «Das ist jetzt eine Art Konferenzzimmer. Da steht eine Couch drin für den Fall, daß jemand sich mal ein bißchen hinlegen muß. Lyle hat sie immer benutzt, aber jetzt arbeitet er hauptsächlich zu Hause, wegen seiner Krankheit.»

«Wie lange hat er die schon?»

Benny bekommt wieder seinen vorsichtigen Blick und sagt: «Ein Jahr mindestens. Man kann dies HIV-Virus fünf oder zehn Jahre in sich haben, bevor man's überhaupt merkt.» Seine Stimme wird wieder heiserer, er kommt noch näher heran. «Ein paar von den Mechanikern haben gekündigt, als Nelson ihn als Buchhalter eingestellt hat, bei seinem Zustand, aber das muß man Nelson lassen, er hat ihnen gesagt, nur zu, sie sollen ruhig kündigen, wenn sie so abergläubisch sind. Er hat genau erklärt, daß und warum man sich beim losen alltäglichen Kontakt nicht anstecken kann, und hat gesagt, die Entscheidung liegt ganz bei ihnen.»

«Wie hat Manny darauf reagiert?»

«Manny? Ah ja, Mr. Manning von der Service-Abteilung. Wenn ich das richtig sehe, war das der Grund, weshalb er schließlich gegangen ist. Ich habe gehört, er hat sich bei anderen Vertretungen umgesehen, aber in seinem Alter ist es schwer, noch mal unterzukommen.»

«Sie sagen es», sagt Harry. «He, sieht so aus, als ob da draußen noch ein Kunde wär, Sie gehen besser raus und helfen Elvira.»

«Laß sie kucken, ist meine Devise. Wenn sie's ernst meinen, werden sie schon reinkommen. Elvira legt sich zu sehr ins Zeug.»

Rabbit geht durch den Ausstellungsraum, am Performance-Board, dem Ersatzteillager-Fenster und dem mit einem großen Querriegel bewehrten Eingang zur Werkstatt vorbei, zu der grünen Tür, die in alte, unregelmäßig geriffelte, jetzt staubigrosa gestrichene Holzfaserplatten eingelassen ist und in den Raum führt, der mal sein Büro gewesen ist. Elvira hat recht gehabt; die Vergrößerungen seiner Basketball-Schlagzeilen und Zeitungsausschnitte sind nicht weggeworfen worden, sondern hängen alle hier an Nelsons Wänden, wo der Junge sie sich jeden Tag ansehen muß. Ferner hängen hier die Kiwanis- und Rotary-Plaketten, eine lobende Erwähnung der Handelskammer von Groß-Brewer und ein Playboy-Kalender, dessen April-Mädchen als nacktärschiges Osterhäschen aufgezäumt ist – Harry ist sich nicht sicher, ob das Bild so ganz den Ton trifft, aber zumindest besagt es, daß nicht die gesamte Vertretung schwul geworden ist.

Lyle erhebt sich hinter Nelsons Schreibtisch, bevor Harry im Zimmer ist. Er ist sehr dünn. Er trägt einen dicken roten Sweater unterm grauen Jackett. Er streckt eine skelettdürre bläuliche Hand aus und lächelt unerwartet breit; seine Zähne wirken monströs groß in dem eingeschrumpften Gesicht. «Hallo, Mr. Angstrom. Ich wette, daß Sie sich nicht an mich erinnern.»

Er kommt Harry tatsächlich bekannt vor, ganz von fern,

wie jemand, gegen den man vor vierzig Jahren Basketball gespielt hat. Sein Schädel ist sehr schmal, die kurzgeschnittenen Haare sind so gleichmäßig blond, daß sie gefärbt aussehen; die buchhaltermäßige Halbbrille auf seiner Nase hat ein Gestell aus dünnem Golddraht. Er ist so bleich, daß Licht durch seine Haut zu dringen scheint. Blinzelnd ergreift Harry die ausgestreckte Hand, schüttelt sie kurz und versucht, nicht an die kleinen HIVs zu denken, die, kompliziert wie winzige Raumschiffe, in seine Handfläche hinübergleiten, an seinem Handgelenk, seinem Arm hinauf in seine Achselhöhle, und sich durch die Schweißporen dort einen Weg in sein Blut bahnen. Er wischt sich die Hand seitlich am Jackett ab und hofft, daß es so aussieht, als klopfe er sich auf die Tasche.

Lyle klärt ihn auf: «Ich habe bei Fiscal Alternatives an der Weiser Avenue gearbeitet, damals, als Sie und Ihre Frau Gold und Silber gekauft haben.»

Harry lacht; er erinnert sich noch gut daran. «Wir haben uns fast 'nen Bruch gehoben, als wir die Ladung Silberdollars die Straße rauf in die bescheuerte Bank geschleppt haben.»

«Sie waren schlau», sagt Lyle. «Sie sind beizeiten wieder ausgestiegen. Ich war beeindruckt.»

Die letzte Bemerkung kommt Harry eine Spur impertinent vor, aber freundlich sagt er: «Wir haben einfach Schwein gehabt. Läuft der Laden noch?»

«In *sehr* begrenztem Umfang», sagt Lyle, das «sehr» für Harrys Geschmack zu stark betonend. Wenn man schwul ist, muß man offenbar alles überbetonen, um es auf die normale Tonhöhe zu bringen. «Der ganze Edelmetall-Boom war eine reine Modeerscheinung. Gold und Silber sind jetzt *sehr* zurückgegangen.»

«War ein toller kleiner Laden. Und die blonde Schönheit, die für Kauf und Verkauf zuständig war – ich hab nie verstanden, wie die den Computer bedienen konnte, mit derart langen Fingernägeln.»

«Oh, Marcia. Die hat sich umgebracht.»

Rabbit ist wie vor den Kopf geschlagen. Sie hatte auf ihre

280

Weise so was Engelhaftes gehabt. «Sie hat sich umgebracht? Aber wieso?»

«Ach, das Übliche. Private Probleme», sagt Lyle und wischt sie mit dem Rücken seiner durchsichtigen Hand beiseite. In Rabbits Augen bewegen sich Kügelchen verwischten Lichts an Lyles Rändern entlang, wie bei E.T. im Kino. «Hatte nichts mit dem Rückgang von Gold und Silber zu tun. Sie war nur die Fassade, das Geld dahinter kam aus Philadelphia.»

Während Lyle leichthin redet, kann Harry seine Atemzüge hören, ein feines Keuchen, das zu den bläulichen Schatten an seinen Schläfen paßt und den Eindruck verstärkt, daß er aus dem Weltraum gekommen ist und in Kürze dahin zurückkehrt. *Dieser Bursche ist schlimmer dran als ich,* denkt Rabbit und mag ihn dafür. Er kann allerdings keine Kaposiflecken an ihm entdecken, nur die allgemeine leuchtende Aura eines Körpers, der sich dem Leben widersetzt, sich weigert, erhalten zu werden, sich weigert, seinen eigenen Gesetzen zu gehorchen. Ein süßlich-fauliger Geruch ist um ihn, wie wenn man in einer Ferienwohnung die Tür des lange nicht benutzten Kühlschranks öffnet, aber vielleicht bildet Rabbit sich das nur ein. Lyle setzt sich plötzlich kraftlos hin, als habe das Stehen ihn zu sehr angestrengt.

Harry nimmt den Stuhl auf der anderen Seite des Schreibtisches, wo normalerweise die Kunden sitzen und um günstigere Zahlungsbedingungen bitten. «Lyle», beginnt er. «Ich würde gern die Bücher sehen. Bankauszüge, Quittungen, Zahlungen, Kredite, Bestandsverzeichnisse, den ganzen Krempel.»

«Warum um alles in der Welt, warum?» In Lyles hinschwindendem Gesicht stechen die Augen hervor, größer, runder als bei gesunden Menschen. Er sitzt aufrecht da, hat, um sich abzustützen, den einen fleischlosen Unterarm im grauen Ärmel parallel zur Kante auf Nelsons Schreibtisch gelegt. Ob er seine Kräfte schonen oder mit der Wahrheit hinterm Berg halten will, auf jeden Fall ist er entschlossen, so wenig wie möglich zu sagen.

«Ach, menschliche Neugier. Um offen zu sein, an den Aufstellungen, die ich in Florida gekriegt habe, ist irgendwas faul.» Harry zögert, sieht aber nicht, was es schaden könnte, wenn er sich genauer ausdrückt. Er hat immer noch die Hoffnung, daß alles wegerklärt werden kann, daß er wieder dazu übergehen kann, nicht an die Firma zu denken. «Die Zahl der verkauften Gebrauchtwagen ist, im Verhältnis gesehen, zu niedrig.»

«Zu niedrig.»

«Sie könnten einwenden, die Zahlen schwanken, und bei der guten Wirtschaftslage, die wir unter Reagan hatten, können die Leute es sich leisten, Neuwagen zu kaufen, aber zu meiner Zeit hier, all die Jahre lang, haben die beiden Zahlen immer in einem bestimmten Verhältnis zueinander gestanden, im Lauf von ein paar Monaten gleichen sie sich nahezu aus, aber in den Aufstellungen seit November tun sie das nicht. Im Gegenteil, alles wird immer krauser.»

«Krauser.»

«Krummer. Falscher. Wie Sie wollen. Wann kann ich die Bücher sehen? Ich verstehe nichts von Buchhaltung, ich möchte sie mit Mildred Kroust zusammen durchgehen.»

Lyle rafft sich ein wenig auf, nimmt den Arm vom Schreibtisch und legt beide Hände, außer Sichtweite, in den Schoß. Die Art, wie er sich bewegt, erinnert Harry an die gespenstische Langsamkeit der schlaffen, schlenkerigen Leichen von Buchenwald, die in den Nachkriegswochenschauen herumgeschoben wurden. Nackt, mit schlackernden Gelenken, die Genitalien frei zur Besichtigung, apropos obszön, das war etwas so Obszönes, daß man's uns zeigen mußte, damit wir's glaubten. Lyle informiert Harry: «Ich habe ein gut Teil der Unterlagen bei mir zu Hause, im Computer.»

«Wir haben *hier* einen Computer. Einen aus der Spitzenklasse, einen IBM. Ich erinnere mich, wie er installiert wurde.»

«Meiner ist kompatibel. Ein kleiner Apple, der alles macht.»

«Glaub ich gern. Aber wissen Sie, ehrlich gesagt, nur weil

Sie krank sind und viel zu Haus sein müssen, brauchen die Geschäftsbücher von Springer Motors doch nicht im ganzen Diamond County herumzuschluren. Ich möchte, daß sie hier sind. Ich will sie morgen sehen.»

Damit ist zum erstenmal zwischen ihnen ausgesprochen, daß Lyle krank ist, daß Lyle stirbt. Der Junge strafft sich, und seine Lippen blähen sich ein wenig vor. Er lächelt, dies skelettös-üppige Grinsen. «Ich kann die Bücher nur autorisierten Personen zeigen», sagt er.

«Ich *bin* autorisiert. Eine autorisiertere Person als mich gibt's gar nicht. Ich habe den Laden geführt. Das bin *ich* auf den Photos hier an den Wänden.»

Lyles Lider, die Wimpern dunkler als sein Haar, senken sich über die rund hervortretenden Augen. Er blinzelt ein paarmal und versucht, taktvoll vorzugehen, um die Umgangsformen zu wahren. «Ich habe Nelson so verstanden, daß seiner Mutter die Firma gehört.»

«Ja, und ich bin mit ihr verheiratet. Alles, was ihr gehört, gehört auch zur Hälfte mir.»

«Unter gewissen Umständen vielleicht und vielleicht auch in einigen Staaten. Aber ich glaube, nicht in Pennsylvania. Wenn Sie einen Rechtsanwalt zu Rate ziehen möchten –» Er hat Schwierigkeiten mit dem Atmen; Harry hält es geradezu für einen Akt der Barmherzigkeit, ihn zu unterbrechen.

«Ich brauche keinen Anwalt zu Rate zu ziehen. Ich brauche lediglich meine Frau zu bitten, daß sie Sie anruft und Ihnen sagt, Sie sollen mir die Bücher vorlegen. Mir und Mildred. Ich möchte sie dabeihaben.»

«Miss Kroust lebt jetzt, glaube ich, in einer Pflegeanstalt. Im Dengler-Heim in Penn Park.»

«Fein. Das ist fünf Minuten von meinem Haus entfernt. Ich hole sie ab und komme morgen mit ihr her. Lassen Sie uns eine Uhrzeit ausmachen.»

Lyles Lider senken sich wieder, und er legt linkisch den Arm auf die Tischplatte zurück. «Wenn und *falls* ich die Genehmigung Ihrer Frau bekomme und auch Nelsons Okay –»

«Das werden Sie sich nicht holen. Nelson ist hier das Problem, nicht die Lösung.»

«Ich sagte, selbst wenn, würde ich ein paar Tage brauchen, um alle Zahlen zusammenzutragen.»

«Wieso denn das? Die Bücher haben gefälligst auf dem laufenden zu sein. Was geht hier vor bei euch Burschen?»

Überraschenderweise sagt Lyle nichts. Vielleicht hat er zuviel Mühe mit dem Luftholen. Es ist alles so ermüdend. Harrys Herz rast, und ein Stechen ist in seiner Brust, aber er widersteht dem Impuls, noch eine Nitrostatpille einzuwerfen, er möchte nicht tablettensüchtig werden. Er läßt sich tiefer in den Kundensessel sacken, als seien die Verhandlungen für den Augenblick an ihrem Endpunkt angekommen. Er versucht es mit einem anderen Thema. «Erzählen Sie mir was darüber, Lyle. Was für ein Gefühl ist das?»

«Gefühl? Inwiefern?»

«So nah dran zu sein, verstehen Sie, am Tod. Der Grund, weshalb ich frage: Ich habe unten in Florida einen Herzanfall gehabt und kann mich immer noch nicht daran gewöhnen, wie nah dran ich gewesen bin. Ich will sagen, die meiste Zeit kommt es mir ganz unwirklich vor, ich bin ich, und um mich herum geht alles in ganz normalem Trott weiter, und dann plötzlich in der Nacht, wenn ich aufwache und auf die Toilette muß, oder mitten bei einer Fernsehsendung, die blöder ist, als die Polizei erlaubt, da trifft es mich, und *wow*. Der Boden sackt unter mir weg. Ich möchte am liebsten in meine Eltern zurückkriechen, aber die sind schon tot.»

Lyles aufgeplusterte Lippen zittern – wenigstens sieht es so aus –, als er der neuen Wendung nachspürt, die das Gespräch genommen hat. «Man arrangiert sich damit», sagt er. «Jeder stirbt.»

«Aber manche früher als andre, hm?»

Lyle wird von einer plötzlich aufwallenden Empörung belebt. «Sie entwickeln neue Medikamente. Am laufenden Band. Die Franzosen. Die Chinesen. Trichosanthin. TIBO-Derivate. Irgendwann muß die Food and Drug Administration sie zulassen, auch wenn das ein Verein von faschistischen homophoben Reagan-Anhängern ist, die es am liebsten hätten, wenn wir alle tot wären. Man darf nur nicht lockerlassen. Ich gebe die Hoffnung nicht auf.»

«Na fabelhaft. Viel Erfolg. Aber die Medizin kann nur bis zu einem gewissen Grad helfen. Das lerne ich gerade, und zwar auf die harte Tour. Verstehen Sie, Lyle, es ist nicht so, als hätte ich nie über den Tod nachgedacht oder nie Leute in meiner näheren Umgebung sterben sehen, aber ich habe nie, wie soll ich sagen, nie wirklich den Geschmack davon auf der Zunge gehabt. Ich meine damit, er spaßt nicht, er will alles.» Er sehnt sich nach einer Tablette. Er überlegt, ob Nelson wohl eine Rolle Life Savers in der Schreibtischschublade hat wie er selber früher immer. Irgendwas, das man sich in den Mund stecken kann, wenn man nervös wird. Er merkt, daß er jedesmal, wenn er an den Tod denkt, das Bedürfnis verspürt zu essen; deswegen hat er auch so wenig abgenommen.

Die Bemühungen dieses anderen Mannes, ihn zu mehr Mitteilsamkeit zu bewegen, haben Lyle nur noch aufgerichteter, noch feindseliger hinterm Schreibtisch gemacht. Er starrt Harry aus diesen rund erodierten Augenhöhlen an, unter Brauen hervor, die vom gleichen metallischen Blond sind wie seine Bürstenfrisur. «*Etwas* Gutes hat es», sagt er, «man ist nicht mehr so leicht zu erschrecken. Durch unbedeutende Sachen. Drohungen wie Ihre eben, zum Beispiel.»

«Ich stoße keine Drohungen aus, Lyle, ich versuche bloß herauszufinden, was verdammt noch mal hier los ist. Langsam glaube ich, diese Firma wird ausgenommen. Wenn ich mich täusche und alles ist in bester Ordnung, gibt es nichts, weswegen Sie erschrecken müßten.» Armer Kerl, beißt demnächst ins Gras und ist nicht mal halb so alt wie Harry. Als Harry in dem Alter war, was hat er da getan? An der Setzmaschine gearbeitet, ganz altmodisch, und von Ärschen geträumt. Ärsche machen uns fertig, so oder so, Schleimhaut zu dünn, die kleinen HIVs schmuggeln sich mühelos durch. Schwarzes Gehäuse des Nichts, so hat sich's bei Thelma angefühlt. Merkwürdiger Appetit, so als Dauerkost. Schwul zu sein ist nicht gerade ein Vergnügen.

Lyle bewegt wieder seine Arme mit dieser spröden Vorsicht. Sein Körper ist nur noch eine Ansammlung toter Stöckchen. «Stellen Sie keine Behauptungen auf, Mr. Armstrong, die Sie nicht auch vor Gericht wiederholen würden.»

«Also, ist es eine Behauptung oder eine Tatsache, daß Sie sich weigern, mir und einer unparteiischen Buchhalterin die Bücher zur Einsicht zu überlassen?»

«Mildred ist nicht unparteiisch. Sie ist wütend auf mich, weil ich ihren Platz eingenommen habe. Sie ist wütend, weil ich mit meinem Computer in wenigen Stunden das erledige, wozu sie eine ganze Woche gebraucht hat.»

«Mildred ist eine ehrliche alte Haut.»

«Mildred ist senil.»

«Es geht hier nicht um Mildred. Es geht darum, daß Sie sich mir widersetzen, um meinen Sohn zu schützen.»

«Ich widersetze mich Ihnen nicht, Mr. Angstrom –»

«Sie können Harry zu mir sagen.»

«Ich widersetze mich Ihnen nicht, Sir. Ich erkläre lediglich, daß ich keine Weisungen von Ihnen entgegennehmen kann. Ich muß sie von Nelson oder von Mrs. Angstrom bekommen.»

«Sie werden sie bekommen, Sir.» Ein lächelndes provozierendes Lauern in Lyles Gesichtsausdruck reizt Harry zu der Frage: «Zweifeln Sie daran?»

«Ich werd's ja sehen», sagt Lyle.

«Hören Sie. Sie mögen ja vieles wissen, was ich nicht weiß, aber von der Ehe wissen Sie einen Scheißdreck. Meine Frau wird das tun, was ich ihr sage. Worum ich sie bitte. In einer Sache wie dieser sind wir uns hundert Prozent einig.»

«Warten wir's ab», sagt Lyle. «Meine Eltern waren übrigens verheiratet. Ich weiß eine Menge über die Ehe. Ich bin in einer Ehe aufgewachsen.»

«Hat Ihnen nicht viel genützt.»

«Es hat mir gezeigt, daß man's besser bleibenläßt», sagt Lyle und lächelt so breit, so arglos wie vorhin, als Harry hereinkam und für einen Augenblick die alten Zeiten wiederkehrten, Fiscal Alternatives mit den Gold- und Silberstapeln und die makellose kühle Marcia mit den langen roten Fingernägeln. Arme Schönheit, hat sich umgebracht. Sie und die Monroe. Rabbit gesteht sich den eigentümlichen Charme ein, den Schwule haben, eine knabenhafte Leichtheit, ein Erhabensein über den weiblichen Morast, in dem das Leben ausgebrütet wird.

«Wie geht es Slim?» fragt Harry und erhebt sich aus dem Sessel. «Nelson hat viel von Slim gesprochen.»

«Slim», sagt Lyle, zu schwach oder zu unhöflich, um aufzustehen, «ist gestorben. Vor Weihnachten.»

«Das tut mir leid», lügt Harry. Er streckt Lyle die Hand über den Schreibtisch hin, und der ergreift sie nur zögernd, als habe er Angst vor Ansteckung. Fiebrige, schlenkrige Knochen – Harry drückt sie kurz und sagt: «Wenn Sie Nelson sehen, sagen Sie ihm, mir gefällt die neue Einrichtung. Hat was von einer Boutique. Pfiffig. Paßt zur neuen Verkaufsberaterin. Nicht schlappmachen, Lyle. Ich hoffe, China schafft es noch rechtzeitig für Sie. Wir bleiben in Verbindung.»

Auf der Heimfahrt hört er im Radio, daß Mike Schmidt, der genau vor zwei Jahren, am 18. April 1987, seinen fünfhundertsten Home-Run-Schlag plaziert hat – gegen die Pittsburgh Pirates im Three-Rivers-Stadion –, auf dem besten Weg ist, an Richie Ashburns Zweikommazweieinsieben heranzukommen und möglicherweise der schlagkräftigste Phillie aller Zeiten zu werden. Rabbit erinnert sich an Ashburn. Einer von den Whiz Kids, die in dem Herbst, als Rabbits letztes High-School-Jahr anfing, die Dodgers im Kampf um den Meisterschaftswimpel besiegt haben. Curt Simmons, Del Ennis, Dick Sisler im Innenfeld, Andy Seminick hinter der Wurfplatte. Sieg über die Dodgers im letzten Spiel der Saison, dann viermal hintereinander verloren gegen die Yankees. 1950 ist er siebzehn gewesen und hat in seiner vorletzten Saison mit achthundertsiebzehn Punkten die B-Liga des County angeführt. Sich an diese Zahlen und Namen und Daten zu erinnern, hilft, die erregten

Wogen zu glätten, die das Wiedersehen mit Thelma und das Zusammentreffen mit Lyle in ihm aufgewühlt haben, dies angefachte, unbefriedigte Sehnen, an dessen Rändern die deprimierende Idee züngelt, daß nichts wirklich von Belang ist, denn wir sind alle bald tot.

Janice meint, ihn mit natriumarmer Kost zu versorgen lasse sich dadurch bewerkstelligen, daß sie diese tiefgefrorenen, in Plastik verpackten Fertiggerichte kauft, die sich Low-Cal nennen. Dies vorgekochte Hühner- und Rindfleisch steckt voller Chemikalien, damit es im Kühlfach nicht schlecht wird. Um das Zeug hinunterwürgen zu können, muß er für gewöhnlich ein zweites Bier trinken. Janice ist abgelenkt in diesen Tagen, ganz aufgeregt wegen ihrer Immobilienkurse. «Ich bin nicht sicher, ob ich völlig durchblicke, obwohl die Frau im Anmeldungsbüro drüben an der Pine Street – ist *die* Gegend vielleicht runtergekommen, seit du und dein Vater da bei Verity gearbeitet habt! – sehr geduldig auf meine Fragen eingegangen ist. Die Gruppen treffen sich zehn Wochen für zweimal drei Stunden pro Woche, vier Fächer stehen zur Auswahl, und zwei sind Pflicht, wenn man den Schein machen will, aber ich glaube, man muß den Schein nicht haben, wenn man die Lizenzprüfung ablegen will, die für Verkäufer – das ist das, was für mich in Frage kommt – findet monatlich statt und die für Makler – was ich mir vielleicht für später vornehme – nur alle drei Monate. Aber das Entscheidende ist, ich kann jetzt im April mit zwei Fächern anfangen und von Juli bis September dann noch mal zwei belegen und wenn alles gutgeht, Ende September meine Lizenz bekommen und mit der Arbeit anfangen, erst mal rein auf Kommissionsbasis Verkäufe tätigen für die Firma, bei der Doris Eberhardts neuer Schwager einer der Partner ist. Sie sagt, sie hat ihm von mir erzählt, und er ist interessiert. Es ist offenbar von Vorteil, wenn man schon etwas älter ist, die Kunden glauben dann, daß man Erfahrung hat.»

«Schatz, warum mußt du das denn tun. Du hast doch die Firma.»

«Ich hab die Firma nicht. Nelson hat sie.»

«Meinst du. Ich habe heute vorbeigeschaut, und er war nicht da, nur diese jungen Leute, die er eingestellt hat. Ein Schwuler, ein Spaghettifresser, eine Schnalle.»

«Harry! Wer ist jetzt voreingenommen!»

Er hält mit seiner Geschichte zurück, will sie sich aufsparen für einen Zeitpunkt, wenn sie sich beide darauf konzentrieren können. Nach dem Abendessen sieht Janice gern *Jeopardy!*, auch wenn sie nie die Antworten weiß, und auf Kanal elf spielen dann die Phillies gegen die Mets. Das kleine Steinhaus mit der merkwürdigen Nummer 14½ am Franklin Drive zieht sich dunkelnd um sie zusammen, nur um sie beide, abends, wenn die allmähliche nördliche Dämmerung (in Florida hört die Sonne abrupt auf, und der Mond macht weiter) in die noch kahlen Bäume sickert und das Vogelgezwitscher bezwingt und der Zitronenton am westlichen Himmel hinter den gezackten Schornsteinen des großen Klinkerhauses sich zu einem brandstiftenden Orange vertieft und dann zum Karmesin eines letzten Nachglühens. Noch wenige Wochen, und die Bäume werden voller Laub stehen, und wenn er dann die Augen vom Fernsehschirm weg zu den rautenförmig unterteilten Fensterscheiben seines Baus hinwendet, gibt es da keinen Sonnenuntergang mehr zu sehen.

Im dritten Inning, als zwei Mann auf Base stehen, schlägt Schmidt einen Home Run, seinen vierten in dieser jungen Saison und den fünfhundertsechsundvierzigsten seiner Karriere. Die Phils gehen fünf zu null in Führung, und Rabbit fängt an, hin und her zu schalten, findet aber keine Basketball-Playoffs, nur *Matlock* und die *Wonder Years*. Sosehr er sich über Janice ärgert, wenn sie bei ihm ist: wenn sie nicht im selben Zimmer ist wie er und er sie auch nicht in der Küche oder oben über seinem Kopf rumoren hört, wird ihm unbehaglich zumute. Er schaltet den Apparat ab und macht sich auf die Suche nach ihr, beladen mit seinen unangenehmen Neuigkeiten, wie er einst beladen gewesen ist mit Gold, mit Krügerrands.

Sie ist schon im Nachthemd, oben, und hat diese Florida-Sandalen an, die ihn zur Raserei treiben, weil sie *flapp-flapp* machen, wenn sie umhergeht und er morgens noch ein bißchen zu schlafen versucht. Nicht, daß er jetzt je so lange schlafen könnte, wie er's als junger Mann getan hat, sogar noch in seinen Vierzigern. Er schreckt regelmäßig gegen sechs hoch und hat seit seiner Herzattacke ein Nagen im Magen, für das er keinen Grund ausmachen kann, bis ihm aufgeht, daß es das Entsetzen ist, in seinem absterbenden Körper gefangen zu sein, als sei er in eine Gefängniszelle zu einem Verrückten gesperrt, der jeden Augenblick auf die Idee kommen kann, ihn umzubringen. Sie puttelt hin und her, *flapp-flapp*, mit kleinen Stapeln gefalteten Stoffs, frischer Wäsche, die sie über die hintere Treppe nach oben gebracht hat; den einen quadratischen Stapel identifiziert er als akkurat zusammengelegte Taschentücher, einen anderen, weniger ordentlichen, als seine Jockey-Shorts mit den allmählich ausleiernden elastischen Bündchen, einen dritten als ihre eigene Unterwäsche, die ihn immer noch erregt, weniger, wenn sie sie anhat, als vielmehr, wenn sie frisch aus der Wäscherei kommt. Er weiß nicht, wie er anfangen soll. Er wirft sich mit seinem massigen Leib quer aufs Bett; die Noppen der Tagesdecke drücken sich ihm weich ins Gesicht. Die rötliche Leere hinter seinen geschlossenen Lidern ist erholsam nach dem Dauergeflimmer des Fernsehapparats. «Harry, stimmt etwas nicht?» Janices Stimme klingt beunruhigt. Seine angeschlagene Gesundheit gibt ihm neue Macht über sie.

Er rollt sich herum und muß lächeln beim Anblick der unförmigen Figur, die sie in ihrem Nachthemd abgibt. Sie sieht nicht viel anders aus als Judy, wenn die zu Bett geht, und nicht wesentlich größer. Ihre spärlichen Ponies verdecken nicht ganz ihre hohe Stirn, deren Floridabräune verblaßt ist, und ihre müden Augen sehen anderswohin. Er beginnt: «Drüben auf dem Platz läuft etwas schief. Als ich heute da war, habe ich gefragt, ob ich die Bücher sehen kann, und dieser aidskranke Schwule, den Nelson als Buchhalter an Mildreds Stelle gesetzt hat, erklärte mir, er könnte sie mir nur zeigen, wenn du ihm die Genehmigung dazu gibst. Du bist der Boss seiner Ansicht nach.»

Die Spitze ihrer kleinen Zunge schlüpft heraus und preßt sich gegen die Oberlippe. «Das war dumm», sagt sie.

«Fand ich auch, aber ich bin ganz ruhig geblieben. Armer Kerl, er will doch nur Nelson decken.»

«Nelson decken – wieso?»

«Ja» – Harry seufzt tief und lagert sich wie eine Odaliske aufs Bett, mit leicht verdrehter Hüfte – «willst du das wirklich hören?»

«Natürlich.» Aber sie ist weiter emsig mit ihren kleinen Stapeln beschäftigt.

«Ich habe eine neue Theorie. Ich glaube, Nelson nimmt Kokain, das ist der Grund, weshalb er so unstet und nervös und irgendwie paranoid ist.»

Janice geht vorsichtig zur Kommode, *flapp* und noch einmal *flapp*, und Harry sieht, daß sie ihren lachsfarbenen Jogginganzug mit den blauen Ärmeln und Streifen in der Hand hat, den sie hier nie auf der Straße trägt, weil die Leute mittleren Alters in dieser Gegend stärker darauf achten, nicht lächerlich auszusehen. «Wer hat das gesagt?» fragt sie.

Er krümmt sich auf dem Bett, zieht die Beine an und streift die Schuhe ab, um die Decke aus weißgepunktetem Musselin nicht schmutzig zu machen. «Niemand hat das gesagt», sagt er. «Ich hab einfach zwei und zwei zusammengezählt. Kokain ist überall zu haben, und diese Yuppie-Babyboomer in Nelsons Alter sind genau die, die es nehmen. Es kostet Geld, viel Geld, wenn man's sich richtig angewöhnt hat. Klagt Pru nicht dauernd über die vielen Rechnungen, die sie nicht bezahlen können?»

Janice kommt nah ans Bett heran und bleibt stehen; er sieht durch den Baumwollstoff des Nachthemds hindurch Schatten ihrer Brustwarzen und ihres Schamhaars. Sie wirkt seltsam gewaltig, aus seinem Blickwinkel gesehen, und so in der Diagonale liegend, wird ihm plötzlich schwindelig, wie er es sonst nur kennt, wenn er sich zu schnell aufrichtet; es ist nicht klar, wer in der Senkrechten ist und wer nicht. Ihr Körper hat noch immer dieselbe Festigkeit und Akkuratesse wie damals, als sie beide jung waren und bei Kroll gearbeitet haben, aber unter ihrem Kinn sind häßliche Falten, die sich zum Nacken hin verästeln. Sie ist immer entschlossen gewesen, nicht fett zu werden wie ihre Mutter, aber das Alter erwischt einen so oder so. Sie sagt vorsichtig: «Die meisten jungen Paare bekommen Rechnungen, die sie nicht bezahlen können.»

Er setzt sich auf, um das Schwindelgefühl im Kopf loszuwerden, und weil ihr Körper da ist, schlingt er die Arme um ihre Hüften. Dann überlegt er es sich anders, langt unters Nachthemd und wölbt seine Hände um ihre festen, leicht schmirgeligen Hinterbacken. An ihren Brüsten vorbei zu ihrem Gesicht aufsehend, sagt er: «Das Schlimmste ist, Schatz, ich glaube, er schröpft die Firma. Ich glaube, er stiehlt die ganze Zeit, und Lyle hilft ihm dabei, das ist der Grund, weshalb sie Mildred weggeschickt haben.»

Ihr Hintern in seinen Händen strafft sich; er fühlt, wie er sich zusammenpreßt und kugeliger wird, die Spannung eines Basketballs bekommt, der nicht ganz bis zum vorschriftsmäßigen Druck aufgepumpt ist. Ein blasser Erregungsschimmer glimmt unterhalb seines Bauchs. Ihre verwischten Augen sehen mit düsterer Konzentration auf ihn herab, die Haut ihres Gesichts hängt schlaff, vom Knochen weg, nach unten. Er wühlt sich mit Mund und Nase gegen ihre Brust und schließt wieder die Augen, den leicht verschwitzten Geruch des Baumwollstoffs einatmend, sich versteckend vor ihrem unverwandten, nach unten gerichteten Blick. Ihre Stimme fragt: «Was für Beweise hast du?»

Das ärgert ihn. Sie ist so dumm. «Ich hab's doch gerade gesagt. Ich wollte heute die Bücher sehen, Bankauszüge und so weiter, aber ich durfte nicht, du sollst erst deine Zustimmung geben. Du brauchst also nur diesen Lyle anzurufen.»

Er hört eine eigenartige Stille in ihrer Brust und spürt eine abweisende Spannung in ihrem Körper. Ihr Nachthemd ist transparent, aber sie ist undurchdringlich. «Wenn du diese Zahlen zu sehen bekämst», sagt sie, «glaubst du, du steigst da durch?»

Seine Zunge spielt durch den Stoff hindurch mit ihrer Brustwarze. Das Glimmen unten hat sich zu einem beharrlichen Glühen ausgewachsen, zu einer schwellenden Wärme. «Vielleicht nicht in jedem Fall», sagt er. «Aber schon die monatlichen Aufstellungen, die wir in Florida gekriegt haben, sind mir nicht ganz geheuer vorgekommen. Ich möchte Mildred mitnehmen, und wenn sie tatsächlich hinüber ist – er hat gesagt, sie ist senil und lebt jetzt im Dengler-Heim –, dann finde ich, sollten wir einen professionellen Wirtschaftsprüfer aus Brewer hinzuziehen. Du könntest unseren Anwalt anrufen und fragen, wen er uns empfehlen kann. Es sieht ganz so aus, als ob's noch eine Sache für die Polizei wird.» Draußen geht, von der mählich sinkenden Sonne entzündet, ein hübscher Aprilschauer nieder.

Ihr Körper hat sich verhärtet und ist einen Zoll zurückgezuckt. «Harry! Dein eigener Sohn!»

«Ja nun», sagt er, wieder verärgert, «seine eigene Mutter. Er bestiehlt seine eigene Mutter.»

«Wir wissen nichts mit Bestimmtheit», belehrt Janice ihn. «Du hast nur deine Theorie.»

«Was denn sonst hätte Lyle heute zu verbergen gehabt. Jetzt kriegen sie Manschetten, und wir sollten in die Gänge kommen, sonst stecken sie alles in den Reißwolf, wie Ollie North.»

Janice gerät jetzt in Erregung, windet sich aus seinen Armen, reibt sich den Handrücken, weicht so weit zurück, daß sie in der Mitte des Teppichs steht. Er sieht, daß es mit dem Sex nichts wird, das erste Mal seit Wochen, daß er wirklich das Bedürfnis gehabt hat. Dieser verdammte Nelson. Sie sagt: «Ich glaube, ich sollte erst mal mit Nelson reden.»

«*Du*? Wieso nicht *wir*?»

«Laut Lyle bin ich die einzige, die hier das Sagen hat.»

293

Das sitzt. «Du bist zu nachgiebig mit Nelson. Er kann mit dir doch machen, was er will.»

«Ach Harry, es war so furchtbar damals, als ich mit Charlie weggelaufen bin! Nelson war erst zwölf und ist mit seinem Fahrrad immer den weiten Weg bis in die Eisenhower Avenue gekommen und hat dann da eine Stunde auf der andern Straßenseite gestanden und zu unsern Fenstern raufgekuckt, und ein paarmal habe ich ihn gesehen und mich hinterm Vorhang versteckt, ich hab mich *versteckt* und ihn einfach da stehenlassen, bis er müde wurde und wegfuhr.» Über Harrys Kopf hinweg starrend, sieht sie ihren kleinen Sohn auf der Straße stehen, so geduldig und verwirrt und erwartungsvoll, und ihre dunklen Augen füllen sich mit Tränen.

«Ach, zum Teufel», sagt Rabbit, «niemand hat ihm *gesagt*, daß er rüberfahren und hinter dir herspionieren soll. *Ich* hab mich um ihn gekümmert.»

«Zusammen mit diesem armen verrückten Mädchen und dem rundherum widerwärtigen Schwarzen, mit denen du gelebt hast. Ist doch reiner Zufall, daß Nelson nicht draufgegangen ist, als das Haus abbrannte.»

«Ich hätte ihn rausgeholt. Ich hätte alle rausgeholt, wenn ich dagewesen wäre.»

«Du *weißt* es nicht», sagt sie, «du weißt nicht, was du damals getan hättest. Und du weißt jetzt nicht, was wirklich dran ist an der Geschichte, es sind alles nur Verdächtigungen von dir, jemand hat dich gegen Nelson aufgehetzt. Ich wette, das war Thelma.»

«Thelma? Wir sehen sie doch nie mehr, wir sollten die Harrisons bei Gelegenheit mal einladen.»

«*Pfaà!*» Sie spuckt diesen abschlägigen Bescheid so wütend heraus, daß er sie nur bewundern kann für ihr Ungestüm und die animalische Art, wie ihr Haar sich plustert. «Nur über meine Leiche.»

«War ja bloß eine Idee.» Das ist kein gutes Thema. Er kehrt zum andern zurück: «Ich weiß nicht, was wirklich los ist, aber du weißt es, häh? Was hat Nelson dir erzählt?»

Sie kneift den Mund zusammen, so daß sie überhaupt keine Lippen zu haben scheint, dasselbe Gesicht, das Ma Springer immer gemacht hat. «Eigentlich nichts», lügt sie.

«*Eigentlich* nichts. Na schön. Du weißt also mehr als ich. Viel Glück. Du bist es, die er bescheißt. Es ist die Firma deines Vaters, die er mit seinen schwulen Kumpeln den Bach runtergehen läßt.»

«Nelson würde nie die Firma bestehlen.»

«Schatz, du verkennst die Macht, die Drogen haben. Lies die Zeitungen. Lies *People*, Richard Pryor erklärt's dir. Erst kürzlich haben sie Yogi Berras Sohn kassiert. Leute, die auf Koks stehen, bringen ihre Großmutter um für einen Fix. Früher war Heroin das Schlimmste, aber verglichen mit Crack ist Heroin harmlos.»

«Nelson nimmt kein Crack. Kaum.»

«Oh. Wer sagt das?»

Fast erzählt sie es ihm, aber sie hat Angst. «Niemand. Ich *kenne* meinen Sohn, das ist alles. Und Pru erwähnt manchmal was.»

«Pru redet mit dir darüber, nicht? Was sagt sie?»

«Es geht ihr schlecht. Den Kindern auch. Der kleine Roy benimmt sich sehr eigenartig, das ist dir sicher aufgefallen, Judy hat Alpträume. Wenn die Kinder nicht wären, sagt Pru, hätte sie Nelson längst verlassen.»

Harry empfindet das als Ausweichmanöver. «Bleiben wir beim Thema. Pru hat ihre Probleme, du hast deine. Schmeiß du *dein* Kind schleunigst aus der Firma.»

«Ich rede mit ihm, Harry. Ich möchte nicht, daß du auch nur ein Wort sagst.»

«Warum nicht, verdammt noch mal! Was soll der Scheiß, wieso ist es denn so schlimm, wenn ich was sage.»

«Du gehst zu hart ran. Er verkriecht sich dann um so mehr in sich selbst. Er – er nimmt dich zu ernst.»

«Aber dich nicht?»

«Mit mir kann er sich sicher fühlen. Er weiß, daß ich ihn liebe.»

«Und ich liebe ihn nicht?» Das Wasser steigt ihm in die Augen bei dem Gedanken. Der Schauer draußen ist schon versiegt, es tröpfelt nur noch in den Dachrinnen.

«Doch, Harry, aber da spielt noch was anderes mit. Du bist ein Mann. Und Männer haben immer dies Revierdenken. Für dich ist die Firma etwas, das *dir* gehört, und *er* betrachtet sie als *seinen* Besitz.»

«So kommt es doch auch eines Tages, wenn er bis dahin nicht im Gefängnis ist. Ich habe ihn mir unten in Florida angesehen, und da kam mir plötzlich das Wort ‹kriminell› in den Sinn. Hängt irgendwie mit seinem Kopf zusammen. Ich find's widerlich, wie er anfängt, 'ne Glatze zu kriegen. Demnächst sieht er aus wie Ronnie Harrison.»

«Versprichst du, daß du mich mit ihm reden läßt und selber nichts unternimmst?»

«Du willst ihm ja nur eine Möglichkeit geben, sich herauszureden.» Aber in Wahrheit reißt er sich nicht darum, Nelson zur Rede zu stellen.

Sie weiß das. Sie sagt: «Nein, das tue ich nicht, Ehrenwort.» Sie hört auf, mit den Fingern der einen Hand den Rücken der andern zu reiben, und kommt, *flapp-flapp*, wieder zu ihm ans Bett. Sie legt die Hände an seinen Kopf, oberhalb der Ohren, und zieht ihn an den kurzen Haaren dort sacht zu sich heran. «Ich mag das, wie du versuchst, mich zu beschützen», sagt sie.

Er gibt ihren beharrlich ziehenden Fingern nach und lehnt den Kopf wieder an ihre Brust. Ihr Nachthemd ist feucht an der Stelle, wo er mit der Zunge ihre Brustwarze gestreichelt hat. Bei ihr sehen die Brustwarzen zerkaut aus, weniger vollkommen und wirklicher als bei Thelma. Ihre Titten haben sich, weil sie klein sind, ziemlich gut ihre Festigkeit bewahrt, dies keck nach oben Zeigende, Vorstoßende unter den Angorapullovern Ende der Vierziger in den High-School-Fluren. Ihr Körper dünstet durch den Baumwollstoff hindurch einen Duft aus, einen erregten, dunstigen Geruch. «Was krieg ich dafür?» fragt er, den Mund gegen den nassen Stoff gepreßt.

«Oh, ein Geschenk», sagt sie.

«Wann kriege ich es?»

«Ganz bald.»

«Mit dem Mund?»

«Wir werden sehen.» Sie schiebt sein Gesicht weg von ihrem dunstigen Körper, und ihm mit den Fingern ins Doppelkinn piekend, zwingt sie ihn, zu ihr aufzusehen. «Aber wenn du noch *ein* Wort über Nelson sagst, ist Schluß, und du kriegst kein Geschenk.»

Sein Gesicht fühlt sich heiß an, und sein Herz rast, aber gleichmäßig und wohlig, umschlossen von seinem Brustkorb, so wie sein Ständer, süß von Blut durchpulst, von seiner Hose umschlossen ist; er freut sich, daß das Vasotec, auch wenn es manchmal Schwindelgefühle verursacht, ihm doch genügend Blutdruck für so eine gelegentliche Außerplanmäßigkeit läßt. «Gut, kein Wort mehr», verspricht Rabbit, plötzlich geschäftig werdend. «Ich geh rasch ins Bad und putz mir die Zähne und so, und du machst überall das Licht aus. Und einer sollte den Hörer abnehmen und neben den Apparat legen. Unten, damit wir das Tuten nicht hören.»

Seltsame Anrufe kommen. Körnige Stimmen mit dem satten Timbre, das Schwarzen eigen ist, fragen, ob Nelson Angstrom da ist. Harry oder Janice antworten, daß Nelson hier nicht wohnt, daß dies der Anschluß seiner Eltern ist. «Na, ich habe nie nicht Glück gehabt bei der Nummer, die er mir als Privatnummer gegeben hat, und da, wo er arbeitet, ist immer diese Sekretärin dran und sagt, der Mann ist unterwegs.»

«Möchten Sie eine Nachricht hinterlassen?»

Pause. «Sagen Sie nur, Julius hat angerufen.» Oder Luther.

«Julius?»

«Das ist richtig.»

«Und worum geht es, Julius? Möchten Sie es uns sagen?»

«Er weiß schon, worum es geht. Sie sagen nur, Julius hat angerufen.» Oder Perry. Oder Dave.

Oder der Anrufer legt auf, ohne einen Namen zu hinterlassen. Oder er hat eine dünne, ausländische, übergenaue Art zu sprechen und will nicht mit Nelson reden, sondern mit Harry. «Ich bin voll Bedauern, Sie zu belästigen, Sir, aber dieser Sohn von Ihnen läßt mir keinen anderen Ausweg, als Sie in Person zu informieren.»

«Mich zu informieren – über was?»

«Sie zu informieren, daß Ihr Sohn sich ernste Schulden zugezogen hat und Herren, mit denen ich geschäftlich verbunden bin, gegen jeden Rat, den ich ihnen zu geben versuche, davon sprechen, ihm körperlichen Schaden zuzufügen.»

«Körperlichen Schaden? Sie wollen Nelson was *tun*?»

«Oder auch gewissen Angehörigen von ihm. Es ist traurig, das zu sagen, und ich bitte auch um Entschuldigung, aber möglicherweise sind dies keine solche Gentlemen. Ich bin nur der Überbringer schlechter Nachrichten. Schieben Sie die Verantwortung nicht auf mich.» Die Stimme scheint näher zu kriechen durch die Sprechmuschel, dichter an Harrys Ohr, scheint etwas klagend Ernstes zu bekommen, etwas Dringliches, Verschwörerisches, als wolle sie Harrys Freund und Verbündeter werden. Das vertraute Zimmer, seine Bude mit dem graugesichtigen Fernsehapparat, den beiden silbrigrosa bezogenen Ohrensesseln und den Bücherregalen, auf denen ein Sammelsurium hauptsächlich geschichtlicher Bücher steht und ganz oben Schnickschnack aus Porzellan – Elfen unter Knollenblätterpilzen, rosige glatzköpfige Mönche, Babyrotkehlchen in einem Nest aus porzellanenen Strohhalmen –, der seinen Platz in Ma Springers Vitrine gehabt hat, dies ganze brave Mobiliar nimmt ein von Grund auf anderes Wesen an, wird trüb, flüssig, sinnlos, als Harry diese drohende klagende Stimme ins Ohr dringt, eine Stimme mit einem Herzen gewissermaßen, mit einer begreifbaren menschlichen Botschaft, dem Auftrag, eine unangenehme Pflicht zu erfüllen, eine Stimme, die aus einem ausgedehnten, rutschigen Untergrund aufsteigt: genauso hat sich die linde blaue Luft über dem Golf von Mexiko für ihn geändert, wie wenn ihm ein Filter vor die Augen geschoben worden sei, als der Sunfish umkippte.

Er fragt, wassertretend: «Wieso hat Nelson sich denn diese Schulden zugezogen?»

Die Stimme freut sich, die Worte, die sie gebraucht hat, jetzt von Harry zu hören. «Er hat sie sich im Verfolg der Befriedigung seiner Wünsche zugezogen, Sir, und das ist sein Recht, aber er muß zahlen oder jemand für ihn. Meinen Geschäftspartnern ist versichert worden, daß Sie ein sehr vorzüglicher Vater sind.»

«So doll ist es nun auch wieder nicht. Wie sagten Sie, ist Ihr Name?»

«Ich habe nichts gesagt, Señor. Ich habe mir keinen Namen gegeben. Einzig der Name Angstrom ist von Interesse. Meine Geschäftspartner sind begierig, mit irgend jemandem dieses vorzüglichen Namens zum Abschluß zu kommen.» Dieser Mann, kommt es Harry in den Sinn, liebt die fremde Sprache als Medium der Verheißung, der unerschlossenen Möglichkeiten.

«Mein Sohn ist erwachsen», sagt Harry. «Ich habe mit seinen Finanzen nichts zu tun.»

«Ist das Ihr letztes Wort? Ihr endgültig letztes Wort?»

«Ja. Hören Sie, ich lebe die Hälfte des Jahres in Florida und komme zurück und –»

Aber der Anrufer hat aufgelegt und läßt Harry mit dem Gefühl zurück, daß die Wände seines stabilen kleinen Kalksteinhauses dünn wie Diät-Cracker sind, daß der Spannteppich unter seinen Füßen sich mit Wasser vollgesogen hat, daß ein Rohr gebrochen ist und es keinen Klempner gibt, den man anrufen kann.

Er wendet sich an seinen alten Freund und Partner Charlie Stavros, der sich von seinem Posten als Verkaufsleiter bei Springer Motors zurückgezogen hat und nicht mehr in seiner alten Wohnung an der Eisenhower Avenue wohnt, sondern in einer neuen Kondominium-Anlage weit im Osten der Stadt, wo die Eisenbahn einen alten Güterbahnhof verkauft hat, achtzigtausend Quadratmeter, erstaunlich, was den Eisenbahnen in ihrer Blütezeit gehört hat. Harry ist nicht sicher, ob er die Adresse findet, und schlägt vor, daß sie sich zum Lunch im Johnny Frye's in der Innenstadt treffen. Johnny Frye's Chophouse, das war der ursprüngliche Name dieses Restaurants am Weiser Square; in den Siebzigern wurde dann das Café Barcelona daraus und später im selben Jahrzehnt das Crêpe House, und jetzt ist es wieder in andere Hände übergegangen und nennt sich Salad Binge, und Schilder draußen verkünden: *Hier speisen Sie kalorienarm* und *Kreative Suppen und gesunde Gerichte aus organischem Frischgemüse*, um die gesundheitsbewußten Yuppies anzulocken, die in dem glasummantelten Büroturm gegenüber vom Kroll's arbeiten, das immer noch leersteht: die riesigen Schaufenster sind von innen weiß getüncht, und die dem Berg zugewandte fensterlose Seitenfront erhebt sich kahl, in grobgemörteltem Ziegelstein, über dem mit Schutt bedeckten Parkplatz, der sich bis zum alten Bagdad erstreckt. ILF. RETT MICH.

Die Innenstadt besteht fast nur aus Parkflächen, aber das Merkwürdige ist, sie sind alle vollgeparkt. Obwohl es kaum Geschäfte hier gibt – abgesehen von ein paar Discount-Drugstores und einem Billigkaufhaus, das immer noch Wellensittichfutter und Plastikhaarspangen an alte Leute verscherbelt, die seit 1942 ihre Garderobe nicht mehr gewechselt haben –, wimmelt es von gepflegten, durchweg jungen Berufstätigen in leichten Anzügen und knapp sitzenden Leinenhemden; sie arbeiten in den Banken und Versicherungen, in den Staats- und Bundesbehörden, und irgendwie scheint es immer mehr von ihnen zu geben. Wenn die Sonne scheint, bevölkern sie den waldartigen Park, den die Stadtplaner – keine hiesigen, ein schickes Architektenteam aus Atlanta, das mit seinem Entwurf den Wettbewerb gewonnen hat und wieder abgedampft ist – aus dem Weiser Square gemacht haben, wo früher die kreischenden, funkenspuckenden Straßenbahnwagen angetreten sind. Sie sonnen sich, diese jungen Bürohengste, sitzen an den abstrakten Springbrunnen, lesen das *Wall Street Journal*, und ihre Mäntel liegen ordentlich gefaltet neben ihnen auf den eloxierten, vandalismussicheren Bänken. Besonders die Frauen dieser Rasse faszinieren Harry; sie tragen Joggingschuhe statt Pumps mit hohen Absätzen, aber ihre Beine sind von durchsichtigen Strumpfhosen umschlossen, und große runde Brillen zieren ihre Gesichter und lassen sie auf komische Weise sexy aussehen, als würden ihre Titten weiter oben in hartem Horn und getöntem Kunststoff nachgeahmt. Sie sehen aus wie Goldie Hawns, in Form gebracht von Jane Fonda. Die derzeitige Mode stattet sie alle mit breiten männlichen Schultern aus, und ihre Hüften sind getrimmt und gefestigt durch Heimtrainer und diese eng den Hintern umspannenden Trikothosen, die jeden Muskel hervorheben wie mit Leuchtfarbe. Diese Frauen sind wie Besucherinnen aus einer verschlankten Zukunft, in der Sex bloß eine weitere Leibesübung ist und wir alle in plombierten kleinen Kabinen leben und per Computer kommunizieren.

Man hätte sich nicht gewundert, wenn Charlie inzwischen gestorben wäre. Aber diese mediterranen Typen scheinen nicht mal graue Haare und einen Bauch zu bekommen. Um die Fünfzig herum erreichen sie ein gewisses Plateau, und auf dem halten sie sich, bis sie irgendwann, wenn sie in den Achtzigern sind, plötzlich runterfallen. Sie brauchen ihren Körper säuberlich auf, wie man einen leergegessenen Teller mit Brot auswischt. Charlie hat als Kind Gelenkrheumatismus gehabt, sein Herz ist angeknackst, und er neigt zu Angina pectoris, aber er hat nie etwas durchmachen müssen, das annähernd so gravierend gewesen wäre wie das, was mit Harry unten am Golf passiert ist. «Scheiße, Charlie, wie machst du das bloß?» fragt Rabbit ihn.

«Man lernt, Ärger aus dem Weg zu gehen», erläutert Charlie. «Wenn's so riecht, als könnte es Ärger geben, nichts wie weg. Auf dem Platz hatten die Dinge sich so entwickelt, daß mit Ärger zu rechnen war, also bin ich gegangen. Gott, bin ich froh, daß ich nichts mehr mit Toyotas zu tun habe! Das erste, was ich getan hab, war, mir einen altmodischen amerikanischen Schlitten zu kaufen, einen Olds Toronado. Fährt butterweich, läßt sich mit einem Finger steuern, säuft Benzin, ich bin verrückt nach dem Ding. Fünf-Liter-V-8, tomatenrot mit weiß bezogenem, abnehmbarem Dach.»

«Klingt großartig. Hast du in der Nähe geparkt?»

«Ich hab's versucht, aber es ging nicht. Ich bin zweimal im Kreis um die Spring Street gefahren, dann habe ich aufgegeben und eine Parklücke hinterm alten Bagdad genommen und bin mit dem Bus die drei Blocks hergefahren. Kostet ein paar Pennies, aber was soll's. Ärger vermeiden, Champ.»

«Das will mir immer noch nicht in den Kopf. Die Innenstadt von Brewer ist angeblich tot, aber man kriegt keinen Parkplatz. Wo kommen all die Autos her?»

«Sie vermehren sich», erklärt Charlie. «Sie werden als Teenager schwanger und leben von der Wohlfahrt. Ist denen scheißegal.»

Eine der Eigenschaften, die Harry an Charlie immer so gefallen haben, ist, daß der Mann ein Gespür für den Gesamtzusammenhang hat; an flauen Vormittagen in der Firma haben sie beide immer am Schaufenster gestanden und die neuesten Zeitungsnachrichten durchgekaut. Rabbit hat nie aufgehört zu denken, daß die Nachrichten für ihn wichtig sein könnten. Als sie sich an einen der Kacheltische setzen, die noch aus der Zeit stammen, da dies das Café Barcelona war, fragt er: «Was sagst du zu Schmidt gestern abend?» Der altgediente dritte Baseman der Phillies hat gegen die Pirates im Three-Rivers-Stadion zweimal einen Zwei-Base-Lauf geschafft und Richie Ashburns Teamrekord in Hits gebrochen.

«Wir haben erst Frühling», sagt Charlie. «Warte, bis die Pitcher ihre Arme warm gemacht haben. Schmidt geht ein wie eine Primel. Er ist alt, nicht im Vergleich mit dir und mir, aber in dem Spiel, bei dem *er* mitmacht, ist er alt, und die Saison ist noch lang, die jungen Pitcher kriegen ihn.»

Harry empfindet es als heilsam, daß seine Bewunderung für Schmidt gezügelt wird. Man kann sich nicht an diesen Sportlern emporranken, sie wissen nicht einmal, daß es einen gibt. Für sie gibt es nur die anderen Spieler. Sie gehen aufs Spielfeld, und da warten dreißigtausend auf sie, ein gewaltiges tosendes Gebrüll steigt auf, wenn ihre Namen angesagt werden, und das ist alles, was sie von einem brauchen. «Kommt es dir auch so vor», fragt er Charlie, «als ob in letzter Zeit besonders viele Katastrophen passieren? Erst zerreißt es die Pan-Am-Maschine, dann werden in England die Fußballfans zerquetscht, und jetzt explodiert auf dem Kriegsschiff ohne ersichtlichen Grund diese Kanone.»

«Die Betonung liegt auf ‹ersichtlich›», sagt Charlie. «Alles hat irgendeinen kleinen winzigen Grund, auch wenn er für uns nicht ersichtlich ist. Ein kleiner Funke irgendwo, ein feiner Riß im Metall. Außerdem, Champ, wie viele Menschen gibt es zur Zeit, fünf Milliarden? Bei einer derart überfüllten Welt ist es doch ein Wunder, daß nicht viel mehr von uns jeden Tag totgetrampelt oder in die Luft gejagt oder sonstwas werden. Das Gedränge ist gewaltig, und es wird nicht besser.»

Rabbit sackt kurz das Herz weg, als er denkt, daß er, von Nelsons Standpunkt aus, ein beträchtlicher Teil dieses Gedränges ist. Damals, draußen vor dem brennenden Haus am Vista Crescent, hat Nelson geschrien: *Ich bring dich um.* Er hatte es nicht so gemeint. Ein Funke, ein Riß im Metall. Ein winziger Fehler. Wenn man stirbt, tut man der Welt einen Gefallen.

Charlie liest stirnrunzelnd die Speisekarte, die endlos lang und photokopiert ist, grüne Schrift auf rauhem, fleckigem, säurefreiem Papier. Was man heute alles mit Xerox machen kann. Wer benutzt noch eine Druckerei wie Verity Press? Erst ging der Hochdruck ein, dann der Photo-Offsetdruck. Charlie trägt nicht mehr die schwere eckige Hornbrille, die ihm einen dunklen Balken über die Brauen gelegt hat, sondern eine Pilotenbrille, deren goldenes Gestell die dicken lavendelgetönten Gläser an seiner Nase festzwickt, wie Finger den Stiel eines Weinglases halten. Er ist früher eher klobig gewesen, aber die Jahre haben ihn zurechtgeschnitzt, so daß jetzt seine griechischen Knochen zum Vorschein kommen – die hohe, oben eingezwickte Wölbung seiner Nase, die konkaven Schläfen unter dem dunklen Haaransatz. Seine Koteletten sind grau, aber er trägt sie jetzt kürzer. Die Speisekarte studierend, gluckst er leise. «Beefsteaksalat», liest er. «Schweinekebabsalat. Was für Salate sind denn das!»

Als die Kellnerin kommt, zieht er sie damit auf. «Was soll denn das kalorienreiche, vollfette Fleisch hier?» fragt er. «Bringen Sie uns jetzt etwa ein Beefsteak, das mit ein paar grünen Blättchen garniert ist?»

«Das Fleisch ist in dünne Streifen geschnitten und unterge-arbeitet», sagt die Kellnerin. Sie ist groß und beinah hübsch, hat gebleichtes, zu einer wackeligen Irokesenfrisur hochge-striegeltes Haar, viele kleine Ohrringe rings um den Rand des einen Ohrs und staubigrosige Rougeschatten unter den Au-gen. Ihre Zunge hat mit irgendeiner kleinen Schwierigkeit zu kämpfen, und es ist niedlich zu sehen, wie ernsthaft und be-dächtig ihre Lippen sich bewegen. «Es hat wohl eine Nach-frage gegeben nach, wie soll ich sagen, nach etwas herzhafte-ren Zutaten.»

Also ist das hier, denkt Rabbit, im Grunde immer noch Johnny Frye's Chophouse. «Erzählen Sie mir was über den Macadamianuß-und-Speck-Salat», sagt er.

«Der wird besonders gern genommen», sagt sie. «Der Speck ist knusprig und wie gehobelt, in Flocken. Das Fett ist zum größten Teil rausgepreßt. Dann sind da noch Luzernen-sprossen drin und Radieschen und hauchdünn geschnittene Gurkenscheiben und mehrere Sorten Blattsalat, die Namen im einzelnen weiß ich jetzt nicht, und alle möglichen andern Sachen, vielleicht noch Chuba, das sind getrocknete Sardi-nen.»

«Hört sich gut an», sagt Rabbit, bevor es das nicht mehr tut und er sich was Neues aussuchen muß.

«Nüsse und Speck sind nicht gerade das, was der Arzt ver-ordnet hat», gibt Charlie zu bedenken.

«Du hast doch gehört, das Fett ist rausgepreßt. Und ein kleines bißchen kann einen sowieso nicht umbringen. Es kommt eher aufs innere Gleichgewicht an. Na komm, Charlie. Sei nicht so verbiestert.»

«Was ist im Meeresalgen-Spezial?» erkundigt Charlie sich bei der Kellnerin, weil beide Männer sie so gern reden hören.

«Oh, Hijiki natürlich und Wakame und Rotalgen und Agar-Agar und dazu Kichererbsen und Linsen und verschiedene Blattgemüse, eine phantastische Sache, wenn man's ernst meint mit makrobiotischer Ernährung und sich nicht stört an dem bitteren Geschmack, den Algen leicht haben.»

«Sie haben's mir ausgeredet, Jennifer», sagt Charlie; den Namen findet er eingestickt auf dem Oberteil ihrer Dienstuniform: alle Kellnerinnen im Salad Binge tragen so ein lindgrünes Trägerkleid. «Ich nehme den Krabben-Spinat-Salat.»

«Was für ein Dressing möchten Sie: Russisch, Roquefort, Italienisch, Italienisch mit Sahne, Mohnsamen, Thousand Island, Essig und Öl oder Japanisch?»

«Was ist alles drin im japanischen?» fragt Harry, nicht nur, um zuzusehen, wie ihre Lippen sich um die kleine Schwierigkeit in ihrem Mund zusammenziehen und kräuseln, sondern auch, weil das Japanische, die Japaner ihn von Berufs wegen interessieren. Wie werden sie und die Deutschen die Sache deichseln, wenn Amerika den Bach runtergeht?

«Oh, ich könnte in der Küche fragen, wenn Sie's wirklich wissen möchten, aber ich glaube, Umeboshi und natürlich Tamari – wir benutzen keine fertige Sauce – und Sesamöl und Reisessig.» Ihre Augen nehmen einen harten Ausdruck an, als sie merkt, daß diese Männer ihr flirtend die Zeit stehlen. Reumütig bestellen beide Italienisch mit Sahne und wenden sich einander zu.

Viel Zeit ist verstrichen, die Beziehung zwischen ihnen ist rostig geworden. Charlie wirkt doch älter, vertrockneter, wenn man genauer hinsieht. Die dünne goldene Pilotenbrille nimmt seinem Gesicht viel von der maskulinen Bestimmtheit, die Janice vor zwanzig Jahren so anziehend gefunden haben muß. «Niedliches Ding», sagt Charlie und arrangiert das Besteck ordentlicher um seinen Teller, legt es parallel zu den Kanten des Papiersets.

«Was ist eigentlich aus Melanie geworden?» fragt Rabbit.

Vor zehn Jahren haben sie im selben Restaurant gesessen, und Melanie, eine Freundin von Nelson und Pru, die damals zu Gast im Haus von Ma Springer war, hat sie bedient. Dann ist sie Charlies Freundin geworden, trotz seines relativ hohen Alters. Zumindest sind sie zusammen nach Florida gefahren. Einer der Gründe vielleicht, weshalb Florida ihm, Harry, so attraktiv vorgekommen ist. Aber ihm hat sich dort nie eine Mieze angeboten. Die Frauen, die er hätte haben können, sind alle in seinem Alter gewesen und haben wie Großmütter ausgesehen.

«Sie ist Ärztin geworden», sagt Charlie. «Gastroenterologin, um genau zu sein. In Portland, Oregon. Da ist doch ihr Vater gelandet, du erinnerst dich sicher.»

«Vage. War er nicht so was wie ein verspäteter Hippie?»

«Er hat sich mit seiner dritten Frau in Portland niedergelassen und ist eine große Hilfe für Melanie gewesen. Ihre Mutter war's, die ausgeflippt ist, damals in Mill Valley. Alkohol. Kerle. Drogen.»

Beim letzten Wort tut Harry der Magen weh. «Wieso weißt du das alles?»

Charlie zuckt kaum merklich die Achseln, kann aber nicht ganz ein Lächeln des Stolzes unterdrücken. «Wir stehen in Verbindung. Ich war für sie da, als sie einen kleinen Schubs brauchte. Ich habe ihr gesagt: ‹Ran an den Speck.› Sie hat immer noch ein bißchen von dieser Ich-bin-doch-bloß-ein-dummes-kleines-Mädchen-Attitüde gehabt. Ich habe ihr den Anschub gegeben, den sie brauchte. Ich habe ihr geraten, sie soll dahin gehen, wo ihr Vater mit seiner Squaw lebt, und sich ranhalten.»

«Mir sagst du, ich soll Aufregung vermeiden, ihr sagst du, ran an den Speck.»

«Fälle nicht vergleichbar. Anderes Alter. Wenn du in ihrem Alter wärst, würde ich dir auch sagen: ‹Ran an den Speck.› Sag ich dir auch jetzt noch. Solange du Aufregung vermeidest.»

«Charlie, ich habe ein Problem.»

«Ist das was Neues?»

«Genaugenommen zwei. Erstens muß ich was wegen meines Herzens unternehmen. Ich kann nicht einfach alles so schleifen lassen und darauf warten, daß ich meinen zweiten HI kriege.»

«Ich kann dir nicht ganz folgen, Champ.»

«Du weißt schon, Herzinfarkt. Ich kann von Glück sagen, daß ich beim ersten so glimpflich davongekommen bin. Die Ärzte sagen, ich soll mich am offenen Herzen operieren lassen, ich brauche mehrere Bypässe.»

«Ran an den Speck.»

«Natürlich. Du hast gut reden. Menschen sterben bei so was. Du hast ja auch noch nie so eine Operation aushalten müssen.»

«Doch, hab ich. Im Dezember '87, du warst in Florida. Sie haben zwei Klappen ersetzt. Die Aortenklappe und die Mitralklappe. Wenn man als Kind Gelenkrheumatismus gehabt hat, sind's die Klappen, die kaputtgehen. Sie schließen nicht mehr richtig. Davon kommen die Herzgeräusche. Das Blut fließt in die falsche Richtung.»

Rabbit hält die Vorstellung kaum aus, diese Details in seinem Innern, Klappen, Schlupfverluste, Ablagerungen im Rohrsystem. «Wodurch haben sie sie ersetzt?»

«Durch Schweineherzklappen. Es gibt nur die oder mechanische Klappen, aber die mechanischen klicken die ganze Zeit. Ich wollte nach Möglichkeit nicht klicken. Angeblich hindert es einen auch am Einschlafen.»

«Schweineklappen.» Rabbit versucht, seinen Ekel zu verbergen. «War es schlimm? Haben sie deine Brust aufgeknackt und dein Blut durch eine Maschine laufen lassen?»

«Ein Klacks. Du bist doch ohne Bewußtsein. Was hast du denn dagegen, daß dein Blut durch eine Maschine läuft? Was denkst du denn, daß *du* bist, Champ?»

Ein von Gott geschaffenes einmaliges Wesen, dem eine unsterbliche Seele eingehaucht ist. Ein Gefäß der Gnade. Ein Schlachtfeld für Gut und Böse. Ein angehender Engel. All das, was sie einem in der Sonntagsschule beizubringen versucht haben, aber sie haben's eben nicht ernsthaft genug versucht, sie haben's einem nur so zuwehen lassen aus den frommen Heftchen, damals in jenem Kirchen-Souterrain, das tiefer und fester in ihn eingelassen ist als ein Luftschutzbunker.

«Du bist nichts weiter als eine Maschine aus Fleisch», reibt Charlie ihm hin und hebt seine breiten Hände mit den weißen Manschetten und den rechteckigen goldenen Manschettenknöpfen, damit Jennifer den Salat vor ihn hinstellen kann. Mit Augen am Hinterkopf hat er sie kommen sehen. Sie geht vorsichtig um den Tisch herum – diese Männer machen irgendwas mit ihr, sie weiß bloß nicht, was – und stellt einen speckdurchsetzten grünen Hügel, größer als eine große Brust, vor Harry hin. Er sieht deftig aus und reichhaltig und ist mehr, als Harry essen sollte. Das hochgewachsene unbeholfene Mädchen mit dem merkwürdigen weißen, zitternd aufragenden Hahnenkamm bleibt abwartend stehen, und die Rundheiten in ihrer grünen Uniform wölben sich Harry ins Bewußtsein, während er da an dem quadratischen Kacheltisch sitzt und seine Probleme zu formulieren versucht.

«Kann ich sonst noch was für die Herren tun?» fragt Jennifer mit bedächtig sich mühenden Lippen. Sie lispelt nicht eigentlich, eher scheint es, als sei ihre Zunge zu groß. «Etwas zu trinken vielleicht?»

Charlie möchte ein Perrier mit Limone. Sie sagt, es gibt nur San Pellegrino. Er sagt, für ihn ist eins wie das andere. Prickelwasser ist Prickelwasser.

Rabbit fragt – nach innerem Kampf –, was für Sorten Bier es gibt. Jennifer seufzt, im Gefühl, auf den Arm genommen zu werden, und betet herunter: «Schlitz, Miller, Miller Lite, Bud, Bud Light, Michelob, Löwenbräu, Corona, Coors, Coors Light und Ballantine-Ale vom Faß.» All diese Namen bekommen einen zusätzlichen Zauber dadurch, daß sie in ihrem Mund erst ein bißchen herumpurzeln. Charlies Blick ausweichend, entscheidet Harry sich für ein Mick. Jennifer nickt, ohne zu lächeln, und zieht ab. Wenn sie nicht die Absicht hat, auf Männer zu wirken, sollte sie nicht die vielen Ohrringe tragen und nicht so tief in den Schminktopf greifen.

«Ein Klacks, hast du gerade gesagt», sagt er zu Charlie.

«Sie vereisen dich. Du kriegst nichts mit.»

«'n Bekannter von mir unten in Florida, nicht viel älter als wir, hat sich am offenen Herzen operieren lassen müssen, er sagt, es war furchtbar, es hat eine Ewigkeit gedauert, bis er einigermaßen wieder auf dem Damm war, aber fit sieht er nicht gerade aus. Beim Golf bewegt er sich wie ein Krüppel.»

Charlie zuckt mit den Achseln, knapp, akkurat, wie es seine Art ist. «Ein gewisser Grundstock muß dasein, sonst kann man nichts machen. Vielleicht war nicht mehr viel los mit dem Burschen. Aber du, du bist in guter Verfassung. Könntest ein paar Pfund weniger wiegen, aber du bist jung – wie alt, fünfundfünfzig?»

«Schön wär's. Sechsundfünfzig letzten Februar.»

«Das ist jung. Kannst du dir vorstellen, daß ich im Oktober die Sechzig vollgemacht habe?»

«So wie's mir geht, kann ich von Glück sagen, wenn ich die Sechzig erreiche. Ich kuck mir die Mümmelgreise unten in Florida an, diese verschrumpelten Mumien, die in ihren Shorts und orthopädischen Sneakern putzmunter auf die Neunzig zuwackeln, und möchte sie fragen: ‹Wieso seid ihr so gut drauf, wie habt ihr das gemacht.›»

«Immer einen Tag nach dem andern», schlägt Charlie vor. «Einen Tag nach dem andern und nicht nach unten sehen.» Harry ist sich im klaren, daß es für Charlie allmählich langweilig wird, tröstliche Parolen auszugeben, aber Charlie ist der einzige, der ihm noch geblieben ist, jetzt wo er Thelma verscheucht hat.

«Es gibt noch eine andere Möglichkeit. Eine Ballondilatation. Sie schneiden dir in der Leiste eine Arterie auf –»

«He. Ich bin beim Essen.»

«– und schieben so 'n Ding durch, bis zu deinem Herzen rauf, muß man sich mal vorstellen. Wenn sie an der verengten Stelle im Kranzgefäß angekommen sind, schießen sie den blöden kleinen Ballon raus und blasen ihn auf. Nicht mit Luft, irgendwie mit Salzwasser. Dadurch wird der Plaque gesprengt. Die Arterie wird wieder so weit, wie sie vorher war.»

«Mit viel Glück klappt's», sagt Charlie. «Und ein Jahr später sitzt du wieder dumm da und bist mit Macadamianüssen und jetzt auch noch mit Bier verstopft.»

Das Bier kommt, am Ende von Jennifers magerem Arm, in einem mattgläsernen Humpen, golden, schaumgekrönt, in aufgeregten Bläschen pritzelnd. «Ohne ein kleines Bier ab und an wär ich lieber gleich tot», lügt Harry. Er nimmt einen Schluck und wischt sich mit gekrümmtem Zeigefinger den Schaum unter der Nase weg. Die Bewegung, die Nelson immer macht. Er überlegt, wie vorsichtig Jennifer beim Vögeln wohl mit diesem Irokesenkamm sein muß. Manche Punkmädchen schieben sich Sicherheitsnadeln durch die Brustwarzen, hat er gelesen.

«Was du brauchst, sind ein paar Bypässe», sagt Charlie kategorisch. «Mit diesen Ballons schafft man immer nur ein Gefäß zur Zeit. Mit Bypass-Transplantaten kann man vier, fünf, sechs überbrücken. Was geht's *dich* an, wenn sie dir den Brustkorb aufreißen? Du bist nicht dabei. Du bist weit weg und träumst. Nein, in Wahrheit träumt man nicht. Man ist zu tief in Narkose. Es ist wie ein großes Nichts, als wär man tot.»

«Ich möchte es nicht», hört Harry sich in scharfem Ton sagen. Er mildert es ab: «Jedenfalls noch nicht.» Charlies Wort *aufreißen* hat ihn aus der Fassung gebracht, hat das Ganze zu real gemacht, die physische Anstrengung, die es bedeutet, dies widerstehende Knochentor aufzureißen, so daß seine Seele wegfliegen wird und hellgrün maskierte Männer mit Haken und Klammern und blitzenden Messern in dem suppigen roten Matsch wühlen können. Im Fernsehen hat er einmal aus Versehen, sozusagen über Janices Schulter hinweg, eine dieser PBS-Sendungen über Entbindungen mitgekriegt – die normalen Sender bringen so ein geiles Zeug nicht – und gesehen, wie bei einer Frau gerade mit dem Kaiserschnitt angefangen wurde. Das Messer in der gummibehandschuhten Hand hat eine gerade Linie gezogen, und auf beiden Seiten hat sich gelbes Fett hochgeringelt, wie zwei Schaumgummistreifen. Der schwangere Bauch dieser Frau war mit etwas gefüttert, das genau wie Schaumgummi aussah. «Sie haben unten in Florida», sagt er, «eine Katheterisierung bei mir gemacht» – das Wort macht ihm Schwierigkeiten im Mund, als sei er jetzt die Kellnerin –, «und es war gar nicht so schlimm, höchstens langweilig. Man ist knallwach, und sie stülpen einem so was Ähnliches wie 'ne große Schüssel über die Brust und können dann sehen, was innen los ist. Wo das Kontrastmittel durchgepumpt wird, wird es *heiß*, so heiß, daß man's kaum aushält.» Er fühlt, daß er Charlie enttäuscht, weil er hinsichtlich einer Bypass-Operation so feige ist, und um die Beziehung zu dem stirnrunzelnden, kauenden anderen zu vertiefen, vertraut er ihm an: «Das Schlimmste ist, Charlie, ich komme mir schon halb gestorben vor. Diese Kellnerin ist das erste Mädchen seit Monaten, das ich hab vögeln wollen.»

«Das sind die Titten», sagt Charlie. «Große Titten an einem mageren Körper, das ist sexy. Wie Bo Derek, als sie die Silikonkissen gekriegt hat.»

«Mich machen ihre Haare so an. Sie ist sowieso schon groß, und mit dieser Frisur sind's noch fünfzehn Zentimeter mehr.»

«Groß ist nicht schlecht. Die Großen merken nicht so schnell wie die gerissenen kleinen Kurzen, was gespielt wird, und tun mehr für dich. Und mager zu sein ist von Vorteil, weil dann nicht soviel Fett zwischen dir und der Klitoris ist.»

Das ist jetzt vielleicht mehr Männerbündelei, als Rabbit braucht. Er sagt: «Aber die vielen Ohrringe, das muß doch weh tun. Und stimmt das, daß manche Punkmädchen –»

Charlie unterbricht ihn ungeduldig: «Wenn's weh tut, sind Punks in ihrem Element. Verstümmelung, Selbsthaß, Slam-Dancing. Für die Kids von heute ist häßlich schön. Das ist ihre Art zu sagen, was für eine lausige Welt wir ihnen übergeben. Keine Regenwälder mehr. Giftmüll. Du kennst die Leier.»

«Als ich diesen Frühling zurückkam, bin ich ziemlich viel

rumgefahren, in allen Stadtteilen. Ein paar von diesen Hispanics haben praktisch auf der Straße gebumst.»

«Drogen», sagt Charlie. «Die meiste Zeit wissen sie nicht, was sie tun.»

«Hast du im *Standard* gelesen – drüben bei Maiden Springs haben sie einen Trucker aus West-Miami mit Kokain im Wert von schätzungsweise fünfundsiebzig Millionen Dollar geschnappt, fünfhundert Kilo, die in Apfelsinenkisten mit dem Aufdruck ‹Fragile› verpackt waren.»

«Sie können die Drogen nicht stoppen», sagt Charlie und legt Messer und Gabel nebeneinander an den Rand seines leeren Tellers, «solange sich Leute finden, die dafür zahlen.»

«Der Kerl war offenbar ein kubanischer Flüchtling, einer von denen, die wir reingelassen haben.»

«Diese kommunistisch gewordenen Länder treten uns all ihre Gauner und Spinner ab.» Sein Ton ist gleichmütig und gebieterisch, aber Harry fühlt, daß Charlie nicht mehr mag. Es ist nicht mehr so wie früher, als sie im Ausstellungsraum den ganzen Tag zum Vertrödeln hatten. Charlie ist mit seinem Spinat-und-Krabben-Teller fertig, und Rabbit hat *seinen* Salathaufen noch kaum angerührt, so begierig ist er darauf, einen Rat zu bekommen. Er schiebt sich eine glitschige Gabelvoll in den Mund, findet zwischen den öligen Salatblättern und Luzernensprossen eine ganze Macadamianuß und spaltet sie sacht mit den Zähnen, so daß seine Zunge die Textur der Bruchstellen spürt, wunderbar glatt, wie der Körper einer jungen Frau, wie die Marmorplatte eines Tisches.

Er schluckt und bringt heraus: «Das andere, das mir auf der Seele liegt – ich glaube, Nelson nimmt Kokain.»

Charlie nickt und sagt: «Ich hab schon gehört.» Er nimmt die Gabel auf, die er eben abgelegt hat, und langt zu Harrys großem speckverzierten Grünzeugbusen herüber. «Ich helf dir ein bißchen, Champ.»

«Du hast gehört, daß er Kokain nimmt?»

«Hm. Ja. Er ist wie sein Großvater, übernervös. Er

braucht Krücken. Ich hab's nie einfach gefunden, mit dem Jungen umzugehen.»

«Ich *auch* nicht», sagt Harry eifrig, und die Worte stolpern ihm aus dem Mund. «Ich bin letzte Woche rübergefahren und wollte mit ihm über diese Kokainsache reden, ich hatte gerade Wind davon bekommen, aber er war nicht da, irgendwo unterwegs, wie gewöhnlich, aber dieser Buchhalter, den er eingestellt hat, ein Knilch, der an Aids stirbt, stell dir mal vor, der war da, und als ich sagte, ich würde gern die Bücher sehen, da hat er mir quasi das Zeichen mit dem Mittelfinger gemacht und gesagt, ich müßte mir Janices Okay holen. Und sie, die dumme Nuß, will es mir nicht geben. Ich glaube, sie hat Angst vor dem, was rauskommt. Daß ihr eigener Sohn sie ausraubt. Die Verkaufszahlen bei den Gebrauchten sind ganz weit unten, die monatlichen Aufstellungen kommen mir seit Monaten faul vor.»

«Du kannst es beurteilen. Klingt nicht gut», bestätigt Charlie und langt wieder mit seiner Gabel rüber. Eine Macadamianuß – eine einzige von diesen Nüssen kostet heutzutage einen Vierteldollar – flutscht in Harrys Richtung weg, und nur seine raschen Reflexe verhindern, daß sie ihm in den Schoß fällt und einen Salatölfleck in seine rostbraunen Hosen macht, die er vorhin erst aus der Reinigungshülle genommen und zum erstenmal in diesem Jahr angezogen hat, an diesem ersten wirklich warmen Frühlingstag. Die jähe Bewegung verursacht ihm einen brennenden Schmerz im Brustkorb. Das böse Kind da drinnen spielt immer noch mit Streichhölzern.

Er versucht, den Schmerz zu ignorieren, und fährt fort: «Und jetzt kriegen wir zu den merkwürdigsten Zeiten Telephonanrufe, Kerle mit eigenartigen Stimmen fragen, ob Nelson da ist, oder sagen sogar *mir*, daß sie Geld wollen.»

«Die verstehen keinen Spaß, das Drogengeschäft ist eine ernste Sache», sagt Charlie und langt noch einmal zu.

«He, laß mir ein *biß*chen übrig! Wie machst du's, daß du so dünn bleibst! Was soll ich also tun?»

«Vielleicht sollte Janice mit Nelson reden.»

«Genau das hab ich ihr gesagt.»

«Na also.»

«Aber das Miststück tut's nicht. Bisher jedenfalls nicht, soweit ich weiß.»

«Schmeckt gut», sagt Charlie, «dies gesunde Zeug, aber es ist wie chinesisches Essen, es macht einen nicht satt.»

«Also was hast du gesagt, wie ist deine Meinung?»

«Manchmal sind bei Mann und Frau zuviel Ehegeschichten im Weg. Soll ich bei der alten Jan-Jan mal ein bißchen vorfühlen, sehen, was so in ihr vorgeht?»

Harry sagt fast ohne zu zögern: «Charlie, wenn du das tätest, das wäre super!»

«Möchten die Herren noch einen Nachtisch?»

Jennifer ist erschienen. Harry wendet überrascht den Kopf beim Klang ihrer lieblich behinderten Stimme und sieht, ganz nah vor seinen Augen, daß Charlie wie üblich recht hat: großartige Titten, wenn man bedenkt, wie ungeschickt schlaksig und selbsthasserisch alles übrige an ihr ist. Ihre Eltern müssen eine Menge Protein, Cheerios und vitaminreiches Brot in diese Titten gesteckt haben. In seinem zerbrechlichen befrachteten Zustand ist ihm, als seien sie zwei weitere Gewichte, die ihm aufs Gehirn drücken. Die straffgespannte Brustpartie ihres grünen Trägerkleids hebt sich, als sie Atem holt, um zu sagen: «Die Spezialität des Tages ist Käsekuchen aus fettarmer Ziegenmilch mit einer köstlichen Haube aus Stachelbeeren in Eischnee.»

Rabbit, die Brauen noch immer hochgezogen von den Brüsten der Kellnerin, sieht zu Charlie hinüber. «Was meinst du?»

Charlie zuckt gleichgültig die Achseln. «Ist *deine* Beerdigung.»


Das Telephon klingelt, klingelt, als ströme eiskaltes Wasser in die moosigen warmen Ritzen seines Traums. Er hat geträumt, daß er sich in etwas schmiegt, daß er eine Mulde gefunden hat, die genau paßt. Das Telephon steht auf Janices Seite; er

314

tastet über ihren bockig schlafenden Körper hinweg nach dem Hörer und krächzt mit ausgetrockneter Kehle – er hat im Schlaf durch den Mund geatmet –: «Hallo?» Die Uhr auf dem Nachttisch scheint nur einen Zeiger zu haben, bis ihm aufgeht, daß es zehn nach zwei ist. Er rechnet mit einer dieser Männerstimmen und sagt sich, er und Janice sollten jeden Abend, wenn sie schlafen gehen, unten den Hörer abnehmen und neben den Apparat legen. Das Hämmern seines Herzens scheint das dunkle Zimmer luftabschnürend bis in die hintersten Ecken auszufüllen.

Eine unsichere junge Frauenstimme sagt: «Harry? Hier ist Pru. Verzeih, daß ich dich geweckt habe, aber ich –» Scham und Furcht lassen ihre Stimme stocken und verstummen. Sie wirkt schutzlos.

«Komm, red schon», drängt er sanft.

«Ich bin verzweifelt. Nelson ist verrückt geworden, mich hat er schon geschlagen, und ich habe Angst, daß er auch noch über die Kinder herfällt!»

«Meinst du wirklich?» sagt er blöde. «Nelson würde so was nie tun!» Aber die Leute tun's, es steht in den Zeitungen, jeden Tag.

«Wer um alles in der Welt ist das», schimpft Janice, aus den eigenen Träumen gerissen. «Sag ihnen, du hast kein Geld. Leg einfach auf.»

Pru schluchzt am andern Ende der Leitung: «...*kann* nicht mehr... es ist eine solche Hölle... seit *Jah*ren.»

«Nu, nu», sagt Harry, noch immer ganz benommen. «Ich geb dir Janice», sagt er und reicht die heiße Kartoffel an seine Frau weiter, schiebt ihr den Hörer in die unter der Bettdecke sich hervorwühlende Hand. Das jähe Fenster zu Prus Innerm, der Einblick in ihr heißes helles unglückliches Herz, hat etwas Unerlaubtes für Harry gehabt. Er macht seine Nachttischlampe an, als könne das dazu beitragen, Licht in die ganze Angelegenheit zu bringen. Der weiße Umschlag des Geschichtsbuchs, das er immer noch nicht ganz gelesen hat, mit dem Clipper im Oval aus Wolke und Meer, glänzt unter dem gefältelten Lampenschirm auf. Seit dem Tod der Autorin vor einiger Zeit, nicht lange, nachdem er, am Weihnachtsnachmittag, mit der Lektüre angefangen hatte, ist das Buch von einem Mehltau befallen. Aber er hat das Gefühl, daß es Unglück bringt, wenn er es nicht zu Ende liest.

«Ja», sagt Janice mehrmals, in großen Abständen, ins Telephon. «Ja. Hat er tatsächlich –? Ja.» Sie sagt: «Wir kommen sofort rüber. Bleib weg von ihm. Warum geht ihr nicht einfach in Judys Zimmer, du und die Kleine, und schließt euch dort ein? Mutter hat mal einen Riegel an der Tür anbringen lassen, er muß noch da sein.»

Aber Prus Stimme knistert weiter im Hörer, wie eine Säure, die die Stille der Nacht zerfrißt, den Frieden, der noch vor zehn Minuten im Zimmer gewesen ist. Fetzen seines unterbrochenen Traums kommen ihm in Erinnerung. Eine Fahrt zu einem vorausgeahnten Ort, in einem Wagen, der wie ein Straßenbahnwagen war, ja, es war ein Straßenbahnwagen von früher gewesen, das enge Geflecht der Korbsitze, er hatte vergessen, wie sie aussahen, wie sie rochen, wenn sie von der Sonne erwärmt waren, und die Porzellangriffe, an denen man sich festhielt, und die Porzellanknöpfe, die man drücken konnte, die staubigen Drahtgitter an den Fenstern, die Luft und das Licht, die hereinströmten, auf altmodische Strohhüte, die der Frauen waren mit Papierblumen geschmückt, und alle, Männer und Frauen, strebten einem heiteren Ort zu, einem Vergnügungspark, einem Jahrmarkt, wer war bei ihm? Auf dem Sitz neben ihm hatte jemand gesessen, eine Begleiterin, ein Mädchen, mit dem er sich verabredet hatte, aber das Gesicht will ihm nicht einfallen. Die Straßenbahn hat sich in etwas verwandelt, das sie, ihn, in einen warmen Tunnel der Liebe trug. Er hat genau gepaßt.

«Könnten die Nachbarn nicht helfen?»

Mehr Knistern, mehr Schluchzen. Rabbit macht Janice das «Schnitt!»-Zeichen, wie man's manchmal im Fernsehen sieht – ein Finger quer über die Gurgel –, und hebt sich aus dem Bett. Das Aroma seines alten Körpers steigt zu ihm auf, als er die nackten Füße auf den Boden setzt, ein muffiger fleischiger käsiger Geruch. Das Schlafzimmer in dem Kalksteinhaus ist mit hellbeigefarbener, in breiten Bahnen gewebter, fast nahtloser Antron-Teppichware ausgelegt; überall im Haus ungemusterte Spannteppiche, das ist ihm damals, als sie alles bestellten, schick und modern vorgekommen, aber in den zehn Jahren, während derer sie hier wohnen, hat sich an bestimmten Stellen – innen vor der Eingangstür, im Flur vor der Tür, die zum Keller führt, im Schlafzimmer zu beiden Seiten des Bettes – Schmutz von Schuhen und Schweiß von Füßen festgetreten, und ein Grau ist entstanden, das kein Teppichshampoo je hat entfernen können, ein schmieriger großer Fingerabdruck, den man beim Leben hinterlassen hat. Gemusterte Teppiche, wie die Leute sie hatten, als er ein Junge war – eckige Blumen und Ranken und Labyrinthe, denen er mit den Augen folgte, bis ihm war, als hätte er sich in einem Dschungel verirrt –, haben den Schmutz irgendwie geschluckt, und die Hausfrauen straßauf, straßab in der Jackson Road haben ihn dann zu dieser Zeit im Jahr auf den Wäscheleinen in ihren Hintergärtchen ausgeklopft, haben ihn in kleinen wirbelnden Wolken in die kühle Aprilluft hinausgeschickt, ihn verschwinden lassen im Staub der Welt. Er sucht sich frische Unterwäsche und Socken aus der Kommode zusammen und ist dann ein bißchen ratlos, wie man sich anläßlich eines tätlichen Angriffs eigentlich kleiden soll. Sein Gehirn schlittert auf dem Pumpen seines Herzens dahin wie ein Surfer.

«Hi, Süße», sagt Janice in einem anderen, einem hellen, großmütterlichen Ton. «Hab keine Angst. Wir haben dich alle lieb. Dein Daddy auch, sehr sogar. Grandpa und ich kommen gleich rüber. Wir müssen uns jetzt aber anziehen, damit wir auch wirklich loskönnen. Es dauert höchstens zwanzig Minuten, Süße. Ja, wir beeilen uns. Du bist lieb solange und tust, was deine Mutter dir sagt.» Sie legt auf und starrt unter ihren schütteren, zerzausten Ponies hervor zu Harry hinüber. «Mein Gott», sagt sie. «Er hat Pru ins Gesicht geboxt und im Badezimmer alles kurz und klein geschlagen, weil er das

Kokain nicht finden konnte, das er seiner Meinung nach dort versteckt hatte und das er unbedingt haben wollte.»

«Er will haben, er will haben», sagt Harry.

«Er hat gesagt, wir bestehlen ihn alle.»

«Ha», sagt Harry, womit er meint, daß es genau umgekehrt ist.

Janice sagt: «Wie kannst du lachen, wo es doch um deinen eigenen Sohn geht!»

Wie kommt diese Frau, diese kleine nußharte Frau dazu, ihn zurechtzuweisen? Doch er *fühlt* sich zurechtgewiesen. Er antwortet nicht darauf, sondern sagt statt dessen in gemessenem, abgeklärtem Ton: «Nun, vorausgesetzt, wir überleben's alle, ist es wahrscheinlich gut, daß es sich so zuspitzt. Auf diese Weise ist es wenigstens kein Geheimnis mehr.»

Sie zieht an, was sie hier im Norden sonst nie in der Öffentlichkeit trägt: ihren lachsfarbenen Jogginganzug mit den puderblauen Ärmeln und Streifen. Er entscheidet sich für frisch gebügelte Baumwollhosen aus der Schublade und das Khakihemd, das er meist zu leichten Gartenarbeiten anzieht, und für seine älteste Jacke, eine grüne aus breitgeripptem Kordsamt mit Lederknöpfen: so etwas wie ein zwangloser Samstagnachmittagsaufzug. Seit sie im Ruhestand leben, sind sie in Kleiderdingen viel bewußter als vorher; in Florida spielen die Ruheständler jeden Tag «Sichfeinmachen», als seien sie zu ihren eigenen Anziehpuppen geworden.

Sie nehmen den schiefergrauen Celica, das batmobilhaftere, stählernere Auto, für ihre dringende Mission mitten in der Nacht. Die Eichen an den stillen geschwungenen Straßen von Penn Park treiben gerade Knospen, aber die Kronen der Ahornbäume füllen sich schon, der Rotton ist weg, ein dichtes Gespinst aus durchsichtigen, zarten neuen Blättern entsteht. In den Häusern brennt hier und da im oberen Stock ein Nachtlicht, oder an einer Hinterveranda ist eine Lampe an, um Katzen und Waschbären von der Mülltonne fernzuhalten, aber nur die Straßenlaternen konkurrieren mit dem Mond. Die großen getrimmten Büsche in den gepflegten Gärten, die Eiben und Tujen und Rhododendren, sehen lebendig aus in der Nacht, wie Dschungeltiere, die zum Trinken ans Wasserloch gekommen sind und im Blitz einer Kamera festgehalten werden. Es ist seltsam zu denken, daß, während wir schlafen, diese Büsche wach sind, Sauerstoff ausatmen, wachsen; sie schlafen nicht. Sterne schlafen nicht, sondern scheinen über den Hausfirsten und Baumwipfeln in kaltem, sich wölbendem, dunstigem Gesprenkel. Warum schlafen wir? Wohin kehren wir zurück? Sein Traum, wie er ihm rundherum genau gepaßt hat. An manchen Stellen schimmert der beleuchtete Asphalt in seinen Augenwinkeln wie Schnee. Aus Penn Park wird West Brewer, und zwei, drei Autos sind noch wach und bewegen sich auf dem bleichen, verlassenen Penn Boulevard – einer Verlängerung der Weiser Avenue –, an dem sich auf der einen Seite der Parkplatz eines Supermarkts hinzieht und auf der andern eine niedrige backsteinerne Ladenzeile aus den Dreißigern, lauter kleine enge Geschäfte, in denen man Knöpfe und Brautkleider, Gebäck und Zipf-Pralinen und Sony-Fernseher kaufen kann und Bausätze zum Basteln von Modellflugzeugen – die werden noch immer hergestellt und verkauft, in dieser Zeit, wo so ziemlich alle Kids «Couch Potatoes» sind und alle Flugzeuge behäbige Großraumjets mit schwarzen Pandabärnasen und keine schnittigen Tötungsmaschinen wie die Zeros, Messerschmitts, Spitfires, Mustangs. Komischer Gedanke, daß trotz all der Weltkriegsanstrengungen Hersteller noch das Okay haben, diese kleinen Modellmaschinen zu bauen und den Kampfgeist in den Kinderzimmern zu fördern. Alle Läden schlafen. Ein Blumengeschäft hat ein violettes wachstumsförderndes Licht in der Auslage und eine Tierhandlung ein trüb erhelltes Aquarium. Die längs den Gehsteigen geparkten Autos zeigen sich in einer Vielzahl unirdischer Farben, nicht mehr in Rot und Blau und Cremeweiß, sondern in ausgeglühten lunaren Schattierungen, die nichts gleichen, das man bei Tage sehen oder sich auch nur ausmalen kann.

Harry nimmt eine Nitroglyzerinpille und sagt in anklagendem Ton zu Janice: «Die Ärzte sagen, ich soll Aufregung vermeiden.»

«*Ich* war's nicht, die uns um zwei Uhr morgens geweckt hat, deine Schwiegertochter war's.»

«Ja, weil dein herrlicher Sohn auf sie eingedroschen hat.»

«Das sagt *sie*», stellt Janice fest. «Nelsons Version kennen wir noch nicht.»

Die Unterseite seiner Zunge brennt. «Wieso denkst du, daß er eine andere Version hat? Was willst du damit sagen, denkst du, daß sie lügt? Warum sollte sie lügen? Warum sollte sie uns um zwei in der Frühe anrufen – um zu lügen?»

«Sie hat ihre Prioritäten, wie man so sagt. Er war gut genug für sie, als sie dafür gesorgt hat, daß sie schwanger wurde, aber jetzt, wo er ein bißchen in Schwierigkeiten ist, ist er nicht mehr so gut, und wenn sie sich einen neuen Mann angeln will, muß sie sich ranhalten, ihr Aussehen bleibt nicht ewig so.»

Er lacht anerkennend. «Du hast dir alles gut zusammengereimt.» Diskret, entfernt juckt sein After, von der Pille. «Sie *sieht* gut aus, nicht? Noch.»

«Für manche Männer vielleicht. Für die, die große zähe Frauen mögen. Ich habe an ihr nie leiden können, daß Nelson neben ihr so klein wirkt.»

«Er *ist* klein», sagt Harry. «Versteh gar nicht, wieso. Meine Eltern waren beide groß. In meiner Familie waren überhaupt alle groß.»

Janice erwägt schweigend ihre Verantwortung für Nelsons Kleinwüchsigkeit.

Man kann auf vielen Wegen durch Brewer nach Mt. Judge fahren, aber heute nacht, wo die Straßen so gut wie ausgestorben und die Ampeln auf gelbes Blinklicht geschaltet sind, entscheidet er sich für den direkten: er fährt über die Running-Horse-Brücke, über die er einmal mit Jill gegangen ist, bei Mondschein, allerdings war's nicht ganz so tiefe Nacht wie jetzt, und weiter zügig die Weiser Avenue hinauf, an dem Eckgebäude vorbei, das JIMBO'S *Friendly* LOUNGE beherbergt hat, bis sie wegen Ärger mit der Polizei endgültig geschlossen wurde, und das jetzt in pastellenen Condo-Farben gestrichen und umgewandelt worden ist in einen Bürokomplex für Yuppie-Anwälte und Finanzberater, weiter am Beerdigungsinstitut Schoenbaum im stattlichen weißen Ziegelbau linker Hand und am Schuhputzladen vorbei, in dem es New Yorker Zeitungen und heiße geröstete Erdnüsse gibt, die besten Erdnüsse der Stadt, all die Jahre schon, seit er ein Junge gewesen ist, nicht viel älter als Judy jetzt. Seine Vorstellung vom großen Leben war damals, Samstag vormittags mit der Straßenbahn um den Berg herum in die Innenstadt von Brewer zu fahren, sich für zehn Cent eine Tüte Erdnüsse zu kaufen, die noch warm vom Röstgrill waren, und umherzuspazieren und sie zu knacken und die Schalen einfach fallen zu lassen, vor seine Füße, auf den Gehweg des Weiser Square. Einmal hat ein alter Penner ihn angegrummelt, daß man das nicht tut, Abfälle auf die Straße werfen. Sogar die Penner haben damals Bürgersinn gehabt. Jetzt liegt die alte Innenstadt gespenstisch da, hohl, in mondbleichen Farben und für den Verkehr gesperrt bei der Fifth Street, wo der kleine Wald, den die Stadtplaner aus Atlanta angepflanzt haben, um eine Fußgängerzone zu schaffen, geisterhafte Äste emporstreckt zu den grellen blauen Lampen, die installiert worden sind, um Raubüberfälle und Sex- und Drogengeschäfte zu verhindern unter diesen Bäumen, die mit jedem Jahr größer werden und das Stadtinnere düsterer machen. Rabbit biegt links ab, fährt am Postamt und dem Ramada Inn vorbei, das früher das Ben Franklin mit dem stolzen Ballsaal war und ihn immer an Mary Ann und ihre gestärkten Petticoats und an den Duft zwischen ihren Beinen erinnert, und hinüber zur Eisenhower Avenue, oberhalb des Hauses Nummer 1204, wo Janice sich seinerzeit mit Charlie verkrochen hat, nimmt dann eine stumpfwinklige Abzweigung nach rechts, fährt durch das Hispanic-Viertel, das früher von deutschen Arbeitern bewohnt gewesen ist, überquert Winter, Spring und Summer Street mit den grellen Ampeln und gelegentlichen, sich bewegenden Schatten, Kubaner oder so, auf der Pirsch nach irgendeinem Deal, die

Nächte noch ein wenig zu kühl, um das gesamte Pack auf die Straße zu locken, und kommt zum Locust Boulevard und zur Brewer-High-School, einem langgestreckten, mit lateinischer Inschrift geschmückten Denkmal aus der Depressionszeit, errichtet mit dem Gemeinwohl im Sinn, wie von Kommunisten, das ganze Land ja nah am Kommunismus in den Dreißigern, Leute nicht so selbstsüchtig damals, ein Gebäude aus blaßgelben Ziegeln und mit Ecksteinen aus Granit, entstanden in Harrys Geburtsjahr, 1933, und wie's aussieht, noch da, wenn es ihn nicht mehr gibt.

«Wie, glaubst du, meint sie das: ‹Er ist verrückt geworden›?» fragte er Janice. «Wie verrückt kann man werden von Kokain?»

«Doris Kaufmann, ich meine Eberhardt, hat einen Schwager, dessen Frau aus erster Ehe einen Sohn hat, der mußte in eine Entgiftungsklinik irgendwo weit weg auf dem Land gebracht werden. Er war paranoid geworden und dachte, Hitler wär noch am Leben und hätte überall seine Agenten, nur um ihn zu kriegen. Er war Jude.»

«Hat er seine Frau und seine Kinder verprügelt?»

«Er hatte keine Frau, glaube ich. Wir *wissen* nicht, ob Nelson die Kinder bedroht hat.»

«Pru sagt, doch.»

«Pru war sehr aufgeregt. Ich glaube, es ist das Geld, was sie so aufregt, mehr als alles andere.»

«Dich regt es nicht auf?»

«Nicht so sehr wie anscheinend dich und Pru. Wegen Geld mache ich mir keine Sorgen, Harry. Daddy hat immer gesagt: ‹Wenn ich keine Fünfcentstücke habe, mit denen ich klimpern kann, nehme ich eben Pennies.› Er hat darauf vertraut, daß er immer genug Geld machen kann, und er *hat* genug gemacht, und ich glaube, ich habe seine Philosophie geerbt.»

«Ist das der Grund, weshalb du Nelson Mord und Totschlag durchgehen läßt?»

Janice seufzt und hört sich mehr denn je wie ihre Mutter an, wie Bessie Koerner Springer, die ihr ganzes Leben lang übergewichtig gewesen ist und sich, bis auf ein wenig Hausarbeit, nie auch nur einen Funken Bewegung verschafft hat, immer nur bei heruntergezogenen Rollos – damit die Sonne den Gardinen und Polstern nichts tut – in ihrem großen Haus gesessen und geseufzt hat wegen der Schmerzen in ihren Beinen. «Harry, was soll ich machen, ehrlich. Er ist doch schließlich kein Kind mehr, er ist zweiunddreißig.»

«Du könntest ihn feuern, das wär schon mal ein Anfang.»

«Ja, und ihn vielleicht auch gleich als meinen Sohn feuern – ihm sagen, schade, aber er hätte sich nicht rentiert? Er ist der Enkel meines Vaters, vergiß das nicht. Daddy hat die Firma aus dem Nichts aufgebaut, und er hätte gewollt, daß Nelson sie leitet – daß er sie leitet, auch wenn er sie in Grund und Boden leitet.»

«Tatsächlich?» Die ruinöse Vorstellung erschreckt ihn. Kaum haben die Leute Geld, werden sie leichtsinnig. Setzen eine Million aufs Spiel. Junk-Bonds. «Könntest du ihn nicht vorläufig feuern, bis er wieder zu sich kommt?»

Janices Ton hat die Schärfe der Ungeduld, der Müdigkeit. «Das sagt sich alles so leicht – du bist doch nur sauer, weil Lyle dir gesagt hat, daß ich der eigentliche Boss bin, und versuchst, deinen Ärger an mir auszulassen. *Du* machst das, du veranlaßt in der Firma, was du für richtig hältst, und sagst allen, du hättest mein Okay dazu. Ich hab's satt. Ich hab's satt, daß ihr beide, du und Nelson, eure Kriege auf meinem Rücken austragt.»

Das Licht der Straßenlampen flackert ihm rascher über die Hände, als der Celica zügiger fährt, durch den Stadtpark oberhalb der Tennisplätze und des Panzers aus dem Zweiten Weltkrieg, der mit einer dicken grünen Farbe bedeckt ist, damit er nicht rostet, und inzwischen so oft übergestrichen worden ist, daß man schon längst nicht mehr den exakten militärischen Grünton trifft, den Harry in Erinnerung hat. Wie wurde die Farbe genannt? Schmutzig-Oliv. Er fühlt sich von den Straßenlampen wie unter Sperrfeuer genommen, und Brewer scheint so bar allen Lebens wie die ausgebombten deutschen Städte nach dem Krieg. «Die glauben mir ja doch nicht», sagt er trotzig, «die kommen ja doch nur alle wieder zu dir. Außerdem geht es mir genau wie dir», sagt er sanfter, «ich hab Angst vor dem, was ich aufrühre.»

Nach dem Park kommt eine Ampel, die auf Rot steht, und ein in dieser Gegend berühmtes altes Haus, das ein Türmchen und ein mit runden fischschuppenartigen Schieferschindeln gedecktes Dach hat, und dann eine Einkaufspassage, in der das Cineplex groß verkündet: SEE YOU DREAM TEAM SAY ANYTHING OUT OF CONTROL. Dann sind sie auf der 422 und auf einem Gelände, mit dem sie zuinnerst vertraut sind, Straßen, die sie zu allen Jahreszeiten hin und her überquert haben, als sie Kinder waren, die Central, die Jackson, die Joseph Street; die Hydranten und Briefkästen der Stadtgemeinde Mt. Judge wie Knöpfe, an denen ihrer beider Leben festgemacht ist, ihr wahres Leben, alles ausgelaugt, gebleicht, jetzt, in der Stille der Nacht, die Straßen unterm blauen Licht der Quecksilberdampflampen aufgewölbt wie Brotlaibe und wie mit Schnee überkrustet, die Veranden mit den Ziegelpfeilern tückische Geschützstände hinter ihren kleinen flachen Wällen aus Rasen und Tulpenbeeten. Joseph Street Nummer 89, das große stuckverzierte Springer-Haus, das Rabbit damals, als er Janice den Hof machte, nur mit Widerstreben betreten hat, weil es die Doppelhaushälfte seiner Eltern an der Jackson Road so armselig erscheinen ließ, ist von unten bis oben hell erleuchtet, wie ein untergehendes Schiff inmitten der stillen dunklen Baumkronen und Dachfirste der Stadt. Die riesige, weit ausladende Blutbuche auf der linken Seite, wo Harrys und Janices Schlafzimmer war, ein Baum mit so dichtem Geäst und Laubwerk, daß die Sonne nie hindurchschien und die fallenden, platzenden Bucheckern Harry den ganzen Herbst über nicht einschlafen ließen, ist dahin, die Hausseite ist kahl, die Fenster sind entblößt und brandhell. Nelson hat die Buche fällen lassen. *Dad, sie war im Begriff, das ganze Haus aufzufressen. Die Holzverkleidung an der Seite hat überhaupt keine Farbe mehr angenommen, so feucht war sie.*

*Und nicht mal der Rasen hatte eine Chance.* Harry konnte nicht mit ihm rechten, konnte nicht sagen, daß das Geräusch des Regens in dieser mächtigen Buche die stärkste religiöse Erfahrung in seinem Leben gewesen war. Das und ein makelloser Golfschlag.

Sie parken an der Straße, unter den Ahornen, die um diese Zeit im Jahr grüngelbliche Flusen und klebriges Blütenzeug abwerfen. Er findet es deshalb immer gräßlich, hier zu parken. Er wird den Wagen Montag zum Waschen bringen.

Pru hat darauf gelauert, daß sie kommen. Sie reißt die Tür auf, kaum daß sie den Fuß auf die Veranda setzen, als ob da eine Lichtschranke wäre. Wie Thelma letzte Woche. Judy ist bei ihr, sie hat einen fusseligen Oshkosh-B'Gosh-Pyjama an, der ihr zu klein ist. Ihre Füße wirken überraschend lang und weiß und knochig, mit den zentimeterhoch entblößten Fesseln.

«Wo ist Roy?» fragt Harry sofort.

«Nelson bringt ihn gerade zu Bett», sagt Pru und zieht schief den einen Mundwinkel herab, wie zur Entschuldigung.

«Zu Bett?» sagt Harry. «Du traust ihm? Läßt ihn allein mit dem Kind?»

Sie sagt: «Doch, ja. Er hat sich beruhigt, seit ich bei euch angerufen habe. Ich glaube, es war für ihn selber ein Schock, daß er mich so heftig geschlagen hat. Hat ihm gutgetan.» Im Lampenlicht des Flurs können sie den rosa Striemen auf ihrer Wange sehen, die einseitige Schwellung ihrer Oberlippe, die Röte um ihre Augen, als seien sie wieder und wieder mit einem Topfschrubber bearbeitet worden. Sie trägt den gesteppten, kurzen, mit Purpurwinden gemusterten Morgenmantel, aber nicht, wie in Florida, über nackten Beinen, sondern über einem langen blauen Nachthemd. Aber man kann die Umrisse ihrer Beine durch den dünnen Stoff sehen, wie Fische, die sich in trübem Wasser bewegen. Mit Pelzimitat gefütterte Pantoffeln bedecken ihre Füße, so daß er den Lack auf ihren Zehennägeln nicht überprüfen kann.

«He, war das vielleicht so was wie 'n falscher Alarm?»

«Wenn du Nelson siehst, denkst du das bestimmt nicht mehr», sagt Pru und wendet sich an Janice. «Janice, mir reicht es. Ich will hier raus. Ich hab stillgehalten, solange ich nur konnte, aber jetzt *reicht* es!» Und die Augen, die die Lider mit Tränen wundgescheuert haben, füllen sich wieder mit Wasser, und sie umarmt die Ältere, bevor die sich noch ganz erheben kann aus ihrer gebückten Haltung, in der sie Judy einen Begrüßungskuß gegeben hat.

In Harry ist ein Zerren: er kann fühlen, daß Pru versucht, Janice in ein Bündnis zu ziehen, und er kann den Widerstand seiner Frau fühlen. Pru ist als Katholikin erzogen worden, nach außen gekehrt, zur großen Geste neigend, und Janice als verklemmte kleine Protestantin.

Judy faßt nach seinen Fingern. Als er sich bückt, um ihr einen Kuß auf die Wange zu geben, geraten ihm ihre Haare ins Auge. Das kleine Mädchen kichert und sagt ihm ins Ohr: «Daddy denkt, Ameisen krabbeln überall auf ihm rum.»

«Er hat einen ständigen Juckreiz», sagt Pru; sie spürt, daß ihr Versuch, Janice in ihren Ausbruchsplan hineinzuziehen, fehlgeschlagen ist, und muß sehen, daß sie aus der Situation noch was herausholt. «Das kommt vom Koks. Man nennt das Ameisenkribbeln. Seine Neurotransmitter sind versaut. Fragt mich, was ihr wollt, ich kenne mich aus. Ich gehe jetzt seit einem Jahr zu Narc-Anon in Brewer.»

«Aha», sagt Rabbit, nicht sehr angetan von ihrem forschen Ton. «Und was erzählen sie einem da sonst noch?»

Sie sieht ihn voll an, mit vor Tränen und Erregtheit funkelnden grünen Augen, und bringt ihr schiefes, seitlich heruntergezogenes Lächeln zustande. Durch die geschwollene Oberlippe bekommt es etwas traurig Fremdes heute nacht. «Sie sagen, es ist nicht dein Problem, die Süchtigen können es nur aus eigener Kraft schaffen, aber deshalb bleibt es doch dein Problem.»

«Was genau hat sich heute nacht hier abgespielt?» fragt er. Er muß weiter die Stimme erheben. Janice, fühlt er, zieht sich zurück, distanziert sich aufreizend, wie damals, als sie

mit den Kindern im Camry zum Dschungelpark gefahren
sind.

Judy findet ihre Großeltern nicht so lustig wie sonst; sie
geht von Harry weg zu ihrer Mutter, lehnt sich mit dem Rükken gegen sie und drückt ihren karottenfarbenen Kopf nach
hinten gegen Prus Bauch. Pru umschließt schützend den Hals
des Kindes mit flaumigem, sommersprossigem Unterarm.
Zwei Paar grünliche Augen starren jetzt, ganz so, als seien
Harry und Janice nicht die Rettungsmannschaft, sondern
feindliche Eindringlinge.

Prus Stimme klingt barsch und erschöpft. «Das übliche
Theater. Er ist nach eins nach Hause gekommen, und ich
habe ihn gefragt, wo er war, und er sagte, das ginge mich
nichts an, und anscheinend habe ich das nicht so lammfromm
hingenommen wie sonst, denn er sagte, wenn ich mich so auf-
führe, dann bräuchte er eine kleine Prise, um seine Nerven zu
beruhigen, und als er das Koks nicht finden konnte, von dem
er dachte, daß er's im Badezimmer in einer Aspirinflasche
versteckt hatte, fing er an, alles kurz und klein zu schlagen,
und als mir das nicht paßte, ist er über mich hergefallen und
hat auf mich eingeprügelt.»

Judy sagt: «Ich bin davon aufgewacht. Mommy ist in mein
Zimmer gekommen, um sich in Sicherheit zu bringen, und
Daddys Gesicht war ganz komisch, als ob er in Wirklichkeit
gar nichts sieht.»

Harry fragt: «Hatte er ein Messer oder was Ähnliches?»

Pru runzelt ungehalten die Brauen bei dieser Unterstel-
lung. «Nelson würde nie zu einem Messer greifen. Er kann
den Anblick von Blut nicht ertragen, und er hilft auch nie in
der Küche. Er wüßte nicht mal, wie man ein Messer richtig in
die Hand nimmt.»

Judy sagt: «Er hat gesagt, es hat ihm hinterher ehrlich leid
getan.»

Pru hat Judy das lange rote Haar aus dem Gesicht gestrichen und ordnet jetzt, nur mit den Mittelfingern an Stirn und
Wangen ansetzend, das eigene, das ihr flatterig auf die Schul-

tern hängt: sie hat die Sphinxfrisur herauswachsen lassen. «Er hat sich beruhigt, nachdem ich euch angerufen habe. Er hat gesagt: ‹Du hast sie angerufen? Ich fasse es nicht. Du hast meine Eltern angerufen?› Es war, als wär er zu verblüfft, um wütend zu sein. Er sagte immerzu, das ist das Ende und wie leid ihm alles tut. Man wird nicht schlau aus ihm.» Sie schneidet eine Grimasse, schiebt Judy ein wenig von sich weg und schlägt fröstelnd den Morgenmantel übereinander. Eine Sekunde lang scheinen sie alle ihren Text vergessen zu haben. In Krisen sind unsere Instinkte auf Verkleinerung aus, darauf, das nicht ignorierbare Geschehene zu reduzieren aufs ignorierbare Normale. «Ich könnte eine Tasse Kaffee vertragen», sagt Pru.

Janice sagt: «Sollten wir nicht erst zu Nelson raufgehen?»

Judy findet die Idee gut und geht voran. Harry folgt ihren milchigen nackten Füßen die Treppenstufen hinauf und fühlt sich schuldig, weil seine Enkeltochter Pyjamas tragen muß, die ihr zu klein geworden sind, während all seine Bekannten in Florida für jeden Wochentag eine andersfarbige Hose besitzen und zwanzig Sportsakkos in Plastikhüllen hängen haben. Das Haus, das er schon gekannt hat, als die Springers jünger waren, als er jetzt ist, kommt ihm nun, beim genaueren Hinsehen, ziemlich trübselig möbliert vor, mit Überbleibseln aus den alten Tagen, einschließlich des alten braunen ramponierten Barcalounger, der Fred Springers Lieblingssessel, sein Thron gewesen ist, und dazu irgendwelche plundrigen neueren Sachen von Schaechner oder aus einem der schäbigen Möbelgeschäfte, die an den stadtauswärts führenden Highways, verstreut zwischen Autohandlungen und Fast-food-Buden, aus dem Boden geschossen sind. Auf der Treppe liegt noch immer der abgewetzte türkische Läufer, den die Springers vor vierzig Jahren auf den Stufen festgezwackt haben. Das Haus ist in Etappen auf Nelson und Pru übergegangen, und sie haben es nie wirklich als ihr eigenes angenommen. Man will den Kindern etwas Gutes tun, ihnen eine Abkürzung im Leben bieten, eine kleine Abfederung, und dann erweist sich, daß es genau das Falsche ist, sie unterminiert. Dies ist kein Haus für ein junges Paar.

Die unmäßig vielen eingeschalteten Lampen schaffen eine panische, überhitzte Atmosphäre im Haus. Sie steigen im Gänsemarsch die Treppe hinauf, Judy voran, dann Harry, Janice und Pru, die es inzwischen vielleicht schon bedauert, angerufen zu haben, und sich lieber um ihr Gesicht kümmern und in Ruhe ihren nächsten Schachzug planen würde. Nelson kommt ihnen oben im Flur entgegen, mit Roy auf dem Arm. «Oh», sagt er, als er seinen Vater sieht, «der große Zampano ist da.»

«Werd ja nicht frech zu mir», sagt Harry. «Ich wär lieber zu Haus im Bett.»

«Es war nicht meine Idee, dich anzurufen.»

«Aber es war deine Idee, deine Frau zu verprügeln und deine Kinder zu Tode zu erschrecken und dich auch sonst wie ein Schwein zu benehmen.» Harry kramt in der Seitentasche seiner Hose, um sich zu vergewissern, daß die kleine Flasche mit den Herzpillen da ist. Nelson versucht, sich gelassen zu geben, mit dem Kind auf dem Arm und noch immer mit dem weißen Hemd und den schwarzen Hosen bekleidet, in denen er in der Stadt unterwegs gewesen ist, aber sein dünner werdendes Haar ist gesträubt, und seine Augen sind wild und ängstlich im grellen Flurlicht, voll reflektierter Funken wie damals vor dem brennenden Haus am Vista Crescent. Trotz des hellen Lichts sind seine Pupillen erweitert und leuchtend schwarz, und dann und wann durchläuft ihn ein Zittern, als herrsche eisige Kälte in dieser Nacht so kurz vor Maianfang. Er sieht noch dünner aus als in Florida und hat immer noch die unangenehm wund aussehende Nase über dem unsäglichen fusseligen Bärtchen. Und dazu den Ohrring.

«Für was hältst du dich, wie kommst du dazu, anderen zu bescheinigen, daß sie sich wie ein Schwein benehmen?» fragt er Harry und setzt hinzu: «Hi, Mom. Willkommen zu Haus.»

«Nelson, damit ist es nicht getan.»

«Ich nehme Roy», sagt Pru in kühlem neutralen Ton; sie schiebt sich an den älteren Angstroms vorbei, und ohne ihrem Mann ins Gesicht zu sehen, pflückt sie das schlaftrunkene Kind von ihm ab. Unwillkürlich ächzt sie unter dem Gewicht. Die Flurlampe, wie eine Konfektschale mit ihrem facettierten Glasschirm, setzt ihr einen Strahlenschein auf, als sie in Roys Zimmer geht, das Nelsons Zimmer war, damals, als Rabbit nachts so oft wach lag und hörte, wie Melanie durch den Flur zu diesem Zimmer schlich, aus ihrem eigenen kommend, dem kleinen an der Vorderseite, in dem die Schneiderpuppe stand. Jetzt ist sie irgendeine Gastroenterologin. Im harschen Deckenlicht offenbart Nelsons Gesicht, weiß um die Kiemen, zitterndes Elend und feindselige Frechheit, und in Janices Zügen zeigt sich etwas Dunkles, Verwirrtes, ein Zurückweichen in die Schatten ihrer Seele; ihre Fähigkeit, Verwirrung auszubrüten, hat Harry immer erschreckt. Er merkt, daß er immer noch dran ist. Die kleine Judy sieht strahlend zu ihm auf, freudig erregt, daß sie aufbleiben und diesen erwachsenen Verhandlungen beiwohnen darf. «Wir können nicht hier im Flur stehen bleiben», sagt er. «Was ist mit dem großen Schlafzimmer?»

Harrys und Janices altes Schlafzimmer ist jetzt Nelsons und Prus Schlafzimmer. Eine andere Tagesdecke – der alte Pennsylvania-Dutch-Quilt aus kleinen dreieckigen Flicken ist einer Steppdecke mit gelbem Rosenmuster gewichen, Pru hat wirklich ein Faible für geblümte Stoffe –, aber dasselbe quietschende Bett mit dem gefirnißten Kopfende, das nie den Rücken richtig abgestützt hat, wenn man lesen wollte. Andere Magazine auf den Nachttischen – *Racing Cars* und *Rolling Stone* statt *Time* und *Consumer Reports* –, aber immer noch das Kirschbaumtischchen mit der klemmenden Schublade auf Harrys alter Bettseite. Unter den Photographien, die auf der Kommode stehen, ist eine von ihm und Janice, sentimental und leicht koloriert, aufgenommen an ihrem fünfundzwanzigsten Hochzeitstag im Februar 1981. Sie sehen beide einbalsamiert aus, denkt Harry, konserviert in dieser kolorierten Zeitblase.

Die Deckenlampe, aus Glas wie im Flur, brennt auch in diesem Raum. «Was dagegen, wenn ich die ausmache?» sagt er. «All die Lampen, ich kriege Kopfschmerzen von dem vielen Licht.»

Nelson sagt mürrisch: «Du bist der große Zampano. Tu dir keinen Zwang an.»

Judy erklärt: «Mommy hat gesagt, ich soll alle anmachen, als Daddy sie gehauen hat. Sie hat gesagt, wenn es schlimmer wird, soll ich einen Stuhl durchs Vorderfenster werfen und um Hilfe schreien, dann kommt die Polizei.»

Jetzt wo die Lampe aus ist, kann Rabbit in den dunklen Luftschlund hinaussehen, wo einmal die Blutbuche war. Das Nachbarhaus ist näher, als ihm in den fünfzehn Jahren seines Lebens hier je aufgefallen ist. Im oberen Stock brennt Licht. Er kann Teile der Wand und des Mobiliars sehen, aber keine Menschen. Vielleicht haben sie überlegt, ob sie die Polizei rufen sollen. Vielleicht haben sie's schon getan. Er knipst die Lampe auf dem Kirschbaumtischchen an, damit die Nachbarn hereinsehen und sich überzeugen können, daß alles unter Kontrolle ist.

«Sie hat überreagiert», sagt Nelson und fuchtelt hektisch herum. «Ich wollte ihr was erklären, und sie hat einfach nicht stillgehalten. Sie hört mir überhaupt nicht mehr zu.»

«Vielleicht sagst du nichts, was sie hören möchte», macht Harry seinem Sohn klar. Der Junge sieht in seinem weißen Hemd und den dunklen Hosen wie der Assistent eines Zauberers aus, schlägt sich ständig an die Brust und gegen den Nakken und reibt sich die Arme durch den weißen Stoff, als sei er im Begriff, einen Zaubertrick zu vollführen. Der Junge ist verlegen und hat Angst, aber er verliert dauernd den Faden, fühlt Rabbit; für Nelson ist, außer dem Bett, den übrigen Möbeln, seinen Eltern und seiner Tochter, noch anderes im Zimmer, eine Horde von Gespenstern, die nur er sehen kann. Ein Geruch nach Alkohol und nach etwas Chemischem geht von ihm aus. Er schwitzt, ist feucht um die Kiemen.

«Okay, okay», sagt Nelson. «Ich habe heut nacht einen

draufgemacht, ich geb's zu. Die Woche ist verdammt hart gewesen. Kalifornien wünscht, daß dieser landesweite Toyotathon parallel zu einer Werbegroßaktion im Fernsehen gestartet wird, und sie erwarten, daß wir zwanzig Prozent mehr Neuwagen verkaufen, damit die Rabatte, die sie bieten, wieder reinkommen. Sie geben mir zu verstehen, daß ihnen in letzter Zeit unsere Zahlen nicht passen.»

«Die und wer noch», sagt Harry. «Hat dein Spezi Lyle dir gesteckt, daß ich vor ein paar Tagen drüben war?»

«Und rumgeschnüffelt hast – ja, hat er gesagt. Er ist seitdem nicht mehr zur Arbeit gekommen. Tausend Dank. Und Elvira hast du auch auf achtzig gebracht mit deinem sexistischen Rumgeflirte.»

«Ich war nicht sexistisch, und ich hab nicht geflirtet. Ich war einfach überrascht, daß eine Frau im Autogeschäft ist, und hab sie gefragt, wie's läuft. Blöde Fotze, ich hab bloß versucht, nett zu sein.»

«Sie ist da anderer Meinung.»

«Sie kann mich mal am Arsch lecken. Nach dem, was ich von ihr gesehen hab, kann sie auf sich selber aufpassen. Was pustest du dich so auf – bumst du mit ihr?»

«Dad, wann hörst du endlich mal auf, ans Bumsen zu denken? Du bist jetzt *wie* alt? Siebenundfünfzig? –»

«Sechsundfünfzig.»

«– und so verdammt pubertär. Es gibt Wichtigeres im Leben, als wer mit wem bumst.»

«Klär mich auf. Erzähl mir, wie die Ich-Generation einen drauf macht. Auf Dauer ist es ja nicht möglich, daß man alle halbe Stunde dies Zeug schnupft, um high zu bleiben. Man verätzt sich die Nase damit. Deine sieht schon ziemlich mitgenommen aus. Was macht man mit Crack, wie nimmt man das? Das sind doch kleine Kristalle, oder? Hantiert ihr mit all dem schicken Zeug zum Erhitzen und mit den Röhrchen, wie man's immer im Fernsehen sieht? Und wo macht ihr das? Ihr könnt doch die ganze Ausrüstung nicht gut ins Laid-Back mitnehmen, oder wie der Schuppen jetzt heißt.»

«Harry, bitte», sagt Janice.

Judy steuert, mit leuchtenden Augen um drei in der Frühe, ihren Teil zur Unterhaltung bei: «Daddy hat ganz viele komische kleine Pfeifen.»

«Halt die Klappe, Schatz, sei so gut», sagt Nelson. «Geh zu Mommy, sie soll dich ins Bett bringen.»

Harry wendet sich Janice zu. «Laß mich ihn doch *fragen*. Wir können nicht bis in alle Ewigkeit auf Zehenspitzen rumgehen und so tun, als wär der Junge kein Kokser. Mach dir nichts vor, Nellie, du bist in einem saumäßigen Zustand, und du bist eine Gefahr. Du brauchst Hilfe.»

Selbstmitleid sorgt einen Augenblick für Konzentration im Gesicht des Jungen. «Dauernd sagt mir einer, daß ich Hilfe brauche, aber geben tut sie mir niemand, das steht fest. Eine Frau, die sich einen Scheiß um mich kümmert, ein Vater, der nichts, aber auch gar nichts von einem Vater hat und nie gehabt hat, eine Mutter...» Er verstummt, wagt es nicht, seine einzige Verbündete zu beleidigen.

«Eine Mutter», spricht Harry für ihn zu Ende, «die es zuläßt, daß du sie ausraubst.»

Das setzt ihm ein wenig zu, brennt sich durch das flackerige Schwirren in seinen Augen. «Ich raube niemanden aus», sagt er wie in Trance, als hätte eine innere Stimme ihm geboten, es zu sagen. «Alles hat sich aufgeklärt. He, mir ist übel. Ich glaube, ich muß mich übergeben.»

Harry hebt großmütig segnend die Hand. «Dann mal los. Du weißt ja, wo das Bad ist.»

Die Badezimmertür ist rechts von der Kommode mit den Farbphotos der Kinder in verschiedenen Stadien ihres Heranwachsens und dem kolorierten Konterfei von Harry und Janice, auf dem sie einbalsamiert aussehen und mit verschleierten Augen denselben Punkt im Leeren fixieren. Harry wirft einen Blick ins Bad und sieht alles mögliche auf dem Fußboden herumliegen. Prell, Crest, Pillen. Glücklicherweise sind heutzutage die meisten Sachen in Plastik verpackt, so kann nicht viel zu Bruch gehen. Die Tür schließt sich.

Janice sagt: «Harry, du gehst zu massiv ran.»

«Ach, zum Teufel, ihr andern geht doch überhaupt nicht ran. Du denkst, es gibt sich von selbst. Tut es aber nicht. Der Junge ist süchtig.»

«Laß uns aber nicht über Geld reden», bittet sie.

«Warum denn nicht? Was ist bloß so verdammt heilig am Geld, daß alle 'ne Scheu haben, darüber zu sprechen?» Die Zungenspitze schlüpft ihr aus dem besorgten Mund. «Bei Geld wird es juristisch.»

Judy ist immer noch da und hat zugehört; ihre klaren jungen Augen mit den bläulichweißen Augäpfeln, ihre rötlichblonden Brauen mit dem kleinen Wirbel, ihr schmales Gesicht, blaß wie das Zifferblatt einer Uhr und ebenso präzis, zupfen an Harrys Zorn, untergraben seine notwendige Empörung. Würgende Geräusche hinter der Badezimmertür erschrecken sie jetzt. «Deinem Daddy geht es gleich besser, er spuckt gerade das Gift aus», erklärt Harry ihr. Aber daß Nelson sich da erbricht, bereitet auch ihm Übelkeit, und die einschnürenden Bänder um seine Brust, das spielerische, böswillige Sengen tief innen bekräftigen ihre Drohung. Er fischt in der Hosentasche nach dem kostbaren braunen Fläschchen. Gott sei Dank hat er daran gedacht, es mitzunehmen. Er schraubt den Deckel auf, schüttelt eine kleine weiße Nitrostatpille heraus und schiebt sie sich, so selbstverständlich und lässig, wie er sich früher eine Zigarette angezündet hat, unter die Zunge.

Judy lächelt zu ihm auf. «Die Tabletten sind gut für dein Herz, das ich krank gemacht hab.»

«Du hast mein Herz nicht krank gemacht, Süße, ich wäre froh, wenn du dir das aus dem Kopf schlagen könntest.» Janices Bemerkung, bei Geld werde es juristisch, die Implikation, daß das Ganze noch über ihnen zusammenschlagen wird, beunruhigt ihn. *Angstrom Junior verhaftet. Vereinte Machenschaften ruinieren Familienunternehmen.* Die Lichter in den oberen Fenstern des Nachbarhauses sind jetzt aus, und das nimmt ein wenig Druck von ihm. Er hat regelrecht gefühlt, wie Ma

Springer sich im Grab umdreht angesichts der Möglichkeit, ihr altes Haus könnte zu einer Belästigung für die Nachbarschaft geworden sein. Nelson kommt aus dem Bad; er sieht wacklig aus und hohläugig. Der arme Junge hat ein paar schreckliche Dinge in seinem Leben gesehen: Jills Leichnam, der in einem Gummisack aus dem ausgebrannten Haus getragen wird, seine Mutter, die den toten Körper seiner kleinen Schwester an sich drückt. Man kann ihn wirklich nicht verantwortlich machen, für gar nichts. Er hat sich das Gesicht gewaschen und die Haare gekämmt, darum schimmert seine Blässe so. Am Kopf beginnend, durchläuft ein Erschauern seinen Körper, ein bißchen so, als schüttele ein Hund sich trocken, wenn er aus dem Straßengraben zurückkommt.

All seinen gütigen Gedanken zum Trotz setzt Harry die Attacke fort. «Ja», sagt er, kaum daß der Junge die Badezimmertür hinter sich geschlossen hat, «und noch so eine Neuerung, die mich nicht begeistert, ist der fette Italiener, den du angeheuert hast. Wieso holst du die Mafia in die Firma rein?»

«Dad, deine Vorurteile sind unglaublich.»

«Ich habe keine Vorurteile, ich rede von Tatsachen. Die Mafia ist eine Tatsache. Sie hat Angst vorm Drogenhandel bekommen, zu gewalttätig, und steigt jetzt mehr und mehr ins legale Geschäft ein. Kam alles in *60 Minutes*.»

«Mom, schaff ihn mir vom Hals.»

Janice nimmt ihren Mut zusammen und sagt: «Nelson, dein Vater hat recht. Du brauchst Hilfe.»

«Mir geht es gut», jault er. «Ich brauche ein bißchen *Schlaf*, das ist alles, was ich brauche! Habt ihr eine Vorstellung, wie spät es ist? – Es ist nach drei! Judy, du mußt ins Bett.»

«Ich bin zu sehr unter Strom», sagt das Kind lächelnd, die makellosen ovalen Zähne entblößend.

«Woher hast du den Ausdruck?» fragt Harry.

«Ich bin zu aufgedreht», sagt sie. «Die Kinder in der Schule sagen das.»

Harry fragt Nelson: «Und wer sind die Kerle, die uns Tag und Nacht zu Hause anrufen und Geld wollen?»

«Sie glauben, daß ich ihnen Geld schulde», antwortet Nelson. «Vielleicht stimmt es. Aber das gibt sich wieder, Dad. Das regelt sich alles. Komm, Judy, ich bring dich zu Bett.»

«Nicht so hastig», sagt Harry. «Wie hoch sind deine Schulden, und wie gedenkst du sie zurückzuzahlen?»

«Ich hab doch gesagt, ich werd's regeln. Sie sollten euch wirklich nicht ständig zu Hause anrufen, aber das sind primitive Kerle. Sie verstehen nichts von Tranchenfinanzierung. Geht wieder nach Florida, wenn ihr nicht mögt, daß euer Telephon klingelt. Legt euch eine andere Nummer zu, das hab ich auch getan.»

«Nelson, wann hat das ein Ende?» fragt Janice; ihre Stimme versagt, weil ihr die Tränen kommen bei seinem Anblick. In seinem weißen Hemd und mit den hektischen Bewegungen hat Nelson die Verletzlichkeit, die gehetzte verzweifelte Wachsamkeit eines in die Enge getriebenen Tieres.

«Du mußt runter von dem Zeug.»

«Bin ich, Mom, bin schon runter. Ab heute nacht.»

«Ha», sagt Harry.

Nelson dringt auf seine Mutter ein: «Ich hab's im Griff. Ich bin nicht süchtig. Ich nehm's nur zur Entspannung.»

«Klar», sagt Harry, «so wie Hitler gemordet hat, nur zur Entspannung.» Es muß am Bärtchen liegen, daß ihm Hitler einfällt. Wenn der Junge es doch nur abrasieren und den Ohrring wegschmeißen würde, vielleicht könnte er, Harry, dann ein bißchen Mitgefühl aufbringen, und sie könnten einen neuen Anfang machen.

Aber andererseits, denkt Harry, wie viele Neuanfänge sind für ihn noch drin? Dies Zimmer, in dem er gut zehn Jahre mit Janice das Bett geteilt hat, ihrem Schnarchen lauschend, ihren freundlichen kleinen weiblichen Schweiß und die ihr unbewußt entweichenden Winde riechend, manchmal phantastisch Liebe machend, wie das eine Mal inmitten der Krügerrands, und zu anderen Zeiten voll Ekel zusehend, wie sie nach einem unten mit Sherry- oder Camparigesüffel verbrachten Abend beduselt hereingetorkelt ist; dies Zimmer mit der Blutbuche draußen vorm Fenster, die ihre Blätter entfaltet und das Licht gefiltert und dann ihre Blätter abgeworfen und das Licht wieder ungehindert eingelassen hat und ihre Bucheckern hat zerplatzen lassen wie kleine Knallfrösche, und Ma Springers Fernsehapparat, der weiter und weiter gemurmelt hat und die Nachttischlampe hat vibrieren lassen, wenn die bei Programmschluß aufbrandende Musik eine bestimmte Tonhöhe erreichte, Ma so tief im Schlaf, daß sie es nie mitbekam; dies Zimmer, das sein Leben aufgesaugt hat, fünfzehn lange Jahre, wie oft wird er es noch sehen? Daß er es heute nacht sieht, hat er nicht erwartet. Ganz plötzlich, wie es in seinem Alter vorkommt, breitet sich Müdigkeit in ihm aus, wie eine innere Überschwemmung, und er fühlt sich matschig, schmutzig, aufgewühlt. Kleine Funken flackern in seinen Augenwinkeln. Aufregung vermeiden. Er sollte sich lieber hinsetzen.

Janice sitzt auf dem Bett, ihrer beider altem Bett, und Nelson hat für sich den Polsterhocker mit den gelben Rosen herbeigezogen, auf dem Pru vermutlich hockt, in Unterwäsche, wenn sie sich vorm Frisierspiegel zurechtmacht, um mit ihm ins Laid-Back oder zu irgendeiner Yuppie-Party in Nordost-Brewer zu gehen. Wie leid soll sein Sohn ihm eigentlich tun, wo der sich doch mit so einer großen dicken scharfen Puppe amüsieren kann?

Nelson hat einen anderen Ton angeschlagen. Er beugt sich zu Janice hin, die Finger verschränkt, damit sie aufhören zu zittern, der Mund verspannt, um dem Brechreiz standzuhalten, die dunklen Augen voll überfließender Verwirrtheit gleich denen seiner Mutter, und gibt flehentlich, unzusammenhängend Auskunft über sich: «...die einzige Gelegenheit, wo ich mir *mensch*lich vorkomme, so wie andere Leute sich die ganze Zeit vorkommen. Aber als ich heute nacht über Pru herfiel, das war, als hätte ein Monster oder so sich meines Körpers bemächtigt, und ich stand daneben und sah zu und hatte keinerlei Beziehung mehr zu mir selbst. Als ob sich alles im Fernsehen abspielte. Du hast recht, ich muß aufpassen.

337

Ich meine, es ist langsam so, daß ich morgens gar nicht mehr in die Gänge komme ohne... einen Hit... und den ganzen Tag an nichts anderes mehr denke... Das ist auch nicht menschlich.»

«Mein armes Baby», sagt sie. «Ich weiß. Ich weiß genau, wovon du sprichst. Es ist das mangelnde Selbstwertgefühl. Ich habe jahrelang darunter gelitten. Weißt du noch, Harry, wie ich immer getrunken habe, als wir jung waren?»

Sie versucht, ihn mit reinzuziehen, er soll sich väterlich kümmern. Aber er will nicht. Er will das nicht mitmachen. «Als wir jung waren? Und was war, als wir älter waren, und was ist jetzt? He, sag mal, was ist das hier eigentlich, eine Therapiestunde? Der Bengel hat eben seine Frau zusammengeschlagen und säuselt dir jetzt was vor, daß es einem die Schuhe auszieht, und du *läßt* ihn auch noch!»

Judy, die hinter ihrer Großmutter diagonal auf dem Bett liegt und sie alle mit kopfstehenden Augen mustert, bemerkt: «Wenn Grandpa wütend wird, wird seine Oberlippe ganz steif, genau wie bei Mommy.»

Nelson tritt für einen Augenblick aus seinem Selbstmitleidsnebel heraus und sagt: «Süße, ich bin nicht sicher, ob es so gut ist, daß du das alles mit anhörst.»

«Ich bringe sie ins Bett zurück», erbietet Janice sich, freilich ohne sich zu rühren.

Harry will nicht allein bleiben mit Nelson. Er sagt: «Nein, ich mach das. Ihr zwei unterhaltet euch weiter. Kaut das Ganze durch. Ich habe nichts mehr dazu zu sagen.»

Er nimmt Judy bei der Hand und versucht, sie vom Bett hochzuziehen. Sie liegt immer noch mit dem Kopf verkehrt herum, und ihre Augendeckel wirken absurd groß. Sie lacht, und ihre Zähne stehen alle falsch herum, sind breit an der Basis und haben kleine Kronen.

«Verdammte Scheiße, wo ist denn ihre Mutter?» fragt Nelson die Luft vor seinem Gesicht. «Diese verfluchte Pru, mir erzählt sie dauernd, was für eine Niete ich bin, dabei ist sie selber den halben Tag zum Lunch weg. Hast du schon gemerkt, wie breitärschig sie wird? Das ist der Alkohol. Die Kinder kommen von der Schule, und sie schläft tief und fest.» Er sagt das zu Janice, haut seine Frau in die Pfanne, um seine Mutter günstig zu stimmen, und wendet sich dann plötzlich Harry zu.

«Dad», sagt er. «Teilst du dir mit mir ein Bier?»

«Du hast sie nicht mehr alle.»

«Das hilft uns, ein bißchen ruhiger zu werden», sagt der Junge schmeichlerisch. «Wir schlafen dann besser.»

«Ich hab Mühe, mich wachzuhalten, Himmel! Ich bin's nicht, der unter Strom steht oder wie du das nennst. Nun komm, Judy. Mach Grandpa nicht das Leben schwer. Ihm tut schon alles weh.» Ihre Hand fühlt sich feucht und klebrig in der seinen an, und sie treibt ein Spiel mit ihm, stemmt sich so kräftig dagegen, sich vom Bett herunterziehen zu lassen, daß ein schmerzender Druck in seiner Brust entsteht. Und als er sie endlich so weit hat, daß sie neben dem Bett steht, kriegt sie Gummibeine und will sich auf den Bettvorleger fallen lassen. Er hält sie fest und unterdrückt den Impuls, ihr eine runterzuhauen. Zu Janice sagt er scharf: «Noch zehn Minuten. Rede mit dem Jungen. Laß dich nicht von ihm einwickeln. Stell so was wie einen Plan auf. Wir müssen Ordnung in diese verrückte Familie bringen.»

Als er die Schlafzimmertür zuzieht, hört er, wie Nelson sagt: «Mom, was ist mit *dir*? Wollen wir uns nicht ein Bier teilen? Wir haben Mick da und Miller's.»

Judys Zimmer, das, in dem früher Ma Springer, unter dem Vorwand fernzusehen, vor sich hin gedöst hat und von dessen Fenstern man durch die dichten Spitzahorne hindurch Flekken der tundragleich verlassenen, von den Straßenlaternen ausgebleichten Joseph Street sehen kann, ist vollgestopft mit Stofftieren, mit Teddybären und Giraffen und Garfields; aber Harry spürt, daß das alles alte Spielsachen sind, daß seit längerem niemand mehr diesem Kind ein Geschenk mitgebracht hat. Ihre Kindheit verbraucht sich, bevor sie zu Ende ist. Judy kriecht ohne zu zögern, ohne sich weiter zu sträuben, unters

Deckbett, eine zerschlissene rote, mit Peanuts-Figuren gemusterte Steppdecke. Er fragt, ob sie nicht erst Pipi machen muß. Sie schüttelt den Kopf und starrt aus dem Kissen zu ihm auf, als amüsiere es sie, wie wenig er über ihr Inneres weiß. Schräge Straßenlichtstreifen dringen rings um die Rollos herein, und er fragt, ob sie möchte, daß er die Vorhänge zuzieht. Sie sagt, nein, sie mag nicht, wenn es ganz dunkel ist. Er fragt sie, ob die vorbeifahrenden Autos sie stören, und sie sagt, nein, nur die großen Lastwagen, die manchmal das Haus zittern lassen, und es gebe ein Gesetz, das ihnen verbiete, hier durchzufahren, aber die Polizei sei zu faul, dafür zu sorgen, daß es eingehalten wird. «Oder zu beschäftigt», gibt er zu bedenken; er hat immer dazu geneigt, die Behörden zu verteidigen. Merkwürdig, daß er diesen Hang hat, denn er ist in seinem Leben nicht besonders pflichtbewußt gewesen. Hat ein paarmal selber mit einem Fuß im Gefängnis gestanden. Aber die Behörden haben heutzutage so was Hilfloses, Wehrloses. Er fragt Judy, ob sie ein Gutenachtgebet sprechen möchte. Sie sagt, nein danke. Sie umklammert irgendein Stofftier, das ihm merkwürdig formlos vorkommt, ohne Arme und Beine. Scheußlich. Er fragt sie, was das ist, und sie zeigt es ihm: ein Spielzeugdelphin, mit grauem Rücken und weißem Bauch. Er tätschelt seine Polyesterhaut und stopft ihn zu ihr unter die Decke. Ihr Kinn ruht auf dem weißen Profil von Snoopy, der seine Fliegerbrille aufhat. Linus preßt seine Schmusedecke an sich; Pigpen hat kleine Schmutzsterne um den Kopf; Charlie Brown steht auf seinem Pitcher-Hügel und wird dann von einem sausenden Ball umgeworfen. Harry sitzt auf der Bettkante und überlegt, ob Judy wohl eine Zubettgehgeschichte erwartet, und er seufzt so niedergeschlagen, so erschöpft, daß beide überrascht sind und nervös lachen. Sie fragt ihn unvermittelt, ob alles in Ordnung geht.

«Wie meinst du das, Süße?»

«Mit Mommy und Daddy.»

«Natürlich. Sie haben dich und Roy lieb, und sie haben sich gegenseitig lieb.»

340

«Sie sagen, nein. Sie streiten sich.»

«Eine Menge verheiratete Leute streiten sich.»

«Die Eltern von meinen Freundinnen streiten sich nicht.»

«Ich wette, sie tun's, du kriegst es nur nicht mit. Sie sind nett miteinander, weil du zu Besuch bist.»

«Wenn Leute viel streiten, lassen sie sich scheiden.»

«Ja, das kommt vor. Aber nur, wenn sie *sehr* viel streiten. Hat dein Daddy deine Mommy schon öfter so gehauen wie heute nacht?»

«Manchmal haut sie ihn. Sie sagt, er verplempert unser ganzes Geld.»

Harry hat keine fertige Antwort darauf. «Es regelt sich alles», sagt er, ganz wie Nelson. «Die meisten Dinge regeln sich. Es sieht nicht immer so aus, aber meistens ist es so.»

«Wie damals, als du am Strand hingefallen bist und nicht wieder aufstehen konntest.»

«Das war vielleicht ein komisches Benehmen, was? Aber siehst du, hier bin ich, so gut wie neu. Es hat sich geregelt.»

Ihr Gesicht zieht sich im Dunkeln in die Breite; sie lächelt. Ihr Haar ist in dunklen Strahlen über das leuchtende Kissen gefächert. «Du warst so ulkig im Wasser. Ich hab dich geärgert.»

«Wie hast du mich denn geärgert?»

«Ich hab mich unterm Segel versteckt.»

Er holt sich das Ganze in seinen müden Kopf zurück und sagt: «Du hast mich nicht geärgert, Süße. Du warst ganz blau und hast nach Luft geschnappt, als ich dich rauszog. Ich habe dir das Leben gerettet. Dann hast du *mir* das Leben gerettet.»

Sie sagt nichts. Die dunklen Höhlen ihrer Augen saugen seine Version, seine Erwachsenenerinnerung ein. Er beugt sich herunter und küßt sie auf die warme, trockene Stirn. «Mach dir keine Sorgen, Judy. Grandma und ich werden gut aufpassen auf deinen Daddy und auf euch alle.»

«Ich weiß», sagt sie nach einer Pause, sich entspannend. Wir sind jeder wie unser kleiner blauer Planet, schwebend

341

im dunklen Raum, gehalten von nichts als unseren gegenseitigen Versicherungen, unseren liebenden Lügen.

Rabbit tritt in den Flur gegenüber der geschlossenen Tür des alten Nähzimmers, in dem Melanie geschlafen hat, und schleicht sich an der spaltbreit offenstehenden Tür des Elternschlafzimmers vorbei – er kann hören, wie Janice und Nelson miteinander reden, ihrer beider Stimmen zu einer verflochten – und weiter zum nächsten Raum, einem Hinterzimmer mit Blick auf den Hof und den kleinen eingezäunten Garten, um den er sich immer gekümmert hat. Das ist Nelsons Zimmer gewesen, damals in den fernen Tagen, als er zur High-School ging und lange Haare hatte und ein Stirnband trug wie ein Indianer und versuchte, auf der Gitarre zu spielen, die Jill gehörte, und ein kleines Vermögen für seine Sammlung von Rock-LPs ausgab, Platten total überholt jetzt, alles nur noch Kassetten, und die sind auch bald überholt, und es gibt nur noch CDs. Dies Zimmer gehört jetzt dem kleinen Roy. Die Tür ist angelehnt; mit drei Fingerkuppen gegen das kühle weiße Holz tippend, drückt Harry sie auf. Das einfallende Licht kommt nicht in deutlich umrissenen Bahnen von den Straßenlampen über der Joseph Street, sondern ist dunstiger, stammt von den hingestäubten, weit verstreuten Lichtern der Stadt, einem gelben, sternenverschluckenden Schein, der wie Nebel über den Silhouetten der Ahorne und Giebel und Telegraphenmasten liegt. In dieser Beleuchtung sieht er Prus langen Körper in herzergreifendem Schlaf quer auf Roys kleinem Bett liegen. Ihr einer Fuß hat den Kunstpelzpantoffel abgestreift und ragt nackt unter dem dünnen Nachthemd hervor, das die Kontur ihres angewinkelten vollschenkeligen Beins nachzeichnet; der kurze gesteppte Morgenmantel ist ihr bis zur Taille hochgerutscht, zerkrumpelt in Falten, deren Täler bodenlos scheinen im matten Licht. Die eine lange weiße Hand ruht ausgestreckt auf dem zerknitterten Laken, die andere hat sie zu einer losen Faust gerollt und in die kleine Mulde zwischen Mund und Kinn geschmiegt; der Striemen auf ihrem Wangenknochen sieht wie ein Blutegel aus, der sich dort festgesaugt hat, und ihr karottenfarbenes Haar, schwarz im Dunkel, ist verwuschelt. Ihr Atem geht aus und ein mit flachem, erschöpftem Raspellaut. Er inhaliert durch die Nase, um sie zu riechen. Spuren von Parfum wehen in ihrer verletzten Aura.

Rabbit beugt sich vor zu dieser Inspektion und fährt erschrocken, vom harten Doppelstrahl offener Augen getroffen, zusammen: Roy ist wach. Von seiner Mutter liebevoll eingemummelt, mit einem Lied bedacht, das die Sängerin selber in den Schlaf gelullt hat, langt das sonderbare, starrende Kind durchs Dunkel hinauf, packt die lose Haut im undeutlichen Gesicht seines Großvaters und zwirbelt sie, und seine kleinen scharfen Fingernägel graben sich dabei so tief ein, daß Harry einen Aufschrei unterdrücken muß. Jeden Finger einzeln ablösend, pflückt er sich diese biestige kleine krabbenartige Hand von der Wange und drückt sie Roy mit einem rachsüchtigen Knuff an die Brust zurück. In seinem animalischen Schmerz hat er einen zischenden Laut von sich gegeben; Pru bewegt sich, als wache sie auf, ihre Hand zuckt nervös zu den strubbeligen Haaren hin, und Harry verläßt eilig das Zimmer.

Janice und Nelson sind im hell erleuchteten Flur und suchen ihn. Mit ihren schütteren Haaren und dem mißmutigen, desorientierten Ausdruck auf ihren Gesichtern sehen sie wie Geschwister aus. Er teilt ihnen mit Flüsterstimme mit: «Pru ist auf Roys Bett eingeschlafen.»

Nelson sagt: «Das arme Luder. Sie wär in Ordnung, wenn sie sich bloß aus meinen Angelegenheiten raushielte.»

Janice sagt zu Harry: «Nelson sagt, er fühlt sich jetzt viel besser, und wir können nach Hause fahren und wieder zu Bett gehen.»

Ihre Stimmen kommen ihm laut vor nach der nebelhellen Stille in Roys Zimmer, und ostentativ behält er seinen Flüsterton bei. «Was habt ihr beide ausgemacht? Ich möchte nicht, daß dies noch mal passiert.»

In Nelsons altem Zimmer hat Roy zu weinen angefangen. *Er* hätte Grund zum Weinen, *ihm* tut die Backe weh.

«Wird es nicht, Harry», sagt Janice. «Nelson hat versprochen, zur Beratung zu gehen.»

Er sieht seinen Sohn an, um herauszufinden, was das bedeutet. Der Junge unterdrückt sichtbar ein verschwörerisches Lächeln darüber, daß Frauen immer beschwichtigt werden müssen. Harry sagt zu Janice: «Ich hab dir *gesagt*, laß dich nicht von ihm einwickeln!»

Ihre Stirn, die von den Ponies nicht bedeckt wird, zieht sich ungeduldig kraus. «Harry, es wird Zeit.» Sie ist, wie Lyle ihn aufgeklärt hat, der Boss.

Auf der Rückfahrt macht er seinem Ärger Luft. «Was hat er gesagt? Was wird nun mit dem Geld?» Die 422 bebt unter schweren Trucks, transkontinentalen Achtunddreißigtonnern. Sie kommen nachts schneller voran.

Janice sagt: «Er leitet die Firma, und sie ihm wegzunehmen, hätte etwas Kastrierendes. Ich kann sie nicht leiten, und du gehst ins Krankenhaus, wegen dieser Ballonsache. Dilatation.»

«Das ist erst übernächste Woche», sagt er. «Wir können es jederzeit verschieben.»

«Ich weiß, das möchtest du gern, aber wir können nicht immer weiter so tun, als ginge es dir gut. Seit Silvester sind jetzt fast vier Monate vergangen, und in Florida haben sie gesagt, du bräuchtest höchstens drei, um dich ausreichend zu erholen. Dr. Breit hat mir gesagt, du nimmst nicht ab und ißt nicht so natriumarm, wie man dir gesagt hat, und was auf dem Sunfish passiert ist, kann jeden Augenblick wieder passieren.»

Dr. Breit ist sein Kardiologe im St. Joseph's Hospital in Brewer – ein frischgesichtiger sommersprossiger junger Mann mit einer großen, in fleischfarbenem Plastik gerahmten Brille. Janices Worte, gesprochen im nüchternen, entschiedenen Tonfall der alten Bessie Springer, heben eine furchtbare Hohlheit in ihm aus. Der abschüssige Park kommt ihm, als sie ihn auf dem Cityview Drive durchfahren, zerbrechlich vor, wie aus Papier, die angestrahlten Bäume unwirklich. Da ist nichts unter diesen Felsen, diesen steilen Rasenflächen und stolzen Reihenhäusern, nichts, nur Atome und Nichtsein, die darauf warten, daß er seinen enganliegenden Platz unter ihnen einnimmt. *Lieber Gott, lang zu mir herunter. Reiß mir mein krankes Herz aus.* Thelma hat gesagt, es hilft. Janice, weit entfernt vom Beten, macht weiter, ihre Stimme klingt entschlossen und eine Spur herausfordernd. «Was das Geld angeht: Nelson hat eingeräumt, daß ein gewisses finanzielles Restructuring nötig ist.»

«Restructuring! Davon redet jeder, der in der Tinte sitzt! Die südamerikanischen Staaten, die S- und L-Banken in Texas. Hat er wirklich ‹Restructuring› gesagt?»

«Also, das ist kein Ausdruck, der *mir* einfallen würde. Aber ich denke, wenn ich mit meinen Kursen anfange, gehört das bestimmt zu den Sachen, die durchgenommen werden.»

«Deine Kurse, du lieber Gott», sagt er. Dieser Panzer, der im falschen Grün gestrichen ist: wie lange noch, und niemand weiß mehr, warum er überhaupt da steht – die Lebensmittelmarken, die Luftschutzübungen, die gellenden achtspaltigen Schlagzeilen jeden Morgen, Gott kontra Satan und der Ausgang schlicht eine Frage, wieviel Kilometer pro Tag auf der Straße nach Aachen zurückgelegt werden? «Was hat er über sich und Pru gesagt?»

«Er glaubt nicht, daß sie schon einen andern Mann gefunden hat», sagt Janice. «Wir denken also, sie will nicht ernstlich weg.»

«Na, das ist nett und abgebrüht von euch beiden. Aber was ist mit *ihr*, denkst du auch an *ihr* Wohl? Du hast ihr zerschundenes Gesicht heute nacht gesehen. Wieviel soll sie denn *noch* einstecken? Kapier es doch, der Junge ist völlig durchgeknallt. Hast du nicht gesehen, wie er die ganze Zeit gezuckt hat? Und sich dann übergeben mußte? Ist dir entgangen, daß er mir ein Bier angeboten hat? Ein Bier, großer Gott, dabei hätten wir die Bullen sein können. Er hat verdammtes Glück gehabt, daß die Nachbarn nicht die Polizei geholt haben.»

«Er wollte nur gastfreundlich sein. Es ist sehr hart für ihn, Harry, daß du so gar kein Verständnis hast.»

«Verständnis! Wofür soll man denn Verständnis haben! Er lügt und betrügt, er schnüffelt, er snifft oder wie auch immer, nebenher trinkt er, er heuert Gangster an und Tunten mit Aids –»

«Wirklich, du müßtest dich mal hören! Ich wünschte, ich hätte ein Tonbandgerät.»

«Ich auch. Wie geht's nun also weiter mit den Drogen?» Sogar um diese Stunde, kurz vor vier in der Frühe, sind Männer in Turnschuhen und Jeans im Park unterwegs, verhandeln hinter Bäumen, warten auf Bänken. «Hat er versprochen, Schluß zu machen?»

«Er hat versprochen, daß er zur Beratung geht», sagt Janice. «Er gibt zu, daß er eventuell ein Problem hat. Ich finde, das ist eine ziemliche Leistung für heut nacht. Pru hat alle möglichen Namen und Beratungsstellen von diesen Narc-Anon-Treffen, zu denen sie immer geht.»

«Namen, Beratungsstellen, wir können nicht erwarten, daß die Gesellschaft unser Leben für uns regelt, uns von der Wiege bis zum Grab alles abnimmt. Das ist genau das, was die Kommunisten versuchen. Irgendwann kommt der Punkt, wo man Verantwortung übernehmen muß.» Er faßt sich an die Hosentasche, um sicherzugehen, daß die kleine harte zylindrische Flasche da ist. Er will die Pille aber erst nehmen, wenn er zu Hause ist. Mit einem kleinen Glas Milch in der Küche. Und einem Nutter-Butter-Keks, den er in die Milch tunkt. Nutter-Butters sind wie große Erdnüsse geformt und schmecken köstlich, wenn man sie in Milch tunkt, erst bis zur Erdnußtaille und dann den Rest, als zweiten Happen.

Janice sagt: «Ich wünschte, meine Eltern wären noch am Leben und könnten hören, wie du über Verantwortung redest. Meine Mutter hat dich für den verantwortungslosesten Menschen gehalten, der ihr je begegnet ist.»

Das tut ein bißchen weh. Er hat Ma Springer am Ende ihres Lebens gemocht und gedacht, daß sie ihn auch mag. Heiße Abende draußen auf der mit Fliegendraht geschützten

Veranda, Pinokel-Partien oben in den Poconos. Beide haben sie Janice für ein wenig begriffsstutzig gehalten.

Als sie den Park verlassen, steuert er den schiefergrauen Celica die Weiser Avenue hinunter, durch das Zentrum von Brewer. Die Sunflower-Bier-Uhr verkündet 3:50 hoch über dem großen verlassenen Herzen der Stadt. Es hat etwas Läuterndes, wach zu sein um diese einsame Stunde. Eine andere Welt. Ein lebendiger, geduckter Schatten – eine Katze, oder ist es ein Waschbär? – starrt mit Augen, die wie kreisrunde Rückstrahler sind, in seine Scheinwerfer, hockt auf den Zementstufen eines trockenen Springbrunnens am Rand des Wäldchens, das die Stadtplaner angelegt haben. An der Kreuzung Weiser Avenue und Sixth Street muß er rechts abbiegen. Früher hat man geradewegs bis zur Brücke fahren können. Die wilden Kids von der High-School sind immer auf den Straßenbahnschienen gefahren, über die Verkehrsinseln hinweg, wo die Passagiere ein- und ausstiegen.

Als sein Schweigen sich in die Länge zieht, sagt Janice versöhnlich: «Waren die Kinder nicht lieb? Harry, du willst nicht, daß sie in so einem traurigen Haushalt mit nur einem Elternteil aufwachsen.»

Rabbit muß sich jedesmal überwinden, wenn etwas in ihn gesteckt wird – Zahnarztbohrer, Zungenspatel, die kleinen langen Messer zum Entfernen von Ohrenschmalz, Zäpfchen, der Finger des Arztes, wenn der einmal im Jahr die Größe der Prostata prüft. Der Gedanke, daß ihm ein Katheter oben ins rechte Bein geschoben werden soll, der sich dann, gesteuert von einer kleinen biegsamen Spitze, seinen Weg sucht wie ein augenloser Wurm, der sich aus einem Apfel krümmt, von dem man gerade abgebissen hat, ist ihm zutiefst widerwärtig; aber es ist weniger schlimm, als fast zu Tode vereist und aufgesägt zu werden und vorher zu wissen, daß alles Blut, das man hat, durch eine komplizierte Maschine läuft, während sie einem ein glitschiges warmes Stück von der Beinvene am armen zuckenden, angstverkrampften Herzen festnähen.

347

Im Krankenhaus in Deleon haben sie ihm einige Artikel zu lesen gegeben und ihm sogar ein kleines Video gezeigt: das Herz ist von einem schützenden Sack umgeben, dem Herzbeutel, der aufgeschnitten werden muß – *aufschnippeln* hat es fröhlich im Video geheißen, als ob's eine Nähanleitung wäre. Es wurde genau gezeigt, was vor sich geht: kalte schmale Skalpelle fallen über den formlosen blutigen Klumpen her, der einem in der Brust liegt wie etwas Lebendiges in einer heißen Pfütze, in einem großen Kessel voll saftiger Suppe, und heftig pulst und bebt in einem periodischen Schluchzen und sich unter den Messern wegzuducken versucht, so ganz ohne die Schutzhülle, die Gott oder wer auch immer als unantastbar gedacht hat für Menschenhände. Wenn das Blut dann umgeleitet ist zu der blitzenden pumpenden Maschine, die genauso aussieht wie die Apparate in den grausigen Frankenstein-Filmen mit Boris Karloff, hört das Herz zu schlagen auf. Man *sieht* es: das Herz liegt tot da in seinem suppigen Matsch. Man selbst, das physische Selbst, ist technisch tot. Eine Maschine lebt für einen, während die Chirurgenhände in ihren kondomartigen Latexhandschuhen vor sich hin fummeln, fieseln, fädeln. Harry hat Mühe zu glauben, daß sein Leben von all dieser Mechanik abhängen soll – daß das Ich, das fortwährend in ihm redet, wie ein Wasserläufer auf diesem Tümpel von Körperflüssigkeiten und ihren heiklen Zu- und Abflüssen rudert. Wie hat sich aus so nassem Stroh je seine Flamme erheben können?

Die Dilatation scheint ihm ein viel geringerer Eingriff zu sein als eine Bypass-Operation. Sie ist auf einen Freitag festgesetzt worden. Der jungalte Dr. Breit mit der übertrieben hellen Haut, den blassen, ineinander gewischten Sommersprossen und der plastikgerahmten Brille, die zu groß ist für seine Knopfnase, hat ihm den Eingriff – die Prozedur, wie er lieber sagt – im einlullenden Ton einer Nachtclubsängerin erklärt, die ihre Songs schon so oft vorgetragen hat, daß ihre Gedanken frei schweifen können, während sie singt. Das einzig Wahre für den Kardiologen ist der Bypass, das hat Harry heraushören können. Die Ballondilatation ist Kinderkram für Breit, eine kleine Übergangslösung, bis die Messer gewetzt werden können. «Die Wahrscheinlichkeit, daß es innerhalb von drei Monaten zu einer neuerlichen Stenose kommt, beträgt dreißig Prozent», hat er Harry gewarnt, in seinem Büro mit den gerahmten Familienphotos – eine kleine sommersprossige Frau, die ihm ähnelt wie ein Hamster dem andern, und trittleiterförmig vor den Eltern aufgebaute kleine Kinder, alle mit kräuseligem blassem Haar, blinzelnden Augen und winzigen rosa Nasen –, «und bei zwanzig Prozent aller PTCA-Patienten läuft es am Ende ohnehin auf einen ACVB hinaus. Entschuldigung – ich spreche von perkutaner transluminaler Koronarangioplastie, respektive aortokoronarem Venenbypass.»

«Ich hab's mir schon gedacht», hat Harry gesagt. «Trotzdem, wir wollen erst die Sache mit dem Ballon machen und uns die Messer für später aufheben.»

«Das ist nur fair», hat Dr. Breit geantwortet, halb singend, in abgeknapptem, grimmigem, gleichmütigem resigniertem Ton. Wie ein Golfer: diese Runde verliert man, aber nächste Woche spielt man ja wieder. «So wie Sie denken neunzig Prozent aller Herzpatienten. Sie sind verliebt in die Vorstellung, sich mit PTCA behandeln zu lassen, und kein Herzspezialist kann ihnen das ausreden. Es ist gegen die Vernunft, aber so sind die Menschen nun mal. Ich werde Ihnen was sagen, Harold.» Niemand hatte ihm gesagt, daß Harry nicht Harold genannt wird, auch wenn das sein richtiger Name ist. Rabbit hat ihn gelassen, er hat sich wieder als Kind gefühlt. Seine Mutter hat ihn immer Hassy genannt. «Wir machen Ihnen eine kleine Freude. Sie können die ganze Prozedur auf dem Bildschirm verfolgen. Sie sind unter Lokalanästhesie, es vertreibt Ihnen ein bißchen die Zeit, wenn Sie zugucken.»

«Muß ich?»

Dr. Breit hat einen Moment lang irritiert gewirkt. Dafür, daß er so hellhäutig ist, hat er beträchtlich geschwitzt, seine Oberlippe ist ständig von Tröpfchen benetzt gewesen. «Normalerweise schirmen wir den Monitor ab, jedenfalls bei den Patienten, die wir für leicht erregbar oder für zu schwach halten. Es besteht immer ein kleines Risiko, daß es zu einem Gefäßverschluß kommt, und es wäre nicht so gut, das mit anzusehen. Aber Sie, Sie sind nicht schwach. Sie sind kein Nervenbündel. Ich halte Sie für einen angenehm illusionslosen Burschen, Harold, der einen tüchtigen Schuß intellektuelle Neugier mitbekommen hat. Liege ich da falsch?»

Es war, wie wenn einer noch zehn Dollar runtergehen will, wenn man schon dreißig Dollar nachgelassen hat. Man kann's ihm schwer abschlagen. «Nein», hat er dem jungen Arzt geantwortet, «Sie haben mich schon ganz richtig gesehen.»

Aber nicht Dr. Breit führt die Prozedur durch, sondern ein Spezialist, ein stämmiger, bedrohlicher Mann mit mächtigen braunen Unterarmen: Dr. Raymond. Breit ist jedoch dabei; sein Gesicht lugt wie ein Mond – große blitzende Brillengläser, von nervöser Transpiration betaute Oberlippe – über Dr. Raymonds gebirgige lindgrüne Schultern und die Häubchen der Schwestern hinweg.

Die Operation erfordert zwei assistierende Schwestern; dies ist keine kleine «Prozedur»; Harry ist gelinkt worden. Und zwei Räume des Krankenhauses sind nötig, der Raum, in dem es stattfindet, und ein Monitorraum mit mehreren Bildschirmen, die ihn in zuckende helle Linien, in Lebenszeichen übersetzen: die Rabbit-Angstrom-Show, mit wechselndem Publikum, wie der immer mal wieder vorbeischauenden Schwester und Dr. Breit und einigen anderen, die keinen Namen für ihn tragen, lindgrünen Statisten, die kommen und eine Weile zusehen und wieder gehen. Beiläufig hat man ihm gesagt, daß sogar ein Chirurgenteam bereit steht, für den Fall, daß er auf der Stelle einen Bypass braucht.

Noch ein Betrug: sie rasieren ihn, ohne Vorwarnung, unten neben den Geschlechtsteilen, da, wo der Katheter reingeschoben werden soll. Sie geben ihm eine Pille, die ihn ein wenig benebeln soll, und als er dann hilflos auf dem Operationstisch

liegt unter all den Lampen, schaben sie ihm rechts in der Leistengegend und am Schamhaar herum; er hat nie viel Haare
am Körper gehabt und fragt sich, ob sie in seinem Alter überhaupt noch nachwachsen. Die Nadel, die dann kommt, fühlt
sich größer und gemeiner an als die Novocain-Spritze beim
Zahnarzt; das Pieksen – Dr. Raymond brummelt: «Jetzt spüren Sie gleich ein Pieksen» – dauert länger. Aber dann folgt
kein Schmerz, nur ein quälender Harndrang, der immer stärker wird, während das Kontrastmittel sich in seinen Adern
aufbaut; es wird in Schüben injiziert, kommt mit heißem Wal-
len, als werde seine Brust in einem Mikrowellenherd gegart.
Lieber Gott. Er schließt ein paarmal die Augen, um zu beten,
aber es ist irgendwie nicht die richtige Gelegenheit dazu, zuviel von der real existierenden Welt stürmt auf ihn ein. Ein
alter schmächtiger biblischer Gott würde es nicht wagen, sich
da einzumischen. Der einzige Trost, den er hat und an den er
sich während seiner dreieinhalbstündigen Qual klammert, ist
die Gewißheit, daß Dr. Raymond mit der Wüstenbräune und
der langen melancholischen Nase und den bärenhaft mit Fett
bepackten Schultern Jude ist. Harry hegt das unter Christen
verbreitete Vorurteil, daß Juden alles ein bißchen besser machen als andere Leute – vielleicht, weil sie sich so viele Generationen lang über die Thora und Uhrmachertische gebeugt
haben und nicht so zerstreut wie die Anhänger anderer Glau-
bensrichtungen sind, nicht soviel Spaß vom Leben erwarten.
Sie rühren keinen Alkohol, keine Drogen an und haben nur
eine Schwäche (wenn's stimmt, was er in der Geschichte von
Hollywood gelesen hat): Weiber.
    Die Ärzte und ihre Trabanten beugen sich murmelnd über
Harrys mit Tüchern abgedeckten, an den strategischen Stellen freigelegten Körper unter einem scharfen Licht, in einem
Raum, dessen Kacheln die Farbe von russischem Salatdres-
sing haben, im vierten Stock des St. Joseph's Hospital, wo vor
Jahrzehnten seine beiden Kinder geboren worden sind – Nel-
son, der lebt, und Rebecca, die gestorben ist. Damals haben
Nonnen das Krankenhaus geführt, schwarzweiße Tracht, die

teigigen Gesichter von Rüschen gerahmt wie von Törtchen-manschetten, aber inzwischen sind Nonnen von anderen Menschen nicht mehr zu unterscheiden, oder sie sind sonst-wie verschwunden. Innere Berufung gibt es kaum noch, niemand will mehr selbstlos sein, jeder will sein Vergnügen. Keine Nonnen mehr, keine Rabbis mehr. Keine guten Menschen mehr, die sich ihr Vergnügen vom Leben nach dem Tod versprechen. Das Gute am Leben nach dem Tod ist ge-wesen, daß es *dies* Leben irgendwie in seinen Grenzen hielt wie wir die Russen. Jetzt gibt es nur noch Japan und Technologie und das Profitmotiv, die Einstellung, sich zu holen, soviel man kann, solange man kann.

Wenn Rabbit den Kopf nach links wendet, kann er über die Schultern hinweg, die sich wie grüne Stoffhügel um seinen Leib drängen, auf dem Schirm eines Röntgenmonitors den Schatten seines Herzens sehen, ein zuckendes blaßgraues ge-spensthaftes Gebilde, undeutlich in Kammern unterteilt und umgeben von einem Netz schlängeliger Masern und knolliger Rechtecke, die dunkel sind vom injizierten Kontrastmittel. Die dünne Drahtspitze des Katheters tastet sich neugierig, dem steuernden Finger Dr. Raymonds gehorchend, vorwärts und fädelt sich dann langsam, mit kurzen sachten Vorstößen, schräg nach unten in einen milchigen gesprenkelten Durch-gang, ein Flüßchen oder ein Fühlhorn in ihm, organisch und unentschlossen geformt, worin der Katheter schwarz, eindeu-tig und scharfkantig wie eine Waffe steckt. Harry schaut hin, gespannt, ob sein Herz würgen und versuchen wird, den Ein-dringling auszuspeien. Wie ein Finger, den man sich in den Hals steckt, denkt er und fühlt, wie Übelkeit in ihm aufsteigt, und empfindet doch eine testpilotenhafte kühle Distanz die-sem Bild auf dem Schirm gegenüber, das ausgebleicht ist und schwer zu lesen, wie ein Ausschnitt aus einer Luftbildkarte, und nimmt unbeteiligt die konferierenden Stimmen um sich wahr. «Wir sind da», flüstert Dr. Breit, als wolle er irgend etwas nicht wecken. «Das ist Ihr VAA, Ihr vorderer absteigen-der Ast. Witwenmacher nennt man den. Hier entstehen die weitaus häufigsten Engstellen. Sehen Sie, wie stenotisch die Wände sind? Wie dick der Plaque da sitzt? Die kleinen zusammengeklebten Partikel, das ist Plaque. Ich würde sagen, Ihr Lumen ist zu fünfundachtzig Prozent zu.»

«Rice Krispies», versucht Harry zu sagen, aber sein Mund ist zu trocken, seine Stimme bricht. Er hat auch nur bestätigen wollen, daß er, jawohl, alles sieht, daß er sein verworrenes, verschwommenes Selbst ausgebreitet daliegen sieht wie ein Schaubild, daß er den anstößigen Plaque erkennt, der ihm wie geröntgte Rice Krispies vorkommt. Er nickt vorsichtig, übervorsichtig, spürt, daß er sich noch zimperlicher anstellt, als wenn er sich die Haare schneiden oder die Prostata untersuchen läßt. Ein zu lebhaftes Nicken, und sein Herz könnte anfangen zu würgen. Ein Kind zu kriegen, denkt er, fühlt sich das *so* an? Wie Dr. Raymond in sich zu haben? Wie halten Frauen das aus, neun Monate lang? Ganz zu schweigen davon, daß sie sich erst bespringen lassen müssen? Können sie das wirklich mögen? Oder Schwule – ist es wirklich so ein Vergnügen, sich einen reinschieben zu lassen? Das Thema ist eigentlich noch nie richtig diskutiert worden, auch bei Oprah nicht.

«Jetzt wird's kitzlig», haucht Dr. Breit, wie ein Golfkommentator am Mikro, wenn ein entscheidender Putt ansteht. Harry fühlt – und sieht's dann auch auf dem Monitor –, daß sein Herz schneller schlägt, daß es sich windet, als wolle es entschlüpfen, sich in eben der konvulsivischen Spiralbewegung windet, die Dr. Olman in Florida mit seiner Faust nachgemacht hat. Die undeutliche Faust ist zornig, wieder und wieder, siebzigmal in der Minute; der Zorn ist sein Leben, seine Seele, der Sieg des Geistes über die Materie, der Elektrizität über die Muskelkraft. Das mechanisch präzise dunkle Kathetergespenst ist der Wurm des Todes in ihm. Gottlose Technik fickt die pulsenden nassen Röhren, die wir von den Tintenfischen geerbt haben, den knochenlosen Meeresfotzen. Er fühlt wieder diese federige Übelkeit in sich aufsteigen. Was ist, wenn er sich übergeben muß? Das würde alles umschmeißen, die grünen Hügel auseinandersprengen, unter denen er begraben ist. Er darf nicht. Er muß durchhalten.

Er sieht auf dem Monitor, wie hinter der neugierigen Spitze ein Segment des Wurms sich verdickt und anschwillt und die farblosen Rice Krispies gegen die äußeren Umrisse der dünnen krisseligen Rinne drückt, die in sein Herz hinabführt; er sieht, daß das Segment gebläht bleibt, drückt, sich füllt, und er weiß, denn man hat's ihm erklärt, wenn der VAA keine Umgehungsgefäße aktiviert hat, ist die Durchblutung unterbrochen, und der nächste Herzanfall ist fällig, vor laufender Kamera.

«Dreißig Sekunden», flüstert Dr. Breit, und Dr. Raymond läßt die Füllung aus dem Ballon. «Sieht gut aus, Ray.» Harry empfindet keinen Schmerz, hat nur den messerartigen süßen Druck in der Blase und eine Wundheit tief unten in der Kehle, wie damals draußen im Golf, als er das viele Salzwasser geschluckt hat. «Noch einmal, Harold, und es ist geschafft.»

«Wie geht es Ihnen?» fragt Dr. Raymond, mit einer Stimme, als hätte er Murmeln im Mund, so wie muskulöse Männer, pennsylvanische vor allem, manchmal sprechen.

«Bin noch da», sagt Harry tapfer; seine Stimme klingt hoch in seinen Ohren, als komme sie aus der Kehle einer Frau.

Das strammende Füllen des Ballons wiederholt sich, und mit ihm wiederholen sich die Bilder auf dem Monitorschirm, stumm wie das Zusammenstoßen von Molekülen unterm Mikroskop in einer naturwissenschaftlichen Sendung oder wie die Computergraphik in einem Versicherungswerbespot, wenn sich aus flackernden Fragmenten das Logo bildet. Es erscheint ihm so fern von seinem Körper wie sein von Engeln geführtes Sündenregister. Bliebe sein Herz stehen, es wäre reines Schattenspiel. Als die Aufbauchung am Katheterende zum zweitenmal nachläßt, sieht er, daß die Rice Krispies an die Außenseiten seines VAA geschoben sind. Er stellt sich vor, wie das Blut jetzt ungehinderter in sein Herz fließen kann, reich an verbrennbarem Sauerstoff, und vor Dankbarkeit und Ekstase trübt sich ihm der Kopf.

«Sieht gut aus», sagt Dr. Breit; seine Stimme klingt nervös. «Was reden Sie da», gibt Dr. Raymond zurück, «es sieht *groß*artig aus», und es hört sich an wie die Stimmen im Fernsehen, die die Vorzüge von Miller Lite erörtern.

Die Schwester, die an dem Abend in sein Zimmer kommt (ein Einzelzimmer, hundertsechzig Dollar zusätzlich pro Tag, aber das ist es ihm wert; in Florida ist der Kerl im Bett neben ihm schließlich gestorben, nachdem er den ganzen Tag geröchelt und gestöhnt und sich dann, als letzte Lebensäußerung, von oben bis unten vollgeschissen hat) und seine Temperatur und seinen Blutdruck mißt und in einem kleinen Pappbecher seine Pillenration bringt, hat ein rundes freundliches Gesicht. Sie ist ein bißchen übergewichtig, aber alles ist gut verteilt und fest. Sie sieht vertraut aus. Sie hat blaßblaue Augen, in Höhlen, die seitlich über den Wangenknochen je eine kleine Kerbe bilden, und ihre Oberlippe ist leicht aufgeworfen, wie er es gern mag, wie bei Michelle Pfeiffer. Ihr Haar, das unter ihrem Schwesternhäubchen hervorschaut, ist bräunlichrot, vielfarbig, deutlich von Grau durchzogen, obwohl sie jung genug ist, um seine Tochter zu sein.

Sie nimmt ihm das merkwürdige raketenförmige Plastikthermometer aus dem Mund, das die Temperatur in roten, unterteilten Zahlen angibt, und wickelt ihm die Blutdruckmanschette mit dem Klettverschluß um den linken Arm. Als sie sie aufpumpt, fragt sie: «Was macht das Toyota-Geschäft?»

«Es geht. Der schwache Dollar wirkt sich ein bißchen bremsend aus. Mein Sohn führt jetzt den Laden, weitgehend. Woher wissen Sie, daß ich Toyotas verkauft habe?»

«Mein damaliger Freund und ich, wir haben vor ungefähr zehn Jahren ein Auto bei Ihnen gekauft.» Sie reißt spöttisch die blassen blauen Augen auf. «Erinnern Sie sich etwa nicht?»

«*Sie* sind das! Ja, natürlich. Natürlich erinnere ich mich. Ein orangefarbener Corolla.» Sie ist seine Tochter; zumindest vermutet er's, auch wenn Ruth es aus Trotz nie zugegeben

355

hat. Sie steht so nah am Bett, daß er ihr Namensschild lesen kann: ANNABELLE BYER, DIPL.-SCHWESTER. Sie trägt noch ihren Mädchennamen.

Annabelle runzelt die Stirn und läßt die Luft aus der Manschette, die seinen Arm so fest umklammert wie eine Polizistenfaust. «Wir versuchen es in einer Minute noch einmal. Ihr Blutdruck ist in die Höhe geschnellt, während wir uns unterhielten.»

Er fragt sie: «Was ist aus dem Corolla geworden? Und was ist eigentlich aus dem Freund geworden – wie hieß er bloß noch. So 'n großer rotohriger Junge vom Land.»

«Sprechen Sie bitte nicht, bis ich gemessen habe. Ich sage auch nichts solange. Versuchen Sie, an etwas Beruhigendes zu denken.»

Er denkt an Ruths Farm, die Byer-Farm, den Obstgarten, der sich hügelabwärts zog vom Weg mit den verkrüppelten Bäumen, hinter denen er sich zum Spionieren postiert hatte – das kleine vierschrötige Steinhaus, die gelben Hülsen der ausrangierten Schulbusse, der dunkle Collie, der versucht hat, ihn da hinunterzutreiben, als wüßte er, daß Harry da hingehört, zu den andern. Fritzie, so hat der Hund geheißen. Scharfe Zähne, schwarzes Zahnfleisch. *Junge, Junge, zum Bangewerden.* Ganz ruhig. An den großen Himmel von Texas denken, über den stickigen niedrigen Baracken in Fort Hood, er, Harry, in frischer Khaki-Uniform, mit einem Urlaubsschein für den Abend. Freiheit, eine sanfte Brise, ein grüner Sonnenuntergang am tiefen Horizont. An Basketball denken, Mt.-Judge-High gegen Oriole-High, die kleine ländliche Turnhalle, die Spielbretter einfach an die Wände genagelt, damals, als die High-Schools noch nicht zu großen farblosen Mittelpunktschulen zusammengelegt waren und noch keine Einkaufszentren das Farmland auffraßen. An Rodelfahrten denken, mit Mim in ihrer pelzbesetzten Kapuze, in Mt. Judge hinter der Hutfabrik, an Wintertagen, die so kurz gewesen sind, daß die Straßenlaternen angingen, lange bevor man zum Abendbrot nach Hause mußte.

«Das ist schon besser», sagt die Schwester. «Hundertvierzig zu fünfundneunzig. Nicht bestens, aber auch nicht schlecht. Zu Ihren Fragen: das Auto hat länger gehalten als der Freund. Ich habe es nach acht Jahren in Zahlung gegeben für ein neues; es hat hundertneunzigtausend Kilometer drauf gehabt. Jamie ist ungefähr ein Jahr, nachdem wir in die Stadt gezogen sind, wieder ausgezogen. Er ist nach Galilee zurückgegangen. Brewer war ihm zu strapaziös.»

«Und Sie? Empfinden Sie es auch als zu strapaziös?»

«Nein, mir gefällt's. Ich mag den Betrieb.»

Betrieb, wie ihre Mutter ihn gehabt hat? *Bist du wirklich auf'n Strich gegangen?* Die Dämmerung und das voll entfaltete Mailaub sänftigen das Licht in seinem Einzelzimmer; auf dem Flur draußen ist jetzt, nach dem Abendbrot und der feierabendlichen Besucherwelle, Ruhe eingekehrt. Harry riskiert die Frage: «Sind Sie jetzt verheiratet? Oder haben Sie einen Freund, mit dem Sie zusammenleben?»

Sie lächelt; ihre natürliche Freundlichkeit kämpft einen Moment lang mit der Überraschung über seine Neugier, seine Anmaßung und glättet ihr Gesicht dann wieder zu ruhiger Gelassenheit. Das Dämmerlicht scheint es näher zu rücken, das blasse runde Schimmern ihres Gesichts. Aber in ihrer Stimme schwingt eine Großstadtkühle, eine abwehrende Vorsichtigkeit, die sich gegen ihn kehren könnte. «Nein, um die Wahrheit zu sagen, ich lebe mit meiner Mutter zusammen. Sie hat die Farm verkauft, die mein Vater uns hinterlassen hat, und ist zu mir gezogen, als Jamie auszog.»

«Ich glaube, ich kenne die Farm. Ich bin mal dran vorbeigefahren.» Harrys mißhandeltes, müdes Herz fühlt sich überfrachtet von soviel Neuigkeiten, von dem Gedanken an diese andere Welt mit ihren Bäumen und Büschen und Jahreszeiten und grünen Tagen und braunen, in der das Leben dieses Kindes sich abgespielt hat, ohne ihn. «Hat Ruth –» fängt er an und sagt dann: «Was macht sie denn so, Ihre Mutter.»

Das Mädchen streift ihn mit einem Blick, gibt dann aber

bereitwillig Auskunft, als hätte seine Frage einen Test bestanden. «Sie arbeitet bei einer Investment-Gesellschaft – Anlagefonds und so –, die eine Niederlassung in dem neuen Glasgebäude in der Innenstadt hat, gegenüber vom ehemaligen Kroll's.»

«Stenokontoristin», erinnert Rabbit sich. «Sie konnte Schreibmaschine und Steno.»

Jetzt lacht sie sogar, verblüfft, wie gut er Bescheid weiß. Sie fängt an, kiebig zu werden, ihre guten Schwesternmanieren abzulegen. Sie ist einen Schritt vom Bett zurückgetreten, und ihre vollen Schenkel wölben sich so prall gegen die Vorderpartie ihrer gestärkten Tracht, daß sich selbst im Stehen ein Schoß bei ihr bildet. Warum macht Ruth eine alte Jungfer aus diesem Mädchen? «Deswegen ist sie eingestellt worden», sagt sie, «aber weil sie soviel älter ist als die andern Frauen, hat man ihr ein bißchen mehr Verantwortung übertragen. Sie ist jetzt so eine Art Abteilungsleiterin. Haben Sie meine Mutter mal gekannt?»

«Ich bin nicht sicher», lügt er.

«Ganz bestimmt. Früher, als sie noch nicht verheiratet war. Sie hat mir erzählt, daß sie eine ganze Reihe von Männern gekannt hat, bevor sie an meinen Vater geriet.» Sie lächelt, gibt ihm die Erlaubnis, ihre Mutter gekannt zu haben.

«Ja, das hat sie wohl», sagt Harry und ist traurig bei dem Gedanken. Er hat bei jeder Frau der einzige Mann sein wollen, so wie er der einzige Sohn seiner Mutter gewesen ist. «Ich bin ihr ein paarmal begegnet.»

«Sie müßten sie jetzt mal sehen», redet Annabelle keck weiter. «Sie hat enorm abgenommen und zieht sich ausgesprochen schick an. Ich nehme sie immer auf den Arm, sage, daß sie mehr Kerle hat als ich.»

Rabbit schließt die Augen und versucht, es sich vorzustellen, bei dem Alter, in dem sie jetzt sind. *Komm, mach weiter.* Zieht sich schick an. Einmal ein City-Girl, immer ein City-Girl. Ihr Haar ist an jenem Abend, als er sie das erste Mal sah, von rotem Neon umrahmt gewesen wie von Rosenrost.

Das Mädchen, das er für seine Tochter hält, redet weiter: «Ich sage ihr, daß Sie hier liegen, Mr. Angstrom.» Er versucht jetzt zwar, sich in seine abendliche Lethargie zurückzuziehen, aber die Nähe, die zwischen ihnen aufkeimt, spornt Annabelle zu einer gewissen Vorwitzigkeit an. «Vielleicht hat sie ja ein besseres Gedächtnis als Sie.»

Draußen vor den Krankenhausfenstern, die man nicht öffnen kann, in der allmählich sich eindickenden Dämmerung, steigen die Säfte, und sogar hier im Zimmer ist die Luft schwer von Pollen. Harry schließt wieder die Augen. «Nein», sagt er, «ist schon gut. Sagen Sie ihr nichts. Ich bezweifle, daß sie sich an irgendwas erinnert.» Er ist plötzlich müde, zu müde für Ruth. Auch wenn dies Mädchen seine Tochter ist, so ist es doch eine alte Geschichte, die immer weiter dudelt, wie ein Radio, dem niemand zuhört.

Sie behalten ihn für fünf Tage und Nächte im Krankenhaus. Janice besucht ihn am Samstag. Sie ist draußen sehr beschäftigt; die Kurse, die sie belegt hat, um Immobilienkauffrau zu werden, haben inzwischen begonnen: einen Abend pro Woche drei Stunden «Gesetzliche Bestimmungen zu Grundvermögen und Eigentumsübertragung» und an einem andern Abend «Hypotheken- und Finanzierungswesen». Außerdem verbringt sie untertags viel Zeit mit Pru und den Enkelkindern, und Charlie Stavros hat angerufen und sie zum Lunch eingeladen.

«So ein Hund!» protestiert Rabbit. «Ich bin noch nicht tot!»

«Natürlich nicht, Liebling, das verlangt auch keiner von dir. Er hat gesagt, es war deine Idee, ihr hättet das ausgemacht, als *ihr* zusammen geluncht habt. Charlie macht sich Sorgen um uns, das ist alles. Er findet, ich dürfte die Dinge nicht einfach so schleifen lassen, sondern müßte einen unparteiischen Wirtschaftsprüfer hinzuziehen und unseren Anwalt und mit ihnen zusammen im Büro die Bücher durchgehen, genau wie du es gewollt hast.»

«Wenn Charlie das sagt, glaubst du's, aber nicht, wenn *ich* es sage.»

«Schätzchen, du bist mein Mann, und Ehemänner machen ihre Frauen immer ganz konfus. Charlie ist einfach nur ein alter Freund, er ist außen vor und sieht die Sache unvoreingenommen. Außerdem hat er meinen Vater geliebt und hegt Beschützergefühle der Firma gegenüber.»

Harry kann ein Gnickern nicht unterdrücken, obwohl er jetzt nicht gern lacht oder sonst irgendwas tut, das sein Herz erschüttern könnte, dies delikat gewebte zuckende Schattengebilde, daß er während des Eingriffs auf dem Röntgenmonitor gesehen hat. Manchmal, wenn Fernseh-Shows wie *Cosby* oder *Perfect Strangers* oder *Golden Girls* ihn zu sehr erheitern, schaltet er lieber den Kasten ab, als seinem Herzen ein Lachen zuzumuten. Diese Serien sind alle idiotisch, aber nicht so total stumpfsinnig wie diese neue Sache, von der alle Welt so hin und weg ist, *Roseanne*, mit irgendeiner fetten Frau in der Hauptrolle, deren Talent, soweit er sieht, einzig darin besteht, ganz schnell zu sprechen, ohne den Mund zu bewegen. «Janice», sagt er in ernstem Ton, «ich glaube, der einzige Mensch, der deinen Vater wirklich geliebt hat, bist du gewesen. Und vielleicht deine Mutter, am Anfang. Obwohl es schwer vorstellbar ist.»

«Werd nicht ausfallend gegen die Toten», sagt sie unbewegt. Sie sieht irgendwie ein bißchen aufgequollen aus; vielleicht setzt sie ja Pfunde an, seit sie nicht mehr regelmäßig Tennis spielt und schwimmt wie im Valhalla Village. Sie sind zwar noch Mitglied in Flying Eagle, haben sich dort aber seit längerem nicht mehr sportlich betätigt. Sie haben im Club angenehme, gesellige Stunden verlebt, ohne sich klarzumachen, daß die mal zu Ende gehen könnten. Und so wie es um sein Herz steht, weiß Harry nicht, wieweit er sich überhaupt wieder auf Golf einlassen kann. Auch wenn man einen Elektrokarren benutzt: man kann draußen beim siebten Loch sein und umkippen, und bis sie einen ins Krankenhaus schaffen, durch die anderen Vierer hindurch, vergehen zehn Minuten, in denen das Gehirn ohne Sauerstoff ist. Fünf Minuten reichen völlig, und man vegetiert nur noch.

«Also tust du's nun? Einen Wirtschaftsprüfer hinzuziehen.»

«Schon geschehen!» verkündet sie; sie hat nur darauf gewartet, daß die Unterhaltung an einen Punkt kommt, wo sie mit dem stolzen Geheimnis herausrücken kann. «Charlie hatte Mildred schon von sich aus angerufen, und wir sind dann zu ihr in dies nette Pflegeheim gleich in unserer Nähe gegangen, sie ist absolut klar im Kopf und voll leistungsfähig, nur ein bißchen unsicher auf den Beinen, und sind dann zum Platz gefahren, und dieser Lyle, der so eklig zu dir war, war nicht da, aber ich habe mir seine Privatnummer besorgt und ihn zu Hause angerufen und gesagt, wir möchten gern die Bilanzen seit Oktober durchsehen, und er sagte, die Zahlen seien zum größten Teil auf den Computerdisketten, die er bei sich zu Hause aufbewahrt, und er sei zu krank, um sich noch am selben Tag mit uns zu treffen, und da habe ich gesagt, vielleicht sei er dann ja auch zu krank, um noch weiter die Bücher für uns zu führen.»

«Das hast du gesagt?»

«Ja. Das erste, das einem im Kurs über Grundeigentumsübertragung beigebracht wird, ist, daß man nicht um den heißen Brei herumreden soll, das ist für den andern und für einen potentiellen Geschäftsabschluß abträglicher, als wenn man deutlich sagt, was Sache ist, auch wenn die Leute das zuerst nicht gerne hören. Ich habe ihm gesagt, er ist gefeuert, und er hat gesagt, man kann jemanden, der Aids hat, nicht feuern, das ist Diskriminierung, und daraufhin hab ich gesagt, er soll morgen die Bücher und Disketten in die Firma bringen, oder ein Polizist kommt und holt sie.»

«Das hast du wirklich gesagt?» Ihre Augen glänzen, und die Haare bauschen sich ihr um das kleine Nußgesicht, das schon wieder braun wird und den Anflug eines Doppelkinns hat, jetzt, wo sie zunimmt. Harry bewundert sie, wie man Kinder bewundert, die man großgezogen hat und die einem gerade dadurch, daß sie gelungen sind, entführt werden, in die Welt hinaus, in die Fremde, in die Entfremdung.

«Vielleicht nicht so flüssig, wie ich es grad zu *dir* sage, aber ich hab alles ausgesprochen. Frag Charlie, er war dabei. Ich find's scheußlich, was diese tuckigen Typen mit Nelson gemacht haben. Sie haben ihn verhunzt.»

«Gay», sagt Harry müde. «Man sagt heute ‹gay›.»

Er versucht immer noch, Schritt zu halten mit Amerika, während es Stile, Moden und Vokabular wechselt und vorwärts stürmt, immer jung, immer jünger. «Und was hat Lyle darauf gesagt?»

«Er hat gesagt, schauen wir mal. Er wollte wissen, ob ich das Ganze mit Nelson besprochen hätte. Ich sagte, nein, aber ich sei mir auch nicht so sicher, ob Nelson dieser Tage überhaupt imstande ist, irgendwas zu besprechen. Ich sagte, meiner Meinung nach hätten er und seine Freunde Nelson nach Strich und Faden ausgenommen und ein menschliches Wrack und einen Drogensüchtigen aus ihm gemacht, und Charlie hat auf einen Notizblock geschrieben und mir hingehalten: ‹Reg dich ab.› Elvira und Benny draußen im Ausstellungsraum haben bloß noch aus Ohren bestanden, obwohl die Bürotür fest zu war. Aber diese Tunte hat mich *ra*send gemacht – er hat am Telephon so einen erhabenen, gelangweilten Ton gehabt, als ob's für seinen armen empfindlichen Körper und seine sensible Seele einfach zuviel wär, sich mit Frauen wie mir abzugeben.»

Rabbit fängt an zu verstehen, wie dem Jungen zumute gewesen sein muß. «Er war wahrscheinlich müde», sagt er zu Lyles Verteidigung. «Diese Krankheit macht einen total fertig. Man kriegt kaum noch Luft.»

«Dann hätte er seinen Penis eben nicht in anderer Männer Hintern stecken sollen», sagte Janice, senkt aber ihre Stimme dabei, damit die Schwestern und Pfleger auf dem Flur sie nicht hören.

Hintern. Thelma. Der Schrein des Nichts. Den leeren Raum ausmessen. «Ich weiß nicht», beharrt Rabbit matt, «so, wie Nelson dran ist, wer verhunzt da wen. Vielleicht hab *ich* den armen Jungen verhunzt, vor zwanzig Jahren.»

«Ach Harry, sei nicht so streng mit dir. Es ist deprimierend, dich so zu sehen. Du hast dich so verändert. Was haben diese Ärzte mit dir angestellt?»

Er ist froh, daß sie fragt, und sagt: «Sie haben ein langes dünnes Ding in mich gebohrt, und ich hab auf dem Fernsehschirm gesehen, wie's in meinem Herzen war. Ich hab groß und deutlich mein eigenes armes Herz gesehen, wie es gepumpt hat, um mich am Leben zu erhalten. Es dürfte nicht erlaubt sein, andern Leuten so im Herzen rumzufuhrwerken. Sie sollten einen einfach sterben lassen.»

«Liebling, was für ein dummes Zeug. Das ist die moderne Wissenschaft, du solltest dankbar sein. Du bist bald wieder in Ordnung. Mim hat angerufen, sie war ganz besorgt, ich habe ihr gesagt, daß das alles nicht so schlimm ist, und habe ihr deine Nummer hier gegeben.»

«Mim.» Schon bei der Silbe muß er lächeln. Seine Schwester. Der einzige Mensch außer ihm, der noch übrig ist von der Familie im Haus an der Jackson Road, wo Mom und Pop ihre Reibereien, ihre Kräche, ihre Komödie, ihre tägliche Schau veranstaltet haben. Als Mim neunzehn war, hager, gutaussehend, ist sie nach Westen gegangen, nach Las Vegas. Einer ihrer Gangster-Kumpane hat eine sentimentale Ader gehabt und sie mit einem Kosmetiksalon versorgt, als ihr gutes Aussehen langsam in die Binsen ging, und jetzt besitzt sie außerdem noch einen Waschsalon. Vegas muß eine fabelhafte Stadt für Waschsalons sein. Niemand lebt dort, jeder ist nur auf der Durchreise und hinterläßt ein bißchen Schmutz, wie den auf den hellen Antron-Teppichböden am Franklin Drive Nummer 14½. Harry und Janice haben Mim einmal besucht, vor sieben oder acht Jahren. Diese Höhlen voll glimmender Spielautomaten, nirgendwo Uhren, eine immerwährende Zweiuhrnachts-Atmosphäre, und dann tritt man ins Freie und stellt verdattert fest, daß die Sonne vom Himmel knallt und die Gehwege so heiß sind, daß kein Hund auf ihnen laufen könnte. Wegen Sinatra und Wayne Newton hat er jede Menge Glanz und Glitzer erwartet, aber die Spielsüchtigen haben nicht mehr Klasse gehabt als die Typen, die unten in Atlantic City an den Einarmigen Banditen stehen. Nur daß sie so einen Western-Touch gehabt haben, ihre Stimmen und Gesichter sind von feinen winzigen Schrunden durchzogen gewesen. Auch Mim hat diese feinen Risse im Gesicht und in der Stimme gehabt, dabei hatte sie schon ein Lifting hinter sich, «Abnäher in den Kehllappen», wie sie das nannte. Das Leben ist ein Berg, der immer steiler wird, je mehr man klettert.

«*Harry.*» Janice war dabei, ihm irgend etwas zu erzählen. «Was habe ich gerade gesagt?»

«Keine Ahnung.» Gereizt setzt er hinzu: «Wieso machst du dir die Mühe, mit mir zu reden, wo du doch Charlie als Ratgeber hast, um's vorsichtig auszudrücken?»

Sie wird wütend; ihre Lippen kniffen sich nach innen, und ihr Gesicht reckt sich vor. «Er berät mich, und damit hat sich's, und er tut das, weil du ihn darum gebeten hast. Weil er dich liebt.»

Früher, vor dem Leben in Florida und diesen Frauengruppen, hätte sie so nicht von «Liebe» gesprochen, als ob das etwas wäre, das an jeder Ecke sprudelt, wie Benzin. Sie möchte ihn anspornen, begreift er langsam, ins Leben, ins Getümmel zurückzukehren. Er versucht mitzuspielen. «Mich?»

«Ja, dich, Harry Angstrom.»

«Warum denn das, um Himmels willen?»

«Ich habe keinen Schimmer», sagt Janice. «Ich hab nie verstanden, was Männer aneinander finden.» Sie probiert einen Scherz. «Vielleicht ist er auf seine alten Tage gay geworden.»

«Er hat nie geheiratet», räumt Harry ein. «Glaubst du, er wäre interessiert daran, wieder für Springer Motors zu arbeiten?»

Sie sammelt ihre Sachen für den Kurs heute abend zusammen: ihre schwarzlederne Handtasche, dick wie eine Bombe – die altmodische runde Sorte, die man noch geworfen hat,

nicht das plattgedrückte Semtex, das Terroristen in Gepäckstücke tun und in Flugzeuge schmuggeln –, ihr Immobilien-
Lehrbuch, die zusammengehefteten photokopierten Ver-
tragsmuster und den neuen Frühlingsmantel, den sie sich gekauft hat, aus narzissengelbem Gabardine mit breitem Gürtel
und ausladenden Schultern. Sie sieht mädchenhaft aus, mit
plusterigen Haaren, als sie ihn anzieht. «Ich habe ihn gefragt», sagt sie, «und er sagt, auf gar keinen Fall. Er sagt, er ist
bei seinen Cousins eingestiegen, Mietobjekte im Norden der
Stadt und in der Gegend vom alten Jahrmarktsgelände, und
bei einer Teppichreinigung, die sein Neffe zusammen mit
einem andern Jungen aufgemacht hat, und die brauchen noch
Unterstützung; Charlie sagt, damit hat er genug, er könnte es
nicht ertragen, wieder ein Angestelltenverhältnis einzugehen,
mit all dem Steuerkram und dem Stress, jeden Morgen irgendwo antreten zu müssen wie bei uns in der Firma. Er hat
gern seine Freiheit.»

   «Wir alle», seufzt Rabbit. «Ach ja, Janice, ich habe grad
neulich gedacht, wir müßten mal unsere Spannteppiche reini-
gen lassen. Ist kein Vorwurf, aber sie sind verdreckt, Schatz.»

Dr. Breit kommt Sonntag vormittag zu ihm ins Zimmer und
sagt: «Harold, es steht picobello mit Ihnen. Ray leistet phantastische Arbeit. Im OP heißt es, er könnte mit seinem Katheter einen Bandwurm am Kinn kraulen.» Er blickt auf, durch
seine pelzigen Wimpern hindurch, und wartet aufs Lachen,
erntet keines und setzt sich, zwecks Steigerung der Intimität,
auf die Bettkante. «Ich habe mir unsere Filme noch mal angesehen, plus den Mist, den uns die Knallköpfe vom Deleon
Community unten mit Ach und Krach schließlich doch noch
geschickt haben. Das Lumen Ihres VAA hat sich von fünfzehn
auf sechzig Prozent geweitet. Aber ich kann nicht behaupten,
daß ich begeistert von Ihrer RKA wäre, der rechten Koronar-
arterie; sie weist eine etwa achtzigprozentige Blockierung auf,
was uns nicht weiter kratzen muß, solange das gut entwickelte
Kollateralgefäß vom umschlingenden Ast aus die rechte

Kammer versorgt. Aber an der Gabelung von umschlingendem Ast und VAA baut sich eine Verengung auf, und eine Verengung an einer Gabelung ist wesentlich schwieriger mit Dilatation zu behandeln. Dasselbe gilt – ich nehme an, das interessiert Sie –, wenn die Schadstelle zu lang ist oder in einer hyperkinetischen AV-Furche sitzt oder so beschaffen ist, daß man mitten in der Prozedur plötzlich aufgeschmissen sein könnte, wenn die Kollateralversorgung nicht klappt. In solchen Fällen kann es brenzlig werden.»

Seine Beine sind ein bißchen zu kurz, als daß er bequem auf der Bettkante sitzen könnte; er hievt seinen Oberschenkel mit Schwung dichter an Harrys Beine heran, und Harry fühlt, wie das Blut in seinem ausgestreckten Körper schwappt. Breit lächelt, und seine Stimme wird vertraulich, wie beim Eingriff, als er über Dr. Raymonds Schulter hinweg geflüstert hat. «Tatsache ist, Harold, PTCA ist doch nur eine Mickymaus-Behandlung. Die Prozedur hat zwar, wie ich schon sagte, für den Augenblick zu einem guten Ergebnis geführt, aber ich möchte doch, daß Sie die wenigen Tage, die Sie hier liegen, dazu nutzen, ernsthaft mit sich zu Rate zu gehen, ob Sie nicht jetzt, wo Sie das Terrain schon ein bißchen erkundet haben, einen ACVB ansteuern wollen. Natürlich nicht gleich. Wir lassen vier oder sechs Monate verstreichen und gehen dann frisch ran. Wir legen je einen Bypass an die RKA und an den umschlingenden Ast und auch an den VAA, wegen des absehbaren Rezidivs, und machen einen neuen Menschen aus Ihnen, der verdammt nah dran ist, ein nagelneues Herz zu haben. Und wenn wir schon mal drin sind, sollten wir uns gleich diese undichte Aortenklappe ansehen und einen Schrittmacher erwägen. Ehrlich gesagt haben wir möglicherweise einen kleinen postoperativen HI gehabt; Ihr Elektrokardiogramm weist ein paar neue Q-Wellen auf, und es ist zu einem Anstieg des CPK-Isoenzyms gekommen.»

«Sie meinen», sagt Harry, noch nicht gänzlich untergebuttert, «ich habe einen Herzanfall gehabt, einfach so, während ich hier im Bett lag?»

Dr. Breit zuckt jüngferlich die Achseln. All seine Gesten sind von einer Jüngferlichkeit, die zur milchigrosa Haut seines Gesichts paßt. Seine Stimme ist ein bißchen piepsig, hat es schwer, zwischen seinen wie mit Bläschen bedeckten Lippen hervorzukommen. Er sagt: «PTCA ist ein invasiver Eingriff, niemand hat das Gegenteil behauptet. Mit einem kleinen Trauma ist immer zu rechnen. Ihr Herzmuskel weist Narbengewebe auf, das schon früher entstanden ist. Ein Herzanfall bedeutet nichts weiter als das Absterben etlicher Herzmuskelzellen. Ein paar können absterben, ohne daß man's merkt. Das passiert uns allen, so wie jeder, der über ein bestimmtes Alter hinaus ist, ein leichtes Emphysem hat. Man nennt das den Alterungsprozeß, und dem entgeht man nicht. Nicht in diesem Leben.»

Harry wüßte gern, wie es im nächsten Leben ist, beschließt aber, nicht danach zu fragen. Er bezweifelt, daß Breit mehr weiß als der *National Enquirer*. «Wollen Sie mir erzählen, daß ich in diesem Krankenhaus bin für ich weiß nicht wie viele Tausende von Dollar wegen einer Mickymaus-Operation?»

«Rom wurde nicht an einem Tag erbaut, Harold, und Ihr Herz läßt sich nicht binnen einer Woche wiederherstellen. Dilatation hat, zumindest für eine Weile, in etwa achtzig Prozent aller Fälle eine gute Wirkung, aber die Bypass-Operation schlägt mit neunundneunzig Prozent zu Buche. Schauen Sie. Der Unterschied ist der, ob Sie Ihre Toilette mit einer langen Bürste putzen oder gleich die Rohre erneuern. Es gibt Stellen, die können Sie mit der Bürste nicht erreichen, und Ablagerungen, die sind chemische Verbindungen eingegangen. Ein Mann in Ihrem Alter, in guter Allgemeinverfassung, sollte sich das nicht zweimal überlegen. Sie schulden es nicht nur sich selbst, sondern auch Ihrer Frau und Ihrem Sohn. Und den reizenden kleinen Enkelchen, von denen ich gehört habe.»

Je schneller Breit redet, desto größer wird das Engegefühl in Harrys Brust. «Mal sehen, ob ich's richtig verstanden habe», preßt er hervor. «Sie reißen einem Adern aus den Beinen und nähen sie einem am Herzen fest wie Bierkrughenkel?»

Das Gesicht des jungen Arztes bewölkt sich unmutig. Die Visite dauert wahrscheinlich schon länger als vorgesehen, vermutet Rabbit. Mit sichtlicher Geduld leckt Dr. Breit sich die wundaussehenden Lippen und erklärt: «Wir nehmen eine überflüssige Vene aus Ihrem Bein und in manchen Fällen die Arteria mammaria interna, weil Arterien dem arteriellen Druck besser standhalten als Venen. Aber darüber müssen Sie sich keine Gedanken machen, Sie sind nicht der Chirurg, dafür sind wir zuständig. Diese Operation wird jedes Jahr zigtausendmal in den Staaten ausgeführt – glauben Sie mir, Harold, es ist ein Kinderspiel.»

«Würde das *hier* gemacht werden?»

Breits Augen hinter den fleischfarben gerahmten Brillengläsern sind eigenartige pelzige Schlitze mit geschwollenen rosa Lidern. «Dafür ist dies Krankenhaus noch nicht gerüstet», gibt er zu. «Sie müßten nach Philadelphia gehen, ich bezweifle, daß wir Sie in Lancaster dazwischenschieben können, die sind auf Monate hinaus fest ausgebucht.»

«Dann kann's ja keine so *ganz* kleine Sache sein, wenn Sie dafür besonders gerüstet sein müssen.» Seit seiner Kindheit hat Rabbit ein Vorurteil gegen Philadelphia gehabt. Schmutzigste Stadt der Welt: die leben da von verseuchtem Wasser. Und Lancaster ist noch schlimmer – Amish-Farmer, schinden ihre Arbeitstiere zu Tode, treiben so viel Inzucht, daß die Hälfte von ihnen verbuckelt und verzwergt ist. Er hat sie in dem Film *Witness* gesehen, sehr malerisch, Kelly McGillis hat ihre nackten Titten mit einem Schwamm gewaschen, und alle sind herbeigeeilt, um gemeinsam diese Scheune zu bauen, aber er hat sich davon nicht täuschen lassen. «Vielleicht wäre Florida das richtige», schlägt er vor. Florida erscheint ihm immer unwirklich, wenn er hier oben ist, und wenn die Operation dort gemacht wird, ist es vielleicht so, als würde sie überhaupt nicht gemacht.

Dr. Breits wundaussehender Mund wird streng; auf seiner Oberlippe stehen Schweißperlen. Warum legt er sich so ins Zeug? Muß er ein monatliches Soll erfüllen, wie Polizisten, die so und so viele Strafzettel für zu schnelles Fahren ausstellen müssen? «Ich bin nach dem Hin und Her mit Deleon nicht gerade überzeugt von denen», sagt er. «Aber überlegen Sie sich's, Harold. Wenn ich in Ihrer Haut steckte, würde ich es ohne Zögern machen lassen. Sie setzen sonst Ihr Leben aufs Spiel.»

*Ja*, denkt Rabbit, als der Arzt aus dem Zimmer gegangen ist, *aber du steckst nicht in meiner Haut. Und wozu ist das Leben denn sonst da, als aufs Spiel gesetzt zu werden.*

Mim ist am Telephon. Es dauert einen Augenblick, bis er ihre Stimme erkennt, sie ist so trocken und nasal, so whisky- und zigarettenrauh. «Was stellen sie denn jetzt schon wieder mit dir an?» fragt sie. Ihr Standpunkt ist immer gewesen, daß er im Diamond County ein Lamm unter Wölfen ist und hätte weggehen sollen, wie sie es getan hat.

«Sie haben mich ins Krankenhaus gesteckt», erzählt er ihr. Er möchte am liebsten weinen, wie ein Junge. «Sie haben mir einen Ballon durchs Bein bis ins Herz raufgeschoben und ihn voll Salzwasser gepumpt, um eine Arterie aufzudehnen, die mit altem Fett verstopft war, das ich gegessen habe. Hinterher haben sie einen Sandsack auf den Schnitt unten an meinem Schenkel gelegt und gesagt, ich darf das Bein sechs Stunden lang nicht bewegen, sonst verblute ich. So sind Krankenhäuser: sie erzählen einem, daß das, was sie mit einem vorhaben, so simpel ist wie Haareschneiden, und wenn sie dann mittendrin sind, sagen sie, man könnte verbluten. Und dann kommt heute morgen der Arzt vorbei und sagt, das war eine Micky-maus-Operation, kaum der Rede wert. Er will, daß ich aufs Ganze gehe und eine Bypass-Operation machen lasse. Mim, die knacken einen auf wie eine Kokosnuß und reißen einem Adern aus den Beinen.»

«Ja, ich weiß», sagt sie. «Läßt du's machen?»

Rabbit sagt: «Irgendwann werden die mich rumkriegen. Ich meine, was soll man machen, die haben einen doch am Kanthaken. Man hat Angst – und was gibt es sonst?»

«Ein paar von den Typen, die ich hier draußen kenne, haben solche Herzoperationen hinter sich und schwören drauf. Ich seh zwar nicht, was sich groß verändert haben soll, sie sitzen immer noch den ganzen Tag auf ihren fetten Ärschen und lassen sich maniküren und führen Telephongespräche, aber vorher waren sie ja auch nicht gerade Draufgänger. Wenn man in unser Alter kommt, Harry, ist es harte Arbeit, am Leben zu bleiben.»

«Na komm, Mim. Du bist gerade mal fünfzig.»

«Für eine Frau hier draußen ist das uralt. In dem Alter darf man nicht mehr frei rumlaufen. Ende der Durchsage, wenn du eine Frau bist. Keiner dreht sich mehr nach einem um, es ist, als wäre man unsichtbar geworden.»

«Junge, nach dir *ha*ben sie sich umgedreht», sagt er stolz. Er weiß noch, wie sie ausgesehen hat, als sie neunzehn war – eingefärbte blonde Strähne, breiter roter Wespentaillengürtel, weiche Sexy-Pullis, knochige Arme, die in einem Geklirr von Armreifen ausliefen, vorstehende Zähne, die sie gern versteckt hätte, die aber doch immer zum Vorschein kamen, wenn sie lachte, die Lippen mit Lippenrot verschmiert, als hätte sie ein Marmeladenbrot gegessen, ein langbeiniges Fohlen von einem Mädchen, das darauf brannte, aus Brewer auszubrechen, sich seinen Weg aus der Umzäunung zu kicken oder zu ficken. Und sie hat's geschafft. Rabbit hätte nie da draußen Fuß fassen können. Er ist nie widerstandsfähig genug gewesen. Schon Florida schmort alle Lebensgeister aus ihm raus. Er hat da bleiben müssen, wo man noch weiß, wer er mal war. «Wann kommst du denn mal nach Osten?» fragt er Mim.

«Na ja, wie schlecht geht's dir, Harry?»

«Nicht *so* schlecht. Ich jammere nur viel. Ich muß gar nicht viel beachten, nur tierische Fette und Salz meiden und mich nicht ärgern lassen.»

«Wer sollte dich denn ärgern.»

«Es ist immer dasselbe», sagt er. «Nellie macht Scherereien. He, du kommst nie drauf, wer wieder zur Stelle ist und bei Janice Kavalier spielt, während ich hier festliege. Dein alter Boyfriend Charlie Stavros.»

«Chas war nie das, was ich als Boyfriend bezeichnen würde. Ich habe mich damals mit ihm eingelassen, um ihn von deiner Frau wegzukriegen. Hier in der Gegend bist du erst dann ein Boyfriend, wenn du das Mädchen mindestens in einem Condo installiert hast.»

Er müht sich, ihr Interesse wachzuhalten. Leute, die's geschafft haben, so wie sie, langweilen sich leicht. «Wie zum Teufel *geht's* denn in Vegas?» fragt er. «Ist es noch so heiß da? Wär das nicht was, in den Osten zu kommen, ein paar Wochen raus aus der Hitze? Wir quartieren dich im Gästezimmer ein, und du lernst deine Großnichte und deinen Großneffen kennen. Judy ist schon eine richtige kleine Dame. Sie wird mal eine attraktive Erscheinung – nicht wie du, aber eine Erscheinung.»

«Harry, das letzte Mal, als ich in Pennsylvania war, hat mich die Feuchtigkeit fast umgebracht. Ich versteh nicht, wie ihr damit leben könnt, Tag für Tag, es war, als wär man in nasse Waschlappen eingewickelt. Ich glaube, es ist das drückende Klima, das dich fertigmacht.»

«Ja», stimmt er kraftlos zu. Der Telephonhörer fühlt sich glitschig an in seiner Hand. Harry tut sich selber schwer, Interesse aufzubringen. Er darf jetzt in den Korridoren umhergehen, und da gibt es Erstaunliches zu sehen: vor einer knappen Stunde zum Beispiel ein junges Mädchen aus Brewer, eine Besucherin, höchstens fünfzehn, ganz in Schwarz, schwarze Jacke, enge schwarze Hosen, spitze schwarze Stiefel, die Haare gelblichweiß gefärbt, kurz geschnitten und so verstrubbelt, daß ihr Schädel ihn an ein nasses Osterküken erinnert hat, und dazu eine kleine kreuzförmige Blümchentätowierung direkt neben dem Auge. Aber der Anblick hat ihn nicht wirklich berühren können, er hat das Gefühl gehabt, daß er sogar das schon mal gesehen hat, Mädchen machen schlimme Sachen mit sich, sie glauben, daß ihre Jugend von innen durchscheint und alles wieder heil macht.

«Vielleicht komme ich im Herbst, wenn du so lange durchhältst», sagt Mim.

«Oh, ich halte durch», sagt er. «So leicht wirst du deinen großen Bruder nicht los.» Aber die Unterhaltung hat etwas Angestrengtes; er kann fühlen, wie Mim in den kleinen Pausen überlegt, was sie als nächstes sagen soll. «He, Mim», sagt er, «erinnerst du dich, ob Pop sich über Brustschmerzen beklagt hat?»

«Er hatte ein Emphysem, Harry. Weil er nicht mit dem Rauchen aufhören wollte. Du hast aufgehört. Du warst schlau. Ich bin jetzt auf ein Päckchen pro Tag runter, aber ich glaube, ich habe nie richtig inhaliert.»

«Ich meine mich zu erinnern, daß er gesagt hat, er hätte so ein Völlegefühl in der Brust. Er hat sich doch immer die Hand ins Hemd geschoben und sich die Brust gerieben.»

«Vielleicht hat's ihn gejuckt. Harry, Pop ist gestorben, weil er keine Luft mehr bekam, und Mom ist an ihrem Parkinson gestorben. Ich nehme an, bei beiden hat am Ende das Herz versagt, aber das ist bei jedem Menschen so, denn so ist nun mal das Leben, strapaziös fürs Herz.»

Seine kleine Schwester hat so was Dogmatisches bekommen, alles ist so und nicht anders. Sie ist fuchsig wegen irgendwas. Genau wie der kleine Roy.

«He», sagt er, denn er mag sie trotzdem nicht loslassen, «noch was, das mir im Kopf rumgeht. Erinnerst du dich, wie du immer ‹Sirupbuttertorte hm, Apfelbuttertorte oh› gesungen hast?»

«Ja. Vage.»

«Wie geht die Zeile nach ‹Die Augen leuchten auf, das Bäuchlein sagt hallo›?»

In der Stille kann er Stimmen im Hintergrund hören, Friseursalongeschnatter und das Surren eines Föns. «Ich habe keine Ahnung», sagt sie schließlich. «Bist du sicher, daß ich das immer gesungen habe?»

«Ja, ich dachte, aber laß. Und wie sieht's in *deinem* Leben aus?» fragt er. «Irgendwelche neuen Eisen im Feuer? Wann bringen wir dich unter die Haube?»

«Schmink dir das ab, Harry. Wenn jemand hier draußen eine alte Schabracke wie mich heiraten würde, dann einzig und allein, weil er eine Art Tarnung braucht. Oder das Finanzamt austricksen will – falls der Steuerberater eine Möglichkeit sieht.»

«Apropos Steuerberater», fängt er an, und er hätte ihr wohl alles von Nelson und Lyle und Janice und den Stimmen am Telephon erzählt, aber sie will ihn nicht anhören; sie sagt hastig, in gedämpftem Ton: «Harry, eine ganz besondere Kundin ist eben reingekommen, sogar du hast schon von ihr gehört, ich muß jetzt Schluß machen. Du paßt auf dich auf, hörst du. Du bist auf dem Weg der Besserung. Wenn die da dir zuviel werden, kannst du jederzeit herkommen, bißchen Sonne tanken und Spaß haben.»

Spaß welcher Art, hätte er gern gefragt – früher hat sie ihm immer angeboten, ihm ein Mädchen zu besorgen, wenn er allein zu Besuch käme, aber er ist nie hingefahren –, und er hätte gern genauer gewußt, warum sie denkt, er sei auf dem Weg der Besserung. Aber Mim hat aufgelegt. Sie muß weitermachen mit ihrem Leben. Der Arm tut ihm weh, in der Beuge, vom Halten des Telephonhörers. Seit sie mit Kontrastmitteln und Ballons in seine Arterien eingefallen sind, zwickt und zwackt es ihn an immer wieder anderen Stellen, als sei sein Blut nicht mehr unverfälscht, nicht mehr ganz sein eigenes. Hat man mal den Kronenkorken von einer Ginger-Ale-Flasche entfernt, kommt das frische Sprudeln nie mehr wieder.

Die Schwester mit dem runden blassen Gesicht – ein ländliches Gesicht – kommt Montag abend zu ihm ins Zimmer und sagt: «Meine Mutter kommt nachher und bringt mir für heute nacht was vorbei. Soll ich ihr sagen, sie möchte raufkommen und einen Moment zu Ihnen reinschauen?»

«Hat sie gesagt, sie wär bereit dazu?» *Wenn ich mir vorstelle, daß du denkst, sie ist deine Tochter, dann ist das, als würde ich sie von* *oben bis unten mit Scheiße beschmieren*, hatte Ruth gesagt, als sie das letzte Mal miteinander sprachen.

Die junge Frau im gefältelten Häubchen lächelt. «Ich habe neulich abend gesprächsweise erwähnt, daß Sie hier sind, und ich glaube, sie *wär* bereit. Sie hat in keiner Weise unfreundlich reagiert.» In ihrem Gesicht ist der Hauch eines Errötens, eines affektierten Lächelns, einer Geheimniskrämerei. Wenn ihr nicht bald etwas widerfährt, wird sie ein dummes leeres Gesicht bekommen. Unschuld verblaßt und verstumpft zu Einfältigkeit.

Der Tag ist für Harry nicht der beste gewesen. Die wieder einsetzenden Werktagsgeräusche auf der Straße draußen haben ihn daran erinnert, wie außerhalb von alledem er noch immer ist. Janice ist nicht gekommen, und jetzt hat ihr Abendkurs angefangen. Den ganzen Tag haben graue Wolken den Himmel verdunkelt, tiefhängend und schwarz über den Ziegelschornsteinen zerfasernd, aber Regen ist nicht gefallen. Von seinem Fenster aus sieht er die kompliziert ziselierten Bänder schmückenden Mauerwerks über den zweiten Stockwerken dreier schmaler Gebäude, die zu ebener Erde ein Café, eine chemische Reinigung, ein Büroartikelgeschäft beherbergen. Das Eckgebäude ist grau gestrichen, das mittlere blau und das dritte, das mit den üppigsten Fensterrahmungen, beige. Den Einwohnern von Brewer ist allmählich aufgegangen, daß man Ziegelmauern in jeder beliebigen Farbe streichen kann, nicht nur in Ziegelrot. Hinter den oberen Fenstern drüben an der Straße wird gewohnt, aber obwohl Harry getreulich hinüberstarrt, ist er bislang nicht mit dem Anblick einer sich ausziehenden Frau belohnt worden, ja, es hat nicht einmal jemand auch nur zum Fenster herausgeschaut. Ferner deprimiert ihn, daß er seit drei Tagen, seit seinem Einzug im St. Joseph's, keinen Stuhlgang zuwege gebracht hat. Am ersten Tag hat er die peinliche Bettpfanne dafür verantwortlich gemacht und seine empfindliche Fürsorglichkeit den Schwestern gegenüber, die das, was er hervorbringt, hätten wegschaffen müssen, und am zweiten Tag schiebt er's auf das Essen, das so anders ist als das, was er normalerweise zu sich nimmt – die Kost, die die Diätspezialisten im Krankenhaus zusammenstellen, sieht ganz passabel aus, schmeckt aber wie nasse Pappe und kaut sich wie gehäckseltes Heu, ist so fade, daß seine Speicheldrüsen den Betrieb einstellen –, am dritten Tag aber, als er in den Fluren spazieren und das zu seinem Zimmer gehörende Bad benutzen kann, gibt er die Schuld sich selbst, seiner Hinfälligkeit, seinem inneren Austrocknen, dem Stocken aller Prozesse in seinem Körper. Nicht einmal zu Blähungen reicht es.

Es ist seltsam, daß dies Mädchen (kaum die richtige Bezeichnung, sie kann nur drei Jahre jünger als Nelson sein) ihm ausgerechnet heute seine Mutter schicken will, denn letzte Nacht hat er von Ruth geträumt. Während die Welt um ihn her grau wird, haben seine Träume eine intensive Farbigkeit gewonnen. Ruth – Ruth, wie sie damals gewesen ist, im Frühling, als sie miteinander lebten und schliefen, beide sechsundzwanzig, sie üppig, keß, hübsch auf eine derbe, massige, achtlose Art – hatte ein meerblaues Kleid mit kleinen weißen Punkten an, und er preßte seinen Körper gegen den Stoff, in dem ihr Körper war, und sagte ihr, wie wunderbar ihr die Farbe stünde, und das Haar auf ihrem Kopf schimmerte rot, braun und golden, dicht vor seinen Augen. Sie hatte den Kopf abgewendet, aber nicht, das fühlte er, aus Abneigung gegen ihn, sondern aus natürlicher Verlegenheit, denn sie schien bei ihm und Janice zu leben, alle drei lebten sie zusammen, und Janice war irgendwo in der Nähe – oben, obwohl die Möbel um sie her sonnenbeschienene, mit geblümten Kissen belegte Korbsessel waren wie die im Florida-Apartment, in dem es kein Oben gibt. Die Umarmung, in der er Ruth hielt, hatte etwas Erlaubtes, wie die Umarmung in einer legalen Verbindung, und mit dem Lob für ihr leuchtendes Kleid wollte er sie einbeziehen in sein Wohlbefinden, in sein Gefühl, daß alles gut war, daß ihre Liebe endlich lebbar war. Er schmiegte das Gesicht an ihren Hals, in den Vorhang ihres vielfarbigen

Haars, und wußte, er könnte sie bis in alle Ewigkeit ficken, weiter und weiter, sich bodenlos, endlos in ihre kompakte Schönheit ergießen. Als er aufwachte, hat er den absoluten, den vollkommenen Ständer gehabt, den er im wachen Zustand fast nie hat, eine Folge der blutdrucksenkenden Mittel und seiner durchweg grauen Stimmung. Noch während der Traum ihm frisch, in himmelblauen Fetzen, im Bewußtsein hing, hat er erkannt, daß die weißen Punkte die konfettiartigen Blütenblätter waren, die vor einem Monat den Gehweg an der Straße mit den Bradford-Birnbäumen bedeckt haben, nahe der Summer Street, wo er einst mit Ruth gelebt hat, und daß das flimmernde Sonnenlicht eben das Licht war, das auf Ma Springers Eisentisch mit den Farnen und den Usambaraveilchen gefallen ist, in der kleinen Glasveranda an der Diele gegenüber vom düsteren Wohnzimmer. Denn wenn auch die Möbel des Traums die aus Florida waren, das Haus, in dem sie alle zusammen lebten, ist eindeutig die alte Springer-Villa gewesen.

Harry fragt die rundgesichtige Schwester: «Wieviel wissen Sie über mich und Ihre Mutter?»

Die Röte in ihrem Gesicht vertieft sich um eine Nuance. «Oh, nichts. Sie spricht nie von der Zeit, als sie noch nicht mit meinem Vater verheiratet war.» Es klingt jetzt ganz selbstverständlich: die Zeit, als Ruth noch nicht verheiratet war; aber damals hat sie sich außerhalb der Grenzen des Erlaubten bewegt, eine verlorene Seele, Anstoß erregend in der engen Welt von Mt. Judge. «Ich vermute, Sie sind ein besonders guter Freund gewesen.»

«Nicht *so* gut», sagt Harry.

Er hat ein schlechtes Gewissen, denn sie kann nicht viel dazu sagen, zu seiner Lüge, nur höflich dastehen mit ihrer leicht aufgeworfenen Oberlippe, eine Schwester, die freundlich mit einem Patienten umgeht. Sie ist vorgeprescht, und er läßt sie im Stich. Er liebt sie; Liebe durchflutet ihn, ein blindes Strömen, wie eine Narkose. «Sehen Sie», erklärt er der jungen Frau, die vielleicht seine Tochter ist, «es ist lieb von Ihnen gedacht, aber wenn sie raufkäme, dann täte sie's, weil Sie sie darum gebeten haben, und nicht so sehr, weil sie's von sich aus will, und ehrlich gesagt, Annabelle» – er hat sie vorher noch nie bei ihrem Namen genannt –, «mir wär's gar nicht so recht, wenn sie mich so sähe. Sie sagen, sie hat abgenommen und sieht schick aus. Ich bin fett und gesundheitlich in einem fürchterlichen Zustand. Vielleicht wär's zuviel für mich.»

Ihr Gesicht ist jetzt wieder blaß und spröde. Die Schranken richten sich wieder auf, gerade als er anfängt, väterlich zu empfinden. «Wie Sie wünschen», sagt Annabelle. «Ich werde ihr sagen, daß Sie entlassen worden sind, wenn sie fragt.»

«Würde sie denn fragen? Warten Sie. Werden Sie doch nicht zickig. Sagen Sie mir, warum wollten Sie uns zusammenbringen?»

«Sie sind so interessiert an ihr. Ihr Gesicht belebt sich so, wenn ich sie erwähne.»

«Wirklich? Vielleicht tut es das, weil ich Sie ansehe.» Er wagt sich weiter vor: «Ich hab mir Gedanken gemacht, ob es so gut ist, daß Sie noch immer mit ihr zusammenleben. Vielleicht sollten Sie mal hervorkriechen unter ihren Fittichen.»

«Hab ich doch getan, für eine Weile. Ich mochte es aber nicht. Allein zu leben ist hart. Männer können übel sein.»

«Sind wir so schlimm? Das tut mir leid.»

Ihre Züge sänftigen sich, ein liebes Lächeln kräuselt ihre Oberlippe in den Winkeln und zerkrumpelt den kissenartigen Mittelteil. «Wie auch immer, sie sagt dasselbe wie Sie. Aber mir gefällt's, jedenfalls zur Zeit. Es ist so, als ob sie gar nicht mehr meine Mutter wär, sie ist einfach eine Zimmergenossin. Glauben Sie mir, einer Frau, die allein in dieser Stadt lebt, können üble Sachen passieren. Brewer ist nicht New York, aber es ist auch nicht Penn Park.»

Natürlich. Seine Adresse steht ja groß auf der Tabelle am Fußende des Bettes. Für sie ist er einer der Penn-Park-Snobs, gegen die er selber immer was gehabt hat. «Rauhes Pflaster in Brewer», bestätigt er und läßt sich ins Kissen zurücksinken. «Immer schon. Kohle und Stahl. Bars und Absteigen an den

Bahngleisen, die ganze Strecke entlang, mitten in der Stadt, als ich jung war.» Er sieht weg, zu den Backsteinbändern, den treibenden trockenen dunklen Wolken hin. «Sie wissen am besten, wie Sie Ihr Leben zu leben haben», sagt er seiner Krankenschwester. «Wenn Ihre Mutter fragt, sagen Sie ihr, wir sehen uns vielleicht ein andermal.» Unter den Birnbäumen, im Paradies.

Während Harry dieser Tage so daliegt, denkt er mit geradezu zärtlichen Gefühlen an die toten Maurer, die sich die Mühe gemacht haben, ihre Ziegelreihen oben an den drei Gebäuden auf der gegenüberliegenden Straßenseite in immer anderen festlichen Mustern zu legen, mit Vertiefungen und Vorsprüngen, Diagonalen und Senkrechten, die wechselnde Schatten werfen, je nach der Tageszeit: diese Männer aus einem anderen Jahrhundert hoch oben auf ihrem Baugerüst, die Pennsylvanisch-Deutsch untereinander sprachen, oder haben schon damals Italiener die Maurerarbeiten gemacht? Während er daliegt und an all die Ziegel denkt, die aufeinandergeschichtet und niedergerissen und wieder aufgeschichtet worden sind an den schmucken, geraden, nach Mt. Judge hin ansteigenden Straßen, versucht er, sein Leben gleichsam als Ziegelstein zu sehen, der 1933 mit einem Kellenschlag an seinen Platz gelegt worden ist und seither immer fester in seinem Mörtelbett liegt, einfach ein einzelnes Leben in Reihen und Mauern und Blocks von Leben. Es liegt Befriedigung in so einer objektiven Sichtweise, sie ist mit einem angenehmen leisen Prickeln, der fernen Ahnung von Gemeinschaft verbunden, läßt sich aber schwer durchsetzen gegen seinen ursprünglichen und anhaltenden Eindruck, daß Brewer und die ganze Welt drumherum nur Ausschmückungen seiner selbst sind, die Spitzenborte um ein dickes Valentinsherz aus Satin, er, Harry, das Herz des Universums, wie der Dalai Lama, von dem es kürzlich in den Nachrichten hieß – Tibet gibt immer noch keine Ruhe, nach fast vierzig Jahren chinesischer Herrschaft –, daß er seinen Rücktritt angeboten hat. Doch das Angebot ist auf Entsetzen gestoßen bei seiner Gefolgschaft, für die der Dalai Lama sowenig von seinem Gottsein zurücktreten kann wie Harry von seinem Ichsein.

Rabbit sieht viel fern. Der Apparat ist dicht vor seinem Gesicht; die Kabel kommen aus der Wand hinter ihm, genau wie der Sauerstoff. Er findet, daß er Fakten braucht, keine Fiktionen; die alten Filme auf Kabelkanal AMC kommen ihm steif und borkig vor in ihrem harsch ausgeleuchteten Schwarzweiß, und die alten TV-Shows auf NIK empfindet er als unzumutbaren Tinnef mit ihren Gelächter-Soundtracks und Haarspray-Frisuren aus den Fünfzigern, und die fortwährenden Sportreportagen (Rugby aus Irland, Curling aus Kanada), sogar die, hält er jetzt für Zeitverschwendung, Unterhaltung für Leute, die so viel Zeit haben, daß sie sie totschlagen müssen, wohingegen er nur noch Zeit für Wahrheit hat, für die Wahrheit von DSC oder Channel 12, für MacNeil und Lehrer, die sich zwischen New York und Washington so gesetzt die Nachrichten zuspielen, und Reptilien in *Smithsonian World*, die mit ihren gespaltenen Zungen im Wüstenglast züngeln, oder die um ihr Leben kämpfenden Riesenschildkröten der Galapagos-Inseln in *World of Survival* oder die gegen die Nazis kämpfenden Russen in den Ausschnitten aus Filmen über den Zweiten Weltkrieg mit der begleitenden Stimme von Sir Laurence Olivier («zwanzig Millionen Tote», sagt er bewegt am Ende, als das Bild einfriert und sich in Computernebel auflöst und die markerschütternde Titelmusik einsetzt und es Harry durchrieselt beim Gedanken, daß er, auf der andern Seite der nördlichen Hemisphäre Blechbüchsen plattretend und Stanniolpapier zusammenknüllend, seinen Teil zum Kampf gegen Hitler beigetragen hat, ein zehnjähriger Teilnehmer am großen Weltgeschehen) und *Krieg und Frieden im Zeitalter des Atoms* und *Der Lauf der Natur* und *Porträts der Macht* und *Wunder der Welt* und *Chronik der Tier- und Pflanzenwelt* und *Der Mensch und sein Körper* und *Der Planet Erde* und Kampf und Tod und Weißschwanzgnus reißende Geparden und Skorpione abwehrende Taranteln und winzige Opossums, die sich unterm unbarmherzigen Lampenlicht der Naturfilmer gierig um die Zitzen balgen, und Webervögel, die die kunstvollsten Nester bauen, nur um ein einziges kleines wählerisches Weibchen anzulokken, und die unglaubliche Ausgeklügeltheit und Mannigfaltigkeit und Energie und Vergeblichkeit des Ganzen, eine Art Crash-Kurs in den Dingen des Lebens, den er da macht. Das Lernen nimmt einfach kein Ende.

In den Abendnachrichten ist viel von China die Rede – Gorbatschow ist zu Besuch da, Studenten protestieren auf dem Tiananmen-Platz, aber nicht gegen Gorbatschow, den mögen sie, die ganze Welt mag ihn, trotz des komischen Mals an seinem Kopf, das wie Japan geformt ist. Was die Studenten offenbar wollen, ist Freiheit, sie wollen wie Amerikaner sein, dabei sehen sie schon aus wie Amerikaner, tragen Blue jeans und T-Shirts. Das Neueste in Amerika ist unterdessen, daß nicht nur Präsident George Bush, sondern auch Mrs. Bush, die First Lady, mit dem Hund Millie unter die Dusche geht, und wenn's das ist, was die Chinesen wollen, sollte es uns eigentlich möglich sein, ihnen dazu zu verhelfen, und Harry muß wieder wehmütig an Reagan denken, der hat wenigstens Würde gehabt und diese traumhafte Ferne; das Starke an ihm als Präsident ist gewesen, daß man nie gewußt hat, wieviel er wußte, ob nichts oder alles, er war in der Hinsicht wie Gott, man mußte eine Menge selber dazutun. Bei dem Neuen weiß man, daß er etwas weiß, aber es scheint nicht viel zu sein. Rabbit möchte sich nicht ausmalen müssen, wie der Präsident und seine angejahrte Ehefrau nackt mit ihrem Hund unter die Dusche gehen. Reagan und Nancy haben sich ihre Würde bewahrt, ihren Computernebel, auch wenn sie sich ihre Darmpolypen und Busen vor den Augen von Milliarden haben wegschnippeln lassen.

Janice kommt am Dienstag um sechs vorbei, als er gerade sein letztes fades Abendbrot ißt – morgen soll er entlassen werden. Sie trägt den neuen Mantel, einen grauen Rock und eine weitausgeschnittene fuchsienrote Bluse, die fast so leuchtend ist wie das gepunktete Kleid, das Ruth in seinem Traum

angehabt hat. Seine Frau sieht energiegeladen, geschäftsmä-
ßig aus, ihre Pfeffer-und-Salz-Haare sind gut frisiert, in Form
gebracht von einem Friseur, der ihr die Ponies ausgeredet und
sie mit Gel zurückgekämmt hat zu einer leicht sich sträuben-
den Tolle mit tiefem Scheitel an der Seite. Sie erinnert ihn an
die fabelhaften, schnell sprechenden Frauen, die im Fernsehen die Nachrichten verlesen. Tatsächlich läuft sie fast über
von Neuigkeiten. Ihre Augen scheinen unnatürlich glitzernde
Kontaktlinsen zu tragen, bis er merkt, daß es Tränen sind, für
ihn produziert während des Werbeblocks.

«O Harry», beginnt sie, «es ist schlimmer, als wir dachten!
Tausende und Abertausende!»

«Abertausende was?»

«Dollars, die Nelson gestohlen hat! Charlie und ich und der
Wirtschaftsprüfer, den sein Neffe kennt – Mildred sagt, sie ist
zu alt, um eine Buchprüfung durchzuziehen, und ist sowieso
viel zu beschäftigt im Pflegeheim –, sind heute rübergefahren,
Charlie hat gesagt, ich *müßte* dabeisein, er und der Wirtschaftsprüfer wären nicht genug, und ich habe gesagt, ich
möchte die Bücher sehen, Nelson war zufällig mal da und hat
mich angesehen auf diese herzzerreißende, hoffnungslose Art,
die ich nicht vergesse, solange ich lebe, und hat gesagt: Natürlich, Mom, was möchtest du wissen. Er hat uns alles gesagt.
Als er anfing, so verzweifelt Geld zu brauchen für das Zeug,
das Kokain, hat er sich einfach Schecks ausgestellt mit dem
Vermerk ‹Auslagen› oder ‹Betriebsmittel›, aber Mildred, die
war damals noch da, hat ihn danach ausgefragt, und da hat
er's mit der Angst gekriegt. Auf jeden Fall haben diese kleinen
Beträge, hundert oder auch mal zweihundert, nicht ausge-
reicht für seine Zwecke, und da ist er auf die Idee gekommen,
Rabatt auf die Gebrauchtwagen zu geben, wenn die Leute bar
zahlten oder einen Scheck auf seinen Namen ausstellten.»

«Ich hab dir ge*sagt*, in den Monatsberichten standen nicht
genug verkaufte Gebrauchtwagen», sagt Harry, aber sein
Triumph kommt ihm ziemlich flau vor. Seit sie mit diesem
Katheter in ihm rumgestochert haben, sind seine Gefühls-

regungen irgendwie ausgelaugt. «Wie viele Wagen hat er denn auf diese Tour verkloppt?»

«Er weiß es nicht mehr genau, aber Charlie sagt, wir können es rekonstruieren, anhand der Belege, der Zulassungspapiere und so weiter, man braucht nur ein bißchen Zeit dafür. Natürlich hat Nelson dies anrüchige Geschäft nicht jedem Kunden vorgeschlagen, er mußte sehr genau hingucken und hat sich die ausgesucht, die arm genug aussahen, um einem geschenkten Gaul nicht ins Maul zu sehen. Er hat das sehr geschickt gemacht, Nelson ist viel geschickter, als du ihm je zugetraut hast.»

«Ich hab nie gesagt, daß der Junge nicht geschickt ist.»

«Ach, aber Harry» – die Tränenpatrone ist wieder aufgefüllt, die braunen Augen laufen über, feuchte Spuren glänzen zu beiden Seiten der stumpfen kleinen knopfförmigen Nase, einer Nase, die nicht mehr Charakter hat als ein Schubladenknauf. Sie zupft ein Papiertaschentuch aus der Schachtel, die das Krankenhaus ihm auf den Nachttisch legt: als sie sich vorbeugt, erspäht er den Ansatz ihrer niedlichen Brüste im losen Ausschnitt der fuchsienroten, trachtenähnlichen Bluse, die er noch nie gesehen hat, ein Stück, das sie sich für den Immobilienkurs gekauft hat und für diese Treffen mit Charlie und überhaupt für ihr Hinaustreten in die Welt, ohne ihn. Er fühlt eine jäh aufschießende unangenehme Hitze, wie bei der Katheteruntersuchung. Daß die Titten seiner eigenen Frau ihn so überraschen können. Janice tupft sich im Gesicht herum, im wirren dummen Nußgesicht, und beugt sich noch weiter vor, so daß er ihren Atem auf seiner Wange spürt und den schwachen Pfefferminzrest eines Life-Saver-Bonbons riecht. Mit dem sie den Tabakgeruch in ihrem Atem zudecken will. Ihre Tränen funkeln dicht unter seinen Augen; ihre zitterige Stimme ist so leise, daß nur er sie hören kann. «– das ist längst nicht alles, er hat noch mehr gemacht. Er war inzwischen bei Crack angelangt und brauchte ganz unvorstellbar viel Geld. Mit Lyle zusammen hat er sich was ausgedacht, eine üble Sache, jetzt wird es sehr kompliziert –»

«Warte», sagt er. Die Diätassistentin ist gekommen, um sein Tablett wegzutragen. Sie ist eine pummelige Hispanic mit langen roten Fingernägeln und einem entschiedenen Schnurrbart.

«Sie nicht genug essen», schilt sie und lächelt ihr schüchternes Perlzahnlächeln.

«Genug», sagt er. «Erst mal. Sehr gut. Bueno.»

Sie hat ein Notizbuch, in das sie genau einträgt, wieviel von der Mahlzeit er zu sich genommen hat. Ein Drittel der zerkochten, wässerigen grünen Bohnen, die Hälfte des blassen, faden Kalbfleischovals, kaum ein Blatt des derben grünen, in einer orangefarbenen Sauce ersäuften Salats, einen Löffelvoll vom Tapiokapudding, der so wabbelig in seinem Mund gewesen ist, daß es ihn geschüttelt hat. «Zum Frühstück», liest sie von ihrem Klemmbrett ab, «Ananas in Scheiben, Weizenmüsli, Vollkornweizentoast, koffeinfreier Kaffee.»

«Ich kann's kaum erwarten», sagt er.

«Jetzt mehr essen», schlägt sie vor.

Er bleibt standhaft. «Nein danke, zu kalt jetzt. Meine Frau ist hier.»

Sie schaut auf die Tabelle am Fußende. «Steht hier, morgen letzter Tag.»

«Wie finden Sie das?» fragt Harry sie. «Zurück in die große weite Welt. Sie werden mir fehlen. Und Ihr gesundes Essen auch.»

Als sie das Plastiktablett wegnimmt, schrammen ihre langen roten Fingernägel über die Unterseite, und das Geräusch geht ihm durch Mark und Bein. Er muß an die Platinhaarige denken, die bei Fiscal Alternatives ihre Finger auf den Computertasten hat spielen lassen. Deren Fingernägel sind auch zu lang gewesen. Tot, hat Lyle gesagt. Wenn's ein Leben danach gibt, in dem die Toten sich versammeln, wird er dann wohl die Chance bekommen, sie näher kennenzulernen? Aber weit und breit kein Geld, worüber sollen sie sich unterhalten?

Als die Frau geht, nimmt Janice ihren Faden wieder auf. Beim Versuch zu denken schlüpft ihr für ein, zwei Sekunden die Zungenspitze zwischen den Lippen hervor. «Ich bin nicht sicher, ob ich's ganz verstanden habe, aber du weißt doch, wie wir unsern Bestand halten – so und so viele Lastwagen und Lieferwagen und Pkw kommen pro Monat von Mid-Atlantic Toyota in Maryland.»

«Zwischen zwanzig und fünfundzwanzig pro Monat, besser lief's nie», sagt Harry, damit sie weiß, er kann noch so platt auf dem Rücken liegen, von seinem Geschäft versteht er was. «Wir haben es nie geschafft, auf dreihundert Neuwagen im Jahr zu kommen, außer '86, als Nelson frisch am Ruder war. Der starke Yen setzt uns enorm zu, und Honda und Nissan haben sich ein größeres Stück aus dem Kuchen geschnitten. Und Ford hat mit dem Ranger letztes Jahr unsern Eintonner ziemlich zurückgeworfen.»

«Harry, versuch, dich zu konzentrieren. Nach dem, was man mir erklärt hat, ist es folgendermaßen: Toyota Motors Credit Corporation in Kalifornien finanziert unseren Bestand direkt bei Mid-Atlantic und wird bezahlt, wenn wir ein Auto verkauft haben, und belastet unser Kreditkonto, wenn wir einen neuen Wagen bestellen. Was Nelson gemacht hat, ist, daß er jeden Monat ein oder zwei Autos weniger angegeben hat, als tatsächlich verkauft wurden, mit denen standen wir weiter bei Toyota in der Kreide, während er und Lyle die Einnahmen auf einem Sonderkonto verbuchten, das sie auf den Namen der Firma eröffnet haben, du weißt, wie Banken heutzutage sind, bieten einem so viele verschiedene Kontomöglichkeiten an, Sparkonten, Giro-plus-Spar-Konten, Kapitalkonten mit begrenztem Giroanteil und so weiter. Wir haben also dieser TMCC jeden Monat das Geld für ein oder zwei Wagen mehr geschuldet, als wir tatsächlich auf dem Platz hatten, unser Schuldenberg wurde immer höher und unser tatsächlicher Bestand immer kleiner. In zwei oder drei Jahren hätten wir, wenn's nicht rausgekommen wäre, überhaupt keine neuen Wagen mehr auf Lager gehabt und Mid-Atlantic Toyota ein Vermögen geschuldet!»

«Wieviel schulden wir ihnen denn eigentlich?» Sein Kopf

kann diesen Fakten, diesen Phantom-Toyotas, noch nicht ganz das richtige Gewicht beimessen. Er denkt noch Krankenhausgedanken – stellt sich die Ananas vor, die ihm zum Frühstück versprochen worden ist, und überlegt, ob er sein abendliches Digitalis schon genommen hat.

«Das weiß niemand, Harry. Nelson erinnert sich nicht genau, und Lyle sagt, viele von den Disketten, auf denen er die Buchführung gehabt hat, sind aus Versehen gelöscht worden.»

«Aus Versehen mit Absicht, wie man das früher genannt hat», sagt er. «Dieser Scheißkerl. Diese beiden Scheißkerle.»

«Ich weiß, es ist furchtbar», sagt Janice, «und Lyle ist entsetzlich am Telephon. Er sagt, er stirbt, und es ist ihm egal, was wir mit ihm anstellen! Er hat geklungen, als ob er irgendwie nicht mehr ganz richtig im Kopf wär, ist das nicht eine von den Folgeerscheinungen?» Die Wucht der Tatsachen überwältigt sie und drückt sie jäh in Hysterie nieder. Die Tränen fließen, begleitet von heftigem Schluchzen; sie will ihr nasses Gesicht auf seine zugedeckte Brust legen, aber auf dem Stuhl neben seinem hohen Bett sitzend, schafft sie das nicht, sie ist zu klein und preßt Augen und Mund statt dessen gegen die harte Matratzenkante und gurgelt ihre Fassungslosigkeit hervor, daß er ihr das antut.

«Er» ist Nelson; Harry bleibt diesmal ungeschoren. Ihr Kopf ist heiß vor Kummer, auch oben der Hinterkopf, wie ein Topf, dessen Inhalt zum Kochen gekommen ist. Er rubbelt ihr tröstend den Schädel, durch ihre neue kleine Frisur hindurch, und bemüht sich, nicht zu lächeln. *Geschieht den beiden recht*, denkt er. Diese Springers. Ihr dunkles Haar mit den grauen Strähnen ist so fein, daß es ihm an den Fingern klebt wie Spinnweben. Gute fünf Minuten lang massiert er ihren heißen unglücklichen Kopf mit den Fingerspitzen, starrt dabei auf den leeren Fernsehschirm und denkt, daß er gern die Sechsuhrnachrichten gesehen hätte und dann um halb sieben die überregionalen Nachrichten. Irgendwie kann er nicht glauben, daß der Realitätsgehalt dessen, was Janice ihm zu erklären versucht, auf einer Stufe mit den überregionalen Nachrichten steht. Sie mag seine Frau sein, aber sie ist keine Connie Chung und schon gar nicht Diane Sawyer mit den weit auseinanderliegenden blauen Augen, dem schmelzenden Mund und dem bestürzten Blick eines schönen blonden Ochsen. «Wie soll's nun weitergehen?» fragt er schließlich.

Sie hebt das tränenverschmierte Gesicht und hat, überraschend, eine Antwort. Charlie muß mit ihr gepaukt haben. «Nun, sobald wir festgestellt haben, wieviel wir TMCC schulden, müssen wir Klarschiff machen. Wir haben Zinsen auf den Bestand bezahlt, also dürfte es ihnen nicht allzuviel ausmachen – es ist wie eine Hypothek, nur daß Nelson das Haus verkauft hat, ohne es ihnen zu sagen.»

«Wenn er irgendwelche Unterschriften getürkt hat, dann ist das Urkundenfälschung», sagt Harry, und das schwarze Kontrastmittel Verzweiflung beginnt, ihm ins Herz zu sickern, als ihm klar wird, was für ein aussichtsloser Fall sein Sohn ist. *Menschlicher Müll,* wie sein eigener Vater einmal von *ihm* gesagt hat. Er fragt: «Und was soll mit dem Jungen werden?»

Janice blinzelt durch ihre nassen Wimpern. Was sie zu sagen hat, erscheint ihr von so großer Tragweite, daß sie einen Moment damit zurückhält. Ihre Stimme hat dann die saftige Präzision, mit der Ma Springer immer gesprochen hat, wenn ihr Entschluß feststand. «Er hat eingewilligt, in ein Reha-Center zu gehen. Sofort.»

«Gut, nehme ich an. Wieso hat er eingewilligt?»

«Ich habe gesagt, entweder das oder ich feuere ihn. Und gehe gerichtlich gegen ihn vor.»

«Wow. Das hast du gesagt?»

«Ja, Harry. Ich habe mich dazu durchgerungen.»

«Deinem eigenen Sohn hast du das gesagt?»

«Ich mußte. Er ist im Begriff unterzugehen, und er weiß es. Er war dankbar, wirklich. Wir haben gleich an Ort und Stelle alles besprochen, draußen, wo das viele Unkraut wächst; Charlie und der Buchprüfer waren solange drinnen. Dann haben wir ein paar Anrufe erledigt, von deinem alten Büro aus.»

«Wo ist dies Reha-Center?»

«In North Philadelphia. Das ist das, das sein Berater empfiehlt, falls es ihm gelingt, Nelson dort unterzubringen. Die sind
alle überfüllt, verstehst du. Die Gesellschaft kann nicht Schritt
halten. Es gibt einige ambulante Therapiestellen in Brewer,
aber sein Berater sagt, entscheidend sei, daß er aus der ganzen
Umgebung wegkommt, zu der die Drogen gehören.»

«Also ist er nach dem Eklat mit Pru tatsächlich zu einem
Berater gegangen.»

«Ja, zu jedermanns Überraschung. Und was noch überra-
schender ist, Nelson scheint ihn zu mögen. Zu respektieren. Es
ist ein Schwarzer.»

Harry fühlt einen eifersüchtigen, übelnehmerischen Stich.
Sein Sohn wird an die Hand genommen. Er als Vater ist nicht
gut genug gewesen. Jetzt müssen Fachleute ran. «Wie lange
dauert so eine Rehabilitation?»

«Das komplette Programm dauert neunzig Tage. Der erste
Monat geht für Entgiftung und Intensivtherapie drauf, und
dann verbringt er sechzig Tage in einer Art offener Wohngemeinschaft und tut irgendeine Arbeit, was Soziales, nehme ich
an, einfach irgendwas, damit er wieder ins normale Leben zu-
rückfindet.»

«Dann ist er den ganzen Sommer weg. Und wer leitet die
Firma?»

Janice deckt ihre Hand über seine, eine Geste, die ihm
unecht, einstudiert vorkommt. «Du, Harry.»

«Schatz, ich kann nicht. Ich bin ein kranker Hund.»

«Charlie sagt, deine Einstellung ist fürchterlich. Du läßt
dich von deinem Herzen unterkriegen. Er sagt, das Beste ist
eine positive Haltung und viel Aktivität.»

«Ach, und warum kommt er nicht zurück und führt das
Geschäft, wenn er so beschissen aktiv ist?»

«Er muß sich um all seine andern Töpfe kümmern, die er auf
dem Herd hat.»

«Ja, und einer davon scheinst du zu sein. Ich hör schon, wie
du brutzelst.»

Sie kichert, dabei sind die häßlichen Tränen auf ihren Wangen noch nicht trocken. «Sei nicht albern. Er ist einfach ein alter Freund, der wunderbar gewesen ist in dieser Krise.»

«Während ich zu nichts nutze war, richtig?»

«Du warst im *Kran*kenhaus, Liebes. Du warst tapfer auf *dei*ne Art. Außerdem wissen wir doch alle, daß es Dinge gibt, die nicht andere für einen tun können. Die man selber tun muß.»

Er hätte nicht übel Lust, dagegen anzugehen, es hört sich fromm an auf eine neumodische Weise, der er mißtraut, aber wenn er je wieder mitmischen will, muß er zurückstecken und Aufregung vermeiden. «Was sagt Nelson denn dazu, daß du plötzlich so energisch bist?» fragt er.

«Wie ich schon sagte, er fand's gut. Er hat nur darum gebeten, daß wir andern alles für ihn erledigen, ihm war klar, daß er sich längst nicht mehr unter Kontrolle hatte. Pru ist ganz begeistert, daß er sich helfen lassen will. Judy ist begeistert.»

«Ist Roy begeistert?»

«Er ist zu klein, um das Ganze zu verstehen, aber wie du selber gesagt hast, die Atmosphäre in diesem Haus hat was Vergiftendes gehabt.»

«Hab ich ‹vergiftend› gesagt?»

Sie macht sich nicht die Mühe zu antworten. Sie hat sich wieder gerade hingesetzt und wischt sich das Gesicht mit einem Papiertuch ab, das sie vorher mit Spucke befeuchtet hat.

«Muß ich den Jungen sehen, bevor er abfährt?»

«Nein, Spatz. Er fährt morgen früh, bevor wir dich nach Hause bringen.»

«Gut. Ich wüßte nämlich nicht, ob ich seinen Anblick ertrage. Wenn man bedenkt, was er gemacht hat – er hat uns alle, nicht nur dich und mich, auch seine Kinder, einfach *alle*, die Toilette runtergespült. Er hat uns alle verraten und verkauft für eine blöde Droge.»

«Meine Güte, Harry, als hättest du dich in deinem Leben nie selbstsüchtig verhalten.»

388

«Schon, aber nicht für 'n kleines weißes Pulver.»

«Sie können doch nichts dafür. Es wird zu ihrem Leben. Außerdem haben sie anscheinend auch Zeug für Lyle gekauft. Ich meine Medikamente für seine Krankheit, Aidspräparate, die es in diesem Land noch nicht zu kaufen gibt und die furchtbar teuer sind, weil sie eingeschmuggelt werden müssen.»

«Das ist eine traurige Geschichte», sagt Rabbit nach einer Pause. Tintenschwarze Melancholie kreist in seinen Adern. Er ist zu lange im Krankenhaus gewesen. Er hat vergessen, wie das Leben ist. Er fragt Janice: «Wohin gehst du jetzt, in dieser schicken Bluse?»

Sie sieht vom Taschenspiegel auf, den sie sich beim Zurechtmachen vors Gesicht hält, und wirft ihm einen augenrollenden Blick zu; dann kommt etwas Holziges, Bockiges in ihr Gesicht, und sie blafft heraus: «Charlie sagt, er möchte mich zum Essen ausführen. Er macht sich Sorgen, daß ich nach den traumatischen Ereignissen zusammenklappen könnte, psychologisch. Ich muß es verarbeiten.»

«Verarbeiten?»

«Alles durchsprechen.»

«Du kannst alles mit *mir* durchsprechen. Ich liege hier rum und hab nichts zu tun, ich hab schon den Sportteil der Nachrichten verpaßt.»

Sie macht den *mmmmm*-Mund, den Frauen machen, wenn sie Lippenstift aufgetragen haben, knautscht selbstzufrieden und feierlich die Lippen gegeneinander und sagt: «Du bist nicht unparteiisch. Du hast deine eigenen Probleme mit Nelson und insofern auch mit mir.»

«Was ist so unparteiisch an Charlie, er will dir wieder an die Wäsche. Wenn er's nicht schon geschafft hat.»

Sie steckt den Lippenstift in die bombenförmige Handtasche zurück, zupft sich die neue Frisur mit den Fingern zurecht, überprüft ihren Kopf rasch von allen Seiten im Spiegel und läßt den Verschluß zuschnappen. «Es ist süß von dir, Harry», sagt sie, «daß du so tust, als dächtest du, daß ich in dieser Hinsicht noch für irgend jemanden interessant bin, aber Tatsache ist, ich bin's nicht, außer vielleicht hin und wieder für meinen eigenen Mann – hoffe ich wenigstens.»

Verlegen – ihm ist klar, daß er sie in letzter Zeit auf diesem Gebiet hat hängenlassen – sagt er: «Natürlich, aber verstehst du, für einen Mann ist das immer eine Frage des Blutdrucks und –»

«Wir reden darüber, wenn du zu Hause bist. Ich hab Charlie gesagt, daß ich mich um sieben mit ihm treffe –»

«Wo? In der Salatbar, die früher Johnny Frye's war? Die ist nur zwei Straßen weiter, du kannst zu Fuß hingehen.»

«Nein, es gibt ein neues vietnamesisches Restaurant draußen in der Nähe von Maiden Springs, das wollte er gern ausprobieren. Man muß ein Stück fahren, und du kennst mich, ich verfranse mich wahrscheinlich wieder. Und zu allem Überfluß muß ich bis morgen abend noch fünfzig Seiten in einem Buch über britisches Immobilienrecht lesen, die gespickt sind mit all den komischen alten, nicht mehr üblichen Begriffen.»

«Du bist morgen abend nicht da? An meinem ersten Abend zu Hause!» Er bringt es als Beschwerde vor, um Punkte zu machen, aber er wünschte, sie ginge jetzt und ließe ihn allein mit dem Fernsehapparat.

«Wir werden sehen», sagt Janice und steht auf. «Ich habe schon eine Idee.» Dann fragt sie: «Bist du nicht stolz auf mich?» Sie beugt sich nieder und preßt ihr heißes geschäftiges Gesicht gegen seins. «Wie ich das alles hinkriege?»

«Doch», lügt er. Sie ist ihm untüchtig lieber gewesen. Sie geht, den narzissengelben neuen Mantel überm Arm, und er denkt, sie nimmt hintenherum zu, sie bekommt das Breitärschige, das Frauen sich in diesem County zulegen, wenn sie das kriegen, was ihnen zusteht.

Harry sieht sich den Schluß von Tom Brokaw an und macht es sich gerade für eine Siebenuhrsendung über Leben in der Antarktis bequem, als ausgerechnet die Harrisons zu Besuch kommen. Nicht nur Thelma, nein, sie hat Ron mitgebracht, oder Ron hat sie mitgebracht – sie ist dünner und blasser, als er sie je gesehen hat, und bewegt sich, als ob bei jedem Schritt ein Knochen brechen könnte. Sie lächelt bedauernd; ihre Augen bitten um Entschuldigung für die Verfassung, in der sie ist, dafür, daß Ronnie bei ihr ist, dafür, daß es ihr nicht möglich war, wegzubleiben. «Wir waren hier im Krankenhaus bei meinem Arzt», erklärt sie, «und Ron Junior hatte gehört, daß du hier liegst.»

«Wegen einer kleinen Prozedur, wie die das nennen», sagt er und zeigt auf den Stuhl, den Janice ans Bett herangezogen hat und der wahrscheinlich noch warm ist von ihrem breiten Hintern. «Ron, der dicke Polstersessel da in der Ecke, wenn du willst, zieh ihn ran, er hat Rollen.»

«Ich stehe solange», sagt er. «Wir können nur eine Minute bleiben.»

Er hat schlechte Laune, aber Rabbit hat die Harrisons nicht gebeten, ihn zu besuchen, und sieht nicht ein, wieso er sich einschüchtern lassen sollte. «Wie du willst.» Er fragt Thelma: «Wie geht's *dir?*»

Thelma seufzt ausführlich. «Du weißt, wie Ärzte sind. Sie geben nie zu, daß sie nicht weiterwissen. Ich muß zweimal in der Woche zu Haus eine Dialyse machen. Ronnie ist ein Heiliger, daß er es mit mir aushält. Er hat einen Kursus gemacht, um mit der Maschine umgehen zu können.»

«Ronnie war schon immer ein Heiliger», sagt Harry; jeder im Zimmer weiß, daß Ronnie Harrison für ihn so ungefähr der scheußlichste Mensch auf der Welt ist, obwohl er ihn seit Kindergartenzeiten kennt. Ein dreckige Reden führender kleiner Grobsack schon mit fünf und jetzt glatzig wie die Eichel am Schwanz, mit schütteren Haarbüscheln über den großen schlaffen Ohren. Ronnie hat in der High-School und danach eine gewisse Stämmigkeit gehabt, aber mit den Jahren ist diese Stämmigkeit in die Länge gezogen worden wie ein Karamelbonbon, in seinem Gesicht haben sich dabei Vertiefungen gebildet, und sein Hals ist knotig und von einer überdehnten

Flechsigkeit. Harry sagt, als ob sie es nicht schon wüßte: «Janice besucht auch Kurse, sie will ins Immobiliengeschäft. Ich nehme an, damit sie einen Beruf hat, für den Fall, daß ich abkratze.»

Thelmas Lider flattern, eine knochige Hand, an der ein Ehering steckt, wischt diese Möglichkeit beiseite. Je kränker sie wird, desto eingetrockneter und lehrerinnenhafter sieht sie aus. Das ist der Witz gewesen, den sie als seine Geliebte gehabt hat: daß sie so prüde aussieht und so wild im Bett gewesen ist, aber vielleicht ist die wahre Thelma die Lehrerin gewesen, und die andere hat sie ihm vorgetäuscht, wie ein Insekt, das so tut, als sei es eine Blume. «Harry, du wirst nicht abkratzen», sagt sie drängend, in Angst um ihn. Diese merkwürdige Art, die Frauen haben, über sich selbst hinauszugehen und sich wirklich für einen andern Menschen zu interessieren. «Man macht heute wundervolle Sachen mit dem Herzen, man kann's nähen und ausbessern wie eine Stoffpuppe.» Sie bringt ein dünnes Lächeln zustande. «Willst du sehen, was ich habe?»

Er denkt, er kennt alles, was sie hat, aber sie knöpft ihren Ärmel auf und hält ihm, selbstverständlich sich darbietend, wie sie's immer getan hat, die Unterseite ihres nackten Arms hin. Zwei violette, leicht angeschwollene Stellen an ihrem schlanken Handgelenk sind miteinander verbunden durch einen kleinen Plastikschlauch in U-Form, der mit Klebestreifen flach an die gelbliche Haut geheftet ist. «Das ist mein Shunt», sagt sie, das letzte Wort sorgfältig aussprechend. «Er verbindet eine Arterie mit einer Vene, und wenn die Dialyse fällig ist, nehmen wir ihn ab und schließen mich an die Maschine an.»

«Hübsch», das ist alles, was er sagen kann. Er erzählt ihnen von der Dilatation, ist es aber schon leid, das Ganze zu erklären und zu vermitteln, wie schauerlich es ist, den dunklen Schatten des Katheters zu sehen, der sich wie ein schlangenhafter Zeigefinger immer näher tastet, immer tiefer in die helleren, zitternden Schatten des Herzens hinein. «Es hätte zum

Verschluß der Kranzarterie kommen können, und dann wär's aus gewesen. Herzstillstand.»

«Aber du lebst noch, du Knalltüte», sagt Ronnie; er steht aufgerichtet da, löst sich von seinem Schatten an der Wand. «Der große Meister», sagt er, eine spöttische Bezeichnung, mit der er Harry in den gemeinsamen Basketballtagen aufgezogen hat. Komisch, sein Leben lang ist Ronnie Harrison für Harry eine verdüsternde, höhnische Verkörperung all dessen gewesen, was mit Schweiß und Mühe zu tun hat, eine ständige Erinnerung an etwas, das Rabbit, heikel wie er ist, nie hat wahrhaben, immer hat vermeiden wollen. «Niemand krümmt dem großen Meister ein Härchen. Er läßt alles einfach aussehen.» Ronnie hat es nie leiden können, wie Marty Tothero ihn immer dann ins Spiel schickte, wenn die Raufbolde auf der andern Seite Harry in die Mangel nahmen; er sollte dann zurückrempeln. Einen Vollstrecker nennt man das heute.

«Es war nie so einfach, wie ich es habe aussehen lassen», sagt Rabbit. Er wendet sich Thelma zu, hat das Bedürfnis, zärtlich zu sein, weil sie den Zorn ihres Ehemanns nicht scheut und ihn mit hergebracht hat. Sie hat Ronnie anstandslos gedemütigt und Harry ihre Liebe geschenkt, und so krank sie beide auch sind, gibt ihre Nähe ihm dies sichere beschützte Gefühl, das man in Gegenwart mancher Frauen hat, das schöne Gefühl, daß man nichts falsch machen kann. «Na und du, Thel? Glauben deine Ärzte, sie kriegen's hin?»

«Oh, sie sprechen nie vom Sterben, aber der Körper wird müde. Man kann nur eine gewisse Zeit kämpfen. Mit den Schmerzen und mit der ständigen Schwäche kann ich leben, aber wenn die Nieren nicht mehr funktionieren, ist das wirklich demoralisierend. Es nimmt einem alle Lebensfreude, wenn so etwas nicht mehr selbstverständlich ist. Harry, du kennst die Bibelstelle, die sie uns manchmal am Gemeindeabend vorgelesen haben, als die Bibel noch nicht verpönt war, die Stelle, wo es heißt, daß jegliches seine Zeit hat? Steine sammeln und Steine zerstreuen? Ich fange an zu denken, daß es Zeit wird aufzugeben.»

393

«Thel, sag doch nicht so was», sagt Ronnie und hat nun seinerseits ein Drängen in der Stimme. Auch er liebt diese Frau, auch er nennt sie Thel. Es fährt Harry durch den Sinn, daß zwei Männer für eine Frau und umgekehrt zwei Frauen für einen Mann gerade richtig sind, so wie wir zwei Arten von Tagen brauchen, Werktage und Feiertage und Tag und Nacht. Ronnie klingt, als sei er zornig, weil sie von Aufgeben spricht, aber dieser Maiabend schmelzt ihn langsam, allmählich in die schattige Wand hinein, so daß es nach einer Weile so scheint, als seien Harry und Thelma allein miteinander, wie an so vielen heimlichen Nachmittagen, als ihre Herzen klopften und die Schulbusse draußen auf der gewundenen Straße bremsten, und wie in jenem Zimmer in der Karibik, wo sie zum erstenmal zusammen waren und wachblieben bis zum Morgengrauen und dann gleichzeitig einschliefen, als die tropische blaue Luft zwischen den Lamellen der Jalousie heller wurde und die Palmen ihr nächtliches Rascheln einstellten. Ronnies entkörperlichte Stimme sagt zornig: «Du hast drei Söhne, die sehen wollen, wie du alt wirst.»

Thelma sieht Harry an und lächelt listig, ihr Gesicht ist farblos und wächsern im Licht des Maiabends, das hinschwindet über den phantasievoll gemauerten Backsteingesimsen und den Schornsteinen draußen vor den Fenstern. «Warum sollten sie das sehen wollen, Ron?» fragt sie boshaft, die Augen nicht von Harrys Gesicht lassend. «Alle drei sind erwachsene Männer. Was ich für sie tun konnte, habe ich getan.»

Der arme Ron hat keine Antwort darauf. Vielleicht hat es ihm die Sprache verschlagen. Rabbit hat Mitleid und sagt: «Wie läuft denn das Versicherungsgeschäft, Ron?»

«Es hat sich eingepegelt», sagt seine verdrossene Stimme. «Nicht schlecht, nicht gut. Der Skandal um die S- und L-Banken hat ein paar Gesellschaften in Mitleidenschaft gezogen, aber nicht unsere. Wenigstens haben die Leute aufgehört, ihre Policen für fünf Prozent zu beleihen und das Geld dann für zehn Prozent zu investieren, wie sie's sonst gemacht haben. Das hat unsere Bilanzen ruiniert.»

«Mit das Angenehme daran, wenn man allmählich zu den alten Knochen zählt wie wir», sagt Harry, «ist, daß Leute wie du aufhören, mir noch Versicherungen andrehen zu wollen.» Schritte und das Geklingel von Bettpfannen dringen vom Flur her, wo die Lampen plötzlich heller zu brennen scheinen. Es ist Abend geworden.

«Nicht unbedingt», sagt Ron. «Ich könnte euch eine nette Lebensversicherung für zwanzig, fünfundzwanzig Prämienzahlungen beschaffen, wenn ihr beide, du und Janice, interessiert seid. Ich kenne einen Arzt, der schaut nicht so genau hin. Du hast einen Herzanfall überstanden, das ist ein Pluspunkt für dich. Laß es mich mal ausrechnen.»

Harry überhört ihn. Zu Thelma sagt er: «Deine Jungen machen sich?»

«Wir glauben schon. Doch. Alex hat ein Angebot von einer High-Tech-Firma in Virginia, in der Nähe von Washington, und Georgie rechnet damit, daß er diesen Sommer mit einer Musicaltruppe in den Catskills auftritt.»

«Hör mal, was Janice mir grad gesagt hat. Sie hat Nelson dazu gekriegt, eine Entziehungskur zu machen.»

«Das ist schön», sagt Thelma, so sanft und lauter hier im Dunkel, daß ihm ist, als klinge ihre Stimme nicht in der Luft, sondern als sei sie auf intravenösem Weg schon in sein Blut gelangt. All die Nachmittage, als ihre Körper einander umfingen und Flüssigkeiten austauschten, sind nicht vergangen und dahin, sondern sicher in ihm aufgehoben; seine Zellen erinnern sich.

«Es ist schön, daß du das sagst», sagt er und wagt es, ihre kühle Hand zu ergreifen, die ohne Shunt, und sie aus ihrem Schoß zu heben, so daß er mit dem Rücken seiner eigenen Hand ihre Brust streift.

Ronnies Stimme kommt von der Wand herüber: «Wir müssen, Thel.»

«Ron, danke, daß du sie herbegleitet hast.»

«Alles für den großen Meister. Wir waren sowieso im Haus.»

«Es hat sich ziemlich ausgemeistert.»

Ronnie grunzt. «Wer weiß das schon.» Er ist nicht nur gräßlich.

Thelma ist steifknochig aufgestanden, beugt sich über das Bett und fragt, ohne im mindesten auf Ronnie zu achten: «Liebling, schaffst du's, mir einen kleinen Kuß zu geben?»

Vielleicht bildet er es sich ein, aber von Thelmas blassem, kühlem, scheidendem Gesicht, das sich rasch gegen seines preßt, ihrem Mund, der ein wenig schief auf seinen Mund trifft, geht ein leiser Geruch nach Urin aus. Als er wieder allein in seinem Zimmer ist, erinnert er sich, wie Thelmas Mund manchmal, wenn er sie zum Abschied an ihrer Haustür küßte, mit dem sauermilchigen Geschmack seines Schwanzes, dem käsigen, unter seiner Vorhaut nistenden Smegma gewürzt gewesen ist. Sie war dann immer noch ganz weich und verschwommen vom Lieben und hat nichts gemerkt, und er hat versucht, seinen Ekel zu verbergen, Ekel vor seinem eigenen Geruch auf ihren Lippen. Es war wie damals – noch so eine traurige Erinnerung –, als Nixon, tief in die Watergate-Affäre verstrickt, während einer der Ölkrisen vor die Fernsehkameras trat und uns ernsthaft aufforderte, die Thermostaten herunterzudrehen, denn das würde Öl sparen, und wissenschaftliche Studien hätten obendrein bewiesen, daß kühlere Häuser gesünder für uns seien. Dies große grämliche verängstigte Gesicht auf dem Fernsehschirm, die Lippen naß und zitternd. Der Präsident der Vereinigten Staaten, Schurke oder nicht, in Schande versinkend und doch aussprechend, was ausgesprochen werden mußte; Harry, als loyaler Amerikaner, *ist* aufgestanden und hat seinen Thermostaten heruntergedreht.


Janice wacht früh auf vor lauter Nervosität; es wird ein langer schwieriger Tag für sie werden: um neun Nelson auf den Weg bringen, um zwölf Harry abholen und um sieben Prüfung in britischem Eigentumsrecht an der Penn-State-Fortbildungsschule für Erwachsene, die in einem renovierten leerstehen-

den Grundschulgebäude an der South Pine Street untergebracht ist, einer Gegend, in der sie abends eigentlich sehr ungern das Auto abstellt. In Penn Park beginnt der Tag Mitte
Mai mit einem Kuß der Kühle wie in Florida; das kleine
Kalksteinhaus ist gemütlicher jetzt, seit die Bäume ringsum in
vollem Laub stehen. Sie hat es genossen – genügend, um ihren
Schuldgefühlen noch eins draufzusetzen –, daß Harry ein
paar Tage im Krankenhaus war und sie die Freiheit hatte, zu
gehen und zu kommen, ohne Erklärungen abgeben zu müssen, und so früh oder so spät schlafen zu gehen, wie's ihr
paßte, und sich im Fernsehen das anzusehen, was sie mag.
Mittwoch abends zum Beispiel sieht sie gern *Unsolved Mysteries*, aber Harry sitzt immer neben ihr, im Wohnzimmer oder
im Bett, und sagt, wie lächerlich diese sogenannten Geheimnisse sind und daß sie, bei genauerem Hinsehen, immer auf
den Aussagen von Leuten beruhen, die entweder geistesge-
stört sind oder ein finanzielles Interesse haben. Je älter Harry
wird, desto zynischer ist er; früher ist er mal auf eine verdrehte
Weise religiös gewesen. Sie könnten die Sendung nicht im
Fernsehen bringen, wenn nicht was Wahres dran wäre, und
dieser Robert Stack hat zudem so was Vernünftiges. Gestern
abend, als sie mit Charlie beim Vietnamesen an der Maiden
Springs Pike gewesen ist (es war nett, aber sie ist nicht dahintergekommen, was sie mit den blasigen, bröckeligen Reisdin-
gern machen sollte, die wie verschrumpelte Pfannkuchen aussahen und so fade waren, daß man sie bestimmt in irgendwas
hätte tunken müssen), hat sie leider nur die letzten zehn Minuten von *thirtysomething* mitgekriegt, das sie sich dienstags
gern ansieht, weil es so anders ist als das, was *sie* mit dreißig
und etwas erlebt hat, all die Verpflichtungen, Mutter Ehefrau
Tochter und für eine Weile auch noch Charlies Geliebte und
immer das Gefühl, nicht zu genügen, schuldig zu sein, und
keine richtige Freundin haben außer Peggy Fosnacht, aber die
hat dann mit Harry geschlafen und ist jetzt tot, schreckliche
Vorstellung, liegt verrottet und pergamentartig wie eine Mu-
mie in ihrem Sarg, zu gräßlich, als daß man's mit dem Ver-

stand wirklich begreifen könnte, aber es passiert nun mal, sogar Leuten, die so alt sind wie man selber. Wenn sie will, kann sie jetzt, wo Harry weg ist, Hühnernudelsuppe kalt aus der Campbell-Dose essen, mit ein paar reingebröckelten Ritz-Crackern, und muß sich nicht damit abgeben, ihm ein gutes ausgewogenes fettarmes, natriumarmes Essen zu machen, an dem er dann herummäkelt und sagt, es schmeckt nach nichts. Vielleicht wäre es gar nicht so furchtbar schlimm, Witwe zu sein, das ist der Gedanke, den sie die ganze Zeit nicht zu denken versucht.

Gestern abend hat es eine Stunde lang stark geregnet, sie konnte nicht schlafen, weil's so laut auf die Klimaanlage getrommelt hat, und für heute abend sind schon wieder Schauer angesagt, obwohl die Sonne gerade eine Art gelblichen Nebelschleier bildet, der durch die hohen Bäume des Nachbarn schräg aufs Grundstück fällt, dahin, wo Harrys kleiner Gemüsegarten ist, eine Nachahmung dessen, was seine Eltern hinterm Haus an der Jackson Road gehabt haben, er sät aber immer nur Salat und Mohrrüben und Kohlrabi, er knabbert eben zu gern. Beim Kaffeetrinken sieht sie, daß Bryant und Willard mit der *Today*-Show besser zurechtkommen nach dieser unglückseligen Sache mit Bryants privaten Notizen, die in sämtlichen Zeitungen ausgebreitet worden sind, es bleibt wirklich nichts mehr privat, die Klatschmäuler bei der Presse schlafen nie, hoffen ständig auf ein neues Watergate, der Tod ihres Vaters ist durch Watergate herbeigeführt worden, das hat sie immer so empfunden. In den Nachrichten ist hauptsächlich von China und Gorbatschow die Rede, bei Kommunisten kann man nie sicher sein, ob sie sich nicht gegen einen zusammenrotten, und von Panama, wo dieser üble pockennarbige Noriega einfach nicht zurücktreten will, und in Pennsylvania haben die Wähler gestern die Steuerreform abgeschmettert, die Gouverneur Casey vorgeschlagen hatte; die Leute haben gedacht, es würde zu höheren Steuern kommen, und wenn es irgendwas gibt, auf das man sich in den letzten zehn Jahren bei Amerikanern verlassen kann, dann darauf, daß sie egoistisch sind.

Sie sucht nach einem passenden Outfit, in dem man seinen

Sohn auf den Weg zu einer Entzugsklinik bringen und dann den Vormittag über Roy beaufsichtigen kann, während Pru Nelson nach North Philadelphia fährt, Pru hat ein bißchen Angst davor, wer hätte das heutzutage nicht, wo so scheußliche Sachen passieren, sie fahren einem absichtlich hinten drauf, und wenn man aussteigt, klauen sie einem das Auto und hauen damit ab, so was wie eine gute Gegend von Philadelphia gibt es nicht mehr, und für eine tollaussehende jüngere Frau wie Pru ist es noch schlimmer. Pru hofft, gegen Mittag zurück zu sein, damit Janice zum Krankenhaus fahren und Harry abholen kann, spätestens halb eins, hat die diensthabende Schwester in warnendem Ton gesagt, sie haben keine Lust, den Leuten am letzten Tag noch Mittagessen zu geben, und die Mädchen, die kommen und die Betten machen, mögen es nicht, wenn einer sich wieder reinlegt und die Laken schmutzig macht und dann nach Hause geht. Sie bekommt ein Flattern im Magen, wenn sie an Harry und sein Herz denkt, Männer entpuppen sich als so hinfällig, obwohl dieser nette Dr. Breit mit den vielen Sommersprossen entzückt schien über das, was der Ballon geschafft hat, aber Harrys Selbstverständnis hat sich verändert, er spricht von sich beinah so, als sei er jemand, den er vor langer Zeit gekannt hat, und er hat jetzt mehr von einem Kleinkind denn je, *sie* muß alle Entscheidungen treffen. Sie sieht nicht, wie sie ihn am ersten Abend nach der Entlassung aus dem Krankenhaus allein zu Haus lassen soll, aber sie kann auch nicht die Prüfung sausen lassen, es ist wirklich das Vernünftigste bei diesem Kommen und Gehen und wo's die Kinder so mitnimmt, daß ihr Vater zum Entzug muß, wenn sie die Operationsbasis ins Haus ihrer Mutter verlegt und das elegante leichte Wollkostüm anzieht, das sie vor zwei Jahren bei Wanamaker gekauft hat, draußen in der Mall auf dem früheren Jahrmarktsgelände (war das immer eine Aufregung in der Schule, wenn sie an dem Tag freibekamen, und die vielen Karussells, vor allem das, wo man zu viert in einer Art Trommel hockte, und der Junge gegenüber war mal über einem, mal unter einem, und ringsherum war der Himmel, und der Rock, den man anhatte, hat Gott weiß was gemacht, und der Geruch nach Sägemehl und Zuckerwatte und die Freaks und Tiere und die Gewinne, wenn man mit kleinen Reifen nach Pflöcken warf, die größer waren, als sie aussahen), ein marineblauer flotter Faltenrock mit einem Seidentop in gebrochenem Weiß und knopfloser blauer Jacke mit breiten Schultern, bei der jedesmal, wenn sie aus der Reinigung kommt, die Polster verrutscht sind oder verbogen oder halb abgerissen, eine schreckliche Mode, jedenfalls was die chemische Reinigung betrifft. Als sie dies Kostüm das erste Mal angezogen und es Harry vorgeführt hat, hat er gesagt, sie sähe darin wie ein kleiner Polizist aus, wahrscheinlich waren's die breiten Schultern und die gepaspelten Taschen, die ihn an eine Uniform erinnert haben, aber für heute ist es gerade richtig, denkt sie, für diesen Tag, der damit anfängt, daß sie nicht zusammenklappen darf, wenn sie Nelson auf Wiedersehen sagt, und am Abend dann die Prüfung, bei der all die komischen alten Ausdrücke vorkommen, Lehngut und Allodialgut, begrenztes Lehen, Belehnter, Zinslehen und Freisassengut, Erbpachtbesitz, Besitz der Toten Hand, Legat und *lex loci rei sitae*. Die kleinen alten Grundschulpulte sind auseinandergeschraubt und weggeschafft worden und haben Stühlen mit nur einer Armlehne Platz gemacht, die aus Aluminiumrohr und orangefarbenem Plastik bestehen, aber die alten Wandtafeln sind geblieben, grau vom viele Jahre lang abgewischten, in die Oberfläche eingeriebenen Kreidestaub, und die hohen Fenster, die man nur mit einer Fensterstange öffnen und schließen kann, und die Lampen hoch oben, wie abgeplattete Monde, wie große hohle Blumen, die mit dem Kopf nach unten an ihren dünnen Stielen hängen. Janice findet es herrlich, wieder in die Schule zu gehen, aufmerksam dem Lehrer zuzuhören und neue Dinge zu lernen, aber auch die anderen Schüler wahrzunehmen, ihr Atmen, das Schurren ihrer Füße, die stumme Anstrengung ihrer Köpfe. Die Gruppe besteht zum überwiegenden Teil aus Frauen, und die meisten sind jünger als sie, aber nicht alle, zu ihrer Erleichterung ist sie nicht die älteste und auch nicht die dümmste. Die Jahre mit all ihrem Kummer und die gelegentliche Arbeit in der Firma haben sie einiges gelehrt; sie wünschte, ihre Eltern wären noch am Leben und könnten sie so sehen, wie sie mit den fünfundzwanzig anderen zusammen studiert, um die Lizenz zu bekommen, während die Stadtgeräusche und die Musik und die frisierten Autos der Hispanics auf der Pine Street jenseits der hohen Fenster dröhnen, wie sie dasitzt mit ihren Notizbüchern und Bleistiften und dem gelben Textmarker (so was gab's noch nicht, als sie zur High-School ging); aber natürlich, wenn sie noch lebten, würde sie nicht tun, was sie jetzt tut, sie hätte dann gar nicht den inneren Freiraum dazu. Ihre Eltern sind wundervoll gewesen, sie haben ihr aber nie zugetraut, daß sie auch allein zurechtkommt, und daß sie Harry geheiratet hat, hat sie in ihrem Mißtrauen bestätigt. Sie hat schlechte Entscheidungen getroffen.

Der Lehrer, Mr. Lister, ist ein mißmutiger, großer, zerknautschter Mann mit schweren Hängebacken, die ihn wie einen Hund aussehen lassen. Er hat ihr bei der letzten Prüfung eine Zwei gegeben und mag sie, da ist sie ziemlich sicher. Die andern Schüler, sogar die jüngeren, mögen sie auch und bieten ihr eine Zigarette in der Pause um halb neun an und laden sie ein, hinterher, um zehn, auf ein Bier mitzukommen. Sie ist bislang noch nicht mitgegangen, aber irgendwann, wenn mit Harry alles wieder normaler läuft, tut sie's vielleicht, einfach um zu zeigen, daß sie nicht eingebildet ist. Wenigstens hat sie aufgepaßt, daß sie nicht fett wird wie manche von den Frauen in der Gruppe, die in ihrem Alter sind – wirklich furchtbar, dermaßen aufgehäuftes Fleisch, und nichts zu unternehmen, damit es weniger wird, einfach diese Hunderte von Pfunden mit sich rumzuschleppen und sie kaum auf die Stühle mit der einen Armlehne gequetscht zu kriegen. Man fragt sich, wie lange Leute eigentlich so leben können. Eine der wenigen Segnungen, mit denen Gott sie bedacht hat, ist eine anständige Figur und daß sie's immer geschafft hat, sie sich zu erhalten, für Harry, aber auch für sich selbst. Er scheint jetzt tatsächlich stolz auf sie zu sein, immer mehr, je älter sie beide werden. Manchmal sieht er sie an, als sei sie gerade vom Himmel gefallen.

Sie hat sich beeilt an diesem Morgen, bleibt dann aber im zähfließenden Berufsverkehr stecken, der sich mitten in Brewer staut. All die Autos, wohin wollen die? Am Rand des Highway, da, wo er sich um die Bergflanke schwingt, sieht man Erosionsschäden, die vom schweren Regen der vergangenen Nacht herrühren – tiefe gewundene Rinnsale aus rotem Lehm, der weggewaschen ist, mit Unkraut und allem. An der Joseph Street parkt sie und geht den Weg zum Haus hinauf, voll Bangen vor dem Chaos, das sie vorfinden wird, aber Nelson ist angezogen, trägt einen seiner kittfarbenen Anzüge, und Pru hat braune Hosen und ein khakifarbenes, maskulin wirkendes Hemd an und darüber einen roten Pullover, den sie sich um die Schultern gelegt und dessen Ärmel sie vorn lose geknotet hat, ein Outfit zum Autofahren. Beide, sie und Nelson, sehen bleich und abgespannt aus; man sieht fast die erregte psychische Energie um ihre Köpfe, wie eine der Manifestationen bei *Unsolved Mysteries*, über die Harry so herzieht.

Als Pru ihr in der Küche das Spezial-Sandwich zeigt, Erdnußbutter mit Honig, das sie gerade für Roy gemacht hat und das er so und nicht anders will (sonst schmeißt er alles auf den Boden, auch den TastyKake, den es zum Nachtisch gibt), denkt sie anscheinend, ihrer Schwiegermutter falle irgend etwas an ihr auf, denn sie erklärt mit hastiger leiser Stimme: «Nelson hatte noch ein bißchen Koks im Haus versteckt und meinte, wir sollten es aufbrauchen, bevor er abfährt. Es war sogar für ihn zuviel, und da hab ich mir auch ein paar Lines reingezogen. Ich weiß ehrlich nicht, was er daran findet. Es hat gebrannt, und ich mußte niesen und konnte dann nicht einschlafen, aber sonst hab ich nichts gespürt. *Nichts*. Ich hab zu ihm gesagt: ‹Wenn das alles ist, versteh ich nicht, wieso es ein Problem sein soll, damit aufzuhören.› Ich fänd's schlimmer, mit Hershey-Schokoriegeln aufzuhören.»

Aber gerade, daß sie so viel redet, so frei von der Leber weg, sich das glatte rote Haar mit streichelnder beidhändiger Geste, mit zitternden Fingern, aus der Stirn wischt, ist für Janice ein Zeichen dafür, daß etwas Chemisches stattgefunden hat. Ihr Sohn wirkt vergiftend. Er infiziert alles, was er anfaßt. Ihre Leistung als Mutter hat darin bestanden, Verderben in die Welt zu bringen.

Nelson ist im Wohnzimmer geblieben, er sitzt im Barcalounger, hält Roy im Arm, flüstert mit dem Jungen und pustet ihm sacht kitzelnd gegen das Ohr. Er sieht zu seiner Mutter auf, tief beleidigt und aggressiv. «Dir ist klar, warum ich mich auf diese Sache einlasse, nicht?» sagt er.

«Um dein Leben zu retten», gibt Janice zurück und nimmt ihm das Kind vom Schoß. Roy wird mit jedem Tag schwerer; sie setzt ihn wieder ab, stellt ihn auf die Beine. «Wird Zeit, daß du ihn mal zum Laufen zwingst», erklärt sie Nelson.

«So wie du mich zwingst, in diese blöde überflüssige Anstalt zu gehen», sagt er. «Ich möchte, daß das absolut klar zwischen uns ist. Ich gehe, weil du mich zwingst, und nicht, weil ich zugebe, daß ich irgendein Problem habe.»

Zentnerschwere Müdigkeit wälzt sich auf sie, als sei sie am Ende ihres Tages und nicht erst am Anfang. «Nach dem, was du mit unserm Geld gemacht hast, haben wir alle ein Problem.»

Der Junge zeigt keine Wirkung, senkt nur für einen Augenblick die Lider mit den schönen Wimpern, die für einen Jungen ein bißchen zu lang sind. Sie hat diese Wimpern immer herzzerreißend gefunden. «Es sind einfach nur Schulden», sagt er. «Wenn Lyle jetzt nicht so krank wäre, hätte er's dir besser erklären können. Wir haben uns lediglich auf künftige Einnahmen hin was geliehen. Es hätte sich alles von ganz allein geregelt.»

Janice denkt an die Prüfung, die ihr heute abend bevorsteht, und an den armen Harry, dem man diesen Metallwurm ins Herz geschoben hat, und sie sagt zu ihrem Sohn: «Liebling, du hast gestohlen, und zwar nicht nur Pennies aus der

Kleingeldbüchse. Du bist drogensüchtig. Du weißt nicht mehr, was du tust. Du bist seit ich weiß nicht wie langer Zeit nicht mehr du selbst, und alles, was wir wollen, ist, daß du wieder du selbst bist.»

Seine Lippen, schmal wie die ihren, pressen sich so fest zusammen, daß sie verschwinden unter dem Schnurrbärtchen, das länger zu werden scheint, etwas müde Hängendes bekommt. «Ich nehme das Zeug zur Entspannung, in der Freizeit, so wie du ein ‹Social Drinker› bist. Wir brauchen das. Wir Verlierer brauchen etwas, das uns antörnt.»

«Ich bin kein Verlierer, Nelson, und ich hoffe, du auch nicht.» Sie spürt, wie eine Härte, eine Schärfe in ihr wächst, aber sie bemüht sich, weiterhin in ruhigem, gelassenem Ton zu sprechen, wie Charlie es getan hätte. «Wir haben dieselbe Unterhaltung in Florida geführt, und du hast damals Versprechungen gemacht, die du nicht gehalten hast. Dein Problem ist zuviel für mich, es ist zuviel für deine Frau und zuviel für deinen Vater – viel zuviel für deinen Vater.»

«Dad schert sich einen Dreck.»

«Irrtum. Unterbrich mich nicht. Dein Problem ist auch zuviel für dich selbst. Du mußt dringend in diese Reha-Klinik, wo sie eine Methode entwickelt haben, wo sie Erfahrung haben. Dein Berater möchte, daß du hingehst.»

«Ike sagt, das ganze is 'n Schwindel. Er sagt, alles is 'n Schwindel.»

«Das ist nichts weiter als seine schwarze Ausdrucksweise. Er hat dir den Platz verschafft, er möchte, daß du hingehst.»

«Und wenn ich's nicht durchstehe?» Sie und Harry haben ihn nie ins Sommercamp geschickt, aus Angst, er könnte es nicht durchstehen.

«Du mußt es durchstehen oder –»

«Ja, Mom, oder was?»

«Du wirst schon sehen.»

Er versucht, sich über sie lustig zu machen: «Na klar. Was wollt ihr denn mit mir machen, du und Charlie und der alte Harry, mich einbuchten lassen?» Das ist eine gute Frage; er schnieft laut vor Nervosität und reibt sich dann die rosa Nüstern.

Sie versucht, ihm eine gute Antwort zu geben, und sagt mit gelassener, sanfter Stimme: «Nicht wir würden das tun. Toyota und die Polizei tun das, wenn sie Bescheid bekommen.»

Er schnieft wieder, ungläubig. «Warum sollen sie Bescheid bekommen? Ich tu das Geld zurück. Ich hab immer vorgehabt, es zurückzutun. Du interessierst dich mehr für die dämliche Firma als für mich.»

Sein Ton ist um spöttisch plänkelnde Leichtigkeit bemüht, aber in Janice hat sich's jetzt endgültig verhärtet; sie ist von Empörung gepackt und von Selbstgerechtigkeit. «Du hast mich bestohlen, bitte, geschenkt. Aber du hast deinen Großvater bestohlen. Du hast sein Lebenswerk bestohlen.»

Nelsons lauernde Augen weiten sich; seine Blässe wirkt im trüben Licht des Wohnzimmers wie die eines Gefangenen. «Granpop hat immer gewollt, daß ich die Firma übernehme. Und was ist mit meinen Kindern? Was ist mit Judy und Roy, wenn du all diese Drohungen wahrmachst?» Roy hat gewimmert und sich zu Boden fallen lassen und lehnt sich gegen ihr Bein in der Hoffnung, sie abzulenken; er haßt die Geräusche dieser Unterhaltung.

«Du hättest früher an sie denken sollen», sagt Janice gefühllos. «Die hast du auch bestohlen.» Sie ist auf angeödete Weise stolz auf ihre Gefühllosigkeit; ihr Kopf ist betäubt und zugleich klar, während die Frucht ihres Leibes sich vor ihr windet und sich verteidigt. Diese Taubheit, die sie fühlt, muß die *Power* sein, über die in der Frauengruppe in Florida geredet worden ist, die Macht, die Männer immer gehabt haben.

Nelson probiert es nun auch mit Empörtheit. «Ach Scheiße, Mom. Verschon mich doch mit diesem ‹Wie konntest du das deiner Mutter und deinem Vater antun›. Was ist mit dem, was ihr mir angetan habt, die Sauerei damals, als Becky gestorben ist und ich auf die Weise nie eine Schwester

405

hatte, und dann das Theater, als du mit deinem schmierigen Griechen durchgebrannt bist und mein verrückter Vater Jill und dann Skeeter eingeschleppt hat und die mich mit Dope vollstopfen wollten, als ich ein kleiner Junge war?»

Janice merkt, daß sie trotz all ihrer Gefühllosigkeit und inneren Härte weint; ihre Kehle fühlt sich wund an, und Tränen laufen ihr dumm über das Gesicht. Sie wischt sie mit dem Handrücken ab und fragt mit wackeliger Stimme: «Wieviel Dope haben sie dir denn gegeben?»

Er druckst herum und macht einen kleinen Rückzieher. «Ich weiß nicht», sagt er. «Sie haben mich ab und an mal einen Zug Pot rauchen lassen. Aber sie haben noch viel Schlimmeres gemacht und sich keine Mühe gegeben, es vor mir geheimzuhalten.»

Sie putzt und trocknet sich mit einem zusammengeknüllten Kleenex Gesicht und Augen und denkt, was für einen gräßlich unordentlichen Anfang dieser Tag nimmt, dabei hat sie sich extra so angezogen, daß sie mit Anstand ihre Rollen als Mutter, Großmutter, sorgende Ehefrau, eifrige Schülerin und zukünftiges Working Girl erfüllen kann. «Deine Kindheit war vermutlich nicht ideal», räumt sie ein und tupft sich unter den Augen herum; sie ist nicht mehr ganz bei der Sache, ist bereit für die nächste Rolle. «Aber wessen Kindheit ist das schon? Du solltest nicht zu Gericht sitzen über deine Eltern. Wir haben getan, was wir konnten, schließlich sind wir auch nur Menschen.»

«Schließlich sind wir auch nur Menschen!» empört er sich.

Sie erklärt es ihm. «Schau mal, Nelson, wenn man klein ist, denkt man, Vater und Mutter sind wie Gott, aber du bist jetzt alt genug und kannst der Tatsache ins Auge sehen, daß sie nicht so sind. Deinem Vater geht es nicht gut, und ich versuche, aus dem bißchen Leben, das mir noch bleibt, was Vernünftiges zu machen, wir können uns einfach nicht in dem Maß auf dich und dein schlechtes Benehmen konzentrieren, wie du es gern hättest. Du bist jetzt in einem Alter, wo man selber die Verantwortung für sein Leben übernehmen muß.

Für jeden, der dich kennt, liegt es klar auf der Hand, daß deine einzige Chance darin besteht, diese Therapie in Philadelphia zu machen. Wir werden alle versuchen, hier für drei Monate die Stellung zu halten, aber wenn du im August wiederkommst, bist du auf dich gestellt. Von mir hast du jedenfalls keine Gefälligkeiten zu erwarten.»

Er grinst höhnisch. «Ich dachte, Mütter lieben ihre Kinder, egal was kommt.» Als wollte er sie physisch herausfordern, erhebt er sich mit einem Ruck aus dem Barcalounger seines Großvater und steht dicht vor ihr, nur wenige Zentimeter größer als sie.

Sie spürt, wie die Wundheit in der Kehle und das Brennen in den Augen wiederkommen. «Wenn ich dich nicht liebte», sagt sie, «wär's mir gleichgültig, ob du dich selber kaputtmachst.» Ihr Vorrat an Worten ist aufgebraucht; sie wirft sich dem weißen, höhnisch grinsenden Gesicht entgegen und umarmt den Jungen, der sich erst wehrt und sie abschütteln will, dann aber ihre Umarmung erwidert und ihr die Schulterblätter tätschelt mit – wie Harrys Mutter immer sagte – «diesen kleinen Springerhänden». Na bitte, denkt Janice, was für eine abscheuliche Mutter, die ihr ganzes Leben lang ihrem Sohn kein Nein entgegengehalten hat.

Nelson sagt ihr ins Ohr, daß es ihm bald wieder gutgeht, daß alles in Ordnung kommt, daß er einfach nur ein bißchen überdreht ist.

Pru kommt mit zwei großen Koffern die Treppe herunter. «Ich weiß nicht, wie oft man da Anzüge trägt», sagt sie, «aber ich habe mir gedacht, daß eine Menge Physiotherapie gemacht wird, und hab alle Shorts und Sportsocken eingepackt, die ich finden konnte. Und Bluejeans, falls du die Fußböden schrubben mußt.»

«Tschühüs, Daddy», sagt Roy unten zwischen ihren Beinen, und weil Pru die Hände nicht frei hat, hievt Janice ihn, schwer und langbeinig, wie er mittlerweile ist, hoch, damit sein Vater ihm einen Abschiedskuß geben kann. Als Nelson gehen will, krallt das Kind sich an seinem Ohr fest, und sie fragt sich, woher Roy das hat, daß er Schmerz zufügt, wenn er Zuneigung ausdrücken will.

Als seine Eltern im burgunderroten Celica Supra, den Nelson benutzt, davongefahren sind, führt Roy seine Großmutter nach hinten auf den Hof; da, wo früher Harrys Gemüsegärtchen mit dem niedrigen Maschendrahtzaun war, über den er hinwegsteigen konnte, steht ein kombiniertes Schaukel- und Rutschengestell, das vor fünf Jahren für Judy angeschafft worden ist und unbenutzt vor sich hin rostet. Um seine Metallfüße wuchert hohes Unkraut, obwohl der Sommer noch so jung ist. Janice meint, das farnzarte Grün von Mohrrüben und Kohlrabi zwischen all dem Wegerich und Löwenzahn zu erkennen; die gelben Blüten des Löwenzahns haben sich inzwischen in weiche, weiße Samenpompons verwandelt, die in alle Winde zerstieben beim sausenden Schlag des abgebrochenen Hockeyschlägers, den der kleine Roy am umwickelten Griff gepackt hält und wie ein Samuraischwert schwingt. Die Springers sind in dies Haus gezogen, als Janice acht war, und von hinten, vom Hof aus, kommt das große Haus ihr nackt vor ohne die Blutbuche. Am Himmel drängen sich schwellende treibende Wolken mit violettdunkler Mitte, die meist Regen bedeuten. Der Wetteransager hat am Morgen weiteren Regen angekündigt, allerdings keine so starken Güsse wie letzte Nacht. Sie nimmt Roy auf einen kleinen Spaziergang an der Joseph Street mit; einige der Pflasterquadrate des Gehsteigs sind erneuert worden, aber hier und da sind Risse, an die sie sich gut erinnert, bis heute unausgebessert geblieben, und da sind die beiden Platten, die von einer Platanenwurzel schräg hochgedrückt worden sind und für ein Mädchen auf Rollschuhen einen tückischen kleinen Hügel gebildet haben. Sie erzählt Roy all dies, nennt ihm die Namen der Familien, die in den benachbarten Häusern gewohnt haben, aber er ist müde und quengelig, bevor sie überhaupt die nächste Querstraße erreichen. Die Kinder von heute scheinen nicht die physische Energie, die Entdeckerfreude zu haben, die *sie* in Erinnerung hat, Mädchen genauso wie Jungen, ihre Knie sind immer aufgescheuert und schmutzig gewesen, ihre Mutter hat dauernd über den Zustand ihrer Kleider geschimpft. Roys Interesse flackert erst auf, als sie an eine Reihe kleiner weicher Ameisenhügel kommen, die sich wie Kaffeesatzhäufchen in der Ritze zwischen zwei Platten hinziehen. Er kickt sie auf und zertrampelt dann die ausschwärmenden Armeen, die plötzlich hervorströmen, um die Königin zu verteidigen. Das Gemetzel ermüdet ihn, immer neue Ameisen kommen, und sie muß den kleinen Unhold schließlich hochheben und zum Haus zurücktragen, und bei jedem Schritt, den sie macht, schlackern seine Füße in den Turnschuhen ihr träge gegen den Bauch und den Faltenrock.

Auf einem der Kabelkanäle gibt es den ganzen Vormittag Cartoons. Scharen von scharfumrandeten Superhelden, die immer nur einen Körperteil zur Zeit bewegen und nur mit der Unterlippe sprechen, kämpfen im Weltraum gegen keckernde Schurken aus anderen Galaxien. Roy schläft beim Zuschauen ein, in der Hand eins von Prus zuckerarmen Vollkornplätzchen, das in zwei nasse krümelnde Hälften zerbrochen ist. Dies Haus, in dem Janice so lange gelebt hat – die Usambaraveilchen, die Schnickschnacksachen, der rissige braune Barcalounger, in dem Daddy sich so gern ausgeruht hat, in dem er gesessen und mit geschlossenen Augen darauf gewartet hat, daß einer seiner Kopfschmerzanfälle abebbt, der Eßzimmertisch, der, wie Mutter ständig geklagt hat, ruiniert wurde von den faulen Putzfrauen, die jedesmal Pledge draufsprühen und die Politur zerstören mit dem klebrigen Wachszeug –, verschärft das Schuldgefühl, das sie wegen Nelson hat. Sein bleiches erschrecktes Gesicht scheint immer noch im dunklen Wohnzimmer zu leuchten; sie zieht das Rollo hoch, überrascht die schläfrigen Wespen, die über die Fensterbank kriechen wie arthritische alte Männer. Auf der andern Straßenseite, vor dem Haus, das früher den Schmehlings gehört hat, steht ein rosa blühender Hartriegelstrauch und reicht bis übers Verandadach hinauf; er wird nach oben hin breiter, wie der Atompilz auf den alten Photos von Testabwürfen in den

Tagen, als wir noch Angst vor den Russen gehabt haben. Nicht zu glauben, daß sie Nelson gegenüber so grausam sein konnte, nur wegen Geld. Die Erinnerung an ihre Härte läßt sie erschauern, läßt das, was tief innen bei ihr noch an Weichem da ist, stocken, schlägt sie mit einem kleinen physischen Anfall von Selbstekel, wie man ihn durchmacht, wenn man sich erbrochen hat.

Doch niemand teilt diese Empfindungen mit ihr. Nicht Harry, nicht Pru. Pru kommt nicht gegen zwölf zurück, sondern nach eins. Sie sagt, der Verkehr sei so schlimm, das könne sich überhaupt niemand vorstellen, die Turnpike auf viele Kilometer nur einspurig, North Philadelphia riesig, ein Reihenhausblock nach dem andern. Und in der Reha-Klinik hat's auch noch mal gedauert, bis die Formalitäten erledigt werden konnten; als sie sich beschwerte, hat man sie wissen lassen, daß von vieren, die rein wollten, drei abgewiesen würden. Pru kommt ihr fast wie eine Fremde vor, sie ist größer von Statur und heftiger im Ausdruck, als Janice es als Schwiegermutter in Erinnerung hat. Das Bindeglied zwischen ihnen ist weg.

«Was für einen Eindruck hat er gemacht?» fragt Janice.

«Er war wütend, aber bei Vernunft. Er hat mir viele Anweisungen für die Firma gegeben, die ich seinem Vater ausrichten soll. Ich mußte alles aufschreiben. Es ist, als ob ihm überhaupt nicht klar ist, daß er nicht mehr das Sagen hat.»

«Ich habe ein so schlechtes Gewissen wegen der ganzen Sache, daß ich nichts zum Lunch essen konnte. Roy ist vorm Fernseher eingeschlafen, und ich wußte nicht, soll ich ihn wecken oder nicht.»

Pru streicht sich müde die Haare hinter die Ohren. «Nelson ist gestern abend mit den Kindern zu lange zugange gewesen. Er ist rumgerannt, hat mit ihnen geschmust, wollte, daß sie Karten mit ihm spielen. Er wird manisch, wenn er Stoff nimmt, und kann dann niemanden in Ruhe lassen. Roy hätte um eins zu seiner Spielgruppe gemußt, ich bringe ihn lieber schnell hin.»

«Es tut mir leid, ich wußte, daß er zur Spielgruppe geht, aber ich wußte nicht, wo das ist und ob er mittwochs hin muß.»

«Ich hätte es dir sagen sollen, aber wer kommt schon auf die Idee, daß es so eine Heidensache ist, kurz nach Philadelphia zu fahren und wieder zurück. In Ohio saust man mal eben nach Cleveland, da ist überhaupt nichts dabei.» Sie macht Janice nicht direkt verantwortlich dafür, daß Roy nicht zu seiner Spielgruppe gekommen ist, aber mit der streng gerunzelten dreieckigen Stirn gibt sie dennoch ihre Verärgerung zu verstehen.

Janice möchte immer noch Absolution von der Jüngeren und fragt: «Was meinst *du*, muß ich ein so schlechtes Gewissen haben?»

Pru, deren Augen hin und her geglitten sind, von Detail zu Detail dessen, was letztlich, soweit es nach Benutzung und Innehabung geht, ihr Haus ist, richtet ihren Blick jetzt einen Moment lang voll und mit kalter Klarheit auf Janice. «Natürlich nicht», sagt sie. «Dies ist die einzige Chance, die Nelson hat. Und du bist die einzige, die ihn dazu hat bewegen können. Gott sei Dank, daß du's getan hast. Du tust genau das Richtige.»

Doch das wird so schroff vorgebracht, daß es für Janice nichts Beruhigendes hat. Sie fährt sich mit der Zungenspitze über die Mitte der Oberlippe, die sich trocken anfühlt. Ein kleiner Riß ist da, der nie ganz heilt. «Aber ich komme mir so – wie soll ich sagen – so geldorientiert vor. Als ob mir die Firma wichtiger ist als mein Sohn.»

Pru zuckt die Achseln. «Die Verhältnisse sind nun mal so. Du bist diejenige, auf die es ankommt. Ich, Harry, die Kinder – Nelson lacht nur über uns. Wir zählen nicht für ihn. Er ist krank, Janice. Er ist nicht dein Sohn, er ist ein monströser Lügner und Betrüger, der mal dein Sohn gewesen ist.»

Und das ist so schroff, daß Janice zu weinen anfängt; aber anstatt daß ihre Schwiegertochter sich um sie kümmert und sie tröstet, wendet sie sich ab und macht sich mit ihrem Gehabe erzürnter Tüchtigkeit daran, Roy zu wecken und ihm saubere Kordhosen für die Spielgruppe anzuziehen.

«Ich hab's auch eilig. Bis später dann», sagt Janice, sich entlassen fühlend. Sie und Pru sind vorher übereingekommen, daß sie Harry abholt und hierherbringt, weil es nicht gut wäre, ihn am ersten Abend nach dem Krankenhaus allein im Haus in Penn Park zu lassen, während sie ihre drei Stunden an der Penn-State-Fortbildungsschule absolviert. Als sie nach Brewer fährt, freut sie sich darauf, ihn wieder auf den Beinen zu sehen und ihre Schuldgefühle wegen Nelson mit ihm zu teilen.

Aber er enttäuscht sie, so wie Pru eben. Die fünf Tage im St. Joseph's haben aus ihm einen saft- und kraft- und interesselosen, nur mit sich selbst beschäftigten Menschen gemacht. Er hat plötzlich etwas Pimpeliges, Verschwollenes; die Haare, immer noch von einem stumpfen Blond, hat er sich so zurückgekämmt, daß sie hinten in der Mitte zu einem schmalen Grat zusammenlaufen: die Frisur, die er immer gehabt hat, wenn er in der High-School aus dem Umkleideraum kam. Es sind nur sehr wenige graue Fäden in seinem Haar, aber an den Schläfen hat es sich gelichtet, und die Haut dort, in den Mulden gleich hinter den Augenbrauen, ist knitterig und trocken. Er ist wie ein Ballon, aus dem ganz langsam die Luft entweicht: mit der Zeit wird er immer runzliger und sinkt zu Boden. Die rostbraunen Hosen und das sportliche blaue Baumwollsakko sehen schlotterig weit an ihm aus; die Krankenhausdiät hat seinem Körper literweise Wasser entzogen. Und auch seine Lebensgeister ausgetrocknet – er hat etwas Schleppendes, Stockendes bekommen, ähnlich wie's ihr Vater in seinen letzten fünf Jahren gehabt hat, wenn er im Barcalounger saß, die Augen geschlossen, und darauf wartete, daß die Kopfschmerzen vorübergingen. Es kommt ihr falsch vor: in all den Jahren ihrer Ehe hat Harrys Vitalität die ihre immer überragt – seine impulsiven Bedürfnisse, sein Selbstverständnis, allgemein beliebt zu sein, sein lässiges Talent, sie zu verletzen, seine unausgesprochene Drohung, jeden

Augenblick wegzugehen. Es kommt ihr falsch vor, daß sie ihn mit ihrem Auto aufliest und er angezogen und naßgekämmt ist wie der Junge, der einen zum Stelldichein abholt. Er hat demütig auf dem Stuhl neben dem Bett gesessen, die alte Sporttasche voller Medikamente und schmutziger Unterwäsche zwischen den Füßen in den großen wildledernen Hushpuppies. Sie hat ihn beim Arm genommen, er ist mit vorsichtigen Schritten auf den Fahrstuhl zugegangen, und die Schwestern haben auf Wiedersehen gerufen. Eine pummelige jüngere hat besonders traurig gewirkt beim Abschied, und die Diätassistentin hat mit blitzenden Augen zu Janice gesagt: «Machen Sie, daß er richtig ißt!»

Sie findet, Harry könnte dankbarer sein; aber kaum ist ein Mann mal ein bißchen krank, hält er es schon für selbstverständlich, daß Frauen nur für ihn da sind, und von Männern zu Frauen ist Dankbarkeit sowieso noch nie reichlich geflossen. Die ersten Worte, die er im Auto sagt, sind kränkend: «Du hast deine Polizeiuniform an.»

«Ich brauche für die Prüfung heute abend das Gefühl, präsentabel zu sein. Ich habe Angst, daß ich mich nicht konzentrieren kann. Ich muß unaufhörlich an Nelson denken.»

Er hat sich auf den Beifahrersitz plumpsen lassen, preßt die Knie gegen das Armaturenbrett, lehnt den Kopf selbstgefällig zurück an die Kopfstütze. «Was gibt's da zu denken?» fragt er. «Hat er sich wieder gedrückt? Ich *wußte*, daß er kneifen würde.»

«Er hat überhaupt nicht gekniffen, das ist ja mit der Grund, weshalb es so traurig war. Er hat sich genauso auf den Weg gemacht, wie er früher immer zur Schule gegangen ist. Harry, ich frage mich, ob wir das Richtige tun.»

Harrys Augen sind geschlossen, wie zum Schutz gegen den Ansturm der Bilder draußen vor den Autofenstern – Brewer, seine gestrichenen Backsteinhäuser, seine schweren Sandsteinkirchen, das wuchtige Verwaltungsgebäude, der neue grüngläserne Wolkenkratzer und da, wo früher einmal der Weiser Square war, der zugewachsene Park, der jetzt die

Heimstatt der Drogenabhängigen und der Obdachlosen ist, die in Pappkartons hausen und ihre Sachen in gestohlenen Einkaufswagen aufbewahren. «Was sollen wir denn sonst tun», fragt er unbeteiligt. «Was meint Pru?»

«Oh, die ist dafür. Auf die Weise ist sie ihn los. Ich kann mir vorstellen, daß er in letzter Zeit ziemlich anstrengend gewesen ist. Man sieht deutlich, daß sie innerlich schon geschieden ist, sie ist so unabhängig und energisch und mir gegenüber ein bißchen grob, fand ich.»

«Sei nicht so empfindlich. Was meint Charlie? Wie war euer vietnamesisches Essen gestern abend?»

«Ich bin nicht sicher, ob ich die vietnamesische Küche besonders mag, aber es war nett. Kurz, aber angenehm. Ich war sogar so rechtzeitig zu Haus, daß ich noch das Ende von *thirtysomething* mitgekriegt habe – Gary hat versucht, Susannah davor zu bewahren, daß Hope ihre Enthüllungsstory veröffentlicht, Hope hatte nämlich herausgefunden, daß Susannah beim Sozialdienst Gelder abgezweigt hat.» All dies für den Fall, daß er denkt, sie habe mit Charlie geschlafen. Es soll ihm zeigen, daß dazu keine Zeit war. Armer Harry, für ihn ist es unvorstellbar, daß man über so etwas hinauswachsen kann.

Er stöhnt, hat immer noch die Augen geschlossen. «Klingt grauenhaft. Wie im richtigen Leben.»

«Charlie ist richtig stolz auf mich», sagt sie, «daß ich Nelson die Stirn geboten habe. Wir hatten heute morgen eine furchtbare kleine Unterhaltung, Nelson und ich, wo er sagte, ich liebe die Firma mehr als ihn. Ich überlege, ob er nicht recht hat, ob wir während unserer Ehe nicht sehr materialistisch geworden sind. Er hat so klein ausgesehen, Harry, so verletzt und trotzig, genau wie damals, als ich weggelaufen bin und mit Charlie gelebt habe. Einen Zwölfjährigen derart im Stich zu lassen – ich hätte dafür ins Gefängnis gehört, was habe ich mir bloß dabei gedacht! Es stimmt doch, was er sagt, wie komme ich dazu, ihm Predigten zu halten, ihn in diese trostlose Klinik zu schicken! Ich war ungefähr genauso alt wie er jetzt, als ich das gemacht hab. So *jung* in Wahrheit!» Sie weint wieder; sie überlegt, ob man wohl auch nach Tränen süchtig werden kann. Es ist, als käme all das Schlechte, all das Ungeschick, all das unausdenkbar Schamvolle ihres Lebens hoch in diesem unaufhaltsamen salzigen Überströmen. Sie sieht kaum, wohin sie fährt, und lacht über ihr eigenes Schniefen.

Harry läßt den Kopf leicht hin und her rollen auf der Kopfstütze, als bade er sich in einer unsichtbaren Sonne. Die Wolken sperren jetzt ganz den hellgrauen Himmel aus, ihre dunklen Herzen fließen zu einer geschlossenen Decke zusammen. «Du hast was ausprobiert», sagt Harry. «Du hast versucht zu leben, noch während du am Leben warst.»

«Aber ich hatte nicht das *Recht*, genausowenig wie du, das zu tun, was wir getan haben!»

«Um Gottes willen, kreisch nicht. Das war eben die Zeit», sagt er. «Die Sechziger. Das ganze Land ist damals ausgeflippt. Wir waren gar nicht so schlimm. Wir haben uns wieder zusammengetan.»

«Ja, und manchmal frage ich mich, ob das nicht auch eine Art von Sichgehenlassen war. Wir haben einander nicht glücklich gemacht, Harry.»

Sie möchte dieser Tatsache mit ihm gemeinsam ins Auge sehen, aber er lächelt, als schlafe er und träume gerade. «Du hast mich glücklich gemacht», sagt er. «Schade, daß das nicht auf Gegenseitigkeit beruht.»

«Laß das», sagt sie. «Du willst nur Punkte schinden. Mir ist es aber ernst. Du weißt, ich hab dich immer geliebt, es jedenfalls immer gewollt, wenn du mich gelassen hättest. Seit der High-School, zumindest seit der Zeit bei Kroll. Charlie hat das gestern abend auch gesagt: wie verrückt ich immer nach dir gewesen bin.» Ihr Gesicht wird heiß; daß er nicht reagiert, macht sie verlegen. Sie fährt schneller, biegt links ab, in die Eisenhower Avenue. Eine Lücke in den Wolken läßt die Kühlerhaube des Camry funkeln; dann wird sie tiefer in Wolkenschatten getaucht. «Es ist wirklich ein hübsches Restaurant», sagt sie, «die Art, wie's eingerichtet ist, und die kleinen

Vietnamesinnen, die so zierlich sind, daß ich mir dagegen wie ein Pferd vorgekommen bin. Aber sie sprechen perfekt Englisch, mit Pennsylvania-Akzent – zweite Generation, kann das sein? Ist der Krieg schon so lange her? Wir müssen da bei Gelegenheit mal hingehen.»

«Ich denke nicht im Traum daran, da einzudringen. Das ist euer Restaurant, deins und Charlies.» Er öffnet die Augen und richtet sich auf. «He, wohin fahren wir? Das ist der Weg nach Mt. Judge!»

«Harry, reg dich jetzt nicht auf. Du weißt, daß ich heute abend zu der Prüfung muß, und weil es mir zu mulmig wäre, dich drei Stunden allein zu lassen, haben Pru und ich uns überlegt, daß es das beste wäre, du und ich schlafen in Mutters altem Bett, das sie über den Flur in das alte Nähzimmer geschoben haben, als Mutters Zimmer zu Judys Zimmer wurde. Auf die Weise hast du Babysitter, während ich weg bin.»

«Wieso kann ich verdammt noch mal nicht in mein eigenes Haus? Ich hab mich darauf gefreut. Ich habe zehn Jahre in dem elenden Kasten von deiner Mutter gewohnt, das reicht!»

«Nur diese eine Nacht, Schatz. Bitte. Sonst bin ich ganz krank vor Sorge und falle durch die Prüfung. Da kommen doch die vielen lateinischen Begriffe und die komischen alten Ausdrücke vor, die man alle wissen muß.»

«Meinem Herzen geht es gut. Besser denn je. Es ist wie ein Ausguß, nachdem die verklumpte Zahnpasta und all die Haare rausgeholt worden sind. Ich hab selber gesehen, wie sie's gemacht haben. Du kannst mich ruhig allein lassen, kann gar nichts schiefgehen, Ehrenwort.»

«Dieser nette Dr. Breit hat mir gesagt, bevor sie's gemacht haben, bestand die Gefahr, daß es zu einem Gefäßverschluß kommt.»

«Das war, *als* sie's gemacht haben, als der Katheter drin war. Aber der ist jetzt raus. Er ist seit fast einer Woche raus. Komm schon, Schatz, bring mich nach Haus.»

«Nur eine Nacht, Harry, bitte. Du tust allen einen Gefallen damit. Pru und ich glauben, es lenkt die Kinder davon ab, daß ihr Vater nicht da ist. Es gibt ihnen das Gefühl, daß sie mithelfen, auf dich aufzupassen.»

Er läßt sich in den Sitz zurückfallen und gibt auf. «Und mein Pyjama? Und meine Zahnbürste?»

«Die sind schon da. Ich hab sie heute morgen mitgenommen. Ich kann dir sagen, das ist ein Tag! Ich mußte wirklich alles genau planen. Und jetzt, wenn wir dich verstaut haben, *muß* ich lernen, definitiv.»

«Ich mag nicht mit Roy unter einem Dach sein», sagt er in spaßhaftem Quengelton, sich schickend in das, was letztlich, immerhin, ein kleines Abenteuer ist: für eine Nacht zurück nach Mt. Judge. «Er tut mir bloß wieder weh. Unten in Florida hat er mir den Sauerstoffschlauch aus der Nase gerissen.»

Janice denkt daran, wie Roy die Ameisen zertrampelt hat, sagt aber trotzdem: «Ich habe den ganzen Vormittag mit ihm verbracht, er war das süßeste Kind der Welt.»

Pru und Roy sind nicht da. Janice bringt Rabbit nach oben und schlägt vor, daß er sich hinlegt. Mas altes Bett ist frisch bezogen; sein altweißer Pyjama liegt adrett gefaltet auf dem Kopfkissen. Hinten in der schummrigen Ecke, neben einer alten Singer-Nähmaschine mit Holzgehäuse, sieht er die Schneiderpuppe stehen, staubfarben, in alle Ewigkeit ohne Kopf und aufrecht. Mas großes Bett füllt das ganze Zimmer; auf beiden Seiten, zum Fenster und zur Wand mit der Holzverkleidung hin, bleiben nur wenige Zentimeter Platz. Das Nähzimmer hat eine Verkleidung aus gefirnißten, mit Perlmuster verzierten Brettern, die senkrecht nebeneinandergelegt sind, bis in Brusthöhe reichen und von einer umlaufenden Leiste eingefaßt werden. Die Tür eines flachen Wandschranks in der Ecke ist aus den gleichen Brettern gemacht. Als er den Schrank öffnet, knallt die Tür zu seinem Ärger gegen Mas altes Bett, gegen den gedrechselten Pfosten mit dem abgeplatteten Knauf, der wie ein harter, braun angemalter Pilz aussieht, dessen Farbe in kleine Rechtecke zersplittert ist, eine eingetrocknete Pfütze. Er hängt sein blaues Sakko in den Schrank, in dem sich alte Bügeleisen und Toaster drängen, zusammengefaltete und in gilbendes durchsichtiges Mottenpapier geschlagene Bettdecken und ein Ständer mit Fred Springers toten Schlipsen. Er krempelt die Hemdärmel auf und fängt an, sich wohl in seiner Haut zu fühlen; der Gedanke, mal wieder einen Tag in Mt. Judge zu verbringen, macht ihm langsam Spaß. «Vielleicht mache ich einen kleinen Spaziergang.»

«Darfst du das?» fragt Janice.

«Ausdrücklich. Es ist das Beste, was man tun kann, sagt jeder im Krankenhaus. Ich mußte in den Fluren auf und ab gehen.»

«Ich dachte, du würdest dich gern hinlegen.»

«Später, vielleicht. Du lernst jetzt. Fang an, deine Prüfung macht mich langsam nervös.»

Er läßt sie am Eßzimmertisch mit ihrem Buch und ihren Photokopien zurück und geht die Joseph Street hinauf zur Potter Avenue, wo früher das Wasser von der Eisfabrik herunterkam und im Rinnstein weiterfloß. Der Rinnstein ist dann längst trocken gewesen, aber der Zement war immer noch grün gefärbt. Rabbit entfernt sich vom Zentrum mit den chemischen Reinigungen und dem Turkey Hill Minit Market, mit Pizza Hut, Sunoco und dem Discount-Stereo- und Video-Laden, der früher ein Schuhgeschäft war, und dem Aerobic-Saal oben im Gebäude, in dem unten eine Bäckerei gewesen ist, als er ein Junge war. Der Duft nach warmem Teig und Zuckerguß, der aus den Türen wehte, hat ihm immer das Wasser im Mund zusammenlaufen lassen. Er geht bergauf, dorthin, wo die Potter Avenue auf die Wilbur Street stößt. An dieser Ecke hat sich früher ein grüner Briefkasten auf seinen Betonpfosten gestützt; jetzt steht hier ein größerer Kasten, länglich, oben gerundet und blau lackiert. Ein Hydrant, für die Zweihundertjahrfeier in den Siebzigern rot-weiß-blau gestrichen, hat inzwischen ein neues knalliges Farbkleid bekommen, leuchtet jetzt genauso orange wie Schwimmwesten, Joggerwämser und Teile der Jägerkostümierungen, als ob Nebel über unsern Lebensweg kröche und alles immer schwerer zu erkennen wäre. Er geht die Wilbur Street hinauf und fühlt, wie die starke Steigung seinem Herzen zusetzt. Zuerst kommen protzige große Häuser ähnlich dem der Springers, Zement, Backstein, Schiefer, festungsgleich, mit Giebeln und weiten Dachflächen; einige dieser Häuser sind jetzt in Apartments aufgeteilt, die über billig aussehende, hölzerne Außentreppen zu erreichen sind. Als er die abzweigende schmale Gasse überquert, wo vor langer Zeit ein Telegraphenmast mit einem daran festgenagelten Basketballbrett gestanden hat, spürt Rabbit in der Brust wieder diese Enge, seine Rippen sind wie drückende Bänder, und er schiebt sich ein Nitrostat unter die Zunge und wartet, während kühle Wolkenschatten eilig über den waldigen Bergrücken hinziehen, daß der Druck nachläßt und das Jucken einsetzt. Er hat gehofft, daß er nicht mehr so viele Pillen nehmen muß, aber vielleicht dauert es ein Weilchen, bis der Eingriff seine Wirkung tut.

Er geht weiter, ganz allein auf dem steilen Gehweg; in dem Block, der jetzt kommt, haben er und Janice zu Beginn ihrer Ehe gewohnt. Die Häuser sind alle auf einmal in den Dreißigern gebaut worden, Doppelhaushälften aus Holz, die treppenförmig den Berg hinaufsteigen. Wie der Hydrant sind sie inzwischen leuchtender geworden, sind in phantastischen Bilderbuchfarben gestrichen, hellila, lindgrün, sogar türkis und scharlachrot: Farben, die in Harrys Jugend einem ehrbaren pennsylvanischen Haushaltsvorstand nie und nimmer an die Wand gekommen wären. Das Leben ist damals nicht nur größer, es ist auch ernster gewesen. Blauer Fleck und Dung, andere Farben gab es nicht an den kiesigen Verkleidungen, die abfärbten, wenn man sie berührte, und unterm Anstrich geteert waren.

Das Haus, in dem er gewohnt hat, das siebte in der Reihe, Nummer 447, hat ausgetretene Holzstufen gehabt; jetzt sind die Stufen aus Zement, geschmückt mit eingelegten bunten Kachelscherben und bedeckt mit einem Läufer aus grünem, fürs Freie geeignetem Teppichmaterial. Die Tür zum Eingangsflur ist hochglänzend in zwei Farben lackiert, die vertieften Felder ocker und die erhabenen Partien kastanienbraun, so daß sich ein kühnes Doppelkreuz ergibt, mit einem Türklopfer aus Messing in der Mitte, der die Form eines Fuchskopfes hat. Camaros und BMWs sind draußen geparkt, die Fenster sind mit Vorhängen aus Glas und tollen, abstrakt bedruckten Stoffen dekoriert. Diese Häuserreihe, eine Art Slum, als Harry und Janice und der zweijährige Nelson hier lebten und die kleine Tochter starb, ist feingemacht worden: fröhliches Yuppie-Geld ist eingezogen. Diese Apartments, so hoch über der Stadt, sind schick. Damals, vor dreißig Jahren, hat ihm und Janice der Blick vom zweiten Stock über die Teerdächer zu den spitzgiebeligen Häusern und geparkten Autos weiter unten lediglich eine Erweiterung ihrer Unzufriedenheit, ihrer Niederlage bedeutet, dieses Gefühls des Besiegtseins, das mit den Jahren zurückgekehrt ist, nachdem eine Weile lang alles wie Triumph geschmeckt hat. Es hat damals – jetzt, wo er hier ist, erinnert er sich – diese billigen Schieberahmen mit Fliegendraht an den Fenstern gegeben und einen rostigen Ofengeruch im Flur und einen Plastikclown, den ein Kind vergessen hatte im Schmutz unter den Eingangsstufen, die jetzt aus Zement sind und mit grünem Teppich belegt wie die Verkehrsinseln unten beim Condo.

Mit dieser Reihe hat die Wilbur Street damals aufgehört; nach einer mit Kies bestreuten Kehre war Schluß, dann kam bald der verlassene Steinbruch, der den Übergang zur struppigen Rückseite des Bergs bildete. Jetzt zieht sich auf noch höherem Gelände eine Doppelreihe nicht mehr ganz neuer, schindelgedeckter Eigenheime mit merkwürdig übertriebenen Schornsteinen und Giebeln hin wie Häuser in einem Märchenbuch. Fenster, Türen und Holzsimse sind in hellen, munteren Farben abgesetzt. Die Anpflanzungen um die kleinen Rasenflächen sind noch kümmerlich; die schweren Regenfälle der vergangenen Nacht haben aus den abgeholzten Berghängen rötlichen Schlamm gewaschen, der, langsam fest werdend, an den neuen Gehwegen entlanggesickert und übergequollen ist auf den blauschwarzen Asphalt der Straße. *Wir brauchen sie auf,* denkt Harry. Die Erde.

Er kehrt um und geht bergabwärts. Von der Potter Avenue biegt er nicht ab in die Joseph Street, er geht weiter, geht in einen Turkey Hill Minit Market und kauft sich, um seine Melancholie zu bekämpfen, einen Neunundneunzig-Cent-Beutel Corn Chips. *Nettoinh. 6 ¼ oz. 177 g Hergest. v. Keystone Food Prod. Inc., Easton, Pa. 18042 U. S. A. Zutaten: Mais, pflanzliches Öl (enthält mindestens eins der folgenden Öle: Erdnuß, Baumwollsamen, Mais, teilweise hydrierte Soja), Salz.* Klingt gar nicht so übel. KAU DICH FRISCH rät ihm der knitterige, kürbisfarbene Beutel. Er liebt die salzige Spur von Mais auf der Zunge und die Scharfkantigkeit, mit der ihm jede dicke Flocke, ungefähr zwei Zentimeter im Quadrat, fester als ein Kartoffelchip, flacher als ein Frito und nicht so brennend wie ein mit rotem Pfeffer bestreuter Dorito, im Mund liegt und dann zersplittert und sich zwischen den Zähnen auflöst. Es gibt bestimmte Sachen, die steckt man gern in den Mund – Nibs, Good & Plentys, trockengeröstete Erdnüsse, Limabohnen, nicht zu weich gekocht –, und der Rest ist mehr oder weniger unerfreuliche Pampe oder Fleisch, das den Zähnen zuviel zu tun gibt und wenn man darüber nachdenkt, einen zum Speien bringt. Immer schon, seit seiner Kindheit, hat Rabbit gemischte Gefühle gehabt, wenn er übers Essen nachdachte, besonders wenn's um die Geschöpfe ging, die vor kurzem noch so lebendig waren wie du und ich. Manchmal bildet er sich ein, daß er den Schrecken der Axt in der Scheibe Truthahn- oder Hühnerfleisch schmecken kann, das glückliche Grunzen und Gesuhle in einem Schweinskotelett, die dumpfe Eintönigkeit eines Kuhlebens im Beefsteak und im Lammfleisch einen Hauch von Urin, denselben Hauch, der ihn im Krankenhaus aus Thelmas Gesicht angeweht hat. Ihre Dialyse jetzt und ihre gemeinsame Nacht damals in der tropischen Hütte, Körperflüssigkeiten, aber es hat Grenzen gegeben bei dem, was Körper tun können, und Grenzen des Sicheinlassens wegen Janice und Ron und der Kinder und der betulichen Wohnstuben überall im Diamond County, auch eine gewisse Begrenztheit in ihm selbst, ein Unvermögen oder eine Weigerung, etwas zu lieben, das nicht von ihm kommt. Und auch sie hat hinterher dazu geneigt, merkwürdig streng mit ihm zu sein, als sei er ihr zuwider, jetzt, wo sie gegessen hatte und sein sauermilchiger Geruch ihren gesättigten Mund befleckte. Sie hat gegessen von ihm und wird jetzt selbst gegessen, von innen her, ein mikroskopisches Aufgefressenwerden. Lupus bedeutet Wolf, hat sie ihm gesagt, eine der Autoimmunkrankheiten, bei denen der Körper gegen sich selbst vorgeht, Antikörper greifen das gesunde Gewebe an, Selbsthaß, könnte man sagen. Beim Gedanken an Thelma kommt Harry sich hilflos vor und in seiner Hilflosigkeit hartherzig. Die Corn Chips häufen sich nach und nach, während er übers Pflaster geht, zu einem verdickten Klumpen in ihm an, einem kleinen Säureball, und doch kann er nicht widerstehen, sie sich immer weiter in den Mund zu schieben, um die verbogenen salzigen Kanten, die jungfräuliche Knusprigkeit auf der Zunge, zwischen den Zähnen, zwischen diesen speichelproduzierenden Schleimhäuten zu fühlen. Als er wieder in der Joseph Street ankommt, beim Haus Nummer 89 hinter seiner Mauer aus dichtastigen, vollbelaubten Ahornbäumen, hat er den gesamten Inhalt des Beutels aufgegessen, auch die Salz- und Maiskrümelchen, die so klein waren, daß eine Ameise sie ihrer braunen, gebläht im Labyrinth unterm Gehsteig liegenden Königin hätte bringen können. Er hat sich die sämtlichen 6 ¼ Unzen schieren Giftes einverleibt, purer Bodensatz für seine Arterien, einen fettigen Nachgeschmack in seiner Kehle und zwischen seinen Zähnen hinterlassend. Er findet sich hassenswert und hat ein gewisses Vergnügen daran.

Janice arbeitet am Eßzimmertisch, macht sich Merklisten. Als sie den Kopf hebt, sehen ihre Augen gerötet und mißmutig aus, und ihr Mund ist zu einem dunklen Spalt geöffnet. Er haßt diesen Anblick, haßt es zu sehen, wieviel Mühe es sie kostet, gegen ihre Dummheit anzukämpfen. Der lange Spaziergang hat ihn so ermüdet, daß er nach oben geht, die Hosen auszieht, um die Bügelfalten zu schonen, und sich auf Ma Springers Bett legt, nicht zwischen die Laken, aber unter den Amish-Quilt, eine gesteppte Patchworkdecke, die seiner Nase in Erinnerung ruft, wie Ma am Ende ihres Lebens gerochen hat: ein ranziger leiser Gestank nach ungewaschen gebliebenen Körperpartien steigt von der Decke auf. Er ertappt sich, daß es ihm plötzlich angst macht, heraus zu sein aus dem Krankenhaus-Weiß, der Asepsis, den Fluren sanft klirrenden, ihm geltenden Interesses...

Er muß eingeschlafen sein, denn als er die Augen öffnet, spricht der Tag in verändertem Ton, dringt kühler, mit verschatteter Drohung durch das Fenster. Der Regen zieht näher. Wolken und Baumkronen schmelzen ineinander. Geräusche unten im Haus: Pru und beide Kinder sind zurück, und im Flur draußen Schritte, so, wie er vor Jahren Melanie und Nelson nachts hat hin und her schleichen hören. Es ist nicht Nacht, es ist später Nachmittag. Den aus der Schule und von der Spielgruppe heimgekehrten Kindern ist eingeschärft worden, leise zu sein, weil Grandpa schläft; aber sie sind unfähig, die Wut- und Freudenschreie, die aus ihnen herauswollen, zurückzuhalten. Leben ist Lärm. Rabbit tut der Magen weh, er weiß nicht mehr, warum.

Sie hören, wie er über den Flur ins Bad geht, und als er wieder im Zimmer ist, kommen sie herauf und besuchen ihn, die armen kleinen Halbwaisen. Ihre vier Augen, zwei grüne, zwei braune, weiden sich an ihm von der Bettkante aus. Judys Gesicht wirkt länger und ernster als in Florida. Sie wird mal das Hagere, den gehetzten Ausdruck der Angstroms haben. Ihr Kleid ist lila, hat eine weiße Smokpasse. Bildet er es sich ein oder liegt ein Hauch Extraröte auf ihren Lippen? Erlaubt Pru das? Sicher aber ist, daß ihre Haare künstlich gewellt sind, ein karottenfarbenes Gekräusel. «Grandpa, hat es weh getan im Krankenhaus?» fragt sie.

«Nicht sehr, Judy. Mir hat eher weh getan, daß ich überhaupt rein mußte.»

«Ist die Sache in dir drin nun wieder heil?»

«O ja. Mach dir deshalb keine Sorgen. Die Ärzte sagen, mir geht's besser denn je.»

«Wieso liegst du dann im Bett?»

«Weil Grandma für ihre Prüfung lernen mußte und ich sie nicht stören wollte.»

«Sie sagt, du schläfst hier.»

«Sieht so aus, nicht? Eine Pyjama-Party. Als du noch nicht geboren warst, Judy, haben Grandma und ich viele Jahre hier gewohnt, zusammen mit deiner Urgroßmutter Springer. Erinnerst du dich an sie?»

Die Augen des Kindes starren; ihr Grün wird verstärkt durch die Ahornbäume vorm Fenster. «Ein kleines bißchen. Sie hatte fette Beine und hat dicke orangerote Strümpfe angehabt.»

«Das ist richtig.» Aber soll das wirklich alles sein, was in der Erinnerung dieses Kindes von Ma geblieben ist? Schwinden wir so schnell zu fast nichts dahin?

«Ich fand ihre Strümpfe immer furchtbar», redet Judy weiter, als spüre sie sein Bedürfnis, mehr zu hören, und als versuche sie, es zu befriedigen.

«Das waren Stützstrümpfe», erklärt Harry.

«Und sie hatte eine Brille mit so komischen kleinen runden Gläsern, die sie nie abgenommen hat. Ich durfte mit dem Futteral spielen. Es hatte einen Knipsverschluß.»

Roy, den es langweilt, Geschichten über eine alte Frau zu hören, die er nie gesehen hat, will etwas sagen. Sein rundes Gesicht reckt sich angestrengt nach oben, als versuche er, etwas Rauhes, Kratziges herunterzuschlucken, und die gewölbten Brauen über den dunklen, glänzenden, weitaufgerissenen Augen ziehen sich gequält in die Höhe. «Daddy – Daddy kann nicht –» oder vielleicht hat er auch «kommt nicht» gesagt; er scheint unfähig, das, was in ihm vorgeht, zu einem Satz zusammenzubringen, versucht es noch einmal und ringt sich das Wort «Daddy» ab.

Judy versetzt ihm ungeduldig einen Knuff; er fällt gegen den Bettpfosten am Fußende in dem engen Raum zwischen

der Matratzenkante und der perlstabverzierten Wandverklei-
dung. «Sei still, wenn du nicht sprechen kannst», sagt sie.
«Daddy ist in einer Reha-Klinik, damit er wieder gesund
wird.»

Der kleine Junge hat sich den Kopf gestoßen; er starrt seinen Großvater an, als warte er, daß man ihm sagt, was er tun
soll. «Au», sagt Harry für ihn, und sich mit dem Rücken gegen Ma Springers altes braunes Holzkopfende lehnend, breitet er die Arme aus für das Kind. Roy duckt sich an die groß-
väterliche Brust und läßt sein Schmerzgeheul heraus. Sein
Haar ist klebrig-fein, als Harry ihm den Kopf streichelt, wie
Janices gestern, als sie geweint hat. Hat was, hilflos im Bett zu
liegen, alle sind plötzlich nett zu einem. Sie haben's geschafft,
man ist da, wo sie einen hinhaben wollten.

Judy läßt sich nicht stören durch Roys gekränktes Schluchzen. «Grandpa, möchtest du dir mit mir eins von meinen Vi-
deos ansehen? Ich hab *Dumbo*, *Meine Lieder, meine Träume* und
*Dirty Dancing*.»

«Ich würde furchtbar gern mal *Dirty Dancing* sehen, die beiden anderen kenne ich schon, aber mußt du vorm Abendbrot
nicht noch deine Hausaufgaben machen?»

Das Kind lächelt. «Das sagt Daddy auch immer. Er will
sich nie ein Video mit mir ansehen.» Sie sieht auf Roy, der hin
und her gewiegt wird, und zerrt ihren Bruder am Arm.
«Komm da weg, du Blöder. Lehn dich nicht gegen Grandpas
Brust, du tust ihm weh.»

Sie gehen hinaus. Einen gespenstischen Augenblick lang,
als Judy neben dem Bett stand, hat er an Jill denken müssen,
eine von den vielen Toten, die er kennt. Es werden immer
mehr. Das Leben ist wie ein Spiel, das sie auf dem Pausenhof
der Elementary-School immer gespielt haben: Fuchs am
Morgen. Alle stellten sich auf einer Seite der Asphaltfläche
auf, die als Spielfeld markiert war. Einer war «dran», und der
rief laut: «Fuchs am Morgen!», und dann rannten alle auf die
andere Seite, und der, der dran war, grapschte sich ein Opfer
aus der rennenden Menge und zog ihn oder sie in den Kreis,

der auf den Asphalt gemalt war, und dann waren's zwei, die dran waren, und beim nächsten Massenansturm aufs sichere Mal schnappte sich jeder von ihnen wieder einen raus, dann waren's vier und dann acht und so weiter, und bald drängelte sich die ganze Blase in der Mitte: das Verhältnis hatte sich genau umgekehrt. Derjenige, der als einziger nicht gefangen wurde und übrigblieb, war dann beim nächsten Spiel «dran».

Vereinzelte Regentropfen sind über die Scheiben gesprenkelt. Die Lider werden ihm wieder schwer; ein innerer Nebel steigt auf und legt sich ihm ums Gehirn. Wenn man schläfrig ist, dehnt eine innere Welt, kleiner als ein Samenkorn im Sonnenlicht, sich aus, bekommt unwiderstehbare Kraft und sprengt die Schale des Bewußtseins. Es ist so seltsam; es muß noch eine andere Form des Lebendigseins geben als Essen und Schlafen, als Hitze und Frost, als Sonne und Mond. Tag und Nacht gehen ineinander über und sind dennoch nicht dasselbe.

Der Ruf zum Abendessen kommt von weit her, durch viele Schichten Wand und Putz und Luft, und der scharfe Ton läßt darauf schließen, daß es nicht der erste Ruf ist. Er kann nicht glauben, daß er geschlafen hat; es ist gar keine Zeit vergangen, nur daß ein, zwei Gedanken etwas merkwürdig Elastisches bekommen haben, als sie um die Ecke bogen. Sein Mund fühlt sich pelzig an. Die Regenflecken auf der Fensterscheibe sind immer noch so spärlich, daß man sie zählen kann. Er muß an die Fliegenfenster denken, die sie in der Wohnung in der Wilbur Street gehabt haben und an die er sich heute schon einmal erinnert hat: man kaufte sie im Eisenwarenladen, bevor integrierte Doppelfenster sie überflüssig gemacht haben. Sie haben nie genau gepaßt, irgendwo gab es immer einen Spalt, durch den große und kleine Mücken schlüpfen konnten, aber das war nicht das Tragische an ihnen. Tragik lag im gefilterten Sommeratem, den sie einließen, im Sonnenschimmer an manchen Stellen des Maschengeflechts, in der unbeachteten, übersehenen Eindringlichkeit ihrer Details – die gekrümmten Flechtdrähte, der verstellbare

Schieberahmen mit dem aufgeprägten Firmennamen, die unbewegliche Umrandung des Fensters selbst, wie die Ziegelsteine, die überall in Brewer getreulich an ihrem Platz ausharren, obwohl die Maurer, die sie vor langer Zeit aufeinandergelegt haben, tot sind. Die Materie selbst hat etwas Tragisches, sie hält Wache, einerlei, wie groß unser Elend ist. Er ist an dem Tag, als Becky gestorben war, in die Wohnung zurückgegangen, und nichts hatte sich dort verändert. In der Wanne das Wasser, in der Pfanne die Koteletts. Abermals ertönt der Ruf zum Abendessen, näher, vom Fuß der Treppe, mit Janices scharfer Stimme: «*Har*ry! *Es*sen!»

«Ich komm ja schon, Herrgott noch mal», sagt er.

Janice hat gerufen, aber gekocht hat Pru: ein leichtes, köstliches, gesundes Essen. Stücke von irgendeinem weißen Fisch, garniert mit Petersilie und Schnittlauch und gewürzt mit Pfeffer und Zitrone, dazu Spargel, der in einer rechteckigen Mikrowellenschüssel dampft, und eine große Holzschale voll Salat aus Staudensellerie, Mohrrübenscheiben, Datteln und grünen Trauben. Die Salatschale und die Mikrowelle samt Zubehör sind neu, erst nach Ma Springers Tod angeschafft.

Alle essen, aber niemand hat viel zu sagen, außer Janice, die munter drauflos quasselt – über ihre Prüfung, die Kurse, die Leute, die daran teilnehmen, einige von ihnen Frauen reiferen Alters, die wie sie selber sich noch eine berufliche Karriere zimmern, und andere jung und ziemlich genauso, wie wir in den Fünfzigern waren, wirtschaftlich gesehen verängstigt und in allem auf Nummer Sicher gehend. Sie erwähnt ihren Lehrer, Mister Lister, und Judy lacht laut auf bei dem Namen und wiederholt ihn, den Reim auskostend. «Lach nicht, Judy, er hat so ein trauriges Gesicht», sagt Janice.

Judy erzählt eine verwickelte Geschichte über einen Jungen in der Schule und was der heute gemacht hat: er hat aus Versehen die Farbe für das Poster, an dem sie gerade arbeiteten, auf den Fußboden gegossen, und als die Lehrerin ihn deswegen ausschimpfte, hat er den fast leeren Topf in ihre Richtung geschüttelt, so daß ihr Kleid ein paar Spritzer abbekommen hat. In der Klasse ist jetzt ein Schwarzer, dessen Familie kürzlich von Baltimore nach Mt. Judge gezogen ist, und der hat sich das ganze Gesicht mit Mustern bemalt, deren Bedeutung geheim ist, hat er gesagt. Ihre Art zu erzählen ist ein bißchen wie ihre aufgeregte Hin- und Herschalterei beim Fernsehen, und Harry kommt der Gedanke, daß sie das Ganze erfindet oder nicht unterscheidet zwischen ihrem eigenen Klassenzimmer und Klassenzimmergeschichten, die sie aus dem Fernsehen kennt.

Pru fragt Harry, wie es ihm geht. Gut, sagt er; er kann tatsächlich freier atmen seit dem Eingriff – «Prozedur nennen die Ärzte das» –, und übrigens ist sein Gedächtnis jetzt besser. Er möchte nicht wissen, was für eine Matschbirne er vorher gehabt hat, ohne es zu merken. Wirklich, sagt er, sie um Entschuldigung bittend für ihre Mühe, sich bedankend für das gute gesunde Essen, das er glücklich runtergewürgt hat, obendrauf auf den gärenden Corn-Chip-Klumpen, er hätte den heutigen Abend ohne weiteres allein in seinem eigenen Haus zubringen können.

Janice sagt, sie weiß ja, daß es idiotisch ist, aber sie könnte es sich nie verzeihen, wenn er einen Rückschlag kriegt, während sie bei ihrem Kurs ist, und wie soll sie sich auf Pfandrecht und Lehngut und *lex loci* konzentrieren, wenn sie die ganze Zeit denken muß, daß er allein zu Haus und am Ertrinken ist.

Den beiden anderen Erwachsenen am Tisch stockt der Atem bei diesem Lapsus; als das Schweigen unerträglich wird, sagt Harry sanft: «Du meinst nicht Ertrinken», und Janice fragt: «Hab ich Ertrinken gesagt?» und weiß vom Nachklang in ihren Ohren, *daß* sie's gesagt hat. Harry sieht, daß es nur so scheint, als hätte sie Rebecca vergessen, daß sie vor sich selbst immer die Frau ist, immer die Frau sein wird, die ihr eigenes Kind ertränkt hat. Vor dreißig Jahren. Es war um diese Zeit im Jahr, spät im Frühling, sie nähern sich dem Jahrestag, im Juni. Janice steht auf, verwirrt, errötend, beschämt.

«Will außer mir noch jemand Kaffee?» fragt sie, die Blicke aller auf sich fühlend, wie eine Schauspielerin, die mit einem Text herüberkommen muß.

«Und wer möchte, kann zum Nachtisch Sahnepekaneis haben», sagt Pru, deren flache Ohio-Stimme im Lauf der Jahre in hiesige Redeweise verfallen ist, in diese bedachtsame Pennsylvania-Art zu sprechen, als müßte ein betäubender Nebel durchdrungen und alles ganz klar gemacht werden. Sie hat die Strickjacke abgelegt und die Manschetten ihres maskulinen khakifarbenen Hemds hochgekrempelt, so daß ihre flaumigen, sommersprossigen Unterarme zur Hälfte entblößt sind, da am Küchentisch, unter der Deckenlampe aus facettiertem Glas.

«Mein Lieblingseis», sagt Harry; er hat Mitleid mit seiner Frau, möchte ihr heraushelfen aus der grellerleuchteten Bühnenmitte. Sogar der kleine Roy starrt sie mit seinen tintendunklen Augen an, spürt, daß etwas Fremdes, Eigentümliches um sie ist, ein Fluch, den niemand erwähnt.

«Harry, das ist das Schlimmste, was du dir antun kannst», sagt Janice, dankbar, daß er ihr diese Gelegenheit zum Streit, zu einer Szene gegeben hat. «Eis, und dann auch noch mit Nüssen!»

«Ich habe an Harry gedacht und geeisten Joghurt besorgt», sagt Pru. «Mit Pfirsich- und Bananengeschmack, glaube ich.»

«Das ist nicht dasselbe», sagt Harry, herumalbernd, um sich die Aufmerksamkeit beider Frauen zu erhalten. «Ich will Sahnepekan *und* noch was dazu. Vielleicht ein Stück guten altmodischen Apfelstrudel mit ordentlich viel Tapetenkleisterzeug innendrin? Oder Rosinenbrötchen? Oder Sirupbuttertorte? *Hamham*, was, Roy?»

«O Harry, du bringst dich noch um!» schreit Janice und übertreibt, denn ihr Kummer rührt von etwas anderem her.

«Es gibt was, das nennt sich Eismilch», sagt Pru, und er spürt, daß auch sie mit dem Herzen woanders ist, daß sie die ganze Zeit während des Essens um das zugedeckte Loch von Nelsons Abwesenheit herummanövriert hat, dies Wegsein,

von dem keinmal die Rede gewesen ist, nicht mal die groß-
äugigen Kinder haben was gesagt.

«Sirupbuttertorte», sagt Roy mit eigenartig tiefer, männer-
hafter Stimme, und als sie ihm erklären, daß es in Wahrheit
gar keine gibt, daß es nur ein Scherz von Grandpa war, geht
ihm auf, daß er einen Fehler gemacht hat, und in seinem
Überdruß, daß er den ganzen Tag lernen soll, eigenständiger
zu sein, fängt er an, vor sich hinzuwimmern.

«Die Augen leuchten auf», singt Rabbit ihm vor, «das
Bäuchlein sagt hallo!»

Pru geht mit Roy nach oben, und Janice bringt Judy Sahnepekaneis und stellt die Teller in die Geschirrspülmaschine.
Harry hat seinen Löffel behalten und gräbt, als Janice den
Rücken kehrt, auf Judys Teller herum. Er liebt die Sekunde,
wenn die Zunge das Eis flach gegen den Gaumen drückt und
die Pekanstückchen hervorkommen wie Sterne am Abend.
«O Grandpa, das darfst du doch nicht», sagt Judy und sieht
ihn ehrlich erschrocken an, obwohl ihr Mund lächeln möchte.

Er legt den Zeigefinger an die Lippen und verspricht: «Nur
einen Löffelvoll», ist aber schon dabei, sich den nächsten zu
holen.

Das Kind ruft um Hilfe: «Grandma!»

«Er macht nur Spaß», sagt Janice, fragt ihn aber: «Möchtest du auch einen Teller?»

Das bringt ihm vom Tisch hoch. «Ich darf kein Eis essen,
das ist das Schlimmste, was ich mir antun kann», sagt er, und
als er sieht, wie unordentlich sie die Teller in Prus (früher
Mas) Geschirrspülmaschine gestellt hat, schimpft er: «Mein
Gott, du hast kein System – sieh dir an, wieviel Platz du verschwendest!»

«Dann mach du es doch», sagt sie, eine moderne Frau, und
während er's macht, während er die Teller dichter zusam-
menstellt, sie schräg hintereinander staffelt, sammelt sie ihre
Papiere, das Buch und die Tasche auf dem Eßzimmertisch
zusammen. «Verdammt», sagt sie und kommt in die Küche
zurück, um Harry zu melden: «Da habe ich heute morgen so

gründlich überlegt, was ich anziehen soll, und vergesse dann den Regenmantel.» Draußen hat sich's eingeregnet, das Haus ist in lautes Murmeln gehüllt.

«Vielleicht kann Pru dir einen leihen.»

«Der rutscht doch von mir runter», sagt sie, geht aber doch nach oben, wo Pru gerade Roy zu Bett bringt, und nach einer Unterhaltung, die Harry nicht hören kann, kommt sie herunter in einem kirschroten Plastikmantel mit breiten Aufschlägen, zu langem Gürtel und im Lampenlicht glänzenden Zickzacklinien. «Sehe ich lächerlich aus?»

«Nicht unbedingt», sagt er. Er stellt sich etwas vor, das ihn erregt: man geht mit den Augen den Zickzackfalten nach bis nach oben und erwartet, daß die rothaarige Pru zurückstarrt, und statt dessen ist es das angejahrte Gesicht von Janice, gerahmt in ein buntes Kopftuch, das auch nicht ihres ist.

«Ach ver*dammt*, ich bin so wütend auf mich, ich hab auch noch meinen Glücksfüller zu Haus auf dem Tisch liegenlassen, und es ist keine Zeit mehr zurückzufahren und ihn zu holen, bei dem Regen.»

«Vielleicht nimmst du das Ganze zu ernst», sagt er. «Was willst du dem Lehrer eigentlich beweisen?»

«Ich will *mir* etwas beweisen», sagt sie. «Sag Pru, ich gehe jetzt und bin um halb elf zurück, vielleicht um elf, wenn wir hinterher noch irgendwo ein Bier trinken. Du gehst zu Bett und ruhst dich aus. Du siehst müde aus, Schatz.» Sie gibt ihm im Hinausgehen ostentativ einen schmachtenden kleinen Kuß, ist dankbar für was auch immer. Froh, daß sie gehen kann. All diese männlichen Berater, die sie plötzlich hat – Charlie, Mr. Lister, der Buchprüfer aus Brewer –, kommen ihm wie Eindringlinge vor, ebenso hinterhältig wie der ferngesteuerte Katheter, der sich in sein schattenhaftes, ädriges Herz getastet hat.

Das Gemurmel rings ums Haus klingt lauter nach Janices Schritten auf der Veranda und dem Geräusch des anspringenden Camry. Sie hat die überängstliche Angewohnheit, den Motor durchdrehen zu lassen, bevor sie den ersten Gang einlegt, und startet meist mit schleifender Kupplung. Janice ist in Prus roten Regenmantel gewickelt, und er ist der Mann in Prus Haus.

Im Wohnzimmer sehen er und Judy sich den Schluß der ABC-News auf Kanal 6 an (dieser Peter Jennings: erzählt den Amerikanern alles über Amerika und sagt immer noch «aboot» statt «about», ist eben sehr kanadisch), und dann betätigt Judy die Fernbedienung, und sie hüpfen hin und her zwischen *Jeopardy!* und *Simon and Simon* und den ab sieben Uhr auf mehreren Kanälen gleichzeitig ausgestrahlten Wiederholungen von *Cosby* und *Cheers*. Pru weht die Treppe herunter, als Roy im Bett liegt, in die Küche hinein, um wegzuräumen, was Janice hat herumliegen lassen, dann durchs Eßzimmer, um zu prüfen, ob alle Fenster zu sind und kein Regen hereinkommen kann, und dann in die Glasveranda, wo sie ein paar welke Blätter von den Pflanzen auf Ma Springers altem Eisentisch zupft. Schließlich kommt sie ins Wohnzimmer und setzt sich auf das alte Sofa neben ihn, während Judy im Barcalounger weiter zwischen den Kanälen hin und her schaltet. In der *Cosby*-Folge, die gerade wiederholt wird, haben die Huxtables eine ihrer Kindererziehungskrisen, die sich jedesmal wie Würfelzucker in ihrer herzlichen Gutgelauntheit, ihrer gegenseitigen Liebe und Güte auflösen: Vanessa und ihre Freundinnen sind ganz aus dem Häuschen, sie wollen bei einem lokalen Tanzwettbewerb mit lippensynchronem Playback-Gesang mitmachen und lassen sich von einem alten schwarzen Nachtclub-Pianisten unterweisen, und als der Augenblick kommt, wo sie ihren Eltern im Wohnzimmer zeigen wollen, was sie können, da stoßen und stampfen sie los, mit einer Sexualität, die so erschreckend und frühreif ist, daß Mrs. Huxtable, Claire, im wirklichen Leben die fabelhafte Phylicia Rashad, verheiratet mit dem froschäugigen schwarzen Sportkommentator, für Anstand sorgen muß: sie hält die Platte an und schickt die Mädchen wieder nach oben, aber sie macht das mit diesem ganz gewissen Lächeln, diesem breiten, weißzahnigen, leicht unverschämten schwarzen Lächeln, das besagt, Unanständigkeit, am rechten Ort, zur rechten Zeit, sei schon in Ordnung, zum Beispiel bei einer der kleinen glubschenden Huxtable-Kuscheleien, mit denen so manche *Cosby Show* endet. Neben ihm auf dem Sofa starrt Pru, einen Edelstein, eine glitzernde Träne im Augenwinkel, auf den Fernsehschirm. Vom Barcalounger aus schaltet Judy zu tropischem Himmel und einer riesigen Schildkröte um, die langsam den Kopf wendet, während eine gottähnliche Stimme aus dem Off psalmodiert: «...*entschlossen, ihre Brutgründe zu verteidigen.*»

«Verdammt noch mal, Judy, schalte zu den Cosbys zurück, *sofort*», sagt Harry, wütend nicht um seiner selbst willen, sondern wegen Pru, für die die Show eine Darstellung vertaner Möglichkeiten zu sein scheint.

Judy fährt zusammen wie die Mädchen eben bei den Cosbys und schaltet tatsächlich zurück, aber inzwischen läuft ein Werbespot, und sie heult, als ihr die Beleidigung ins Bewußtsein dringt: «Daddy soll wiederkommen! Alle andern sind gemein zu mir!»

Sie weint, Pru steht auf, um sie zu trösten, Rabbit tritt in Unehren den Rückzug an. Er geht ums Haus, hört dem Regen zu, staunt, daß er hier mal gelebt hat, erinnert sich an die Toten und an die toten Versionen der Lebenden, die hier mit ihm gelebt haben, findet ein halbvolles Glas trockengerösteter Cashewnüsse auf einem hohen Küchenbord und, im Fernsehapparat in der Küche, eine Wiederholung der Playoff-Runde von gestern abend zwischen den Knicks und den Bulls. Er findet es widerlich, wie Michael Jordan seine rosa Zunge im Mund herumwälzt, wenn er sich zu einem Treffer hochreckt. Er hat Interviews mit Jordan gesehen, der Bursche ist intelligent, warum rollt er mit der Zunge rum wie ein Schwachsinniger? Die wenigen weißen Spieler auf dem Feld da sehen rührend nackt aus, ihr käsiger Schweiß, ihr fusseliges Achselhaar; es kommt Harry ganz unglaubhaft vor, daß er selber je in so einem Spiel gestanden hat, auch wenn damals die Shorts ein bißchen länger und die Armlöcher der Trikots nicht ganz so groß gewesen sind. Er hat, ohne es zu merken, alle Cashew-

nüsse aufgegessen, die noch im Glas waren, und das Basket-
ballspiel – Jordan wechselt mitten im Lauf die Richtung, nicht
einmal, sondern zweimal, Ewing flatscht ihm seine Riesenhand mitten ins Gesicht, und er schickt einen tolpatschigen
Sprungwurf los – zerrt plötzlich an ihm mit seiner zähen Aktivität, diesem Äußersten an körperlicher Bewegung, an das
seine Nerven, nicht aber seine Muskeln sich erinnern können.
Er braucht ein Nitrostat aus der kleinen Flasche in der Jacke
im flachen Wandschrank oben. Das Spukige des Parterres bedrückt ihn. Er macht die Küchenlampe aus und hält den
Atem an, als er an Ma Springers großem Vitrinenschrank im
dunklen Eßzimmer vorbeigeht, wo der Regen, der an den Fenstern niederrinnt, wimmelnde Projektionsbilder der Straßenlaternen auf die Tapete wirft.

Im Flur oben hört er das Gemurmel eines Fernsehapparats
aus Mas altem Zimmer dringen, das jetzt Judys ist, und er
wagt es, an die Tür zu klopfen und sie zu öffnen. Das kleine
Mädchen ist in ein ärmelloses Nachthemd gesteckt worden,
sitzt, mit dem Kunststoffdelphin im Arm, aufrecht, gegen
zwei Kissen gelehnt, und seine Mutter sitzt auf dem Bett neben ihm. Das am Fußende flackernde Licht des Apparats hebt
ein paar helle Stellen hervor – Judys Augäpfel, ihre bloßen
Schultern, den Delphinbauch, Prus lange Unterarme, die
über der flachen Brust des Kindes liegen. Er räuspert sich und
sagt: «He, Judy – tut mir leid, wenn ich vorhin unten ein bißchen scheußlich zu dir war.»

Mit psst-machender, ungeduldiger Hand bedeutet sie ihrem Großvater, daß sie ihm verziehen hat und daß er hereinkommen und mit ihnen fernsehen soll. Im unsteten blauen
Lichtschein macht er einen Kinderstuhl aus, rückt ihn dicht
ans Bett und läßt sich darauf nieder; er hockt fast am Boden.
Regentropfen, von den Lichtern der Joseph Street beschienen,
funkeln auf den Scheiben. Er sieht zu Prus Profil hinüber, ob
da eine Träne glitzert, aber ihr Gesicht ist beherrscht, die
Nase scharf, der Mund fest zusammengepreßt. Sie sehen sich
*Unsolved Mysteries* an: blasse, dicke amerikanische Gesichter

treiben ins Blickfeld der Kamera und berichten ernsthaft von UFOs über Zuckerrübenfeldern, Einkaufspassagen, in Navajo-Reservaten, indes die buntkarierten Möbel und gestreiften Tapeten ihrer Zimmer im grellen Licht, das die Kameras benötigen, die ausführliche, kühle Unheimlichkeit von Kieselalgen unterm Mikroskop haben. Harry ist beeindruckt, wie gut sie alle sprechen, sich artikulieren können, diese Kleinstadt-Sheriffs und Campingplatz-Hausfrauen, ja, sogar die Gammler und Aussteiger, die just in dem Augenblick auf ein verlassenes Picknickgelände geraten sind, als die Superhirne, die die UFOs befehligten, sich zur Landung entschlossen und die terrestrische Fauna erkunden wollten – eine Nation von Darstellern, von eloquenten Fernsehprofis ist im Scheinwerferlicht aus dem Boden geschossen, jeder einzelne ist tadellos präpariert für seine dreißig Sekunden landesweiter Aufmerksamkeit. Als die Werbung läuft, schaltet Judy auf andere Kanäle um, zu Jacques Cousteau im Taucheranzug, zu Schweinchen Dick in der blauen Jacke mit den großen Knöpfen (merkwürdig, diese alten Cartoontiere laufen alle mit nacktem Hintern rum), zu einem Rocksänger mit strähnigen Haaren, der sein Mikro mit einer so aufgegeilten Verzückung umzüngelt, als sei er ein weiblicher Pornostar, der gleich eine Blasnummer hinlegt, zu einer Gerichtsszene, wo man an den verschlagenen Augen des Richters auf Anhieb erkennen kann, daß er auf einen faulen Kompromiß aus ist, während ein Kolibri in Zeitlupe mit seinen erstaunlich biegsamen Flügeln schlägt, Angela Lansbury entrüstet guckt und Greer Garson leicht unscharf wirkt in Schwarzweiß, und zurück zu *Unsolved Mysteries*, bei denen es jetzt um ein Kleinkind geht, das aus einem New Yorker Krankenhaus verschwunden ist und Robert Stack in seinem mystischen Regenmantel *noch* geheimniskrämerischer aussehen läßt. Weil Rabbit vorhin schon grob geworden ist, hält er jetzt den Mund. Er fühlt sich schwach. Die flackernden Bilder drücken ihn nieder, hart wie Herzschläge. Er will die Lösung des Geheimnisses vom verschwundenen Baby nicht mehr wissen, sondern steht auf und schiebt, um Judy einen Gutenachtkuß zu geben, sein Gesicht an dem anderen, größeren vorbei zu ihrem hin. «Hab dich lieb, Grandpa», sagt das Kind mechanisch, vergebend oder vergeßlich.

«Die Lampen unten sind alle aus», sagt er leise zu Pru.

«Ich muß sowieso noch mal runter», sagt sie ebenso leise, ebenso ängstlich darauf bedacht wie er, den Zauberbann nicht zu brechen, der zwischen dem Kind und dem Fernsehapparat besteht.

Von ihrem Gesicht ist eben, als sein Gesicht sich daran vorbeigeschoben hat, um ein anderes zu küssen, ein Duft nach Shampoo und Puder ausgegangen, so wie die Bäume vorm Haus einen blättrigen frischen Baumgeruch an den Regen abgeben.

Dieser grüne feuchte Duft ist auch in seinem Zimmer, dem alten Nähzimmer, in dem die kopflose Kleiderpuppe steht. Harry zieht sich aus und streift sich den sauberen Pyjama über, den Janice vorausschauend, wie es sonst nicht ihre Art ist, mitgebracht hat. Eine flaumige daunige Müdigkeit ist über ihn gekommen, hüllt ihn ein wie das Geräusch des Regens. In dem engen Zimmer ist es deutlicher als anderswo im Haus und vielfältig, eine Unterhaltung, an der das Verandadach und die Dachrinne beteiligt sind, das widerhallende Fallrohr, die nachgebenden Blätter der Ahorne und das Rauschen eines vorbeifahrenden Autos. Ihm am nächsten: ein in regelmäßigen Abständen einsetzendes Tröpfeln zwischen dem Wetterfenster und dem hölzernen Schieberahmen, das auf eine Leckage im Mauerwerk hindeutet und irgendwann zu Fäulnis führen kann. Nicht sein Problem. Immer weniger Dinge sind noch sein Problem. Das Fenster steht ein wenig offen, damit Luft herein kann, und vereinzelte Tropfen prikkeln ihm auf den Händen, als er einen Augenblick dasteht und hinaussieht. Mt. Judge verändert sich nicht sehr, jedenfalls hier im älteren Teil nicht, ist aber weggesunken unter seinem Leben wie unter einem aufsteigenden Flugzeug. Sein Leben ist auf diesem schimmernden Asphalt hingeflossen, an diesen abfallenden Rasenflächen und mit Ziegelpfeilern umstandenen Veranden vorbei, und hat keine Spur hinterlassen. Die Stadt hat ihn nie gekannt, nicht so, wie er sich als Kind vorgestellt hat, daß sie's tut – daß jeder Kieselstein, jeder Milchflaschenbehälter, jedes Tulpenbeet, augenlos, ihn mit Wohlwollen vorbeigehen sieht –, aber im Augenblick erschreckt ihn dieser Gedanke nicht. Ein verschwommen erleuchtetes Fenster auf der anderen Straßenseite zeigt einen leeren Sessel her, ein mehrteiliges Kaminbesteck mit Messinggriffen, einen backsteinernen Kaminsims, auf dem vergessen zwei Leuchter stehen.

Rabbit eilt mit bloßen Füßen über den Flur ins Badezimmer und wieder zurück und liegt im Bett, bevor es neun Uhr ist. Im Krankenhaus waren um diese Zeit die letzten Besucher längst weg, das kurze Gestöber, das ihrem Abgang folgte – man mußte ins Bad, bekam seine Pillen –, hatte sich gelegt, das Lampenlicht im Flur war heruntergeschaltet, und die Stimmen der Schwestern klangen gedämpft. Es gibt keine Leselampe im Nähzimmer, nur die mit einem Papierschirm versehene Deckenbeleuchtung, die er nicht anknipsen mag. Er hat einen Stapel alter *Consumer's Digests* im Wandschrank gesehen, vermutet aber, daß die darin beurteilten Produkte inzwischen nicht mehr auf dem Markt sind. Das Geschichtsbuch, das Janice ihm geschenkt hat und das er nicht zu Ende kriegt, obwohl er schon mehr als die Hälfte geschafft hat, ist im Haus in Penn Park geblieben. Ohnehin reicht das Licht der Straßenlaternen zum Lesen nicht aus. Es projiziert rhombenförmige Geisterbilder auf die Fensterscheiben, Schatten, in die sporadisch Bewegung kommt, wenn Regentropfen sich zitternd sammeln und dann zu jähen kleinen Sturzbächen werden. Wie die Anfänge des Lebens in einer der wissenschaftlichen Fernsehsendungen, die er sich ansieht: Moleküle, die sich aufs Geratewohl angehäuft haben, dann ein Blitzschlag, und sie verwandeln sich in Leben. Hinter seinem Kopf und dem alten braunen Kopfende des Bettes mit den ausgesägten Schnörkelverzierungen und den pilzköpfigen

Pfosten steht die Nähmaschine und wartet darauf, daß seine tote Schwiegermutter mit ihren kleinen geschwollenen Füßen wieder das Pedal tritt und mit ihren kurzen dicken Fingern einen angefeuchteten Faden in die verrostete Nadel schiebt. Ungefähr so wahrscheinlich, daß das passiert, wie daß sich Leben einfach so aus Molekülen erhebt. Ein ersticktes Grollen, ferner Donner, dringt aus der Richtung von Brewer her, und die Baumwipfel erschauern. Harrys Kopf liegt erhöht auf zwei Kissen, damit das Völlegefühl in der Brust nachläßt. Das Herz tut ihm nicht weh, es treibt nur verwundet auf dem Meer der verebbenden Zeit. Zeit vergeht, er weiß nicht, wieviel, dann bewegt sich die Türklinke, klickt, und ein schräger Lichtstab stößt in die amniotische Isolation des kleinen geborgten Zimmers.

Prus Kopf, mit kupferigen Funkelpünktchen auf dem Haar, schiebt sich herein. «Bist du wach?» fragt sie und flüstert fast. Ihre Stimme scheint rauher als sonst, und ihr Gesicht ist ein milchiger, herzförmiger Schatten.

«Ja», sagt Rabbit. «Lieg einfach da und hör dem Regen zu. Hast du Judy zur Ruhe gebracht?»

«*End*lich», sagt die junge Frau, tritt auf die erbittert betonte Silbe hin ganz ins Zimmer und steht aufgerichtet da. Sie hat ihren kurzen Morgenrock an und um die Beine einen weißen Schatten, der ihr bis zu den Knöcheln reicht. «Sie ist völlig durcheinander wegen Nelson, ist ja klar.»

«Klar. Tut mir leid, daß ich sie angeschnauzt habe», sagt er. «Das ist das letzte, was das arme Ding jetzt nötig hat.» Er stützt sich auf die Ellbogen, fühlt sich irgendwie als Gastgeber, und sein Herz hämmert, so merkwürdig erscheint ihm das, obwohl er nach den Tagen im Krankenhaus daran gewöhnt sein sollte, daß Leute ihn besuchen, während er im Bett liegt.

«Ich weiß nicht», sagt Pru. «Vielleicht ist es gerade das, was sie nötig hat. Daß man die Dinge mal ein bißchen zurechtrückt. Sie glaubt, sie hat ein Recht auf alle Fernsehapparate in der Welt. Macht es dir was aus, wenn ich rauche?»

«Überhaupt nicht.»

«Ich meine, das Fenster ist ja ein klein wenig offen, aber wenn es –»

«Nein, tut es nicht», sagt er. «Ich hab's gern, wenn andere rauchen. Fast so gut, als wenn man selber raucht. Nach dreißig Jahren geht es mir noch immer ab. Wie kommt es, daß du's nicht aufgegeben hast, wo doch dieser Gesundheitsfimmel grassiert?»

«Ich *hatte* es aufgegeben», sagt Pru. Ihr Gesicht im blaugrünen Aufflackern des Bic-Feuerzeugs – einer kleinen lippenstiftähnlichen Röhre – sieht hart aus, entschlossen, ein Gesicht, reduziert aufs Notwendigste, mit einem langen, von der Nase ausgehenden Schatten quer über der Wange. Die Flamme verlischt. Pru atmet laut den Rauch aus. Ihre Stimme fährt fort in den wiederhergestellten Schatten: «Bis auf vielleicht eine oder zwei am Abend, um nicht soviel zu essen. Aber jetzt, diese Sache mit Nelson – wieso nicht? Was macht da schon noch was aus.» Ihr schwebendes Gesicht ist erst von der einen Seite zu sehen, dann von der andern. «Man kann hier nirgendwo sitzen. Ein gräßliches Zimmer.»

Er riecht nicht nur ihren Zigarettenrauch, sondern auch ihre Weiblichkeit, die leise Kaufhaussüße, die Frauen anhaftet, wegen der Cremes, der Shampoos, die sie benutzen. «Es ist gemütlich», sagt er und rückt mit den Beinen zur Seite, damit sie sich aufs Bett setzen kann.

«Ich wette, du hast doch geschlafen», sagt Pru. «Ich bleibe nur, bis ich die Zigarette zu Ende geraucht habe. Ich brauche einfach ein bißchen Gesellschaft von einem Erwachsenen.» Sie inhaliert wie ein Mann, tief, so daß ihr der Rauch ein paar Atemzüge lang in dünnem Doppelstrom aus Mund und Nasenlöchern dringt. «Hoffentlich ist es jetzt, wo Nelson weg ist, nicht jeden Abend so ein Alptraum, die Kinder zu Bett zu bringen. Sie brauchen so viel Be*stä*tigung.»

«Ich dachte, er war an vielen Abenden gar nicht hier.»

«Um diese Zeit am Abend war er meistens hier. Der Betrieb im Laid-Back geht nicht vor zehn los. Er ist von der Arbeit nach Haus gekommen, hat gegessen, mit den Kindern ge-spielt, und dann wurde er unruhig. Ich bin davon überzeugt, daß er meistens gar nicht vorhatte, am Abend noch mal weg-zugehen und sich ein paar Sniffs zu beschaffen, es kam einfach über ihn, und er konnte nicht dagegen an.» Sie nimmt noch einen Zug. Er hört, wie sie den Rauch in sich hineinsaugt – es klingt wie ein Seufzen mit mehreren Abstufungen –, und erin-nert sich, wie es gewesen ist, wenn man rauchte. Man hat aus Luft eine Erweiterung seiner selbst geschaffen. «Was die Kin-der anging, war er eine große Hilfe. Er war ja sonst der letzte Dreck, aber er war kein schlechter Vater. Er *ist* kein schlechter Vater. Ich rede ja, als ob er tot wäre.»

«Wie spät ist es übrigens?» fragt er.

«Viertel nach neun ungefähr.»

Janice würde frühestens um halb elf zurückkommen. Genü-gend Zeit also, dies hier zu Ende zu bringen. Er lehnt sich entspannt in die Kissen zurück. Gut, daß er am Nachmittag ein bißchen geschlafen hat. «So siehst du das also», fragt er, «er war der letzte Dreck für dich?»

«Absolut. Schrecklich. Ist die ganze Nacht weg und macht Gott weiß was und winselt hinterher rum und bettelt um Ver-zeihung. Das habe ich noch mehr gehaßt als die Weiberge-schichten. Mein Vater war ein Säufer und ein Schürzenjäger, aber wenigstens hat er Mom nicht was vorgegreint, sondern das Jammern *ihr* überlassen. Diese unreife Unselbständigkeit bei Nelson war völlig neu für mich, ich kannte so was nicht.»

Das Ende ihrer Zigarette glüht. Das ferne Donnerrollen kommt näher. Harry empfindet Prus Nähe als etwas Heißes, sie ist unangenehm groß und scharfkantig im Sack seines Be-wußtseins. Ihre Art zu reden hat etwas Eckiges, Ruppiges, die forsche Akron-Ruppigkeit, durchsetzt mit einem abschätzi-gen, bei Lebensbewältigungsprofis abgeguckten Vokabular. Er mag es nicht, daß sie seinen Sohn unreif nennt. «Du hast ihn eine ganze Weile gekannt, damals am Kent-College», sagt er nachdrücklich, beinah feindselig. «Du wußtest, auf was du dich einläßt.»

«Harry, ich wußte es *nicht*», sagt sie, und das Zigarettenende beschreibt einen aufgeregten Bogen. «Ich dachte, er würde sich noch entwickeln, ich hab mir nicht träumen lassen, daß er mit euch beiden in einer derartigen Verstrickung lebt. Er polkt immer noch dran rum, was ihr beiden ihm angetan habt, als wärt ihr die einzigen Eltern auf der Welt, die ihrem Sprößling nicht den Hintern abgewischt haben, bis er dreißig war. Ich sage ihm: komm auf den Boden der Tatsachen, Nelson. Miese Eltern sind das Übliche. Mein Gott. Nichts ist ideal. Dann wird er sauer und hält mir vor, was für ein kalter Fisch ich bin. Er meint Sex. Was bei Koksern schnell flöten geht, ist Scham. Diese Frauen, die drauf sind, machen *alles*. Ich sage ihm: du wirst mich nicht mit Aids anstecken, das du dir bei einer deiner Kokshuren geholt hast. Also zieht er wieder los. Es ist ein Teufelskreis. So geht das seit langem.»

«Wie lange schon, ungefähr?»

Als sie mit den Schultern zuckt, bebt Mas altes Bett. «Länger, als du glauben würdest. Diese Clique um Slim hat immer schon Pot und Speed genommen – Schwulen ist das schnurzegal, sie können das ganze Geld nur für sich ausgeben. Vor zwei Jahren ungefähr war Nelson als User soweit, daß er stehlen mußte. Am Anfang hat er nur von uns gestohlen, Geld, das fürs Haus und für Möbel hätte verwendet werden müssen, und dann fing er an, euch zu bestehlen, die Firma. Ich hoffe, ihr bringt ihn ins Gefängnis, ich meine es ernst.» Sie hält schon eine Weile die Hand unter die Zigarette, um die Asche aufzufangen, und schaut sich jetzt nach einem Aschenbecher um, sieht keinen und schnippt den Stummel schließlich zum Fenster hin, wo er funkensprühend gegen den Fliegendraht prallt und auf der nassen Fensterbank verzischt. Ihre Stimme wird rauher und bekommt einen gewissen Schwung, etwas Aufwallendes. «Ich habe keine Verwendung mehr für ihn. Ich habe Angst, mit ihm zu vögeln, Angst, mit ihm verheiratet zu sein. Ich habe mein Leben vergeudet. Du weißt nicht, wie das ist. Du bist ein Mann, du bist frei, du kannst tun, was du willst, mindestens, bis du sechzig bist, hast du freie Auswahl, du bist Käufer. Als Frau *ver*kauft man. Man muß. Und man feilscht tunlichst nicht zu lange. Ich bin vierunddreißig. Ich hab meinen Trumpf gehabt, Harry. Ich hab ihn an Nelson verschwendet. Ich hab mein kleines Blatt gehabt, ich hab's ausgespielt, und jetzt bin ich bankrott, erledigt. Mein Mann haßt mich, und ich hasse ihn, und wir haben nicht mal Geld, das wir unter uns aufteilen könnten! Ich hab Angst, solche Angst. Und meine Kinder haben auch Angst. Ich bin Abfall, und sie sind's auch, und sie wissen es.»

«He, he», fühlt er sich verpflichtet zu sagen, «nicht doch. Niemand ist Abfall.» Aber noch während er es sagt, weiß er, daß das eine altmodische Ansicht ist, die er kaum verteidigen könnte. In Wahrheit sind wir alle Abfall. Ohne Gott, der uns aufhebt und uns zu Engeln macht, sind wir alle Abfall.

Ihr Schluchzen erschüttert das Bett so sehr, daß ihm in seinem geschwächten postoperativen Zustand ein bißchen übel wird. Um ihren großen Körper zu beruhigen, streckt er den Arm aus und zieht sie zu sich heran. Und als habe sie auf seine Berührung gewartet, schmiegt sie sich eng an ihn, auch wenn noch eine Wolldecke und ein Laken zwischen ihnen sind, und schluchzt auf einem bitteren, tieferen Ton weiter, und ihr Atem streicht ihm heiß über die Brust, wo ein Pyjamaknopf aufgegangen ist. Seine Brust. Sie wollen sie aufschneiden. «Du bist wenigstens gesund», sagt er. «Bei mir brauchen sie nur noch den Sargdeckel zuzunageln. Ich kann nicht laufen, ich kann nicht vögeln, ich kann nicht essen, was ich mag, ich weiß verdammt gut, daß sie mich zu einem Bypass überreden werden. *Du* hast Angst? Du bist noch jung. Du hast noch 'ne Menge Karten. Denk dran, was für eine Angst *ich* habe.»

Pru in seinen Armen sagt mit wieder gefaßter Stimme: «Ist doch heute gang und gäbe, daß man sich einen Bypass machen läßt.»

«Ja, du hast gut reden. Das ist, als würde ich zu dir sagen, ist doch heute gang und gäbe, daß man mit dem letzten Dreck verheiratet ist. Oder als würdest du mir sagen, ist doch gang und gäbe, daß die eigenen Kinder sich als drogenabhängige Betrüger entpuppen.»

Ein kleines Lachen. Ein Blitz draußen und nach ein paar Sekunden Donner. Beide lauschen. «Sagt Janice, du darfst nicht vögeln?» fragt sie.

«Wir reden nicht darüber. Wir tun's einfach kaum noch in letzter Zeit. Es ist zu viel anderes passiert.»

«Was hat dein Arzt gesagt?»

«Ich weiß nicht mehr. Mein Kardiologe ist ungefähr in Nelsons Alter, wir haben uns zu sehr geniert, um genauer drauf einzugehen.»

Pru schnieft und sagt: «Ich hasse mein Leben.» Sie kommt ihm unnatürlich reglos vor, wie ein Kaninchen im näher kommenden Scheinwerferlicht.

Er läßt die Hand des Arms, der um ihren breiten Rücken liegt, über die Quadrathügelchen des gesteppten Morgenrocks nach oben wandern, in die seidige Höhle hinten an ihrem Hals einkehren und mit den warmen Haaren dort spielen. «Das Gefühl kenne ich», sagt er, einverstanden mit dem Spiel seiner Hand, von Kopf bis Fuß eine daunige Schläfrigkeit spürend, die darauf wartet, von ihm Besitz zu ergreifen.

«Ein paar Gründe gab's, weswegen ich Nelson mochte: du hast dazugehört», sagt Pru. «Vielleicht habe ich gedacht, Nelson würde so werden wie du.»

«Vielleicht ist er so geworden. Du hast noch nicht erlebt, was für ein Ekel ich sein kann.»

«Ich kann's mir vorstellen. Aber die Leute provozieren dich.»

«Ich erkenne viel von mir selbst in dem Jungen.» Die Haut ihres Nackens prickelt unter seiner Berührung, die weichen Haare sträuben sich seiner Elektrizität entgegen. «Ich bin froh, daß du deine Haare lang wachsen läßt», sagt er.

«Sie werden zu lang.» Ihre Hand ruht auf seiner nackten Brust, da, wo der Knopf aufgegangen ist. Er stellt sich ihre Hände vor, den rosaknöchligen, verletzlichen, wunden Anblick. Sie ist Linkshänderin, fällt ihm ein. Das Merkwürdige

443

daran erregt ihn noch mehr. Er gibt sich nicht die Zeit, weiter darüber nachzudenken, sondern nimmt mit der freien Hand ihre Hand von seiner Brust und legt sie weiter unten nieder, dorthin, wo seinen halb wegrasierten Schamhaaren überraschend eine Erektion entsprossen ist. Seine Geste ist präsexuell, hat etwas von der Freude, mit der ein Kind ein anderes auf eine interessante Entdeckung aufmerksam macht – auf einen Stein, der sich bewegt, oder auf einen Schmetterling mit ungewöhnlich dickem Leib. Ihre Augen weiten sich im verschwommenen Gesicht, das zollweit von seinem entfernt auf dem Kissen liegt. Winzige Lichtpunkte haben sich in ihren Wimpern verfangen. Er läßt sein Gesicht treiben, auf der Tide des Blutes, die in ihm gestiegen ist, über jene zollbreite Entfernung hinweg, um nach sorgfältiger Überprüfung des Winkels seinen Mund mit dem ihren zu vereinen, während ihre Finger ihn in einem Rhythmus liebkosen, der langsamer ist als der seines hämmernden Herzens. Als die Entfernung zwischen ihnen aufgehoben ist, gibt er acht auf sein Herz, seinen Komplizen in der Sünde. Ihr Kuß schmeckt nach dem Fisch, den sie so delikat zubereitet hat, nach Zitrone und Schnittlauch und nach Spargel.

Regen peitscht gegen das Fliegengitter. Die auf die Fensterbank fallenden Tropfen ticken schneller. Ein gleißender naher Blitz erschüttert die Luft ringsum, und weniger als eine Sekunde später kracht ein herzstockender, berstender, splitternder Donnerschlag auf das Haus nieder. Wie als Fortsetzung der Unbesonnenheit der Natur sagt Pru: «Scheiße!», springt aus dem Bett, knallt das Fenster zu, zieht das Rollo herunter, reißt ihren Morgenrock auf und wirft ihn ab, bückt sich, faßt das Nachthemd und zieht es sich über den Kopf. Ihre hohe, blasse, weithüftige Nacktheit im dämmerigen Zimmer ist schön, so wie die blühenden Birnbäume an jener Straße in Brewer letzten Monat schön gewesen sind, ganz sein, so war es ihm vorgekommen, ein Stück vom Paradies, auf das er zufällig gestoßen war, unglaublich.

# III

## HI

Mitte Juni hat das Unkraut die Herrschaft übernommen: Klette und Wegwarte stehen drei Fuß hoch an den steinigen trockenen Rändern der Route 111, und die vor sich hin kümmernde kleine Taxushecke, die als Verkleidung der Mauer unterhalb der Schaufenster von Springer Motors gedacht war, ist durchwuchert von Fingergras und Portulak, die durch den verrottenden, seit Jahren nicht mehr erneuerten Rindenmulch sprießen. Das gehört zu den Sachen, die Harry sich im Geist immer wieder vormerkt: den Gartendienst anrufen und die Mulchdecke erneuern und die eingegangenen kleinen Taxussträucher auswechseln lassen, ungefähr ein Drittel ist kaputt, es sieht scheußlich aus, wie Zahnlücken. Drüben an der vierspurigen 111, auf der der Verkehr dichter und schneller rollt denn je, obwohl der Staat immer noch am Tempolimit von fünfundfünfzig Meilen die Stunde festhält, ist der Chuck Wagon, das Imbißlokal, das auch außer Haus verkaufte, durch eine Pizza Hut ersetzt worden, eine von ungefähr sechs, die es jetzt in Brewer und Umgebung gibt. Was finden die Leute bloß daran? Ewig diese gummiartigen Tortenstücke aus Teig und Käse, die einem vor dem Gesicht lange Fäden ziehen, wenn man reinbeißt. Aber samstags, wenn Benny in Wochenendlaune rüberläuft und jedem, der möchte, eine Portion mitbringt, gestattet Harry sich eine Peperoni mit Pfefferschoten und Zwiebeln, aber ohne Anchovis bitte. Wie kleine Schnecken, die im Matsch stecken.

Heute ist nicht Samstag, heute ist Montag, der Tag nach Vatertag. Niemand hat Harry eine Karte geschickt. Er und Janice sind zweimal bei Nelson in North Philly gewesen, zur Familientherapie in diesem trübsinnigen Reha-Center mit den vielen Geländern und Schwarzen Brettern und dem feuchten Hektographiergeruch, der ihn an die Sonntagsschule im Souterrain erinnert, in die er als Kind gegangen ist, und beide Male ist es wie eine Zankerei am Küchentisch gewesen, nur mit Schiedsrichterin, einer hageren blassen Schwarzen mit modischer Brille und diesem milden Kirchgangslächeln, das Harry mit der besseren Sorte von Philadelphia-Schwarzen verbindet. Sie nehmen die alten Geschichten durch – den Tod des Babys, das Durcheinander in den Sechzigern, als Janice auszog und Jill und Skeeter einzogen, die verrückte Art und Weise, wie Nelson sich mit dieser Sekretärin von der Kent State University verheiratet hat, die drei Zentimeter größer und ein Jahr älter war als er und obendrein Katholikin, und wie das junge Paar dann in das alte Springer-Haus gezogen ist und das ältere Paar auszog und nun das halbe Jahr in Florida lebt, damit der Junge sich in der Autovertretung ordentlich austoben kann; Harry legt seinen Standpunkt dar, nämlich daß Nelson von seiner Mutter nach Strich und Faden verzogen worden ist, weil die einen Schuldkomplex hat, und daß das der Grund ist, weshalb der Junge sich berechtigt fühlt, im Lande Pump und Klau zu leben mit all den Schwuchteln und Drogis und seine Frau und seine Kinder in Lumpen rumlaufen zu lassen. Während er redet, wird das Lächeln der mokkafarbenen Therapeutin noch frömmer, noch geduldiger, und dann wendet sie sich einem der anderen zu, Nelson oder Janice oder Pru, und fragt sie, was sie halten von dem, was sie eben gehört haben, als ob das, was er sagt, nicht eine Darstellung von Fakten wär, sondern eine Abfolge von Geräuschen, die dem allgemeinen Getöse einverleibt werden müssen. All das «Durchsprechen» und «Aufarbeiten», das Therapeuten so lieben, setzt die Fakten des Lebens herab; es reduziert Entscheidungen, die Menschen seinerzeit nicht besser treffen

konnten, auf Traumregungen, auf Reflexe, die in Millionen
vorheriger Fälle «aufgearbeitet», durch die Mühle gedreht
worden sind wie Weizenschrot. Er hat das Gefühl, was immer er sagt, man weiß es schon im voraus und tut es ab;
seine Erbitterung wächst und gipfelt darin, daß er Janice
und Pru sagt, das nächste Mal sollten sie ohne ihn nach Philadelphia fahren.

Benny kommt zu Harry herüber, der am Fenster steht und
hinaussieht, und fragt: «Wie haben Sie denn den Vatertag
verbracht?»

Harry freut sich, daß er darauf eine Antwort hat. «Nelsons
Frau ist am Nachmittag mit den Enkelkindern rübergekommen, und ich habe für alle im Garten gegrillt.» Das klingt
ideal amerikanisch, steht aber auf wackeligen Füßen. Der
Grill ist, zum einen, eine Metallkugel, ein Grilltyp, der in
*Consumer Reports* vor Jahren als Klassiker eingestuft worden
ist, für den Harry aber nie die nötige Geduld hat, man muß
nämlich warten, bis die Preßkohle grau und aschig ist, aber
er hat immer Angst, zu lange zu warten, also haben alle
lungerig auf die rohen Frikadellen gestarrt, die nicht gar
wurden, und er hat sich über Janice erbost, die vorschlug,
die Dinger in der Küche zu braten, weil die Kinder bei lebendigem Leib von den Mücken aufgefressen wurden. Zum
andern haben die Enkelkinder ihm niedliche Großvaterkar-
ten mitgebracht, in Ordnung soweit, beide von diesem neuen
Zeichner, Gary Larson, den alle Welt für so komisch hält,
aber diese Gleichförmigkeit – beide waren sogar mit demselben roten Kugelschreiber unterschrieben, Judys schon mit
einem richtig mädchenhaften Schnörkel am «y» und Roys
mit ein paar sinnlosen, aber heftigen prä-alphabetischen
Krakeln – hat ihm verraten, daß sie zuerst nicht dran gedacht hatten, sondern daß sie auf dem Weg vom Flying
Eagle rüber nach Penn Park schnell noch beim Drugstore gehalten haben. Pru und die Kinder haben nasse Haare gehabt, vom Pool. Sie hat eine Schüssel Salat mitgebracht, den
sie zu Hause fertiggemacht hat.

«Klingt toll», sagt Benny mit seiner rauhen kleinen Stimme.

«Ja», gibt Harry ihm recht und erklärt, als sei sein Bild von Pru, wie sie mit ihren langen nassen Haaren dasteht und die große Holzschale voll grünem Salat und Radieschenscheiben auf der Hüfte hält, für sie beide gleichermaßen sichtbar: «Wir haben dafür gesorgt, daß Nelsons Frau provisorisch Mitglied im Country Club wird, und da sind sie fast den ganzen Tag zum Schwimmen drüben gewesen.»

«Schön», sagt Benny. «Sie scheint eine nette Person zu sein, Teresa. Hat sich ja nie viel in der Firma blicken lassen, aber ich find's schrecklich, daß so eine Familie das durchmachen muß.»

«Sie schaffen es schon», sagt Harry und wechselt das Thema. «Sehen Sie sich die Open an?» Jemand müßte rausgehen und das Einwickelpapier einsammeln, das von der Pizza Hut rüberweht und in der armen Taxushecke hängenbleibt, aber er bückt sich so ungern und hat das Gefühl, daß er Benny diese Arbeit nicht gut auftragen kann.

«Nee, Sport kann mir gestohlen bleiben», antwortet der dickliche junge Verkaufsmensch aggressiver, als bei der Frage nötig gewesen wäre. «Auch Baseball: ein, zwei Spiele, und ich bin bedient. Wollen Sie wissen, was mir dazu einfällt? ‹Na und›, wenn Sie verstehen, was ich meine.»

Drüben an der 111 hat früher ein stattlicher alter Ahorn gestanden, den die Pizza Hut hat fällen lassen, um Platz zu schaffen für eine Erweiterung ihrer rotgedeckten Baulichkeit. Das Dach ist wie ein Hut geformt, mit zwei Schrägen. Er müßte dankbar sein, denkt Harry, an dieser sich abmühenden kleinen Straße ein gutgehendes Geschäft zu haben. «Na ja», sagt er zu Benny – er hat keine Lust, sich zu streiten –, «jetzt wo die Phils den letzten Platz belegen, versäumen Sie auch nicht viel. Einsamer Minusrekord im Baseball, und nun haben sie auch zwei von ihren alten Stars verkauft, Bedrosian und Samuel. So was wie Treue gibt es nicht mehr.»

Benny fährt überflüssigerweise fort, seine Meinung zu sagen. «Ich würde an einem schönen Sonntag lieber selber was tun und nicht als Couch Potatoe rumhocken, verstehen Sie, was ich meine? Mit meiner kleinen Tochter an die frische Luft gehen, zum Pool vom Nachbarn, oder mit der Familie einen Spaziergang den Berg rauf machen, wenn's nicht zu heiß ist, verstehen Sie.»

Diese Leute, die dauernd «verstehen Sie» sagen: als müßten sie ihren Worten Nachdruck verleihen, damit man ja hinhört. «So bin *ich* früher gewesen», sagt Harry und entspannt sich, als das beunruhigende Bild von Pru, wie sie die große Schüssel auf der Hüfte hält, sich langsam verflüchtigt; die philosophische und angenehm melancholische Stimmung überkommt ihn, in der er meistens ist, wenn er aus diesem großen Fenster schaut. Das breite blaue Transparent aus Papier über seinem Kopf, durch das die Sonne scheint und auf dem, von dieser Seite der Fensterscheibe aus gelesen, AMAЯATOYOT steht, fängt an, sich vom Glas zu lösen. «Hab immer irgendwelchen Sport getrieben als Junge und auch später noch, bis vor kurzem, war immer draußen auf dem Golfplatz und hab auf den dusseligen Ball eingedroschen.»

«Das könnten Sie immer noch machen», sagt Benny mit dieser italienischen Rauhkehligkeit und eine Spur kurzatmig. «Ich bin sogar sicher, der Doc rät Ihnen dazu. Meiner tut das, rät mir, ich soll mich bewegen. Wegen meiner Gewichtsprobleme, verstehen Sie.»

«Ich müßte wahrscheinlich was tun», stimmt Harry zu, «um den Kreislauf in Gang zu halten. Aber ich weiß nicht, Golf kommt mir plötzlich irgendwie blöd vor. Mir ist klargeworden, daß ich mich nicht mehr verbessern kann. Und die Burschen von meinem alten Vierer sind fast alle weggezogen. Im Club wimmelt es jetzt von diesen muskelbepackten Yuppie-Typen, und die benutzen alle Elektrokarren. Die haben es so beschissen eilig, sich wieder ans Geldverdienen zu machen, daß sie in Karren rumfahren und das Gras auf dem Course plattwalzen. Ich bin immer gern zu Fuß gegangen und hab alles selbst getragen. Das hat die Beine gekräftigt. Da sitzt nämlich die Kraft für den Golfschwung, ob Sie's glauben oder nicht. In den Beinen. Ich hab hauptsächlich mit den Armen gespielt. Ich wußte, wie man's richtig macht, ich hab's bei den andern gesehen und bei den Profispielern im Fernsehen, aber selber hab ich's nicht hingekriegt.»

Die Länge, das von innen Kommende dieser Rede machen Benny verlegen. «Sie sollten zusehen, daß Sie sich bewegen», sagt er. «Noch dazu bei Ihrer Vorgeschichte.»

Rabbit weiß nicht, meint er seine kürzliche Krankengeschichte oder seine weit zurückliegende Geschichte als High-School-Crack. Die gerahmten Vergrößerungen seiner alten Basketball-Photos sind aus Nelsons Büro zum Vorschein gekommen und hängen wieder, rosa wie sie sind, an der Wand über dem Performance-Board. Das ist etwas, das er sich nicht nur vorgenommen, sondern auch wirklich erledigt hat, nicht wie die Sache mit dem verrottenden Rindenmulch. ANGSTROM ERZIELT 42. TREFFER. «Als Schmidt aufgehört hat, hat's mir wirklich einen Stich gegeben», sagt er zu Benny, obwohl der deutlich genug bekundet hat, daß er sich aus Sport nichts macht. Möglicherweise genießt Harry es, ihn ein bißchen zu schikanieren, ihn zu langweilen. Er weiß nicht recht, wie weit Benny mitgemacht hat bei Nelsons Durchsteckereien, aber er hat nicht das Herz oder nicht die Energie gehabt, ihn rauszuschmeißen, als er wieder die Leitung der Firma übernommen hat. Hauptsache, man kommt durch den Tag, die Autos verkaufen sich von selbst. Vor allem der Camry und der Corolla. Was will man mehr.

«Er hätte bloß noch bis zum fünfzehnten August bei der Stange bleiben müssen», erklärt er Benny, «dann hätte er noch mal eine halbe Million kassiert. Er hat die Saison bombenstark angefangen, zwei Home Runs in den ersten beiden Spielen nach dieser Rückenoperation. Aber wie er selber gesagt hat, der Punkt kam, wo er seinem Körper befahl, das und das zu tun, und der hat sich geweigert. Und da hat Schmidt die Konsequenz gezogen, er hat in der heutigen Zeit die Ehre über das Geld gestellt.»

450

«Acht Fehler», ruft Elvira Ollenbach mit tiefer Stimme aus ihrer Nische an der Paraguay-Wand, wo sie den Kaufvertrag und die Zulassungspapiere für einen elfenbeinfarbenen Corolla LE ausfüllt, den sie gestern einer der Frauen verkauft hat, die reinkommen und sagen, daß sie von ihr bedient werden wollen. Sie haben ihre Jobs, sie haben Geld, sogar die jungen, die sonst zu Haus gewesen sind und sich ums Kinderkriegen gekümmert haben. Wenn man genauer hinsieht, entdeckt man Frauen am Steuer von Bussen, von Lastwagen. Zustände wie in Rußland; demnächst werden wir auch noch weibliche Bergleute haben. Wahrscheinlich haben wir sie schon. Der einzige Unterschied zwischen den beiden alten Supermächten ist, daß sie in verschiedene Himmelsrichtungen müssen, um Japan ihr Holz zu verkaufen. «Je einen Fehler in den beiden letzten Spielen gegen die Giants», zählt Elvira unerbittlich auf, «und nullkommazweinulldrei, gerade mal zwei Hits bei seinen letzten einundvierzig Schlagversuchen.» Ihr Kopf zwischen den hübschen kleinen Henkelohren steckt voller Zahlen. Ihr Vater war ein Sportverrückter, hat sie kürzlich gesagt, und um sich mit ihm unterhalten zu können, hat sie sich über den ganzen Kram auf dem laufenden gehalten und kann jetzt nicht mehr damit aufhören.

«Ja», sagt Rabbit, und ein kleines Schwächegefühl überkommt ihn, als er ein paar Schritte auf ihren Schreibtisch zu macht. «Trotzdem, sein Abgang hat Stil gehabt. Letzte Woche erst, haben Sie gesehen, dies Interview in irgendeiner Philadelphia-Zeitung, wo er gesagt hat, wie phantastisch er sich fühlt und daß er nur einen kleinen Durchhänger hat wie jeder x-beliebige Junge, dem's ein bißchen zu viel wird? Und dann war er doch Manns genug und hat sich anders besonnen. Und das, obwohl er sich bloß noch ein Weilchen hätte ranhalten müssen, um alles in allem anderthalb Millionen mitzunehmen. Mir gefällt die Art, wie er abgegangen ist, schnell und auf eigene Rechnung.»

Elvira sieht nicht von ihren Papieren auf; ihre hängenden Ohrringe pendeln heftig hin und her, während sie schreibt.

«Sie hätten ihn im August rausgesetzt, so wie er gespielt hat. Er hat sich die Demütigung erspart.»

«Eben», sagt Harry; er fühlt sich noch immer schwach, ist hin- und hergerissen zwischen dem Wunsch, ein Bündnis mit dieser Frau zu schließen, und dem Gelüst, sie zu unterwerfen, sie auf ihren Platz zu verweisen. Nicht daß sie und Benny schwierig im Umgang wären. Eher zahm und handsam, als hätten sie Angst, daß es sie sonst auch noch aus der Firma fegen könnte, zusammen mit Lyle und Nelson. Für Harry ist es das Einfachste, sie für unschuldig zu halten und die Erschütterungen, die die Vertretung gerade erlebt, nicht zu verstärken. Beide haben persönliche Beziehungen in Brewer und verkaufen viele Toyotas, und wenn die Unterhaltungen während geschäftsstiller Zeiten nicht so befriedigend, so klärend sind wie die, die er früher mit Charlie Stavros geführt hat, dann vielleicht deshalb, weil die Zeiten jetzt weniger leicht zu klären sind. Reagan hat alle in einem Zustand der Benommenheit zurückgelassen, und jetzt verhalten sich auch die Kommunisten konfus. «Was sagt ihr zu den Wahlen in Polen?» sagt er. «Die Partei abwählen – wer hätte gedacht, daß man das je erleben würde! Und Gorbi läßt alle Welt wissen, daß die Bauunternehmer, die diese Sandburgen in Armenien gebaut haben, Gauner sind. Und China – verwunderlich ist doch nicht, daß es zu den drastischen Maßnahmen gekommen ist, sondern daß die jungen Leute einen Monat lang schalten und walten konnten und niemand wußte, wie man dagegen angehen sollte! Es ist, als ob auf der andern Seite überhaupt niemand mehr zuständig wär. Mir fehlt das», sagt er. «Der kalte Krieg. Solange es den gab, wußte man wenigstens, warum man morgens aufstand.»

Er sagt das alles, weil er provozieren will, weil er Benny oder Elvira in Harnisch bringen will, aber seine Worte verwehen wie die Reden der Alten auf den Veranden, als er ein Junge war. Nicht zum erstenmal seit seiner Rückkehr in die Firma hat er das Gefühl, daß er nicht wirklich da ist, daß er ein Geist ist, den man gewähren läßt. Seine Worte sind nur

Geräusche. In Nelsons Büro und im Büro daneben, in dem früher Mildred gesessen hat, geht der Wirtschaftsprüfer, den Janice auf Charlies Rat engagiert hat, die Bücher durch, eine Arbeit, die so umfangreich ist, daß er sich einen ganztägigen Assistenten mitgebracht hat. Diese beiden noch jungen Männer, die in graue Anzüge gekleidet sind und die Jacketts auf Bügel hängen, wenn sie eintreffen, und sie wieder anziehen, wenn sie gehen, kommen ihm wie die wahre Firmenleitung vor.

«Elvira», sagt er, immer mit Vergnügen ihren Namen aussprechend, «haben Sie heute morgen in der Zeitung gelesen – vier Männer sind angeklagt und müssen mit Gefängnis rechnen, weil sie sich vor einer Abtreibungsklinik an ein Auto gekettet haben, und außerdem legt man ihnen Anstiftung zur Straffälligkeit eines Minderjährigen zur Last, weil sie einen Siebzehnjährigen bei sich hatten?» Er weiß, wo sie steht: es soll jedem freigestellt sein. Diese unabhängigen Puppen wollen das alle so. Er ergreift ein bißchen Partei fürs ungeborene Leben, um sie zu ärgern, aber mit dem Herzen ist er nicht dabei, und sie weiß das. Sie verläßt ihren Schreibtisch und kommt auf ihn zu, aufregend dünn, die ausgefüllten Zulassungspapiere unterm Arm, den breitkiefrigen kleinen Kopf mit den zurückgekämmten schimmerndbraunen Haaren hoch auf dem schlanken Hals, die baumelnden großen goldenen Ohrringe paranußförmig. Er tritt einen Schritt zurück, und zu dritt stehen sie dann am Fenster, Harry in der Mitte und einen Kopf größer.

«Hat man's doch geahnt», sagt sie. «Alles Männer. Warum legen sie sich so ins Zeug? Warum sind sie so leidenschaftlich interessiert an dem, was einige Frauen, die sie nicht einmal kennen, mit ihrem Körper machen?»

«Sie finden, es ist Mord», sagt Harry. «Sie finden, der Fötus ist ein kleiner eigenständiger Mensch, schon am Morgen danach.»

Seine Art, das auszudrücken, entlockt ihr ein Schnauben der Empörung. «Tcha, sie haben eben keine Ahnung! Wenn

Männer angebufft werden könnten, gäb's nicht mal eine Diskussion darüber. Hab ich recht, Benny?»

Sie zieht Benny mit herein, um abzuschwächen, was immer Harry ihr antun will mit seinem provozierenden Thema. Benny sagt vorsichtig, heiser: «Meine Kirche sagt, Abtreibung ist eine Sünde.»

«Und du glaubst das, bis du's selber tun willst, richtig? Erzähl uns von dir und Maria – verhütet ihr? Siebzig Prozent aller jungen verheirateten Katholiken tun das, wußtest du das?»

Ein eigenartiger Aspekt seiner Begegnung mit Pru, erinnert Harry sich, ist das Kondom gewesen, das sie aus der Tasche ihres Morgenmäntelchens gezogen hat. Entweder verwahrte sie dort immer eins, oder sie hatte vorausgesehen, daß sie fikken würden, und sich versorgt, bevor sie ins Zimmer kam. Er war nicht daran gewöhnt, nicht seit der Army, aber er hatte nicht protestiert, *sie* führte Regie. Das Ding hatte gedrückt, er hatte Angst gehabt, sein eigener Druck könnte dagegen nicht standhalten, und sein Schamhaar, das bißchen, das nach der Rasur noch übrig war, war beim Herunterrollen eingeklemmt worden, ein bißchen umständliches Gefummel, sie half im trüben Licht, vielleicht hatte das Ganze dazu geführt, daß er nicht so schnell kam, war gar nicht schlecht, denn sie kam zweimal, erst unter ihm und dann rittlings auf ihm, Regen peitschte gegen das Fenster hinter dem heruntergezogenen Rollo, ihre Hüften so massig und breit in seinen Händen, daß er sich selber nicht dick vorkam, ihre Titten aufgeregt hopsend, als sie auf und nieder, hin und her ruckelte, um zum zweiten Orgasmus zu kommen, er einer Ohnmacht nah vor Sorge, sein defektes Herz könnte die Erschütterungen nicht aushalten. Eine gewisse nüchterne Schamlosigkeit an Pru schmälerte ein wenig die Poesie des Augenblicks, als er sie zum erstenmal so sah, nackt und blaß wie jene blühenden Bäume am Straßenrand. Sie brachte alles, aber sie war stumpf dabei und ein bißchen leblos, als ob der Kleiderpuppe im Dunkel hinter ihm Gliedmaßen und ein Kopf mit schwappendem karottenfarbenem Haar gewachsen seien. Um seinen Schwanz steif zu halten, hat er sich immer wieder gesagt: *Dies ist das erste Mal in meinem Leben, daß ich eine Linkshänderin ficke.*

Benny wird rot. Er ist es nicht gewohnt, so mit einer Frau zu reden. «Kann sein», sagt er. «Solange es keine Todsünde ist, braucht man's nicht zu beichten, wenn man nicht möchte.»

«Das erspart dem Priester eine Menge Verlegenheit», sagt Elvira. «Angenommen, Maria würde immer wieder schwanger, egal, ob und wie ihr verhütet, was würdest du tun? Du willst nicht, daß deine geliebte kleine Tochter sich beengt und bedrängt fühlt, dir ist klar, so wie's jetzt ist, ist es am besten für sie. Was ist wichtiger, Lebensqualität für die Familie, die schon da ist, oder ein kleiner Proteinklumpen von der Größe einer weißen Ameise?»

Benny kann eine kieksende Mädchenstimme haben, wenn er aufgeregt ist. «Mach 'n Punkt, Ellie! Zwing mich nicht, drüber nachzudenken. Du beleidigst meine Religion. Ich hätte nichts dagegen, noch ein paar Kinder zu kriegen, was soll schon sein, zum Teufel. Ich bin jung.»

Harry versucht, ihm beizuspringen. «Wer bestimmt denn, was Lebensqualität ist?» fragt er Elvira. «Vielleicht ist das zusätzliche Kind gerade das, das den Phonographen erfindet.»

«Nicht das aus dem Ghetto, ganz bestimmt nicht. Das ist das Kind, das Sie sechzehn Jahre später ausraubt, weil es Geld für Crack braucht.»

«Sie brauchen doch nicht gleich rassistisch zu werden», sagt Harry, in gewisser Weise von einem weißen Kid ausgeraubt, seinem eigenen Sohn.

«Das ist nicht rassistisch, das ist realistisch», macht Elvira ihm klar. «Das betrifft die arme schwarze minderjährige Mutter, der diese verrückten fundamentalistischen Idioten das Recht auf Abtreibung nehmen wollen.»

«Ja», gibt er zurück, «die arme schwarze minderjährige Mutter, die das Baby will, weil sie nie eine Puppe zum Spielen gehabt hat und weil sie es herrlich findet, dem Steuerzahler *noch* einen Fürsorgefall ans Hemd zu kleben. Ihr weißen Schweine könnt mich mal – das geht eindeutig aus der Geburtsstatistik hervor.»

«Also, wer ist jetzt rassistisch!»

«Realistisch, meinen Sie.»

Entspannt nach der Liebe und dankbar, noch am Leben zu sein, hatte er Pru gefragt, wie schwul Nelson ihrer Meinung nach eigentlich sei bei seinen Rumtreibereien mit Lyle und Slim. Im wässerigen Licht, das durchs Fenster fiel, konnte er an den dünnen Zigarettenrauchströmen sehen, wie sie atmete, als sie nachdenklich, kaum verblüfft über die Frage antwortete: «Nein, Nelson mag Frauen. Er ist ein Mama-Junge, aber in *der* Hinsicht schlägt er nach dir. Er nimmt sie nur wichtiger als du.» Janice, die knapp eine Stunde später ins Zimmer kam, hatte den Zigarettenrauch sofort gerochen, aber er hatte so getan, als sei er zu schläfrig, um darüber zu reden. Pru hatte die zweite Kippe und das Kondom mit hinausgenommen, und die erste, die sie auf das nasse Fensterbrett geschnippt hatte, war am nächsten Morgen so mit Wasser vollgesogen und plattgedrückt, daß sie dort seit Ewigkeiten hätte liegen können, ein historisches Relikt aus der Zeit Nelsons und Melanies. Rabbit seufzt und sagt: «Sie haben recht, Elvira. Die Menschen sollten sich frei entscheiden können. Auch wenn sie sich dann fürs Falsche entscheiden.» Von dem Zimmer, in dem er mit Pru war, schweifen seine Gedanken zu dem, das er mit Ruth geteilt hat, eine Treppe hoch, an der Summer Street, und er denkt an das letzte Mal, als er es gesehen hat: sie hat ihm eröffnet, daß sie schwanger ist, und hat gesagt, er sei der Tod selber, und er hat gebettelt, sie solle das Kind kriegen. *Krieg es, krieg es, sagst du: bitte, wie denn? Willst du mich heiraten?* Sie hat ihn verhöhnt, aber auch angefleht, und am Ende, ja, seien wir realistisch, hat sie wahrscheinlich eine Abtreibung vornehmen lassen. *Wenn du dich nicht entscheiden kannst, dann bin ich gestorben für dich und dies Kind auch, das jetzt unterwegs ist.* Die Krankenschwester mit dem runden Gesicht und dem lieben Wesen im St. Joseph's hat nichts mit ihm zu tun, genau wie Ruth ihm gesagt hat, als er sie das letzte Mal sah, in ihrem Farmhaus, vor zehn Jahren. Er hat eine Tochter gehabt, und sie ist gestorben. Gott hat ihm keine zweite anvertraut. Er sagt laut: «Schmidt hat getan, wofür Rose zu dämlich ist: aufhören, wenn's so weit ist. Schluck die bittere Pille und verlängere das Elend nicht mit all den Rechtsanwälten.»

Benny und Elvira sehen ihn an, beunruhigt, wie seine Gedanken umhergeschweift sind. Aber er genießt dies Gefühl inneren Streunens. Als er das erste Mal, nachdem Fred Springer gestorben war, als Geschäftsführer die Firma betrat, hat er Angst gehabt, er könnte den Platz nicht ausfüllen. Aber jetzt, als älterer Mann mit so vielen Erinnerungen im Kopf, füllt er ihn aus, ganz ohne etwas dafür tun zu müssen.

Durch die Glasscheibe sieht er, wie ein Paar von Mitte dreißig, vielleicht Anfang vierzig, ihm kommt jetzt jeder jung vor, draußen zwischen den Autos umhergeht, sich bückt, um einen Blick ins Innere der Wagen und auf die Preisschilder an den Fenstern zu werfen. Die Frau ist dick und weiß, hat ein Top mit Nackenträger an, so daß ihre feisten Arme zur Gänze bloß sind, und der Mann ist knochig und dunkler, viel dunkler – bei Hispanics kommen alle möglichen Hautschattierungen vor – und trägt ein blaurotes, in Höhe des Zwerchfells abgeschnittenes Trikothemd. Sie bewegen sich vorsichtig, geduckten Kopfes, als fürchteten sie einen Indianerhinterhalt da draußen in der Prärie glitzernder Autodächer, ein Pionierpaar auf seine Art, jedenfalls in diesem Teil der Welt, wo die Rassen sich nicht sehr vermischen.

«Gehst du oder soll ich?» fragt Benny Elvira.

«Mach du's», sagt sie. «Wenn die Frau ein bißchen Extrazuwendung braucht, schick sie rein, ich belabere sie dann. Aber ziel nicht alles nur auf sie ab, bloß weil sie weiß ist. Wenn du den Mann vor den Kopf stößt, sind sie beide eingeschnappt.»

«Für was hältst du mich, für 'n voreingenommenes Ekel?» fragt er, und es soll komisch klingen, aber es ist etwas Trauriges und Entschlossenes um ihn, als er aus dem klimatisierten Raum hinausgeht in die Feuchtigkeit und Wärme des Juni.

«Sie dürfen ihm nicht so zusetzen wegen seiner Religion», sagt Harry zu Elvira.

«Tu ich nicht. Ich finde nur, sein widerlicher Papst sollte ins Gefängnis gesteckt werden für das, was er Frauen antut.»

Peggy Fosnacht, erinnert Rabbit sich, war, bevor sie sich eine Brust amputieren lassen mußte und dann starb, ganz rasend vor Wut auf den Papst gewesen. Wut macht krebskrank, hat er irgendwo gelesen. Wenn man lange genug dabeigewesen ist, sinniert er, hat man alles schon mal gehört, die Nachrichten und den Kommentar dazu, alles wird immer wieder durchgerührt, jeden Abend versuchen die Medien, einem einzuheizen, damit man losläuft und all die deprimierenden Sachen kauft, für die sie Werbung machen, Abführmittel und Gebißhaftcreme, Fixodent, Tylenol und Hämorrhoidensalbe und Mundwasser gegen morgendlichen Mundgeruch. Warum nehmen die Macher der Abendnachrichten an, daß die Zuschauer in einem so maroden, verstopften Zustand sind? Kein Wunder, daß man den Kanal wechselt. Die Werbespots empören ihn, das freundliche Gequatsche dieser gemütlichen jovialen Typen über rektales Jucken und Brennen und die junge / alte schöne, mit Weichzeichner photographierte Frau, die sich so schwelgerisch in ihrem weißen Bademantel rekelt, weil sie gerade ihren Darm entleert hat, und die Leute im Ex-Lax-Spot, die «Guten Morgen» sagen, einer nach dem andern, so daß sich einem die Vorstellung aufdrängt, wie wir mit unseren lächelnden amerikanischen Exkrementen die Welt zuschütten und armen Drittweltländern Geld geben müssen, damit wir alles möglichst schnell bei ihnen abladen können, wie Giftmüll. «Warum der Papst», fragt Harry. «Bush ist genau so schlimm, er ist auch gegen Abtreibung.»

«Ja, aber der ändert sich, wenn die Frauen anfangen, die Republikaner abzuwählen. Den Papst kann man nicht abwählen.»

«Haben Sie auch manchmal das Gefühl», fragt er sie, «daß wir jetzt mit Bush sozusagen an den Spielfeldrand gerückt sind, daß wir so was Ähnliches wie ein großes Kanada sind und was wir tun, für niemanden sonst von Bedeutung ist? Vielleicht ist es viel richtiger so. Ich könnte mir denken, es ist eine Entlastung, nicht mehr der große Zampano zu sein.»

Elvira hat beschlossen, amüsiert zu reagieren. Sie fingert an einem ihrer Paranuß-Ohrringe herum und sieht ihn schräg von unten an. «Sie sind für jeden von Bedeutung, Harry, wenn's das ist, worauf Sie hinaus wollen.»

Das ist das Töchterlichste, das sie je zu ihm gesagt hat. Er fühlt, wie er rot wird. «Ich habe nicht an mich gedacht, ich hab ans Land gedacht. Wollen Sie wissen, wer meiner Meinung nach schuld ist? Der alte Ajatollah, weil er uns der Große Satan genannt hat. Es ist, als hätte er den bösen Blick auf uns gelenkt und uns einschrumpfen lassen. Ernsthaft. Er hat uns irgendwie den Rest gegeben.»

«Kommen Sie raus aus Ihrer Traumwelt, Harry. Wir brauchen Sie hier unten noch.»

Sie geht hinaus auf den Platz, wo ein weibliches Teenagerquartett aufgekreuzt ist, alle in Jacken aus stonewashed Denim. Wer weiß, vielleicht haben sogar Teenager heutzutage genug Geld für einen Toyota. Vielleicht ist es eine Mädchen-Rockband, und sie suchen einen Kleinbus, mit dem sie auf Tournee gehen können. Harry schlendert ins Büro, wo Tag für Tag, zwischen Stößen von Papier, die beiden Rechnungsprüfer nisten. Der Hauptverantwortliche hat ein müdes Gummigesicht mit dunklen Ringen unter den Augen, und der Assistent scheint ein Schwachsinniger zu sein, ein Simpel, um es freundlicher auszudrücken, bei dem es im Kopf nicht stimmt. Wie um ein Defizit auszugleichen, trägt er immer ein sauberes weißes Hemd und einen strammen Schlips, den er sich mit einer Krawattenspange an die Brust gepinnt hat.

«Ah», sagte der, der die Verantwortung hat, «genau der Mann, den wir brauchen. Sagt Ihnen der Name Angus Barfield was?» Die Ringe unter seinen Augen sind so tief eingekerbt und so dunkel im Ton, daß sie sich ganz um die Höhlen legen. Er sieht wie ein Waschbär aus. Trotz der Verschleißerscheinungen in seinem Gesicht ist sein Haar schwarz wie Schuhcreme und liegt seinem Kopf so glatt an, als sei es draufgemalt. Diese Rechnungsprüfer müssen ordentlich sein, all die Zahlen, die sie aufschreiben, Tausende, Millionen, und nie eine Fünf, die mit einer Drei, oder eine Sieben, die mit einer Eins verwechselt werden kann. Während er Harry vielsagend aus beringten Augen ansieht und auf eine Antwort wartet, ist sein Gummimund in rastlos knautschender, klugscheißerischer Bewegung.

«Nein», sagt Harry, «doch, warten Sie. Es klingelt ganz entfernt. Barfield.»

«Lohnt sich für Sie, den zu kennen», sagt der Rechnungsprüfer und verzieht hinterhältig die Lippen. «Von Dezember bis April hat er jeden Monat einen Toyota gekauft.» Er sieht auf einem Papier nach, das unter seinem hemdärmeligen Unterarm liegt. Er hat sehr lange schwarze Haare an den Handgelenken. «Einen viertürigen Corolla, einen Tercel mit Fünfgangschaltung und Schrägheck, einen Camry-Kombi, einen zweisitzigen 4-Runner Deluxe, und im April ist er ein bißchen übergeschnappt und hat sich einen Supra Turbo mit Sportverdeck zugelegt für die Kleinigkeit von fünfundzwanzig sieben. Macht zusammen knapp fünfundsiebzig Mille. Alles auf denselben Namen und dieselbe Adresse an der Willow Street.»

«Wo ist die Willow Street?»

«Das ist eine der Seitenstraßen oberhalb vom Locust Boulevard. Die Gegend ist ziemlich in Mode gekommen.»

«Locust», wiederholt Harry im Bemühen, sich zu erinnern. Er hat den merkwürdigen Namen «Angus» schon mal gehört, von Nelson. Als der zu einer Party nach Nord-Brewer wollte.

«Alleinstehend, weiß, männlich. Als besonders kreditwürdig eingeschätzt. Feilscht nicht, hat jedesmal den Listenpreis gezahlt. Der einzige Schönheitsfehler, den er als Kunde hat», sagt der Buchprüfer, «ist, daß er laut Einwohnermeldeamt seit sechs Monaten tot ist. Gestorben kurz vor Weihnachten.» Er knautscht die Lippen zu einem kleinen Runzelpäckchen unter dem einen Nasenloch zusammen und zieht die Brauen so hoch, daß seine Nüstern sich mitfühlend blähen.

«Ich hab's», sagt Harry, und sein Herz macht einen jähen flatternden Satz. «Das ist Slim. Jeder hat ihn Slim genannt, aber sein richtiger Name war Angus Barfield. Er war, äh, gay, glaube ich, ungefähr gleichaltrig mit meinem Sohn. Hat einen guten Posten gehabt, war zuständig für diese von der Wohnungsbaubehörde finanzierten Ausbildungskurse für High-School-Abbrecher. Ich glaube, Nelson hat mal gesagt, er war gelernter Psychologe.»

Der schwachsinnige Assistent, der mit glotzender Anstrengung zugehört hat, weil sein Kopf wahrscheinlich immer nur eine Sache auf einmal aufnehmen kann, kichert: das Komische des Irrsinns schwappt über auf die Psychologen. Der andere verrenkt die untere Partie seines Gesichts auf eine neue Weise: als führe er vor, wie man Knoten macht. «In den Kreditabteilungen der Banken sind Regierungsangestellte sehr beliebt», sagt er. «Die sind zuverlässig und pünktlich, alles klar?»

Weil der Mann das zu erwarten scheint, nickt Harry, und der Rechnungsprüfer läßt seine Hand dramatisch auf das saubere Papierchaos auf dem Schreibtisch niederklatschen. «Zwischen Dezember und April hat die Brewer Trust diesem Angus Barfield fünf Darlehen für Autos gewährt, zahlbar an Springer Motors.»

«Wie ist das möglich, ein und demselben Mann! Der gesunde Menschenverstand –»

«Wir leben mit Computern, mein Freund, der gesunde Menschenverstand ist passé. Der ist jetzt da, wo der Straußenfederhut Ihrer Tante Mathilde ist. Die Kfz-Kreditabteilung einer Bank macht nur Pipifaxen. Der Computer hat seine Bonität gecheckt, war zufrieden mit ihr, und das Darlehen war genehmigt. Die Schecks sind eingelöst worden, aber im Haben der Firma nie aufgetaucht. Wir glauben, Ihr Freund

Lyle hat heimlich irgendwo ein Konto eröffnet.» Der Mann piekt mit dem Finger auf einen Stapel Bankauszüge; der Finger ist schwarz behaart zwischen den Gelenken und biegt sich so stark durch, daß Rabbit zusammenzuckt und wegsieht. Dieser Gummikerl ist einer von den geborenen Lehrern, um die Harry sein ganzes Leben lang instinktiv einen Bogen gemacht hat. «Lassen Sie's mich mal so sagen: ein Computer ist wie ein Franzose. Man hält ihn für intelligent, bis man seine Sprache versteht. Wenn man die Sprache versteht, merkt man, er ist dumm wie Bohnenstroh. Schnell, das schon. Aber schnell ist nicht gleich intelligent.»

«Aber», versucht Harry zu sagen, «aber Lyle und Nelson, Lyle vor allem, die sollen für eine derartige Gaunerei den Namen vom armen Slim benutzt haben, wo der doch gerade gestorben war, noch kaum richtig unter der Erde – kann es wirklich sein, daß sie so abgebrüht gewesen sind?»

Der Rechnungsprüfer sackt ein bißchen in sich zusammen unter dem Gewicht von so viel Naivität. «Die beiden waren gierige Kerlchen. Und die Toten sind nicht empfindlich, jedenfalls nicht, daß ich wüßte. Der Bursche war noch als kreditwürdig im Computer, und diese Darlehen von Brewer Trust und die kleine Trickserei mit dem Bestand bei Mid-Atlantic Toyota haben diesen Betrieb um reichlich zweihunderttausend erleichtert, soweit wir das bis jetzt feststellen können. Das ist eine Menge Kleingeld.»

Der Assistent kichert wieder. Rabbit stockt das Blut, als er die Summe hört, die Vorahnung überkommt ihn, daß diese Schulden ihn verschlingen werden. Zwischen all dem sortierten Papier hier auf dem Schreibtisch, an dem er selber früher gearbeitet hat, immer eine Rolle Life Savers links in der mittleren Schublade, tut sich ein verhängnisbringender Abgrund auf. Er faßt sich an die Jackentasche, um sich zu vergewissern, daß die tröstliche kleine Nitrostatflasche da ist. Sobald er hier wegkann, wird er eine Pille nehmen. An dem Abend, als er und Pru gefickt haben, beide erschöpft und halb verrückt vor Verzweiflung über ihr Los, ist das alte Bett, das unter ihnen gequietscht hat, eine Art Nest gewesen, ein ineinander geflochtenes Überbleibsel von Familienschicksalen, und da hineingewebt Ma Springers schaler Altdamengeruch, der unter dem jähen Gehopse von der Matratze aufstieg, auf der sie jahrelang allein geschlafen hatte, ein Aroma nach alten, mit Mottenkugeln geschützten Wolldecken, die in Zedernholztruhen auf dem Dachboden verwahrt werden, zusammen mit in Plüsch gebundenen Familienalben und kaputten Schaukelstühlen mit Sitzen aus Korbgeflecht und Schleierhüten in runden Hutschachteln, ein Aroma, das nicht nur von dem geschändeten Bett ausging, sondern auch von der alten Nähmaschine in der Ecke, von Freds vergessenen Krawatten im Schrank und von den Staubflocken unter dem ehrwürdigen Pfostenbett. All die Spuren, die von der Familie geblieben waren, hier liefen sie zusammen, in dieser Paarung bei Donner und Blitz. Jetzt ist es, als sei sie nie gewesen. Er und Pru gehen strikt höflich miteinander um, und Janice, die sich immer mehr zum Working Girl entwickelt, schafft kaum noch Gelegenheiten, bei der die beiden Haushalte sich vermischen. Das Grillfest am Vatertag ist eine Ausnahme gewesen, und die Kinder waren müde und quengelig und von Mücken zerstochen, als die Hamburger endlich gar waren und gegessen werden konnten.

Harry lacht, ebenso idiotisch wie der assistierende Buchprüfer. «Der arme Slim», sagt er und versucht, sich der Ausdrucksweise des Chefprüfers anzupassen, «Lyle ist ja wirklich ein Früchtchen, kauft ihm lauter fahrbare Untersätze, mit denen er nichts mehr anfangen kann.»

Am vierten Juli marschiert er Judy zuliebe in einer Mt.-Judge-Parade mit. Ihre Girl-Scout-Gruppe ist dabei, und der Mann der Stammführerin, Clarence Eifert, sitzt im Veranstaltungskomitee. Sie haben einen Mann gebraucht, der groß genug ist, um Onkel Sam zu sein, und Judy hat Mrs. Eifert gesagt, ihr Großvater sei phantastisch groß. Dabei ist einsneunzig für heutige Maßstäbe überhaupt nicht groß, in der National Boxing Association wäre man ein Zwerg mit dieser

Länge, aber mehrere Mitglieder des Komitees, die eine Generation älter sind als Mr. Eifert, haben Rabbit Angstrom aus seinen ruhmreichen High-School-Tagen in Erinnerung und waren begeistert von der Idee, auch wenn Harry jetzt auf der anderen Seite von Brewer, in Penn Park lebt. Er ist mal ein Mt.-Judge-Junge und so etwas wie ein Held gewesen, und obwohl er inzwischen korpulenter ist, als das Nationalsymbol sein dürfte, hat er doch die richtige helle Haut, dazu blaßblaue Augen und eine gute soldatische Haltung. Er hat in der Koreazeit gedient. Er hat seinen Teil getan.

Die ausgestellten Hosen mit den breiten roten Streifen können am Bauch nicht zugeknöpft werden, aber da sie von blauweißroten Hosenträgern gehalten werden und die hellblaue, mit Sternen gemusterte Weste lang genug herunterreicht, ist das nicht weiter schlimm. Harry und Janice sind in der Woche vor dem Vierten ziemlich ausgiebig mit dem Kostüm beschäftigt. Sie gehen sogar los und kaufen ein feierliches Hemd mit Umschlagmanschetten und Eckenkragen, das im Stil zu der weichen roten Schleife paßt, und finden schließlich, daß seine wildledernen Hushpuppies irgendwie besser zu den rotgestreiften Hosen aussehen, eher wie Stiefel wirken als die klassischen schwarzen Schuhe, die er für Hochzeiten und Beerdigungen im Schrank stehen hat. Der Schwalbenschwanz, blau, aber dunkler als die Weste, mit drei nicht knöpfbaren Messingknöpfen auf jeder Seite, paßt einigermaßen, aber der fusselige geschwungene Zylinder mit dem Hutband aus großen Silbersternen sitzt ihm ziemlich wackelig hoch oben auf dem Kopf, ist eine Spur zu eng für die weiße Nylonperücke, so daß er das Gefühl hat, das Ding könnte möglicherweise ins Wanken geraten und herunterfallen. Er hat schon immer was gegen Hüte gehabt.

Janice beißt sich nachdenklich auf die Zungenspitze. «Brauchst du denn eine Perücke? Deine Haare sind doch sowieso schon so farblos.»

«Aber sie sind zu kurz für Onkel Sam. Ich hätte sie wachsen lassen, wenn ich das geahnt hätte.»

«Wieso», sagt sie. «Onkel Sam kann doch ruhig eine moderne Frisur haben, er ist doch nicht tot, oder?»

Er probiert den Zylinder ohne Perücke und sagt: «Es ist tatsächlich besser.»

«Und ehrlich gesagt, Harry, die Perücke wirkt an dir irgendwie beunruhigend. Du siehst damit wie eine dicke rotgesichtige Frau aus.»

«Hör mal, ich mach das hier für unsere Enkeltochter, es besteht kein Grund, ausfallend zu werden.»

«Das ist nicht ausfallend, das ist interessant. Ich habe bislang nie deine feminine Seite gesehen. Ich bin sicher, du hättest eine nettere Frau abgegeben als deine Mutter oder Mim. Die hätten Männer werden sollen, alle beide.»

Mom ist von Anfang an scheußlich zu Janice gewesen, schon beim erstenmal, als er sie vom Kroll's mit nach Haus gebracht hat, und Mim hat ihr mal Charlie Stavros ausgespannt, jedenfalls hat Janice das so gesehen. «Mir wird langsam heiß in den Sachen, und sie kratzen», sagt er. «Laß uns den Spitzbart probieren.»

Als der Spitzbart an Harrys Kinn klebt, sagt Janice: «O ja. Er streckt dein Gesicht und macht es viel schlanker. Ich wundere mich, daß du dir nie einen Bart hast wachsen lassen.» Wieder diese subtile Vergangenheitsform, die sich immer häufiger in ihre Bemerkungen über ihn einschleicht. «Mr. Lister läßt sich jetzt einen Bart wachsen, und er sieht dadurch längst nicht mehr so vergrämt aus. Er hat doch diese Hängebacken.»

«Ich will nichts hören über diesen Widerling.» Er setzt hinzu: «Wenn ich spreche, habe ich das Gefühl, der Kleber haftet nicht richtig.»

«Bestimmt tut er das, er hat schon bei vielen andern Paraden gehalten.»

«Eben, du Schafsnase. Gibt's wohl 'ne Möglichkeit, das Klebzeug zu erneuern?»

«Beweg einfach dein Kinn nicht so viel. Ich könnte Doris Eberhardt anrufen, als sie noch mit Kaufmann verheiratet war, haben die beiden wie wild bei einem Laientheater mitgemacht.»

«Komm mir ja nicht mit dieser geltungssüchtigen Kuh. Vielleicht hat jemand von der Parade ein bißchen Kleber übrig.»

Aber das Antreten zur Parade geht wirr und unorganisiert vor sich, auf dem Gelände der alten Mt.-Judge-High-School, die jetzt die Junior-High-School ist und abgerissen werden soll, weil sie voller Asbest steckt und die Versicherungskosten wegen der Holzfußböden so hoch sind. Als Harry hier Schüler war, hat man den Asbest einfach eingeatmet und es drauf ankommen lassen, daß die Fußböden Feuer fingen. Marschkapellen, Oldtimer, Festwagen des Landjugendvereins, Veteranen in ihren alten Uniformen, alles schiebt sich auf dem Asphalt des Parkplatzes und dem braunen Gras des Baseball-Außenfelds hin und her, und das einzige Ordnungsprinzip besteht aus Männern und Frauen, die grüne T-Shirts mit der Aufschrift MT. JUDGE UNABHÄNGIGKEITSTAGS-KOMITEE tragen und Truckermützen aus Plastik mit einem Schirm vorn und einem Netzsteg hinten aufhaben. Auf der Suche nach jemandem, der ihm sagt, wohin er gehen soll, irrt Rabbit über das Gelände, auf dem er sich vor langer Zeit mit naßgekämmter Entenschwanzfrisur getummelt hat und am Rücken spannendem Kordhemd, die Manschetten zurückgeschlagen und die Brusttasche – außerhalb der Basketball-Saison – ausgebeult von einem Zigarettenpäckchen. Er erwartet, auf seine alte Freundin zu stoßen, Mary Ann, so wie sie damals war, in Schnürschuhen und Söckchen und kurzem Cheerleader-Faltenrock, die Waden straff und glatt und rund zwischen Rock und Söckchen und das Gesicht, mit dem Grübchen in der einen Wange und dem Anflug von Akne auf der Stirn, vor Freude aufleuchtend bei seinem Anblick. Statt dessen nur Fremde mit ratlosen Achtziger-Jahre-Gesichtern, die ihn fragen, wo es langgeht, weil er als Onkel Sam angezogen ist und es wissen sollte. Er muß ihnen immer wieder sagen, daß er nichts weiß.

Die alte High-School, in den Zwanzigern aus orangefarbenen Ziegeln erbaut, hat eine hohe fensterlose Rückfront, und gegenüber hat ein Geräteschuppen aus Brettern und Teerpappe gestanden, der längst abgerissen worden ist. Dies dunkle, kiesige Areal ruft tiefgehende Erinnerungen in ihm hervor, eine Kraft geht von den stummen Ziegeln und dem Abgeschiedenen dieses Orts aus, denn hier haben nach der Schule, bis die Dämmerung einen heimrief, die unternehmungslustigeren, ungebundeneren Kinder der Stadt sich eingefunden, Mädchen ebenso wie Jungen, haben müßig hier herumgestanden, ein paar Körbe geworfen (der Ring mit dem Netz war am kahlen Mauerwerk befestigt, direkt an der Wand, wie in der Turnhalle von Oriole), haben miteinander geknutscht (die Mädchen gegen die mit Teerpappe verkleideten Bretter des Schuppens gelehnt, gefangen in den abgestützten Armen der Jungen wie in einer Reihe weicher Käfige), haben geredet, einander geneckt, Geheimnisse ausgetauscht, sich behutsam vorangetastet, das Heimgehen immer wieder aufgeschoben, so daß das schotterige Stückchen Welt hinter der Schule geladen war mit einer feierlichen Elektrizität, der suchenden Energie Heranwachsender. Jetzt trifft er hier auf diesem Platz, der neu gepflastert und aufgeräumt ist – Schuppen und Basketballkorb sind weg – auf Judys Pfadfinderinnengruppe; einige Mädchen sind in Uniform, und andere posieren kostümiert auf einem Tieflader, einem Umzugswagen, der die «Freiheit» darstellt: das größte und hübscheste Mädchen ist in ein weißes Bettlaken gewickelt, hat eine Stachelkrone auf und hält ein großes bronzefarbenes Buch und eine vergoldete Fackel, und etliche andere sind um den Pappsockel gruppiert und verkörpern die verschiedenen Menschenrassen, haben sich die Gesichter rot und braun und schwarz und gelb angemalt, denn es gibt keine kleinen Indianer- oder Neger- oder Asiatenmädchen in Mt. Judge, zumindest keine, die den Pfadfinderinnen beigetreten sind.

Judy ist eine von denen, die in Khakiuniform und mit Abzeichen um den Lastwagen herumstehen, und sie ist so verdattert, als sie ihren Großvater in seiner schwindelnd hohen Verkleidung sieht, daß sie nach seiner Hand greift, als wolle sie ihn an die Erde, die Realität binden. Er wagt nicht, den Kopf zu beugen und sie anzusehen, aus Angst, der Zylinder könnte herunterfallen. Als rede er den fernen Fangzaun des Baseballfelds an, fragt er sie: «Wie sieht der Spitzbart aus? Der kleine Bart, Judy.»

«Gut, Grandpa. Ich war erst so erschrocken. Ich wußte gar nicht, wer du bist.»

«Ich habe das Gefühl, er fällt jeden Augenblick ab.»

«Sieht aber gar nicht so aus. Ich mag die weiten Streifenhosen. Schnürt die Weste dir nicht den Bauch ein?»

«Das ist mein geringstes Problem. Judy, hör zu, würdest du mir einen Gefallen tun? Mir ist gerade eingefallen, daß es jetzt Tesa gibt, das auf beiden Seiten klebt. Wenn ich dir ein paar Dollar gebe, glaubst du, du könntest rüberrennen zu dem kleinen Laden an der Central Street und mir welches besorgen?» Auch wenn die Namen und Inhaber im Lauf der Jahre oft gewechselt haben, hat es gegenüber der Schule immer diesen Laden gegeben, in dem die Schüler sich mit Kaugummi und Süßigkeiten eindecken konnten, mit Spielzeugpistolen und Zündplättchen, Schreibblöcken und Zigaretten und Pornoheften und was Jugendliche sonst noch zu benötigen glaubten. Mit Mühe, den Kopf steif aufgerichtet, gräbt er sich durch die Schichten des Kostüms zu seinem Portemonnaie in der beuteligen Seitentasche der gestreiften Hosen vor und fingert, es sich vors Gesicht haltend, zwei Eindollarscheine heraus. Für alle Fälle tut er noch einen dritten hinzu. Heutzutage kostet alles mehr als er denkt.

«Aber es hat vielleicht nicht auf, weil Feiertag ist!»

«Es hat auf. Es hat immer aufgehabt.»

«Aber wenn die Parade anfängt! Ich muß auf dem Lastwagen sein!»

«Sie fängt nicht an, kann sie gar nicht ohne mich. Na komm, Judy. Denk dran, was ich alles schon für dich getan habe. Wie ich dich damals beim Segeln gerettet habe. Weswegen mach ich denn überhaupt bei dieser blöden Parade mit? Deinetwegen!»

Er sieht nicht zu ihr hinunter, weil ihm der Hut vom Kopf fallen könnte, aber aus ihrer Stimme hört er, daß sie den Tränen nahe ist. Ihr Haar bildet einen rötlich verwischten Fleck am unteren Rand seines Blickfelds. «Na gut, ich versuch's, aber...»

«Denk dran», sagt er, und als sich mahnend sein Kinn strafft, spürt er, wie der Spitzbart sich lockert, «*beide* Seiten müssen kleben. Nun lauf, Süße!» Sein Herz rast; er tastet suchend seine Kleider ab, um sicherzugehen, daß er daran gedacht hat, die kleine Flasche mit den Nitroglyzerinpillen mitzunehmen. Er findet den lebensspendenden Nugget tief in der beuteligen Tasche. Als er die Hand vors Gesicht hebt, um den Spitzbart festzudrücken, sieht er, daß seine Finger zittern. Wenn dies Spitzbärtchen nicht klebt, ist er nicht Onkel Sam, und die Parade kommt nicht in Gang; sie staut sich dann bis in alle Ewigkeit auf dem Schulgelände hier. Er geht mit kleinen Schritten umher, beachtet niemanden, versucht, sein Herz zur Ruhe zu bringen. Dies ist zum Auswachsen.

Als Judy schließlich keuchend zurückkommt, sagt sie: «Die waren doof. Die haben jetzt hauptsächlich nur noch Eßsachen. Mistzeug – Cheez Doodles und so. Das einzige Tesa, das sie haben, klebt nur auf der einen Seite. Ich hab trotzdem was mitgebracht. Ist das in Ordnung?»

Trommelwirbel dröhnen über den Parkplatz, vereinzelt zuerst – ein paar Kids, die ungeduldig Radau machen – und dann unisono, in anschwellender Masse, ein unerbittliches Drängen. Die Motoren der Oldtimer und der Festwagen springen an und füllen die Feiertagsluft mit blauen Auspuffgasen. «Schon gut», sagt Harry; außerstande, seine Enkeltochter anzusehen, weil sonst der Hut herunterfällt, steckt er das Klebeband und das Wechselgeld ein, das ihm von unten aufgedrängt wird. Sein kostümierter Körper hat nichts mit ihm zu tun, so kommt es ihm vor, er fühlt sich wie auf Stelzen, seine Füße sind unglaublich klein.

«Es tut mir leid, Grandpa. Ich hab getan, was ich konnte.» Judys kleine helle Stimme weit unten eiert und ist von Tränen zerknistert.

«Du hast es wunderbar gemacht», lügt er.

Eine hektische untersetzte Frau in grünem Komitee-T-Shirt und mit Truckermütze kommt und schubst ihn weg, an die Spitze der Parade, vorbei an Festwagen und Trommler-und-Hornisten-Corps, Fords aus grauer Vorzeit und Stadtvätern mit Schlips und Kragen in einer weißen Limousine. Ein Streifenwagen mit rotierendem Blaulicht, aber abgeschalteter Sirene soll die Vorhut bilden, dann kommt, in gewissem Abstand, Harry. Als ob er die Route nicht wüßte: als Kind hat er an vielen Paraden teilgenommen, ist im Verein mit den anderen Kindern der Stadt radgefahren, mit rotweißblauen Kreppapierbändern, die sie sich durch die Speichen geflochten haben. Die Central hinunter in Richtung Market bis knapp zur 422, durchs Herz der kleinen, schräg abfallenden Ortsmitte, dann nach links und bergauf, die Potter Avenue entlang, zu beiden Seiten Doppelhaushälften aus Backstein, die oben auf ihren terrassenförmigen Rasenvorgärten hinter den Stützmauern sitzen, dann bergab, an der Kegerise Alley vorbei, wie man sie früher genannt hat und die jetzt die Kegerise Street ist, mit ihren kleinen ehemaligen Strumpfwirkereien und Mechanikerwerkstätten, die jetzt Lynnex und Data Development und Business Logistical Systems heißen, rauf zur Jackson, ihrem höchsten Punkt, einen Block von seinem alten Zuhause entfernt, dann runter zur Joseph, an der großen Baptistenkirche vorbei und scharf rechts auf die Myrtle, am Postamt und der kahlen alten Oddfellows' Hall vorbei zum Endpunkt, der Tribüne vor der Borough Hall inmitten der kleinen Grünanlage, in der in den Sechzigern immer Pot rauchende, Gitarre spielende Kids herumgesessen haben, in der man aber jetzt an normalen Tagen nur ein paar alte Rentner und obdachlose Streuner mit Millionendollarbräune trifft. Die grünbrüstige Frau und ein Festordner mit großer Pappplakette, ein blinzeläugiger, gebeugter Juwelier namens Himmelreich – Rabbit war in der Schule ein paar Klassen unter seinem Vater, der allgemein als Tunte bezeichnet wurde –, achten darauf, daß er genügend Abstand zum vorneweg fahrenden Streifenwagen hält, damit es nicht so aussieht, als sei Onkel Sam allzusehr mit der Polizei verbandelt. Unmittelbar nach ihm in der Parade folgt die weiße Limousine mit dem Bürgermeister von Mt. Judge und den Ratsmitgliedern, die noch nicht in die Poconos oder an die Jersey-Küste gefahren sind. Von weiter hinten dringen die Klänge der Trommler-und-Hornisten-Corps und einiger im Chester County ausgeliehener Dudelsackpfeifer her und die kratzigen Popmelodien, die auf den Festwagen abgespielt werden, um mitzuhelfen bei der Darstellung von Freiheit und dem Geist von 1776 und ONE WORLD / UN MUNDO und Haupt, Herz, Hände, Heil, den vier Hs des Landjugendvereins, und von ganz hinten hört man einen ortsansässigen Rocksänger, der sich in ekstatischen Imitationen Presleys, Orbisons und Lennons ergeht, während ein Megawatt-Ventilator laut sausend die gesamte Verstärkerausrüstung anpustet, die auf des Künstlers Tieflader verstaut ist. Aber vorn, an der Spitze der Parade, ist es eigenartig still, als seien alle Geräusche erstickt, und was für ein unsicheres, unheimliches Gefühl das ist, als er endlich seine wildledergestiefelten Füße auf den gelben Doppelstreifen in der Mitte der Hauptstraße setzt und zu gehen anfängt. Ihm ist schwindlig, er kommt sich lächerlich, ungeheuer groß vor. Hinter ihm schnurrt gleichmäßig, im zweiten Gang, die weiße Limousine, er kann also gar nicht aufhören zu gehen, und weit voraus, so weit voraus, daß man das Blaulicht nicht mehr sieht, wenn er um Ecken und Kurven biegt, der Streifenwagen; unmittelbar vor Harry aber ist nichts, nur die spukhafte Leere der sonst so belebten Central Street, unter einem betäubten Julihimmel, der sich blau über den Telegraphendrähten wölbt. Er ist der Verkehr, er, Harry, sein einsamer aufrechter Körper. Die stille Straße hat ihre mondhaften Details, ihre Pockennarben, Schrammen, uralten Metalldeckel. Die flackernde Unruhe in seinem Herzen und in seinen Händen weicht einem erhabenen Gefühl des Sichopferns, als er die ersten Schritte in die Asphaltleere tut, die hier, am Anfang der Strecke, nur von wenigen Zuschauern gesäumt ist, ein paar spärlich mit Shorts, Sneakers und bunten Hemden bekleideten Leuten entlang des Kantsteins.

Sie rufen ihm etwas zu. Sie winken ironisch, rufen «Jaaaii», als sie Onkel Sam da gehen sehen, die wandelnde Flagge, den ungerührten Steuerkassierer und frischfröhlichen internationalen Unfriedensstifter. Ihm bleibt nichts als zurückzuwinken und ihnen zuzunicken, vorsichtig, damit der Hut nicht herunterfällt und der Ziegenbart sich nicht löst. Die Leute stehen immer dichter, bilden allmählich eine Menge und rufen ihn mehr und mehr bei seinem Namen, «Harry» oder «Rabbit» – «He, Rabbit! He, Hotshot!» Sie erinnern sich an ihn. Er hat seinen alten Spitznamen viele Jahre lang kaum je gehört; in Florida benutzt ihn niemand, und seine Enkelkinder wären verwirrt, wenn er ihnen zu Ohren käme. Aber plötzlich, auf diesen Gehwegen, ist er wieder da, lebendig, herzlich. Diese Menschenmenge kommt ihm wie eine in die Länge gedehnte Recycling-Version jener Menge vor, die sich früher, an Dienstag- und Freitagabenden, Basketballabenden, in der alten Sporthalle gedrängt hat, im tiefsten Winter mit ihren Leibern Sommerhitze erzeugend, so daß einem auf dem Spielfeld der Schweiß in den Augen brannte, einem unter den Haaren, hinter den Ohren von der Kopfhaut rann und schräg den Hals hinunterlief. Jetzt staut sich ihm der Schweiß unter dem wollenen Schwalbenschwanz, am Rücken und am Bauch, der tatsächlich eingeschnürt wird, wie Judy gesagt hat, und auch unterm Hut – Gott sei Dank hat Janice ihm die Perücke ausgeredet, sie ist nicht immer eine dumme Nuß.

Mit zunehmender Ungeniertheit und Eifrigkeit winkt er der Menge zu, die sich an den Straßenecken, im Schatten der Spitzahorne und auf den Stützmauern aus Sandstein und den terrassenförmigen Rasenflächen bis hinauf in die schützende Kühle der Veranden drängt, und er schwitzt so, daß der Spitzbart sich löst, daß der Kleber ihn nicht mehr hält. Er spürt, wie der Bart ihm auf der einen Seite sacht vom Kinn rutscht, und ohne seine Gangart zu unterbrechen – Onkel Sam geht auf eine schrullige Art, mit gebeugten Knien, nicht wie Harry selber, der sich leichtfüßig, mit großen Schritten fortbewegt –, holt er die Tesafilmrolle aus der beuteligen Tasche und reißt ein Stück ab, das Anfangsstück mit dem roten Papierstreifen. Es bleibt ihm an den Fingern kleben. Nach mehrfachem, immer wütenderem Fingerschnippen flattert es davon, auf die Straße. Er reißt ein zweites Stück ab und drückt es sich aufs Kinn und auf die lose Ecke des weißen Kunstbarts; das Klebeband hält, bildet aber sicher ein glänzendes Rechteck in seinem Gesicht. Die Zuschauer, die sehen, wie er diese Reparatur improvisiert, spenden Beifall. Er geht dazu über, den großen schweren Hut zu lüften und sich vorsichtig nach beiden Seiten hin zu verbeugen, und das trägt ihm noch mehr Applaus und freundliche Zurufe ein.

Die Menge, die er hinter seinem Winken, seinem Lächeln, seinem Klebstreifen sieht, erstaunt ihn. Die Menschen von Mt. Judge sind sommerlich angezogen, vielmehr ausgezogen, wie es früher, als Harry Kind war, nur die Kinder gewesen sind und wie es seither immer mehr auch die Alten übernommen haben. Weißhaarige Frauen sitzen auf ihren Gartenstühlen aus Aluminium unten auf dem Gehweg, stecken wie dicke Babies in Karos und Rüschen und strecken vergnügt die unförmigen, geäderten Beine von sich. Männer mittleren Alters haben ihre faßartigen Schenkel in Radlershorts gezwängt, die für Knaben gedacht sind. Junge Mütter sind direkt von ihren oberirdisch im Hintergarten installierten Swimmingpools gekommen, in Bikinis oder in Einteilern aus elastischem Stoff mit so hohen Beinausschnitten, daß sie mit fast nackten Hintern und Brüsten dastehen. Auf ihren hochgereckten Hüften halten sie rot angelaufene, überhitzte Babies, die nichts als Windeln und Gummihosen tragen. So viel Jugend, Säuglinge, kleine Knirpse, ihm ist, als blubbere Generation auf Generation hoch, seit die Stadt *ihn* hervorgebracht hat. Damals ist sie voll von Alten gewesen: wenn er morgens zur Schule ging, sind strenge, schimpfende Frauen aus ihren Häusern getreten, haben ihre Besen ausgeschüttelt und dicke dunkle Strümpfe und vorn durchgeknöpfte Kittelkleider angehabt. Jetzt ist die Jackson Road von fröhlichem, unschuldig zur Schau gestelltem Fleisch gesäumt. Bloße Knie dicht an dicht wie Trauben und jede Menge nackter brauner Schultern im gesprenkelten Schatten auf dem Gehweg. Amerikanische Flaggen an vergoldeten Stöcken und Ballons in allen Farben, sogar metallische, die wie Herzen und Kissen geformt sind, werden in Händen getragen, sind in Büsche gehängt, an den Griffen von Kinderwagen befestigt, die noch mehr Babies enthalten. Eine Stimmung milder Nachsicht, ein allgemeines Komplott, sich zu amüsieren, umgibt und trägt seine Parade, indes er ihr vorangeht in der betäubenden Leere mitten auf den vertrauten abfallenden Straßen.

Harry klebt ein Stück Tesafilm auf die andere Seite seines Spitzbarts, fischt aus derselben tiefen Tasche sein Pillenfläschchen heraus und wirft ein Nitrostat ein. Der bergauf führende Teil der Strecke hat ihn auf die Probe gestellt, und jetzt, wo es bergab geht, reißt es ihn in den Fersen und in den Knien. Wenn er zu nah an den vorausfahrenden Streifenwagen herankommt, strömt ihm das Kohlenmonoxyd in die Lungen. Von hinten dröhnt vermischte Musik und treibt ihn weiter: die Lücken von «American Patrol» werden mit Passagen aus «Yesterday» gefüllt. Er konzentriert sich auf die gemalte gelbe Linie, die ab und an von Bremsspuren getrübt und da, wo man überholen darf, auf einige Meter gepunktet ist, aber meist doppelt und ununterbrochen dahinläuft wie die alten Straßenbahnschienen, die längst zugeschüttet oder herausgerissen und verschrottet sind. Fotoapparate sind auf ihn gerichtet und klicken. Stimmen rufen seinen Namen. Die Menschen kennen ihn, aber er sieht kein Gesicht, das er kennt, nicht eines, auch Prus schiefe rothaarige Herzform nicht oder Roys schwarzäugiges Starren oder Janices kleines braunes bockiges Nußgesicht. Sie haben gesagt, sie würden an der Ecke Joseph / Myrtle stehen, aber hier, nahe der Borough

Hall, ist die Menge am dichtesten, die sommergerösteten Körper bilden eine anderthalb Meter dicke Mauer, die seine Lieben verschluckt hat.

Die ganze Stadt, die er gekannt hat, ist verschluckt worden, von den Jahrzehnten, aber eine andere hat ihren Platz eingenommen, eine jüngere, nacktere, weniger furchtsame, eine bessere. Und sie liebt ihn immer noch, wie damals, als er ihr in einem einzigen Heimspiel zweiundvierzig Punkte verschafft hat. Er ist eine Legende, eine wandelnde Wolke. Ein Tröpfchen Sprengstoff hat in ihm die Adern geöffnet wie Blütenblätter, die sich in der Sonne entfalten. Seine Augen brennen vor Schweiß oder etwas Allergenem, der Kopf tut ihm weh unter dem dampfkochtopfartigen hohen Zylinder. Der Treibhauseffekt, denkt er. Das Ozonloch. Wenn das Eis der Antarktis schmilzt, gehen wir alle unter. Die menschliche Schmelzmasse nach einem vertrauten Gesicht absuchend sieht Harry eine Bierdose, die forsch hin und her gereicht wird, das Aufblitzen der ernsten Brille eines kurzsichtigen Kindes, einen silbernen Kreolring am Ohrläppchen eines Hispanic-Mädchens. Während des Marsches hat er ein paar schwarze Gesichter in der Menge gesehen – sie sind ebenso fröhlich, so ermunternd gewesen wie alle anderen –, und ein paar asiatische: ein adoptiertes vietnamesisches Waisenkind, eine gedrungene Filipina. Weit hinten in der immer noch geschlossenen Parade stimmen die Dudelsackpfeifer klagend ein Highland-Lied vom Töten an, und der Rock-Interpret wimmert: «... imagine all the *peo*ple», und weiter vorn ist Kate Smith zu hören: von zerkratztem Band, durch knatternde Lautsprecher schmettert sie, tot wie sie ist, krepiert an schierem brandigen Übergewicht, «God Bless America» – «... to the *oceans*, white with *foam*.» Harrys Augen brennen, und ihn schwindelig machend, als sei er emporgehoben worden, um die gesamte Menschengeschichte überblicken zu können, wächst in ihm die Gewißheit – und läßt sein Herz immer heftiger hämmern –, daß alles in allem dies das verdammt glücklichste Land ist, das die Welt je gesehen hat.

Es ist eine törichte, überraschende Entdeckung gewesen, von der Art, wie er sie einst mit Thelma hätte teilen können, im leisen, schamlosen Miteinander, das dem Liebemachen folgt. Thelma ist plötzlich tot. Gestorben an Nierenversagen, Thrombopenie und Herzinnenhautentzündung: Ende Juli, als die kühle Morgendämmerung eines neuen heißen blaugrauen Tags über den schmückenden, in Dachhöhe entlanglaufenden Backsteinsimsen gegenüber dem St. Joseph's Hospital in Brewer heraufzog. Arme Thelma, ihr Körper ist einfach zermürbt gewesen von ihrem langen Kampf. Ronnie hat versucht, sie bis zum Schluß zu Haus zu behalten, aber während der letzten Woche ist er mit ihr nicht mehr fertig geworden. Halluzinationen, Fieberphantasien, sarkastische Wut. Ziemlich viel Wut, ausgerechnet Ron gegenüber, der ein so hingebungsvoller Ehemann gewesen ist, nachdem er früher, in seinen jungen unverheirateten Tagen, ein derartiger Nichtsnutz war. Sie ist erst fünfundfünfzig gewesen, ein Jahr jünger als Harry, zwei Jahre älter als Janice. Sie ist in derselben Woche gestorben, in der die DC-10, auf dem Flug von Denver nach Philadelphia über Chicago, in Sioux City, Iowa, verunglückt ist beim Versuch, mit dreihundertachtzig Stundenkilometern zu landen; von nichts mehr gesteuert als vom Schub der beiden noch laufenden Motoren, hat sie sich auf der Landebahn überschlagen, sich in einen gewaltigen Feuerball verwandelt, und doch hat es weit über hundert Überlebende gegeben, einige baumelten mit dem Kopf nach unten in ihren Sitzgurten, andere sind weggelaufen und haben sich in den Maisfeldern nahe der Landebahn verirrt. Rabbit ist es so vorgekommen, als sei das die erste Nachrichtenmeldung in diesem Sommer, die sich nicht auf den zwanzigsten Jahrestag von irgend etwas bezieht – Woodstock, die Manson-Morde, Chappaquiddick, die Landung auf dem Mond. Die Fernsehnachrichten sind mit Archivmaterial gespickt.

Die Trauerfeier findet in einer Kirche statt, die sozusagen keinen Markennamen hat und ungefähr anderthalb Kilometer hinter Arrowdale liegt. Harry und Janice haben den Weg

nicht genau gewußt, sind falsch gefahren und bei der Einkaufspassage in Maiden Springs gelandet, wo ein Cineplex
mit sechs Kinos auf seiner Titeltafel verkündet: HONEY I
SHRUNK BATMAN GHOSTBUST II KARATE KID
III DEAD POETS GREAT BALLS. Das tranige Mädchen
hinterm Kassenschalter hat keine Ahnung gehabt, wo die
Kirche sein könnte, und die pickelige Platzanweiserin im großen, leeren, scharlachroten Foyer, in dem es nach Popcorn
und schmelzenden M&Ms roch, genausowenig. Harry ärgert
sich über sich selbst: all die Male, die er heimlich nach Arrowdale hinausgefahren ist, um Thelma zu besuchen, und jetzt
kann er ihre blödsinnige Kirche nicht finden. Als sie schließlich ankommen, erhitzt, verlegen, einander wütend ihre Unfähigkeit übelnehmend, stellt sich die Kirche als unansehnli-
cher kruder Bau heraus, ein Lagerhaus mit Fenstern und
einem Stummel von Turm aus eloxiertem Aluminium, mitten
auf einer baumlosen, roterdigen Ackerfläche, die spärlich mit
Gras bewachsen und kreuz und quer von Autospuren zer-
furcht ist. Die Wände innen bestehen aus Hohlziegeln, und
das Licht, das durch die hohen Fenster mit den Klarglasschei-
ben fällt, ist kahl und unbarmherzig. Klappstühle statt Kir-
chenbänken und kindliche Filzbanner, die von den Metallver-
strebungen oben herunterhängen und auf denen Kreuze,
Trompeten, Dornenkronen abgebildet sind, und dazwischen
stehen Bibelversnummern: Markus 15,32; Offenb. 1,10; Joh.
19,2. Der Geistliche trägt einen braunen Anzug, einen Schlips
und ein Hemd mit einem ganz gewöhnlichen Kragen und
wirkt ziemlich aufgelöst und atemlos, wie der dickliche junge
Geschäftsführer eines Haushaltsgeräteladens, der manchmal
mit anfassen muß bei den schweren Kartons. Seine Stimme
wird von einem Mikrophon verstärkt, das wie ein winziger
Stengel geformt und fast unsichtbar am hölzernen Lesepult
angebracht ist. Er stellt Thelma als mustergültige Ehefrau,
Mutter, Kirchgängerin und Dulderin dar. Die Beschreibung
beschreibt niemanden, sie ist wie ein Kleid, in dem niemand
steckt. Der Geistliche spürt das, denn jetzt spricht er von ih-

rem ganz besonderen Humor, ihrer ganz eigenen Art, die Dinge zu betrachten, die es ihr ermöglicht habe, so tapfer auszuharren in ihrem langen Kampf gegen das körperliche Gebrechen. Während eines seelsorgerischen Besuchs bei Thelma in ihrer letzten tragischen Woche im Krankenhaus war der Geistliche das Wagnis eingegangen, mit ihr über das ewige Geheimnis nachzusinnen, warum der Herr manche mit Gebrechen schlägt und andere nicht, manche heilt und viele ungeheilt läßt. Sogar im heiligen Evangelium ist das so, darüber müssen wir uns klar sein, denn was ist mit all den Aussätzigen und den Besessenen, die *nicht* zufällig Jesu Weg gekreuzt haben, *nicht* aggressiv genug waren, sich vorzudrängeln in den unübersehbaren Mengen, die sich um Ihn scharen in der Ebene und auf dem Berge, in Kapernaum und in Galiläa? Und wie lautete Thelmas Antwort? Sie sagte, auf ihrem Schmerzenslager dort im Krankenhaus, sie denke sich, sie habe es so und nicht anders verdient. Diese Frau war wahrhaft demütig, wahrhaft klaglos. Bei einem früheren, weniger bedrückenden Anlaß, erinnert der Geistliche sich, und seine Stimme wird ein wenig lebhafter, zum Zeichen, daß jetzt eine Anekdote kommt, hat er sie in ihrem untadeligen Heim besucht, und da hat sie ihr Gebrechen als ein unbedeutendes Mißverständnis dargestellt, hat erklärt, daß ein paar winzige Drähte in ihrem Organismus bestimmte Signale nicht richtig weitergeleitet hätten. Damals hat sie angeregt – in der feinen, humorvollen Ausdrucksweise, die uns allen, die wir sie liebten, in Erinnerung ist, und zugleich doch mit allem bitteren Ernst –, daß Gott vielleicht nur verantwortlich sei für das, was wir selbst erleben und sehen könnten und nicht hafte für das, was sich auf der mikroskopischen Ebene abspiele.

Er sieht auf, unsicher, was für eine Wirkung diese Erinnerung hat, und die kleine Trauergemeinde, die bei diesem merkwürdigen Ausspruch vielleicht Thelmas Stimme hört und so in den Stand gesetzt ist, sich das Lehrerinnenhafte, beißend Spöttische, Rigorose heraufzubeschwören, das sie zu Lebzeiten am Leib gehabt hat, oder die vielleicht spürt, daß der Geistliche Beistand braucht gegen das Schreckgespenst ungerechtfertigten Leidens, gnickert höflich. Der Mann im braunen Anzug ist erleichtert und spult jetzt – wie der Moderator einer Talkshow, der abschließend zusammenfaßt – die Routine-Beteuerungen ab, den Psalm von der grünen Aue, die Verse im Prediger von einem jeglichen, das seine Zeit hat, den Choral, in dem es heißt, daß der Tag jetzt vorüber ist.

Harry sitzt neben der schniefenden Janice in ihrer Polizeiuniform und denkt an die wollüstige nackte Thelma, die er gekannt hat und die so ganz anders war als die Frau, die der Geistliche beschrieben hat; aber vielleicht ist die Thelma des Geistlichen ebenso wirklich gewesen wie die, die Harry gekannt hat. Frauen sind Schauspielerinnen, stimmen ihre Rolle auf das jeweilige kleine Publikum ab. Ihre Rolle im Zusammenspiel mit ihm war, ihn anzubeten, ihm ihren Körper zur freien Verfügung zu überlassen, als brauche sie ihn nicht mehr. Ihr Korper ist krank und fahl gewesen und hat den Tod enthalten wie ein seidiger schwarzer Schrein. Es hat fast etwas Beleidigendes gehabt, so als sei er eigentlich überflüssig, daß sie so hilflos der fatalen Notwendigkeit zu lieben ausgeliefert war. Er hat sie nicht so lieben können, wie sie ihn geliebt hat, in seinem relativen inneren Ungebundensein hat eine befriedigende Selbstbestrafung gelegen, eine Ironie, die sie ausgekostet hat. Aber sooft er sie auch verließ, sie hat nie gewollt, daß er sie verläßt. Als er sich zum Segen erhebt, lehnt sich ihr umflorter Geist an ihn, schmiegt sich an seine Brust mit sauermilchigem Atem und bittet ihn stumm, nicht zu gehen. Janice schnieft wieder, Harry aber verschließt seinen Schmerz um Thelma fest in seinem Herzen, er weiß, Janice möchte ihn nicht sehen.

Draußen im verlegen machenden Sonnenschein geht Webb Murkett, dessen lächelndes Gesicht zerknitterter ist denn je und dem immer noch eine Zigarette von der langen kamelhaften Oberlippe hängt, von Gruppe zu Gruppe und stellt seine neue Frau vor, ein schüchternes Mädchen von vielleicht Mitte zwanzig, jünger als Nelson, jünger als Annabelle, eine flaumige kleine Blondine in dunklen Rüschen und mit der Figur einer Robbe, einer Wettschwimmerin im Teenageralter, ohne deutliche Einkerbungen. Webb ist schon immer fürs Saftige gewesen. Sie tut Harry leid – ist hergeschleppt worden in dies religiöse Lagerhaus, um die Frau eines alten Golfpartners ihres Mannes zu begraben. Cindy, Webbs vorige Frau, die Harry vor gar nicht so vielen Jahren angebetet hat, ist auch da, allein; sie wirkt vergrätzt und stummelig und balanciert unsicher auf schwarzen, sandalettenhaft fipsigen Stöckelschuhen, als sie sich auf den grasbewachsenen roterdigen Spurrillen, die als Kirchparkplatz herhalten müssen, in Positur zu bringen versucht. Während Janice sich an Webb und seine Neue hält, geht Harry ritterlich-tapfer zu Cindy hinüber, die wie ein unförmiger Kloß dasteht und in die heiße dunstverhangene Sonne blinzelt.

«Hallo», sagt er, verwundert, wie sie sich so hat gehenlassen können. Sie hat jetzt die bei den Frauen des Diamond County übliche Figur – einen Busen wie ein Balkon und einen Hintern, als schleppte man seine eigene Sitzbank mit sich herum. Ihr liebes kleines klar geschnittenes Gesicht mit der Stupsnase und den weit auseinanderliegenden Augen, das früher so geheimnisvoll war in seiner knabenhaften Keckheit, ist in Fett gerahmt und mit einem schweren Doppelkinn unterlegt; sie hat keinen Hals, wie die russischen Puppen, die eine in der andern wohnen. Ihre Haare, die sie früher immer kurzgeschnitten getragen hat, sind dauergewellt und zu einer großen bauschigen Frisur toupiert, wie junge Frauen sie heute lieben. Dies Gewölle um ihren Kopf verstärkt ihre Massigkeit.

«Harry. Wie geht es dir?» Ihre Stimme ist begräbnishaft gedämpft, und sie streckt eine weiche Hand aus, breit wie eine Bärentatze. Er nimmt sie in die seine, beugt sich aber zusätzlich, den traurigen Anlaß zum Vorwand nehmend, zu ihr hinunter und gibt ihr einen Kuß auf die feuchte weitläufige Wange. Das Vergrätzte, Klumpige ihres Gesichts glättet sich ein wenig. «Ist das mit Thelma nicht furchtbar?» sagt sie.

«Ja», bestätigt er, «aber es hatte sich schon seit langem

angekündigt. Sie hat's kommen sehen.» Er glaubt, es ist nichts dabei, wenn er andeutet, daß er Thelmas Gedanken gekannt hat. Cindy hat mitgemacht in jener Nacht in der Karibik, als sie die Partner getauscht haben. Er hatte Cindy gewollt und Thelma bekommen. Jetzt sind beide jenseits allen Begehrens.

«Man weiß es, nicht?» sagt Cindy. «Ich meine, wenn man so krank ist, dann spürt man, wenn es soweit ist. Man spürt alles.» Rabbit erinnert sich an ein kleines Kreuz in ihrer Halskuhle, das man sehen konnte, wenn sie einen Badeanzug anhatte, und ihm fällt wieder ein, daß sie, wie viele Leute ihrer Generation, ein Faible für Spökenkiekereien aller Art gehabt hat – Astrologie, Vorahnungen –, wenn auch nicht so schlimm wie Buddy Inglefingers Freundin Valerie, eine wahre Hippie-Tante alten Stils, einsachtzig lang und mit bunten Perlen behängt.

«Frauen vielleicht mehr als Männer», sagt er taktvoll. Er traut sich, die Freimütigkeit ein bißchen weiter zu treiben. «Ich habe in letzter Zeit ein paar gesundheitliche Probleme gehabt, und seither ist mir, als hätte ich mein gesamtes Leben in einem Zustand der Benommenheit verbracht.»

Das ist zu hoch für sie, zu bekenntnishaft. In seiner Beziehung zu Cindy hat es immer eine Mauer gegeben, gleich hinter ihren leuchtenden buttertoffeebraunen Augen, eine Barriere, an der alle Signale abprallten. *Dumme Cindy* hatte Thelma sie genannt. Aber Rabbit hat sich eines betrunkenen Abends heimlich ins Schlafzimmer der Murketts geschlichen und Polaroid-Photos gesehen, die bewiesen, daß Cindy alles draufgehabt hat. Sie hat gefickt und geblasen. Jetzt sieht sie allerdings wirklich dumm aus. Und unglücklich.

«Ich habe gehört, du arbeitest in einer Boutique in der neuen Mall drüben bei Oriole», sagt er.

«Ich werde aber wohl kündigen. Alles was ich verdiene, geht von Webbs Unterhaltszahlung ab, was soll ich mich also anstrengen. Da kannst du mal sehen, wieso Wohlfahrtsmütter so werden, wie sie sind.»

«Aber», sagt er, «wenn du einen Job hast, kommst du aus deinen vier Wänden raus. Lernst Leute kennen.» *Lernst einen*

*Kerl kennen, heiratest wieder,* ist sein unausgesprochener Gedanke. Aber wer will schon so einen Fleischkloß heiraten. Sie würde jeden Sunfish versenken, wenn man jetzt mit ihr segeln wollte.

«Ich überlege, ob ich Physiotherapeutin werden soll. Ein Mädchen in der Boutique lernt gerade ganzheitliche Massage.»

«Klingt gut», sagt Harry. «Massieren müßte dir liegen.»

Das ist gerade so deutlich, daß sie zu sagen wagt: «Du und Thelma –» Aber dann hält sie inne und sieht auf den Boden.

«Hm?» Die alte Barriere hält ihn davon ab, sie zu ermutigen. Sie ist nicht das Publikum, für das er die Rolle von Thelmas trauernd hinterbliebenem Liebhaber spielen möchte.

«Ich weiß, sie fehlt dir», sagt Cindy kleinlaut.

Er stellt sich ahnungslos. «Offen gestanden haben Janice und ich die Harrisons in letzter Zeit nicht allzuoft gesehen. Ronnie ist aus dem Club ausgetreten, zu teuer, sagt er, und ich hab diesen Sommer selber kaum Gelegenheit gehabt hinzugehen. Hat sich ziemlich verändert dort, die alte Gang gibt's nicht mehr. Lauter junges Kroppzeug jetzt. Die schlagen den Ball zwei Kilometer weit und räumen an den Wochenenden alle Preise ab. Meine Schwiegertochter benutzt den Pool, mit den Kindern.»

«Ich habe gehört, du bist wieder in der Firma.»

«Ja», sagt er, für den Fall, daß sie es sowieso schon weiß, «Nelson hat durchgedreht. Ich halte solange die Stellung.»

Er überlegt, ob er wohl doch zuviel sagt, aber sie sieht an ihm vorbei. «Ich muß hier weg, Harry. Ich kann keine Sekunde länger mit ansehen, wie Webb um diese affektierte, lächerliche Babypuppe rumscharwenzelt. Er ist über sechzig!»

Der Glückspilz. Er hat die Sechzig geschafft. In der kleinen Stille, die ihre entrüstete, scharfe Bemerkung der Luft aufzwingt, fliegt hoch oben ein Flugzeug über sie hin und zieht sein dumpfes Dröhnen hinter sich her. Mit einem Lächeln, das nicht nur freundlich ist, sagt er: «Du hast ihn jung erhalten» und denkt dabei an die Polaroid-Photos. Wenn man wegen einer Frau so gelitten hat, sich so verzehrt hat nach ihr, ist man zwangsläufig ein bißchen nachtragend, sobald der Schmerz vorüber ist.

Einige Leute machen sich aus dem Staub, und Harry hält es für angebracht, jetzt zu Ronnie hinüberzugehen und ihm ein paar Worte zu sagen. Der alte Widersacher steht mit seinen drei Söhnen und deren Frauen in einer losen Gruppe zusammen. Alex, das Computergenie, hat kurzgeschnittene Haare und guckt beknackt und kurzsichtig. Georgie hat die lange, gehätschelte Haarpracht eines Möchtegern-Schauspielers, und die Sachen, die er zum Begräbnis seiner Mutter angezogen hat, Jackett, Krawatte, sehen wie ein Kostüm aus. Ron Junior hat das angenehmste Gesicht – Thelmas Lächeln – und die Muskeln und die Sonnenbräune eines Mannes, der körperliche Arbeit im Freien verrichtet. Harry schüttelt ihnen die Hand und erschreckt sie damit, daß er ihre Namen kennt. Wenn man mit einer Frau sexuell verbandelt ist, fließt etwas vom Zauber auf ihre Kinder über, für die sie ja auch die Beine breit gemacht hat.

«Wie geht es Nelson?» fragt Ron Junior ihn; nach seinem Gesichtsausdruck zu urteilen meint er es nicht gehässig. Dieser Junge muß es gewesen sein, der Thelma über Nelsons Kokainsucht informiert hat.

Harry antwortet ihm von Mann zu Mann. «Gut, Ron. Er ist einen Monat in Entgiftungsbehandlung gewesen und lebt jetzt mit ungefähr zwanzig andern, wie sagt man, Mißbrauchtreibenden in einer Wohngemeinschaft in North Philly. Er hat einen Freiwilligen-Job angenommen, legt zusammen mit Kids aus der Innenstadt einen Spielplatz an.»

«Das ist ja toll, Mr. Angstrom. Nelson ist ein toller Kerl, im Grunde.»

«Ich besuche ihn jetzt nicht mehr, ich konnte diese Familientherapie nicht aushalten, die sie da mit einem veranstalten, aber seine Mutter und Pru schwören, daß er es herrlich findet, mit den gewalttätigen schwarzen Kids zu arbeiten.»

Georgie, der Hübscheste und Thelmas Liebling, hat zugehört und sagt unaufgefordert: «Der Haken bei Nelson: er ist zu sensibel. Er nimmt sich alles extrem zu Herzen. Im Showbusiness lernt man, alles an sich abprallen zu lassen, soll's mir doch den Buckel runterrutschen. Verstehen Sie, die können mich mal. Sonst geht man drauf.» Er tätschelt sich hinten die Frisur.

Alex, der Älteste, setzt auf seine pedantische Art hinzu: «Also *ich* hab mir in Kalifornien die Drogen zu Herzen genommen, deswegen war ich so froh, daß es mit dem Job in Fairfax geklappt hat. Wissen Sie, *je*der nimmt das Zeug. Das ganze Wochenende hindurch, am Strand, auf den Schnellstraßen, *je*der ist stoned. Wie soll man da eine Familie gründen. Oder Geld sparen.»

Ihre Söhne sind jetzt Männer mit grauen Fäden im Haar und Vernunftfältchen um den Mund, mit Ehefrauen und kleinen Kindern, Thelmas Enkelkindern, die schutzsuchend zu ihren Vätern aufblicken im Trauergewirr der Welt. Ihre Söhne nehmen sich in Harrys Augen erwachsener aus als Ronnie, in dem er immer nur den abstoßenden Flegel aus der Wenrich Alley sehen kann, den Angeber mit dem ungewaschenen Maul im Umkleideraum der High-School. Menschen, die er einmal geliebt hat, entgleiten ihm, aber Ronnie ist immer da, wie die miefige untere Partie seines Körpers, wie die Jockey-Unterhosen, die jeden Tag schmutzig werden.

Ronnie ist jeder Zoll ein schmerzerfüllter Witwer; er sieht aus, als käme er aus der Waschmaschine, seine Wimpern pieksen weiß aus den vom Weinen geröteten Lidern hervor, vom verfilzten messingfarbenen Haar sind nur schüttere graue Büschel über den Hängeohren geblieben. Rabbit versucht, seine Aversion, die alte Rivalität zwischen ihnen zu überwinden, indem er dem andern kräftig die Hand drückt und sagt: «Tut mir ehrlich leid.»

Aber der alte feindselige Teufel blitzt in Harrisons Gesicht auf, das einmal fleischig war und jetzt in die Länge gezogen, ausgelaugt, faserig ist. Mit einem Blick auf seine Söhne und

484

einem kleinen Da-hinüber-Rucken des Kopfes nimmt er Harry beim Arm, packt absichtlich zu fest zu und geht mit ihm ein paar Schritte auf der zerfurchten trockenen Erde, bis sie außer Hörweite sind. Im hastigen vertraulichen Ton, den Männer bei sportlichem Wettkampfgerangel haben, sagt er: «Du denkst wohl, ich weiß nicht, daß du seit Jahren mit Thel geschlafen hast?»

«Ich – ich hab nie viel drüber nachgedacht, was du weißt oder nicht weißt, Ronnie.»

«Du Scheißkerl. Die Nacht unten auf der Insel, wo wir getauscht haben, das war nur der Anfang, oder? Du hast dich hier oben weiter mit ihr getroffen.»

«Ron, du hast doch eben gesagt, du wußtest es. Warum hast du denn nicht Thelma gefragt, wenn du's ganz genau wissen wolltest.»

«Ich wollte sie nicht damit behelligen. Sie hat um ihr Leben gekämpft, und ich habe sie geliebt. Gegen Ende haben wir darüber gesprochen.»

«Also hast du sie *doch* behelligt?»

«Sie wollte reinen Tisch machen. Du Scheißkerl. Der große Meister. Du bist das gefühlloseste, selbstsüchtigste Schwein, das mir je begegnet ist.»

«Wieso denn, was ist denn so übel an mir? Vielleicht wollte sie mich. Vielleicht hat's ja auch auf Gegenseitigkeit beruht.»

Über Ronnies Schulter sieht Harry Trauergäste, die sich verabschieden möchten, aber zögernd stehenbleiben, weil sie die Hitze dieser hastigen Unterhaltung spüren. Harrison ist bläulichrosa im Gesicht und Rabbit vielleicht auch. Er sagt: «Ronnie, die Leute beobachten uns. Dies ist nicht der richtige Zeitpunkt.»

«Einen andern gibt es nicht mehr. Ich will dich nie wiedersehen, so lange ich lebe. Du widerst mich an.»

«Und du mich. Schon immer, Ron. Du hast einen Schwanz, wo andere einen Kopf haben. Wer will's ihr denn übelnehmen, wenn sie sich zwischendurch mal ein bißchen erholen mußte von der Scheiße, die du ihr zugemutet hast.»

Ronnies Gesicht ist dunkelbläulichrosa, und seine Augen sind wässerig. Er hat Harrys Unterarm die ganze Zeit nicht losgelassen, als sei dieser Klammergriff die letzte warme Berührung mit seiner toten Frau. Er spricht ganz leise, mit noch größerer Intensität; Harry muß den Kopf senken, um ihn zu verstehen. «Es geht nicht darum, daß du mit ihr geschlafen hast, das ist mir scheißegal, aber du hast es getan, ohne daß es dir auch nur *so* viel bedeutet hat. Sie war verrückt nach dir, und du hast das einfach so mitgenommen. Du narzißtische Drecksau. Sie hat sich weggeschmissen an dich. Sie hat alles über den Haufen geworfen, woran sie geglaubt hat, und du hast das nicht mal zur Kenntnis genommen, es nicht zu schätzen gewußt, du hast sie nicht geliebt, und sie wußte das, sie hat's mir selber gesagt, im Krankenhaus, als sie wollte, daß ich ihr verzeihe.» Ronnie holt Luft, um weiterzusprechen, aber Tränen verstopfen ihm die Kehle.

Rabbit tut selber die Kehle weh, wenn er an Thelmas Ende denkt, daran, daß Ronnie da war, daran, daß sie ihren Geliebten betrogen hat, als gar keine Liebe mehr in ihrem Körper war. «Ronnie», flüstert er. «Ich *hab* sie zu schätzen gewußt, wirklich. Sie war phantastisch im Bett.»

«Du Dreckschwein» ist alles, was Ronnie herausbringt, immer wieder, und dann wenden sie sich beide den Trauergästen zu, die darauf warten, ihre Beileidsbekundungen loszuwerden, in ihre Autos zu steigen und zu retten, was noch übrig ist von diesem heißen dunstigen Samstag, an dem überall im Diamond County Rasen gemäht und Gärten von Unkraut befreit werden müssen. Janice und Webb sind unter denen, die glotzen. Sie ahnen sicher, worum es in der Unterhaltung gegangen ist; die meisten hier ahnen es wohl, auch die drei Söhne. Er ist zwar immer sehr diskret vorgegangen bei seinen Besuchen in Arrowdale, hat seinen Toyota in Thelmas Garage versteckt und sich nie mit ihr zusammen im Bett von einem kranken Kind erwischen lassen, das vorzeitig aus der Schule kam, auch nicht von einem Handwerker, der eine unverschlossene Tür aufmachte, aber diese Dinge haben es an

sich, doch herauszukommen. Das Leck braucht nur steck-
nadelkopfgroß zu sein, wie bei einem Reifen. Die Leute spüren
es. Das Gerücht hat bereits die Runde gemacht oder macht es
jetzt. Na wenn schon, sie können ihn mal, wie Georgie gesagt
hat. Sie können ihn alle mal, einschließlich Webbs Kinds-
braut, die, nach ihrer Figur zu urteilen, wahrscheinlich
schwanger ist. Dieser Webb, was für ein Mensch.

Etwas Hübsches passiert. Ronnie und Harry, Harrison und
Angstrom, vollführen mit einer Präzision, als seien sie darin
geübt, ein Crisscross. Sie lächeln ungeachtet ihrer geröteten
Augenlider und wunden Kehlen der kleinen Zuschauermenge
zu und wechseln akkurat einer über des andern Weg, als sie zu
den Ihren gehen, Harry zu Janice in ihrem marineblauen Kostüm mit der weißen Paspelierung und den breiten Schultern
und Ronnie zurück zu seinen Söhnen und dem Anlaß seiner
traurigen Veranstaltung. Einmal Teamkameraden, immer
Teamkameraden. Rabbit, der sich daran erinnert, wie Ronnie
einmal ein ganzes Wochenende lang, in Atlantic City, Ruth
gevögelt und hinterher ihm gegenüber damit geprahlt hat,
kann nicht das geringste Mitgefühl für ihn aufbringen.

*I Love What You Do for Me, Toyota.* So heißt es auf dem neuen
Papiertransparent, das die Gesellschaft geschickt hat, mit der
Maßgabe, es ins große Ausstellungsfenster zu hängen. Zuzeiten, wenn Harry an diesem Fenster steht und eine Wolke,
schwer von Feuchtigkeit, die Welt ringsum verdunkelt oder
ein lichtschluckender Lastwagen dicht an der Taxushecke
vorbeifährt, zu den Werkstattüren hin, sieht er jäh sein Spiegelbild und erschrickt, wie massig er ist, wieviel Raum er auf
dem Planeten beansprucht. Als er vorigen Monat als Onkel
Sam auf den leeren Fahrdamm hinaustrat, hat er sich so un-
heimlich groß gefühlt, als sei sein Kopf ein riesiger Ballon, der
hoch über der Begleitmusik schwebt. Auch wenn er nach seinem inneren Verständnis von sich selbst eine harmlose passive Seele ist, eine ruhige leise Stimme, und niemandem etwas
zuleide tun, in keine Falle gehen und nicht sterben möchte,

gibt es doch dies andere Selbst, das sich nach außen präsentiert: ein ein Meter neunzig großer, mindestens zweihundertdreißig Pfund schwerer Exsportler, ein Gespenst in glattem grauem Sommeranzug, der über und über glänzt, wie gewachst, und mit großem Kopf und weichem, blassem Haar, das bei Shear Joy Hair Styling (Herren und Damen, fünfzehn Dollar Minimum) so geschnitten worden ist, daß es exakt auf den Ohren aufliegt, ein furchterregendes Trumm mit Augen, die sehen, Händen, die greifen und Zähnen, die beißen, ein Körper, der bei einer einzigen Mahlzeit so viel Nahrung aufnimmt, wie für drei Äthiopier pro Tag nötig wäre, einer, der skrupellos, schamlos mit Benzin, Strom, Zeitungen, Kohlenwasserstoffen, Kohlenhydraten aast. Ein Vorgesetzter in schimmernder Rüstung. Seine Herzprobleme in letzter Zeit sind, wie seine schmerzhaft und teuer überkronten Backenzähne, zu einem wichtigen Zubehör seiner Respektabilität avanciert.

Harry hat es heute nötig, gut vor sich selber dazustehen, denn um elf wird Besuch in der Firma erwartet, ein Repräsentant der Toyota-Gesellschaft, ein gewisser Mr. Natsume Shimada, der bislang nur als penible Unterschrift in Erscheinung getreten ist, mit jedesmal verschieden abgefaßten Schreiben auf den cremefarbenen steifen Firmenbögen der American Toyota Motor Sales-Zentrale in Torrance, Kalifornien. Die Nachricht von den finanziellen Unregelmäßigkeiten, denen die beiden von Janice auf Charlies Rat hin angeheuerten Buchprüfer auf den Grund gegangen sind, ist immer weiter durchgesickert, immer höher hinaufgelangt: erst sind Briefe von Mid-Atlantic Toyota in Glen Burnie, Maryland, gekommen, dann von der Toyota Motor Credit Corporation in Baltimore, und seit einiger Zeit trifft die Post aus Torrance selbst ein, höfliche, aber unerbittliche Mitteilungen, unter denen in himmelblauer Tinte, geschrieben mit einem, wie es scheint, altmodischen dicken Füllfederhalter, der Name von Mr. Shimada steht.

«Nervös?» fragt Elvira und tritt leise, in einem schlanken

Seersucker-Kostüm, neben ihn. Wegen des heißen Wetters hat sie sich die Haare kurz schneiden lassen; ihr Nacken ist entblößt und zeigt aufregenden dunklen Flaum. Hat Nelson wohl was mit ihr gehabt? Irgend jemanden mußte er ja schließlich vögeln, wenn Pru schon nicht wollte. Es sei denn, die Koksnutten haben ihm gereicht, oder der Junge ist heimlich schwul. Soweit er's überhaupt ertragen kann, an das Sexleben seines Sohnes zu denken, scheint Elvira ihm ein wenig zu gutklassig, zu kühl zu sein, um ins Bild zu passen. Aber vielleicht unterschätzt Harry das Ausmaß der Energie auf der Welt; er neigt dazu, jetzt, wo die seine nachläßt.

«Es geht», antwortet er. «Wie sehe ich aus?»

«Sehr beeindruckend. Ich mag den neuen Anzug.»

«'ne Art Grau-Metallic. Sie haben den Stoff entwickelt, als sie die Mondflüge gemacht haben.»

Benny führt draußen auf dem Platz einen Tanz auf, öffnet Türen, läßt Motorhauben aufspringen für ein Pärchen, das so jung ist, daß ständig einer den andern nach Bestätigung heischend ansieht, beide gleichzeitig reden und dann auf einen Schlag verstummen, paralysiert von ihrem Wunsch, ja keinen Dollar zuviel zu bezahlen. Das Augustgeschäft ist im Gange, und Toyota bietet bis zu tausend Dollar Rabatt. In den alten Tagen hat man sich strikt an die Listenpreise gehalten, gehandelt wird nicht, entweder oder, Sie haben ein Qualitätserzeugnis vor sich. Die alte Kompromißlosigkeit ist korrumpiert worden durch die amerikanischen Methoden. Toyota hat dem Gerangel nachgegeben. «Wissen Sie», sagt er zu Elvira, «in all den Jahren, in denen wir hier auf dem Platz diese Autos verkaufen, ist meiner Erinnerung nach nicht ein einziges Mal ein richtiger Japaner hier gewesen. Ich dachte, die bleiben alle drüben in Toyota City und amüsieren sich bei der Teezeremonie.»

«Und mit den Geishas», sagt Elvira verschmitzt. «Wie Mr. Uno.»

Harry lächelt über die aktuelle Anspielung. Dies Mädchen – diese Frau – ist auf Draht. «Ja, er war nicht sehr lange Numero Uno, nicht?»

Ihre Ohrringe heute sehen wie Tempelglocken aus, kleine geschwungene Deckel aus mattem Silber, die mit feinem Draht in zitternden, schmetterlingspuppengroßen Rechtecken zusammengehalten werden. Sie erbeben in hauchfeiner Empörung, als sie sagt: «Es wäre wirklich Nelsons und Lyles Sache, sich mit Mr. Shimada auseinanderzusetzen.»

Er zuckt die Achseln. «Was soll man machen. Der Anwalt hat Lyle endlich mal ans Telephon gekriegt, und der Kerl hat ihn einfach ausgelacht. Sagt, er inhaliert Sauerstoff, nur damit er's aus dem Bett raus bis zur Toilette schafft, und jeden Augenblick kann's mit ihm zu Ende gehen. Außerdem hat er gesagt, die Krankheit sei ihm aufs Gehirn geschlagen und er hätte keinen Schimmer, wovon der Anwalt redet. Und er hätte seinen Computer verkaufen müssen, und von den Disketten sei keine mehr da. Mit andern Worten, er hat dem Anwalt gesagt, er soll sich – er soll sich zum Teufel scheren.» – «Ins Knie ficken», wollte er sagen, hat es sich aber verkniffen, weil er Elvira damit möglicherweise hat anmachen wollen, er ist sich nicht sicher. Egal, wie weit das Spiel fortgeschritten ist, man versucht es trotzdem. Es gefällt ihm, daß sie so dünn ist – Pru und sogar Janice wirken im Vergleich mit ihr dick –, und sie hat etwas Kühles, Ruhiges, das er als wohltuend empfindet – wie ein Fernsehschirm, wenn man nicht hört, was geredet wird, sondern nur die flackernden Bilder sieht. «Ich mußte lachen», sagt er, Lyles letzte Verlautbarungen meinend. «Sterben hat seine Vorteile.»

Sie fragt, immer noch an seiner Seite: «Wollte Nelson nicht in einer Woche oder so nach Hause kommen?»

«So war's geplant», sagt Harry. «Der Sommer vergeht wie im Flug, finden Sie nicht? Abends merkt man es schon so richtig. Es ist noch warm, aber es wird immer früher dunkel. Das ist etwas, das man immer wieder vergißt, von einem Jahr zum andern, diese Spätsommer-Dunkelheit. Die Zikaden. Der Geruch nach ausgedörrtem Rasen. Nur daß es diesen Sommer so verdammt regnerisch gewesen ist – das Unkraut auf meinen kleinen Beeten hört gar nicht mehr zu wachsen auf, ach Gott, und grüner Salat und Broccoli sind so spillerig, daß sie umfallen. Und die Erbsenranken sind immer weiter gewachsen, wie Wilder Wein, den Zaun rauf und drüberweg in den Nachbarsgarten.»

«Wenigstens war's nicht so furchtbar heiß wie vorigen Sommer, als alle Welt vom Treibhauseffekt geredet hat», sagt Elvira. «Vielleicht gibt es gar keinen Treibhauseffekt.»

«O doch», sagt Rabbit mit einer Überzeugung, von der er gar nicht wußte, daß er sie hat. Auf der anderen Seite der 111, über dem roten hutförmigen Dach der Pizza Hut, sprenkelt sich eine Spatzenschar, die schon auf dem Weg nach Süden ist, auf Telegraphendrähten hin, und es sieht aus wie eine Zeile in einer Notenschrift. «Ich werd's nicht mehr erleben», sagt er, «aber Sie. Und meine Enkelkinder. Die Docks in New York und Philly werden überschwemmt, sobald die Antarktis zu schmelzen anfängt. Die ganze Jersey-Küste.» Ronnie Harrison und Ruth: dieser Scheißkerl.

«Was macht er denn so, haben Sie mal was gehört? Nelson.»

«Er hat uns ein paar Postkarten mit der Freiheitsglocke geschickt. Klang ganz vergnügt, was er geschrieben hat. Ich glaube, der Junge hat sich immer nach mehr Ordnung gesehnt, als wir ihm je geben konnten, und in so einer Reha-Einrichtung wird Ordnung vermutlich ganz groß geschrieben. Mit Pru telephoniert er gelegentlich, aber zuviel Außenkontakt sehen die dort nicht gern.»

«Was denkt Pru, wie sieht sie das Ganze?» Bildet Harry es sich ein oder zackt hier ein gesteigertes Interesse auf, schaltet sich der Ton im Fernsehapparat wieder an?

«Schwer zu sagen, was Pru denkt», sagt er. «Ich habe den Eindruck, sie war drauf und dran, Schluß zu machen mit der Ehe, und er ist ihr zuvorgekommen, indem er in die Klinik ging. Sie und Janice und die Kinder sind in die Poconos raufgefahren.»

«Dann sind Sie jetzt ganz allein», sagt Elvira Ollenbach.

Ist das ein Wink mit dem Zaunpfahl? Soll er sie nach Hause

mitnehmen? Im Wohnzimmer ein paar Daiquiris mit ihr trinken, ihren dunkelflaumigen Nacken streicheln, sehen, ob ihre Möse dieselbe Haarfarbe hat, oben im nicht benutzten Mansardenzimmer, wo er all die *Playboys* im Wandschrank vorgefunden hat, als sie einzogen – zu denken, daß dieser drahtige junge Frauenkörper seinen Hunger an dem seinen stillen will, ist, als ob er an eine Lawine dächte. Es würde ihn völlig aus der Bahn werfen. «In meinem Alter macht mir das nichts aus», sagt er. «Ich kann mir im Fernsehen die Sachen angukken, die ich möchte. *National Geographic, Disney, World of Nature.* Wenn Janice da ist, müssen wir uns immer diese Familienserien ansehen, wo alle im Wohnzimmer rumhampeln. Diese *Roseanne*, ich habe sie gefragt, was zum Teufel sie daran findet, und ihre Antwort war: ‹Ich mag sie. Sie ist fett und unordentlich und gemein, wie die meisten Frauen in Amerika.› Ich sehe immer weniger fern. Ich versuche, mich mit nur einem Bier zu begnügen und früh zu Bett zu gehen.»

Die junge Frau macht schweigend Anstalten, sich zu verziehen, in ihr Kabäuschen am Paraguay-Ende zurückzukehren. Aber er hat sie gern in seiner Nähe und sagt abrupt: «Wollen Sie wissen, von wem ich die Nase voll habe?»

«Von wem?»

«Von Pete Rose. Haben Sie neulich im *Standard* gelesen, was für eine miese Figur er gemacht hat, 1980, als man ihm und etlichen andern Phils nachgewiesen hat, daß sie Amphetamine nehmen, und der Club Randy Leach verkauft hat, den einzigen Spieler, der's zugegeben hat, und alle andern sich einfach frech behauptet haben?»

«Ein Arzt aus Brewer hat die Rezepte ausgestellt.»

«Eben, einer aus der eigenen Stadt. Deswegen denkt er jetzt auch, wenn er nur unverschämt genug ist, kommt er damit durch. Niemand muß bezahlen für das, was er macht, jeder kann sich alles erlauben, Ollie North, Drogendealer, zum Teil, weil die Gefängnisse voll sind, aber auch, weil alle so 'n weiches Herz haben. Das Gesetz brechen, die Fahne verbrennen, wen schert das eigentlich noch.»

«Regen Sie sich nicht auf, Harry», sagt sie, einen Rückzieher machend, in ihrem mütterlichen Ton, «die Welt ist voller Betrüger.»

«Wir müssen es ja wissen.»

Sie reagiert überhaupt nicht, hat ihm den Rücken zugewandt. Wahrscheinlich hat sie doch was mit Nelson gehabt.

«Ich habe ihn ohnehin immer für einen ganz schlechten Baseballspieler gehalten», sagt er, sich dazu genötigt fühlend, und ist wieder bei Rose. «Wenn man alles so mit Anlauf und Druck machen muß, hat man nichts verloren da draußen.»

Da draußen im Hundstagsgeflirre, im schwülen Wechsel von Licht und Schatten, das Harry verwackelt sein ominöses Spiegelbild vorhält, haben sich in der renovierten Taxushecke – er hat eine Gartendienstfirma beauftragt, die eingegangenen Sträucher durch frische zu ersetzen und den Rindenmulch zu erneuern – zahlreiche Pizzaverpackungen aus Wachspapier und Kaffeebecher aus Styropor verfangen, die über die 111 geweht sind. Er kann unmöglich zulassen, daß der japanische Besuch eine solche Schweinerei vorfindet. Er geht hinaus, und die heiße verschmutzte Luft, die vom Asphalt hochprallt, nimmt ihm den Atem. Links in seinem Brustkorb ist ein Drükken. Er schiebt sich ein Nitrostat unter die Zunge und läßt es zergehen, bevor er anfängt, sich zu bücken. Je mehr Papier er einsammelt, desto mehr scheint in der Hecke zu hängen – Bonbonpapier, Zigarettenpäckchen-Zellophan, Reklameblätter und ganze Zeitungsseiten, zerknittert vom Regen, vergilbt von der Sonne, und große Softdrinkbecher, der Plastikdeckel noch drauf, der Strohhalm noch drin und überall noch das schmutzige Wasser vom geschmolzenen Eis. So viel Unrat in der Welt, und es wird immer noch mehr. Er hätte eine Mülltüte mitnehmen sollen, er hat beide Hände voll und kann fühlen, wie er rot wird im Gesicht, als er versucht, noch ein zerdrücktes klebriges Pappstück mehr mit seinen auseinandergespreizten Fingern aufzuklauben. Eine Limousine fährt leise knirschend auf dem Platz vor, und Harry sammelt immer noch den Abfall ein; er kann nur noch ins Gebäude laufen und das ganze Zeug schnell in den Papierkorb in seinem Büro stopfen. Schwer atmend, hämmernden Herzens, mit vorn über dem Leib spannendem, an den Knöpfen reißendem metallic-grauem Jackett hastet er durch den Ausstellungsraum zurück, um Mr. Shimada am Eingang zu begrüßen, ihm die ungewaschene Hand zu geben, die klebt vom Straßenstaub, getrocknetem Zucker und noch matschigem Pizzabelag.

Mr. Shimada ist ein untadeliger kompakter Mann, etwa einsfünfundsechzig groß; er hat eine erstaunlich dünne ochsenblutrote Aktenmappe in der Hand und trägt einen maßgeschneiderten graublauen Anzug mit fast unsichtbaren Nadelstreifen über einem blaßblauen Hemd, dessen von goldenen Manschettenknöpfen zusammengehaltene Doppelmanschetten und dessen hoher weißer Kragen adrett aus dem Jackett herausspitzen. Er wirkt dicht und fest, wie ein Knautschsessel, der bis in die Ecken mit Korkschrot gefüllt ist, und scheint in guter körperlicher Verfassung zu sein, vielleicht ein bißchen füllig, und sein nicht unfreundliches Gesicht ist mit kalifornischer Sonnenbräune poliert. «Ist sehr angenehm, Sie kennenzulernen», sagt er. «Gegend höchst angenehm.» Die fremde Sprache macht ihm keine Mühe, aber sein Akzent ist doch so stark, daß Harry eine Sekunde überlegen muß, ehe er ihm antwortet.

«Na ja, hier in dieser Ecke nicht gerade», sagt er und denkt im selben Augenblick, daß das eine Taktlosigkeit ist, denn warum sollte Toyota seine Vertretung in eine häßliche Gegend plaziert haben. «Ich wollte sagen, wir sind eigentlich wegen des Farmlands berühmt, Viehställe mit Drudenfüßen, lauter solche Sachen.» Er schwankt, ob er «Drudenfüße» erklären soll, findet dann aber, es lohnt sich nicht. «Würden Sie sich gern ein bißchen umsehen in den Räumlichkeiten? Im Geschäftsambiente hier?» – für den Fall, daß «Räumlichkeiten» nicht ankommt. Mit Ausländern zu reden läßt einen wirklich über die Sprache nachdenken.

Mr. Shimada wendet langsam, steif den Kopf und die Schultern gleichzeitig, erst zur einen Seite, dann zur andern, und betrachtet eingehend den Ausstellungsraum. «Aha», sagt er lächelnd. «In Tollance habe ich viele Photos und Glundliß. Oh! Schöne Flau!»

Elvira ist von ihrem Schreibtisch aufgestanden und nähert sich wiegenden Schrittes dem Gast; sie saugt die Wangen nach innen, um sich ein mondäneres Aussehen zu geben. «Miss Olshima, ich meine Mr. Shimada» – Harry hat den Namen immer wieder geübt, hat sich immer wieder gesagt, Ramada mit Shit vorn, und alles nur, um im entscheidenden Augenblick einen solchen Patzer zu begehen – «dies ist Miss Ollenbach, mit unsere beste Kraft. Im Verkauf.»

Mr. Shimada legt instinktiv die Hände seitlich an und macht einen kleinen Diener vor ihr. Dann geben sie sich die Hand und lächeln so ausgiebig dabei, daß man denken könnte, sie wollen sich gegenseitig an die Wand lächeln. «Ist gute Idee, auch Flauen zu nehmen», sagt er zu Harry. «Kommt allgemein in Mode.»

«Ich verstehe nicht, wieso wir so lange gebraucht haben, bis uns das eingefallen ist», sagt Harry.

«Gute Ideen blauchen Zeit», sagt der andere und zügelt sein Lächeln ein wenig, seine ziemlich breiten, aber flachen Lippen ziehen sich in den Winkeln mit tadelnder Strenge nach unten. Harry erinnert sich aus seiner Knabenzeit im zweiten Weltkrieg, wie grausam die Japaner mit ihren Gefangenen auf Batan umgegangen sind. Das erste, was man, nach Pearl Harbor, über sie gehört hat, war, daß sie lächerlich klein waren und auf winzigen U-Booten fuhren und Flugzeuge flogen, die Zeros genannt wurden, und dann, als die Kunde von den ersten Siegen im Pazifik kam, daß sie fanatisch ihrem Kaiser dienten, Roboteraffen, die mit Flammenwerfern aus ihren Höhlen gesengt werden mußten. Wie weit wir es seither gebracht haben. Harry fühlt wieder einmal eine Woge der Menschenfreundlichkeit in sich aufwallen, der Zustimmung für eine Welt, die nicht danach fragt. Mr. Shimada scheint sich mit Elvira gerade über Tennis unterhalten zu wollen.

«Ob ich Tennis spiele, meinen Sie?» sagt sie. «Ja, das stimmt. Wann immer ich kann. Woran merken Sie das?»

Sein flaches Gesicht zersplittert in tausend vergnügte Fältchen, und schnell wie ein Affe berührt er sie am Handgelenk, wo die Sonnenbräune ihrer Haut von einem umlaufenden blassen Band unterbrochen ist. «Schweißband», sagt er stolz.

«Gut beobachtet», sagt Elvira. «Sie spielen sicher auch. In Kalifornien spielt doch jeder.»

«Jede fleie Minute. Aber nicht sehr gut. Hoffe, es bald besser zu können.»

«Oh, das schaffen Sie ganz bestimmt», sagt sie, aber mit einem Seitenblick zu Harry hinauf fragt sie stumm, wie lange sie eigentlich noch Geisha spielen muß.

«Gute Leichweite, keine Lückhand», sagt Mr. Shimada und macht es ihr vor.

«Stellen Sie sich mit dem *Rücken* zum Netz und holen Sie ganz *unten* zum Rückhandschlag aus», erklärt Elvira ihm und macht es ihm ebenfalls vor. «Schlagen Sie den Ball nach *vorn*, lassen Sie sich nicht komman*die*ren von ihm!»

«Leden genau wie Lehler», sagt Mr. Shimada und strahlt.

Keine Frage, Elvira ist eindrucksvoll. Man kann sich gut vorstellen, wie langgliedrig und geschmeidig sie sich auf dem Court bewegt. Harry beginnt sich zu entspannen. Als die Phantomtennisstunde vorbei ist, macht er mit Mr. Shimada eine rasche Besichtigungstour durch den Bürobereich und das mit Regalen ausgekleidete schlauchartige Ersatzteillager, wo Roddy, der stellvertretende Ersatzteillagerchef, steht, ein infam hübscher Jüngling mit langen glatten schwarzen Haaren, die er ständig nach hinten flappt, und, einen grauen Schmierfilm auf Händen und Gesicht, ihnen einen giftigen, weißäugigen Blick zuwirft. Harry stellt ihn nicht vor, aus Angst, Mr. Shimada könnte sich mit Schmiere besudeln. Er führt seinen Gast zu der mit einem schweren Querriegel bewehrten Tür der lärmenden höhlenartigen Werkstatt, wo Manny, der Werkstattleiter, den Harry vor fünfzehn Jahren von Fred Springer übernommen hatte, inzwischen von Arnold abgelöst worden ist, einem rundlichen jungen Mann mit einem guten Zeugnis von der Berufsschule, wo man ihm beigebracht hat, waschbare Overalls zu tragen, in denen er wie eine pausbäckige Wickelpuppe oder wie ein Schneemann aussieht. Mr. Shimada zögert an der Schwelle zur hallenden Werkstatt – Männerflüche blitzen im Hämmern von Metall auf Metall auf –, macht einen Schritt rückwärts und fragt: «Molal bei den Angestellten gut?»

Harry denkt an die Mechaniker, ihre unaufhörlichen Mekkereien und ewigen Kaffeepausen, ihre Forderungen nach immer kostspieligeren Zusatzleistungen, ihr häufiges katerbedingtes Fehlen am Montag und ihr verdächtig frühes Schlußmachen am Freitag und sagt: «Sehr gut. Sie kriegen netto zweiundzwanzig Dollar pro Stunde, inklusive Prämien und Zuschläge. Ich habe bei meinem ersten Job, als ich fünfzehn war, fünfunddreißig Cent pro Stunde gekriegt.»

Mr. Shimada ist nicht interessiert. «Und schwarze Angestellte? Ich sehe keine.»

«Ja, also, wir würden gern mehr einstellen, aber es ist schwer, qualifizierte Leute zu finden. Vor ein paar Jahren hatten wir einen Mann, der hat gut gearbeitet und ist mit allen prima ausgekommen, aber wir mußten uns schließlich von ihm trennen, weil er dauernd zu spät kam oder überhaupt nicht kam. Als wir ihn darauf ansprachen, hat er gesagt, für ihn gelte afroamerikanische Zeit.» Harry schämt sich zu sagen, was für einen Spitznamen der Mann gehabt hat: Blackie. Wenigstens kann man bei uns keine Bimbopuppen mit Niggerlippen mehr kaufen wie in Tokio – daß es die dort gibt, hat er diesen Sommer in *60 Minutes* gesehen.

«Toyota möchte Arbeitgeber sein, der auf Chancengleichheit achtet», sagt Mr. Shimada. «Möchte guter Bürger in Ihler plulalistischen Gesellschaft sein. Im Werk in Georgetown, Kentucky, arbeiten viele Schwarze. Nicht nur Montageband, leitende Stellungen.»

«Wir kümmern uns darum», verspricht Rabbit. «Dies ist eher eine konservative Gegend, aber es wird schon werden.»

«Sehr hübsche Gegend.»

«Richtig.»

Als sie wieder im Ausstellungsraum sind, fühlt Harry sich zu der Erklärung verpflichtet: «Mein Sohn hat die Farben für die Wände und die Holzteile ausgesucht. Mein Sohn Nelson. Ich hätte mich für etwas nicht ganz so, äh, Gewähltes entschieden, aber er ist hier der eigentliche Geschäftsführer, ich verbringe die Hälfte des Jahres in Florida. Meine Frau liebt die Sonne da unten. Sie spielt übrigens Tennis. Leidenschaftlich gern.»

Mr. Shimada strahlt. Seine Lippen sehen flachgedrückt aus, als preßten sie sich gegen Glas, und die goldgefaßte ekkige Brille scheint extrem dicht vor seinen Augen zu sitzen. «Wir kennen Nelson Angstrom», sagt er. Er hat Mühe mit den vielen Konsonanten im Nachnamen und spricht ihn «Ank-a-stom» aus. «Ein höchst belühmter Mann bei Toyota.»

Die Zugeschnürtheit in seiner Brust und das wässerige Schwappen gleich unterhalb seines Gürtels sagen Harry, daß sie, nach vielen Höflichkeitsbezeigungen, zum Kern des Besuchs gelangt sind. «Möchten Sie in mein Büro kommen und sich setzen?»

«Mit Fleude.»

«Kann eines der Mädchen Ihnen irgend etwas bringen? Kaffee? Tee? Nicht wie Ihr Tee, natürlich. Nur ein Beutel Lipton's –»

«Geht auch ohne.» Ohne Umschweife tritt er in Harrys Büro und setzt sich auf den mit Vinyl bezogenen Kundensessel mit den gepolsterten Chromlehnen, der dem Schreibtisch gegenübersteht. Er legt sich seine wunderbar flache Aktenmappe auf die Knie, faltet locker die Hände darauf und läßt zwei blendendweiße Manschettenstreifen sehen. Er wartet, bis Harry hinter dem Schreibtisch Platz genommen hat, und hebt dann zu einer vorbereitet wirkenden Rede an. «Wir in Japan», sagt er, «haben immer Bewundelung für Amelika gehabt. Junge in der Besatzungszeit hat aufgesehen zu gloßen

498

GI-Soldaten, ihler Ungezwungenheit. Feindliche Soldaten, aber nicht schlechte Männer. Mächtige Männer. Latgeber haben unsern Kaiser fehlgeleitet, unglückliche Wege, und da erschien uns Genelal MacArthur so, wie der Kaiser flüher gewesen war, distanziert und vornehm. Wir haben schwer gearbeitet und befolgt, was er uns sagte, verblannte Städte aufbauen, Demoklatie lernen. Japaner zunächst sehr demütig in bezug auf Amelika. Sie kennen Toyota-Geschichte. Zunächst sehr bescheiden, dann immer glößer, wir geben dem kleinen Mann bessele Wale für sein Geld, ja? Sie wünschen sich etwas, wir geben es Ihnen, ja?»

«Guter Slogan», sagt Harry. «Gefällt mir besser als so mancher von denen, die in letzter Zeit hier eingetrudelt sind.»

Aber Mr. Shimada ist auf keine, auch nicht die kleinste Unterbrechung eingestellt. Seine sonnenpolierten, manikürten Hände strecken sich entschlossen auf der flachen Aktenmappe aus, und er beugt den Oberkörper vor, um seine Stimme zum Tragen zu bringen. «Wie auch immer, Japaner, Mann und Flau, haben in diesen Nachkliegsjahlen viel Achtung für die Velleinigten Staaten gehabt. Wie gloßer Bluder. Aber in letzter Zeit benimmt gloßer Bluder sich wie kleiner Bluder, immer schleien und sich beschwelen. Will viele Vergünstigungen beim Handel, sagt, Japaner machen unlautelen Wettbewerb. Wieso unlauter? Machen etwas, das tlotz Zoll und Tlansportkosten billiger ist und das Leute mögen, Leute kaufen. So hat Amelika das in alten Zeiten selber gemacht. Aber in neuen Zeiten macht Amelika nichts mehr, immer nur Fusionen, Übelnahmen, Steuern senken, Staatsschulden vermehlen. Nichts kommt helaus, alles geht hinein, ausländische Walen, ausländisches Kapital. Amelika nimmt alles, gibt nichts. Wie gloßes schwarzes Loch.»

Mr. Shimada ist stolz auf diese zeitgemäße Parallele und seine unabweisbare Beherrschung der fremden Sprache. Er lächelt sich selber zu und läßt mit einem Doppelknall, laut und erschreckend wie ein Pistolenschuß, seine Aktenmappe aufschnappen. Er holt ein einzelnes Blatt steifen cremefarbenen Papiers heraus, das sparsam mit Schreibmaschinenzahlen beschriftet ist. «Die Zahlen hier besagen, daß Splinger Motors zwischen November '88 und Mai '89 versäumt hat, den Verkauf von Toyota-Fahrzeugen anzugeben, die sich zusammen auf den Fablikpleis von einhundertsiebenunddleißigtausendvierhundert belaufen. Diese Summe plus Zinsen macht bis dato einhundertfünfundvierzigtausendachthundert Dollar.» Mit einer seiner reflexhaften, halb unterdrückten Verbeugungen schiebt er das Papier über den Schreibtisch.

Harry deckt seine große Hand darüber und sagt: «Ja, aber es sind doch von *uns* bestellte Buchprüfer, die Ihnen das alles gemeldet haben. Es ist doch nicht so, als ob Springer Motors als Firma irgend jemanden betrügen will. Es ist einfach eine beknackte – eine ungewöhnliche Situation entstanden, und die wird gerade bereinigt. Mein Sohn hatte ein Drogenproblem und hat einen schlimmen Finger als Buchhalter eingestellt, und die beiden zusammen haben uns alle übers Ohr gehauen. Die Brewer-Trust-Bank auch, mit einer anderen Masche – sie haben einen gemeinsamen Freund, der tot ist, Autos kaufen lassen, können Sie sich so was vorstellen? Aber hören Sie, meine Frau und ich – formaljuristisch ist sie die Eigentümerin hier – wir haben selbstverständlich die Absicht, Mid-Atlantic Toyota jeden Penny, den wir schulden, zurückzuzahlen. Und ich würde bei Gelegenheit gern mal wissen, wie Sie diese Zinsen berechnen.»

Mr. Shimada lehnt sich ein wenig zurück und hält seine kürzeste Rede: «Wie bald?»

Harry wagt den Sprung ins Tiefe. «Ende August.» Noch drei Wochen. Wahrscheinlich müssen sie einen Bankkredit aufnehmen, und die Brewer Trust hat sie sowieso schon auf dem Kieker. Ach was, sollen Janices Buchprüfer sich doch was ausdenken, wenn die so tüchtig sind.

Mr. Shimada blinzelt hinter den Gläsern, die in sein flaches Gesicht eingelassen sind, und scheint zustimmend zu nicken. «Ende August. Zinsen auf zwölf Plozent monatlich belechnet, wie bei einem normalen TMCC-Darlehen.» Er läßt den Verschluß seiner Aktenmappe zuschnappen, stellt sie neben seinen Sessel und hält sie auf ihrer schmalen Kante in Balance. Den Kopf schräg geneigt, mustert er die gerahmten Photographien auf Harrys Schreibtisch: Janice, noch mit Ponies, in glitzerndem langem Kleid, vor drei oder vier Jahren, im Begriff, zur Silvesterparty des Valhalla Village zu gehen, ein farbiges Blitzlichtphoto, aufgenommen von Fern Drechsel mit der Nikkomat, die Bernie ihr gerade zum Chanukkafest geschenkt hatte, ein erstaunlich gelungenes Bild, Janice, deren Gesicht von der Vorfreude auf die Party belebt ist, sieht jünger aus, als sie ist, ein bißchen überbelichtet, leicht unscharf und romantisch; Nelson am Tag, als er mit der High-School fertig war, in einem Blazer und mit Schlips, aber Haare bis auf die Schultern, wie ein Mädchen; und als Überbleibsel aus Nelsons Amtszeit an diesem Schreibtisch ein gerahmtes Schwarzweißphoto von Harry, das in seiner alten Schule aufgenommen worden ist und auf dem er in seiner Basketballkluft posiert und den Ball über seiner glänzenden rechten Schulter hält, als wolle er ihn werfen, die Haare stoppelkurz, die Augen schläfrig, das Trikot mit den Buchstaben MJ versehen.

Mr. Shimadas nicht mehr so aufrechte Haltung im Sessel läßt auf eine neue, weniger offizielle Gesprächsebene schließen. «Junge Leute heutzutage höchst intellessant», sagt er schließlich. «Keine Angst zu verhungern, wie sonst fast immer in der Menschheitsgeschichte. Keine Angst vor Atombomben wie bis vor kurzem. Aber Angst vor irgend etwas – nicht glücklich. In Japan dasselbe. Bluejeans, Lockmusik sind nicht genug zum Glück. Flüher machen sehr einfache Dinge Menschen in Japan glücklich. Mondlicht auf Fischteich in bestimmten Augenblicken. Glillengesang im Bambushain. Sehr kleine Dinge verhelfen zu sehr gloßem Gefühl. Japan ein kleiner Inselstaat, muß mit fast gar nichts auskommen. Nicht wie endloses China, nicht wie Velleinigte Staaten. Keine Ölquellen, keine weiten Läume. Wir haben nur unsele Menschen, ihle Disziplin. Lebe jetzt fünf Jahle in Kalifornien und bin enttäuscht, daß Menschen in Amelika so wenig Disziplin haben. Viele gute Eigenschaften, gewiß. Gut Tennis, gutmütig. Viel Spaß. Habe viele amelikanische Fleunde. Immer entschuldigen Sie sich bei mir, daß es unter Flanklin Loosevelt Internielungslager für Japaner gegeben hat. Immer sage ich ihnen ganz übellascht: ‹War Klieg!› Im Klieg blauchen Menschen Disziplin. Nicht nur im Klieg. Flieden auch eine Art Klieg. Wir kämpfen jetzt nicht gegen Amelikaner und Bliten, sondern gegen Nissan, Honda, Ford. Toyota-Vertletung muß eine Stätte der Disziplin, der Ordnung sein.»

Harry hat das Bedürfnis, ihn zu unterbrechen, ihm gefällt der Verlauf dieses Monologs nicht. «Wir finden, das trifft auf diese Vertretung zu. Die Verkaufszahlen sind diesen Sommer um acht Prozent gestiegen, entgegen dem allgemeinen Trend im Land. Ich sage immer: ‹Toyota ist gut zu uns, und wir sind gut zu Toyota›.»

«Nicht mchr, leider», sagt Mr. Shimada schlicht und nimmt seinen Faden wieder auf: «Faszinielend für mich in Velleinigten Staaten Widerstleit zwischen Ordnung und Fleiheit. Alle leden von Fleiheit, Zeitungen, Anchormen im Fernsehen, alle. Liebe für Fleiheit gloß und Leden dalüber auch. Skateboardfahler beanspluchen Fleiheit, Plankenwege am Stland zu benutzen und arme alte Leute umzufahlen. Schwarze Männer mit Ladios beanspluchen Fleiheit, mit Superjumbolärm ihle Persönlichkeit zum Ausdluck zu blingen. Menschen beanspluchen Fleiheit, Schußwaffen zu besitzen und auf den Fleeways wahllos, zum Spaß andele totzuschießen. In Kalifornien finde ich Hundedleck höchst erstaunlich. Überall Hundedleck, Hunde müssen bedeutende Fleiheit haben, daß sie überall ihlen Dleck machen können. Hundefleiheit wichtiger als saubeles Glas, saubeles Zementpflaster. Toyota-Gesellschaft möchte in den Velleinigten Staaten Inseln der Ordnung im Ozean der Fleiheit schaffen. Möchte eine gute Balance herstellen zwischen den Bedürfnissen der Außenwelt und denen des innelen Seins, zwischen dem, was wir in Japan *giri* und *ninjō* nennen.» Er beugt sich vor und tippt, indes breit und weiß die Manschette blitzt, auf das Papier mit den Zahlen auf Harrys Schreibtisch. «Zuviel Unordnung. Zuviel Hundedleck. Zahlen Sie Ende August, dann keine gelichtlichen Schlitte wegen einer Stlaftat. Aber keine Toyota-Lizenz mehr bei Singer Motors.»

«Springer», sagt Harry automatisch. «Hören Sie», bittet er, «es ist mir doch selber so unangenehm, daß mein Sohn so aus den Fugen geraten ist.»

Jetzt ist die Reihe an Mr. Shimada, *ihn* zu unterbrechen; seine eigene Rede, aus was für sanften japanischen Schattenbildern sie sich in seinem Kopf geformt haben mag, hat ihn aufgestachelt. «Nicht nur Sohn», sagt er. «Wer ist Vater und Mutter von so einem Sohn? Wo sind sie? In Flolida, genießen Sonnenschein, spielen Tennis, wählend junger Sohn mit Autos spielt. Nelson Ank-a-stom noch viel zu sehr ein Junge, um Toyota-Vertletung zu leiten. Er verliert sein Gesicht für Toyota-Gesellschaft.» Bei dieser Feststellung ziehen seine flachen Lippen in den Winkeln sich weit nach unten zu einer quelläugigen, ungehaltenen Grimasse.

Mutlos argumentiert Harry: «Sie wünschen doch, daß das Verkaufspersonal jung ist, damit es junge Kunden anzieht. Nelson wird nächsten Monat dreiunddreißig.» Er denkt, es ist wohl vergebliche Mühe und wahrscheinlich auch beleidigend, wenn er Mr. Shimada erklärt, daß Jesus Christus in genau dem Alter alt genug war, um gekreuzigt zu werden und die Menschheit zu erlösen. Er erhebt ein letztesmal Einspruch: «Sie verscherzen sich alles Wohlwollen hier. Seit dreißig Jahren wissen die Leute in Brewer, wo sie Toyotas kaufen können, hier draußen an der Route Eins Eins Eins.»

«Nicht mehr», konstatiert Mr. Shimada. «Zuviel Hundedleck, Mr. Ank-stlom.» Sein dritter Versuch, und fast schon richtig. Das muß man ihnen lassen. «Toyota mag es nicht, wenn jemand häßliche Spiele mit seinen Autos spielt.» Er greift nach seiner schlanken Aktenmappe und steht auf. «Lechnung bleibt hier. Müssen noch viele Unterlagen geschickt werden. Sehr angenehmer, wenn auch bedauerlicher

Aufenthalt und gute Unterhaltung über Themen von allgemeinem Intellesse. Vielleicht sind Sie so nett und klälen mit Chauffeur, wie man am besten auf Loute Vier Zwei Zwei findet. Mr. Klauss hat da Vertletung.»

«Sie wollen Rudy besuchen? Er hat früher hier gearbeitet. Alles, was er weiß, hat er von mir gelernt.»

Mr. Shimada steht aufrecht da in seinem kaum merklich gestreiften rauchblauen Anzug. «Guter Lehler nicht immer guter Vater.»

«Wenn er demnächst der einzige Toyota-Händler in der Stadt sein soll, wär's gut, er würde sich von Mazda trennen. Dieser Wankelmotor ist nie das Richtige gewesen. Zuviel Ähnlichkeit mit einem Hamsterkäfig.»

Harry fühlt sich angenehm duselig, jetzt, da die Würfel gefallen sind. Vorahnungen sind das Schlimmste; loszulassen kann ganz wohltuend sein. «Übrigens, viel Glück mit dem Lexus», sagt er. «Die Leute denken bei dem Namen Toyota nicht an Luxus, aber die Dinge können sich ja ändern.»

«Die Dinge ändern sich», sagt Mr. Shimada. «Das ist das tlaulige Geheimnis der Welt.»

Draußen im Ausstellungsraum fragt er: «Schöne Flau?» Elvira durchquert mit ihrem tickenden, energischen Schritt den Verkaufsbereich, und die Ohrringe umtanzen die spitz zulaufenden Enden ihres Kiefers. «Könnte ich bitte Visitenkarte haben, für den Fall, daß ich später auf Sie zulückkommen möchte?» Sie fummelt eine aus der Tasche ihres Kostüms, Mr. Shimada nimmt sie entgegen, studiert sie ernsthaft, verbeugt sich mit seitlich angelegten Händen und ahmt dann, um eine locker-lustige amerikanische Note in seinen Abschied zu bringen, einen Rückhandschlag nach.

«Sie haben's kapiert», sagt sie. «Holen Sie mit der Rückhand *unten* aus.»

Er verneigt sich wieder, wendet sich Harry zu und strahlt so breit, daß sein Brillengestell von den vielen Fältchen in seinem Gesicht nach oben geschoben wird. «Viel Glück bei Ihlen vielen Ploblemen. Bevor es zu spät ist, kaufen Sie vielleicht schnell noch einen Lexus zum Händlerpleis.» Das muß ein kleiner japanischer Scherz sein.

Harry drückt ihm beherzt die manikürte Hand. «Glauben Sie nicht, daß ich mir jetzt auch nur einen Corolla leisten könnte», sagt er und bringt, eher in einem Reflex von Gutwilligkeit, selber eine kleine Verbeugung zustande. Er begleitet seinen Gast nach draußen zur Mietlimousine, deren schwarzer Fahrer am Kotflügel lehnt und ein Stück Pizza ißt, und eine Wolke schiebt sich beiseite und gibt die Sonne frei; Harry zuckt zusammen unter der farblosen, gnadenlosen Hundstagshelligkeit; alles Spaßmachen vergeht ihm, er fühlt sich jäh schwach und krank vor Verlust. Er kann sich den Platz nicht vorstellen ohne das große blaue Toyota-Schild, ohne den schimmernden stillen See gut gearbeiteter Autos in leicht bitteren asiatischen Farben. Arme Janice, es wird ein furchtbarer Schlag für sie sein. Es wird ihr so vorkommen, als hätte sie ihren Vater verraten

Aber sie reagiert nicht allzu betroffen; sie ist dieser Tage mehr an ihren Immobilienkursen interessiert. Den ersten zehnwöchigen Zweifachkurs hat sie hinter sich und fängt jetzt mit dem nächsten an. Sie führt mit den anderen Kursteilnehmerinnen lange Telephongespräche über die nächste Prüfung oder die faszinierende Persönlichkeit ihres Lehrers, jenes Mr. Lister mit dem aufregenden neuen Bart. «Ich bin sicher, Nelson hat sich was überlegt», sagt sie. «Und wenn nicht, setzen wir uns alle zusammen hin und handeln was aus.»

«Handeln was aus! Zweihunderttausend Dollar sind weg! Und du kannst keine Toyotas mehr verkaufen!»

«Waren sie denn wirklich so doll, Harry? Nelson hat sie gehaßt. Warum sehen wir nicht zu, daß wir eine amerikanische Lizenz kriegen – Detroit hat doch gerade ein großes Comeback, oder?»

«Nicht so groß, daß sie sich Nelson Angstrom leisten könnten.»

Sie tut so, als mache er Spaß, und sagt: «Ach, du bist

schrecklich.» Dann sieht sie ihm ins Gesicht, erschrickt und wird traurig bei dem, was sie dort sieht, und geht durch die Küche auf ihn zu, streckt die Hand aus und streichelt sein Gesicht. «Harry», sagte sie. «Nimm's doch nicht so schwer. Daddy hat immer gesagt: ‹Für jedes Hoch gibt es ein Tief, und für jedes Tief gibt's auch ein Hoch.› Nelson kommt nächste Woche nach Haus, und bis dahin können wir praktisch nichts machen.» Draußen vorm Fliegengitter des Küchenfensters, gegen das immer wieder Nachtfalter taumeln, hat dieser Abend im frühen August den ineinander gewischten, der Jahreszeit eigenen Ton: Licht, das zurückgenommen wird, Sommerwärme, die anhält. Die Tage werden kürzer, und eine Trockenheit von totem Gras und zirpenden Insekten hat sich über alles gelegt, trotz der schweren Regenfälle dieses Sommers, in dem es mehr Unwetter und Überschwemmungen im Diamond County gegeben hat als in allen Jahren zusammen, an die Harry sich erinnern kann. Draußen im Garten entdeckt er ein paar welke Blätter, die die Trauerkirsche abgeworfen hat, und die Blütenstengel der lila blühenden Funkie sterben ab. Isoliert und matt, wie er sich fühlt, rückt er dichter an die Erde heran, die vertraute Mutter, die seine Kindheit noch in ihren Röcken hält, in den Schatten unter den Büschen.

«Scheiße», sagte er, ein magisches Wort für ihn seit jenem Abend vor drei Monaten, als Pru es benutzt hat, um ihre verzweifelte Entschlossenheit anzukündigen, daß sie mit ihm schlafen wird, einmal. «Was wird Nelson sich schon überlegt haben. Er kann von Glück sagen, wenn er nicht ins Gefängnis muß.»

«Man kommt nicht ins Gefängnis, wenn man die eigene Familie bestohlen hat. Er hatte ein medizinisches Problem, er war krank, genau wie du, nur daß es bei ihm nicht Angina pectoris war, sondern Drogensucht. Ihr seid jetzt beide auf dem Weg der Besserung.»

Er hört mehr und mehr in allem, was sie sagt, andere Stimmen, andere Meinungen, ein Bescheidwissen, das sich fern von ihm gebildet hat. «Mit wem hast du gesprochen», sagt er. «Du hörst dich wie die allwissende Doris Kaufmann an.»

«Eberhardt. Ich habe seit Wochen nicht mit Doris gesprochen. Aber ein paar von den Frauen aus unserem Kurs und ich, wir gehen hinterher in dies kleine Lokal an der Pine Street, das noch einigermaßen zivilisiert ist, wenigstens um die Uhrzeit, wenn wir da sind, und eine von ihnen, Francie Alvarez, sagt, man muß jede Sucht als klinischen Zustand nehmen, so, als hätten die Leute sich eine Grippe geholt, sonst wird man verrückt und gibt den Süchtigen in seiner Umgebung die Schuld, als könnten die was dafür.»

«Wie kommst du eigentlich auf die Idee, daß die Kur bei Nelson anschlägt – bloß weil sie uns sechs Mille kostet? Das ist dem Jungen völlig egal. Er hat sich auf das Ganze nur eingelassen, damit der Sturm sich legt. Du selber hast mir gesagt, daß er Koks mehr liebt als alles andere auf der Welt. Mehr als dich, mehr als mich, mehr als seine eigenen Kinder.»

«Manchmal muß man im Leben etwas aufgeben, das man liebt.»

Charlie. Ist er es, an den sie denkt, und dessentwegen ihre Stimme so herzlich klingt, so traurig-klug und klug-gefestigt? Ihre Augen haben im ersterbenden Augustlicht eine Dunkelheit, die ihn einlädt, teilzuhaben an einer Einsicht, die ihr Frauenleben ihr eingetragen hat. Ihre Finger berühren wieder seine Wange, eine Berührung wie von einer Fliege, die sich einem immer wieder ins Gesicht setzt, auf die kitzelige dünne Haut hier und da, gerade, wenn man einschlafen will. Es ist lästig; er versucht, sie mit einem Rucken des Kopfes zu vertreiben. Sie zieht die Hand zurück, guckt aber weiter so feierlich. «Ich mach mir Sorgen *deinet*wegen. Mehr als wegen Nelson. Hast du wieder Schmerzen in der Brust? Atemnot?»

«Ab und an ein Stechen», gibt er zu. «Nichts, was sich mit einer Pille nicht beheben ließe. Ich muß eben lernen, damit zu leben.»

«Ich weiß nicht, vielleicht hättest du dir doch den Bypass machen lassen sollen.»

«Der Ballon war schlimm genug. Manchmal habe ich das Gefühl, sie haben ihn dringelassen.»

«Harry, du solltest dir wenigstens mehr Bewegung verschaffen. Du bewegst dich von der Firma ins Wohnzimmer zum Fernsehapparat und dann ins Bett. Du spielst überhaupt nicht mehr Golf.»

«Macht ja auch keinen Spaß mehr, seit die alte Gang weg ist. Die Kids draußen im Flying Eagle wollen keinen alten Mann in ihrer Viererrunde. In Florida fange ich wieder damit an.»

«Das ist auch etwas, worüber wir mal reden müßten. Was für einen Sinn hat es, daß ich meine Verkäuferlizenz kriege, wenn wir gleich danach für sechs Monate nach Florida gehen? Auf diese Weise kann ich mich hier nie einführen.»

«Dich einführen? Du bist doch bestens eingeführt! Du bist die Tochter von Fred Springer und die Ehefrau von Harry Angstrom. Und nun auch noch die Mutter von einem berühmten Kokser.»

«Ich meine beruflich. Es ist ein Ausdruck, den Mr. Lister gebraucht. Gemeint ist, daß die Leute wissen, daß man immer für sie da ist, nicht in Florida wie jemand, der seinen Job nicht ernst nimmt.»

«Ach so», sagte er. «Florida war gut genug, mich dorthin zu verfrachten, als ich noch Geschäftsführer bei Springer Motors war und wegen Nelson aus dem Weg geräumt werden mußte, aber jetzt, wo du dich für eine berufstätige Frau hältst, können wir's getrost sausenlassen, Florida.»

«Na ja», räumt Janice ein, «stimmt ein bißchen, ich hab mir überlegt, eine Möglichkeit, mit den Schulden fertig zu werden, wäre vielleicht, wenn man das Apartment verkaufen würde.»

«*Verkaufen?* Nur über meine Leiche», sagt er und meint es nicht so ernst, kostet vielmehr den Klang seiner Stimme aus, den entrüsteten Ton ähnlich dem eines der ewig schäumenden Väter in Fernsehserien oder des silberhaarigen Steve Martin im Film *Parenthood*, den sie sich neulich abend angesehen haben, weil eine von Janices Immobilien-Kumpaninnen ihn so ulkig fand. «Mein Blut ist zu verdünnt für einen Winter im Norden.»

Als Antwort darauf sieht Janice aus, als sei sie kurz davor zu weinen, die dunkelbraunen Augen heiß und spiegelblank wie die des kleinen Roy, kurz bevor er mit seinem Geheul loslegt. «Harry, bring mich nicht durcheinander», bittet sie. «Ich kann die Prüfung für die Lizenz ohnehin nicht vor Oktober machen, es geht mir nicht in den Kopf, daß du mich zwingen willst, unmittelbar darauf nach Florida zu gehen, wo die Lizenz zwecklos ist, nur damit du mit Leuten Golf spielen kannst, die älter und schlechter sind als du. Die dich ohnehin schlagen und dir jedesmal zwanzig Dollar abknöpfen.»

«Schön, aber was soll *ich* machen, während du hier durch die Gegend läufst und dich aufspielst? Die Firma ist erledigt, kaputt, finito, oder wie immer das auf japanisch heißt, und selbst wenn sie's nicht ist, sowie der Junge wieder halbwegs auf dem Damm ist, wirst du wollen, daß er dort wieder arbeitet, und er erträgt es nicht, wenn ich auch da bin, wir sind grundverschieden in unserer Art, wir gehen uns gegenseitig auf die Nerven.»

«Vielleicht ist das jetzt nicht mehr so. Vielleicht muß Nelson sich einfach mit dir abfinden und du dich mit ihm.»

«Ich wäre bereit dazu», sagt Harry demütig. Vater und Sohn, vereint gegen den Rest der Welt, fangen noch mal ganz von vorn an und bauen die Firma wieder auf: die Vorstellung fasziniert ihn für einen Augenblick. Mit Benny und Elvira quatschen, während Nelson draußen im Autodächersee umherflitzt und Gebrauchtwagen verkauft wie heiße Semmeln. Springer Motors wieder da, wo der Laden mal war, als Fred noch nicht die Toyota-Lizenz hatte. Was soll schon sein, sie sind mit ein paar hunderttausend in der Kreide, die Regierung hat Billionenschulden, und niemanden kratzt es.

Sie sieht Hoffnung in seinem Gesicht und berührt ihn ein

drittes Mal an der Wange. Nachts muß Harry jetzt mindestens einmal aufstehen, manchmal, wenn er beim Fernsehen nicht mit einem Bier ausgekommen ist, auch zweimal, und er hat inzwischen gelernt, sich im Stockdunkeln durchs Schlafzimmer zu tasten, berührt erst die Glasplatte des Nachttisches, macht dann aufs Geratewohl, mit ausgestrecktem Arm, ein paar Schritte, bis er die glatte lackierte Kante der hohen Kommode fühlt, und greift von dort nach der Klinke der Badezimmertür. Mit jeder Berührung – jede Nacht kommt ihm das in den Sinn – hinterläßt er eine kleine Ablagerung aus Schweiß und Talg von der Haut an seinen Fingerkuppen; irgendwann wird die lackierte Kommodenkante dunkel davon werden, wie die oberen Ränder der Taschen seiner Golfhosen speckig geworden sind von den vielen Malen, da er Tees und Ballmarker hineingesteckt und herausgeholt hat, Runde für Runde, Jahr für Jahr; und diese Spur seiner tastenden Hand, denkt er manchmal, wenn er die Sicherheit des Badezimmers und den lumineszierenden Lichtschalter erreicht hat, wird, ein Schatten auf dem Lack, eine mikroskopische Wolke seiner Körperfette, noch da sein, wenn er nicht mehr da ist.

«Dräng mich nicht, Schatz», sagt Janice offen bittend, ein Ton, den sie selten findet und der sein hartes altes Herz schneller schlagen und Gattengefühle in ihm aufleben läßt. «Diese furchtbare Sache mit Nelson ist wirklich eine Belastung gewesen, auch wenn ich es nicht immer zeige. Ich bin seine Mutter, ich fühle mich gedemütigt, ich weiß nicht, wie's weitergehen soll. Es ist überhaupt kein Land zu sehen.»

Seine Brust fühlt sich überfüllt an; links hinter seinen Rippen ist ein Stechen. Seine Vision, Seite an Seite mit Nelson zu arbeiten, ist zerstoben, ein Hirngespinst. Er versucht, Janice, die so beängstigend, so ungewöhnlich ernst und direkt ist, mit einem müden Scherz zum Lächeln zu bringen. «Ich komm nicht mit, ich bin zu alt für diese Seereisen», sagt er.

An dem Tag, da Nelson aus dem Reha-Center entlassen werden soll, kommt der zweite Kongreßabgeordnete innerhalb von zwei Wochen, ein weißer Republikaner diesmal, bei einem Flugzeugabsturz ums Leben. Einer in Äthiopien, einer in Louisiana; der eine ein ehemaliger Black Panther und dieser jetzt ein ehemaliger Sheriff. Man denkt nicht, daß es so gefährlich ist, Politiker zu sein; aber man muß viel fliegen in diesem Beruf. Pru fährt nach North Philadelphia, um Nelson abzuholen, und Janice hütet solange die Kinder. Bald nachdem sie in der Joseph Street angekommen sind, kehrt Janice in ihr Haus in Penn Park zurück. «Ich fand, die vier sollten unter sich sein», erklärt sie Harry.

«Was für einen Eindruck hat er gemacht?»

Sie tippt sich nachdenklich mit der Zungenspitze an die Oberlippe. «Er wirkte... seriös. Sehr gesammelt und ruhig. Überhaupt nicht mehr verzappelt, wie früher. Ich weiß nicht, wieweit Pru ihn informiert hat, daß Toyota die Lizenz zurückzieht und daß wir die hundertfünfundvierzigtausend so bald schon zurückzahlen müssen, weil du's versprochen hast. Ich wollte ihm nicht sofort damit ins Gesicht springen.»

«Was hast du dann gesagt?»

«Ich habe gesagt, er sähe wunderbar aus – in Wahrheit ist er ein bißchen in die Breite gegangen – und du und ich seien sehr stolz auf ihn, daß er durchgehalten hat.»

«Hm. Hat er sich nach mir erkundigt? Wie's mir geht?»

«Nicht direkt, Harry – aber er weiß, daß wir was gesagt hätten, wenn's mit dir schlimmer geworden wäre. Es ist ihm hauptsächlich um die Kinder gegangen. Es war wirklich sehr rührend – er hat sich mit beiden in die Veranda verzogen, in der Mutter immer die vielen Pflanzen gehabt hat, wir haben Sonnenzimmer dazu gesagt, und hat sich entschuldigt, daß er ihnen so ein schlechter Vater gewesen ist. Er hat ihnen das mit den Drogen erklärt und daß er irgendwo war, wo er gelernt hat, nie wieder welche anzurühren.»

«Hat er sich bei dir entschuldigt, daß er so ein schlechter Sohn war? Bei Pru, daß er so ein beschissener Ehemann ist?»

«Ich hab keine Ahnung, was er und Pru miteinander geredet haben – sie hatten viele Stunden ganz für sich im Auto, der Verkehr um Philadelphia wird immer schlimmer, wegen der Bauarbeiten auf dem Expressway. Die Straßen und Brücken gehen alle auf einmal kaputt.»

«Er hat überhaupt nicht nach mir gefragt?»

«Aber ja doch, Schatz, natürlich. Wir sollen morgen zum Abendessen kommen.»

«Oh. Dann kann ich den drogenfreien Wunderknaben bestaunen. Toll.»

«Du darfst nicht so reden. Er braucht unsere ganze Unterstützung. Die Rückkehr ins eigene Milieu ist das Schwerste an der ganzen Rehabilitation.»

«Milieu, aha. *Das* sind wir also.»

«Das ist der Ausdruck, den die dafür haben. Er muß sich in Zukunft von diesen drogenfreudigen jungen Leuten fernhalten, die im Laid-Back zusammenkommen. Also muß seine engste Familie sich sehr große Mühe geben, um die Lücke auszufüllen.»

«O mein Gott, hör mit diesem edlen Gequake auf», sagt er. Groll brodelt in ihm. Groll gegen Nelson, weil der so viel Aufmerksamkeit erntet dafür, daß er ein verlorener Sohn ist. Groll gegen Janice, weil sie neue Wörter lernt und in neue Gebiete vorstößt, weg von ihm. Groll, daß die Welt so voller Schulden ist und niemand zahlen muß – Mexiko nicht, Brasilien nicht, die dubiosen S- und L-Banken nicht und Nelson auch nicht. Rabbit hat nie viel Verwendung für altmodische Moral gehabt, aber daß sie jetzt so außer Kraft gesetzt wird, nagt ihm an den Eingeweiden.

Die Nacht und der nächste Tag vergehen, im Bett und in der Firma. Er sagt Benny und Elvira, Nelson sei zurück, nach Auskunft seiner Mutter sei er dick geworden, aber von irgendwelchen Plänen habe er nichts verlauten lassen. Elvira hat einen Anruf von Rudy Krauss erhalten, er fragt, ob sie Lust habe, an die 422 rüberzukommen und in seiner Toyota-Vertretung zu arbeiten. Ein gewisser Mr. Shimada spreche in den höchsten Tönen von ihr. Außerdem hat sie gehört, daß Jake bei Volvo-Olds in Oriole aufhört und eine Lexus-Vertretung in der Nähe von Pottstown übernimmt. Fürs erste möchte sie aber lieber hierbleiben und abwarten, was Nelson vorhat. Benny hat sich bei anderen Vertretungen umgehört und macht sich keine allzu großen Sorgen. «Was passiert, passiert, verstehen Sie, was ich meine? Hauptsache, ich bin gesund und habe meine Familie, alles andere ist für mich zweitrangig.» Harry hat beide gebeten, in der Serviceabteilung vorläufig niemandem etwas von Mr. Shimadas Überraschungscoup zu sagen. Er fühlt sich in zunehmendem Maß unbeteiligt; als er den mit Kunststofffliesen belegten Fußboden des Ausstellungsraums überquert, ist ihm, als schwebe sein Kopf in schwindelnder Höhe darüberhin, so hoch, wie er am Tag der Parade über dem schrundigen Asphalt geschwebt hat. Er fährt nach Hause, darf gerade noch den Anfang von Tom Brokaw sehen (Brokaw mag so was wie eine Hasenscharte haben, aber wenigstens sagt er nicht «aboot»), als Janice auch schon darauf besteht, daß er wieder in den Celica steigt, mit ihr zusammen, und zum zigmillionstenmal in seinem Leben durch Brewer nach Mt. Judge fährt.

Nelson hat sich das Bärtchen abrasiert, und er trägt den Ohrring nicht mehr. Sein Gesicht hat eine Spielplatzbräune, und er sieht tatsächlich füllig aus. Seine Oberlippe, die man endlich wieder sehen kann, wirkt lang und geschwollen und vorgewölbt wie die von Ma Springer früher. Ma Springer ist es, der er ähnlich sieht, das wird jetzt klar; sie hat etwas Pralles, Gestopftes gehabt, etwas Wursthaftes, und die Ansätze dazu sieht Harry jetzt auch bei Nelson. Der Junge bewegt sich mit einer gewissen altdamenhaften Steifheit, als habe man ihm im Reha-Center nicht nur die Drogen und die Zappeligkeit ausgetrieben, sondern seine angeborene nervöse Agilität gleich dazu. Zum erstenmal kommt er seinem Vater wie ein Mann in mittleren Jahren vor, und das dünne Haar und die an manchen Stellen schon kahle Kopfhaut sind Teil von ihm und nicht nur ein Zustand, der wieder vorübergeht. Er erin-

513

nert Harry an einen Geistlichen, einen leicht öligen, korpulenten Repräsentanten irgendeiner namenlosen Sekte, wie der Hohlkopf einer war, der Thelma beerdigt hat. Die neuerworbene zeremoniöse Umständlichkeit drückt sich auch in seiner Kleidung aus: obwohl der Abend, der Jahreszeit entsprechend, feuchtwarm ist, trägt Nelson ein weißes Hemd mit gestreifter Krawatte und gibt Harry das Gefühl, in seinem Polohemd mit dem weichen offenen Kragen und dem Flying-Eagle-Emblem ungebührlich jugendlich auszusehen.

Nelson hat seine Eltern an der Haustür begrüßt, hat seine Mutter umarmt und seinem Vater dann dieselbe Liebe antun wollen, hat ungeschickt beide Arme um den viel Größeren geschlungen, ihn zu sich heruntergezogen und ihm mit kratziger Wange im Gesicht berührt. Harry hat sich unangenehm überrumpelt gefühlt: die Umarmung hat für ihn etwas Demonstratives, Schwummeriges, Aufgesetztes gehabt, etwas in der Art, wie die Fernseh-Evangelisten es einem im Umgang miteinander nahelegen, bevor sie dann eilends aus dem Bild verschwinden, um sich über ihre Sekretärinnen herzumachen. Seit Nelsons zehntem oder elftem Lebensjahr ist es zwischen ihnen beiden kaum je zu Berührungen gekommen. Zweifellos war diese Umarmung als Geste der Versöhnung oder Wiedergutmachung gemeint, aber Harry hat sie als eine schwülstige rituelle Handlung empfunden, die sein Sohn woanders gelernt hat und die nichts damit zu tun hat, daß er ein Angstrom ist.

Pru scheint verwirrt, daß sie plötzlich einen Geistlichen zum Mann hat. Als Harry sich zu ihr beugt und den weichen warmen Druck ihrer Lippen erwartet, wendet sie mit ängstlicher Hast das Gesicht ab, und sein Mund trifft auf ihre trokkene Wange. Er ist verletzt, kann sich aber nicht vorstellen, daß er irgend etwas falsch gemacht haben soll. Seit der Episode an jenem wilden windigen Abend hat das Schweigen, das von ihr ausgeht, darauf schließen lassen, daß sie so tun möchte, als sei nichts geschehen, und er hat ihr mit seinem Schweigen zu verstehen gegeben, daß er einverstanden ist. Er hat nicht mehr die Kraft, die überschüssige Vitalität für eine Affäre – das Wagnis, das man eingeht, die Ansprüche, die man erfüllen muß, die Heimlichkeit, die wie Filigran über dem normalen täglichen Leben liegt, die nagenden Gedanken daran, die ständige Drohung, alles könnte auffliegen und damit zu Ende sein. Er erträgt die Vorstellung nicht, Nelson könnte etwas erfahren, wohingegen Ronnies Mitwisserschaft ihm nicht viel ausgemacht hat. Er hat sogar ein gewisses Vergnügen an ihr gehabt, wie an scharfen Ellbogenknüffen, die man unterm Korb austeilt und empfängt. Er und Thelma sind von derselben Art gewesen, beide waren sie imstande, die Risiken und Vorteile abzuschätzen und sich gemeinsam einen heimlichen Raum zu schaffen, in dem sie sich eine Stunde lang frei fühlen konnten, frei von allem, außer voneinander. Innerhalb der eigenen Generation – dieselben Lieder, dieselben Kriege, dieselbe Einstellung diesen Kriegen gegenüber, dieselben Regeln und Radiosendungen in der Luft – kann man die Möglichkeiten und Unmöglichkeiten abschätzen. Mit jemandem aus einer anderen Generation tappt man im ungewissen, spielt man mit dem Feuer. Daher reagiert er schon auf diese kleine Veränderung in Prus Temperatur empfindlich, diese Kühle, die wie ein Vorwurf ist.

Die Kinder essen mit ihnen, Judy und Harry auf der einen Seite des festtäglich gedeckten Springerschen Mahagoni-Eßtisches, Janice und Roy auf der anderen und Pru und Nelson an den beiden Enden. Nelson wünscht ein Tischgebet: alle sollen sich an den Händen fassen und die Augen schließen, und als sie kurz davor sind, vor peinlicher Verlegenheit loszuschreien, spricht er die Worte: «Friede. Gesunder Körper. Gesunder Geist. Liebe.»

«Amen», sagt Pru und klingt verstört.

Judy kann nicht aufhören, zu Harry hinaufzustarren, gespannt, was er von dem Ganzen hält. «Nett», sagt er seinem Sohn. «Habt ihr das beim Entzug gelernt?»

«Nicht Entzug, Dad, Rehabilitation.»

«Egal. Jedenfalls hat's viel mit Religion zu tun gehabt?»

«Man mußte zugeben, daß man machtlos ist und einer höheren Macht unterworfen, das ist der oberste Grundsatz bei den Anonymen Alkoholikern und bei Narc-Anon.»

«Ich kann mich nicht erinnern, daß du je viel am Hut gehabt hättest mit solchem Kram – höhere Macht und so.»

«Hatte ich nicht, habe ich auch jetzt nicht, nicht in der Form, wie die orthodoxe Religion es verlangt. Alles, woran man glauben muß, ist, daß es eine Macht gibt, die größer ist als wir selbst – Gott, wie wir Ihn verstehen.»

Alles klingt so bestimmt und unverrückbar, daß Harry der Versuchung standhalten muß, dagegenanzustreiten. «Fein», sagt er. «Ganz gleich, was einen durch die Nacht bringt, wie Sinatra sagt.» Den Ausspruch hat er von Mim. Harry fühlt sich an diesem Abend im Springer-Haus unendlich und kummervoll weit weg von Mim und Mom und Pop und der versunkenen gottesfürchtigen Welt der dreißiger und vierziger Jahre in der Jackson Road.

«*Du* hast immer an den Kram geglaubt», sagt Nelson.

«Hab ich. Tu ich immer noch», sagt Rabbit, wohlwissend, daß er den Jungen mit seiner Umgänglichkeit irritiert. Aber er muß hinzusetzen: «Halleluja. Als sie mir den Katheter ins Herz geschoben haben, hab ich das Licht gesehen.»

Nelson gibt kund: «Sie sagen einem im Reha-Center, daß es Leute geben wird, die sich über einen lustig machen, wenn man entzieht, aber sie sagen einem nicht, daß der eigene Vater dazugehört.»

«Ich mache mich über gar nichts lustig. Um Himmels willen. Hab soviel Frieden und Liebe und gesunden Geist, wie du willst. Ich gönn's dir. Wir alle gönnen's dir, stimmt's, Roy?»

Der kleine Junge starrt wütend, weil er plötzlich so hervorgehoben wird. Seine lose nasse Unterlippe fängt zu zittern an; er dreht das Gesicht seiner Mutter zu. Pru sagt in sanftem, nur Harry meinendem Ton, in dem er jetzt doch so etwas wie einen Schleier von Dankbarkeit spürt, von Regen, der gegen ein mit Fliegendraht vergittertes Fenster spritzt:

«Roy ist furchtbar durcheinander, es ist eine Umstellung für ihn, daß Nelson wieder da ist.»

«Ich kann's ihm nachfühlen», sagt Harry. «Wir hatten uns alle daran gewöhnt, daß er nicht da ist.»

Nelson sieht protestierend und um Hilfe bittend zu Janice hin, und sie sagt: «Nelson, erzähl uns doch von deiner Beraterarbeit» und hat dabei den unechten Ton dessen, der die Geschichte schon kennt.

Während Nelson erzählt, sitzt er eigenartig still, wie ruhiggestellt; Harry kennt den Jungen von klein auf nur als verzappeltes, sich duckendes, nervöses Bündel, das aber doch etwas Zutunliches, Hoffnungsvolles gehabt hat. «Hauptsächlich», sagt er, «hört man zu und läßt sie sich in ihren eigenen Worten ausdrücken. Man muß nicht viel sagen, ihnen nur zeigen, daß man bereit ist, zu warten und zuzuhören. Sogar die hartgesottensten Straßenkids öffnen sich schließlich. Ab und zu muß man sie daran erinnern, daß man selber mal dazugehört hat und daß ihre Räuberpistolen einen nicht besonders beeindrucken. Viele sind Dealer gewesen, und wenn sie anfangen wollen zu prahlen, wieviel Geld sie gemacht haben, muß man sie bloß fragen: ‹Wo ist es denn›, sie haben's nämlich nicht mehr», erzählt Nelson der lauschenden Tischrunde, seinen weitäugigen Kindern, «sie haben's verpulvert.»

«Apropos verpulvert –» fängt Harry an.

Nelson schiebt ihn einfach beiseite mit seinem unerschütterlich vorgetragenen Sermon. «Man muß sie dahin bringen, daß sie selber erkennen, daß sie süchtig sind und nicht andere ausgeschmiert haben. Die Einsicht muß von ihnen kommen, von innen, sie können es nicht akzeptieren, wenn es ihnen von außen aufgezwungen wird. Man muß zuhören, das ist alles; hauptsächlich mit dem Schweigen, das man ihnen entgegenhält, kann es einem gelingen, sie um ihre eigenen inneren Fallen herumzuführen. Sowie man anfängt zu reden, sträuben sie sich. Man braucht Geduld und Vertrauen. Vertrauen, daß die Methode wirkt. Und sie wirkt. Ausnahmslos. Es packt einen immer wieder, wenn man sieht, wie es klappt. Die Leute wollen, daß man ihnen hilft. Sie wissen, daß es falsch ist, so wie es ist.»

Harry möchte noch immer etwas sagen, aber Janice legt sich ins Mittel und sagt ihm laut, damit alle am Tisch es hören können: «Nelson hat eine Idee, was man mit der Firma machen könnte, man könnte ein Behandlungszentrum draus machen. In Brewer gibt es überhaupt nichts, keine Einrichtung, nichts, was nötig wäre, um das Problem anzugehen. Das Drogenproblem.»

«Das ist ja wohl die blödeste Idee, die ich je gehört habe», sagt Harry prompt. «Wie soll da Geld reinkommen? Ihr habt mit Leuten zu tun, die *nichts* haben, die alles für Rauschgift verpulvert haben!»

Das stachelt Nelson dazu an, wieder ein bißchen so wie früher zu klingen. «Man kriegt *Zu*schüsse, Dad», jault er, «von Washington. Vom Staat. Sogar der Nichtstuer Bush gibt zu, daß *et*was getan werden muß.»

«Du hast zwanzig Angestellte drüben in der Firma, die du in der Scheiße sitzenläßt, und die meisten haben Familie. Was wird aus den Mechanikern? Was ist mit deinen Verkäufern, mit der armen kleinen Elvira?»

«Sie müssen sich eben was anderes suchen. Davon geht doch die Welt nicht unter. Die Leute kleben heute nicht mehr so an ihren Jobs, wie deine verängstigte Generation es getan hat.»

«Verängstigt, ja – mit deiner Generation im Nacken hatten wir allen Grund, verängstigt zu sein. Wie soll man wohl aus diesem Zementschuppen da ein Krankenhaus machen?»

«Es wär kein Krankenhaus –»

«Du bist schon mit hundertfünfzigtausend bei Toyota Inc. in der Kreide, und die müssen in zwei Wochen bezahlt werden. Nicht zu reden von den fünfundsiebzig Mille, die du der Brewer Trust schuldest.»

«Die Verkäufe, die da auf Slims Namen gelaufen sind, die Autos haben nie den Platz verlassen, da ist in Wahrheit gar kein –»

«Nicht zu reden von den Gebrauchten, für die du dir hast Bares geben lassen, das du in die eigene Tasche gesteckt hast.»

«Harry», sagt Janice und macht eine kleine Bewegung zu den lauschenden Kindern hin, «das ist jetzt nicht der richtige Zeitpunkt.»

«Es *gibt* keinen Zeitpunkt, an dem ich kapieren kann, was dieser miese Bengel gemacht hat! Über zweihunderttausend beschissene Dollar – wo sollen die herkommen!» Schmerzfunken flackern unter den Muskeln seiner Brust auf, und eine Schwindeligkeit erfaßt ihn, in der die Gesichter am Tisch schwimmen wie in einer Übelkeit erregenden Suppe. Ungute Empfindungen dieser Art sind in letzter Zeit schlimmer geworden; mehr als drei Monate sind vergangen, seit mittels Dilatation sein linker absteigender Ast aufgedehnt worden ist. Dr. Breit hat ihn gewarnt und gesagt, zu einer neuerlichen Verengung komme es oft nach drei Monaten.

Janice sagt gerade: «Aber er hat so viel gelernt, Harry. Er ist um so vieles klüger. Als hätten wir ihn auf eine Schule geschickt fürs Geld.»

«Schule, immer Schule! Was ist denn plötzlich so großartig an der Schule! Die Schule ist auch nur 'n Neppverein. Alles was man da lernt, ist, wie man Idioten ausnimmt, die noch nicht auf der Schule waren!»

«Ich möchte nicht wieder in die Schule zurück», piepst Judy zu ihm hinauf, «da sind alle so hochnäsig.»

«Ich meine nicht *deine* Schule, Süße.» Rabbit bekommt kaum noch Luft; seine Brust fühlt sich an, als sei sie voller Styroporbröckchen, die sich nicht auflösen wollen. Er darf sich nicht so aufregen.

Nelson strahlt vom Kopfende des Tisches her Ruhe und Festigkeit aus. «Dad, ich war süchtig. Ich gebe es zu», sagt er. «Ich habe Crack genommen, und wenn man sich das angewöhnt, wird's teuer. Man hat Angst zusammenzuklappen und braucht alle zwanzig Minuten einen frischen Hit. Wenn man das den ganzen Abend macht, geht es leicht in die Tausende. Aber das Geld, das ich gestohlen habe, ist nicht nur für meine Abhängigkeit draufgegangen. Lyle hat große Summen gebraucht für experimentelle Medikamente, die die Blödmänner bei der Food and Drug Administration nicht freigeben und die aus Europa und Mexiko eingeschmuggelt werden müssen.»

«Lyle», sagt Harry mit Genugtuung. «Wie geht's denn dem Computergenie?»

«Vorläufig scheint er sich noch zu halten.»

«Der überlebt mich noch», sagt Harry und meint es als Scherz, aber die Möglichkeit besteht tatsächlich, und das versetzt ihm einen Stich wie mit einem Eiszapfen. «Springer Motors», spricht er weiter und versucht, es in seinen Kopf zu bekommen, «ist also wegen Koks und Pillen für einen Schwulen kaputtgegangen.» Wie schwul, denkt er und starrt seinen angejahrten, fettgewordenen, rehabilitierten Sohn an, ist *dieser* Junge? Prus Antwort darauf hat ihn nie ganz befriedigt. Wenn Nelson nicht schwul ist, wieso hat sie Harry dann an sich rangelassen? Viel angestauter Hunger, so wie sie gekommen ist, und gleich zweimal.

Nelson sagt in diesem erbitternden sedierten Nichts-kann-mich-berühren-Ton: «Dad, du regst dich viel zu sehr auf wegen einer Geldsumme, die in der jetzigen Zeit gar nicht so furchtbar hoch ist. Du hast von der Depressionszeit her einen Komplex, was den Dollar angeht. Es ist nichts Heiliges am Dollar, es ist einfach nur eine Währungseinheit.»

«Oh. Danke, daß du's mir erklärt hast. Ich bin richtig erleichtert.»

«Toyota ist kein großer Verlust. Die Gesellschaft tritt meiner Meinung nach seit Jahren auf der Stelle. Sieh dir ihre Fernsehwerbung für den Lexus an und vergleich sie mit dem, was Nissan für den Infiniti macht: kein Vergleich! Die Infiniti-Spots sind phan*tas*tisch, in denen kommt kein Auto vor, nur Vögel und Bäume, die verkaufen ein Konzept! Toyota verkauft nur wieder einen Haufen Blech. Sei nicht so fixiert auf Toyota. Springer Motors gibt es noch, die Firma hat noch

Aktivposten. Mom und ich arbeiten gerade eine Strategie aus, wie man sie am besten einsetzt.»

«Viel Glück», sagt Harry, rollt seine Serviette zusammen und schiebt sie wieder in ihren Ring, einen Kinderserviettenring aus irgendeiner durchsichtigen Substanz, die mit winzigen verschiedenfarbigen Nadeln gefüllt ist. «In unseren dreiunddreißig Ehejahren hat deine Mutter es nicht zuwege gebracht, die Zutaten einzusetzen, die nötig wären, um ein anständiges Essen auf den Tisch zu bringen, aber vielleicht lernt sie's ja noch. Vielleicht lernt sie bei Mr. Lister, wie man etwas einsetzt. Pru, es hat wunderbar geschmeckt. Verzeih die Unterhaltung. Du kannst wirklich mit Fisch umgehen. Toll, diese kleinen scharfen erbsenähnlichen Dinger obendrauf.» Als er ein Nitrostat aus der kleinen Flasche schüttelt, die er immer und überall bei sich hat, sieht er, daß seine Hände auf eine neue Weise zittern – nicht einfach nur leicht zittern, sondern zucken, als würden sie von ganz eigenen Gedanken geschüttelt, die sie nicht mit ihm teilen.

«Kapern», sagt Pru sanft.

«Harry, Nelson kommt morgen wieder in die Firma», sagt Janice.

«Fein. Noch eine Erleichterung.»

«Ich wollte noch danke sagen, Dad, daß du eingesprungen bist. Die Bilanzen vom Sommer sehen relativ ordentlich aus.»

«Relativ?! Wir haben wahre Wunder vollbracht. Diese Elvira ist eine Wucht. Was du ja sicher weißt. Der Japs, der uns den Laufpaß gegeben hat, möchte, daß sie zu Rudy an die 422 überwechselt. Da geht auch unser Bestand hin.» Er wendet sich Janice zu und sagt: «Ich kann nicht glauben, daß du diesem Versager wieder die Verantwortung überträgst.»

Janice sagt – in dem ruhigen Ton, den alle hier am Tisch anschlagen, als müßten sie einen Verrückten bei Laune halten –: «Er ist kein Versager. Er ist dein Sohn, und er ist ein neuer Mensch. Wir können ihm die Chance nicht verwehren.»

Mit einer Stimme, die ehefraulicher klingt als die Janices, setzt Pru hinzu: «Er hat sich wirklich verändert, Harry.»

«Immer einen Tag nach dem andern», sagt Nelson auf, «mit Hilfe einer höheren Macht. Wenn man diese Hilfe annimmt, Dad, kann einem nichts mehr etwas anhaben, es ist wunderbar. Ich glaube, ich bin all die Jahre ernstlich am Boden gewesen; irgendwie war alles zuviel. Jetzt lege ich einfach alles in Gottes Hände, rolle mich zur Seite und schlafe ein. Natürlich muß man das Programm einhalten. Ich gehe zu Meetings, die in Brewer stattfinden, und einmal in der Woche fahre ich nach Philly zu einem Therapeuten und sehe nach meinen alten Kids. Ich liebe diese Beraterarbeit.» Er sieht seine Mutter an und lächelt. «Ich liebe sie, und sie tut mir gut.»

Harry fragt ihn: «Diese Drogenkids, mit denen du zu tun hast, sind das alles Schwarze?»

«Nicht alle. Nach einer Weile sieht man gar keinen Unterschied mehr. Weiß oder schwarz, sie haben dasselbe Grundproblem. Kein Selbstwertgefühl.»

Soviel Klugheit, soviel überzeugte heitere Gelassenheit und Unerschütterlichkeit und Tugendhaftigkeit rufen bei Rabbit Klaustrophobie hervor. Er wendet sich an seine Enkeltochter, sucht nach einer Öffnung, einem Schimmer, einem Strahl unbehandelten Lichts. Er fragt sie: «Was hältst du von alledem, Judy?»

Das Gesicht des Kindes ist mit Vollkommenheit überglänzt – vollkommene gerade Zähne, vollkommen gleichmäßige Wimpern, schmale Strahlenbänder in den grünen Augen und längs der Strähnen ihres Haars. Die Natur versucht, einen neuen Sieger, eine Siegerin, zu produzieren. «Ich find's schön, daß Daddy wieder da ist», sagt sie, «und er ist nicht mehr so verrückt. Er ist viel verantwortungsbewußter.» Wieder hat er das Gefühl, daß Worte aufgesagt werden, die während einer Probe einstudiert worden sind, zu der man ihn nicht gebeten hat. Aber wie kann er diesem Kind denn etwas anderes wünschen als den Vater, den es braucht?

Draußen auf der Straße bittet er Janice, sich ans Steuer des Celica zu setzen, auch wenn das bedeutet, daß der Sitz und die Spiegel verstellt werden müssen. Als sie um den Berg herum fahren, fragt er: «Du willst mich wirklich nicht mehr in der Firma haben?» Er sieht auf seine Hände nieder. Das Zucken hat ein wenig nachgelassen, ist aber immer noch faszinierend.

«Ich glaube, im Augenblick nicht, Harry. Lassen wir Nelson doch ein bißchen freie Hand. Er gibt sich so viel Mühe.»

«Es ist mit Anonyme-Alkoholiker-Scheiße abgefüllt.»

«Es ist keine Scheiße, wenn es einem hilft, ein normales Leben zu führen.»

«Er ist überhaupt nicht wiederzuerkennen.»

«Das ändert sich, du mußt dich nur erst an ihn gewöhnen.»

«Er erinnert mich an deine Mutter. Sie hat immer gepredigt, wo's langgeht.»

«Jeder weiß, daß er genau wie du aussieht. Nur nicht so groß, und die Augen hat er von mir.»

Der Park, die verschatteten Wege, die verwahrlosten Tennisplätze, der Gedenkpanzer, der nie mehr einen Schuß abfeuern wird. Man sieht diese Dinge nicht so deutlich, wenn man selber fährt. Sie ziehen vorbei wie Museumsstücke, von denen die Etiketts abgeblättert sind. Er versucht, sich aus seiner verstrickten, verärgerten Stimmung zu befreien. «Es tut mir leid, wenn ich beim Dinner, vor den Kindern, häßliches Zeug geredet habe.»

«Wir waren auf viel Schlimmeres gefaßt», sagt sie heiter.

«Ich hatte nicht die Absicht, das mit dem Geld oder überhaupt irgendwas von der ganzen Sache aufs Tapet zu bringen. Aber jemand muß es tun. Du bist in ernsthaften Schwierigkeiten.»

«Ich weiß», sagt Janice und läßt das Licht der Straßenlampen an der oberen Weiser Avenue über sich hinspülen – über ihr bockiges stumpfnasiges Profil, ihre kleinen Hände, die fest das Lenkrad umklammern, den Ring mit dem Saphir und den Brillanten, den sie von ihrer Mutter geerbt hat. «Aber man muß Vertrauen haben. Das hast du mir beigebracht.»

«Ich?» Er ist angenehm überrascht bei dem Gedanken, daß er ihr in dreiunddreißig Jahren tatsächlich etwas beigebracht hat. «Vertrauen zu wem oder was?»

«Zu uns. Zum Leben», sagt sie. «Es gibt noch einen Grund, warum ich meine, du solltest vorläufig nicht in die Firma gehen: du siehst müde aus. Hast du abgenommen?»

«Ein paar Pfund. Stimmt was nicht? Das ist doch verdammt noch mal genau das, was ich tun soll.»

«Es kommt drauf an, wie du's tust», sagt Janice, so ärgerlich von neuen Kenntnissen, neuer Überheblichkeit gebläht. Sie langt zu ihm herüber und patscht ihm fest auf den Schenkel, ganz oben auf der Innenseite, genau da, wo sie den Katheter eingeführt haben und er hätte verbluten können. «Wir werden es schon schaffen», lügt sie.

Der August, schwül und drückend während seiner mittleren beiden Wochen, bringt den Sommer jetzt zu funkelnder Destillation, zu letzter Klarheit. Die Fairways des Flying-Eagle-Platzes, die um diese Jahreszeit meist ausgedörrt sind und so hart wie die Karrenpfade, sind dank des vielen Regens, den sie abbekommen haben, noch grün, bis auf die Roughs mit dem rötlichbraunen Spitzwegerich und hier und da einem schmächtigen Ahornschößling, der schon das erste Gelb zeigt. Die jungen Bäume sind immer die ersten, die sich verfärben – sie sind zarter, reagieren empfindlicher. Sind furchtsamer.

Ronnie Harrison hat immer noch einen Schwung wie ein Hufschmied: kurzer Rückschwung, häßlicher verstümmelter Durchschwung, manchmal mittendrin ein Ächzen. In der Firma wurde Rabbit nicht mehr gebraucht; wenn er wieder mit dem Golfen anfangen wollte, ginge das nicht ohne Partner, und da ist ihm eingefallen, wie Thelma gesagt hatte, wegen ihrer Arzt- und Medikamentenrechnungen hätten sie aus dem Club austreten müssen. Ronnie hatte am Telephon überrascht geklungen – Harry war selber überrascht, als er die vertraute Nummer wählte, die in seinen Fingern noch so lebendig ist –, aber er hatte akzeptiert, ganz unverhofft. Vielleicht schlossen sie Frieden, über Thelmas Leichnam hinweg. Oder erweckten eine Freundschaft wieder zum Leben, keine Freundschaft, ein Ineinander-verkeilt-Sein, das schon bestanden hatte, als sie kleine Jungen waren in Knickerbockern und geschnürten Stoffstiefeln, und durch die kieseligen Hintergäßchen von Mt. Judge stromerten. Wenn Harry sich durch die Jahre zurückdenkt, zu Ronnies streitsüchtigem dicklippigem stumpfäugigem Gesicht, wie es auf dem Pausenhof der Elementary-School auftauchte; zu Ronnie, der im Umkleideraum krähend mit seinem großen weichen Gurkenschwanz spielte (beschnitten und an der Oberseite irgendwie abgeplattet); dann zu Ronnie in seinen Junggesellenjahren in und um Brewer, einer der Kerle, wie sich herausstellte, der mit Ruth was gehabt hatte, bevor Rabbit dran war, Ronnie, ein klugscheißerischer, dreckige Witze reißender, schmieriger Ranschmeißer; dann zu Ronnie, der mit Thelma verheiratet war und bei der Schuylkill-Mutual-Versicherung arbeitete, ein trauriger Sack in Wahrheit, der sich abrackerte, tat, was er konnte, um seinen Ball ins Spiel zu bringen, von den «lieben Angehörigen» sprach und davon, wie es ist, «nicht mehr unter uns» zu sein, und nach und nach zu dem trüb lächelnden, kahlköpfigen Mann wurde, dessen Photo auf Thelmas Frisierkommode stand und der Harry, jedenfalls hatte der das so empfunden, in den Hintern guckte, so daß er zu Thelmas Erheiterung einmal das Bett verließ und das Photo flach auf die Kommode legte und sie es von da an immer umdrehte, bevor er nachmittags zu ihr kam; und schließlich zu Ronnie als Witwer, Gesicht wie eine ausgebleichte Backpflaume, hängende Falten unter den Augen, als hätte jemand sie heruntergezogen, dünne Altmännerhaut, bläulichrosa durchscheinend über den Wangenknochen, dann hat Harry das Gefühl, daß Ronnie immer bei ihm gewesen ist, eine Nähe, der er nicht ausweichen konnte, ein Aspekt seiner selbst, den er nicht wahrhaben wollte, dem er sich jetzt aber stellt. Dieser knüppelartige Schwanz, die schmierigen Witze, die blauen Augen, die ihm in den Hintern geguckt haben, ach zum Teufel, wir sind schließlich alle bloß Menschen, Körper mit ein bißchen Hirn am einen Ende und im übrigen nur Rohrleitungen.

Ihre erste Runde, die sie als Einzel spielen, verläuft immerhin so angenehm, daß sie sich zu einer zweiten verabreden und dann zu einer dritten. Ronnie hat seine alten Klienten, ist aber nicht mehr drauf aus, neue an Land zu ziehen, und kann sich gelegentlich einen Nachmittag freinehmen, wenn er rechtzeitig Bescheid gibt. Sie sind beide aus der Übung, spielen steif und ungleichmäßig, und das Match beschränkt sich gewöhnlich auf die letzten beiden Löcher. Wird Harry mit seinem schönen weiten freien Schwung den Ball aufs Fairway befördern oder ins Wäldchen? Wird Ronnie den Kopf heben, einen einfachen Chip vermasseln und den Ball quer über das Grün in den Sandbunker jagen, oder behält er den Kopf unten, die Hände vorgestreckt, und kommt so nah ans Loch heran, daß er Aussicht hat, sein Par zu retten? Die beiden Männer reden nicht viel, um das böse Blut, das zwischen ihnen ist, nicht hochkommen zu lassen; der Anblick des jeweils andern, wie er da herumstümpert, ist so erheiternd, so willkommen, daß ein Fremder meinen könnte, zwischen ihnen gebe es Zuneigung. Thelma erwähnen sie nie.

Das siebzehnte Loch, ein langes Par 4 mit einem Bach, der etwa hundertneunzig Meter voraus liegt, geht Ronnie mit Eisen vier an: zu kurz. «Das ist Hühnerkacke, so spielt man nicht», sagt Harry und sucht sich einen Driver heraus. Er konzentriert sich darauf, seinen rechten Ellbogen nah am Körper zu halten, trifft den Ball genau an der richtigen Stelle und befördert ihn auf dreißig Meter an den Bach heran. Ronnie will seinen Fehler von eben wiedergutmachen, und prompt gerät ihm der nächste Schlag zu energisch: mit Holz drei prügelt er den Ball in weitem Bogen in das Kiefernwäldchen auf der Mt.-Pemaquid-Seite des Fairway. Rabbit, von einigem Druck befreit, denkt: *immer mit der Ruhe* und schickt mit Eisen sechs einen wunderschönen Ball los, der mitten auf dem Grün niedergeht, senkrecht, als falle er durch ein Regenrohr. Harry hat eins über Par, verlieren kann er also nicht, er braucht nur ein Unentschieden, dann hat er gewonnen. Mitteilsam sagt er, als sie im Elektrokarren zum achtzehnten Abschlag rollen: «Was hältst du von der Voyager Zwei? Für meine Begriffe ist das eine größere Leistung, als einen Mann auf den Mond zu schießen. Im *Standard* gestern habe ich einen Artikel gelesen, wo ein Wissenschaftler sagt, das mit der Voyager ist, als ob man von New York nach Los Angeles puttet, und der Ball geht rein.»

Ronnie grunzt, versunken im Selbstabscheu eines Golfers, der im Begriff ist zu verlieren.

«Wolken auf dem Neptun», sagt Rabbit, «und Vulkane auf dem Triton. Was, meinst du, bedeutet das?»

Von seinen jüdischen Partnern unten in Florida hätte bestimmt einer was zu sagen gehabt zu diesem Thema, aber hier oben in Dutch-Land wirft Ronnie ihm einen stumpfen, mißtrauischen Blick zu. «Wieso soll es irgendwas bedeuten. Du hast die Ehre.»

Rabbit ist sauer. Man versucht, nett zu diesem Kerl zu sein, und er stößt einen vor den Kopf. Er ist ein ekliger Wichser, immer schon. Man bietet ihm zum Nachdenken das äußere Sonnensystem, und er wischt es beiseite. Zermatscht es in seinem primitiven Gehirn. Harry fühlt, daß eine subtile Übermäßigkeit in den schwachen, aber wahren Botschaften liegt, die diese spindelige Maschine über Milliarden von Meilen sendet, eine Art Gnade, die mit der übermäßigen Schönheit dieses kristallklaren Spätsommertags harmoniert. Er hat das Bedürfnis zu lobpreisen. Ronnie muß das Bedürfnis kennen, sonst wären er und Thelma nicht in diese lagerhausähnliche namenlose Kirche gegangen. «Diese drei Ringe, die vorher noch nie irgendwer gesehen hat», beharrt Harry, «als ob sie mit einem Bleistift gezogen wären», sagt er, und es ist wie ein Nachhall der Ehrfurcht, mit der Bernie Drechsel über die Dünnheit von Flamingobeinen gesprochen hat.

Aber Ronnie ist weitergegangen, zur Ballwaschanlage hinüber, und tut so, als höre er nicht; er führt eine Reihe heftiger Übungsschwünge aus, ist darauf erpicht, das Loch anzugehen und die klägliche Vorstellung, die er beim siebzehnten geliefert hat, wieder wettzumachen. Enttäuscht, abgelenkt durch Gedanken an die kühne Voyager, läßt Rabbit am obersten Punkt seines Rückschwungs den Ellbogen einknicken und trifft den Ball jämmerlich: ein Slice, der eine Kurve beschreibt, die so verblüffend ist, als hätte ein Computer sie entworfen, und im Sandbunker im Spitzwegerich rechts vom Fairway aufhört. Das achtzehnte Loch ist ein Par 5, das mit dem Bach von eben flirtet, aber eigentlich leicht in fünf Schlägen zu schaffen sein sollte; in seiner Blüte als Golfer hat er mehr als einmal nur vier Schläge gebraucht. Aber erst muß er seitlich mit einem Wedge aus dem Bunker heraus, dann nimmt er Eisen drei – nicht sein Lieblingsschläger, aber er braucht die Weite – und schlägt zu kräftig, wie Ronnie vorhin beim siebzehnten Loch, und der Ball, ein gelber Pinnacle, landet im Wasser, wo er ihn schließlich unter einem Nest von Brunnenkresse findet. Ein Strafschlag ist fällig; er versucht so angestrengt, mit Eisen neun den Flaggenstock anzupeilen, daß er den Ball zur Seite verzieht und das gelbe Ding am linken Rand des Grüns im hohen Gras liegenbleibt: fünf Schläge. Ronnie hat sich mit seinem Hufschmiedschwung, aber keine Risiken eingehend, in vier scheußlich flachen Schlägen aufs Grün gebracht, und Rabbit kann nur noch hoffen, es mit einem Chip zu schaffen. Aber das Gras ist hoch, und er vermasselt den Chip, er benimmt sich wie der idiotischste, feigste Golfstümper und kriegt den Ball mit dem sechsten Schlag höchstens sechzig, siebzig Zentimeter aufs Grün rauf. Ronnie muß zweimal putten, dann ist auch er bei sechs und hat das Loch knapp gewonnen. Gegen ein Bogey zu verlieren, ist etwas, das Harry ganz besonders hassenswert findet. Er nimmt seinen Pinnacle-Ball und wirft ihn mit weit ausholender Bewegung ins Kiefernwäldchen. Etwas in seiner Brust hat diese große Bewegung nicht gemocht, aber es tut ausgesprochen wohl zu sehen, wie das Quälding mit leisem Sirren und dumpfem kleinem Aufschlag verschwindet. Das Match endet unentschieden.

«Also kein Blutvergießen», sagt Ronnie, als er seinen Dreieinhalbmeterball nah an den Flaggenstock hat rollen lassen.

«Gutes Match», knurrt Harry und entscheidet sich gegen

einen Händedruck. Die Schmach seiner Niederlage macht ihm zu schaffen. Wer sagt, das Universum sei nicht von Schande durchtränkt?

Als sie Bälle, Tees und verschwitzte Handschuhe in den Seitentaschen ihrer Golfsäcke verstauen, sagt Ronnie, nun da die Reihe an ihm ist, in mitteilsamer Stimmung zu sein: «Hast du gestern abend die Peter-Jennings-News gesehen, die Photos von den Ringen, die sie zum Schluß brachten und vom Mond, wie der sich wegbewegt, und dann die Photomontage von den verschiedenen Aufnahmen vom Neptun, die sie auf eine Kugel projiziert haben, und die wurde gedreht, so daß man den ganzen Planeten hatte, wie ein Spielzeug? Unglaublich, was man mit Computergraphik machen kann.»

Harry wird ein bißchen übel bei der Vorstellung, wie die Voyager diese letzten Aufnahmen vom Neptun macht und dann ins Nichts hinauszieht, für immer. Wie soll man das fassen, dies Ausmaß an Nichts da draußen.

Die Golfsäcke auf dem Gestell neben dem Pro-Shop werfen lange Schattenbalken. Die Tage werden kürzer. Harry hat Durst und freut sich auf ein Bier auf der Terrasse des Clubhauses, an einem der Gartentische unter einem großen grünweißen Sonnenschirm neben dem Swimmingpool mit den knospenden Mädchen und den Jungen, die mit angezogenen Knien vom Sprungbrett springen, während die rote Sonne hinterm hohen Horizont des Mt. Pemaquid versinkt. Bevor sie auf das Bier zusteuern, sehen die beiden Männer einander aus Versehen direkt ins Gesicht. Einem unseligen Impuls folgend fragt Rabbit: «Fehlt sie dir?»

Ronnie wirft ihm einen schrägen Seitenblick zu. Seine Lidränder unter den weißen Wimpern sehen wund aus. «Dir?»

Rabbit sitzt in seiner eigenen Falle, ihm bleibt nichts anderes übrig, er muß so tun als ob. Er hat Thelma benutzt, gebraucht, und am Ende war sie aufgebraucht. «Natürlich», sagt er.

Ronnie räuspert sich, reckt seinen flechsigen Hals, prüft, ob der Reißverschluß an seinem Golfsack zu ist, und hängt sich den Sack dann über die Schulter, um ihn zu seinem Auto zu bringen. «‹Natürlich› – so siehst du aus», sagt er. «Sei doch wenigstens ehrlich.»

Harry steht vor einer unmöglichen Alternative – Ronnie zu sagen, wie sehr er es genossen hat, mit Thelma ins Bett zu gehen (und Ronnies lächelndes Photo hat zugeschaut) oder zu behaupten, daß er's nicht genossen hat. Er sagt nur: «Thelma war eine wunderbare Frau.»

«Für mich», sagt Ronnie, seine kämpferische Haltung fahren lassend und sein langes Witwergesicht aufsetzend, «ist eine Welt zusammengebrochen. Ohne Thel ist alles leer, ich funktioniere nur noch automatisch.» Seine Stimme ist ein einziges Quaken, widerlich. Harry lädt ihn ein, auf der Terrasse ein Bier mit ihm zu trinken, aber er sagt: «Nein, ist besser, wenn ich jetzt zurückfahre. Ron Junior und seine neue bessere Hälfte haben mich zum Dinner eingeladen.» Als Harry mit ihm einen Tag für die nächste Runde ausmachen will, sagt er: «Vielen Dank, altes Kaninchen, aber du bist das Mitglied hier. Du bist der mit der reichen Frau. Du kennst die Regeln im Flying Eagle – du kannst nicht immer wieder denselben Gast mitbringen. Außerdem haben wir bald Labor Day. Ist besser, ich mach mich auf die Socken, sonst denkt Schuylkill noch, *ich* bin derjenige, der gestorben ist.»

Harry fährt im schiefergrauen Celica nach Penn Park zurück. Janices Camry steht nicht in der Auffahrt; im Haus läutet das Telephon, und er denkt, das ist sie vielleicht. Sie ist fast nie mehr zu Haus, immer unterwegs, bei ihren Kursen oder zum Kinderhüten drüben in Mt. Judge oder in der Firma, um mit Nelson etwas zu besprechen, oder in Brewer bei ihrem Anwalt oder bei diesen Buchprüfern, die sie auf Charlies Empfehlung hinzugezogen hat. Es gelingt ihm schließlich, den Schlüssel ins Schloß zu stecken – zum Rasendwerden, das Kratzen und Schrammen des Schlüssels, der nie auf Anhieb ins Schloß paßt, es erinnert ihn an etwas, das lange her ist, etwas Unangenehmes, das ihm ein hohles Gefühl im Magen gibt, aber was? –, und er stößt mit der Schulter die Tür auf und erreicht das Dielentelephon gerade in dem Augenblick, als es den Klingelton von sich gibt, von dem er weiß, daß es der letzte ist. «Hallo.» Er bringt das Wort nur mit Mühe heraus.

«Dad? Was ist los?»

«Nichts. Wieso?»

«Du bist so außer Atem.»

«Ich komme grad zur Tür rein. Ich dachte, deine Mutter ist am Apparat.»

«Mom *war* hier. Ich bin noch auf dem Platz, sie hat gemeint, ich soll dich anrufen. Ich habe doch so eine tolle Idee.»

«Weiß schon. Du willst eine Drogenentzugsklinik aufmachen.»

«Vielleicht irgendwann später mal. Aber vorläufig meine ich, wir sollten den Platz so lassen, wie er ist. Er sieht übrigens fabelhaft aus ohne all die kleinen Toyotas mit den komischen Farben. Die Leute kommen immer noch und wollen Gebrauchtwagen kaufen, sie denken, bei uns ist Ausverkauf, und ein paar Firmen interessieren sich für uns wegen des Standorts – Hyundai zum Beispiel hat diesen großen neuen Laden drüben bei Hayesville, aber er liegt unmittelbar hinter einer riesigen Kleeblattkreuzung, und kein Mensch weiß, wie man hinfinden soll, zu viel Landschaftsgestaltung, sie wären selig, wenn sie einen Platz an der 111 kriegen könnten –, aber weswegen ich anrufe, ist dieser Einfall, der mir gestern abend gekommen ist, ich hab kurz mit Mom gesprochen, sie sagt, ich soll mit dir reden.»

«Okay, okay, nett von euch, mich teilhaben zu lassen», sagt Harry.

«Ich war gestern abend draußen am Fluß, westlich von Brewer, du weißt schon, oder? Wo die kleinen Häuschen am Ufer stehen, mit bunten Lichtergirlanden und Veranden und mit Stufen, die ins Wasser runterführen?»

«Nein, ich weiß nicht genau, ich bin nie dagewesen, aber red weiter.»

«Also, Pru und ich waren gestern abend dort, zusammen

mit Jason und Pam, du hast die Namen bestimmt schon mal von mir gehört.»

«Ich erinnere mich undeutlich.» Dauernd diese Bestätigung heischenden Pausen – Harry ist schon ganz zermürbt davon. Warum spuckt der Junge es nicht einfach aus? Ist sein Vater so ein Unhold?

«Jedenfalls, der Typ, den sie kennen, dem gehört eine von diesen kleinen Butzen, es war wirklich geil, die bunten Lämpchen und Musik aus allen Radios und die vielen Boote auf dem Fluß, Leute, die Wasserski gelaufen sind und all das –»

«Klingt sagenhaft. Ich hoffe nur, Jason und Pam gehören nicht zu der alten Lyle-Slim-Clique.»

«Sie haben sich alle gekannt, aber die beiden sind normal, Dad. Sie überlegen sogar, ob sie sich ein Baby zulegen sollen.»

«Wenn du die Finger von Koks lassen willst, mußt du einen Bogen um die alte Koksclique machen.»

«Ich sagte doch, die beiden sind stinknormal. Einer ihrer besten Freunde ist Ron Harrison junior, der Zimmermann.»

Was soll das heißen? Weiß Nelson Bescheid über ihn und Thelma? «Ist ja gut», sagt Harry.

«Also, wir sitzen da auf der Veranda, und da fährt dies phantastische Ding vorbei – ein Motorrad, auf dem Wasser. Es gibt verschiedene Namen dafür – Wasserbikes, Surfjets, Jetskier –»

«Ja, ich habe sie in Florida gesehen, draußen auf dem Golf. Sie kommen mir unsicher vor.»

«Dad, das war das Tollste, was ich je gesehen habe, das Ding hat ein Tempo draufgehabt wie eine Rakete. Ist regelrecht vorbeige*zischt*. Jason hat gesagt, das ist ein Yamaha-Waverunner, und es funktioniert nach einem neuen Prinzip, ich weiß nicht genau, es komprimiert irgendwie das Wasser und schießt es hinten raus, er sagt, der einzige, der die Dinger hier verkauft, irgend jemand mit einem kümmerlichen kleinen Hinterhofladen bei Shoemakersville, hat nicht die Möglichkeit, mehrere gleichzeitig vorrätig zu haben, und ist sowieso nicht wahnsinnig interessiert daran, ein Farmer, der aufs Altenteil gegangen ist und das nur so als Hobby betreibt. Also ich habe heute morgen das Verkaufsbüro von Yamaha in New York angerufen und da mit jemandem gesprochen. Natürlich würden wir nicht bloß Waverunner verkaufen, wir würden auch die Motorräder von Yamaha führen und die Schneemobile und die Wohnanhänger, und sie stellen Generatoren her, die für viele kleine Betriebe wichtig sind, und diese drei- und vierrädrigen Dinger, ATVs, in denen die Farmer jetzt zwischen ihren Feldern und so weiter hin und her kurven und die sehr viel leistungsstärker sind als die Carts auf dem Golfplatz –»

«Nelson. Warte. Rede nicht so schnell. Was ist mit Manny und den Jungs in der Service-Abteilung?»

«Manny haben wir nicht mehr, Dad. Du meinst Arnold.»

«Wollte ich ja auch sagen. Arnold. Der Knilch, der aussieht wie ’n trippelndes Schwein im Pyjama. Ich weiß, wer Arnold ist. Völlig egal, wer er ist, er oder sie in diesem Fall, es geht um die beschissene Service-Abteilung, die sind da an *Autos* gewöhnt, große Dinger mit vier Rädern, die mit Benzin fahren und nicht mit komprimiertem Wasser.»

«Die können sich umstellen. Menschen können sich immer umstellen, wenn sie ein bestimmtes Alter noch nicht überschritten haben. Und sowieso haben Mom und ich die Abteilung schon ein bißchen gestrafft. Wir haben drei Mechaniker entlassen und haben Anzeigen laufen, daß wir umfassende Inspektion bieten. Wir möchten die Gebrauchtwagensparte auf Vordermann bringen, für eine Weile werden wir nämlich nur mit Gebrauchten zu tun haben, genau wie Grandpa Springer am Anfang, er hat mir oft erzählt, wie er die Toyotas nach hinten verbannt hat, außer Sichtweite, weil die Leute japanischen Erzeugnissen gegenüber so ein Mißtrauen gehabt haben. In gewisser Weise ist es schon besser geworden, Leute, die nicht viel ausgeben können, werden nicht mehr abgeschreckt von all den Neuwagen im Ausstellungsraum und vom Yen-Dollar-Umrechnungskurs und dergleichen. Also –?»

«Also?»

«Was hältst du von der Idee mit Yamaha?»

«Na gut, dann paß mal auf. Du hast mich gefragt. Und ich weiß das zu würdigen. Es rührt mich, denn mir ist klar, daß du mich überhaupt nichts zu fragen brauchst, du und deine Mutter, ihr habt die Firma für euch reserviert. Aber du willst meine Antwort: ich halte es für das Dämlichste, das mir je untergekommen ist. Jetskier sind eine reine Modeerscheinung. Nächstes Jahr sind's Jetrollschuhe. Der Nettogewinn, den man mit solchen Kinkerlitzchen erzielt, Motorräder, Schneemobile, ist vielleicht ein Zehntel von dem, was bei einer soliden Familienkutsche rauskommt – du müßtest zehnmal so viel von dem Zeug verkaufen, und du glaubst, das klappt? Vergiß nicht, eine Depression ist im Anzug.»

«Wer sagt das?»

«*Ich* sag das, *je*der sagt das. Jeder sagt, Bush ist genau wie Herbert Hoover. Du bist zu jung, um noch eine Vorstellung von Hoover zu haben.»

«Das war ein aufgeblähter Aktienmarkt damals. Jetzt ist der Markt eher unterbewertet. Wieso sollten wir's mit einer Depression zu tun kriegen?»

«Weil wir keine Disziplin haben! Wir ersticken in Schulden! Wir besitzen nicht einmal mehr unser eigenes Land! Ich stell mir vor, wie du auf der Veranda von dieser Bruchbude mit all den bunten Glühlämpchen sitzt, total bedröhnt, egal wovon, und da zischt dies Ding vorbei und du denkst: ‹Wow! Das ist die Rettung!› Du bist fast dreiunddreißig und stehst immer noch auf Kinderkram und Modeblödsinn. Du bist gerade erst aus dem Entzug zurück, randvoll mit guten Vorsätzen, und fängst schon wieder mit deinen Verrücktheiten an.»

Eine Pause entsteht. Der alte Nelson wäre mit irgendwelchem kindischen Rechtfertigungsgequengel gegen ihn angegangen. Aber die Stimme am andern Ende der Leitung sagt schließlich – und es klingt wieder etwas von der pastoralen Feierlichkeit und der automatenhaften Ruhe an, die Rabbit letzte Woche beim Abendessen aufgefallen sind –: «Du machst dir nicht klar, Dad, daß in einer Konsumgesellschaft mehr oder weniger alles Modekram ist. Die Leute kaufen Sachen nicht, weil sie sie *brauchen*. Man braucht in Wahrheit sehr wenig. Man kauft etwas, weil es hin*aus*geht über das, was man braucht, weil es etwas ist, das das Leben *reich*er macht und nicht bloß den grauen Trott aufrechterhält.»

«Mir scheint, du hast in deiner Entzugsklinik zuviel mystische Meditation betrieben.»

«Du sagst Entzug, nur um mich zu ärgern. Ich war in einem Therapiecenter und dann in einer Reha-Wohngemeinschaft. Die Entzugsphase, die Entgiftung, dauert nur wenige Tage. Entscheidend ist, daß man das Gift, das vom Umfeld kommt, aus sich rauskriegt, das dauert länger.»

«Das bin ich also für dich, Umfeld, das Gift absondert?» Daß Ronnie Harrison ihm eine Abfuhr erteilt hat, wurmt ihn immer noch, auch während dieser Unterhaltung.

Wieder ist Nelson still. Dann: «Ja, vielleicht, aber nicht nur. Ich versuche, dich zu lieben, aber du willst das in Wahrheit gar nicht. Du hast Angst, es könnte dich anbinden. Dein ganzes Leben lang hast du Angst davor gehabt, angebunden zu werden.»

Rabbit kann nicht sprechen; er schiebt sich eine Nitrostatpille unter die Zunge und wartet, daß sie schmilzt. Sie brennt wie eine kleine Kugel aus roter Bonbonmasse und löst ein Gefühl des Schwebens, des Sichweitens aus, das seinem Empfinden von Höhe einige Zoll hinzufügt. Der Junge bringt ihn noch zum Weinen, wenn er nicht aufpaßt. Er sagt: «Hören wir mit der Psychologie auf und kehren wir auf die Erde zurück. Was zum Teufel wollt ihr, du und deine Mutter, wegen der hundertfünfzigtausend Dollar unternehmen, die Toyota Ende des Monats haben muß, sonst leiten sie gerichtliche Schritte ein?»

«Oh», sagt der Junge obenhin, «hat Mom es dir nicht gesagt? Das ist erledigt. Die haben ihr Geld. Wir haben einen Kredit aufgenommen.»

«Einen Kredit? Wer hat denn noch Vertrauen zu dir?»

«Die Brewer Trust. Eine zweite Hypothek auf das Firmengelände, es ist mindestens eine halbe Million wert. Hundert-fünfundvierzig, und die haben sie zusammengelegt mit den fünfundsiebzig für Slims fünf Wagen, die uns von Mid-Atlantic Motors ja bald gutgeschrieben werden als Bestand. Vergiß nicht, von dem Augenblick an, wo sie unsere Neuwagen zu Rudy rübergeschafft haben, stehen sie bei *uns* in der Kreide.»

«Und für den Kredit von der Brewer Trust kommst du irgendwie auf, indem du Wasserscooter verkaufst?»

«Einen Kredit muß man nicht zurückzahlen, die *wollen* gar nicht, daß man ihn zurückzahlt, sie wollen nur, daß man die Raten einhält. Inzwischen fällt der Dollar, und die Zinsen sind steuerlich absetzbar. Bisher waren wir wirklich unterfinanziert.»

«Was für ein Glück, daß du wieder an Bord bist. Wie findet deine Mutter die Sache mit Yamaha?»

«Sie findet's gut. Sie ist nicht wie du, sie ist offen und bereit, auch mal kreativ zu sein. Dad, das ist so ein Punkt, ich finde, wir sollten bei Gelegenheit mal versuchen, das richtig durchzusprechen. Wieso bist du so dagegen, daß ich und Mom die Nase in die Welt rausstecken und versuchen, was dazu zu lernen?»

«Ich bin nicht dagegen. Ich respektiere es.»

«Du haßt es. Du verhältst dich eifersüchtig und neidisch. Ich sage dir das im guten, Dad. Du weißt nicht weiter, du sitzt fest und willst, daß es allen andern auch so geht.»

Er versucht, es dem Jungen mit gleicher Münze heimzuzahlen, legt ein kleines therapeutisches Schweigen ein. Das Nitrostat läutet die bewußte kleine Glocke in seinem Hosenboden, und seine geweiteten Blutgefäße vermindern das Gewicht der Welt um ihn her, lassen sie zart und fern erscheinen wie die Ringe des Neptun. «Ich war's nicht», sagt er schließlich, «der Springer Motors ruiniert hat. Aber tu, was du willst. *Du* bist ein Springer, nicht ich.»

Er hört eine Stimme im Hintergrund, eine weibliche Stimme, und dann das Meermuschel-Geräusch, wenn eine Hand sich auf die Sprechmuschel eines Telephons legt. Als Nelsons Stimme wiederkommt, ist sie anders im Farbton, wie eingetunkt in etwas, das zwischen ihm und Elvira vorgegangen ist. Liebessäfte sind geflossen. Vielleicht ist er am Ende doch normal. «Elvira sagt grade, sie möchte dich was fragen. Was du von der Regelung in der Sache mit Pete Rose hältst.»

«Sag ihr, ich finde, es war das Beste, das beide Seiten tun konnten. Und ich finde, er sollte auf jeden Fall in die Hall of Fame aufgenommen werden, und sei es bloß wegen seiner Punktzahl. Aber sag ihr, Mike Schmidt ist das, was ich mir unter einem erstklassigen noblen Baseballspieler vorstelle. Sag ihr, sie fehlt mir.»

Als Harry auflegt, stellt er sich den Ausstellungsraum vor, das Licht des späten Nachmittags auf dem Staub auf den Schaufensterscheiben, die ungehindert den Himmel einlassen, jetzt wo alle Transparente weg sind, und er denkt, wie erstaunlich es ist, daß der Spaß weitergeht, ohne ihn.

Auf dem schütteren Rasen hinter dem kleinen Kalksteinhaus am Franklin Drive Nummer 14½ liegt der trockene Kuß des Herbstes: braune Stellen hier und da und die ersten welken Blätter, niedergetrudelt von der Trauerkirsche, dem Walnußbaum des Nachbarn, der Süßkirsche, die sich so nah zum Haus hinneigt, daß Rabbit die Eichhörnchen in den Zweigen turnen sehen kann, und von der Weide überm leeren Fischteich aus Zement mit dem blaugestrichenen Boden und dem mit echten Muscheln besetzten Rand. Die Bäume scheinen noch grün und im Wachsen, aber immer mehr braune Blätter fallen von ihnen ab ins Gras. Sogar die Hemlocktanne nahe beim Nachbarhaus aus blaßgelben Ziegeln und die Rhododendren am Palisadenzaun, der den Garten der Angstroms vom Grundstück des großen, im Pseudo-Tudor-Stil gebauten Klinkerhauses trennt, und die struppigen Kiefern, deren abgeworfene Nadeln den Zementteich bedecken, sind, obwohl immergrün, vom Ende des Sommers getönt, staubig und süß ausgetrocknet wie der Geruch, den die alte Zedernholztruhe verströmt hat, in der Mom nicht benutzte Wolldecken verwahrte und das gute bestickte Leinentischtuch für Thanksgiving und Weihnachten und die beiden alten verrückten Quilts, die sie von den Renningers geerbt hatte. In der Familie hatte es immer geheißen, daß diese Quilts ungeheuer wertvoll seien, aber als sie sie in irgendeiner akuten Notlage – Harry war zwölf oder dreizehn damals – zu verkaufen versuchten, war das höchste Gebot, das sie bekommen konnten, sechzig Dollar pro Stück. Nach langem Palaver am Porzellantisch in der Küche haben sie angenommen, und jetzt bringen echte alte Quilts wie die beiden seiner Mutter Tausende, sofern sie in gutem Zustand sind. Wenn er an jene alten Tage denkt und an die Geldbeträge, die sie damals für erheblich gehalten haben, dann ist ihm, als seien sie die ganze Zeit betrogen worden mit den Hungerlöhnen, von denen sie lebten, mit dem Brot, das sie aßen und das elf Cent pro Laib gekostet hat. Sie haben, finanziell, in einem Verlies gelebt, damals an der Jackson Road, und daß alle andern auch in diesem Verlies waren, macht es nur noch trauriger. Schon der flüchtigste Gedanke an diese alten Tage drückt ihn in letzter Zeit nieder; er bekommt die stetige Entwertung des Lebens zu spüren. Nachts, wenn er wach liegt und Angst hat, daß er nie mehr einschläft oder daß er für immer einschläft, fühlt er eine erdrückende Vergeblichkeit in allem, eine Art atomisches Zerfallen, durch das die kostbare glühende Gegenwart sich, mit jedem Ticken der Uhr, in die bleierne Schlacke der Geschichte verwandelt.

Die Forsythie und die Kolkwitzie sind in diesem nassen Sommer beide ziemlich außer Kontrolle geraten, und Harry will sie an diesem bewölkten, kühlen Donnerstag vor dem Labor-Day-Wochenende für den Winter zurückschneiden und ihnen wieder eine ordentliche Form geben. Bei der Forsythie nimmt man den ältesten Stamm an der Basis weg und läßt den Busch auf einen Schlag jünger, schlanker und mädchenhafter aussehen, und dann kappt man die frechsten der himmelwärts zeigenden Triebe und die stark überhängenden Zweige, die drauf und dran sind, zwischen den Taglilien neue Wurzeln zu schlagen. Es hat gar keinen Sinn, weichherzig zu sein; je stärker man jetzt schneidet, desto üppiger sind die stummeligen

Zweige im Frühling mit fröhlichen gelben Blüten besetzt. Die Kolkwitzie stellt eine härtere Herausforderung dar, ein noch dichteres Zweiggewirr. Jeder Versuch, den dicksten Trieben bis hinunter zu ihrem Ursprung zu folgen, scheitert in dem Netz aus verhedderten dünnen Zweigen, und das Dickicht kleiner Stämme am Boden ist so dicht, daß es jede Gartenschere abwehrt; es gibt nicht eine Messerbreite Platz. Der Strauch ist in diesen Monaten der Vernachlässigung so in die Höhe gewachsen, daß Rabbit wirklich in die Garage gehen und sich die Aluminiumleiter holen sollte. Aber es widerstrebt ihm, sich mit dem schmutzigen Durcheinander in der Garage zu befassen, mit den ausrangierten Reifen, den spröden Gartenschläuchen, kaputten Blumentöpfen und verrosteten Werkzeugen, die noch von den vorigen Besitzern stammen; die Leute hatten versäumt, die Garage zu entrümpeln, genauso wie sie oben in einem Wandschrank einen Stapel *Playboys* liegengelassen haben. Im Lauf von zehn Jahren haben er und Janice zusätzlich ihr eigenes Gerümpel in die Garage gestopft, so daß allmählich nicht einmal mehr *ein* Auto hineingepaßt hat, geschweige denn zwei; die Garage ist zu einer Höhle aufgeschobener Entscheidungen und sentimental gehegten Plunders geworden, der sich so aufeinander stapelt, daß, wenn Harry versucht, die Leiter hervorzuziehen, unweigerlich mehrere alte Farbbüchsen und ein Rasensprenger, der seine Dichtungen eingebüßt hat, herunterrasseln. Also reckt er sich und langt in die Kolkwitzie hinauf, bis die Brust ihm weh tut, ein Schmerz wie ein unbiegsamer Flicken, der ihm von innen unter die Haut genäht ist. Die Nitroglyzerinpillen sind gestern abend in der schweißgeränderten Tasche seiner karierten Golfslacks geblieben, als er nach dem Match mit Ronnie, das so unerfreulich geendet hat, ein Bier trank und ein paar Corn Chips aß und früh zu Bett ging, allein.

Um den Schmerz zu beschwichtigen, bückt er sich und reißt zwischen den Taglilien und den lila blühenden Funkien das Unkraut aus. Wo immer eine Lücke ist und Licht auf den sandigen Boden fällt, wachsen Vogelmiere und Fingergras und bedeckt Portulak mit seinen hohlen roten Stengeln die Erde in emsigem, rundblättrigem Zickzack. Auch Unkräuter haben ihren persönlichen Stil, ihren spezifischen Charakter, der dem Gärtner, in der Trance seiner Aufgabe, Antwort und Widerworte gibt. Vogelmiere ist ein gutes Unkraut, weich für die Hand, nicht wie Disteln und Kletten, und leicht herauszuziehen; sie weiß, wann das Spiel aus ist, und kommt bereitwillig, während die Ranken des Wilden Balsamapfels immer wieder abbrechen an einem ihrer vielen Gelenkknoten und Gras und Sauerampfer und Giftsumach sich unterirdisch ausbreiten wie schleichende Krankheiten, die nicht zu heilen sind. Unkraut weiß nicht, daß es Unkraut ist. Im Schutz der Trauerkirsche ist ein Blauer Lattich zweieinhalb Meter groß geworden, größer als Harry. Vor Hunderten von Jahren ist er eine Weile Gärtner bei Mrs. Smith gewesen, hat in ihrem Rhododendrongarten gearbeitet. *Schöner starker junger Mann*, hat sie am Schluß zu ihm gesagt und ihn mit ihren Klauen am Arm gepackt. Das Leben ist das einzige Geschenk, das wir bekommen, aber es ist ein gutes Geschenk.

Anderthalb Blocks entfernt wischt und zischt leise der Verkehr auf dem Penn Boulevard; das friedliche Geräusch wird gelegentlich unterbrochen vom plötzlichen Schnauben und Mahlen eines großen Lastwagens, der den Gang wechselt, oder von einer wütenden Hupe oder dem Uop-uop-uop-Jaulen eines Krankenwagens, der mit irgendeinem armen Teufel zum Krankenhaus rast. Hin und wieder, wenn man durch eine Seitenstraße fährt, bekommt man sie mit, diese Szenen: eine eingetrocknete alte Dame, die auf einer Bahre ihre Verandastufen hinuntergetragen wird in einer Zeitlupen-Schlittenfahrt, das Haar offen, der Mund ohne Gebiß, die Augen himmelwärts starrend, als wollten sie nichts zu tun haben mit dem Körper; oder ein rotgesichtiger Mann, der die längste Zeit gelebt hat und durch die doppelflügelige Metalltür gehievt wird, während sein Ehegespons im Morgenrock am Kantstein steht und schluchzt und die Männer von der Ambulanz sich um seinen Leib drängen wie weiße Geier um eine

Mahlzeit. Rabbit hat einen gewissen erstarrten Frieden in solchen Schlußtableaus am Straßenrand bemerkt, eine gewisse Würde, die den Verurteilten eigen ist, wenn ihre letzte Stunde geschlagen hat; eine Endgültigkeit, die das Ensemble isoliert wie eine von einem Spotlight angestrahlte Weihnachtskrippe. Man hätte nicht gedacht, daß die Menschen es so gefaßt hinnehmen. Sie schreien nicht, sie klagen Gott nicht an. Wir rollen uns in uns selbst zusammen, vermutet er. Wir werden stumpfe Tiere. Regenwürmer am Haken.

Weit jenseits des Flusses, im Herzen von Brewer, heult eine Sirene. Oben, an einem Himmel, der seine Schäfchenwolken für ein regnerisches Morgen zusammenzieht, raspelt ein kleines Flugzeug, das auf den Flugplatz hinter dem alten Ausstellungs- und Jahrmarktsgelände zuhält. Was Harry vom ersten Augenblick an diesem Haus so gemocht hat, ist, daß es so versteckt liegt; nicht weit entfernt von all dem Verkehr, ist es doch nicht leicht zu finden an seinem Platz an der geteerten Sackgasse, mit einer Bruchzahl als Hausnummer, verborgen zwischen den prätentiöseren Häusern der Penn-Park-Reichen. Er hat immer einen Groll gegen diese Snobs gehabt und ist jetzt so sicher zwischen ihnen aufgehoben. Wenn er in seine Sackgasseneinfahrt biegt, hinten in seinem Garten arbeitet, fernsieht in seinem behaglichen Wohnzimmer mit den welligen, rautenförmig unterteilten Fensterscheiben, fühlt Rabbit sich geschützt wie in einem Bau, wo die hungrigen Meuten, die in der Welt los sind, ihn nie aufstöbern würden.

Janice fährt im perlgrauen Camry-Kombi vor. Sie kommt direkt vom Nachmittagskurs an der Pine Street: «Immobilien-Mathematik – Grundlagen und Anwendungen». In ihrer Studentinnen-Aufmachung – Sandalen, weizenfarbenes schulterfreies Sommerkleid, eine locker gestrickte weiße Wolljacke umgehängt, die Stirn frei, keine Mamie-Eisenhower-Ponies mehr – sieht sie flott aus, blank geputzt und jünger, als sie ist. Alles, was sie in letzter Zeit trägt, hat Schulterpolster, sogar die Strickjacke. Sie kommt auf ihn zu, durchmißt eine, wie es scheint, große Entfernung im kleinen, tausend Quadratmeter großen Garten – das Grundstück hat sich geweitet durch die wechselseitige Fremdheit, die zwischen ihnen entstanden ist. Sie hält ihm, ganz ungewohnt, das Gesicht hin und möchte einen Kuß. Ihre Nase ist kalt, wie die Schnauze eines gesunden jungen Hundes. «Wie war's beim Kurs?» fragt er pflichtschuldig.

«Der arme Mr. Lister ist in letzter Zeit so traurig und nachdenklich», sagt sie. «Sein Bart ist fast ganz grau geworden. Wir glauben, daß seine Frau ihn verläßt. Sie ist mal zum Kurs mitgekommen, und wir fanden alle, daß sie sich sehr arrogant benommen hat.»

«Ihr *sollt* doch lernen, wie man abgebrüht wird. Sind die Kurse nicht bald vorbei? In vier Tagen haben wir Labor Day.»

«Armer Harry, hast du das Gefühl, ich hab dich diesen Sommer allein gelassen? Was willst du jetzt machen mit dem ganzen Haufen, den du rausgeschnitten hast? Die schöne Kolkwitzie sieht total verwüstet aus.»

Er gibt zu: «Ich wurde müde und habe mich ein paarmal vertan. Deswegen habe ich auch aufgehört.»

«War 'ne gute Idee», sagt sie. «Sonst wären bloß noch Strünke übriggeblieben. Es war so eine schöne Kolkwitzie.»

«Hör mal, du, ich seh nicht, daß du hier draußen jemals mit anfaßt!»

«Für alles, was draußen ist, bist *du* zuständig und für alles *im* Haus ich – so haben wir's uns doch eingeteilt, oder?»

«Ich weiß nicht mehr, wie *wir* uns was eingeteilt haben, du bist nie hier. Um deine Frage zu beantworten: ich hatte vor, alles, was ich rausschneide, drüben hinterm Fischteich zu stapeln, damit es trocknen kann, und im nächsten Frühling, wenn wir aus Florida zurück sind, verbrenne ich es dann.»

«Du planst im voraus bis ins Jahr 1990, ich bin beeindruckt. 1990, das Jahr hat noch was ganz Unwirkliches für mich. Aber sieht der Garten dann nicht den ganzen Winter über unordentlich aus?»

«Er sieht nicht unordentlich aus, sondern natürlich, und außerdem sehen wir's nicht, wir sind ja nicht hier.»

Ihre Zungenspitze berührt die Oberlippe ihres Mundes, der sich nachdenklich geöffnet hat. Aber sie sagt nichts, nur: «Ja, das ist wohl so – falls wir fahren.»

«Falls?»

Sie scheint nicht zu hören, hält den Blick auf den zaunhohen Haufen abgeschnittener Zweige geheftet.

Er sagt: «Wo du doch für alles *im* Haus zuständig bist – was gibt's zum Abendbrot?»

«Mist», sagt sie. «Ich wollte am Verkaufsstand von der Farm am Ende der Brücke anhalten und ein paar Maiskolben mitbringen, aber dann hatte ich so viel anderes im Kopf, daß ich glatt dran vorbeigefahren bin. Ich dachte, wir essen den Mais zusammen mit dem Rest Meatloaf vom Dienstag und den Brötchen im Brotkasten, bevor sie schlecht werden. Im *Standard* war ein wundervoller Tip, wie man altes Brot in der Mikrowelle aufbacken kann. Ich hab vergessen, wie's genau geht, irgendwie mit Wasser. Im Gefrierfach muß noch ein bißchen Tiefkühlgemüse sein, dann essen wir statt Mais einfach das.»

«Oder wir nehmen Eiswürfel und streuen Salz und Zucker drauf», sagt er. «Eiswürfel haben wir, das weiß ich genau.»

«Harry, ich *wollte* ja einkaufen, aber das A & P liegt so weit ab vom Weg, und die Preise im Turkey Hill sind absurd, und im Kiosk drüben am Penn Boulevard stehen diese übellaunigen jungen Leute hinterm Tresen, die meiner Meinung nach immer zuviel in die Registrierkasse tippen.»

«Du bist gewieft und läßt dich beim Einkaufen nicht beschubsen, schon gut», bescheinigt Harrys ihr. Am Schäfchenwolkenhimmel baut sich im Südwesten ein massives graues Riff auf; sie gehen zusammen zum Haus, weg von den Vorboten kommenden Dunkels.

Janice sagt: «Also.» – «Also» zu sagen hat sie sich erst seit kurzem angewöhnt, sie hat's von den anderen Kursteilnehmerinnen oder von ihren Lehrern – es ist der Ausdruck dafür, daß man sich mit jemandem auf etwas einigt. «Du hast mich noch gar nicht gefragt, wie ich bei der letzten Prüfungsarbeit abgeschnitten habe. Wir haben sie zurück.»

«Wie hast du abgeschnitten?»

«Klasse, wirklich. Mr. Lister hat mir eine Zwei minus gegeben, aber er sagt, es hätte eine Zwei plus sein können, wenn ich mehr Ordnung in meine Gedanken brächte und meine Rechtschreibung aufpolieren würde. Ich weiß, daß das ‹i› manchmal *vor* dem ‹e› kommt und manchmal *nach* dem ‹e›, aber *wann*?»

Er liebt sie, wenn sie mit ihm spricht, als ob er alles wüßte. Er lehnt die Gartenschere mit den langen Griffen in der Garage an die Wand hinter einen zerbeulten Abfalleimer aus Metall und hängt die Säge an ihren Nagel. Verschwommen geht Janice in ihrem Sommerkleid vor ihm her, die hintere Treppe hinauf, und macht in der Küche das Licht an. Mit dem ratlosen, mißbilligenden Gesicht, das sie in solchen Fällen immer macht, und sich auf die Zungenspitze beißend stöbert sie dann im Kühlschrank herum und sucht nach eßbaren Resten. Er geht zu ihr, streicht ihr über die Taille im weizenfarbenen Kleid und wölbt leicht die Hand um ihren Hintern, während sie sich suchend vorbeugt. Zärtlich beschwert er sich: «Du bist gestern abend so spät nach Haus gekommen.»

«Du hast geschlafen, du Armer. Ich wollte nicht, daß du womöglich aufwachst, und habe mich im Gästezimmer hingelegt.»

«Ja, ich bin jetzt immer so groggy. Ich möchte so gern dies Buch über die Amerikanische Revolution zu Ende lesen, aber ich kapituliere jedesmal.»

«Ich hätte es dir nicht zu Weihnachten schenken sollen. Ich dachte, du hast Freude dran.»

«Hatte ich auch. Hab ich auch. Gestern war ein harter Tag. Erst hat Ronnie beim letzten Loch zum Unentschieden aufgeholt, wo ich den Mistkerl schon fast geschlagen hatte, und dann hat er mich abblitzen lassen, als ich ihn zu einer nächsten Runde einladen wollte, und dann hat Nelson angerufen und war total aus dem Häuschen wegen irgendeiner verrückten Sache mit Wasserscootern und Yamaha.»

«Ich bin sicher, Ronnie hat seine Gründe», sagt Janice.

«Mich wundert, daß er überhaupt mit dir gespielt hat. Was hältst du von Rosenkohl?»

«Hab nichts dagegen.»

«Ich finde immer, er schmeckt verfault, aber was anderes haben wir nicht. *Ehren*wort, daß ich morgen ins A&P gehe und uns fürs lange Wochenende eindecke.»

«Kommt Nelson mit seiner Blase zu Besuch?»

«Ich dachte, wir könnten uns vielleicht alle im Club treffen. Wir haben diesen Sommer so gut wie keinen Gebrauch von unserer Mitgliedschaft gemacht.»

«Er klang am Telephon so aufgeputscht – glaubst du, er zieht sich schon wieder das Zeug rein?»

«Harry, Nelson ist jetzt vollkommen clean. Er hat richtig was Religiöses gekriegt in diesem Reha-Center. Aber ich gebe dir recht, das mit Yamaha ist keine Lösung. Wir müssen uns etwas Kapital verschaffen, eine solvente Basis, bevor wir uns um eine neue Konzession bemühen. Ich habe mit ein paar von den andern Frauen gesprochen, die jetzt ihre Lizenz bekommen –»

«Du redest über unsere privaten finanziellen Probleme?»

«Ich sag nicht, daß es unsere sind, ich behandle es nur als Fallbeispiel. Rein hypothetisch. Im Immobilienkurs nehmen wir dauernd Fallbeispiele durch. Alle waren der Meinung, daß es grotesk ist, zweitausendfünfhundert im Monat für eine Hypothek aufs Firmengelände zu zahlen, wenn man so viel anderen Immobilienbesitz hat.»

Rabbit gefällt diese Richtung nicht. «Dieser Besitz hier *ist* aber schon belastet», betont er. «Für die Kleinigkeit von siebenhundert im Monat.»

«Das *weiß* ich, Dummerchen. Vergiß nicht, das ist jetzt mein Beruf.» Sie hat den Rosenkohl aus der gewachsten Verpackung genommen, in eine Plastikschüssel getan, in die Mikrowelle geschoben und tippt jetzt die Zeit ein – drei leise Knacklaute, ein Piepen, dann ein ansteigendes Summen. «Wir haben dies Haus vor zehn Jahren für achtundsiebzigtausend gekauft», setzt sie ihm auseinander, «fünfzehntausend haben wir bar bezahlt, und nach Abzug aller Belastungen bleiben inzwischen freie Zehn- oder Fünfzehntausend – in der ersten Hälfte der vereinbarten Rückzahlungszeit geht die Akkumulierung nicht so schnell, es gibt eine geometrische Kurve, an der kann man das ablesen, also sagen wir, fünfzigtausend sind noch offen; auf jeden Fall sind aber die Immobilienpreise in dieser Gegend seit 1980 enorm gestiegen, sie pendeln sich jetzt ein, haben aber noch nicht angefangen, runterzugehen, im Winter könnte es allerdings so weit sein, man würde fürs erste zweihundertzwanzig verlangen, sagen wir zweihunderdreißig, weil's Penn Park ist und so eine ruhige Lage und weil's massive Kalksteinmauern hat und nicht nur verblendet ist, das gibt ihm, wie's so schön heißt, historischen Wert; mit Sicherheit würden wir nicht unter zweihundert abschließen, wenn man davon die fünfzig abzieht, haben wir hundertfünfzig, und zwei Drittel von dem, was wir der Brewer Trust schulden, wäre erledigt!»

Rabbit hat kaum je eine derart lange Äußerung von Janice gehört und braucht ein paar Sekunden, um zu begreifen, was sie gesagt hat. «Du würdest dies Haus verkaufen?»

«Ja nun, Harry, es ist reichlich übertrieben, es sich im Grunde nur für den Sommer zu halten, zumal wenn man bedenkt, wieviel Platz drüben bei Mutter ist.»

«Ich liebe dies Haus», sagt er. «Es ist von allen, in denen ich je gewohnt habe, das einzige, in dem ich mich immer zu Hause gefühlt habe, jedenfalls nach der Jackson Road. Das Haus hat was. Es paßt zu uns.»

«Schatz, ich habe es ja auch geliebt, aber wir müssen praktisch sein, das hast du selber mir doch immer gesagt. Wir brauchen keine vier Wohnsitze.»

«Warum verkaufen wir dann nicht das Apartment?»

«Ich habe daran gedacht, aber wir können von Glück sagen, wenn wir das wiederbekommen, was wir bezahlt haben. In Florida ist es mit Wohnungen wie mit Autos – die Leute wollen sie funkelnagelneu. Und die neuen Malls und all das liegen auf der anderen Seite von Deleon.»

«Was ist mit dem Haus in den Poconos?»

«Das bringt auch nicht genug Geld. Es ist eine Bruchbude, die man nicht heizen kann. Wir brauchen zweihunderttausend, Schatz.»

«*Wir* haben diese Schulden nicht gemacht – Nelson war das, Nelson und seine schwulen Freunde.»

«Ja gut, du kannst das sagen, aber *er* kann's nicht zurückzahlen, und er hat für die Firma gehandelt.»

«Was ist mit der Firma? Warum verkaufst du nicht das Firmengelände? Dies Riesengrundstück direkt an der Route 111 ist ein Vermögen wert; da ist das eigentliche Stadtzentrum, jetzt wo die Leute nicht mehr ins alte Zentrum wollen, aus Angst vor den Latinos.»

Ein genervter Ausdruck huscht über Janices Gesicht und riffelt ihre von den Ponies befreite Stirn; diesmal, geht ihm auf, ist er langsamer im Kopf als sie. «Nie», sagt sie kurz. «Das Firmengrundstück ist das Wichtigste, was wir haben. Wir brauchen es als Grundlage für Nelsons Zukunft. Nelsons und die deiner Enkelkinder. Daddy hätte das so gewollt. Ich weiß noch, als er den Platz nach dem Krieg gekauft hat, da war's eine ländliche Tankstelle gleich neben einem Maisfeld, die im Krieg zugemacht hatte, als es keine Autos gab. Er ist mit Mutter und mir hingefahren und hat es uns gezeigt, und ich habe hinten diesen Schutthaufen entdeckt, da, wo das viele Gestrüpp ist, in der Ecke, die du Paraguay nennst, einen Berg von alten Autozubehörteilen und grünen und braunen Sodaflaschen, die ich für etwas ganz Kostbares hielt, es war, als hätte ich einen vergrabenen Schatz gefunden, so kam's mir vor, und mein Schulkleid wurde ganz schmutzig, und Mutter wäre ausgerastet, wenn Daddy nicht gelacht und gesagt hätte, es sähe ganz so aus, als hätte ich einen Sinn fürs Autogeschäft. Springer Motors wird nicht verkauft, solange ich lebe und bei Kräften bin, Harry. Außerdem», fährt sie fort und versucht, einen heiteren Ton anzuschlagen, «verstehe ich nichts von gewerblichen Immobilien. Das Schöne an diesem Haus ist, daß ich es selber verkaufen und die Hälfte von der Courtage krie-

547

gen kann, die dem Verkaufsberater zusteht. Ich kann mir nicht vorstellen, daß wir nicht zweihundert rausschlagen können – die Hälfte von sechs Prozent von zweihunderttausend macht sechstausend Dollar, ganz für mich allein!»

Er tut weiter so, als habe er Mühe mitzukommen. «Du würdest es verkaufen? Ich meine, du selber?»

«Ja sicher, du Schafskopf, für einen Immobilienmakler. Das ist dann mein Entrée, so nennt man das. Was bleibt Pearson und Schrack zum Beispiel oder Sunflower-Immobilien denn übrig, als mich als Verkaufsberaterin einzustellen, wenn ich gleich eine Verkaufsaufgabe mitbringe.»

«Warte einen Moment. Wir würden also die meiste Zeit in Florida leben –»

«Einen *Teil* der Zeit, Schatz. Ich weiß nicht, wie oft und wie lange ich am Anfang wegkann, ich muß mich erst etablieren. Unter uns, ist Florida nicht ein bißchen langweilig? So flach und unsere Bekannten alle so alt.»

«Und die übrige Zeit wohnen wir in Mas altem Haus? Wohin ziehen Nelson und Pru?»

«Sie bleiben natürlich *da*. Irgendwie bist du schwer von Begriff, Harry. Hast du zu viele Pillen genommen? Genauso, wie wir und Nelson mit Mutter und Daddy zusammengewohnt haben. Das war doch gar nicht so schlecht, oder? Es war sogar sehr nett. Nelson und Pru haben immer Babysitter parat, und ich muß mich nicht mehr um den ganzen Haushalt kümmern.»

«Was für ein Haushalt?»

«Du nimmst keine Notiz davon, tun Männer nie, aber es gehört eine Menge Schinderei dazu, zwei getrennte Haushalte in Schuß zu halten. Du weißt doch, was für Sorgen du dir immer machst, daß hier eingebrochen werden könnte, wenn wir gerade im Apartment sind, und umgekehrt. Wenn wir verkaufen, haben wir ein einzelnes Zimmer bei Mutter, ich meine bei Nelson, ich bin sicher, daß sie uns unser altes Schlafzimmer geben, und wir müssen uns nie mehr Sorgen machen!»

Die einschnürenden Bänder mit den schmerzgepaspelten

Rändern ziehen sich fest um Harrys Brust zusammen. Er bringt nur mit Mühe die Worte heraus. «Was sagen Nelson und Pru dazu, daß wir bei ihnen einziehen?»

«Ich habe sie noch nicht gefragt. Ich dachte, heute abend eventuell, nachdem du's abgesegnet hast. Aber ich sehe ehrlich gesagt nicht, wie sie's ablehnen können. Das Haus gehört von Rechts wegen mir. Also: was sagst du?» Ihre Augen, die fast immer trüb und vorsichtig sind, oft verwischt durch Sherry oder Campari, leuchten beim Gedanken an den ersten Geschäftsabschluß.

Er ist sich nicht sicher. Es hat eine Zeit gegeben – als er jünger war –, da ist ihm beim Gedanken an eine Veränderung, auch wenn's eine Katastrophe war, froh ums Herz gewesen wegen der Möglichkeit, daß sich alles umkrempeln, daß seine Welt sich neu beleben könnte. Aber im Augenblick spürt er hauptsächlich einen herzflatternden, aderverstopfenden Widerstand in sich gegen die Vorstellung, entwurzelt zu werden. «Ich finde es entsetzlich, so auf Anhieb», sagt er. «Ich habe keine Lust, wieder bei andern Leuten zur Miete zu wohnen. Wir haben zehn Jahre so gelebt und uns dann endlich selbständig gemacht. Leute leben nicht mehr alle auf einem Haufen, als Großfamilie.»

«Doch, Schatz – diese Wohnform liegt sehr im Trend, jetzt wo Häuser und Wohnungen so teuer geworden sind und die Welt so überbevölkert ist.»

«Angenommen, sie kriegen noch mehr Kinder.»

«Kriegen sie nicht.»

«Woher weißt du das?»

«Ich weiß es eben. Pru und ich haben das besprochen.»

«Fühlt Pru sich eigentlich manchmal bedrängt von ihrer Schwiegermutter?»

«Ich wüßte nicht, wieso. Wir wollen beide dasselbe – einen glücklichen und gesunden Nelson.»

Rabbit zuckt die Achseln. Soll sie doch im eigenen Saft schmoren, die anmaßende dumme Nuß. Geht zur Schule und bildet sich ein, sie könnte jetzt anderer Leute Beruf ausüben.

549

«Fahr du nur nach dem Abendbrot rüber und hör dir an, was sie zu deinem verrückten Plan zu sagen haben. Ich bin strikt dagegen, falls meine Stimme überhaupt zählt. Verkauf die Firma und sag dem Jungen, er soll sich einen anständigen Job suchen, mehr habe ich nicht dazu zu sagen.»

Janice hört auf zuzusehen, wie die Mikrowelle die eingegebene Zeit vertickt, und stellt sich, ganz überraschend, dicht vor ihn und berührt sein Gesicht wieder auf diese gespensterhafte prüfende Weise, lehnt ihren Körper gegen seinen, um ihn sexuell an ihre Kleinheit zu erinnern, ihre Kleinheit gegen seine Größe: damals, als sie sich kennengelernt haben, und immer noch. Er riecht ihr zurückgebürstetes Pfeffer-und-Salz-Haar und sieht das blutgeäderte Weiße ihrer dunklen Augen. «Natürlich zählt deine Stimme, sie zählt mehr als die von irgend jemandem sonst, Schatz.» Wann hat Janice angefangen, ihn Schatz zu nennen? Als sie nach Florida gezogen sind und sich mit den Südstaatlern und Juden dort eingelassen haben. Die jüdischen Paare da unten haben dies zur Ruhe Gekommene, Mann und Frau passen jeweils zueinander wie zwei gleiche alte Schuhe, die Männer akzeptieren ihr Leben als das einzige, das sie je haben werden, und sind auch noch hoch zufrieden damit. Es muß eine wunderbare Religion sein, wenn man erst mal die Beschneidung hinter sich gebracht hat.

Sie lassen das Thema mit dem Haus ruhen, ein stiller wunder Punkt zwischen ihnen, während sie essen. Er hilft ihr beim Abräumen, und sie stellen ihre Teller zu denen, die schon in der Geschirrspülmaschine sind und darauf warten, daß das Waschprogramm eingestellt wird. Weil sie nur zu zweit sind und Janice obendrein soviel außer Haus ist, dauert es Tage, bis genügend Geschirr für die Maschine zusammenkommt. Sie ruft bei Nelson an, um sich zu erkundigen, ob er und Pru zu Hause sind, legt sich wieder ihre weiße Strickjacke um, steigt in den Camry und fährt los nach Mt. Judge. Wunderwesen. Rabbit bekommt das Ende von Jennings' ABC-News mit, ein paar zappelige Ausschnitte aus alten Schwarzweißfilmen vom Zweiten Weltkrieg, beginnend mit dem Überfall auf

Polen, der morgen fünfzig Jahre her ist, Panzer kontra Kaval-lerie, ein kreischender Hitler, ein besorgt blickender Cham-berlain; dann geht er hinaus in die beginnende Dunkelheit, in die Mückenschwärme, um das schon welkende Strauchwerk ordentlicher in der Ecke hinter dem Zementteich mit dem ver-blassenden blauen Boden und dem breiter werdenden Riß aufzuschichten. Er kehrt rechtzeitig für die letzten zehn Mi-nuten von *Wheel of Fortune* ins Haus zurück. Diese Vanna! Wie die schreitet! Wie sie in die Hände klatscht, wenn das Rad sich dreht! Wie sie die großen Buchstaben umwendet! Sie macht einen stolz, ein zweibeiniges Säugetier zu sein.

Gegen Ende der Wiederholung der *Cosby Show*, eine von den Folgen mit zu viel Theo, fühlt Harry sich schläfrig, deprimiert von der Vorstellung, daß Janice das Haus verkauft, doch ge-tröstet beim Gedanken, daß sie es nie tun wird. Sie ist zu wirr-köpfig, sie und der Junge werden einfach immer tiefer in Schulden geraten wie die übrige Welt, und die Bank wird mit-spielen, solange das Firmengelände seinen Wert hat. Die Phil-lies sind in San Diego ausgeschieden und sowieso nur auf dem sechsten Platz. Er stellt den Fernsehton ganz leise, legt zum beruhigenden Flackern der mundtot gemachten Bilder die Füße auf das türkische Bodenkissen, das sie aus Ma Springers Haus mitgenommen haben, als sie auszogen, und läßt sich tiefer in den silbrigrosa Ohrensessel sinken, den er und Janice vor zehn Jahren bei Schaechner gekauft haben. Die Schultern tun ihm weh vom vielen Schneiden mit der Baumschere. Er denkt an das Geschichtsbuch, aber es liegt oben neben dem Bett. An den rautenförmig unterteilten Fensterscheiben ist ein sachtes Ticken: Regen, wie an jenem Abend zu Anfang des Sommers, als er gerade aus dem Krankenhaus entlassen war, das enge Zimmer mit der kopflosen Schneiderpuppe, eine an-dere Welt, eine Traumwelt. Das Läuten des Telephons weckt ihn. Er sieht auf die Thermostat-Uhr, als er zum Apparat in der Diele geht, 9:20. Janice hält sich lange drüben auf. Er hofft, daß es nicht jemand von den Koksdealern ist, die immer noch ab und zu anrufen, wegen Geld, das aussteht, oder einer

Lieferung von frischem «Material», die eingetroffen ist. Man wundert sich, wie diese Dealer so reich werden können, sie machen einen so desorganisierten und schludrigen Eindruck. Er hat einen Traum im Ohrensessel gehabt: ein heftiger Streit, der schon dabei ist, sich auszublenden, sich nicht mehr fassen läßt, mit einem unsichtbaren Gegner, in einem Raum, den er noch deutlich vor sich sieht, gewölbt, wie ein altmodischer Bahnhof, nur daß die Decke niedriger und blasser war, eine Kapelle irgendwie, ein enger Raum, der ihm nicht aus dem Sinn will und seine Hand uralt und fremd aussehen läßt – der Rücken geschwollen und holprig, die Finger verdorrt –, als er zum Hörer greift.

«Harry.» Janices Stimme hat noch nie so versteinert, so tot geklungen.

«Hallo. Wo bist du? Ich hatte schon Angst, du hast womöglich einen Unfall gehabt.»

«Harry, ich –» Irgend etwas packt sie an der Kehle und hindert sie am Sprechen.

«Ja?»

Jetzt spricht sie unter Tränen, unter Schlucken und Würgen und Schluchzen. «Ich habe Nelson und Pru erklärt, wie ich mir das Ganze vorstelle, und wir waren alle drei der Meinung, daß wir nichts überstürzen dürfen, daß wir's gründlich besprechen müssen, er schien empfänglicher zu sein als sie, vielleicht weil er die finanziellen Probleme kennt –»

«Jaja. He, klingt so weit doch gar nicht schlecht. Sie ist daran gewöhnt, das Haus als *ihr* Haus zu betrachten, keine Frau teilt gern ihre Küche mit einer andern.»

«Als sie die Kinder zu Bett gebracht hatte, kam sie runter und hatte so ein komisches Gesicht und sagte, es gäbe etwas, das Nelson und ich wissen müßten, wenn wir demnächst alle unter einem Dach leben wollen.»

Seine Stimme klingt noch immer gelassen, aber mit seiner Schläfrigkeit ist es vorbei. Er weiß, was kommt, er kann's sehen – ein winziger Punkt in der Ferne, der sich zu einem Raumschiff in einem Science-fiction-Film entwickelt.

Janices Stimme festigt sich, klingt erloschen, farblos und etwas leiser, als könnte es Lauscher an der Tür geben. Sie ist vermutlich in ihrem alten gemeinsamen Schlafzimmer, sitzt auf der Bettkante, Judy schläft hinter der einen Wand und Roy hinter der andern. «Sie hat gesagt, ihr hättet an dem Abend, als du gerade aus dem Krankenhaus entlassen warst, miteinander geschlafen.»

Das Raumschiff ist unmittelbar über ihm, mit all seinen Nietnähten und blinkenden Lichtern. «Das hat sie gesagt?»

«Ja, hat sie. Sie sagt, sie weiß nicht, wie es dazu gekommen ist, außer daß es zwischen euch schon immer so ein kleines Knistern gegeben hat und ihr an dem Abend alles so hoffnungslos erschienen ist.»

Ein kleines Knistern. Wahrscheinlich ist das nur recht und billig, aber hart ist es schon. Für ihn war es mehr gewesen. So als ob er sich selbst sähe, sich widerspiegelte in einer jungen langgliedrigen langhaarigen linkshändigen Frau.

«Also? Sagt sie die Wahrheit?»

«Ja, Schatz, was soll ich sagen, in gewisser Weise –»

Ein gewaltiges Schluchzen; er sieht ihr Gesicht in allen Einzelheiten vor sich: verzerrt, hilflos, häßlich, dem über sie hereinbrechenden Alter preisgegeben.

«– aber an dem Abend», fährt Rabbit fort, «hat es irgendwie etwas Selbstverständliches gehabt, und seither ist nichts mehr vorgekommen, nicht mal drüber gesprochen haben wir! Wir tun die ganze Zeit so, als ob nichts passiert wär.»

«O Harry, wie *konn*test du! Deine eigene Schwiegertochter. Nelsons *Frau*!»

Er hat das Gefühl, daß sie anfängt, nach einem Script vorzugehen, genormte Sätze aufzusagen, und in das Gewölbe seines geschockten, beschämten Bewußtseins dringt durch einen kleinen Spalt ein Hauch Langeweile ein.

«Das ist das Schlimmste, das du je gemacht hast», sagt Janice. «Das absolut Allerschlimmste. Es war furchtbar, als du damals weggelaufen bist, und dann Peggy, meine beste Freundin, und das arme Hippiemädchen und Thelma – bilde dir nicht ein, ich hätte nicht Bescheid gewußt über dich und Thelma –, aber jetzt hast du etwas ganz und gar Unverzeihliches getan.»

«Ehrlich?» Das Wort kommt mit unbeabsichtigt hoffnungsvollem Schwung heraus.

«Ich werde dir das nie verzeihen. Nie», sagt Janice und spricht wieder mit erloschener, farbloser Stimme.

«Sag das doch nicht», bittet er. «Es war doch nichts weiter als ein verrückter Augenblick, der niemandem weh getan hat. Warum hast du mich zu ihr ins Haus gesteckt und uns einen ganzen Abend allein gelassen, was hast du dir dabei gedacht – daß ich schon tot bin?»

«Ich *muß*te zum Kurs, wegen der *Prü*fung, sonst wär ich doch nicht hingegangen, ich hatte solche *Schuld*gefühle! So 'n Witz, *ich* hatte Schuldgefühle! Ich versteh jetzt, warum es Bestimmungen für Waffenbesitz gibt. Wenn ich einen Revolver hätte, würde ich dich erschießen. Ich würde euch beide erschießen.»

«Was hat Pru sonst noch gesagt?» Wenn sie darauf antwortet, kalkuliert er, kommt sie ein bißchen vom Gipfel ihrer mörderischen Wut herunter.

Janice antwortet: «Sie hat nicht viel gesagt. Nur die nackten Tatsachen. Dann hat sie die Hände im Schoß gefaltet und Nelson und mich aufsässig angekuckt, wie sie das immer macht. Sie war nicht zerknirscht, nur schroff und ruppig und will offenkundig nicht, daß ich in dem Haus wohne. Deswegen hat sie's überhaupt gesagt.»

Er fühlt sich auf Janices Seite gezogen, in eine Reihe mit ihr gegen die andern, ein Ehemann, der mit den Augen seiner Frau sieht, und wirft von diesem Standpunkt aus einen schrägen Blick auf Pru. Er ist erleichtert darüber, daß er schon anfängt, Verzeihen zu erlangen, und eine Spur enttäuscht.

«Sie *ist* schroff und ruppig», pflichtet er beschwichtigend bei. «Was erwartest du denn von der Tochter von 'nem Heizungsmonteur aus Akron.» Spätestens jetzt beschließt er, Janice nicht zu erzählen, daß Pru, als sie sich liebten, zweimal

554

gekommen ist und er das Gefühl gehabt hat, gebraucht zu werden, als jemand, der sich auskennt.

Seine Gnadenfrist fängt gerade erst an. Er wird wochen-, monate-, jahrelang dafür dankbar sein und sich bewähren müssen. Janice mit ihrem neu entwickelten Geschäftssinn gibt nichts mehr billig her. «Wir möchten, daß du herkommst», sagt sie.

«Ich? Wieso denn? Es ist schon spät», sagt er. «Ich bin ganz erschlagen von der Last meiner Schuld.»

«Denk nicht, daß der Fall für dich erledigt ist und du rumkokettieren kannst. Die Sache ist grauenhaft. Keiner von uns wird je wieder sein, wie er mal war.»

«Das sind wir nie», wagt er zu sagen.

«Bedenk, wie Nelson zumute ist.»

Das sitzt. Genau das hatte er nicht bedenken wollen.

Sie sagt: «Nelson ist sehr gefaßt und wendet all die guten psychologischen Hilfsmittel an, die er im Therapiecenter gelernt hat. Er sagt, das Ganze muß gründlich analysiert und aufgearbeitet werden, und wir müssen sofort damit anfangen. Wenn wir nicht sofort anfangen, verhärtet sich jeder auf seinem Standpunkt.»

Rabbit versucht wieder zu konspirieren, ihr noch einmal eine eheweibliche Beschreibung zu entlocken. «Ja, überhaupt – wie hat der Junge es aufgenommen?»

Aber sie sagt nur: «Ich glaube, er steht unter Schock. Er selber sagt, er hat sich noch keine Klarheit über seine wahren Gefühle verschafft.»

Harry sagt: «Er soll mal nicht auf so einem hohen Roß sitzen nach dem, was *er* sich über die Jahre alles geleistet hat. Kokshuren an allen Ecken und Enden in Brewer, und wenn du *mich* fragst, diese Elvira drüben in der Firma ist mehr als nur 'ne Alibimieze. Wenn die in der Nähe ist, hört er sich an, als hätte er einen Schuß Schnaps intus.»

Aber Janice läßt sich nicht erweichen. «Du hast Nelson unglaublich verletzt», sagt sie. «Was immer er von jetzt an tut, du kannst ihn nicht verantwortlich machen. Harry, was du getan hast, ist pervers, genau die Art Perversität, von der die Zeitungen leben. Es ist unge*heue*rlich.»

«Schatz –»

«Schluß mit ‹Schatz›.»

«Was soll das mit dem ‹pervers›! Wir sind nicht blutsverwandt. Es war nichts weiter als ein ganz normaler *one-night stand*. Sie hat's dringend nötig gehabt, und ich war dem Tod nah. Es war eben ihre Art, Krankenschwester zu spielen.»

Wieder Schluchzen – er weiß nie, durch was es ausgelöst wird. «Harry, du kannst jetzt keine Witze machen!»

«Das sind keine Witze.» Aber er fühlt sich gezüchtigt, sein Mund ist trocken.

«Du kommst auf der Stelle her und hilfst mit, diesen Schaden zu begrenzen, den du zum ersten- und letztenmal in deinem Leben angerichtet hast!» Und sie legt auf. Es hat sich belustigend nach ihrer Mutter angehört, dies saftig ausgesprochene «zum ersten- und letztenmal».

Es gibt wenig Offenbarungen im Leben; wenn einem eine zuteil wird, muß man sie befolgen. Rabbit erkennt deutlich, was zu tun ist. Seine Handlungen nehmen eine entschlossene Eile an. Er geht nach oben und packt. Den braunen Segeltuchkoffer. Den großen gelben festen Tourister, der eine Beule an der einen Ecke hat, weil ein Gepäckträger auf dem Flughafen zu grob mit ihm umgegangen ist. Jockeyshorts, T-Shirts, Sokken, Polohemden in verschiedenen Pastelltönen, weiße Oberhemden in schützenden Zellophanhüllen, Golfslacks, Bermudashorts. Ein paar Schlipse, obwohl er Schlipse nie gemocht hat. Seine Sachen sind derzeit alles Sommersachen; die wärmeren Anzüge und Pullover warten in mottensicheren Überzügen auf Herbsttage im Oktober und November, die in diesem Jahr für ihn nicht kommen werden. Er sucht vier leichte Sportsakkos aus und zwei Anzüge, den kittfarbenen und den schimmernden grauen, rüstungsähnlichen. Falls er zu einer Hochzeit oder einer Beerdigung muß. Einen Regenmantel, mehrere Sweater. Ein Paar schwarze geschnürte Schuhe, die er in den beiden Taschen des großen gelben Faltkoffers verstaut, und blauweiße Nikes, die er seitlich in den Segeltuchkoffer steckt. Er sollte wieder mit dem Joggen anfangen. Seine Zahnbürste und das Rasierzeug. Seine Pillen, eine ganze Batterie brauner Fläschchen. Was noch? Ach ja. Er nimmt *The First Salute* vom Nachttisch und steckt es ein. Er wird es zu Ende lesen, und wenn's ihn umbringt. Er läßt, um Einbrecher zu verscheuchen, ein Licht oben im Flur brennen und die Kutschenlampe neben der Eingangstür mit der Nummer 14 ½. Er belädt das Auto in zwei Etappen und fühlt das Gewicht der Koffer in seiner Brust. Er sieht sich in der leeren Diele um. Er geht ins Wohnzimmer, seine Füße lautlos auf dem Antron-Spannteppich, und sieht durch die rautenförmig unterteilten Scheiben zur nächtlichen Silhouette der Trauerkirsche hin. Er schüttelt das Kissen auf und rückt die Polsterschoner auf den Armlehnen des Ohrensessels gerade, in dem er eingeschlafen ist, nicht für lange, aber auf der anderen Seite eines entscheidenden Abgrunds. Der da eingeschlafen ist, war jemand anderer, ein rührender Jemand. An der Haustür fühlt er eine Nachtbrise im Gesicht, hört er das gedämpfte Rauschen des Verkehrs auf dem Penn Boulevard. Er schlägt sacht die Tür zu. Janice hat ihren Schlüssel. Er denkt an sie, wie sie drüben im großen stuckverzierten Springer-Haus sitzt, das ihn immer an einen riesigen verlassenen Eisstand erinnert hat. Vergib mir.

Rabbit setzt sich in den Celica. *Take a Ride in the Great Indoors*: einer der neuen Slogans, die sie durchdrücken wollten. Man kann auch mal zu viele Slogans haben, sie heben sich dann gegenseitig auf. Der Motor springt an; im Rückwärtsgang rollt der Wagen auf die Straße. *I Love When You Set Me Free, Toyota*. Die Digitaluhr steht auf 10:07. Der Verkehr auf dem Penn Boulevard wird spärlicher, die Restaurants und Tankstellen machen nach und nach ihre Lichter aus. Er fährt nach rechts, aufs blinkende Rotlicht zu, und dann wieder nach rechts, auf die Umgehungsstraße, die parallel zum Running Horse River verläuft. Die Straße steigt an, hebt sich über die Bäume bis

nah zu den elefantengrauen Gastanks empor, und die derart
entlastete, gleichsam mit einem Bypass versehene alte Stadt
zeigt sich in einer gewissen Erhabenheit. Das zwanzigstöckige
Verwaltungsgebäude, zu Beginn der Weltwirtschaftskrise errichtet, ist immer noch das höchste Gebäude, die Betonadler
mit den ausgebreiteten Schwingen an jeder Ecke werden von
Scheinwerfern angestrahlt, und der ausholende Schatten von
Mt. Judge, gekrönt vom Sternengesprenkel des Pinnacle-Ho-
tels, hängt hinter allem wie eine reglose Gezeitenwoge. Die
Straßenlampen beleuchten Brewers Ziegelton wie Streichhöl-
zer, deren Flamme von geröteten Händen beschirmt wird.
Dann, ganz plötzlich, ist die Stadt und alles, was in ihr ist,
dem Blick entrissen. Dicht stehende Bäume, die sich von
allein ausgesät haben, verbergen fast ganz die leeren Fabriken
längs des Flußlaufs, und man könnte sich auf jedem beliebigen achtspurigen Highway im Osten der Vereinigten Staaten
befinden.

   Er und Janice haben diese Fahrt nach Süden so oft gemacht, daß er die Alternativen kennt: er kann die 222 nehmen
und Lancaster direkt ansteuern, aber der Weg ist mühselig
und führt durch eine Auffädelung von mit Ampeln gespickten
Brewer-Vorstädten, oder er bleibt noch ein paar Kilometer
auf der 422, geht dann auf die 176, fährt geradeaus ein Stück
nach Süden und dann quer hinüber zu den westlich gelegenen
Lancaster und York. Bei seinem ersten Versuch, diese Fahrt
zu unternehmen – im Frühling war's genau dreißig Jahre her,
fällt ihm dabei ein –, hat er den Fehler gemacht, zu rasch nach
Süden zu streben, Wilmington und einer Vision von barfüßigen Du-Pont-Frauen entgegen. Aber der Osten hat eine Neigung nach Westen, und der Trick ist, sich westlich zu halten,
bis zur 83, die es damals noch nicht gegeben hat, und dann
erst Richtung Süden zu fahren, mitten hinein in den Schlund
des zweiköpfigen Ungeheuers Baltimore-Washington. *Ungeheuerlich*, hat sie gesagt. Nun ja, man könnte sagen, am Leben
zu sein, ist in gewisser Weise ungeheuerlich. Diese verrückten
Moleküle. Ganz von sich aus? Nie.

Er schaltet das Radio ein und sucht zwischen dem Lärm und Gebrabbel von Rockmusik und Talkshows nach den süßen alten Melodien, mit denen er aufgewachsen ist. Als man noch eine Skala und einen Knopf zum Drehen gehabt hat, ist das Suchen angenehmer gewesen als mit so einem nervösen automatischen Sendersuchlauf: früher konnte man sich den Weg erspüren. Der Suchlauf stößt plötzlich auf die seidigen Stimmen von Dinah Shore und Buddy Clark, die miteinander verflochten sind im Duett von «Baby, It's Cold Outside». Wahnsinn, es läuft ihm vor Wonne eiskalt über den Rücken, wenn sie nach all dem Sangesgeplänkel, dessen Worte man nur mit Mühe verstehen kann, innehalten und sich harmonisch für den Refrain zusammentun. *Coooold... out...side.* Dann bringt derselbe Oldie-Sender, verblassend unter Unterführungen, knackend und prasselnd, wenn die Straße zu nah an Starkstromleitungen vorbeiführt, einen Schlager, den er völlig vergessen hat, wie konnte ihm das passieren? – die High-School-Bälle, die aufgepuppten Paare, die im trägen Walzertakt schlurften, die Papierschlangen, die von den Basketballnetzen niederhingen, die rostige Heizungswärme im vom Armaturenbrett erleuchteten Innern von Pops Dodge, der lebendige warme heimliche Duft – wie das Aroma einer Speise, das so stark ist, daß man am Anfang ein bißchen würgen muß –, der zwischen Mary Anns Schenkeln aufstieg. *Vaya con Dios, my darling.* Das feuchte Dreieck der Unterhosen, die Strumpfhalter, die Mädchen damals trugen. Die tauige weiche Frische ihrer Körper, wenn sie sich schweißfeucht unter den Krepppapiergirlanden, den bunden Lichtern drehten. *Vaya con Dios, my love.* O mein Gott, es tut weh. Die Emotion, die diese Melodie weckt, die vergessen bei irgendeinem Diskjockey im eingestaubten Gestell für die Platten mit 78 Umdrehungen gesteckt hat, wie der Filzpfropf in einer Schrotpatrone, wie die Samen, die zum Leben erwachen, nachdem sie tausend Jahre in einer Pyramide gelegen haben. Wenn auch die Sterne sich recyceln und all die schweren Atome erneuern, die die Schöpfung braucht, wird Harry doch nie wieder der sein, der er damals war, jener Junge mit jenem Mädchen, der seine Fingerspitzen an den sanften Innenseiten ihrer Schenkel weiden ließ und ein paar Atome, ein paar Moleküle ablöste.

Dann «Mule Train» von Frankie Laine, nicht der aufregendste Laine, aber aufregend genug, und «It's Magic» von Doris Day. Die Pausen, die sie damals gemacht haben: *It's magic.* Sie wußten, wie sie einen verwunden konnten, damals, als es zwei Baseball-Ligen mit je acht Teams gab und man die Namen sämtlicher Spieler wußte. Die Leute waren damals nicht eigentlich weicher, im Gegenteil, sie waren sogar härter, aber sie waren leichter zu verwunden, wenn auch an weniger Stellen.

Er muß die 176 verlassen und rechts in die 23 einbiegen, die durch Amishland führt und die einzige Straße hier ist, die wirklich Lokalkolorit hat, aber so spät werden keine Kastenwagen mehr unterwegs sein, die ihn aufhalten könnten. Rabbit möchte noch einmal eine Ecke in Morgantown sehen, einen Eisenwarenladen mit zwei Benzinpumpen davor, wo ein untersetzter Farmer mit zwei Hemden übereinander und schwarzen Haaren in den Nasenlöchern ihm den Rat gegeben hatte, erst loszufahren, wenn er weiß, wohin er will. Nun, jetzt weiß er's. Er kennt seinen Weg und ist sich im klaren über das Ziel. Aber was einst ein ländlicher Eisenwarenladen war, ist jetzt ein gelecktes kleines Immobilienbüro. Wo die Benzinpumpen standen, zeigt frischer schwarzer Asphalt unterm Mondlicht die krassen gelben Streifen diagonal angeordneter Autostellplätze.

Nein, es ist kein Mondlicht; es ist das schweflige Licht, das auf belebte gepflasterte Flächen die ganze Nacht lang niederfällt. Obwohl es fast elf ist, schnauben und ächzen riesige Laster durch die verschlafene, aus Stein gebaute Stadt. Das Maklerbüro hängt voller Polaroid-Schnappschüsse von Grundstücken und Häusern, die zu verkaufen sind, und an der Route 23, einst eine schmale Straße auf dem Hügelkamm zwischen zwei Ackertälern, nachts so dunkel wie Dung, schreien jetzt die Reklameschilder, die es überall gibt. PIZZA HUT.

BURGER KING. Rent-a-Movie. Turkey Hill MINIT MARKET. Quilt World. Shady Maple SMORGASBORD. Village Herb Shop. Country Knives. Beim Immobilienschild muß er an Janice denken, und das Herz zieht sich ihm zusammen bei der Vorstellung, wie sie mit Nelson und Pru im Springer-Haus sitzt und wartet, daß er aufkreuzt, und es mittlerweile mit der Angst bekommt, wahrscheinlich denkt, daß er einen Autounfall gehabt hat, und zurückfährt zum verlassenen Haus und mit ihrem Schlüssel aufschließt, am ganzen Leib flatternd und heiß und atemlos, wie immer, wenn sie in Panik ist. Vielleicht hätte er einen Zettel hinlegen sollen, wie sie es damals getan hat. *Harry, Lieber – ich muß für ein paar Tage weg, um nachzudenken.* Aber sie hat gesagt, daß sie ihm nie verzeiht, *ich würde euch beide erschießen*, sie ist zu weit gegangen, soll sie sehen, wo sie bleibt, hält sich plötzlich für oberschlau, weil sie wieder zur Schule geht. Mit Nelson dasselbe. Der Teufel soll ihn holen, wenn er sich von denen zwingen läßt, bei so einer Familientherapiegruppe mitzumachen, die sein eigener Sohn leitet, dessen dicke große rothaarige Frau er gebumst hat. Das einzig Vernünftige, das er dies Jahr gemacht hat, wenn er so zurückdenkt. Der Teufel soll ihn holen, wenn er sich dem Bengel stellt, ihm diese Genugtuung verschafft und sich ansieht, wie er weiß um die Kiemen ist wegen dieser neuerlichen Kränkung. Rabbit möchte keine Beratung.

Das Radio bringt die Elfuhrnachrichten. Jim Bakker, in Charlotte, North Carolina, in vierundzwanzig Fällen wegen Betrugs im Zusammenhang mit seinem skandalumwitterten Amt als PTL-Fernsehgeistlicher angeklagt, ist heute im Gerichtssaal zusammengebrochen und soll für sechzig Tage zur psychiatrischen Beobachtung ins Federal Correctional Institute eingewiesen werden. Dr. Basil Jackson, der Bakker seit neun Monaten behandelt, sagte, der einstmals charismatische Prediger leide an Halluzinationen: beim Verlassen des Gerichtssaals am Mittwoch, nachdem der vormalige PTL-Geschäftsführer Steve Nelson im Zeugenstand umgefallen sei, habe Bakker die Menschen draußen für Tiere gehalten, die sich auf ihn stürzen und ihm etwas antun wollten. Bakkers Ehefrau Tammy sagte in ihrem luxuriösen Heim in Orlando, Florida, Bakker sei ihr am Telephon so vorgekommen, als leide er an einem furchtbaren emotionalen Trauma, sie habe mit ihm gebetet, und beide seien sie sich einig, daß sie ihr Vertrauen auf den Herrn setzten. In Los Angeles sprach Jessica Hahn, die frühere PTL-Sekretärin, zu der Bakker 1980 sexuelle Beziehungen unterhielt, die zu seinem Sturz führten, mit Reportern und sagte, Zitat, ich bin kein Arzt, aber von Jim Bakker verstehe ich etwas. Jim Bakker ist meiner Meinung nach ein Meister im Manipulieren von Menschen. Ich halte das jetzt für reine Mitleidsschinderei, und das ist es auch jedesmal, wenn Tammy im Fernsehen auftritt und zu weinen anfängt und sagt, wie übel ihnen mitgespielt wird. Zitatende. In Washington sucht die Energiebehörde nach mysteriöserweise abhanden gekommenem Tritium, dem schweren Wasserstoff-Isotop, das zur Herstellung von Wasserstoffbomben erforderlich ist. Das *Science*-Magazin, ebenfalls in Washington, berichtet, daß der neue Bombendetektor, ein sogenannter TNA, Abkürzung für Thermische Neutronenanalyse, der heute auf dem JFK-Airport in New York City installiert worden ist, auf den Nachweis von zwei Komma fünf Pfund Plastiksprengstoff geeicht sei und nicht die, wie man annimmt, nur aus einem Pfund Semtex hergestellte Bombe angezeigt hätte, die die Pan-Am-Maschine Flug 103 über Lockerbie, Schottland, zerrissen hat. In Toronto äußerte Superstar Marlon Brando Reportern gegenüber, er habe seinen endgültig letzten Film gemacht. «Er ist grauenhaft», sagte er von dem Streifen mit dem Titel *The Freshman.* «Er wird so sicher wie nur was ein Flop, aber wenn ich das hinter mir habe, setze ich mich zur Ruhe. Sie können sich nicht vorstellen, wie froh ich bin.» In Bonn, Westdeutschland, hat Kanzler Helmut Kohl mit dem neuen polnischen Premierminister Tadeusz Mazowiecki telephoniert und sich für bessere Beziehungen zwischen den beiden Ländern ausgesprochen. Fünfzig Jahre würde es morgen her sein – nein, jetzt, fast auf die Minute genau, wenn man die

Zeitverschiebung berücksichtigt –, daß Deutschland unter Adolf Hitler in Polen einfiel und den Zweiten Weltkrieg heraufbeschwor, in dem geschätzte fünfzig Millionen Menschen umgekommen sind. Wow! Und Sport: die Phillies verlieren in San Diego, und Pittsburgh ist spielfrei. Zum Wetter: es könnte besser sein, es könnte schlechter sein. *Mezzo, mezzo.* Ich hab nicht Mistwetter gesagt, aber macht euch auf Gewitterschauer gefaßt, ihr Lancaster-County-Nachteulen. Ach ja, Brando hat seinen neuen und letzten Film auch noch als «unter aller Sau» bezeichnet. Kleinigkeit für einen Kerl, der seine Karriere in einem zerrissenen Unterhemd angefangen hat.

Rabbit lächelt in der wispernden, vorwärtsdrängenden Höhle seines Autos; der Kerl muß denken, niemand hört zu, daß er das alles so herauskotzt. Ganz allein in diesen Tonstudios, umgeben von Pappbechern und perforierten akustischen Wandplatten. Schwer zu beurteilen, wie man rüberkommt. Schwer zu glauben, daß Gott immer zuhört, daß es ihm nie langweilig wird. Die Armaturenbrettlämpchen des Celica glimmen unterhalb von Rabbits Blickfeld wie die Lichter einer Stadt, die gleich bombardiert wird.

Der Superhighway überquert den Susquehanna und stößt bei York auf die 83. Harry fährt jetzt Richtung Süden, und der Sender verblaßt hinter ihm, blendet sich aus gegen Ende von Louis Primas «Just a Gigolo», bei diesem phantastischen Refrain, wo der Chor immer weiter, wie in einer zärtlichen Nachäffung der verhauchten, wundervollen Louis-Prima-Stimme, «Just a gigolo» singt: die Kopfhaut zieht sich einem zusammen vor Entzücken. Rabbit drückt auf die Sendersuchlauftaste, findet aber keinen anderen Oldie-Sender mehr, nur Talkshows, in denen Betrunkene sich am Telephon zu Wort melden und die Moderatoren selber angeschlagen wirken: den Mund wie auf Autopilot geschaltet, quasseln sie über Abtreibung, Atommüll, Arbeitslosigkeit bei jungen schwarzen Männern, CIA-Verschwörung bei der Aids-Seuche, Boesky, Milken, Bush und North, Noriega, das könnt ihr mir nicht erzählen – Rabbit macht das Radio aus, der Klang der menschlichen Stimme ist ihm plötzlich widerlich. Geschmeiß. Wir sind lärmendes Geschmeiß, verpesten auch noch den Äther. Lieber aufs Murmeln der Reifen hören, den grünen Straßenschildern zusehen, wie sie im Scheinwerferlicht näher kommen, sich parabolisch vergrößern und dann von der Bildfläche gewischt werden wie die Taschentücher eines Zauberers. Es geht auf Mitternacht zu, aber er möchte erst haltmachen, wenn er aus Pennsylvania heraus ist. Sogar bei dem verpfuschten Unternehmen vor Urzeiten hat er es fast bis West Virginia geschafft. Um aus Pennsylvania herauszukommen, muß man hinter Hungerford einen namenlosen Berg erklimmen.

Straßenschilder und Lichter nehmen ab. Der einsame Highway führt bergauf. Hochgelegene Seen schimmern unter einem Licht, das jetzt, in einer Lücke zwischen Wolken, wirklich vom Mond kommt. Die Straße senkt sich, er fährt nach Maryland hinunter. Die Atmosphäre verändert sich: gepflegte Grünstreifen in der Fahrbahnmitte, Park-and-Ride-Angebote für Pendler. Zivilisation. Wo er gerade aus der hintersten Provinz kommt. Seine Augenlider fühlen sich sandig an, sein Herz ist flatterig und hat genug. Er fährt bei einem Best Western Motel vor, das noch immer ein gutes Stück nördlich von Baltimore liegt, und freut sich bei dem Gedanken, daß niemand auf der Welt, niemand außer dem untersetzten, gleichgültigen asiatischen Empfangsangestellten, weiß, wo er ist. Wo ist das fehlende Tritium?

Er mag Motelzimmer – den langen klammen Spalt gemieteten Platzes, die beiden Doppelbetten, den Fernsehapparat mit seiner Verlockung, sich einen Softporno anzusehen, den abgetretenen Teppich, die gerahmten Drucke von großen Vögeln, die keimfreien Handtücher, die verschwiegene Anonymität, den heimlichen Nachhall von vergangenem Sex. Er schläft gut, als sei er herausgeschlüpft aus seinem Körper mit den vielen Beschwernissen und habe ihn auf dem anderen Doppelbett liegenlassen. Im Traum ist er in der Firma, zusammen mit einer jungen Frau, die anscheinend das Sagen hat. Sie trägt ein weißes Häubchen und baumelnde Ohrringe, aber als er sich zu ihr hinbeugt und sich ihr erklären will, ihr zu sagen versucht, daß er unentbehrlich fürs Unternehmen ist, ganz im Gegenteil zu dem, was sie möglicherweise von Janice gehört hat, macht sie einen schiefen Mund, und ihr Gesicht schmilzt vor seinen Augen wie in einem visuellen Schrei.

Beim Frühstück erliegt er der Versuchung und ißt – obwohl Eigelb katastrophal für die Gefäße ist – zwei Spiegeleier mit Speck. Rabbit mag den sehr amerikanischen Augenblick, wenn man in schläfriger, sprachloser Gemeinschaft mit den anderen Motelgästen, älteren Ehepaaren, Familien mit quengeligen Kindern, vom Frühstücksraum über den Parkplatz mit seinen langen milchigen Morgenschatten geht und das Auto startklar macht. Dann ist er wieder auf der Straße, hat wieder das Radio an. Dieselben Nachrichten wie vergangene Nacht, erweitert um die endgültigen Baseballergebnisse (die Phils haben fünf zu eins verloren) und um das Neueste aus Asien, wo schon Nachmittag ist für die emsigen japanischen Währungsspekulanten, die widerspenstigen chinesischen Studenten, die puppenhaften philippinischen Nutten, die unglücklich siegreichen Vietnamesen, die rührigen, allerdings auch aufrührerischen Koreaner, die bedrängten burmesischen Sozialisten, die sich bekämpfenden kambodschanischen Splittergruppen, einschließlich der hirnlosen Rote-Khmer-Lakaien des schändlichen Pol Pot, des furchtbarsten nationalen Führers seit Hitler und Stalin. Wow! Aufwachen, Singvögel! Der Diskjockey, nicht der von gestern nacht, aber einer, der genauso verrückt und allein mit sich ist, legt einen Rockabilly-Song auf, der Harry gefällt und in dem es um Zusichkommen geht, «make a little love, get down tonight». Harry fällt ein, daß er sich letzte Nacht nicht mal einen runtergeholt hat, obwohl Motelzimmer ihn normalerweise erregen. Junge, Junge, macht sich bei ihm das Alter bemerkbar.

Als Baltimore näher rückt, stehen die Apartmenthäuser immer dichter, ganze Hügel und Täler sind mit ihnen vollgestellt, pastellfarbene Lebkuchentreppen, bevölkert von unsichtbaren Menschen. Die 83 geht nahtlos in die 695 über, und zusammen mit all den krawattetragenden Pendlern dröhnt er auf dem Beltway einmal halb um die Stadt herum, drängelt sich um seinen Platz in der Welt, als stünde ihm noch immer einer zu. Dann nimmt er die 95, die von nun an seine Straße sein wird bis hinunter nach Florida. Es gibt zwei Wege um Washington herum, er und Janice haben beide ausprobiert; die öden Reisesachverständigen unten im Condo, die Silbersteins etwa, sagen, die ein Stück nördlich und westlich verlaufende 495 sei in Wahrheit schneller, aber ihm gefällt der kleine Ausblick auf die Monumente, der sich einem bietet, wenn man sich östlich auf der 95 hält und den Potomac auf einer breiten Brücke überquert, die nach Alexandria führt. Das gefrorene ferne Herz, eiscremeweiß, der großen alten Republik.

Nach so viel Megalopolis hat Virginia etwas bukolisch Freies, Unbebautes. Die Felder sind größer als in Pennsylvania, die Hügel sanfter und offener, mit Wiesen und Pferden, ein anmutiger Dunstschleier hängt in der Luft, und hin und wieder ist eine säulengeschmückte Villa auf blaßgrüner Anhöhe zu sehen, ein Bild, das wie eine Stickerei wirkt, angefertigt von der altjüngferlichen Tochter eines Sklavenhalters. Ein Stich ins Militärische: Fort Belvoir Engineer Proving Ground, Quantico Marine Corps Base. Harry denkt an seine Militärzeit, und sie steigt lyrisch eingefärbt vor ihm auf, ein durchsichtiger Schimmer aufgereihter gesichtsloser Männer, der eigenartige Frieden, keine Entscheidungen treffen zu müssen, durchweg gesagt zu bekommen, was man tun soll. Krieg ist in vielerlei Hinsicht eine Erleichterung. Ohne den kalten Krieg, was für einen Sinn hat es da, Amerikaner zu sein? Aber das bleibt uns, wir haben durchgehalten. Wir haben vierzig Jahre lang die Tölpel in Schach gehalten. Das geht in die Geschichte ein. Es wird jetzt schwer, Radiosender zu finden, die nicht Country Music oder Religiöses bringen. «Betet für schwierige Ehen», sagt ein Prediger, und seine körnige, sirupbraune Stimme wühlt sich von so tief innen aus ihm heraus, daß man seine geschlossenen Augen, den Schweiß an seinen Schläfen sehen kann, «betet für christliche Ehemänner, die unter Stress stehen, für christliche Ehefrauen, die in Sorge um ihre Männer sind; betet für alle Geiseln, für Gefangene im Gefängnis, für Opfer des Ghettos, für all jene, die mit Aids geschlagen sind.» Harry macht das Radio aus und beschließt, in Brewer anzurufen, wenn er zum Lunch anhält.

Wie viele Flüsse es hier gibt! Nach dem Potomac kommen der Accotink, der Pohick, der Occoquan, der Rappahannock, der Pamunkey, der Ni, der Po, der Matta, der South Anna. Die Brücken, an denen diese Namen stehen, sind bloße Augenblicke des Highways. Außer Sicht liegende Städte heißen Massaponax, Ladysmith, Cedar Forks. Nördlich von Richmond zeigen immer dichter hingestreute Bretterhütten an, daß hier der wahre Süden, der Süden der ländlichen Schwarzen beginnt. Harry hält bei einem Howard Johnson's am Stadtrand von Richmond. Seine Ohren klingeln, der Knöchel seines Gasfußes tut weh, sein Nacken ist steif, die Hitze hat etliche Grade zugelegt seit dem Motelparkplatz heute morgen. Im klimatisierten Restaurant sind alle Münztelephone von Geschäftsleuten mit Aktentaschen belegt. Er ißt zuviel, verspeist auch noch den letzten Krümel der Pommes frites, die es als Beilage zu dem faden Hamburger gegeben hat, nimmt sie zwischen die Finger und wischt mit ihnen das Salz auf wie sein Enkel Roy, und bestellt dann gedeckten Apfelkuchen, um zu sehen, ob er in Virginia anders ist. Er ist süßer und klebriger, ihm fehlt der Zimt, der in Pennsylvania draufgestreut wird. Als er die Rechnung bezahlt, wird ein Telephon frei, und für drei Dollar Fünfundzwanzigcentstücke bereithaltend, wählt er, nicht die Nummer des grauen Kalksteinhauses am Franklin Drive, sondern die des Hauses, in dem er früher gelebt hat, des Springer-Hauses in Mt. Judge.

Ein kleines Mädchen meldet sich. Die Telephonistin geht kurz dazwischen, und Rabbit wirft Fünfundzwanzigcentstücke für drei Minuten ein. Er sagt: «Hallo, Judy. Hier ist Grandpa.»

«Hallo, Grandpa», sagt sie sehr ruhig. Vielleicht ist noch nichts von der Offenbarung des gestrigen Abends zu ihr durchgedrungen. Oder vielleicht sind Kinder in diesem jungen Alter so unschuldig in allem, was das Erwachsensein mit sich bringt, daß nichts sie überrascht.

«Wie geht's», sagt er.

«Gut.»

«Freust du dich, daß nächste Woche die Schule wieder anfängt?»

«Eigentlich ja. Der Sommer wird langweilig.»

«Was macht Roy? Findet er den Sommer auch langweilig?»

«Er ist so dumm, daß er gar nicht weiß, was ‹langweilig› ist. Er liegt jetzt im Bett und soll Mittagschlaf halten, aber er brüllt die ganze Zeit. Mommy dreht durch.» Weil Harry so schnell keine Antwort weiß, sagt sie von sich aus: «Daddy ist nicht da, er ist drüben auf dem Platz.»

«Das macht nichts, ich wollte sowieso mit deiner Mommy sprechen. Kannst du sie mir mal holen? Judy», setzt er impulsiv hinzu, bevor sie den Hörer hinlegt.

«Ja?»

«Du paßt jetzt in der Schule gut auf. Mach dir keine Sorgen wegen der Jungen, die sich für so toll halten. Du bist ein sehr hübsches, liebes Mädchen und hast noch alles vor dir, du mußt nur abwarten. Leg's nicht drauf an. Leg's nicht drauf an, erwachsen zu werden. Alles wird gut werden.»

Es ist zuviel, was er da in sie hineinstopfen will. Sie ist erst neun. Hat noch zehn Jahre Zeit, bevor sie ausbrechen und in den Westen gehen kann wie Mim. «Ich weiß», sagt Judy in sicherem, gelangweiltem Ton, und vielleicht weiß sie's wirklich. Der Hörer klappert auf Holz, Stimmen im Hintergrund, Schritte, die sich hastig vergrößern, und Pru ist am Telephon, atemlos.

«Harry!»

«Hallo, Teresa. Wie geht's?» Dieser verführerische, lässige Ton, durch und durch falsch, aber er ist einfach so aus ihm herausgekommen.

«Nicht besonders», sagt sie. «Wo um alles in der Welt bist du?»

«Weit weg, wo alle mich hinwünschen. He. Warum hast du's erzählt?»

«O Harry, ich *mußte*.» Sie fängt an zu weinen. «Ich *konnte* es Nelson nicht verschweigen, er versucht, so ehrlich zu sein. Es ist rührend. Er hat mir alle möglichen furchtbaren Sachen gestanden, die ich dir oder sonst irgend jemandem nicht mal zur Hälfte wiedergeben könnte, und nachts beten wir zusammen, wir knien neben dem Bett und beten laut, er ist so verzweifelt drauf aus, die Drogen zu besiegen und ein anständiger Vater und Ehemann zu werden, einfach normal zu sein.»

«So, aha. Na wunderbar. Trotzdem hättest du uns nicht reinzureiten brauchen. Es ist nur ein einziges Mal vorgekommen, und danach ist nichts mehr gewesen, überhaupt nichts, ich habe sogar gedacht, du hättest es völlig vergessen.»

«Wie konntest du denken, daß ich es vergessen habe! Du mußt mich ja für eine schöne Schlampe halten.»

«Nein, aber verstehst du, du hast in letzter Zeit eine Menge um die Ohren gehabt. Für mich war's fast, als hätte ich es geträumt.» Er meint dies als Kompliment.

Aber Prus Stimme wird hart. «So, für mich war's allerdings ein bißchen mehr.» Frauen, man weiß nie, wie sie's denn gern hätten. «Es war ein furchtbarer Verrat an meinem Mann», erklärt sie feierlich.

«Na», sagt Rabbit, «so ein phantastischer Mann ist er dir ja *nicht* gerade, soweit ich sehen kann. He, hört Judy die ganze Zeit mit?»

«Ich telephoniere von oben. Ich habe ihr gesagt, sie soll unten auflegen.»

«Und? Hat sie aufgelegt? *Judy!*» ruft Harry. «Ich *seh* dich!»

Ein ungeschicktes leises Klappern, und plötzlich ist die Verbindung viel klarer als vorher. «Scheiße», sagt Pru.

Rabbit beruhigt sie. «Ich hab vergessen, was wir im einzelnen gesagt haben, aber ich bezweifle, daß sie viel verstanden hat.»

«Sie versteht mehr, als sie zu erkennen gibt. Mädchen sind so.»

«Na, kann man nichts machen», sagt er. «Hat er auch Geschichten mit Männern gestanden? Nelson.»

«Die Frage kann ich unmöglich beantworten», sagt sie mit einer flachen, trockenen Stimme, die für ihn auf alle Zeit zu ist. Eine andere Frauenstimme, wärmer, liebenswürdig, ein wenig träge, wahrscheinlich schwarz, schaltet sich ein und sagt: «Sir, Ihre drei Minuten sind u-hum. Bitte, werfen Sie einen Dollar zehn Cent ein, wenn Sie das Gespräch fortsetzen wollen.»

«Ich glaube, mir reicht's», sagt er, an beide Frauen gewandt.

Pru ruft über die gefährdete Verbindung hinweg: «Harry, wo bist du!»

«Unterwegs!» ruft er zurück. Er hat noch einen kleinen Stapel Münzen vor sich und wirft vier Fünfundzwanzigcentstücke und ein Zehncentstück ein. Während sie hinunterscheppern, singt er ein Stück aus einem Song, den er gerade im Radio gehört hat, Willie Nelsons Kennmelodie: «On the road again...»

Das bringt Pru zum Schluchzen; es ist genauso schlimm, wie wenn man mit Janice spricht. «*Laß* das doch», sagt sie weinend. «*Quäl* uns nicht so, wir können doch nichts dafür, daß wir hier so angebunden sind.»

Mitleid faßt ihn an bei der Erinnerung an ihre Schönheit, nackt wie Blüten an jenem Abend in dem engen modrigen Zimmer, als der Regen zunahm. Sie steckt fest da oben, sagt sie gerade, ist gefangen bei den Lebenden. «Ich bin auch angebunden», sagt er. «Gebunden an meinen Kadaver.»

«Was soll ich Janice sagen?»

«Sag ihr, ich bin unterwegs zum Condo. Sag ihr, sie kann nachkommen, wann immer ihr danach ist. Mir hat bloß nicht gepaßt, wie ihr mich gestern abend alle in die Enge treiben wolltet. Ich kriege Klaustrophobie auf meine alten Tage.»

«Ich hätte *nie* mit dir schlafen dürfen, es ist damals nur...»

«Es war», sagt er. «Es war eine wunderbare Idee damals. Sag – wenn du so zurückblickst, wie habe ich mich deiner Meinung nach gemacht? Dafür, daß ich ein alter Mann bin.»

Sie zögert, sagt dann: «Das ist ja das Schlimme. Ich seh dich nicht als alten Mann, Harry. Ich hab dich nie so gesehen.»

Okay, das hat er immerhin von ihr bekommen. Diese Frau-zu-Mann-Stimme. Was kann man mehr verlangen. Soll sie ihre Ruhe haben. Er sagt: «Sei unbesorgt, Pru. Du bist eine tolle Frau. Sag Nelson, er soll wieder zu sich kommen. Nur weil er kein Crack mehr nimmt, muß er nicht gleich ein zweiter Billy Graham werden.» Oder ein Jim Bakker. Harry legt auf, und das Telephon erschreckt ihn, indem es ihm mit Gerappel und Geschepper das Zehncentstück und die vier Fünfundzwanzigcentstücke zurückgibt. Die Telephonistin mit der Südstaatenstimme muß mitgehört und Gefallen an ihm gefunden haben.

Als der Nachmittag fortschreitet und Fayetteville, North Carolina, näher rückt, wo ein Comfort Inn ist, in dem er und Janice in vergangenen Jahren Station gemacht haben, hört er etwas Erstaunliches im Autoradio. Eine Folge von Swing-Klassikern aus den vierziger Jahren wird unterbrochen für die Mitteilung, daß Bartlett Giamatti, Baseball-Commissioner und ehemaliger Präsident der Yale University, heute am späten Nachmittag auf der Insel Martha's Vineyard, Massachusetts, an einem Herzanfall gestorben ist. *Pete Rose schlägt zurück*, denkt Rabbit. Professor Giamatti, der erst einundfünfzig Jahre alt war, hatte sich nach dem Lunch in seinem Sommerhaus in Edgartown zurückgezogen und wurde um drei Uhr von seiner Frau und seinem Sohn mit Herzstillstand aufgefunden. *Erst einundfünfzig*, denkt Rabbit. Die Polizei brachte Giamatti ins Krankenhaus von Martha's Vineyard, wo ein Ärzteteam sich anderthalb Stunden lang um ihn bemüht hat; mehrere Male gelang es, den elektrischen Mechanismus des Herzschlags wiederherzustellen, aber schließlich wurde Giamatti für tot erklärt. Dieser kleine elektrische Impuls: ohne ihn sind wir nichts als verwesendes Fleisch. Als erstes sollte er sich in Florida um einen Termin bei Dr. Morris kümmern, damit er nicht wieder diesem falkengesichtigen Australier Dr. Olman in die Hände fällt. *Ist ganz scharf darauf, mich aufzuschneiden.* Giamatti war Anglistik-Dozent in Yale, heißt es in den Nachrichten, und der jüngste Präsident in der Geschichte der Universität; innerhalb von elf Jahren hat er das Abgleiten der Institution in die roten Zahlen und die akademische Mittelmäßigkeit grundlegend revidiert. Als Präsident der Nationalliga hatte er den Zorn einiger Spieler erregt, weil er Änderungen an der Strike-Zone und an den Bestimmungen bei Pitcher-Fouls vornehmen wollte. Seine kurze Amtszeit als Commissioner war beherrscht von der peinlichen Pete-Rose-Affäre, deren Beilegung vor einer Woche seine Position offensichtlich gestärkt hatte. Er war korpulent und ein starker Raucher. *Wenigstens bin ich Nichtraucher.* Und jetzt ein Titel, den wir für unsere Hörer gar nicht oft genug bringen können: «In the Mood».

In Fayetteville ist es früher wüst zugegangen wegen der vielen Soldaten aus Fort Bragg, weiß Rabbit von einem Beitrag in *60 Minutes*, den er mal gesehen hat. In der Innenstadt hat es mehrere Blocks mit Pornokinos und anrüchigen Hotels gegeben, die die Städtväter vor Verzweiflung schließlich dem Erdboden gleichgemacht und in einen Park umgewandelt haben. Nach dem Abendbrot (tiefgefrorene Krabben mit Zwiebelringen und Weißbrot, das auf der einen Seite geröstet ist, eine Südstaaten-Spezialität, vermutet er), das er im Comfort Inn bestellt – eines dieser Restaurants, die eine Salatbar von der Größe einer kleinen Cafeteria haben, so daß man dasitzt und auf die Kellnerin wartet und sich währenddessen fragt, ob man nicht alle Chancen verpaßt –, kreuzt Harry im schiefergrauen Celica, seinem persönlichen Batmobil, aufs Zentrum des verruchten Fayetteville zu. Aber was er dann findet, ist nichts als eine breite verschattete Straße mit ein paar Schwarzen, die hier und da in Hauseingängen lungern und auf eine Botschaft, eine Neuigkeit aus dem Jenseits warten. Nirgendwo eine Nutte in Hot Pants oder elastischen Leggings, nur ein dicker rotbärtiger Weißer in nietenverziertem schwarzem Leder, der sein Motorrad im Leerlauf auf Hochtouren bringt, immer wieder am Gasgriff dreht und einen ohrenbetäubenden Lärm erzeugt. Die Schwarzen lassen sich nicht beirren, sie warten weiter. Sogar am Abend ist die schattige Luft heiß, sie bewegen sich schlaff darin wie kranke Fische, ihre Hände schlenkern matt aus den Handgelenken heraus auf diese abgewinkelte schwarze Art.

Als er wieder in seinem langen Zimmer ist, wo der Zementboden unterm Teppich einen wässerigen Geruch aussendet und die Wände ganz und gar gelb gestrichen sind, Deckenleisten, Leitungsrohre, Luftauslässe der Klimaanlage, Abdeckplatten der Lichtschalter, alles gelb gerollert und gespritzt, überlegt Rabbit, ob er sich fünf Dollar fünfzig zusätzlich auf die Rechnung setzen lassen und sich im Fernseher etwas ansehen soll, das *Horny Housewives* heißt, guckt sich aber statt dessen, gratis, Teile von *Perfect Strangers* an (ihm ist unbehaglich zumute, zwei Kerle, die zusammenleben, auch wenn der eine ein ulkiger Russe ist) und Vorsaison-Football: die Seahawks gegen die 49ers. Es ist ein Elend mit diesen Softpornofilmen im Hotelfernsehen: für den Fall, daß ein Vierjähriger, dessen Eltern Rechtsanwälte sind, zufällig die richtigen Knöpfe erwischt, zeigen sie zwar Titten und Ärsche und sogar ein bißchen Schamhaar, aber keine richtige Fotze und keine Schwänze, weder steife noch schlaffe. Sehr frustrierend. Es stellt sich heraus, worum es uns wirklich geht, das sind Schwänze, man will sie sehen. Vielleicht sind wir alle schwul, und er ist sein ganzes Leben verknallt gewesen in Ronnie Harrison. War hübsch heute, wie Pru wieder mit diesem *Scheiße* rausgeplatzt ist, und dann *Quäl uns nicht so*. Dieser direkte Frau-zu-Mann-Ton, als ob seine Arme um sie wären und ihre Stimme sich entspannt in die elementare Beziehung zwischen ihnen schmiegt, Schwanz zu Fotze, Nelson fertigmachend. Im Bett endlich, im Dunkeln, besorgt er es sich, stellt sich vor, daß er's mit zwei kaffeebraunen Nutten aus dem alten Fayetteville treibt, und spritzt, um sich zu beweisen, daß er noch lebt.

Die Morgennachrichten im Radio sind langweilig. Giamattis Tod, aufgewärmt. Die Baseballnation trauert. Kämpfe in Beirut zwischen Christen und Moslems schlimmer denn je. Früherer Berater bei der Wohnungsbaubehörde sagt, die Akten seien im Reißwolf gelandet. Die Entscheidung des Obersten Gerichtshofs gegen gemeinsames Beten vor Footballspielen erregt überall im Süden Empörung. In Montgomery trat Bürgermeister Emory Folmar als Vorbeter an die 50-Yard-Linie. In seiner Kritik, die er über die Lautsprecheranlage äußerte, hieß es, Football und Gebet gehörten zusammen, das sei eine amerikanische Tradition. In Sylacauga, Alabama, erhoben örtliche Geistliche sich auf den Rängen und stimmten mit der dreitausendköpfigen Menge das Vaterunser an. In Pensacola, Florida, führten mit Megaphonen ausgerüstete Prediger die Zuschauer im Gebet an. *Fanatiker*, sagt Rabbit sich. Südstaatler sind genauso fürchterlich wie die Amish.

Von hier bis hinunter zur Florida-Grenze ist die 95 wie ein langer grüner Tunnel zwischen hohen Kiefern. Kleine Bretterbuden lugen hinter den Bäumen hervor. Ein Schild bietet *Pekanbrötchen, 3 Stück $ 1.00* an. Größere Schilder in Hispanic-Farben, Orange und Gelb auf Schwarz, Hellgrün, knallig und laut, die auf viele Kilometer hin am Straßenrand stehen, kündigen etwas an, das sich «Südlich der Grenze» nennt. Wenn man schließlich dort ist, aus dem viele Meilen langen Kieferntunnel auftaucht, stellt man fest, daß es ein billiger Vergnügungspark gleich jenseits der South-Carolina-Grenze ist: ein Dorf aus Andenkenläden, eine Art Weltraumsonde mit Sombrero. Tacos, scheußlich. South Carolina ist ein ungebärdiger Staat. Der erste, der sich damals losgesagt hat. Die Kiefern werden höher, bekommen etwas Tragisches. Überall werden FEUERWERKSKÖRPER feilgeboten. Das Land wird hügeliger. Mit riesigen Baumstämmen beladene Trucks rumpeln in voller Fahrt talwärts an ihm vorbei und quälen sich an den Steigungen fast bis zum Stillstand ab. Rabbit ist sich jetzt nervös seiner nördlichen Nummernschilder bewußt. Wenn er ein bißchen aus der Reihe ausschert, wird er in den Pee Dee River abgedrängt. In den Lynches River. Den Pocatoligo River. Tiere werden auf diesem Highway so furchtbar erwischt, daß sie nicht zerquetscht werden, sondern explodieren und man unmöglich noch erkennen kann, was sie einmal gewesen sind. Opossums. Stachelschweine. Die Lieblingsmiezekatze einer lieben alten Südstaatendame. Reduziert auf ein paar Fellfussel inmitten der halbmondförmigen Fetzen geplatzter Lastwagenreifen. Er darf gar nicht dran denken, sonst gibt er zum Lunch auf, und das war's dann.

Janice weiß inzwischen bestimmt schon Bescheid, Pru hat mit ihr gesprochen, sie kann schon im Apartment sein und auf ihn warten, wenn er ankommt, fliegt von Philly aus runter und nimmt sich am Flughafen einen Mietwagen, besser, er genießt seine Freiheit, solange er sie hat. Er ist auf einen schwarzen Gospelsender gestoßen, eine elastische fette Stimme ruft: «Er wird dasein, aber ihr müßt ihn bei seinem Namen nennen.» Der Satz wird endlos wiederholt, mit überraschenden rhythmischen Variationen. «Rollt den Stein weg, kennt ihr die Geschichte?» Ein Werbespot sorgt schließlich für eine Unterbrechung, und hält man's für möglich, es geht um Toyotas. Diese Japse lassen keinen Trick aus, das muß man ihnen wirklich lassen. Gehen zum Verkaufen mitten in die Sklavenquartiere. *Ihre plulalistische Gesellschaft.* Harry tut der Nacken weh, weil er den Kopf so lange schon stillhält. Er hat langsam das Gefühl, als hätte er sich überfressen am Radio, am Fahren. Gottes Land. Er hätte es ruhig kleiner machen können, der Effekt wäre derselbe gewesen.

*Er wird dasein.* Komisch, das mit Harry und der Religion. Als Gott keinen Freund auf der Welt hatte, damals in den Sechzigern, konnte er sich nicht von Ihm trennen, und jetzt, wo die Prediger allenthalben per Megaphon zu Ihm beten, hat er nicht viel übrig für Ihn. Er ist wie ein Freund, den man schon so lange kennt, daß man nicht mehr weiß, was man an ihm so gemocht hat. Man sollte denken, nach diesem Schreck mit dem Herzen sei er Ihm ganz nah, aber je näher man kommt, desto weniger denkt man darüber nach, als ob man schon in Seiner Hand wäre. Als ob man draußen auf dem Spielfeld wäre und nicht auf der Bank säße und ein Flattern im Magen hätte und versuchte, sich die Spielzüge ins Gedächtnis zu rufen.

Im Radio singt jetzt Perry Como «Because». Rabbits Kopfhaut prickelt, seine Augen brennen. *Because – you – are – mine!* Como ist wahrscheinlich der Beste: Crosby hat so was Verschlagen-Irisches an sich gehabt und dies blöde Rumgealbere mit Dorothy Lamour und Bob Hope; und Sinatra – wenn's etwas gibt, wobei Rabbit Angstrom nie im Gleichschritt mit der übrigen Menschheit war, dann ist das Frank Sinatra. Er mag dessen Gesinge nicht. Er hat's gräßlich gefunden, wenn Backfische sich in die Hosen machten vor Begeisterung für diesen dürren, hohlwangigen Kerl im Paramount-Studio, und er hat auch gräßlich gefunden, wie Sinatra sich zu dieser feisten Las-Vegas-Berühmtheit mauserte und all die kitschigen Plattenalben besang, zu denen man im ganzen Land vögeln sollte: Ozeane von Sperma. Weiß überschäumt. Sein Gesang ist Rabbit immer flach vorgekommen, als ob er ihn herausquetscht. Für Mim ist Sinatra ein Gott, aber das hängt wohl eher mit dem Lebensstil zusammen: die Nacht zum Tag machen, dick befreundet sein mit Gangstern und Präsidenten und die kantige Gangsterart, die Schultern zu recken (Charlie Stavros macht das auch so) und Aufsichtsratsvorsitzender und Sammy Davis Jr. und Dean Martin, als die noch nicht trocken waren, falls sie's jetzt überhaupt sind, beide haben große Gesundheitsprobleme, hat er in einem dieser lächerlichen Skandalblätter gelesen, die Janice vom Minit Market mit nach Hause bringt. Manchmal beneidet er Mim um das glitzernde, gefährliche Leben, von dem er annimmt, daß sie es geführt hat, er freut sich für sie, sie hat schon immer diesen Hang gehabt, war fürs Schnelle, auch wenn sie dabei umkommen konnte, auch wenn es sie von der Lenkstange riß, aber die

Schnellspur wird auch mal zur Routine, er bereut das Leben nicht, das er geführt hat, obschon Brewer eine ziemlich langweilige Stadt ist, nicht New York New York oder Chicago My Kind of Town, wie Sinatra es rausquetscht. Rückblickend stellt sich heraus, daß das, was er am meisten genossen hat, etwas war, das er nicht so hat würdigen können, als er's noch gehabt hat: im Ausstellungsraum, hinter der großen staubigen Schaufensterscheibe mit den Transparenten herumzustehen, auf den Ballen seiner Füße zu wippen, um die Beinmuskeln zu trainieren, auf einen Kunden zu warten, mit Charlie oder wem auch immer über Gott und die Welt zu reden, sich seinen Gehaltsscheck zu verdienen, seine Lücke im großen Bild auszufüllen, seinen Teil zu tun, ein bißchen Anerkennung zu erwerben. Das ist alles, was wir voneinander wollen, Anerkennung. Den Platz im Rattenrennen, der einem zugeteilt ist. In der Army hat man's auch gehabt: die Nummer, die Pritsche, den Platz in der Reihe, die Pflichten, die einem zugeteilt waren, den Urlaubsschein für Samstagabend, vier Bier und eine Hure ficken in einem Ranchhaus, *Für 'n Doppelschuß hast du nicht bezahlt, Kleiner.* Es gehört mehr dazu, ein menschliches Wesen zu sein als *I did it my way.* Tatsache ist – das ist Rabbit erst jetzt, so spät in seinem Leben, aufgegangen –, man tut nichts auf *seine* Art, man tut das, was andere einem sagen. Erst die Mutter und der arme Pop, dann der lutherische Pfarrer, dieser zähe alte Deutschmann Fritz Kruppenbach, vor dem man aber doch Respekt haben mußte, er sagte, was er glaubte, und dann die Lehrer in der Schule, Marty Tothero und all die andern, die versuchten, einem einen Standpunkt zu verschaffen, von dem man ausgehen konnte, und jetzt all die Talkshow-Moderatoren. Das Leben, das man hat, stammt ab, und es muß weitergeben. Vielleicht ist man, wenn man wie Annabelle eine Mutter hat, die auf der Schnellspur war, vom Instinkt her mißtrauisch dem anderen Geschlecht gegenüber.

Zwischen den Kiefern gibt es jetzt Lücken. Sumpfige Flächen machen den Himmel weit; Holzhütten auf Pfählen stehen da, Bäume mit zerzaustem Astgeknäuel, bunte Wäsche hängt an Leinen. Einfache handbeschriftete Schilder. *Dads echte Südstaatenküche. BI-LO.* Eine lange Brücke über den Lake Marion, dies riesige stehende Gewässer mitten im Nirgendwo. Highways zweigen ab zur Hauptstadt Columbia, in der er noch nie gewesen ist, dafür hat er mit Janice einmal einen Umweg über Charleston gemacht und dann die 17 zurück zur 95 genommen. Ein anderes Mal sind sie nach Savannah abgebogen und haben die Nacht in einer umgebauten Plantagenvilla mit hohen gewölbten Decken und Jalousiefenstern verbracht. Sie haben schon ein paar lustige Sachen zusammen gemacht, er und Jan. Aber die Crux mit einer Ehefrau – und er vermutet, das gilt auch für den Ehe*mann* – ist, daß fast jede, fast jeder, innerhalb eines breiten Spektrums, für diese Rolle in Frage kommt. Trotzdem wird von einem erwartet, daß man die Frau, die man nun mal hat, anbetet, bis daß der Tod einen von ihr scheidet. Bis ans Ende aller Tage. Ashepoo River. War das nicht vor Jahren ein Comic strip?

Er verläßt den Highway und fährt auf einen weitläufigen Rastplatz, eine Oase in dieser Wildnis – Zapfsäulen, ein Restaurant, ein Laden, in dem man Lebensmittel, Bier, Feuerwerkskörper, Sonnenmilch kaufen kann. Am Tresen im Restaurant zwei junge Schwarze, funkelnd schwarz in der Hitze, Arme nackt bis zur Schulter, am Kinn des einen ein gemeiner kleiner Malcolm-X-Ziegenbart. Sie haben etwas Drohendes hier unten, ihre Hautfarbe schreit, sie sind eine *Rasse*, sie sind überall. Aber die ältere weiße Kellnerin hat keine Schwierigkeiten mit diesen beiden schwarzen Jungen. Die drei lächeln und plaudern mit dem gleichen gedehnten Akzent, bringen mit ihren Mündern ein bißchen Bewegung in die Luft. Hübsch, das zu sehen. Dafür hat's den Bürgerkrieg gegeben.

Um auszuprobieren, ob seine eigene Stimme noch funktioniert, fragt Rabbit den dicken Weißen, der zwei Hocker von ihm entfernt am Tresen sitzt und sich an der Salatbar einen Berg aus grünem Salat, Roten Beten, Krautsalat, Hüttenkäse, Weißen Bohnen und Kichererbsen aufgetürmt hat: «Wieviel Stunden sind es ungefähr noch bis zur Grenze nach Florida?»

Er dehnt seinen Pennsylvania-Akzent zusätzlich ein bißchen, in der Hoffnung, daß er damit durchkommt.

«Vier», sagt der Mann und lächelt. «Ich komme grade von da. Wo wollen Sie hin in Florida?»

«Ans andere Ende, nach Deleon. Meine Frau und ich haben da ein Apartment. Ich fahre allein runter, sie kommt nach.»

Der Mann lächelt weiter, lächelt und kaut. «Ich kenne Deleon. Hübsche alte Stadt.»

Rabbit ist an Deleon nie etwas aufgefallen, das man als alt bezeichnen könnte. «Von unserm Balkon hatten wir früher einen Blick aufs Meer, aber sie haben ihn zugebaut.»

«Wird jetzt viel gebaut an der Golfseite, die Atlantikseite ist praktisch schon zu. Bin heute früh in Sarasota losgefahren.»

«Tatsächlich? Das ist aber 'ne ziemliche Ecke.»

«Deswegen benehm ich mich ja auch grade wie 'n Schwein. Hab seit heute morgen fünf Uhr nichts weiter als 'n Schokoriegel gegessen. Nach 'ner Weile muß man anhalten, man fängt an, Erscheinungen zu kriegen.»

«Was für welche denn?»

«Die Strecke, die ich grade gefahren bin, viele Stellen mit Bodennebel, das schafft einen. Immer nur Kaffee geht auf den Magen.» Dieser Mann hat eine wirklich einnehmende Art zu lächeln, zu kauen und zu reden, alles gleichzeitig. Sein Mund ist breit, aber lippenlos, wie bei einer Muppet-Puppe. Er hat seine Truckermütze, vorn ein Schirm, hinten ein Netzsteg, neben seinen Teller gelegt. In sein dichtes graues Haar, leicht gewellt wie das eines reichen Mannes, hat sich der Mützenrand gekerbt.

«Fahren Sie einen von diesen großen Trucks? Ist mir schleierhaft, wie ihr Burschen das macht. Wie weit müssen Sie noch?»

Der ganze Salat auf dem Teller ist verschwunden, und das Lächeln ist noch breiter. «Boston.»

«Boston! So weit?» Rabbit ist nie in Boston gewesen, für ihn liegt es am Ende der Welt, eingeklemmt oben, unterhalb von Maine. Menschen, die so weit nördlich leben, sind für ihn ebenso phantastisch wie Eskimos. Ein Kumpel in der Army, Jarzylo muß es gewesen sein, hat immer davon geschwärmt, daß man in Boston so toll chinesisch essen kann.

«Ich rechne damit, daß ich heute, morgen, egal wie man's nennt, mit der Karre in Boston bin, Sonntag nachmittag, in vierundzwanzig Stunden.»

«Aber wann schlafen Sie?»

«Ach, man fährt an den Rand, holt sich hier 'n Stündchen, da 'n Stündchen.»

«Das ist erstaunlich.»

«Mach ich seit fünfzehn Jahren. Ich war auf Rente, hab aber wieder angefangen. Hab's zu Haus nicht ausgehalten. Nichts im Fernsehen, das was getaugt hat. Und Sie?»

«Ich?» Bin gerade dabei wegzulaufen. Linker absteigender Ast nicht in Ordnung. Er macht sich klar, was mit der Frage gemeint ist, und antwortet: «In Rente, denk ich.»

«Ich wünsch Ihnen was, Kumpel. Für mich war das nichts», sagt der Lastwagenfahrer. «Mir ist das Rentnerdasein auf den Geist gegangen.» Die ältere Kellnerin, die so freundlich mit den beiden jungen Schwarzen gewesen ist, bringt dem hungrigen Mann eine ovale Platte mit einem mächtigen gebratenen Steak, das in einer rosa Mischung aus Blut und Öl schwimmt, dreierlei Gemüse in kleinen runden Beisetzschüsseln und einen Extrateller mit goldbraunem Maisbrot.

Harry schiebt sich widerstrebend – er hat einen Freund gewonnen – vom Tresen weg. «*Ich* wünsch *Ihnen* was», sagt er.

Und jetzt hat dieser dicke blasse Wundermann, der schneller in Boston sein wird als eine abgeschossene Kugel und der wie Thomas Alva Edison nur ab und zu ein kleines Nickerchen braucht, seinen breiten Muppetmund zu voll zum Sprechen und lächelt nur und nickt, und ein Tröpfchen Steaksaft schlängelt sich seitlich an seinem eiförmigen kleinen Kinn herunter. Niemand ist vollkommen. Wir sind bloß Menschen. Siehe Jim Bakker. Siehe Bart Giamatti.

In seinem Celica überquert Harry den Tuglifinny River.

Den Salkehatchie. Den Little Combahee. Den Coosawatchie. Den Turtle. Kickapoo, denkt er, nicht Ashepoo. Kickapoo Joy Juice in *Li'l Abner*. Zwischen Blöcken hintereinanderweg gespielter schwarzer Musik, die diesen ganz eigenen erregenden neuen Sound von Brettern hat, die auf den Fußboden geknallt werden, hört er Werbespots für die Upchurch Music Company («ein musikalischer Freudenbringer für kommende Generationen») und für ein Deodorant namens Tiny Cat. Warum heißt ein Deodorant bloß Kleine Katze. Er überquert den Savannah River und hat South Carolina mit seinen Feuerwerkskörpern endlich hinter sich. Geschlaucht von der meilen- und abermeilenlangen Fahrt, schwenkt er in die Stadtausfahrt ein, fährt ins Zentrum, parkt neben einem imposanten alten Verwaltungsgebäude und kauft sich an einem Imbißstand an der Hauptstraße ein warmes Pastramibrötchen. Er setzt sich auf eine Bank und ißt es und paßt auf, daß nichts von dem Saft aus dem Wachspapier auf seine Hosen tropft, ihm kein Tröpfchen widerwärtig vom Mund kleckert wie dem Kerl vorhin in der Raststätte. Dieser Teil von Savannah, einen Häuserblock vom Fluß entfernt, wirkt wie eine Zimmerflucht im Freien, die eingefriedet ist von Reihenhäusern mit hohen Eingangstreppen und Vorhängen aus staubigen Bäumen. Eine ungeheure Hitze lastet noch immer auf dem Tag, obwohl die Schatten, schwermütiger, rosenfarbener als in Brewer, tiefer werden, sich verdichten auf den sanften alten Fassaden. Ein paar Tauben versammeln sich um seine Bank, neugierig, ob er ihnen von dem Brötchen oder den Bar-B-Q-Kartoffelchips etwas abgibt. Ein junger Penner mit langen gelben Haaren wie George Custer und dem braungebrannten Gesicht, das man bekommt, wenn man kein Dach überm Kopf hat, wirft ihm von einer Bank hinter einem Baum, sozusagen vom Nebenzimmer aus, einen funkelnden wilden Blick zu. Ein hoher Obelisk erhebt sich zum Gedenken an etwas, zweifellos zu Ehren der ruhmreichen Toten. Kleine schwatzende braune Vögel steigen aus den Bäumen auf und lassen sich wieder hineinsinken, unschlüssig, ob der Tag vorbei ist oder noch nicht. Besser, er macht sich wieder auf den Weg. Er verstaut die Milchtüte und das Wachspapier ordentlich in der Tragetasche, in der er das Pastramibrötchen bekommen hat, und deponiert sie in einem öffentlichen Abfallkorb: seine Hinterlassenschaft in Savannah, die Spur, die er zurückläßt, wie die Wolke von Fingerfeuchte zu Haus an der Kommodenkante. Die Tauben verziehen sich schurrend und gurrend in indignierter Enttäuschung. Der Penner ist geräuschlos von hinten herangekommen und fragt ihn ohne speziellen Akzent, nur mit dem schlappen Gebrummel eines unter Drogen Stehenden, ob er eine Zigarette hat. «Nee», sagt Rabbit. «Rauch seit dreißig Jahren nicht mehr.» Er weiß noch den Augenblick, als er, einem plötzlichen Entschluß folgend, ein halbes Päckchen Philip Morris, die hübsche alte tabakbraune Packung, in irgend jemandes offene Mülltonne in einem Gäßchen in Mt. Judge geworfen hat. Auch das eine Spur, die er hinterlassen hat.

Rabbit geht mit rasendem Herzen zum Auto, und der Penner folgt ihm und nuschelt hinter ihm etwas von ein bißchen Kleingeld. Harry hantiert hastig mit dem Schlüssel, steigt ein und schlägt die Tür zu. Der Celica ist Gott sei Dank nicht zu überhitzt nach den vielen Kilometern, die er hinter sich hat, und springt sofort an. George Custer, ausgesperrt, blinzelt und dreht sich um und tut so, als beachte er das Ganze nicht. Harry fährt vorsichtig durch die Freiluftzimmer, umrundet den hohen Obelisken und findet nicht mehr aus Savannah heraus. Er verfranst sich in endlosen schwarzen Wohngegenden, zwischen sanft verfallenden Häusern mit Bretterverkleidungen, die die letzte frische Farbe in den Tagen Martin Luther Kings gesehen haben. Alle Welt redet von Mordkomplotten, aber das war eins, an das Harry glauben konnte. Er erinnert sich jedoch nicht mehr an den Namen des Mannes, den sie deswegen ins Gefängnis gesperrt haben. Ein dreiteiliger Name. Einmal ist der Typ entwischt, aber sie haben ihn geschnappt. James Earl Sowieso. Soviel zur Geschichte. Langsam nervös werdend, hält er an einem Lebensmittelladen, einem, der einen gemuldeten Holzfußboden mit glänzenden Nagelköpfen hat, wie es sie früher in Mt. Judge gab, als er ein Junge war, nur daß in diesem hier alle Leute schwarz sind. Ein schlaksiger Mann von der Farbe einer vertrockneten Bohnenschote erklärt ihm hoch belustigt, mit locker an den Gelenken befestigten Händen gestikulierend, wie man auf den Superhighway zurückkommt.

Wieder auf der 95, versucht Rabbit, die Georgiastrecke hinter sich zu bringen. Als die Dunkelheit hereinbricht, fängt es zu regnen an, und weil seine alten Augen nachts die Lichter nicht mehr so gut voneinander unterscheiden können, hat der Regen etwas Bedrückendes. Er macht sogar das Radio aus, fühlt sich zerbeult von den Hagelkörnern der Erfahrung. Sein Körper ist vom langen Stillsitzen so mitgenommen, als hätte ihn jemand mit Sandsäcken traktiert. Er sollte lieber Schluß machen für heute, irgendwo anhalten. Hinter Brunswick findet er ein Ramada Inn. Er bestellt gebratenen Katzenwels «Spezial», der sich nicht übermäßig gut mit dem Pastramibrötchen verträgt, vor allem die glasierten Süßkartoffeln und die Pekantorte nicht; aber wozu ist man in Georgia, wenn man sich keine Pekantorte genehmigen darf. Der Weg zurück zu seinem Zimmer, an den anderen Moteltüren vorbei, auf einem Zementgang, der vom durchgehenden Balkon im ersten Stock überdacht wird, hat etwas heimlich Wonnevolles. Gerade eben geschützt vor dem Regen. Empfinden genug. Sie kriegen mich nicht. Aber sein geheimer Glücksmoment erinnert ihn an die schutzlos ausgesetzten unglücklichen Verwandten zu Hause im Diamond County. Schuld bohrt sich in sein Herz wie ein Daumen in ein halbempfindliches Auge.

Nach der Hälfte der *Golden Girls* ödet es ihn plötzlich an, all dies angejahrte Sexgetue und die alte Großmutter mit der rüden Klappe – daß die Leute nie wissen, wann sie sich geschlagen geben müssen. Er sieht sich statt dessen im Kulturkanal eine Folge von *Living Planet* an, in der es um Leben in den äußersten Polarzonen geht. Er hat die Sendung schon mal gesehen, staunt aber von neuem, als David Attenborough in dieser ungeheuer trostlosen Antarktisgegend die Steine umdreht und darunter Flechten zum Vorschein kommen, und wie die Pinguinmännchen den ganzen sonnenlosen, endlosen Winter hindurch den unaufhörlichen Schneestürmen standhalten und jedes ein Ei auf seinen Schwimmfüßen balanciert. Das Leben, unfaßlich, es braucht die Welt auf. Die Zehnuhrnachrichten im selben Kanal bringen denselben alten Kram, den er den ganzen Tag lang im Radio gehört hat. Armer Giamatti. Im Nationalzoo in Washington ist ein weibliches Pandajunges zur Welt gekommen. Reagan dachte, Aids sei so harmlos wie Masern, bis Rock Hudson starb, verrät sein früherer Arzt, Brigadegeneral John Hutton. Noch eine Klatschgeschichte: Fregattenkapitän David R. Wilson behauptet im *U. S. Naval Institute Proceedings*-Magazin dieses Monats, die U.S.S. *Vincennes* sei bei anderen Schiffen im Persischen Golf bekannt gewesen für aggressive und unkluge Maßnahmen im Zeitraum von mindestens einem Monat, bevor sie eine iranische Zivilmaschine mit über zweihundertsiebzig Männern, Frauen und Kindern abschoß. Arme Teufel, Iraner oder nicht. Kleine Kinder, verschleierte Frauen, die auf das dunkle harte Wasser aufschlugen. Japans neuer Staatschef in Washington, provisorische Regierung in Panama. Horden von Ostdeutschen in Ungarn, darauf wartend, daß sie über die Grenze in die freie Welt können. Arme Teufel, sie wissen nicht, daß es mit der freien Welt zu Ende geht.

Rabbit macht sich bereit fürs Bett, legt sich im Unterzeug hin und versucht, darüber nachzudenken, wo er ist, wer er ist. Dies ist die letzte Nacht, in der er nirgendwo ist. Morgen findet das Leben ihn wieder. Janice am Telephon, die Golds nebenan. Er fühlt sich nicht so leicht, wie er gedacht hat, als er aus Brewer entwischte. Man ist immer noch man selbst. Die Vereinigten Staaten sind noch die Vereinigten Staaten, zusammengehalten von Kreditkarten und indianischen Namen. Harry wird bleischwer auf dem Doppelbett. Verloren im Netz der Fadenlinien auf der Autokarte, schläft er wie im Uterus seiner Mutter, einem anderen vorläufigen Zufluchtsort.

Morgen. An den Regen erinnern nur noch kleine Pfützen auf dem sonnenbeschienenen Asphalt. Sonntag. Er entscheidet sich für Arme Ritter und Würstchen, weil er damit rechnet, daß er morgen früh wieder vor muffigen Haferflocken sitzt. Janice wischt nie die Küchenschränke aus, bevor sie mit ihm abreist. Praktisch, wenn es einem nichts ausmacht, Ameisen und Schaben zu füttern. Er hat noch lange den Geschmack von Ahornsirup und Eiern im Mund, der ihm nicht besonders angenehm gewesen ist. Arme Ritter sind nie mehr so gut wie die, die Mom ihm gemacht hat, bevor sie ihn zur Sonntagsschule losschickte: die flachen, in wenig Fett gebackenen goldgelben Brotdreiecke, der Sirup aus der bunten Blechdose, die die Form einer Blockhütte gehabt hat und deren Tülle der Schornstein war. Als er das Gepäck in den Kofferraum legt, frappiert es ihn, nicht zum erstenmal, wie schräg die Rücklichter des Celica stehen: das Auto sieht von hinten so aus, als hätte es Schlitzaugen.

Bevor eine Stunde herum ist, überquert er den St. Marys River, sieht ein Highway-Schild, auf dem WILLKOMMEN IN FLORIDA steht, und hört im Radio Werbespots für Blue Cross, Gebißhaftcremes, Lungenkliniken. Der Straßenrand wird sandig, und der Verkehr nimmt zu, bekommt Glanz. Jacksonville taucht plötzlich auf, ein Wundergebilde aus blaugrünen Wolkenkratzern, eine Stadt der Träume am Ende des Kieferntunnels, schimmernde Glaskästen, aufgehäuft rings um den höchsten Klotz, das Baptist Hospital. Brücken heben einen hoch über den St. Johns River hinweg, und Jacksonville funkelt aus immer wieder anderer Perspektive wie ein Edelstein, den man in der Hand hin und her wendet; man zahlt eine Straßenbenutzungsgebühr und muß achtgeben, daß man sich nicht auf dem Highway nach Green Cove Springs oder nach Tallahassee wiederfindet. Route 95 ist jetzt nur noch einer von vielen Superhighways. Die Autos werden groß und üppig, die Lastwagen transportieren frischen Rollrasen statt entrindeter Kiefernstämme. Treibenden Booten gleich, die sich verirrt haben, drängen sich rings um ihn große weiße Campingbusse und Wohnwagen, Winnebagos und Starcrafts, Pathfinders und Dolphins, Heime auf Rädern, der Mann am Steuer, den Ellbogen zum Fenster hinausgereckt, die Frau zu Hause hinter ihm, das Bett machend. Aus allen achtundvierzig Staaten kommen sie nach Florida, diese Caravans, tragen sogar Colorados grünes Gebirgsprofil und Maines gestikulierenden roten Hummer. Harry bemerkt ein neues Floridanummernschild, eines mit einem leicht verschwommenen dreifarbigen Gedenkzeichen für die Challenger, zwischen den vielen, in deren Mitte noch der grüne floridaförmige Fleck prangt wie etwas, das man sich auf die Krawatte gekleckert hat. War das nicht die Schande des Jahrzehnts, diese arme Lehrerin aus New Hampshire und dies kraushaarige jüdische Mädchen, dazu die Männer, einer von ihnen ein Schwarzer, ein anderer ein Asiat, alle zusammen ein hollywoodhafter repräsentativer Querschnitt durch die amerikanische Bevölkerung, hochzuschießen, um sie eine Minute später auf den Fernsehschirmen explodieren zu lassen? Die mit der Untersuchung beauftragten Experten nehmen jetzt an, daß die sieben höchstwahrscheinlich bei Bewußtsein waren, als sie dem Wasser entgegenfielen, bei Bewußtsein, zwei oder drei Minuten lang. Harry fährt tiefer nach Florida hinein, froh, wieder zwischen den Palmen und weißen Dächern und in der tropischen Dünne zu sein, die Wolken Blau auf Grau auf Weiß auf Blau, als arbeite der große Himmelsmacher hier mit leichteren Materialien.

Man bleibt auf der parallel zur Ostküste verlaufenden 95, bis die 4 abzweigt, und fährt dann schräg hinüber, durch ganz Disney World, wo die arme kleine Judy so gern hingewollt hat – nächstesmal, wenn sie kommen, müssen sie's einplanen. Anders als die selbsternannten Reiserouten-Experten im Condo (er hat Ed Silberstein immer schon für einen Besserwisser gehalten, auch bevor sein Sohn versucht hat, sich an Pru heranzumachen), die empfehlen, die 4 erst bei der Interstate 75 zu verlassen und an Minuten zu sparen, was man an Kilometern drangeben muß, oder wenigstens die 17 nach Port

Charlotte zu nehmen, fährt er gern auf der 27 nach Süden, mitten durch den heißen flachen Bauch des Staates, durch Haines City und Lake Wales in die Leere westlich des Seminolen-Reservats und des Lake Okeechobee, und dann auf der 80 hinüber nach Deleon.

In Florida ist es nicht schwierig, Golden-Oldies-Sender im Autoradio zu finden. Wir sind alle Oldies hier unten. Die Musik deines Lebens, wie einige der Ansager gern sagen, unaufhörlich rollt sie heran, Patti Page bettelt: «Never let me gooooo, I love you sooooooo» und kriegt dann so selbstbewußt das lateinamerikanische «ay yai yai» und das mit den Caballeros hin und hört auf mit «I've waited all my life, to give you all my love, my heart belongs to you», und dann singt Tony Bennett oder einer von den andern muhenden Italienern «Be My Love» and dann Gogy Grant mit «The Wayward Wind», er hat seit Ewigkeiten nicht mehr an Gogy Grant gedacht, der Song wird selten gespielt und belebt keine Gedächtniszellen in ihm, während die Landschaft draußen vor den Autofenstern, jenseits des Brausens der Klimaanlage, immer flitteriger wird, *Flohwelt, Aktives Erwachsenenleben*, und Auto auf Auto vorbeizieht und einen orangefarbenen Garfield am Rückfenster kleben hat mit Tatzen, die Saugnäpfe sind. «Why you ramble, no one knows» – Nat «King» Cole singt «Rambling Rose», endet federleicht mit der Zeile «Why I want you, heaven knows», und man kann fast das weise kleine Lächeln sehen, und dann «Tzena, Tzena», das hat er auch seit Jahren nicht gehört, die Musik kommt nicht mehr ethnisch daher, und «Oh, My Papa», apropos ethnisch, und Kay Starr schmeißt sich wirklich rein bei «Wheel of Fortune», all dies Schlucksen und Hicksen und Geackere, «Pu*leazzze* let it be now» und «A-Tisket, A-Tasket», das reicht wirklich weit zurück, er ging in die Grade-School damals mit Lottie Bingaman, war verliebt in Margaret Schoelkopf, und Presleys «Love Me Tender», sollen sie über ihn herziehen, soviel sie wollen, als er noch nicht verfettet war und in Drogen versackt und von Gespenstern heimgesucht, hat er wahrhaft eine Stimme gehabt, eine wunderbare Stimme, nicht wie das Nebelhorn Sinatra, und jetzt Ray Charles, auch eine richtige Stimme, «I Can't Stop Loving You», «dreaming of yesterdaysss», wie sich das so hinzieht und leiser wird, und das komische Kopfgewackel von dem Blinden, und dann «Where the Boys Are» von Connie Francis, eine Stimme, bei der sich einem die Kopfhaut zusammenzieht, das schon, aber zu wessen Leben gehören diese Songs? Das war die Strandparty-Zeit, er war da schon verheiratet, hatte sich getrennt und wieder versöhnt und arbeitete bei Verity Press, für ihn gab's keine Parties mehr. Ronnie Harrison und Ruth, die das ganze Wochenende an der Jersey-Küste gevögelt haben: das sitzt immer noch wie ein Stachel in ihm.

Der Sender verblaßt und verlischt, und bei der Suche nach einem anderen gerät Harry kurz in eine Gottesdienstübertragung, irgendeine evangelikale Sekte, ein Mann schreit: «Jesus weiß alles! Jesus sieht dir ins Herz! Jesus sieht den Tod in deinem Herzen!», und Harry sucht weiter und findet – zu spät, um das ganze Geschluchze mitzubekommen – Johnny Rays «Cry»: «If your *sweet*heart sends a *let*ter of good-*bye*», das war die Zeit, als die Army ihn wollte und er sich von Mary Ann trennen mußte, er wußte nicht, daß es für immer sein würde, sie waren verschiedener Meinung über Johnny Ray, Rabbit beharrte darauf, daß der Kerl andersrum sein müsse, sonst würde er nicht so singen, und unten in Texas ging ihm dann auf, daß das Lied für ihn war, sein Sweetheart hatte ihm einen Goodbye-Brief geschickt. Nächste Nummer, Dean Martin kommt angeschlunzt mit «That's Amore»: zu der Zeit war Harry zurück und hatte was mit Janice angefangen, dem stillen Mädchen hinter dem Tresen mit den Nüssen bei Kroll, ihr kleiner fester Körper, die Herausforderung, die ihre ratlosen dunklen Augen für ihn bedeuteten, er weiß noch, wie er zum Spaß immer «That's amore» sagte, wenn sie gefickt hatten im Zimmer ihrer Freundin, das sie benutzen durften und von dem man auf die grauen Gastanks am Fluß hinaussah. «Only the Lonely», zwitschert der verblichene Roy Orbison. «There goes my baby, there goes my heart», mit dieser erstaunlichen Stimme, die sich höher und höher schraubt, bis man denkt, gleich muß sie springen wie Kristall, was sie in gewisser Weise ja auch getan hat; Orbisons Totsein, vermutet Rabbit, ist der Grund, warum dies Lied ein Golden Oldie ist.

Die Songs plätschern weiter und werden alle halbe Stunde von Nachrichten unterbrochen. Bei einer Bombenexplosion in Kolumbien sind vierundachtzig Personen verletzt worden, der kolumbianische Jammer wird verstärkt durch einen Preisrückgang bei Kaffee, Präsident Bushs bevorstehende Rede zu den Drogenproblemen der Nation führt in Washington zu Spekulationen, ob er an Reagan heranreicht. Aus gut unterrichteter Quelle, ebenfalls in Washington, verlautet, das neugeborene Pandajunge, das in einem Brutkasten um sein Leben kämpft, habe noch Aussichten, es zu schaffen. Die Lokalnotizen besagen, daß sich im Caloosahatchee-Becken weiterhin Seekühe tummeln und die Dolphins gestern in Miami von den Philadelphia Eagles zwanzig zu zehn geschlagen worden sind. Rabbit hört diesen Punktestand gern, aber die alten Songs, all dies Gesülze über Liebe, Liebe, die Süße, die Raffiniertheit, die Hündchen im Fenster und Mami, die den Nikolaus küßt und die unartige Lady von Shady Lane, die Streicher im Hintergrund, die Pizzicato-Übergänge und Bläser-Crescendi, die einen in Verzückung bringen sollen, gehen ihm auf die Nerven: es paßt ihm nicht, so spät noch vor Augen geführt zu bekommen, daß die Songs seines Lebens ebenso schwachsinnig gewesen sind wie der Rock, mit dem die hirnlose Jugend von heute sich zudröhnt, oder der Mist aus den Sechzigern und Siebzigern, von dem Nelson nicht genug kriegen konnte – alles nur für leere Köpfe und überhitzte Hormone gemacht, ein Ozean, weiß überschäumt, und sich das jetzt anzuhören ist, als versuche er, einen doppelten Bananensplit zu essen wie früher. Alles Wegwerfzeug, zusammengebraut, um schnellen Profit zu bringen. Sie führen uns den Gartenweg hinunter, die Musikhersteller, dann machen sie kehrt und bringen mit derselben Pampe, geschmacklich nur leicht verändert, die nächste Generation auf den Weg.

Rabbit fühlt sich betrogen. Er ist in einer Welt aufgezogen worden, in der nicht der Krieg etwas Fremdes war, sondern der Wandel: die Welt stand still, damit man in ihr aufwachsen konnte. Er weiß, wann sie zusammengebrochen ist. Als das Kroll's zugemacht wurde, das Kroll's, das die ganzen Jahre mitten in Brewer gestanden hatte, größer als eine Kirche, älter als das Verwaltungsgebäude, gleich vorn am Weiser Square, und jedes Jahr zu Weihnachten unirdisch schön dekorierte Schaufenster hatte, im Kreis fahrende Eisenbahnen, nickende Puppen und funkelnde Sterne in den Eckfenstern, als hätte Gott selbst sie dorthin gehängt, damit sie die dunkelste Zeit des Jahres erhellten. Als kleines Kind hat er nicht unterscheiden können zwischen dem, was Gott macht, und dem, was die Leute machen; es ist alles irgendwie von oben gekommen. Er weiß noch, wie er als Kind mit seiner Mutter in der Kälte gestanden und in diese lamettaglänzende Spielzeugwelt gestarrt hat, die so wirklich gewesen ist wie jede andere, er spürt die beißende Luft an seinen Wangen, hört den bettelnden Klang der Heilsarmeeglocken, riecht den Duft der warmen weichen Brezeln, die man damals auf dem Weiser Square kaufen konnte, fühlt wieder die erwachsene Eile rings um sich, dick verpackte Körper, die sich ins Kroll's hineindrängten, wo es alles zu kaufen gab, von allem das Beste, einerlei, ob Gardinen oder Betten, Spielsachen oder Kochtöpfe, Porzellan oder Silberzeug. Als er später dort im Versand arbeitete, hat er die Kehrseite gesehen, das schnelle Einstellen und wieder Entlassen von Arbeitskräften, die nicht konsequent geführten Sortimente, die abrupten Wechsel in der Mode, das panikartig Glücksspielhafte der ganzen Verkaufspolitik, aber an das Kroll's als Ganzes, an seine Autorität, die Redlichkeit seiner Absichten hat er weiterhin geglaubt. Eines Sommers dann hat die Gesellschaft aus heiterem Himmel beschlossen, das Geschäft zuzumachen, nur weil keine Kunden mehr kamen, weil Weiße inzwischen Angst vor der Innenstadt hatten, und da ist Rabbit aufgegangen, daß die Welt nicht stabil und voll Güte war, sondern eine schäbige

Anordnung einstweiliger Vorkehrungen, arrangiert nur für den Augenblick und ausschließlich des Geldes willen. Man ging hindurch und wurde ausgenommen, besonders wenn man jung und leichtgläubig war. Wenn das Kroll's verschwinden konnte, konnte auch das Verwaltungsgebäude verschwinden, konnten die Banken verschwinden. Wenn das Geld nicht mehr floß, konnten sie Gott selber dichtmachen.

Auf viele Kilometer in der näheren und ferneren Umgebung von Disney World halten schlichtere Vergnügungs- und Themenparks ihre Auffangschalen für die überfließenden Touristenströme bereit. Wachsfigurenkabinett. Wet 'n' Wild, eine Wasserrutschbahn. Sea World. Circus World, nicht die in Sarasota, die wegen Renovierung geschlossen ist. Ein Museum mit alten Puppen und Spielsachen. Alt, alt, heutzutage werden Sachen als Antiquitäten verkauft, die nicht mal halb so alt sind wie er, noch so ein Schwindel. Die 27, die genau südlich verläuft, führt einen durch leicht hügeliges, trockenes, blasses, von der Hitze gebleichtes Farmland mit farblosen Kühen auf weiten versengten Feldern, durch Orangenhaine mit ihrem dichten, dunklen, künstlich bewässerten Grün, an gewaltigen Wassertanks vorbei, die wie riesige Pilze aussehen, wie Raumschiffe, die aus dem Jenseits gekommen sind. Wackelige, selbstgemalte Schildchen am Straßenrand bieten GESCHÄLTE ERDNÜSSE an, kleine mexikanische Mädchen stehen hinter den Verkaufsständen, und wie als schwaches Echo der riesigen Freizeitparks weiter oben im Norden gibt es hier einen rührenden, staubigen Rummelplatz, windschiefe Konstruktionen, zusammengeschraubt für einen wenige Sekunden dauernden schwindlig machenden Spaß, außer Betrieb jetzt, auf die abendlichen kleinen Kunden wartend.

Die Sonne steht jetzt hoch, die grauen Wolkenfetzen des Morgens haben sich aufgelöst, und die Hitze ist ernst, zermalmend, erschreckend, als er an einer Texaco-Tankstelle aus dem Celica steigt und zu den Waschräumen geht; es gibt kein Entrinnen, sie ist überall, wie Schnee am Südpol, sie treibt sogar in die Herrentoilette hinein, eine feuchte Hitze wie im

Sommer in Pennsylvania, aber sengender, als hasse sie einen. Die Straße ist breit, hat Ampeln und wird von kleineren, aus dem gebleichten Farmland kommenden Straßen gekreuzt; kleine Städte ziehen vorbei, Lake Wales, Frostproof, Avon Park, Sebring, und er denkt über das Leben nach, das hier, fern von den Küsten, den Condos, den Fischkuttern, gelebt wird von Menschen, die aufstehen und zur Arbeit gehen genau wie die in Brewer, nur daß hier von der Sonne alles plattgedrückt ist: wie sind sie hierher geraten, so nah ans Ende der Welt, auf diese Sandbank, die sofort weggespült werden würde, wenn wegen des Kohlendioxyds in der Atmosphäre die Antarktis zu schmelzen anfinge und den Meeresspiegel steigen ließe? Eine dicke Rauchsäule taucht zu seiner Linken, in Richtung des Seminolenreservats auf, dicht und giftig, eine Katastrophe, eine Atombombe, Krieg ist ausgebrochen, während er sich in musikalischen Erinnerungen erging; er denkt, er gerät gleich in einen Waldbrand, aber nichts geschieht, die Rauchsäule entschwindet langsam, er wird nie wissen, was es war. Wahrscheinlich eine brennende Müllkippe. Harry fühlt sich am ganzen Körper verkrampft vom langen Sitzen und nimmt ein Nitrostat wegen des angenehmen kleinen Aufwallens, das es in ihm auslöst, wegen des lockernden Effekts, des Kitzelns.

Das Land ist kaum noch besiedelt und sieht immer zerlumpter aus. Die Ortschaften schmücken sich mit seltsamen Namen wie Lake Placid, Venus, Old Venus und Palmdale; gleich hinter Palmdale, wenn man den Fisheating Creek überquert – bei Harrisburg, um genau zu sein, im Norden die Hauptstadt von Pennsylvania, hier unten ein Nichts –, schwenkt man nach rechts auf die 29, eine schmale Straße, die so gerade und flach ist, daß man kilometerweit sehen kann. Lastwagen kommen einem durch einen flirrenden Glast entgegen, der ihre Räder unsichtbar macht, Rednecks in Transportern drängeln im Rückspiegel und wollen überholen, kaum irgendwelche Schilder, ein Gefühl von Sumpf ringsum, so weit weg von aller Zivilisation, daß der Radiosender immer schwächer wird, der letzte Song, den er bringt, bevor er endgültig erstirbt, ist älter als Rabbit und heißt «Say It Isn't So», Connie Boswell singt ihn mit einem wehmütigen kleinen Lispeln, ganz ruhig, als ob sie zu einem spräche, «you've found somebody newww», die Band im Hintergrund leise und blechern, wie die Kapellen, die früher in Hotelhallen voller Topfpalmen gespielt haben, ein Zwanzigerjahregefühl, man hat damals drauflos gelebt, sich keine Sorgen gemacht wegen Rauchen und Trinken und Cholesterin, einfach genossen, «Ssay it isn't sso», er könnte weinen, sie klingt so aufrichtig, so ehrlich verletzt. Was führt Janice eigentlich im Schilde? Er wird noch früh genug dahinterkommen.

Man denkt, die 29 nimmt nie ein Ende, wie sie da zwischen den Sumpfwassergräben und der starren grauen Vegetation hinläuft, aber schließlich mündet sie bei La Belle in die 80, die unmittelbar südlich des Caloosahatchee nach Westen strömt, und dann ist man auch fast schon zu Hause, Schilder weisen den Weg zum Southwest Florida Regional Airport, und Flugzeuge donnern tief über ihn hinweg, er könnte sie durch seine Windschutzscheibe hindurch abschießen, wenn er die *Vincennes* wäre. Aus Nostalgiegründen, um sich wieder hineinzufinden in diese Sache mit Florida, nimmt er nicht die Interstate 75, sondern fährt weiter bis zur 41. Starvin' Marvin. Allgemeine Prothetik. STARLITE MOTEL. Damals sind er und Janice in ein Motel gegangen, als ob sie ein illegales Pärchen wären, dabei sind sie zu der Zeit schon dreizehn Jahre verheiratet gewesen. Unglückszahl, aber sie haben's überstanden. Dies Jahr sind's dreiunddreißig Jahre. Vierunddreißig, seit sie das erste Mal gefickt haben. Damals im Kroll's hat er nie daran gedacht, daß sie mal Geld haben würde. Er hat einfach gefunden, daß sie eine rührende kleine dumme Nuß ist hinter ihrer Theke mit den Nüssen. «Jan» war auf ihren braunen Kittel gestickt, etwas Unsicheres, Aufregendes ist um sie gewesen, eine selbstsichere unabhängige Frau wie Elvira steht wahrscheinlich gar nicht so auf Sex, Jan ja, sie konnte es gar nicht fassen, als er mit dem Mund zu ihr kam, wie er es immer mit Mary Ann im Auto gemacht hat, nur daß es jetzt auf einem Bett war. Mom war nicht begeistert von Jan; mit seifigen Armen in der Küche stehend hat sie gesagt, Fred Springer mit seinen Gebrauchtwagen sei ein Roßtäuscher. Jetzt ist Springer Motors kaputt, finito. Den Bach runtergegangen, genau wie das Kroll's. Nichts ist mehr heilig.

Harry kommt an seine Abzweigung von der 41. Die Flederwische des Pampasgrases, die blühenden Sträucher an den gewundenen Straßen sehen anders aus um diese Zeit im Jahr, frischer. Er ist um diese Zeit noch nie hier gewesen. Es scheint leerer zu sein, weniger Autos stehen in den Einfahrten, mehr Vorhänge sind zugezogen, die Gehwege sehen aus, als würde noch weniger auf ihnen gegangen als sonst, der Verkehr ist spärlicher, obwohl gerade Hauptverkehrszeit ist und dieser spätnachmittägliche Schleier in der Luft liegt, matt wie angelaufenes Silber. Er sieht kein einziges überfahrenes Gürteltier auf dem Pindo Palm Boulevard. Der Posten am überwachten Eingang zum Valhalla Village, ein hagerer bebrillter Schwarzer, den Harry noch nie gesehen hat, kennt ihn nicht, findet seinen Namen aber auf der Liste der Bewohner und winkt ihn durch, ohne zu lächeln, die Effizienz in Person, wahrscheinlich College-Absolvent, überqualifiziert.

Der Code für die innere Eingangstür zum Haus B funktioniert nicht. So viele Nummern in seinem Leben, vielleicht tippt er gerade eine falsche Zahlenfolge ein. Aber als er auch beim dritten Versuch keinen Einlaß findet, ist er sicher, daß es nicht an ihm liegt, sondern daß der Code sich geändert hat. Und so muß Harry, lahmend auf dem rechten Bein, das steif ist von über dreitägigem Druck aufs Gaspedal, in der betäubenden Hitze, durch den Ansturm halbvergessener tropischer Aromen hindurch – Hibiskus, Bougainvillea, trockene Palmwedel, knirschendes derbes Augustinusgras – über die mit Teppich belegte Verkehrsinsel und den Asphalt zum Verwaltungsbüro im Haus C humpeln und ihn sich besorgen, den neuen Code.

Sie sagen, sie hätten ihm die neue Zahlenkombination an seine Sommeranschrift im Norden geschickt; er erwidert:

«Meine Frau muß den Brief zerrissen oder verloren oder sonstwas damit gemacht haben.» Seine Stimme klingt jetzt, wo er wieder mit jemandem redet, eigenartig und krächzend, scheint aus einer Quelle etliche Fußbreit außerhalb seiner selbst zu kommen, wie ein nur von einer Seite ertönendes Echo, das uns manchmal bei der Stereoanlage im Auto erschreckt. Er fühlt sich unbehaglich und verletzlich ohne das Auto um sich herum: eine Meeresschnecke ohne ihr Gehäuse. Auf dem Rückweg schaut er kurz in den Club Nineteen hinein und ist überrascht, daß kein Tisch besetzt ist, weder drinnen noch draußen, obwohl zwei Vierer am ersten Abschlag warten, in den länger werdenden Schatten. Um diese Zeit im Jahr, vermutet er, spielt man nicht mitten am Tag.

Im Fahrstuhl steckt eine andersfarbige Inspektionskarte im Wechselrahmen, der pfirsichfarbene Flur riecht nach einem anderen Raumspray, ist mit einem nostalgischen Hauch von Limonade parfümiert. Die Tür zum Apartment 413 öffnet sich mühelos, die beiden Schlüssel kratzen in den schlängeligen Löchern, drehen sich, und keine Spinnweben sind da, die ihm ins Gesicht wehen, keine großen braunen haarigen Spinnen, die über den Teppich davoneilen. Er malt sich in letzter Zeit alle möglichen Schauerlichkeiten aus. Das Apartment ist, wie es immer war, vollkommen unbewegt wie eine Rekonstruktion seiner selbst – die von beiden Seiten nutzbaren Regale, die Vögel und Blumen, die Janice aus kleinen weißen Muscheln gebastelt hat, das große grüne Glasei, das aus Ma Springers altem Wohnzimmer stammt, das blonde eckige Sofa, der Schreibtisch, der so tut, als sei er aus Bambus, der grüngraue tote Fernsehschirm. Niemand hat sich die Mühe gemacht, in der Wohnung etwas zu verrücken oder sie auszurauben, ein bißchen beleidigend. Er trägt seine beiden Gepäckstücke ins Schlafzimmer und öffnet die Schiebetür zum Balkon. Das Geräusch seiner Schritte macht tiefe Kerben in die Stille. Ein elektrisch geladener Vorwurf hängt in der stagnierenden Luft. Das Apartment hatte nicht mit ihm gerechnet, er ist zu früh. Nach einer so großen Entfernung hier angekommen zu sein, läßt alles vergrößert erscheinen, wie den zernarbten Kopf einer Stecknadel unterm Mikroskop. Das ganze Apartment – die Möbel, die aquamarinblauen Küchenschränke, die Arbeitsfläche aus Resopal, die rechten Winkel, in denen Türrahmen und Fußleisten sich treffen – kommt Rabbit wie ein festes Gefüge vor, das sorgfältig zusammengezimmert ist, um eine überquellende Angst einzudämmen.

Das weiße Telephon hockt da und wartet darauf, daß jemand es läuten läßt. Er nimmt den Hörer auf. Kein Tuten. Gott am Apparat. Abgeklemmt um diese Zeit im Jahr. Heute ist Sonntag, morgen ist Labor Day. Die alte Rätselfrage: wie ruft man ohne Telephon die Telephongesellschaft an?

Aber als das Telephon wieder angeschlossen ist, läutet es immer noch nicht. Die Tage vergehen, ohne daß etwas geschieht. Die Golds von nebenan sind in Framingham. Bernie und Fern Drechsel sind gleichfalls im Norden und wechseln zwischen den Häusern ihrer beiden Töchter, die eine im Westchester County, die andere noch in Queens, und dem entzückenden Heim ihres Sohns in Princeton und einem Cottage, das er in Manahawkin hat, hin und her. Die Silbersteins haben ein Haus in North Carolina, das sie von April bis November bewohnen. Als Harry Ed einmal fragte, warum sie nicht wieder nach Toledo gingen, hat Ed ihn mit seinem klugscheißerischen Blinzeln angesehen und zurückgefragt: «Schon mal in Toledo gewesen?» Der Valhalla-Speisesaal ist gruselig: leere Tische, widerhallendes Klirren von Besteck gegen Porzellan und nur einmal in der Woche Bingo. Auf dem Golfplatz sind frühmorgens lärmende Vierer zugange und wecken Harry, wenn der Mond noch hell am Himmel steht – jüngere Männer, in Deleon ansässige Geschäftsleute, die in der Nebensaison zu ermäßigten Preisen Clubmitglieder werden –, und von zehn bis vier dörren die Fairways dann bei fünfunddreißig Grad vor sich hin, ausgestorben bis auf den streunenden Hund, der quer über die Anlage schnürt, und die

Katzen, die in den Sandbunkern scharren. Als Harry sich eines Morgens aufrafft, eine Runde für sich allein zu spielen, und sich einen Elektrokarren nehmen will, stellt er fest, daß man im Pro-Shop seine Golfschuhe verbummelt hat. Der Junge hinter dem Ladentisch – der Pro und der Hilfspro sind beide noch oben im Norden, in Countryclubs, die nicht vor Ende Oktober schließen – sagt, er sei sicher, daß sie irgendwo sind, es sei nur so, daß um diese Zeit im Jahr ein anderes System herrscht.

Außer ihm scheint nur eine einzige andere Person im vierten Stock anwesend zu sein, die Verrückte von Apartment 402, Mrs. Zabritski, eine Witwe mit wilden weißen Haaren, die sie mit zwei alten Schildpattkämmchen hochsteckt, was die Verwirrung nur größer macht. Die Golds haben ihm gesagt, daß sie als Kind in einem Konzentrationslager war. Sie sieht Harry an, als sei er auch verrückt, weil er hier ist.

Eines Tages erklärt er ihr, weil sie sich im Fahrstuhl treffen und sie ihm einen komischen Blick zuwirft: «Ich hatte plötzlich die Idee, dies Jahr früher herzukommen. Meine Frau fängt gerade an, sich auf dem Immobiliensektor zu betätigen, und mir wurde es langweilig, dauernd im Haus rumzuhängen.»

Mrs. Zabritskis kleiner halsloser Kopf ist schief zur Seite gedreht, als drücke sie sich mit der Schulter einen unsichtbaren Telephonhörer ans Ohr. Sie starrt wütend zu ihm hinauf, ihre Lippen entblößen die langen falschen Zähne in einem straffgezogenen Oval, das ihn an das Batman-Logo erinnert, das in diesem Sommer überall zu sehen gewesen ist. Ihre Augen sind von roten Äderchen durchzogen und sitzen heiß und rund in ihren skeletthaften Höhlen, geben ihr das Hinschwindende, das auch Lyle gehabt hat. «Höllisch», scheint die verhutzelte alte Dame zu sagen, ihre Lippen bewegen sich verkrampft, mühen sich, die Zähne festzuhalten.

«Was? Was ist?»

«Das Wetter», sagt sie. «Ihre Frau –» Sie stockt, ihre Lippen mahlen.

«Meine Frau was?» Rabbit bemüht sich, seinen Drang zu schreien zu bändigen, denn schwerhörig scheint sie nicht zu sein, trotz ihrer gequälten schiefen Kopfhaltung.

«Ist ein niedliches kleines Ding», bringt sie zu Ende, sieht aber zornig aus, als sie das sagt. Ihr Haar steht in kleinen Büscheln zu Berge, als hätte sie es mit Shampoo eingeschäumt und sich dann nicht weiter darum gekümmert.

«Sie kommt bald her», sagt er fast schreiend, verlegen ebensosehr wegen seiner Geheimnisse, seiner hoffnungsvollen Lügen wie wegen ihrer zwergenhaften, verkrümmten Verrücktheit. Dies ist also die Art von Frau, die ihm am Ende bleibt, nach Mary Ann und dann Janice, nach Ruth mit ihrer seidig-sackigen Schwere, Peggy Fosnacht mit dem Silberblick, Jill mit den Mädchenbrüsten und der stumpfen Willfährigkeit, Thelma mit ihrem schwarzen Schrein und Pru, die matt im Dunkel geleuchtet hat wie eine ruppige Straße unter blühenden Bäumen, abgesehen von der müden Hure in Texas mit dem körnigen Zucker in der Stimme und der anderen Frau in seinem Leben, die es für Geld gemacht hat, ein Mädchen, an das er sich manchmal, in großen Abständen, erinnert, er hat sie bei einem Betriebsfest der Verity Press im Polnisch-Amerikanischen Club in Brewer getroffen, sie war mager und hatte eine Erkältung und behielt ihren Büstenhalter und ihren Pullover an in dem zur Seite hinausgehenden Zimmer, wo sie auf einem Feldbett auf ihn wartete wie eine Gefangene, jung, ihr Bauch und ihre Schenkel schweißnaß wegen der Erkältung, aber glatt und blaß, ein paar babyblaue Äderchen, wo die Haut sich um die Beckenknochen spannte, ihre Möse ein altmodisches naturbelassenes dunkelfarniges Dreieck, an den Seiten nicht rasiert, um zu einem Badeanzug zu passen, wie man sie in den Pornomagazinen sieht; er hat immer gedacht, daß sie Polin war, weil der Club diesen Namen hatte, sie war vielleicht achtzehn, Mrs. Zabritski könnte in dem Alter gewesen sein, als sie aus dem Konzentrationslager herauskam, glatthäutig, biegsam, eine junge Überlebende. Was die Zeit den Menschen antut: ihr Gesicht ist in Furchen zerborsten, die sich kreuz und quer überschneiden, ein Schachbrett aus Haut.

«Sie sollte sich damit Zeit lassen», sagt Mrs. Zabritski.

«Ich richte ihr aus, daß Sie das gesagt haben», sagt er laut und kämpft gegen den Magnetismus an, der in der unausgesprochenen Tatsache liegt, daß sie eine Frau ist und er ein Mann, beide allein und verrückt, nur wenige Türen voneinander entfernt an diesem Korridor, der wie eine lange pfirsichfarbene Rutsche ist und glitzert wegen der Silberlinien in der Prägetapete. Sein ganzes Leben kommt ihm wie eine Reise in die Körper von Frauen vor, warum sollte seine Reise jetzt zu Ende sein? Angenommen, sie war 1945 achtzehn – er war zwölf damals –, dann ist sie nur sechs Jahre älter als er. Zweiundsechzig. Das geht, da kann sie noch ein bißchen Saft zusammenbringen. Beu Gold ist älter und sexy.

Er versucht fernzusehen, aber es macht ihn unruhig. Die letzten Sommer-Wiederholungen sind durchsetzt mit Vorschauen auf neue Serien, die nicht viel anders aussehen: Familien, Gelächter-Soundtracks, irre komische unerwartete Besuche, diese dreiseitigen Wohnzimmerdekorationen mit der Treppe im Hintergrund wie in den *Cosby*-Folgen und der Haustür rechts, durch die die drolligen, gutmütigen Großeltern kommen und Geschenke und Probleme mit sich bringen. Bei *Cosby* ist die Tür rechts, bei *Roseanne* links. Der fette Ehemann wird auch seine kardiovaskulären Schwierigkeiten kriegen. Fernsehfamilien und die, die man selber hat, sind kaum voneinander zu unterscheiden, außer daß die eigene nicht alle sechs Minuten von Werbung unterbrochen wird und die im Fernsehen sich nie so deprimierend festfahren, nie in diesen Zustand kommen, wo nichts mehr passiert, kein parodistischer Sketch, keine irre komischen Besucher, keine Lachsalve vom Soundtrack, nichts, nur Langeweile und ein Gefühl des Verlorenseins, vor allem, wenn man morgens aufwacht und der Mond noch scheint und Männer am ersten Abschlag stehen und lärmende Wetten abschließen.

Zuerst denkt er, Janice hat in den ersten vier Tagen, bevor

das Telephon am Donnerstag wieder angeschlossen worden ist, so oft versucht, ihn zu erreichen, daß sie glaubt, die alte Nummer könne nicht mehr stimmen. Dann fängt er an, ihr Schweigen als endgültiges Statement zu akzeptieren. *Ich werde dir das nie verzeihen.* Okay, er wird den Teufel tun, sie anzurufen. Dumme Nuß. Reiche Zimtziege. Jetzt auch noch Working Girl. Hält sich für wer weiß wie toll, denkt, sie kann jedermanns Leben in Ordnung bringen mit diesen Buchprüfern und Anwälten, die Charlie ihr aufgeschwatzt hat, dabei hat er sie schon so betrunken erlebt, daß sie's nicht allein ins Badezimmer geschafft hat, wenn sie pinkeln mußte. Die wenigen Male, wo Harry schwach wird, meist gegen vier oder fünf, wenn er die Geräusche vom Golfplatz, die um die Zeit wieder einsetzen, nicht mehr aushalten kann und es noch Stunden bis zum Abendessen hin ist, klingelt und klingelt das Telephon im kleinen Kalksteinhaus in Penn Park, und niemand nimmt ab. Er legt dann auf und ist in gewisser Weise erleichtert. Das Nichts hat seine Klarheit. Wie das Laufen. Er hat ihr gezeigt, daß er noch Mumm in den Beinen hat, und jetzt zeigt sie ihm, daß sie noch bockig sein kann. Ihr Schweigen macht ihm angst. Er wehrt die Vorstellung ab, sie könnte einen Unfall haben – in der Badewanne ausrutschen oder mit dem Camry von der Straße abkommen, weil sie bei Nelson oder in einem vietnamesischen Restaurant mit Charlie zuviel getrunken hat. Und er weiß nichts davon. Froschmänner von der Polizei finden sie ertrunken auf dem Rücksitz wie das Mädchen aus Wilkes-Barre vor zwanzig Jahren. Aber nein, man würde ihn benachrichtigen, wenn etwas passierte, irgend jemand würde ihn anrufen, Nelson oder Charlie oder Benny aus der Firma, wenn es noch eine Firma gibt. Mit jedem Tag hier unten scheinen die Vorgänge in Pennsylvania ein bißchen weiter weg zu rücken. Während er sich durch die leeren Apartmenträume bewegt, von denen man über die parallel laufenden Fairways hinweg auf eine Wüste von Dächern mit spanischen Ziegeln blickt, ist ihm, als sei sein ganzes Leben unwirklich gewesen oder nicht wirklicher als das Leben in Fernsehserien, und jetzt ist es zu spät, es wirklich zu machen, ernst zu sein, hinunterzulangen in den Eisenkern der Erde und sich ein wirkliches Leben heraufzuholen.

Die Luft hier unten ist um diese Zeit im Jahr mit Gewalt geschwängert, als fände gutes Betragen bei den Einheimischen nur während der Wintersaison statt. Hurrikan-Warnungen *(Gabrielle schlägt zu)*, frontale Autozusammenstöße, maskierte Überfälle im Publix. Am Tag nach Labor Day wird ein junger Footballspieler vom Blitz erschlagen, als er nach dem Training das Feld verläßt; in Florida soll es mehr Tote durch Blitzschlag geben als in irgendeinem anderen Staat. In Cape Coral ist ein Polizist, ein Hispanic, angeklagt, weil er seinen Cockerspaniel mit einer Brechstange zu Tode geprügelt hat. Meeresschildkröten sterben zu Tausenden in Krabbennetzen. Ein Killer namens Pettit, dessen eigene Mutter sagt, er sehe wie Charles Manson aus, wird für geistig-seelisch so stabil erklärt, daß man ihm eine Gerichtsverhandlung zumuten kann. Deion Sanders macht immer noch Schlagzeilen auf der Titelseite der *News-Press* von Fort Myers: einen Tag spielt er Baseball und drischt vier Runs und einen Home Run für die Yankees rein, am nächsten Tag unterschreibt er einen Millionenvertrag als Footballspieler für die Atlanta Falcons, am übernächsten Tag wird er von dem Hilfscop verklagt, den er letztes Jahr zu Weihnachten in der Einkaufspassage tätlich angegriffen hat, und am Sonntag vermurkst er einen Fallstoß für die Falcons, was aber nichts macht, denn er bringt den Ball sowieso hinter die Linie zum Touchdown, der einzige Mann in der Geschichte der Menschheit, der in ein und derselben Woche einen Home Run schlägt und einen Touchdown beim Profifootball erzielt.

## Deion weiß, wie's geht

Soll er's genießen, solange er kann. Er nennt sich Prime Time und ist dauernd in den Fernsehnachrichten, angetan mit Sonnenbrille und Goldkettchen. Rabbit sieht sich an, wie dies große Kind Becker im Finale bei den U.S. Tennis Open Ivan Lendl schlägt, und ist deprimiert, Lendl wirkt so alt und müde und flechsig und ist doch erst achtundzwanzig.

Er spricht mit niemandem, nur mit Mrs. Zabritski, wenn sie ihn im Flur erwischt, und mit den halbwüchsigen Verkäufern, typischen weißen Floridakids, bei denen er Rasierklingen, Toilettenpapier und seine Lebensmittel kauft, und mit den wenigen anderen Ruheständlern, die außer ihm im Valhalla-Speisesaal sind und sich verpflichtet fühlen, ein bißchen Konversation zu machen. Ständig fragen sie nach Janice, es wird langsam peinlich, und so macht er sich jetzt immer öfter irgendein Fertiggericht heiß, bleibt im Apartment, schaltet zwischen den Kabelkanälen hin und her, auf der Suche nach etwas, mit dem sich halbwegs anständig die Zeit totschlagen läßt. In seiner Einsamkeit wird sein Herz zu seinem Gefährten. Er hört hin und versucht, die Botschaften zu entschlüsseln, die es aussendet. Es hat verschiedene Rhythmen, für jede Tageszeit einen anderen, am morgen ein *Tarramp-tarramp*, träge, ein bißchen wie unter Wasser, und gegen Abend, wenn der Organismus müde ist und zugleich aufgeregt, schlägt es aufgekratzter, sprunghafter, mit der Betonung auf dem ersten Schlag, dann ein paar Verzierungen, kleine Pausen, hier und da ein leichtes Stolpern. Es sticht, wenn er aus dem Bett aufsteht, und auch, wenn er sich hinlegt, und immer, wenn er zu sehr über seine Lage nachdenkt, darüber, daß er seine Halteleinen gekappt hat und nun treibt. Er hätte an jenem Abend hinüberfahren und die Suppe auslöffeln können, aber wieviel Suppe soll ein Mensch eigentlich auslöffeln? Ja, er hat mit Pru geschlafen, einmal. Wozu sind wir denn überhaupt hier? Die Frauen beschweren sich, daß Männer bei ihnen immer nur Arsch und Titten sehen, aber was sollen wir denn sonst sehen? Wir sind auf Arsch und Titten programmiert worden. Ausgenommen Leute wie Slim und Lyle, bei denen fehlen die Titten im Programm. Eines weiß er mit Sicherheit: wenn er Teile seines Lebens wieder hergeben müßte, das letzte, das er hergäbe, wäre das Ficken, selbst auf das mit dem Schnupfenmädchen im Polnisch-Amerikanischen Club würde er nicht verzichten, sie hat keine drei Worte gesagt, hat nur seine zwanzig Dollar genommen, viel Geld damals, und sich mit einem Taschentuch die Nase geputzt, während er auf ihr lag, aber sie hat ihm dennoch etwas gezeigt, hat ihn in sich aufgenommen, das getan, worauf es ankommt. Vieles von all dem andern, für das man dankbar sein soll, ist nicht das, worauf es ankommt. Als er sich verärgert aus dem tiefen Korbsessel hochstemmt – er findet *Cheers* scheußlich, jetzt, wo Shelley Long nicht mehr dabei ist, der Kerl mit der Cromagnonstirn, den er nie hat leiden können – und in die Küche geht, um sein Schüsselchen noch einmal mit Keystone-Corn-Chips zu füllen, die es nicht in allen Geschäften hier unten gibt, aber im Winn Dixie am Pindo Palm Boulevard eigentlich immer, spielt sein Herz ihm einen zierlichen kleinen Galopp, so etwas wie den filigranen Riff, den die alten Swing-Drummer früher geschlagen haben, nicht nur die Felle, sondern auch die Ränder klingen lassend, die Musik seines Lebens. Ein erregtes, gehetztes Engegefühl ist in seiner Brust. Es tut nicht weh, ist nur da, versteckt in dem Gemansche in seinem Innern, an das er nicht denken mag, sowenig wie er das halbrohe Roastbeef gemocht hat, das man auf einem Papptablett zum Mitnehmen im Chuck Wagon an der 111 bekam, bevor die Pizza Hut sich dort etabliert hat. Bei jeder abrupten Bewegung spürt er jetzt ein Aufwallen des Kreislaufs, ein jähes Kippen im Kopf, das sein eines Bein für eine Sekunde kürzer erscheinen läßt als das andere. Und die Schmerzen, vielleicht bildet er es sich ein, aber die Bänder über seinen Rippen ziehen sich fester zusammen, das Gefühl, daß ihm da von innen etwas gegen die Haut genäht ist, schneidet sich tiefer in ihn, brennender, als ob der Faden, mit dem der Flicken festgenäht ist, dicker wird und rotglühend ist. Wenn er abends das Licht ausmacht, mag er den Kopf nicht mehr auf nur ein Kissen legen, sein Kopf ist dann wie in ein Loch gesackt, es ist nicht so, daß er nicht richtig atmen könnte, er findet es einfach bequemer, fühlt sich weniger *voll*, wenn er mit dem Kopf hoch auf zwei Kissen liegt und sein Gesicht zur Zimmerdecke gewandt ist. Er kann sich auf die Seite drehen, aber seine alte Art zu schlafen, flach auf dem Bauch, die Füße über die Matratzenkante ragend, mit den Zehen nach unten, ist nicht mehr möglich; ein Nest aus rotvioletten rutschenden halbtoten Gedanken ist da: er erträgt es nicht, sein Gesicht da hinein zu legen. Eine ganze Heerschar von bösen Kobolden gibt es, wie er jetzt merkt, vor der Janices warmer kleiner festgefügter Körper, trotz allen gelegentlichen Schnarchens und Furzens, ihn beschützt hat. In ihrer Abwesenheit schläft er mit seinem Herzen, hört zu, wie es rast und Sprünge macht, wenn er nachts aufschreckt, weil Halbwüchsige über den Zaun geklettert sind und auf dem mondhellen Golfplatz randalieren; weil irgendwo im Zentrum von Deleon eine Sirene heult; weil ein großer Jet aus dem Norden im Tiefflug auf den South West Florida Airport zuhält und dröhnend die Luft aufwühlt. Er wacht auf in lavendelfarbenem Licht und läßt sich dann vom ruhiger werdenden Schlagen seines Herzens wieder hinab- und hinüberziehen.

Seine Träume sind köstlich, wie verbotenes Zuckerwerk – intensiv farbige überbevölkerte Neuanordnungen alter Situationen, die in seinen Gehirnzellen gespeichert sind, Räume wie das kleine Wohnzimmer am Vista Crescent Nummer 26 mit dem Kamin, den sie nie benutzt haben, und der Lampe mit dem Fuß aus Treibholz oder die alte Küche an der Jackson Road mit dem hölzernen Eisschrank und dem Gasherd mit seinen blauen Flammenzitzen und dem Porzellantisch mit den abgenutzten Stellen, in ein anderes Licht gerückt und neu und umdrängt von Menschen in falschem Alter, Mim mit viel grünem Lidschatten und ungefähr so alt, wie Mom gewesen ist, als er und Mim Kinder waren, oder Nelson als kleiner Junge, in der schmierigen Werkstatt bei Springer Motors unter einem Auto hervorkrabbelnd, verwahrlost und kränklich aussehend mit seinem schmutzigen Gesicht, oder Marty Tothero und Ruth und sogar diese dämliche Margaret Kosko, an die er seit dreißig Jahren nicht mehr gedacht hat, und doch war sie in seinen Gehirnzellen, ebenso deutlich mit ihrer unterernährten Stadtblässe wie an jenem Abend in der Nische des chinesischen Restaurants, Ruth neben ihm und Margaret neben Mr. Tothero, dessen Kopf schief und grau aussieht wie der eines sterbenden Nashorns, alle vier sitzen sie jetzt im Valhalla-Speisesaal mit den Wikingern im blutrünstigen Basrelief und mit der üppigen Salatbar, auf der die Teller, funkelnd und vielfältig wie Edelsteine, farblich in Regenbogenfolge angeordnet sind wie die Buntstifte in den Crayola-Schachteln, die im Februar immer unter seinen Geburtstagsgeschenken waren, eine kleine Tribüne mit nach Wachs riechenden angespitzten Köpfen im hellen Februarlicht, das durchs Fenster fiel, Eiszapfen draußen und er wie betäubt von dem Gefühl, ein Jahr älter zu sein. Harry wacht nur zögernd aus diesen köstlichen Träumen auf, als seien ihre miniaturisierten Bilder unentbehrlich für seine Ernährung, eine polychrome, feingearbeitete Maschine, an die er sich wieder anschließen muß – wie die arme Thelma und ihr Dialysegerät. Er wacht immer auf dem Bauch liegend auf, und erst wenn sein Kopf klar wird und wieder Gegenwart schafft, und feststellt, daß die filzgrauen parallelen Linien, die er sieht, die Morgendämmerung hinter den durchgebogenen Lamellen der Jalousien ist und der beharrliche Druck auf seinem Gesicht von der Golfbrise kommt, die durch die spaltbreit offenstehende Schiebetür dringt, beginnt seine Einsamkeit wieder zu nagen und sein Herz wieder zu ihm zu sprechen. Manchmal kommt es ihm wie ein winziges Wesen vor, ein Baby, das in ihm um Aufmerksamkeit, um Hilfe bittet, und zu anderen Zeiten wie ein finsterer Eindringling, ein Verräter, der in einer verschlüsselten Sprache murmelt, ein fremder unbekannter Parasit, der durch nichts auszutreiben ist. Die Schmerzen, wenn sie kommen, haben etwas Feindseliges und Vorsätzliches, sind wie die Messer eines erstarkenden Feindes.

Er macht einen Termin bei Dr. Morris. Er bekommt überraschend kurzfristig einen, übermorgen. Die Ärzte reißen sich hier unten um einen, eine Arztschwemme, zu viele Goldgräber in der Mine, die geriatrischen Immigranten halten sich um diese Zeit im Jahr noch im Norden auf. Die Praxis befindet sich in einer der niedrigen Kliniken an der Route 41. Beruhigende Musik spielt unablässig im Wartezimmer und verflicht sich mit dem Brandungsgeräusch des Verkehrs draußen. Der Arzt ist seit dem letzten Termin gealtert. Er ist vornübergebeugt, hat einen schlurfenden Gang und arthritische Fingerknöchel. Seine runzligen Wangen sind nicht ganz sauber rasiert, und seine Nasenlöcher sind mit schwarzen Haaren verstopft. Sein Sohn, der junge Tom, rosa und glatt, Mitte Vierzig ungefähr, streckt Harry im Flur eine sommersprossige fette Hand hin und trägt seinen Arztkittel über kellygrünen Golfslacks. Er ist in einem angrenzenden Ordinationszimmer untergebracht, darauf vorbereitet, die gesamte Praxis zu übernehmen. Aber vorläufig kümmert der alte Doktor sich noch selber um seine Patienten. Harry versucht, ihm seine komplexen Empfindungen zu beschreiben. Dr. Morris macht eine ungeduldig ruckende Bewegung mit seiner arthritischen Hand und bedeutet ihm, ins Untersuchungszimmer zu gehen. Er läßt ihn sich ausziehen bis auf die Jockeyshorts, wiegt ihn, macht ts-ts, läßt ihn Platz nehmen auf dem Untersuchungstisch, hört ihm mit dem Stethoskop die Brust ab, klopft ihm mit beschwichtigender knotiger Berührung auf den nackten Rücken und nimmt dann feierlich und stumm Harrys Hände in seine. Er prüft die Fingernägel, dreht die Hände um, studiert die Innenflächen, grunzt. So von nahem dünstet er einen traurigen ledernen modrigen Altmännergeruch aus.

«Na», fragt Harry, «was meinen Sie?»

«Wieviel Bewegung verschaffen Sie sich?»

«Nicht viel. Jedenfalls nicht, seit ich wieder hier unten bin. Zu Haus im Norden mach ich ein bißchen Gartenarbeit. Golf – aber mir sind sozusagen die Partner ausgegangen.»

Dr. Morris sieht ihn nachdenklich durch randlose Brillengläser an. Seine Augen, einst von einem scharfen Blau, sind farblos, wie ausgelutscht. Seine Brauen sind unordentliche, struppige Büschel aus weißen und rötlichbraunen Haaren, seine Stirn und seine Wangen sind mit kleinen Flecken und Knoten gesprenkelt. Seine vorstehenden Brauen heben sich wie Geschütztürme, die ein Ziel anvisieren. «Sie sollten spazierengehen.»

«Spazierengehen?»

«Stramm. Mehrere Kilometer am Tag. Wie ernähren Sie sich?»

«Oh, von Sachen, die man warm machen kann. Was so als TV-Dinner bezeichnet wird. Meine Frau ist noch im Norden, aber wenn sie hier ist, kocht sie auch nicht gerade viel. Meine Schwiegertochter –»

«Essen Sie auch diesen salzigen Mist, den man in Tüten abgepackt kaufen kann?»

«Ach – alle Jubeljahre mal.»

«Sie müssen unbedingt aufpassen, daß Sie nicht zuviel Natrium zu sich nehmen. Wenn Sie zwischendurch was essen müssen, essen Sie frisches Gemüse. Lesen Sie, was auf den Verpackungen steht. Meiden Sie Salz und tierische Fette. Ich meine, wir hätten das alles besprochen, als Sie im Krankenhaus waren» – er nimmt den Unterarm vom Tisch und sieht in seinen Unterlagen nach – «vor neun Monaten.»

«Ja, hab ich ja auch eine Weile gemacht, mach ich immer noch, es ist nur, daß es so tagein, tagaus, ich meine, es ist leichter –»

«Sich zu vergiften. Lassen Sie das. Lassen Sie sich nicht so gehen. Und Sie sollten vierzig Pfund abnehmen. Ohne das Salz in Ihrer täglichen Kost würden Sie in zwei Wochen zehn Pfund an angesammeltem Wasser abnehmen. Ich gebe Ihnen einen Ernährungsplan, falls Sie den von damals verloren haben. Sie können sich wieder anziehen.»

Der Doktor ist kleiner geworden oder sein Schreibtisch größer, seit Harry das letzte Mal hier war. Als er angezogen ist, setzt er sich an die andere Seite des Schreibtisches und fängt an: «Die Schmerzen –»

«Die Schmerzen lassen nach, wenn Sie sich in einen besseren Zustand bringen. Ihr Herz mag nicht, was Sie ihm an

Nahrung zuführen. Haben Sie in letzter Zeit irgendwelchen besonderen Stress gehabt?»

«Eigentlich nicht. Nur den ganz normalen Braß. Ein paar Familienprobleme, aber das scheint jetzt alles in die Reihe zu kommen.»

Der Arzt schreibt etwas auf seinen Rezeptblock. «Ich möchte, daß Sie im Community General eine Blutuntersuchung und ein EKG machen lassen. Und ich möchte Dr. Olman zuziehen. Je nachdem, wie die Ergebnisse aussehen, ist es vielleicht Zeit für eine neue Katheteruntersuchung.»

«O Gott. Nicht noch einmal.»

Die unordentlichen Augenbrauen ziehen sich wieder in die Höhe, die pedantischen trockenen Lippen kniffen sich nach innen. Kein intelligenter, großzügiger jüdischer Mund. Eine griesgrämige schottische Sparsamkeit in der Art, wie er denkt und redet, immer kurz davor, ungeduldig zu werden, nachdem er so viele hoffnungslos verfallende Patienten in seinem Leben gesehen hat. «Was hat Ihnen nicht gefallen? Haben die heißen Kontrastmittelschübe weh getan?»

«Es war einfach nur so 'n komisches Gefühl, dies blöde Ding in sich zu haben», erklärt Harry ihm. «Die *Vorstellung* ist es.»

«So, sagt Ihnen die Vorstellung von einem lebensbedrohlichen Rezidiv in Ihrer Kranzarterie mehr zu? Es ist jetzt, wollen mal sehen, annähernd sechs Monate her, seit die Dilatation bei Ihnen gemacht worden ist im» – er liest es, und hat Mühe dabei, aus seinen Unterlagen ab – «St. Joseph's Hospital in Brewer, Pennsylvania.»

«Sie haben's mich mitansehen lassen», sagt Harry. «Ich konnte mein eigenes Herz auf dem Monitor sehen, all das Zeug, das wie Rice Krispies ausgesehen hat.»

Ein kleines Schottenlächeln, trocken wie eine Distel. «War das so schlimm?»

«Es war» – Harry sucht nach dem Wort – «beleidigend.» Tatsächlich, wenn er's sich überlegt, neigt sein ganzes Leben von jetzt an dazu, beleidigend zu sein. Herzschrittmacher, Krücken, Rollstühle. Impotenz.

Dr. Morris macht sich mit pedantischer, zitteriger Handschrift Notizen für seine Akte. Ohne aufzublicken sagt er: «Es gibt jetzt noch andere Untersuchungsmethoden, für die man keinen Katheter braucht. Man kann auch mit IV Technetium 99 akut geschädigtes Herzmuskelgewebe erkennen und sichtbar machen. Außerdem gibt es noch Echokardiographie. Wir wollen nichts überstürzen. Warten wir erst mal ab, was Sie mit einer gesünderen Lebensführung selber zuwege bringen.»

«Wunderbar.»

«In vier Wochen sehe ich Sie wieder. Hier sind Überweisungen für die Blutuntersuchung und fürs EKG und Rezepte für ein Diuretikum und ein entspannendes Mittel für die Nacht. Vergessen Sie nicht den Diätplan. Gehen Sie spazieren. Nicht zu ungestüm, aber energisch, drei bis fünf Kilometer pro Tag.»

«Wird gemacht», sagt Rabbit und will sich schon von seinem Stuhl erheben; er fühlt sich leicht wie ein Schuljunge, der zum Direktor zitiert worden ist und mit einem milden Verweis davonkommt.

Aber Dr. Morris fixiert ihn mit diesen ausgelutschten alten blauen Augen und sagt: «Haben Sie irgendeine Beschäftigung? Nach meiner letzten Information hier haben Sie eine Autovertretung gehabt.»

«Das war mal. Mein Sohn hat sie übernommen, und meine Frau möchte nicht, daß ich dem Jungen in die Quere komme. Ihr Vater war der Gründer der Firma. Wahrscheinlich läuft es darauf hinaus, daß sie sie verkaufen.»

«Irgendwelche Hobbies?»

«Na ja, ich lese eine Menge über Geschichte. Ich bin ein Geschichtsfan, könnte man sagen.»

«Das genügt nicht. Der Mensch braucht eine Beschäftigung. Er muß etwas zu tun haben. Das beste für den Körper ist ein gesundes Interesse am Leben. Interessieren Sie sich für irgend etwas außerhalb Ihrer selbst, dann hört Ihr Herz auch auf, Ihnen was zu erzählen.»

Wenn Rabbit guten Rat riecht, möchte er immer in die entgegengesetzte Richtung davonlaufen. Er erhebt sich endgültig von seinem Stuhl und geht mit Dr. Morris' vielen Zetteln in die drückende Hitze hinaus. Die wenigen anderen Leute auf dem Parkplatz sehen aus wie getönter Rauch, der von ihren Schatten aufsteigt, sie existieren kaum. Im Autoradio maulen Stimmen über Deion Sanders, über Koch, der bei den Vorwahlen der Demokraten in New York gegen einen Schwarzen verloren hat, über die zu lasche Punktvergabe bei den Schülerleistungstests im Lee County, über den im Fernsehen übertragenen Appell, den Präsident Bush gestern an Amerikas Schulkinder gerichtet hat. «Der Mann *tut* nichts!» brüllt ein Anrufer.

Also, denkt Rabbit, wenn Nichtstun Bush etwas nützt, warum dann nicht auch ihm? Auf dem Sitz neben ihm liegen Dr. Morris' Rezepte und Überweisungszettel und xerokopierte Ernährungsaufstellungen und rascheln in der Brise der Klimaanlage. Auf einem andern Sender hört er, daß die Phillies die Mets gestern zwei zu eins besiegt haben. Dickie Thon hat im neunten Inning, als ein Mann auf Base stand, einen Home Run geschlagen und die Favoriten der Vorsaison um fünfeinhalb Spiele in Rückstand hinter die ehedem so langsamen Chicago Cubs gebracht. Harry versucht, Interesse aufzubringen, aber er hat Schwierigkeiten. Seit Schmidt aufgehört hat. «Interessieren Sie sich», lautet der Rat, aber in Wirklichkeit ist man immer weniger interessiert. Das ist der Lauf der Natur.

Aber er fängt mit dem Spazierengehen an. Er fährt sogar zur Palmetto Palm Mall und kauft sich Laufschuhe, Nikes, die zur Polsterung der Ferse ein Luftkissen haben, eine Blase mit spezieller High-Tech-Luft. Er geht morgens zwischen neun und zehn los, nachdem er gefrühstückt und die *News-Press* verdaut hat, und dann noch einmal zwischen vier und fünf, danach ein Nickerchen und dann Abendessen, Fernsehen, ein, zwei Seiten in seinem Buch und tiefer Nachtschlaf, dank des vielen Gehens. Er erkundet Deleon. Am Anfang entfernt er sich nicht weiter als zwei Kilometer vom Valhalla Village, geht in gewundenen Straßen, an niedrigen Stuckhäusern und

uneingezäunten Vorgärten mit hohem hartem Gras vorbei, in
dem halb versteckt Überreste verdorrter Palmwedel liegen,
und findet hier eine Floridatextur, ein heimeliges verwelktes
Floridaaroma, eine Atmosphäre wie nach einer Evakuierung,
und einem UPS-Boten zu begegnen oder einem kleinen bel-
lenden Hund – einem plattgesichtigen Pekinesen mit Schleif-
chen im langen, seidigen Haar –, ist, als treffe man Leben auf
dem Mars an. Als ihm dann seine Nikes immer lieber werden
(diese Blase unter der Ferse, zuerst hat er gedacht, das ist bloß
ein Gag, aber vielleicht wird der Schritt dadurch tatsächlich
elastischer), stößt er bis ins Zentrum vor und bis an den
Fluß, wo die Stadt ihren Anfang genommen hat, als Fort in
den Seminolenkriegen und als Verladeplatz für Rinder und
Baumwolle.

Landeinwärts, ein paar Blocks von den Stränden und den
grüngläsernen Hotels entfernt, entdeckt er alte Wohngegenden, wo freundliche, große, würzige Bäume – Virginische
Eichen, Gummibäume, hin und wieder ein Banyan, der sich
mit Hilfe seiner Krücken ausdehnt – Schatten spenden und
Holzhäuser mit Jalousiefenstern und Wellblechdächern überschirmen, die mal weiß gestrichen waren, nun aber zu grauer
Nacktheit abgeschuppt sind. Musik steigt aus dem Innern
dieser Häuser auf, kratzige Radiomusik, und der Klang von
laut streitenden oder fröhlich schnatternden Stimmen, funkelnde Bruchstücke belauschten Lebens. Die Gehwege sind
ungepflastert, kleine Pfade, so wie Katzen sie machen, verlaufen schräg zwischen den Bäumen zu Privatgrundstücken hin
und von ihnen fort, das ausgedörrte Gras wächst in Flecken,
Schoten und Nüsse streuen sich über die Erde hin. Harry wird
an die Gegenden erinnert, durch die er auf seiner Irrfahrt aus
Savannah heraus gekommen ist, aber er muß auch an die
Stadt seiner Kindheit denken, an Mt. Judge in den Tagen der
Wirtschaftskrise und des fernen Kriegs, als die Leute noch auf
ihren vorderen Veranden saßen und es unbebaute Grund-
stücke gab und unregelmäßig begrenzte Maisfelder und die
Männer abends von der Arbeit in den Fabriken nach Hause

kamen und ihre kleinen Rasenflächen sprengten, und Leute, deren Farmvergangenheit noch nicht lange zurücklag, in Gehegen hinterm Haus Hühner hielten und für ein paar Pennies die Eier verhökerten. Hühner, die glucken und picken und plötzlich laut aufgackern: seit vierzig Jahren hat er das nicht gehört, und erst jetzt geht ihm auf, was ihm gefehlt hat. Denn hier und da sind Hühnerverschläge zwischen die Häuser des verschlafenen Viertels gepfercht, das er entdeckt hat.

Tagsüber, in der heftigen Spätsommersonne, sind hier unten wenige Leute unterwegs, nur Frauen, die mit Kindern im Vorschulalter in Autos steigen und andere, die aussteigen. Das Zuschlagen ihrer Wagentüren hallt weit durch die staubigen geraden Straßen unter den Virginischen Eichen. An einigen Ecken sind Lebensmittelläden, die in der freizügigen Südstaatenart auch Bier und Wein führen, und pastellfarben gestrichene Bars, die Türen zum dunklen Inneren weit offen, und Videotheken mit Horror- und Kung-Fu-Kassetten in der Auslage, die Farben der Schachteln von der Sonne ausgeblichen. Eines Tages kommt er an einem altmodischen Kramladen in einem bretterverkleideten einstöckigen Haus vorbei, das alle möglichen unschuldigen Sachen im Schaufenster hat: Stabilbaukästen, Modellflugzeuge, Damebretter, Murmeln – er hat gar nicht gewußt, daß so etwas noch verkauft wird. Fast geht er hinein, aber er traut sich nicht. Er ist zu weiß.

Am Spätnachmittag, wenn er seinen zweiten Spaziergang macht, beginnt das Viertel zu atmen, eine Schnelligkeit greift um sich, Männer und Knaben sind jetzt auch da, und Rabbit geht zügiger, versichert mit seinem ausgreifenden Schritt, daß er unterwegs ist, um sich Bewegung zu verschaffen, daß er hier nur durchgeht, nicht spioniert. Die Straßen hier sind nur von Schwarzen bewohnt, ziehen sich kilometerweit hin, ein ausgedehntes stagnierendes wirtschaftliches Sumpfland, das von Deleons Südstaatenvergangenheit übriggeblieben ist und die Hotels und Kondominiumanlagen mit Arbeitskräften versorgt, mit Kellnern, Wachmännern und Zimmermädchen. Für Harry, der in Deleon bislang einen schicken Ort für ältere

Zufluchtsuchende gesehen hat, haben diese Straßen etwas von einem ungeheuren Geheimnis, und wenn die Schatten länger werden unter den Bäumen und die Hühner ihr Glukken und Gackern einstellen, weiten sich seine Sinne, um das Geheimnis besser zu erfassen, so wie früher, wenn er in schurrenden Knickerbockern durch Mt. Judge streifte, heimlich, nicht größer, als die Ligusterhecken hoch waren, und versuchte, die wortlose erwachsene Bedeutung der erleuchteten Fenster zu verstehen, der Küchengeräusche, die durch die Vorgärten, rätselhaft und feucht wie Dschungeldickichte, zu ihm drangen. Manchmal weinte irgendwo außer Sichtweite ein Kind, ein Hund bellte, und er zitterte vor Aufregung darüber, daß es ihn gab, an diesem Punkt in Zeit und Raum, daß Welten um ihn waren, die er noch kennenlernen, daß er für immer leben würde, er, Harold C. Angstrom, Hassy genannt in jenen vergangenen Tagen, die nie wiederkommen werden. Er macht immer längere Wege, fühlt sich gesünder, wohler in dieser fremden Stadt, in der er endlich anfängt, mehr zu sein als ein Besucher. Aber wenn die Dunkelheit kommt und die Musik lauter aus den erhellten gerippten Fenstern klingt, hat er das Gefühl, daß er auffällt, daß seine weiße Haut zu glimmen anfängt, und er strebt dann zum Auto zurück, das er an einer Parkuhr oder auf einem freien Platz im Zentrum abgestellt hat, der Basis seiner sich ausdehnenden Streifzüge.

Als er eines Tages gegen halb sieben ins Apartment zurückkehrt, gerade rechtzeitig, um zu duschen und einen Blick in die Nachrichtensendung zu tun, während sein TV-Dinner im Herd warm wird, erschreckt ihn das Klingeln des Telephons. Er hat aufgehört, so angespannt darauf zu warten wie in der ersten einsamen Woche. Wenn der Apparat tatsächlich mal geläutet hat, ist es eine dieser Tonbandaufzeichnungen gewesen («Hallo, hier ist Sandra»), die einem Krankenversicherungen, schlichte Bestattungen oder kostengünstige Kapitalanlagen andrehen wollen und computergesteuert eine Nummer nach der anderen anwählen, man wundert sich, daß sich das überhaupt rechnet, Harry legt immer auf und kann sich nicht vorstellen, daß es jemanden gibt, der sich das anhört und das Zeug auch haben will. Aber diesmal ist es Nelson, der anruft, sein Sohn.

«Dad?»

«Ja», sagt er; er sammelt seine lange nicht gebrauchte Stimme und versucht, sich vorzustellen, was man einem Sohn sagen könnte, dessen Frau man gebumst hat. «Nellie», sagt er, «wie zum Teufel geht's euch allen denn?»

Die ferne Stimme ist vorsichtig, schüchtern, gleichfalls nicht ganz sicher, was angemessen ist. «Uns geht's soweit ganz gut.»

«Du bist noch sauber?» Er hat das Aggressive der Frage nicht so scharf herausbringen wollen; die andere Stimme, zerbrechlich auf die Entfernung, ist für einen Augenblick starr und schweigt.

«Du meinst die Drogen. Selbstverständlich. Ich *denke* nicht mal an Koks, außer bei den NA-Treffen. Es stimmt schon, man legt sein Leben in die Hand einer höheren Macht. Du solltest es mal probieren, Dad.»

«Werd mein Bestes tun. Nein, hör zu, ich mein's im Ernst. Ich bin stolz auf dich, Nelson. Mach weiter so, einen Tag nach dem andern, mehr kann man nicht tun.»

Wieder scheint der Junge vorübergehend geplättet. Vielleicht ist das eben zu moralisierend rübergekommen. Wie kommt er dazu, zu moralisieren! Scheiße, er wollte nur zeigen, daß er Anteil nimmt, wie es sich gehört. Harry hält seine Zunge im Zaum.

«Hier ist so viel los gewesen», sagt Nelson, «daß ich über mich selber wirklich nicht viel nachgedacht habe. Ich glaube, mein Problem hat zum großen Teil darin bestanden, daß ich nichts zu tun hatte. Den ganzen Tag in der Firma rumzuhängen und darauf zu warten, daß was passiert, daß sich Kundschaft blicken läßt, ist wirklich nicht förderlich fürs Selbstvertrauen. Man ist nicht aktiv, man hat's nicht in der Hand. Es war entwürdigend.»

«Ich hab's gemacht, fünfzehn Jahre lang hab ich's gemacht, Tag für Tag.»

«Ja, aber du hast ein anderes Naturell. Du bist unbekümmerter.»

«Beschränkt, meinst du.»

«He, Dad, ich hab nicht angerufen, um zu streiten. Mir macht das hier nicht gerade Spaß, ich hab's immer wieder aufgeschoben, aber ich muß dir was sagen.»

«Na los; dann sag's.» *Es kommt nicht in die Reihe.* Er will nicht so sein, wie er gerade ist, er überträgt den Zorn, den er auf Janice hat, auf den Jungen. Ihr Schweigen hat ihn verletzt. Er kann nicht aufhören und setzt hinzu: «Hat lange genug gedauert, bis du den Mund aufmachst, ich bin jetzt volle zwei Wochen ganz allein hier unten. Ich war beim alten Dr. Morris, seiner Meinung nach bin ich schon so hinüber, daß ich aufhören soll zu essen.»

«Wenn du so wild drauf warst zu reden», gibt Nelson zurück, «hättest du an dem Abend bloß rüberzukommen brauchen, anstatt dich ins Auto zu setzen und abzuhauen. Wir hätten dich nicht umgebracht, wir wollten das Ganze bloß durchsprechen, um zu verstehen, was eigentlich passiert war, familiendynamisch gesehen. Pru hat praktisch eingeräumt, daß es für sie eine Möglichkeit war, mit ihrem eigenen Vater in Kontakt zu kommen.»

«Mit Blubbermaul Lubell? Sag ihr tausend Dank.» Aber es ist ihm nicht unangenehm zu hören, daß Nelson ihm gegenüber einen energischeren Ton anschlägt. Man ist erst dann ein Mann in dieser Welt, wenn man seinen Vater untergebuttert hat. Für ihn selbst war's leichter, das System hatte Pop so weit schon weich geklopft. «Neulich abend, das hatte für mich irgendwie so was Abgekartetes, deswegen bin ich nicht zu euch rübergefahren», erklärt er Nelson.

«Mom war der Meinung, keiner von uns sollte sich mit dir in Verbindung setzen, so feige wie du dich aus der Affäre gezogen hast. Sie war auch nicht besonders glücklich darüber, daß du Pru angerufen hast und nicht sie.»

«Ich hab dauernd versucht, in Penn Park anzurufen, aber sie ist nie zu Hause.»

«Na, wie auch immer. Sie hat mich gebeten, dir was auszurichten. Punkt eins, sie hat ein Angebot fürs Haus, nicht so viel, wie sie gehofft hat, hundertfünfundachtzigtausend, aber die Marktlage ist im Augenblick ziemlich schlecht, und sie meint, wir sollten akzeptieren. Die Schulden bei der Brewer Trust wären dann weitgehend beglichen, mit dem, was dann noch offen ist, werden wir schon fertig.»

«Verstehe ich das richtig, du redest vom Haus in Penn Park? Von dem kleinen grauen Kalksteinhaus, das ich immer so geliebt habe?»

«Von welchem Haus denn sonst! Das in Mt. Judge können wir nicht verkaufen, wo sollen wir denn sonst alle leben?»

«Sag mir eins, Nelson, es ist die reine Neugier bei mir: was für ein Gefühl ist das, wenn man das Haus seiner Eltern in einer Crackpfeife aufgeraucht hat?»

Der Junge hört sich fast schon wieder wie früher an. Er winselt: «Wie oft *soll* ich dir denn noch sagen, daß Crack für mich nie 'ne große Rolle gespielt hat! Ich hab's erst gegen Ende genommen, es war um so vieles angenehmer als Kokain. Es tut mir *leid*, Herrgott. Ich hab einen Entzug gemacht, ich hab die Gelübde abgelegt, ich bemüh mich, es wiedergutzumachen, oder wie die das nennen. Wie kommst du dazu, mir das immer noch vorzuhalten?»

Ja, wie kommt er dazu? «Okay», sagt Rabbit. «Tut mir leid, daß ich davon angefangen habe. Was hat deine Mutter sonst noch gesagt, das du mir sagen sollst?»

«Hyundai ist echt interessiert am Platz, die Lage ist genau die, die sie brauchen und nicht haben. Sie würden das Gebäude nach hinten hin vergrößern, so wie ich es auch immer tun wollte.» *Adieu, Paraguay*, denkt Rabbit. «Sie wollen die Leute aus der Werkstatt alle übernehmen, vielleicht ein bißchen umschulen lassen, und auch einige vom Verkauf. Elvira kann zu Rudy an die 422 rüber. Hyundai hat ihr ein Gegenangebot gemacht. Aber mich wollen sie nicht. Unter keinen Umständen. Unter diesen asiatischen Gesellschaften spricht sich wahrscheinlich alles rum.»

«Wahrscheinlich», sagt Harry. Zu viel *ninjō*, nicht genug *giri*. «Tut mir leid.»

«Es muß dir nicht leid tun, Dad. Es macht mich frei. Ich spiele mit dem Gedanken, Sozialarbeiter zu werden.»

«Sozialarbeiter!»

«Klar, warum nicht? Zur Abwechslung mal andern helfen, nicht immer nur mir selber. Man kann einen Zweijahreskurs an der Penn State belegen, ich könnte noch diesen Oktober anfangen.»

«Klar, warum nicht, wenn man sich's überlegt», gibt Rabbit ihm recht. Er fängt an, sich scheußlich zu finden, weil er dauernd zustimmt, sich wieder in jedermanns Gunst schmeicheln möchte.

«Ich und die Anwälte, wir sind alle der Meinung, wenn es klappt, sollten wir an Hyundai nicht verkaufen, sondern nur verpachten. Wenn wir das Haus in Penn Park verkaufen, brauchen wir kein weiteres Kapital und können das Firmengelände als Anlage behalten. Mom sagt, im Jahr 2000 ist es Millionen wert.»

«Wow», sagt Harry ohne Begeisterung. «Du und deine Mom, ihr seid vielleicht ein Gespann. Sonst noch was, das du mir verpassen kannst?»

«Na ja, das geht dich jetzt vielleicht nichts an, aber Pru meinte, doch. Wir möchten schwanger werden.»

«Wir?»

«Wir wünschen uns ein drittes Kind. Bei dieser ganzen Sache ist uns klargeworden, wie sehr wir unsere Ehe vernachlässigt haben und was wir alles investieren mußten, damit sie klappt. Nicht nur wegen Judy und Roy, auch unseretwegen. Wir lieben uns, Dad.»

Möglicherweise soll ihn das eifersüchtig machen, und es sticht auch, gleich unterhalb der rechten Herzkammer. Aber Rabbits grundlegendes Gefühl ist Erleichterung: er ist der Pflicht enthoben, eine wie auch immer geartete brennende

Kerze an Prus Altar aufzustellen. Alles Gute für sie, für sie und ihren Armeleutehunger. «Phantastisch», sagt er, und er kann nicht widerstehen hinzuzufügen: «Obwohl ich nicht sicher bin, daß Sozialarbeiter genügend verdienen, um drei Kinder zu ernähren.» Und in Rage kommend, sich unter Druck gesetzt fühlend, fährt er fort: «Und sag deiner Mutter, ich bin nicht sicher, ob ich unser Haus weggeben möchte. Es ist nicht wie mit der Firma, das Haus gehört uns beiden, sie braucht meine Unterschrift, wenn sie verkaufen will. Wenn's zu einer Trennung kommt, dürfte meine Unterschrift eine ziemliche Stange wert sein, sag ihr das.»

«Trennung?» Der Junge klingt verschreckt. «Wer sagt denn was von Trennung!»

«Ja nun», sagt Harry, «wir *sind* offenbar schon getrennt. Jedenfalls sehe ich sie hier unten nicht, es sei denn, sie ist unterm Bett. Aber mach dir keine Sorgen deswegen, Nelson. Du hast das schon einmal durchmachen müssen, und ich hatte ein elend schlechtes Gewissen dabei. Führ du dein eigenes Leben. Hört sich alles ganz prächtig an. Ich bin stolz auf dich. Oder sagte ich das schon?»

«Aber alles hängt doch davon ab, daß das Penn-Park-Haus verkauft wird.»

«Sag ihr, ich werd's mir überlegen. Und sag Judy und Roy, ich rufe sie in den nächsten Tagen mal an.»

«Aber, Dad –»

«Nelson, ich hab so 'n kalorienarmes tiefgefrorenes Fertiggericht im Herd, und die Uhr hat schon vor fünf Minuten geschnarrt. Sag deiner Mutter, sie kann mich ja mal anrufen, wenn sie darüber sprechen möchte. Muß Schluß machen. War toll, mit dir zu reden. Wirklich.» Er legt auf.

Er kauft sich jetzt kalorienarme Tiefkühlgerichte, rohes Gemüse, Kohl und Karotten zum Beispiel, und keine natriumgesättigten Knabbersachen mehr. Er wiegt drei Pfund weniger auf der Waage im Badezimmer, wenn er sich gleich morgens nach dem Stuhlgang draufstellt. Um den Lockungen des Fernsehers, des Brotkastens in der Küchenschublade und des

Biers im Kühlschrank nicht nachzugeben, geht er abends zeitig zu Bett und liest das Buch, das Janice ihm letztes Jahr zu Weihnachten geschenkt hat. Die Autorin ist inzwischen bei Roy Orbison und Bart Giamatti im Jenseits, wo Berühmtheiten wie Elvis und Marilyn sich ausdehnen wie Ballons und zu Göttern werden, wo aber die meisten verschrumpeln und einschrumpfen zu gilbenden Nachrufen, nicht viel größer als die, die Harry im Brewer-*Standard* bekommen wird. Daß er in der *News-Press* erwähnt wird, hält er für ausgeschlossen. Er hat im Nachruf auf die Autorin gelesen, daß sie eine Nichte von Roosevelts Finanzminister Henry Morgenthau jr. war. Harry erinnert sich an Morgenthau: der spitznasige Kerl, der ihn und seine Schulkameraden dauernd gedrängt hat, für ihre Pennies Kriegsmarken zu kaufen. Die Welt ist klein, und das Leben ist in gewisser Weise lang.

Er ist in dem Buch jetzt an der spannenden Stelle, wo Washington, nach Jahren der Enttäuschungen, des Hungers und der miserablen Unterstützung durch seine sogenannten amerikanischen Mitbürger, Hoffnung hat, sich mit einer aus der Karibik kommenden französischen Flotte zu verbinden und Cornwallis und seine Armee bei York in der Chesapeake Bay in die Falle zu locken. Alles scheint dagegen zu sprechen, daß es klappt. Die ganze Logistik muß perfekt aufeinander abgestimmt sein, und die Nachrichtenübermittlungen dauern Wochen. Davon abgesehen: was springt für Frankreich dabei heraus? *Anstatt einen aggressiven Verbündeten zu haben, waren sie an einen Vasallen gebunden, der unfähig war, eine starke Regierung einzusetzen und Transfusionen von Soldaten und Geld benötigte, um seine Kriegsanstrengungen am Leben zu erhalten. Es zeigte sich für die Bourbonen, daß der Krieg, wie alle Kriege, teurer war als ursprünglich angenommen.* Was springt für die Soldaten heraus? *Die amerikanischen Truppen, zu lange schon die Betrogenen im Kampf, verwahrlost, unterernährt, unbezahlt, während die Herren vom Kongreß in Equipagen fuhren und an reichgedeckten Tischen speisten, weigerten sich, ohne Sold zu marschieren.* Was springt für George Washington heraus? Er konnte nicht einmal wissen, daß sein Kopf auf die Dollarnote kommen würde. Aber er hält durch, flickt zusammen, bettelt, müht sich ab. Seine einzigen Aktiva die Schafsköpfigkeit der englischen Befehlshaber, alles gichtige Pairs, die wünschten, sie wären zu Haus auf ihren Schlössern, und die Tatsache, daß, wie in Vietnam, die Einheimischen nicht grundsätzlich freundlich gesinnt waren. Washington überquert mit seinen Truppen den Hudson, während Clinton sich defensiv in New York verkriecht. De Grasse bringt seine Flotte auf den Weg nach Norden, weil Admiral Rodney sich vorsichtig für die Verteidigung von Barbados und gegen die Verfolgung entscheidet. Trotzdem, die Wahrscheinlichkeit, daß die Truppen und die Schiffe gleichzeitig in der Chesapeake Bay eintreffen und Cornwallis als leichte Beute in Yorktown hocken bleibt, ist lächerlich gering. All diese Transportschwierigkeiten, all die Männer, die sich vorwärtsschleppen, Pferde, die dahintraben auf den sandigen, gestrüppreichen Wegen der Neuen Welt, durch Wälder, an einsamen Lichtungen vorbei, durch die Territorien von Bären und Wölfen, von Backenhörnchen und Indianern und inzwischen längst ausgestorbenen Wandertauben – Harry wird schläfrig, wenn er daran denkt. Das Verwickelte des Ganzen, die Mühsal. Er liest zehn Seiten am Abend; bei seinem Vormarsch geht es langsam zu.

Auf seinen ärztlich verordneten Spaziergängen zieht es ihn nicht immer in den schwarzen Teil von Deleon; er entdeckt und erkundet elegante Straßen, von denen er sich nie hätte träumen lassen, daß es sie hier gibt, lange Straßen parallel zum Strand, die dem Passanten Eindrücke von den Rückfronten von Häusern gewähren, deren Fassaden auf den Ozean blicken: hölzerne Hintertreppen und Sonnenterrassen, Garagen für drei Autos am Ende von Einfahrten, die mit zerstoßenen Muschelschalen gepflastert sind, Hibiskus- und Jacaranda-Anpflanzungen, planschende Geräusche, die von einem eingezäunten Swimmingpool kommen, das Surren von Klimaanlagen, das sich in das zurückweichende und herankommende Rauschen der Brandung mischt. *Cash, schuusch.* Manche Leute haben's geschafft; die sitzen nicht in einem

Condo, wo einem der Blick auf den Golf verbaut wird. Man kann noch so sehr klettern, über einem sind immer die Reichen, die ohne Anstrengung dorthin gelangt sind. Glückspilze, die einen unten halten, die dafür sorgen, daß man unzufrieden ist und immer mehr von dem Mist kauft, der im Fernsehen angepriesen wird.

Gelegentliche Lücken in der Häuserfront am Ozean erlauben einen Blick auf den Golf, auf seine gestreiften Segel und flitzenden Jetskier, seine Fallschirme, die von Motorbooten gezogen werden, seine fernen grauen, sich kaum vorwärts bewegenden Frachter. Radler in Badeanzügen fahren schwirrend an Harry vorbei. Ein fleischiger junger Briefträger in blaugrauen Shorts und passenden Socken schiebt eine dieser neumodischen Posttaschen auf Gummirädern vor sich her, wie eine Kinderkarre. Wir verweichlichen. Eine Nation von Couch Potatoes. Der Mann, der die Post in die Jackson Road gebracht hat, er hat seinen Namen vergessen, ein eisengrauer Mann mit einem hübschen unglücklichen Gesicht, Mom hat gesagt, seine Frau hätte ihn verlassen, hat seine abgeschabte Tasche immer über der Schulter getragen, sich schief zur andern Seite gelehnt, um ihrem Gewicht entgegenzuwirken, besonders freitags, wenn die Illustrierten kamen, *Life* und die *Post*. Von seiner Frau verlassen: Harry hat als Junge oft versucht, sich vorzustellen, was so furchtbar schlimm an ihm gewesen sein könnte, daß er eine solche Schande verdient hatte.

Seine Nikes mit den Luftblasen in den Absätzen tragen ihn über Gehwege, die mit zerstoßenen Muscheln gepflastert und so weiß sind, daß sie ihm in den Augen weh tun, wenn die Sonne hoch steht. Und er kommt durch eine Gegend mit Marinas, die in den Korallenkalk geschnitten sind, säuberliche gerade Straßen aus Wasser voller Motorboote, die gehorsam vertäut und leer daliegen und mit ihren Scheuerleisten gegen den Korallenrand stoßen und deren geschwungene Flanken zu zittern und zu zucken scheinen im Sonnenlicht, das in welligen Streifen vom ruhigen, sacht schlagenden, plätschernden Wasser reflektiert wird. *Klatsch. Platsch.* Überall «Betreten verboten»-Schilder, aber nicht für ihn, einen respektabel aussehenden Weißen in vorgerückten mittleren Jahren. Jedes dieser Boote hat mehr Geld gekostet als früher ein Haus, und etliche von ihnen werden zweifellos zum Schmuggeln von Kokain benutzt, tuckern in tiefer Nacht los, wenn der Mond untergegangen ist, Verbrechen und Meer sind immer miteinander verquickt gewesen, Piraten von Anbeginn an, seit es Schiffe gibt, das Gesetz endet, wo das Land endet, der Mensch ist nichts da draußen, ein paar Luftblasen, wenn er untergeht in den turmhohen Wellen, wahrscheinlich hat Harry deswegen immer Angst davor gehabt, vor dem Wasser. Er liebt die Freiheit, aber seiner Vorstellung davon genügt ein grasbewachsenes Feld. Die Leute hier unten sind verrückt nach Booten, er nicht. Er ist für festen Boden unter den Füßen. Er macht, entfernt vom Wasser, kilometerweite Wege durch schlichte Gegenden – bescheidene Häuschen, nach dem Krieg für Leute gebaut, die nicht viel Geld hatten, aber doch etwas von der Sonne wollten, die Washington für sie errungen hatte, oder die hier geboren waren, deren natürliche Heimat dieses merkwürdige, fadenscheinige Ferienland war, und deren Häuser ihre Farbe abgelegt haben wie Sonnenbadende ihre Kleider, Häuser, die nicht von Berberitzen- und Taxushecken umgeben sind, sondern von stachligen Kakteen, die fett werden in der sengenden Hitze, Amerika ist in Wirklichkeit zu heiß und zu trocken, als daß europäische Zivilisation hier festen Fuß fassen könnte.

Aber dann zieht es ihn doch in den ausgedehnten schwarzen Teil zurück, er weiß nicht genau, warum: weil er von seinem amerikanischen Recht Gebrauch macht zu gehen, wohin es ihm gefällt, oder weil dieser unbeachtete Teil von Deleon ihm in gewisser Weise vertraut ist, weil er ihn von früher kennt, er noch nicht ein so verweichlichtes Leben geführt hat. Am Montag nach einem Wochenende, das für Schwarze ziemlich gut gewesen ist – eine schwarze Miss America ist gewählt worden, und Randall Cunningham hat die Eagles wieder hochgebracht, die von den Redskins zwanzig zu null geschlagen worden waren –, wagt Rabbit sich ein paar Blocks weiter als sonst und kommt zu einer leerstehenden High-School, die ungefähr zur selben Zeit gebaut worden ist wie die Brewer High, einem ockerfarbenen Ziegelgebäude mit hohen Gitterfenstern und einer in Zement gegossenen lateinischen Inschrift über dem Hauptportal, und hinter der Schule dehnt sich ein Freizeitgelände, eine weite gelbbräunliche Leere unter der Sonne mit einem Baseball-Diamond und einem Fangzaun am hinteren Ende, zwei Fußballtoren, die im Außenfeld stehen, und, näher an der Straße, zwei schrundigen Tennisplätzen aus gestampftem Lehm mit Drahtnetzen, die schlaff und zerbeult sind von vielen Angriffen, und, ebenfalls aus gestampftem Lehm, einem Basketballplatz. An jedem Ende sind an Rohrgestängen ein Spielbrett und ein netzloser Ring befestigt. Ein kleines Rudel schwarzer Jungen drängt sich um den einen Korb. Beine, Schreie. Staubwölkchen steigen von ihren stoppenden, startenden Füßen auf. Neben dem Zementgehweg verläuft ein ungemähter Grasstreifen voll schmutzigen ausgebleichten Unkrauts, und darauf stehen ein paar Bänke. Sie haben keine Rückenlehnen, so daß man sich mit dem Gesicht zur Straße oder zum Spielplatz setzen kann. Rabbit setzt sich ans Ende einer Bank, mit dem Gesicht zu keiner der beiden Seiten, damit er zuschauen und gleichzeitig so tun kann, als sei er mit etwas anderm beschäftigt, als ruhe er sich nur einen Moment aus auf seinem Weg und habe keinen Blick für irgend etwas, kümmere sich lediglich um seine eigenen Angelegenheiten.

Die Jungen, sechs an der Zahl, in Shorts und T-Shirts, unterscheiden sich in der Größe und im Grad ihrer Lockerheit, aber alle haben sie das Ungehetzte, Lässige, das er so gern sieht, sie werfen daneben oder treffen, weichen nach hinten aus und stellen sich von der Seite als Mauer auf, dribbeln, als steuerten sie den Korb an, bleiben dann abrupt stehen und werfen den Ball komisch, hinterm Rücken, einem andern zu, probieren die schicken Kunststückchen aus, die sie vom Fernsehen kennen, bilden gemeinsam ein Gewebe, keiner ist ver-

623

bissen bei der Sache, das Leben, der Nachmittag sind lang. Ihre emsigen Beine sind bis zu den Knien von rosa Staub umschleiert, der vom Lehm aufsteigt, ihre Waden sind mattiert, bis auf die dunklen Rinnsale, die der Schweiß zieht, ihre Turnschuhe sind dick mit rötlicher Erdfarbe überzogen. Eine leichte Brise weht, aufgerührt von dem leeren Raum, der sich bis zum Baseball-Fangzaun erstreckt. Auf Rabbits Uhr ist es vier, die Schule ist aus, aber die High-School aus Backstein ist verlassen, das Geschehen spielt sich woanders ab, in irgendeiner modernen niedrigen High-School aus Glas, zu der man mit dem Bus fährt, draußen am von Bulldozern planierten Rand der Stadt. Rabbit ist glücklich bei dem Gedanken, daß trotz der Überfüllung der Welt noch ein paar solcher wenig benutzten Nischen übrig sind. Gras, fällt ihm auf, ist auf den Lehmplatz gekrochen, in die Mitte, wo die stampfenden, sich drehenden Füße selten hinkommen. Flache, halbkreisförmige Rinnen sind um beide Körbe getreten.

Obwohl er ein ganzes Stück weit weg sitzt – einen guten festen Chip oder einen beflügelten Schlag mit dem Wedge entfernt –, fällt er den Jungen auf. Sie spielen hier zu ihrem eigenen Vergnügen, veranstalten keine Show für so einen fetten alten Knacker, der in einer Gegend rumspaziert, in der er nichts zu suchen hat. Wo ist sein Auto? Harry spürt die Hitze in ihren Seitenblicken, will nicht, daß aus dieser so delikaten Berührung eine Peinlichkeit wird, seufzt demonstrativ und hievt sich von der Bank hoch. Er geht in der Richtung davon, aus der er gekommen ist, und achtet auf die Straßenschilder, damit er diesen friedvollen Platz wiederfinden kann. Wenn er jeden Tag herkommt, wird er nicht mehr auffallen, wird er dazugehören. Schwarze haben nicht, wie Weiße, diesen rassistischen Tick, daß ihre Wohngegenden nicht durchmischt und durchraßt sein sollen. Sie können dieser Tage auch nicht allzu verärgert sein, wo doch gerade ihre dritte Miss America gekürt worden ist. Das Merkwürdige am Jurorengremium bei der Endausscheidung ist gewesen, daß zwei Berühmtheiten dabei waren, von denen er das Gefühl hat, daß er sie kennt, daß sie ihm ans Herz gewachsen sind, ja daß er sie liebt: Phylicia Rashad, die, wenn man *ihn* fragt, der eigentliche Star der *Cosby Show* ist, mit diesen Beinen, diesem hübschen losen Lächeln, und Mike Schmidt, der den Anstand gehabt hat aufzuhören, als er's nicht mehr packen konnte. Irgendwie gibt es also doch ein Leben nach dem Tod. Schmidt sitzt in der Jury. Skeeter lebt. Und vorletztes Wochenende hat eine Schwarze, ein junges Mädchen, Chrissie Evert im letzten U.S.-Open-Match geschlagen, das sie jemals spielen wird. Sie hat auch aufgehört. Es kommt eben eine Zeit.

Die *News-Press* trägt jetzt täglich Balkenüberschriften, die die Spur des Hurrikans Hugo verfolgen – *Todes-Hugo tobt auf Inseln, Hugo fällt über Puerto Rico her.* Am Dienstag macht er seinen Spaziergang in den teuren Strandbezirken und sucht am Himmel nach Hurrikanzeichen, nach Wolken, die vielleicht Gottes Handschrift tragen, aber er kann keine lesen. Im Flur steht an dem Abend zufällig Mrs. Zabritski neben ihm bei den Fahrstühlen, und mit diesen ädrigen, vorstehenden Augen im skelettdürren Gesicht zu ihm aufblickend, tut sie kund: «Furchtbar.»

«Was denn?»

«Was da kommt», sagt sie, und ihr weißes Haar sieht jetzt schon sturmzerrauft aus, sträubt sich ihr in allen Richtungen um den Schädel.

«Ach, das kommt nie bis hierher», beruhigt Harry sie. «Das ist alles bloß Medienrummel. Sie wissen schon, Rummel, Zirkus, fauler Zauber. Die müssen irgendwie ihre Nachrichten zusammenkriegen, jeden Abend.»

«Ach so?» sagt Mrs. Zabritski kokett. Die Art, wie ihr Hals zwischen die verkrümmten Schultern geschraubt ist, gibt ihrem Kopf eine flirtende Schräghaltung, die sie so vielleicht nicht meint. Aber andererseits, vielleicht doch. Hat er nicht irgendwo gelesen, daß es sogar in den Todeslagern der Nazis Romanzen gegeben hat? Dieser fensterlose Flur mit der Pfirsich-und-Silber-Tapete hat etwas Gruseliges, Gruftartiges, und Harry hat es immer eilig, ihn zu verlassen. Die große Vase mit der grünen, ins Goldene spielenden Glasur auf dem halb-mondförmigen Marmortisch könnte irgend jemandes Asche enthalten. Der Fahrstuhl kommt immer noch nicht. Seine Gefährtin beim Warten räuspert sich und sagt: «Morgen Mitt-wochsbuffet. Ich mag das Buffet besonders.»

«Ich auch», sagt er. «Ich kann mich bloß nie entscheiden und nehme immer zuviel und putz dann alles weg.» Worauf will sie hinaus, daß sie zusammen zum Essen gehen? Daß sie sich verabreden? Er hat aufgehört, ihr weiszumachen, daß Janice herkommt.

«Essen Sie koscher?»

«Ich weiß nicht, diese Kammuscheln in der Speckhülle, sind die koscher?»

Sie starrt ihn an, als ob er derjenige wäre, der verrückt ist, starrt so heftig, daß ihre Augäpfel in Gefahr sind, die blutigen Bänder zu zerreißen, die sie in ihren Höhlen festhalten. Dann muß sie beschlossen haben zu glauben, daß er Spaß gemacht hat, denn ein vorsichtiges steifes Lächeln breitet sich auf der unteren Hälfte ihres Gesichts aus, das kreuz und quer von Fältchen durchzogen ist und wie ein aus winzigen Hautqua-draten genähter Quilt aussieht. Er denkt an die kleine ver-schnupfte Nutte im Polnisch-Amerikanischen Club, an die seidige Haut unterhalb ihrer Taille, unter ihrem Pullover, und verübelt es Janice, daß sie ihn in seinem Alter den Frauen ausliefert. Er ißt allein an seinem Tisch, ist aber so beunruhigt von Mrs. Zabritskis Annäherungsversuch, daß er zwei Nitro-statpillen nimmt, um sein Herz zu beschwichtigen.

Nach dem Abendbrot, im Bett, machen am ersten Septem-ber 1781 die französischen Truppen einen überwältigenden Eindruck auf die Bürger von Philadelphia. *Hingerissener Beifall erhob sich beim überwältigenden Anblick der Franzosen, als sie in ihren strahlendweißen Uniformen und weißen Federbüschen vorbeidefilierten. Mit den Aufschlägen und Kragen in Rosa, Grün, Violett oder Blau, den Farben ihrer jeweiligen Regimenter, waren sie die am glänzendsten aus-gestatteten Soldaten Europas.* Joseph Reed, der Präsident des Staates Pennsylvania, bewirtete die französischen Offiziere mit einem festlichen Diner, *dessen Hauptgang aus einer gewaltigen, neunzig Pfund schweren Schildkröte bestand, in deren Panzer die Suppe serviert wurde.* Von wegen Cholesterin. Schien die Leute damals nicht zu stören, aber andererseits, was für eine Lebenserwartung hatten diese armen Teufel? Sechsundfünfzig wurden nur die wenigsten. Die Truppen haben Angst, nach Süden zu marschieren, wegen der Malaria. Rochambeau hat Washington davon abgebracht, New York anzugreifen, und scheint zu diesem Zeitpunkt der Kopf der Revolution zu sein. Er möchte mit De Grasse am oberen Ende der Chesapeake Bay zusammentreffen. De Grasse ist Hood ausgewichen, indem er auf dem Hintertürkurs zwischen Kuba und den Bahamas segelt. Das klappt nie.

*Hugo steuert auf die Staaten zu,* lautet am nächsten Morgen der Aufmacher der *News-Press.* Zum Frühstück ißt Harry jetzt nicht mehr Frosted Flakes, sondern Nabisco Shredded Wheat 'n Bran, er weiß allerdings nicht mehr so genau, warum, irgendwas mit Ballaststoffen und dem Darm. Wir sind nichts weiter als ein Rohrleitungssystem, sagen die Ärzte. Er hofft, daß er nie so weit kommt, sich Gedanken übers Scheißen machen zu müssen. Ma Springer hat gegen Ende über ihren Stuhlgang geredet, als ob es sich bei dem, was sie produzierte, um Familienerbstücke handelte, eins kostbarer als das andere. Bei den Werbespots, die zwischen die Abendnachrichten gestreut sind, geht es zur einen Hälfte um Abführmittel und zur andern um Hämorrhoiden-Präparate, als ob nur Arschlöcher sich die Nachrichten ansähen. Am Vormittag, nach dem Frühstück, geht er den Pindo Palm Boulevard hinunter und holt sich Lebensmittel im Winn Dixie, läßt die Keystone-Corn-Chips links liegen und hält sich an die tiefgekühlten kalorienarmen Fertiggerichte. Die für den Tag vorhergesagten Schauer kommen um die Mittagszeit, scheinen aber gegen drei vorbei zu sein, und in einer Art Trance fährt Rabbit ins Zentrum von Deleon, parkt an einer Uhr, an der man zwei Stunden halten darf, und geht die anderthalb oder zwei Kilometer bis zum Spielgelände, das er am Montag entdeckt hat.

Heute sind zwei Jungengruppen auf dem Basketballfeld, jede benutzt einen Korb. Die eine besteht aus vier Jungen und spielt druckvoll zwei gegen zwei, in der andern aber sind nur drei Jungen, und die sind mit einem eher beiläufigen Spiel beschäftigt, das er früher Horse genannt hat. Man wirft, und wenn der Ball reingeht, muß der nächste Junge den gleichen Wurf schaffen, und wenn er nicht trifft, ist er H oder HO, und wenn er HORSE ist, scheidet er aus. Rabbit setzt sich auf die Bank, die einen Chipschlag von diesen Dreien entfernt ist und sieht unverhohlen zu, ist dies nun ein freies Land oder nicht.

Die drei sind höchstens zwölf, dreizehn Jahre alt und wissen nicht, was sie von diesem plötzlichen, ungebetenen Zuschauer halten sollen. Einer von diesen weißen Mackern, die auf 'n bißchen Crack aus sind oder auf den Pimmel von 'nem schwarzen Jungen? Ihre trägen Bewegungen werden steif, sie rempeln sich gegenseitig an, tauschen im Vorbeigehen, schnell und leise, Botschaften aus und bringen einander zum Kichern. Einer von ihnen fängt, vielleicht absichtlich, den ihm zugeworfenen Ball nicht und läßt ihn in Harrys Richtung springen: Harry beugt sich auf seinem Bankende vor und stoppt ihn mit der linken Hand, nicht seine geschickteste Hand, aber sie erinnert sich. Sie erinnert sich genau. Diese straffe genarbte Rundheit, die glatten Nähte dazwischen, der kleine Ring für das Ventil. Ein großer genarbter Ball, der fliegen will. Er flippt ihn zurück, ein bißchen ungeschickt, im Sitzen, aber doch mit einem kleinen Schwung, um zu zeigen, daß er schon mal einen Ball in der Hand gehabt hat. Leidlich zufriedengestellt, spielt das Trio weiter Horse, probiert Hakenwürfe, Korbleger, Sprungwürfe, verrückte improvisierte Unterhand-Kunststücke oder Einhandwürfe dicht am Körper vorbei, bei denen der Arm sich nicht hebt, und die ab und an, durch Zufall oder Wunder, tatsächlich reingehen. Einer dieser Wahnsinnswürfe prallt vom Korbrand ab und schießt auf Rabbit zu. Diesmal steht er auf und geht mit dem Ball auf die Jungen zu. Er fühlt sich groß, eine große Gestalt mit der Sonne im Rücken. Sein Schatten fällt auf das Gesicht des nächststehenden Jungen, der eine bunte, sich aufribbelnde Strickmütze trägt. Ein anderer Junge hat die Nummer 8 auf seinem Trikot. «Was ist das für 'n Spiel?» fragt Harry sie. «Sagt ihr Horse dazu?»

«Wir sagen Three dazu», sagt der mit der Strickmütze ungnädig. «Drei Fehlwürfe, und man ist aus.» Er langt nach dem Ball, aber Rabbit hebt ihn so hoch, daß er nicht heran kann. «Laßt mich mal werfen, kann ich?»

Die Jungen beraten sich mit Blicken, sie schätzen, daß sie auf die Weise den Ball zurückkriegen. «Okay, machen Sie», sagt Strickmütze.

Harry macht ein paar Schritte nach links, steht jetzt in einem Winkel zum Korb, etwa sechs Meter entfernt, und als er in die Knie geht und den rechten Arm hochreckt, fühlt er die Schwere der Jahre, all die Wolldecken der Zeit, die sich um ihn gewickelt haben, seit er dies das letzte Mal gemacht hat. Ein Wurf aufs Brett. Er hat die Zielmarkierung im Visier, aber der Ball hat nicht ganz die richtige Länge, und statt abzuprallen und hineinzugehen, rutscht er zwischen Brett und Ring und springt zurück in die Hände von Nummer 8.

«Hey, Mann», höhnt der Dritte, der am meisten wie ein Hispanic aussieht und am mürrischsten ist, «du bist Geschichte!»

«Ich bin aus der Übung», gibt Rabbit zu. «Die Luft hier unten ist anders als die, die ich gewohnt bin.»

«Willst mal sehen, wie man's richtig macht?» fragt Nummer 8, der Größte. Er steht da, wo Harry gestanden hat, öffnet den Mund und läßt seine rosa Zunge baumeln wie Michael Jordan. Er patscht leicht in die Luft über seiner Stirn, und der Ball fliegt ihm aus der langen lockeren braunen Hand. Aber er geht auch diesmal nicht hinein, er trifft rechts auf den Rand. Das Eis ist jetzt ein bißchen gebrochen. Rabbit sagt nichts und wartet ab, was sie mit ihm vorhaben.

Der Junge mit der Mütze mit den konzentrischen Kreisen, eine Black-Muslim-Mütze, vermutet Harry, fängt den Abpraller und sagt: «Ich bring den Bubi jetzt zu Bett», und der

Ball geht tatsächlich in den Ring, obwohl der Junge ihn mehr oder weniger geschleudert hat und, anders als Nummer 8, nie ein Michael Jordan werden wird.

Jetzt oder nie. Harry sagt: «He, laßt ihr mich 'ne Runde mitspielen, wie heißt das bei euch, Three? Eine schnelle Runde, und ich verzieh mich. Ich lauf nur 'n bißchen in der Gegend rum, um mich zu bewegen.»

Der Mürrische, der wie ein Hispanic aussieht, sagt zu den anderen: «Wieso darf der sich hier einmischen? Nicht mit mir», und geht weg und setzt sich auf die Bank. Aber die andern beiden, die vielleicht kalkulieren, daß ein einzelner Weißer die Spitze des Eisbergs ist und man am raschesten mit einem Hindernis fertig wird, indem man drumherum geht, tun dem Eindringling den Gefallen und lassen ihn spielen. Er ist schnell mit zwei Fehlwürfen im Hintertreffen – erst ein langsamer, mit zweimal Ausholen, den Nummer 8 über die hochgereckten Hände einer imaginären Abwehrschar hinweg spielend schafft, dann ein hoher Wurf mit links, den die Strickmütze vorgelegt hat und den Nummer 8 auch reinbekommt –, aber dann findet Rabbit eine Spur seines alten Stils und fängt an, den beiden über zu sein. Ein bißchen Sauerstoff tanken, den vorderen Korbrand nicht aus den Augen lassen, und es wird einfach. Die Entfernung zwischen den eigenen Händen und dem Ring wird immer kleiner. Man selbst und der Korb, drei Meter überm Boden, über allem. Er führt ihnen sogar ein Bravourstück vor, das er auf den Schottergäßchen von Mt. Judge bis zur Perfektion geübt hat, den beidhändigen Überkopfwurf, bei dem man den Kopf weit zurückbeugt und den Korb verkehrtherum anpeilt.

Wie blau und steingrau der bewölkte Himmel aus dieser Perspektive erscheint – ein Abgrund, eine verschlingende, sich aufwerfende Erde! Sein Überkopfwurf trifft, und alle drei lachen. Diese Kids werfen nie mit beiden Händen, das ist nicht schwarzer Stil, und wenn er bei seinem geblieben wäre – Beidhandwürfe aus fünf Schritt Entfernung –, hätte er sie schlagen können. Aber weil sie gute Kumpel gewesen sind und ihn haben mitspielen lassen, versucht er's ein paarmal einhändig, leistet sich dumme Schludrigkeitsfehler, und Nummer 8 geht wieder in Führung.

«Jetzt kommt eine Kareem-Spezialität», sagt der Junge und schafft tatsächlich einen Sky-Hook aus etwa zwei Metern Abstand.

«Als *ich* ein Junge war», erzählt Rabbit ihnen, «gab's einen Burschen, der hieß Bob Pettit und hat für St. Louis gespielt, der hat sich spezialisiert auf solche Würfe.» Fast mit Absicht verfehlt er den Korb. «Das macht drei. Ich bin raus. Danke für das Spiel, Gentlemen.»

Sie murmeln wortlos zum Abschied, ein Summen wie von Bienen. Zu dem Jungen, der aus Protest auf der Bank sitzt, sagt er: «Das Feld gehört wieder dir, Amigo.» Er bückt sich, um den zusammengerollten Schirm aufzuheben, den er mitgenommen hat für den Fall, daß es wieder regnet, und lächelt, als er sieht, daß seine Nikes genauso mit rosabräunlichem Staub überzogen sind wie die Turnschuhe der schwarzen Jungen.

Er geht zu seinem Auto an der Parkuhr zurück und fühlt sich leicht, von innen gereinigt wie die Leute in den Milk-of-Magnesia-Commercials, die, romantisch-unscharf photographiert, in ihren Bademänteln umherschweben und von einem Taumel der Begeisterung erfaßt sind, weil es jetzt pünktlich bei ihnen klappt. Daß ihm ein bißchen Basketball gelungen ist, hat ihn übermütig gemacht. Auf der Rückfahrt zum Valhalla Village hält er bei einem Joy Food Store und kauft sich eine große Tüte Kartoffelchips mit Zwiebelgeschmack und eine tiefgefrorene Lasagne, die er sich nachher im Herd heiß machen will; dann muß er nicht zum Buffet gehen, wo er womöglich Mrs. Zabritski trifft. Er hat langsam das Gefühl, daß er ihr etwas schuldet, weil sie ihm manchmal im Flur Gesellschaft leistet; weil sie, wie er, ein einsamer Flüchtling ist.

Das Telephon im Apartment schweigt. In den Abendnachrichten geht es um Hugo, um die Plünderungen auf St. Croix und St. Thomas unmittelbar nach der Verwüstung, um die in

Washington vorgenommene Aufhebung eines Erlasses zu medizinischer Versorgung im Katastrophenfall, die hier unten hohe Wellen schlägt wegen all der Senioren, und um das französische Verkehrsflugzeug, das auf dem Weg von Tschad nach Paris verschwunden war. Inzwischen hat man die Wrackteile gefunden, in weitem Umkreis in der Sahara verstreut. Der große Radius, in dem die Trümmer verteilt waren, läßt auf eine Bombe schließen. *Dasselbe wie mit der Maschine über Lockerbie,* denkt Rabbit. Seine übermütige Stimmung verfliegt. Jedes Flugzeug hat eine tickende Bombe im Bauch. Wir können jeden Augenblick explodieren.

Die Räume und Möbel des Apartments haben in den Tagen, in denen er hier allein haust, das unterschwellig Feindselige, Bedrohliche einer lebendigen Person angenommen, der es gefällt, sich reglos zu verhalten. Nachts kann er fühlen, wie die Zimmer atmen und nachdenken. Sie denken über ihn nach. Der blinde Fernsehapparat, das blonde Sofa, die Vögel aus kleinen weißen Muschelschalen, die straffgezogene Bettüberdecke im Zimmer, in dem Nelson und Pru Ende letzten Jahres geschlafen haben, die aquamarinblauen Küchenschränke, die ihm, kaum daß sie gestrichen waren, zu knallig vorgekommen sind und ihm immer noch so vorkommen, das Telephon, das sich weigert zu läuten, alles hat eine bestimmte Macht, die Fähigkeit, ihn zu überdauern. Er ist Fleisch, sie sind unbeseelte Dinge. Der gut abgedichtete Hohlraum, der ihn vor siebzehn Tagen willkommen geheißen hat, ist jetzt bis zum Rand mit Angst, mit einer nervösen Erwartung gefüllt, die das Geplapper des Fernsehapparats, die Schlagzeilen in der Zeitung, die tickende Wärme des Herds, die Minuten, die auf der Schaltuhr wegklicken, sogar das leise Schurren und Rascheln seiner eigenen Körperbewegungen in Schach halten können, aber wenn diese kleinen Tumulte vorüber sind, kommt das Schweigen wieder, die Anwesenheit von etwas Abwesendem, die unbeantwortbare Frage, die sein vibrierendes, von warmem Blut durchflossenes Aufrechtsein umgibt. Die Lasagne ist klebrig und wie Napalm auf der Zunge, aber er ißt sie ganz auf, eine Portion für zwei Personen, und schaltet währenddessen zwischen Jennings und Brokaw hin und her und sucht sich die besten Filmausschnitte von Hurrikanschäden zusammen und von Wind, wildem nassem Wind, der heulend durch Zimmer rast wie dieses hier, ganze Glasschiebetüren herausdrückt und durch die Luft segeln läßt wie Tortenplatten. Alles fliegt lose umher, die Welt kracht zusammen, nichts im Leben läßt sich festhalten. Wahnsinn.

Er hat plötzlich das Bedürfnis – so plötzlich, wie der Drang zu urinieren einen Mann überkommt, der Diuretika nimmt –, mit seinen Enkelkindern zu reden. Er ist Großvater, das können sie ihm nicht absprechen. Er muß Nelsons Nummer im Adreßbuch auf dem Schreibtisch aus imitiertem Bambus nachschlagen, sie hat sich letzten Winter geändert, er hat sie schon wieder vergessen, wenn man so alt ist wie Harry, schlüpft einem alles mögliche durch die Gedächtnismaschen. Er findet das Buch mit den Eintragungen in Janices unausgeformter Schulmädchenschrift, die mal zur einen, mal zur andern Seite kippt. Er wählt, muß zwischendurch kurz auflegen, weil er nicht sicher ist, ob er statt einer 9 nicht eine 8 gewählt hat. Pru ist am Apparat. Ihre Stimmt klingt gleichgültig, obenhin, ruppig. Er legt beinah wieder auf.

«Hallo», sagt er. «Ich bin's.»

«Harry, du solltest wirklich nicht –»

«Tu ich nicht. Ich möchte gar nicht mit dir sprechen, ich möchte mit meinen Enkelkindern sprechen. Hat Roy nicht bald Geburtstag?»

«Nächsten Monat.»

«Denk mal an. Er wird vier.»

«Er *ist* vier. Er wird fünf.»

«Zeit für den Kindergarten», sagt Harry. «Unglaublich. Ich höre, du und Klein-Nellie, ihr arbeitet an einem dritten. Phantastisch.»

«Na ja, wir warten einfach ab, was passiert.»

«Keine Kondome mehr, hm? Wie sieht's bei ihm denn mit Aids aus?»

«Harry, bitte. Das geht dich nichts an. Aber er war zur Untersuchung, wenn du's unbedingt wissen willst, und ist HIV-negativ.»

«Phantastisch. Noch ein Stein, der mir vom Herzen fällt. Der Junge ist normal, und der Junge ist clean. Pru, ich glaube, ich werde verrückt hier unten. Meine Träume – die sind wie zerschnippelte Comic strips.»

Er sieht sie vor sich, wie sie ihr schiefes Lächeln dazu lächelt, den Mund auf der einen Seite herunterzieht, sich mit zwei Fingern der freien Hand ein paar lose Strähnen karottenfarbenen Haars aus der Stirn streicht. Sexy; aber was hat's ihr eingebracht? Einen Möchtegern-Sozialarbeiter als Ehemann, Wohnraum im Haus einer anderen Frau und eine Zukunft, in der sie sich abplacken und im Spiegel mitansehen darf, wie ihr gutes Aussehen vergeht. Ihre Stimme in seinem Ohr ist wie ein von salziger Gischt getrübter Blick durchs Periskop auf die Oberfläche. Sie ist da oben, er ist hier unten.

Ihr Ton ändert sich, wird leiser, freundlicher. Wenn man sie mal gefickt hat, bleiben immer diese körnigen Spuren in ihren Stimmen. «Harry, was tust du da unten, wie vertreibst du dir die Zeit?»

«Oh, ich gehe viel spazieren, lerne die Stadt kennen. Hübsche alte Stadt, dies Deleon. Wenn du Janice siehst, sag ihr, es gibt hier eine reiche jüdische Witwe, die ein Auge auf mich geworfen hat.»

«Sie ist gerade zum Dinner hier. Wir feiern, weil sie ein Haus verkauft hat. Nicht *euer* Haus, das kann sie ohne deine Einwilligung nicht verkaufen, sondern eins für die Immobilienfirma, für Pearson und Schrack. Sie macht an den Wochenenden Hausbesichtigungen mit deren Kunden, solange sie ihre Lizenz noch nicht hat.»

«Das ist ja großartig. Gib sie mir mal, dann kann ich ihr gratulieren.»

Pru zögert. «Ich muß sie erst fragen, ob sie mit dir sprechen möchte.»

Sein Magen ist plötzlich wie ausgehöhlt vor Angst. «Das

brauchst du nicht. Ich hab angerufen, weil ich mit den Kindern sprechen wollte, ehrlich.»

«Ich geb dir Judy, sie steht neben mir und ist ganz aufgeregt wegen des Hurrikans. Paß auf dich auf, Harry.»

«Klar. Du kennst mich doch. Ich bin vorsichtig.»

«Ja, ich kenne dich», sagt sie. «Du bist ein Verrückter.» Das hat Dutch geklungen, die gemütliche, ruhig-bestimmte Art, in der sie das gesagt hat. Sie gewöhnt sich ein. Eine Brewer-Matrone mehr.

Ein Geklapper und Geflüster ist zu hören, und jetzt hat Judy den Hörer und schreit: «O Grandpa, wir machen uns alle solche Sorgen wegen dir und dem Hurrikan!»

Er sagt: «Wer macht sich alles solche Sorgen. Doch nicht meine Judy, die mit mir gekentert ist und mich an Land gebracht hat. Im Fernsehen sagen sie, Hugo nimmt Kurs auf North und South Carolina. Das ist tausend Kilometer weit weg. Heute hat fast den ganzen Tag die Sonne geschienen. Ich hab ein bißchen Basketball mit ein paar Jungen gespielt, die nicht viel älter waren als du.»

«Hier hat es geregnet. Den ganzen Tag.»

«Und Grandma ist bei euch zum Abendessen», sagt er.

Judy sagt: «Sie sagt, sie möchte nicht mit dir sprechen. Was hast du gemacht, daß sie so böse auf dich ist?»

«Ach, ich weiß nicht. Vielleicht hab ich beim Fernsehen zu viel hin und her geschaltet. He, Judy, weißt du was? Auf der Fahrt hierher bin ich bei Disney World vorbeigekommen, und ich hab mir ganz fest vorgenommen, daß wir das nächste Mal, wenn ihr herkommt, alle zusammen hinfahren.»

«Ist nicht nötig. Viele von den Kindern in der Schule sind dagewesen und sagen, es ist langweilig.»

«Wie geht's in der Schule?»

«Ich find die Lehrer und das alles gut, aber ich kann die andern Kinder nicht ausstehen. Das sind alles Arschlöcher.»

«Red nicht so. Was ist denn das für eine Ausdrucksweise. Was ist los, beachten sie dich nicht?»

«Wenn's bloß so wäre. Sie ziehen mich auf wegen meiner

Sommersprossen. Sie sagen Möhrenkopf zu mir.» Ihre kleine Stimme versagt.

«Aha. Sie mögen dich. Sie finden dich toll. Du mußt nur nicht zuviel Lippenstift benutzen, bevor du fünfzehn bist. Weißt du noch, was ich dir gesagt hab, als wir das letzte Mal telephoniert haben?»

«Du hast gesagt, ‹leg es nicht drauf an›.»

«Richtig. Leg's nicht drauf an. Überlaß alles der Natur. Tu, was deine Mommy und dein Daddy dir sagen. Sie haben dich sehr lieb.»

Sie seufzt angeödet. «Ich weiß.»

«Du bist die Sonne ihres Lebens. Hast du den Ausdruck schon mal gehört, ‹die Sonne ihres Lebens›?»

«Nein.»

«Na siehst du, da hast du was gelernt. Nun mach mal alles schön richtig, Süße. Bist du so nett und gibst mir Roy?»

«Der ist zu blöde zum Telephonieren.»

«Ist er nicht. Gib ihn mir. Sag ihm, sein Grandpa möchte ihm ein paar Lebensweisheiten sagen.»

Der Hörer fällt klappernd herunter, und im Hintergrund ist so etwas wie ein Müsli aus Familiengeräuschen – er meint sogar, Janices Stimme zu hören, sie klingt bestimmt, wie Ma Springers Stimme immer geklungen hat. Schritte kommen näher durch das Wohnzimmer, das er so gut kennt – der Barcalounger, die Panoramafenster mit den zugezogenen Vorhängen, der Tisch mit der erhöhten geschnitzten Kante, auf dem die Nippsachen stehen, nur das grüne Glasei mit der Träne der Leere im Innern nicht mehr, das liegt jetzt hier im Regal, wenige Meter von seinen Augen entfernt. Prus Stimme sagt: «Janice sagt, sie möchte nicht mit dir reden, Harry, aber hier ist Roy.»

«Hi, Roy», sagt Harry.

Schweigen. Gott wieder am Apparat.

«Wie geht's denn so da oben? Ich hab gehört, es hat den ganzen Tag geregnet.»

Noch mehr Schweigen.

636

«Bist du denn auch ein braver Junge?»

Schweigen, aber mit einem hauchfeinen Atmen.

«Weißt du», sagt Harry, «es kommt dir im Augenblick vielleicht nicht so vor, aber das sind jetzt wichtige Jahre für dich.»

«Hi, Grandpa», läßt die Kinderstimme sich schließlich vernehmen.

«Hi», muß Harry zurückgrüßen, obwohl er damit wieder am Anfang ist. «Du fehlst mir hier unten», sagt er.

Schweigen.

«Ein kleiner Piepvogel kommt jeden Morgen auf den Balkon und fragt: ‹Wo ist Roy? Wo ist Roy?›»

Schweigen, etwas anderes hat diese Lüge auch nicht verdient. Aber dann rückt das Kind mit dem andern Satz heraus, den man ihm wahrscheinlich eingetrichtert hat: «Ich hab dich lieb, Grandpa.»

«So, na und ich hab *dich* lieb, Roy. Herzlichen Glückwunsch zum Geburtstag übrigens, für nächsten Monat. Fünf Jahre! Stell dir mal vor.»

«Herzlichen Glückwunsch zum Geburtstag», wiederholt die Kinderstimme, in diesem eigenartig tiefen, männerhaften Ton, den sie manchmal hat.

Harry ertappt sich dabei, daß er auf mehr wartet, sieht dann aber ein, daß es mehr nicht gibt. «Okay», sagt er, «das war's dann wohl, Roy. Es war schön, mit dir zu sprechen. Bestell allen liebe Grüße von mir. Leg jetzt auf. Du kannst auflegen, Roy.»

Schweigen, dann unbeholfenes leises Geklapper und das Summen einer toten Leitung. Merkwürdig, denkt Rabbit, als er seinen eigenen Hörer auflegt, daß er das Kind veranlassen mußte, vor ihm aufzulegen. Hasenherzigkeit bei einem Selbstmordpakt.

Die Aussicht, einen ganzen Abend in diesen Zimmern zu verbringen, macht ihm angst in seiner Einsamkeit. Es ist halb acht, früh genug, um noch zum Buffet zu gehen, obgleich sein Mund sich wund anfühlt von der vielen heißen Lasagne und den Kartoffelchips mit Zwiebelgeschmack, die so scharfkantig und salzig gewesen sind. Er will nur kurz hinuntergehen und sich ein paar kalorienarme Happen vom Buffet nehmen. Mit seiner Familie zu sprechen, hat ihn erfrischt; er hat das Gefühl, daß er sie alle sicher hinter sich hat. Ohne zu duschen, zieht er sich ein Hemd und ein Jackett an und bindet sich einen Schlips um. Mrs. Zabritski steht nicht am Fahrstuhl. In der halbleeren Mead Hall, unter dem Berserkerblick der kriegerischen Wikinger in dem großen Keramikrelief, füllt er sich reichlich den Teller, nimmt unter anderem auch die Kammuscheln in der Speckhülle. Diese Mischung, knuspriger gekrümmter Speck und gummiartiges, nachgiebiges Muschelfleisch, fühlt sich in seinem empfindlichen Mund so köstlich an, daß sein Appetit bodenlos wird. Er geht noch einmal zum Buffet und nimmt sich mehr davon, nimmt sich auch noch Spargel in Rahm und Kartoffelpuffer und ist dann plötzlich so voll, daß sein Herz sich bedrängt fühlt. Er nimmt eine Nitrostatpille und will kein Dessert mehr und keinen Kaffee, auch keinen koffeinfreien. Vorsichtig geht er über dies fremdartig beschaffene Floridagras und die teppichbelegte Verkehrsinsel unter dem warmen Sternengewölbe, in Wahrheit ein tiefes Becken, in das wir hinabblicken, das hat er am Nachmittag erkannt, als er den Überkopfwurf ausführte, wir kleben an der Erde fest wie Fliegen an einer Zimmerdecke. Er fühlt sich genudelt, und ihm ist schwindlig. Die Luft ist schwer, die Milchstraße ist nur schwach zu sehen, wie die zarte Linie hellen Flaums, die bei manchen Frauen in der Mitte des Bauchs nach oben verläuft.

Er kehrt gerade rechtzeitig ins Apartment zurück, um die letzten fünfzehn Minuten von *Growing Pains* mitzubekommen, der einzigen Fernsehserie, in der jedes Familienmitglied ekelhaft ist, wenn Roseannes Guter-alter-Junge-Gatte als nicht ekelhaft durchgehen kann. Dann schaltet er hin und her zwischen *Unsolved Mysteries* auf Kanal 20 und einem alten Abbottund-Costello-Film auf 36, der damals, als er in die Kinos kam – im selben Jahr, in dem Harry seinen High-School-Abschluß gemacht hat –, komischer gewesen sein muß. Costellos Gekläff hat etwas Mechanisches, Nervtötendes, und Abbott sieht alt aus und grausam, wenn er seinen dicken Freund haut. Die Leute haben damals miteinander herumgebrüllt und sich angefaucht wie die Tiere. Vielleicht haben die Sechziger ja doch etwas Gutes bewirkt. Unter den Werbespots, die ständig dazwischenfunken, ist der für den Infiniti von Nissan mit Grillengezirp und Seerosenteichen, weit und breit kein Auto, nur ungetrübte Snob-Natur. Die Lexus-Commercials, die er gesehen hat, sind fast genauso nichtssagend – eine idyllische regenüberglänzte Straße. Beide Werbespots drücken sich vor der Kernfrage: gelingt es den Japanern, sich ein Luxus-Image zu geben? Oder werden die Leute, die fünfunddreißigtausend Dollar auf den Kopf hauen können, lieber europäische Wagen kaufen? Gott sei Dank kann Harry das jetzt egal sein. Jake unten an der Straße nach Pottstown muß sich jetzt drum scheren, Harry nicht mehr.

Er putzt sich die Zähne, vergißt nicht, die Zahnseide zu benutzen und sich den Mund mit Peridex auszuspülen. Ohne Janice legt er sich hier allmählich feste, biedere Gewohnheiten zu, wird zu einem unflexiblen, kauzigen Hagestolz, der sich umstandskrämerisch mit seiner Verdauung und den Haaren in seinen Nasenlöchern befaßt. Nasenlochhaare: er möchte keinesfalls wie Dr. Morris aussehen. Das doppelte Abendessen brennt ihm im Magen, aber als er sich auf die Toilette setzt, kommt nichts heraus. Phillips' Milk of Magnesia: er muß sich welche besorgen. In einem andern ihrer Werbespots läßt ein Schwarzer sich über MOM aus, und das war kein besonders glücklicher Einfall, denn seine Hautfarbe läßt die Scheiße allzu real erscheinen. Im Bett sind die verbündeten Armeen auf dem Marsch nach Yorktown und stoßen bei Williamsburg auf britische Greueltaten. De Grasses schwedischer Adjutant Karl Gustaf Tornquist, ein nachgeborener Wikinger, hat in seinem Tagebuch notiert: *Auf einem schönen Landsitz wurde eine schwangere Frau gefunden, die in ihrem Bett durch mehrere Bajonettstiche ermordet worden war; die Barbaren hatten ihr beide Brüste aufgeschlitzt und über den Baldachin des Bettes geschrieben: «Du sollst niemals einem Rebellen das Leben schenken.» In einem*

*anderen Zimmer bot sich ein ebenso grauenhafter Anblick: fünf abge-*
*trennte Köpfe, aufgestellt auf einem Schrank anstelle von Gipsbüsten,*
*die zerschmettert auf dem Boden lagen. Unschuldige Tiere waren genau-*
*sowenig verschont geblieben. Die Weiden waren vielerorts mit toten*
*Pferden, Ochsen und Kühen übersät.* Harry versucht einzuschlafen, trotz der Unruhe, die diese Bilder in ihm entfacht haben.
Er hat die Amerikanische Revolution immer für einen Krieg
zwischen Gentlemen gehalten, für eine Auseinandersetzung,
die ohne solche Grausamkeiten ausgekommen ist. Er fängt an,
diese rutschenden Wachträume zu haben, die nur bei genaue-
rer Betrachtung keinen Sinn ergeben. Er sieht, wie der runde
Bauch einer Frau, mit glatten Nähten und schimmerndem
Flaum in der Mitte, aufreißt und Meter um Meter roten Bandes freigibt wie das Innere eines Baseballs. Dann liegt er neben einem Körper, einem kleinen, ganz in Schwarz gekleide-
ten Mann, ein Körper, der schlaff und ohne Muskeln ist, eine
Bauchrednerpuppe, die eine Sonnenbrille aufhat. Er wacht
auf, und es ist noch dunkel, zu früh für das Geräusch der Rasenmäher, das Zirpen des stumpfbraunen Vogels in der Araukarie, das Geschnatter der jungen Geschäftsleute, die sich in
der Morgendämmerung zu Viererrunden einfinden. Er tappt
ins Bad, zwischen reglosen glatten Formen und trübem Lichtschein hindurch, der von den blauen Ziffern der Schaltuhr am
Herd und von den gelblichen Sicherheitslichtern auf der Golf-
platzumzäunung kommt. Er uriniert im Sitzen, wie eine Frau,
und kehrt ins Bett zurück. Er schläft nach wie vor auf seiner
alten Seite im Bett, als läge Janice noch auf der ihren. Er
träumt jetzt von der Tür mit der runden Oberkante, aber diesmal öffnet sie sich mühelos, schwingt an lautlosen Scharnie-
ren auf und gibt den Blick in eine wuselnde Helligkeit frei. Es
ist irgendwie das Parterre in Ma Springers Haus, nur daß
man ein paar Stufen hinuntergehen muß, eine Art Souterrain,
heller, als Mas Haus jemals gewesen ist, von einer bunten,
karnevalshaften Flitterigkeit, wie ein Fest in Lateinamerika,
wie die Kreuzfahrtwerbung, die immer wieder mitten in den
Nachrichten kommt, und voller herzlich ihn willkommen hei-

ßender Menschen, die er kaum kennt oder an die er sich kaum erinnert: Mrs. Zabritski als schlankes junges Mädchen, allerdings immer noch mit dieser herausfordernden, neugierigen Verkrampfung des Halses, und angetan mit einem gewagt kurzen Fransenrock, wie er in den Sechzigern Mode war, und Marty Tothero mit einer Briefträgertasche, die zu seinem schiefhängenden Gesicht paßt, und Mom und Pop in der Blüte ihrer Jahre, groß und langgliedrig, im Sonntagsstaat, gerade dabei, ein kleines Mädchen vom Krankenhaus nach Hause zu bringen, ein Baby, in eine rosa Decke gewickelt, so daß nur die winzige Himmelfahrtsnase und ein geschlossenes Augenlid zu sehen sind, und ein großer, nüchtern blickender, dunkeläugiger Mann mit lackschwarzem Haar, wie eine alte Werbung für Kreml-Pomade, der ihm männlich die Hand drückt, während Janice an seiner Seite ihm zuflüstert, daß das natürlich Roy ist, Roy als Erwachsener und ebenso groß wie er, Harry. Als er aufwacht, kann er noch den Druck an seiner Hand spüren und das Begrüßungslächeln, das auf seinem Gesicht erstirbt.

*Hugo hält auf die südliche Ostküste zu. USAir-Jet stürzt in N.Y.-River. Französische DC 10 vermutlich wegen Bombe abgestürzt. Lee drosselt Geschwindigkeit der Bootsfahrer im Seekuhgebiet.* Harry ißt Haferkleie und verdaut die *News-Press. Chaos herrschte auf St. Croix, als Polizei und Nationalgardisten sich dem mit Macheten bewaffneten Mob anschlossen, der sich in Hugos Kielwasser zu einem Plünderungsstreifzug aufgemacht hatte. Touristen flehten auf der Insel landende Reporter an, sie in Sicherheit zu bringen.* Diese elenden Heulpeter. Ihm kommt in den Sinn, daß sein Traum sich auf all diese karibischen Nachrichten bezogen haben könnte: die allwöchentliche Begrüßungsparty, die in Ferienhotels für die Neuankömmlinge veranstaltet wird. Er tritt auf seinen kleinen Balkon hinaus, um zu sehen, wie der Tag wird. In der Zeitung stand, es würde heute sonnig werden, trotz Hugo, und so ist es auch. Die fernen blaugrünen Wolkenkratzer werfen Lichtkleckse von der tief im Osten stehenden Morgensonne zurück. Den Golf kann er nicht sehen, aber er kann ihn riechen da draußen. Er versucht sich zu erinnern, wer alles auf der Party war, aber es gelingt ihm nicht; geträumte Leute bleiben einem nicht im Gedächtnis haften. Das Flugzeug in New York ist über das Ende der Piste hinausgerutscht, und zwei Menschen sind umgekommen. Nur zwei. Hunderteinundsiebzig sind in der Sahara gestorben. Ein Anrufer in London hat Allah die Urheberschaft zugesprochen. Dies Unglück macht Harry nicht soviel aus wie das, das die Bombe in der Pan-Am über Lockerbie angerichtet hat. Wie alles andere in den Nachrichten wird es einem langweilig, es wird zu einem Gag, einem Mätzchen wie die vielen fürs Fernsehen arrangierten Auszeiten beim Football.

Während andere, jüngere Männer auf dem Golfplatz hinter den gardinengerahmten Schiebetüren rufen und herumalbern, macht Harry das Bett, fegt den Fußboden in der Küche und stellt sein Orangensaftglas und seinen Porridgenapf zu dem ordentlich eingeräumten Geschirr in der Spülmaschine, die darauf wartet, so voll zu werden, daß es sich lohnt, sie anzustellen. So weit ist es aber noch nicht. Wenn Janice endlich mal aufkreuzt, möchte er das Apartment so in Schuß haben, daß sie sich ein Beispiel an seiner Haushaltsführung nehmen kann.

Um zehn macht er sich auf seinen allmorgendlichen Spaziergang. Er sieht zum nordöstlichen Himmel, in die Richtung des Hurrikans, der Florida verschmäht, und staunt, wie kunstvoll-kompliziert die Wolken sind, zerfetzt, Grau auf Weiß auf Blau, mit schräggekippten Schäfchenschichten und Reihen langgestreckten Gewölks, das von unten zottig-zerrupft ist, aber oben weich gerundet, als sei es von schnell fließendem Wasser geformt, wie die rhythmischen Sandrippen, die die Flut hinterläßt. Ein gläserner Wind bläst durch das Sonnenlicht. In der Luft ist etwas, das einem das Atmen ein wenig schwer macht. Ein Mangel an Ozon? Oder zuviel Ozon? Es mag Einbildung sein, aber der Himmel scheint rein von Flugzeugen. Normalerweise kann man sie sehen, wie sie langsam kreisend immer tiefer heruntergehen und zur Landung auf dem Southwest Florida Regional Airport ansetzen. Die Flugzeuge sind vom Himmel vertrieben. Eine Art Highway aus quergestreiftem Dunst verjüngt sich unter der Sonne zum nordöstlichen Horizont hin, wie die Spiegelbilder, die der Mond in einem ruhigen Ozean stapelt.

Einer plötzlichen Regung folgend, entschließt er sich, den Celica zu nehmen, ins Zentrum zu fahren, das Auto an einer Parkuhr in der Nähe der First-Federal-Bank abzustellen und in den schwarzen Teil der Stadt zu gehen. Heute nachmittag, denkt er, könnte es sein, daß ihm danach ist, ein paar Löcher auf dem Golfcourse zu spielen. Der Junge vom Pro-Shop hat vor ein paar Tagen angerufen und gesagt, die Schuhe hätten sich wieder angefunden.

Auf dem Spielgelände hinter der leerstehenden ocker-farbenen High-School übt ein hochgewachsener Junge in abgeschnittenen Jeans ganz für sich allein Korbwürfe. Sein Trikothemd ist grelltürkis und bedruckt mit einem zähne-fletschenden Tigerkopf – orange-weiß gestreiftes Fell, gelbe Augen, Zunge und Nasenspitze von einem unwahrschein-lichen Violett. An diesem Jungen aber hat das Outfit seine Richtigkeit, es hat die Würde einer freiwillig gewählten Uni-form. Er ist älter als die Jungen gestern, achtzehn mindestens, und alles, was er tut, ist überlegt: er macht gute, ökonomische Spielzüge, dribbelt sich heran, prüft den Boden, sieht zum Ring auf, nimmt, den Ball mit beiden Händen haltend, Maß für den Wurf, läßt mit der linken, der unteren Hand, erst im allerletzten Augenblick los. Er trägt knöchelhohe schwarze Sneakers und keine Socken; sein Kopf ist geschoren, übrigge-blieben sind nur eine kleine Tolle oben in der Mitte und meh-rere Xe hinten und an der Seite, wo die rasierte Partie beginnt. Rabbit setzt sich auf die Bank, an deren anderem Ende ein kleiner roter Rucksack liegt, den der Junge offensichtlich dort deponiert hat, und sieht dem Ballspieler eine gute Weile zu, während die Sonne scheint und der gläserne Wind weht und ziehende Wolken den Platz aus gestampftem Lehm und die Holzhäuser ringsum flüchtig in Schatten tauchen. Die Häuser haben die Farbe von sonnengebleichter Wäsche und wirken

weit weg und verlassen. Man sieht niemanden ein- oder ausgehen.

Um Abwechslung in seine Körperhaltung zu bringen, kehrt
Harry von Zeit zu Zeit sein weißes Gesicht nach oben, als
sonne er sich; Röte überzieht seinen Blick, Photonen dringen
ihm heiß durch die lichtdurchlässigen Lider. Als er diesmal
die Augen öffnet, steht der Junge direkt vor ihm, dunkler als
eine Wolke. Seine schwarze Haut hat etwas Mattiertes, und
die hohen Wangenknochen und die schmalen Lippen lassen
auf indianische Abstammung schließen.

«Wollen Sie was?» Sein Stimme klingt obenhin, gleichmütig, ernst. Sie scheint aus dem gefletschten violetten Tigermaul zu kommen.

«Nein, nichts», sagt Rabbit. «Stört's Sie, daß ich hier
sitze?»

«Sie wollen kein Scotty?» Mit der Hand, die nicht den Basketball gegen die Hüfte gedrückt hält, ahmt er mit knappster,
delikatester Bewegung ein Peitschenknallen nach. Rabbits
Blick schnellt zum Rucksack hin und wieder zurück zum
Tigermaul.

«Nein danke», sagt er. «Rühr ich nie an. Aber wie wär's mit
einem kleinen Spiel? Sieht so aus, als wären Sie ganz allein
hier.»

«Hab doch ge*hört*, daß gestern so 'n Obermacker hier rum-
gegammelt hat.»

«Rumgammeln, stimmt, das tu ich. Ich bin in Rente.»

«Wieso kommen Sie zum Rumgammeln in diese Gegend?
Gibt genug Gammelmöglichkeiten an Ihrem Ende von Deleon.»

«Es ist ziemlich langweilig da drüben», erklärt Harry ihm.
«Mir gefällt es hier, hier ist es nicht so aufgemotzt. Was dagegen?»

Der Junge ist eine Spur verdattert und überlegt, was er antworten soll, und Rabbits Hände schießen vor und umfassen
den Basketball, der abgeschabter ist als der, den die Jungen
gestern hatten, und nicht lederfarben, sondern verschrammt

rotweißblau. Seine rauhglatte Oberfläche fühlt sich warm an. «Na komm», bittet er, das «komm» in einem langgezogenen Brummton sprechend. «Gib mir den Ball.»

Tigers Gesichtsausdruck ändert sich nicht, aber der Ball sitzt plötzlich locker, und Harry kann ihn sich nehmen. Er geht auf den gestampften Lehmplatz und fühlt sich wackelig groß, wie am vierten Juli, als er allein, als erster, in die Mitte der Asphaltstraße hinausgetreten ist. Er hat heute morgen Bermudashorts angezogen, für den Fall, daß er Gelegenheit zum Spielen bekäme. Staub und reflektiertes Sonnenlicht streicheln seine bloßen Waden, seine kreidigen Altmännerwaden, auf denen nie viel Haare gewachsen sind und auf denen jetzt fast keine mehr wachsen, überhaupt keine mehr dort, wo über fünfzig Jahre lang Socken gescheuert haben.

Er versucht einen Sprungwurf aus ziemlicher Entfernung und hat Glück. Tiger und er werfen abwechselnd, achten darauf, daß sie sich nicht in die Quere kommen. «Sie haben mal gespielt», sagt der Junge.

«Vor langer Zeit. High-School. War nie auf dem College. Anderer Stil damals, als ihr Burschen jetzt habt. Aber wenn du Lust hast, ein paar Spielzüge auszuprobieren, ich mach mit. Wir spielen bis einundzwanzig. Ob einer gefoult hat, entscheidet jeder selbst.»

Bleierne Traurigkeit scheint in Tigers Blick zu liegen, aber er nickt und nimmt den Ball an, den Harry auf ihn zuspringen läßt. Er geht, absichtlich in sich zusammengesunken, mit hängenden Schultern und durchgedrücktem Kreuz, zur Mittellinie vor, die mit Turnschuhabsätzen in den Staub geratscht ist. Von hinten besteht der Junge nur aus Knochen und Sehnen, die mit Schweiß poliert sind, bis auf die hängenden Schultern, die mattiert aussehen unter den türkisfarbenen Hemdträgern.

«Warte», sagt Harry. «Ich muß erst eine Pille nehmen. Kümmere dich nicht um mich.»

Das Nitrostat brennt ihm unter der Zunge, und während Tiger einen Korbleger landen will und Rabbit ihn abblockt und hinüberdribbelt und einen Sechsmeterwurf verpatzt, kommt der kleine Kick, den die Pille ihm gibt, am andern Ende an. Er fühlt sich am Anfang locker und ungeheuer frei. Tiger hat ein paar gute, ruckzuck funktionierende Spielzüge drauf und kann den schwereren und älteren Harry jederzeit abdrängen, aber viele seiner Würfe glücken nicht. Der Stopp-und-Zack-Stil läßt einem nicht die Zeit, die man braucht, um sich aufs Ziel einzustellen, und Tigers Wurfbogen hat nicht genug Höhe. Der Ball fliegt ihm zu flach aus der Hand und verwandelt den Ring in einen Schlitz. Und der Junge ist vier, fünf Zentimeter kleiner als Harry; Rabbit hebt ein paar Sprungwürfe über Tigers Fingerspitzen hinweg – weich, hoch, Korb, einfach so, Bälle aus Luft, die mühelos durch den netzlosen Ring gehen, diesen schäbigen, orangegestrichenen Reifen, der zerbeult ist von den Schmetterbällen zu vieler Angeber, die hier rumlungern und Darryl Dawkins imitieren –, und Tiger will es jetzt wissen, geht härter ran, rempelt mit scharfen Ellbogen und Knien, und Rabbit muß lachen, als er das wieder fühlt, dieses alte Puffen und Knuffen. Er merkt, daß sein Bauch bei der heftigen Bewegung auf- und niederschwappt und daß eine wässerige Müdigkeit in seine Knie kommt, aber Adrenalin und Nostalgie behalten die Oberhand. Tiger nutzt die Langsamkeit seines Gegners jetzt immer grausamer, immer schneidender aus, fetzt und fegt an ihm vorbei, und Rabbit legt noch einen Zacken zu und spürt, wie er schwerer Luft bekommt, wie sie sich durch eine Verengung zwängen muß. Aber die Sonne fühlt sich gut an, lockt ihm den Schweiß aus den Poren, wie sie Samenkörner zum Leben erweckt. Der Sinn dieser Anstrengung ist, ihn mit Erde und Himmel zu verbinden: Erde, der dicke rosabräunliche gleißende Staub, der über und über mit den aufgefächerten Rippen seiner Nikes und dem Gitter von Tigers Sneakers bedruckt ist, gestampfter Lehm am Rand seines Blickfelds, wenn er dribbelt; und Himmel, weiter weißer Himmel, wenn er aufsieht, um den Flug des Balls zu verfolgen, den er oder der andere geworfen hat. Die Wolken haben sich in einer aufgeregten silbrigen Arena um die blendende Sonne versammelt, einer blauen Stierkampfarena. Als Rabbit sich einmal angestrengt zu einem Wurf nach oben reckt, starrt er aus Versehen direkt in die Sonne und kann minutenlang ihr Nachbild, einen blinkenden roten Mond, nicht verscheuchen. In seiner Brust ist ein Völlegefühl, im Kopf ist ihm schwindlig, sein Puls rauscht ihm in den Ohren, in der schweißüberströmten Fläche zwischen seinen Schulterblättern steckt ein messerscharfer Schmerz. Tiger schnappt sich seinen eigenen Rebound, und auf seine anmutige Art den Ball gegen die Hüfte gedrückt haltend, sieht er Harry nachdenklich-prüfend an. Seine Haut ist wie feinkörniger dunkler Sandstein. Seine Ohren sind klein und flach anliegend, und sein Haar oberhalb der Reihe der Xe ist so eng gewellt, wie die Natur es nur schaffen kann; die Sonne glitzert auf jeder kleinen Krümmung.

«Hey, Mann, alles in Ordnung?»

«Mir geht's. Gut.»

«Sie keuchen aber ganz schön.»

«Wart ab. Wenn du so alt bist wie ich.»

«Wollen Sie nicht lieber 'ne Pause machen? Ist doch nichts dabei.»

Das ist liebenswürdig, erkennt Rabbit durch den Schweiß in seinen Brauen und das Dröhnen seines Blutes hindurch. Ihm ist, als sei sein Venen-und-Arterien-Baum mit großen rosa Blüten bedeckt. Ist doch nichts dabei. Ist doch nichts dabei, daß du auch für das hier nicht mehr in Form bist. Ist doch nichts dabei, daß du nicht mal für ein bißchen Basketball taugst. Der Schweiß fängt an, ihm an den Beinen zu bakken, zusammen mit dem Staub. Er hat Angst, daß er aus dem Rhythmus kommt, dem Tanz, dem, was immer es ist, dem Schwung, der Gnade. Er fragt: «Macht es dir keinen Spaß?» Er genießt es, Tiger mit seinem großen roten Gesicht angst zu machen, mit seinem schwer atmenden Mackerwanst, seinen berserkerwilden eisblauen Augen.

Tiger sagt: «Klar, Mann. Und wie.» Endlich lächelt er. Wundervolle ebenmäßige Zähne, lavendelfarbenes Zahnfleisch. Sogar Ghettokinder kommen heute in den Genuß von Orthodontie.

«Bleiben wir bei unserer Abmachung. Wir spielen bis einundzwanzig. Wie wir gesagt haben. Achtzehn beide, richtig?»

«Richtig.» Keiner von beiden hat ein Foul angesagt.

«Los. Du bist dran, Tiger.» Der Schmerz in Harrys Rücken entfaltet sich wie ein schwerfälliges Flügelpaar. Der junge Schwarze witscht um ihn herum und hat es auf einen schnellen Korbleger abgesehen. Harry fängt ihm den Ball weg, bremst scharf an der Mittellinie ab und läßt, unbewacht, einen altmodischen beidhändigen Wurf aufsteigen. Als der Ball seine Hände verläßt, weiß Rabbit, er wird reingehen; eine Rille im Tag lenkt ihn in den Ring.

«Mann», sagt Tiger bewundernd, «das ist reinste Pferdescheiße», und er versucht, es Harry mit einem langen einhändigen Wurf nachzumachen, der prompt vom Rand zurückschießt, sein Bogen ist zu niedrig. Rabbit schnappt sich den Rebound, kann dann aber nichts mit ihm anfangen, sein Körper ist tonnenschwer, seine Füße haben keine Verbindung mehr mit seinem Kopf. Tiger schneidet sich zwischen ihn und den Korb, reckt sein violett fletschendes Gesicht vor, weicht dann ein Stückchen zurück, so daß Rabbit eine kleine Lücke fühlt, einen Moment der Abschlaffung bei Tiger, den er nutzen muß, um nach vorn zu kommen. Er stürzt dribbelnd vorwärts, schleppt seitlich seinen Gegner mit sich wie einen rumpelnden Sack voll Kohlen und springt hoch für den Korbleger. Der Ring füllt seinen Gesichtskreis, er kommt herab, um ihn zu küssen, Rabbit kann ihn nicht verfehlen.

Er steigt, hoch, höher, den zerrissenen Wolken entgegen. Ein gewaltiger Schmerz fetzt durch seinen Rumpf, vom einen Ellbogen zum anderen. Er explodiert von innen; er fühlt, wie etwas Ungeheures beharrlich an ihm herumfummelt, und fällt bewußtlos auf den gestampften Lehmboden. Tiger fängt den Ball, als der durch den Ring fällt, und fühlt plötzlich, daß ein Körper gegen ihn rempelt, wie bei einem absichtlichen

Foul. Dann sieht er, wie der dicke alte Weiße, der erstickt aussieht, irgendwie ein Gesicht macht, als sei er nicht mehr da, lautlos in sich zusammensackt wie eine Stoffpuppe, die man fallen läßt. Tiger sieht starr vor Staunen auf den niedergestürzten Körper hinunter – die karierten Bermudashorts, die neuen Nikes, das blaue Polohemd mit einem Logo aus zwei ineinander verschlungenen Vs. Feiner Lehmstaub klebt an der einen Wange des bewußtlosen roten Gesichts wie ein Schatten, wie die Hälfte einer aufgemalten Clownsmaske. Geschockt wiederholt der Junge: «Reinste Pferdescheiße.»

Der Impuls wegzurennen durchrieselt ihn, spült jeden praktischen Gedanken aus seinem Kopf. Er will in nichts reingezogen werden. Er holt sich seinen Rucksack vom Bankende, einen, wie ihn ein sehr kleiner Pfadfinderjunge für eine Nacht im Zeltlager mitnehmen könnte, und ihn und den Basketball fest gegen die Brust pressend, geht er ohne Hast davon. In der Mitte des Blocks fängt er an zu rennen unter dem hohen erregten Himmel. Ein Flugzeug fliegt vorüber, senkt sich in einer langsamen Diagonalen.

Von oben gesehen, die Gliedmaßen abgespreizt und gekrümmt, ist Harry auf dem Platz ebenso allein wie die Sonne am Himmel in ihrer Wolkenarena. Zeit vergeht. Dann ruckt das soziale Netz an: in irgendeinem der Häuser, die an das verlassene Freizeitgelände grenzen, hat jemand aus einem von Gardinen verhängten Fenster gesehen und wählt 911. Minuten später hören die armen alten Leute, die in ihren ängstlich verrammelten, unterteilten kleinen Zimmern sitzen und nur das Fernsehen zum Freund haben, die näher kommenden Sirenen, und etliche von ihnen glauben, daß es sich um eine Hurrikanwarnung handelt, daß der Sturm in South Carolina gedreht hat und jetzt auf sie zurast.

«Es sieht nach einem transmuralen Infarkt aus», sagt Dr. Olman zu Janice und erklärt: «Durch die verfluchte Wand hindurch.» Mittels Haut und Fleisch seiner Faust versucht er ihr deutlich zu machen, was der Unterschied ist zwischen diesem Infarkt und einem, der sich unter der Herzinnenhaut abgespielt hat und mit dem man leben kann. «Ma'am, die ganze linke Kammer ist im Eimer», sagt er. «Ich vermute, nach der Prozedur letzten April oben im Norden ist es zu einem ausgewachsenen Rezidiv gekommen.» Sein großes Gesicht mit der sonnenverbrannten Hakennase und dem vorspringenden australischen Unterkiefer kommt Janice in ihrem übermüdeten Zustand und ihrem Schmerz verwirrenderweise auch schon wie ein Herz vor. Die Geschäftigkeit seiner Hände – als wollte er Harrys Inneres für sie nach außen stülpen, jetzt, wo es zu spät ist. «Jetzt ist es zu spät für einen Bypass», sagt Dr. Olman fast schnaubend; dann nimmt er sich zusammen und legt seiner Stimme die Zügel erworbener Südstaaten-Weichheit an. «Selbst wenn er durch ein Wunder das gegenwärtige Trauma überstehen sollte, Ma'am, wo bei Ihnen und bei mir ein gesunder flexibler Muskel ist, wäre bei ihm nur noch ein Klumpen Narbengewebe. Man kann Arterien und Klappen ersetzen, aber für den lebendigen Herzmuskel gibt's noch keinen Ersatz.» Er dünstet kontrollierte Wut aus wie ein Golfer, der drei kurze Putts hintereinander verbockt hat. Er ist so jung, denkt Janice angeschlagen, daß er es den Leuten ankreidet, wenn sie sterben. Er denkt, sie machen das, um ihm seine Arbeit zu erschweren.

Nach dem Besuch der Penn-Park-Polizisten gestern abend (wie jung auch die gewesen sind, wie verschreckt sie waren, weil sie eine so scheußliche Nachricht überbringen mußten; das Krankenhaus in Deleon hatte schließlich die Polizei angerufen, weil sich weder unter der Telephonnummer im Condo noch unter der Nummer, die die Auskunft ihnen für die Anschrift in seinem Führerschein gab, jemand meldete, sie war unterwegs gewesen, hatte einem jungen Paar von außerhalb Häuser gezeigt, eins, das vorn zweigeschossig war und hinten eingeschossig, in Brewer Heights, wo die Murketts früher gewohnt haben, und das andere ein altes Sandsteinhaus drüben bei Oriole; die Polizei war in dem Augenblick in die Auffahrt eingebogen, als sie nach Haus kam, das rotierende Blaulicht hatte über die Kalksteinwände hingewischt), und dann ihre Versuche, Mim zu erreichen, die auch nicht ans Telephon ging, und die Mühe, für sich und Nelson Plätze in irgendeiner Nachtmaschine nach Florida zu buchen und das, wo Eastern Airlines immer noch bestreikt wird und sämtliche Maschinen nach und aus Atlanta gestrichen oder verspätet sind wegen des Hurrikans, und dann die Fahrt nach South Philly und zum Flughafen, der Schuylkill Expressway auf viele Kilometer eine einzige Baustelle, und zwischen all den verwirrenden Tonnen mit Leuchtstreifen hat Nelson eine Abzweigung erwischt, die sie mitten ins dickste Zentrum brachte, dahin, wo die Independence Hall ist – es kam ihr so vor, als sei es innerhalb einer Minute passiert –, und dann die langen Wartestunden, wo sie nichts zu tun hatte, nur Nelson trösten und Zeitungen lesen, die die Leute auf den Plastiksitzen liegengelassen hatten, und an Harry denken, wie er die ganze Zeit war, von dem Tag an, wo sie ihn zum erstenmal in den High-School Korridoren gesehen hatte und dann bei den Basketballspielen auf dem Platz da draußen, so strahlend und blond, wie ein Junge aus Marmor, und dann das leere Apartment, so aufgeräumt, bis auf den Stapel alter Zeitungen, den er nie wegschmeißt, und die Junk-Food-Krümel im Korbsessel, aber keine Spuren von einer anderen Frau im Schlafzimmer, nur das Buch, das sie ihm zu Weihnachten geschenkt hat, das mit dem Segelschiff auf dem Schutzumschlag, und Nelson immer an ihrer Seite und bei allem und jedem überreagierend, so daß es ihr fast schon leid getan hat, nicht allein hergekommen zu sein – nach einer Weile stirbt die Mutter in einem einfach ab wie Herzmuskelgewebe, nimmt sie an –, und ein paar Stunden unruhigen Schlafs, mit denen es endgültig und zu früh vorbei war, als die Jungen anfingen, die Grüns zu mähen und die Männer ihre Viererrunden begannen und Nelson sich beim Frühstück tatsächlich darüber beklagte, daß keine Frosted Flakes da sind, nur dieses Kleiezeug, das wie Pferdefutter schmeckt, nach all dem hat Janice sich ziemlich genauso gefühlt wie ihr Mann, als er nach seiner langen Fahrt am Labor-

Day-Wochenende hier angekommen war: als sei ihr Körper von oben bis unten mit Sandsäcken traktiert worden. Vor der Apartmenttür im Flur hat die Zeitung gelegen wie an jedem andern Tag:

## Hugo zertrümmert
## South Carolina

Dr. Morris, der alte, Harrys Arzt, muß gehört haben, daß sie im Krankenhaus ist; er kommt ins Wartezimmer der Intensivstation und sieht selber nicht gerade fit aus, fleckig und unrasiert, in einem ungebügelten braunen Anzug. Er nimmt ihre Hand, sieht ihr durch seine randlosen Brillengläser direkt in die Augen und sagt: «Irgendwann ist es soweit», was zutreffend für ihn ist, denn er ist fast achtzig oder zumindest über fünfundsiebzig. «Er war vor ein paar Tagen bei mir, und mir hat nicht gefallen, was ich in seiner Brust gehört habe. Aber mit so einer Beeinträchtigung kann ein Mensch zwei Wochen leben oder zwanzig Jahre, das weiß man nie im voraus. Oft ist es eine Frage der inneren Einstellung. Er schien mir ein klein wenig trübselig geworden zu sein. Wir waren uns einig, daß er was zu tun haben müßte, daß er zu jung war, um sich zur Ruhe zu setzen.»

Janice ist die ganze Zeit, seit das Blaulicht der Polizei in der Auffahrt blinkte, den Tränen nah, und diese Sätze und die weise, freundliche Art des alten Mannes läßt ihre Augen wieder überfließen. Dr. Morris hat Harry gegen Ende mehr Beachtung geschenkt als sie. In gewisser Weise hat sie schon damals, nachdem sie ihn auf dem Basketballplatz hat leuchten sehen, allmählich aufgehört, ihn wahrzunehmen, er war unsichtbar geworden. «Hat er von mir gesprochen?» fragt sie und wüßte gern, ob Harry sich darüber geäußert hat, daß sie einander fremd geworden sind.

Der alte Arzt sieht sie eine Sekunde lang scharf mit seinem durchschauenden schottischen Blick an. «Sehr liebevoll», sagt er.

Um diese Zeit am Morgen, kurz nach neun, werden noch

schmutzige Frühstückstabletts durch die Flure geschoben, und im Warteraum der Intensivstation ist außer ihr niemand; Nelson in seiner unruhigen Erregtheit strebt immer wieder davon, mal um mit Pru zu telephonieren, mal um den Waschraum aufzusuchen, mal um sich eine Tasse Kaffee und einen Teller Frosted Flakes in einer Cafeteria zu holen, die er in einem anderen Flügel entdeckt hat. Das Wartezimmer ist winzig, das Fenster geht auf den Parkplatz hinaus, der an den Rändern feucht ist von den Rasensprengern gestern abend, um den niedrigen Tisch, auf dem hauptsächlich religiöse Zeitschriften liegen, stehen eine harte schwarze Sitzbank, ein paar Stühle und Stehlampen aus gebogenem Stahlrohr mit Plastikschirmen, man soll's hier nicht zu bequem haben, sie wollen die Patienten ganz für sich. Während sie allein in dieser Vorhölle sitzt, denkt Janice, sie sollte beten, daß Harry wieder gesund wird, daß ein Wunder geschieht, aber als sie die Augen schließt und anfangen will, stößt sie auf eine leere tote Wand. Nach dem, was Dr. Olman gesagt hat, würde er nie mehr so am Leben sein wie früher, und wie Dr. Morris gesagt hat, irgendwann ist es soweit. Er hat früh seinen Lebenshöhepunkt gehabt, und zu der Zeit, als sie beide im Kroll's arbeiteten und sie ihn näher kennenlernte, ist es schon bergab mit ihm gegangen, obwohl es so ausgesehen hat, wie wenn's aufwärts ginge, als das Geld von der Firma anfing, ihnen beiden zu gehören. Wenn er nicht mehr ist, kann sie das Haus in Penn Park verkaufen. *Lieber Gott, lieber Gott,* betet sie. *Mach, was du für richtig hältst.*

Eine junge schwarze Schwester steht in der offenen Tür und sagt ganz leise und mit einem schönen weißzahnigen Lächeln: «Er ist jetzt bei Bewußtsein», und führt sie in die Intensivstation, die sie noch vom letzten Dezember in Erinnerung hat: der kreisförmige hohe Tisch in der Mitte – wie der Kontrollturm eines Flughafens – mit den vielen Monitoren, die in zuckenden orangefarbenen Linien den Herzschlag der Patienten anzeigen, und an drei Seiten die Reihen schmaler Einzelzimmer mit Glasfronten. Als sie ihren Harry da liegen sieht, weiß

653

wie das Bettzeug, mit den vielen Schläuchen und Drähten, die in ihn hinein- und aus ihm herausführen, als sie ihn so daliegen sieht hinter der Wand aus Glas, fällt eine Empfindung sie an, die so stark ist, daß sie eine Sekunde lang Angst hat, sie müßte sich übergeben, eine zerschmetternde Woge des Leids, der entsetzten Bewußtheit, daß sie einen Verlust erleidet, wie sie ihn so endgültig und so furchtbar noch nie in ihrem Leben erlitten hat, außer damals, als sie ihre kleine Tochter hat ertrinken lassen. Sie hatte nie die Absicht gehabt, ihm nie zu verzeihen, sie hatte ihn irgendwann dieser Tage anrufen wollen, aber die Tage sind so schnell dahingegangen; eisern weiterzuschweigen war zu einer Art Sucht geworden. Wie hat sich ihr Herz so verhärten können gegen diesen Mann, der vor dem Altar, für gute und für schlechte Zeiten, sein Leben mit dem ihren verbunden hat? Es war gar nicht von Harry ausgegangen, Pru war's gewesen, die unbedingt wollte, welcher Mann hätte da widerstehen können, sie und Pru und Nelson haben das bis zur Erschöpfung analysiert. Sie hat sich überzeugen lassen, daß es nie wieder passieren würde, und hat weitermachen müssen mit ihrem Leben. Und nun das. Ausgerechnet jetzt. Er hat immer gesagt, sie ist dumm, und es stimmte, sie war langsamer im Kopf als er und hat länger gebraucht, selbständig zu werden, aber er hatte gerade angefangen, sie zu respektieren, es war schwer für ihn, eine Frau zu respektieren, das hat seine Mutter ihm angetan, diese furchtbare Person. Alle vier Eltern haben zwar noch gelebt, als sie und Harry anfingen, miteinander zu gehen, aber in Wahrheit sind sie beide Waisen gewesen, er mehr noch als sie. Er hat etwas in ihr gesehen, das ihn für eine Weile festhalten konnte. Sie will ihn wiederhaben, will ihn zurückhaben aus diesem Element, in das er einsinkt, sie will es so sehr, daß sie sich vielleicht doch übergeben muß, seine Treulosigkeiten, Pru und Thelma und was es sonst noch alles gibt, sind ausgelöscht von der Erhabenheit, mit der er daliegt, so hilflos, so unwiederbringlich.

Die Schwester schiebt die Tür auf. Seine blauen Augen

über den babyblauen Sauerstoffschläuchen sind offen, aber er scheint nichts zu hören. Er sieht sie, sieht seine Frau da sitzen, klein und dunkel und bockig um Stirn und Mund, schluchzend wie ein Wasserfall und von Verzeihen redend. «Ich verzeihe dir», sagt sie immer wieder, und er kann sich nicht erinnern, für was. Er liegt da und treibt in einem wunderbaren Element, liegt in einem Bett glücklicher Gefühllosigkeit, durch das sich hin und wieder feine Schmerzspitzen bohren. Er hört Janices Schluchzen zu und staunt, wie klein sie wird, während sie da in dem gepolsterten Rollstuhl sitzt, den sie einem hinstellen, klein wie etwas in einem kristallenen Schneeball, aber feiner, fein wie ein Spinnengewebe, jedes Fältchen in ihrem Gesicht und ihrem zerkrumpelten grauen Geschäftsfrauenkostüm. Sie verzeiht ihm, und er dankt ihr oder denkt, daß er ihr dankt. Er glaubt, daß sie seine Hand nimmt. Sein Bewußtsein kommt und geht, und er staunt, daß während der Unterbrechungen die Welt in Gang gehalten wird, genauso wie in den Jahrhunderten, bevor er geboren wurde. Eine schreckliche, große Trockenheit ist in seiner Kehle, aber er weiß, das Gefühl wird vergehen, die Ärzte werden etwas dagegen tun. Janice scheint eine der hellen Gestalten aus seinem Traum zu sein, eine von der Party, die sie gefeiert haben. Er will ihr schon von Tiger erzählen, und *ich hab gewonnen*, aber der Impuls vergeht. Er ist angenehm müde. Er schließt die Augen. Die rote Höhle, von der er dachte, sie hätte nur einen Vordereingang und -ausgang, hat auch eine Hintertür, wie sich erweist.

Anstelle der vertrauten und geliebten Gestalt seiner Frau ist jetzt Nelson da, der auch unglücklich ist. «Du hast nicht mit ihr ge*red*et, Dad!» beschwert sich der Junge. «Sie sagt, du hast sie angestarrt, aber nichts gesagt.»

*Na schön*, denkt er, *und was hab ich sonst noch falsch gemacht?* Ihm tut leid, was er dem Jungen angetan hat, aber jetzt tut er ihm einen Gefallen, auch wenn Nelson das nicht zu wissen scheint.

«Kannst du denn gar nichts sagen? Sag doch was, Dad!»

schreit der Junge oder richtiger, er versucht, nicht zu schreien; sein Gesicht ist weiß um die Kiemen vor Anstrengung, und eine unstellbare Frage zwirbelt die Härchen der einen Augenbraue, so daß sie gegen den Strich wachsen. Er will den Jungen aus seiner Not befreien. *Nelson*, will er sagen, *du hast eine Schwester*.

Aber sagt er es? Der angstvolle, angestrengte Gesichtsausdruck seines Sohnes hat sich nicht geändert. Was Nelson jedoch als nächstes sagt, zeigt, daß er das Wort «Schwester» offenbar gehört hat. «Wir haben Tante Mim angerufen, Dad, sie kommt so schnell sie kann. Sie muß in Kansas City zwischenlanden!»

Nach seinem Gesichtsausdruck und der Lautstärke seiner Stimme ruft der Junge in einen tosenden Wind, der aus der Richtung seines Vaters weht. «Du darfst nicht sterben, Dad, bitte!» sagt er weinend, dann lehnt er sich zurück und hat immer noch die Frage im Gesicht, und seine dunklen nassen Augen glänzen, ein bißchen wie Sterne. Harry kann ihn mit der Frage nicht so hängenlassen, der Junge ist auf ihn angewiesen.

«Weißt du, Nelson», sagt er, «ich kann dir nur sagen, es ist nicht so schlimm.» Rabbit denkt, er sollte vielleicht mehr sagen, der Junge sieht so unbändig erwartungsvoll aus, aber genug. Vielleicht. Genug.